Strafrecht – Besonderer Teil I

Strafrecht - Besonderer Teil I

Straftaten gegen die Person
und die Allgemeinheit

von

Prof. Dr. jur. Rolf Schmidt

Hochschule für Angewandte Wissenschaften
Hamburg

21. Auflage 2019

Schmidt, Rolf: Strafrecht – Besonderer Teil I (Straftaten gegen die Person und die Allgemeinheit)
21. völlig neu bearbeitete und aktualisierte Auflage – Grasberg bei Bremen 2019
ISBN: 978-3-86651-235-1; Preis: 23,80 EUR

© Copyright 2019: Dieses Lehrbuch ist urheberrechtlich geschützt. Die dadurch begründeten Rechte, insbesondere die des Nachdrucks, der Entnahme von Abbildungen und Prüfungsschemata, der Funksendung, der Wiedergabe auf photomechanischem oder ähnlichem Wege und der Speicherung in Datenverarbeitungsanlagen bleiben, auch bei nur partieller Verwertung, dem Verlag Dr. Rolf Schmidt GmbH vorbehalten.

Autor: Prof. Dr. Rolf Schmidt c/o Verlag Dr. Rolf Schmidt GmbH

Druck: Pinkvoss GmbH, 30519 Hannover

Verlag: Dr. Rolf Schmidt GmbH, Wörpedorfer Ring 40, 28879 Grasberg bei Bremen
Tel. (04208) 895 299; Fax (04208) 895 308; www.verlag-rolf-schmidt.de
E-Mail: verlagrs@t-online.de

Für Verbraucher erfolgt der deutschlandweite Bezug über den Verlag versandkostenfrei.

Vorwort

Anliegen dieses nunmehr in der 21. Auflage vorgelegten Buches ist es, die gegen die Person und die Allgemeinheit gerichteten Delikte des Besonderen Teils des StGB zuverlässig und in einer verständlichen Sprache zu vermitteln, ohne die Komplexität der Materie zu verschleiern oder prüfungsrelevante Detailfragen auszuklammern. Mit der vorliegenden Neuauflage wurde das Buch wieder auf den aktuellen Stand gebracht. Insbesondere galt einzupflegen:

- BGH 20.9.2018 – 3 StR 195/18 zur Frage nach der Beihilfe durch Unterlassen
- BGH NStZ 2019, 408, und BGH NStZ 2019, 471 zur Annahme eines minder schweren Falls des Totschlags
- OLG Hamm, Beschl. v. 1.3.2019 – 1 RVs 12/18 zu den Eignungsdelikten
- BGH NStZ 2019, 32, BGH NStZ 2019, 203 f. und BGH NStZ 2019, 346 zu Gefährdungsdelikten (insb. bei der Brandstiftung und der Straßenverkehrsgefährdung)
- BGH NStZ 2019, 408 zu mehraktigen Geschehensabläufen
- BGH, Urt. v. 3.7.2019 – 5 StR 132/18 zur Tötung durch Unterlassen nach strafloser Beihilfe zum Suizid
- BGH NStZ 2019, 344, BGH NStZ 2019, 208 und BGH NStZ 2019, 523 zur Abgrenzung Vorsatz/Fahrlässigkeit
- BGH NStZ 2019, 136 zur Erforderlichkeit der Notwehrhandlung (bei Messereinsatz)
- BGH NStZ 2019, 263 zur Absichtsprovokation
- OLG Köln SpuRt 2019, 134 zur Einwilligung bei Sportkämpfen mit Körperkontakt trotz Dopings des Gegners
- BGH NStZ 2019, 199 zur Verbrechensverabredung (Sichbereiterklären)
- BGH NStZ 2019, 18 zum unmittelbaren Ansetzen beim Versuchsbeginn
- BGH NStZ 2019, 79 und OLG Hamm, Beschl. v. 9.4.2019 – 3 RVs 10/19 zum unmittelbaren Ansetzen beim Versuchsbeginn bei Teilverwirklichung des Tatbestands
- BGH NStZ 2019, 399 und BGH NStZ 2019, 198 zum Rücktritt vom Versuch
- BGH NStZ 2019, 204 zum Rücktrittshorizont beim Rücktritt vom Versuch
- BGH NStZ 2019, 399, BGH NStZ 2019, 198 und BGH NJW-RR 2019, 171 zu den Anforderungen des Rücktritts vom beendeten Versuch
- BGH NStZ 2019, 341 zur Beihilfe durch Unterlassen
- BGH, Beschl. v. 6.8.2019 – 1 StR 188/19 zur Garantenstellung eines Internet-Plattformbetreibers, der illegal Waffengeschäfte vermittelt, sowie zur Frage nach dessen Strafbarkeit wegen fahrlässiger Tötung, wenn jemand durch eine vermittelte Schusswaffe getötet wird
- BGH NStZ 2019, 341 und BGH NStZ 2019, 514 zur Abgrenzung Täterschaft/Teilnahme
- BGH NStZ 2019, 513 zur sukzessiven Mittäterschaft
- BGH NStZ 2019, 511 zu den Auswirkungen des error in persona vel obiecto bei einem Mittäter für die übrigen Mittäter
- BGH NStZ 2019, 461 und BGH, Urt. v. 7.11.2018 – 2 StR 361/18 zu den Anforderungen des Hilfeleistens bei der Beihilfe (psychische Beihilfe)
- BGH NStZ 2019, 210, BGH NStZ 2019, 211 und BGH NStZ 2019, 471 zur Totschlagsprovokation
- BGH NStZ 2019, 26, BGH NStZ 2019, 142 und BGH NStZ 2019, 520 zum Ausnutzungsbewusstsein bei der Heimtücke des Mordtatbestands
- BGH NStZ 2019, 32 zur Arglosigkeit bei der Heimtücke des Mordtatbestands
- BGH NStZ 2019, 518, BGH NStZ 2019, 341, BGH NStZ 2019, 204 und BGH NStZ 2019, 206 zu den niedrigen Beweggründen beim Mordtatbestand
- BGH NStZ 2019, 513 und BGH 20.9.2018 – 3 StR 195/18 zum gefährlichen Werkzeug i.S.d. § 224 I Nr. 2 Var. 2
- BGH 20.9.2018 – 3 StR 195/18 zur tatbestandlichen Handlungseinheit bei Körperverletzung
- BGH NStZ 2019, 407 und LG Bamberg 7.12.2017 – 33 KLs 1105 Js 520/17 zum entgegenstehenden Willen des Sexualopfers
- BGH NStZ 2019, 516 zum Gewaltbegriff bei der sexuellen Nötigung

- BGH NStZ 2019, 22 und OLG Hamm 31.1.2019 – 4 RVs 1/19 zur Erheblichkeitsschwelle der sexuellen Handlung
- BGH NJW 2019, 1238 zum Warenvorrat bei der Brandstiftung
- BGH NStZ 2019, 27 zur erforderlichen Zeitspanne bei der durch Brandlegung herbeigeführten teilweisen Zerstörung
- BGH NJW 2019, 243 zur Erheblichkeit des Schadens bei Brandstiftungsdelikten
- AG Waldbröl NZV 2019, 317; OLG Stuttgart 4.7.2019 – 4 Rv 28 Ss 103/19 zum Begriff der höchstmöglichen Geschwindigkeit bei § 315d
- AG Villingen-Schwenningen 29.8.2018 – 6 Cs 56 Js 1599/18 zur Nötigung im Straßenverkehr
- OLG Hamm 12.2.2019 – 4 RVs 9/19 zum Widerstand i.S.d. § 113
- OLG Düsseldorf NStZ 2019, 347 zur Volksverhetzung (§ 130)
- OLG Karlsruhe 13.3.2019 – 1 Rv 3 Ss 691/18 zur Urkundeneigenschaft eines GTIN-Codes

Die konzeptionelle Besonderheit des Buches wurde beibehalten. Sie besteht darin, dass in den jeweiligen Abschnitten der Stoff zunächst abstrakt erläutert und danach anhand von Beispielsfällen konkretisiert wird. Dadurch erhält der Leser nicht nur das notwendige materiell-rechtliche Wissen, sondern auch die Befähigung, das Erlernte im Rahmen einer Prüfungsarbeit gutachtlich umzusetzen. Weiteres Merkmal der Darstellung ist, dass der Stoff mit Bezug auf den Aufbau von Klausuren so aufbereitet wird, dass der Leser einen Einblick in die Erwartungen bei Prüfungsarbeiten erhält.

Zur Konkretisierung und Veranschaulichung beinhaltet das Buch zahlreiche Beispielsfälle. Durch Zusammenfassungen, Prüfungsschemata, hervorgehobene Lerndefinitionen und Klausurhinweise werden das Lernen und die Prüfungsvorbereitung deutlich erleichtert.

Hinweisen möchte ich an dieser Stelle auch auf meine beiden Fallsammlungen zum Strafrecht: Die Fälle zum Strafrecht I beschäftigen sich mit dem Allgemeinen Teil und der Technik der Fallbearbeitung. Die Fälle zum Strafrecht II beinhalten den Besonderen Teil und prozessuale Zusatzaufgaben.

Mein Mitarbeiter, Herr Marc Bieber, hat zuverlässig Korrektur gelesen. Dafür danke ich ihm sehr herzlich.

Kritik und Verbesserungsvorschläge sind weiterhin willkommen und werden unter *rs@jura-institut.de* erbeten

Hamburg, im September 2019

Prof. Dr. jur. Rolf Schmidt

Gliederung

Einführung 1

1. Kapitel – Straftaten gegen das menschliche Leben 3

A. Der Grundsatz des absoluten Lebensschutzes 3

   I. Die Systematik der Tötungsdelikte 3

   II. Das Verhältnis der vorsätzlichen Tötungsdelikte untereinander 3

   III. Beginn und Ende des strafrechtlichen Lebensschutzes 3

B. Totschlag (§ 212) 8

   I. Tatbestand 8

      1. Objektiver Tatbestand: Tötung eines anderen Menschen 8

      2. Subjektiver Tatbestand: Vorsatz in Form von *dolus eventualis* 9

   II. Rechtswidrigkeit 16

   III. Schuld 16

   IV. Weitere Strafbarkeitsbedingungen/Strafzumessungsregeln 16

      1. Besonders schwerer Fall des Totschlags (§ 212 II) 16

      2. Minder schwerer Fall des Totschlags (§ 213) 17

         a. „Provozierter" Totschlag (§ 213 Var. 1) 18

         b. Unbenannter „sonst minder schwerer Fall" (§ 213 Var. 2) 23

C. Mord (§ 211) 24

   I. Problematik der lebenslangen Freiheitsstrafe 24

   II. Aufbauhinweise für die Fallbearbeitung 30

   III. Einzelne Mordmerkmale 32

      1. Tatbezogene Mordmerkmale der 2. Gruppe 32

         a. Heimtücke (§ 211 II Var. 5) 33

         b. Grausam (§ 211 II Var. 6) 43

         c. Mit gemeingefährlichen Mitteln (§ 211 II Var. 7) 44

      2. Täterbezogene Mordmerkmale der 1. Gruppe (Motivmerkmale) 46

         a. Mordlust (§ 211 II Var. 1) 46

         b. Zur Befriedigung des Geschlechtstriebs (§ 211 II Var. 2) 47

         c. Habgier (§ 211 II Var. 3) 49

         d. Sonstige niedrige Beweggründe (§ 211 II Var. 4) 49

      3. Täterbezogene Mordmerkmale der 3. Gruppe (Absichtsmerkmale) 54

         a. Um eine andere Straftat zu ermöglichen (§ 211 II Var. 8) 55

         b. Um eine andere Straftat zu verdecken (§ 211 II Var. 9) 57

   IV. Teilnahmeprobleme in Bezug auf §§ 212, 211 64

      1. Teilnahme am Mord mit tatbezogenen Merkmalen 64

      2. Teilnahme am Mord mit täterbezogenen Merkmalen 64

D. Tötung auf Verlangen (§ 216) **66**

   I. Tatbestand 67

   II. Rechtswidrigkeit und III. Schuld 69

E. Euthanasie, Sterbehilfe, Suizid **70**

   I. Euthanasie und Sterbehilfe 70

   II. Suizid (Selbsttötung) 75

      1. Freiverantwortliche und nicht freiverantwortliche Selbsttötung 75

      2. Einverständliche Fremdgefährdung 82

   III. Abgrenzung zwischen § 216, strafloser Beihilfe an einer Selbsttötung und § 217 .. 85

   IV. Teilnahmeprobleme 87

F. Schwangerschaftsabbruch (§§ 218 ff.) **89**

   I. Tatbestand 89

   II. Rechtswidrigkeit 90

   III. Schuld und Strafzumessungsgesichtspunkte 92

   IV. Exkurs: Strafbare Werbung für Schwangerschaftsabbrüche 92

G. Aussetzung (§ 221) **94**

   I. Tatbestand 95

      1. Objektiver Tatbestand 95

      2. Subjektiver Tatbestand: Vorsatz 99

   II. Rechtswidrigkeit und III. Schuld 99

   IV. Qualifikationen (§ 221 II und III) 99

   V. Teilnahmeprobleme 103

   VI. Konkurrenzfragen 103

H. Fahrlässige Tötung (§ 222) **103**

2. Kapitel – Straftaten gegen die körperliche Unversehrtheit **104**

A. Körperverletzung (§ 223) **105**

   I. Tatbestand 106

   II. Rechtswidrigkeit 111

   III. Schuld 112

   IV. Strafbarkeit des Versuchs 113

B. Gefährliche Körperverletzung (§ 224) **114**

   I. Tatbestand 115

      1. Objektiver Tatbestand 115

         a. Beibringen von Gift oder anderen gesundheitsschädlichen Stoffen (Nr. 1) 115

         b. Mittels einer Waffe oder eines anderen gefährlichen Werkzeugs (Nr. 2) 119

         c. Mittels eines hinterlistigen Überfalls (Nr. 3) 124

         d. Mit einem anderen Beteiligten gemeinschaftlich (Nr. 4) 125

         e. Mittels einer das Leben gefährdenden Behandlung (Nr. 5) 128

2. Subjektiver Tatbestand: Vorsatz 132

II. Rechtswidrigkeit und III. Schuld 134

IV. Strafzumessungsgesichtspunkte 134

C. Schwere Körperverletzung (§ 226) 135

I. Erfolgs- bzw. Tatbestandsqualifikation zu § 223 135

II. Die erfolgsqualifizierenden Deliktsmerkmale 137

1. Eintritt einer in § 226 I genannten schweren Folge 137

2. Tatbestandsspezifischer Gefahrzusammenhang (bei § 226 I) 145

3. Fahrlässige/vorsätzliche Verursachung einer der schweren Folgen........145

4. Versuchte Erfolgsqualifikation 146

5. Verhältnis zu den Tötungsdelikten 146

6. Problem der Privilegierungsfunktion des § 216 149

D. Verstümmelung weiblicher Genitalien (§ 226a) 149

E. Körperverletzung mit Todesfolge (§ 227) 150

I. Erfolgsqualifikation zu § 223 150

II. Der Grundtatbestand der Körperverletzung 151

III. Der tatbestandsspezifische Gefahrzusammenhang 151

1. Tatbestandliche Anforderungen 151

2. Versuchte Körperverletzung mit Todesfolge 153

3. Selbstschädigung des Opfers u. Eingreifen Dritter in das Geschehen 156

4. Zusammentreffen erfolgsqualifizierter Versuch/Selbstschädigung des Opfers 157

IV. Körperverletzung mit Todesfolge durch Unterlassen 160

V. Verminderte Steuerungsfähigkeit beim Täter 162

VI. Beteiligung am erfolgsqualifizierten Delikt 162

VII. Verhältnis zu den Tötungsdelikten/Konkurrenzen 164

F. Körperverletzung im Amt (§ 340) 166

G. Misshandlung von Schutzbefohlenen (§ 225) 167

H. Beteiligung an einer Schlägerei (§ 231) 169

I. Fahrlässige Körperverletzung (§ 229) 175

J. Konkurrenzen in Bezug auf Körperverletzung und Tötung 176

3. Kapitel – Straftaten gegen die sexuelle Selbstbestimmung........177

A. Einführung und Systematik 177

B. Sexueller Übergriff; sexuelle Nötigung; Vergewaltigung (§ 177)........ 178

I. Sexueller Übergriff (§ 177 I) 178

II. Ausnutzen besonderer Umstände; sexuelle Nötigung (§ 177 II) 179

III. Versuch in Bezug auf § 177 I, II (§ 177 III); Rücktritt vom Versuch........181

IV. Sexueller Missbrauch kranker oder behinderter Menschen (§ 177 IV)........181

V. Sexuelle Nötigung; Ausnutzung von Schutzlosigkeit (§ 177 V) 181

VI. Besonders schwere Fälle (§ 177 VI) 184

VII. Qualifikation nach § 177 VII 187

VIII. Qualifikationen nach § 177 VIII 188

IX. Minder schwere Fälle des § 177 I, II, IV, V, VII, VIII (§ 177 IX) 188

X. Versuch und Rücktritt in Bezug auf § 177 III-VIII...............................188

C. Sexueller Übergriff; sexuelle Nötigung; Vergewaltigung mit Todesfolge (§ 178) 191

D. Sexuelle Belästigung (§ 184i) 191

E. Straftaten aus Gruppen (§ 184j) 193

4. Kapitel – Brandstiftungsdelikte 194

A. Einführung und Systematik 194

B. Brandstiftung (§ 306) 196

I. Tatbestand...196

II. Rechtswidrigkeit und Schuld...203

III. Strafzumessungs-/Strafaufhebungsgesichtspunkte.........................203

C. Abstraktes Gefährdungsdelikt *schwere Brandstiftung* (§ 306a I) 204

I. Tatbestand...205

II. Rechtswidrigkeit und Schuld...209

III. Strafzumessungs-/Strafaufhebungsgesichtspunkte.........................209

IV. Teleologische Reduktion? 210

D. Konkretes Gefährdungsdelikt *schwere Brandstiftung* (§ 306a II) 211

E. Erfolgsqualifikation *besonders schwere Brandstiftung* (§ 306b I) 213

I. Die erfolgsqualifizierenden Voraussetzungen des § 306b I 213

II. Erfolgsqualifizierter Versuch 215

F. Qualifikation *besonders schwere Brandstiftung* (§ 306b II)............... 217

I. Qualifikation zu § 306a..218

II. Einschränkende Auslegung des § 306b II Nr. 2..............................220

G. Erfolgsqualifikation *Brandstiftung mit Todesfolge* (§ 306c)............... 222

H. Fahrlässige Brandstiftung (§ 306d) 226

I. Tätige Reue (§ 306e) 227

J. Konkurrenzen der Brandstiftungsdelikte 229

5. Kapitel – Straßenverkehrsdelikte 230

A. Gefährliche Eingriffe in den Straßenverkehr (§ 315b) 231

I. Einführung und Abgrenzung zu § 315c 231

II. Tatbestandsvoraussetzungen des § 315b I 236

1. Objektiver Tatbestand des § 315b I.....................................236

2. Subjektiver Tatbestand des § 315b I....................................242

III. Rechtswidrigkeit und Schuld 242

IV. Vorsatz-Fahrlässigkeits-Kombination des § 315b I i.V.m. IV 243

V. Fahrlässigkeits-Fahrlässigkeits-Kombination des § 315b I i.V.m. V 244

VI. Gefährlicher Eingriff unter den Voraussetzungen des § 315 III 244

B. Gefährdung des Straßenverkehrs (§ 315c) 245

I. Einführung und Abgrenzung zu § 315b 245

II. Tatbestandsvoraussetzungen des § 315c 246

    1. Objektiver Tatbestand des § 315c 246

        a. Rauschbedingte Fahruntüchtigkeit (§ 315c I Nr. 1a) 249

        b. Mängelbedingte Fahruntüchtigkeit (§ 315c I Nr. 1b) 253

        c. Die sieben „Todsünden" (§ 315c I Nr. 2) 254

        d. Taterfolg: Konkrete Gefahr für eines der genannten Schutzgüter 254

        e. Gefahrverwirklichungszusammenhang 257

    2. Subjektiver Tatbestand gem. § 315c I 258

    3. Fahrlässige Verursachung der Gefahr gem. § 315c III 259

        a. Vorsatz-Fahrlässigkeits-Kombination gem. § 315c I i.V.m. III Nr. 1..............259

        b. Fahrlässigkeits-Fahrlässigkeits-Kombination gem. § 315c I i.V.m. III Nr. 2....259

III. Rechtswidrigkeit 259

IV. Schuld 262

V. Versuch 263

VI. Teilnahme 263

VII. Konkurrenzen 263

C. Verbotene Kraftfahrzeugrennen (§ 315d) 268

D. Trunkenheit im Verkehr (§ 316) 268

E. Unerlaubtes Entfernen vom Unfallort (§ 142) 270

I. Tatbestand des § 142 I 273

    1. Objektiver Tatbestand 273

        a. Unfall im Straßenverkehr 273

        b. Eigenschaft der fraglichen Person als Unfallbeteiligter (i.S.v. § 142 V) 276

        c. Tathandlung: Unerlaubtes Entfernen vom Unfallort...............................277

    2. Subjektiver Tatbestand 281

II. Tatbestand des § 142 II 281

III. Rechtswidrigkeit und Schuld 286

IV. Absehen von Strafe (§ 142 IV) 286

V. Konkurrenzen 287

F. Vollrausch (§ 323a) 288

I. Tatbestand 289

II. Rechtswidrigkeit und III. Schuld 292

IV. Teilnahme 292

G. Unterlassene Hilfeleistung (§ 323c I) **294**

6. Kapitel – Straftaten im Amt **297**

A. Einführung **297**

B. Vorteilsannahme (§ 331) **298**

I. Tatbestand 298

II. Rechtswidrigkeit, Genehmigung nach § 331 III 300

III. Schuld 301

IV. Teilnahme 301

C. Bestechlichkeit (§ 332) **301**

D. Vorteilsgewährung (§ 333) **302**

E. Bestechung (§ 334) **302**

7. Kapitel – Straftaten gegen die persönliche Freiheit.....................**303**

A. Nötigung (§ 240) **303**

I. Tatbestand 304

   1. Objektiver Tatbestand 304

   2. Subjektiver Tatbestand: Vorsatz 313

II. Rechtswidrigkeit 313

III. Schuld 319

IV. Besonders schwerer Fall mit Regelbeispielen (§ 240 IV S. 1, S. 2 Nr. 1, 2 und 3) ..320

V. Konkurrenzen 320

B. Widerstand gegen Vollstreckungsbeamte (§ 113) **321**

I. Tatbestand 321

   1. Objektiver Tatbestand 321

   2. Subjektiver Tatbestand: Vorsatz 324

   3. Rechtmäßigkeit der Vollstreckungshandlung (§ 113 III) 324

II. Rechtswidrigkeit 328

III. Schuld 328

IV. Besonders schwere Fälle (§ 113 II) 329

C. Tätlicher Angriff auf Vollstreckungsbeamte (§ 114) **332**

**D. Widerstand gegen oder tätlicher Angriff auf Personen,
die Vollstreckungsbeamten gleichstehen (§ 115)** **334**

E. Freiheitsberaubung (§ 239) **336**

I. Tatbestand 337

   1. Objektiver Tatbestand 337

   2. Subjektiver Tatbestand: Vorsatz 341

II. Rechtswidrigkeit 341

III. Schuld 341

IV. Qualifikationen gem. § 239 III, IV 342

V. Strafzumessungsregel gem. § 239 V 342

VI. Konkurrenzen 342

F. Erpresserischer Menschenraub (§ 239a) 343

I. Tatbestand des § 239a I Var. 1 345

   1. Objektiver Tatbestand 345

   2. Subjektiver Tatbestand 345

II. Tatbestand des § 239a I Var. 2 350

   1. Objektiver Tatbestand 350

   2. Subjektiver Tatbestand 352

III. Rechtswidrigkeit und Schuld 352

IV. Erfolgsqualifikation (§ 239a III) 352

V. Tätige Reue (§ 239a IV) 353

VI. Konkurrenzen 353

G. Geiselnahme (§ 239 b) 353

H. Menschenraub (§ 234) 355

I. Tatbestand 355

II. Rechtswidrigkeit und III. Schuld 355

I. Entziehung Minderjähriger (§ 235) 355

J. Bedrohung (§ 241) 357

I. § 241 I: Bedrohen mit einem Verbrechen 357

II. § 241 II: Vortäuschen eines bevorstehenden Verbrechens 357

III. Subjektiver Tatbestand 357

IV. Rechtswidrigkeit und Schuld 357

V. Konkurrenzen 357

K. Stalking (§ 238) 359

I. Tatbestand des § 238 I 360

II. Tatbestandsqualifikation des § 238 II 362

III. Erfolgsqualifikation des § 238 III 363

8. Kapitel – Straftaten gegen die persönliche Ehre 364

A. Einführung 364

B. Beleidigung (§ 185) 366

I. Tatbestand 367

   1. Objektiver Tatbestand 367

     a. Tathandlung des § 185 Var. 1 367

     b. Ehrverletzender Inhalt der Äußerung 369

     c. Tatobjekt: Der Ehrträger 375

aa. Der lebende Mensch als Individualperson...375

bb. Personengesamtheiten (Kollektivbeleidigung).....................................376

cc. Einzelperson unter einer Kollektivbezeichnung 376

2. Subjektiver Tatbestand...378

II. Rechtswidrigkeit...378

III. Schuld..378

IV. Qualifikation der Beleidigung (§ 185 Var. 2)....................................378

V. Strafantrag (§ 194); Privatklage (§ 374 I Nr. 2 StPO) 379

VI. Straffreiheit nach § 199..379

VII. Konkurrenzen...379

C. Üble Nachrede (§ 186) 380

I. Tatbestand...380

1. Objektiver Tatbestand 380

2. Subjektiver Tatbestand 382

3. Objektive Bedingung der Strafbarkeit...382

II. Rechtswidrigkeit und III. Schuld...382

IV. Qualifikation nach § 186 Var. 2 und § 188 I.....................................382

D. Verleumdung (§ 187) 383

E. Rechtfertigungsgrund gem. § 193.. 384

9. Kapitel – Straftaten gegen die öffentliche Ordnung 387

A. Hausfriedensbruch (§ 123).. 387

I. Tatbestand...388

1. Objektiver Tatbestand 388

2. Subjektiver Tatbestand 394

II. Rechtswidrigkeit..394

III. Schuld...395

IV. Konkurrenzen..395

V. Strafantrag und Privatklage 395

B. Schwerer Hausfriedensbruch (§ 124).. 396

I. Tatbestand...396

1. Objektiver Tatbestand 396

2. Subjektiver Tatbestand 396

II. Rechtswidrigkeit und III. Schuld..396

C. Landfriedensbruch (§ 125)... 397

D. Volksverhetzung (§ 130).. 398

I. Tatbestand...398

1. Tatbestand des § 130 I..398

2. Tatbestand des § 130 II 400

3. Tatbestand des § 130 III 401

4. Tatbestand des § 130 IV 401

5. Sozialadäquanzklausel, § 130 VII 402

II. Rechtswidrigkeit und III. Schuld 402

E. Öffentliche Aufforderung zu Straftaten (§ 111) 403

F. Verwahrungsbruch (§ 133) 404

I. Tatbestand 404

II. Rechtswidrigkeit und III. Schuld 405

IV. Qualifikation nach § 133 III – Amtsträgereigenschaft 405

G. Verstrickungsbruch (§ 136 I) 406

I. Tatbestand 406

1. Objektiver Tatbestand 406

2. Subjektiver Tatbestand 407

3. Rechtmäßigkeit der Diensthandlung (§ 136 III) 407

II. Rechtswidrigkeit und III. Schuld 407

H. Siegelbruch (§ 136 II) 408

I. Nichtanzeige geplanter Straftaten (§ 138) 409

10. Kapitel – Delikte gegen die Rechtspflege 411

A. Begünstigung (§ 257) 411

I. Tatbestand 412

1. Objektiver Tatbestand 412

a. Vorliegen einer Vortat 412

b. Vortat ist zwar vollendet, aber noch nicht beendet 413

c. Tathandlung: Hilfeleisten 415

2. Subjektiver Tatbestand 416

a. Vorsatz 416

b. Vorteilssicherungsabsicht 416

c. Irrtümer 416

II. Rechtswidrigkeit und III. Schuld 416

IV. § 257 III S. 1 als persönlicher Strafausschließungsgrund 417

1. § 257 III S. 1 – Beteiligung an der Vortat 417

2. § 257 III S. 2 – Ausnahme: Strafbare Anstiftung 417

V. Analoge Anwendung des § 258 VI? 417

VI. Versuch und Vollendung 418

VII. Strafantrag nach § 257 IV 418

VIII. Konkurrenzen 418

XV

B. Strafvereitelung (§ 258).. **419**

I. Tatbestand..420

    1. Objektiver Tatbestand des § 258 I...420

    2. Objektiver Tatbestand des § 258 II 426

    3. Subjektiver Tatbestand..427

II. Rechtswidrigkeit und III. Schuld..427

IV. Beteiligungsprobleme...427

V. Persönliche Strafausschließungsgründe...427

    1. § 258 V - Selbstschutzprivileg...427

    2. § 258 VI - Angehörigenprivileg..428

VI. Strafvereitelung im Amt, § 258a..428

VII. Selbstschutzprivileg 430

VIII. Konkurrenzen..430

C. Falsche Verdächtigung (§ 164) **431**

I. Tatbestand..431

    1. Objektiver Tatbestand 431

    2. Subjektiver Tatbestand..435

II. Rechtswidrigkeit und III. Schuld..435

IV. Strafzumessung/Absehen von Strafe 436

V. Konkurrenzen 436

D. Vortäuschen einer Straftat (§ 145d) **437**

I. Tatbestand..437

    1. Objektiver Tatbestand 437

    2. Subjektiver Tatbestand..440

II. Rechtwidrigkeit und III. Schuld...440

IV. Strafmilderung/Absehen von Strafe 440

V. Konkurrenzen 440

E. Falsche uneidliche Aussage (§ 153) **441**

I. Tatbestand..442

    1. Objektiver Tatbestand 442

    2. Subjektiver Tatbestand..446

II. Rechtswidrigkeit und III. Schuld..446

IV. Strafmilderung und Absehen von Strafe (§§ 157, 158)..........................446

    1. Aussagenotstand (§ 157 I und II)..446

    2. Berichtigung einer falschen Angabe (§ 158) 447

    3. Analoge Anwendung der §§ 157, 158 auf §§ 145d, 164, 257, 258? 447

    4. Anwendbarkeit des § 28 I auf Teilnehmer?.....................................447

F. Meineid (§ 154) **448**

  I. Tatbestand 449

    1. Objektiver Tatbestand 449

    2. Subjektiver Tatbestand 450

  II. Rechtswidrigkeit und III. Schuld 450

  IV. Strafmilderung und Absehen von Strafe, §§ 157, 158, § 28 I für Teilnehmer 451

G. Falsche Versicherung an Eides statt (§ 156) **451**

  I. Tatbestand 451

  II. Rechtswidrigkeit und III. Schuld 452

H. Fahrlässiger Falscheid; fahrlässige

  Versicherung an Eides statt (§ 161) **452**

I. Beteiligungs- und Irrtumsprobleme zu §§ 153 ff. (§§ 160 und 159) ... **453**

J. Konkurrenzen im Bereich der Aussagedelikte **458**

11. Kapitel – Urkundendelikte **459**

A. Einführung und Begriff der Urkunde **459**

  I. Geschütztes Rechtsgut 460

  II. Der strafrechtliche Urkundenbegriff und seine Formen 461

    1. Der Urkundenbegriff anhand der „einfachen" Urkunde 461

      a. Verkörperte Gedankenerklärung 462

        aa. Gedanklicher Inhalt 462

        bb. Feste Verkörperung 462

        cc. Optisch-visuelle Wahrnehmbarkeit 463

      b. Zum Beweis im Rechtsverkehr geeignet und bestimmt 463

        aa. Beweiseignung (objektives Element) 463

        bb. Beweisbestimmung (subjektives Element) 463

      c. Erkennenlassen des Ausstellers 464

        aa. Begriff des Ausstellers 464

        bb. Erkennbarkeit des Ausstellers 465

    2. Abgrenzung von Beweiszeichen und Kennzeichen 468

    3. Zusammengesetzte Urkunde 468

    4. Gesamturkunde 471

    5. Sonderfälle (insb. Kopien und Telefaxe) 472

      a. Entwurf 472

      b. Vordruck 472

      c. Einfache Abschrift 472

      d. Durchschrift 473

      e. Fotokopie 473

      f. Collage 477

g. Scan, Telefax, Computerfax und E-Mail 477

6. Die Echtheit der Urkunde 479

B. Urkundenfälschung (§ 267) 480

I. Tatbestand 481

1. Objektiver Tatbestand 481

a. Herstellen einer unechten Urkunde (§ 267 I Var. 1) 481

b. Verfälschen einer echten Urkunde (§ 267 I Var. 2) 483

c. Gebrauchen einer unechten/verfälschten Urkunde (§ 267 I Var. 3) 491

2. Subjektiver Tatbestand 492

II. Rechtswidrigkeit und III. Schuld 492

IV. Strafzumessungsgesichtspunkte gem. § 267 III 492

V. Qualifikation gem. § 267 IV 493

VI. Konkurrenzen 493

C. Fälschung technischer Aufzeichnungen (§ 268) 495

I. Tatbestand 496

1. Objektiver Tatbestand 496

2. Subjektiver Tatbestand 501

II. Rechtswidrigkeit und III. Schuld 501

VI. Strafzumessungsgesichtspunkte und Qualifikation 501

D. Fälschung beweiserheblicher Daten (§ 269) 502

I. Tatbestand 502

1. Objektiver Tatbestand 502

2. Subjektiver Tatbestand 504

II. Rechtswidrigkeit und III. Schuld 504

E. Mittelbare Falschbeurkundung (§ 271)
und Falschbeurkundung im Amt (§ 348) 505

I. Tatbestand 506

1. Objektiver Tatbestand 506

a. Falschbeurkundung einer rechtlich erheblichen Tatsache 506

b. Falschbeurkundung in einer öffentlichen Urkunde 507

c. Gesteigerte Beweiskraft der öffentlichen Urkunde 508

d. Bewirken der Falschbeurkundung 510

e. Gebrauchen der falschen Beurkundung oder Datenspeicherung 510

2. Subjektiver Tatbestand 510

II. Rechtswidrigkeit und Schuld 511

III. Qualifikationstatbestand des § 271 III 511

IV. Konkurrenzen 511

F. Urkundenunterdrückung (§ 274) 512

    I. Tatbestand 512

        1. Objektiver Tatbestand 512

        2. Subjektiver Tatbestand 513

    II. Rechtswidrigkeit 514

    III. Schuld 514

    IV. Konkurrenzen 514

12. Kapitel – Staatsschutzdelikte 515

A. Verbreiten von Propagandamitteln verfassungswidriger Organisationen (§ 86) 515

    I. Tatbestand 515

    II. Rechtswidrigkeit 517

    III. Schuld 517

    IV. Absehen von Strafe 518

B. Verwenden von Kennzeichen verfassungswidriger Organisationen (§ 86a) 518

    I. Tatbestand 518

    II. Rechtswidrigkeit und III. Schuld 522

    IV. Absehen von Strafe 522

Abkürzungsverzeichnis

a.A.	andere(r) Ansicht
a.a.O.	am angegebenen Ort
a.E.	am Ende
abl.	ablehnend
ABl	Amtsblatt (der EU)
Abs.	Absatz
abw.	abweichend
AcP	Archiv für die civilistische Praxis
a.F.	alte Fassung
AG	Amtsgericht; Aktiengesellschaft
AK	Alternativkommentar zum Strafgesetzbuch
AktG	Aktiengesetz
Anm.	Anmerkung
AO	Abgabenordnung
AsylG	Asylgesetz
AT	Allgemeiner Teil
Aufl.	Auflage
ausf.	ausführlich
BA	Blutalkohol (auch: Wiss. Zeitung für die medizinische und juristische Praxis)
BAK	Blutalkoholkonzentration
BayObLG	Bayerisches Oberstes Landesgericht
BB	Der Betriebs-Berater (Zeitschrift)
Bespr.	Besprechung
betr.	betreffend
Bd	Band
BDG	Bundesdisziplinargesetz
BGB	Bürgerliches Gesetzbuch
BGBl	Bundesgesetzblatt (Teil, Seite)
BGH	Bundesgerichtshof
BGHSt	Entscheidungen des Bundesgerichtshofes in Strafsachen
BGHZ	Entscheidungen des Bundesgerichtshofes in Zivilsachen
BJagdG	Bundesjagdgesetz
BSG	Bundessozialgericht
Bsp.	Beispiel
bspw.	beispielsweise
BT	Besonderer Teil
BT-Drs.	Bundestagsdrucksache (Legislaturperiode, Nummer)
BtMG	Betäubungsmittelgesetz
BVerfG	Bundesverfassungsgericht
BVerfGE	Entscheidungen des Bundesverfassungsgerichts
bzgl.	bezüglich
bzw.	beziehungsweise
CR	Computer und Recht (Zeitschrift)
DAR	Deutsches Autorecht
DDR	Deutsche Demokratische Republik
ders.	derselbe
d.h.	das heißt
dies.	dieselbe
diff.	differenzierend
Diss.	Dissertation
DRiZ	Deutsche Richterzeitung
EGStGB	Einführungsgesetz zum Strafgesetzbuch
Einl.	Einleitung
EMRK	Europäische Menschenrechtskonvention
Erg.	Ergebnis
EU	Europäische Union
evtl.	eventuell
f.	folgende(r)
FamFG	Gesetz über das Verfahren in Familiensachen und in den Angelegenheiten der freiwilligen Gerichtsbarkeit
FamRZ	Zeitschrift für das gesamte Familienrecht

FeV	Fahrerlaubnis-Verordnung
ff.	fortfolgende
Fn	Fußnote
FS	Festschrift
FZV	Fahrzeugzulassungsverordnung
G	Gesetz
GA	Goltdammer's Archiv für Strafrecht
GastG	Gaststättengesetz
GBA	Generalbundesanwalt
GD	Gefährdungsdelikt
gem.	gemäß
GewSchG	Gewaltschutzgesetz
GG	Grundgesetz für die Bundesrepublik Deutschland
ggf.	gegebenenfalls
grds.	grundsätzlich
GS	Gedächtnisschrift, Gedenkschrift, Großer Senat
GVG	Gerichtsverfassungsgesetz
Halbs.	Halbsatz
HGB	Handelsgesetzbuch
h.A.	herrschende Ansicht
h.L.	herrschende Lehre
h.M.	herrschende Meinung
Hrsg.	Herausgeber
i.d.F.	in der Fassung
i.d.R.	in der Regel
i.E.	im Ergebnis
i.e.S.	im engeren Sinn
inkl.	inklusive
i.S.	im Sinne
i.S.d.	im Sinne der (des)
IStGH	Internationaler Strafgerichtshof in Den Haag
i.S.v.	im Sinne von
i.V.m.	in Verbindung mit
i.w.S.	im weiteren Sinn
JA	Juristische Arbeitsblätter (Zeitschrift)
JA-R	JA-Rechtsprechungs-Report
JGG	Jugendgerichtsgesetz
JR	Juristische Rundschau (Zeitschrift)
Jura	Juristische Ausbildung (Zeitschrift)
JuS	Juristische Schulung (Zeitschrift)
JZ	Juristenzeitung (Zeitschrift)
KG	Kammergericht; Kommanditgesellschaft
KJ	Kritische Justiz (Zeitschrift)
krit.	kritisch
LG	Landgericht
Lit.	Literatur
LK	Leipziger Kommentar zum Strafgesetzbuch
LM	Entscheidungen des Bundesgerichtshofes im Nachschlagewerk von Lindenmaier, Möhring u.a.
LPartG	Lebenspartnerschaftsgesetz
MDR	Monatsschrift für Deutsches Recht
MDR/D [H]	Rechtsprechung des BGH in MDR bei *Dallinger Holtz*
MedR	Medizinrecht (Zeitschrift)
MüKo	Münchener Kommentar zum Strafgesetzbuch
m.w.N.	mit weiteren Nachweisen
n.F.	neue Fassung
NJ	Neue Justiz (Zeitschrift)
NJW	Neue Juristische Wochenschrift (Zeitschrift)
NK	Nomos-Kommentar zum Strafgesetzbuch
Nr.	Nummer
NStZ	Neue Zeitschrift für Strafrecht
NStZ-RR	NStZ-Rechtsprechungs-Report

NZV	Neue Zeitschrift für Verkehrsrecht
o.	oben
OLG	Oberlandesgericht
OLGSt	Entscheidungen der Oberlandesgerichte zum Straf- und Strafverfahrensrecht
OWiG	Gesetz über Ordnungswidrigkeiten
PatG	Patentgesetz
PStG	Personenstandsgesetz
RGSt	Entscheidungen des Reichsgerichts in Strafsachen
RPflG	Rechtspflegergesetz
Rn	Randnummer
Rs.	Rechtssache
Rspr.	Rechtsprechung
RVG	Rechtsanwaltsvergütungsgesetz
S.	Satz, Seite
s.	siehe
s.a.	siehe auch
Sch/Sch	Schönke/Schröder, Strafgesetzbuch
SDÜ	Schengener Durchführungsübereinkommen
SK	Systematischer Kommentar zum Strafgesetzbuch
Slg.	Sammlung der Rechtsprechung des EuGH
s.o.	siehe oben
sog.	so genannte(r)
StGB	Strafgesetzbuch
StPO	Strafprozessordnung
str.	strittig
StraFo	Strafverteidiger-Forum
StrÄndG	Gesetz zur Änderung des Strafrechts
StrRG	Gesetz zur Reform des Strafrechts
StRR	Strafrechtsreport
StV	Strafverteidiger
StVG	Straßenverkehrsgesetz
StVO	Straßenverkehrsordnung
StVollzG	Strafvollzugsgesetz
s.u.	siehe unten
TPG	Transplantationsgesetz
u.	unten, und
u.a.	unter anderem, und andere
u.U.	unter Umständen
UrhG	Urheberrechtsgesetz
VA	Verwaltungsarchiv (Zeitschrift)
v.	vom, von
v.a.	vor allem
Var.	Variante
VersG	Versammlungsgesetz
vert.	vertiefend
vgl.	vergleiche
VN	Vereinte Nationen
Vorbem.	Vorbemerkung
VRS	Verkehrsrechts-Sammlung (Band, Seite)
VStGB	Völkerstrafgesetzbuch
VVG	Versicherungsvertragsgesetz
WaffG	Waffengesetz
WBO	Wehrbeschwerdeordnung
WDO	Wehrdisziplinarordnung
wistra	Zeitschrift für Wirtschafts- und Steuerstrafrecht
WStG	Wehrstrafgesetz
z.B.	zum Beispiel
ZPO	Zivilprozessordnung
ZRP	Zeitschrift für Rechtspolitik
ZStW	Zeitschrift für die gesamte Strafrechtswissenschaft
z.T.	zum Teil
zust.	zustimmend
zutr.	zutreffend

Lehrbücher, Grundrisse und Kommentare

Fischer, Thomas: Strafgesetzbuch und Nebengesetze, Kommentar, 66. Auflage 2019

Hartmann, Arthur/Schmidt, Rolf: Strafprozessrecht, 7. Auflage 2018

Jäger, Christian: Examensrepetitorium Strafrecht Besonderer Teil, 8. Auflage 2018

Joecks, Wolfgang/Jäger, Christian, Studienkommentar StGB, 12. Auflage 2018

Kindhäuser, Urs: Lehr- und Praxiskommentar zum StGB, 7. Auflage 2017; Strafrecht Besonderer Teil I, 8. Auflage 2017

Krey, Volker/Hellmann, Uwe/Heinrich, Manfred: Strafrecht Besonderer Teil 1, 16. Auflage 2015 (zit.: K/H/H)

Krey, Volker/Hellmann, Uwe/Heinrich, Manfred: Strafrecht Besonderer Teil 2, 17. Auflage 2015 (zit.: K/H/H)

Lackner, Karl/Kühl, Kristian: Strafgesetzbuch, Kommentar, 29. Auflage 2018

Leipziger Kommentar: 12. Auflage 2006 ff., 13. Auflage 2019 ff.

Münchener Kommentar zum Strafgesetzbuch, 2. Auflage 2011 ff., 3. Auflage 2016 ff.

Nomos-Kommentar: Kommentar zum Strafgesetzbuch, 3 Bände, 5. Auflage 2017

Otto, Harro: Grundkurs Strafrecht, Die einzelnen Delikte, 7. Auflage 2005

Rengier, Rudolf: Strafrecht Besonderer Teil II, 20. Auflage 2019

Schmidt, Rolf: Strafrecht Allgemeiner Teil, 21. Auflage 2019

Schmidt, Rolf: Strafrecht Besonderer Teil II, 21. Auflage 2019

Schmidt, Rolf, Klaus: Fälle zum Strafrecht I, 6. Auflage 2018

Schmidt, Rolf, Klaus: Fälle zum Strafrecht II, 7. Auflage 2018

Schönke, Adolf/Schröder, Horst: Strafgesetzbuch, Kommentar, 30. Auflage 2019

Systematischer Kommentar zum Strafgesetzbuch, Gesamtausgabe

Wessels, Johannes/Beulke, Werner/Satzger, Helmut: Strafrecht Allgemeiner Teil, 48. Auflage 2018 (zit.: W/B/S)

Wessels, Johannes/Hettinger, Michael/Engländer, Armin: Strafrecht Besonderer Teil 1, 42. Auflage 2018 (zit.: W/H/E)

Wessels, Johannes/Hillenkamp, Thomas/Schuhr, Jan: Strafrecht Besonderer Teil 2, 41. Auflage 2018 (zit.: W/H/S)

Weitere Literatur, insbesondere Aufsatzliteratur, ist in den Fußnoten angegeben.

XXIV

Einführung

Die strafbarkeitsbegründenden Bestimmungen des StGB sind in den 30 Abschnitten der §§ 80a bis 358[1] enthalten und werden als *Besonderer Teil* bezeichnet. Entgegen der vom Gesetzgeber vorgenommenen Systematik hat sich in Literatur und Rechtsprechung ein Ordnungsprinzip durchgesetzt, das sich an den geschützten Rechtsgütern orientiert. Demnach werden Straftaten, die gegen Individualrechtsgüter gerichtet sind, von solchen, die Rechtsgüter der Allgemeinheit betreffen, unterschieden. Die Individualdelikte wiederum werden nach Straftaten gegen die Person und nach Straftaten gegen das Vermögen unterschieden.

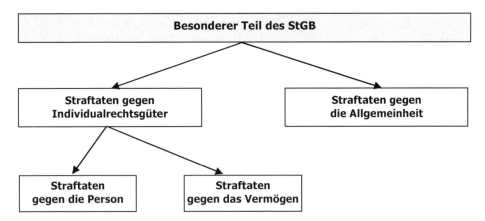

Während die Straftaten gegen das Vermögen bei *R. Schmidt*, BT II behandelt werden, sind Gegenstand der vorliegenden Bearbeitung die Straftaten gegen die Person und die Allgemeinheit.

---

[1] Soweit nicht anders gekennzeichnet, beziehen sich alle folgenden Gesetzesangaben auf das StGB.

Einführung

Straftaten gegen die Person und die Allgemeinheit

Straftaten gegen die Person - Individualrechtsgüter -	**Straftaten gegen die Allgemeinheit** - Rechtsgüter der Allgemeinheit -
Beispiele von Straftaten gegen die Person: Straftaten gegen das Leben: ⇨ Mord (§ 211), ⇨ Totschlag (§ 212), ⇨ Tötung auf Verlangen (§ 216) ⇨ Schwangerschaftsabbruch (§§ 218 ff.) ⇨ Aussetzung (§ 221) ⇨ Fahrlässige Tötung (§ 222) Straftaten gegen die körperliche Unversehrtheit: ⇨ Körperverletzungsdelikte (§§ 223-229) ⇨ Beteiligung an einer Schlägerei (§ 231) Straftaten gegen die persönliche Freiheit: ⇨ Menschenhandel (§ 232) ⇨ Zwangsprostitution (§ 232a) ⇨ Zwangsarbeit (§ 232b) ⇨ Menschenraub (§ 234) ⇨ Nachstellung (§ 238) ⇨ Freiheitsberaubung (§ 239) ⇨ Erpresserischer Menschenraub und Geiselnahme (§§ 239a, 239b) ⇨ Nötigung (§ 240) Straftaten gegen die sexuelle Selbstbestimmung: ⇨ Sexualstraftaten zum Nachteil von Kindern, Jugendlichen und Schutz-befohlenen (§§ 174-176b, 180, 182) ⇨ Sexuelle Belästigung; Straftaten aus Gruppen (§§ 184i, 184j) ⇨ Sexuelle Übergriffe; sexuelle Nötigung; Vergewaltigung (§§ 177-178) ⇨ Ausbeutung von Prostituierten; Zuhälterei (§§ 180a, 181a) ⇨ Verbreitung pornografischen Materials (§§ 184-184e)	**Beispiele von Straftaten gegen die Allgemeinheit:** Straftaten gegen die öffentliche Ordnung/Staatsschutzdelikte: ⇨ Hausfriedensbruch (§ 123) ⇨ Schwerer Hausfriedensbruch (§ 124) ⇨ Landfriedensbruch (§§ 125, 125a) ⇨ Bildung krimineller und terroristischer Vereinigungen (§§ 129, 129a, 129b) ⇨ Volksverhetzung (§ 130) ⇨ Verwendung/Verbreitung von Propagandamitteln/Kennzeichen verfassungswidriger Organisationen (§§ 86, 86a) Urkundendelikte: ⇨ Urkundenfälschung (§ 267) ⇨ Fälschung techn. Aufzeichnungen (§ 268) ⇨ Urkundenunterdrückung (§ 274) Gemeingefährliche Straftaten: ⇨ Brandstiftungsdelikte (§§ 306 ff.) ⇨ Herbeiführen einer Sprengstoffexplosion (§ 308) ⇨ Gemeingefährliche Vergiftung (§ 314) ⇨ Straßenverkehrsdelikte (§§ 315b-316) ⇨ Gefährliche Eingriffe in den Bahn-, Schiffs- und Luftverkehr (§ 315) ⇨ Gefährdung des Bahn-, Schiffs- und Luftverkehrs (§ 315a) ⇨ Räuberischer Angriff auf Kraftfahrer (§ 316a) Straftaten gegen die Umwelt: ⇨ Luft-, Boden- und Gewässerverunreinigung (§§ 324 ff.) ⇨ Unerlaubter Umgang mit radioaktiven Stoffen (§ 328)

1b Freilich ist diese Einteilung nicht frei von Einwänden und Überschneidungen. Das gilt insbesondere hinsichtlich solcher Normen, die mehrere Rechtsgüter schützen. So wird bei § 306 (Brandstiftung) angenommen, die Vorschrift schütze nicht nur das Individualrechtsgut Eigentum, sondern (wegen des systematischen Standorts bei den gemeingefährlichen Straftaten) auch die Allgemeinheit. Ähnliches gilt für die Straßenverkehrsdelikte; diese schützen Individual- und Allgemeinrechtsgüter. Auch Prostitutionsdelikte haben oft eine doppelte Schutzrichtung. Auswirkungen hat die doppelte Schutzrichtung v.a. für die Frage nach einer Einwilligung (s. *R. Schmidt*, AT, Rn 428 ff.), weil diese nur bei Individualrechtsgütern in Betracht kommt.

1. Kapitel – Straftaten gegen das menschliche Leben

A. Der Grundsatz des absoluten Lebensschutzes

I. Die Systematik der Tötungsdelikte

Der 16. Abschnitt des StGB sanktioniert die Straftaten gegen das menschliche Leben. Er umfasst zum einen die Tötungsdelikte der §§ 211, 212, 216 und 222, die das Leben des bereits *geborenen* Menschen schützen, und zum anderen Regelungen über den Schwangerschaftsabbruch (§§ 218 bis 219b), die Angriffe auf das noch *ungeborene* menschliche Leben sanktionieren. Eine Besonderheit birgt § 213 in sich, da er nach fast einheliger Auffassung[2] weder einen Tatbestand noch eine unselbstständige Privilegierung, sondern eine *Strafzumessungsregel* für einen minder schweren Fall des Totschlags darstellt. Die Vorschrift ist daher nicht „konkurrenzfähig". Das StGB kennt auch die Kategorie der Gefährdungsdelikte. In Bezug auf die Lebensgefährdung sind beispielhaft §§ 221, 238 II Var. 1, 250 II Nr. 3b, 306b II Nr. 1, 315a, 315b, 315c, 315d II Var. 1, 330 II Nr. 1 Var. 1, 330a I Var. 1. Diese Tatbestände schützen bereits vor einer (konkreten) *Gefährdung* des Lebens. Die privilegierende Wirkung der Kindestötung (§ 217) wurde vom Gesetzgeber für nicht mehr zeitgemäß gehalten und im Zuge des 6. StrRG 1998 gestrichen. Die Mutter ist nun aus § 212 oder § 211 strafbar. Zu den Reformbestrebungen vgl. Rn 52.

II. Das Verhältnis der vorsätzlichen Tötungsdelikte untereinander

Das Verhältnis der Tatbestände vorsätzlicher Tötung (§§ 211, 212, 216) ist umstritten. Während die **Rechtsprechung**[3] (noch)[4] von jeweils **eigenständigen Straftatbeständen** ausgeht, betrachtet das **herrschende Schrifttum**[5] § 212 als **Grundtatbestand**, der jeweils in dem anderen Tatbestand **qualifiziert** (so von § 211) bzw. **privilegiert** (so von § 216) werde. Nun mag man sich fragen, warum es so wichtig sein soll, das Verhältnis der Tötungsdelikte zueinander zu bestimmen. Vom unterschiedlichen Aufbau in der Fallbearbeitung einmal abgesehen[6], ist die Bestimmung des Verhältnisses insbesondere für die Frage nach der Strafbarkeit des Teilnehmers wichtig, weil die Lockerung der Teilnahmeakzessorietät von der Anwendbarkeit des § 28 I oder II abhängt. Dies wiederum ist eine Frage des Verhältnisses zwischen § 211 und § 212 einerseits und zwischen § 212 und § 216 andererseits. Vgl. hierzu ausführlich Rn 146 ff./164.

III. Beginn und Ende des strafrechtlichen Lebensschutzes

Da die §§ 211, 212, 216 und 222 die Tötung eines (anderen) Menschen sanktionieren, stellt sich die Frage nach Beginn und Ende des menschlichen Lebens. Hinsichtlich des Beginns des menschlichen Lebens stellt der Strafgesetzgeber auf die Geburt ab. Anderenfalls hätte er die Vorschriften über den Schwangerschaftsabbruch (§§ 218 f.) nicht erlassen. Daraus folgt: Der noch ungeborene Mensch kann – unabhängig von der Frage, ob er schon Träger des Grundrechts auf Leben ist[7] – nicht Opfer eines Tötungsdelikts

---

[2] Vgl. nur BGHSt 4, 226, 228; Sch/Sch-*Eser/Sternberg-Lieben*, § 213 Rn 2; MüKo-*Schneider*, § 213 Rn 1; *Fischer*, § 213 Rn 1; Lackner/Kühl-*Kühl*, § 213 Rn 1; anders für die Provokationsvariante *Zwiehoff*, Die provozierte Tötung, 2001, S. 7 und generell *Otto*, BT, § 5 Rn 13 (Privilegierungs*tatbestand* zu § 212). Vgl. dazu Rn 31.
[3] St. Rspr. vgl. nur BGHSt 1, 235, 238; 1, 368, 371; 22, 375, 377; 30, 105, 106 f.; 50, 80, 91 ff.; BGH NJW 2002, 3559, 3560; NJW 2005, 996, 997.
[4] Vor nicht allzu langer Zeit hat der 5. Strafsenat des BGH (NJW 2006, 1008, 1009 ff.) die von allen Strafsenaten des BGH bisher stets vertretene Eigenständigkeit der Tötungsdelikte erstmals in Frage gestellt und die Bereitschaft erkennen lassen, das von der h.L. vertretene Stufenverhältnis übernehmen zu wollen. Vgl. dazu Rn 150a.
[5] Lackner/Kühl-*Kühl*, Vor § 211 Rn 22; SK-*Horn*, § 211 Rn 2; *Geppert*, Jura 2000, 651, 654. Dagegen geht *Eser* lediglich bei § 211 von einer unselbstständigen Abwandlung zu § 212 aus und sieht § 216 als eigenständigen Tatbestand an (Sch/Sch-*Eser/Sternberg-Lieben*, Vorbem §§ 211 ff. Rn 5/§ 216 Rn 2); zur Eigenständigkeit des § 216 vgl. auch *Fischer*, Vor § 211 Rn 1. Zum Ganzen vgl. auch *Grünewald*, JA 2012, 401 ff.
[6] So wäre der Obersatz nach der (bisherigen) Rspr.: „Strafbarkeit des ... nach § 216" und nach h.L.: „Strafbarkeit des ... nach §§ 212, 216".
[7] Siehe dazu *R. Schmidt*, Grundrechte, 24. Aufl. 2019, Rn 50.

i.S.d. §§ 211 ff. sein (zu seinem Schutz greifen aber die §§ 218 f.). Entscheidend ist daher, zu welchem Zeitpunkt des Geburtsvorgangs das „Menschsein" i.S.d. §§ 211 ff. beginnt. Das StGB definiert den exakten Zeitpunkt nicht. Wie dem Wortlaut des (im Zuge des 6. StrRG 1998 aufgehobenen) § 217 zu entnehmen war, kann eine Mutter ihr Kind bereits *während* der Geburt töten. Daraus folgert die h.M., dass – in Abweichung zum Zivilrecht (vgl. § 1 BGB) – für das Gebiet der §§ 211 ff. StGB das menschliche Leben mit dem *Anfang* der Geburt, d.h. bei der vaginalen Geburt im Zeitpunkt des **Einsetzens der Eröffnungswehen** beginnt. Bei operativer Entbindung (**Kaiserschnitt; Sectio**) ist der Zeitpunkt des ärztlichen Eingriffs, also die **Öffnung des Uterus**, maßgeblich.[8]

Der exakte Zeitpunkt des Beginns des „Menschseins" i.S.d. Strafrechts ist nicht nur für die Frage der Anwendung entweder der §§ 211 ff. oder der §§ 218 f. relevant, sondern auch für den Fall, dass der Täter lediglich fahrlässig handelt. Denn der Gesetzgeber hat nur die fahrlässige Tötung eines geborenen Menschen unter Strafe gestellt (vgl. § 222), nicht auch den fahrlässigen Schwangerschaftsabbruch. Tötet der Täter also den noch ungeborenen Menschen (den Nasciturus) fahrlässig (etwa, indem er in den Bauch der Schwangeren schlägt oder tritt und dabei unvorsätzlich das Absterben des Nasciturus verursacht), ist er in Bezug auf die Leibesfrucht nicht strafbar.

Da das „Menschsein" i.S.d. §§ 211 ff. mit dem Einsetzen der Eröffnungswehen beginnt, stellt sich die Frage nach der Strafbarkeit auch für den Fall, dass das Kind während der Geburt mit Einwilligung der Mutter getötet wird, um eine für die Mutter bestehende Lebensgefahr abzuwenden. Exemplarisch geht es um den Fall, dass das Kind wegen einer Geburtsunmöglichkeit (Beispiel: „Wasserköpfigkeit" des Kindes) nicht auf natürlichem Wege geboren werden kann und (aufgrund der Konstitution der Mutter) auch ein Kaiserschnitt nicht möglich ist. Nimmt der Arzt in diesem Fall die sog. **Perforation** vor (= Öffnung des kindlichen Kopfes zur Verkleinerung des Umfangs mit der Folge der Totgeburt), nimmt die h.L. eine Rechtfertigung durch Heranziehung des Rechtsgedankens der §§ 218 f. oder durch Notstand gem. § 34 an. Hinsichtlich § 34 führt sie zur Begründung an, dass zwar eine Abwägung Menschenleben gegen Menschenleben im Rahmen des § 34 an sich nicht möglich sei, die Perforationshandlung allerdings gerechtfertigt sei, da die Mutter dem Kind das Leben schenke und ein Abbruch dieses Schenkungsprozesses für sie möglich sein müsse, um eine Gefahr für das eigene Leben abzuwenden.[9] Das ist abzulehnen. Zum einen beginnt auf dem Gebiet der §§ 211 ff. nach eben jener h.M. das menschliche Leben mit dem *Anfang* der Geburt, d.h. im Zeitpunkt des Einsetzens der Eröffnungswehen, was dazu führt, dass im Zeitpunkt der Perforation das „Menschsein" im Sinne des Strafrechts zu bejahen und der „Schenkungsprozess" bereits abgeschlossen ist, also nicht mehr abgebrochen werden kann. Zum anderen wird auch sonst die Auffassung vertreten, dass eine Abwägung Leben gegen Leben nicht möglich sei und daher die Tötung eines Menschen unter dem Aspekt des Notstands nicht rechtfertigungsfähig sei. Lehnt man also mit dieser Argumentation die Rechtfertigung der Tötung unschuldiger Passagiere eines von Terroristen entführten Verkehrsflugzeugs ab, um dieses daran zu hindern, als „fliegende Bombe" in ein Hochhaus oder ein Kernkraftwerk gesteuert zu werden[10], verbietet sich eine Abwägung auch im Fall der Perforation. Die h.L. verstrickt sich also in zweifacher Weise in Widersprüche. Richtig ist indes vielmehr, den die Perforation vornehmenden Arzt (und die einwilligende Mutter) unter dem Aspekt des übergesetzlichen entschuldigenden Notstands schuldlos zu behandeln, zumal das Nichtbestehen einer Pflicht, sein eigenes Leben zur Rettung anderer einzusetzen, gerade das Argument für den übergesetzlichen Notstand ist.[11]

---

[8] Vgl. dazu auch BGH NStZ 2008, 393, 394 f.; BGHSt 32, 194, 195 f.; 31, 348, 351; SK-*Horn*, § 212 Rn 3; Lackner/Kühl-*Kühl*, Vor § 211 Rn 3; Sch/Sch-*Eser/Sternberg-Lieben*, Vorbem §§ 211 ff. Rn 13; *W/H/E*, BT 1, Rn 9-11; *Kühl*, JA 2009, 321; a.A. NK-*Merkel*, § 218 Rn 33 f. (Anknüpfung an § 1 BGB).

[9] So etwa *Jäger*, Examens-Repetitorium StrafR AT, Rn 159; LK-*Hirsch* (11. Aufl.), § 34 Rn 74; MüKo-*Erb*, § 34 Rn 153; NK-*Neumann*, § 34 Rn 91; Lackner/Kühl-*Kühl*, § 34 Rn 9.

[10] Vgl. dazu die h.L., dargestellt bei *R. Schmidt*, AT, Rn 420.

[11] Vgl. dazu *R. Schmidt*, AT, Rn 605 ff.

Tötungsdelikte – Der strafrechtliche Lebensschutz

Nicht erforderlich ist, dass das Kind nach der Geburt längere Zeit lebensfähig ist. Demzufolge kommt auch einer nicht lebensfähigen Frühgeburt Menschqualität zu, selbst wenn sie kurz nach der Geburt stirbt.

Sind vor dem Einsetzen der Eröffnungswehen somit nicht die §§ 211 ff., sondern die §§ 218 f. einschlägig, haben diese auch abschließenden Charakter (zum Schwangerschaftsabbruch vgl. ausführlich Rn 225 ff.). Dies ist wichtig für die rechtliche Behandlung von Fällen, in denen ein Eingriff des Täters im pränatalen Bereich den Tod des Kindes erst nach der Geburt mit sich bringt (sog. „pränatale Einwirkung mit postnataler Auswirkung"). Hier wird bei der Frage nach der Anwendbarkeit des einschlägigen Straftatbestands gem. § 8 auf den **Zeitpunkt der schädigenden Einwirkung** abgestellt.[12]

4

> **Beispiel:** T stach der schwangeren O in Tötungsabsicht mit einem Messer mehrmals in Hals und Brust. Infolge der raschen Herbeiholung des Notarztes und der anschließenden stationären Notoperation konnte O jedoch gerettet werden. Allerdings verstarb die im Zuge der Notoperationen per Kaiserschnitt entbundene Tochter C einige Tage nach der Entbindung an den Folgen eines durch die Stichverletzungen der O im Mutterleib erlittenen Herz-Kreislauf-Stillstands.
>
> **Strafbarkeit in Bezug auf C:** Durch die Messerstiche auf O könnte sich T zum Nachteil der C wegen eines Tötungsdelikts (§ 212 bzw. § 211) strafbar gemacht haben. Da aber die schädigende Einwirkung im vorgeburtlichen Stadium stattfand, ist (lediglich) § 218 einschlägig, der in seinem Anwendungsbereich eine Strafbarkeit nach § 212 bzw. § 211 ausschließt. Auch kann bei einer Messerattacke auf eine Schwangere dolus eventualis in Bezug auf das Absterben des nasciturus unterstellt werden (sofern der Täter die Schwangerschaft erkannt hat). T ist demnach hinsichtlich C wegen Schwangerschaftsabbruchs (§ 218 I, II Nr. 1 und 2) strafbar.
>
> **Strafbarkeit in Bezug auf O:** Durch die Messerstiche auf O ist er wegen versuchter Tötung (§§ 212, 22) bzw. versuchten Mordes (§§ 211, 22) zum Nachteil der O strafbar. Tateinheitlich dazu ist er wegen gefährlicher Körperverletzung (§§ 223 I, 224 I Nr. 2 Var. 2 Nr. 5) zum Nachteil der O strafbar.

Anders stellt sich der Fall dar, in dem infolge der Abtreibungshandlung ein lebendes (wenn auch lebensunfähiges) Kind zur Welt kommt, das nach der Geburt durch eine **neue Angriffshandlung** getötet wird.

5

> **Beispiel:** Die 17-jährige T ist schwanger. Da sie aber meint, das Leben noch frei und ohne Verpflichtungen genießen zu wollen, nimmt sie in der 22. Schwangerschaftswoche Abtreibungshandlungen an sich vor. Daraufhin kommt es zu einer Frühgeburt, wobei das zu früh auf die Welt gekommene Kind jedoch überlebt. Später wird es von T in der Badewanne ertränkt.
>
> Ein vollendeter Schwangerschaftsabbruch aufgrund der Abtreibungshandlungen liegt nicht vor, weil ein lebendes (und auch lebensfähiges) Kind geboren wurde. Denkbar wäre zwar an eine Strafbarkeit wegen *versuchten* Schwangerschaftsabbruchs (§ 218 IV S. 1), doch für die Schwangere ist der versuchte Schwangerschaftsabbruch straflos (vgl. § 218 IV S. 2). Hinsichtlich des Ertränkens in der Badewanne liegt indes ein vollendetes Tötungsdelikt (§ 212 bzw. § 211) vor, da trotz der Abtreibungshandlungen ein lebendes Kind geboren und anschließend durch eine eigenständige Handlung getötet wurde.[13]
>
> Hinweis: Wäre zwar ein lebendes, aber lebensunfähiges Kind geboren worden, wäre der Schwangerschaftsabbruch vollendet gewesen; T wäre dann wegen Schwangerschaftsabbruchs (§ 218 I, III) strafbar gewesen; tatmehrheitlich dazu wäre T wegen eines Tötungsdelikts strafbar gewesen. An der Verantwortlichkeit wegen eines Tötungsdelikts hätte sich

---

[12] Vgl. BGH NStZ 2008, 393, 394 f.; BGHSt 31, 348, 352; Sch/Sch-*Eser/Sternberg-Lieben*, Vorbem §§ 211 ff. Rn 13 ff.; NK-*Neumann*, vor § 211 Rn 13; SK-*Horn*, § 212 Rn 4; *W/H/E*, BT 1, Rn 11 f.; *Wasserburg*, NStZ 2013, 147, 151.
[13] Vgl. nunmehr auch *Kühl*, JA 2009, 321, 322.

auch nichts geändert, weil das Kind wenig später ohnehin gestorben wäre. Denn auch dann wäre der konkrete Taterfolg nicht infolge der Lebensunfähigkeit, sondern infolge der dazwischentretenden selbstständigen Tötungshandlung der T eingetreten.[14]

6   **Nicht** dem Strafrechtsschutz der §§ 211 ff. unterfallen **Eingriffe am Embryo außerhalb des Mutterleibs**, also Maßnahmen der **Gentechnik** und der **Fortpflanzungsmedizin** wie etwa die mechanische Veränderung der Erbinformationen, die Befruchtung der weiblichen Keimzelle im Reagenzglas (sog. In-vitro-Fertilisation), Forschungsexperimente mit auf diese Weise erzeugten **Embryonen** oder gar die Züchtung von genetisch identischen Menschen (sog. **Klonen**). Hier ist der Anwendungsbereich des **Embryonenschutzgesetzes** (ESchG) mit seinen differenzierten Strafnormen eröffnet. An dieser Stelle kann allerdings nur ein kursorischer Überblick gegeben werden:[15]

7   Gemäß § 1 I Nr. 2 ESchG wird mit Freiheitsstrafe bis zu drei Jahren oder mit Geldstrafe bestraft, wer es unternimmt, eine Eizelle zu einem anderen Zweck künstlich zu befruchten, als eine Schwangerschaft der Frau herbeizuführen, von der die Eizelle stammt. Ergänzend stellt das ESchG die **Leihmutterschaft** (§ 1 I Nr. 6 ESchG), die **Ersatzmutterschaft** (§ 1 I Nr. 7 ESchG), den **Embryonenhandel** (§ 2 I ESchG) und die extrakorporale **Züchtung menschlicher Embryonen** zu wissenschaftlichen oder wirtschaftlichen Zwecken (§ 2 II ESchG) unter Strafe. Strafbar bzw. verboten sind ferner die künstliche Befruchtung zum Zweck der Geschlechtswahl (§ 3 ESchG), die eigenmächtige künstliche Befruchtung, die eigenmächtige Embryonenübertragung, die künstliche Befruchtung nach dem Tod des Samenspenders (§ 4 ESchG), künstliche Veränderungen der Keimbahnzellen (§ 5 ESchG) sowie die Vermischung menschlicher und tierischer Erbinformationen (§ 7 ESchG).

8   § 6 ESchG verbietet das **Klonen zu therapeutischen Zwecken.** Unter Klonen versteht man die Schaffung eines Zwillingsembryos einer Person, um daraus Stammzellen zu gewinnen, die sich zu Zellgewebe oder Organen entwickeln, um dann - wegen der Identität der Zellstrukturen - ohne Abstoßungsreaktionen in den Körper des Patienten verpflanzt zu werden.[16]

9   Bei der **Präimplantationsdiagnostik** (PID) werden mehrere Embryonen durch In-vitro-Fertilisation erzeugt und auf genetische Defekte untersucht und nur der erbgesunde Embryo wird übertragen; die belasteten werden „verworfen", d.h. entsorgt. Ob dieses Verfahren die Strafnorm des § 1 I Nr. 2 ESchG erfüllt, ist unklar[17], kann aber dahinstehen, weil der Gesetzgeber durch die Einfügung eines § 3a I in das ESchG im Dezember 2011 entschieden hat, dass die PID grundsätzlich strafbar ist. Gleichzeitig hat der Gesetzgeber aber Rechtfertigungsgründe aufgenommen. Diese sind in § 3a II ESchG geregelt und greifen, wenn das Risiko einer schwerwiegenden Erbkrankheit besteht oder wenn die PID zur Feststellung einer schwerwiegenden Schädigung des Embryos, die mit hoher Wahrscheinlichkeit zu einer Tot- oder Fehlgeburt führen wird, vorgenommen wird.

10   **Stammzellen** sind Zellen, die sich nicht zu einem Menschen entwickeln können, sondern solche, die (lediglich) die Fähigkeit besitzen, sich zu verschiedenen implantationsfähigen Gewebetypen zu entwickeln. Die Gewinnung solcher Stammzellen aus Embryonen, die zu diesem Zweck erzeugt und getötet worden sind – sog. **verbrauchende Embryonenforschung** – ist gem. § 2 I ESchG strafbar. Darüber hinaus verbietet das am 1.7.2002 in Kraft getretene **Stammzellengesetz** (StZG) grundsätzlich die Einfuhr und die Verwendung im Ausland erzeugter embryonaler Stammzellen.

11   Dies gilt ausnahmsweise nicht für solche embryonalen Stammzellen, deren Einfuhr und Verwendung durch die zuständige Behörde zu Forschungszwecken genehmigt worden ist. Die

---

[14] Nach der allgemeinen Kausalitätslehre sind Reserveursachen unbeachtlich (wie hier Lackner/Kühl-*Kühl*, § 218 Rn 5; *W/H/E*, BT 1, Rn 247 ff.; *Joecks/Jäger*, Vor § 211 Rn 20; anders noch BGHSt 10, 291).
[15] Vgl. dazu weitergehend *Kloepfer*, JZ 2002, 417 ff.; *Benda*, NJW 2001, 2147 f.; *Taupitz*, NJW 2001, 3433.
[16] Vgl. *Laufs*, NJW 2000, 2716, 2717.
[17] Vgl. zu dieser Thematik insgesamt BGH NJW 2010, 2672 ff.; *Kubiciel*, NStZ 2013, 382 ff.; *Kudlich*, JA 2010, 833 ff.; *Schroth*, NJW 2010, 2676 f.; *Brunhöber*, HRRS 2010, 412, 417; *Reiß*, HRRS 2010, 418; *Tolmein*, GID 2010, 40, 41; *Kreß*, ZRP 2011, 68 f.

Tötungsdelikte – Der strafrechtliche Lebensschutz

Genehmigung setzt allerdings voraus, dass die Stammzellen vor dem 1.1.2002 aus künstlicher Befruchtung zur Herbeiführung einer Schwangerschaft gewonnen wurden, dass sie nicht mehr für diesen Zweck Verwendung finden und dass für die Überlassung kein geldwerter Vorteil gewährt oder versprochen wurde.

Der strafrechtliche Lebensschutz **endet** mit dem Tod. Eine Tötungshandlung kann nur bis zu diesem Zeitpunkt vorgenommen werden. Da aber auch der Tod (wie die Geburt) mitunter einen länger andauernden Prozess darstellt, ist für die zeitliche Anwendbarkeit der Tötungsdelikte die exakte Bestimmung des Todeszeitpunkts erforderlich. Wann – aus rechtlicher Sicht – das Leben als Mensch endet, ist umstritten. Während man früher auf den endgültigen Stillstand von Kreislauf und Atmung abstellte (sog. klinischer Tod), wird heute teilweise auf den Zeitpunkt des endgültigen, nicht mehr umkehrbaren Bewusstseinsverlusts (sog. Kortikaltod)[18], herrschend jedoch – mit Blick auf die Reanimationsmöglichkeiten in der modernen Medizin – mit Recht auf den Zeitpunkt des irreversiblen Erlöschens der gesamten Hirntätigkeit (sog. **Hirntod**) abgestellt.[19] Dieser tritt wiederum ein, wenn das **Gehirn als Ganzes** einschließlich des Stammhirns abgestorben ist.[20] Auch der Gesetzgeber geht, wie sich aus § 3 II Nr. 2 TPG ergibt, von der Maßgeblichkeit des Hirntods aus. Jede Handlung, die nach Eintritt des Hirntods vorgenommen wird (z.B. Abschalten des Beatmungsgeräts oder Unterlassen weiterer Reanimation, aber auch Organentnahme), betrifft daher nicht mehr einen lebenden Menschen, sodass die §§ 211 ff. nicht einschlägig sind. Die strafrechtliche Relevanz kann sich nur noch aus anderen Vorschriften (etwa aus § 168, aber auch aus solchen des Transplantationsgesetzes - TPG) ergeben. Die Organentnahme nach Eintritt des Hirntodes führt also nicht zur Anwendung der §§ 211 ff., auch wenn damit unweigerlich der klinische Tod herbeigeführt wird, sondern betrifft – von § 168 abgesehen – ausschließlich die Vorschriften des TPG.

Zu **Euthanasie**, **Sterbehilfe** und **Suizid** vgl. die zusammenhängende Darstellung bei Rn 164 ff. und insbesondere bei Rn 177 ff.

---

[18] So *Dencker*, NStZ 1992, 311, 314 f.
[19] *Merkel*, Früheuthanasie, 2001, S. 111, 113. Vgl. auch *Landau*, ZRP 2005, 50 ff.; *Kühl*, JA 2009, 321, 323.
[20] Vgl. ausführlich MüKo-*Schneider*, vor § 211 Rn 14 ff.

B. Totschlag (§ 212)

14 Sofern mit der hier vertretenen Auffassung der Totschlag[21] als Grundtatbestand zu allen anderen Tötungsdelikten verstanden wird, bietet es sich an, zunächst diesen Straftatbestand darzustellen, um – darauf aufbauend – auf die Besonderheiten der Qualifikationen und Privilegierungen einzugehen.

15 Im Rahmen der Fallbearbeitung müssen bei der Prüfung des Tatbestands des § 212 insbesondere folgende Problemschwerpunkte sicher beherrscht werden:

- Abgrenzung des Tatobjekts zum noch **ungeborenen** oder **verstorbenen** oder eines in der **Sterbephase** befindlichen Menschen (Beginn und Ende des strafrechtlichen Lebensschutzes ⇨ Rn 3 ff.)
- Abgrenzung zwischen **bedingtem Vorsatz** und **Fahrlässigkeit** (⇨ Rn 20 ff.)
- Vorliegen eines **besonders schweren/minder schweren Falls** (⇨ Rn 29 ff.)

Für die Prüfung des Totschlags ist folgender Aufbau allgemein anerkannt:

16

Totschlag (§ 212)

I. Tatbestand
  1. Objektiver Tatbestand
    a. Tatsubjekt (unmittelbarer Täter, mittelbarer Täter, Mittäter)
    b. Tatobjekt (ein anderer Mensch)
    c. Tathandlung (die Tötung)
    d. Eintritt des Erfolgs und Verbindung zwischen Handlung und Erfolg (Kausalität)
    e. Erfolgszurechnung (Lehre von der objektiven Zurechnung)
  2. Subjektiver Tatbestand
    Vorsatz, mindestens *dolus eventualis*

II. Rechtswidrigkeit
    Insb. können Notwehr und Nothilfe (§ 32) die Rechtswidrigkeit entfallen lassen.

III. Schuld
    Insbesondere können Schuldunfähigkeit (§ 20), Notwehrexzess (§ 33) und entschuldigender Notstand (§ 35) zum Wegfall des Schuldvorwurfs führen.

IV. Weitere Strafbarkeitsbedingungen/Strafzumessungsregeln
    1. Besonders schwerer Fall (§ 212 II)
    2. Minder schwerer Fall (§ 213)

I. Tatbestand

1. Objektiver Tatbestand: Tötung eines anderen Menschen

17 **Geschütztes Rechtsgut** ist das **Leben eines anderen Menschen**. Zwar ist das Adjektiv „anderer" nicht in der gesetzlichen Formulierung des § 212 zu finden, sodass auch die Selbsttötung vom Wortlaut des § 212 erfasst ist, aus Satzbau und Telos der Norm wird aber klar, dass Tatobjekt ein anderer als der Täter sein muss. Daher sind der (freiverantwortliche) Suizid und grundsätzlich auch die Teilnahme daran straflos.[22] Ob der andere Mensch noch „in der Blüte des Lebens" steht oder bereits sehr alt oder todkrank ist und kurze Zeit nach der Tat ohnehin gestorben wäre, muss wegen des absoluten Lebensschutzes unberücksichtigt bleiben. Daher ist auch die – kurzfristige –

---

[21] Zur Reformbestrebung bzgl. der vorsätzlichen Tötungsdelikte vgl. Rn 52.
[22] So auch ausdrücklich BGHSt 46, 279, 285. Zur grundsätzlich straflosen Teilnahme daran vgl. Rn 189 ff.

Beschleunigung des Todeseintritts tatbestandsmäßig[23] (zu den engen Ausnahmen der zulässigen Euthanasie bzw. Sterbehilfe vgl. Rn 177 ff.).

Im Hinblick auf die **Tathandlung** setzt der objektive Tatbestand des § 212 entsprechend der Natur des Totschlags als Erfolgsdelikt die kausale und objektiv zurechenbare **Tötung** eines anderen (geborenen) Menschen voraus. Die Tathandlung kann zunächst in einem **aktiven Tun** bestehen. Eine bestimmte Art und Weise der Tatbestandsverwirklichung verlangt das Gesetz nicht. Vielmehr kann der Tod auf beliebige Art und Weise herbeigeführt werden, auch wenn die Deliktsbezeichnung Tot„schlag" nahelegt, dass der Täter zuschlagen muss, um den Tatbestand zu verwirklichen. In Betracht kommen insbesondere das Verletzen, Vergiften und Aussetzen, solange nur der Tod eines anderen Menschen herbeigeführt wird.[24] Auch ein (an § 13 zu messendes) **Unterlassen** ist möglich, etwa das Unterlassen gebotener Hilfe. Erforderlich ist aber, dass die unterbliebene Handlung mit an Sicherheit grenzender Wahrscheinlichkeit das Leben nicht nur unwesentlich verlängert hätte. Des Weiteren ist eine Garantenstellung erforderlich, um eine Unterlassenstat i.S.v. § 13 bejahen zu können. Bei einem **Suizidanten**, der eigenverantwortlich den Tod will, ist zudem der Wille zu respektieren. Der behandelnde Arzt, der Ehepartner oder andere Personen mit Garantenstellung, die diesen Willen respektieren, sind daher aus ihrer Garantenpflicht entlassen.

18

Totschlag ist kein eigenhändiges Delikt. Daher kann auch Täter sein, wer die Tathandlung nicht selbst vornimmt. **Mittelbare Täterschaft** und **Mittäterschaft** sind also möglich.[25] Zu **Kausalität** und **objektiver Zurechnung** vgl. *R. Schmidt*, AT, Rn 144 ff./164 ff.

19

2. Subjektiver Tatbestand: Vorsatz in Form von *dolus eventualis*

Subjektiv muss der Täter – da § 212 keine besondere Vorsatzform verlangt – jedenfalls mit *dolus eventualis* handeln. In Abgrenzung zur bewussten Fahrlässigkeit stellt der BGH in ständiger Rechtsprechung auf die sog. „**Billigungstheorie**" ab, die kognitive und voluntative Elemente berücksichtigt. Danach liegt *dolus eventualis* vor, wenn der Täter

20

- den **Eintritt des Todes als mögliche, nicht ganz fernliegende Folge seines Handelns erkennt** (Wissenselement; kognitives Element)

- und **billigend in Kauf nimmt**, d.h. sich mit dem Todeserfolg abfindet (Wollenselement; voluntatives Element).[26]

Dagegen ist **bewusste Fahrlässigkeit** anzunehmen, wenn der Täter ernsthaft und nicht nur vage darauf vertraut, dass der als möglich angesehene Erfolg nicht eintritt.[27]

Freilich ist diese Rechtsprechung nicht frei von Einwänden. So wird darauf hingewiesen, dass eine echte Gefahrenkenntnis unvereinbar sei mit einem Vertrauen auf einen guten Ausgang. Denn habe jemand erkannt, dass ein bestimmtes Ereignis drohe, könne er auf einen guten Ausgang nur noch hoffen, aber nicht mehr vertrauen, weil man von einem „Vertrauen" nur dann sprechen könne, wenn man innerlich sicher sei, dass nichts geschehe.[28] Unter Zugrun-

---

[23] Vgl. BGHSt 21, 59, 61; BGH NStZ 2001, 29, 30; Lackner/Kühl-*Kühl*, § 212 Rn 2.

[24] So nun auch *Kühl*, JA 2009, 321, 325.

[25] BGH NStZ-RR 2000, 327 mit Bespr. v. *Martin*, JuS 2000, 1234; *Baier*, JA 2001, 194.

[26] Vgl. nur BGH NStZ 2019, 344; NStZ 2019, 208; NJW 2018, 1621, 1622; NStZ 2018, 37, 38; NJW 2017, 3249, 3253; NStZ 2016, 25, 26; NStZ 2015, 464, 465; NJW 2014, 3382, 3383; NStZ 2014, 84; NStZ 2013, 159, 160; NStZ 2012, 443, 444.

[27] Ebenfalls st. Rspr., vgl. nur BGH NStZ 2019, 208; NStZ 2018, 460, 461 („Frankfurter Raserfall"); NStZ-RR 2018, 154 („Bremer Raserfall"); NJW 2018, 1621, 1622 f. („Berliner Raserfall"); NStZ-RR 2016, 79, 80; NStZ 2015, 580, 581; NStZ 2015, 516; NStZ 2014, 84; NStZ 2013, 159, 160. Grundlegend BGHSt 7, 363, 368 ff. (Lederriemen-Fall); BGHSt 36, 1, 9 f. (HIV-Infizierung). Letztlich gehen diese Überlegungen auf eine Formel von Reinhard Frank, Das Strafgesetzbuch für das Deutsche Reich, 18. Aufl. 1931, § 59 Anm. V, S. 182 zurück. Dort heißt es: „Kommt man zu dem Ergebnis, daß der Täter auch bei bestimmter Kenntnis gehandelt hätte, so ist der Vorsatz zu bejahen; kommt man zu dem Ergebnis, daß er bei bestimmter Kenntnis die Handlung unterlassen hätte, so ist der Vorsatz zu verneinen."

[28] *Walter*, NJW 2017, 1350, 1351.

delegung dieses Ansatzes ist es sicherlich richtig, die Schwäche der Rechtsprechung aufzuzeigen. Allerdings geht es bei der Frage nach der Bejahung von dolus eventualis zentral darum, dass der Täter den (für möglich gehaltenen bzw. für nicht ganz fernliegend erachteten) Taterfolg billigend in Kauf nimmt. Und dies lässt sich verneinen, wenn er davon ausgeht (nicht darauf vertraut!), der Taterfolg werde schon nicht eintreten. Folgerichtig ist bei der Frage nach der Abgrenzung zur Fahrlässigkeit das voluntative Element allein danach zu bestimmen, ob der Täter den Taterfolg **billigend in Kauf** genommen hat bzw. ihm **gleichgültig** gegenüberstand.[29]

> **Hinweis für die Fallbearbeitung:** Nach der richtig verstandenen Rechtsprechung, die danach fragt, ob der Täter den für möglich gehaltenen Taterfolg billigend in Kauf genommen hat bzw. ihm gleichgültig gegenüberstand, erfolgt die Abgrenzung zwischen bedingtem Vorsatz und Fahrlässigkeit also in zwei Schritten: Zuerst ist das kognitive Element zu prüfen, also danach zu fragen, ob der Täter den Eintritt des Taterfolgs für möglich gehalten hat. Erst wenn diese Frage bejaht wird, ist zu prüfen, ob der Täter den für möglich gehaltenen Erfolg „gebilligt" oder „billigend in Kauf genommen" hat, sich gleichwohl aber nicht von der Verwirklichung der Tat hat abbringen lassen.

21 Nach Auffassung des BGH ist also der Schluss von der **objektiv äußerst gefährlichen Handlung des Täters auf bedingten Tötungsvorsatz** möglich.[30] Die (erkennbare) objektive Gefährlichkeit sei sogar wesentlicher Indikator für das Vorliegen eines bedingten Tötungsvorsatzes[31], ohne dass dies durch den Aspekt der „Hemmschwelle" in Frage gestellt oder relativiert werden sollte.[32] Generell wird man das bei hochriskanten Verhaltensweisen des Täters annehmen müssen. Wer durch sein (eigennütziges, rücksichtsloses oder hochriskantes) Verhalten einen Schaden verursacht, hat die Schadensverursachung regelmäßig billigend in Kauf genommen. Wegen des hohen Strafmaßes des § 212 I und des Umstands, dass auch der Gesetzgeber bei einer das Leben gefährdenden Behandlung regelmäßig nur von einem Körperverletzungsvorsatz ausgeht – sonst hätte er den Tatbestand des § 224 I Nr. 5 nicht eingeführt –, verlangt der BGH aber, dass die Instanzgerichte im Rahmen einer **Gesamtwürdigung** (vgl. § 261 StPO) **aller objektiven und subjektiven Umstände** im Einzelfall zu prüfen haben, ob Tötungsvorsatz oder lediglich Körperverletzungsvorsatz vorliegt.[33] Denn es bestehe selbst bei objektiv gefährlichen Gewalttaten die Möglichkeit, dass der Täter den Tötungserfolg entweder überhaupt nicht erkannt oder aber ihn zwar als möglich vorausgesehen, aber dennoch ernsthaft und nicht nur vage auf einen guten Ausgang vertraut und damit bewusst fahrlässig gehandelt habe. Der Schluss von der (Lebens-)Gefährlichkeit der Gewalthandlung auf den bedingten Tötungsvorsatz sei deshalb nur dann tragfähig, wenn der Tatrichter in seine Erwägung auch all diejenigen objektiven und subjektiven Umstände einbezogen habe, die eine derartige Folgerung in Frage stellen könnte.[34]

22 Analysiert man die aufgezeigte Rechtsprechung des BGH, müssen trotz der vom Täter erkannten Möglichkeit des Todeseintritts

- Ziel und Beweggrund für die Tat,

---

[29] Siehe dazu ausführlich *R. Schmidt*, StrafR AT, Rn 248.
[30] Vgl. nur BGH NStZ 2019, 344; NStZ 2019, 208; NJW 2018, 1411, 1412; NStZ 2016, 25, 26; NStZ 2015, 580; 2015, 516; 2015, 216; 2014, 35; 2013, 159, 160; 2012, 443, 444; 2012, 207, 208.
[31] BGH NStZ 2019, 344 („liegt nahe"); BGH NJW 2018, 1621, 1622; NStZ 2015, 216. Vgl. auch BGH NStZ 2016, 341, 342; NJW 2018, 1411, 1412.
[32] BGH NStZ 2019, 208; NStZ 2018, 206, 207 mit Verweis auf BGHSt 57, 183, 191.
[33] BGH NStZ 2019, 523; NStZ 2019, 208; NJW 2016, 1970, 1971; NStZ 2016, 25, 26; NStZ 2015, 216; NStZ 2015, 266, 267. Vgl. auch NStZ 2015, 516, wo der BGH zudem deutlich macht, dass beide Vorsatzelemente durch tatsächliche Feststellungen belegt werden müssen. Und in NStZ 2019, 523 macht der BGH deutlich, dass die Tatgerichte auch vorsatzkritische Umstände einbeziehen müssen.
[34] Vgl. nur BGH NStZ 2016, 25, 26. Vgl. auch BGH NStZ 2016, 341, 342.

Tötungsdelikte – Totschlag (§ 212)

- die Art der Tatausführung (etwa Planung oder Spontantat[35]),
- die konkrete Angriffsweise[36],
- die Höhe des von der Tathandlung ausgehenden Risikos einer Rechtsgutverletzung,
- die von der Tat ausgehende Gefährlichkeit („Messer mit langer oder kurzer Klingenlänge", „einmaliger oder mehrmaliger Messerstich"; „Messerstich in den Hals oder den Unterbauch" etc.),
- die Persönlichkeit des Täters (bereits in der Vergangenheit wegen schwerer Gewaltdelikte aufgefallen),
- der Kenntnisstand des Täters,
- aber auch seine psychische Verfassung (z.B. Affekt[37], alkoholische Beeinflussung[38] oder hirnorganische Schädigung)[39]
- und sein Nachtatverhalten (etwa „eindringliches Einwirken auf den Notarzt, Rettungsbemühungen trotz Aussichtslosigkeit fortzusetzen"[40] oder das „Absetzen eines Notrufs"[41])

bei der Würdigung aller Umstände berücksichtigt werden.[42] Das stellt freilich erhebliche Anforderungen an die Beweiswürdigung und die Urteilsbegründung durch die Tatgerichte, möchten diese keine aufhebende Revisionsentscheidung riskieren.[43] Gleichwohl sind Revisionsentscheidungen kaum „vorhersehbar", wie die folgenden Beispiele aus der Rechtsprechung zeigen, die allerdings nicht losgelöst von den o.g. Kriterien und einer umfassenden Bewertung betrachtet werden dürfen!

Beispiele für die Annahme von *dolus eventualis*:

(1) So nimmt den Todeserfolg billigend in Kauf, wer einem anderen ein **Messer** (mit einer Klingenlänge von 12 cm) oder **Essstäbchen kräftig in den Hals, Rücken, Brustkorb oder Unterleib rammt.**[44]

(2) Ein gewichtiges Beweisanzeichen für bedingten Tötungsvorsatz liegt auch vor, wenn der Täter dem hilflos am Boden liegenden Opfer mit einem **Gartenrechen mehrmals heftig auf den Kopf schlägt.**[45] Das Gleiche gilt beim mehrfachen heftigen Eintreten mit **festem Schuhwerk auf den Kopf, den Bauch oder in das Gesicht** eines wehrlos am Boden liegenden Opfers[46] oder beim **wuchtvollen Schlagen mit einer Machete gegen den Kopf** des Opfers[47].

(3) Auch ist von bedingtem Tötungsvorsatz auszugehen, wenn der Täter seinem **dreijährigen Stiefkind mit einer solchen Wucht ins Gesicht schlägt, dass dieses mit dem Kopf gegen einen Gegenstand prallt und an den Folgen der Kopfverletzung stirbt.** Das gilt jedenfalls dann, wenn der Täter das Opfer zuvor wiederholt in lebensbedrohlicher Weise hemmungslos und gleichwohl systematisch miss-

---

[35] Gerade bei Spontantaten stellt der BGH selbst bei lebensgefährlicher Gewaltanwendung hohe Anforderungen an die Annahme von bedingtem Tötungsvorsatz, wenn der Täter „spontan, unüberlegt und in affektiver Erregung" gehandelt hat (BGH NJW 2014, 3382, 3383).

[36] BGH NStZ 2019, 344.

[37] Vgl. auch hierzu BGH NStZ 2015, 580, 581; NJW 2014, 3382, 3383.

[38] BGH NStZ 2016, 25, 26.

[39] BGH NStZ 2012, 384, 385 f.

[40] Zur Einbeziehung des Nachtatverhaltens vgl. BGH NJW 2014, 3382, 3383; NStZ 2009, 503 f. Nach der hier vertretenen Auffassung ist bei der Frage nach dem Tatbestandsvorsatz die Berücksichtigung des Nachtatverhaltens abzulehnen, denn das unterlassene oder nicht mehr mögliche Nachtatverhalten ändert ja nichts an der inneren Tatseite zum Zeitpunkt der Tatbegehung (dazu Rn 22 Bsp. 7). Immerhin hat sich auch der BGH in einer anderen Entscheidung skeptisch zur Einbeziehung des Nachtatverhaltens geäußert (BGH NStZ 2012, 443, 444).

[41] BGH NJW 2014, 3382, 3383.

[42] Vgl. dazu BGH NStZ 2019, 344; NStZ 2018, 206, 207; NStZ 2016, 341, 341; NStZ 2016, 25, 26; NJW 2014, 3382, 3383; NStZ 2014, 35; NStZ-RR 2013, 89; NStZ 2013, 159, 160; NStZ 2012, 384, 385 f.; NStZ 2009, 629, 630. Umfangreiche Kasuistik bei *Artkämper/Dannhorn*, NStZ 2015, 241, 244 ff.

[43] Wertet man die einschlägige BGH-Rechtsprechung aus, erkennt man, dass die meisten Beanstandungen die gebotene, aber unterlassene oder nicht fehlerfrei durchgeführte Gesamtabwägung betreffen (so etwa im Fall BGH NStZ 2019, 344).

[44] BGH NStZ 2015, 580 f.; NStZ 2008, 393, 394 f.; NStZ 2007, 331, 332; NStZ 2006, 685; NStZ 2006, 169, 170; NStZ 2006, 98, 99. Zum Nachtatverhalten, das nach Auffassung des BGH ein anderes Ergebnis erzwingen kann, vgl. Rn 22 Bsp. 7.

[45] BGH, Urteil v. 19.7.2001 – 4 StR 144/01.

[46] BGH NStZ 2007, 639, 640; NStZ 2010, 276, 277; NStZ 2016, 341, 342; NStZ 2016, 670, 671.

[47] BGH NStZ 2011, 210, 211.

Tötungsdelikte – Totschlag (§ 212)

handelt hat. Denn in diesem Fall lassen die äußeren Tatumstände Rückschlüsse auf den bedingten Tötungsvorsatz des Täters zu.[48]

(4) Weiterhin handelt regelmäßig mit bedingtem Tötungsvorsatz, wer den Schutzkontakt einer elektrischen **Haussteckdose** mit einer **230-Volt-Spannung** versieht[49], einen 70-Jährigen aus 4,5 m Höhe **aus dem Fenster stürzt**, bewusst einen Menschen **mit einem Pkw überfährt**, aus kurzer Entfernung mit einer **Waffe** auf einen Menschen schießt[50], **Bomben** legt[51], jemanden wuchtig mit einem **Baseballschläger** attackiert[52], **Brandflaschen** in einen Raum wirft, in dem sich Menschen aufhalten[53], einen **nächtlichen Brandanschlag auf ein bewohntes Haus begeht** oder bewusst **Gullydeckel** von einer Autobahnbrücke auf unten fahrende Autos wirft.

(5) Andererseits hat der BGH bedingten Tötungsvorsatz **verneint** bzw. dessen Bejahung beanstandet in dem Fall, dass der Täter dem Opfer eine leere Bierflasche ins Gesicht schlägt und ihm dabei die Todesgefahr „scheißegal" ist[54]; das Gleiche gilt hinsichtlich des Würgens des Opfers bis zur Bewusstlosigkeit und des anschließenden zweifachen Schlagens des Kopfes auf den Boden i.V.m. der ausdrücklichen Erklärung, das Opfer umbringen zu wollen[55]. Auch 5 Stiche in die linke Körperhälfte mit den Worten: „Ich bring´ dich um" ließen nicht ohne weiteres auf bedingten Tötungsvorsatz schließen.[56] Und selbst bei einem Schlag mit einem 3,5 kg schweren gusseisernen Kerzenständer auf den Kopf des Opfers hat der BGH Tötungsvorsatz verneint.[57]

(6) Auch die vom BGH teilweise vorgenommene Verneinung des bedingten Tötungsvorsatzes in dem Fall, dass der Täter dem Opfer mit einem 20 cm langen Küchenmesser **in den Rücken** sticht[58] oder spontan-unüberlegt ein **Klappmesser in die Brust** rammt[59], überzeugt nicht, ist aber Ausdruck der unvorhersehbaren, teilweise sehr täterfreundlichen Rechtsprechung des BGH.

(7) Nachdenklich stimmt auch der folgende Fall[60]: Im Zuge einer privaten Feier, bei der T und sein späteres Opfer erhebliche Mengen Alkohol zu sich nahmen, kam es zum Streit und zu einer Rauferei, in deren Folge T dem O einen **großen Glassplitter in den Hals rammte**, um sich für die erlittene Demütigung zu rächen. Aus der Wunde spritzte das Blut wie eine Fontäne. Zutiefst erschrocken alarmierte T sofort den Notarzt und versuchte zwischenzeitlich die Blutung mit einem Handtuch zu stillen. Dennoch verstarb O innerhalb der nächsten fünf Minuten. T war völlig aufgelöst und stand beim Eintreffen des Notarztes lediglich mit Socken und Unterhose bekleidet auf der winterlichen Straße. Den Arzt drängte er hartnäckig zur Fortsetzung seiner Rettungshandlungen, weil er den Tod des O nicht akzeptieren wollte. Schließlich nahm T von O Abschied, nachdem er einen Polizisten dazu um Erlaubnis gebeten hatte. Das LG verurteilte T wegen Körperverletzung mit Todesfolge zu einer Freiheitsstrafe von sechs Jahren. Staatsanwaltschaft und Nebenklage erstrebten mit ihrer – erfolglosen – Revision eine Verurteilung wegen Totschlags.

Der BGH hat entschieden, dass im Zuge der Gesamtwürdigung auch das **Nachtatverhalten** ein Indiz für die innere Tatseite des Täters bilde.[61] Zwar sei das Rammen eines großen Glassplitters in den Hals eines Menschen objektiv derart gefährlich, dass der Schluss auf einen (bedingten) Tötungsvorsatz sehr naheliege, allerdings sei es

---

[48] BGH NJW 2006, 386, 387.
[49] BGH NStZ 2001, 475, 476.
[50] Vgl. BGH StraFo 2009, 78 f. (Schuss auf Oberkörper).
[51] BGH, Beschl. v. 12.12.2000 – 5 StR 294/00.
[52] BGH, Urt. v. 11.10.2000 – 3 StR 321/00.
[53] BGH NStZ-RR 2002, 20, 21; BGH, Urt. v. 21.6.2001 – 4 StR 86/01.
[54] BGH NStZ 1994, 585.
[55] BGH NStZ 1988, 361.
[56] BGH NStZ 1987, 424.
[57] BGH StV 1988, 93.
[58] BGH NStZ 2008, 278.
[59] BGH NStZ 2010, 571, 572.
[60] BGH NStZ 2009, 629 f. Vgl. auch BGH NStZ 2015, 266, 267.
[61] Bestätigt in BGH NStZ 2015, 266, 267.

Tötungsdelikte – Totschlag (§ 212)

nicht zu beanstanden, wenn das Tatgericht das Nachtatverhalten des Täters in die Gesamtwürdigung einfließen lasse und dadurch bedingten Tötungsvorsatz verneine.[62]

Bewertung: Zwar mögen sich bewegende Momente nach der Tat und auch im Gerichtssaal ereignet haben, dies ändert aber nichts daran, dass T aus Zorn und Rache einen Glassplitter in den Hals eines Menschen gerammt hat. T konnte in diesem Moment nicht ernsthaft darauf vertrauen, dass O schon nicht sterben werde. Denn ein Überleben des O wäre dem reinen Zufall zu verdanken gewesen. Jedenfalls ist nach der hier vertretenen Auffassung die Einbeziehung des Nachtatverhaltens mit Blick auf das aus § 16 I S. 1 folgende **Simultanitätsprinzip**, wonach der Tatvorsatz im Zeitpunkt der Tatbegehung vorliegen muss, abzulehnen. Nach § 8 ist dies der Zeitpunkt der **Vornahme der tatbestandlichen Ausführungshandlung**. Und in diesem Moment muss aufgrund der Gefährlichkeit der Tathandlung und der Motivation des T (Rache für die erlittene Demütigung) bedingter Tötungsvorsatz angenommen werden. Nachtatverhalten kann nach der hier vertretenen Auffassung lediglich als „tätige Reue" angesehen werden, die aber bei den meisten Delikten, so auch bei Tötungsdelikten, unbeachtlich ist. Freilich eine andere Frage wäre es gewesen, bei T aufgrund der erheblichen Alkoholintoxikation (bei ihm wurde für den maßgeblichen Zeitpunkt der Tatausführung eine Blutalkoholkonzentration von 2,97 ‰ festgestellt) eine verminderte Schuldfähigkeit gem. § 21 anzunehmen und das Nachtatverhalten zusätzlich im Rahmen des Strafmaßes (§ 46) zu berücksichtigen. Es indes nicht zu beanstanden, wenn das Tatgericht den Tötungsvorsatz verneint, überzeugt nicht.

(8) Immerhin hat der BGH ein äußerst fragwürdiges Urteil des LG Saarbrücken aufgehoben. Das LG hatte in dem Fall, dass der Täter dem Opfer ein Messer mit einer Klingenlänge von 11 cm – begleitet von dem Ausspruch: „Verreck, du Hurensohn" – derart **heftig in den Rücken rammte**, dass eine Rippe brach und das Messer in die Lunge eintrat, einen Tötungsvorsatz verneint. Zur Begründung führte das LG aus, dass der Täter nur einmal zugestochen habe und nicht unerheblich alkoholisiert (1,58 ‰) gewesen sei. Der BGH hob das erstinstanzliche Urteil maßgeblich mit der Begründung auf, dass die Urteilsbegründung widersprüchlich sei (das LG sprach an anderer Stelle davon, der Täter sei nur unerheblich alkoholisiert gewesen) und dass das LG zudem nicht alle Aspekte in die erforderliche Gesamtschau aufgenommen habe.[63] Dem ist zuzustimmen. Bei derart brutalen und äußerst gefährlichen Handlungen, begleitet von verbalen Aussprüchen der genannten Art, ist es trotz der teilweise täterfreundlichen Rechtsprechung angezeigt, bedingten Tötungsvorsatz anzunehmen.

(9) Leider war es dem BGH aus Rechtsgründen versagt, ein Urteil des LG Dresden aufzuheben. Die Täter hatten das Opfer festgehalten, mit einem **Brandbeschleuniger** übergossen und in Brand gesetzt. Infolge schwerster Brandverletzungen verstarb das Opfer wenig später im Krankenhaus. Das LG verurteilte die Täter lediglich wegen gefährlicher Körperverletzung mit Todesfolge, nicht aber wegen Totschlags. Die Revision der StA blieb erfolglos. Der BGH entschied, dass er das Urteil des LG nicht aufheben könne, da dieses rechtsfehlerfrei ergangen sei. Das LG habe die Abwägung aller objektiven und subjektiven Umstände vorgenommen. Wenn das LG daraufhin die Feststellung treffe, dass die Täter die Gefährlichkeit und die Unbeherrschbarkeit ihres Handelns unterschätzt und daher nicht mit (bedingtem) Tötungsvorsatz gehandelt hätten, sei dies nicht zu beanstanden.[64]

Verbale Äußerungen des Täters vor, während oder unmittelbar nach der Tat, sollen aber eher geringes Gewicht jedenfalls dann haben, wenn sie objektiv ungefährliche Handlungen begleiten. Wenn also objektiv nicht lebensgefährliches Verhalten mit den Worten **„ich bring´ dich um"** begleitet wird, ist dies weder ein zwingendes noch hinreichendes Beweisanzeichen für das Vorliegen eines Tötungsvorsatzes. Anderseits ist die

23

---

[62] BGH NStZ 2009, 629, 630. Vgl. auch BGH NStZ 2011, 512 f.; NJW 2014, 3382, 3383; NStZ 2015, 266, 267.
[63] BGH NStZ 2012, 384, 385 f.
[64] BGH NStZ 2013, 169, 170.

Tötungsdelikte – Totschlag (§ 212)

Äußerung **„Soll ich dich abstechen?"** nach Auffassung des BGH selbst bei (lebens-)gefährlicher Gewalteinwirkung noch kein (sicheres) Indiz für die Annahme von bedingtem Tötungsvorsatz.[65] Diese Inkonsequenz überzeugt wenig, reiht sich aber in die bereits erwähnte nicht vorhersehbare Rechtsprechung des BGH ein, teilweise auch bei noch so brutalen körperlichen Übergriffen eine Tötungshemmung anzunehmen, die aber faktisch bei vielen Tätern nicht (mehr) existiert.[66] Immerhin erkennt der BGH in einem anderen Urteil (siehe Bsp. 8 von Rn 22) den von einem Messerstich in den Rücken begleiteten Ausspruch des Täters **„Verreck, du Hurensohn"** als einen Umstand an, der im Rahmen der genannten Gesamtwürdigung ein gewichtiges Indiz für die Annahme von bedingtem Tötungsvorsatz darstelle.[67]

24   Da sich auch nach der Rechtsprechung des BGH jede schematische Lösung verbietet[68] und es somit allein auf die **Gesamtwürdigung aller Umstände des Einzelfalls** ankommt, kann trotz äußerst gefährlicher Begehungsweise (Beispiel: Schuss aus kurzer Distanz) ein bedingter Tötungsvorsatz zu verneinen sein, wenn der Täter dem Opfer lediglich „einen Denkzettel" verpassen möchte[69] oder wenn es dem Täter nur darum geht, sein Opfer „außer Gefecht" zu setzen[70]. Auch wenn dem Täter infolge einer psychischen Beeinträchtigung das Risiko der Tötung nicht bewusst war[71] oder bei spontanen, unüberlegten, in hochalkoholisiertem Zustand und/oder affektiver Erregung ausgeführten Handlungen[72] kann nach Auffassung des BGH nicht ohne weiteres auf bedingten Tötungsvorsatz geschlossen werden.

> **Beispiel:** So hält es der BGH (in m.E. nicht überzeugender Weise) für möglich, dass trotz lebensgefährlicher Begehungsweise (mehrere tiefe Schnitte mit Cutter-Messer in Oberkörper, Kopf und Hals) der Täter infolge spontaner, unüberlegter und affektiver Erregung die Lebensgefährlichkeit seines Handelns falsch eingeschätzt und daher nicht den Todeseintritt gebilligt hat.[73]

25   Da der BGH einerseits betont, dass die Wertung der hohen und offensichtlichen Lebensgefährlichkeit von Gewalthandlungen als ein gewichtiges, auf Tötungsvorsatz hinweisendes Beweisanzeichen auch nicht unter dem Aspekt einer „Hemmschwelle" in Frage gestellt oder auch nur relativiert werden solle[74], andererseits aber auch deutlich macht, dass die Gefährlichkeit der Tathandlung nicht allein maßgeblich sein kann und dass das Tatgericht (selbstverständlich) auch die im Einzelfall in Betracht kommenden, einen Vorsatz in Frage stellenden Umstände in seine Erwägungen einzubeziehen habe[75], ist – entgegen der Auffassung des LG Berlin[76], das im „Berliner-Todesraserfall" mit erheblichem Argumentations- und Begründungsaufwand bedingten Tötungsvorsatz angenommen hat – nicht davon auszugehen, dass die Teilnehmer des in der Berliner Innenstadt initiierten **illegalen Straßenrennens** den Tod anderer billigend in Kauf genommen haben. Insbesondere tragen die vom LG angeführten maßgeblichen Argumente zum voluntativen Vorsatzelement nicht. Es mag zwar zutreffen, dass sich die Raser im „Berliner-Todesraserfall" in ihren „tonnenschweren, stark beschleunigenden, mit umfassender

---

[65] BGH NStZ 2010, 571, 572.
[66] Kritisch auch *v. Heintschel-Heinegg*, JA 2010, 387 f.; *Mandla*, NStZ 2012, 695 ff.
[67] BGH NStZ 2012, 384, 385 f.
[68] BGH NJW 2016, 1970, 1971.
[69] BGH NJW 2016, 1970, 1971.
[70] Vgl. nur BGH NStZ 2003, 369, 370; NStZ 2001, 475, 476; NZV 2001, 266; NStZ-RR 2000, 165, 166.
[71] Siehe den Fall BGH NStZ 2019, 208.
[72] BGH NStZ 2016, 25, 26; NJW 2014, 3382, 3383; NStZ 2010, 571, 572; StraFo 2009, 78 f.
[73] BGH NJW 2014, 3382, 3383. Ähnlich problematisch BGH NStZ 2016, 25, 26 (8 Rippenbrüche, Zertrümmerung des Mittelgesichts und Bruch des Zungenbeins durch mehrfache heftige Tritte mit Arbeitsschuh gegen Oberkörper und Gesicht des hilflos am Boden liegenden Opfers).
[74] BGH NStZ 2018, 206, 207 („Irrelevanz der ‚Hemmschwellentheorie' bei bedingtem Tötungsvorsatz") mit Verweis auf BGHSt 57, 183, 191.
[75] BGH NStZ 2018, 460, 461; NStZ-RR 2018, 154; BGH NJW 2018, 1621, 1622 mit Verweis u.a. auf BGH NStZ 2014, 35; NStZ 2015, 516, 517.
[76] LG Berlin NStZ 2017, 471, 473 ff.

14

Sicherheitstechnik ausgestatteten" Autos geschützt, stark und überlegen wie in einem Panzer oder in einer Burg gefühlt haben (so die Feststellungen des LG). Wer jedoch (wie insbesondere der Hauptangeklagte, der sich „Der Transporter" nannte und mit dem unbeteiligten Jeep kollidierte, wodurch dessen Fahrer getötet wurde) sein Auto „liebt" (so ebenfalls die Feststellungen des LG)[77], riskiert nicht ohne weiteres die Beschädigung oder gar den Verlust seines Autos, und zwar auch dann nicht, wenn man sich in ihm „sicher wie in einem Panzer" fühlt. Denn wer (kollisionsbedingt) den Tod anderer in Kauf nimmt, muss unweigerlich auch eine (stärkere) Beschädigung oder gar den Verlust seines eigenen Fahrzeugs in Kauf nehmen. Vor allem aber überzeugt es nicht, wenn das LG Berlin meint, die Fahrer hätten den Tod anderer in Kauf genommen, für sich selbst aber jegliches Risiko ausgeschlossen. Wer als Fahrer eines Kfz in Bezug auf fremde Rechtsgüter gleichgültig handelt und den Tod anderer in Kauf nimmt, wird auch für sich selbst ein Risiko sehen müssen. Die Argumentation des LG Berlin ist also nicht stimmig. Richtigerweise hätte es auf der Basis seiner Feststellungen das voluntative Vorsatzelement und damit Tötungsvorsatz ausschließen müssen[78], auch wenn dadurch das Gerechtigkeitsgefühl „auf der Strecke" geblieben zu sein scheint. Kann das voluntative Vorsatzelement nicht bejaht werden, tragen auch die objektiven gefährlichen Tatumstände nicht die Verurteilung wegen eines vorsätzlichen Tötungsdelikts.

Die Konsequenz der Bejahung bzw. Verneinung von Tötungsvorsatz in diesem Fall liegt auf der Hand: Bei Bejahung droht eine Verurteilung auch wegen Mordes unter dem Aspekt des gemeingefährlichen Mittels (§ 211 II Var. 7).[79] Bei Verneinung ist lediglich fahrlässige Tötung gegeben. Insgesamt heißt das also gerade nicht, dass „Todesraser" stets glimpflich davonkämen. Im Gegenteil: Nehmen sie den von ihnen für möglich gehaltenen Tod eines Menschen billigend in Kauf, droht ihnen definitiv die Verurteilung wegen Tötung bzw. Mordes.[80]

In jedem Fall aber liegt § 315c I Nr. 2a) und Nr. 2d) vor und gemäß der vom Bundestag am 29.6.2017 beschlossenen Gesetzesänderung für Tathandlungen, die nach Inkrafttreten der Neuregelung vorgenommen werden, auch § 315d[81].

Hinweis für die Fallbearbeitung: Die vorstehenden Beispiele sollten ein Gefühl dafür verliehen haben, wie von der Rechtsprechung die Abgrenzung vorgenommen wird. In der Fallbearbeitung ist in jedem Fall methodisch anhand der aufgezeigten Kriterien vorzugehen. Hinsichtlich des erforderlichen Prüfungsumfangs ist wie folgt zu unterscheiden:

- Sagt der Sachverhalt, dass der Täter den Tod **„billigend in Kauf genommen** hat", ist i.d.R. keine Prüfung der Abgrenzung zwischen dolus eventualis und bewusster Fahrlässigkeit erforderlich. Nähere Ausführungen wären dann i.d.R. sogar verfehlt. Die Feststellung, dass „der Täter gemäß Sachverhalt den Tod billigend in Kauf genommen und damit mit dolus eventualis gehandelt hat", sollte in diesem Fall genügen.

- Ist der Sachverhalt weniger deutlich, lässt sich ihm aber entnehmen, dass der Täter die **Möglichkeit der Tatbestandsverwirklichung erkannt** hat, ist dies ein Indiz dafür, dass der Aufgabensteller erhöhten Wert auf die Abgrenzung zwischen dolus eventualis und bewusster Fahrlässigkeit legt. Das gilt erst recht, wenn der Sachverhalt **primär das äußere Tatgeschehen beschreibt** und zur subjektiven Seite des Täters kaum Aussagen enthält. Für die Frage, ob dolus eventualis bzgl. eines Tötungsdelikts vorliegt, müssen dann **alle Sachverhaltsinformationen gründlich bewertet** werden und dabei die bei Rn 21 genannten Kriterien herangezogen werden. Freilich liegt die Annahme von dolus eventualis umso näher, je gewalttätiger das Täterverhalten ist (Beispiele: Das in den Bauch gestoßene Messer hat eine Klingen-

---

[77] LG Berlin NStZ 2017, 471 ff.
[78] Siehe bereits die 18. Auflage dieses Buches. Vgl. später auch BGH NJW 2018, 1621, 1622 f. (Aufhebung des Urteils des LG Berlins wegen fehlerhafter Annahme von dolus eventualis).
[79] Siehe dazu *R. Schmidt*, BT I, Rn 105 ff.
[80] Das macht auch der BGH in den drei „Todesraserfällen" NStZ 2018, 460, 461, NJW 2018, 1621, 1622 und NStZ-RR 2018, 154 klar.
[81] Siehe dazu *R. Schmidt*, BT I, Rn 634 ff.

länge von 20 statt von 5 cm; ein schwerer metallischer Gartenrechen wird mehrmals heftig auf den Kopf des am Boden hilflos liegenden Opfers geschlagen). Insbesondere genügt es nicht, dass der Täter „hofft", der Tod werde schon nicht eintreten. Vielmehr muss er auf dessen Nichteintritt vertrauen.

- Ist (nach entsprechender Gesamtwürdigung aller Umstände des Einzelfalls) Tötungsvorsatz zu verneinen, muss i.d.R. sodann eine Körperverletzung mit Todesfolge (§§ 223, 227) oder zumindest eine fahrlässige Tötung (§ 222) geprüft werden. Auch darf die Möglichkeit der Aussetzung (§ 221) nie außer Betracht gelassen werden.

II. Rechtswidrigkeit

27 Bei den Rechtfertigungsgründen gewinnen zumeist nur die **Notwehr** und die **Nothilfe** (§ 32) an praktischer Bedeutung, wobei an Erforderlichkeit und Gebotenheit der todbringenden Abwehrhandlung strenge Voraussetzungen zu stellen sind. Insoweit sei auf die grundlegenden Erläuterungen bei *R. Schmidt*, AT, Rn 309 ff. verwiesen. Als Rechtfertigungsgrund jedenfalls ausgeschlossen ist – wie sich aus § 216 ergibt – die **Einwilligung**. Auch **Notstand** (§ 34) ist i.d.R. ausgeschlossen, da bei der erforderlichen Güterabwägung ein Menschenleben ein anderes nicht überwiegen wird.

III. Schuld

28 Regelmäßig ist die Schuld zu bejahen. Ggf. können bei der Tötung aber Schuldunfähigkeit, Notwehrexzess und entschuldigender Notstand den Schuldvorwurf entfallen lassen.

IV. Weitere Strafbarkeitsbedingungen/Strafzumessungsregeln

1. Besonders schwerer Fall des Totschlags (§ 212 II)

29 Die Strafzumessungsvorschrift des § 212 II verschärft die Strafe für den Totschlag „**in besonders schweren Fällen**" zu lebenslanger Freiheitsstrafe. Voraussetzung hierfür ist, dass das in der Tat zum Ausdruck kommende **Verschulden** so außergewöhnlich groß ist, dass es ebenso schwer wiegt wie das eines Mörders.[82] Der in § 212 II unbenannte besonders schwere Fall ist aber praktisch bedeutungslos, da regelmäßig das Minus, das sich im Fehlen von Mordmerkmalen zeigt, durch ein Plus an Verwerflichkeit ausgeglichen werden muss und dieser Fall insbesondere nur bei einem überlegten oder besonders brutal ausgeführten Totschlag, bei grausamen Misshandlungen vor dem endgültigen Tötungsentschluss und bei einer „niedrigen Beweggründen sehr nahe kommenden" und „hinrichtungsähnlichen Bluttat" anzunehmen ist.[83]

30 **Beispiel[84]:** In der seit 2012 währenden Beziehung des T mit der O (dem späteren Tatopfer) kam es alsbald schon aus banalen Anlässen zu verbalen Auseinandersetzungen, in deren Verlauf T die O schließlich auch schlug, ohrfeigte und an den Haaren zog. Beide sprachen gerne dem Alkohol zu. Sie verkehrten nahezu täglich in der Gaststätte *Zum Rostigen Anker*. Am Tattag, dem 9.5.2019, verließen beide kurz nach 19 Uhr die Gaststätte und gingen nach Hause. Aus einem nicht näher feststellbaren Anlass kam es sodann zwischen T und O zu einer Auseinandersetzung, in deren Verlauf T mit massiver Gewalt auf O einschlug und sie würgte. Er schlug bzw. trat O gegen Hals und Kopf und würgte sie, sodass es zum Bruch des linken und rechten Kehlkopfhorns sowie zu Verletzungen am linken Auge und in der Mundregion kam. Dies tat er so lange, bis O bewusstlos war. Sodann ergriff T ein großes Küchenmesser mit einer Klingenlänge von 13 cm und stach mit Tötungsabsicht mehrfach auf O ein. Dazu hatte er der O ihr T-Shirt nach oben über den Kopf sowie die Leggins und den Slip nach unten über die Knie gezogen. T fügte O schwerste Stich- und Schnittverletzungen am gesamten Oberkörper zu und öffnete danach ihren

---

[82] BGH NStZ 2004, 200; NStZ 2001, 647; *Detter*, NStZ 2002, 132; *Köhne*, Jura 2011, 741 f.
[83] BGH NStZ 2004, 200; NStZ-RR 1999, 101, 102; Lackner/Kühl-*Kühl*, § 212 Rn 5.
[84] In Anlehnung an BGH NStZ 2001, 647. Datumsangaben geändert. Vgl. auch *Altvater*, NStZ 2002, 20, 24.

Tötungsdelikte – Totschlag (§ 212)

Brust- und Bauchraum, wobei er u.a. das Herz, die große Körperschlagader sowie die Lungenarterien verletzte. Er schnitt sodann ein Stück Darm heraus und legte dieses direkt neben O ab. Diese verstarb letztlich am Verbluten nach innen und außen infolge der Stiche und der Teilöffnung der Brusthöhle. Als T auf sein Opfer einstach und es „regelrecht aufschlitzte", hatte O zwar noch gelebt, war aber bereits bewusstlos und hatte keine Schmerzen mehr verspürt. Strafbarkeit des T?

T könnte sich wegen **Mordes** in der 6. Tatvariante des § 211 II strafbar gemacht haben. Grausam tötet, wer dem Opfer aus gefühlloser, unbarmherziger Gesinnung besonders schwere Schmerzen oder Qualen körperlicher oder seelischer Art zufügt.[85] Vorliegend kann die Tat nicht als grausam i.S.d. § 211 II bewertet werden, weil zu dem Zeitpunkt, in dem sich T mit dem Messer an O zu schaffen machte, diese bereits bewusstlos war und daher schwere Schmerzen oder Qualen körperlicher oder seelischer Art nicht mehr verspüren konnte.

Möglicherweise liegt aber ein **besonders schwerer Fall des Totschlags** (§ 212 II) vor. Ein besonders schwerer Fall des Totschlags, der die Verhängung lebenslanger Freiheitsstrafe rechtfertigt, setzt voraus, dass das in der Tat zum Ausdruck kommende Verschulden des Täters so außergewöhnlich groß ist, dass es ebenso schwer wiegt wie das eines Mörders. So reicht die bloße Nähe die Tat oder den Täter kennzeichnenden Umstände zu einem gesetzlichen Mordmerkmal allein als die Schuld besonders erhöhender Umstand nicht aus; es müssen noch schulderhöhende Momente hinzutreten, die besonderes Gewicht haben.[86] Allein das äußere Erscheinungsbild der Tat lässt zudem nicht ohne weiteres den Schluss auf die grausame und unbarmherzige Gesinnung des Täters zu. Die Tat kann ihres grausamen Charakters auch dadurch entkleidet werden, dass der Täter zu den entsprechenden Handlungsteilen infolge heftiger Gemütsbewegung oder durch hochgradige Erregung hingerissen worden ist. Weshalb T sein Opfer schließlich mit zahlreichen Stich- und Schnittverletzungen verstümmelte, war nicht zu ermitteln. Es ist nicht auszuschließen, dass T im Verlauf des Geschehens in starke Erregung geriet, auch wenn dies hier nicht zur erheblich verminderter Schuldfähigkeit führte. Eine Vielzahl von Verletzungshandlungen ist häufig eher ein Anzeichen für eine seelische Beeinträchtigung als Ausdruck besonderer verbrecherischer Energie. Damit entfällt, wenn nicht schon die Nähe zum Mordmerkmal „grausam", so jedenfalls doch das die Annahme eines besonders schweren Falls des Totschlags begründende gewichtige schulderhöhende Moment. Denn Handlungsmodalitäten, die Anzeichen für eine erhebliche seelische Beeinträchtigung sind, dürfen nicht als besondere Strafschärfungsgründe bewertet werden. T hat sich daher nicht wegen Totschlags in einem besonders schweren Fall strafbar gemacht. Dies bedeutet freilich nicht, dass Handlungsmodalitäten, die Anzeichen für eine erhebliche seelische Beeinträchtigung sind, bei der Bewertung der Tat im Rahmen der Strafzumessung unberücksichtigt bleiben müssen. Diesem Bedürfnis wird der Strafrahmen des § 212 I mit der maximal zu verhängenden Freiheitsstrafe von 15 Jahren (vgl. 38 II) gerecht.

2. Minder schwerer Fall des Totschlags (§ 213)

Nach nahezu einhelliger Auffassung[87] stellt § 213 weder einen Tatbestand noch eine unselbstständige Privilegierung zu § 212, sondern eine **Strafzumessungsregel** für einen minder schweren Fall des Totschlags dar. Ohne den Verbrechenscharakter der Tat zu ändern (ein Versuch ist somit auch ohne spezielle Strafandrohung möglich), ist nach dieser Vorschrift eine Strafmilderung obligatorisch, wenn das Opfer seine Tötung in bestimmter Weise provoziert hat (Var. 1) oder wenn die Gesamtbewertung der Tat einen

---

[85] BGHSt 3, 264; BGH NStZ 2001, 647; *Altvater*, NStZ 2002, 20, 24; Sch/Sch-*Eser/Sternberg-Lieben*, § 211 Rn 27.
[86] BGH NStZ 2004, 200; StV 2000, 309.
[87] Vgl. nur BGH NStZ 2011, 339 f.; NStZ 2008, 510; NStZ 2002, 542; NStZ 2001, 477, 478; *Detter*, NStZ 2003, 133; *Schneider*, NStZ 2001, 455 ff.; *Altvater*, NStZ 2002, 20, 26 f.; MüKo-*Schneider*, § 213 Rn 1; Sch/Sch-*Eser/Sternberg-Lieben*, § 213 Rn 2; Lackner/Kühl-*Kühl*, § 213 Rn 1; SK-*Horn*, § 213 Rn 2; anders für die Provokationsvariante *Zwiehoff*, Die provozierte Tötung, 2001, S. 7 und generell *Otto*, BT, § 5 Rn 13 (Privilegierungs*tatbestand* zu § 212).

„sonst minder schweren Fall" (Var. 2) ergibt.[88] Allerdings kommt die Strafmilderung ausschließlich dem Täter des § 212, nicht dem des § 211 zugute. Das folgt nicht nur aus der Formulierung „Totschläger" in § 213, sondern auch aus der in § 213 vorausgesetzten fehlenden besonderen Verwerflichkeit, die gerade für § 211 unrechtsbestimmend ist. Ein „minder schwerer Fall des Mordes" (mit einer obligatorischen Strafmilderung) ist also ausgeschlossen (siehe zur Problematik Rn 52).

a. „Provozierter" Totschlag (§ 213 Var. 1)

32 Nach h.M. ist ein minder schwerer Fall des Totschlags unter den Voraussetzungen der „Provokation" stets gegeben. Auf eine Gesamtwürdigung der Tat (wie bei der Var. 2) kommt es demnach nicht an[89], wobei der BGH hinsichtlich der Beurteilung der „Schwere" der Misshandlung bzw. Beleidigung durchaus eine Gesamtwürdigung aller, auch in der Vergangenheit liegenden Vorgänge vornimmt[90].

In der Fallbearbeitung ist daher zunächst zu prüfen, ob ein Fall der provozierten Tötung vorliegt. Das Gesetz nennt folgende Voraussetzungen:

Der Täter muss von dem Getöteten durch

⇨ eine zugefügte Misshandlung (auch seelischer Art) oder
⇨ eine schwere Beleidigung (i.S.d. §§ 185 ff.) gegenüber
   ⇨ dem Täter selbst oder
   ⇨ einem seiner Angehörigen (§ 11 I Nr. 1)
⇨ ohne eigene Schuld zum Zorn gereizt
⇨ und hierdurch auf der Stelle zur Tat hingerissen worden sein.

33 Zu den Voraussetzungen im Einzelnen[91]: Als **Misshandlung** kommen körperliche oder seelische Angriffe in Frage. Ein körperlicher Angriff setzt keinen Körperverletzungserfolg voraus.[92] Allerdings muss die eingetretene oder drohende Körperverletzung **mehr als nur geringfügig** sein.[93] Seelische Angriffe kommen insb. bei einem fehlgeschlagenen Angriff auf Leib oder Leben in Betracht, etwa bei einem Messerstich ohne Verletzungsfolgen. Der Begriff der **Beleidigung** ist nicht i.S.d. § 185 zu verstehen, sondern objektiviert und provokationsspezifisch i.S.d. § 213 Var. 1. Der BGH führt dazu in ständiger Rechtsprechung aus: „Ob eine ‚schwere Beleidigung' vorliegt, beurteilt sich nach einem objektiven Maßstab. Die Handlung muss auf der Grundlage aller maßgeblichen Umstände unter objektiver Betrachtung und nicht nur aus der subjektiven Sicht des Täters als schwer beleidigend zu beurteilen sein.[94] (...). Maßgebend ist dafür der konkrete Geschehensablauf unter Berücksichtigung von Persönlichkeit und Lebenskreis der Beteiligten, der konkreten Beziehung zwischen Täter und Opfer sowie der tatauslösenden Situation"[95], wobei die Anforderungen an die Schwere der Beleidigung nicht zu gering anzusetzen seien.[96] Dabei macht der BGH deutlich, dass sich die Schwere der Beleidigung auch erst aus fortlaufenden, für sich allein noch nicht schweren Kränkungen ergeben könne, wenn die Beleidigung nach einer Reihe von Kränkungen gleichsam „der Tropfen war, der das Fass zum Überlaufen brachte".[97] Deswegen sei es geboten, in die erforderliche

---

[88] Im Rahmen der aktuellen Reformbestrebung bzgl. der vorsätzlichen Tötungsdelikte wird diskutiert, aus § 213 den unbenannten minder schweren Fall zu entfernen, vgl. dazu Rn 52.
[89] BGH NStZ 2017, 163; NStZ 2008, 510; NStZ 2004, 500 f.; BGHSt 25, 224; *Fischer*, § 213 Rn 2; LK-*Jähnke*, § 213 Rn 2. Siehe auch BGH NStZ 2019, 210, 211.
[90] BGH NStZ 2019, 210, 211 mit Verweis auf BGH NStZ 2015, 218; BGH NStZ 2015, 582; BGH NStZ-RR 2017, 11.
[91] Vgl. BGH NStZ 2019, 408, 409; NStZ 2019, 210, 211; NStZ 2015, 218, 219; 2013, 159, 160; 2009, 91, 92; 2008, 510; 2004, 500 f.; 1998, 84 u. 191 ff.; 1983, 554; 1981, 2311; 1987, 3134; SK-*Horn*, § 213 Rn 2 ff.; Lackner/Kühl-*Kühl*, § 213 Rn 2 ff.; Sch/Sch-*Eser/Sternberg-Lieben*, § 213 Rn 2 ff.; *Fischer*, § 213 Rn 2 ff.
[92] BGH 12.6.2002 – 5 StR 221/02; BGH 28.5.2002 – 5 StR 196/02; *Detter*, NStZ 2003, 133.
[93] BGH NStZ 2015, 582, 583.
[94] BGH NStZ 2019, 210, 211 mit Verweis u.a. auf BGH NStZ-RR 2017, 11.
[95] BGH NStZ 2019, 210, 211 mit Verweis u.a. auf BGH NStZ 2015, 582.
[96] BGH NStZ 2019, 210, 211 mit Verweis auf BGH NStZ 2015, 582; BGH NStZ 2015, 218.
[97] BGH NStZ 2019, 210, 211 mit Verweis auf BGH NStZ 2011, 339, 340; BGH NStZ 2015, 218; *Fischer*, § 213 Rn 5.

Tötungsdelikte – Totschlag (§ 212)

Gesamtwürdigung auch in der Vergangenheit liegende Vorgänge als mitwirkende Ursachen miteinzubeziehen.[98]

Beispiel[99]**:** Der wegen psychischer Probleme seiner Mutter bei seinen Großeltern lebende, arbeitslose T wurde über Jahre hinweg von seinem ständig alkoholisierten Großvater (O) u.a. als „Asozialer", „Gehirnamputierter" und „faule Sau" beschimpft. O versuchte gegenüber der Nachbarschaft zudem den unzutreffenden Eindruck zu vermitteln, T schlage ihn. T zog auch zwischenzeitlich aus der Wohnung der Großeltern aus, zog dann aber wieder ein. Nachdem O eines Tages in den Abendstunden (erneut) betrunken nach Hause gekommen war, trank er dort weiter. In der Nacht stürzte er auf dem Weg vom Wohnzimmer zur Toilette. T half ihm auf und führte ihn ins Wohnzimmer zurück. Dabei beschimpfte O ihn als „Zigeuner", der „zu faul zum Arbeiten" und „zu dumm zum Mausen"[100] sei. Daraufhin geriet T angesichts des durch vielfache ähnliche Tiraden belasteten Verhältnisses zu seinem Großvater in gewaltige Wut. Er empfand diese Beschimpfungen als erneute Zumutung und Demütigung, wobei ihn besonders ärgerte, dass er seinen Großvater nicht gereizt hatte, er ihm vielmehr gerade Hilfe leistete. In seiner Wut stieß er O zu Boden, trat ihm heftig gegen Oberkörper und Kopf und stampfte mehrmals wuchtig mit dem Fuß auf seine Brust. Anschließend hob er den schwer Verletzten auf und legte ihn auf das Sofa, wo dieser in der Folge verstarb.

In Gesamtschau aller Umstände („Ganzheitsbetrachtung"[101]) hat der BGH einen minder schweren Fall gem. § 213 Var. 1 angenommen und damit das landgerichtliche Urteil bestätigt. T sei immer wieder (ähnlichen) Kränkungen ausgesetzt gewesen. Der Umstand, dass die Reihe der Demütigungen zwischenzeitlich über etliche Monate vor dem Wiedereinzug unterbrochen war, habe den Beleidigungen nichts von der Schärfe ihrer Wirkungen auf T genommen.

Bewertung: Die Argumentation des BGH ist nicht zwingend. Die von O ausgehenden Beleidigungen waren zwar keine Bagatellen, ob sie aber „schwer" genug i.S.d. § 213 Var. 1 waren, um den Unrechtsgehalt des Tötungsdelikts mindern zu können, ist zweifelhaft. Auch sonst fordert der BGH, dass die Anforderungen an die Schwere der Beleidigung nicht zu gering anzusetzen seien.[102] Die unmittelbar vor der Tat von O ausgehenden Beleidigungen waren nach der hier vertretenen Auffassung kaum geeignet, das Unrecht zu mindern, zumal der BGH eine objektivierte Betrachtungsweise fordert und nicht primär auf das subjektive Empfinden des Täters abstellt. Allerdings begegnet der BGH einer solchen Betrachtungsweise mit der Formulierung, dass sich die Schwere der Beleidigung auch erst aus fortlaufenden, für sich allein noch nicht schweren Kränkungen ergeben könne, wenn die Beleidigung nach einer Reihe von Kränkungen gleichsam „der Tropfen war, der das Fass zum Überlaufen brachte"[103], weshalb es geboten sei, in die erforderliche Gesamtwürdigung auch in der Vergangenheit liegende Vorgänge als mitwirkende Ursachen miteinzubeziehen.[104] Das wiederum kollidiert mit dem gesetzlichen Kriterium „und hierdurch auf der Stelle zur Tat hingerissen". Dieses Kriterium verlangt, dass die Tötung auf einem auf die Provokation zurückzuführenden Affekt (affektiver Erregungszustand) beruht und in einem engen zeitlichen Zusammenhang zur Provokation steht[105] (dazu sogleich Rn 34). Ein Wutausbruch, der auch angestaute Frustration und angestauten Hass entlädt, ist daher nur bedingt geeignet, das geforderte enge zeitliche Moment zu erfüllen.

Daher kann man auch anderer Auffassung sein und bei T einen minder schweren Fall des Totschlags verneinen. Er hätte sich danach wegen Totschlags gem. § 212 I strafbar gemacht. Dessen Strafrahmen liegt bei 5-15 Jahren (siehe § 212 I i.V.m. § 38 II) und gibt

---

[98] BGH NStZ 2019, 210, 211 mit Verweis auf BGH NStZ 2015, 218; BGH NStZ 2015, 582; BGH NStZ-RR 2017, 11.
[99] Nach BGH NStZ 2019, 210.
[100] Damit wollte O zum Ausdruck bringen, dass er T für „zu dumm zur Ausübung des Geschlechtsverkehrs" halte.
[101] So der Begriff in BGH NStZ 2015, 582, 583.
[102] BGH NStZ 2019, 210, 211 mit Verweis auf BGH NStZ 2015, 582; BGH NStZ 2015, 218.
[103] BGH NStZ 2019, 210, 211 mit Verweis auf BGH NStZ 2011, 339, 340; BGH NStZ 2015, 218; *Fischer*, § 213 Rn 5.
[104] BGH NStZ 2019, 210, 211 mit Verweis auf BGH NStZ 2015, 218; BGH NStZ 2015, 582; BGH NStZ-RR 2017, 11.
[105] Vgl. BGH NStZ 2015, 582, 583; NStZ 2013, 341; NStZ 2011, 339, 340; NStZ 2004, 500 f.; NStZ 2002, 542.

Tötungsdelikte – Totschlag (§ 212)

dem Tatgericht die Möglichkeit, die ständigen Beleidigungen durch O strafmildernd zu berücksichtigen und das Strafmaß bei 5 Jahren oder knapp darüber anzusetzen.

33a Die Misshandlung bzw. die schwere Beleidigung muss von dem **Getöteten** (also nicht von einem Dritten) **ausgegangen** sein, kann sich aber auf den Täter oder einen seiner **Angehörigen** (i.S.d. § 11 I Nr. 1) beziehen. **Ohne eigene Schuld** wurde der Täter von dem (später) Getöteten zum Zorn gereizt, wenn er im gegebenen Augenblick „keine genügende Veranlassung" zu der Misshandlung bzw. schweren Beleidigung (also zu der Provokation) gegeben hat oder jedenfalls die Misshandlung bzw. schwere Beleidigung nicht vorwerfbar veranlasst hat.[106] Hat also der Täter das spätere Opfer zu dessen Verhalten herausgefordert[107], zur Zuspitzung eines Streits, dem die Tat folgt, beigetragen oder dem Opfer vor der Tat (auf sonstige Weise) schuldhaft Veranlassung zur Provokation gegeben[108], wurde er nicht „ohne eigene Schuld" gereizt und für § 213 Var. 1 ist kein Raum. Das ist nach der Rechtsprechung des BGH der Fall, wenn das Vorverhalten dem Täter vorwerfbar ist und in qualitativer Hinsicht geeignet ist, die darauf fußende Provokation des Opfers als verständliche Reaktion erscheinen zu lassen.[109] Gleichwohl ist der BGH in der Anwendung dieser Definition (neuerdings) sehr großzügig und gelangt – selbst in zweifelhaften Fällen – häufig zur Bejahung des Merkmals „ohne eigene Schuld" und damit – zulasten des Opferschutzes – zu einem minder schweren Fall gem. § 213 Var. 1.

> **Beispiel**[110]**:** T und seine Arbeitskollegin O waren einige Zeit zusammen. Weil O u.a. ihren früheren Lebensgefährten finanziell unterstützte, kam es öfter zum Streit zwischen T und O, woraufhin sich die beiden denn auch trennten. Gleichwohl besuchte T die O weiterhin. Nach einem Streit in der Wohnung der O, der eskalierte, ergriff O ein Küchenmesser mit ca. 14 cm langer Klinge und verletzte damit T mit einer Stichbewegung leicht an der Beugeseite des rechten Unterarms. T schlug ihr das Messer aus der Hand. Auch durch den Messerangriff nunmehr „rasend vor Wut" entschloss sich T, O zu töten. Er ergriff das Messer und stach es O in den Hals. Dann warf er O rücklings aufs Bett und stach weitere 17 Mal auf sie ein. Der dadurch bewirkte Blutverlust war bereits tödlich. T ergriff nun aber noch eine metallene Schnur, knotete sie um den Hals der O und würgte sie kräftig. Auch dieses Vorgehen war für sich genommen tödlich.
>
> Das Landgericht verneinte einen minder schweren Fall nach § 213 Var. 1 und verurteilte T wegen Totschlags gem. § 212 I. Der BGH hob das Urteil auf. Die Urteilsgründe belegten nicht hinreichend, dass T selbst den tatauslösenden Messerangriff des Tatopfers vorwerfbar veranlasst habe. Allgemein führt der BGH zu dem § 213 Var. 1 konstituierenden Merkmal „ohne eigene Schuld" negativ formulierend aus, dass es daran (nur dann) fehle, wenn der Täter dem Opfer vor der Tat schuldhaft genügende Veranlassung zur Provokation gegeben habe.[111] Sei das Vorverhalten dem Täter vorwerfbar und in qualitativer Hinsicht geeignet, die darauf fußende Provokation des Opfers als verständliche Reaktion erscheinen zu lassen, sei die Tatprovokation nicht „ohne eigene Schuld".[112] „Ohne eigene Schuld" liege nicht vor, wenn die dem Täter zugefügte Misshandlung ihrerseits Ausfluss einer angemessenen Reaktion des Opfers auf die ihm zuvor durch den Täter zuteilgewordene Behandlung gewesen sei. Fehle es an der Proportionalität zwischen vorangegangenem Fehlverhalten des Täters und der nachfolgenden Opferreaktion, sei die Schuld des Täters an der Provokation mangels genügender Veranlassung zu verneinen.[113]

---

[106] BGH NStZ 2019, 471 m.w.N.; BGH NStZ 2019, 210, 211 mit Verweis auf BGH NStZ 1983, 554; BGH NStZ 1984, 216; BGH NStZ 1987, 555; BGH NStZ 1998, 191; Sch/Sch-*Eser/Sternberg-Lieben*, § 213 Rn 7.
[107] BGH NStZ 2008, 510; BGH NStZ 2019, 471.
[108] BGH NStZ 2019, 408, 409 mit Verweis auf BGH NStZ 1992, 588.
[109] BGH NStZ 2019, 408, 409. Siehe auch BGH NStZ 2019, 471.
[110] Nach BGH NStZ 2019, 408.
[111] BGH NStZ 2019, 408, 409 mit Verweis auf BGH NStZ 1992, 588.
[112] BGH NStZ 2019, 408, 409.
[113] BGH NStZ 2019, 408, 409.

Dem BGH fehlten Feststellungen des Landgerichts hierüber. Das Landgericht habe sich mit der Frage, ob der Messerangriff der O auf T noch eine angemessene Reaktion auf den vorangegangenen Streit war, nicht auseinandergesetzt. Eine Erörterung hätte sich hier aber aufgedrängt, da ein zu einer Schnittverletzung führender Angriff mit einem Messer mit 14 cm langer Klinge jedenfalls nicht ohne weiteres als verständliche oder als angemessene Reaktion auf einen verbalen Streit angesehen werden kann.

Bewertung: Es mag sein, dass ein zu einer Schnittverletzung führender Angriff mit einem Messer mit einer Klingenlänge von 14 cm nicht ohne weiteres als verständliche oder als angemessene Reaktion auf einen verbalen Streit angesehen werden kann mit der Folge, dass eine Tatprovokation durch O naheliegt. Gleichwohl liegt ein vom BGH nicht erwähnter, aber entscheidender Umstand vor: Nachdem T der O das Messer aus der Hand geschlagen hatte, lag dieses auf dem Boden und wurde von T aufgehoben. Spätestens zu diesem Zeitpunkt hätte sich T besinnen müssen, zumal er die von O ausgehende Provokation nicht unwesentlich mitverursacht hatte. Schließlich wird man das Merkmal „auf der Stelle" (dazu sogleich Rn 34) in Frage stellen müssen, worauf der BGH auch nicht eingegangen ist. Jedenfalls aber erfolgte das anschließende Erdrosseln nicht mehr „auf der Stelle" und ist nicht als minder schwerer Fall i.S.d. § 213 anzusehen.

Nach der hier vertretenen Auffassung lag kein Fall des § 213 Var. 1 vor. T hat sich jedenfalls in Bezug auf das Erdrosseln gem. § 212 I strafbar gemacht.

Wie bereits aus dem obigen Beispiel deutlich geworden ist, muss der Täter schließlich **34** **auf der Stelle** zur Tat hingerissen worden sein. Auf der Stelle zur Tat hingerissen wurde der Täter, wenn die Tötung auf einem auf die Provokation zurückzuführenden **Affekt** (affektiver Erregungszustand) beruht und in einem engen zeitlichen Zusammenhang zur Provokation steht[114], wobei der BGH es neuerdings genügen lässt, wenn zwischen der Tatprovokation und der Tötung des Provokateurs eine gewisse raumzeitliche Zäsur besteht, sofern zwischen beiden Ereignissen nur ein „motivationsspezifischer Zusammenhang" gegeben ist.[115] Das ist mit der gesetzlichen Formulierung „auf der Stelle" schwerlich vereinbar und daher abzulehnen. Daher war auch in den Beispielen von Rn 33 und 33a nach der hier vertretenen Auffassung § 213 Var. 1 abzulehnen. Auch die im folgenden Beispiel dargestellte Rechtsauffassung des BGH überzeugt nicht.

Beispiel[116]**:** T war Gast in einer Pension und nahm an einer Silvesterfeier teil, die in den Kellerräumen der Pension stattfand. Dort benahm er sich, unter Alkoholeinfluss stehend, verbal und durch Gesten sexuell auffällig. So sagte er manchen Frauen, er wolle mit ihnen „ins Bett gehen", und machte dies durch entsprechende Körperbewegungen deutlich. Gegenüber einer anderen Frau äußerte er, sie habe einen blöden Freund, den er am liebsten umbringen wolle, und er würde es ihr dann „ordentlich besorgen". Ein anderes Paar belästigte er mit den Worten, wenn nicht der Mann der Frau in den „Mund ficken" wolle, würde er das tun. Die Aufforderung des O, dies zu unterlassen, ignorierte T, woraufhin O dem T einen Faustschlag auf das linke Auge versetzte. Nunmehr schlugen und traten die beiden hinzugekommenen Brüder des O sowie O selbst auf T ein, selbst nachdem dieser bereits zu Boden gegangen war. Dadurch erlitt T mehrere Einblutungen am Kopf und Oberkörper. Nachdem die drei Angreifer von T abgelassen hatten, begab dieser sich in sein Zimmer im zweiten Obergeschoss, holte von dort ein Küchenmesser und kam wenige Minuten später gegen 22.00 Uhr in den Flur vor dem Partyraum zurück. Er war wütend und fühlte sich wegen des „Rauswurfs" gedemütigt; für die Tritte und Schläge wollte er sich rächen. Auf halber Höhe der Kellertreppe stieß er auf einen der beiden Brüder des O, der ihn aufforderte, das Messer wegzulegen. Als O zusammen mit seiner schwangeren Lebenspartnerin L hinzukam, sagte T, er werde L nicht wehtun, er habe ein Problem mit O und dessen Brüdern. O trat in Richtung der rechten Hand des T, in der dieser das Messer hielt, traf sie jedoch nicht. Unvermittelt trat T auf O zu und stach diesem sechsmal u.a. in die linke

---

[114] Vgl. BGH NStZ 2015, 582, 583; NStZ 2013, 341; NStZ 2011, 339, 340; NStZ 2004, 500 f.; NStZ 2002, 542.
[115] BGH NStZ 2017, 163.
[116] Nach BGH NStZ 2019, 471 (leicht abgewandelt, um das Problem des Falles zu fokussieren).

Tötungsdelikte – Totschlag (§ 212)

Achselhöhle, in den Oberbauch und in die rechte Brustkorbseite, wobei er den Herzbeutel traf und die Aorta durchtrennte. Dadurch verstarb O.

Der Tatbestand des § 212 I ist erfüllt. T hat vorsätzlich, rechtswidrig und schuldhaft O getötet. Fraglich ist allein, ob ihm wegen der vorangehenden Attacken der drei Brüder der Strafmilderungsgrund aus § 213 Var. 1 zugutekommt. T könnte nämlich ohne eigene Schuld durch eine ihm zugefügte Misshandlung von O zum Zorn gereizt und hierdurch auf der Stelle zu dessen Tötung hingerissen worden sein.

T ist vor seiner Tat von O und dessen beiden Brüdern körperlich misshandelt worden. Diese hatten zu seinem Nachteil eine gefährliche Körperverletzung (§ 224 I Nr. 4) begangen. Hierdurch wurde T zum Zorn gereizt und zur Tat hingerissen. Fraglich ist aber, ob dies „ohne eigene Schuld" des T geschah und ob die Tat des T „auf der Stelle" erfolgte.

Ohne eigene Schuld wurde der Täter von dem (später) Getöteten zum Zorn gereizt, wenn er im gegebenen Augenblick „keine genügende Veranlassung" zu der Misshandlung bzw. schweren Beleidigung (also zu der Provokation) gegeben hat oder jedenfalls die Misshandlung bzw. schwere Beleidigung nicht vorwerfbar veranlasst hat.[117] Umgekehrt formuliert handelt der Täter nicht „ohne eigene Schuld", wenn er das spätere Opfer zu seinem Verhalten herausfordert. Das ist nach Auffassung des BGH nicht schon bei jeder Handlung des Täters der Fall, die ursächlich für die ihm zugefügte Misshandlung gewesen ist. Vielmehr müsse er dem Opfer genügende Veranlassung gegeben haben; dessen Verhalten müsse eine verständliche Reaktion auf vorangegangenes Tun des Täters gewesen sein. Dabei sei die Verständlichkeit auch unter dem Gesichtspunkt der Verhältnismäßigkeit zu prüfen.[118]

Sodann stellt der BGH zutreffend fest, dass die Schläge und Tritte der drei Brüder nicht verhältnismäßig waren. Sie seien nicht erforderlich gewesen, um T von weiteren Belästigungen abzuhalten. Als milderen Eingriff nennt der BGH das Herausdrängen des T – gegebenenfalls unter Zerren und Schieben – aus dem Keller. Das Einschlagen und Treten auf den am Boden liegenden T habe nichts mehr mit dem Unterbinden weiterer Ausfälligkeiten zu tun, sondern habe sich selbst als Rache für die vorangegangene „sexuelle Anmache" dargestellt. Insbesondere hätten sich die Brüder nicht auf § 32 stützen können, da zum Zeitpunkt der Attacke kein Angriff seitens des T vorgelegen habe. Das kann man sicherlich so sehen, jedenfalls aber waren die Schläge und Tritte auf den am Boden liegenden T nicht geboten i.S.d. § 32 I.[119]

Wurde T demnach „ohne eigene Schuld" zum Zorn gereizt, stellt sich schließlich die Frage, ob die Tat des T „auf der Stelle" erfolgte. Der BGH meint, der zeitliche Abstand von wenigen Minuten habe den motivationspsychologischen Zusammenhang zwischen der Provokation durch die Tritte und Schläge auf der einen und den Messerstichen auf der anderen Seite nicht unterbrochen. Das ist zweifelhaft. Denn T ging zwischenzeitlich in sein Zimmer im zweiten Obergeschoss, fasste offenbar dort erst den Tatentschluss, griff ein Küchenmesser und ging wenige Minuten später in den Flur vor dem Partyraum zurück. Diese Zeitspanne von auch nur wenigen Minuten ist – in Verbindung mit der räumlichen Entfernung – nach der hier vertretenen Auffassung nicht für die Annahme geeignet, T sei auf der Stelle zur Tat hingerissen worden. Für die Bejahung des Merkmals „auf der Stelle zur Tat hingerissen" reicht es nicht, wenn die Tötung auf einem auf die Provokation zurückzuführenden Affekt (affektiver Erregungszustand) beruht, sondern die Tötung muss zusätzlich auch in einem engen zeitlichen Zusammenhang zur Provokation stehen.[120]

Nach der hier vertretenen Auffassung lag kein Fall des § 213 Var. 1 vor. T handelte im Zorn, nahm bedacht Rache und übte Selbstjustiz. Er hat sich wegen der tödlichen Messerstiche gem. § 212 I strafbar gemacht.

---

[117] BGH NStZ 2019, 471 m.w.N.; BGH NStZ 2019, 210, 211 mit Verweis auf BGH NStZ 1983, 554; BGH NStZ 1984, 216; BGH NStZ 1987, 555; BGH NStZ 1998, 191; Sch/Sch-*Eser/Sternberg-Lieben*, § 213 Rn 7.
[118] BGH NStZ 2019, 471 m.w.N.
[119] BGH NStZ 2019, 471.
[120] Vgl. BGH NStZ 2015, 582, 583; NStZ 2013, 341; NStZ 2011, 339, 340; NStZ 2004, 500 f.; NStZ 2002, 542.

In **subjektiver** Hinsicht muss der Täter vom Vorliegen einer Misshandlung oder einer schweren Beleidigung ausgegangen sein. Nimmt er nur irrig eine Misshandlung oder eine schwere Beleidigung an, ist zwar an § 16 II zu denken, da sich diese Vorschrift aber ausdrücklich auf Privilegierungen bezieht und es sich bei § 213 um eine Strafzumessungsregel handelt, ist sie im Ergebnis nicht anwendbar. Möglicherweise liegt dann aber ein unbenannter minder schwerer Fall nach § 213 Var. 2 vor.

b. Unbenannter „sonst minder schwerer Fall" (§ 213 Var. 2)

Liegen die Voraussetzungen des § 213 Var. 1 nicht vor, ist der Anwendungsbereich des § 213 Var. 2 eröffnet. Ein sonst minder schwerer Fall i.S.v. § 213 Var. 2 kommt i.d.R. in Betracht, wenn die schuldmindernden Umstände die Anwendung des Strafrahmens des § 212 **unangemessen** erscheinen lassen bzw. in ihrem Gewicht bei einer **Gesamtbetrachtung** mit denen vergleichbar sind, die § 213 Var. 1 benennt. Bei der Gesamtbetrachtung sind alle Umstände zu berücksichtigen, die für die Wertung von Tat und Täter bedeutsam sein können, wobei alle wesentlichen entlastenden und belastenden Umstände gegeneinander abzuwägen sind.[121] Erforderlich ist, dass die Schwere der Tat erheblich vom „Normalfall" der Tötung „nach unten" abweicht.[122]

> **Beispiel:** Durch das 6. StrRG 1998 wurde die Privilegierung der unverheirateten Mutter in Bezug auf die **Kindestötung** (§ 217) abgeschafft, weil die psychische Ausnahmesituation einer nicht verheirateten Mutter, die einst den Gesetzgeber veranlasst hat, die Tötung des „unehelich" geborenen Kindes gleich nach der Geburt gegenüber § 212 zu privilegieren, aufgrund des gesellschaftlichen Wandels nicht mehr bestehe (unverheiratete Mütter seien nun „gesellschaftsfähig"). Hier ist nun zu prüfen, ob ein minder schwerer Fall des Totschlags i.S.d. § 213 Var. 2[123] oder eine verminderte Schuldfähigkeit der Mutter[124] vorliegt.

---

[121] Vgl. dazu BGH NStZ 2019, 409, 410.
[122] Vgl. BGH NStZ 2008, 510 sowie ausführlich *Schneider*, NStZ 2001, 455 ff.
[123] LG Erfurt NStZ 2002, 260 f.
[124] BGH NStZ 2007, 518 f.

C. Mord (§ 211)

I. Problematik der lebenslangen Freiheitsstrafe

37 Ohne das mit dem Totschlag verwirklichte Unrecht relativieren zu wollen, ist Mord die *besonders verwerfliche* Tötung eines anderen Menschen unter Verwirklichung eines oder mehrerer der in § 211 II genannten Mordmerkmale. Er ist, ohne dass vom Gesetz minder schwere Fälle vorgesehen wären (§ 213 bezieht sich nur auf § 212), mit lebenslanger Freiheitsstrafe bedroht. Zur Restaussetzung lebenslanger Freiheitsstrafe vgl. § 57a. Mord verjährt nicht, § 78 II. Zu den aktuellen Reformbestrebungen vgl. Rn 52.

38 Obgleich Mord gesetzessystematisch vorangestellt ist, handelt es sich nach dem Schrifttum (siehe Rn 2 ff., aber auch Rn 146 ff.) bei § 211 weder um den Grundtatbestand der übrigen Tötungsdelikte noch um einen diesen gegenüber selbstständigen Tatbestand. Vielmehr sei Mord als Qualifikation des als Grundtatbestand zu verstehenden Totschlags zu verstehen. Demgegenüber geht die (bisherige) Rechtsprechung bei § 211 von einem selbstständigen Delikt aus.[125]

Weiterhin wird die systematische Stellung der Mordmerkmale innerhalb der Verbrechensstufen des § 211 kontrovers diskutiert. Die in § 211 II aufgeführten Mordmerkmale lassen sich in drei Gruppen unterteilen[126]:

39
- Die Gruppe 1 enthält in vier Varianten besonders verwerfliche Beweggründe (**Motive**), also *täterbezogene* Merkmale: Tötung aus <u>Mordlust</u>, zur <u>Befriedigung des Geschlechtstriebs</u>, aus <u>Habgier</u> oder aus <u>sonst niedrigen Beweggründen</u>.

- Die Gruppe 2 enthält in drei Varianten besonders verwerfliche **Begehungsweisen**, also *tatbezogene* Merkmale: <u>heimtückische</u> Tötung, <u>grausame</u> Tötung und Tötung mit <u>gemeingefährlichen Mitteln</u>.

- Die Gruppe 3 enthält in zwei Varianten besondere **Absichten**, also wiederum *täterbezogene* Merkmale: Tötung, um eine andere Straftat zu <u>ermöglichen</u> oder zu <u>verdecken</u>.

40

> **Hinweis für die Fallbearbeitung:** Wie noch zu sehen sein wird, sind die Mordmerkmale der 2. Gruppe aufgrund ihrer Tatbezogenheit objektiv *und* subjektiv und die Mordmerkmale der 1. und 3. Gruppe aufgrund der Beschreibung von Motiv- bzw. Absichtsmerkmalen ausschließlich subjektiv zu prüfen. Auch wird im Folgenden noch darzulegen sein, dass die Merkmale der 2. Gruppe unstreitig Tatbestandsmerkmale sind und dass die Merkmale der 1. und der 3. Gruppe lediglich herrschend als Tatbestandsmerkmale[127], teilweise aber auch als Schuldelemente[128] interpretiert werden. Aus Gründen der Rechtsklarheit und Überschaubarkeit bei der Rechtsanwendung sollte man aber *alle* Mordmerkmale als Tatbestandsmerkmale behandeln mit der Folge, dass sich die Prüfung der Mordmerkmale ausschließlich als Tatbestandsprüfung, nicht jedoch als Schuldprüfung darstellt. Das hat vor allem Auswirkungen im Irrtumsbereich (je nach Einordnung greifen § 16 oder § 17). Konsequenzen ergeben sich aber auch im Teilnahmebereich, denn § 28 gilt nur für Tatbestandsmerkmale. Betrachtet man die subjektiven Mordmerkmale dagegen als spezielle Schuldmerkmale, greift nicht § 28, sondern § 29.

41 Der vorstehende Katalog ist jedenfalls insoweit abschließend, als nur bei positivem Vorliegen von mindestens einem der Mordmerkmale der objektive Tatbestand verwirklicht sein kann. Fraglich ist hingegen, ob § 211 II auch in der Weise abschließend ist, dass bei Vorliegen eines seiner Merkmale *zwingend* auf Mord zu erkennen ist. Diese Frage stellt

---

[125] Zu dem sich anbahnenden Dogmenwechsel vgl. Rn 150a.
[126] Vgl. bereits die Gruppeneinteilung in der 1. Aufl. 2002 dieses Buches.
[127] BGHSt 1, 368, 370 f.; BGH NStZ-RR 2002, 139; NJW 2002, 3559, 3560; *Detter*, NStZ 2003, 133; SK-*Horn*, § 211 Rn 3; LK-*Jähnke*, Vor § 211 Rn 46-49; *Baier*, JA 2002, 925, 926 f.
[128] So *W/B/S*, AT, Rn 422 u. 559. Näher *Jescheck/Weigend*, AT, § 42 I 2, II 3a; Sch/Sch-*Eisele*, Vorbem §§ 13 ff. Rn 122. Vgl. auch *Grunst*, Jura 2002, 252, 253.

Tötungsdelikte – Mord (§ 211)

sich vor allem dann, wenn das durch die Verwirklichung eines Mordmerkmals erhöhte Unrecht gleichzeitig durch unrechtsmildernde Umstände relativiert wird, so beispielsweise bei der **heimtückischen Tötung eines äußerst brutalen Familientyrannen**.

Beispiel[129]**:** T, „Präsident" mehrerer gewalttätiger Rockergruppen und Inhaber einer Gaststätte, misshandelte über Jahre hinweg seine Frau F und seine beiden Töchter. Wann immer er meinte, F habe etwas falsch gemacht, versetzte er ihr einen Faustschlag ins Gesicht. Er titulierte sie regelmäßig als „Schlampe", „Hure" oder „Fotze" und bedachte sie mit Ohrfeigen oder Fußtritten. Schließlich wurden seine Gewalttätigkeiten noch intensiver und häufiger. Es kam vor, dass er seine Frau mit einem Baseballschläger oder sonstigen Gegenständen schlug, die gerade für ihn greifbar waren. Er misshandelte und demütigte sie auch vor seinen Freunden in seinem Motorradclub: Eines Tages schlug er sie in Anwesenheit der versammelten Vereinsmitglieder, zwang sie, vor ihm niederzuknien und ihm nachzusprechen, sie sei eine „Schlampe" und der „letzte Dreck". F nahm die ständigen Beleidigungen und Körperverletzungen ohne Widerworte oder gar Gegenwehr hin; sie befürchtete, dass ihr Mann sich sonst noch mehr erzürnen und noch kräftiger zuschlagen werde. Auch die beiden Töchter bekamen jetzt Schläge „ins Genick", wenn sie sich seiner Auffassung nach aufsässig oder unbotmäßig verhielten.

Durch die fortgesetzten Beleidigungen und Tätlichkeiten geriet F an die Grenzen ihrer psychischen und physischen Belastbarkeit. Körperlich magerte sie immer mehr ab. Als sie in diesem Zustand von T auch noch schwanger wurde, erlitt sie eine Fehlgeburt.

Als T am Tattag gegen 3.30 Uhr nach Hause kam, stritt er erneut mit F. Eine halbe Stunde lang beschimpfte er sie, bespuckte sie und schlug ihr ins Gesicht, sodass sie aus dem Mund blutete. Er versetzte ihr unvermittelt einen so starken Faustschlag in den Magen, dass sie sich vor Schmerz zusammenkrümmte. Er war nun wütend, weil F dabei gegen eine Tür gestoßen war; er hielt ihr vor, dass die Tür hätte beschädigt werden können. Sodann trat T, der nun Springerstiefel trug, mindestens zehnmal auf die schließlich am Boden liegende F ein, kniete sich auf sie und schlug ihr mit den Fäusten ins Gesicht. Schließlich ging er zu Bett, während F wach blieb, weil T ihr befohlen hatte, noch die Wohnung aufzuräumen.

Beim Saubermachen stieß F auf den von T illegal erworbenen achtschüssigen Revolver „Double Action" der Marke Animus, Kaliber 22 Magnum, nebst Munition. Diesen verwahrte ihr Mann normalerweise in der Gaststätte, um sich gegen Racheakte verfeindeter Rockergruppen und Überfälle zu schützen.

F hielt ihre Situation für vollkommen ausweglos. Sie sah in ihrer Situation keinen anderen Ausweg, als ihren Mann zu töten, um den Gewalttätigkeiten zu entkommen und ihre eigene sowie die Unversehrtheit ihrer Töchter für die Zukunft zu garantieren. Eine Trennung von ihrem Mann meinte sie auch mit Hilfe staatlicher oder karitativer Einrichtungen nicht bewerkstelligen zu können. Für diesen Fall hatte er ihr wiederholt angedroht, dass er den Töchtern etwas antun werde. Auch sie selbst könne er jederzeit ausfindig machen. Selbst wenn er ins Gefängnis käme, sei sie nicht vor ihm sicher. Er werde schließlich irgendwann „wieder rauskommen". Überdies könne er auch aus dem Gefängnis heraus seine Freunde aus den Rockergruppen beauftragen, ihr etwas anzutun. Die Angeklagte nahm diese Drohungen ernst. Tatsächlich waren T und die Rockergruppen, denen er angehörte, gerichtsbekannt äußerst gewalttätig.

Nachdem F nach dem Auffinden des Revolvers längere Zeit mit sich gerungen hatte, ob dies die Gelegenheit sei, die von ihr bereits seit einiger Zeit in Aussicht genommene Tat zu begehen, entschloss sie sich, den Schritt zu wagen und ihren Ehemann zu töten. Sie sah darin die „einzige Lösungsmöglichkeit", um die für sie ruinöse Beziehung zu ihrem Mann zu beenden. Sie betrat das Schlafzimmer und feuerte aus einer Entfernung von rund 60 cm den Inhalt der gesamten Trommel des achtschüssigen Revolvers in Sekundenschnelle auf ihren schlafenden Ehemann ab. Zwei der Geschosse trafen und führten umgehend zu seinem Tod.

---

[129] Nach BGHSt 48, 255 ff. Vgl. auch *Widmaier*, NJW 2003, 2788 f.; *Otto*, NStZ 2004, 142 f.; *Rengier*, NStZ 2004, 233 ff.; *Rotsch*, JuS 2005, 12 ff. Vgl. auch den „neuen" Familientyrannenfall BGH NStZ 2005, 154 f.

Tötungsdelikte – Mord (§ 211)

Hier kommt für F eine Strafbarkeit aus § 211 I, II Var. 5 (Heimtücke) mit der Folge einer lebenslangen Freiheitsstrafe in Betracht. Vgl. dazu Rn 53.

43 Dass gerade in einem solchen Fall die mit der Verwirklichung des Mordtatbestands zwingende Verhängung einer lebenslangen Freiheitsstrafe problematisch erscheint, liegt auf der Hand. Auch das **BVerfG** hebt zu Recht hervor, dass **jede Strafe in einem gerechten Verhältnis zur Schwere der Tat und zur Schuld des Täters stehen muss**.[130] Auf dem Boden des geltenden Rechts[131] folgt daher, dass die **Tatbestandsmerkmale** des § 211 II **restriktiv** auszulegen sind. Denn nur so kann die Verfassungsmäßigkeit des § 211 erreicht und gewährleistet werden, dass die Verhängung der lebenslangen Freiheitsstrafe auf die in § 211 II beschriebenen besonders verwerflichen Fälle beschränkt bleibt. Offen ist dagegen nach wie vor, auf welche Weise den Vorgaben des BVerfG Rechnung zu tragen ist. Denkbar ist eine Korrektur auf Tatbestandsseite, aber auch auf der Rechtsfolgenseite.

44 ▪ Ein Teil der Literatur erreicht trotz Verwirklichung eines Tatbestandsmerkmals i.S.d. § 211 II die gebotene restriktive Auslegung der Mordmerkmale über eine *Verneinung der den Mord kennzeichnenden besonderen Verwerflichkeit* (**negative Typenkorrektur**). Mord setze zwar immer voraus, dass eines der in § 211 II genannten Merkmale verwirklicht sei, die dort beschriebenen Mordmerkmale hätten jedoch nur eine Indizwirkung. Der Mordvorwurf könne daher bei allen Mordmerkmalen wieder entfallen, wenn die Tötung aufgrund einer umfassenden Gesamtwürdigung der Persönlichkeit des Täters und der Tatumstände ausnahmsweise nicht als besonders verwerflich erscheine.[132]

45 ▪ Das Spiegelbild bildet die Lehre von der **positiven Typenkorrektur**. Diese geht davon aus, dass die Erfüllung eines Mordmerkmals zwar eine notwendige, nicht aber eine hinreichende Voraussetzung für die Bejahung des Mordes ist. Das Urteil müsse sich vielmehr aufgrund einer *Gesamtwürdigung* von Täter und Tat durch eine im Verhältnis zum Totschlag erheblich gesteigerte Verwerflichkeit begründen lassen.

46 Kritik: Die Typenkorrekturen mögen zwar zu gerechteren Entscheidungen führen, verlangen dafür aber als Preis einen Verlust an Rechtssicherheit.[133] Die generalklauselartige Weite des Kriteriums „besondere Verwerflichkeit" im Tatbestand ist im Hinblick auf das verfassungsrechtlich verankerte Bestimmtheitsgebot (Art. 103 II GG) inakzeptabel. Darüber hinaus sprechen keine Anhaltspunkte dafür, dass der enumerativen Aufzählung des § 211 II lediglich eine Indizwirkung zukommen soll. Im Gegenteil ist im Gesetz eine **abschließende Regelung** des Mordtatbestands beabsichtigt.[134] Die Typenkorrekturen sind daher mit dem Wortlaut des § 211 und der gesetzlichen Systematik kaum vereinbar und somit abzulehnen.

47 ▪ Daher werden die Typenkorrekturen vom überwiegenden Schrifttum auch abgelehnt. Eine im Hinblick auf Schwere und Verwerflichkeit der Tat möglicherweise erforderliche **restriktive Auslegung** habe vielmehr bei den **einzelnen Mordmerkmalen** anzusetzen.[135]

48 ▪ Der BGH trägt demgegenüber seit einer auf Heimtücke bezogenen[136] Grundsatzentscheidung des *Großen Senats* in Strafsachen[137] den Vorgaben des BVerfG dadurch Rechnung,

---

[130] BVerfGE 45, 187, 227 ff.

[131] Zur (vorerst) gescheiterten Reform des Mordparagraphen siehe Rn 52.

[132] Vgl. SK-*Horn*, § 211 Rn 6; Sch/Sch-*Eser/Sternberg-Lieben*, § 211 Rn 10; *Saliger*, ZStW 109, 302, 329. In diese Richtung geht, wenn auch nicht explizit genannt, auch BGH NJW 2003, 1955, 1956 (Tötung eines Erpressers).

[133] Vgl. *Fischer*, § 211 Rn 2.

[134] *Mitsch*, JuS 1996, 121, 122.

[135] *Widmaier*, NJW 2003, 2788, 2790; Lackner/Kühl-*Kühl*, Vor § 211 Rn 19; *W/H/E*, BT 1, Rn 153.

[136] Bei der Heimtücke beruht die besondere Verwerflichkeit nicht primär auf einer „besonderen inneren Motivation" des Täters, sondern bestimmt sich auch objektiv. Daher können bei der Gesamtbeurteilung der Tat auch den Täter entlastende innere Umstände nicht hinreichend Berücksichtigung finden, wie z.B., dass das Opfer ein Familientyrann war und vom Täter nicht aus verwerflicher Gesinnung, sondern aus Verzweiflung, aber immerhin heimtückisch getötet wurde. Ob die Rechtsfolgenlösung auch auf andere Mordmerkmale der 2. Gruppe übertragbar ist, ist unklar. Aufgrund seiner Haltung im sog. „Stückelungsmord" (BGH NStZ 2016, 469, 470 – dazu Rn 130) ist davon auszugehen, dass der BGH seine Rechtsfolgenlösung, die ja lediglich dazu dient, den Täter in außergewöhnlichen Fällen, d.h. bei Verzweiflungstaten, zu privilegieren, nicht auf andere Mordmerkmale als die heimtückische Tötung ausdehnen möchte. Das entspricht der bislang vom Verfas-

Tötungsdelikte – Mord (§ 211)

dass sie zwar von einem **tatbestandlich abschließenden Charakter der Mord-merkmale** ausgeht (die vom Gesetz als besonders verwerflich umschriebenen Merkmale ließen - zumindest auf der Tatbestandsebene - keinen Raum für eine Korrektur durch eine richterliche Gesamtwürdigung der Tat als ausnahmsweise nicht verwerflich), bei Vorliegen von *außergewöhnlichen Umständen, die im konkreten Mordfall eine Verhängung der lebenslangen Freiheitsstrafe als unverhältnismäßig erscheinen lassen,* aber auf der Ebene der **Strafzumessung** von einer lebenslangen Freiheitsstrafe absieht, indem sie den **Strafrahmen des § 49 I Nr. 1** anwendet (sog. **Rechtsfolgenlösung**: Zeitstrafe mit einem Strafrahmen von 3-15 Jahren statt lebenslanger Freiheitsstrafe).

Beispiele für solche außergewöhnlichen Umstände sind: unverschuldete und notstands-ähnliche, anders als durch Tötung ausweglos erscheinende Situationen. Auch tiefes Mitleid, schwere Provokationen oder vom Opfer verursachte, ständig neu angefachte, zermürbende Konflikte oder schwere Kränkungen des Täters durch das Opfer, die dazu führen, dass das heimtückische Handeln für den Täter „unausweichlich" ist, sind anerkannt. Hierunter fällt auch das o.g. Beispiel „Familientyrann". **49**

Immerhin konstatiert der BGH, dass die Annahme von außergewöhnlichen Umständen i.S.e. Strafzumessungslösung (Rechtsfolgenlösung) lediglich *Ultima Ratio* sein könne. Bevor der Tatrichter also auf die Rechtsfolgenlösung zurückgreift, müsse er zuvor die Tatbestandsvoraussetzungen (der Heimtücke) besonders sorgfältig prüfen und **restriktiv auslegen**. So setze das Mordmerkmal *Heimtücke* eine „feindliche Willensrichtung" des Täters gegenüber dem Opfer voraus.[138] Sodann seien alle in Betracht kommenden **Rechtfertigungs- und Entschuldigungsgründe** (insbesondere entschuldigender Notstand gem. § 35) erschöpfend abzuhandeln.[139] Schließlich habe sich der Tatrichter mit den gesetzlichen **Schuldminderungsgründen** eingehend auseinanderzusetzen, bevor er sich entschließe, außergewöhnliche Umstände im Sinne der Auffassung des *Großen Senats* anzunehmen.[140] **50**

Kritik: Auch der Rechtsfolgenlösung des BGH fehlt letztlich die gesetzliche Grundlage. § 49 I Nr. 1 setzt eine ausdrückliche Verweisung aus einer Milderungsvorschrift voraus, wie sie z.B. in § 13 II oder § 17 S. 2 enthalten ist. Eine Milderungsvorschrift, die an „außergewöhnliche Mordumstände" anknüpft und auf § 49 I Nr. 1 verweist, ist weder in § 211 noch an anderer Stelle vorhanden. Das hindert den *Großen Senat* jedoch nicht, § 49 I Nr. 1 ohne Verweisungsvorschrift anzuwenden. Rechtsmethodisch wäre dies wohl durch eine Analogie denkbar gewesen, die jedenfalls nicht an Art. 103 II GG gescheitert wäre, da es sich um eine täterbegünstigende Analogie gehandelt hätte. Diese Möglichkeit wird vom BGH jedoch nicht erwähnt. Stattdessen setzt er Recht bzw. betreibt richterliche Rechtsfortbildung. Jedenfalls die Rechtsetzung ist nach dem Grundsatz der Gewaltenteilung aber ausschließlich Aufgabe des parlamentarischen Gesetzgebers. Die Rechtsprechung dagegen ist an „Gesetz *und* Recht" gebunden (Art. 1 III, 20 III GG). Hält ein Gericht ein Gesetz für verfassungswidrig, bleibt ihm der Weg über Art. 100 I GG zum BVerfG. Auch der Große Senat des BGH hat nicht die Befugnis, legislative Befugnisse an sich zu ziehen. Aus diesem Grund wird die Vorgehensweise des Großen Senats teilweise für verfassungswidrig gehalten.[141] Sowohl die Lehre von der Typen- **51**

---

ser dieses Buches bereits in früheren Auflagen vertretenen Ansicht. Zwar kommt es grds. bei den Merkmalen der 2. Gruppe weniger auf die Gesinnung des Täters als auf objektive Unrechtsmerkmale an, jedoch gilt dies nicht für alle Merkmale der 2. Gruppe gleichermaßen. Denn wer ein gemeingefährliches Mittel verwendet, legt auch eine gewisse besonders verwerfliche Gesinnung an den Tag. Daher ist die Übertragung der Rechtsfolgenlösung auf andere Merkmale der 2. Gruppe nicht angemessen. Keinesfalls aber ist sie auf die Fälle der 1. und 3. Gruppe übertragbar. Denn diese verlangen ja einschränkend, dass der Täter in besonders verwerflicher Gesinnung oder aus besonders verwerflichen Motiven handelt. Wer z.B. aus niedrigen Beweggründen handelt, tut dies eben aufgrund dieser Beweggründe, ebenso wie derjenige, der eine Straftat ermöglichen oder verdecken will. „Entlastende" Umstände sind daher nicht denkbar und die Rechtsfolgenlösung ist nicht anwendbar.
[137] BGH GSSt 30, 105, 120 ff. Vgl. nun auch BGHSt 48, 255, 257 ff. (vgl. aber auch BGH NJW 2003, 1955, 1956). Vgl. ferner BGH NStZ-RR 2004, 294; NStZ-RR 2004, 294; NStZ 2005, 154 f.
[138] Vgl. zuletzt BGH NJW 2003, 1955, 1956 ff.
[139] Vgl. auch hier zuletzt BGH NJW 2003, 1955, 1956 ff. und BGHSt 48, 255, 257 ff.
[140] BGH NStZ-RR 2004, 294; BGH NStZ-RR 2004, 294; NStZ 2005, 154 f.
[141] Vgl. aus der kaum überschaubaren Literatur bspw. *Meurer*, NJW 2000, 2936, 2938; Lackner/Kühl-*Kühl*, Vor § 211 Rn 20; *Küper*, JuS 2000, 740, 746; *Saliger*, ZStW 109, 302, 330; *Fischer*, § 211 Rn 101.

korrektur als auch die Rechtsfolgenlösung des BGH vermögen daher keine befriedigende Lösung herbeizuführen.

Nunmehr hat auch der BGH offenbar Zweifel an der Rechtsfolgenlösung, indem er im „Stückelungsmord-Fall" (siehe dazu Rn 113) schreibt: „Er (der 5. Senat) kann auch offen lassen, ob an der sogenannten Rechtsfolgenlösung überhaupt festzuhalten ist."[142] Es bleibt also abzuwarten, wie sich der BGH künftig positioniert, sollte er diese Frage nicht offenlassen können.

52 Aus diesen Gründen und unter Verweis auf die nationalsozialistisch geprägte Differenzierung der Tötung nach einem Tätertyp („Totschläger" oder „Mörder") sowie „niedrigen Beweggründen" und „Heimtücke" sah sich auch das in der 18. Legislaturperiode amtierende Bundesministerium der Justiz und für Verbraucherschutz veranlasst, die vorsätzlichen Tötungsdelikte zu reformieren. Die dazu eingesetzte „Expertenkommission" evaluierte die aktuell geltende Rechtslage und erarbeitete Reformvorschläge, die nach langer und kontrovers geführter Diskussion jedoch an der bestehenden Unterscheidung zwischen Totschlag (als Grundtatbestand) und Mord (als Qualifikation) festhalten und daher zu keinem anderen Ergebnis gelangen als dem, das bereits in der 14. Auflage dieses Buches herausgearbeitet worden war. Auch die terminologische Differenzierung nach dem „Tätertyp" „Mörder" und „Totschläger" wurde in den Reformvorschlägen – wie auch dies bereits zuvor in der 14. Auflage dieses Buches vorgeschlagen worden war – gestrichen. Die grundsätzliche Beibehaltung des Stufensystems war mithin zu begrüßen.

Gleichwohl beließen es die Reformvorschläge nicht dabei. So wurde das bislang unbestimmt formulierte Mordmerkmal der „sonst niedrigen Beweggründe" (dazu Rn 118 ff.) durch die Einführung spezieller Motivmerkmale, die an bestimmte Opfermerkmale anknüpfen oder den Hass des Täters auf Menschen mit diesen Kennzeichen zum Ausdruck bringen, konkretisiert. Ein Mord aus sonst niedrigen Beweggründen soll dem Willen des Referentenentwurfs zufolge künftig vorliegen, wenn der Täter sein Opfer wegen dessen Geschlecht, der Zugehörigkeit zu einer ethnischen oder rassischen Gruppe, wegen seines religiösen Bekenntnisses oder seiner sexuellen Identität oder Orientierung tötet.[143] Eine solche Konkretisierung ist (wegen Art. 103 II GG) grundsätzlich zu begrüßen, obwohl sich die zur bisherigen Fassung ergangene jahrzehntelange Rechtsprechung verfestigt hat und Rechtssicherheit gewährleistet.[144]

Einen großen Schritt in die richtige Richtung stellt(e) jedenfalls der (ebenfalls bereits in der 14. Auflage dieses Buches herausgearbeitete) Vorschlag dar, von der bei Verwirklichung des Mordtatbestands bislang zwingend vorgesehenen lebenslangen Freiheitsstrafe abzurücken. Zwar sollte es bei der grundsätzlichen lebenslangen Freiheitsstrafe bleiben, allerdings soll(t)en die Strafgerichte künftig die Möglichkeit erhalten, bei Vorliegen eines erheblich verminderten Unrechts oder einer erheblich verminderten Schuld lediglich eine zeitige Freiheitsstrafe zu verhängen.

Da die Reform vom 18. Deutschen Bundestag nicht verabschiedet wurde, kann sie (vorerst) als gescheitert angesehen werden. Damit, dass sie vom gegenwärtigen 19. Deutschen Bundestag aufgegriffen wird, ist – nach Auswertung des zwischen der CDU/CSU-Fraktion und der SPD-Fraktion geschlossenen Koalitionsvertrags – nicht zu rechnen.

Sollte sich ein späterer Bundestag aber für eine Neufassung der §§ 211, 212 entscheiden, könnte diese lauten[145]:

---

[142] BGH 6.4.2016 – 5 StR 504/15 (Rn 30 a.E.; insoweit nicht abgedruckt in NStZ 2016, 469 ff.).

[143] Vgl. den „Abschlussbericht der Expertengruppe des BMJV zur Reform der Tötungsdelikte", Juni 2015.

[144] Vgl. bereits die 14. Aufl. dieses Buches. Vgl. später auch *Pisal*, NJW-aktuell 24/2016, 3.

[145] Vgl. ebenfalls bereits die 14. Aufl. dieses Buches. Durch die systematische Voranstellung des Tötungstatbestands (§ 211 des hier vorgeschlagenen Entwurfs) und der Eingangsformulierung des Mordtatbestands (§ 212 des hier vorgeschlagenen Entwurfs) „Wer die Tötung..." wird das Stufenverhältnis zwischen der Tötung als Grundtatbestand und dem Mord als Qualifikation deutlich. Zudem vermeidet die Formulierung „Wer die Tötung..." die Kategorisierung nach dem „Tätertyp".

Tötungsdelikte – Mord (§ 211)

§ 211 Tötung eines Menschen

(1) Wer einen Menschen tötet, wird mit Freiheitsstrafe nicht unter fünf Jahren bestraft.

(2) In minder schweren Fällen ist die Strafe Freiheitsstrafe von einem Jahr bis zu zehn Jahren. Ein minder schwerer Fall liegt insbesondere vor, wenn der Täter ohne eigene Schuld durch eine ihm oder einem Angehörigen zugefügte Misshandlung oder schwere Beleidigung von dem getöteten Menschen zum Zorn gereizt und hierdurch auf der Stelle zur Tat hingerissen worden ist.[146]

§ 212 Mord

(1) Wer die Tötung aus Mordlust, zur Befriedigung des Geschlechtstriebs, aus Habgier oder sonst aus niedrigen Beweggründen, heimtückisch oder grausam oder mit gemeingefährlichen Mitteln oder deswegen begeht, um eine andere Straftat zu ermöglichen oder zu verdecken, wird mit lebenslanger Freiheitsstrafe bestraft.[147]

(2) In minder schweren Fällen ist die Strafe Freiheitsstrafe nicht unter zehn Jahren. Ein minder schwerer Fall liegt insbesondere vor, wenn der Täter ohne eigene Schuld durch eine ihm oder einem Angehörigen zugefügte schwere Misshandlung von dem getöteten Menschen zur Tat veranlasst worden ist.[148]

Auf dem Boden der (noch) geltenden Gesetzeslage ist im obigen **Beispiel „Familientyrann"** (Rn 42) fraglich, ob bei einer restriktiven Auslegung des Mordtatbestands das Merkmal Heimtücke erfüllt ist. Wenn man bedenkt, dass T die F über Jahre, insbesondere in den Tagen vor der Tat, mit Schlägen und Tritten malträtiert hat, könnte man annehmen, er sei – obwohl er im Schlaf getötet wurde – nicht arglos gewesen. Insoweit bietet sich der Vergleich zu der Tötung eines Erpressers in Notwehr an, bei der der BGH die Heimtücke mit der Begründung verneint hat, ein Erpresser könne niemals arglos sein, da er ständig mit Gegenwehr rechnen müsse. Im vorliegenden Fall müsste man dann erst recht die Arglosigkeit verneinen, da ein Gewalttäter grundsätzlich damit rechnen muss, dass ein geschundenes Gewaltopfer sich auch einmal zur Wehr setzt.[149] Der BGH verschließt sich jedoch solcher Überlegungen und gelangt ohne weiteres zur Bejahung der Heimtücke.

Auch kann F sich weder auf Notwehr (§ 32) noch auf rechtfertigenden Notstand (§ 34) berufen. Bei der Notwehr fehlt es an einem „gegenwärtigen Angriff" und beim rechtfertigenden Notstand an dem „Überwiegen des Erhaltungsguts".

Auch ein entschuldigender Notstand (§ 35 I) scheidet nach Auffassung des BGH aus, da die Gefahr anders abwendbar gewesen sei als durch Tötung, nämlich durch Inanspruchnahme staatlicher Stellen. Ob diese Auffassung zutrifft, ist fraglich. Denn letztlich wird durch die Inanspruchnahme staatlicher Stellen die Gefahr vielleicht hinausgeschoben, wahrscheinlich aber nicht beseitigt (womöglich sogar noch verstärkt, weil dies „Racheakte" des gewalttätigen Ehemanns heraufbeschwören könnte).

Folgt man dennoch der Auffassung des BGH, hat F – da sie ihre Situation als „vollkommen ausweglos" und die Tötung des T als „einzige Rettung" ansah – jedoch eine Sachlage i.S.v. § 35 I irrig angenommen. Sie handelte gem. § 35 II S. 1 ohne Schuld und kann nicht wegen Mordes bestraft werden (a.A. vertretbar). Der Schuldausschluss erstreckt sich auch auf § 212 und § 224 I Nr. 2 und 5.[150]

---

[146] Abs. II dieses Entwurfs entspricht also im Wesentlichen § 213 in der bisherigen Gesetzesfassung (dazu Rn 31 ff.), der dementsprechend wegfallen würde. Auch fiele § 212 II in seiner bisherigen Form weg, da „besonders schwere Fälle" des Totschlags sachgerecht über den neuen Mordtatbestand in der hier vorgeschlagenen Fassung erfasst werden könnten.

[147] Durch die Beibehaltung der neun Mordmerkmale können die zu § 211 bisherige Fassung entwickelten Definitionen übertragen werden. Dadurch wird der Erfordernis nach Rechtssicherheit maximale Geltung verschafft; eine Kollision mit dem Bestimmtheitsgrundsatz aus Art. 103 II GG wird vermieden. Eine solche bestünde aber bei Formulierungen wie: „Wer einen anderen tötet, ist mit Freiheitsstrafe von zehn bis zu zwanzig Jahren oder mit lebenslanger Freiheitsstrafe zu bestrafen" (vgl. § 75 Österreichisches Strafgesetzbuch). Bei einer solch vagen und unbestimmten Formulierung kann der Täter nicht auch nur halbwegs sicher einschätzen, welches Verhalten zu welcher Strafhöhe führt.

[148] Abs. II dieses bereits in der 14. Aufl. formulierten Entwurfs lässt also eine sachadäquate Sanktion bzgl. der „Tyrannenmorde" oder ähnlicher, vom Täter als ausweglos empfundener Situationen zu. Vgl. auch die später ergangene Betrachtungsweise von *Schneider*, NStZ 2015, 64 ff.

[149] Kritisch auch *Otto*, NStZ 2004, 142, 143.

[150] Vgl. aber die andere Situation im „neuen" Familientyrannenfall BGH NStZ 2005, 154 f.

Tötungsdelikte – Mord (§ 211)

II. Aufbauhinweise für die Fallbearbeitung

54 Auf dem Boden der (noch) geltenden Gesetzesfassung ist nicht nur die Auslegung der einzelnen Mordmerkmale problematisch, sondern auch die prüfungstechnische Aufbereitung des Mordtatbestands. In der Fallbearbeitung stellt sich naturgemäß zunächst die Frage, ob man das Täterverhalten gleich in Bezug auf § 211 prüft oder erst nach der Prüfung des § 212 auf eventuell verwirklichte Mordmerkmale eingeht.[151]

55 ▪ Folgt man der (bisherigen[152]) Rspr. des **BGH**, der den Mord gegenüber dem Totschlag (noch) als **eigenständiges** Delikt betrachtet, und kommt laut Sachverhalt die Verwirklichung eines Mordmerkmals in Betracht, ist i.d.R. nichts dagegen einzuwenden, wenn man das Täterverhalten **gleich in Bezug auf § 211 prüft**. In dieser Prüfung ist dann die „Minimalvoraussetzung" *Tötung eines Menschen*, die sonst bei § 212 zu prüfen wäre, bei § 211 zu prüfen. Bei der Prüfung der Mordmerkmale ist dann zu beachten, dass (wie gesagt) die Mordmerkmale der 2. Gruppe (heimtückisch, grausam, mit gemeingefährlichen Mitteln) tatbezogen und daher objektiv *und* subjektiv zu prüfen sind und dass es sich bei den Mordmerkmalen der 1. und 3. Gruppe um Motiv- bzw. Absichtsmerkmale handelt und diese daher ausschließlich subjektiv zu prüfen sind. Des Weiteren ist zu beachten, dass die Merkmale der 2. Gruppe unstreitig Tatbestandsmerkmale sind und dass die Merkmale der 1. und der 3. Gruppe lediglich *herrschend* als Tatbestandsmerkmale[153], teilweise aber auch als Schuldelemente[154] interpretiert werden. Aus Gründen der Rechtsklarheit und Überschaubarkeit bei der Rechtsanwendung sollte man aber *alle* Mordmerkmale als Tatbestandsmerkmale behandeln mit der Folge, dass sich die Prüfung der Mordmerkmale ausschließlich als Tatbestandsprüfung, nicht jedoch als Schuldprüfung darstellt (vgl. das sogleich dargestellte Aufbauschema). Das hat vor allem Auswirkungen im Irrtumsbereich (je nach Einordnung greifen § 16 oder § 17). Konsequenzen ergeben sich aber auch im Teilnahmebereich, denn § 28 gilt nur für Tatbestandsmerkmale. Betrachtet man die subjektiven Mordmerkmale dagegen als spezielle Schuldmerkmale, greift nicht § 28, sondern § 29 (Rn 146 ff.).

56 ▪ Betrachtet man dagegen mit der **h.L.** (und der sich anbahnenden Änderung der Rspr. des BGH) § 211 als **Qualifikation** des § 212, wird man nicht umhinkommen, zunächst die Sachprüfung auf die Verwirklichung des Totschlags auszurichten und erst im Anschluss an die Bejahung des § 212 das Täterverhalten hinsichtlich eventuell verwirklichter Mordmerkmale zu prüfen (Prüfungsschema sogleich).

57 ▪ Da der BGH aber selbst betont, die vorsätzliche Tötung eines Menschen sei ein notwendiges Merkmal des Mordes[155], spricht auch bei der Einstufung des § 211 als eigenständiges Delikt grundsätzlich nichts dagegen, die Sachprüfung mit § 212 zu beginnen und erst nach dessen Bejahung mit der Prüfung des § 211 fortzufahren. Diese Vorgehensweise erlaubt die Prüfung der Rechtswidrigkeit und der Schuld noch vor der Prüfung des § 211. Das hat die Konsequenz, dass man zu mitunter sehr schwierig zu prüfenden Mordmerkmalen nichts mehr sagen muss (bzw. darf), wenn man bei der Prüfung des § 212 feststellt, dass die Tat gerechtfertigt war oder der Täter nicht schuldhaft gehandelt hat. Denn greift § 212 schon nicht, wird es auf Mordmerkmale nicht mehr ankommen. Diese Konsequenz kann vorteilhaft (man spart Bearbeitungszeit), aber auch nachteilig sein (eine unterlassene, aber gebotene Prüfung ist fehlerhaft). Die Frage, ob der Aufgabensteller die Prüfung von Mordmerkmalen trotz gerechtfertigten oder nicht schuldhaft begangenen Totschlags wünscht, kann nicht generell beantwortet werden. Dies kommt auf den konkreten Fall an. Man sollte sich nur über die aufgezeigten Konsequenzen bewusst sein. Um aber jedwedes Risiko zu vermeiden, kann es sinnvoll sein, zunächst den Tatbestand des § 212 zu prüfen, dann den des § 211 und erst im Anschluss daran die gemeinsame Rechtswidrigkeit und Schuld. Dieser Aufbau wird auch sogleich in Form eines Prüfungsschemas vorgestellt. Ist

---

[151] Zur Prüfung Grundtatbestand/Qualifikation vgl. *R. Schmidt*, AT, Rn 75 ff.
[152] Vgl. Rn 2 und 150a.
[153] BGHSt 1, 368, 370 f.; LK-*Jähnke*, Vor § 211 Rn 46-49.
[154] So *W/B/S*, AT, Rn 422 u. 559. Näher Sch/Sch-*Eisele*, Vorbem §§ 13 ff. Rn 122.
[155] Vgl. BGHSt 1, 368, 370; 36, 231, 235.

Tötungsdelikte – Mord (§ 211)

sowohl § 212 I als auch § 211 erfüllt, stellt man zum Schluss die Gesetzeskonkurrenz zu § 212 I fest. Dieser wird von § 211 im Wege der Spezialität verdrängt.

- Unabhängig von dem gewählten Aufbau ist innerhalb der Prüfung der Mordmerkmale die Erörterung der - im Tatbestand zu prüfenden - Typenkorrektur anzubringen. Im Fall ihrer Ablehnung wäre dann (jedenfalls bei der Heimtücke) Raum für die Rechtsfolgenlösung des BGH, die aufbautechnisch nach der Schuld problematisiert werden müsste.

58

- Kommt dagegen eine Tötung nach § 216 in Betracht, bietet es sich an, wegen des spezialgesetzlichen Charakters mit diesem Delikt zu beginnen (Obersatz nach h.L.: §§ 212 I, 216 I; nach bisheriger Rspr.: § 216 I). Nach dessen Bejahung genügt die Feststellung, dass mitverwirklichte Mordmerkmale entweder schon nicht mehr tatbestandlich i.S.v. § 211 sind (so die bisherige Rspr.) oder dass der an sich gegebene § 211 jedenfalls im Wege der Gesetzeskonkurrenz zurücktritt (so die h.L., die von einer Sperrwirkung der Privilegierung gegenüber der Qualifikation ausgeht).

59

Mord (§ 211)

I. Tatbestand

1. Objektiver Tatbestand des § 212 I

2. Subjektiver Tatbestand des § 212 I

3. Objektiver Tatbestand des § 211 II

(Tatbezogene Mordmerkmale der 2. Gruppe)

Heimtücke, Var. 5

Heimtücke liegt vor bei einem bewussten Ausnutzen der Arg- und Wehrlosigkeit des Opfers. Arglos ist das Opfer, wenn es sich zum Zeitpunkt der Tat keines Angriffs versieht. Wehrlosigkeit bedeutet einen infolge der Arglosigkeit bestehenden Zustand erheblich eingeschränkter Verteidigungsfähigkeit. Subjektiv muss der Täter die Arg- und Wehrlosigkeit des Opfers ausgenutzt haben. Wegen der verfassungsrechtlich gebotenen restriktiven Auslegung des Mordtatbestands wird ergänzend das Ausnutzen der Arg- und Wehrlosigkeit in feindlicher Willensrichtung gefordert (Rspr.). *Zusätzlich* fordert ein Teil der Lit. einen besonders verwerflichen Vertrauensbruch. Der BGH vertritt dagegen die Rechtsfolgenlösung (siehe IV.).

Grausam, Var. 6

Grausam tötet, wer dem Opfer aus gefühlloser, unbarmherziger Gesinnung besonders schwere Schmerzen oder Qualen körperlicher oder seelischer Art zufügt.

Mit gemeingefährlichen Mitteln, Var. 7

Gemeingefährliche Mittel sind solche Mittel, deren typische Wirkung auf Leib oder Leben mehrerer oder vieler Menschen der Täter nach den konkreten Umständen nicht in der Hand hat.

4. Subjektiver Tatbestand des § 211 II

a. Vorsatz bzgl. der tatbezogenen Mordmerkmale der 2. Gruppe
(grds. genügt dolus eventualis, bei Heimtücke und grausamer Tötung ist aber hinsichtlich einiger Definitionsbestandteile dolus directus 2. Grades erforderlich)

b. Motivmerkmale der 1. Gruppe

Aus Mordlust, Var. 1

Aus Mordlust tötet der Täter, wenn es ihm darauf ankommt, einen Menschen sterben zu sehen, wenn er aus Mutwillen, aus Angeberei oder aus Zeitvertreib tötet, die Tötung als nervliches Stimulans oder „sportliches Vergnügen" betrachtet. Da es sich hier um eine Tötung aus Absicht handelt, ist *dolus directus* 1. Grades erforderlich.

Zur Befriedigung des Geschlechtstriebs, Var. 2

Zur Befriedigung des Geschlechtstriebs tötet, wer sich durch den Tötungsakt als solchen sexuelle Befriedigung verschaffen will („Lustmord"), wer tötet, um sich in nekrophiler Weise an der Leiche zu vergehen, oder wer im Interesse eines ungestörten Sexualgenusses Ge-

31

walt anwendet und dabei den Tod seines Opfers als mögliche Folge seines Handelns in Kauf nimmt (*dolus eventualis*).

Aus Habgier, Var. 3

Habgier ist das ungezügelte und rücksichtslose Gewinnstreben um jeden Preis, auch um den eines Menschenlebens.

Aus sonst niedrigen Beweggründen, Var. 4

Niedrige Beweggründe sind solche, die als Motive einer Tötung nach allgemeiner sittlicher Anschauung verachtenswert sind und somit auf unterster Stufe stehen.

c. Absichtsmerkmale der 3. Gruppe (*dolus directus* 1. Grades)

Um eine andere Straftat zu ermöglichen, Var. 8

Bei dem Merkmal „um eine andere Tat zu ermöglichen" muss die Tötung als Mittel zur Begehung weiterer eigener bzw. fremder rechtswidriger Straftaten eingesetzt werden. Hinsichtlich der Tötung selbst genügt unter bestimmten Voraussetzungen *dolus eventualis*.

Um eine andere Straftat zu verdecken, Var. 9

Bei dem Merkmal „um eine andere Tat zu verdecken" muss die Tötung als Mittel zur Verdeckung eigener bzw. fremder Straftaten eingesetzt werden. Hinsichtlich der Tötung selbst genügt unter bestimmten Voraussetzungen *dolus eventualis*.

II. Rechtswidrigkeit und III. Schuld

Es gelten die allgemeinen Grundsätze.

IV. Weitere Strafbarkeitsbedingungen/Strafzumessungsregeln (BGH)

Liegen außergewöhnliche schuldmildernde Umstände vor, die die Verhängung der lebenslangen Freiheitsstrafe als unverhältnismäßig erscheinen lassen, kann (jedenfalls bei der Heimtücke) ausnahmsweise gem. § 49 I Nr. 1 von der lebenslangen Freiheitsstrafe abgesehen werden. Zu beachten ist jedoch, dass nicht vorschnell auf die Rechtsfolgenlösung zurückgegriffen werden darf. Zunächst ist zu versuchen, den Mordtatbestand durch restriktive Auslegung zu verneinen.

III. Einzelne Mordmerkmale

1. Tatbezogene Mordmerkmale der 2. Gruppe

60 Da die Mordmerkmale der 2. Gruppe (heimtückisch, grausam, mit gemeingefährlichen Mitteln) eine bestimmte Art und Weise der Tatbegehung und damit einen bestimmten **Verhaltensunwert des Tatgeschehens** näher kennzeichnen, den der Gesetzgeber als besonders verwerflich angesehen hat, werden sie nahezu einhellig als **tatbezogene** Mordmerkmale bezeichnet.[156]

61 Somit wird klar, dass es sich bei den genannten Mordmerkmalen **nicht** um besondere **persönliche** Merkmale handeln kann. § 28 (dazu Rn 146 ff.) ist daher von vornherein nicht anwendbar, sodass eine Akzessorietätslockerung nicht in Betracht kommt.

62 Darüber hinaus müssen diese Tatbestandsmerkmale (wie alle objektiven Tatbestandsmerkmale) von einem entsprechenden Vorsatz umfasst sein. Mangels entgegenstehender Anhaltspunkte genügt *dolus eventualis*.

63 Demnach muss diese Gruppe sowohl **objektiv als auch subjektiv geprüft werden** (s.o.). Von **besonderer Relevanz** ist das Mordmerkmal der **Heimtücke**, weil dieses Merkmal hinsichtlich der gebotenen restriktiven Handhabung für die Berücksichtigung entlastender Motive nicht hinreichend Raum lässt und daher die vom BGH vertretene Rechtsfolgenlösung provoziert.

---

[156] Vgl. nur BGH v. 25.10.2000 – 2 StR 313/00; *Altvater*, NStZ 2003, 21, 22; 2002, 20, 22.

Tötungsdelikte – Mord (§ 211)

a. Heimtücke (§ 211 II Var. 5)

Dieses Mordmerkmal ist dadurch gekennzeichnet, dass der Täter dem Opfer in besonders niederträchtiger Weise seinen Schutz und seine Chance raubt, den Angriff auf sein Leben erfolgreich abzuwehren. Da aber auf der anderen Seite der Mordtatbestand wegen der mit ihm verbundenen lebenslangen Freiheitsstrafe von Verfassungs wegen restriktiv auszulegen ist und diese Auslegung auf unterschiedliche Weise vorgenommen wird, leuchtet es ein, dass eine allgemein gültige Definition der Heimtücke nicht besteht. Grundelemente dieses Mordmerkmals (und daher in einer Fallbearbeitung zuerst zu prüfen) sind die *Arglosigkeit* und die darauf beruhende *Wehrlosigkeit* des Opfers.

64

Nach allgemeiner Auffassung handelt heimtückisch, wer die **Arg- und dadurch bedingte Wehrlosigkeit** seines Opfers **bewusst zu dessen Tötung ausnutzt.**[157] **Arglos** ist grundsätzlich, wer bei Beginn der (ersten) mit Tötungsvorsatz geführten Angriffshandlung nicht mit einem Angriff von Seiten des Täters rechnet.[158]

65

Arglos ist also derjenige, der **im Zeitpunkt des Angriffs** (d.h. bei Eintritt der Tat in das Versuchsstadium) die allgemeine Erwartung hegt, ihm werde von Seiten des Angreifers nichts Arges zustoßen. Die **Wehrlosigkeit**, die vorliegt, wenn die Abwehrbereitschaft und -fähigkeit erheblich eingeschränkt ist (dazu Rn 82), muss darauf basieren. Das Heimtückemerkmal knüpft damit an den Umstand an, dass das Opfer keinen Angriff erwartet, es also überrascht und daher daran gehindert wird, dem Angriff auf sein Leben zu begegnen oder ihn zumindest zu erschweren.[159] Das Ausnutzen dieses Umstands macht die besondere Verwerflichkeit dieses Mordmerkmals aus. Der Täter muss sich **bewusst** sein, einen durch seine Arglosigkeit gegenüber einem Angriff auf Leib und Leben schutzlosen Menschen zu überraschen.[160] Da dieses in der Definition genannte **Ausnutzungsbewusstsein** aber letztlich die innere Tatseite beschreibt, was an sich dem subjektiven Tatbestand zugeordnet ist, kommt man nicht umhin, subjektive Merkmale im Rahmen des objektiven Tatbestands zu prüfen. Die Heimtückedefinition ist darauf angelegt (siehe dazu Rn 84 ff.).

66

▪ Wenn also das Opfer das zu einer Schlinge geknotete Seil in den Händen des Täters sieht, ist es i.d.R. nicht arglos i.S.d. Heimtücketatbestands, wenn der Täter sodann zum Angriff übergeht.[161] Lediglich, wenn die Zeitspanne zwischen dem Erkennen der Gefahr und dem unmittelbaren Ansetzen zur Tatbestandsverwirklichung so kurz ist, dass dem Opfer keine Möglichkeit bleibt, dem Angriff irgendwie zu begegnen, ist heimtückisches Handeln zu bejahen (dazu Rn 74 ff.). Arglosigkeit kann aber angenommen werden, wenn das Opfer im Anschluss an eine verbale Auseinandersetzung dem Täter den Rücken gekehrt hat und im Begriff ist, wegzugehen bzw. mit dem Fahrrad wegzufahren. Tötet dann der Täter das Opfer durch Schüsse in den Rücken, nimmt der BGH zutreffend Heimtücke an.[162]

67

▪ Auch ein **Besinnungsloser** (Bewusstloser) kann nicht arglos sein, weil diesem im maßgeblichen Zeitpunkt gerade das Bewusstsein fehlt, um irgendwelchen Argwohn hegen zu können.[163] Allerdings hat der BGH entschieden, dass bei einem Angriff auf das Leben eines zum Argwohn unfähigen Opfers ausnahmsweise Heimtücke vorliegen könne, wenn

68

---

[157] Vgl. nur BGH NStZ 2019, 520, 521; NStZ 2018, 97; NStZ 2018, 93, 94; BGH 24.1.2017 – 2 StR 459/16; BGH NStZ 2016, 340, 341; NStZ 2016, 405; NStZ 2015, 214; NStZ 2014, 574; NStZ 2014, 507, 508; NStZ 2013, 709, 710; NStZ 2013, 337, 338; NStZ 2012, 691, 693; NStZ 2011, 634; Sch/Sch-*Eser/Sternberg-Lieben*, § 211 Rn 22.

[158] BGH NStZ 2018, 97; NStZ 2016, 405 f.; NStZ 2015, 214; NStZ 2015, 31, 32; NStZ 2014, 574; NStZ 2013, 337, 338; NStZ 2012, 691, 693; NStZ 2011, 634; BGHSt 41, 72, 79; 39, 353, 368; 32, 382, 384; *Fischer*, § 211 Rn 35.

[159] Vgl. BGH NStZ 2015, 214; NStZ 2014, 574; NStZ 2012, 691, 693.

[160] BGH NStZ 2019, 520, 521.

[161] Vgl. BGH NStZ 2008, 510, 511.

[162] BGH NStZ 2018, 97 f.

[163] BGH NStZ 2008, 93, 94; StV 1998, 545; *W/H/E*, BT 1, Rn 128; *Bürger*, JA 2004, 298; LK-*Jähnke*, § 211 Rn 42; anders *K/H/H*, BT 1, Rn 45.

Tötungsdelikte – Mord (§ 211)

der Täter die Arg- und Wehrlosigkeit eines **schutzbereiten Dritten** zur Tatbegehung ausnutze.[164]

Schutzbereiter Dritter ist jede Person, die den Schutz eines zum Argwohn unfähigen Opfers vor Leib- und Lebensgefahr dauernd oder vorübergehend übernommen hat und diesen im Augenblick der Tat entweder tatsächlich ausübt oder dies deshalb nicht tut, weil sie dem Täter vertraut.[165] Um als „schutzbereiter Dritter" zu gelten, muss die Person allerdings aufgrund der Umstände des Einzelfalls den Schutz wirksam erbringen können, wofür eine gewisse räumliche Nähe und eine überschaubare Anzahl der ihrem Schutz anvertrauten Menschen erforderlich sind. Vor allem Krankenschwestern (von im Koma liegenden Patienten) und sonstiges Pflegepersonal in Krankenhäusern können als „schutzbereite Dritte" angesehen werden, sofern sie nur für wenige Patienten verantwortlich sind, speziell auch zu deren Schutz vor Leib- und Lebensgefahr eingesetzt werden, sich in der Nähe des Bewusstlosen aufhalten und tatsächlich die Betreuung sowie regelmäßige Kontrolle des Bewusstlosen entsprechend den ärztlichen Anordnungen übernommen haben. Daher kann z.B. das Mordmerkmal der Heimtücke erfüllt sein, wenn der Täter in einem vom Pflegepersonal unbeobachteten Moment das Krankenzimmer eines Komapatienten betritt und ein lebenserhaltendes Gerät abschaltet.[166]

Auch wenn der Täter das arg- und wehrlose Opfer mit Tötungsvorsatz zunächst in den Zustand der Bewusstlosigkeit bringt und die totbringende Zweithandlung sodann verrichtet (**zweiaktiges Tatgeschehen**), liegt nach dem BGH ein heimtückischer Mord vor.

Beispiel[167]**:** O schuldet dem T Geld, weigert sich aber, die Schuld zu begleichen. Daraufhin täuscht T dem O vor, für diesen ein lukratives Geschäft bereitzuhalten, sodass O aus dem Gewinn die Schulden bezahlen könne. Auf diese Weise in die Geschäftsräume des T gelockt, wird er dort von T „in Empfang genommen" und mit einem Schuss in den Bauch lebensgefährlich verletzt. Nachdem O lebensgefährlich verletzt zusammengesackt ist und das Bewusstsein verloren hat, greift T ein Messer und sticht O tief ins Herz, woran O, der wenig später ohnehin aufgrund der Schussverletzung gestorben wäre, sofort stirbt.

Untergliedert man das Tatgeschehen in zwei Akte, kommt ein versuchter Heimtückemord in Tateinheit mit vollendetem Totschlag in Betracht, weil zum Zeitpunkt des Messerstichs O bereits bewusstlos war und ein Bewusstloser sich keines Angriffes versehen kann. Stellt man indes auf das Gesamtgeschehen ab, kommt ein heimtückischer Mord in Betracht.

Nach Auffassung des BGH ist für den Zeitpunkt der Schussabgabe das Mordmerkmal der Heimtücke erfüllt. T sei zur Tötung des O entschlossen gewesen, da dieser den Schaden nicht habe wiedergutmachen wollen. T habe O den Abschluss eines für diesen gewinnbringenden Geschäfts vorgeschlagen und ihn, dessen Vertrauen hierdurch missbrauchend, zu einer günstigen Tatzeit in die zur Tatausführung sehr gut geeigneten Geschäftsräume gelockt und dort die Tatwaffe bereitgehalten. Diese von T getroffenen Vorkehrungen für die Tatausführung hätten bei O zu einem vorgreifenden und noch im Tatzeitpunkt fortwirkenden Entzug von Verteidigungsmöglichkeiten geführt. Die dadurch herbeigeführte Arg- und Wehrlosigkeit des O habe T auch noch während der Ausführung des tödlichen Messerstichs ausgenutzt. Zwar habe sich O zu diesem Zeitpunkt im Zustand der Bewusstlosigkeit befunden und sei daher nicht arglos gewesen, allerdings habe T diesen Zustand durch einen von Tötungsvorsatz getragenen – sogar todestauglichen – Schuss bereits unter Ausnutzung der Arg- und Wehrlosigkeit des O selbst herbeigeführt. Bei dieser Sachlage habe die weitere Tötungshandlung im Zustand der Bewusstlosigkeit des O immer noch ein Ausnutzen der von T zuvor hervorgerufenen und noch fortwirkenden Arg- und Wehrlosigkeit des O dargestellt. Eine Aufspaltung des vom einheitlichen Tötungsvorsatz getragenen Geschehens in einen versuchten Heimtückemord in Tateinheit mit Totschlag wegen Weg-

---

[164] BGH NStZ 2008, 93, 94; BGHSt 8, 215, 218; 18, 37, 38; 32, 382, 387 f.

[165] BGH NStZ 2008, 93, 94; BGH NStZ 2006, 338, 339 f.; BGHSt 8, 216, 219.

[166] BGH NStZ 2008, 93, 94. Zu beachten ist jedoch, dass gleichwohl Mord im Ergebnis ausscheiden kann, wenn der Täter (etwa aus Mitleid oder um dem Opfer ein menschenwürdiges Sterben zu ermöglichen) zum vermeintlich Besten des Opfers handelt, vgl. dazu Rn 87 ff.

[167] Nach BGH NStZ 2008, 569.

Tötungsdelikte – Mord (§ 211)

falls des Mordmerkmals während der weiteren Tatausführung komme demnach nicht in Frage. T sei daher des Heimtückemordes schuldig.

Stellungnahme: Der Entscheidung des BGH ist beizupflichten. Denn anders als in den Fällen des Vorsatzwechsels oder der Abweichung des Kausalverlaufs (AT, Rn 297 ff.) dachte der Täter des vorliegenden Falls im Zeitpunkt der Zweithandlung nicht, dass das Opfer bereits tot gewesen sei. Vielmehr war ihm bewusst, dass seine Ersthandlung im Versuch stecken geblieben war. Dass nicht bereits die Ersthandlung, sondern erst die Zweithandlung zum gewünschten Erfolg geführt hat, ist unbeachtlich. T wollte O von Anfang an heimtückisch töten. Die Tat ist daher als einheitlicher Vorgang zu werten.

- **Säuglinge**, **Kleinstkinder** und Personen, die infolge von **Krankheit** die Absicht des Täters nicht erkennen können, sind schon aufgrund ihres Entwicklungsstands bzw. ihrer Konstitution nicht in der Lage, Argwohn zu hegen (**konstitutionelle Arg- und Wehrlosigkeit**).[168] Ausnahmsweise lässt die Rspr. des BGH aber auch hier Heimtücke zu, wenn die natürlichen Abwehrinstinkte des Opfers überwunden werden, etwa durch Versüßen des Tötungsmittels (z.B. vergifteter Tee oder Brei)[169] oder wenn **schutzbereite Dritte** (Eltern, Babysitter, Betreuer etc.) ausgeschaltet werden bzw. deren Arglosigkeit ausgenutzt wird.[170] Dabei soll es nach Auffassung des BGH nicht darauf ankommen, ob der schutzbereite Dritte zugegen ist. Es genüge, wenn die Person den Schutz vor Leib- oder Lebensgefahr dauernd oder vorübergehend übernommen habe und diesen im Augenblick der Tat entweder tatsächlich ausübe oder dies deshalb nicht tue, weil sie dem Täter vertraue.[171] **69**

Beispiel[172]: Tötet die Mutter aus einer Überforderungssituation heraus ihr erst einige Monate altes Baby durch Ersticken, kann nach Auffassung des BGH ein Heimtückemord vorliegen, wenn die Mutter nur deshalb die Gelegenheit zur Tötung hatte, weil der schutzbereite Vater ihr vertraute und sie mit dem Kind allein ließ.

Eine derartig weite Auslegung ist angesichts des Postulats des BVerfG, stets eine restriktive Auslegung der Heimtücke vorzunehmen, in doppelter Hinsicht bedenklich, und zwar zum einen deshalb, weil auf die Sicht eines schutzbereiten Dritten abgestellt wird (was dem Wortlaut des § 211 nicht ohne weiteres entnommen werden kann), und zum anderen, weil das Merkmal Heim"tücke" praktisch ausgehöhlt wird. Denn Verschlagenheit und Hinterhältigkeit, die die Heimtücke ausmachen, sind in Fällen der vorliegenden Art nicht erkennbar. Immerhin verlangt der BGH eine gewisse räumliche Nähe des schutzbereiten Dritten zum Opfer. Dem Unrechtsgehalt der Tat kann aber hinreichend mit dem Strafrahmen des § 212 I (5-15 Jahre) Rechnung getragen werden. Vgl. auch Rn 87 ff.

- Heimtücke wurde auch in dem Fall angenommen, in dem der Täter unter **Verbergung seiner wahren Absicht** das Opfer (einen Autofahrer) unter dem Vorwand, er habe eine Autopanne und benötige Hilfe, anhält und dieses dann erschießt.[173] **70**

- Auch bei einer **Dauergefahr** dergestalt, dass der Täter sein Opfer **über eine längere Zeit massiv bedroht** und das Opfer dadurch dauerhaft Angst um sein Leben hat und an sich nicht arglos ist, kann Heimtücke vorliegen, wenn – aus Sicht des Opfers – ein Angriff zum Tatzeitpunkt nicht unmittelbar bevorsteht.[174] Und in dem Fall, dass der Täter sein Opfer **seit Jahren mit der Schusswaffe bedroht** und das Opfer daher derartige Drohungen nicht mehr ernst nimmt, kann beim Opfer Arglosigkeit vorliegen, wenn der Täter nunmehr doch einen Schuss abgibt und das Opfer tödlich verletzt.[175] **71**

---

[168] BGHSt 3, 330, 332; 4, 11, 13; 8, 216, 218; 18, 37, 38; BGH NStZ 2006, 338, 339; NStZ 2015, 215.
[169] BGHSt 8, 216, 218.
[170] BGHSt 4, 11, 13; 8, 216, 218; 18, 37, 38; 32, 382, 387; BGH NStZ 2008, 93, 94; NStZ 2013, 158, 159; BGH 4.2.2014 – 2 StR 526/13; BGH NStZ 2015, 215.
[171] BGH NStZ 2013, 158, 159.
[172] In Anlehnung an BGH NStZ 2013, 158 f.
[173] Vgl. BGH v. 17.8.2001 – 2 StR 159/01.
[174] BGH NStZ 2013, 337, 338.
[175] BGH NStZ 2005, 688.

Tötungsdelikte – Mord (§ 211)

72 ▪ Ist das Opfer mit dem Täter **einverständlich in einer Schlägerei** verwickelt, muss es mit (lebensgefährlichen) Angriffen rechnen. Arglosigkeit kann dann verneint werden. Etwas anderes gilt aber, wenn der Täter die „Spielregeln" verlässt und bspw. das Opfer plötzlich und unerwartet mit einem Messer angreift. In diesem Fall muss das Opfer nicht mit dem Angriff rechnen. Insoweit kann Arglosigkeit angenommen werden.[176]

73 ▪ Dagegen kann bei einem **Stalkingopfer** Arglosigkeit angenommen werden, wenn es im konkreten Zeitpunkt der Angriffshandlung keinen Anlass sieht, sich vor dem Stalker zu fürchten. Insbesondere vermögen auf längere Zeit zurückliegende Aggressionen und feindselige Atmosphäre beruhende latente Angst die Arglosigkeit nicht zu beseitigen.[177]

74 Aber auch, wenn das Opfer die Gefahr unmittelbar vor dem Angriff erkennt, dabei aber die **Zeitspanne** zwischen dem Erkennen und dem Angriff **so kurz** ist, dass keine Möglichkeit mehr besteht, den Angriff wahrzunehmen und ihm zu begegnen, ist Arglosigkeit zu bejahen.[178]

75 ▪ Daher kann arglos sein, wer mit dem Täter **zuvor in einen verabredeten Faustkampf verwickelt** war, dann aber nicht mehr mit einem Angriff rechnet und der Täter dann abredewidrig und überraschend eine Waffe mit Tötungsvorsatz einsetzt.[179]

76 ▪ Erst recht gilt dies, wenn der Täter dem Opfer nicht offen (also für dieses nicht erkennbar) gegenübertritt und das Opfer erst im letzten Augenblick den Angriff erkennt.

Beispiel[180]**:** Autofahrer T fuhr nachts in Selbsttötungsabsicht auf der Autobahn in entgegengesetzter Richtung, um mit einem entgegenkommenden Fahrzeug zu kollidieren. Um nicht von entgegenkommenden Autofahrern frühzeitig erkannt zu werden, schaltete er das Fahrtlicht aus. Doch plötzlich besann er sich eines Besseren und schaltete, um bevorstehendes großes Unheil zu verhindern, das Fahrtlicht wieder ein. Dies geschah jedoch zu einem Zeitpunkt, in dem die Kollision mit dem entgegenkommenden Fahrzeug des O selbst bei einer Vollbremsung nicht mehr zu verhindern war. O konnte nicht mehr ausweichen und starb aufgrund eines Frontalzusammenstoßes mit dem Wagen des T.

Um das Heimtückemerkmal zu bejahen, hätte T die Arg- und Wehrlosigkeit des O bewusst ausgenutzt haben müssen. Vorliegend ist fraglich, ob O im Zeitpunkt des Angriffs arglos war. Denn als T das Fahrtlicht einschaltete, sah O den entgegenkommenden Wagen. Allerdings war die Zeitspanne zwischen dem Einschalten des Fahrtlichts und der Kollision so kurz, dass O keine Möglichkeit blieb, dem Angriff auszuweichen. T hat auch die Arg- und Wehrlosigkeit bewusst ausgenutzt, da er zunächst ohne Licht fuhr, um die Fahrer der entgegenkommenden Fahrzeuge zu überraschen und ein Ausweichen unmöglich zu machen. Er ist gem. § 211 I, II Var. 5 strafbar.[181]

77 Generell lässt sich somit sagen: Erkannte das Opfer die ihm drohende Gefahr, bevor der Täter unmittelbar zur Tatbestandsverwirklichung ansetzte, ist es grds. nicht arglos und das Mordmerkmal der Heimtücke ist nicht gegeben. Lediglich, wenn die Zeitspanne so kurz gewesen ist, dass dem Opfer **keine Zeit blieb, den Angriff zu erkennen und reagieren zu können**, ist Arglosigkeit anzunehmen.[182] Dann bleibt es bei der Arglosigkeit auch dann, wenn es dem Opfer in letzter Sekunde noch gelingt, Abwehrmaßnahmen einzuleiten.[183]

---

[176] BGH 29.4.2010 – 3 StR 101/10. Vgl. auch *Hofmann*, NStZ 2011, 66 f.

[177] BGH NStZ 2009, 501, 502.

[178] BGHSt 32, 382, 383 f.; BGH NStZ 2006, 96; NStZ 2006, 167, 168 f.; NStZ 2006, 502, 503; NStZ 2016, 340, 341; NStZ-RR 2018, 45, 46; NStZ 2019, 32, 34.

[179] BGH NStZ 2014, 574, 575.

[180] Nach BGH NStZ 2006, 503, 504 f.

[181] Zum Mordmerkmal der Verwendung eines gemeingefährlichen Mittels vgl. Rn 108 Bsp. 2. Zur Strafbarkeit wegen § 315b und/oder § 315c vgl. Rn 558 ff./Rn 597 ff. Zur Frage des Rücktritts vom Versuch AT, Rn 730.

[182] BGH NStZ 2016, 340, 341; NStZ-RR 2018, 45, 46.

[183] BGH NStZ 2016, 340, 341; NStZ-RR 2018, 45, 46.

Tötungsdelikte – Mord (§ 211)

- Wenn aber das Opfer (im vom BGH entschiedenen Originalfall war dies ein Erpresser, der später vom Erpressten durch einen Messerstich in den Hals getötet wird[184]) bei einer zuvor von **ihm gesuchten Konfrontation** mit dem Täter (hier: der Erpresste) und in dessen Angesicht im Begriff ist, seine Tat zu vollenden (hier: Erpressung der Geldübergabe), ist es nach Auffassung des BGH **nicht** arglos im Sinne des Mordmerkmals der Heimtücke, wenn es vom Täter (dem Erpressten) von hinten durch einen Messerstich in den Hals getötet wird. Das gelte auch dann, wenn der Erpresser mit einer Gegenwehr des Erpressten nicht rechne und von dieser überrascht sei. Denn in Wahrheit sei der Erpresser der Angreifer und könne daher nicht arglos sein.[185] **78**

- Dagegen kann Heimtücke wiederum angenommen werden, wenn die Tat **von langer Hand geplant** und vorbereitet war oder wenn der Täter das Opfer **in einen Hinterhalt gelockt** hat, um eine günstige Gelegenheit zur Tötung zu schaffen. Hier kommt es darauf an, ob das spätere Opfer zum Zeitpunkt des Eintritts in den Hinterhalt mit Feinseligkeiten des Täters rechnete.[186] Etwas anderes gilt aber, wenn sich das Opfer auf einen Angriff vorbereitet hat (etwa, indem es sich eine Schusswaffe besorgt hat, um „für alle Fälle" vorbereitet zu sein). Dann ist das Opfer nicht überrascht und dementsprechend nicht arglos.[187] **79**

- Eine weitere Besonderheit hinsichtlich der Zeitregel besteht beim Angriff auf **Schlafende**. Zwar kann jemand, der schläft, keinen Argwohn entwickeln. Hat sich der Schlafende aber arglos in den Schlaf gelegt, hat er sich also beim Schlafengehen dem Vertrauen überlassen, ihm werde nichts geschehen, ist Arglosigkeit zu bejahen. Man sagt, der Schlafende habe die Arglosigkeit „**mit in den Schlaf genommen**".[188] Zur Tötung eines schlafenden **Familientyrannen** vgl. Rn 42 und 53. **80**

Das Opfer muss aufgrund seiner Arglosigkeit wehrlos sein. Eine Wehrlosigkeit, die unabhängig von der Arglosigkeit besteht, ist insoweit nicht ausreichend.[189] Allgemein anerkannt ist folgende Definition: **81**

Wehrlos ist, wer bei Beginn des Angriffs infolge seiner Arglosigkeit in seiner natürlichen Abwehrbereitschaft und -fähigkeit erheblich eingeschränkt ist.[190] **82**

An diesem **Kausalzusammenhang** fehlt es, wenn das Heimtückeopfer über effektive Abwehrmittel verfügt, es z.B. fliehen oder Hilfe herbeirufen könnte.[191] **83**

Trotz der Tatbezogenheit des Merkmals der Heimtücke wird allgemein die „**bewusste Ausnutzung**" der auf Arglosigkeit beruhenden Wehrlosigkeit gefordert. Hierfür genügt es nicht, dass der Täter die Arg- und Wehrlosigkeit des Opfers nur in äußerer Hinsicht wahrnimmt. Dieses der inneren Tatseite zuzuordnende *finale Element* ist vielmehr erst dann gegeben, wenn der Täter die auf Arglosigkeit beruhende Wehrlosigkeit in ihrer Bedeutung für die hilflose Lage des Angegriffenen erkennt und sie sich zur Ausführung der Tat ganz bewusst zunutze macht.[192] Der Täter muss sich **bewusst** sein, einen durch seine Arglosigkeit gegenüber einem Angriff auf Leib und Leben schutzlosen Menschen zu überraschen.[193] Für die Fallbearbeitung bietet sich folgende Kurzform an: **84**

---

[184] BGH NJW 2003, 1955, 1956 ff. (Chantage).
[185] BGH NJW 2003, 1955, 1956, 1957.
[186] Vgl. BGHSt 22, 77, 79; 32, 382, 384; BVerfG NStZ 2010, 450 f.
[187] BGH NStZ 2008, 273 f.
[188] Vgl. BGH NStZ 2019, 32, 34; NStZ 2007, 523, 524; 2006, 338; 2005, 154 f.; BGHSt 48, 255, 257 ff.; 32, 382, 386; 23, 119, 121; BGH StV 2001, 666, 667. Kritisch zur Unterscheidung von Bewusstlosen und Schlafenden *Otto*, Jura 2003, 612, 618; *Bosch/Schindler*, Jura 2000, 77, 79; *Küper*, JuS 2000, 740, 744.
[189] Vgl. BGHSt 39, 353, 369; *Küper*, JuS 2000, 740, 741.
[190] BGH NStZ 2016, 405, 406; BGHSt 48, 255, 257 ff.; Lackner/Kühl-*Kühl*, § 211 Rn 8; MüKo-*Schneider*, § 211 Rn 138.
[191] Sch/Sch-*Eser/Sternberg-Lieben*, § 211 Rn 24a.
[192] BGHSt 22, 77, 80; 39, 353, 369; BGH NStZ-RR 2001, 14; NStZ 2008, 510, 511; Sch/Sch-*Eser/Sternberg-Lieben*, § 211 Rn 25. Vgl. auch BGH NStZ 2014, 507, 508 (zum Problem der Beweiswürdigung des Ausnutzungstatbestands).
[193] BGH NStZ 2019, 520, 521.

Tötungsdelikte – Mord (§ 211)

85 Heimtückespezifisches **Ausnutzungsbewusstsein** liegt vor, wenn der Täter die Bedeutung der Arg- und Wehrlosigkeit des Opfers für die hilflose Lage und die Tatausführung erfasst und sich diese bewusst zunutze macht.[194]

86 Im Einzelfall kann die Feststellung der subjektiven Tatseite der Heimtücke extrem schwierig sein, da es bei diesem Mordmerkmal nicht lediglich auf die Abgrenzung zwischen dolus eventualis und bewusster Fahrlässigkeit ankommt, sondern – wie beschrieben – der Täter sich die Arg- und Wehrlosigkeit des Opfers ganz bewusst zunutze machen muss. Wie allgemein bei der Prüfung der inneren Tatseite geht der BGH auch bei der Frage nach dem Vorliegen des Ausnutzungsbewusstseins vom äußeren Tatgeschehen (d.h. vom objektiven Bild des Geschehens) aus und gelangt zur Bejahung des Ausnutzungsbewusstseins, wenn dessen gedankliche Erfassung durch den Täter (infolge des objektiven Tatgeschehens) auf der Hand liege.[195] Bei einem psychisch normal disponierten Täter, bei dem die Unrechtseinsicht gegeben sei, sei die Fähigkeit, die Tatsituation in ihrem Bedeutungsgehalt für das Opfer realistisch wahrzunehmen und einzuschätzen, im Regelfall nicht beeinträchtigt.[196] Daher hindere nicht jede affektive Erregung oder heftige Gemütsbewegung einen Täter daran, die Bedeutung der Arg- und Wehrlosigkeit des Opfers für die Tat zu erkennen.[197] Denn das Ausnutzungsbewusstsein setze weder längere Überlegung noch planvolles Vorgehen voraus.[198] Allerdings könne die Spontanität des Tatentschlusses im Zusammenhang mit dem Vorgeschehen und dem psychischen Zustand des Täters ein Beweisanzeichen dafür sein, dass ihm das Ausnutzungsbewusstsein fehlte.[199] Hierzu bedürfe es stets besonderer Feststellungen durch das Tatgericht.

Besonders anschaulich wird die Problematik bei den sog. „**Brückenattentatsfällen**" (Steinwürfe von Autobahnbrücken auf unten fahrende Autos; vgl. auch Rn 108). Hier wird man sagen können: Je größer und schwerer die verwendeten Steine, je schwieriger die Straßenverhältnisse infolge von Sichtbeeinträchtigungen oder Witterung, je schneller die Eigenbewegung der Fahrzeuge und je dichter der Verkehr ist, desto größer ist auch die Wahrscheinlichkeit eines Unfalls mit erheblichem Personenschaden. Ob dem Täter diese Gefährlichkeit bewusst ist und er sich die Arg- und Wehrlosigkeit der unten fahrenden Fahrzeugführer ganz bewusst zunutze macht, hängt dann davon ab, ob dem Täter vergleichbare Fälle mit schlimmen Folgen bekannt sind, sei es aufgrund einschlägiger Vorverurteilung, Warnungen Dritter, der Begehung als Nachahmungs- oder Wiederholungstat. Insofern ist auch von Bedeutung, inwieweit der Täter die Folgen wegen Jugend, Alkoholisierung, Verkehrserfahrung und Intelligenz zutreffend abschätzen kann.[200] Allerdings dürfte jedem normal intelligenten, ungestörten und straßenverkehrserfahrenen Menschen bewusst sein, dass das Werfen von Steinen auf eine Autobahn zu schweren Verkehrsunfällen mit erheblichen Sach- und Personenschäden führt.[201]

87 Auch ein **hochgradiger Erregungszustand** kann ein Ausnutzungsbewusstsein ausschließen.[202]

> **Beispiel**[203]**:** T war zu einer Gartenparty eines Bekannten eingeladen. Nachdem er dort bereits alkoholisiert erschienen war, geriet er nach dem Genuss weiterer alkoholischer Getränke mit O in Streit. Zudem wurde sein Verhalten auch von anderen Partygästen zu-

---

[194] Vgl. BGH NStZ 2019, 26, 27; NStZ-RR 2018, 45, 46 f.; NStZ 2018, 83, 94; NStZ 2015, 30, 31; NStZ 2014, 507, 508; NStZ 2013, 339, 340.
[195] BGH NStZ 2019, 142 mit Verweis u.a. auf BGH NStZ-RR 2018, 45, 47 und BGH NStZ 2013, 709, 710. Vgl. auch NStZ 2019, 520, 521.
[196] BGH NStZ 2019, 142 mit Verweis u.a. auf BGH NStZ-RR 2018, 45, 47 und BGH NStZ 2015, 30, 31.
[197] BGH NStZ 2019, 142.
[198] BGH NStZ 2019, 26, 27.
[199] BGH NStZ 2019, 142 mit Verweis u.a. auf BGH NStZ-RR 2018, 45, 47.
[200] Vgl. auch *Jahn*, JuS 2010, 456, 457.
[201] Vgl. auch BGH NStZ-RR 2010, 373 f.
[202] BGH NStZ 2018, 93, 94.
[203] Nach BGH NStZ 2019, 142.

Tötungsdelikte – Mord (§ 211)

nehmend als unangemessen und distanzlos empfunden, sodass ihn der Gastgeber bat, die Gartenparty zu verlassen. Da T dieser Bitte nicht nachkam, wurde er vom Gastgeber und anderen Partygästen gegen seinen Widerstand vom Grundstück verbracht und nach Hause begleitet. Dort nahm er – erzürnt wegen des Rauswurfs – zwei große Küchenmesser mit einer Klingenlänge von ca. 19 cm und 19,5 cm und kehrte mit diesen zu dem Garten zurück. Mit je einem Messer in beiden Händen und mit dem lauten Ruf „Ich bring euch alle um!" betrat T mit schnellen Schritten den Garten. O, der zu dieser Zeit auf einem Stuhl an einem Tisch in der Nähe des Garteneingangs saß und mit seinem Smartphone beschäftigt war, versah sich keines Angriffs. T ging sogleich auf O, der den Ruf des T nicht vernommen hatte, zu und stach mit einem der Messer wuchtig in Richtung des Oberkörpers des O ein, um diesen tödlich zu verletzen. Da O wegen des Rufs eines anderen Anwesenden „Lauft weg, der kommt mit Messern" und des Anblicks des herannahenden T im Aufstehen begriffen war, verfehlte das Messer den Oberkörper des O und traf stattdessen seinen Oberschenkel, was zu einer Eröffnung der großen Beinarterie über 1,5 cm führte und innerhalb kurzer Zeit einen Blutverlust von mindestens 3 Litern zur Folge hatte. T war bewusst, O so schwer verletzt zu haben, dass dieser ohne sofortige Rettungsmaßnahmen aufgrund der starken Blutung alsbald versterben würde, und verließ – vom Gastgeber aus dem Garten geschoben – die Örtlichkeit. O konnte nur durch sofortige Erste-Hilfe-Maßnahmen und eine Not-Operation gerettet werden.

T könnte sich durch das beschriebene Verhalten zunächst wegen versuchten Heimtückemordes gem. §§ 211 I, II Var. 5, 22, 23 I, 12 I strafbar gemacht haben. Die Tat ist nicht vollendet, der Versuch ist wegen des Verbrechenscharakters strafbar.

Fraglich ist dabei allein, ob das Mordmerkmal der Heimtücke gegeben ist. Nach der vom BGH aufgestellten und in ständiger Rechtsprechung angewendeten Definition handelt heimtückisch, wer in feindlicher Willensrichtung bei Beginn des mit Tötungsvorsatz geführten Angriffs die Arg- und Wehrlosigkeit des Tatopfers bewusst zur Tötung ausnutzt.[204] Arglos ist grundsätzlich, wer bei Beginn der (ersten) mit Tötungsvorsatz geführten Angriffshandlung nicht mit einem Angriff von Seiten des Täters rechnet.[205] Und wehrlos ist, wer bei Beginn des Angriffs infolge seiner Arglosigkeit in seiner natürlichen Abwehrbereitschaft und -fähigkeit erheblich eingeschränkt ist.[206]

Zum Zeitpunkt des Beginns der Attacke war O mit seinem Smartphone beschäftigt, sodass er zunächst von der Attacke des T nichts mitbekam und auch sonst nicht mit dieser rechnete. Erst im letzten Moment war er aufgrund der Rufe der anderen Gäste aufgeschreckt. Doch die Zeitspanne war zu kurz, um Abwehrmaßnahmen zu ergreifen, sodass zum Zeitpunkt der Messerattacke nach wie vor von einer Arglosigkeit ausgegangen werden kann. Und weil O infolge der kurzen Zeitspanne in seiner natürlichen Abwehrbereitschaft und -fähigkeit erheblich eingeschränkt war, war er auch wehrlos im Sinne der Definition.

T müsste die Arg- und Wehrlosigkeit des O auch in feindlicher Willensrichtung bewusst ausgenutzt haben. Bei der Feststellung des Ausnutzungsbewusstseins geht der BGH vom äußeren Tatgeschehen (d.h. vom objektiven Bild des Geschehens) aus und gelangt zur Bejahung des Ausnutzungsbewusstseins, wenn dessen gedankliche Erfassung durch den Täter (infolge des objektiven Tatgeschehens) auf der Hand liege.[207] Bei einem psychisch normal disponierten Täter, bei dem die Unrechtseinsicht gegeben sei, sei die Fähigkeit, die Tatsituation in ihrem Bedeutungsgehalt für das Opfer realistisch wahrzunehmen und einzuschätzen, im Regelfall nicht beeinträchtigt.[208] Daher hindere nicht jede affektive Erregung oder heftige Gemütsbewegung einen Täter daran, die Bedeutung der Arg- und Wehrlosigkeit des Opfers für die Tat zu erkennen. Allerdings könne die Spontanität des Tatentschlusses im Zusammenhang mit dem Vorgeschehen und dem psychischen Zustand

---

[204] Siehe nur BGH NStZ-RR 2018, 45, 46.
[205] BGH NStZ 2018, 97; NStZ 2016, 405 f.; NStZ 2015, 214; NStZ 2015, 31, 32; NStZ 2014, 574; NStZ 2013, 337, 338; NStZ 2012, 691, 693; NStZ 2011, 634; BGHSt 41, 72, 79; 39, 353, 368; 32, 382, 384; *Fischer*, § 211 Rn 35.
[206] BGH NStZ 2016, 405, 406; BGHSt 48, 255, 257 ff.; Lackner/Kühl-*Kühl*, § 211 Rn 8; MüKo-*Schneider*, § 211 Rn 138.
[207] BGH NStZ 2019, 142 mit Verweis u.a. auf BGH NStZ-RR 2018, 45, 47 und BGH NStZ 2013, 709, 710.
[208] BGH NStZ 2019, 142 mit Verweis u.a. auf BGH NStZ-RR 2018, 45, 47 und BGH NStZ 2015, 30, 31.

Tötungsdelikte – Mord (§ 211)

des Täters ein Beweisanzeichen dafür sein, dass ihm das Ausnutzungsbewusstsein fehlte.[209]

Im vorliegenden Fall lasse schon der objektive Geschehensablauf nicht erkennen, dass T sich die Arg- und Wehrlosigkeit des O für die Tatbegehung zunutze machen wollte. Der Annahme eines Bewusstseins des T, die Arg- und Wehrlosigkeit des O für die Tatbegehung auszunutzen, stünden dabei bereits der laute Ruf des T „Ich bring euch alle um!" bei Betreten des Gartens und der Umstand entgegen, dass er in jeder Hand sichtbar ein langes Küchenmesser hielt. Denn T habe davon ausgehen können und müssen, dass die Partygäste – und damit auch O – seine offen getragenen Messer bemerkt sowie seinen lauten Ruf vernommen hatten und demzufolge mit einem unmittelbar bevorstehenden Angriff auf ihr Leben rechneten. Auch der Umstand, dass T zur Tatzeit nicht unerheblich alkoholisiert und zudem wegen des vorangegangenen Geschehens erzürnt und affektiv beeinträchtigt gewesen sei, spreche gegen das Vorliegen des für das Merkmal der Heimtücke erforderlichen Ausnutzungsbewusstseins.

Danach hat sich T nicht gem. §§ 211 I, II Var. 5, 22, 23 I, 12 I strafbar gemacht. Zu denken wäre dann zwar noch an einen Mordversuch unter dem Aspekt der niedrigen Beweggründe (§§ 211 I, II Var. 4, 22, 23 I, 12 I). Ob man aber bei T den bei diesem Mordmerkmal im Vordergrund stehenden, den Lebens- und Achtungsanspruch des Opfers negierenden Vernichtungswillen annehmen kann, ist zu bezweifeln. Art. 103 II GG gebietet eine restriktive Auslegung des höchst unbestimmten Begriffs der „niedrigen Beweggründe". Gefühlsregungen wie Wut, Zorn, Ärger, Hass und Rachsucht kommen daher nur dann als niedrige Beweggründe in Betracht, wenn sie nicht (situationsbedingt) menschlich verständlich, sondern Ausdruck einer niedrigen Gesinnung des Täters sind. Das wird man bei T nicht annehmen können.[210]

Ergebnis: Danach hat sich T nicht gem. §§ 211 I, II Var. 4, Var. 5, 22, 23 I, 12 I, sondern nur gem. §§ 212 I, 22, 23 I, 12 I strafbar gemacht. Freilich tritt neben die versuchte Tötung eine vollendete gefährliche Körperverletzung gem. § 224 I Nr. 2 Var. 2, Nr. 5. Gemäß § 23 II kann die Strafe wegen des versuchten Totschlags nach § 49 I gemildert werden. Da der BGH zudem die vom Landgericht bei T festgestellte, zu einer verminderten Schuldfähigkeit i.S.v. § 21 führende affektive Beeinträchtigung nicht beanstandet hat, kommt T mitunter sogar eine doppelte Strafmilderung zugute.

88 Fraglich ist, ob im Hinblick auf das Postulat des BVerfG, den Tatbestand des Mordes **restriktiv auszulegen**, allein das Vorliegen der bewussten Ausnutzung der Arg- und Wehrlosigkeit für die Bejahung des Mordmerkmals der Heimtücke ausreicht. Denn würden die vorgenannten Kriterien genügen, wären etwa ein niederträchtiger Anschlag aus dem Hinterhalt und die Tötung aus verständlichen Motiven oder aus menschlich begreifbarer Konfliktlage („Mitleidstötung" eines Schwerstkranken oder Todgeweihten, um diesen von seinen Qualen „zu befreien") hinsichtlich des Schuldspruchs und der Rechtsfolge (lebenslange Freiheitsstrafe!) völlig gleich zu behandeln.

89

> **Hinweis für die Fallbearbeitung:** Die Prüfung der Heimtücke wird demnach mit dem kleinsten gemeinsamen Nenner begonnen, also mit den Voraussetzungen, die von allen Ansichten gefordert werden. Das ist das „bewusste Ausnutzen der Arg- und Wehrlosigkeit des Opfers". Nur wenn der Fall dadurch noch nicht gelöst werden kann, wenn also der Täter hiernach zu bestrafen wäre, muss unter erneuter Obersatzbildung auf die von den verschiedenen Ansichten zusätzlich geforderten Voraussetzungen (siehe sogleich) eingegangen werden. Die Gesamtprüfung wird also durch die verschiedenen Stufen „verfeinert".[211]

---

[209] BGH NStZ 2019, 142 mit Verweis u.a. auf BGH NStZ-RR 2018, 45, 47.
[210] Zum Merkmal der niedrigen Beweggründe siehe unten Rn 119 ff.
[211] Vgl. bereits die 1. Aufl. 2002 dieses Buches; später auch *Kaspar*, JA 2007, 799, 701 f.

Tötungsdelikte – Mord (§ 211)

- Die **Rechtsprechung** wird dem Postulat des BVerfG zunächst dadurch gerecht, dass sie das Heimtückemerkmal um eine zusätzliche subjektive Komponente erweitert, damit Fälle, in denen der Täter etwa **„zum vermeintlich Besten des Opfers"**[212] handelt, als verwerflichkeitsmindernde Gesinnungsaspekte in die Rechtsanwendung einbezogen werden können. Sie verlangt, dass die Ausnutzung der Arg- und Wehrlosigkeit in **„feindlicher Willensrichtung"** erfolgt sein müsse.[213]   **90**

Stellungnahme: Auf der Basis dieser Rspr. können zunächst **echte Mitleidstötungen**, bei denen der Täter dem Opfer etwa Not, Schande oder schweres Leid ersparen möchte, aus § 211 herausgehalten werden. Dasselbe galt nach zwischenzeitlicher Rspr. des BGH für den **Mitnahmesuizidversuch** (z.B. Suizidversuch unter Mitnahme von Familienangehörigen, etwa um diesen ein Leben ohne den Suizidanten zu „ersparen").[214] Aber auch in diesen Fällen macht sich der wohlmeinende Tötende nun einmal die Arg- und Wehrlosigkeit des Opfers zunutze, um sein Ziel zu erreichen. Denn in dem Augenblick, in dem er seinem Opfer mit Tötungsvorsatz gegenübertritt, steht er ihm gerade in feindseliger Weise gegenüber. Dieses einschränkende Kriterium wird heute daher selbst vom BGH zu Recht wegen zu großer Unbestimmtheit nur noch als Durchgangsstadium zu weiteren Einschränkungen (siehe sogleich) angesehen.[215]   **91**

- Vor diesem Hintergrund wird in der **Literatur** die Restriktion des Heimtückebegriffs durch eine Einbeziehung weiterer verwerflichkeitsrelevanter Gesichtspunkte gefordert.[216]   **92**

⇨ Den weitreichendsten Lösungsvorschlag vertritt die Lehre von den **Typenkorrekturen** (Rn 44 ff.), wonach versucht wird, über eine restriktive Auslegung der Mordmerkmale hinaus im Wege einer umfassenden *Gesamtwürdigung der Tat* die Tötung ausnahmsweise als nicht besonders verwerflich einzustufen.   **93**

> **Hinweis für die Fallbearbeitung:** An dieser Stelle der Klausur wird die erste Weichenstellung vorzunehmen sein. Die Kritik an den Typenkorrekturen - vor allem wegen der Unvereinbarkeit mit dem Wortlaut des § 211 und der Rechtsunsicherheit - wurde bereits dargelegt (Rn 44 ff.). Wer der Lehre von der Typenkorrektur dennoch folgen möchte und darüber hinaus zum Ergebnis kommt, dass durch sie der Tatbestand nicht erfüllt ist, muss aber beachten, dass er dann nicht mehr auf die Probleme, die mit der Strafzumessungslösung des BGH verbunden sind, eingehen kann. Unter Umständen leidet darunter die Bewertung der Klausur (vgl. in diesem Sinne auch den Abschlussfall bei Rn 100).   **94**

⇨ Weiterhin wird zur Restriktion des Heimtückebegriffs das Kriterium des **„besonders verwerflichen Vertrauensbruchs"** gefordert. Danach ist Kern des Heimtückemerkmals der bewusste Missbrauch von Vertrauen, das dem Täter von dem Opfer in der Tatsituation entgegengebracht wird.   **95**

Stellungnahme: In der Tat mag das Erfordernis eines verwerflichen Vertrauensbruchs zu einer weitgehenden Beschränkung des Heimtückemerkmals führen. Es ist aber keineswegs klar, was unter „Vertrauen" und „Missbrauch" desselben zu verstehen ist. Die Unklarheit wird vor allem dann deutlich, wenn das Opfer mit dem Täter zuvor in keiner Beziehung gestanden hat, dem Täter also auch kein Vertrauen entgegenbringen konnte, wie dies typischerweise beim „Meuchelmord"[217] der Fall ist. Konsequenterweise müsste dann der Heimtücketatbestand verneint werden, was selbst vor dem Hintergrund des Gebots der restriktiven Handhabung des § 211 nicht überzeugen kann.   **96**

---

[212] Vgl. BGHSt 30, 105, 119; BGH StV 2001, 666, 667; NStZ 2008, 93, 94.
[213] Vgl. nur BGH NStZ-RR 2018, 45, 46; NStZ 2015, 31, 32; BGHSt 48, 255, 257 ff.; 32, 382, 383 f. Grundlegend BGHSt GS 9, 385, 387 ff.
[214] Vgl. BGH NStZ 1995, 230 mit Bespr. v. *Winckler/Förster*, NStZ 1996, 32.
[215] Unter Berücksichtigung des (entgegenstehenden) Opferwillens daher zu Recht ablehnend bzw. einschränkend BGH v. 29.1.2003 – 1 StR 519/02; BGH NStZ-RR 2000, 327; NStZ 2008, 93, 94; Sch/Sch-*Eser/Sternberg-Lieben*, § 211 Rn 25a.
[216] Der hier seit der 1. Aufl. 2002 vorgenommene Aufbau (Einbeziehung weiterer verwerflichkeitsrelevanter Gesichtspunkte im Rahmen des subjektiven Tatbestands) findet sich nun auch bei *Cornelius*, JA 2009, 425, 426 f.
[217] Vgl. etwa den Heckenschützen oder die Tötung durch eine ferngezündete Bombe.

Tötungsdelikte – Mord (§ 211)

97

> **Hinweis für die Fallbearbeitung:** Wird der Auffassung des BGH gefolgt und werden nach dieser Prüfung die Kriterien, die nach dem BGH zur Annahme des Mordmerkmals der Heimtücke führen würden, vom Täter verwirklicht, muss, wenn die Tat im Übrigen rechtswidrig und schuldhaft begangen wurde, auf die sog. **Rechtsfolgenlösung des BGH** eingegangen werden (vgl. dazu sogleich sowie den Abschlussfall bei Rn 100).

98

⇨ Soweit auf der Tatbestandsseite keine befriedigende Lösung erzielt werden kann und auch **Rechtfertigungs- bzw. Schuldausschließungsgründe** nicht greifen, sieht die **Rechtsprechung des BGH** auf der Ebene der **Strafzumessung** (Prüfungs-standort: nach der Schuld) im Einzelfall von einer lebenslangen Freiheitsstrafe ab, in-dem sie den **Strafrahmen des § 49 I Nr. 1** anwendet (sog. **Rechtsfolgenlösung**).

99

Stellungnahme: Auch der Rechtsfolgenlösung des BGH fehlt letztlich die Legitimation im geschriebenen Recht (zu den Argumenten siehe Rn 48-52). Daher bleibt keine an-dere Möglichkeit, als durch **restriktive** und methodisch einwandfreie **Auslegung der Mordmerkmale** den Tatbestand zu verneinen, wenn die Verhängung lebenslanger Freiheitsstrafe im Einzelfall unverhältnismäßig wäre. Auch eine analoge Anwendung des § 49 wäre rechtsmethodisch möglich.

Zusammenfassung zur Prüfung des Heimtückemerkmals

100

- Grundvoraussetzung für die Bejahung der Heimtücke ist das **bewusste Ausnutzen der Arg- und Wehrlosigkeit des Opfers**.

- Wenn der Täter wegen Erfüllung dieses Kriteriums aus § 211 zu verurteilen wäre, muss wegen des Gebots der restriktiven Auslegung des § 211 auf weitere, einschränkende Kriterien eingegangen werden.

- Von der Rechtsprechung des BGH entwickelt und auch von der Literatur anerkannt ist das ergänzende Erfordernis des Ausnutzens der Arg- und Wehrlosigkeit „**in feindlicher Willensrichtung**". Danach liegt Heimtücke trotz Ausnutzens der Arg- und Wehrlosig-keit nicht vor, wenn der Täter in einer schwerwiegenden seelischen Konfliktlage zum vermeintlich Besten des Opfers zu handeln glaubt (z.B. die Ersparung eines qualvollen Dahinvegetierens). Dieser Weg stößt aber, wie aufgezeigt, auf Grenzen.

- Die Literatur erblickt in dem Erfordernis der „feindlichen Willensrichtung" zwar ein not-wendiges, nicht aber ein hinreichendes Kriterium. Teilweise wird versucht, über **Typen-korrekturen** (im positiven wie negativen Sinne, s.o.) eine restriktive Auslegung der Mordmerkmale herbeizuführen. Nach der negativen Typenkorrektur soll im Wege einer umfassenden *Gesamtwürdigung der Tat* die Tötung trotz Vorliegens eines (objektiven) Mordmerkmals ausnahmsweise als nicht besonders verwerflich einzustufen sein. Dem-gegenüber geht die positive Typenkorrektur davon aus, dass im Regelfall die Erfüllung von Mordmerkmalen nicht die erforderliche Verwerflichkeit bedeutet, was sich jedoch ebenfalls aus einer *Gesamtwürdigung der Tat* ergibt. Doch diese Auslegungen sind mit dem Wortlaut des § 211 kaum vereinbar.

- Der überwiegende Teil der Literatur stellt daher nicht auf die Typenkorrektur ab, son-dern fordert neben der „feindlichen Willensrichtung" einen „**besonders verwerflichen Vertrauensbruch**" zwischen Täter und Opfer. Dieses Erfordernis mag in der Tat zu ei-ner weitgehenden Beschränkung des Mordtatbestands auf besonders tückische Verhal-tensweisen führen, der Begriff „Vertrauen" ist aber kaum präzisierbar, da er keine festen Konturen aufweist. Vor allem aber führt diese Einschränkung zu unsachgerechten Er-gebnissen, insbesondere weil danach die Tötung fremder Menschen in Ermangelung ei-nes Vertrauensverhältnisses zwischen Täter und Opfer niemals den Mordtatbestand we-gen Heimtücke erfüllen könnte, was selbst vor dem Hintergrund des Gebots einer rest-riktiven Interpretation nicht überzeugen kann.

- Wird aus diesem Grund das zusätzliche Erfordernis des besonders verwerflichen Ver-trauensbruchs abgelehnt oder begeht der Täter bei Anerkennung dieses Erfordernisses einen solchen Vertrauensbruch, muss im Anschluss an die Schuldfeststellung auf die sog. **Rechtsfolgenlösung** eingegangen werden. Sie bejaht bei Vorliegen der bewussten Ausnutzung von Arg- und Wehrlosigkeit das Mordmerkmal Heimtücke im Tatbestand und berücksichtigt besondere Umstände (etwa die Tötung aus Mitleid oder Provokation, die nicht als verwerflich anzusehen ist) bei der Strafzumessung. Danach tritt eine Zeitstrafe (3-15 Jahre gem. §§ 49 I Nr. 1, 38 II) an die Stelle der sonst festgesetzten lebenslangen Freiheitsstrafe.

b. Grausam (§ 211 II Var. 6)

Grausam tötet, wer dem Opfer aus gefühlloser, unbarmherziger Gesinnung besonders schwere Schmerzen oder Qualen körperlicher oder seelischer Art zufügt.[218] **101**

> **Beispiele:** Als schwere physische Schmerzen bzw. Leiden kommen insbesondere Verbrennen[219], Folterungen, Verhungern- oder Verdurstenlassen in Betracht. Schwere psychische Qualen sind beispielsweise Tötungsvorbereitungen in Anwesenheit des Opfers.

Die genannte gefühllose und unbarmherzige Gesinnung ist eine subjektive und damit an sich eine täterbezogene Komponente. Nach dem Schutzzweck der Norm (Schutz des Opfers vor besonderen Qualen) ist aber davon auszugehen, dass der tatbezogene Charakter des Gesamtmerkmals dominiert. Daher behandelt die zutreffende h.M. das Mordmerkmal *Grausam* insgesamt als ein tatbezogenes Merkmal. § 28 (dazu Rn 146 ff.) mit seiner Akzessorietätslockerung ist also nicht anwendbar. **102**

Unabhängig von dieser Beurteilung muss die subjektive Komponente synchroner Bestandteil einer mit Tötungsvorsatz ausgeführten Handlung sein. Daher wird das Mordmerkmal durch eine ohne Tötungsvorsatz begangene grausame Körperverletzung nicht erfüllt, an die sich ein nunmehr mit Tötungsvorsatz ausgeführter neuer Angriff gegen das Opfer anschließt, der seinerseits die Voraussetzungen der Grausamkeit nicht (mehr) erfüllt.[220] **103**

> **Beispiel:** Wenn der Täter - insgesamt ohne Tötungsvorsatz - sein Opfer zunächst brutal und unbarmherzig foltert, es anschließend fesselt und in einer abgelegenen Scheune zurücklässt, scheidet ein Mord gem. §§ 212 I, 211 I, II Var. 6 aus, wenn das Opfer dort an den Verletzungen stirbt.[221] Es kommt unter Problematisierung des Unmittelbarkeitszusammenhangs (nur) eine Körperverletzung mit Todesfolge (§ 227) in Frage. Ein Mord durch Unterlassen käme dagegen nur dann in Betracht, wenn T damit rechnete, dass O an seinen Verletzungen bzw. durch Verhungern oder Verdursten sterben werde. Zu beachten ist dabei aber, dass die Unterlassung lebenserhaltender Rettungsmaßnahmen nicht auf bloßer Bequemlichkeit beruhen darf, sondern dass sie auf unbarmherziger und gefühlloser Gesinnung basieren muss.

Auch wenn das Opfer zuvor in Bewusstlosigkeit fällt, ist das Mordmerkmal *Grausam* nicht erfüllt, mag auch das äußere Erscheinungsbild der Tat auf erhebliche Brutalität hindeuten. Denn in diesem Fall ist das Opfer nicht mehr in der Lage, körperliche Schmerzen oder seelisches Leid zu verspüren.[222] Zu prüfen ist aber ein **besonders schwerer Fall des Totschlags** gem. § 212 II (vgl. Rn 29). **104**

---

[218] BGHSt 3, 264, 267 ff.; BGH NStZ 2001, 647; BGH NStZ 2007, 402, 403; *Altvater*, NStZ 2002, 20, 24; Lackner/Kühl-*Kühl*, § 211 Rn 10; Sch/Sch-*Eser/Sternberg-Lieben*, § 211 Rn 27; *Fischer*, § 211 Rn 56.
[219] Siehe dazu etwa BGH NStZ 2017, 218 f.
[220] *Mitsch*, JuS 1996, 213, 215.
[221] Anders wäre es nur, wenn der Täter den Tod billigend in Kauf genommen hätte (*dolus eventualis*).
[222] Vgl. BGH NStZ 2001, 647; *Altvater*, NStZ 2002, 20, 24.

Tötungsdelikte – Mord (§ 211)

c. Mit gemeingefährlichen Mitteln (§ 211 II Var. 7)

105 **Gemeingefährlich** ist ein Mittel, das in der konkreten Situation eine Mehrzahl von Menschen an Leib oder Leben gefährden kann, weil der Täter die Ausdehnung der Gefahr nicht in der Hand hat.[223]

106 Im Vordergrund steht somit die **Nichtkontrollierbarkeit des Mittels im konkreten Fall**.[224] Ob eine konkrete Gefährdung (für eine unbestimmte Zahl von Personen) tatsächlich eintritt oder nicht, ist dabei unerheblich.[225] Keine Rolle spielt es auch, wenn durch den Einsatz eines nicht beherrschbaren Mittels nur *eine Person* ums Leben kommt.

> **Beispiele:** Klassische (und abstrakt) gemeingefährliche Mittel sind Gas, Wasser, Feuer, Sprengstoff (Bombe), radioaktive und giftige Stoffe. Deren Einsatz erfüllt grundsätzlich immer das Mordmerkmal *mit gemeingefährlichen Mitteln*, auch wenn im Einzelfall nur ein Mensch getötet wird.

107 Jedoch wird man aufgrund der von Verfassungs wegen gebotenen restriktiven Auslegung des Mordtatbestands das Mordmerkmal *mit gemeingefährlichen Mitteln* für den Fall verneinen müssen, dass zwar typisch gemeingefährliche Mittel eingesetzt werden, diese jedoch im **konkreten Fall objektiv ungeeignet sind**, eine unbestimmte Zahl von Personen zu gefährden.[226]

> **Beispiel:** Deponiert T eine Bombe unter den Hochsitz eines Jägers und bringt sie zur Explosion, ist wegen der mit der Explosion verbundenen „Breitenwirkung" zwar an das Mordmerkmal *mit gemeingefährlichen Mitteln* zu denken. Dennoch wird man dieses Mordmerkmal verneinen müssen, wenn objektiv gesehen ausgeschlossen ist, dass außer dem Jäger andere Personen gefährdet werden.

108 Jedoch gibt es auch Tötungsmittel, die zwar ihrer Natur nach (also abstrakt betrachtet) nicht gemeingefährlich sind, dies jedoch bei ihrer *konkreten* Anwendung sein können.

> **Beispiele:**
> (1) **Steine** oder **Gullydeckel** sind abstrakt gesehen nicht gemeingefährlich. Wohl aber können sie es sein, wenn sie von einer **Autobahnbrücke** auf unten fahrende Autos geworfen werden.[227]
>
> Diesbezüglich hat der BGH jedoch entschieden, dass eine tödliche Gefahr für eine Vielzahl von Menschen zumeist nur dann bestehen wird, wenn dichter Verkehr herrscht und in der Folge des durch den Steinwurf unmittelbar verursachten Unfalls eine unbestimmte Anzahl weiterer Personen – also regelmäßig die Insassen anderer Fahrzeuge – tödliche Verletzungen erleiden kann.[228]
>
> Im konkreten Fall warfen T_1 und T_2 gegen 23.15 Uhr mindestens drei 20-30 kg schwere Steine von einer Brücke auf den rechten und den mittleren Fahrstreifen der darunter liegenden Fahrbahnen der BAB 9, um Unglücksfälle herbeizuführen. Die Steine wurden von den Fahrzeugführern A und B mit jeweils einer Geschwindigkeit von etwa 130 km/h überfahren, wobei A sein Fahrzeug nach der Kollision nicht mehr lenken konnte, weil unter anderem das linke Vorderrad herausgerissen worden war. Auch an dem von B gesteuerten Pkw wurde die Vorderachse massiv zerstört, zudem waren durch die Kollision die Airbags ausgelöst worden und das Fahrzeuginnere hatte sich mit weißem Rauch gefüllt, sodass B nichts mehr sehen konnte. Gleichwohl konnten A und B ihre Fahrzeuge ohne weitere Kollision zum Stehen bringen.

---

[223] BGH NStZ 2006, 503, 504 f.; NStZ 2006, 167, 168 f.; BGHSt 34, 13, 14; 38, 353, 354; Lackner/Kühl-*Kühl*, § 211 Rn 11; MüKo-*Schneider*, § 211 Rn 106; NK-*Neumann*, § 211 Rn 86; *W/H/E*, BT 1, Rn 121.
[224] Vgl. bereits die 1. Aufl. 2002; ähnlich später auch MüKo-*Schneider*, § 211 Rn 121.
[225] Vgl. BGHSt 38, 353, 354 f.; Sch/Sch-*Eser/Sternberg-Lieben*, § 211 Rn 29.
[226] Vgl. bereits die 1. Aufl. 2002; wie hier nun auch *Eidam*, JA 2006, 11, 12.
[227] Vgl. BGH NStZ-RR 2010, 373 f.; NStZ-RR 1997, 294 f.; VSR 1963, 119; BGHSt 38, 353, 355.
[228] BGH NStZ-RR 2010, 373 f.

Tötungsdelikte – Mord (§ 211)

In Betracht kommt neben einem gemeinschaftlich begangenen gefährlichen Eingriff in den Straßenverkehr gem. §§ 315b I Nr. 3, III, 315 III Nr. 1a, 25 II ein gemeinschaftlich versuchter Mord in den Varianten *Heimtücke* (§§ 211 I, II Var. 5, 22, 23 I, 12 I, 25 II) und *mit gemeingefährlichen Mitteln* (§§ 211 I, II Var. 7, 22, 23 I, 12 I, 25 II).

Während der BGH einen gemeinschaftlich begangenen gefährlichen Eingriff in den Straßenverkehr und einen Mordversuch in der Variante *Heimtücke* bejaht hat, hat er einen Mordversuch in der Variante *mit gemeingefährlichen Mitteln* verneint. Es habe kein dichter Verkehr geherrscht und in der Folge des durch den Steinwurf unmittelbar verursachten Unfalls hätte keine unbestimmte Anzahl weiterer Personen – also regelmäßig die Insassen anderer Fahrzeuge – tödliche Verletzungen erleiden können. Eine (versuchte) Tötung mit gemeingefährlichen Mitteln wäre – von Ausnahmefällen wie etwa einer Kollision eines voll besetzten Omnibusses mit dem Stein abgesehen – nur dann in Betracht gekommen, wenn Folgeunfälle mit tödlichen Verletzungen gedroht hätten. Das sei vorliegend nicht der Fall gewesen.[229]

Bewertung: Richtig ist die Bejahung des gemeinschaftlich begangenen gefährlichen Eingriffs in den Straßenverkehr und des gemeinschaftlichen Mordversuchs in der Variante *Heimtücke*. Jedoch ist die Verneinung des Mordmerkmals *mit gemeingefährlichen Mitteln* abzulehnen. Wer 20-30 kg schwere Steine, Gullydeckel, Holzklötze etc. von einer Autobahnbrücke auf die Fahrbahn wirft, hat eben nicht in der Hand, wie viele Personen zu Schaden kommen. Ob dichter Verkehr herrscht, kann hierbei keine Rolle spielen; der Täter kann das Geschehen nicht mehr kontrollieren. Lediglich, wenn Folgeschäden mit an Sicherheit grenzender Wahrscheinlichkeit ausgeschlossen werden können, was wohl nur bei einer zum Tatzeitpunkt kaum befahrenen Straße angenommen werden kann, kann eine „Kontrollierbarkeit" gegeben sein. Nur dann ist eine Bejahung des Mordmerkmals *mit gemeingefährlichen Mitteln* abzulehnen.

(2) Auch erfüllt das **ziellose** (und aggressionsbedingte) **Steuern eines Kfz** (mit hoher Geschwindigkeit) durch eine **Fußgängerzone** ohne Rücksicht darauf, dass dort anwesende Menschen zu Tode kommen könnten, das Mordmerkmal *mit gemeingefährlichen Mitteln*. Denn in einem solchen Fall ist es für den Fahrer weder berechenbar noch beherrschbar, welche und wie viele Personen durch das mit zügigem Tempo durch Caféterrassen und Gehwege gelenkte Fahrzeug gefährdet, verletzt oder gar getötet werden könnten.[230] Das Gleiche gilt für das Beispiel von Rn 76 (**Falschfahrer auf der Autobahn**). Auch hier hat der BGH entschieden, dass ein Kfz zwar abstrakt gesehen nicht gemeingefährlich sei, der Täter die Ausdehnung der Gefahr aber nicht in seiner Gewalt gehabt habe.[231] Er habe daher nicht nur heimtückisch, sondern auch mit gemeingefährlichen Mitteln gehandelt.[232] Umgekehrt hat der BGH die Gemeingefährlichkeit verneint, wenn ein Autofahrer sich und seine Beifahrerin dadurch töten möchte, dass er den Wagen bewusst von der Fahrbahn (hier: Autobahn) lenkt und überschlagen lässt. Solange in dieser konkreten Situation das Tatmittel (hier: der Pkw) nicht geeignet sei, Dritte zu gefährden, sei es nicht gemeingefährlich.[233]

(3) Zu den gemeingefährlichen Mitteln gehört auch eine **Schnellfeuerwaffe**, wenn sie nicht kontrolliert werden kann. Etwas anderes gilt aber für die einfache Schusswaffe, mit der nur ein Schuss abgegeben werden kann. Hier kommt ein Mord mit gemeingefährlichen Mitteln nicht in Betracht, auch wenn der Täter in Kauf nimmt, dass der Schuss fehlgehen und einen Unbeteiligten aus einer Vielzahl von Menschen treffen kann.[234]

---

[229] BGH NStZ-RR 2010, 373 f.
[230] BGH NStZ 2006, 167, 168 f.
[231] BGH NStZ 2006, 503, 504 f.
[232] Zum Mordmerkmal der Heimtücke vgl. Rn 76. Zur Strafbarkeit wegen § 315b und/oder § 315c vgl. Rn 558 ff. und Rn 596 ff. Zur Frage des Rücktritts vom Versuch vgl. *R. Schmidt*, AT, Rn 730.
[233] BGH NStZ 2007, 330.
[234] BGHSt 38, 353, 354 f.

Tötungsdelikte – Mord (§ 211)

> **Fazit:** Für die Gemeingefährlichkeit eines Tatmittels kommt es einzig und allein darauf an, ob der Täter das Tatmittel in der konkreten Situation so beherrscht, dass eine Gefährdung des Lebens weiterer Personen ausgeschlossen ist. Daraus folgt:
>
> ■ Ist das Mittel **unbeherrschbar**, spielt es für die Bejahung des Mordmerkmals keine Rolle, wenn durch den Einsatz des Mittels nur *eine Person* ums Leben kommt.
>
> ■ Ist zwar das eingesetzte Mittel abstrakt gesehen unbeherrschbar, jedoch im **konkreten Fall objektiv ungeeignet**, eine unbestimmte Zahl von Personen zu gefährden, muss das Mordmerkmal verneint werden.
>
> ■ Jedoch gibt es auch Tötungsmittel, die zwar ihrer Natur nach, d.h. **abstrakt betrachtet**, **nicht gemeingefährlich** sind, dies jedoch bei ihrer *konkreten* Anwendung sein können.

108a Nach Auffassung des BGH kann das Mordmerkmal **nicht durch Unterlassen** verwirklicht werden.

Im zu entscheidenden Fall wollte sich der Täter (T) aus Verzweiflung durch Aufdrehen des Gashahnes in der Wohnung das Leben nehmen. Jedoch drehte er nach ca. 15 min den Gashahn wieder zu, um mit seiner (Ex-)Freundin F, derentwegen er sich das Leben nehmen wollte, zu telefonieren. Unerwartet klingelte F, die ihre restlichen Sachen abholen wollte. T ließ F in die Wohnung. Es kam zu einem Gespräch, in dessen Verlauf F eine Zigarettenschachtel und ein Feuerzeug aus der Tasche zog. Nunmehr erkannte T, dass es beim Anzünden einer Zigarette zu einer Explosion des Luft-Gas-Gemisches in der Wohnung mit tödlichen Folgen für ihn, für F und auch für andere Hausbewohner kommen könnte. Gleichwohl griff er nicht ein, weil er diese Folgen in Kauf nahm. Mit dem Entzünden des Feuerzeugs löste F eine Explosion aus, die das gesamte Haus einstürzen ließ. F und T erlitten schwere Verletzungen. C, der Mitbewohner des Hauses, wurde von den Trümmern erschlagen.

Der BGH hat entschieden, dass das Mordmerkmal „mit gemeingefährlichen Mitteln" nur dann vorliege, wenn der Täter ein solches Mittel zur Tötung einsetze. Folgerichtig scheide eine Anwendung aus, wenn er lediglich eine bereits vorhandene gemeingefährliche Situation nutze. Dabei komme es nicht darauf an, ob die Situation zufällig entstanden, durch dritte Personen geschaffen oder von ihm selbst ohne Tötungsvorsatz herbeigeführt worden sei.[235]

2. Täterbezogene Mordmerkmale der 1. Gruppe (Motivmerkmale)

109 Die vier in der 1. Gruppe des § 211 II genannten Mordmerkmale umfassen besonders verwerfliche Beweggründe für die Tötung und stellen somit täterbezogene Mordmerkmale dar. Da hier allein die Motivation des Täters maßgeblich ist, spricht man von **Motivmerkmalen**, weshalb diese Gruppe nach zutreffender h.M. rein subjektiv geprüft wird. Maßgeblich ist der **zielgerichtete Erfolgswille** i.S.v. dolus directus 1. Grades. Dabei macht es keinen Unterschied, ob der Täter den Eintritt des Todes für sicher oder nur für möglich hält.[236] Insofern ist allein das Motiv entscheidend.

a. Mordlust (§ 211 II Var. 1)

110 Aus **Mordlust** tötet der Täter, wenn es ihm allein darauf ankommt, einen Menschen sterben zu sehen, z.B. wenn er aus Mutwillen, aus Angeberei oder aus Zeitvertreib tötet oder die Tötung als nervliches Stimulans oder „sportliches Vergnügen" betrachtet.[237]

111 Tatmotiv ist die Freude an der Vernichtung eines Menschenlebens bzw. das Anliegen, einen Menschen sterben zu sehen. Da die Tötung „aus Mordlust" voraussetzt, dass der Tötungsvorgang als solcher den alleinigen Tatantrieb bildet, genügt *dolus eventualis*

---

[235] BGH NStZ 2010, 87 f.
[236] Vgl. BGH NStZ-RR 2017, 238.
[237] BGHSt 34, 59, 60 f.; *Grotendiek/Göbel*, NStZ 2003, 118, 119; *Fischer*, § 211 Rn 8; *Kühl*, JA 2009, 566 f.

46

nicht.[238] Daher hat der Täter im sog. Kannibalen-Fall (Rn 113) das Mordmerkmal der „Mordlust" nicht verwirklicht, da er in Gestalt des von ihm auf Videofilm festgehaltenen Zerlegens der Leiche einen weiteren, dem Tötungsakt nachgelagerten Tatzweck verfolgte. Davon unabhängig ist jedoch zu beachten, dass sich der Täter in den meisten Fällen dieses Mordmerkmals im Zustand des § 20 oder des § 21 befindet, sodass dieses Mordmerkmal keine allzu große praktische Bedeutung hat.[239]

b. Zur Befriedigung des Geschlechtstriebs (§ 211 II Var. 2)

Zur **Befriedigung des Geschlechtstriebs** tötet, wer sich durch den Tötungsakt als solchen sexuelle Befriedigung verschaffen will („Lustmord"), wer tötet, um sich in nekrophiler[240] Weise an der Leiche zu vergehen[241] oder wer im Interesse eines ungestörten Sexualgenusses Gewalt anwendet[242] und dabei den Tod seines Opfers als mögliche Folge seines Handelns billigend in Kauf nimmt.[243]

112

Aus der gesetzlichen Formulierung „*zur* Befriedigung ..." folgt, dass eine Bestrafung aus diesem Mordmerkmal jedenfalls nicht in Betracht kommt, wenn den Täter das Bedürfnis nach sexueller Betätigung und Befriedigung erst dann überkommt, wenn er die maßgeblichen Ursachen für den Tod des Opfers bereits gesetzt hat. Denn dann liegt ein Fall des nachträglichen und daher strafrechtlich unbeachtlichen Vorsatzes (dolus subsequens[244]) vor. Aber auch wenn der Vorsatz im tatrelevanten Zeitpunkt besteht, wird – wegen der verfassungsrechtlich gebotenen restriktiven Auslegung aller Mordmerkmale – von einem Teil der Lit. gefordert, dass ein unmittelbarer zeitlich-räumlicher Zusammenhang zwischen der Tötung und der erstrebten sexuellen Befriedigung bestehen müsse.[245] Der BGH ist dem im sog. Kannibalen-Fall nicht gefolgt und hat es im Rahmen einer Zweck-Mittel-Relation genügen lassen, dass dem Täter erst die spätere Betrachtung der Videoaufzeichnung vom Tötungsakt und dem Umgang mit der Leiche zur sexuellen Befriedigung dienen sollte (dazu sogleich). Ob das Genügenlassen einer Zweck-Mittel-Relation angesichts der gesetzlichen Formulierung „zur Befriedigung des Geschlechtstriebs" dem verfassungsrechtlichen Bestimmtheitsgebot (Art. 103 II GG) hinreichend Rechnung trägt, ist – anders als der BGH meint – durchaus zweifelhaft. Jedenfalls entschied der BGH im sog. „Stückelungsmord-Fall" („Kannibalen-Fall II") zutreffend, dass für die Rechtsfolgenlösung (dazu Rn 48) beim Mordmerkmal des § 211 II Var. 2 kein Raum bestehe.[246]

113

Sachverhalt[247]: Auf einer Internetseite, deren Nutzer kannibalistische Phantasien austauschen, traten auch T und O miteinander in Kontakt. Es kam zu schriftlichen und telefonischen Kontakten. Immer wieder drang O hierbei auf eine konkrete Verabredung, auf die sich T schließlich einließ. O war fest entschlossen, mit T ein „großes Schlachtfest" zu feiern, was für beide „sehr geil" werde. Im Haus des T kamen beide schließlich überein, dass T den O im Kellerstudio erhängen, anschließend den Körper zerstückeln und die Genitalien präparieren sollte. T und O fertigten an einem Seil einen Henkersknoten und befestigten das Seil mit einer Winde an der Decke. O legte sich die Schlinge um den Hals und zog sie zu. Auf seine Aufforderung verknotete T ihm die Hände auf dem Rücken mit Plastikkabelbindern. Sodann ließ sich O in die Schlinge fallen. Durch die Einwirkung des Körperge-

---

[238] Der BGH verlangt direkten Tötungsvorsatz (vgl. BGH NStZ 2007, 522, 523).

[239] Vgl. auch BGH NStZ 2007, 522, 523.

[240] Abartiger, auf Leichen gerichteter Sexualtrieb.

[241] BGHSt 7, 353, 354.

[242] Zum Beispiel bei einer Vergewaltigung.

[243] BGH NStZ 2001, 598; NStZ-RR 1998, 133; BGHSt 19, 101, 105; *Fischer*, § 211 Rn 9; Sch/Sch-*Eser/Sternberg-Lieben*, § 211 Rn 16; *W/H/E*, BT 1, Rn 110; *Altvater*, NStZ 2002, 20, 24.

[244] Vgl. dazu ausführlich *R. Schmidt*, AT, Rn 272.

[245] So gefordert von LK-*Jähnke*, § 211 Rn 7.

[246] BGH NStZ 2016, 469, 470. Vgl. dazu bereits Rn 48 ff.

[247] Nach BGH NStZ 2016, 469. Der Sachverhalt wurde modifiziert, weil im Originalfall der Sachverhalt nicht ganz aufgeklärt bzw. aufklärbar war. Zum „ersten Kannibalen-Fall" vgl. BGHSt 50, 80 ff. und LG Frankfurt/M v. 9.5.2006 - 5/21 Ks 3550 Js 220983/05 („Kannibale von Rotenburg").

Tötungsdelikte – Mord (§ 211)

wichts von 83 kg zog sich die Schlinge zu und komprimierte die Halsschlagadern mit der Folge einer bereits nach wenigen Sekunden eintretenden Bewusstlosigkeit. Das Zusammenziehen der Schlinge und die Belastungsdehnung des Seils bewirkten, dass sich das Seil verlängerte, sodass O mit den Füßen den Boden wieder berührte. Wegen der unmittelbar nach Kompressionsbeginn eingetretenen Bewusstseinstrübung bestand jedoch für ihn keine Möglichkeit mehr, sich aus der Schlinge zu befreien.

T schaltete nun eine Videokamera an, die er bereitgestellt hatte, um sich durch die späteren Aufnahmen der Zerstückelung des Leichnams eine dauerhaft verfügbare sexuelle Stimulanz zu verschaffen. Da jedoch der Körper des O immer noch zuckte, ließ T den O mit der Seilwinde wieder herunter und schnitt ihm die Kehle durch.[248]

Sodann legte er Penis und Hoden frei, bevor er sie mit dem Messer komplett abtrennte. Er öffnete mit einem größeren Messer die Bauchhöhle durch die vordere Rumpfwand. Danach zerteilte er den Körper und legte die einzelnen Körperteile ab. Die Hoden und den Penis „drapierte" er auf einer silbernen Servierschale. Danach filmte sich T dabei, wie er – nunmehr vollständig unbekleidet – mit einem Messer die rechte Hand von dem auf einem Schneidebrett liegenden Arm abtrennte und im Anschluss daran mit seinen blutigen Händen an seinem Penis manipulierte. Später vergrub er die Leichenteile im Garten, wo sie schließlich fast vollständig aufgefunden wurden; lediglich ein Hoden und der Penis fehlten.

In Betracht kommt zunächst eine Tötung zur Befriedigung des Geschlechtstriebs. Denn der BGH stellt auf eine Zweck-Mittel-Relation ab und lässt es genügen, wenn der Täter erst bei der späteren Betrachtung des Videos vom Tötungsakt Lustempfinden gewinnen will.[249]

Daneben kommt eine Tötung zur Ermöglichung einer anderen Straftat (Hier: Störung der Totenruhe gem. § 168) in Betracht.

Fraglich ist die Schuldangemessenheit einer lebenslangen Freiheitsstrafe, die § 211 vorsieht. Das Tatgericht war der Meinung, dass eine Nähe zum Tatbestand der Tötung auf Verlangen (§ 216) vorgelegen habe, weil O mit der Tötung nicht nur einverstanden gewesen sei, sondern diese sogar unbedingt gewollt habe und daher die Verhängung einer lebenslangen Freiheitsstrafe unverhältnismäßig sei. Dies stelle einen außergewöhnlichen Umstand dar, der die Anwendung der vom BGH entwickelten Rechtsfolgenlösung angezeigt erscheinen lasse.

Der BGH hat dem eine Absage erteilt. T habe nicht aus einer außergewöhnlichen Notlage heraus gehandelt. Vielmehr habe er primär zur Befriedigung seines Geschlechtstriebs und damit in besonders verwerflicher Weise gehandelt. Dabei erwachse der gesteigerte Unwert der Tat aus dem groben Missverhältnis von Mittel und Zweck, indem der Täter das Leben eines anderen Menschen der Befriedigung eigener Geschlechtslust unterordne.[250]

Daran ändere auch der Wunsch des Opfers, getötet, zerstückelt und verspeist werden zu wollen, nichts. Das menschliche Leben stehe in der Werteordnung des Grundgesetzes – ohne zulässige Relativierung – an oberster Stelle der zu schützenden Rechtsgüter. Hierdurch werde auch die sich aus § 216 ergebende Einwilligungssperre legitimiert. Nur unter den Voraussetzungen dieser Vorschrift könne eine Einwilligung bei einer vorsätzlichen Tötung eines Menschen Bedeutung erlangen und die Tat in einem milderen Licht erscheinen lassen (siehe dazu Rn 170). Ein Absehen von der Verhängung der lebenslangen Freiheitsstrafe komme mithin vorliegend nicht in Betracht.[251]

Fazit: Damit macht der BGH also deutlich, dass er die Rechtsfolgenlösung – sofern er überhaupt daran festhält[252] – auf das Mordmerkmal der Heimtücke begrenzt haben möchte.

---

[248] Im Originalfall war dadurch, dass T die Kamera zu diesem Zeitpunkt kurz ausschaltete, ungeklärt, ob O durch den Kehlkopfschnitt starb oder bereits durch Erhängen tot war.
[249] Siehe bereits BGHSt 50, 80 ff.
[250] BGH NStZ 2016, 469, 470 mit Verweis auf BGHSt 50, 80, 86 und BVerfG NJW 2009, 1061, 1063.
[251] BGH 6.4.2016 – 5 StR 504/15 (Rn 29; insoweit nicht abgedruckt in NStZ 2016, 469 ff.).
[252] BGH 6.4.2016 – 5 StR 504/15 (Rn 30 a.E.; insoweit nicht abgedruckt in NStZ 2016, 469 ff.): „Er kann auch offen lassen, ob an der sogenannten Rechtsfolgenlösung überhaupt festzuhalten ist".

Tötungsdelikte – Mord (§ 211)

Nicht erforderlich ist, dass der Täter sein sexuelles Ziel tatsächlich erreicht. Handelt er **114** jedoch nicht zur Befriedigung, sondern lediglich zur *Erregung* seines Geschlechtstriebs, ist dies (allenfalls) ein sonstiger niedriger Beweggrund.[253]

c. Habgier (§ 211 II Var. 3)

Habgier ist das ungezügelte und rücksichtslose Gewinnstreben um jeden Preis, auch **115** um den eines Menschenlebens.[254]

Kriterium ist also die besondere Maßlosigkeit. Nach zutreffender h.M.[255] erfüllt auch das **116** Streben nach **wirtschaftlicher Entlastung** (etwa um sich bestehender Verpflichtungen zu entziehen) das Mordmerkmal der Habgier, weil es allein auf die erstrebte Verbesserung der Vermögenslage ankommen kann. Die Gegenansicht[256] charakterisiert die Habgier als „Vermögenserwerbsabsicht" und nimmt anderenfalls das Mordmerkmal „sonstiger niedriger Beweggrund" an.

> **Hauptfälle** sind der Raubmord, der bezahlte Auftragsmord, Mord zur Erlangung eines Erbes oder einer Lebensversicherung. Folgt man der auch hier vertretenen h.M., handelt auch habgierig, wer sich bspw. seiner Schulden oder Unterhaltspflichten entziehen möchte, oder mit dem Ziel tötet, ein Darlehen nicht zurückzahlen zu müssen.

Besteht allerdings für den Täter eine akute wirtschaftliche Notlage, kann es angebracht **117** sein, unter Würdigung der Gesamtumstände das Mordmerkmal *Habgier* zu verneinen. Für diesen Fall bleibt es aber selbstverständlich bei der Strafbarkeit wegen Totschlags (§ 212). Hinsichtlich des *Motivs* Habgier ist **dolus directus 1. Grades** erforderlich; hinsichtlich des *Todeseintritts* lässt der BGH **dolus eventualis** genügen.[257] Schließlich ist zu beachten, dass das Gewinnstreben um jeden Preis nicht das einzige Motiv sein muss. Tötet der Täter aus verschiedenen Motiven (sog. **Motivbündel**), ist für die Annahme eines Mordes aus Habgier Voraussetzung, dass die Habgier das Gesamtbild der Tat prägt.[258] Sind hingegen mehrere gleichrangige Motive der 1. Gruppe vorhanden, müssen sämtliche Motive als niedrig zu klassifizieren sein, um insgesamt einen Mord gemäß der 1. Gruppe des § 211 II annehmen zu können.[259] In diesem Fall handelt es sich dann um eine innertatbestandliche Konkurrenz, d.h. alle verwirklichten Motivmerkmale werden im Urteilstenor genannt.[260]

d. Sonstige niedrige Beweggründe (§ 211 II Var. 4)

Da die bisher genannten Mordmerkmale der 1. Gruppe nichts anderes als benannte **118** niedrige Beweggründe darstellen, ist gemäß dem Grundsatz der Spezialität auf § 211 II Var. 4 („Motivgeneralklausel") nur dann einzugehen, wenn das Tatmotiv des Täters nicht unter einen der benannten Beweggründe subsumiert werden kann[261] (vgl. aber auch Rn 126). Bezüglich der (noch) geltenden Gesetzesfassung des § 211[262] hat sich folgende Definition herausgebildet:

---

[253] Vgl. bereits die 1. Aufl. 2002; später auch *Köhne*, Jura 2009, 100, 103 und *Kühl*, JA 2009, 566 f.
[254] BGH NJW 2001, 763; *Krahl*, JuS 2003, 57, 60; *Fischer*, § 211 Rn 10; Lackner/Kühl-*Kühl*, § 211 Rn 4; Sch/Sch-*Eser/Sternberg-Lieben*, § 211 Rn 17. Vgl. auch *Altvater*, NStZ 2006, 86, 90.
[255] BGHSt 10, 399; Lackner/Kühl-*Kühl*, § 211 Rn 4; *W/H/E*, BT 1, Rn 111; *Altvater*, NStZ 2003, 21, 22; dem sich anschließend *Kühl*, JA 2009, 566, 571.
[256] *Fischer*, § 211 Rn 10; *Mitsch*, JuS 1996, 121, 124.
[257] Siehe BGH NStZ-RR 2017, 238 f.; davor schon BGH NStZ 2004, 441 f.
[258] BGHSt 41, 57, 60 ff.
[259] Vgl. auch BGHSt 42, 301, 304; *Bosch*, JA 2007, 418, 419.
[260] Davon gehen auch BGHSt 42, 301, 304 und *Bosch*, JA 2007, 418, 419 aus.
[261] Wie hier später auch *Kühl*, JuS 2010, 1041.
[262] Zur (vorerst gescheiterten) Reformbestrebung bzgl. der vorsätzlichen Tötungsdelikte vgl. Rn 52.

Tötungsdelikte – Mord (§ 211)

119 **Sonstige niedrige Beweggründe** sind Tatantriebe, „wenn sie nach allgemeiner sittlicher Wertung auf tiefster Stufe stehen und daher besonders, d.h. in deutlich weitreichenderem Maße als bei einem Totschlag, verachtenswert sind".[263]

120 Im Vordergrund dieses Mordmerkmals steht der den Lebens- und Achtungsanspruch des Opfers negierende Vernichtungswille des Täters, der im Rahmen einer Gesamtwürdigung aller äußeren und inneren, für die Handlungsantriebe des Täters maßgeblichen Faktoren festzustellen ist.[264] Dabei sind die Umstände der Tat, die Lebensverhältnisse des Täters und seine Persönlichkeit ebenso zu berücksichtigen wie sein Verschulden der Konfliktlage und das Missverhältnis zwischen Anlass und Erfolg[265], wobei wegen Art. 103 II GG tendenziell eine restriktive Auslegung des höchst unbestimmten Begriffs der „niedrigen Beweggründe" geboten ist. Gefühlsregungen wie Wut, Zorn, Ärger, Hass und Rachsucht kommen daher nur dann als niedrige Beweggründe in Betracht, wenn sie nicht (situationsbedingt) menschlich verständlich, sondern Ausdruck einer niedrigen Gesinnung des Täters sind.[266] So lässt das bewusste Abreagieren von frustrationsbedingten Aggressionen an einem Opfer, das mit der Entstehung der Unzufriedenheit und Angespanntheit des Täters weder personell noch tatsituativ etwas zu tun hat, auf das Vorliegen niedriger Beweggründe schließen.[267] Insbesondere bringt derjenige, der einen anderen – insbesondere willkürlich ausgewählten – Menschen zum Objekt seiner Wut, Gereiztheit, Enttäuschung oder Verbitterung macht, obwohl dieser an der Entstehung solcher Stimmungen nicht den geringsten Anteil hat, einen den Lebens- und Achtungsanspruch des Opfers negierenden Vernichtungswillen zum Ausdruck.[268] Die in einem solchen Fall zu bejahende Degradierung des Opfers zum bloßen Objekt belegt die totale Missachtung des Anspruchs eines jeden Menschen auf Anerkennung seines personalen Eigenwerts und verwirklicht das Mordmerkmal der besonders niedrigen Beweggründe.[269] Für die sonst (wegen Art. 103 II GG) gebotene Zurückhaltung bei der Annahme des Mordtatbestands ist in derartigen Fällen kein Raum, wenn man die niedrigen Beweggründe anhand der beschriebenen Kriterien konkretisiert. Das gilt insbesondere für folgenden Beispielsfall:

> **Beispiel**[270]**:** Aus Wut und Gereiztheit packte T das etwas über ein Jahr alte Kind seiner Lebensgefährtin, die mit ihren Kindern zu ihm in die Wohnung eingezogen war, und schüttelte es ruckartig hin und her, weil es zuvor geweint hatte. Sodann ließ er es aus einer Höhe von einem halben Meter zweimal mit den Füßen zuerst auf den Boden fallen. Er würgte das auf dem Boden liegende Kind, zog es im Würgegriff an sich und schlug es gegen den Kleiderschrank. Sodann schlug er zweimal dessen Hinterkopf auf den Fußboden und schlug mit seiner Faust kräftig auf den Brustkorb des Kindes. Danach schlug er es zweimal mit dem Kopf gegen einen Heizkörper. Im Wissen, dass das Kind sterben könnte, stellte er sodann seinen linken Fuß auf den Bauch des mit dem Rücken auf dem Boden liegenden Kindes, verlagerte sein eigenes Körpergewicht auf das Kind und stand schließlich mit seinem vollen Körpergewicht (71 kg) auf dessen Bauch. Nachdem er diesen Vorgang wiederholt hatte, „reichte es" T. Nun wollte er das Kind töten. Er packte es an dessen linkem Fuß und hob es in die Höhe, sodass dessen Kopf nach unten hing. Wissend, dass das Kind sterben werde, ließ er es aus einer Höhe von etwa 50 cm mit dem Kopf zu-

---

[263] BGH NStZ 2019, 518, 519; NStZ 2019, 204, 205; ähnlich BGH NStZ 2019, 206, 207; NStZ 2013, 337, 338; NStZ 2009, 210; NStZ 2008, 273 f.; NStZ 2007, 330, 331; NJW 2006, 1008, 1009 ff.; NStZ 2006, 97; NStZ 2006, 167, 168 f.; NStZ 2006, 166, 167; NStZ 2006, 284, 285; *Fischer*, § 211 Rn 14a. Vgl. auch BGH NStZ 2015, 690, 691 f.
[264] BGH NStZ 2019, 204, 205; NStZ 2019, 82, 83; NStZ 2013, 337, 338; NStZ 2008, 273 f.; NStZ-RR 2003, 78; NJW 2002, 382, 383; StV 2001, 228, 229; NStZ 2001, 88; Lackner/Kühl-*Kühl*, § 211 Rn 5; *Altvater*, NStZ 2002, 20, 23; *Otto*, JZ 2002, 567. Vgl. auch BGH NStZ 2015, 690, 691.
[265] BGH NStZ 2019, 206, 207.
[266] BGH NStZ 2019, 518, 519 m.w.N.
[267] So der GBA (zitiert in den Entscheidungsgründen BGH NStZ 2015, 690, 691), wiederum mit Verweis u.a. auf BGH NStZ 1981, 100 f.
[268] Vgl. BGH NStZ 2015, 690, 691 (mit Verweis auf den GBA, dort wiederum mit Verweis auf MüKo-*Schramm*, § 211 Rn 86 m.w.N.). Siehe auch *Schneider*, NStZ 2018, 98, 100 f.
[269] Vgl. BGH NStZ 2015, 690, 691 (mit Verweis auf den GBA, dort wiederum mit Verweis u.a. auf BGH NStZ-RR 2004, 332; BGHSt 47, 128 ff.; MüKo-*Schramm*, § 211 Rn 86 m.w.N.).
[270] Nach BGH NStZ 2015, 690.

Tötungsdelikte – Mord (§ 211)

erst auf den Boden fallen. Mit lautem Knall schlug das Kind mit dem Kopf auf dem Boden auf. Dies wiederholte T sodann. Danach klatschte er dem Kind auf die Wange, um nach Lebenszeichen zu suchen. Als die Mutter des Kindes, M, versuchte, T am Arm festzuhalten, stieß er ihren Arm weg und meinte: „Ich geb' ihr noch 'ne halbe Stunde und wenn sie bis dahin nicht verreckt ist, lege ich sie um." Dann legte er sich ins Bett und schlief. M, die eingeschüchtert und T „hörig" war, unternahm nichts, obwohl das Kind nur noch schwach röchelte. Erst am nächsten Morgen fuhren T und M das Kind zur Rettungsstelle, wo es von einer Notärztin erstversorgt wurde. Die Verletzungen waren jedoch so massiv, dass das Kind nicht mehr gerettet werden konnte.

Das LG verurteilte T wegen Totschlags zu 12 Jahren Haft. Die vom GBA geführte Revision hatte Erfolg. Der BGH hob das Urteil auf. Das LG habe verkannt, dass T mit der Tat einen den Lebens- und Achtungsanspruch des Kindes negierenden Vernichtungswillen zum Ausdruck gebracht habe. Eine derartige Degradierung des Opfers zum bloßen Objekt belege die totale Missachtung des Anspruchs eines jeden Menschen auf Anerkennung seines personalen Eigenwerts und verwirkliche das Mordmerkmal der besonders niedrigen Beweggründe. Der BGH gab dem LG auf, im Rahmen der erneut vorzunehmenden Gesamtwürdigung das äußerst brutale, eklatant menschenverachtende Vorgehen auch im Hinblick auf das Mordmerkmal der Grausamkeit zu bewerten. Zudem habe es sich mit der Möglichkeit der besonderen Schwere der Schuld (§ 57a I S. 1 Nr. 2) auseinanderzusetzen.

Bewertung: Dem BGH ist uneingeschränkt beizupflichten. Wer ein Kleinstkind auf derart bestialische Weise malträtiert, zeigt einen menschenverachtenden Vernichtungswillen, der die Bejahung des Mordmerkmals der sonst niedrigen Beweggründe sowie die Feststellung der besonderen Schwere der Schuld geradezu verlangt.

Ähnlich verhält es sich im folgenden **Beispiel**[271]: Bereits binnen weniger Tage nach der Geburt des gemeinsamen Sohnes O entwickelte der Ehemann T eine heftige Eifersucht auf das Kind. Gleichzeitig ärgerte er sich darüber, dass seine Ehefrau F ihm immer wieder Ratschläge erteilte, wie er mit dem Säugling umgehen müsse. Aus Eifersucht und Frustration, die zunehmend mit Wut gepaart waren, begann er, dem 13 Tage alten Kind Schmerzen und Verletzungen zuzufügen, wobei er der F für sichtbare Verletzungen harmlose Erklärungen lieferte. So erklärte er ein Hämatom am Auge des Kindes, eine Folge eines Schlages, damit, dass das Kind sich mit dem Fingernagel gekratzt habe. In der Nacht, in der es später zur Kindstötung kam, übernahm T erneut die Versorgung des O und begab sich deshalb mit ihm gegen 23.00 Uhr in das Wohnzimmer, während F im Schlafzimmer verblieb. Als das Kind wieder zu weinen anfing und es T nicht gelang, es zu beruhigen, beschloss er gegen Mitternacht, O zu töten. Zuvor nahm er über annähernd drei Stunden mehrfach Misshandlungen des Säuglings vor, indem er sich mit vollem Gewicht auf den Kopf des bäuchlings auf einem Kissen liegenden Kindes setzte und dieses, nachdem es zunächst verstummt war, dann aber wieder zu schreien angefangen hatte, mehrere Male heftig schüttelte. Auch dies führte dazu, dass das Kind eine Zeitlang ruhig wurde, bevor es wieder zu weinen begann. Schließlich missbrauchte T den Säugling sexuell, indem er seinen erigierten Penis einige Zentimeter weit in dessen Anus einführte. Obwohl F das wiederholte Schreien des Kindes im angrenzenden Wohnzimmer hörte und daraus schloss, dass ihr Ehemann dem Kind wiederholt erheblich wehtat, gab sie sich schlafend und griff nicht ein, um ihrem Mann vorzuspielen, dass sie ihm vertraue. Dagegen traute sie ihm in Wahrheit nicht, sondern nahm zur Erreichung des genannten Zwecks billigend in Kauf, dass er den gemeinsamen Sohn quälte und den erst 19 Tage alten Säugling dadurch auch in die Gefahr einer schweren Gesundheitsschädigung und einer erheblichen Entwicklungsschädigung bis hin zu der des Todes brachte. T, der sich durch den Umstand, dass F ungeachtet der lauten Schreie des Kindes nicht im Wohnzimmer erschien, um nach dem Rechten zu sehen, in seinem Tötungsentschluss bestärkt sah, setzte diesen kurz vor drei Uhr um, indem er den Kopf des Kindes zweimal gegen die Kante des hölzernen Tisches schlug, sodass es alsbald verstarb.

---

[271] Nach BGH NStZ 2019, 341.

Tötungsdelikte – Mord (§ 211)

T ist strafbar u.a. wegen gefährlicher Körperverletzung gem. §§ 223 I, 224 I Nr. 5, schweren sexuellen Missbrauchs eines Schutzbefohlenen gem. §§ 174 I Nr. 3, 176 I, III, 176a II Nr. 1, 3 und Misshandlung eines Schutzbefohlenen gem. § 225 I, III in Tatmehrheit mit Mord gem. § 211 I, II Var. 4 (niedrige Beweggründe).[272]

121   **Weitere Beispiele von sonstigen niedrigen Beweggründen**[273]: „nichtiger Anlass" (= der Täter tötet einfach so bzw. handelt in dem Bewusstsein, keinen Grund für eine Tötung zu haben oder zu benötigen); Tötung in menschenverachtender Weise[274]; den personalen Eigenwert des Opfers negierender Vernichtungswille[275]; Ausländerhass, Rassenhass oder Anmaßung einer Überlegenheit der eigenen Rasse (etwa, um einer Gruppe zu imponieren, deren Ausländerhass der Täter kennt und akzeptiert)[276]; hemmungslose, triebhafte Eigensucht; Wut oder Enttäuschung über verweigerten Geschlechtsverkehr[277]; Tötung des (Ehe-)Partners, um sich von ihm zu trennen oder sich „ungestört" einem anderen Partner hinzugeben; Tötung eines anderen, um mit dessen Identität ein neues Leben beginnen zu können. Mord aus niedrigen Beweggründen kann auch dann vorliegen, wenn der Täter bewusst seine aufgestauten frustrationsbedingten Aggressionen[278] und seinen Wut[279] an einem unbeteiligten Opfer abreagiert. Auch wer aus terroristischen Motiven gezielt an der politischen Auseinandersetzung unbeteiligte Dritte bspw. durch einen Sprengstoffanschlag tötet, handelt aus niedrigen Beweggründen.[280] Ein niedriger Beweggrund kann auch vorliegen, wenn der Täter das Opfer tötet, um die Polizei abzulenken und sich dadurch einer berechtigten Festnahme entziehen zu können.[281] Beruht die Tötung auf Gefühlsregung wie Wut, Zorn oder Verärgerung, kommt es auf die zu Grunde liegende Gesinnung des Täters an.[282] Bei Rachsucht ist zu beachten, dass derartige Gefühlsregungen nur dann als niedrige Beweggründe in Betracht kommen, wenn sie ihrerseits auf niedrigen Beweggründen beruhen.[283]

122   Bei Eifersucht ist zu differenzieren: Hier sollten niedrige Beweggründe aufgrund der gebotenen restriktiven Auslegung des Mordtatbestands nur dann angenommen werden, wenn der Täter nach seinen Beziehungen zu der „geliebten" Person und nach den konkreten Lebensumständen keinen menschlich begreiflichen Anlass zu seiner ins Maßlose gewachsenen Eifersucht gehabt, dieser Gefühlsregung vielmehr aus krasser Eigensucht und hemmungsloser Triebhaftigkeit Raum gegeben hat[284] (Beispiel: Beseitigen des Nebenbuhlers). Auch die Tötung des Intimpartners, der sich vom Täter abwenden will oder abgewendet hat, muss – wie der BGH entschieden hat – nicht zwangsläufig als durch niedrige Beweggründe motiviert bewertet werden. Gerade der Umstand, dass die Trennung vom

---

[272] In BGH NStZ 2019, 341 f. finden sich hinsichtlich der Strafbarkeit des T keine Ausführungen (es ging um die Revision der F). Es ist zu hoffen, dass das Tatgericht ebenfalls Mord aus niedrigen Beweggründen angenommen und dazu die besondere Schwere der Schuld festgestellt hat. Eine mildere Verurteilung wäre unerträglich.

[273] Vgl. BGH NStZ 2008, 273 f.; NStZ 2004, 497; NStZ-RR 2003, 78; NJW 2002, 382, 383; NStZ 2002, 368 und 369; *Kühl*, JuS 2010, 1041, 1044 ff.; *Sch/Sch-Eser/Sternberg-Lieben*, § 211 Rn 19; *Lackner/Kühl-Kühl*, § 211 Rn 5a; *Fischer*, § 211 Rn 18; *W/H/E*, BT 1, Rn 112 ff. Zu beachten ist, dass die genannten Beispiele nur ein Gespür verleihen können. Im Einzelfall kann also anders zu entscheiden sein. Es kommt stets auf die Umstände des Einzelfalls an.

[274] Vgl. dazu BGH NStZ 2015, 33, 34 („Schlachter von Bremerhaven": Herausreißen von Darmteilen beim noch lebendem Menschen und andere menschenverachtende Vorgehensweisen).

[275] Vgl. auch dazu BGH NStZ 2015, 33, 34 („Schlachter von Bremerhaven").

[276] Zur Frage, inwieweit „politisch motivierte" Tötungen das Mordmerkmal der niedrigen Beweggründe erfüllen können, siehe BGH NStZ 2019, 342, der entschieden hat, dass jenseits des Widerstandsrechts aus Art. 20 IV GG sämtliche politischen Beweggründe als „niedrig" i.S.v. § 211 II einzustufen seien. Siehe dazu auch den Praxiskommentar v. *Engländer* NStZ 2019, 342, der das selbstsüchtige Streben nach eigener Macht und das gruppenorientierte Streben nach Macht einer bestimmten Gruppe, der sich der Täter verbunden fühlt, als Beispiele nennt. Verfolge der Täter aber Gemeinwohlbelange (wie etwa Tierschutz oder Umweltschutz), stelle das keinen niedrigen Beweggrund dar, außer, die Tat widerspreche den menschenrechtlichen Wertungen (*Engländer*, NStZ 2019, 342 mit Verweis auf Satzger/Schluckebier/Widmaier-*Momsen*, StGB, 4. Aufl. 2019, § 211 Rn 30).

[277] Ist die Wut dagegen „berechtigt", etwa wenn das Opfer den Täter zuvor durch Beleidigungen tief verletzt hat, ist ein niedriger Beweggrund i.d.R. zu verneinen, vgl. dazu BGH NStZ 2002, 368.

[278] BGH NJW 2002, 382, 383. Vgl. auch *Otto*, JZ 2002, 567; *Saliger*, StV 2003, 38, 41.

[279] Siehe dazu näher *Schneider*, NStZ 2018, 98, 100 f.

[280] BGH NStZ 2005, 35, 36 (Anschlag auf Berliner Diskothek „La Belle").

[281] BGH NStZ 2013, 337, 339.

[282] BGH NStZ 2013, 337, 338.

[283] BGH NStZ 2007, 330, 331; NStZ 2006, 97. Vgl. auch BGH NStZ 2006, 338, 339 f.

[284] Vgl. BGHSt 3, 180, 182; *W/H/E*, BT 1, Rn 116; *Schütz*, JA 2007, 23 ff.; *Bosch*, JA 2007, 418 f.

Tatopfer ausgegangen sei, spreche gegen die Annahme eines niedrigen Beweggrundes.[285] Das kann man auch anders sehen. Gerade, wenn Männer ihre Partnerinnen töten, weil diese sich von ihnen abwenden wollen oder bereits abgewendet haben, ist dies Ausdruck einer Selbstsucht und einer das Menschenleben negierenden Gesinnung. Es besteht kein menschlich begreiflicher Anlass, die Trennung mit der Tötung zu sanktionieren.[286]

Auch bei Taten von Ausländern muss differenziert werden: Hierbei ist zunächst zu beachten, dass der Maßstab für die Bewertung eines Beweggrundes den Vorstellungen der Rechtsgemeinschaft der Bundesrepublik Deutschland zu entnehmen ist und nicht den Anschauungen einer Volksgruppe, die die sittlichen und rechtlichen Werte dieser Rechtsgemeinschaft nicht anerkennt.[287] Folgerichtig ist bei der Beurteilung der Frage, ob die Tötung etwa aus Blutrache oder aus Gründen der Wiederherstellung der „Familienehre"[288] das Mordmerkmal der niedrigen Beweggründe erfüllt, auf den Rechtskreis der Bundesrepublik Deutschland abzustellen und nicht auf den konkreten Kulturkreis, in dem diese Aspekte eine maßgebliche Rolle spielen.[289] Eine Tötung aus dem Motiv der Blutrache ist in aller Regel deshalb als besonders verwerflich i.S.v. § 211 II Var. 4 anzusehen, weil sich der Täter dabei seiner persönlichen Ehre und der Familienehre wegen gleichsam als Vollstrecker eines von ihm und seiner Familie gefällten Todesurteils über die Rechtsordnung und einen anderen Menschen erhebt, etwa weil das Blutracheopfer selbst zuvor Täter war und man sich nun an diesem rächen möchte.[290] Auch die Tötung als Vergeltung für ein als ehrenwidrig bewertetes Verhalten, das indes seinerseits nicht in der Tötung oder zumindest schweren Verletzung einer anderen Person bestand, wird regelmäßig als niedrig zu bewerten sein.[291] Andererseits ist eine differenzierte Betrachtung insbesondere dann geboten, wenn mit der Blutrache Vergeltung an jemandem geübt wird, der seinerseits nachvollziehbar an der Tötung eines dem Blutrache übenden Täter nahestehenden Menschen beteiligt war. Gerade bei dem Verlust naher Angehöriger durch eine Gewalttat sind rachemotivierte Tötungen nicht ohne weiteres als Mord aus niedrigen Beweggründen zu bewerten. Es ist (vielmehr) danach zu fragen, ob der Täter tatsächlich allein aus einem ersichtlich nicht billigenswerten Motiv der Blutrache und damit aus niedrigen Beweggründen oder aus einer besonderen Belastungssituation infolge des Verlustes seiner wesentlichen Bezugsperson bzw. aus ähnlichen, nicht per se niedrigen Motiven heraus gehandelt hat.[292]

Sollte sich der Täter hinsichtlich der rechtlichen Grenzen seines Tuns irren, kommt allenfalls ein Verbotsirrtum gem. § 17 in Betracht, wobei die Fehlvorstellung regelmäßig vermeidbar sein dürfte.

> **Fazit:**
> ▪ Geht es bei der Blutrache „nur" um die Wiederherstellung der Familienehre oder um die Vergeltung einer Tat an einem Familienmitglied, zu dem der Blutrache Übende keine enge persönliche Beziehung hatte, ist der Beweggrund i.d.R. „nied-

---

[285] BGH NStZ 2019, 518, 519.

[286] Richtig daher die Kritik von *Grünewald*, NStZ 2019, 519 f. (wobei deren Annahme, Männer seien nicht bereit, die Entscheidungen der Frauen zu akzeptieren, in dieser Allgemeinheit sicherlich nicht richtig ist). Immerhin hat der BGH nicht das Mordmerkmal der Heimtücke in Frage gestellt, das durch den Messerstich in den Rücken des ahnungslosen Opfers verwirklicht war.

[287] BGH NStZ 2019, 206, 207 mit Verweis auf BGH NStZ 2018, 92 und BGH NStZ 2006, 286, 287.

[288] Siehe nur den Fall BGH NStZ 2019, 206 (Schüsse und Messerattacken zwischen verfeindeten, der Volksgruppe der Roma zugehörigen Familien). Generell sind sog. „Ehrenmorde" oft Ausdruck unterschiedlicher kultureller Anschauungen. *Valerius* beschreibt dies zutreffend: „Als Anlass für solche Taten kommen u.a. der Verlust der Jungfräulichkeit eines weiblichen Familienmitglieds vor der Ehe, die Aufnahme einer außerehelichen oder von den Eltern nicht geduldeten Beziehung, die Ablehnung eines durch die Familie für eine Zwangsheirat ausgewählten Ehemannes oder auch nur die Übernahme eines westlichen Lebensstils in Betracht. Im Rechtskreis der Bundesrepublik Deutschland erscheinen diese Motive banal und nichtig; nach den Anschauungen derjenigen Kreise, in denen Ehrenmorde verübt werden, begründen sie hingegen eine schwerwiegende Ehrverletzung, die häufig nur durch den Tod der hierfür verantwortlichen Person ausgeglichen werden kann. Dahinter verbirgt sich zumeist ein Ehrverständnis traditioneller patriarchalischer Gesellschaften, die ihre Familie an dem Patriarchen als Oberhaupt und demzufolge das Leben und die Ehre eines Mannes höher bewerten als das Leben einer Frau" (*Valerius*, JA 2010, 481).

[289] BGH NStZ 2019, 206, 207; NStZ 2018, 92, 93; NStZ 2004, 332; NStZ 2006, 284, 285; NStZ 2006, 286, 287.

[290] Siehe abermals den Fall BGH NStZ 2019, 206.

[291] Siehe abermals den Fall BGH NStZ 2019, 206.

[292] BGH NJW 2006, 1008, 1009 ff.; ganz ähnlich später auch *Petermann*, JuS 2009, 1119, 1120 f.

Tötungsdelikte – Mord (§ 211)

rig" i.S.v. § 211 II Var. 4. Ein etwaiger Verbotsirrtum dürfte an der Vermeidbarkeit scheitern (§ 17 S. 2).

- Geht es demgegenüber um die Vergeltung der Tötung eines dem Blutrache Übenden nahestehenden Familienmitglieds, ist bei der Annahme eines „niedrigen Beweggrundes" äußerste Zurückhaltung geboten. Denn in diesem Fall kann es gut sein, dass die tatauslösenden und tatbestimmenden Gefühlsregungen auf dem (berechtigten) Gefühl erlittenen schweren Unrechts beruhen und damit nicht auf der einen Mord kennzeichnenden „sittlich niedrigsten Stufe" stehen.

124 Für eine Bestrafung wegen Mordes unter dem Aspekt der niedrigen Beweggründe ist es **nicht erforderlich**, dass der Täter seine Beweggründe **selbst als niedrig** eingestuft hat.[293] Anderenfalls hinge eine Strafbarkeit gem. § 211 I, II Var. 4 von den Wertvorstellungen des Täters ab. Waren jedoch dem Täter bei Begehung der Tat die Umstände nicht **bewusst**, die die Niedrigkeit seiner Beweggründe ausmachten, oder war es ihm nicht möglich, seine gefühlsmäßigen Regungen, die sein Handeln bestimmten, gedanklich zu beherrschen und willensmäßig zu steuern, kommt anstatt einer Verurteilung wegen Mordes aus niedrigen Beweggründen lediglich eine Verurteilung wegen Totschlags in Betracht.[294]

125 **Beispiele:** Daher ist ein (sonstiger) niedriger Beweggrund verneint worden in dem Fall, in dem der Täter seine Lebenspartnerin tötete, weil er befürchtete, bei der Realisierung von deren Trennungsabsicht werde er auch das gemeinsame Kind verlieren, das an ihm hing und zu dem er eine besonders starke Beziehung hegte. An einem niedrigen Beweggrund kann es auch fehlen, wenn der „Blutrache" übende Täter sich aufgrund seiner Persönlichkeit und der Lebensumstände nicht von den Anschauungen seiner Heimat lösen kann, in der Selbstvergeltung ein moralisches Gebot ist. Schließlich ist das Mordmerkmal der niedrigen Beweggründe in dem Fall verneint worden, dass dem Täter die **Einsicht in die Niedrigkeit** seiner Beweggründe aufgrund seiner **geistig-seelischen Verfassung versperrt** war.[295]

> **Hinweis für die Fallbearbeitung:** In Übereinstimmung mit der Vorgehensweise des BGH[296] kann eine zweistufige Prüfung des Mordmerkmals der niedrigen Beweggründe empfehlenswert sein: Zunächst kann in einem ersten Schritt ermittelt werden, ob ein nach allgemeiner – objektiver – Anschauung besonders verwerfliches Tötungsmotiv vorliegt. In einem zweiten Schritt sollte dann geprüft werden, ob dem Täter die Motive, die als niedrige Beweggründe in Betracht kommen, überhaupt bewusst waren.

126 Auch hinsichtlich dieses Mordmerkmals gilt: Tötet der Täter auch aus anderen Gründen (sog. **Motivbündel**), muss das Mordmerkmal „aus sonst niedrigen Beweggründen" bejaht werden, solange dieser Beweggrund nur vorherrscht, sozusagen „bewusstseinsdominant" ist.[297] Bei Gleichrangigkeit der Motivmerkmale müssen sämtliche Motive als „niedrig" klassifiziert werden, um einen Mord gemäß der 1. Gruppe des § 211 II annehmen zu können (vgl. Rn 117).

3. Täterbezogene Mordmerkmale der 3. Gruppe (Absichtsmerkmale)

127 Die 3. Gruppe des § 211 II umfasst das Ziel der Tötung und ist somit wie die 1. Gruppe *täterbezogen*. Daher wird auch diese Gruppe rein subjektiv geprüft („um zu"), d.h. allein die Vorstellung des Täters ist maßgeblich. Wegen der Zielgerichtetheit der Handlung ist

---

[293] BGH 19.10.2011 – 1 StR 273/11; BGH NStZ 2004, 497, 498; NStZ 2001, 87; NStZ-RR 1999, 234, 235; *Fischer*, § 211 Rn 20/79; *W/H/E*, BT 1, Rn 112 f.
[294] BGH NStZ 2007, 525; NStZ 2002, 369. Vgl. dazu auch *Momsen*, NStZ 2003, 237 ff.
[295] BGH NStZ 2004, 497, 498; BGH NStZ 2007, 525.
[296] BGH NStZ 2006, 97.
[297] BGHSt 42, 301, 304; Lackner/Kühl-*Kühl*, § 211 Rn 5c. Vgl. auch BGH NStZ 2005, 332, 333; NStZ 2006, 97; MüKo-*Schneider*, § 211 Rn 77; *Kühl*, JuS 2010, 1041, 1044, 1047.

dolus directus 1. Grades erforderlich[298]; maßgeblich ist der **zielgerichtete Erfolgswille**. Dabei macht es keinen Unterschied, ob der Täter den Todeseintritt für sicher oder nur für möglich hält.[299] Hinsichtlich des Todeseintritts kann also *dolus eventualis* genügen (siehe dazu Rn 130/141).

> **Hinweis für die Fallbearbeitung:** Kommt ein Mordmerkmal der 3. Gruppe des § 211 II in Betracht, ist – soweit vertretbar bzw. die Aufgabenstellung dies erfordert – zunächst die zu ermöglichende bzw. zu verdeckende Tat zu prüfen. Erst wenn diese bejaht wurde, sollte auf die Mordprüfung eingegangen werden. Mit dieser Vorgehensweise vermeidet man eine unübersichtliche Inzidentprüfung (Schachtelprüfung).

128

a. Um eine andere Straftat zu ermöglichen (§ 211 II Var. 8)

Der mordqualifizierende Unwert der **Ermöglichungsabsicht** liegt darin, dass die Tötung als Mittel zur Begehung weiteren kriminellen Unrechts dienen soll.[300]

129

Nach dem Schutzzweck dieser Tatmodalität ist es gleichgültig, ob es dem Täter um die Ermöglichung einer *eigenen* oder *fremden* Straftat (i.S.v. § 11 I Nr. 5[301]) geht. So kann eine „andere Straftat" auch der (beabsichtigte) Betrug zum Nachteil der Versicherungsgesellschaft sein.[302] Jedoch genügt es für die Annahme der „anderen Straftat" nicht, wenn der Täter durch seine Handlung lediglich *zusätzlich* ein anderes Rechtsgut verletzen will, wenn also die Straftaten in einem Akt zusammenfallen. Erforderlich ist, dass durch die Tötung eine weitere, von der Tötungshandlung *unabhängige* Tat begangen werden soll. Insofern wird man eine Zäsur zwischen der zu ermöglichenden Tat und der Ermöglichungstat fordern müssen. Anderenfalls ließe sich nicht von einer „anderen" Tat sprechen. Diese hier mit Blick auf die im Strafrecht streng zu beachtende Wortlautgrenze schon immer vertretene enge Auslegung der „anderen Straftat" in § 211 II Var. 8 findet sich auch in einem neueren BGH-Urteil, in dem der BGH deutlich hervorhebt, die Ermöglichungsabsicht i.S.d. § 211 II setze voraus, dass der Täter in der Absicht töte, *zusätzliches* kriminelles Unrecht verwirklichen zu können.[303]

> **Fall**[304]**:** Der in Deutschland geborene und aufgewachsene, aus einer afghanischen Familie muslimisch-schiitischen Glaubens stammende T und die deutschstämmige O unterhielten eine intime Beziehung, in deren Folge O schwanger wurde. T lehnte diese Schwangerschaft ab. Die Geburt eines gemeinsamen Kindes erschien ihm unvereinbar mit seiner weiteren Lebensplanung und dem Selbstbild seiner Familie, die eine Beziehung zu einer Frau christlichen Glaubens nicht-afghanischer Herkunft ablehnte. T versuchte daher, O zum Abbruch der Schwangerschaft zu bewegen. Dabei äußerte er auch Drohungen und band Freunde, Bekannte und Nachbarn der Geschädigten ein, die auf sie einwirken und sie zum Abbruch der Schwangerschaft bewegen sollten. Diesen Gedanken gab er jedoch wieder auf und setzte seine Versuche fort, O zum Abbruch der Schwangerschaft zu bewegen. Diese ließ sich jedoch nicht beeindrucken und teilte T schließlich mit, dass sie das Kind behalten wolle und wegziehen werde. Daraufhin entschloss sich T, O zu töten und somit die Schwangerschaft zu beenden, um seine Vaterschaft nicht gegenüber seiner Familie offenbaren zu müssen und seine weitere Lebensplanung nicht zu gefährden. Dazu trat er von hinten an die arglose O heran und stach ihr ein Messer unvermittelt in den Rücken. O wandte sich um, schrie laut und versuchte, sich zu wehren. Im Verlaufe der folgenden Auseinandersetzung fielen beide zu Boden; T hielt O Mund und Nase zu, um ihre Schreie zu unterbinden und ihr die Atemluft zu nehmen. Nachdem dies nicht durchgehend gelang,

---

[298] Sch/Sch-*Eser/Sternberg-Lieben*, § 211 Rn 33; *Fischer*, § 211 Rn 67, 78; *Grunst*, Jura 2002, 252, 253.
[299] BGH NStZ-RR 2017, 238.
[300] Vgl. BGH NStZ 2015, 693, 694; BGHSt 50, 80, 91 ff.
[301] Eine Ordnungswidrigkeit kommt daher als „zu ermöglichende Straftat" oder „zu verdeckende Straftat" nicht in Betracht.
[302] BGH NJW 2000, 2517, 2519; *Schlothauer*, StV 2000, 138, 140.
[303] BGH NStZ 2015, 693.
[304] Nach BGH NStZ 2015, 693.

Tötungsdelikte – Mord (§ 211)

stach er mit dem Messer noch zweimal in die linke Bauchregion der O und floh danach vom Tatort, weil er hinter der Milchglasscheibe einer Tür eine Bewegung wahrgenommen hatte und seine Entdeckung fürchtete. Die von T vorgenommenen Messerstiche führten zu schweren inneren Verletzungen bei O, unter anderem zur Eröffnung der Leber, des linken Lungenflügels und beider Herzkammern. O starb noch am Tatort.

T hat sich wegen Mordes unter Verwirklichung der Mordmerkmale „aus niedrigen Beweggründen" und „Heimtücke" strafbar gemacht. Fraglich ist allein, ob das Mordmerkmal „um eine andere Straftat zu ermöglichen" mit dem Schwangerschaftsabbruch als ebenjene andere Straftat hinzutritt. Die Revision beanstandete, dass das LG dies nicht in Erwägung gezogen hatte. Zu Recht hat der BGH die Revision verworfen und die Ermöglichungsabsicht verneint, indem er ausführt: „Ermöglichungsabsicht im Sinne des § 211 Abs. 2 StGB setzt ... voraus, dass der Täter in der Absicht tötet, zusätzliches kriminelles Unrecht verwirklichen zu können; die besondere Verwerflichkeit der Tötung eines anderen zu diesem Zweck liegt darin, dass der Täter bereit ist, das Leben eines anderen als Mittel zur Begehung einer weiteren Tat einzusetzen."

Bewertung: Das überzeugt mit Blick auf den eindeutigen Wortlaut „andere" Straftat. Mit der Verneinung der Ermöglichungsabsicht ist auch keine ungerechtfertigte Täterprivilegierung verbunden, da T ja wegen der Mordmerkmale „aus niedrigen Beweggründen" und „Heimtücke" schuldig gesprochen wurde. Hinzu kommt der tateinheitlich begangene Schwangerschaftsabbruch.

130 Kommt dennoch ausnahmsweise Mord in der Modalität der Ermöglichungsabsicht in Betracht, muss der Täter hinsichtlich der **Ermöglichung** der anderen Tat mit *dolus directus* 1. Grades (also mit Absicht) handeln. Das schließt freilich nicht aus, dass der Täter hinsichtlich der **Tötung** mit *dolus eventualis* handelt.[305]

> **Beispiel:** T, Eigentümer und Vermieter eines Wohn- und Geschäftshauses, setzt sein Gebäude nachts in Brand, um Leistungen aus der Brandversicherung zu erhalten. Dabei nimmt er billigend in Kauf, dass Menschen zu Tode kommen könnten. Tatsächlich war zum Zeitpunkt der Inbrandsetzung O anwesend, die im Zuge der Rauchentwicklung an einer Rauchgaseinwirkung starb.
>
> In diesem Fall macht sich T auch trotz des nur gegebenen *dolus eventualis* hinsichtlich der Tötung wegen Mordes in der Modalität der Ermöglichungsabsicht strafbar, da es ihm auf die Ermöglichung des Versicherungsbetrugs (§§ 263 I, III Nr. 5) ankam.

131 Kann die andere Tat nach der Vorstellung des Täters jedoch nur durch eine Tötung des Opfers ermöglicht werden, genügt *dolus eventualis* hinsichtlich der Tötung nicht. Hier ist mit Blick auf die gebotene restriktive Auslegung des Mordtatbestands *dolus directus* 2. Grades (direkter Vorsatz i.S.e. sicheren Wissens) erforderlich.

> **Beispiel:** Wäre im obigen Beispiel O Eigentümerin und Versicherungsnehmerin und zugleich Mutter des T, genügte dolus eventualis nicht. Vielmehr müsste T hinsichtlich der Tötung mit direktem Vorsatz handeln, um wegen Mordes in der Modalität der Ermöglichungsabsicht strafbar zu sein, da er nur durch den Tod der O in den Genuss der Versicherungsleistung kommt (Erbschaft).

132 Ein Irrtum über das Vorliegen einer anderen Straftat ist unbeachtlich, da das Motiv strafbar ist. Deshalb ist allein die Vorstellung des Täters maßgeblich. Die zu ermöglichende Straftat braucht deshalb nicht objektiv begangen zu werden (siehe sogleich).

---

[305] BGHSt 11, 268, 270; 15, 291, 297; 21, 283; 23, 176, 194; 39, 159; Lackner/Kühl-*Kühl*, § 211 Rn 15.

Tötungsdelikte – Mord (§ 211)

b. Um eine andere Straftat zu verdecken (§ 211 II Var. 9)

Neben dem Heimtückemord ist auch der Verdeckungsmord dogmatisch schwierig.

In **Verdeckungsabsicht** handelt, wer als Täter das Opfer tötet, um dadurch eine vorangegangene Straftat als solche oder auch Spuren zu verdecken, die bei einer näheren Untersuchung Aufschluss über bedeutsame Tatumstände geben könnten.[306] c **133**

Im Kern geht es darum, dass die Tötung als Mittel zur Verdeckung einer eigenen bzw. fremden Straftat eingesetzt wird. Es besteht damit mitunter eine Konfliktsituation zwischen der (weiteren) Tötung eines Menschen und dem Bestreben des Täters, sich oder eine andere (regelmäßig ihm nahestehende) Person der drohenden Strafverfolgung zu entziehen. Das wirft die Frage auf, warum der Gesetzgeber diesem Gesichtspunkt keine entlastende Bedeutung beimisst. Immerhin hat er auch bei anderen Straftatbeständen – vor allem bei den §§ 257 III S. 1, 258 V – wenigstens das Streben nach Selbstbegünstigung privilegiert, sodass auch beim Verdeckungsmord die Zumutbarkeit, sich selbst der Gefahr der Strafverfolgung auszusetzen, entfallen könnte. Die unterschiedliche Behandlung in Bezug auf § 211 II Var. 9 (und auch in Bezug auf § 142) wird aber nachvollziehbar, wenn man bedenkt, dass durch das Streben nach Begünstigung im Bereich der genannten §§ 257, 258 das bereits vorhandene Unrecht nicht vergrößert wird, während durch die in Verdeckungsabsicht begangene Tat neues, über die Vortat hinausgehendes und daher nicht zu tolerierendes Unrecht begangen wird.[307] Zudem genießt der Lebensschutz absoluten Vorrang vor Selbstbegünstigung. Es ist es dem Täter zumutbar, sich der Gefahr der Strafverfolgung auszusetzen, auch wenn dadurch die lebenslange Freiheitsstrafe droht. **134**

Die zu **verdeckende Straftat** (zum Begriff der Straftat vgl. die Ausführungen zur Ermöglichungsabsicht bei Rn 129) braucht nicht eine durch den Täter *selbst* begangene Tat zu sein; es genügt, dass der Täter tötet, um *irgendeine* Tat zu verdecken.[308] Auch muss die zu verdeckende Tat nicht tatsächlich begangen worden sein; es genügt nach dem Wortlaut des § 211 II Var. 9, dass der Täter glaubt, es liege eine Tat vor, die es zu verdecken gilt. Schließlich muss es dem Täter darauf ankommen, dass die Vortat noch verdeckbar ist und durch seine Tat auch verdeckt wird.[309] Aus welchen Gründen er die Vortat verdecken möchte, ist nach h.M. unerheblich. Daher bejaht die h.M. Mord in Verdeckungsabsicht auch dann, wenn der Täter lediglich **außerstrafrechtliche Konsequenzen** vermeiden will.[310] Die Gegenauffassung hält diese weite Auslegung zwar für mit dem Wortlaut des § 211 vereinbar, wendet aber ein, sie verfehle den Qualifikationsgrund des § 211 II Var. 9, namentlich den Schutz staatlicher Strafverfolgungsinteressen gegen massive, straftatverdeckende Eingriffe.[311] Nach der hier vertretenen Auffassung stößt die h.M. vielmehr an die Grenzen der verfassungsrechtlich gebotenen restriktiven Auslegung des Mordtatbestands. **135**

> **Beispiel:** D ist Drogendealer und erfreut sich eines zunehmenden Absatzes. Er schafft es kaum, für genügend Nachschub zu sorgen. Daher beauftragt er den kleinkriminellen K, ihm bei der Beschaffung einer größeren Menge Marihuana behilflich zu sein. Er übergibt diesem 50.000,- €, um beim „Großhändler" G die entsprechende Menge des Stoffes zu holen. Doch K denkt nicht daran, den Auftrag auszuführen. Vielmehr behält er das Geld für sich. Obwohl er nicht damit rechnet, dass D ihn bei der Polizei deswegen anzeigen wird,

---

[306] BGH NStZ 2017, 462 (mit Verweis auf BGHSt 50, 11, 14). Vgl. auch BGH NStZ 2017, 583.
[307] *W/H/E*, BT 1, Rn 142 f.; *Freund*, JuS 2002, 640, 643; *Freund*, NStZ 2004, 123 ff.
[308] Vgl. BGH NStZ 2002, 253; *Hörnle*, Jura 2001, 44, 49.
[309] Siehe auch BGH NStZ 2018, 93, 94.
[310] BGHSt 41, 8, 9; BGH NStZ 1999, 243; 1999, 615, 616; *K/H/H*, BT 1, Rn 79; *Fischer*, § 211 Rn 69; *Saliger*, ZStW 109, 302, 317; *Freund*, NStZ 2004, 123, 124.
[311] Lackner/Kühl-*Kühl*, § 211 Rn 12; *Sowada*, JZ 2000, 1035 ff.; *Buttel/Rotsch*, JuS 1996, 327, 329.

Tötungsdelikte – Mord (§ 211)

tötet er ihn, um das Geld behalten zu können und um im Freundeskreis nicht als „Ganovenbetrüger" zu gelten.

K ist nach h.M. wegen Mordes in der Tatmodalität der Verdeckungsabsicht strafbar. Die Gegenauffassung würde die Modalität der Verdeckungsabsicht aus den genannten Gründen verneinen. Die hier vertretene Auffassung gelangt ebenfalls zur Verneinung der Verdeckungsabsicht, weil die Tötung eines Menschen zur Vermeidung außerstrafrechtlicher Konsequenzen die lebenslange Freiheitsstrafe nicht zu rechtfertigen vermag. Das Problem kann vorliegend aber dahinstehen, wenn man das Mordmerkmal *Habgier* bejaht.

135a Mord in Verdeckungsabsicht kann auch dann vorliegen, wenn der Täter den Haupttatzeugen tötet, obwohl die Strafverfolgungsbehörde von einem Dritten bereits über die Verdeckungstat informiert war und gegen den Täter ermittelt.

> **Beispiel**[312]**:** T hat die O vergewaltigt und ihr gedroht, dass er sie umbringen werde, wenn sie ihn verrate. Dennoch vertraut sich O ihrer Freundin F an, die daraufhin die Polizei informiert. Als T davon erfährt, tötet er O, weil er befürchtet, sie könne im Rahmen des Ermittlungsverfahrens (erneut) gegen ihn aussagen.

> T ist wegen Verdeckungsmordes strafbar, weil er einen Menschen tötete, von dem er die Aufdeckung seiner Tat befürchtete. Daran ändert auch der Umstand nichts, dass die Strafverfolgungsbehörde bereits vom Hörensagen her informiert war. Denn dies hätte (jedenfalls nach der Vorstellung des T) noch nicht ausgereicht, um T zu verurteilen. Es kam ihm also darauf an, gerade O zu töten, um nicht wegen der Vergewaltigung verurteilt zu werden.

136 Da § 211 II Var. 9 eine „andere" Tat voraussetzt, ist in **zeitlicher Hinsicht** eine **Zäsur** zwischen der zu verdeckenden Tat und der Verdeckungstat erforderlich. Anderenfalls ließe sich nicht von einer „anderen" Tat sprechen, die der Täter durch den Tötungsakt verdecken möchte. Nach der Rechtsprechung des BGH kann es dabei aber auch genügen, wenn **beide Taten ununterbrochen aufeinanderfolgen**. Das ist aber i.d.R. nur dann anzunehmen, wenn nicht bereits die Vortat ein versuchtes Tötungsdelikt darstellt, also ein Vorsatzwechsel stattgefunden hat.

> **Beispiel**[313]**:** Begeht der Täter zunächst nur eine Körperverletzung, wirkt dann aber trotz ununterbrochenen Geschehensverlaufs mit (bedingtem) Tötungsvorsatz auf das Opfer ein, liegt ein Mord i.S.d. § 211 II Var. 9 vor. Allein der Übergang vom Körperverletzungsvorsatz zum Tötungsvorsatz begründet die erforderliche zeitliche Zäsur. Überlebt das Opfer, ist der Täter wegen versuchten Mordes in Verdeckungsabsicht in Tateinheit mit vollendeter Körperverletzung strafbar.[314]

136a Will der Täter daher nur **die Tat verdecken, die er gerade begeht**, kann auf keinen Fall von einer „anderen Tat" gesprochen werden. Daher ist für die Annahme eines Verdeckungsmordes kein Raum, wenn (auch bei einem mehraktigen Geschehensablauf) der Täter bereits von Anfang an mit Tötungsvorsatz gegen das Opfer gehandelt hat und die Verdeckungsabsicht nur noch als weiteres Motiv für die Tötung (etwa aus Angst vor Strafverfolgung) hinzutritt.[315] Dies mag zwar als ungerechtfertigte Privilegierung desjenigen angesehen werden, der von vornherein mit (bedingtem) Tötungsvorsatz und nicht lediglich mit Körperverletzungs- oder Raubvorsatz handelte[316], entspricht aber dem Wortlaut des § 211 II Var. 9.

---

[312] In Anlehnung an BGH NJW 2005, 1203 ff. Vgl. auch *Müller*, JA 2006, 90 f.
[313] Vgl. BGH NStZ 2015, 639.
[314] Vgl. BGH NStZ 2015, 639, 640.
[315] Vgl. BGH NStZ 2017, 583; NStZ 2015, 458, 459; NJW 2003, 1060 f.; NStZ 2002, 253; NStZ 2000, 498, 499; NStZ 1992, 127; 128.
[316] Vgl. die Kritik von *Freund*, JuS 2002, 640, 644 f., aufgegriffen von *Hecker*, JuS 2015, 754.

Tötungsdelikte – Mord (§ 211)

Beispiel[317]: Unter dem Vorwand, ein Freier zu sein, erschlich sich A Zugang zu der Wohnung der O und bezahlte 50 € für sexuelle Dienstleistungen. Er suchte zunächst das Badezimmer der Wohnung auf, um dort zu duschen und das von der Straßenseite abgelegene Fenster im Badezimmer zu öffnen (damit die Mittäter B und C später von dort aus in die Wohnung einsteigen konnten). Sodann begab er sich in das Freierzimmer der Wohnung und legte sich auf das Bett, während O sich mit dem Rücken zur Tür vor ihm auf das Bett setzte. Währenddessen stiegen B und C über das geöffnete Badezimmerfenster unbemerkt in die Wohnung ein und begaben sich in das Freierzimmer. Einer der beiden schlug der O sodann mit der Faust ins Gesicht. Sie verlor dadurch kurzzeitig das Bewusstsein. Als sie wieder zu sich gekommen war, schlugen die Täter erneut massiv auf sie ein. So wurde O durch massive Gewalteinwirkungen in Form von kräftigen Faustschlägen und Fußtritten verletzt und mit einem Stoffteil gewürgt. Sie erlitt Verletzungen im Gesicht, an Hals, Rumpf und Handgelenken, insbesondere trug sie komplexe Mittelgesichtsfrakturen, mehrfache Brüche der Begrenzungen von Augenhöhlen und Kieferhöhle, einen Bruch des Oberkiefers mit gelockerten Zähnen, mehrfache Brüche des Jochbeins, eine Nasenbeinfraktur und einen Mehrfachbruch des Unterkiefers davon. Die Verletzungen führten zu starken Blutungen im Mundbereich. Infolge dieser Gewalteinwirkungen verlor O wiederholt das Bewusstsein und geriet in konkrete Lebensgefahr. Sie wurde von den Tätern geknebelt, gefesselt und auf das Bett gelegt. Dabei nahmen die Täter billigend in Kauf, dass O durch die schweren Verletzungen sowie durch die aufgrund der Knebelung eintretenden Atembehinderungen versterben könnte, und handelten in Verdeckungsabsicht. Nachfolgend durchsuchten die Täter die Wohnung nach Wertgegenständen und nahmen u.a. 700 € Bargeld, zwei Handys, drei goldene Fingerringe und Schmuck im Wert von ca. 300 € an sich. Im Anschluss trafen sie Vorkehrungen, um eine alsbaldige Entdeckung des Raubes zu verhindern und es O unmöglich zu machen, Hilfe herbeizuführen. So schnitten sie u.a. an den Fenstern die Zugbänder der Außenrollos durch und verschlossen die Wohnungseingangstüre. O überlebte gleichwohl.

Es stellt sich die Frage, ob sich die Täter jedenfalls durch das Knebeln und Fesseln wegen versuchten Mordes gem. §§ 211 I, II Var. 9, 22, 23 I, 12 I strafbar gemacht haben. Dazu müssten sie die Absicht gehabt haben, eine andere Tat zu verdecken. Als „andere" Tat kommen die vorherigen massiven Gewalteinwirkungen in Betracht, die insofern eine gefährliche Körperverletzung i.S.d. § 224 I Nr. 4 und 5 und einen schweren Raub i.S.d. § 250 II Nr. 3a und b darstellen könnten. Allerdings lässt sich von einer „anderen" Tat nur sprechen,

⇨ wenn die Täter entweder zunächst nur mit Körperverletzungsvorsatz (bzw. Raubvorsatz) gehandelt haben und sodann ein Vorsatzwechsel (zur Verdeckungsabsicht) stattgefunden hat,

⇨ oder wenn zwischen einer vorsätzlichen Tötungshandlung und einer mit Verdeckungsabsicht vorgenommenen weiteren Tötungshandlung eine deutliche Zäsur liegt.[318]

Haben aber die Täter (auch bei einem mehraktigen Geschehensablauf) bereits von Anfang an mit Tötungsvorsatz gegen das Opfer gehandelt und tritt die Verdeckungsabsicht nur noch als weiteres Motiv für die Tötung hinzu, fehlt nach Auffassung des BGH die für die Annahme von Verdeckungsabsicht erforderliche zeitliche Zäsur.[319]

Ergebnis: Geht man also davon aus, dass die oben genannten zur Verneinung der Verdeckungsabsicht führenden Umstände vorlagen, haben sich A, B und C lediglich wegen gefährlicher Körperverletzung gem. § 224 I Nr. 4 und 5 in Tateinheit mit schwerem Raub gem. § 250 II Nr. 3a und b strafbar gemacht, nicht aber auch wegen versuchten Mordes in Verdeckungsabsicht.

Stellungnahme: Die Entscheidung zeigt, wie wichtig es für ein Tatgericht ist, auch und gerade bei mehraktigen Geschehensabläufen genaue Feststellungen zum Tathergang zu ma-

---

[317] Nach BGH NStZ 2017, 583 f. – leicht abgewandelt und gekürzt, um die Kernproblematik zu verdeutlichen.
[318] Vgl. BGH NStZ 2017, 583 (mit Verweis u.a. auf BGH NStZ 2003, 259; NJW 2016, 179).
[319] Vgl. BGH NStZ 2017, 583; NStZ 2015, 458, 459; NJW 2003, 1060 f.; NStZ 2002, 253; NStZ 2000, 498, 499; NStZ 1992, 127; 128.

Tötungsdelikte – Mord (§ 211)

chen, um Fragen nach Vorsatzwechseln oder Zäsuren zu klären. Fehler führen unweigerlich zur Begründetheit einer Revision. Verwunderlich ist aber, warum der BGH nicht auch das Mordmerkmal der Habgier (§ 211 II Var. 3) erwähnt hat. Denn nahmen die Täter spätestens mit dem Knebeln und Fesseln den Tod der O in Kauf und durchsuchten anschließend die Wohnung nach Stehlenswertem, lagen die Voraussetzungen für Habgier vor.

137 Ein Verdeckungsmord liegt i.d.R. aber vor, wenn zwischen einem (erfolglosen) ersten, mit (bedingtem) Tötungsvorsatz vorgenommenen Angriff und einer erneuten, nunmehr mit Verdeckungsabsicht begangenen Tötungshandlung eine **deutliche zeitliche Zäsur** liegt.[320]

> **Beispiel**[321]**:** Nach einer verbalen Auseinandersetzung mit O stach T, der mit der Situation überfordert war und wollte, dass O aufhörte zu schreien, mehrfach mit einem von ihm mitgebrachten Küchenmesser mit einer Klingenlänge von zwölf Zentimetern in ihre Brust- und Bauchgegend. Nach einem sich anschließenden Gerangel lagen O und T auf dem Bett. Nach einiger Zeit realisierte T, dass O noch lebte, und bekam Angst, dass er wegen der vorangegangenen Messerstiche nicht unerheblich bestraft werden könnte, wenn er sie jetzt nicht tötete. Daraufhin würgte er sie für mehrere Minuten. Dabei hatte er nunmehr das Ziel und den Willen, sein Opfer zu töten und dadurch die vorangegangene gefährliche Körperverletzung (vgl. § 224 I Nr. 2 Var. 2, Nr. 5) zu verdecken. Nachdem O bewusstlos geworden war, fügte er ihr mit dem Messer weitere Stiche in Hals und Oberkörper zu. O verstarb an einer Kombination aus Ersticken und Verbluten.

In diesem Fall stellt sich die Frage, ob mit dem Würgen und anschließenden Einstechen in Hals und Oberkörper ein Mord i.S.d. § 211 I, II Var. 9 vorliegt. Dazu müsste T eine andere Tat verdeckt haben. Als „andere" Tat kommt das vorherige Stechen in Brust- und Bauchgegend in Betracht. Das wäre jedenfalls dann der Fall, wenn T zu diesem Zeitpunkt lediglich Körperverletzungsvorsatz hatte. Denn allein der Übergang vom Körperverletzungs- zum Tötungsvorsatz begründet die erforderliche zeitliche Zäsur. Hätte T aber bereits Tötungsvorsatz gehabt, wäre möglicherweise von einer einheitlichen (aktiven) Tötungshandlung auszugehen und die Verdeckungsabsicht wäre möglicherweise lediglich als weiteres Motiv für die (bereits stattfindende) Tötung hinzugetreten. T hätte dann möglicherweise also lediglich die bereits – mit bedingtem Tötungsvorsatz – begonnene Tötung vollendet, nicht aber eine andere Straftat verdeckt.

Zu prüfen ist daher, ob die vorangegangenen Messerstiche lediglich mit Körperverletzungsvorsatz oder mit bedingtem Tötungsvorsatz zugefügt wurden. Nach st. Rspr. des BGH liegt bedingter Tötungsvorsatz vor, wenn der Täter den Tod des Opfers für möglich hält und ihn „billigt" oder „billigend in Kauf nimmt".[322] Dabei ist die objektive Gefährlichkeit ein wesentliches Indiz für das Vorliegen eines bedingten Tötungsvorsatzes. Entscheidend ist aber stets eine Gesamtwürdigung aller objektiven und subjektiven Umstände im Einzelfall[323] (vgl. dazu Rn 21).

Gelangt man zu der Überzeugung, dass ein Täter, der mehrfach mit einem (mitgebrachten!) Küchenmesser mit einer Klingenlänge von zwölf Zentimetern in die Brust- und Bauchgegend seines Opfers sticht, dessen Tod nicht nur für möglich hält, sondern auch billigend in Kauf nimmt, kann dies auch bei T angenommen werden. In diesem Fall ist Verdeckungsabsicht jedoch zu verneinen, wenn bei einer einheitlichen (aktiven) Tötungshandlung die Verdeckungsabsicht nur noch als weiteres Motiv für die Tötung (etwa aus Angst vor Strafverfolgung) hinzutritt. Bejaht man aber eine deutliche Zäsur zwischen dem ersten Tatgeschehen (den vorangegangenen Stichen in Brust- und Bauchgegend) und dem späteren Würgen und Zufügen von Stichen in Hals und Oberkörper, ist ein Verdeckungsmord anzunehmen.

---

[320] BGH NStZ 2015, 458, 459; NStZ 2017, 583.
[321] Nach BGH NStZ 2015, 458 ff.
[322] Vgl. aus jüngerer Zeit etwa BGH NJW 2016, 1970, 1971; NStZ 2015, 266, 267; NStZ 2014, 35; NStZ 2013, 159, 160.
[323] Vgl. nur BGH NJW 2016, 1970, 1971; NJW 2014, 3382, 3383.

Tötungsdelikte – Mord (§ 211)

Ein Verdeckungsmord liegt i.d.R. auch vor, wenn der Täter das Tatopfer **zunächst mit (bedingtem) Tötungsvorsatz misshandelt** und es **anschließend** (zur Verdeckung dieses Geschehens) **unterlässt**, Maßnahmen zur Rettung des (zunächst) überlebenden Opfers einzuleiten. In diesem Fall ist eine Strafbarkeit wegen **Verdeckungsmordes durch Unterlassen** sogar dann nicht gegeben, wenn zwischen dem Handlungs- und Unterlassensteil eine zeitliche Zäsur liegt.[324]

137a

Schließlich ist Mord in Verdeckungsabsicht auch noch möglich, nachdem die zu verdeckende Tat **bereits aufgedeckt** ist, jedoch die Tatumstände noch nicht in einem die Strafverfolgung sicherstellenden Umfang aufgedeckt sind. Sieht der Täter durch die Verdeckungstat also noch die Möglichkeit, eine vollständige oder endgültige Überführung zu vereiteln, ist trotz Entdeckung der Tat Mord in Verdeckungsabsicht nicht ausgeschlossen.[325] Ist die Vortat aber vollständig aufgedeckt und weiß der Täter dies auch, scheidet Verdeckungsmord aus.[326]

138

> **Fazit zur „anderen" Straftat i.S.v. § 211 II Var. 9:** Um eine „andere" (d.h. zu verdeckende) Straftat i.S.v. § 211 II Var. 9 handelt es sich jedenfalls dann, wenn der Täter nach einem bereits abgeschlossenen, aber zunächst erfolglosen Tötungsversuch nach einer zeitlichen Zäsur den Entschluss fasst, sein Opfer durch eine *zweite Handlung* zu töten, um die Aufdeckung des versuchten Tötungsdelikts zu verhindern.[327] Hingegen liegt eine „andere" Straftat **nicht** vor, wenn der Täter nur diejenige Tat verdecken will, die er gerade begeht.[328] Das ist nach Meinung des BGH der Fall, wenn der Täter im Zuge einer einheitlichen Tötungshandlung vom zunächst bedingten Tötungsvorsatz in Verdeckungsabsicht zum nunmehr „vollen" Tötungsvorsatz übergeht.[329]

139

Abgesehen von diesen Fällen steht der Annahme eines Verdeckungsmordes nicht entgegen, dass der Täter aus mehreren Beweggründen handelt (**Motivbündel**, s.o.). Die Verdeckungsabsicht muss nur **Triebfeder des Handelns** sein.[330]

140

> **Beispiele**[331]: Wer einen von ihm angefahrenen Verkehrsteilnehmer, den ihn nach der Straftat anhaltenden Polizeibeamten oder einen Verfolger tötet, um Zeugen der Vortat zu beseitigen oder um unerkannt zu entkommen, hat die Absicht, eine Straftat zu verdecken. Nimmt der Täter dagegen an, den Strafverfolgungsbehörden schon bekannt zu sein, und will nur die drohende Festnahme verhindern, gibt es nichts mehr zu verdecken (in einem solchen Fall ist zumeist aber ein Handeln aus niedrigem Beweggrund zu bejahen). Hegt der Täter aber die Vorstellung, dass zwar die Tat, nicht aber seine Täterschaft bekannt sei, kann eine Verdeckungsabsicht nicht ausgeschlossen werden.

Hinsichtlich der **Verdeckung** der anderen Tat muss der Täter mit *dolus directus* 1. Grades (also mit Absicht) handeln. Das erfordert jedoch keine Überlegung des Täters im Sinne eines abwägenden Reflektierens über die eigenen Ziele; die Verdeckungsabsicht kann deshalb auch bei einem in einer unvorhergesehenen Augenblickssituation spontan gefassten Tötungsentschluss gegeben sein.[332] Auch schließt das Mordmerkmal der Verdeckungsabsicht (in Übereinstimmung mit der Ermöglichungsabsicht) nicht aus, dass der Täter hinsichtlich der **Tötung** mit *dolus eventualis* handelt.[333]

141

---

[324] BGH NJW 2003, 1060 f.
[325] BGHSt 56, 239 ff. mit Bespr. v. *Jäger*, JA 2011, 792 und *Jahn*, JuS 2011, 942.
[326] BGH NStZ 2018, 93, 94.
[327] BGH NStZ 2002, 253.
[328] BGH NStZ 2000, 498.
[329] BGH NJW 2003, 1060 f.
[330] Vgl. etwa BGH NStZ 2005, 332, 333.
[331] Vgl. Lackner/Kühl-*Kühl*, § 211 Rn 12; *W/H/E*, BT 1, Rn 145.
[332] BGH NStZ 2017, 462, 463.
[333] Vgl. nur BGHSt 15, 291, 294; 41, 358, 361; BGH NStZ 2004, 495, 496; NStZ-RR 2016, 280; NStZ 2018, 93, 94.

Tötungsdelikte – Mord (§ 211)

Beispiel[334]: A, B und C brachen nachts in die Wohnung der 77-jährigen O ein, um zu stehlen. Dabei wurden sie jedoch von O überrascht. Spontan und der Situation geschuldet, überwältigten sie die O, fesselten sie an einen Stuhl und knebelten sie. O verstarb entweder noch während des Vorgangs der Fesselung oder kurze Zeit später durch Ersticken infolge mechanischer Atembehinderung.

⇨ Var. 1: A, B und C hielten es für möglich, dass O die Fesselung aufgrund des stramm über ihren Mund geführten Klebebands und der hierdurch verursachten Atemprobleme, aber auch aufgrund der massiven Kompression ihres Brustkorbs beim Anlegen der Fesseln nicht lange überleben würde. Sie nahmen O´s Tod in Kauf, beabsichtigten ihn aber nicht, da sie eine spätere Identifizierung nicht befürchteten.

Lösung: Für die Annahme von Verdeckungsabsicht schadet es nicht, dass die Täter den Tötungsentschluss spontan fassten, da § 211 II Var. 9 keine Planung der Verdeckungstat erfordert. Auch ist hinsichtlich der Verdeckungstat keine Absicht i.S.v. dolus directus 1. Grades erforderlich, wenn von dem Getöteten selbst eine Entdeckung nicht zu befürchten war, etwa weil dieser den Täter nicht hätte identifizieren können, und es dem Täter somit nicht auf die *Tötung*, sondern nur auf die *Verdeckung* ankam. Da auch vorliegend die Täter eine Identifizierung durch O nicht befürchteten, genügte dolus eventualis hinsichtlich der Tötung. A, B und C sind strafbar wegen Verdeckungsmordes.

⇨ Var. 2: A, B und C gingen sicher davon aus, dass O nicht überleben würde. Der sicher zu erwartende alsbaldige Todeseintritt entsprach dabei ihrer Absicht, waren sie doch unmaskiert und befürchteten eine spätere Identifizierung durch O, würde sie überleben.

Lösung: In diesem Fall hätte es nicht ausgereicht, wenn die Täter den Tod der O billigend in Kauf genommen hätten. Denn dadurch, dass sie von einer späteren Identifizierung durch O ausgegangen waren, sollte sie überleben, mussten sie zumindest sicher sein, dass O nicht überleben würde. Da dies für die Var. 2 zutrifft, sind A, B und C auch hier wegen Verdeckungsmordes strafbar.

142 Fazit: Mord gem. § 211 II Var. 9 kommt auch dann in Betracht, wenn **von dem Getöteten selbst eine Entdeckung nicht zu befürchten war**, etwa weil dieser den Täter nicht hätte identifizieren können, und es dem Täter somit nicht auf die *Tötung*, sondern nur auf die *Verdeckung* ankam.[335] Hätte die Verdeckung der Vortat nach der Vorstellung des Täters aber **nur durch eine erfolgreiche Tötung** des Tatzeugen erreicht werden können, genügt es zur Bejahung des § 211 II Var. 9 nicht, wenn der Täter hinsichtlich der Tötung mit *dolus eventualis* gehandelt hat. Hier wäre mindestens *dolus directus* 2. Grades erforderlich gewesen.[336]

143 Das Zusammentreffen von bedingtem Tötungsvorsatz und der Absicht, eine andere Tat zu verdecken, wird insbesondere bei der **Tötung durch Unterlassen** virulent (vgl. bereits Rn 137a ff.).

144

Beispiel: Autofahrer A übersieht aufgrund seines Alkoholkonsums den auf dem Zebrastreifen die Straße überquerenden Fußgänger O und fährt diesen an. Damit seine Trunkenheitsfahrt nicht auffliegt, lässt A den schwer verletzten O liegen und ergreift die Flucht, wobei er den Tod des O hinnimmt. O verstirbt noch am Unfallort. Bei rechtzeitiger Einleitung von Rettungsmaßnahmen wäre O mit an Sicherheit grenzender Wahrscheinlichkeit gerettet worden. Es ist zu unterstellen, dass O den A hätte identifizieren können und A auch davon ausging.

---

[334] Nach BGH NStZ 2017, 462.
[335] BGHSt 41, 358, 360 (mit Bespr. *Saliger*, ZStW 109, 302, 328 und JZ 1998, 22). Bestätigend BGH NStZ 2004, 495, 496. Zum Unterlassen vgl. BGH NJW 2000, 1730, 1731.
[336] Vgl. BGH NJW 1999, 1939; *Schroth*, NStZ 1999, 554; *Momsen*, JR 2000, 29, 30; *Hefendehl*, StV 2000, 107, 110; Lackner/Kühl-*Kühl*, § 211 Rn 15. Zum Unterlassen vgl. BGH NJW 2000, 1730, 1731 und BGH NJW 2011, 88.

Tötungsdelikte – Mord (§ 211)

> **Aufbauhinweis:** Zunächst empfiehlt es sich, den Sachverhalt in zwei Handlungs-abschnitte einzuteilen.[337] Im ersten Handlungsabschnitt (Geschehen bis einschließlich des Überfahrens des O) kann unproblematisch festgestellt werden, dass A sich wegen fahrlässiger Tötung (§ 222)[338] und Gefährdung des Straßenverkehrs nach § 315c I Nr. 1a i.V.m. III strafbar gemacht hat (der ebenfalls verwirklichte § 316 tritt dahinter zu-rück).
>
> Eigentlich tatmehrheitlich zur fahrlässigen Tötung steht im zweiten Handlungskomplex (*Flucht des A*) ein Mord durch Unterlassen (§§ 211, 13 – die Garantenstellung ergibt sich aus Ingerenz).[339] In Fällen dieser Art wird aber allgemein Gesetzeskonkurrenz an-genommen, da es widersinnig wäre, den Fahrlässigkeitstatbestand neben der Tötung durch Unterlassen an demselben Rechtsgutträger anzunehmen.

Da A sich durch seine Flucht einer drohenden Strafverfolgung entziehen wollte, ist frag-lich, ob nicht auch **Mord in Verdeckungsabsicht** bejaht werden muss.

In Übereinstimmung mit der Literatur[340] steht der **BGH** auf dem Standpunkt, dass ein Ver-deckungsmord auch dann in Betracht kommt, wenn der Tod nur eine Begleiterscheinung der Verdeckung ist. Es sei allein entscheidend, dass geschehenes Unrecht mit weiterem Unrecht verbunden werde. Bedingter Tötungsvorsatz und Verdeckungsabsicht schlössen sich aber dann aus, wenn die Verdeckung nach der Vorstellung des Täters nur durch den Tod des Opfers erreicht werden könne. Dann nämlich sei der Tod das Mittel zur Verde-ckung und bezüglich dieser sei ein zielgerichteter Wille erforderlich. Anders liege der Fall, wenn das Mittel zur Verdeckung die Flucht des Täters (und nicht der Tod des Opfers) sei. Dann könne hinsichtlich dieser Flucht – als Mittel zur Verdeckung – Absicht vorliegen, und hinsichtlich des Todes könne Eventualvorsatz ausreichen, um Verdeckungsmord anzu-nehmen.[341]

Diese Auffassung überzeugt. A hat sich wegen Mordes in Verdeckungsabsicht strafbar ge-macht, weil seine Flucht dazu diente, seine vorangegangene Straftat nicht offenbar wer-den zu lassen; er nutzte die Flucht gerade dazu, seine Entdeckung unmöglich zu machen.

Ergebnis: A hat sich tateinheitlich (natürliche Handlungseinheit) wegen Gefährdung des Straßenverkehrs (§ 315c I Nr. 1a i.V.m. III), Verkehrsunfallflucht (§ 142 I Nr. 2) und Mor-des durch Unterlassen in Verdeckungsabsicht (§§ 211 I, II Var. 9, 13) strafbar gemacht. Der ebenfalls verwirklichte Tatbestand der Trunkenheit im Verkehr (§ 316) tritt subsidiär hinter § 315c zurück. Die Aussetzung (§ 221 I Nr. 2) und die unterlassene Hilfeleistung (§ 323c I) treten im Wege der Gesetzeskonkurrenz hinter dem Verdeckungsmord zurück. Auch die fahrlässige Tötung (§ 222) tritt im Rahmen der Gesetzeskonkurrenz hinter dem Verdeckungsmord zurück.

> **Merke:** Verdeckungsmord ist nur gegeben, wenn der Täter die Tötungshandlung, die auch in einem Unterlassen bestehen kann, als notwendiges Verdeckungsmittel an-sieht.[342] Geht also der Täter bei seinem Unterlassen davon aus, es drohe keine Aufde-ckung der Tat durch das Opfer, scheidet ein Verdeckungsmord aus.
>
> Wenn aber nach der Vorstellung des Täters die erstrebte Verdeckung **nur durch den Tod des Opfers erreichbar ist** (etwa weil dieses ihn nach seiner Vorstellung identifi-zieren könnte), ist Verdeckungsmord (durch Unterlassen) möglich. Erforderlich ist *do-lus directus* 1. Grades.

---

[337] Vgl. auch BGH NStZ 2013, 231, 232.

[338] A.A.: fahrlässige Körperverletzung (§ 229).

[339] Auf die ebenfalls verwirklichte Unfallflucht (§ 142 I Nr. 2), die Aussetzung mit Todesfolge (§ 221 I Nr. 2, III) und die subsidiär zurücktretende unterlassene Hilfeleistung (§ 323c I) soll nicht weiter eingegangen werden.

[340] So SK-*Horn*, § 211 Rn 68; Lackner/Kühl-*Kühl*, § 211 Rn 15; *K/H/H*, BT 1, Rn 77; *W/H/E*, BT 1, Rn 145 ff.; *Schall*, JuS 1990, 623, 624; *Otto*, Jura 1994, 141, 152.

[341] BGHSt 41, 358, 360; BGH StV 1998, 21, 22; NJW 2000, 1730, 1732; NStZ 2011, 34. Vgl. auch *Hinderer*, JA 2009, 25, 31; *Hecker*, JuS 2011, 181, 182 f.; *Jäger*, JA 2013, 393, 394 f.

[342] BGHSt 41, 358, 360; *Hecker*, JuS 2011, 181, 183.

Tötungsdelikte – Mord (§ 211)

> **Beispiel:** Vater V misshandelt seine 3-jährige Tochter T schwer. Um sich nicht der Gefahr der Strafverfolgung auszusetzen, sieht er davon ab, ärztliche Hilfe herbeizuholen. Stirbt T dann an den Verletzungen, ist V wegen Mordes durch Unterlassen (§§ 212 I, 211 I, II Var. 9, 13) strafbar.[343] Denn nach seiner Vorstellung war die erstrebte Verdeckung nur durch den Tod der T erreichbar.

IV. Teilnahmeprobleme in Bezug auf §§ 212, 211

1. Teilnahme am Mord mit tatbezogenen Merkmalen

146 Bei der Frage nach der Strafbarkeit eines Teilnehmers kommt es entscheidend darauf an, ob ein Tatbestandsmerkmal strafbegründend oder strafmodifizierend ist. Wie bereits bei Rn 39 erläutert, stellen nach der ganz h.M. die Mordmerkmale der **1. und 3. Gruppe** des § 211 II besondere subjektive und damit **täterbezogene** Mordmerkmale dar, wohingegen die Mordmerkmale der **2. Gruppe** ausschließlich die besondere Begehungsweise und damit primär den Verhaltensunwert des Tatgeschehens näher kennzeichnen, somit **tatbezogen** sind. Auch wurde bereits gesagt, dass die Mordmerkmale der 2. Gruppe gerade wegen ihres Anknüpfungspunkts an das Tatgeschehen von vornherein vom Anwendungsbereich des § 28 ausgeschlossen sind. Die Strafbarkeit des Teilnehmers richtet sich in Bezug auf die tatbezogenen Merkmale also nach den allgemeinen Teilnahmeregeln der **§§ 26 und 27**. Eine Lockerung dieser Akzessorietätsregeln durch § 28 ist in diesem Fall ausgeschlossen.

> **Beispiel:** Um frühzeitig an die erwartete Erbschaft zu kommen, stiftet die A ihren Bruder T an, ihren wesentlich älteren Ehemann O zu töten. T nimmt diesen Plan gerne auf und tötet O, ohne jedoch selbst ein Mordmerkmal zu erfüllen.[344] Variante: T handelt heimtückisch.
>
> **Ausgangsfall:** T ist allein aus § 212 strafbar. Fraglich ist, ob A lediglich wegen Anstiftung zum Totschlag (§§ 212, 26) bestraft werden kann oder ob sich ihre habgierige Gesinnung strafschärfend berücksichtigen lässt. Auf der Grundlage der bisherigen Rspr.[345] ist A nur aus §§ 212, 26 zu bestrafen, weil die Haupttat wegen Fehlens der Mordmerkmale beim Haupttäter kein Mord ist und der BGH die Tatbestandsverschiebung nach § 28 II nicht vornimmt. Nach der Lit. wäre A aus §§ 212, 211 II Var. 3, 26, 28 II strafbar.
>
> In der Variante ist T aus § 211 I, II Var. 5 strafbar. Hinsichtlich A gilt nichts anderes als im Ausgangsfall, weil es sich bei der von T verwirklichten Heimtücke um ein tatbezogenes Mordmerkmal handelt, auf das nach allen Auffassungen weder § 28 I noch § 28 II Anwendung findet.[346]

2. Teilnahme am Mord mit täterbezogenen Merkmalen

147-163 Problematisch und damit äußerst prüfungsrelevant sind im Bereich der Mordmerkmale vor allem die Fälle, in denen ein Beteiligter ein täterbezogenes Mordmerkmal erfüllt, der andere jedoch nicht, oder wenn beide Beteiligte zwar jeweils ein (täter- oder tatbezogenes) Mordmerkmal erfüllen, diese aber nicht identisch sind („gekreuzte Mordmerkmale"). Noch problematischer ist es, wenn bei den Beteiligten jeweils mehrere Mordmerkmale verschiedener Gruppen des § 211 vorliegen (Beispiel: der Haupttäter handelt habgierig und heimtückisch; der Anstifter aus niedrigen Beweggründen). Die diesbezüglichen

---

[343] Vgl. BGH NStZ 2009, 92 f.; *Altvater*, NStZ 2002, 20, 23.

[344] Freilich ist diese Konstellation überaus praxisfern, da der angestiftete Haupttäter in der Regel habgierig oder heimtückisch handeln wird. Auch beim Anstifter ist kaum das Fehlen eines Mordmerkmals anzunehmen. Denn wer einen anderen zur Tötung anstiftet, wird i.d.R. ein Mordmerkmal der 1. oder 3. Gruppe des § 211 erfüllen. Der Fall wurde aber so gewählt, um als Basis der nachfolgenden Konstellationen zu dienen.

[345] Zum sich anbahnenden Dogmenwechsel in der Rspr. vgl. Rn 2 und 150a.

[346] Die genannte Nichtanwendbarkeit des § 28 (I und II) gilt erst recht, wenn weder beim Teilnehmer noch beim Haupttäter Mordmerkmale vorhanden sind.

Tötungsdelikte – Mord (§ 211)

Fragen sind äußerst kompliziert. Da sie jedoch umfassend bei *R. Schmidt*, StrafR AT, Rn 1127 ff. behandelt sind, wird insoweit darauf verwiesen.

D. Tötung auf Verlangen (§ 216)

164 Während der Totschlag eine Bestrafung von fünf bis fünfzehn Jahren (vgl. §§ 212 I, 38 II) vorsieht, ist bei einer Tötung auf Verlangen auf Freiheitsstrafe von sechs Monaten bis zu fünf Jahren zu erkennen. Dieser gegenüber dem Totschlag erheblich geminderte Strafrahmen ist Ausdruck des Umstands, dass das menschliche Leben, auch wenn die Tötung vom Verlangenden ausdrücklich gewünscht worden ist, zwar indisponibel und damit strafrechtlich zu würdigen ist, gleichzeitig der Täter sich aber in einer besonderen (schuld- und unrechtsmindernden) Konfliktlage befindet. Es wäre mit dem Schuldprinzip unvereinbar, wenn der Täter, der dem ausdrücklichen und ernstlichen Wunsch des Verlangenden nachkommt, genauso bestraft würde, als hätte er das Opfer ohne dessen Willen getötet. Daher versteht die überwiegende Literatur[347] die Tötung auf Verlangen gesetzessystematisch als Privilegierung des als Grundtatbestand zu verstehenden Totschlags. Die Rechtsprechung[348] und der andere Teil des Schrifttums[349] gehen zwar ebenfalls von einer Privilegierung des Täters aus, sehen in § 216 aber keine Abwandlung zu § 212, sondern eine eigenständige und abschließende Spezialregelung, die dem § 212 (und auch dem § 211!) grundsätzlich vorgehe.[350] Folgt man dennoch dem überwiegenden Schrifttum, empfiehlt sich folgende Prüfung des § 216 I:

Tötung auf Verlangen (§ 216)

I. Tatbestand
  1. Objektiver Tatbestand des § 212 I
  2. Subjektiver Tatbestand des § 212 I
  3. Objektiver Tatbestand des § 216 I[351]
    ⇒ Verlangen des Getöteten
      - ausdrücklich und ernstlich,
      - wodurch der Täter zur Tötung des die Tötung Verlangenden bestimmt wurde (Kausalität wie bei § 26)
      - nach BGH muss das „Bestimmen" auch tatsächlich handlungsleitend (also dominierend) sein. Überwiegen beim Täter andere Motive (Habgier, Befriedigung des Geschlechtstriebs), kommt ihm die Privilegierung aus § 216 nicht zugute.

  4. Subjektiver Tatbestand des § 216 I
    ⇒ Vorsatz, mindestens dolus eventualis; bei Irrtum sind die allgemeinen Irrtumsregeln des AT (insb. § 16 II) zu beachten

II. Rechtswidrigkeit[352]
    ⇒ insbesondere Notwehr und Nothilfe, § 32
III. Schuld
    ⇒ insb. Schuldunfähigkeit (§ 20), Notwehrexzess (§ 33) und entschuldigender Notstand (§ 35)

---

165 **Hinweis für die Fallbearbeitung:** Selbstverständlich wäre es möglich, den Tatbestand des § 216 gleich zu prüfen oder zunächst das gesamte Grunddelikt (TB, RW, S) des § 212 I durchzuprüfen, bevor man sich der Privilegierung annimmt. Letzteres führt in

---

[347] Lackner/Kühl-*Kühl*, Vor § 211 Rn 22; SK-*Horn*, § 211 Rn 2; *Otto*, BT, § 6 Rn 1; *Rengier*, BT II, § 3 Rn 2; *W/H/E*, BT 1, Rn 84 ff.; *Geppert*, Jura 2000, 651, 654.
[348] BGHSt 13, 162, 165; 50, 80, 91 ff.
[349] Sch/Sch-*Eser/Sternberg-Lieben*, Vorbem §§ 211 ff. Rn 5/§ 216 Rn 2; *Fischer*, § 216 Rn 2.
[350] Liegen neben den privilegierenden Umständen nach § 216 auch qualifizierende Umstände nach § 211 (insbesondere Habgier) vor, schadet dies der Privilegierung nicht, solange die privilegierenden Umstände dominieren (vgl. BGHSt 50, 80, 91 f.).
[351] In der Regel ist in diesem Prüfungspunkt eine Abgrenzung zur Euthanasie, zur Sterbehilfe und zur (straflosen) Beteiligung an einem Suizid (vgl. zu diesen näher Rn 177 ff. und 191 ff.). vorzunehmen.
[352] Zur prüfungstechnischen Verortung von Rechtswidrigkeit und Schuld bei Qualifikationstatbeständen vgl. Rn 165 und 301.

Tötungsdelikte – Tötung auf Verlangen (§ 216)

Fällen, in denen ein Rechtfertigungsgrund greift oder die Schuld entfällt, dazu, dass es eines Eingehens auf § 216 nicht mehr bedarf. Das kann vorteilhaft, aber auch nachteilig sein (weil man den Sachverhalt nicht erschöpfend auswerten kann). Auch kann der gewählte Aufbau erhebliche Auswirkungen im Bereich der Teilnahme haben, da die Strafbarkeit des Teilnehmers nicht von der Schuld des Haupttäters abhängt (limitierte Akzessorietät), vgl. zu den Einzelheiten die Ausführungen bei *R. Schmidt*, AT, Rn 1037 ff.

I. Tatbestand

1. Objektiver Tatbestand

In objektiver Hinsicht muss der Täter durch das ausdrückliche und ernstliche Verlangen des Opfers zu dessen Tötung bestimmt worden sein. **166**

- **Verlangen** ist mehr als ein bloßes Einverständnis oder gar Dulden der Tat. Verlangen bedeutet, dass das Opfer derart auf den Täter einwirkt, dass dieser die Tötung vornimmt. **167**

- **Ausdrücklich** ist das Verlangen dann, wenn es in eindeutiger, nicht misszuverstehender Weise geäußert wird. Dies kann auch in Form einer Frage oder einer Geste (also konkludent) erfolgen, solange nur das Verlangen klar zum Ausdruck kommt. Missversteht der Täter eine Geste des Opfers, indem er sie irrtümlich als Verlangen deutet, kommt ihm die Regelung des § 216 über § 16 II zugute (vgl. Rn 172 ff.). **168**

- Während das Merkmal der Ausdrücklichkeit objektiv bestimmbar ist, handelt es sich bei dem Merkmal der **Ernstlichkeit** um ein normatives Tatbestandsmerkmal, da es um die Frage nach den rechtlich anzuerkennenden Beweggründen für das Tötungsverlangen geht. Nach h.M. kann das Verlangen nur dann „ernstlich" sein, wenn es auf einem freiverantwortlichen Willensentschluss und einer fehlerfreien Willensbildung beruht.[353] Der seinen Tod verlangende Mensch muss die Urteilskraft besitzen, die Bedeutung und Tragweite seines Verlangens überblicken und abwägen zu können.[354] Das ist nicht der Fall, wenn der Entschluss durch Zwang, Täuschung, Irrtum oder andere wesentliche Willensmängel (wie sie etwa bei einer depressiven Augenblicksstimmung auftreten können) herbeigeführt wird.[355] Das bspw. im Rahmen einer depressiven Augenblicksstimmung abgegebene Tötungsverlangen ist also u.U. nicht geeignet, die Privilegierung des § 216 herbeizuführen. Es kann aber zugunsten des Täters die Regelung des § 16 II greifen (Rn 174). Zum „Kannibalen-Fall I" und zum „Stückelungsmord-Fall" („Kannibalen-Fall II") siehe sogleich. **169**

- Schließlich muss der Täter von dem Opfer zu dessen Tötung **bestimmt** worden sein. Zwar geht aus der Gesetzesformulierung nicht klar hervor, ob ein Bestimmen nur dann vorliegt, wenn die Initiative vom Verlangenden ausgeht, oder ob sie auch vom Täter ausgehen darf.[356] Der BGH hat jedoch im „Kannibalen-Fall I" (siehe dazu Rn 113) eine Parallele zu § 26 gezogen und fordert, dass der Verlangende den Täter zur Tötung bestimmt, bei diesem also den **Tatentschluss hervorgerufen hat**.[357] Im vorliegenden Fall sei der Täter nicht vom Opfer „ausdrücklich und ernstlich" zur Tötung „bestimmt" worden. Das Opfer sei lediglich einverstanden gewesen. Außerdem sei bereits zweifelhaft, ob das Opfer aufgrund seiner extremen masochistischen Neigung seinen Tod überhaupt „ernstlich", d.h. frei von Willensmängeln, habe verlangen können. Jedenfalls habe ein etwa vorliegendes derartiges Verlangen beim Täter nicht „bestimmend", d.h. als entscheidender Tatantrieb gewirkt. „Bestimmen" i.S.v. § 216 I setze nämlich mehr voraus als die bloße Einwilligung des Opfers. Ähnlich wie beim „Bestimmen" i.S.v. § 26 müsse auch bei § 216 I das Opfer beim Täter den Entschluss zur Tat hervorrufen. Ein bereits zur Tat Entschlossener (omnimodo facturus) könne daher nicht mehr „zur Tat bestimmt" werden. Die außerordentliche Strafmilderung des § 216 sei zudem nur dann zu rechtfertigen, wenn das „Bestimmen" **170**

---

[353] Vgl. BGH NStZ 2012, 85, 86; NStZ 2011, 340 f.; NJW 1981, 932.
[354] BGH NStZ 2012, 85, 86.
[355] BGH NStZ 2012, 85, 86; NStZ 2011, 340 f.; *W/H/E*, BT 1, Rn 176; Lackner/Kühl-*Kühl*, § 216 Rn 2.
[356] Vgl. dazu aus der Lit. SK-*Horn*, § 216 Rn 5; *Fischer*, § 216 Rn 7; Sch/Sch-*Eser/Sternberg-Lieben*, § 216 Rn 5; Lackner/Kühl-*Kühl*, § 216 Rn 2; *Steinhilber*, JA 2010, 430, 431.
[357] BGHSt 50, 80, 91 ff.

auch tatsächlich **handlungsleitend** (also dominierend) gewesen sei, ebenso wie sich umgekehrt die Strafschärfung etwa des Mordes aus Habgier gegenüber dem Totschlag nur rechtfertigen lasse, wenn das entsprechende, zum Mordmerkmal führende Motiv handlungsleitend gewesen sei. Der Täter sei aber derjenige gewesen, der aus eigenem Antrieb das Opfer gesucht habe; das Opfer habe sich lediglich darauf eingelassen, um das von ihm erstrebte Ziel einer Penisamputation zu verwirklichen.[358] Eine Tötung auf Verlangen, die eine Bestrafung wegen Mordes ausgeschlossen hätte, habe daher nicht vorgelegen.

Bewertung: Die Annahme des BGH im „Kannibalen-Fall I", es habe an dem Merkmal des „Bestimmens" gefehlt, weil der Täter bereits zur Tat fest entschlossen gewesen sei, ist nicht frei von Zweifeln. Gerade in Anlehnung an die allgemeine Auffassung zu § 26 (Hervorrufen des Tatentschlusses beim Haupttäter) kann man durchaus der Meinung sein, dass ein „generell vorgefasster" Entschluss, ein Opfer bei einem entsprechenden Einverständnis zu töten, *nicht* zu einem „omnimodo facturus" führt. Das zeigt auch das parallele Beispiel eines Profikillers, der zur Tötung eines Opfers grundsätzlich zwar „vorentschlossen" ist, zu der konkreten Tat jedoch gleichwohl noch i.S.d. § 26 bestimmt werden kann[359] bzw. muss. Dennoch ist dem BGH im Ergebnis beizupflichten, weil das Opfer nur mit der Tat einverstanden war und diese nicht „ausdrücklich und ernstlich" gefordert hat.

Anders verhält es sich im „Stückelungsmord-Fall" („Kannibalen-Fall II") (dazu Rn 113). Zwar war der Täter auch hier vorentschlossen, eine Tat im genannten Sinne zu begehen, letztlich wurde er jedoch von seinem Opfer zuvor um die konkrete Tat gebeten und damit zur konkreten Tat bestimmt. Dass der BGH dennoch § 216 verneint hat, lag daran, dass das Bestimmen nicht handlungsleitend gewesen sei. Der Täter habe primär zur Befriedigung seines Geschlechtstriebs und damit in besonders verwerflicher Weise gehandelt, da er das Leben eines anderen Menschen der Befriedigung eigener Geschlechtslust untergeordnet habe.

171 Kommt es im konkreten Fall **nicht zur Vollendung** der Tat, ist eine **Versuchsstrafbarkeit** zu prüfen (vgl. § 216 II). Eine Strafbarkeit des überlebenden Opfers wegen Anstiftung zur Tötung auf Verlangen (§§ 216 II, 22, 23 I, 12 II, 26 I) scheidet nach allgemeiner Auffassung aus (Fall der „notwendigen" Teilnahme[360]).

2. Subjektiver Tatbestand und Tatbestandsirrtümer

172 In subjektiver Hinsicht muss der Täter mit **Vorsatz** handeln (*dolus eventualis* genügt). Dieser muss nicht nur die Tathandlung i.e.S. umfassen, sondern sich auch auf das ausdrückliche und ernstliche Verlangen erstrecken, da auch dieses zum objektiven Tatbestand gehört. Denkbar sind folgende **Konstellationen**:

173
▪ Der Täter verwirklicht vorsätzlich den Tatbestand des § 212 I (oder des § 211) und ganz oder teilweise den objektiven Tatbestand des § 216, weiß aber nichts von den privilegierenden Umständen.

Beispiel: Die steinreiche O ist in Siechtum verfallen. Sie hat voraussichtlich nur noch wenige Wochen zu leben und jegliche Lust an ihrem, wie sie es nennt, „jämmerlichen Dasein" verloren. Sie bittet daher in vollem Bewusstsein ihren Mann T ausdrücklich und ernstlich, sie von ihren Qualen zu befreien. T hat wie immer nicht richtig zugehört, ist aber unabhängig von dem Verlangen der O nicht abgeneigt, sich von seiner schwerkranken Frau zu lösen, um endlich an die Erbschaft zu kommen. Er verabreicht seiner Frau eine Überdosis Morphium, an der O stirbt. Strafbarkeit des T?

Handelt jemand in Unkenntnis privilegierender Umstände, greift das mildere Gesetz (hier: § 216) nicht ein, da es insoweit am Vorsatz fehlt. T hat sich also aus §§ 212 I, 211 I, II Var. 3 (Habgier) strafbar gemacht.

---

[358] Vgl. BGHSt 50, 80, 91 ff.
[359] Vgl. *Kudlich*, JuS 2005, 958, 960.
[360] Vgl. *R. Schmidt*, AT, Rn 1050 f.

Tötungsdelikte – Tötung auf Verlangen (§ 216)

▪ Der Täter verwirklicht vorsätzlich den Tatbestand des § 212 I. Dabei geht er davon aus, auch den Tatbestand des § 216 zu erfüllen. Aus objektiver Sicht erfüllt er diesen aber nicht.

Beispiel: Die steinreiche O des obigen Beispiels befindet sich in einer depressiven Augenblicksstimmung und macht dem T Zeichen, die dieser als Tötungsverlangen deutet. Daraufhin tötet T die O mit einer Überdosis Morphium in dem Glauben, dem Verlangen der O nachzukommen. Strafbarkeit des T?

T hat den Tatbestand des § 212 I verwirklicht. Ihm kommt jedoch über § 16 II die Privilegierung des § 216 zugute, auch wenn er diesen Tatbestand objektiv nicht verwirklicht hat.[361]

Hinweis für die Fallbearbeitung: Prüfungstechnisch sieht es bei § 16 II so aus, dass man zunächst den Grundtatbestand (etwa § 212 I) komplett durchprüft (also Tatbestand, Rechtswidrigkeit und Schuld), dann zur Privilegierung (etwa § 216) übergeht, um bei der Prüfung von deren objektiven Tatbestand festzustellen, dass es an einer Voraussetzung fehlt. Würde man nun die allgemeinen Regeln anwenden, wäre die Prüfung hier zu Ende; der Täter wäre nicht privilegiert. § 16 II statuiert aber eine Besonderheit. Trotz Nichtverwirklichung des objektiven Privilegierungstatbestands muss die Prüfung mit der subjektiven Seite des Täters fortgeführt und danach gefragt werden, wie es sich auswirkt, dass der Täter glaubt, er erfülle einen Privilegierungstatbestand. Die Antwort liefert § 16 II: Der Täter wird nach dem milderen Gesetz bestraft (vorliegend also nach § 216 I statt nach § 212 I oder gar nach § 211).

II. Rechtswidrigkeit und III. Schuld

Hinsichtlich Rechtswidrigkeit und Schuld ergeben sich im Vergleich zu den anderen Tötungsdelikten keine Besonderheiten. Als Rechtfertigungsgrund kommt insbesondere **Notwehr** (§ 32) in Betracht, auf der Schuldebene gewinnen insbesondere **Schuldunfähigkeit** (§ 20), **Notwehrexzess** (§ 33) und entschuldigender **Notstand** (§ 35) an Relevanz.

Zur gutachtlichen Aufbereitung des § 216 I vgl. auch *R. Schmidt*, Fälle zum Strafrecht II, Fall 10 Rn 1 ff.

---

[361] Vgl. nunmehr auch BGH NStZ 2012, 85, 86.

Tötungsdelikte – Euthanasie, Sterbehilfe, Suizid

E. Euthanasie, Sterbehilfe, Suizid

I. Euthanasie und Sterbehilfe

177 Aus der Unantastbarkeit der Menschenwürde (Art. 1 I GG) und dem Grundrecht auf Leben (Art. 2 II S. 1 GG) folgt, dass auch als „lebensunwert" empfundenes Leben absolut geschützt ist. Jede aktive Lebensverkürzung – von bestimmten Fällen der Sterbehilfe einmal abgesehen – ist daher tatbestandsmäßig (§§ 211, 212 oder 216) und weder von einem Rechtfertigungsgrund noch von einem Entschuldigungsgrund gedeckt. Das gilt auch für die sog. Früheuthanasie. Hierunter ist die Tötung von stark körperlich und/oder geistig geschädigten Neugeborenen durch positives Tun oder durch schlichtes „Liegenlassen" zu verstehen, um dem Neugeborenen (späteres) Leid zu ersparen oder einfach die Eltern vor unzumutbaren Versorgungspflichten zu bewahren.[362] Jedenfalls kann die Vermeidung „unzumutbarer Versorgungspflichten" der Sorgerechtsinhaber kein Argument für das Erlaubtsein der Früheuthanasie sein. Auch die Tötung durch positives Tun, um dem jungen Menschen großes Leid zu ersparen, kann mit der geltenden Strafrechtsordnung nicht vereinbar sein. In diesem Fall wäre § 212 verwirklicht; ein unbenannter minder schwerer Fall nach § 213 Var. 2 (dazu Rn 36) ist abzulehnen. Ebenfalls kann das zum Tod führende bloße Liegenlassen weder gerechtfertigt noch entschuldigt sein und führt zu §§ 212, 13 (ggf. sogar zu §§ 211, 13) oder (bei Fehlen einer Garantenstellung) zumindest zu § 323c. Selbstverständlich aber ist eine Schmerzbehandlung zulässig und geboten, auch wenn damit eine Lebensbeendigung verbunden ist (vgl. dazu Rn 179 ff.).

178 Bei der Sterbehilfe ist (trotz der weichenstellenden Entscheidung des BGH v. 25.6.2010 – dazu Rn 188) zu unterscheiden: Die **positiv geleistete Sterbehilfe** (auch **aktive Euthanasie** genannt[363]) ist, wenn sie die **Lebensverkürzung** zum **Ziel** hat (**direkte Euthanasie**), grds. **strafbar**. Das gilt auch für den Fall, dass das Opfer seine Tötung verlangt hat, denn das Rechtsgut Leben ist – wie § 216 zeigt – indisponibel.

> **Beispiel:** O ist unheilbar an Krebs erkrankt. Als seine Schmerzen trotz regelmäßigen Verabreichens von Morphium unerträglich werden, entschließt sich der behandelnde Arzt A, dem Leiden des O ein Ende zu setzen. Er injiziert ihm eine tödlich wirkende Überdosis.
>
> **Variante:** O hatte A zuvor eindringlich gebeten, seinem Leben ein Ende zu setzen.
>
> Im Ausgangsfall könnte sich A wegen Mordes in der Modalität der Heimtücke (§ 211 I, II Var. 5) strafbar gemacht haben. A nutzte die Arg- und Wehrlosigkeit des O aus. Jedoch trat er ihm weder in feindlicher Willensrichtung gegenüber noch brach er in besonders verwerflicher Weise das Vertrauen. Eine Verwirklichung des Mordtatbestands liegt daher nicht vor. A hat sich mithin wegen Totschlags (§ 212) strafbar gemacht. Da sein Handeln aber von Mitleid geprägt war, ist von einem minder schweren Fall des Totschlags (§ 213) auszugehen.
>
> In der Variante wurde A von O zu der Tötung bestimmt, sodass bei A § 216 greift.

179 Demgegenüber wird die Sterbehilfe überwiegend für **zulässig** gehalten, wenn sie **zur Erleichterung des Sterbens** nur eine **Schmerzlinderung** bezweckt und der Täter dabei eine Lebensverkürzung als mögliche oder sogar unvermeidbare Folge lediglich in Kauf nimmt (**indirekte Euthanasie oder echte Sterbebegleitung**).[364] Das folgt aus dem verfassungsrechtlich verbürgten Recht des Menschen auf menschenwürdiges Ster-

---

[362] Vgl. dazu Sch/Sch-*Eser/Sternberg-Lieben*, Vorbem §§ 211 ff. Rn 24; Lackner/Kühl-*Kühl*, Vor § 211 Rn 5. Der Begriff „Euthanasie" stammt i.Ü. aus dem Griechischen und bedeutet „gutes Sterben" (eũ = gut, thánatos = Sterben); allgemein wird der Begriff aber als „schöner Tod" verstanden.

[363] Die in Literatur und Rechtsprechung verwendete Terminologie ist uneinheitlich.

[364] Vgl. BGHSt 42, 301, 305; *Fischer*, Vor § 211 Rn 18; *Landau*, ZRP 2005, 50, 52; *Otto*, NJW 2006, 2217, 2221. Kritisch *Kubiciel*, JA 2011, 86, 91. Vgl. auch *Brunhöber*, JuS 2011, 410 ff.; *Kubiciel/Wachter*, JA 2013, 113, 113.

70

ben (vgl. Art. 1 I GG). Das Unterlassen der Schmerzlinderung kann sogar eine Strafbarkeit des Arztes nach §§ 223, 13 nach sich ziehen.

Streitig war bislang lediglich, aus welchem Rechtsgrund die Straflosigkeit erfolgt.[365] Seit dem am 29.7.2009 geänderten Betreuungsrecht, dem sog. Patientenverfügungsgesetz, das die Aufnahme des § 1901a BGB (Patientenverfügung) ins BGB zur Folge hatte, ist die Rechtfertigung auf die tatsächliche oder mutmaßliche **Einwilligung**[366] zu stützen.

> **Beispiel:** A im obigen Beispiel injiziert O das Morphium lediglich aus Gründen der Schmerzlinderung. Bald aber stellt er fest, dass die Wirkung nachlässt und eine Schmerzbekämpfung nur durch eine Erhöhung der jeweiligen Einzeldosis möglich ist. Eine Erhöhung der Dosis birgt aber die Gefahr einer Lebensverkürzung des O in sich. Nach entsprechender Aufklärung durch A erteilt O seine Einwilligung für die Erhöhung der Dosis. Bereits nach einigen Tagen stirbt O an den Folgen des hoch dosierten Morphiums.
>
> In diesem Fall hat A zwar den Tatbestand des § 212 verwirklicht, gleichwohl ist er wegen ausdrücklicher Einwilligung des O gerechtfertigt.

180

Von der positiv geleisteten Sterbehilfe ist die durch Unterlassen geleistete Sterbehilfe (sog. **passive Euthanasie**) zu unterscheiden. Passive Euthanasie bedeutet zumeist Behandlungsabbruch bzw. Verzicht auf lebensverlängernde Maßnahmen und kann strafrechtlich immer dann relevant werden, wenn durch Aufnahme/Fortführung von Behandlungsmaßnahmen (Beatmung, künstliche Ernährung, Bluttransfusionen etc.) der Todeszeitpunkt (wenn auch nur für kurze Zeit) hinausgezögert worden wäre und dem Unterlassenden eine Erfolgsabwendungspflicht (Garantenpflicht) i.S.d. § 13 obliegt. Bei der Beantwortung der Frage, ob tatsächlich eine Strafbarkeit aus §§ 212, 13 bzw. §§ 211, 13 vorliegt, bietet sich aus Gründen der Übersichtlichkeit eine Unterscheidung danach an, ob die Sterbephase eingesetzt oder noch nicht eingesetzt hat und ob der Patient einwilligungsfähig oder einwilligungsunfähig ist:

181

- Unproblematisch ist der Fall, in dem der Patient **noch nicht in die Sterbephase eingetreten** und auch noch **einwilligungsfähig** ist. Hier ist jedes lebensverkürzende Verhalten **unzulässig** und am Maßstab der §§ 211, 13 oder §§ 212, 13 bzw. §§ 216, 13 zu messen. Etwas anderes dürfte gelten, wenn der freiverantwortlich handelnde Patient z.B. die Überlassung einer tödlich wirkenden Substanz verlangte und sich diese nach Erhalt selbst beibrächte. Nach den allgemeinen Rechtsgrundsätzen über die Straflosigkeit einer Beihilfe zum freiverantwortlichen Suizid, die ihren verfassungsrechtlichen Ansatz im Selbstbestimmungsrecht aus Art. 2 I i.V.m. Art. 1 I GG findet, müsste derjenige, der die Substanz überlassen hat, nach StGB straffrei sein (auf eine mögliche Strafbarkeit nach BtMG soll hier nicht eingegangen werden).

182

- Ist der aussichtslos Kranke zwar (etwa aufgrund eines Wachkomas, soweit die Großhirnrinde irreversibel ausgefallen ist) **zur Äußerung nicht mehr fähig**, könnte aber noch Monate oder gar Jahre leben (der **Sterbevorgang hat also noch nicht eingesetzt**), wird lebensverkürzendes Unterlassen als sog. passive Sterbehilfe i.w.S. oder als „Hilfe zum Sterben" bezeichnet. Der 1. Strafsenat des BGH hatte seinerzeit entschieden, dass auch ein solcher Behandlungsabbruch bei entsprechendem (zuvor) erklärten oder mutmaßlichen Willen des Patienten als Ausdruck seiner allgemeinen Entscheidungsfreiheit und des Rechts auf körperliche Unversehrtheit (Art. 2 II S. 1 GG) grundsätzlich anzuerkennen sei. Jedoch seien an die Annahme eines nur mutmaßlichen Willens im Vergleich zur indirekten und passiven Sterbehilfe erhöhte Anforderungen zu stellen, um der Gefahr einer Entscheidung nach externen Maßstäben (etwa nach denen des behandelnden Arztes, der Angehörigen oder des Betreuers) vorzubeugen. Könne der mutmaßliche Wille des Patienten nicht

183

---

[365] Vgl. zum Meinungsstand die vorliegende Bearbeitung bis zur 9. Aufl. 2009.
[366] Zum Rechtfertigungsgrund der Einwilligung vgl. ausführlich *R. Schmidt*, AT, Rn 433 ff.

Tötungsdelikte – Euthanasie, Sterbehilfe, Suizid

ermittelt werden, sei auf die Wertvorstellungen der Rechtsgemeinschaft zurückzugreifen, wobei im Zweifel der Schutz des Lebens den Vorrang genieße.[367]

184   ▪ Ist der (**einwilligungsfähige**) Patient bereits **in die Sterbephase eingetreten** und beruht der Verzicht auf lebensverlängernde Maßnahmen auf seiner **freiverantwortlichen Entscheidung**, ist der Arzt trotz seiner Garantenstellung **straflos** („Hilfe beim Sterben").[368] Denn es kann keine Rechtspflicht des Arztes bestehen, unaufhaltsam verlöschendes, bereits im Sterben befindliches Leben durch Reanimatoren oder Stimulantien oder andere Mittel künstlich zu verlängern. Der behandelnde Arzt hat sogar umgekehrt eine Rechtspflicht zum Unterlassen lebensverlängernder Maßnahmen. Denn der Arzt hat in diesem Fall erst recht die Entscheidungsfreiheit des Patienten und dessen Recht auf einen natürlichen und menschenwürdigen Tod (Art. 2 I i.V.m. Art. 1 I GG) zu respektieren, auch wenn die Entscheidung des Patienten unvernünftig ist und (dadurch) der Eintritt des Todes beschleunigt wird. Das gilt jedenfalls dann, wenn sich das Verhalten des Arztes rechtlich als **Unterlassen weiterer Rettungsbemühungen** darstellt und auf dem ausdrücklichen oder mutmaßlichen Willen des Patienten beruht. Aber auch das **Abschalten der lebenserhaltenden Apparatur** (also das positive Tun) durch den behandelnden Arzt ist kein Fall des § 216, weil der Abbruch der Weiterbehandlung seinem sozialen Sinngehalt nach einem Unterlassen der Weiterbehandlung gleichsteht[369].

185   ▪ Auch bei einem in der **Sterbephase** befindlichen, jedoch zu **keiner willensmängelfreien Entscheidung mehr fähigen** Patienten besteht grds. keine Rechtspflicht des Arztes, das unaufhaltsam verlöschende oder infolge irreversiblen Bewusstseinsverlustes geschädigte Leben durch Reanimatoren oder Stimulantien oder andere Mittel künstlich zu verlängern. Das Unterlassen lebensverlängernder Maßnahmen muss nur dem ausdrücklichen oder mutmaßlichen Willen des Sterbenden entsprechen.

186   ⇨ Ist der Sterbende zu keiner willensmängelfreien Entscheidung mehr fähig, ist auf dessen mutmaßlichen Willen abzustellen (s.o.). Um aber auch in dieser Konstellation der Gefahr einer Entscheidung nach Maßstäben derjenigen, die über das Vorliegen des mutmaßlichen Willens entscheiden (Ärzte, Angehörige), vorzubeugen, sind an die Annahme eines mutmaßlichen Willens erhöhte Anforderungen zu stellen und im Zweifel dem Lebensschutz der Vorrang einzuräumen. Ist wegen Entscheidungsunfähigkeit des Patienten ein Betreuer bestellt, der für den Patienten entscheidet (§§ 1896 ff. BGB), macht(e) der 1. Strafsenat des BGH die Wirksamkeit der Einwilligung des Betreuers von der Entscheidung des Betreuungsgerichts gem. § 1904 (insb. Abs. II) BGB abhängig[370] (vgl. nunmehr auch die Regelung in § 298 FamFG).

187   ⇨ Soweit vorhanden, ist zur Ermittlung des (ausdrücklichen oder mutmaßlichen) Patientenwillens das sog. Patiententestament (= Patientenverfügung) als Indiz heranzuziehen, vgl. § 1901a BGB. Denn eine Patientenverfügung stellt eine (frühere) Willenserklärung dar und gilt gem. § 130 II BGB so lange fort, bis sie widerrufen wird.

188   In der bereits erwähnten weichenstellenden Entscheidung v. 25.6.2010 hat der 2. Strafsenat des BGH über die bis dahin noch nicht entschiedene Frage befunden, ob auch **Dritte** (d.h. andere Personen als der behandelnde Arzt) einen Behandlungsabbruch vornehmen dürfen, wenn die ärztliche Behandlung dem Willen des Patienten widerspricht. Gleichzeitig hat er bei der Frage nach der Strafbarkeit der Sterbehilfe die Unterscheidung zwischen aktivem Tun und Unterlassen aufgegeben und (im Hinblick auf das zum 29.7.2009 geänderte Betreuungsrecht, das sog. Patientenverfügungsgesetz) allein darauf abgestellt, ob der Behandlungsabbruch dem **tatsächlichen oder mutmaßlichen Willen** eines aktuell einwilligungsunfähigen Patienten entspricht.

---

[367] BGHSt 40, 257, 260-263; Lackner/Kühl-*Kühl*, Vor § 211 Rn 8; *W/H/E*, BT 1, Rn 38.

[368] Vgl. BGHSt 37, 376, 378; 40, 257, 262; BGH NJW 2010, 2963, 2964; NStZ 2011, 274 ff.; *Wasserburg*, NStZ 2013, 144, 153.

[369] Vgl. zur Sch/Sch-*Bosch*, Vor § 13 Rn 160; *K/H/H*, BT 1, Rn 11; *Roxin*, NStZ 1987, 345, 349.

[370] BGHSt 40, 257, 261 f. Vgl. auch OLG Karlsruhe NJW 2004, 1882 f.; LG Waldshut-Tiengen NJW 2006, 2270, 2271 f.

Tötungsdelikte – Euthanasie, Sterbehilfe, Suizid

Fall[371]: Die unheilbar kranke K lag seit Ende 2002 in einem Wachkoma. Sie wurde in einem Pflegeheim über einen Zugang in den Magen (PEG-Sonde) künstlich ernährt. Einem von K im September 2002 mündlich für einen solchen Fall geäußerten Wunsch entsprechend bemühten sich die inzwischen zu Betreuern ihrer Mutter bestellten Geschwister um die Einstellung der künstlichen Ernährung. Zwischen den Betreuern und dem behandelnden Arzt bestand Einvernehmen, dass der Abbruch der künstlichen Ernährung dem wirklichen Willen der K entsprach. Nach Auseinandersetzungen mit der Heimleitung kam es Ende 2007 zu einem Kompromiss, wonach das Heimpersonal sich nur noch um die Pflegetätigkeiten im engeren Sinne kümmern sollte, während die Kinder der K selbst die Ernährung über die Sonde einstellen, die erforderliche Palliativversorgung durchführen und ihrer Mutter im Sterben beistehen sollten. Nachdem die Tochter G am 20.12.2007 die Nahrungszufuhr über die Sonde beendet hatte, wies die Geschäftsleitung des Gesamtunternehmens am 21.12.2007 jedoch die Heimleitung an, die künstliche Ernährung umgehend wieder aufzunehmen. Den Kindern der K wurde ein Hausverbot für den Fall angedroht, dass sie sich hiermit nicht einverstanden erklären sollten. Daraufhin schnitt G Minuten später den Schlauch der Sonde durch. Nachdem das Heimpersonal dies bereits nach einigen weiteren Minuten entdeckt und die Heimleitung die Polizei eingeschaltet hatte, wurde K auf Anordnung eines Staatsanwalts gegen den Willen ihrer Kinder in ein Krankenhaus gebracht, wo ihr eine neue PEG-Sonde gelegt und die künstliche Ernährung wieder aufgenommen wurde. Sie starb dort zwei Wochen später eines natürlichen Todes aufgrund ihrer Erkrankungen.

G könnte sich durch das Durchtrennen des Versorgungsschlauches wegen versuchten Totschlags gem. §§ 212 I, 22, 23 I, 12 I strafbar gemacht haben. Im Unterschied zu den bislang vom BGH entschiedenen Fällen weist der vorliegende jedoch die Besonderheit auf, dass die die Wiederaufnahme der künstlichen Ernährung verhindernde, direkt auf die Lebensbeendigung abzielende Handlung nach den allgemeinen Regeln nicht als Unterlassen, sondern als aktives Tun anzusehen ist. Für diesen Fall ist eine Rechtfertigung direkt lebensbeendender Maßnahmen unter dem Gesichtspunkt der Sterbehilfe von der Rechtsprechung bisher nicht anerkannt worden. Der 2. Strafsenat hat nun aber entschieden, dass er (auch im Hinblick auf das zum 29.7.2009 geänderte Betreuungsrecht) an dieser Rechtsprechung nicht festhält.

Im Einzelnen führt der 2. Senat aus, dass der Gesetzgeber den betreuungsrechtlichen Rahmen einer am Patientenwillen orientierten Behandlungsbegrenzung durch das Patientenverfügungsgesetz vom 29.7.2009 festgelegt habe. Dieses Gesetz habe vor allem auch zum Ziel, Rechts- und Verhaltenssicherheit zu schaffen. Maßstäbe für die gesetzliche Neuordnung seien zum einen das verfassungsrechtlich garantierte Selbstbestimmungsrecht der Person, welches das Recht zur Ablehnung medizinischer Behandlungen und gegebenenfalls auch lebensverlängernder Maßnahmen ohne Rücksicht auf ihre Erforderlichkeit einschließe, zum anderen der ebenfalls von der Verfassung gebotene Schutz des menschlichen Lebens, der u.a. in den strafrechtlichen Normen der §§ 212, 216 seinen Ausdruck finde. In Abwägung dieser Grundsätze habe der Gesetzgeber entschieden, dass der tatsächliche oder mutmaßliche Wille eines aktuell einwilligungsunfähigen Patienten unabhängig von Art und Stadium seiner Erkrankung verbindlich sei und den Betreuer sowie den behandelnden Arzt binden solle (§ 1901a III BGB).

Daher sei Sterbehilfe gerechtfertigt, wenn sie dem tatsächlichen oder mutmaßlichen Patientenwillen entspreche (§ 1901a BGB), und zwar unabhängig davon, ob sie durch aktives Tun oder Unterlassen geleistet werde. Denn die Grenze zwischen erlaubter Sterbehilfe und einer nach den §§ 212, 216 strafbaren Tötung könne nicht sinnvoll nach Maßgabe einer naturalistischen Unterscheidung von aktivem und passivem Handeln bestimmt werden. Es sei deshalb sinnvoll und erforderlich, alle Handlungen, die mit einer Beendigung einer ärztlichen Behandlung im Zusammenhang stünden, in einem normativ-wertenden Oberbegriff des Behandlungsabbruchs zusammenzufassen, der neben objektiven Handlungselementen auch die subjektive Zielsetzung des Handelnden umfasse, eine bereits

---

[371] In Anlehnung an BGH NJW 2010, 2963 ff. Vgl. auch *Magnus*, NStZ 2013, 1 ff.; *Wasserburg*, NStZ 2013, 144, 153.

Tötungsdelikte – Euthanasie, Sterbehilfe, Suizid

begonnene medizinische Behandlungsmaßnahme gemäß dem Willen des Patienten insgesamt zu beenden oder zu reduzieren. Denn wenn ein Patient das Unterlassen einer Behandlung verlangen könne, müsse dies gleichermaßen auch für die Beendigung einer nicht (mehr) gewollten Behandlung gelten, gleichgültig, ob dies durch Unterlassen weiterer Behandlungsmaßnahmen oder durch aktives Tun umzusetzen sei, wie es etwa das Abschalten eines Respirators oder die Entfernung einer Ernährungssonde darstellten.[372]

Ist demnach also eine Unterscheidung zwischen aktivem und passivem Handeln nach äußerlichen Kriterien nicht (mehr) geeignet, sachgerecht und mit dem Anspruch auf Einzelfallgerechtigkeit die Grenzen zu bestimmen, innerhalb derer eine Rechtfertigung des Handelns durch den auf das Unterlassen oder den Abbruch der medizinischen Behandlung gerichteten Willen des Patienten anzuerkennen ist, müssen andere Kriterien gelten, anhand derer diese Unterscheidung vorgenommen werden kann. Diese ergeben sich nach Auffassung des 2. Strafsenats aus den Begriffen der Sterbehilfe und des Behandlungsabbruchs selbst und aus der Abwägung der betroffenen Rechtsgüter vor dem Hintergrund der verfassungsrechtlichen Ordnung. Der Begriff der Sterbehilfe durch Behandlungsunterlassung, -begrenzung oder -abbruch setze voraus, dass die betroffene Person lebensbedrohlich erkrankt sei und die betreffende Maßnahme medizinisch zur Erhaltung oder Verlängerung des Lebens geeignet sei. Nur in diesem engen Zusammenhang habe der Begriff der Sterbehilfe einen systematischen und strafrechtlich legitimierenden Sinn. Vorsätzliche lebensbeendende Handlungen, die außerhalb eines solchen Zusammenhangs mit einer medizinischen Behandlung einer Erkrankung vorgenommen würden, seien einer Rechtfertigung durch Einwilligung nicht zugänglich; dies ergebe sich ohne weiteres aus § 216 und § 228 und den diesen Vorschriften zugrunde liegenden Wertungen unserer Rechtsordnung. Eine durch Einwilligung gerechtfertigte Handlung der Sterbehilfe setze überdies voraus, dass sie objektiv und subjektiv dazu diene, einem ohne Behandlung zum Tode führenden Krankheitsprozess seinen Lauf zu lassen. Erfasst würden hiervon nur das Unterlassen einer lebenserhaltenden Behandlung oder ihr Abbruch sowie Handlungen in der Form der sog. indirekten Sterbehilfe, die unter Inkaufnahme eines möglichen vorzeitigen Todeseintritts als Nebenfolge einer medizinisch indizierten palliativen Maßnahme erfolgten. Die Anwendung der oben dargelegten Grundsätze einer Rechtfertigung des Behandlungsabbruchs sei nicht auf das Handeln der den Patienten behandelnden Ärzte sowie der Betreuer und Bevollmächtigten beschränkt, sondern könne auch das Handeln Dritter erfassen, soweit sie als von dem Arzt, dem Betreuer oder dem Bevollmächtigten für die Behandlung und Betreuung hinzugezogene Hilfspersonen tätig werden. Dies folge schon daraus, dass sich ein Behandlungsabbruch i.d.R. nicht in einzelnen Handlungen oder Unterlassungen erschöpfe, sondern u.U. ein Bündel von meist palliativmedizinischen Maßnahmen erfordere, die nicht notwendig vom behandelnden Arzt selbst vorgenommen werden müssten.[373]

190

Fazit: Gemäß der neuen Rechtsprechung des 2. Strafsenats des BGH ist eine Sterbehilfe (unter dem Aspekt der Einwilligung) **gerechtfertigt**, wenn

- sie dem **tatsächlichen** oder **mutmaßlichen Patientenwillen** entspricht (Art. 2 I i.V.m. 1 I GG, § 1901a BGB),

- die betroffene Person **lebensbedrohlich** erkrankt ist und die betreffende lebenserhaltende Maßnahme medizinisch zur Erhaltung oder Verlängerung des Lebens geeignet ist, und

- sie **objektiv** und **subjektiv** dazu dient, einem ohne Behandlung zum Tode führenden Krankheitsprozess seinen Lauf zu lassen.

Darauf, ob die Sterbehilfe durch **aktives Tun oder Unterlassen** geleistet wird, kommt es nicht (mehr) an.

---

[372] BGH NJW 2010, 2963, 2965 f. Vgl. auch BGH NStZ 2011, 274 ff. mit abl. Anm. v. *Verrel* S. 276.
[373] BGH NJW 2010, 2963, 2967 f. Vgl. auch *Magnus*, NStZ 2013, 1 ff.

II. Suizid (Selbsttötung)

Nach wohl einhelliger Auffassung dienen die §§ 211, 212 nur dem Schutz täterfremder Personen, nicht dem Schutz des Täters vor sich selbst. Folgerichtig erfassen die §§ 211, 212 nur die Fremdtötung, nicht auch die Selbsttötung, den Suizid[374]. Die Beschränkung der Tötungstatbestände auf Fremdtötungen ist zwar nicht deren Wortlaut zu entnehmen[375], für sie spricht aber v.a. die systematische Auslegung aller höchstpersönlichen Rechtsgüter, die zeigt, dass das jeweilige Gut nur vor Angriffen *anderer* geschützt ist, auch wenn §§ 211, 212 nicht ausdrücklich von einem „anderen" Menschen sprechen[376].

191

1. Freiverantwortliche und nicht freiverantwortliche Selbsttötung

Aus der grundsätzlichen Beschränkung der Strafbarkeit auf Fremdtötungen folgt, dass derjenige, der eine **freiverantwortlich gewollte und verwirklichte Selbsttötung** lediglich veranlasst, ermöglicht oder fördert, nicht strafbar sein kann, da es nach dem oben Gesagten gerade an einer tatbestandsmäßigen (und rechtswidrigen) Haupttat i.S.d. §§ 26, 27 fehlt.[377] Das gilt auch bei assistiertem Suizid (etwa durch Überlassung tödlich wirkender Medikamente), solange nur die Freiverantwortlichkeit (und damit die Tatherrschaft) beim Suizidanten verbleibt.[378] Auch eine Strafbarkeit eines Garanten wegen fahrlässiger Tötung durch Unterlassen (§§ 222, 13 I) scheidet regelmäßig aus, sofern es sich (auch hier) um eine eigenverantwortliche Selbsttötung handelt.[379]

192

Basiert der Suizid aber **nicht auf einer eigenverantwortlichen Entscheidung des Suizidanten**, handelt dieser also **unfrei**, kann sich eine Strafbarkeit des Veranlassers oder Förderers wegen

193

- **mittelbarer Täterschaft** aufgrund überlegenen Sachwissens des Veranlassers (bzw. Förderers) i.S.d. § 25 I Var. 2 (Aspekt der Tatherrschaft),
- vorsätzlicher oder fahrlässiger Tötung nach den Grundsätzen der **Unterlassungstäterschaft** i.S.d. § 13 oder
- **unterlassener Hilfeleistung** i.S.d. § 323c I ergeben.

Daher wird die Brisanz der Abgrenzung überaus deutlich. Im Einzelnen gilt:

a. Mittelbare Täterschaft aufgrund von Tatherrschaft

Übt der „Anstiftende" bzw. „Helfende" nicht nur eine Hilfsfunktion aus, sondern hält in Wahrheit das Tatgeschehen in den Händen, etwa weil er kraft überlegenen Sachverständnisses das Risiko besser erfasst oder sogar das tatbestandsmäßige Geschehen maßgeblich (mit-)bestimmt, ist er mittelbarer Täter i.S.v. § 25 I Var. 2. Denn in diesem Fall benutzt er kraft seiner **Wissens- und/oder Willensherrschaft** ein menschliches Werkzeug (den Tatmittler) zur Verwirklichung des gesetzlichen Tatbestands. Der Suizidant ist dann „**Werkzeug gegen sich selbst**".

194

> **Beispiel:** Die reiche Großtante O hatte vor einigen Jahren eine Lebensversicherung abgeschlossen und T, Enkel ihres Bruders, als Begünstigten eingesetzt. Um möglichst rasch in

---

[374] Das Wort Suizid ist lateinischen Ursprungs und setzt sich aus sui (seiner) und caedere (töten) zusammen. Hingegen sollte der Begriff „Selbstmord" wegen der negativen Konnotation vermieden werden, da der Suizid i.d.R. aus Verzweiflung benagen wird und nichts mit den Mordmerkmalen des § 211 zu tun hat.

[375] Anders als in § 223, wo von einer *anderen* Person die Rede ist, fehlt es bei den §§ 211, 212 an einer entsprechenden Formulierung. Auf Sondertatbestände wie § 109 StGB und § 17 WStG soll hier nicht eingegangen werden.

[376] Vgl. nur BGHSt 32, 367, 371; BGH NStZ 2013, 43, 44; 2001, 205; Lackner/Kühl-*Kühl*, Vor § 211 Rn 9; LK-*Jähnke*, vor § 211 Rn 21; *W/H/E*, BT 1, Rn 43; *Otto*, NJW 2006, 2217, 2221; später auch *Fahl*, JA 2016, 401, 404.

[377] Vgl. auch BGHSt 24, 342 ff.; 32, 262 ff.; 32, 367 ff.; 46, 279 ff.; BGH NStZ 2011, 341, 342; NStZ 2013, 43, 44.

[378] So nunmehr in erfreulicher Weise auch BGH 3.7.2019 – 5 StR 393/18 und 132/18 (Bestätigung von LG Berlin NStZ-RR 2018, 246 und LG Hamburg NStZ 2018, 281). Siehe dazu sogleich Rn 196. Zur geschäftsmäßigen Förderung der Selbsttötung gem. **§ 217** siehe Rn 216 ff.

[379] Klarstellend BGH NStZ 2013, 43, 44; BGH 3.7.2019 – 5 StR 393/18 und 132/18. Siehe auch LG Berlin NStZ-RR 2018, 246 f.; LG Hamburg NStZ 2018, 281, 282 f. (dazu *R. Schmidt*, AT, Rn 806 ff.).

Tötungsdelikte – Euthanasie, Sterbehilfe, Suizid

den Genuss der Versicherungssumme zu gelangen, täuscht T der mittlerweile „erheblich durcheinander wirkenden" O vor, sie leide an einem unheilbaren und sehr schmerzhaft endenden Krebs. Wie von T erwartet, tötet O sich daraufhin selbst.

Handelte O eigenverantwortlich, käme noch nicht einmal eine Anstiftung durch T in Betracht. Denn eine Anstiftung setzt eine tatbestandliche Haupttat voraus, an der es bei einem freiverantwortlichen Suizid aber gerade fehlt (eine Selbsttötung ist bis auf den Fall des § 109 grds. nicht tatbestandsmäßig[380]). Hätte es jedoch an einer freiverantwortlichen Willensentscheidung der O gefehlt, läge ein Fall der Tötung in mittelbarer Täterschaft vor mit O als Werkzeug gegen sich selbst.

195   Mithin kommt dem Begriff der **Freiverantwortlichkeit** eine entscheidende Bedeutung zu. Bei deren Bestimmung verbietet sich aber eine schematische Betrachtung. Vielmehr kommt es auf den Einzelfall an. Maßgeblich ist, ob der Suizidant Bedeutung und Tragweite seiner Entscheidung zu erkennen und nach dieser Erkenntnis zu handeln vermag. Ob man sich dabei an einer den **Exkulpationsregeln** (§ 3 JGG, §§ 19, 20, 35 I S. 1 StGB) vergleichbaren Situation orientiert[381], auf die (vermeintlich strengeren) Kriterien über die **rechtfertigende Einwilligung** abstellt[382] oder die Situation nach **Inhalt und Tragweite der Einflussnahme** beurteilt[383], ist nicht entscheidend. Kann der Suizidant frei von psychischen Störungen oder anderen, das Beurteilungsvermögen einschränkenden Umständen Bedeutung und Tragweite seiner Entscheidung erkennen und nach dieser Erkenntnis handeln, liegt Freiverantwortlichkeit vor. Veranlasser oder Förderer sind in diesem Fall straflos. Fehlt es nach den genannten Kriterien indes an der Freiverantwortlichkeit, liegt eine Täterschaft beim Veranlasser oder Förderer nahe. Ein zu Lebzeiten des späteren Suizidanten erstelltes neurologisch-psychiatrisches Gutachten kann darüber Aufschluss geben.

So ist T im **Beispiel** von Rn 194 kraft seiner Wissens- und Willensherrschaft wegen Mordes (§§ 212, 211 I, II Var. 3) in mittelbarer Täterschaft strafbar, wenn die Entscheidung der O, sich das Leben zu nehmen, aufgrund einer psychischen Störung oder eines anderen, das Beurteilungsvermögen einschränkenden Umstands nicht frei war, O also Inhalt und Tragweite ihres Handelns nicht erkannte.

Gegenbeispiel: Die 16-jährige D weiß von der **HIV-Infektion** ihres Freundes C und von der Infektiosität des Virus. Gleichwohl hat sie mit C aufgrund eines freiwilligen und eigenverantwortlichen Entschlusses ungeschützten Geschlechtsverkehr.

In diesem Fall ist bei D aufgrund ihres Alters von der Einwilligungsfähigkeit auszugehen. Insbesondere ist bei der Bestimmung der Einwilligungsfähigkeit – wie bereits gesagt – nicht auf die Geschäftsfähigkeit (diese beginnt gemäß dem Umkehrschluss aus § 106 BGB erst mit Vollendung des 18. Lebensjahres), sondern auf die geistige und sittliche Reife abzustellen. Die Schwelle zur straflosen Beteiligung an einer eigenverantwortlichen Selbstgefährdung/Selbstverletzung wäre jedoch dann überschritten, wenn C kraft seines überlegenen Sachwissens das Risiko besser erfasste als die sich selbst gefährdende/verletzende D. Das wäre jedenfalls dann anzunehmen, wenn nur C, nicht jedoch auch D, von der HIV-Infektion wusste. Dann wäre von einer Tatherrschaft des C auszugehen.[384] Dieser wäre dann in Abhängigkeit von den eingetretenen Tatfolgen aus §§ 211 ff. (bzw. §§ 211 ff., 22) oder aus §§ 223 I, 224 I Nr. 1 u. 5, 226 I Nr. 3 (Siechtum) strafbar. Da D aber sowohl

---

[380] Aber auch bei § 109 sind einige Literaturstimmen der Meinung, dass die Selbsttötung nicht tatbestandsmäßig sei (so *Fischer*, § 109 Rn 3; NK-*Wohlers*, § 109 Rn 10; wie hier dagegen Sch/Sch-*Eser*, § 109 Rn 9; AK-*Ostendorf*, § 109 Rn 13).
[381] Vgl. LK-*Walter*, vor § 13 Rn 113; Sch/Sch-*Heine/Weißer*, § 25 Rn 10; MüKo-*Schneider*, Vorb §§ 211 ff. Rn 54 f.
[382] LK-*Jähnke*, Vor § 211 Rn 25 f.; Lackner/Kühl-*Kühl*, Vor § 211 Rn 13a; Sch/Sch-*Eser/Sternberg-Lieben*, Vorbem § 211 Rn 36; *W/H/E*, BT 1, Rn 48; *K/H/H*, BT 1, Rn 89.
[383] So hat der BGH im sog. **Sirius-Fall** (BGHSt 32, 38) einen Mordversuch in mittelbarer Täterschaft angenommen. Dort versuchte das Tatwerkzeug unter dem übermächtigen Einfluss eines Hintermanns und aufgrund einer gezielten Irreführung durch diesen sich selbst zu töten. Der Täter habe das Opfer kraft überlegenen Wissens zum Werkzeug gegen sich selbst gemacht. Vgl. auch *Meurer*, NJW 2000, 2936 ff.
[384] Vgl. zu den Aids-Fällen BGHSt 36, 1, 17; LG Würzburg JuS 2007, 772 ff.; zu den Rauschgift-Fällen vgl. BGH NStZ 2001, 205 ff.

Tötungsdelikte – Euthanasie, Sterbehilfe, Suizid

über die HIV-Infektion als auch über das Ansteckungsrisiko informiert war, liegt bei C lediglich eine straflose Beihilfe zu einer eigenverantwortlichen Selbstgefährdung/Selbstverletzung vor.

Auch in Fällen **ärztlich assistierter Selbsttötungen** erhalten die aufgestellten Grundsätze erhebliche Bedeutung, insbesondere, wenn ein (behandelnder) Arzt dem Suizidwilligen ein tödlich wirkendes Mittel überlässt.

196

> **Beispiel[385]:** Die beiden miteinander befreundeten, 85 und 81 Jahre alten suizidwilligen Frauen litten an mehreren zwar nicht lebensbedrohlichen, aber ihre Lebensqualität und persönlichen Handlungsmöglichkeiten zunehmend einschränkenden Krankheiten. Sie wandten sich an einen Sterbehilfeverein, der seine Unterstützung bei ihrer Selbsttötung von der Erstattung eines neurologisch-psychiatrischen Gutachtens zu ihrer Einsichts- und Urteilsfähigkeit abhängig machte. Dieses erstellte T, ein Facharzt für Neurologie und Psychiatrie. Er hatte an der Festigkeit und Wohlerwogenheit der Suizidwünsche keine Zweifel. Auf Verlangen der beiden Frauen überließ er ihnen ein tödlich wirkendes Mittel und unterließ es auf ihren ausdrücklichen Wunsch, nach Eintritt ihrer Bewusstlosigkeit Rettungsmaßnahmen einzuleiten.

Das LG Hamburg hatte T vom Vorwurf der Tötung auf Verlangen (durch Unterlassen) freigesprochen. Der auf Revision der StA hin angerufene BGH bestätigte das Urteil des LG Hamburg. Eine strafrechtliche Verantwortlichkeit des T hätte vorausgesetzt, dass die Frauen nicht in der Lage gewesen wären, einen freiverantwortlichen Selbsttötungswillen zu bilden. Einen solchen konnten sie aber gerade bilden. Es hätten keine die Eigenverantwortlichkeit der Suizidantinnen einschränkenden Umstände vorgelegen. Deren Sterbewünsche beruhten vielmehr auf einer im Laufe der Zeit entwickelten, bilanzierenden „Lebensmüdigkeit" und waren nicht Ergebnis psychischer Störungen.

T sei nach Eintritt der Bewusstlosigkeit der Suizidantinnen auch nicht zur Rettung ihrer Leben verpflichtet gewesen. T hatte schon nicht die ärztliche Behandlung der beiden sterbewilligen Frauen übernommen, was (ggf.) ihn zu lebensrettenden Maßnahmen hätte verpflichten können.[386] Auch die Erstellung des seitens des Sterbehilfevereins für die Erbringung der Suizidhilfe geforderten Gutachtens sowie die vereinbarte Sterbebegleitung hätten keine Schutzpflicht für deren Leben begründet.

T war daher nicht strafbar gem. § 216 bzw. §§ 216, 13.

Hinsichtlich der Frage nach der Strafbarkeit nach § 323c, der zur Hilfeleistung nach Eintritt eines Unglücksfalls (der mit Eintritt in die Bewusstlosigkeit gesehen werden kann) verpflichtet, hat der BGH entschieden, dass auch hier das Selbstbestimmungsrecht der sterbewilligen Frauen überwogen habe. Rettungsmaßnahmen entgegen deren Willen seien daher nicht geboten gewesen.

Bezüglich des Straftatbestands der geschäftsmäßigen Förderung der Selbsttötung (§ 217) durfte der BGH schließlich keine Entscheidung treffen, da § 217 zur Zeit der Suizide noch nicht in Kraft war (siehe dazu Rn 219).

> **Hinweis für die Fallbearbeitung:** Prüfungstechnisch ist zu beachten, dass bei der Beteiligung an einer eigenverantwortlichen Selbstschädigung/Selbstverletzung gerade kein Abbruch des Kausalzusammenhangs zwischen der Tathandlung des sich selbst Schädigenden und dem Taterfolg stattfindet. In der Fallbearbeitung muss die Kausalität also regelmäßig festgestellt werden. Erst im Rahmen der objektiven Zurechnung (die im Fall der eigenverantwortlichen Selbstgefährdung/Selbstverletzung auch von der sonst ablehnenden Rspr. angewendet wird) ist dann auf die eigenverantwortliche

197

---

[385] Nach BGH 3.7.2019 – 5 StR 132/18 (Bestätigung von LG Hamburg NStZ 2018, 281).
[386] Aber auch im Fall LG Berlin NStZ-RR 2018, 246 f. hat der BGH 3.7.2019 – 5 StR 393/18 entschieden, dass der angeklagte Arzt jedenfalls durch die Ausübung des Selbstbestimmungsrechts des später Verstorbenen von der aufgrund seiner Stellung als behandelnder Hausarzt grundsätzlich bestehenden Pflicht zur Rettung des Lebens seines Patienten entbunden gewesen sei.

Tötungsdelikte – Euthanasie, Sterbehilfe, Suizid

> Selbstschädigung/Selbstverletzung einzugehen: Das durch den Täter initiierte oder geförderte Kausalgeschehen wird durch das eigenverantwortliche Opferverhalten überlagert, was dazu führt, dass eine Zurechnung des Taterfolgs nicht erfolgen kann. Im Ergebnis verwirklicht sich also nicht das Täter-, sondern das Opferverhalten. Problematisch kann im Einzelfall die Feststellung sein, ob eine Eigenverantwortlichkeit vorliegt oder nicht. Das betrifft insbesondere die sog. Drogenkonsumfälle, aber auch Selbstgefährdungen/Selbstverletzungen von Kindern, unreifen Jugendlichen, geistig Erkrankten, seelisch bzw. psychisch Gestörten und Personen, die sich in einer unter § 35 fallenden Notlage befinden und denen deshalb kein schuldhaftes Verhalten vorgeworfen werden kann, wenn sie einen anderen, statt sich selbst verletzt hätten. Auch die (ärztlich) assistieren Selbsttötungen fallen darunter.

198   Zur Abgrenzung von § 216 und **strafloser Beihilfe an einer Selbsttötung** vgl. Rn 211 (Beispiel 2) und Rn 216 ff.

b. Geschehenlassen eines Suizids durch den Garanten

199   Von der (möglichen) mittelbaren Täterschaft des Veranlassers bzw. Förderers ist das Geschehenlassen eines Suizids durch den Garanten abzugrenzen.

> **Beispiel:** T und O sind gleichermaßen zur Selbsttötung entschlossen. Beide nehmen frei von Zwang oder Täuschung Gift. Infolge seiner kräftigeren Konstitution überlebt T, während O stirbt.
>
> **Abwandlung:** Nachdem I nach kurzer Benommenheit erkennt, dass O noch lebt, unternimmt er nichts, um O zu retten. Diese stirbt. Es ist davon auszugehen, dass O bei sofortiger Einleitung von Rettungsmaßnahmen gerettet worden wäre.

T bleibt im Grundfall straflos. Eine aktive Förderung der freiverantwortlichen und ohne Willensmängel begangenen Selbsttötungshandlung der O ist nicht tatbestandsmäßig, da diese den Geschehensablauf hinsichtlich ihrer Person in ihren Händen hielt.

In der Abwandlung könnte T wegen Tötung durch Unterlassen (§§ 212, 216, 13) strafbar sein. Er war Garant aus enger Verbundenheit und hat die ihm mögliche Erfolgsabwendungshandlung nicht vorgenommen. Im Unterschied zur vorangegangenen aktiven Förderung hielt er nunmehr auch das Geschehen in den Händen, da O mit dem Bewusstloswerden die Tatherrschaft verloren hatte. Fraglich ist jedoch, ob dem T eine Rechtspflicht zur Rettung oblag.

200   ⇨ Die bisherige Rechtsprechung war uneinheitlich, nahm aber (vorbehaltlich von Ausnahmen) aufgrund einer Einzelfallabwägung die Unterlassungstäterschaft des untätig bleibenden Garanten an, wenn der Suizidant – etwa infolge von Bewusstlosigkeit – die Herrschaft über das Geschehen verloren hat und der Garant eine noch bestehende Rettungsmöglichkeit nicht nutzt.[387] Den strafbarkeitsauslösenden Tatherrschaftswechsel begründete sie mit Erkenntnissen der Suizidforschung, wonach ein ursprünglich ernsthafter Selbsttötungswille nach Beendigung des Suizidversuchs häufig entfalle; jedenfalls sei die Garantenpflicht gegenüber dem Selbsttötungswillen des Suizidanten vorrangig.[388]

Demnach hätte sich T aus §§ 212, 216, 13 strafbar gemacht.

201   ⇨ Das herrschende Schrifttum verneint eine Unterlassungstäterschaft. Auch dann, wenn der Lebensmüde bereits das Bewusstsein und damit die Herrschaft über das Geschehen verloren habe, könne die bloße Passivität eines hinzukommenden oder bereits anwesenden Garanten nicht in eine strafbare Unterlassungstäterschaft umgedeutet werden, falls er durch die zeitlich frühere aktive Teilnahme am Suizidversuch straflos bleibe und nichts auf eine etwaige Sinnesänderung des Suizidanten hindeute. Jede andere

---

[387] BGHSt 32, 367, 373 ff.
[388] BGHSt 32, 367, 376.

78

Lösung laufe der Wertentscheidung des Gesetzgebers zuwider, der die Förderung wie die Nichtverhinderung eines freiverantwortlich gewählten Suizids aus dem Strafbarkeitsbereich der Tötungsdelikte habe herausnehmen wollen. Lediglich, wenn nach der Selbsttötungshandlung der Wille des Suizidanten weiterzuleben erkennbar werde, sei eine Unterlassungstäterschaft anzunehmen.[389]

Demnach würde bei T eine Unterlassungstäterschaft aus §§ 212, 216, 13 ausscheiden.

202 Stellungnahme: Abgesehen davon, dass die freiverantwortliche Selbsttötung häufig als Entlastung des Garanten aus seiner Verantwortung gedeutet werden muss, kollidiert die Annahme, die Garantenpflicht sei gegenüber dem Selbsttötungswillen des Suizidanten vorrangig, mit den allgemeinen Regeln über das verfassungsrechtlich verbürgte Selbstbestimmungsrecht des Menschen; zudem mutet es merkwürdig an, wenn der Garant dem Suizidanten zunächst das Tatmittel reichen darf, später – nach Eintritt der Handlungsunfähigkeit beim Suizidanten – dann aber verpflichtet sein soll, den Todeseintritt zu verhindern. Der h.L. folgend, wäre es auch im vorliegenden Fall widersprüchlich, das nachfolgende Untätigbleiben des T anders zu bewerten als das vorangegangene straflose Teilnahmeverhalten. Eine Unterlassungstäterschaft aus §§ 212, 216, 13 scheidet demnach aus.

203 Erfreulicherweise hat sich nun auch der BGH – jedenfalls in Bezug auf den **ärztlich assistierten Suizid** – diesem Standpunkt angeschlossen. Sei der Entschluss, sich das Leben zu nehmen, frei von psychischen Störungen oder anderen Willensmängeln, sei der behandelnde Arzt jedenfalls durch die Ausübung des Selbstbestimmungsrechts des später Verstorbenen von der aufgrund seiner Stellung als behandelnder Arzt grundsätzlich bestehenden Pflicht zur Rettung des Lebens seines Patienten entbunden.[390]

c. Strafbarkeit des untätig Bleibenden wegen unterlassener Hilfeleistung?

204 Eine andere Frage ist es, ob sich der untätig Bleibende (Garant oder Nicht-Garant) wegen **unterlassener Hilfeleistung (§ 323c I)** strafbar macht, wenn er nach Eintritt der Bewusstlosigkeit beim Suizidanten keine Hilfe leistet. Wenn man bedenkt, dass die Strafbarkeit aus §§ 212, 13 auf einer Erfolgszurechnung und auf einer Erfassung des garantenpflichtigen Unterlassens als „Tötungsunrecht" beruht und es bei § 323c I ausschließlich um die Nichtbeachtung der allgemeinen, solidarisch begründeten Hilfspflicht geht, ist eine Strafbarkeit wegen unterlassener Hilfeleistung jedenfalls nicht wegen Unanwendbarkeit des § 323c I ausgeschlossen. Ob dann auch die Voraussetzungen des § 323c I vorliegen, ist eine Frage des Einzelfalls.

205 Zunächst müsste ein **Unglücksfall** vorliegen. Zwar kann unter einem Suizidversuch ein Ereignis verstanden werden, das erhebliche Gefahren für Menschen oder Sachen hervorruft oder hervorzurufen droht, bei einem freiverantwortlich gewollten Suizid ist aber zweifelhaft, ob überhaupt von einem „Unglück" gesprochen werden kann.[391] Bejaht man aber ein solches, sind die **Erforderlichkeit** und die **Zumutbarkeit** des Eingreifens fraglich. Sofern klar auf der Hand liegt, dass der Suizidant am Selbsttötungswillen festhält, keine Rettung wünscht und sich zur Wiederholung der Tat veranlasst sieht, falls man seinen entgegenstehenden Willen nicht respektiert, sollte man die Zumutbarkeit von Rettungsbemühungen verneinen.[392] In diesem Fall ist es schlicht nicht zumutbar,

---

[389] Vgl. SK-*Rudolphi*, vor § 13 Rn 38; LK-*Jähnke*, vor § 211 Rn 24; Lackner/Kühl-*Kühl*, Vor § 211 Rn 15; *W/H/E*, BT 1, Rn 44 i.V.m. 57; *Beulke*, Klausurenkurs III, Rn 348. Siehe auch StA München I NStZ 2011, 345, 346; LG Hamburg NStZ 2018, 281, 282 f.
[390] BGH 3.7.2019 – 5 StR 393/18 (Bestätigung von LG Berlin NStZ-RR 2018, 246) – siehe oben Rn 196.
[391] Einen Unglücksfall bejahend BGHSt 6, 147, 151; 32, 367, 375; NK-*Seelmann*, § 323c Rn 26; verneinend Sch/Sch-*Hecker*, § 323c Rn 7; Lackner/Kühl-*Kühl*, § 323c Rn 2.
[392] So BGHSt 32, 367, 381; LG Hamburg NStZ 2018, 281, 283; *W/H/E*, BT 1 Rn 61; Lackner/Kühl-*Kühl*, § 323c Rn 7. Zu § 323c I vgl. unten Rn 716.

Tötungsdelikte – Euthanasie, Sterbehilfe, Suizid

sich dem Willen, nicht gerettet werden zu wollen, der auch nach Eintritt in die Bewusstlosigkeit fortwirkt, zu widersetzen und Rettungsbemühungen einzuleiten.

206
Für den hier vertretenen Standpunkt spricht v.a. das durch Art. 2 I i.V.m. 1 I GG verfassungsrechtlich verbürgte und zu respektierende Selbstbestimmungsrecht eines Menschen, das den Entschluss umfasst, freiwillig und eigenverantwortlich aus dem Leben zu scheiden. Auch der BGH in Zivilsachen hat bereits vor einiger Zeit dem Selbstbestimmungsrecht höhere Bedeutung beigemessen. Wenn ein Patient einwilligungsunfähig geworden sei und sein Grundleiden einen irreversiblen tödlichen Verlauf genommen habe, müssten lebenserhaltende oder lebensverlängernde Maßnahmen unterbleiben, wenn dies einem zuvor – etwa in Form einer Patientenverfügung – geäußerten Willen entspreche. Dies folge aus der Würde des Menschen, die es gebiete, sein im einwilligungsfähigen Zustand ausgeübtes Selbstbestimmungsrecht auch dann noch zu respektieren, wenn er zu einer eigenverantwortlichen Entscheidung nicht mehr in der Lage sei.[393] Dem hat sich jüngst auch der 5. Strafsenat des BGH angeschlossen. Sei der Entschluss, aus dem Leben zu scheiden, freiwillig und eigenverantwortlich erfolgt, überwiege das Selbstbestimmungsrecht. Rettungsmaßnahmen entgegen dem Willen seien daher nicht geboten i.S.d. § 323c I.[394]

206a
Folgt man dieser zutreffenden und das verfassungsrechtlich verankerte Selbstbestimmungsrecht respektierenden Ansicht, sind in Fällen dieser Art weder ein Totschlag durch Unterlassen noch eine unterlassene Hilfeleistung gegeben.[395]

d. Strafbarkeit des Dritten wegen fahrlässiger Tötung?

207
Fraglich ist, ob ein Beteiligter – sofern er einen fremden (vorsätzlichen) Suizid in fahrlässiger Weise fördert – wegen fahrlässiger Tötung (§ 222) zur Verantwortung gezogen werden kann.

> **Beispiel:** Ehemann E der an schweren Depressionen leidenden und stark suizidgefährdeten O vergisst, den Medikamentenschrank abzuschließen. O bringt sich daraufhin mit einer Überdosis an Barbituraten um.

> **Variante:** O wird noch rechtzeitig von ihrem Ehemann aufgefunden und sofort ins Krankenhaus gebracht. Doch dort verstirbt sie kurze Zeit später aufgrund eines Behandlungsfehlers.

208
Da die eigenverantwortlich gewollte und verwirklichte Selbsttötung nicht als Tötung tatbestandsmäßig ist, kann auch nicht wegen Tötung strafbar sein, wer die Selbsttötung lediglich veranlasst, ermöglicht oder erleichtert. Dieser Grundsatz muss – aus Gründen der Widerspruchsfreiheit – auch für die **fahrlässige Mitverursachung** gelten. Denn bedroht das Gesetz gem. §§ 26, 27 mangels rechtswidriger Haupttat einen vorsätzlich geleisteten Tatbeitrag nicht mit Strafe, muss dies erst recht gelten, wenn der Gehilfe die eigenverantwortliche Selbsttötung lediglich sorgfaltspflichtwidrig, aber unvorsätzlich ermöglicht oder fördert.[396] Allerdings kommt eine fahrlässige Tötung nach zutreffender h.M. dann in Betracht, wenn der Täter infolge **überlegenen Sachwissens** die **Größe des Risikos** besser erkennt bzw. erkennen kann als der andere.[397]

---

[393] BGHZ 154, 205 ff.
[394] BGH 3.7.2019 – 5 StR 132/18 (Bestätigung von LG Hamburg NStZ 2018, 281). Die Garantenstellung war im zu entscheidenden Fall zweifelhaft, da der Arzt keine Mittel empfohlen oder gar überlassen hatte. Daher erfolgte die Strafbarkeitsprüfung nach Maßgabe des § 323c – siehe oben Rn 196.
[395] Siehe dazu ausführlich *R. Schmidt*, AT, Rn 806 ff.
[396] So auch BGH NStZ 2013, 43, 44; NStZ 2009, 504 f.
[397] Lackner/Kühl-*Kühl*, Vor § 211 Rn 12; LK-*Jähnke*, § 222 Rn 11; *Hardtung*, NStZ 2001, 206, 207 gegen BGH NStZ 2001, 205. Vgl. auch *Renzikowski*, JR 2001, 246, 248; BGHSt 46, 279, 288; Sch/Sch-*Eisele*, Vor § 13 Rn 101c; SK-*Rudolphi*, vor § 1 Rn 72; LK-*Vogel*, § 15 Rn 184.

Im **Ausgangsfall** kann man mit guten Gründen annehmen, dass E infolge überlegenen Sachwissens die Größe des Risikos besser erkennen konnte als O. Demnach hätte E sich aus § 222 strafbar gemacht.

Klarer ist der Fall, wenn – wie in der **Variante** – der Tod durch eine weitere, von der Ersthandlung unabhängige pflichtwidrige Handlung verursacht wird. Beruht der Behandlungsfehler auf einer Pflichtwidrigkeit, ist der behandelnde Arzt wegen Fahrlässigkeit (§ 222 oder §§ 222, 13) strafbar. Bei E wird man dann wohl den Zurechnungszusammenhang verneinen müssen.

Von der vorstehend behandelten Konstellation zu unterscheiden ist diejenige, in der nicht das Opfer, sondern **der Helfer die Tat ausführt**. Hier stellt sich die Frage, ob statt einer straflosen Beihilfe zu einer selbstverantwortlichen Selbsttötung eine Strafbarkeit des Helfers wegen **Täterschaft** angenommen werden muss. Letztlich geht es um die Frage der **objektiven Zurechnung**.[398] Folgende Fälle sollen dies verdeutlichen. Da deren ausformulierte Lösungen jedoch den Rahmen der vorliegenden Bearbeitung sprengen würden, können sie unter verlagrs@t-online.de angefordert werden.

209

Fall 1[399]: Im Rahmen einer Aussprache über die von T beabsichtigte Scheidung forderte O seine Frau auf, mit einer unter einem Kissen verborgenen Pistole auf ihn zu schießen. Zwar hatte T sich mit O´s Hilfe davon überzeugt, dass sich keine Patrone im Magazin befand, dabei jedoch die im Lauf befindliche Patrone übersehen. Nachdem O sie erneut aufgefordert hatte, auf seine Stirn oder Schläfe zu zielen, war T dieser Aufforderung nachgekommen und drückte ab. O verstarb sofort. Strafbarkeit der T?

210

Fall 2[400]: Der alkoholabhängige und gesundheitlich geschwächte O konsumierte gelegentlich zusammen mit T **Heroin**. Eines Abends traf T den O, der zu diesem Zeitpunkt bereits erhebliche Mengen Bier getrunken hatte, wegen seiner Alkoholgewöhnung jedoch keine Ausfallerscheinungen zeigte. T und O beschlossen, gemeinsam in der Wohnung des O eine geringe Menge Heroin zu konsumieren. Nachdem beide dort zunächst alkoholische Getränke zu sich genommen hatten, kochte T die Hälfte des von ihm beschafften Heroins mit Ascorbinsäure und etwas Wasser auf und injizierte sich das Heroin, das bei ihm einen leichten Rauschzustand hervorrief. Anschließend desinfizierte er die Spritze und kochte die andere Hälfte des Stoffes auf. O band sich den Arm ab, konnte sich wegen des Zitterns seiner Hände die Spritze aber nicht mehr selbst setzen. Er bat daher T, ihm das Heroin zu injizieren, und hielt ihm hierzu seine linke Armbeuge entgegen. T kam der Bitte nach. Alsbald nach der Injektion verstarb O an einer Heroinvergiftung, weil sein Atemzentrum gelähmt war. Die Wirkung des Heroins war durch die erhebliche Alkoholisierung des O (die gerichtsmedizinische Untersuchung ergab eine Blutalkoholkonzentration von 2,38 ‰) und dessen gesundheitliche Vorschädigung verstärkt worden. T hatte diese Risikofaktoren verkannt und geglaubt, das Heroin könne - wie zuvor bei ihm selbst - auch bei O lediglich zu einem leichten Rauschzustand führen. Hat T sich strafbar gemacht?

211

Fall 3[401]: Die Lebensgefährtin O des T veranlasste diesen wiederholt zu außergewöhnlichen **sadomasochistischen Sexualpraktiken**, insbesondere, dass dieser der auf dem Rücken liegenden nackten O die Beine über den Bauch fesselte und mit einem Strick Druck auf ihren Kehlkopf, ihr Zungenbein oder ihre Luftröhre ausüben musste, um auf diese Weise den von O erstrebten vorübergehenden Sauerstoffmangel hervorzurufen, der sie sexuell stark erregte. T, der an diesen „Spielen" kein Interesse hatte und dabei selbst angekleidet blieb, äußerte Bedenken, da O in letzter Zeit deutlich an Körperumfang zugenommen hatte und er befürchtete, dass sie bei einer Fixierung der Beine über den Bauch hinweg zum Kopf keine Luft mehr bekommen und **ersticken** werde. Dennoch zerstreute O die von T erneut vorgebrachten Vorbehalte und verlangte von ihm, dass er nunmehr

212

---

[398] Wie hier nun auch *Hecker/Witteck*, JuS 2005, 397.
[399] Nach OLG Nürnberg NJW 2003, 454 (dazu *Engländer*, JZ 2003, 747). Vgl. auch BGH NJW 2003, 2326 ff.
[400] Nach BGH NStZ 2004, 204 f.
[401] Nach BGH NJW 2004, 2458 ff.

Tötungsdelikte – Euthanasie, Sterbehilfe, Suizid

statt des bisher verwendeten Stricks ein Metallrohr benutzen solle. Er fesselte O wie von ihr gewünscht und benutzte für den Würgevorgang das von ihr bereitgelegte Metallrohr mindestens drei Minuten lang intervallartig, um den Hals zuzudrücken. Infolge der massiven Kompression der Halsgefäße und der dadurch unterbundenen Sauerstoffzufuhr zum Gehirn kam es bei O zum Tod durch Herzstillstand. Strafbarkeit des T?

213

> **Zusammenfassung:** Wer lediglich eine **eigenverantwortliche Selbstschädigung oder -tötung** veranlasst, ermöglicht oder fördert, macht sich grds. *nicht* wegen eines Körperverletzungs- oder Tötungsdelikts strafbar. Eigenverantwortlich handelt das Opfer, wenn es sich der Bedeutung und der Tragweite seines Handelns bewusst ist. Hierzu ist auf die geistige und sittliche Reife bzw. den aktuellen geistigen Zustand des Opfers abzustellen, nicht dagegen auf dessen Geschäftsfähigkeit. Die Straflosigkeit des Mitwirkenden endet aber dort, wo dieser **kraft seines überlegenen Wissens** das Risiko besser erfasst als das sich selbst gefährdende Opfer. Dann kann von einem eigenverantwortlichen Handeln des Opfers nicht mehr gesprochen werden.
>
> Ob in Fällen der **Operationsverweigerung** von einer eigenverantwortlichen Selbstgefährdung gesprochen werden kann, ist fraglich. Sachgerecht ist es darauf abzustellen, ob die Entscheidung des Opfers auf einem **„einsichtigen Motiv"** basiert oder **„offenkundig unvernünftig"** ist.
>
> Auch ist fraglich, ob jemand, der **einem anderen das Tatmittel** (etwa das **Heroin** oder die **Waffe**) **überlassen hat**, als Garant (i.S.d. § 13) verpflichtet ist, Rettungsmaßnahmen einzuleiten (etwa Alarmierung des Notarztes), wenn sich das Risiko der Selbstgefährdung/Selbstverletzung zu realisieren droht bzw. wenn der Drogenkonsument das Bewusstsein verliert und dadurch in akute Lebensgefahr gerät. Nach der hier vertretenen Auffassung ist das der Fall. Denn anders als bei der Mitwirkung an einem Suizid besteht hier kein zu respektierender Selbsttötungswille des in Lebensgefahr Befindlichen.
>
> Führt der **Helfer selbst die Tathandlung** aus, übt er regelmäßig Tatherrschaft aus und ist **Täter**, nicht bloß strafloser Unterstützer.

2. Einverständliche Fremdgefährdung

214

Von der bislang behandelten eigenverantwortlichen Selbstschädigung/Selbstgefährdung ist die von Roxin[402] entwickelte Lehre von der **einverständlichen Fremdgefährdung** zu unterscheiden. Der Unterschied besteht darin, dass bei der eigenverantwortlichen Selbstschädigung/Selbstgefährdung der Geschädigte (das Opfer) das Geschehen beherrscht und sich selbst gefährdet bzw. schädigt, wohingegen nach der Lehre von der einverständlichen Fremdgefährdung die gefährdende Tathandlung von einer anderen Person begangen wird, jedoch die objektive Zurechnung und damit der Tatbestand ausgeschlossen wird.[403] Die Rechtsprechung und die h.L., die der Lehre von der einverständlichen Fremdgefährdung nicht folgen, stellen dagegen in erster Linie darauf ab, ob der Täter das Opfer mit dessen Einwilligung gefährdet und damit gerechtfertigt ist (sog. Einwilligungslösung).[404]

> **Beispiel:** Überlässt der heroinabhängige T dem heroinabhängigen O nicht lediglich die Spritze, sondern injiziert diesem auf Wunsch das Heroin, kommt eine Strafbarkeit aus § 222 in Betracht (sofern kein Vorsatz vorliegt, anderenfalls §§ 211 oder 212), wenn O an den Folgen des Heroins stirbt (s.o.). Folgt man der Auffassung Roxins, ist im Rahmen der objektiven Zurechnung zu prüfen, ob eine einverständliche Fremdgefährdung vorliegt und die objektive Zurechnung verneinen lässt. Nach der Gegenauffassung ist die Frage im

---

[402] *Roxin*, Zum Schutzzweck der Norm bei Fahrlässigkeitsdelikten, Gallas-FS, 1973, S. 241 ff.; vgl. auch *Roxin*, GA 2012, 655 ff.; *Roxin*, AT, § 11 Rn 105 ff.; *Sch/Sch-Sternberg-Lieben*, Vorbem § 32 Rn 102.

[403] Vgl. *Roxin* a.a.O.

[404] BGH NStZ 2009, 148, 150 (mit Bespr. v. *Kühl*, NJW 2009, 1158); *W/B/S*, AT, Rn 190; vgl. auch *Langer/Wagner*, NStZ 2011, 67 ff.; *Grünewald*, GA 2012, 364 ff.; *Walter*, NStZ 2013, 673 ff.

Tötungsdelikte – Euthanasie, Sterbehilfe, Suizid

Rahmen der Rechtswidrigkeit (Rechtfertigungsgrund Einwilligung) zu beantworten.[405] Der maßgebliche Unterschied dieser beiden Ansätze besteht darin, dass die Einwilligungslösung die Einwilligungsschranke des § 228 zwingend berücksichtigen muss (vgl. Rn 215).

Im Einzelfall kann die Abgrenzung zwischen eigenverantwortlicher Selbstschädigung/ Selbstgefährdung und einverständlicher Fremdgefährdung schwierig sein.

214a

Beispiel[406]: Der 16-jährige, alkoholerfahrene O ging mit dem 28-jährigen, ebenfalls alkoholerfahrenen T eine Wette ein, wer von ihnen mehr Alkohol verträgt. Beiden sollte hochprozentiger Alkohol (Tequila) in einzelnen Gläsern serviert werden, die Zahl der getrunkenen Gläser auf einer Strichliste vermerkt werden. Dies sollte bis zur Aufgabe, zum Erbrechen oder bis zum Eintritt der Bewusstlosigkeit eines der Teilnehmer fortgeführt werden. Um eine Niederlage zu vermeiden, ließ sich T zunächst durch einen Eingeweihten Wasser in seine Gläser füllen. Dies bemerkte O erst, als er bereits 45 Gläser Tequila getrunken hatte. Mit einer BAK von 4,4 ‰ fiel er ins Koma und verstarb schließlich.

In Betracht kommt eine Strafbarkeit wegen Körperverletzung mit Todesfolge (§§ 223, 227). Möglicherweise ist jedoch die Tat nach § 223 wegen Einwilligung gerechtfertigt (wobei die Einwilligungssperre des § 228 zu beachten wäre) und hinsichtlich des § 227 ist die Zurechnung der Todesfolge fraglich. Gerade die Zurechnung der Todesfolge könnte zu verneinen sein, da O wusste, dass er in großer Menge hochprozentigen Alkohol trank, sich somit selbst gefährdete. Es könnte mithin eine eigenverantwortliche Selbstgefährdung vorliegen, die eine Zurechnung zu Lasten des T ausschließt.

Auf der anderen Seite darf nicht unberücksichtigt bleiben, dass T den O über den eigenen Alkoholkonsum täuschte, sodass O das ihm drohende Risiko schwerer Trunkenheit erheblich unterschätzte. T hat dem O kraft überlegenen Wissens die Möglichkeit genommen, sein Verhalten an dem des Gegners zu orientieren und seine Risikobewertung zu korrigieren. Es ist daher davon auszugehen, dass sich O, hätte er die wahren Voraussetzungen des Wetttrinkens gekannt, nicht auf ein solches eingelassen oder es zumindest rechtzeitig abgebrochen hätte.

Dennoch ist fraglich, ob tatsächlich eine Zurechnung zu erfolgen hat. Denn O war einerseits alkoholerfahren, andererseits wurde kein Druck ausgeübt, überhaupt an dem Wettkampf teilzunehmen bzw. diesen fortzusetzen.

Allerdings hat T den O getäuscht und damit in gewisser Weise die Tatherrschaft ausgeübt. Denn eine Tatherrschaft kann auch durch das Erregen und Unterhalten eines Irrtums auf den Täter übergehen. Der bei O hervorgerufene und unterhaltene Irrtum lag in der Annahme, den Wettkampf mit geringem Risiko der Trunkenheit gewinnen zu können. Ab dem Zeitpunkt, in dem O aufgrund seiner Alkoholisierung nicht mehr in der Lage war, das Risiko des weiteren Trinkens einzuschätzen, begründete das weitere Servieren von Alkohol die Täterschaft bei T; der ab diesem Zeitpunkt schuldunfähige O wurde als Werkzeug gegen sich selbst eingesetzt, sodass ab diesem Zeitpunkt die Zurechnung der Todesfolge zu bejahen ist. Diese Wertung wird auch von § 3 JGG gestützt, der davon ausgeht, dass Jugendliche nicht (stets) vollverantwortlich handeln. T hätte auch dies berücksichtigen müssen. Er ist daher wegen Körperverletzung mit Todesfolge gem. § 227 strafbar.

Da sich die einverständliche Fremdgefährdung gerade dadurch auszeichnet, dass sich das Opfer mit der Gefährdung durch den Täter einverstanden zeigt, was bei diesem zur Verneinung der objektiven Zurechnung führt, stellt sich die Frage, ob sich etwas anderes ergibt, wenn man mit der Einwilligungslösung den Täter wegen Einwilligung rechtfertigt. In der Regel ergibt sich im Ergebnis kein Unterschied, da die Kriterien des § 228 letztlich auch die objektive Zurechnung bestimmen. Wird das Opfer **verletzt**, greift wegen §§ 216, 228 eine Einwilligungssperre. Eine Einwilligung wäre dann unbeachtlich (bei

215

---

[405] So auch *Walter*, NStZ 2013, 673, 674.
[406] In Anlehnung an einen unveröffentlichten Beschluss des LG Berlin v. 3.7.2009; vgl. auch *Langer/Wagner*, NStZ 2011, 67 ff.; *Krawczyk/Neugebauer*, JA 2011, 264 ff.

§ 216 zwingend und bei § 228, wenn die Tat gegen die guten Sitten verstößt). Fraglich ist, ob das auch gilt, wenn das Opfer nur **gefährdet** wird. Die bislang wohl weit überwiegende Auffassung verneinte dies mit Blick auf den klaren Wortlaut der §§ 216, 228 und deren systematische Stellung. Der BGH hat jüngst jedoch anders entschieden. Er ist der Auffassung, dass die Einwilligungssperre zumindest auch für konkrete Lebensgefährdungen gilt.

> **Beispiel**[407]: B nahm als Beifahrer an einem **illegalen Autorennen** teil. Der Fahrer F verlor die Kontrolle über das Fahrzeug und verursachte einen Verkehrsunfall, bei dem B starb. Ist F für den Tod des B verantwortlich? Anm.: §§ 212, 211 sind nicht zu prüfen.

Geht man davon aus, dass nicht B, sondern ausschließlich F Tatherrschaft ausübte[408], liegt keine eigenverantwortliche Selbstschädigung/Selbstgefährdung des B vor, sondern ein Fall der einverständlichen Fremdgefährdung bzw. der rechtfertigenden Einwilligung: F gefährdet als Inhaber der Tatherrschaft den B mit dessen Einverständnis/Einwilligung.

Verstirbt in Fällen dieser Art der Beifahrer aufgrund des Fehlverhaltens des Fahrers, muss sich dieser nicht nur wegen § 315c I Nr. 2b, sondern möglicherweise auch wegen § 315d I Nr. 2, 3, II, V, der wegen der Bezugnahme auf § 18 an die fahrlässige Todesverursachung anknüpft[409], verantworten. Ein Ausschluss der objektiven Zurechnung der schweren Folge erscheint unangebracht. In diesem Zusammenhang stellt sich dann aber die Frage, ob der Beifahrer in die Tat einwilligen konnte.[410] Eine Einwilligung kommt jedenfalls bei Individualrechtsgütern (wie z.B. Leib, Leben und Gesundheit) in Betracht und ist bei Allgemeinrechtsgütern (wie sie z.B. von §§ 315c und 316 geschützt werden) fraglich.[411] Jedoch sind auch bei Individualrechtsgütern die Einwilligungssperren der §§ 216, 228 zu beachten. Ob diese Einwilligungssperren im vorliegenden Fall greifen und eine wirksame Einwilligung des B ausschließen, ist angesichts des Umstands, dass keine vorsätzliche, sondern nur eine fahrlässige Tötung durch F begangen wurde, fraglich, denn die §§ 216, 228 beziehen sich auf vorsätzliche Taten. Dennoch wendet der BGH die Einwilligungssperren auch auf § 222 an. Er geht sogar so weit, dass er die Möglichkeit einer rechtfertigenden Einwilligung sogar bereits bei konkreter Todesgefahr, unabhängig von der tatsächlich eingetretenen Rechtsgutverletzung, ablehnt.[412] Hätte B bei dem Unfall also nur Knochenbrüche erlitten, wäre auf der Basis des BGH eine Einwilligung aufgrund der konkreten Todesgefahr trotzdem unwirksam gewesen.

Kernaussage der BGH-Entscheidung ist also, dass es auf die tatsächlich eingetretene Rechtsgutverletzung nicht ankommt. Wenn auch das Ergebnis dieser Entscheidung einen Beitrag zur Bekämpfung (und Verhinderung) lebensgefährlicher Verhaltensweisen im Straßenverkehr geleistet haben mag, ist es doch in rechtlicher Hinsicht bedenklich. So bezieht sich § 216 ausdrücklich nur auf die vorsätzliche, nicht auch auf die fahrlässige Tötung, und § 228 bezieht sich nur auf die vorsätzliche Körperverletzung, nicht auch auf die fahrlässige Körperverletzung und schon gar nicht auf die fahrlässige Todesverursachung. Selbst wenn man dies anders sähe, bliebe die Frage, ob man die in § 228 genannte „Sittenwidrigkeit" mit „Lebensgefährlichkeit" gleichsetzen darf.

Weder Wortlaut noch systematische Stellung der §§ 216, 228 können eine Einwilligungssperre bei konkreten Lebensgefährdungen und fahrlässigen Erfolgsverursachungen be-

---

[407] BGH NStZ 2009, 148, 150 (mit Bespr. v. *Kühl*, NJW 2009, 1158).
[408] Die Annahme, dass allein F Tatherrschaft ausübte, kann mit dem Charakter der §§ 315c, 316 als eigenhändige Delikte begründen werden, da Täter dieser Delikte nur sein kann, wer selbst das Fahrzeug steuert. Bei Rallyes wird teilweise vertreten, dass nicht nur der Fahrer, sondern *auch* der Beifahrer Tatherrschaft ausübe, weil dieser die Navigation betreibe und dem Fahrer ganz konkrete Handlungs- und Fahranweisungen gebe. In diesen Fällen könne durchaus eine eigenverantwortliche Selbstschädigung/Selbstgefährdung des Beifahrers vorliegen (so *Kühl*, NJW 2009, 1158 f.). Das ist abzulehnen, weil auch bei Rallyes das Letztentscheidungsrecht beim Fahrer liegt (so auch *Jahn*, JuS 2009, 370 f.). Gerade wegen der alleinigen Tatherrschaft des Fahrers ist auch an § 222 zu denken, wenn der Beifahrer aufgrund eines vom Fahrer verursachten Unfalls ums Leben kommt.
[409] Zu § 315d siehe Rn 634 ff.
[410] Zur Einwilligung vgl. ausführlich *R. Schmidt*, AT, Rn 433 ff.
[411] Vgl. dazu Rn 623 f.
[412] BGH NStZ 2009, 148, 150.

gründen.[413] Möchte man die Möglichkeit einer rechtfertigenden Einwilligung bei einer konkreten Lebensgefährdung (und einer fahrlässigen Erfolgsverursachung) ausschließen, ist allein der Gesetzgeber legitimiert, ein allgemeines Lebensgefährdungsdelikt bzw. eine Einwilligungssperre auch bei fahrlässigen Erfolgsverursachungen einzuführen. Die Rspr. einschließlich des BGH ist hierzu nicht befugt, auch nicht über den Umweg der Konstruktion einer Einwilligungssperre.

Ergebnis: Nach der hier vertretenen Auffassung konnte B zwar nicht in die Verwirklichung des § 315c einwilligen, da diese Strafvorschrift zumindest *auch* dem Schutz von Allgemeininteressen dient und F zudem auch andere Personen konkret gefährdet hat, allerdings konnte B mit rechtfertigender Wirkung in die Gefährdung und auch Verletzung seines Lebens einwilligen. F ist daher lediglich aus § 315c, nicht aber auch aus § 315d V strafbar.[414]

III. Abgrenzung zwischen § 216, strafloser Beihilfe an einer Selbsttötung und § 217

Da die freiverantwortliche Selbsttötung und deren Versuch straflos sind, fehlt es insoweit an einer teilnahmefähigen Haupttat i.S.d. §§ 26, 27, sodass der Veranlasser oder Förderer („Anstifter/Gehilfe") ebenfalls **straflos** bleibt oder jedenfalls nur wegen einer **Fahrlässigkeitstat** bestraft werden kann[415]. Vom Grundsatz der Straflosigkeit der Teilnahme am Suizid sind jedoch Ausnahmen zu machen:

216

1. Der Veranlasser oder Förderer besitzt die übergeordnete Willens- und/oder Wissensherrschaft
2. Es liegt eine Tötung auf Verlangen i.S.d. § 216 vor
3. Es liegt eine geschäftsmäßige Förderung der Selbsttötung i.S.d. § 217 I vor

Zu 1.: Besitzt der Veranlasser oder Förderer die **übergeordnete Willens- und/oder Wissensherrschaft**, ist *er* nach den allgemeinen Tatherrschaftsregeln der Täter (vgl. § 25 I Var. 2). Er benutzt das Opfer quasi als Werkzeug gegen sich selbst. Man spricht insoweit von **Fremdtötung in mittelbarer Täterschaft** mit dem Opfer als Werkzeug gegen sich selbst. In diesem Fall ist der Täter aus einem vorsätzlichen Tötungsdelikt strafbar (etwa §§ 211, 25 I Var. 2 oder §§ 212, 25 I Var. 2).

217

Zu 2.: Die straflose Beihilfe zu einer Selbsttötung kann aber auch zur **Tötung auf Verlangen** (§ 216) abzugrenzen sein. Abgrenzungsschwierigkeiten bestehen insbesondere in Fällen des „**einseitig fehlgeschlagenen Doppelselbstmordes**". Als Ausgangskonstellation soll folgendes Beispiel dienen:

218

Beispiel: T und O sind gleichermaßen zur **Selbsttötung** entschlossen. Gemeinsam nehmen sie jeweils Gift, das T beschafft hatte. Aufgrund seiner besseren körperlichen Konstitution überlebt T.

Da sowohl die Teilnahme an einer freiverantwortlichen Selbsttötung als auch die versuchte Selbsttötung tatbestandslos sind, kann sich eine Strafbarkeit des T nur noch dadurch ergeben, dass er die **Tatherrschaft** hatte (mittelbare Täterschaft). Mangels entgegenstehender Anhaltspunkte muss aber davon ausgegangen werden, dass O nach dem letzten Tatbeitrag des T (Darreichung des Gifts) noch die freie Entscheidung über Leben und Tod hatte. T ist somit weder aus §§ 212 I, 25 I Var. 2 noch aus § 216 I strafbar. Gleiches gilt für die Fälle, in denen der überlebende Partner Auspuffgase in das Auto leitet, der Getötete es aber vor dem Todeseintritt bzw. vor dem Eintritt der Bewusstlosigkeit jederzeit in der Hand hatte, die Tür zu öffnen und dadurch den Vorgang abzubrechen. Hier kann nur

---

[413] Vgl. dazu auch Rn 448.
[414] A.A. freilich der BGH (NStZ 2009, 148, 150) in Bezug auf § 222 (die Strafnorm des verbotenen Straßenrennens gemäß der Neufassung des § 315d gab es seinerzeit noch nicht). Auf andere möglicherweise verwirklichte Delikte soll hier nicht eingegangen werden.
[415] Vgl. dazu BGH NJW 2003, 2326 ff.

Tötungsdelikte – Euthanasie, Sterbehilfe, Suizid

beiderseitige Beihilfe zur Selbsttötung vorliegen, da sich das Opfer durch das freiverantwortliche und gewollte Einatmen des Gases selbst tötet. Für den Überlebenden liegt daher nur eine tatbestandslose Teilnahme vor.[416] Ob dieser dann wegen eines **unechten Unterlassungsdelikts** i.S.d. § 13 oder wegen unterlassener Hilfeleistung i.S.d. § 323c I strafbar ist, sofern er nach Eintritt der Bewusstlosigkeit des Opfers nichts unternimmt, aber etwas hätte unternehmen können, ist eine andere Frage. Vgl. dazu Rn 205 f.

218a
Etwas anderes in Bezug auf die Frage nach der Strafbarkeit gem. § 216 könnte jedoch gelten, wenn der nicht Überlebende die Willensherrschaft verloren hat.

> **Beispiel:** T und O wollen gemeinsam aus dem Leben scheiden. Gemäß der vorherigen Verabredung tötet T die O mit einer Pistole und richtet anschließend die Waffe auf sich selbst, verletzt sich aber nicht tödlich und wird gerettet.

Im Gegensatz zum vorherigen Beispiel gab O die Willensherrschaft und damit das Tatgeschehen in die Hände des T. Dieser verwirklichte aktiv den Tötungstatbestand des § 212 I. Da er aber wegen des ausdrücklichen und ernstlichen Verlangens der O handelte, kommt ihm die Privilegierung des § 216 I zugute. T ist somit (nur) nach § 216 I strafbar.

218b
Auch ist in Bezug auf die Frage nach der Strafbarkeit gem. § 216 zu untersuchen, wie es sich auswirkt, wenn der die Tötung Verlangende die Tat überlebt, aber eine schwere Folge i.S.d. § 226 davonträgt (**Problem der Privilegierungsfunktion des § 216**).

> **Beispiel:** Für den infolge eines Autounfalls querschnittsgelähmten Q erscheint das Leben sinnlos. Er bittet daher seinen Schwager S, ihn durch einen Kopfschuss zu töten. Aus Mitleid kommt S seinem Wunsch nach, trifft ihn aber nicht tödlich. Als S dies bemerkt, lässt er sofort von weiteren Tathandlungen ab und leitet Rettungsmaßnahmen ein. Q kann gerettet werden, verliert aber wegen der Schussverletzung ein Auge.

S könnte sich wegen versuchter Tötung auf Verlangen strafbar gemacht haben. Der objektive Tatbestand des § 216 I ist nicht erfüllt. Der Versuch ist gemäß § 216 II strafbar. S hat auch den Tatentschluss gehabt, Q aufgrund dessen ausdrücklichen und ernstlichen Verlangens zu töten. Er hat zur Tat unmittelbar angesetzt sowie rechtswidrig und schuldhaft gehandelt. Allerdings ist er strafbefreiend vom Versuch zurückgetreten, weil der Versuch noch nicht beendet war und er aus autonomen Gründen von weiteren Ausführungshandlungen absah (§ 24 I S. 1 Var. 1).

S könnte sich aber wegen **schwerer Körperverletzung** (§ 226 I Nr. 1) strafbar gemacht haben, da Q infolge der Schussverletzung ein Auge verlor. Zwar hatte Q in die Abgabe des Schusses eingewilligt, sodass eine Rechtfertigung vorliegen könnte, die Einwilligung diente aber dazu, die Straftat einer Tötung auf Verlangen zu begehen. Sie war also wegen Sittenwidrigkeit der Tat unwirksam (§ 228).

Bliebe es dabei, wäre S aus § 226 I Nr. 1 strafbar. Fraglich ist aber, ob sich wegen des strafbefreienden Rücktritts von der Tötung auf Verlangen daran etwas ändern muss.
Nach seinem Wortlaut erfasst § 24 nur die Versuchstat, ohne die Strafbarkeit wegen eines im Versuch enthaltenen vollendeten Delikts zu beseitigen. Aus der **Privilegierungsfunktion** des § 216 könnte sich jedoch eine **Tatbestandssperre für die schwere Körperverletzung** (§ 226) ergeben.
Hätte S die Tötung auf Verlangen vollendet, wäre die schwere Körperverletzung dahinter zurückgetreten. S wäre dann aus einem milderen Strafrahmen, als für § 226 vorgesehen ist, bestraft worden. Darüber hinaus wäre S wegen eines Vergehens schuldig gewesen, während § 226 ein Verbrechen darstellt (Stigmatisierung). Aus diesen Überlegungen heraus wäre es unbillig, S härter zu bestrafen, als wenn er die Tötung auf Verlangen vollendet hätte. Die Strafandrohung des § 226 würde sonst auf ein Rücktrittsverbot hinauslaufen. Auch ein Ausweichen auf § 226 III ist untunlich, da Milderungen keine Auswirkungen auf die Einteilung in Verbrechen und Vergehen haben (§ 12 III). Um dieser widersprüchli-

---

[416] Nach a.A. (BGHSt 19, 135 ff.) liegt eine Strafbarkeit nach § 216 I vor.

chen Situation aus dem Weg zu gehen, kommt nach allgemeiner Auffassung dem § 216 gegenüber schwereren Delikten eine grundsätzliche Sperrwirkung zu, die sich jedenfalls auf die **schwere Körperverletzung** bezieht.[417] Teilweise wird sogar eine Sperrwirkung gegenüber § 224 angenommen, da auch diese Strafnorm einen höheren Strafrahmen vorsieht als § 216.[418] Die h.M. geht hingegen von der Anwendbarkeit des § 224 aus, wenn sie auch teilweise auf der Rechtsfolgenseite den milderen Strafrahmen des § 224 I a.E. (minder schweren Fall des § 224) anwendet.[419]

Folgt man der h.M., hat S sich nach §§ 223, 224 I Nr. 2 u. 5 strafbar gemacht. Es ist sogar angebracht, den milderen Strafrahmen des § 224 I a.E. anzuwenden.

Zu 3.: Schließlich ist die straflose Veranlassung oder Förderung eines Suizids von der **geschäftsmäßigen Förderung** i.S.d. am 10.12.2015 in Kraft getretenen § 217 abzugrenzen. So macht sich gem. § 217 I als Täter strafbar, wer in der Absicht, die Selbsttötung eines anderen zu fördern, diesem hierzu geschäftsmäßig die Gelegenheit gewährt, verschafft oder vermittelt. Im Mittelpunkt steht also die Pönalisierung einer an sich als Beihilfehandlung anzusehenden Tätigkeit als täterschaftliche Begehung. Unabhängig von den kriminalpolitischen Aspekten wirft die Vorschrift verfassungsrechtliche Bedenken auf. Solche bestehen zunächst darin, dass das Recht auf Selbstbestimmung des Suizidwilligen eingeschränkt wird. Derjenige, der sich entschließt, freibestimmt aus dem Leben zu schreiten, bevor er sich den unsäglichen Qualen einer tödlich verlaufenden Krankheit wie einem Krebsleiden ausgesetzt sieht, kann seinen Entschluss nicht mehr ohne weiteres umsetzen, da Hilfeeinrichtungen wegen § 217 regelmäßig davon abgehalten werden dürften, Sterbeunterstützung anzubieten. Gleiches gilt für Palliativärzte, die sogar – bei angenommener Strafbarkeit – ihre Berufszulassung riskieren. Denn sobald sie wiederholt Sterbehilfe leisten, dürfte das Merkmal „geschäftsmäßig" erfüllt sein. Denn nach Auffassung des Gesetzgebers ist nicht die „kommerzielle Orientierung" entscheidend, sondern die „Anlegung auf Wiederholung", was einen Verstoß gegen das verfassungsrechtliche Bestimmtheitsgebot (Art. 103 II GG) nahelegt[420], auch wenn man den Begriff i.S. eines „nachhaltigen Betreibens oder Anbietens", wie dies bei anderen Tatständen (wie z.B. § 206) definiert wird[421], verstehen möchte.

Immerhin bleibt gem. § 217 II als Teilnehmer straffrei, wer selbst nicht geschäftsmäßig handelt und entweder Angehöriger des in § 217 I genannten anderen ist oder diesem nahesteht.

IV. Teilnahmeprobleme

I.d.R. kommt als Teilnahmeform *Beihilfe* in Betracht. Die Strafbarkeit desjenigen, der die Tötung auf Verlangen fördert, ergibt sich dann aus §§ 216, 27 I. Bei der Frage, ob eine Lockerung dieser Akzessorietät gem. **§ 28** in Betracht kommt, muss zunächst der Anwendungsbereich des § 28 geklärt werden. § 28 ist nämlich nur dann anwendbar, wenn es sich bei dem „Verlangen" in § 216 um ein täterbezogenes Merkmal handelt, denn nur dann lässt sich von einem „besonderen persönlichen Merkmal" i.S.d. § 28 sprechen. Bejaht man mit der h.M. diese Frage, stellt sich die Folgefrage, ob dann § 28 I oder § 28 II anwendbar ist. Dies wiederum hängt von dem Verständnis des Verhältnisses von § 216 zu § 212 ab.

---

[417] Sch/Sch-*Eser/Sternberg-Lieben*, § 212 Rn 25; Lackner/Kühl-*Kühl*, § 216 Rn 7; *K/H/H*, BT 1, Rn 242; *Jäger*, JuS 2000, 31, 37. Die Rspr. die bei § 216 von einem eigenständigen Tatbestand ausgeht, gelangt zu keinem anderen Ergebnis.
[418] So *Steinhilber*, JA 2010, 430, 433.
[419] Vgl. NK-*Neumann*, § 216 Rn 25; Lackner/Kühl-*Kühl*, § 216 Rn 7; *Jäger*, JuS 2000, 31, 37; *Wallschläger*, JA 2002, 390, 394. Vgl. zum Ganzen auch *Gerhold*, JuS 2010, 113 ff.; *Kühl/Kneba*, JA 2011, 426, 429.
[420] Vgl. zur Kritik auch die Beiträge bspw. von *Roxin*, NStZ 2016, 185 ff.; *Jäger*, JZ 2015, 875 ff.; *Henking*, JR 2015, 174 ff.; *Jurgeleit*, NJW 2015, 2708 ff. Gegenwärtig sind etliche Verfassungsbeschwerden gegen § 217 anhängig, über die das BVerfG noch 2019 entscheiden will.
[421] *Fischer*, § 206 Rn 2.

Tötungsdelikte – Euthanasie, Sterbehilfe, Suizid

222 ▪ Sieht man in § 216 eine **unselbstständige Abwandlung** (eine **Privilegierung**) zu § 212[422], handelt es sich bei dem „Verlangen" in § 216 um ein besonderes persönliches Merkmal, das die Strafe gegenüber dem Grundtatbestand des § 212 mildert. Anwendbar ist dann § 28 II.

223 ▪ Geht man aber von einer **Selbstständigkeit** des § 216 aus[423], kann man in dem „Verlangen" in § 216 nur ein strafbegründendes besonderes persönliches Merkmal sehen. Dann kommt ausschließlich eine Strafmilderung nach § 28 I in Betracht.

224 **Beispiel:** Die 86-jährige O ist bettlägerig und zudem todkrank. Sie leidet unter starken Schmerzen und hat jede Lebensfreude verloren. Sie will nur noch sterben. Daher bittet sie nach freier und selbstbestimmter Entscheidung ihren Sohn S um Sterbehilfe. Neffe N, der von dieser Bitte nichts weiß, hilft S, weil er davon ausgeht, die Familie (und somit auch er) komme dadurch schneller an das Erbe.

S ist nach § 216 I strafbar. Fraglich ist die Strafbarkeit des N. Eine vorsätzliche rechtswidrige Haupttat liegt vor. Diese hat N auch gefördert bzw. er hat zu deren Erfolg kausal beigetragen[424]. Demnach wäre N aus §§ 216, 27 I strafbar.

Fraglich ist jedoch, ob aufgrund der Regelung in § 28 nicht etwas anderes gelten muss. Diese Vorschrift verfolgt den Zweck, besondere persönliche Merkmale bei demjenigen, bei dem sie vorliegen, unabhängig von der Strafbarkeit des anderen zu berücksichtigen. Sofern man mit der hier vertretenen Auffassung in dem „Verlangen" in § 216 ein täterbezogenes Merkmal sieht, ist § 28 schon einmal anwendbar.

Sieht man in § 216 dann eine Abwandlung (in Form einer Privilegierung) zu § 212, ist § 28 II anwendbar. Da bei N die privilegierenden Gründe nicht vorliegen, können sie ihm folgerichtig auch nicht zugutekommen. Insoweit bleibt es bei einer Strafbarkeit nach §§ 212, 27 I. Da N aber das Mordmerkmal der Habgier erfüllt, und man konsequenterweise dann auch den § 211 als unselbstständige Abwandlung (diesmal aber in Form der Qualifikation) zu § 212 ansehen muss, gelangt man über eine erneute Anwendung des § 28 II zu einer Strafbarkeit des N aus §§ 212 I, 211 I, II Var. 3, 27 I, 28 II.

Die Gegenauffassung, die bei § 216 von einem eigenständigen Delikt ausgeht, kann in dem „Verlangen" in § 216 nur ein strafbegründendes besonderes persönliches Merkmal sehen und § 28 I anwenden. N wäre hiernach aus §§ 216 I, 27 I strafbar.

---

[422] So Lackner/Kühl-*Kühl*, Vor § 211 Rn 22; SK-*Horn*, § 211 Rn 2; *Joecks/Jäger*, § 216 Rn 1; *Otto*, BT, § 6 Rn 1; *Rengier*, BT II, § 3 Rn 2; *W/H/E*, BT 1, Rn 69; *Geppert*, Jura 2000, 651, 654.
[423] So (die bisherige) BGHSt 13, 162, 165 (zum möglichen Wandel der Rspr. vgl. Rn 150a); Sch/Sch-*Eser/Sternberg-Lieben*, Vorbem §§ 211 ff. Rn 5 und § 216 Rn 2; *Fischer*, § 216 Rn 2.
[424] Zum Meinungsstreit, ob für die Gehilfenleistung das schlichte Fördern der Haupttat genügt oder ob sie den Erfolg kausal unterstützen muss, vgl. die Ausführungen bei *R. Schmidt*, AT, Rn 1100 ff.

F. Schwangerschaftsabbruch (§§ 218 ff.)

Der Schwangerschaftsabbruch ist in den §§ 218 ff. geregelt. Dabei stellt § 218 I S. 1 die **Strafbegründungsnorm** dar. Eine Strafmilderung ist in § 218 III für den Fall des Abbruchs der Schwangerschaft durch die Schwangere selbst vorgesehen. Strafschärfungen sind mittels Regelbeispiele in § 218 II gebildet worden. Einen persönlichen **Strafausschließungsgrund** für die Schwangere enthält § 218 IV S. 2. **Strafbefreiungsgründe** bestehen in den §§ 218a ff.:

225

- Gemäß § 218a I ist bereits der Tatbestand des Schwangerschaftsabbruchs ausgeschlossen, wenn die in den Nummern 1 bis 3 aufgeführten Voraussetzungen erfüllt werden (sog. „beratender" Schwangerschaftsabbruch).

- Gemäß § 218a II, III ist der Schwangerschaftsabbruch gerechtfertigt, wenn die dort genannten Voraussetzungen erfüllt werden (sog. „rechtfertigende Indikation").

- § 218a IV S. 1 enthält einen persönlichen Strafausschließungsgrund zugunsten der Schwangeren.

- § 218a IV S. 2 sieht die Möglichkeit des Absehens von Strafe nach § 218 durch das Gericht vor, wenn sich die Schwangere in der Zeit vor und bis zu dem Eingriff in besonderer Bedrängnis befunden hat.

- Schließlich enthalten die §§ 219a, 219b Voraussetzungen, unter denen bestimmte Teilnahmehandlungen im Vorbereitungsstadium des Schwangerschaftsabbruchs als abstraktes Gefährdungsdelikt unter Strafe gestellt werden.

I. Tatbestand

Wie bei Rn 2 ff. einführend erläutert, schützen die §§ 211 ff. das *geborene* Leben. Dieses beginnt (für das Gebiet des Strafrechts) mit dem *Anfang* der Geburt, also ab dem Zeitpunkt des **Beginns der Eröffnungswehen**. Bei operativer Entbindung (**Kaiserschnitt** – Sectio caesarea) ist auf den Zeitpunkt des die Eröffnungsperiode ersetzenden ärztlichen Eingriffs, also die **Öffnung des Uterus**, abzustellen.[425]

226

Vor dem Einsetzen der Eröffnungswehen sind somit die §§ 211 ff. nicht einschlägig. Da aber auch das *ungeborene* Leben menschliches Leben darstellt und dementsprechend strafrechtlichen Schutz genießen muss, stellt § 218 Handlungen, die auf den Abbruch der Schwangerschaft gerichtet sind, grundsätzlich unter Strafe.

227

- Die strafrechtliche Relevanz des Schwangerschaftsabbruchs **beginnt** nach dem Wortlaut des § 218 I S. 2 mit **Abschluss der Einnistung** der befruchteten Eizelle (der Zygote) **in der Gebärmutter**, also der **Nidation**. Das ist aus statistischer Sicht mit dem 13. Tag nach dem Eindringen der Samenzelle in die Eizelle (Imprägnation) der Fall, kann aber auch einige Tage früher oder später eintreten. Einwirkungshandlungen *vor* diesem Zeitpunkt (Einsatz nidationsverhindernder Mittel wie „die Pille danach", intrauterine Pessare, Spiralen, Schleifen usw.) und die vorsorgliche Ausschabung werden daher nicht erfasst, da eben noch keine Schwangerschaft vorliegt. Strafrechtlich relevant ist aber die Einnahme des hormonell wirkenden Abtreibungsmittels Mifegyne (früher: RU 486), weil es erst *nach* Einnistung eingenommen wird und die (bereits eingenistete) Leibesfrucht abstößt.

228

- Gemäß dem oben Gesagten **endet** der strafrechtliche Schutz des ungeborenen Lebens mit dem **Beginn der Eröffnungswehen** bzw. mit dem **Öffnen des Uterus**, weil zu diesem Zeitpunkt der strafrechtliche Schutz der §§ 212, 211 einsetzt. Zu den **postnatalen Auswirkungen** eines **pränatalen Eingriffs** wurde bereits ausführlich bei Rn 3-5 Stellung genommen.

229

---

[425] Vgl. dazu BGHSt 31, 348, 351; 32, 194, 195 f.; SK-*Horn*, § 212 Rn 3; Lackner/Kühl-*Kühl*, Vor § 211 Rn 3; Sch/Sch-*Eser/Sternberg-Lieben*, Vorbem §§ 211 ff. Rn 13; *W/H/E*, BT 1, Rn 9; *Merkel*, Früheuthanasie, 2001, 100; *Jäger*, JuS 2000, 31, 32.

Schwangerschaftsabbruch (§§ 218 ff.)

230 | **Strafrechtlich relevanter Zeitraum** für den Schwangerschaftsabbruch ist demnach die Zeitspanne **zwischen der Einnistung** (Nidation) und dem **Beginn der Eröffnungswehen** (bzw. der Öffnung des Uterus).

231 ▪ **Abbrechen der Schwangerschaft** bedeutet jegliche Art der Einwirkung auf die Leibesfrucht, wodurch deren Absterben im Mutterleib oder deren Abgang in nicht lebensfähigem Zustand herbeigeführt wird.[426] Auch die (versuchte oder vollendete) Tötung der Schwangeren kann zugleich ein Abbrechen der Schwangerschaft bedeuten[427] (vgl. bereits Rn 3-5).

232 ▪ **Täter** kann **jedermann** sein, auch die **Schwangere**. Im Einzelnen ist zu differenzieren: Bricht ein **Laie** die Schwangerschaft ab (sog. Laienabort), ist dieser (wegen der erhöhten Gefährlichkeit des Laienaborts) stets strafbar. Wird der Abort von einem **Arzt** vorgenommen, handelt dieser unter den Voraussetzungen des § 218a I tatbestandslos oder ist unter den Voraussetzungen des § 218a II und III gerechtfertigt. Die Frage nach der Strafbarkeit der **Schwangeren** ist differenzierter zu beantworten:

⇨ § 218a I normiert in den Nrn. 1-3 einen **Tatbestandsausschluss** zugunsten der Schwangeren.

⇨ § 218a IV S. 1 enthält einen **persönlichen Strafausschließungsgrund** zugunsten der Schwangeren.

⇨ § 218a IV S. 2 sieht die Möglichkeit des **Absehens von Strafe** nach § 218 durch das Gericht vor, wenn sich die Schwangere in der Zeit vor und bis zu dem Eingriff in besonderer Bedrängnis befunden hat.

⇨ § 218 IV S. 2 enthält einen persönlichen **Strafausschließungsgrund** zugunsten der Schwangeren.

⇨ § 218 III **setzt** den **Strafrahmen** des Schwangerschaftsabbruchs gem. § 218 I für die Schwangere **herab**.

⇨ Gegenüber § 218 subsidiäre Straftatbestände enthält § 218b I S. 1 und S. 2.

⇨ Das Werben für einen Schwangerschaftsabbruch wird nach § 219a bestraft.

233 In **subjektiver Hinsicht** setzt der Schwangerschaftsabbruch **Vorsatz** (*dolus eventualis* genügt) voraus. Dieser muss sich auf das Absterben des Nasciturus beziehen. Hält der Täter den vor dem Zeitpunkt der Nidation vorgenommenen Abort (irrig) für tatbestandsmäßig, liegt ein strafloses Wahndelikt (und kein untauglicher Versuch) vor. Hingegen liegt ein grob unverständiger Versuch vor, wenn der Täter ein völlig ungeeignetes Abtreibungsmittel (z.B. Nehmen eines heißen Bades) verwendet. In diesem Fall kann das Gericht von einer Strafe absehen oder diese mildern (§ 23 III). Zu beachten ist aber: Sofern die *Schwangere* handelt, ist der Versuch ohnehin nicht mit Strafe bedroht. Zum Irrtum über das Vorliegen eines Rechtfertigungsgrundes nach § 218a II, III vgl. sogleich.

II. Rechtswidrigkeit

234 Sofern der Schwangerschaftsabbruch nicht straffrei gestellt ist, ist er nach Abschluss der Nidation grundsätzlich rechtswidrig, bedarf zur Rechtfertigung also eines anerkannten Rechtfertigungsgrundes. Solche sind in § 218a II und III enthalten (**medizinisch-soziale** und die **kriminologische** Indikation). Andere Rechtfertigungsgründe sind nicht zulässig.[428] Erforderlich ist aber stets eine **Einwilligung der Schwangeren**.[429] Darüber hinaus ist stets Voraussetzung, dass die Indikation nach **ärztlicher Erkenntnis** vorliegt. Mit „ärztlicher Erkenntnis" ist ein Ex-ante-Urteil auf Grundlage der arztrechtlichen Standards gemeint, wobei es auf das Urteil eines sachkundigen und sorgfältigen Arztes an-

---

[426] Vgl. BGHSt 31, 348, 351 f.; Lackner/Kühl-*Kühl*, § 218 Rn 3 f.; *Fischer*, § 218 Rn 5; Sch/Sch-*Eser/Weißer*, § 218 Rn 19/23.

[427] Vgl. BGHSt 1, 278, 280; 11, 15, 17 f.; BGH NStZ 2008, 393, 394 f.; Lackner/Kühl-*Kühl*, § 218 Rn 6.

[428] Sch/Sch-*Eser/Weißer*, § 218 Rn 37; a.A. BayObLG NJW 1990, 2332 (§ 34 möglich).

[429] *Fischer*, § 218a Rn 16; Lackner/Kühl-*Kühl*, § 218a Rn 7.

Schwangerschaftsabbruch (§§ 218 ff.)

kommt.[430] Hält sich ein Arzt an die arztrechtlichen Standards, kann ihm insoweit kein strafrechtlicher Vorwurf gemacht werden. In diesem Rahmen beschränkt sich die (straf-) gerichtliche Überprüfung auf die Einhaltung der arztrechtlichen Standards. Im Übrigen ist bei der Rechtfertigung zwischen der medizinisch-sozialen und der kriminologischen Indikation zu unterscheiden:

Die Rechtfertigung wegen **medizinisch-sozialer Indikation** setzt weiterhin voraus, dass der Schwangerschaftsabbruch unter Berücksichtigung der gegenwärtigen und zukünftigen Lebensverhältnisse der Schwangeren angezeigt ist, um eine Gefahr für das Leben oder die Gefahr einer schwerwiegenden Beeinträchtigung des körperlichen oder seelischen Gesundheitszustands der Schwangeren abzuwenden, und die Gefahr nicht auf eine andere für sie zumutbare Weise abgewendet werden kann (§ 218a II). 235

- Eine **Gefahr für das Leben** meint Risiken, die sich aus mangelnder körperlicher Stabilität der Schwangeren oder aus bereits vorhandenen Leiden, die durch die Schwangerschaft verschlimmert werden können, ergeben. Das ist beispielsweise bei einem Gebärmutterkrebs der Fall oder aber wenn bei schwerer Depression Suizidgefahr besteht. 236

- Die **Gefahr einer schwerwiegenden Beeinträchtigung des körperlichen oder seelischen Gesundheitszustands** liegt vor, wenn das Austragen des nasciturus der Frau nicht zuzumuten ist. Das ist beispielsweise der Fall, wenn die Schwangere sonst in eine Klinik oder in ein psychiatrisches Krankenhaus eingewiesen werden müsste, aber auch wenn Herz- und Kreislaufbeschwerden bestehen. Auch Gefahren, die durch Mehrlingsgeburten, Embolien oder problematische Kindeslagen entstehen, können rechtfertigend wirken. 237

- Die Lebensgefahr und die Gesundheitsgefahr müssen **konkret** sein. Das folgt aus dem Ultima-Ratio-Prinzip des gerechtfertigten Schwangerschaftsabbruchs. Danach muss eine erhebliche Wahrscheinlichkeit für den Schadenseintritt bestehen; eine Gegenwärtigkeit der Gefahr ist hingegen – wie die Berücksichtigung der zukünftigen Lebensverhältnisse zeigt – nicht erforderlich.[431] 238

- Schließlich darf die Gefahr **nicht auf andere, der Schwangeren zumutbare Weise abwendbar** sein. Diese Voraussetzung birgt die größten Auslegungsschwierigkeiten in sich. Es empfiehlt sich folgende Vorgehensweise: Zunächst ist festzustellen, ob eine faktische Abwendbarkeit besteht. Besteht eine solche, ist die Frage nach der Zumutbarkeit zu beantworten.[432] Eine alternative Gefahrenabwehrmaßnahme besteht etwa in der medizinischen Behandlung wie Stützung des Kreislaufs, Verabreichung von Psychopharmaka zur Beseitigung von Depressionen oder Einleiten einer Frühgeburt zu einem gefahrlosen Zeitpunkt. Derartige Maßnahmen werden in aller Regel auch zumutbar sein. Unzumutbar dürfte dagegen die Trennung von einem kranken oder süchtigen Lebenspartner oder die Unterbringung bereits vorhandener Kinder in Pflegefamilien sein. 239

- Eine Frist, innerhalb derer ein Schwangerschaftsabbruch nur gerechtfertigt wäre, ist bei der Indikation nach § 218a II nicht vorgesehen. Ein medizinisch-sozial indizierter Abort ist folglich bis zum Beginn der Geburt möglich, wobei die Prüfung der Zumutbarkeit desto restriktiver zu erfolgen hat, je näher der Geburtszeitpunkt heranrückt.[433] 240

Die Rechtfertigung wegen **kriminologischer Indikation** (§ 218a III) setzt neben der Einwilligung der Schwangeren und der ärztlichen Erkenntnis voraus, dass an der Frau eine zur Schwangerschaft führende Tat nach den §§ 176 bis 178 vorgenommen worden ist. Der Hauptanwendungsfall ist die Vergewaltigung (§ 177 VI S. 2 Nr. 1[434]). Für die Rechtfertigung des Schwangerschaftsabbruchs muss aber eine hohe Wahrscheinlichkeit 241

---

[430] Vgl. SK-*Rudolphi*, § 218a Rn 37.
[431] Vgl. SK-*Rudolphi*, § 218a Rn 29; Sch/Sch-*Eser/Weißer*, § 218a Rn 31; *Joecks/Jäger*, § 218a Rn 6.
[432] Vgl. dazu BVerfGE 88, 203, 256 f.
[433] Für das Zivilrecht vgl. BGH NJW 2002, 2636, 2638; NJW 2003, 2011 und OLG Karlsruhe NJW 2003, 2029.
[434] Siehe dazu Rn 467f.

Schwangerschaftsabbruch (§§ 218 ff.)

für die Annahme sprechen, dass die Schwangerschaft auf der Tat beruht. Dabei lässt das Gesetz offen, auf welche Weise der Nachweis zu erbringen ist. Im Gegensatz zu § 218a II ist bei § 218a III die 12-Wochen-Frist einzuhalten.

242 Subjektiv muss der Arzt nach eigenem Urteil davon überzeugt sein, dass die Voraussetzungen für einen gerechtfertigten Schwangerschaftsabbruch vorliegen. Liegt eine objektiv gegebene Indikation ohne Kenntnis des Arztes vor, ist mindestens ein strafbarer Versuch nach § 218 anzunehmen. Geht umgekehrt der Arzt irrtümlich von dem Vorliegen der Voraussetzungen des § 218a II oder III aus, unterliegt er einem Erlaubnistatbestandsirrtum, der nach dem BGH überwiegend gem. § 16 I S. 1 analog zum Vorsatzausschluss[435] und nach der hier vertretenen h.L.[436], der sich teilweise auch der BGH anschließt[437], zum Ausschluss des Vorsatzschuldvorwurfs führt.

III. Schuld und Strafzumessungsgesichtspunkte

243 Zur Schuldfeststellung gelten die allgemeinen Regeln. Auf Strafzumessungsebene ist die Regelung des § 218 II (**besonders schwerer Fall**)[438] zu beachten, die für die Schwangere allerdings nicht gilt.

Einen **persönlichen Strafausschließungsgrund** zugunsten der Schwangeren enthält § 218a IV S. 1. Danach ist die Schwangere auch dann, wenn weder eine medizinische noch eine kriminologische Indikation vorliegt, straflos, wenn der Schwangerschaftsabbruch von einem Arzt nach einer Schwangerschaftskonfliktberatung vorgenommen wird und bis zum Abbruch nicht mehr als 22 Wochen nach der Empfängnis verstrichen sind. Dieser Strafausschließungsgrund gilt nur für die Schwangere, nicht für den Arzt. Für ihn ist die Tat rechtswidrig.

IV. Exkurs: Strafbare Werbung für den Schwangerschaftsabbruch

243a § 219a I stellt u.a. das öffentliche Anbieten eigener oder fremder Dienste zur Vornahme oder Förderung eines Schwangerschaftsabbruchs oder diesbezüglicher Mittel, Gegenstände oder Verfahren, die zum Abbruch der Schwangerschaft geeignet sind, unter Hinweis auf diese Eignung unter Strafe, wenn dies wegen eines eigenen Vermögensvorteils oder in grob anstößiger Weise geschieht. Mit dieser Strafvorschrift, die als abstraktes Gefährdungsdelikt ausgestaltet ist, soll verhindert werden, dass der Schwangerschaftsabbruch in der Öffentlichkeit als etwas „Normales" empfunden und zudem kommerzialisiert wird.[439] Mit Blick auf Art. 1 I GG (Menschenwürde) und Art. 2 II S. 1 Var. 1 GG (Recht auf Leben) sollte aber vielmehr der Schutz des ungeborenen Lebens im Mittelpunkt stehen. Zwar hat das BVerfG offengelassen, ob der Nasciturus Grundrechtsfähigkeit besitzt, es hat aber immerhin entschieden, dass er jedenfalls durch die aus Art. 1 I und 2 II S. 1 Var. 1 GG folgende objektive Schutzverpflichtung des Staates in seiner Menschenwürde und seinem Recht auf Leben geschützt sei.[440] Wenn man also auch den Menschen im Mutterleib unter den Schutz des Art. 1 I GG und Art. 2 II S. 1 Var. 1 GG stellt, ist auch der Strafgesetzgeber verpflichtet, sich schützend vor das ungeborene Leben zu stellen und den Schwangerschaftsabbruch jedenfalls restriktiv auszugestalten. Dem dient der mit Blick auf die geringe Eingriffsintensität bzgl. Art. 12 I S. 1 GG verfas-

---

[435] Vgl. nur BGHSt 3, 105, 107; 31, 264, 286 ff.; 35, 246, 250; BGH NJW 2000, 1348, 1349; NStZ-RR 2002, 73; NJW 2004, 2458, 2460; NStZ 2004, 204, 205; NStZ-RR 2011, 238; zust. *Mitsch*, JuS 2000, 848, 851; vgl. auch *Roxin*, AT, § 14 Rn 62 u. 68; Sch/Sch-*Sternberg-Lieben/Schuster*, § 16 Rn 18; wohl auch BGH NStZ 2012, 205, 206 („entsprechend § 16 StGB"). Unklar BGH NStZ 2011, 630 („keine Bestrafung wegen vorsätzlicher Tat").

[436] Vgl. nur *Jescheck/Weigend*, AT, § 41 III 2d, IV 1d; *W/B/S*, AT, Rn 479; Lackner/Kühl-*Kühl*, § 17 Rn 5 u. 9; *Blei*, AT, § 59 II 3; *Fischer*, § 16 Rn 20 ff.

[437] BGH NJW 1997, 2460; NStZ 2012, 272 ff. („Ausschluss der Vorsatzschuld").

[438] Vgl. dazu BGH NStZ 2008, 32.

[439] *Fischer*, § 219a Rn 1 (unter Verweis auf die Protokolle und Motive des Gesetzgebers).

[440] Siehe BVerfGE 39, 1, 41 ff. (Schwangerschaftsabbruch I); 88, 203, 296 ff. (Schwangerschaftsabbruch II).

Schwangerschaftsabbruch (§§ 218 ff.)

sungskonforme § 219a, zumal der Gesetzgeber nunmehr klargestellt hat, dass der bloße Hinweis auf die Tatsache, dass Schwangerschaftsabbrüche unter den Voraussetzungen des § 218a I-III vorgenommen werden, oder der Hinweis auf Informationen einer insoweit zuständigen Bundes- oder Landesbehörde, einer Beratungsstelle nach dem Schwangerschaftskonfliktgesetz oder einer Ärztekammer über einen Schwangerschaftsabbruch keine Tathandlung i.S.d. § 219a I bedeutet, sofern der entsprechende Hinweis von einer zur Vornahme von Schwangerschaftsabbrüchen befugten Stelle (insbesondere Ärzte, Krankenhäuser) erfolgt.[441]

---

[441] Siehe Art. 1 des Gesetzes zur Verbesserung der Information über einen Schwangerschaftsabbruch v. 22.3.2019 – BGBl I 2019, S. 350.

G. Aussetzung (§ 221)

244 Die Vorschrift schützt hilflose Personen vor der **konkreten Gefährdung des Lebens und der körperlichen Unversehrtheit**. § 221 ist daher ein **konkretes Gefährdungsdelikt**. Hinsichtlich der körperlichen Unversehrtheit wird der tatbestandliche Anwendungsbereich allerdings auf die Gefahr einer *schweren* Gesundheitsschädigung beschränkt. Im Übrigen ist § 221 I teilweise ein **Allgemeindelikt**, teilweise aber auch ein **Sonderdelikt**, was eine Eingrenzung des möglichen Täterkreises zur Folge hat. Auch kann § 221 I sowohl durch aktives Tun also auch durch Unterlassen verwirklicht werden, was eine dem § 13 entsprechende Garantenstellung des Täters voraussetzt. **Qualifikationen** sind in § 221 II und III geregelt. Bei § 221 II Nr. 1 handelt es sich um eine tatbestandliche Abwandlung (**Tatbestandsqualifikation**), die die Strafe für denjenigen verschärft, der die Tat gegen sein Kind oder eine Person begeht, die ihm zur Erziehung oder zur Betreuung in der Lebensführung anvertraut ist. Demgegenüber handelt es sich bei § 221 II Nr. 2 und bei § 221 III um **Erfolgsqualifikationen**, für die gem. § 18 eine *fahrlässige* Herbeiführung genügt. Schließlich enthält die Vorschrift eine **Strafzumessungsregel** für *minder schwere Fälle*. Es empfiehlt sich folgender Aufbau:

Aussetzung (§ 221)

I. Tatbestand

1. Objektiver Tatbestand des § 221 I

a. Tathandlung gem. § 221 I Nr. 1: **Versetzen des Opfers in eine hilflose Lage**. Täter kann jedermann sein, sofern der Tatbestand durch aktives Tun verwirklicht wird. Konstruktiv möglich ist auch eine Unterlassungstäterschaft. Erforderlich ist diesbezüglich aber eine Garantenstellung i.S.v. § 13.

b. Tathandlung gem. § 221 I Nr. 2: **Im-Stich-Lassen des Opfers in einer hilflosen Lage**. Als Täter kommt nur derjenige in Betracht, der gegenüber dem Opfer eine Obhuts- oder Beistandspflicht hat (also der Garant). Dabei spielt es keine Rolle, ob der Täter durch räumliches Sich-Entfernen oder durch Untätigbleiben vor Ort den Taterfolg herbeiführt.

c. Taterfolg aller Tathandlungen: **Konkrete Gefahr des Todes oder einer schweren Gesundheitsschädigung** (konkretes Gefährdungsdelikt).

d. Kausalität/objektive Zurechnung

2. Ggf.: Qualifikationen (§ 221 II und III)

a. Bei **§ 221 II Nr. 1** handelt es sich um eine tatbestandliche Abwandlung (**Tatbestandsqualifikation**)[442], die die Strafe für denjenigen verschärft, der die Tat (1) gegen sein Kind oder (2) eine Person begeht, die ihm zur Erziehung oder zur Betreuung in der Lebensführung anvertraut ist.

b. Bei **§ 221 II Nr. 2** (schwere Gesundheitsschädigung) und **§ 221 III** (Tod) handelt es sich um **Erfolgsqualifikationen**, für die gem. § 18 eine *fahrlässige* Herbeiführung der schweren Folge genügt.[443]

3. Subjektiver Tatbestand

a. § 221 I: Vorsatz (*dolus eventualis* genügt), der auch die konkrete Gefahr des Todes oder der schweren Gesundheitsschädigung umfassen muss (Gefährdungsvorsatz). Der Versuch ist nicht strafbar.

b. § 221 II Nr. 1: Ebenfalls Vorsatz (*dolus eventualis* genügt) erforderlich. Der Versuch ist wegen des Verbrechenscharakters strafbar.

c. § 221 II Nr. 2 bzw. § 221 III: wenigstens Fahrlässigkeit, § 18.

II. Rechtswidrigkeit und III. Schuld

Es gelten die allgemeinen Regeln.

---

[442] Zum prüfungstechnischen Aufbau von Grundtatbestand und Tatbestandsqualifikation vgl. *R. Schmidt*, AT, Rn 84 ff.

[443] Zum prüfungstechnischen Aufbau von Grundtatbestand und Erfolgsqualifikation vgl. *R. Schmidt*, AT, Rn 891.

Aussetzung (§ 221)

I. Tatbestand

1. Objektiver Tatbestand

Nach dem Wortlaut des § 221 I macht sich strafbar, wer einen Menschen

245

1. in eine hilflose Lage **versetzt** oder
2. in einer hilflosen Lage **im Stich lässt**, obwohl er ihn in seiner Obhut hat oder ihm sonst beizustehen verpflichtet ist

und ihn dadurch der **Gefahr des Todes** oder einer **schweren Gesundheitsschädigung** aussetzt.

Wie sich unproblematisch aus der gesetzlichen Formulierung ergibt, besteht der Unterschied zwischen den beiden Tatvarianten zunächst darin, dass Täter der Nr. 1 grds. *jeder* sein kann (= Allgemeindelikt, vgl. aber Rn 251a), wohingegen Täter der Nr. 2 nur sein kann, wer eine Obhuts- und Beistandspflicht innehat (= Sonderdelikt). Hinsichtlich Nr. 2 scheidet somit grds. mittelbare Täterschaft aus.[444] Ein weiterer Unterschied zwischen Nr. 1 und Nr. 2 besteht darin, dass in den Fällen der Nr. 1 der Täter die hilflose Lage herbeiführt, wohingegen Nr. 2 voraussetzt, dass sich das Opfer bereits in einer durchaus auch vom späteren Täter der Nr. 2 herbeigeführten hilflosen Lage befindet. Strafbarkeitsvoraussetzung beider Varianten ist aber die Hilflosigkeit des Opfers.

246

Hilflos (i.S.d. § 221 I) ist ein Mensch, wenn er sich in einer Situation befindet, in der er schutzlos einer – zunächst zumindest abstrakten – Lebens- oder Leibesgefahr preisgegeben ist, falls nicht ein rettender Zufall zu Hilfe kommt.[445]

247

Zu beachten ist, dass nicht jede Hilflosigkeit automatisch eine „hilflose Lage" bedeutet. So ist jemand, der etwa nach einem schweren Verkehrsunfall bewusstlos auf der Intensivstation eines Krankenhauses liegt, zwar hilflos, befindet sich aber nicht in „hilfloser" Lage, solange Ärzte und Pflegepersonal hilfsbereit zur Verfügung stehen.[446] Auch auf die Frage, ob die hilflose Lage dauerhaft oder nur vorübergehend besteht, kommt es nicht an. Es muss aber mehr als nur eine „Augenblicksgefahr" bestehen. Wenn also der Täter das Opfer mit Todesvorsatz durch eine Handlung lebensgefährlich verletzt und das Opfer sogleich stirbt, ist i.d.R. die bis zum Todeseintritt bestehende hilflose Lage i.S.d. § 221 I nicht zu prüfen.

248

a. Tathandlung gem. § 221 I Nr. 1

Der Täter muss das Opfer **in eine hilflose Lage versetzen**. Dabei ist nicht erforderlich, dass – wie von der früheren Fassung der Vorschrift verlangt wurde, die bis 1998 von „aussetzen" sprach – ein räumliches Verbringen des Opfers stattfindet. Nach vom BGH vorgenommener Auslegung der geltenden Gesetzesfassung genügt jedes ursächliche Hervorrufen oder Steigern einer hilflosen Lage auch ohne Ortsveränderung.[447]

249

> **Beispiele:** Das Versetzen in eine hilflose Lage kann etwa dadurch verwirklicht werden, dass der Täter das schwer alkoholisierte und spärlich bekleidete Opfer (bei tiefen Temperaturen) in einem Hinterhof ablegt[448] oder das Opfer durch Drohung, Täuschung oder Gewalt (etwa durch heftige und lebensbedrohliche Stöße, Tritte und Schläge[449]) in eine Situation bringt, in der es sich ohne fremde Hilfe nicht vor Gefahren für sein Leben oder seine Gesundheit schützen kann. Nr. 1 kann des Weiteren dadurch verwirklicht werden, dass

---

[444] Mittelbare Täterschaft kann aber ausnahmsweise gegeben sein, z.B. wenn ein Obhutspflichtiger einen anderen Obhutspflichtigen als Werkzeug benutzt.
[445] BGH NStZ 2018, 209, 210.
[446] Vgl. *Wengenroth*, JA 2012, 584, 585.
[447] BGH NStZ 2018, 209, 210.
[448] BGH NStZ 2018, 209, 210.
[449] Vgl. BGH NJW 2008, 2199, 2200.

95

Aussetzung (§ 221)

der Täter das Opfer einsperrt und es von der Nahrungs- oder Wasserzufuhr abschneidet. Auch das Wegnehmen von Rettungsmitteln, wenn das Opfer auf diese angewiesen ist, unterfällt dem Begriff des Versetzens in eine hilflose Lage. Schließlich ist der Fall zu nennen, in dem der Täter bspw. dem Rettungsdienst bewusst eine falsche Wegbeschreibung gibt, um die Rettung des Opfers zu vereiteln oder zu erschweren.

250 Ein Versetzen in eine hilflose Lage **scheidet aus**, wenn das Opfer **freiverantwortlich** seine hilflose Lage selbst herbeiführt. Denn dann fehlt es an der Herrschaftsmacht des Täters, die das Versetzen prägt. Drohung, Täuschung oder Gewalt schließen die Freiverantwortlichkeit des Opfers aus (s.o.).

251 Das Versetzen kann durch aktives Tun oder durch Unterlassen verwirklicht werden. Letzteres stellt dann ein (unechtes) **Unterlassungsdelikt** dar, sodass in diesem Fall zusätzlich die Voraussetzungen des § 13 I vorliegen müssen.[450] Nr. 1 wird in diesem Fall zum Sonderdelikt, da Täter nur sein kann, wer eine Garantenpflicht i.S.v. § 13 I hat.

> **Beispiel:** Mutter M verhindert nicht, dass ihre 5-jährige Tochter T außerhalb der Schneepiste den Abhang hinunterfährt. Stürzt in diesem Fall T an einer so unglücklichen Stelle, dass sie erst Stunden später gerettet werden kann, ist M aus §§ 221 I Nr. 1, 13 I strafbar, sofern sie vorsätzlich die Fahrt der T nicht verhindert hat. Ihre Garantenstellung i.S.d. § 13 I ergibt sich aus den familienrechtlichen Obhuts- und Beistandspflichten der §§ 1626 ff. BGB. Ob eine Strafmilderung nach § 13 II i.V.m. § 49 I angemessen ist, hängt von den näheren Tatumständen und dem Grad der Vorwerfbarkeit ab.

b. Tathandlung gem. § 221 I Nr. 2

252 § 221 I Nr. 2 setzt als Tathandlung das **Im-Stich-Lassen** des sich in hilfloser Lage befindlichen Opfers voraus, sofern der Täter das Opfer **in seiner Obhut hat** oder ihm sonst **beizustehen verpflichtet ist**. Diese in der Vorschrift genannte Obhuts- und Beistandspflicht deckt sich mit den Pflichten des **§ 13 I**. Erforderlich ist also eine **Garantenstellung**.[451] In Betracht kommt insbesondere die Garantenstellung aus der Beschützergarantie und aus pflichtwidrigem Vorverhalten (Ingerenz).[452]

253 Schwierigkeiten bestehen aber hinsichtlich der Auslegung des Tatbestandsmerkmals **Im-Stich-Lassen**. Denn das Im-Stich-Lassen umfasst nach der im Zuge des 6. StrRG 1998 erfolgten Neufassung der Vorschrift nicht nur das räumliche Entfernen vom Opfer („verlassen"), sondern (trotz der aktivischen Fassung) auch das untätige Verweilen beim Opfer, insbesondere das Unterlassen der zur Abwendung der hilflosen Lage erforderlichen und zumutbaren Beistandsleistung.[453] Damit stellt § 221 I Nr. 2 nach überzeugender Auffassung sowohl ein Begehungsdelikt (wenn sich der Täter räumlich entfernt und das Opfer im Stich lässt) als auch ein echtes Unterlassungsdelikt (wenn der Täter zwar beim Opfer verweilt, dieses jedoch durch Untätigbleiben in die Gefahr des Todes oder der schweren Gesundheitsschädigung bringt) dar.[454] Die Gegenauffassung, der sich nun auch der BGH angeschlossen hat, betrachtet § 221 I Nr. 2 dagegen ausschließlich als echtes Unterlassungsdelikt.[455] Schließlich wird vereinzelt vertreten, dass § 221 I Nr. 2 ein

---

[450] SK-*Horn/Wolters*, § 221 Rn 5; Sch/Sch-*Eser/Sternberg-Lieben*, § 221 Rn 5; MüKo-*Hardtung*, § 221 Rn 10.

[451] Vgl. auch Lackner/Kühl-*Heger*, § 221 Rn 4; *Fischer*, § 221 Rn 5; Sch/Sch-*Eser/Sternberg-Lieben*, § 221 Rn 10; OLG Stuttgart NStZ 2009, 102, 103; LG Kiel NStZ 2004, 157 f.

[452] Vgl. hierzu den Fall BGH NJW 2008, 2199 ff. Zu den Garantenstellungen vgl. *R. Schmidt*, AT, Rn 780 ff. (insb. zu § 221 ebenda Rn 795).

[453] So ausdrücklich BT-Drs. 13/8587, S. 34; aus der Rspr. vgl. BGH NJW 2008, 2199, 2200 und OLG Stuttgart NStZ 2009, 102, 103; aus der Lit. MüKo-*Hardtung*, § 221 Rn 17; Lackner/Kühl-*Heger*, § 221 Rn 4; *Fischer*, § 221 Rn 8; W/H/E, BT 1, Rn 220.

[454] Wie hier SK-*Horn/Wolters*, § 221 Rn 6; NK-*Neumann*, § 221 Rn 18 ff.; *Fischer*, § 221 Rn 12; Sch/Sch-*Eser/Sternberg-Lieben*, § 221 Rn 10; *Ellbogen*, JuS 2002, 151, 155; Lackner/Kühl-*Heger*, § 221 Rn 4; LK-*Jähnke*, § 221 Rn 22; *Jäger*, JuS 2000, 31, 33.

[455] SK-*Horn/Wolters*, § 221 Rn 6; MüKo-*Hardtung*, § 221 Rn 2; NK-*Neumann*, § 21 Rn 19; BGH NJW 2012, 546. Vgl. auch *Theile*, ZJS 2012, 389 ff.

Aussetzung (§ 221)

(ausnahmsweise geregeltes) unechtes Unterlassungsdelikt zu § 221 I Nr. 1 sei.[456] In jedem Fall muss sich aber das Verhalten des Beistandspflichtigen an den Maßstäben des § 13 I messen lassen (dessen Voraussetzungen dann allerdings in den Tatbestand des § 221 I Nr. 2 hineinzulesen sind; nicht erforderlich ist insoweit also die „Umstellung" der Fallprüfung in den Aufbau eines Unterlassungsdelikts). Zu den Auswirkungen auf den Teilnehmer vgl. Rn 274 f.

Geht man mit der hier vertretenen Auffassung davon aus, dass § 221 I Nr. 2 sowohl durch aktives Tun als auch durch Unterlassen verwirklicht werden kann, ist die parallele Qualifizierung des § 221 I Nr. 2 als Begehungs- und Unterlassungsdelikt in Fällen folgender Art unproblematisch: **254**

- Der zur Personensorge Verpflichtete verlässt in räumlicher Hinsicht das Opfer und lässt dieses in hilfloser Lage zurück ⇒ Verwirklichung des § 221 I Nr. 2 **durch aktives Tun**.

- Der zur Personensorge Verpflichtete sitzt untätig am Bett des Opfers oder kehrt entgegen seiner Absicht von einer Besorgung oder einer Vergnügungsfahrt nicht zu seinen hilflosen Kleinkindern zurück. Das Gleiche gilt, wenn der Täter zwar beim Opfer verweilt, aber durch Sich-untauglich-Machen (etwa durch exzessiven Alkoholkonsum) seiner Hilfspflicht nicht nachkommen kann ⇒ Verwirklichung des § 221 I Nr. 2 **durch Unterlassen**.[457]

Problematisch sind dagegen die Fälle, in denen etwa ein betrunkener Autofahrer einen Fußgänger anfährt und sodann – um sich der strafrechtlichen Verantwortung zu entziehen – ohne jegliche Rettungsbemühungen den Unfallort verlässt. Verstirbt nun das Opfer, obwohl es hätte gerettet werden können, ist der Täter i.d.R. wegen Mordes in Verdeckungsabsicht durch Unterlassen (§§ 212 I, 211 I, II Var. 9, 13) strafbar (vgl. dazu Rn 133 ff.). Das Unterlassen ist hier nach allgemeiner Auffassung in der Nichtvornahme der gebotenen und zumutbaren Rettungsbemühung zu sehen. Fraglich ist nun, wie dieses konkrete Verhalten hinsichtlich des § 221 I Nr. 2 zu würdigen ist. An sich müsste man nach dem bisher Gesagten ein Im-Stich-Lassen durch aktives Tun bejahen, weil sich der Täter räumlich vom Opfer entfernt und nicht schlicht untätig beim Opfer verweilt hat. Um sich aber nicht dem Widerspruch auszusetzen, dieselbe Handlung einmal als Unterlassen und ein anderes Mal als aktives Tun zu qualifizieren, sollte man beim Mord in Verdeckungsabsicht von einem Unterlassen und hinsichtlich des § 221 I Nr. 2 schlicht von einem Im-Stich-Lassen ausgehen, das darin begründet ist, dass der Täter das Opfer seinem Schicksal überlässt. **255**

Weiterführender Hinweis: Man mag sich fragen, warum es so wichtig sein soll, die Tathandlung „Im-Stich-Lassen" als aktives Tun oder als Unterlassen zu qualifizieren, denn der Täter muss so oder so eine dem § 13 I vergleichbare Obhuts- und Beistandspflicht (also letztlich eine Garantenpflicht) haben, was zur Qualifizierung des § 221 I Nr. 2 zu einem **Sonderdelikt** führt.[458] Die zusätzliche Qualifizierung des Im-Stich-Lassens hat aber für den Fall, dass man ein *unechtes* Unterlassungsdelikt annimmt, zur Folge, dass dem Täter die fakultative Strafmilderung des § 13 II zugutekommt. Das mag zwar auf den ersten Blick sehr bedenklich und wohl auch der Grund sein, warum die ganz überwiegende Auffassung bei dem Verweilen bzw. dem Sichentfernen von einem *echten* Unterlassungsdelikt ausgeht. Allerdings ergibt sich bei einem Vergleich zu § 221 I Nr. 1, dass es gerade unbillig ist, § 13 II nicht auf § 221 I Nr. 2 anzuwenden. Denn ist § 221 I Nr. 1 unter Anwendung von § 13 I auch durch Unterlassen begehbar und daher der fakultativen Strafmilderung nach § 13 II zugänglich, muss dies erst recht für das Im-Stich-Lassen gem. § 221 I Nr. 2 gelten, da mit dieser Tatvariante i.d.R. eine geringere kriminelle Energie des Täters verbunden ist.[459] Ein Verstoß gegen das Analogieverbot ist hierin nicht zu sehen, da § 13 II ja eine täterbegünstigende Regelung enthält. **256**

---

[456] *Roxin*, AT II, § 31 Rn 18. Vgl. auch *Wengenroth*, JA 2012, 584, 588 und *Krüger/Wengenroth*, NStZ 2013, 101, 102.

[457] Vgl. auch den Fall BGH NJW 2008, 2199 ff.

[458] Eine andere Person, die diese Eigenschaft nicht besitzt, kann also nicht Mittäter oder mittelbarer Täter, sondern „nur" Anstifter oder Gehilfe sein, wobei anzumerken ist, dass die Pflichtenstellung des Täters ein strafbegründendes Merkmal i.S.d. § 28 I darstellt, die Strafe des Teilnehmers also gem. § 49 I zu mildern ist.

[459] *Jäger*, JuS 2012, 154, 155. Vgl. auch *Ladiges*, JuS 2012, 687, 689.

Aussetzung (§ 221)

257

> **Zusammenfassung:**
>
> **(1)** Ist der Täter **Nicht-Garant**, kommt eine Strafbarkeit ausschließlich nach § 221 I Nr. 1 in Betracht. Tathandlung ist die kausale und zurechenbare **Herbeiführung der hilflosen Lage**.
>
> **(2)** Demgegenüber kann sich der **Garant** sowohl nach § 221 I Nr. 1 als auch nach § 221 I Nr. 2 strafbar machen.
>
> **(a)** Nach § 221 I Nr. 2 macht er sich strafbar, wenn er das Opfer in einer hilflosen Lage im Stich lässt. Ob er die hilflose Lage herbeigeführt oder das Opfer in hilfloser Lage vorgefunden hat, spielt keine Rolle. Es kommt ausschließlich auf die Versagung der gebotenen und zumutbaren Hilfe an.
>
> **(b)** Führt der Garant die hilflose Lage sogar herbei, macht er sich nach beiden Nummern strafbar.

c. Taterfolg: Konkrete Gefahr

258
Allein das Versetzen des Opfers in eine hilflose Lage oder das Im-Stich-Lassen genügen nicht. Vielmehr verlangt der Tatbestand des § 221 I einen aus der hilflosen Lage bzw. dem Im-Stich-Lassen entstandenen bestimmten Gefahrzustand, namentlich die **Gefahr des Todes** oder **einer schweren Gesundheitsschädigung**. Da ein solcher Zustand wiederum nicht nur abstrakt vorliegen, sondern auch im konkreten Fall eingetreten sein muss[460], spricht man von einem **konkreten Gefährdungsdelikt**.

259
▪ Die **schwere Gesundheitsschädigung** setzt (in Übereinstimmung mit § 250 I Nr. 1c) keine schwere Körperverletzung i.S.d. § 226 I Nr. 1-3 voraus, sondern liegt auch bei einschneidenden oder nachhaltigen Beeinträchtigungen der Gesundheit vor, etwa bei langwierigen ernsthaften Krankheiten oder erheblichen Beeinträchtigungen der Arbeitskraft für lange Zeit.[461]

260
▪ Eine (**konkrete**) **Gefahr** für eines der beiden Schutzgüter, die, wie sich aus der gesetzlichen Formulierung „dadurch" ergibt, nicht schon automatisch durch Bejahung der „hilflosen Lage" angenommen werden kann[462], liegt vor, wenn der Nichteintritt einer Verletzung lediglich vom rettenden Zufall abhängt.[463] Bei der Feststellung der Gefahr sind sowohl die äußeren Umstände (Temperatur, Entfernung zum nächsten Wohnhaus oder zur Straße, Erreichbarkeit von Rettern etc.) als auch die individuelle Verfassung des Opfers (Alter, Gesundheitszustand, Gebrechlichkeit, Krankheit, Alkoholisierungsgrad etc.) zu berücksichtigen.[464]

Beispiele: Verbringen und Ablegen eines alkoholbedingt nicht ansprechbaren und zu koordiniertem Verhalten unfähigen, spärlich bekleideten Mädchens in einen Innenhof bei winterlichen Außentemperaturen[465]; Ablegen eines Säuglings in einem abgelegenen Waldgebiet. In beiden Fällen ist davon auszugehen, dass eine konkrete Gefahr für eines der beiden Schutzgüter eintritt. Anders liegt der Fall, in dem die Mutter den Säugling an einem Ort aussetzt, wo er mit an Sicherheit grenzender Wahrscheinlichkeit in kürzester Zeit entdeckt wird (etwa vor dem Eingang eines Krankenhauses).

261

> **Hinweis für die Fallbearbeitung:** Unabhängig vom vorstehenden Beispiel sollte das Bestehen einer konkreten Gefahr nicht vorschnell angenommen und damit der Tatbestand bejaht werden, nur weil der Täter etwa eine „gefährliche Verhaltensweise" an den Tag gelegt hat. Es bedarf stets einer genauen Einzelfallprüfung, ob eine konkrete Gefahr für eines der genannten Schutzgüter vorliegt. Eine konkrete Gefahr setzt

---

[460] Siehe auch BT-Drs. 13/9064, S. 14 sowie BGH NStZ 2018, 209, 210.
[461] BT-Drs. 13/8587, S. 28; *Schroth*, NJW 1998, 2861, 2865; Lackner/Kühl-*Kühl*, § 250 Rn 3.
[462] Wie hier MüKo-*Hardtung*, § 221 Rn 5; *Wengenroth*, JA 2012, 584, 585; a.A. *Fischer*, § 21 Rn 9 f.; 13.
[463] BGH NStZ 2017, 281, 282 (zu § 306b II Nr. 1); *Küpper*, JuS 2000, 225; Lackner/Kühl-*Heger*, § 221 Rn 5.
[464] Vgl. BGH NStZ 2018, 209, 210; NStZ 2003, 662, 663.
[465] BGH NStZ 2018, 209, 210.

Aussetzung (§ 221)

> jedenfalls eine Situation voraus, bei der es lediglich vom Zufall abhängt, ob eine Verletzung eintritt oder nicht.

Schließlich ist zu beachten, dass aufgrund der gesetzlichen Formulierung „dadurch" die konkrete Gefahr gerade durch eine der beiden Tatmodalitäten (Versetzen oder Im-Stich-Lassen) verursacht worden sein muss (**Kausalität**). Allerdings genügt es, dass eine bestehende abstrakte Gefahr verstärkt i.S.v. konkretisiert oder eine konkrete Gefahr gesteigert wird.[466] Fehlt es selbst daran, ist der Täter nicht aus § 221 I strafbar; auch eine Versuchsstrafbarkeit kommt nicht in Betracht, da diese nicht angeordnet ist (vgl. §§ 23 I, 12 II). Jedoch ist der Täter i.d.R. wegen anderer Delikte (etwa §§ 212, 22, 13 oder § 323c I) strafbar.

262

Fazit: Dem Wortlaut des § 221 I zufolge macht sich demnach **nicht** wegen Aussetzung strafbar, wer

262a

- einen nicht hilflosen Menschen im Stich lässt, auch wenn er ihn in eine Todesgefahr bringt,
- einen hilflosen Menschen im Stich lässt, diesen aber keiner oder nur der Gefahr einer nicht schweren Gesundheitsschädigung aussetzt, oder
- einen hilflosen Menschen der Gefahr des Todes aussetzt, ohne ihn im Stich zu lassen.

2. Subjektiver Tatbestand: Vorsatz

Der Täter muss in Bezug auf alle objektiven Tatbestandsmerkmale wenigstens mit *dolus eventualis* handeln. Das gilt auch hinsichtlich der konkreten Gefährdung (sog. **Gefährdungsvorsatz**). Der Versuch des § 221 I ist nicht unter Strafe gestellt (s.o.).

263

II. Rechtswidrigkeit und III. Schuld

Es gelten die allgemeinen Regeln und damit die Möglichkeit der Rechtfertigung (etwa wegen Einwilligung). Das gilt selbst dann, wenn eine Lebensgefahr besteht. Hinsichtlich der Schuld bestehen ebenfalls die allgemeinen Regeln.

264

IV. Qualifikationen (§ 221 II und III)

Qualifikationen sind in § 221 II und III geregelt.[467]

Bei **§ 221 II Nr. 1** handelt es sich um eine tatbestandliche Abwandlung (**Tatbestandsqualifikation**), die die Strafe für denjenigen verschärft, der die Tat (1) gegen sein Kind oder (2) eine Person begeht, die ihm zur Erziehung oder zur Betreuung in der Lebensführung anvertraut ist.

265

- Unter „**sein Kind**" werden das *leibliche Kind* und (wegen der verfassungsrechtlich gebotenen Gleichstellung) auch das *Adoptivkind* verstanden. Problematisch ist, ob der Begriff des Kindes personenstandsrechtlich (also zeitlich unbeschränkt) oder zeitlich beschränkt bis zur Vollendung des 14. Lebensjahres (vgl. die Legaldefinition „Kind" in § 176 I) oder bis zur Volljährigkeit (vgl. § 2 BGB: Vollendung des 18. Lebensjahres) zu verstehen ist.

266

  Beispiel: Der 80-jährige Vater V setzt seinen 60-jährigen, geistig behinderten Sohn S aus, weil er die letzten Tage seines Lebens unbekümmert genießen möchte.[468]

  In diesem Fall ist V nur dann aus § 221 II Nr. 1 Var. 1 strafbar, wenn man den Begriff des Kindes personenstandsrechtlich versteht. Ob dies in Anbetracht der hohen Strafandrohung

---

[466] BGH NStZ 2018, 209, 210.
[467] Zum (abweichenden) Prüfungsaufbau in der Fallbearbeitung siehe oben Rn 244.
[468] Vgl. *Fischer*, § 21 Rn 26.

Aussetzung (§ 221)

(ein Jahr bis zehn Jahre!) angenommen werden kann, mag bezweifelt werden.[469] Die Frage kann aber dahinstehen, wenn S eine Person ist, die dem V zur Erziehung oder zur Betreuung in der Lebensführung anvertraut ist (§ 221 II Nr. 1 Var. 2).

267 ▪ Zur **Erziehung** ist die Person demjenigen anvertraut, der verpflichtet ist, die Lebensführung der Person und damit auch deren geistig-sittliche Entwicklung zu überwachen und zu leiten. Da aber auch das leibliche Kind und das Adoptivkind zur Erziehung anvertraut sind, muss der Begriff der zur Erziehung anvertrauten Person i.S. dieser Var. 2 weiter gehen (sonst würde die gesetzliche Differenzierung keinen Sinn machen). Daher werden hier auch *Stief-, Heim-* und *Pflegekinder* vom Schutzbereich umfasst. Dabei kommt es weniger auf die rechtliche Verpflichtung an, sondern auf die tatsächliche Einräumung und Übernahme von Erziehungsgewalt.[470]

Beispiel/Gegenbeispiel: Nach der Scheidung lernt die Mutter der 3-jährigen O einen neuen Freund kennen und zieht mit ihm zusammen. Der Freund übernimmt – ohne das Sorgerecht zu haben – Erziehungsaufgaben.

Bei V aus dem vorherigen Beispiel kann diese Tatmodalität nicht angenommen werden, weil ein 60-Jähriger zwar betreut, aber wohl nicht (mehr) erzogen werden kann.

268 ▪ Zur **Betreuung in der Lebensführung** ist eine Person dem Täter anvertraut, wenn dieser während einer gewissen Dauer (aufgrund tatsächlicher Übernahme) jedenfalls auch für das geistig-sittliche Wohl des Betreuten verantwortlich ist. Aus der Formulierung „in der Lebensführung" kann nicht geschlossen werden, dass eine Aussetzung während einer kurzfristig eingeräumten Betreuung angenommen werden kann. Vielmehr muss unter Berücksichtigung der genannten hohen Strafandrohung die Betreuung in ihrer Intensität und Dauer einen Umfang erreichen, der in der Gestaltung des Lebens einen nicht nur unbedeutenden Einfluss darstellt.

Beispiel: Der Babysitter erfüllt kaum diese Voraussetzung, wohl aber das Kindermädchen. Bei dem 80-jährigen V (Rn 266) ist dies eine Sachverhaltsfrage.

Auf eine Betreuung i.S.d. §§ 1896 ff. BGB kommt es jedenfalls nicht an. Schließlich sind – da es hier nicht um Erziehung, sondern um Betreuung geht, und eine Betreuung auch von erwachsenen Menschen erforderlich werden kann – Altersgrenzen irrelevant. Daher kommt eine Strafbarkeit aus dieser Variante insbesondere in Bezug auf das Im-Stich-Lassen von pflegebedürftigen *Heimbewohnern* in Betracht.

269 Wegen des Charakters als Tatbestandsqualifikation gilt wie für den Grundtatbestand des § 221 I das Vorsatzerfordernis nach § 15, sodass der Täter hinsichtlich der objektiven Qualifikationsmerkmale **vorsätzlich** (*dolus eventualis* genügt) gehandelt haben muss. Die Strafandrohung von einem Jahr bis zu zehn Jahren macht die Qualifikation zu einem **Verbrechen**, sodass der **Versuch strafbar** ist.

270 Bei **§ 221 II Nr. 2** und **§ 221 III** handelt es sich um **Erfolgsqualifikationen**, für die gem. § 18 eine *fahrlässige* Herbeiführung genügt.[471] Aufgrund der Formulierung „wenigstens" in § 18 ist aber klar, dass auch eine (bedingt) vorsätzlich herbeigeführte schwere Folge der Anwendung des § 221 II Nr. 2 oder des § 221 III nicht entgegensteht. Sogar ein Versuch wäre möglich, weil erfolgsqualifizierte Delikte gem. § 11 II als Vorsatzdelikte gelten und eine Versuchsstrafbarkeit daher konstruktiv möglich ist. Dies führte jedoch dazu, dass praktisch jede Aussetzung, bei der der Täter das Opfer in die Gefahr des Todes bringt, eine Aussetzung mit versuchter Todesfolge (§ 221 I i.V.m. § 221 III, 22, 23 I, 12 I) wäre, weil der Täter, der das Opfer aussetzt und dieses dabei vorsätzlich in die Gefahr des Todes bringt, bei lebensnaher Betrachtung auch den Eintritt des Todes billigend in Kauf nimmt. Folge wäre, dass damit der Grundtatbestand

---

[469] Zum Streitstand vgl. *Sternberg-Lieben/Fisch*, Jura 1999, 45, 49; *Fischer*, § 221 Rn 21; NK-*Neumann*, § 221 Rn 36.
[470] Vgl. dazu insgesamt SK-*Horn*, § 221 Rn 14; *Joecks/Jäger*, § 221 Rn 22 ff.
[471] Vgl. auch MüKo-*Hardtung*, § 221 Rn 32; *W/H/E*, Rn 227.

Aussetzung (§ 221)

weitgehend ausgehöhlt würde. Hält man dieses Ergebnis für nicht sachgerecht, bleibt nur der Weg, den Anwendungsbereich der Aussetzung mit versuchter Todesfolge über eine teleologische Reduktion zu begrenzen. Aber: Wenn der Täter mit dolus eventualis in Bezug auf die versuchte Todesfolge handelt und man aus den genannten Gründen §§ 221 III, 22 verneinen wollte, bliebe die Frage, wie es sich dann mit der in der Konstellation des § 221 I Nr. 2 i.V.m. §§ 221 III, 22, 23 I, 12 I unstreitig verwirklichten versuchten Tötung durch Unterlassen §§ 212, 22, 13 I verhält. Der versuchte Totschlag durch Unterlassen wäre ja tatbestandlich ebenso erfüllt. Dann müsste auch dieser Tatbestand unangewendet bleiben, um nicht die Regelung in 221 I zu unterlaufen. Das kann ersichtlich nicht richtig sein. Daher ist jede Aussetzung, bei der der Täter das Opfer in die Gefahr des Todes bringt, eine Aussetzung mit versuchter Todesfolge (§ 221 I i.V.m. § 221 III, 22, 23 I, 12 I), weil der Täter, der das Opfer aussetzt und dieses dabei vorsätzlich in die Gefahr des Todes bringt, bei lebensnaher Betrachtung auch den Eintritt des Todes billigend in Kauf nimmt.

> **Hinweis für die Fallbearbeitung:** Verwirklicht der Täter den Grundtatbestand des § 221 I und verursacht darüber hinaus eine der beiden in § 221 II Nr. 2 und § 221 III genannten schweren Folgen (schwere Gesundheitsschädigung oder Tod des Opfers), liegt der „Normalfall" einer Erfolgsqualifikation vor, deren Prüfung auch keine größeren Schwierigkeiten bereitet. Solche bestehen aber immer dann, wenn der Täter den Grundtatbestand nicht verwirklicht (seine Tathandlung also im Versuch „stecken geblieben" ist), die besondere Tatfolge gleichwohl verursacht hat (sog. **erfolgsqualifizierter Versuch** ⇒ der Versuch des Grunddelikts wird durch die schwere Tatfolge qualifiziert). Aber auch diese Konstellation ist rechtlich zu bewältigen, wenn man den Anknüpfungspunkt der schweren Folge nicht im Erfolg des Grunddelikts sieht, sondern in der Tathandlung. Ein wirkliches Problem ergibt sich aber dann, wenn (wie bei § 221 I) **der Versuch des Grundtatbestands nicht strafbar ist**, sozusagen der Anknüpfungspunkt der Erfolgsqualifikation fehlt. Hier kann man eine zufrieden stellende Lösung – sofern Detailkenntnisse fehlen – nur durch ein geschultes Judiz und eine gute juristische Argumentation herbeiführen. Von daher ist es nachvollziehbar, warum sich gerade diese Konstellation bei den Aufgabenstellern großer Beliebtheit erfreut. Vgl. dazu die bei *R. Schmidt*, AT, Rn 899 f. dargestellte Konstellation. Dazu folgender Abschlussfall:

271

Übungsfall: Die Eheleute E sind seit 32 Jahren verheiratet. Herr E hat im Laufe seines Berufslebens eine mittlerweile als Marktführer geltende Firma aufgebaut. Dieser Erfolg hat allerdings auch seine Schattenseite. Von der ständigen Arbeitsüberlastung gezeichnet, erleidet er nun einen schweren Schlaganfall und ist bettlägerig. Sein gesamtes Erinnerungsvermögen ist dauerhaft verloren gegangen. Frau E hat dagegen das sorgenfreie Leben lieb gewonnen und entschließt sich, Herrn E mit seinem Rollstuhl nachts in einer Stadt am anderen Ende der Republik abzusetzen. Nach ihrer Vorstellung wird Herr E rasch gefunden und in einem Pflegeheim untergebracht. Doch auf dem Weg zum Tatort verursacht sie schuldhaft einen schweren Verkehrsunfall, bei dem ihr Mann ums Leben kommt. Hat Frau E sich strafbar gemacht?

272

Eine vollendete einfache Aussetzung gem. § 221 I scheidet aus, weil Frau E zum Zeitpunkt des Todes noch keine hilflose Lage geschaffen hatte.

Möglicherweise hat sich Frau E aber wegen versuchter Aussetzung mit Todesfolge strafbar gemacht. Allerdings ist der Versuch des Grundtatbestands, der einfachen Aussetzung (§ 221 I), nicht strafbar (vgl. §§ 23 I, 12 II). Eine Versuchsstrafbarkeit wäre also nur dann möglich, wenn man deren Anknüpfungspunkt in dem Verbrechenscharakter der Erfolgsqualifikation des § 221 III sähe (Gleiches würde für § 221 II Nr. 2 gelten).[472]

Kann man die Versuchsstrafbarkeit nicht schon aus dem Versuch des Grundtatbestands ableiten, sondern allenfalls aus dem Verbrechenscharakter der Erfolgsqualifikation, kommt man nicht umhin, der besonderen Folge die Qualität eines *strafbegründenden* Tatbestands beizu-

---

[472] Demgegenüber ist der Versuch des § 221 I Nr. 1 ohne weiteres möglich, da es sich hier um ein Verbrechen handelt.

Aussetzung (§ 221)

messen. Denn nach § 22 kann nur eine Straftat, nicht etwa eine Strafzumessungsregel, versucht werden. Erfolgsqualifikationen sind dem Tatbestand zuzuordnen. Doch dies allein genügt noch nicht, bei § 221 einen erfolgsqualifizierten Versuch zuzulassen, denn immerhin fehlt die Basis für die Erfolgsqualifikation. Um dieses Hindernis auszuräumen, wird teilweise vertreten, dass der erhöhte Strafrahmen der Erfolgsqualifikation zu einer **Änderung der Deliktsnatur** führe, sodass ein erfolgsqualifizierter Versuch auch dann möglich sei, wenn der Versuch des Grundtatbestands als solcher nicht mit Strafe bedroht ist.[473] Dieser Auffassung steht jedenfalls nicht die Rechtsnatur der Erfolgsqualifikationen entgegen, da diese insgesamt gem. §§ 11 II, 18 als Vorsatzdelikte gelten und daher ein Versuch prinzipiell möglich ist. Allerdings überzeugt die Annahme der Änderung der Deliktsnatur nicht. Denn Qualifikationen ändern nicht die Natur des Grunddelikts, sondern stellen lediglich unselbstständige Abwandlungen dar (vgl. *R. Schmidt*, AT, Rn 77 f.). Daher kann es bei § 221 in Ermangelung eines strafbaren Versuchs des Grunddelikts einen **erfolgsqualifizierten Versuch nicht geben.**[474] Solange der Täter aber die besondere Tatfolge vorsätzlich verursacht, verwirklicht er ein anderes (schwereres) Vorsatzdelikt, sodass Strafbarkeitslücken ohnehin nicht bestehen.

Daher hat sich Frau E (lediglich) wegen fahrlässiger Tötung (§ 222) strafbar gemacht, nicht jedoch wegen versuchter Aussetzung mit Todesfolge (§§ 221 I, III, 22, 23 I, 12 I). Hätte sie den Tod billigend in Kauf genommen, wäre sie gem. §§ 221 I, III, 22, 23 I, 12 I strafbar gewesen.

273

> **Hinweis für die Fallbearbeitung:** Unabhängig von der besonderen Problematik bei § 221 bietet sich für die Prüfung des erfolgsqualifizierten Versuchs folgendes **Aufbauschema** an:
>
> ⇨ Versuch des Grunddelikts
>   ⇨ Tatentschluss
>   ⇨ Unmittelbares Ansetzen zur Tatbestandsverwirklichung
> ⇨ Eintritt der schweren Folge
> ⇨ Tatbestandsspezifischer Zusammenhang zwischen der Versuchshandlung und der schweren Tatfolge
> ⇨ Wenigstens Fahrlässigkeit bezüglich der schweren Tatfolge
> ⇨ Rechtswidrigkeit und Schuld (soweit nicht schon abschließend beim Grunddelikt geprüft)
> ⇨ Rücktritt vom Versuch des Grunddelikts

---

[473] *Otto*, BT, § 10 Rn 9; Lackner/Kühl-*Kühl*, § 18 Rn 11; *Baumann/Weber/Mitsch/Eisele*, AT, Rn 594; *Sowoda*, Jura 1995, 664, 653; *Rath*, JuS 1999, 140, 142.
[474] Wie hier die h.M., vgl. nur *Fischer*, § 221 Rn 15; NK-*Paeffgen*, § 18 Rn 112; NK-*Neumann*, § 221 Rn 42; *Rengier*, BT II, Rn 22; a.A. SK-*Horn/Wolters*, § 221 Rn 16.

V. Teilnahmeprobleme

Sofern der Täter den Tatbestand des **§ 221 I Nr. 1** (Versetzen des Opfers in eine hilflose Lage) durch Unterlassen verwirklicht, müssen zusätzlich die Voraussetzungen des § 13 I vorliegen. Dazu zählt insbesondere die **Garantenstellung** des Täters. Für den Teilnehmer ist eine solche Garantenstellung jedoch nicht erforderlich. Diesbezüglich genügt es, dass der Teilnehmer die Umstände kennt, aus denen sich die Garantenstellung des Täters ergibt („doppelter Teilnehmervorsatz"). Da die Garantenstellung zugleich ein besonderes persönliches Merkmal darstellt, gelangt § 28 (hier: Abs. 1) zur Anwendung, sodass dem Gehilfen eine doppelte Strafmilderung (einmal über § 27 I i.V.m. § 49 I und einmal über § 28 I i.V.m. § 49 I) zugutekommt.[475]

274

Täter des **§ 221 I Nr. 2** kann von vornherein nur der Obhuts- und Beistandspflichtige (also der Garant) sein. Insoweit handelt es sich also um ein **Sonderdelikt**, das eine mittelbare Täterschaft und eine Mittäterschaft ausschließt, sofern bei einer solchen Person die genannte Garantenstellung fehlt. Hier kommt ausschließlich eine Teilnahme in Betracht. Dazu gelten die bei Rn 274 gemachten Ausführungen.

275

VI. Konkurrenzfragen

Verwirklicht der Täter § 221 I Nr. 1, begründet er mit diesem pflichtwidrigen (Vor-) Verhalten eine Garantenstellung i.S.d. § 221 I Nr. 2, weil er i.d.R. in der Lage ist, die von ihm geschaffene Gefahr für das hilflose Opfer wieder abzuwenden. In diesem Fall tritt § 221 I Nr. 2 hinter § 221 I Nr. 1 zurück (Konsumtion).[476] Im Übrigen wird § 221 von allen vorsätzlichen Tötungsdelikten verdrängt oder – sofern man im Urteilstenor eine Klarstellung wünscht – steht mit ihnen in Tateinheit. Tateinheit ist jedenfalls mit § 142 und §§ 223 ff. möglich. § 221 I Nr. 1 tritt hinter §§ 212, 22, 13 zurück; § 323c I tritt wiederum hinter § 221 I Nr. 2 zurück. § 221 III geht sowohl § 222 als auch § 221 II vor. § 221 II Nr. 2 verdrängt § 229.

276

H. Fahrlässige Tötung (§ 222)

Da der Aufbau des Fahrlässigkeitsdelikts ausführlich bei *R. Schmidt*, AT, bei Rn 841 ff. dargestellt ist, sei insoweit auf die dortigen Ausführungen verwiesen.

277

---

[475] Wie hier MüKo-*Hardtung*, § 221 Rn 38; a.A. BGH NStZ-RR 2006, 109 (zu § 266).
[476] MüKo-*Hardtung*, § 221 Rn 48.

2. Kapitel – Straftaten gegen die körperliche Unversehrtheit

278   Der 17. Abschnitt des StGB befasst sich mit den Straftaten gegen die körperliche Unversehrtheit. Angriffsobjekt ist (wie bei den Tötungsdelikten) der geborene Mensch. Eine Einwirkung auf den noch ungeborenen Menschen ist daher, auch wenn sie einen späteren Dauerschaden verursacht, weder von §§ 211 ff. noch von §§ 223 ff. erfasst (zum Begriff des „Menschseins" i.S.d. Strafrechts vgl. Rn 2 ff.; zum maßgeblichen Zeitpunkt der strafrechtlichen Beurteilung vgl. Rn 4).

> **Beispiel:** Die im 6. Monat schwangere S bekommt von ihrem Arzt das Schlaf- und Beruhigungsmittel *Contergan* verschrieben. 3 Monate später bringt sie ein durch starke Missbildungen geschädigtes Kind zur Welt.
>
> In diesem Fall sind weder der Arzt noch der Medikamentenhersteller in Bezug auf das Kind strafrechtlich verantwortlich.[477] Selbst eine Strafbarkeit nach §§ 218 ff. liegt nicht vor, da ein Schwangerschaftsabbruch weder versucht noch vollendet wurde. Immerhin bleibt die zivilrechtliche Verpflichtung zum „Schadensersatz" hiervon unberührt.

279   Geschütztes Rechtsgut ist – mit Blick auf die Überschrift vor § 223 – die **körperliche Unversehrtheit** einschließlich des körperlichen und gesundheitlichen Wohlbefindens.[478] Daher fallen i.d.R. bereits abgetrennte Körperteile (z.B. das amputierte „Raucherbein") vom Zeitpunkt der Trennung an nicht mehr in den Schutzbereich der Körperverletzungsdelikte. Etwas anderes kann aber dann gelten, wenn dem Körper Bestandteile entnommen wurden, um sie später wieder einzubringen (etwa Keimzellen, um sie *in vitro* zu befruchten, oder Eigenblutspende). Denn zum Zwecke der Reimplantation entnommene Körperbestandteile bilden aus der Sicht des Schutzzwecks der Norm eine funktionale Einheit und unterliegen daher dem Schutz der Körperverletzungsvorschriften.[479]

280   Tatobjekt ist ein **anderer Mensch**. Selbstverletzungen sind (bis auf die Fälle des § 109 StGB und des § 17 WStG) tatbestandslos, sodass insoweit auch eine Teilnahme entfällt (es fehlt an der Haupttat). Mittelbare Täterschaft des Hintermanns bleibt jedoch möglich, sofern dieser das Tatgeschehen aufgrund seiner Wissens- und/oder Willensherrschaft steuert (vgl. *R. Schmidt*, AT, Rn 949 ff.).

281   Den **Grundtatbestand** der vorsätzlichen Körperverletzungsdelikte bildet § 223. Auf dieser Strafnorm bauen mehrere Qualifikationstatbestände auf.

- § 224 (**gefährliche Körperverletzung**) qualifiziert § 223 aufgrund der besonders gefährlichen Art der Tatausführung.

- § 226 (**schwere Körperverletzung**) qualifiziert § 223 aufgrund der schuldhaft verursachten Körperschäden.

- § 227 (**Körperverletzung mit Todesfolge**) qualifiziert § 223 aufgrund der schuldhaft verursachten Todesfolge.

- § 340 (**Körperverletzung im Amt**) qualifiziert § 223 aufgrund der Begehung durch einen Amtsträger.

- Bei § 225 (**Misshandlung von Schutzbefohlenen**) ist die Sache weniger eindeutig. Teilweise wird auch hierin eine Qualifikation zu § 223 gesehen. Die Gegenauffassung unter Einschluss des BGH geht wegen der Einbeziehung seelischer Qualen und wegen der besonderen Beziehung zwischen Täter und Opfer von einem eigenständigen Delikt in Form eines Sonderdelikts aus. Wieder andere sehen den Tatbestand des § 225 differen-

---

[477] Vgl. dazu BVerfG NJW 1988, 2945; BGHSt 31, 348 ff.; LK-*Lilie*, vor § 223 Rn 7; NK-*Paeffgen*, § 223 Rn 4; a.A. LG Aachen JZ 1971, 507.
[478] Das ist – soweit ersichtlich – unstreitig.
[479] Vgl. BGHZ 124, 52, 54.

Körperverletzungsdelikte – Körperverletzung (§ 223)

ziert und beurteilen lediglich das rein seelische Quälen als eigenständiges Delikt und die übrigen Begehungsformen als Qualifikation.[480]

- § 231 (**Beteiligung an einer Schlägerei**) bildet auf jeden Fall einen verselbstständigten (Gefährdungs-)Tatbestand.

A. Körperverletzung (§ 223)

Die **Minimalvoraussetzungen** einer Strafbarkeit wegen eines Körperverletzungsdelikts beschreibt **§ 223 I**. Diese Strafnorm enthält zwei Tatmodalitäten, die *körperliche Misshandlung* und die *Gesundheitsschädigung*. Diese beiden Tatmodalitäten stehen selbstständig nebeneinander. Im Regelfall sind aber beide verwirklicht. Die körperliche Misshandlung muss allerdings nicht stets zu einer Gesundheitsschädigung führen. Umgekehrt ist eine Gesundheitsschädigung auch ohne körperliche Misshandlung möglich.

282

> **Beispiel:** Das Abschneiden von Haaren oder eine Ohrfeige kann eine Misshandlung ohne Gesundheitsschädigung darstellen; die Übertragung einer ansteckenden Krankheit (etwa mit HIV) kann eine Gesundheitsschädigung ohne Misshandlung darstellen.

Allein die Verwirklichung *einer* der beiden Modalitäten genügt zur Tatbestandsverwirklichung. Daher kommt auch eine Wahlfeststellung der beiden Modalitäten in Betracht. In der Fallbearbeitung sind aber stets beide zu prüfen. Der **Versuch** ist **strafbar**, § 223 II.

283

Gemäß § 230 I werden die einfache Körperverletzung gem. § 223 und die fahrlässige Körperverletzung gem. § 229 nur auf **Antrag** (vgl. §§ 77 ff.) verfolgt, es sei denn, dass die Strafverfolgungsbehörde (Staatsanwaltschaft) wegen eines besonderen öffentlichen Interesses ein Einschreiten von Amts wegen für geboten hält (sog. *bedingtes* oder *relatives* Antragsdelikt). Zu beachten ist aber der **Privatklageweg** gem. § 374 I Nr. 4 StPO. Privatklage bedeutet, dass die Tat vom Verletzten verfolgt werden kann bzw. muss, ohne dass es einer vorherigen Anrufung der Staatsanwaltschaft bedarf. Stellt der Berechtigte gleichwohl einen Strafantrag, klagt die Staatsanwaltschaft gem. § 376 StPO nur an, wenn dies im öffentlichen Interesse liegt, ansonsten verweist sie den Anzeigenden auf den Privatklageweg. Ob die Strafverfolgung durch die Staatsanwaltschaft im öffentlichen Interesse liegt, hängt von der Erheblichkeit der Körperverletzung ab. Folgender Prüfungsaufbau ist allgemein anerkannt:

284

Körperverletzung (§ 223)

I. Tatbestand

1. Objektiver Tatbestand

Die **Tathandlung** besteht in der *körperlichen Misshandlung* oder der *Gesundheitsschädigung* einer anderen Person (beide prüfen!).

a. Körperliche Misshandlung, Var. 1

Körperliche Misshandlung ist jede üble unangemessene Behandlung, durch die das Opfer in seinem körperlichen Wohlbefinden oder in seiner körperlichen Unversehrtheit nicht nur unerheblich beeinträchtigt wird.

b. Gesundheitsschädigung, Var. 2

Gesundheitsschädigung ist das Hervorrufen oder Steigern eines, wenn auch vorübergehenden, pathologischen Zustands.

c. *Kausalität* und *Zurechnung* des Taterfolgs

---

[480] Vgl. zum Meinungsstreit Rn 427.

Körperverletzungsdelikte – Körperverletzung (§ 223)

2. Subjektiver Tatbestand: Vorsatz

Körperverletzungsvorsatz (*dolus eventualis* genügt). Der Versuch ist gem. § 223 II strafbar.

II. Rechtswidrigkeit und III. Schuld

Es gelten die allgemeinen Grundsätze. Die *Rechtswidrigkeit* kann insbesondere durch Einwilligung, Notwehr (§ 32), Notstand (§ 34) und durch Vorliegen eines Festnahmerechts ausgeschlossen sein. Die *Schuld* kann insbesondere infolge alkoholbedingter Schuldunfähigkeit ausgeschlossen sein.

IV. Strafverfolgungsvoraussetzung/Prozessvoraussetzung

Zu beachten ist insbesondere das Antragserfordernis gem. § 230 (das auch für § 229 gilt), es sei denn, dass ein besonderes öffentliches Interesse an der Strafverfolgung besteht.

I. Tatbestand

1. Objektiver Tatbestand

285 Da die Körperverletzung das Delikt darstellt, mit dem typischerweise das juristische Studium begonnen wird, soll diesem Umstand im Folgenden durch eine entsprechende Darstellungsweise Rechnung getragen werden. Kommt eine Körperverletzung in Betracht, muss zunächst ein **Obersatz** gebildet werden, der zeigt, durch welches konkrete Täterverhalten der Tatbestand der Körperverletzung verwirklicht sein könnte. Sodann muss die Körperverletzung **definiert** werden, um in einem darauf folgenden Schritt das Täterverhalten mit den in der Definition genannten Voraussetzungen zu vergleichen, also zu prüfen, ob das Täterverhalten unter diese Definition **subsumiert** werden kann.

Beispiel: T hat O mit der Faust kräftig ins Gesicht geschlagen, sodass dieser sich einer ärztlichen Heilbehandlung unterziehen muss. Bei der Frage, ob sich T wegen Körperverletzung strafbar gemacht hat, bietet sich in der Fallbearbeitung folgende **Formulierung** an:

„Indem T den O mit der Faust ins Gesicht geschlagen hat, könnte er sich wegen Körperverletzung (§ 223 I) strafbar gemacht haben. Dazu müsste der Faustschlag eine körperliche Misshandlung oder eine Gesundheitsschädigung darstellen."

Nun folgt in der Fallbearbeitung die Definition der körperlichen Misshandlung, um anschließend aufzuzeigen, ob das Verhalten des T diese Voraussetzung erfüllt.

a. Körperliche Misshandlung (§ 223 I Var. 1)

286 **Körperliche Misshandlung** ist jede üble unangemessene Behandlung, durch die das Opfer in seinem körperlichen Wohlbefinden oder in seiner körperlichen Unversehrtheit nicht nur unerheblich beeinträchtigt wird.[481]

286a ■ Das **körperliche Wohlbefinden** ist der Zustand, der vor der Einwirkung bestand (status quo ante). Eine **Schmerzzufügung** ist zur Beeinträchtigung des Schutzguts nach h.M. zwar nicht zwingend erforderlich, wird bei einer körperlichen Misshandlung aber regelmäßig vorliegen. **Seelische** (d.h. psychische) Beeinträchtigungen verwirklichen den Tatbestand des § 223 I Var. 1 dagegen grds. nicht.[482] Denn das seelische Wohlbefinden ist ausweislich des Wortlauts des § 223 I Var. 1 nicht erfasst. Auch der Umkehrschluss aus § 225 III Nr. 2, der – anders als § 223 – die Beeinträchtigung der seelischen Entwicklung nennt, spricht dafür, dass rein psychische Beeinträchtigungen nicht unter § 223 I Var. 1 fallen. Psychische Beeinträchtigungen können den Tatbestand der Körperverletzung daher nur dann verwirklichen, wenn sie das körperliche Wohlbefinden des Tatopfers nicht nur unerheblich beeinträchtigen, d.h. in einen pathologischen, somatisch objektivierbaren Zustand

---

[481] BGH NStZ 2016, 27; BGHSt 25, 277, 278; 14, 269, 271; LK-*Lilie*, § 223 Rn 6; Sch/Sch-*Sternberg-Lieben*, § 223 Rn 3.
[482] Vgl. auch BGH NStZ 2016, 27.

106

Körperverletzungsdelikte – Körperverletzung (§ 223)

versetzen.[483] Das ist etwa der Fall, wenn (als Folgeerscheinung) Brechreiz[484], Angstschweiß, Herzklopfen, Schlaf- oder Konzentrationsstörungen (z.B. infolge von Anspuckens[485] oder des Bespritzens mit Ekel erregender Flüssigkeit[486]) verursacht werden, wobei allerdings – gerade bei den Folgeerscheinungen – die objektive Zurechnung und/oder der Vorsatz fraglich sein können.[487] Auch **Mobbing**[488] und (befehls- oder anordnungsbedingte) körperliche **Überanstrengung** können das körperliche Wohlbefinden in strafrechtlich relevanter Weise beeinträchtigen. Demgegenüber beeinträchtigt die Verursachung von Schrecken, Ekel oder Erregung ohne das Hervorrufen eines objektivierbaren somatischen Zustands das körperliche Wohlbefinden im Regelfall nur unerheblich.[489] Das gilt auch für Handlungen, die unterhalb einer bestimmten **Bagatellschwelle** liegen, etwa das Anspucken, das bloße Anstoßen (Schubsen) und Zu-Fall-Bringen eines anderen, ein leichter Schlag mit einer morschen Holzplatte, ein leichter Tritt, eine gynäkologische Untersuchung ohne medizinische Indikation[490] oder das Packen am Arm zur Durchsetzung einer Ordnungsverfügung[491]. Ob das Anpusten eines Nichtrauchers mit Zigarettenrauch eine mehr als nur unerhebliche Beeinträchtigung des körperlichen Wohlbefindens darstellt, ist bei *R. Schmidt*, AT, Rn 327 aufbereitet.

Beispiel[492]: Der 11-jährige Schüler K störte fortlaufend den Unterricht der Lehrerin L. Sie verwies ihn des Klassenzimmers, was K nicht beeindruckte. Als L ihn von seinem Platz hochziehen wollte, klammerte er sich an das Pult. L packte K am Oberarm und geleitete ihn aus dem Klassenzimmer. Als er äußerte, Schmerzen zu haben, ließ ihn L sofort los. K trug ein Hämatom – einen ca. 2 cm großen blauen Fleck – am Oberarm davon.

Das LG Berlin hat entschieden, dass eine Körperverletzung zum Nachteil des K nicht vorliege, weil die Beeinträchtigung der körperlichen Integrität unerheblich sei, § 223 aber eine nicht unerhebliche Beeinträchtigung des körperlichen Wohlbefindens oder der körperlichen Integrität fordere. Dem ist zuzustimmen. Das Zufügen von geringen Blutergüssen gleich als Straftat anzusehen, erscheint nicht sachgerecht; eben deshalb hat die h.M. ja auch das Merkmal „nicht nur unerheblich" in die Definition der körperlichen Misshandlung aufgenommen, um Bagatellfälle der vorliegenden Art aus dem Tatbestand der Körperverletzung herauszuhalten. Freilich bleibt davon die Möglichkeit der Ahndung als Disziplinarmaßnahme wegen Verstoßes gegen das schulgesetzliche Verbot der körperlichen Züchtigung und anderer entwürdigender Maßnahmen unberührt (vgl. *R. Schmidt*, AT, Rn 480).

▪ Zweite Fallgruppe der körperlichen Misshandlung ist die **körperliche Unversehrtheit**. **286b** Auch diese muss mehr als nur unerheblich beeinträchtigt sein. Das ist bei **substanzverletzenden** Einwirkungen auf den Körper wie bspw. dem Beibringen einer Wunde, dem Verabreichen eines gesundheitsschädlichen Stoffs, dem Ausschlagen von Zähnen, dem Entfernen eines Körperteils, dem Zufügen einer Prellung bzw. Stauchung, der Defloration, dem Abschneiden eines Zopfes o.ä. unproblematisch der Fall. Das Beibringen von ein paar kleineren blauen Flecken (unterhalb der Schwelle der Prellung) dürfte einen Grenzfall darstellen. Eine Ohrfeige ist dagegen ohne weiteres eine Verletzung der körperlichen Unversehrtheit. Demgegenüber soll beim **ungeschützten Geschlechtsverkehr** unter Verschweigung der eigenen Infektiosität eine Beeinträchtigung der körperlichen Unversehrt-

---

[483] Vgl. etwa BGH NJW 2013, 3383 f.; OLG Celle NJW 2008, 2202, 2203.

[484] BGH NStZ 2016, 27.

[485] BGH NStZ 2016, 27.

[486] Vgl. dazu AG Lübeck 8.6.2011 – 746 Js 13196/11 (Bespritzen einer Frau im Supermarkt mit zuvor in ein Augentropfenfläschchen abgefülltem Sperma).

[487] So nunmehr auch BGH NStZ 2016, 27.

[488] „Mobbing" ist keine eigenständige tatbestandsmäßige Handlung, sondern eine aus dem angloamerikanischen Rechtsraum stammende Umschreibung für „fortgesetzte, aufeinander aufbauende und ineinander übergreifende, der Anfeindung, Schikane oder Diskriminierung dienende Verhaltensweisen, die nach ihrer Art und ihrem Ablauf im Regelfall einer übergeordneten, von der Rechtsordnung nicht gedeckten Zielsetzung förderlich sind und in ihrer Gesamtheit das allgemeine Persönlichkeitsrecht, die Ehre oder die Gesundheit des Betroffenen verletzen" (vgl. BGH NJW 2002, 3172; OLG Celle NJW 2008, 2202, 2203; OLG Stuttgart NVwZ-RR 2003, 715).

[489] Vgl. BGH NJW 2013, 3383 f.; NStZ 2000, 25; NStZ-RR 2000, 106; OLG Köln NJW 1997, 2191; LK-*Lilie*, § 223 Rn 9; *Wallschläger*, JA 2002, 390. Zur Ausnahme bei der Verabreichung von Kochsalz vgl. Rn 351.

[490] Zur Letzteren vgl. BGH NStZ 2008, 632.

[491] LG Berlin StRR 2010, 83.

[492] Nach LG Berlin StRR 2010, 83.

Körperverletzungsdelikte – Körperverletzung (§ 223)

heit ausgeschlossen sein.[493] Bei körperlichen **Funktionsstörungen**, die insbesondere beim Verlust von Körperteilen, aber auch bei Herbeiführung von deren Unbrauchbarkeit anzunehmen sind und bei denen Überschneidungen mit den substanzverletzenden Einwirkungen bestehen, ist indes ohne weiteres eine Körperverletzung zu bejahen.

286c Vergleicht man die Definition des körperlichen Wohlbefindens mit der der körperlichen Unversehrtheit, stellt man fest, dass die Definition der körperlichen Unversehrtheit enger ist. Ist also die körperliche Unversehrtheit beeinträchtigt, bedarf es keiner Prüfung des körperlichen Wohlbefindens. Ist umgekehrt fraglich, ob eine Beeinträchtigung der körperlichen Unversehrtheit vorliegt, kann diese Frage dahinstehen, wenn jedenfalls eine Beeinträchtigung des körperlichen Wohlbefindens bejaht wird.

286d Nach der auch hier vertretenen Auffassung der Rechtsprechung ist auch in jedem **ärztlichen (Heil-)Eingriff**, der die körperliche Integrität verletzt, eine objektiv tatbestandsmäßige Körperverletzung i.S.d. § 223 I Var. 1 zu sehen. Dabei spielt es keine Rolle, ob die betreffende Maßnahme zu Heilzwecken angezeigt (indiziert) ist, lediglich kosmetischen Zwecken dient oder religiösen Motiven (etwa Beschneidung von Knaben) folgt. Der Arzt hat i.d.R. einen sehr großen Wissensvorteil gegenüber dem Patienten. Der Patient (bzw. bei einwilligungsunfähigen Minderjährigen der personensorgeberechtigte gesetzliche Vertreter) vertraut dem Arzt i.d.R. und begibt sich (oder das Kind) in dessen Obhut, die wiederum eine große Verantwortung auf Seiten des Arztes auslöst. Daher scheint es sachgerecht, in jedem ärztlichen Eingriff tatbestandlich eine Körperverletzung zu sehen, die der besonderen Rechtfertigung (durch Einwilligung) bedarf.[494]

287 Die Behandlung muss nach der o.g. Definition schließlich **übel** und **unangemessen** sein. Übersetzt man „unangemessen" mit „sozialwidrig"[495], lassen sich mit diesem Kriterium sozialadäquate Verhaltensweisen aus dem Tatbestand der Körperverletzung herausnehmen. Welche Verhaltensweisen wiederum „sozialadäquat" sind, hängt von der Sichtweise des Betrachters ab. Teilweise werden etwa maßvolle und im konkreten Fall angemessene **elterliche Züchtigungsmaßnahmen**, die nicht nur unerheblich sind, als „sozialadäquate" Verhaltensweisen behandelt und wegen nicht gegebener „Unangemessenheit" aus dem Tatbestand des § 223 herausgehalten.[496] Ob Verletzungshandlungen bei **Sportarten mit Körperkontakt** (Boxen, Rugby, Fußball etc.) noch „sozialadäquat" sind, ist zweifelhaft (vgl. dazu Rn 294a). Weiterhin wird diskutiert, ob das **Tätowieren** eine üble und unangemessene Behandlung ist.[497] Vorausgesetzt, das Tätowieren erfolgt mit Einverständnis des Betroffenen, kann man nicht von „übler und unangemessener Behandlung" sprechen. Zudem ist das Tätowieren mittlerweile gesellschaftlich anerkannt und damit nicht sozialwidrig. Von daher bietet es sich an, § 223 I Var. 1 tatbestandlich zu verneinen. Freilich wird aber eine Gesundheitsschädigung i.S.v. § 223 I Var. 2 (Rn 289 ff.) vorliegen, sodass letztlich doch eine tatbestandliche Körperverletzung vorliegt, die aber i.d.R. unter dem Gesichtspunkt der Einwilligung gerechtfertigt ist (dazu *R. Schmidt*, AT, Rn 433 f.).

Im **Beispiel** von Rn 285 bietet sich folgende Formulierung an: „Durch den Faustschlag ins Gesicht wurde O in seiner körperlichen Unversehrtheit nicht nur unerheblich beeinträch-

---

[493] Vgl. LG Würzburg JuS 2007, 772, 773; Lackner/Kühl-*Kühl*, § 223 Rn 4.

[494] Vgl. nur BGHSt 11, 111, 112; 43, 306, 308; 45, 219 ff.; BGH NStZ 2004, 442; NStZ-RR 2007, 340; BGH NJW 2011, 1088; LG Köln NJW 2012, 2128 f. Der von der Lit. teilweise angenommene **Tatbestandsausschluss** für den Fall, dass es dem Patienten nach der Maßnahme besser geht (vgl. etwa *Schneider/Schumann*, ZJS 2013, 195, 198), ist abzulehnen, da lediglich eine Behandlung – nicht ein Erfolg – geschuldet ist und die Frage, ob es dem Patienten nach der Behandlung besser geht, nicht stets vom Arzt garantiert werden bzw. beeinflusst werden kann. Zur **Einwilligung bei ärztlichen Heileingriffen** vgl. im Übrigen unten Rn 297 sowie ausführlich *R. Schmidt*, AT, Rn 452 ff.

[495] So der BGH NJW 2009, 1360, 1362 ff.

[496] So *W/B/S*, AT, Rn 387. Folge dieser Auffassung ist, dass es in Ermangelung der Tatbestandserfüllung auch nicht mehr darauf ankommt, inwieweit die elterliche Züchtigung als Rechtfertigungsgrund fungieren kann (vgl. dazu *R. Schmidt*, AT, Rn 476 ff.).

[497] Vgl. *Zimmermann*, JuS 2011, 629, 630 f.

Körperverletzungsdelikte – Körperverletzung (§ 223)

tigt. T hat O daher körperlich misshandelt. Mithin hat er den objektiven Tatbestand des § 223 I Var. 1 verwirklicht. Weiterhin könnte er durch dieselbe Handlung O in der Gesundheit geschädigt haben (§ 223 I Var. 2). Gesundheitsschädigung ist ...''

b. Gesundheitsschädigung (§ 223 I Var. 2)

Zweite Tatmodalität ist die Gesundheitsschädigung.

Gesundheitsschädigung ist das Hervorrufen oder Steigern eines vom normalen Zustand der körperlichen Funktionen nachteilig abweichenden (pathologischen) Zustands.[498]

288

Wie bei der körperlichen Misshandlung kommt es auch hier auf eine **Schmerzzufügung** nicht unbedingt an. Daher kann auch eine Beeinträchtigung des **psychischen Empfindens** eine Gesundheitsschädigung darstellen. Da § 223 I aber von „Körper"verletzung spricht, muss mit der psychisch wirkenden Tathandlung ein pathologischer somatisch-objektivierbarer Zustand hervorgerufen werden.[499]

289

> **Beispiel[500]:** Das Halten eines Elektroimpulsgeräts („Elektroschocker") an die Schläfe des Opfers und das Verursachen von großer Angst, weil das Opfer glaubt, es handele sich um eine geladene Schusswaffe, ruft i.d.R. noch keinen somatisch-objektivierbaren Zustand hervor, der eine Körperverletzung begründet. Die gegenteilige Annahme verstieße gegen die Wortlautgrenze des § 223 I.

Typischer (aber nicht notwendiger) Fall für die Annahme einer Gesundheitsschädigung ist die Notwendigkeit **ärztlicher Behandlung**.

290

> **Beispiele:** Beibringen von Knochenbrüchen, Wunden, Stauchungen, Hämatomen (etwa durch das Einschlagen auf das Opfer), Verursachen von Übelkeit und Erbrechen, Bewirken eines Rauschzustandes; Aussetzen des Opfers einer Strahlung etc.

> Im **Beispiel** von Rn 285 bietet sich folgende Formulierung an: „(...). Durch den Faustschlag ins Gesicht des O könnte T auch dessen Gesundheit geschädigt haben (§ 223 I Var. 2). Gesundheitsschädigung ist das Hervorrufen oder Steigern eines vom normalen Zustand der körperlichen Funktionen nachteilig abweichenden (pathologischen) Zustands. Der Faustschlag ins Gesicht stellt einen solchen nachteilig abweichenden Zustand dar, zumal sich O einer ärztlichen Behandlung unterziehen musste. T hat daher auch den objektiven Tatbestand des § 223 I Var. 2 verwirklicht."

Da die Notwendigkeit ärztlicher Behandlung typischer Fall für die Annahme einer Gesundheitsschädigung ist, kann eine tatbestandliche Gesundheitsschädigung auch dann vorliegen, wenn bei einem behandlungsbedürftigen Zustand die gebotene ärztliche Versorgung verwehrt bzw. nicht ermöglicht wird.[501] Siehe dazu Rn 416.

290a

Bei einer **Schwangerschaft** wird man kaum von einem pathologischen Zustand sprechen können. Die Verursachung einer Schwangerschaft kann aber wegen der mit der Geburt des Kindes verbundenen Schmerzen eine körperliche Misshandlung sein.[502]

291

> **Beispiel:** T täuscht seiner Partnerin O, die stets betont hat, dass sie keinen Kinderwunsch verspüre, vor, er sei zeugungsunfähig, woraufhin O auf Verhütungsmittel verzichtet.

---

[498] Vgl. BGH NStZ 2015, 269; BGHSt 51, 18, 21 ff.; Lackner/Kühl-*Kühl*, § 223 Rn 5; *Fischer*, § 223 Rn 6; LK-*Lilie*, § 223 Rn 12.

[499] Wie hier nun auch OLG Celle NJW 2008, 2202, 2203 und *Hardtung*, JuS 2008, 864, 867.

[500] Vgl. BGH NStZ 2015, 269.

[501] BGH NJW 2017, 418, 419.

[502] Vgl. LK-*Lilie*, § 223 Rn 13; SK-*Horn/Wolters*, § 223 Rn 21; *Joecks/Jäger*, § 223 Rn 10.

Körperverletzungsdelikte – Körperverletzung (§ 223)

292 Zwar geht die Gesundheitsschädigung i.d.R. mit einer körperlichen Misshandlung einher, sie kann jedoch auch ohne körperliche Misshandlung entstehen, etwa durch **Verunreinigung** von Wasser oder Luft mit Giftstoffen oder durch **Beibringung** eines **gesundheitsschädlichen Stoffs**.[503] Auch die **Ansteckung** mit einer **Infektionskrankheit** (insbesondere mit **HIV**) stellt eine Gesundheitsschädigung dar, weil ein vom Normalzustand der körperlichen Funktionen nachteilig abweichender Zustand hervorgerufen wird.[504] Dass in einem solchen Fall eine körperliche Misshandlung ggf. zu verneinen ist (etwa beim einvernehmlichen Geschlechtsverkehr), ändert nichts an der Gesundheitsschädigung.

293 In der HIV-Infizierung als solcher ist deshalb eine Gesundheitsschädigung zu sehen, da sich die Zusammensetzung von Körperflüssigkeit und Erbmasse verändert und der Ausbruch der Immunschwächekrankheit AIDS bereits prädeterminiert ist, was zur Folge hat, dass der Infizierte gezwungen ist, seine Lebensführung zu ändern. Die Infektion mit dem HI-Virus ist gerade wegen der chemischen Veränderung von Körperflüssigkeit und Erbmasse auch ein *Beibringen eines gesundheitsschädlichen (Gift-)Stoffes* i.S.d. § 224 I Nr. 1. Dagegen muss man hinsichtlich vieler Betroffener eine *das Leben gefährdende Behandlung* i.S.d. § 224 I Nr. 5 möglicherweise nunmehr verneinen, da die tägliche Einnahme einer Kapsel des Ende 2007 europaweit zugelassenen HIV-Medikaments Atripla den Ausbruch der Immunschwächekrankheit verhindert. HIV-infizierte Personen, für die Atripla zugelassen ist und die dieses Medikament einnehmen, sind zwar noch chronisch, nicht aber mehr lebensbedrohlich erkrankt. Vgl. dazu näher Rn 309, 343, 345 ff. und 381.

294 Auch bei einer Vielzahl von **Röntgenstrahlen** reichen die Zerstörung von Zellstrukturen und die damit verbundene Erhöhung des Schadensrisikos zur Annahme einer Gesundheitsschädigung aus. Das gilt selbst dann, wenn klinisch erkennbare Schäden nicht sogleich wahrnehmbar sind und sich der Eintritt von Langzeitschäden nicht sicher voraussagen lässt.[505] Schließlich wird durch das Herbeiführen einer **Alkoholintoxikation** (Rausch) beim Opfer[506], das Beibringen von **Dopingmitteln** oder durch das medizinisch nicht indizierte Verschreiben bzw. Überlassen von **Betäubungs-** oder sonst **suchtfördernden Mitteln** nicht selten eine Gesundheitsschädigung bewirkt.[507] Ob und inwieweit in diesen Fällen eine eigenverantwortliche Selbstgefährdung oder -verletzung des Opfers vorliegt, die die Tatbestandsmäßigkeit entfallen lässt, vgl. *R. Schmidt*, AT, Rn 175 ff. Zur **Tätowierung** vgl. bereits Rn 288.

c. Teleologische Reduktion bei Sportwettkämpfen?

294a Bei **sportlichen Wettkämpfen mit Körperkontakt** (Fußball, Rugby, Boxen etc.) wäre daran zu denken, wegen wechselseitigen Einverständnisses den Tatbestand der Körperverletzung einzuschränken und zu verneinen. Gerade bei Sportarten, die – wie der Boxkampf – die Beeinträchtigung der körperlichen Integrität zum Ziel haben, scheint es unangemessen, von einer „Verwirklichung des Tatbestands der Körperverletzung" zu sprechen, weil die Beeinträchtigung der körperlichen Integrität ja gerade Grundlage der betreffenden Kampfsportart ist. Rechtsmethodisch ließe sich der Ausschluss des Tatbestands mit einem „tatbestandsausschließenden Einverständnis" oder mit der „Sozialadäquanz" begründen. Sogar eine teleologische Reduktion des Tatbestands ließe sich vertreten. Wer den Weg über den Tatbestandsausschluss nicht beschreiten möchte, gelangt

---

[503] Vgl. BGHSt 51, 18, 21 ff. (vgl. dazu ausführlich das Beispiel bei Rn 351).
[504] Vgl. grundlegend BGHSt 36, 1, 17; vgl. auch LG Würzburg JuS 2007, 772, 773.
[505] Vgl. BGHSt 43, 346, 353; *Jerouschek*, JuS 1999, 746; *Wolfslast*, NStZ 1999, 133. Zur Körperverletzung durch Gammastrahlen vgl. BGHSt 43, 306 ff.
[506] Das gilt zumindest dann, wenn sich das Opfer infolge des Alkoholkonsums (häufig) übergeben muss, denn dann besteht die Schädigung in der Störung der ordnungsgemäßen körperlichen Funktionen, also in dem Hervorrufen oder Steigern eines krankhaften Zustands (vgl. AG Saalfeld NStZ 2006, 100, 101: fahrlässige Körperverletzung durch Verkauf von Alkohol an einen Minderjährigen).
[507] Vgl. aber auch das Gesetz zur Bekämpfung von Doping im Sport – Anti-Doping-Gesetz – v. 10.12.2015, BGBl I S. 2210.

110

zur Frage nach dem Vorliegen der zum Ausschluss der Rechtswidrigkeit führenden Einwilligung, was bei Sportarten, die zwar auf Körperkontakt, nicht aber auf Körperverletzung ausgerichtet sind, überzeugender erscheint. Von dem Vorrang der Einwilligungslösung scheint auch der Gesetzgeber auszugehen, indem er mit § 228 eine Einwilligungssperre anordnet, die zur Unbeachtlichkeit der Einwilligung und damit zur Bejahung der Rechtswidrigkeit führt. Beide Wege, Tatbestandsausschluss oder rechtfertigende Einwilligung, können jedenfalls bei regelkonformen Verhaltensweisen angenommen werden. Das bedeutet jedoch nicht, dass regelwidriges Verhalten („Foulspiel" oder Doping) stets strafbar wäre. Auch hier greift im Grundsatz der Gedanke der Sozialadäquanz. Bewegt sich das Foul innerhalb des zu tolerierenden, d.h. in Kauf zu nehmenden „Risikobereichs" der jeweiligen Sportart, dürften Tatbestandsverwirklichung bzw. Rechtswidrigkeit ebenfalls auszuschließen sein. Bei Doping ist das allerdings sehr problematisch. Vgl. dazu insgesamt *R. Schmidt*, AT, Rn 428 ff. (insb. Rn 447).

d. Körperverletzung durch Unterlassen

Die Körperverletzung kann auch durch Unterlassen (§§ 223 I, 13 I) begangen werden. **295**
Dies kommt insbesondere dann in Betracht, wenn ein garantenpflichtiger Angehöriger durch Nichtherbeirufen eines Arztes eine Gesundheitsverschlechterung zulässt oder wenn ein Unfallverursacher nichts zur Versorgung seines durch Blutung noch weiter geschwächten Opfers unternimmt oder der Hersteller ein die Gesundheit gefährdendes Produkt nicht zurückruft. Zur Hilfspflicht vgl. *R. Schmidt*, AT, Rn 774 ff.

2. Subjektiver Tatbestand: Vorsatz

Subjektiv muss der Täter hinsichtlich aller objektiven Tatbestandsmerkmale gem. § 15 **296**
mit Vorsatz handeln (*dolus eventualis* genügt). Dieser ist nach st. Rspr. des BGH gegeben, wenn der Täter den Eintritt des tatbestandlichen Körperverletzungserfolgs als möglich und nicht ganz fernliegend erkennt und die Tatbestandsverwirklichung billigend in Kauf nimmt oder sich um des erstrebten Zieles willen wenigstens mit ihr abfindet, mag ihm der Erfolgseintritt auch unerwünscht sein.[508] Nach der herrschenden Einheitstheorie (Rn 465) schließt der Tötungsvorsatz den Körperverletzungsvorsatz ein. Zu den Irrtümern im Bereich des subjektiven Tatbestands vgl. *R. Schmidt*, AT, Rn 276 ff.

II. Rechtswidrigkeit

Die Rechtswidrigkeit der Körperverletzung kann insbesondere wegen **Einwilligung** des **297**
Opfers (beachte aber § 228[509]) sowie infolge **Notwehr** (§ 32) bzw. **Notstands** (§ 34) und **Festnahmerechte** (§ 127 I StPO) ausgeschlossen sein. Vgl. dazu *R. Schmidt*, AT, Rn 309 ff. Demgegenüber ist das **elterliche Züchtigungsrecht** spätestens mit der Neufassung des § 1631 II BGB als Rechtfertigungsgrund abzulehnen (*R. Schmidt*, AT, Rn 474 ff.).

Von besonderer Bedeutung ist auch die Frage nach der Rechtfertigung **ärztlicher Eingriffe**. In erster Linie ist an **Einwilligung** zu denken. Die Grundlagen hierzu sind bei *R. Schmidt*, AT, Rn 452 ff. dargestellt. Insbesondere bei gegebener Sozialadäquanz des Eingriffs, Einsichtsfähigkeit und Reife des Betroffenen sowie umfassender Aufklärung ist eine Einwilligung i.d.R. möglich.

In Ermangelung einer klaren gesetzlichen Regelung wurde auch die Frage nach der Rechtfertigung des religiös motivierten **Beschneidens** (Zirkumzision) von Knaben in der Öffentlichkeit

---

[508] Vgl. nur BGH NStZ 2015, 460, 461; NStZ 2004, 201 f. (jeweils zur Frage nach dem Körperverletzungsvorsatz eines Elternteils, der sein Kleinkind wegen „nervtötenden" Geschreis schüttelt und dabei eine zum Tode führende Atemlähmung bzw. Hirnblutung verursacht).
[509] Zur Einwilligungssperre gem. § 228 vgl. etwa OLG München NStZ 2014, 706, 707; ausf. *R. Schmidt*, AT, Rn 446 ff.

Körperverletzungsdelikte – Körperverletzung (§ 223)

kontrovers diskutiert. Anlass der Diskussion war ein Strafverfahren gegen einen Arzt bzw. religiösen „Beschneider" wegen Körperverletzung. Das LG Köln hat eine tatbestandliche und nicht gerechtfertigte Körperverletzung angenommen. Eine rechtfertigende Einwilligung (der Eltern), die darin gesehen werden könnte, dass diese die Beschneidung in Auftrag gegeben und damit in die Tat „eingewilligt" haben, hat das Gericht verneint.[510] In der Literatur wurde das Urteil zum Teil scharf kritisiert. Man hat dafür plädiert, dem Erziehungsrecht der Eltern aus Art. 6 II S. 1 GG – verstärkt durch das schrankenlos gewährleistete Religionsausübungsrecht aus Art. 4 I GG – eine Präjustiziabilität dergestalt zuzusprechen, dass eine Einwilligung der Eltern in den durch den Arzt vorgenommenen Eingriff in die körperliche Unversehrtheit stets beachtlich sei.[511] Dem steht freilich auf Seiten des Kindes Art. 2 II S. 1 GG entgegen[512], der zudem den Staat verpflichtet, sich schützend und fördernd vor das Grundrecht auf körperliche Unversehrtheit zu stellen. Infolge öffentlicher Proteste entsprechender Interessenvertreter hat daraufhin der Gesetzgeber reagiert und die Beschneidung für grundsätzlich zulässig erklärt. Nach der neuen Bestimmung des § 1631d I S. 1 BGB umfassen sorgerechtliche Entscheidungsbefugnisse der Personensorgeberechtigten auch die Einwilligung in die Beschneidung ihrer nicht einsichts- und urteilsfähigen männlichen Kinder, wenn die Beschneidung nach den Regeln der ärztlichen Kunst[513] durchgeführt werden soll. Lediglich, wenn durch die Beschneidung das Kindeswohl gefährdet würde, sei sie unzulässig (§ 1631d I S. 2 BGB). Mit der Einfügung von § 1631d in das BGB möchte der Gesetzgeber also, dass die Beschneidung als solche gerade nicht als kindeswohlwidrig angesehen wird. Damit möchte der Gesetzgeber seinem Schutzauftrag aus Art. 2 II S. 1 GG nachkommen und zugleich sein „Wächteramt" aus Art. 6 II S. 2 GG ausfüllen, weshalb die gesetzliche Regelung auch für verfassungsgemäß gehalten wird[514], was in Anbetracht der Irreversibilität des Eingriffs und der nicht gegebenen medizinischen Notwendigkeit aber nicht überzeugt.[515] Schon gar nicht kann die religiöse Überzeugung der Eltern das Kindeswohl prädeterminieren. Zum sachlich nicht gerechtfertigten Unterschied zur strafbaren Klitorisbeschneidung (§ 226a StGB) vgl. Rn 392a.

III. Schuld

298
Schließlich muss die Tat schuldhaft begangen worden sein. Hinsichtlich der **Schuldfähigkeit** sind insbesondere die §§ 19 und 20 zu beachten. § 19 regelt die Schuldunfähigkeit aufgrund zu **geringen Alters** (so sind Kinder bis zur Vollendung des 14. Lebensjahres schuldunfähig und zugleich strafunfähig; bei Jugendlichen bis zur Vollendung des 18. Lebensjahres muss die Schuldfähigkeit nachgewiesen werden, ansonsten gelten sie, wie die Kinder, als strafunmündig). Bei Personen zwischen Vollendung des 18. und des 21. Lebensjahres werden im Allgemeinen bei „typischen Jugendverfehlungen" das Jugendstrafrecht oder sonst ein gemildertes Strafmaß angewendet. Die Schuldunfähigkeit aufgrund **seelischer Störungen** regelt § 20. Diese die Schuld ausschließenden Störungen können biologischer Natur sein; aber auch krankhafte seelische Störungen wie hirnorganisch bedingte Störungen (senile Demenz) und akute Intoxikationspsychosen (alkoholbedingter Vollrausch) können die Schuldfähigkeit ausschließen. Abgesehen davon können auch tiefgreifende Bewusstseinsstörungen, Schwachsinn (Idiotie) sowie andere schwere seelische Abartigkeiten wie Psychopathie zur Schuldunfähigkeit führen. Eine **verminderte Schuldfähigkeit** kann nach § 21 gegeben sein. Vgl. diesbezüglich die

---

[510] LG Köln NJW 2012, 2128 f.

[511] So etwa *Rohde*, JZ 2007, 801 ff.; *Zähle*, AöR 134 (2009), 434 ff.; *Schwarz*, JZ 2008, 1125 ff.; *Beulke/Dießner*, ZIS 2012, 338 ff.

[512] So auch *Putzke*, FS Herzberg (2008), S. 669 ff.; *Herzberg*, MedR 2012, 169 ff.; MüKo-*Schlehofer*, Vorbem §§ 32 ff., Rn 143; Sch/Sch-*Sternberg-Lieben*, Vorbem §§ 32 ff. Rn 41; *Jerouschek*, NStZ 2008, 313; *Muckel*, JA 2012, 636, 637 f.

[513] Eine Ausnahme vom „Arztvorbehalt" findet sich in § 1631d II BGB, wonach in den ersten sechs Monaten nach der Geburt des Kindes auch von der Religionsgesellschaft dazu vorgesehene Personen Beschneidungen durchführen dürfen, wenn sie dafür besonders ausgebildet und, ohne Arzt zu sein, für die Durchführung der Beschneidung vergleichbar befähigt sind.

[514] Vgl. etwa *Rixen*, NJW 2013, 257 ff. und *Steinbach*, NVwZ 2013, 550 f.

[515] Vgl. bereits die 12. Aufl.; ähnlich nun auch *Peschel-Gutzeit*, NJW 2013, 3617, 3619 f. Vgl. auch OLG Hamm NJW 2013, 3662 ff., das Kriterien an eine Einwilligung des gesetzlichen Vertreters aufstellt. Insbesondere hebt das Gericht hervor, dass der Personensorgeberechtigte nicht über den Kopf des Kindes hinweg entscheiden dürfe. Vielmehr seien Wünsche und Neigungen des Kindes zu ermitteln und zu berücksichtigen.

Körperverletzungsdelikte – Körperverletzung (§ 223)

Ausführungen bei *R. Schmidt*, AT, Rn 492 ff. Zum **entschuldigenden Notstand** gem. § 35 vgl. *R. Schmidt*, AT, Rn 582 ff.

IV. Strafbarkeit des Versuchs

Im Zuge des 6. StrRG 1998 wurde auch der Versuch der Körperverletzung für strafbar erklärt (§ 223 II). Hinsichtlich des unmittelbaren Ansetzens zur Tatbestandsverwirklichung gelten zwar grundsätzlich die allgemeinen Regeln (vgl. § 22 und die Ausführungen bei *R. Schmidt*, AT, Rn 630 ff.), das Vorliegen des Versuchsbeginns kann sich im Einzelfall aber als äußerst problematisch erweisen.

299

> **Beispiel:** X und Y führen eine lautstarke Auseinandersetzung. Plötzlich hebt X die Hand. ⇨ Hier ist fraglich, ob in einem solchen Fall schon ein unmittelbares Ansetzen zur Tatbestandsverwirklichung zu sehen ist oder ob man wegen des Grundsatzes *in dubio pro reo* von einer schlichten Drohgebärde ausgehen muss. Selbst wenn man einen Körperverletzungsversuch annimmt, ist fraglich, ob in der Nichtdurchführung des Schlags ein Rücktritt i.S.d. § 24 zu sehen ist.

Zu den **Konkurrenzen** vgl. Rn 465 ff.

B. Gefährliche Körperverletzung (§ 224)

300 Geschütztes **Rechtsgut** ist wie bei § 223 die **körperliche Unversehrtheit**. Der Qualifikationsgrund besteht in der mit der Tatausführung verbundenen **Gefahr erheblicher Verletzungen** und der Verringerung der Chancen des Opfers, sich erfolgreich zu wehren. Es empfiehlt sich folgender Aufbau (zu den verschiedenen Aufbaumöglichkeiten von Grundtatbestand und Qualifikation vgl. *R. Schmidt*, AT, Rn 84 ff.):

Gefährliche Körperverletzung (§ 224)

Vorprüfung: Tatbestand des § 223
1. Objektiver Tatbestand (*körperliche Misshandlung* oder *Gesundheitsschädigung* eines anderen Menschen – beide Varianten prüfen!)
2. Subjektiver Tatbestand (Vorsatz, *dolus eventualis* genügt)
3. Rechtswidrigkeit und Schuld (ebenso ist es vertretbar und u.U. sogar angebracht, die RW und Schuld nach der Qualifikation zu prüfen – etwa, wenn die Tat gerechtfertigt oder entschuldigt ist oder der Täter schuldunfähig ist)

I. Tatbestand des § 224 I
1. Objektiver Tatbestand
Begehung der Körperverletzung

- durch Beibringen von Gift oder anderen gesundheitsschädlichen Stoffen (Nr. 1). **Gift** ist jede organische oder anorganische Substanz, die im konkreten Fall geeignet ist, durch chemische oder chemisch-physikalische Wirkung die Gesundheit in erheblichem Maße zu schädigen. Das ist z.B. bei Bakterien, Viren (HIV etc.), Säure, Reizgas, Brennspiritus der Fall. **Andere Stoffe** wirken i.d.R. thermisch oder mechanisch wie z.B. kochendes Wasser oder Glassplitter. Auch diese müssen im konkreten Fall geeignet sein, die Gesundheit in erheblichem Maße zu schädigen. **Beigebracht** hat der Täter den (Gift-)Stoff, wenn er dessen Verbindung mit dem Körper des Opfers derart herstellt, dass dieser dort seine gesundheitsschädliche Wirkung auslöst.

- mittels einer Waffe oder eines anderen gefährlichen Werkzeugs (Nr. 2). **Werkzeug** ist jeder bewegliche (und unbewegliche, str.) Gegenstand, mittels dessen durch Einwirkung auf den Körper eine Verletzung zugefügt werden kann. **Gefährlich** ist ein Werkzeug, das nach objektiver Beschaffenheit und nach Art der Benutzung im konkreten Fall geeignet ist, erhebliche Verletzungen herbeizuführen. Unter **Waffe** ist eine Waffe im technischen Sinn zu verstehen.

- mittels eines hinterlistigen Überfalls (Nr. 3). **Überfall** ist jeder plötzliche, unerwartete Angriff, auf den sich das Opfer nicht vorbereiten kann. **Hinterlistig** ist ein Überfall, wenn der Täter planmäßig in einer auf Verdeckung seiner wahren Absicht berechnenden Weise (also mit List) vorgeht, um dadurch dem Angegriffenen die Abwehr zu erschweren und die Vorbereitung auf die Verteidigung nach Möglichkeit auszuschließen.

- gemeinschaftlich mit einem anderen Beteiligten (Nr. 4). **Gemeinschaftlich** wird die Körperverletzung begangen, wenn mindestens zwei am Tatort anwesende Beteiligte einverständlich zusammenwirken und dem Opfer unmittelbar gegenübertreten. Nicht erforderlich ist eine eigenhändige Mitwirkung an der Verletzungshandlung jedes am Tatort anwesenden Beteiligten (a.A. der BGH). Unter Beteiligte sind **Mittäter** und **Teilnehmer** zu verstehen (vgl. § 28 II).

- mittels einer **das Leben gefährdenden Behandlung** (Nr. 5). Es genügt, wenn die Tathandlung generell (d.h. abstrakt) geeignet ist, das Opfer in Lebensgefahr zu bringen. Eine konkrete Lebensgefahr ist nicht erforderlich (str.).

2. Subjektiver Tatbestand
Vorsatz, *dolus eventualis* genügt; aber: nach Tatvarianten hinreichend differenzierte Prüfung!

II. Rechtswidrigkeit und III. Schuld:
Nach der Prüfung des § 224 bedarf es nur dann einer Prüfung der RW und Schuld, sofern diese nicht bereits nach dem Tatbestand des Grunddelikts (s.o.) geprüft worden sind.

Körperverletzungsdelikte – Gefährliche Körperverletzung (§ 224)

IV. Strafzumessungsgesichtspunkte

Ein minder schwerer Fall (§ 224 I a.E.) wird angenommen, wenn der Täter zur Tat hingerissen wurde oder wenn er den Erfolg des § 216 versucht hat bzw. von einem solchen Versuch zurückgetreten ist, aber bereits eine Körperverletzung verursacht hat (vgl. Rn 219 f.).

Hinweis für die Fallbearbeitung: Sofern man sich ausschließlich am klassischen Prüfungsaufbau von Grundtatbestand und Qualifikation orientieren möchte, muss man zunächst das Grunddelikt des § 223 I vollständig durchprüfen (TB, RW, S), bevor man sich der Qualifikation des § 224 annehmen kann. Diese Vorgehensweise kann mitunter folgenschwer sein. Denn steht (nach gedanklicher Prüfung) bspw. fest, dass der Täter **gerechtfertigt** ist, kann man zur Qualifikation nichts mehr sagen. Das ist insbesondere dann misslich, wenn der Schwerpunkt des Falls gerade in der Prüfung eines in § 224 genannten Erschwernisgrundes liegt. Um sich hier nicht vorzeitig „aus dem Rennen zu werfen", kann es durchaus sinnvoll sein, vor der Prüfung der Rechtswidrigkeit den Tatbestand der Qualifikation zu prüfen. Auch in Fällen, in denen die **Schuld** nicht vorliegt, es aber auch um die Strafbarkeit eines Teilnehmers geht, wird man wegen der limitierten Akzessorietät der Teilnahme versuchen, die Qualifikation vor der Schuld abzuhandeln. Will man es dagegen gerade vermeiden, zur Qualifikation etwas sagen zu müssen, sollte man in der Tat den klassischen Aufbau wählen. Klar dürfte zumindest geworden sein, dass Aufbaufragen – von zwingenden Fällen einmal abgesehen – auf Zweckmäßigkeitserwägungen basieren sollten.

Innerhalb der Prüfung des § 224 ist wiederum zu beachten, dass grds. *alle* in Betracht kommenden Modalitäten zu prüfen sind. Denn das strafrechtliche Gutachten ist grds. auf Vollständigkeit ausgerichtet. Hat also der Täter bspw. Nr. 2 erfüllt, muss auch eine Strafbarkeit nach Nr. 5 geprüft werden, sofern nicht offensichtlich ausgeschlossen werden kann, dass eine das Leben gefährdende Behandlung vorliegt.

301

I. Tatbestand

1. Objektiver Tatbestand

Nach der gesetzlichen Strukturierung kann der objektive Tatbestand der gefährlichen Körperverletzung durch fünf Begehungsweisen verwirklicht werden:

302

a. Beibringen von Gift oder anderen gesundheitsschädlichen Stoffen (Nr. 1)

Der Täter verwirklicht den objektiven Qualifikationstatbestand des **§ 224 I Nr. 1**, wenn er die Körperverletzung durch Beibringung von **Gift** oder anderen **gesundheitsschädlichen Stoffen** begeht.

303

Diese Strafnorm ist im Zuge des 6. StrRG 1998 eingefügt worden und übernimmt im Wesentlichen den ehemaligen Tatbestand der **Vergiftung** (§ 229 a.F.). Diese Strafnorm lautete: „Wer einem anderen, um dessen Gesundheit zu schädigen, Gift oder andere Stoffe beibringt, welche die Gesundheit zu zerstören geeignet sind, wird mit Freiheitsstrafe von einem Jahr bis zu zehn Jahren bestraft". Der Vergleich zur jetzigen Fassung des § 224 I zeigt, dass der Stoff nicht mehr geeignet sein muss, die Gesundheit zu zerstören, sondern nur noch „zu schädigen", und dass die Gesundheitsschädigungsabsicht entfallen ist. Daraus folgt, dass der Tatbestand des § 224 I eher verwirklicht werden kann als der des § 229 a.F. Als Ausgleich hierfür stellt die Tat aufgrund der in § 224 I genannten Strafandrohung kein Verbrechen mehr dar (vgl. § 12). Die Kenntnis dieser Unterschiede ist wichtig für das Verständnis des § 224 I Nr. 1 in der aktuell geltenden Fassung:

304

Da nach dem Wortlaut der Norm der beigebrachte Stoff lediglich gesundheits*schädlich*, nicht jedoch gesundheits*zerstörend* sein muss, kann sich die merkwürdige Situation ergeben, dass dem Opfer eine Substanz beigebracht wird, die zwar – abstrakt gesehen –

305

115

schädlich für die Gesundheit wirkt, im konkreten Fall aber nicht die Erheblichkeitsschwelle der Körperverletzung i.S.d. § 223 I überschreitet. Eine solche Überschreitung ist aufgrund der höheren Strafandrohung in § 224 I aber gerade erforderlich.

Beispiel: T gießt O heimlich eine geringe Menge Wodka in den Orangensaft.

306 Bei Alkohol steht außer Frage, dass dieser gesundheitsschädlich ist. Beim Täter aber gleich eine Strafbarkeit aus § 224 I Nr. 1 (Freiheitsstrafe von sechs Monaten bis zu zehn Jahren!) statt „nur" aus § 223 I (Freiheitsstrafe bis zu fünf Jahren oder Geldstrafe) anzunehmen, dürfte mit dem verfassungsrechtlich verankerten Schuldprinzip und dem Bestimmtheitsgrundsatz wohl kaum vereinbar sein. Daher ist man sich einig, dass der Gesetzgeber die Strafnorm des § 224 I Nr. 1 viel zu weit gefasst hat. Um daher dem Verdikt der Verfassungswidrigkeit zu entgehen (und auch einen Wertungswiderspruch mit § 224 I Nr. 2, wo eine Erheblichkeitsschwelle gefordert wird, zu vermeiden), muss die Norm restriktiv, d.h. **verfassungskonform ausgelegt werden**.

- Dies kann auf die Weise geschehen, dass man bei dem Stoff eine Wirkung verlangt, die geeignet ist, eine Körperverletzung i.S.d. § 226 I hervorzurufen.[516]

- Nach der hier vertretenen Auffassung ist eine solche Anlehnung an § 226 I systemwidrig und auch nicht erforderlich. Vielmehr kann eine einschränkende Auslegung dadurch erreicht werden, dass man die Erheblichkeitsschwelle, wie sie bei § 224 I Nr. 2 gefordert wird, in § 224 I Nr. 1 hineininterpretiert.[517]

307 Demnach genügt es also nicht, dass der beigebrachte Stoff abstrakt gesundheitsschädlich ist; vielmehr muss der Stoff nach seiner Art, der beigebrachten Menge, der Form der Beibringung und der Körperbeschaffenheit des Opfers im **konkreten Fall geeignet sein**, dessen Gesundheit in **erheblichem Maße** zu schädigen.[518] Einen tatsächlich eingetretenen **Gesundheitsschaden** zu fordern **ginge aber zu weit**. Ein solches Erfordernis ginge insbesondere über den möglichen Wortsinn des § 224 I Nr. 1 hinaus. Denn die Norm spricht nicht von „eingetretenen Schäden" (wie das etwa bei § 226 der Fall ist), sondern von „gesundheitsschädlichen Stoffen". Außerdem stellt sie auf die Gefährlichkeit der *Tatbegehung* ab und nicht auf den *Eintritt besonderer Tatfolgen*.

Für das **Beispiel** von Rn 305 gilt daher Folgendes: Selbst wenn die Menge des beigebrachten Alkohols die Erheblichkeitsschwelle des § 223 I erreichen sollte, wird man ihr die gesundheitsschädliche Wirkung doch absprechen müssen. Bei T kann daher eine Strafbarkeit zumindest aus § 224 I Nr. 1 nicht begründet werden.

307a Da nicht auf die abstrakte Wirkung des (Gift-)Stoffes, sondern auf die konkrete Wirkung im Einzelfall abzustellen ist, können umgekehrt auch abstrakt ungefährliche Stoffe des täglichen Lebens, ja sogar lebensnotwendige Mittel bzw. Lebensmittel, in der konkreten Beibringung (etwa aufgrund einer zu hohen Menge bzw. Konzentration) eine gefährliche Körperverletzung herbeiführen.[519]

Beispiel: Die T zwingt die 4-jährige O, eine stark versalzene Puddingspeise zu verzehren. Später muss sich O nicht nur mehrmals übergeben, sondern bedarf auch einer stationären medizinischen Behandlung.

Zwar ist Kochsalz – abstrakt gesehen – ein Lebens- bzw. Würzmittel und damit – ebenfalls abstrakt gesehen – nicht gesundheitsschädlich. Jedoch kann seine Beibringung im Einzelfall mit einer konkreten Gesundheitsschädigung verbunden sein, wenn es in einer über-

---

[516] Vertreten etwa von Lackner/Kühl-*Kühl*, § 224 Rn 1a; SK-*Horn/Wolters*, § 224 Rn 8; *Wolters*, JuS 1998, 582, 583.
[517] So auch *W/H/E*, BT 1, Rn 287; *K/H/H*, BT 1, Rn 301 f.; *Jäger*, JuS 2000, 31, 35; LK-*Lilie*, § 224 Rn 11; NK-*Paeffgen*, § 244 Rn 7; vgl. nun auch BGHSt 51, 18, 21 ff.
[518] Diese hier schon immer vertretene Auffassung wurde auch vom BGH (St 51, 18, 21 ff.) bestätigt.
[519] Vgl. BGHSt 51, 18, 21 ff.

Körperverletzungsdelikte – Gefährliche Körperverletzung (§ 224)

höhten Menge eingenommen wird (sogar eine tödliche Wirkung kann gegeben sein). T ist daher aus § 224 I Nr. 1 strafbar, sofern sie einen entsprechenden, über § 223 hinausgehenden Schädigungsvorsatz gehabt hat. Vgl. dazu auch den Beispielsfall bei Rn 351 (mit der Besonderheit, dass auch eine das Leben gefährdende Behandlung i.S.v. § 224 I Nr. 5 vorliegt und aufgrund der Kochsalzintoxikation sogar der Tod eingetreten ist).

Da auch bei § 224 I Nr. 2 hinsichtlich des gefährlichen Werkzeugs eine konkrete Betrachtungsweise gefordert wird, besteht innertatbestandliche Handlungseinheit zwischen den beiden Tatmodalitäten, wenn die Tatbestandsvoraussetzungen der Nr. 2 im Übrigen vorliegen.

Ausgehend von dieser Prämisse lassen sich die Begriffe *Gift* und *andere gesundheitsschädliche Stoffe* wie folgt definieren, wobei sich gewisse Überschneidungen und Abgrenzungsschwierigkeiten ergeben können, da es sich bei dem Gift nur um einen Unterfall des gesundheitsschädlichen Stoffes handelt: **308**

Gift ist jede organische oder anorganische Substanz, die im konkreten Fall geeignet ist, durch chemische oder chemisch-physikalische Wirkung die Gesundheit in erheblichem Maße zu schädigen. **309**

> **Beispiele:** Als Gifte i.S.d. § 224 I Nr. 1 Var. 1 anerkannt sind Arsen, Zyankali, Schlangengift, Pflanzenschutzmittel, Tabak, Alkohol und andere berauschende Mittel wie etwa Marihuana, Koks, Heroin oder Ecstasy[520]. Da es auf die (gesundheitsschädliche) chemische oder chemisch-physikalische Wirkung ankommt, können aber auch Schlaftabletten, Kochsalz (in überhöhter Dosis), Bakterien, Viren (HIV etc.[521]), Säure, „K.-o.-Tropfen"[522], Reizgas, Pfefferspray, Brennspiritus etc. als Gifte eingestuft werden. Denn diese Stoffe entfalten eine chemische oder chemisch-physikalische Wirkung. Folgt man diesem weiten Verständnis des Giftbegriffs nicht, bleibt aber immer noch die Einstufung als anderer gesundheitsschädlicher Stoff.

Andere gesundheitsschädliche Stoffe sind solche, die mechanisch (z.B. Glassplitter) oder thermisch (z.B. kochendes Wasser) wirken.[523] Auch diese müssen im konkreten Fall geeignet sein, nach Art ihrer Verwendung, Zuführung, Dosierung oder Konzentration die Gesundheit in erheblichem Maße zu schädigen. Daher ist z.B. das Überbrühen mit heißem Kaffee nur dann gesundheitsschädlich, wenn eine Tiefenausdehnung des Hautdefekts vorliegt.[524] **310**

In jedem Fall aber muss es sich bei dem Stoff um eine gesundheitsschädliche Substanz handeln. Ionisierende Strahlen und elektrischer Strom können daher (mangels Körperlichkeit) niemals unter Nr. 1 fallen, selbstverständlich aber unter Nr. 5.

> Als **Fazit** lässt sich sagen: Je weiter man den Giftbegriff fasst, umso geringer ist der Anwendungsbereich des anderen gesundheitsschädlichen Stoffes. Da die beiden Tatmittel jedoch gleichrangig sind, ist eine Zuordnung nicht ergebnisrelevant. Fasst man aber mit der hier vertretenen Auffassung den Giftbegriff weit, ergibt sich folgender Befund:
>
> - Gift wirkt chemisch oder chemisch-physikalisch.
> - Andere gesundheitsschädliche Stoffe wirken mechanisch oder thermisch.
>
> Beiden ist gemeinsam, dass sie im konkreten Fall geeignet sein müssen, nach Art ihrer Verwendung, Zuführung, Dosierung oder Konzentration die Gesundheit in erheblichem

---

[520] Zum Konsum von Ecstasy-Tabletten vgl. BGH NStZ 2001, 381.
[521] LG Würzburg JuS 2007, 772, 773. Hinsichtlich HIV vgl. auch Rn 345 ff. (§ 224 I Nr. 5).
[522] Vgl. dazu *R. Schmidt*, BT II, Rn 415.
[523] Fasst man entgegen der hier vertretenen Auffassung den Giftbegriff eng und dementsprechend den Begriff des anderen gesundheitsschädlichen Stoffes weit, sind unter anderen gesundheitsschädlichen Stoffen nicht nur solche Stoffe zu verstehen, die mechanisch oder thermisch wirken, sondern auch krankheitserregende Mikroorganismen wie Viren und Bakterien.
[524] OLG Dresden NStZ-RR 2009, 337.

Maße zu schädigen. Auch von daher kann eine Abgrenzung zwischen Gift und anderen gesundheitsschädlichen Stoffen im Einzelfall dahinstehen.

311 Schließlich muss der gesundheitsschädliche (Gift-)Stoff dem Opfer auch **beigebracht** worden sein und die Körperverletzung **ursächlich bewirkt haben**.

312 Nach allgemeiner Auffassung hat der Täter den (Gift-)Stoff **beigebracht**, wenn er dessen Verbindung mit dem Körper des Opfers derart herstellt, dass dieser dort seine gesundheitsschädliche Wirkung auslöst.[525]

313 Gelangt der (Gift-)Stoff in das **Körperinnere** (Beispiele: Zyankali im Tee; Kochsalz im Pudding), ist ein Beibringen ohne weiteres zu bejahen. Das gilt auch dann, wenn der Stoff nur **äußerlich** angebracht worden ist, seine **Wirkung aber im Körperinneren entfaltet** (Beispiel: giftige Salbe auf der Haut, die ins Körperinnere „einzieht"). Die genannte Definition beantwortet jedoch nicht die Frage, ob mit Blick auf die gegenüber § 223 erheblich gesteigerte Strafandrohung auch die **rein äußerliche Wirkung** auf den Körper (Beispiel: Säure auf der Haut oder im Auge; Übergießen mit heißem Kaffee) als *Beibringen* verstanden werden kann.

314 ▪ Teilweise wird die rein äußerliche Wirkung des Stoffes nicht als ausreichend erachtet. Zur Begründung wird nicht nur auf die bereits erwähnte gesteigerte Strafandrohung verwiesen, sondern auch darauf, dass anderenfalls eine klare Trennung der Anwendungsbereiche der Nrn. 1 und 2 des § 224 I unmöglich sei.[526]

315 ▪ Die Gegenauffassung zieht einen Vergleich zum ehemaligen Verbrechenstatbestand der Vergiftung (§ 229 a.F.) heran und lässt aufgrund des nun abgemilderten Strafrahmens und der Einstufung des § 224 I n.F. „nur" noch als Vergehen auch die reine Oberflächenwirkung genügen (der ehemalige Streit habe sich dadurch erledigt).[527]

316 ▪ Stellungnahme: Da die Gegenauffassung nicht nur mechanisch, sondern auch chemisch wirkende Substanzen unter den Begriff des gefährlichen Werkzeugs in § 224 I Nr. 2 subsumiert, kommt sie in der Tat zu einer Vermischung der Nrn. 1 und 2 des § 224 I. Insofern wird man davon auszugehen haben, dass nur solche Substanzen von § 224 I Nr. 1 erfasst werden, die ihre **Wirkung im Körperinneren entfalten** bzw. von denen eine **Tiefenausdehnung** ausgeht. Daher stellt z.B. das Verbrühen mit heißem Kaffee bei bloß kurzer thermischer Einwirkung auf die Haut ohne Tiefenausdehnung und auf einer relativ unempfindlichen Körperregion kein „Beibringen" dar.[528]

317 Subjektiv ist **Vorsatz** erforderlich (*dolus eventualis* genügt). Der Täter muss zum einen die Umstände kennen, aus denen sich die Gesundheitsschädlichkeit des Stoffes ergibt (intellektuelles oder kognitives Vorsatzelement), und darf sich zum anderen nicht davon abbringen lassen, die beschriebene Tathandlung zu begehen (voluntatives Vorsatzelement), vgl. Rn 351. Insbesondere bei der Übertragung von ansteckenden Krankheiten (AIDS oder Hepatitis) können beide Vorsatzelemente fraglich sein (vgl. Rn 345 ff.).

---

[525] BGHSt 32, 130, 132; OLG Dresden NStZ-RR 2009, 337; Lackner/Kühl-*Kühl*, § 224 Rn 1b; Sch/Sch-*Sternberg-Lieben*, § 224 Rn 2d. Die Tat kann auch durch Unterlassen verwirklicht werden (dazu näher *Wengenroth*, JA 2014, 428 f.).
[526] NK-*Paeffgen*, § 224 Rn 10; LK-*Lilie*, § 224 Rn 15; SK-*Wolters/Horn*, § 224 Rn 8b; *Hohmann/Sander*, BT II, § 7 Rn 16; *Jäger*, JuS 2000, 31, 35.
[527] Sch/Sch-*Sternberg-Lieben*, § 224 Rn 2d; MüKo-*Hardtung*, § 224 Rn 10; Lackner/Kühl-*Kühl*, § 224 Rn 1b; *W/H/E*, BT 1, Rn 289 f.; *Otto*, BT, § 16 Rn 5; *K/H/H*, BT 1, Rn 306.
[528] OLG Dresden NStZ-RR 2009, 337.

b. Mittels einer Waffe oder eines anderen gefährlichen Werkzeugs (Nr. 2)

Nach der Rechtsprechung des BGH begeht eine gefährliche Körperverletzung i.S.d. § 224 I Nr. 2, wer seinem Opfer durch ein von außen wirkendes gefährliches Tatmittel eine Körperverletzung i.S.d. § 223 beibringt.[529] Damit ist die Tat sowohl ein Verletzungsdelikt als auch ein konkretes Gefährdungsdelikt. Hinsichtlich der Tatmittel wird angesichts des Wortlauts der Norm klar, dass das gefährliche Werkzeug den Oberbegriff darstellt, während die Waffe (die hier im technischen Sinn zu verstehen ist) nur einen speziellen Unterfall bildet.

318

Werkzeug ist jeder Gegenstand, mittels dessen durch Einwirkung auf den Körper eine Verletzung zugefügt werden kann.[530]

319

Freilich ist ein derart weit verstandener Werkzeugbegriff mit Blick auf den Bestimmtheitsgrundsatz (Art. 103 II GG) jedenfalls dann nicht ganz unproblematisch, wenn man etwa eine Kokosnuss, mit der eine Person beworfen wird, ohne weiteres als „Werkzeug" i.S.d. § 224 I Nr. 2 ansieht.[531] Denn dann besteht die Gefahr einer Überschreitung des möglichen Wortsinns und damit eines Verstoßes gegen das Analogieverbot.[532] Daher ist der Werkzeugbegriff restriktiv auszulegen. Unbeschadet dieser Problematik wird aus der Inbezugnahme auf den „Gegenstand" aber allgemein abgeleitet, dass der Täter sich immerhin eines **körperfremden** Hilfsmittels bedienen muss. Teile des Körpers selbst (Faust, Handkante, Knie etc.) können damit mangels „Gegenstandsqualität" keine „Werkzeuge" i.S.d. § 224 I Nr. 2 sein.[533]

320

Da der Tatbestand des § 224 I Nr. 2 voraussetzt, dass die Körperverletzung durch ein von außen auf den Körper einwirkendes gefährliches Tatmittel verursacht wird, kann auch ein fester Schuh am Fuß des Täters, mit dem dieser dem Opfer Tritte gegen empfindliche Körperteile versetzt, den Werkzeugbegriff erfüllen (vgl. Rn 327 a.E.). Auch ein fahrendes Kraftfahrzeug kommt dementsprechend als Tatmittel in Betracht. Jedoch bejaht der BGH dies nur dann, wenn die Einwirkung auf das Opfer unmittelbar erfolgt (etwa durch direktes Anfahren und Verletzen des Opfers). Erfolgt die Verletzung nur mittelbar (etwa, weil der Täter mit seinem Wagen ein vor ihm fahrendes Moped anstößt, der Fahrer des Mopeds die Kontrolle verliert, stürzt und sich erst dadurch verletzt), soll nach dem BGH der Tatbestand des § 224 I Nr. 2 nicht gegeben sein, weil die durch den Sturz erlittene Verletzung nicht auf den unmittelbaren Kontakt zwischen Auto und Moped zurückzuführen sei.[534] Diese Sichtweise ist bedenklich. Zwar ist es richtig und auch erforderlich, mit Blick auf Art. 103 II GG den Werkzeugbegriff restriktiv auszulegen. Jedoch verlangt § 224 I Nr. 2 lediglich, dass die Körperverletzung „mittels" gefährlichen Werkzeugs begangen werden muss. Mit § 224 I Nr. 2 sollen besonders gefährliche Begehungsweisen sanktioniert werden. Ob das Opfer vom Fahrzeug des Täters direkt zu Boden geschleudert oder erfasst wird oder nur mittelbar infolge des Auffahrens verletzt wird, kann keinen Unterschied machen. Entgegen der Auffassung der BGH liegt daher ein Fall des § 224 I Nr. 2 vor.[535] Dass der BGH dann auch noch § 224 I Nr. 5 („eine das Leben gefährdende Behandlung") unerwähnt lässt, obwohl er sonst sogar eine abstrakte Lebensgefahr genügen lässt (vgl. Rn 342), überzeugt ebenso wenig.

320a

---

[529] BGH NStZ 2014, 36, 37; StV 2013, 438 f.
[530] BGH NStZ 2008, 278; NStZ 2007, 405; NStZ 2002, 597, 598; NStZ 2002, 86; NStZ 2002, 30; Lackner/Kühl-*Kühl*, § 224 Rn 4; *Küpper*, JuS 2000, 225, 226; *Wallschläger*, JA 2002, 390, 393. Vgl. auch *Eckstein*, NStZ 2008, 125 ff.
[531] So *Seier/Herrmann*, JuS 2012, 327, 329.
[532] Vgl. dazu *R. Schmidt*, AT, Rn 40.
[533] SK-*Horn/Wolters*, § 224 Rn 13; Lackner/Kühl-*Kühl*, § 224 Rn 3; *Britz*, JuS 2002, 465, 467. Unberührt bleibt hiervon selbstverständlich die Möglichkeit einer „das Leben gefährdenden Behandlung" i.S.v. § 224 I Nr. 5.
[534] BGH 20.12.2012 – 4 StR 292/12. Vgl. auch BGH NStZ 2014, 36, 37; NStZ-RR 2015, 244; NStZ 2016, 724.
[535] Vgl. bereits die 16. Aufl. 2016 dieses Buches; später auch *Stam*, NStZ 2016, 713 ff.

Körperverletzungsdelikte – Gefährliche Körperverletzung (§ 224)

321 Fraglich ist schließlich, ob **unbewegliche Gegenstände** (etwa Wand oder Türzarge eines Hauses oder Fels im Gebirge) vom Begriff des Werkzeugs umfasst sind oder ob deren Einbeziehung gegen den möglichen Wortsinn des § 224 I Nr. 2 verstoßen würde.

322 ▪ Teilweise[536] werden auch unbewegliche Gegenstände in den Anwendungsbereich des § 224 I Nr. 2 einbezogen. Bei der Werkzeugeigenschaft komme es nicht auf die Beweglichkeit des Mittels, sondern vielmehr auf den vom Täter geschaffenen Funktionszusammenhang zwischen Gegenstand und Verletzung an. So könne es keinen Unterschied machen, ob der Körper des Opfers oder der Gegenstand bewegt würde. Da die Gefahr von erheblichen Verletzungen (z.B. Knochenbrüchen) nicht ausreichend von der Tatalternative „eine das Leben gefährdende Behandlung" i.S.v. § 224 I Nr. 5 umfasst sei, sei eine extensive Auslegung des Begriffs „Werkzeug" geboten.

323 ▪ Die Gegenauffassung unter Einschluss der Rechtsprechung[537] fordert, dass das vom Täter benutzte Werkzeug beweglich sein müsse. Eine Einbeziehung unbeweglicher Gegenstände bei Tathandlungen wie bspw. das Hinabstoßen von einem Bergabhang oder von einer Treppe, das Schleudern gegen eine Hauswand oder das Setzen einer Person mit nacktem Gesäß auf eine heiße Herdplatte sei vom möglichen Wortsinn des Begriffs „Werkzeug" nicht mehr gedeckt und verstoße daher gegen das Analogieverbot (Art. 103 II GG; § 1 StGB). Eine Strafbarkeitslücke komme dadurch nicht in Betracht, weil diese Begehungsweisen ausreichend über § 224 I Nr. 5 („eine das Leben gefährdende Behandlung") sanktioniert würden.

324 ▪ Stellungnahme: In der Tat kann auch ein unbeweglicher Gegenstand im Einzelfall geeignet sein, erhebliche Verletzungen herbeizuführen. Auch scheint es widersprüchlich, eine Strafbarkeit aus § 224 I Nr. 2 bspw. anzunehmen, wenn der Täter das Opfer mit einer laufenden Motorsäge verletzt, nicht aber, wenn er das Opfer in eine (fest montierte) Tischkreissäge stößt. Gleichwohl markiert der mögliche Wortsinn die *äußerste Grenze zulässiger Auslegung*. Und vom möglichen Wortsinn des Begriffs Werkzeug sind nun einmal keine unbeweglichen Sachen umfasst. Die Verneinung des § 224 I Nr. 2 stellt in derartigen Fällen aber keine nicht hinnehmbare Privilegierung des Täters dar, weil (in der Regel) eine „das Leben gefährdende Behandlung" i.S.v. § 224 I Nr. 5 vorliegt.

Das Werkzeug muss auch gefährlich sein.

325 **Gefährlich** ist ein Werkzeug, wenn es nach objektiver Beschaffenheit und nach Art der Benutzung im konkreten Fall geeignet ist, erhebliche Verletzungen herbeizuführen.[538]

326 Es kommt also nicht auf die *bestimmungsgemäße* Geeignetheit an, erhebliche Verletzungen zuzufügen, sondern auf die konkrete Art der Verwendung als Verletzungsmittel im Einzelfall. Daher kann auch ein Gegenstand, der nicht dazu bestimmt ist, Menschen zu verletzen, ein gefährliches Werkzeug i.S.d. § 224 I Nr. 2 sein, wenn er bestimmungswidrig gebraucht wird.[539] Man denke etwa an eine Holzlatte, einen Besenstil, ein Tischbein, ein Staubsaugerrohr etc., die als Schlagwerkzeuge eingesetzt werden.[540] Als gefährliche Werkzeuge ansehen muss man auch bestimmungswidrig als Verletzungswerkzeuge eingesetzte Sportgeräte wie z.B. Baseballschläger, Tennisschläger oder Boxhandschuhe. Werden diese Gegenstände aber bestimmungsgemäß als Sportgeräte/Ausstattungsgegenstände eingesetzt und wird trotz regelkonformer Benutzung ein anderer Mensch (Spieler, Zuschauer) verletzt, wird man § 224 I Nr. 2 Var. 2 teleologisch einschränken

---

[536] LK-*Lilie*, § 224 Rn 27; SK-*Horn/Wolters*, § 224 Rn 18; Sch/Sch-*Sternberg-Lieben*, § 224 Rn 8; *Küpper*, JuS 2000, 225, 226; *Heinrich*, JA 1995, 718, 725; *Hecker*, JuS 2010, 648, 649.

[537] BGHSt 22, 235, 236; BGH NStZ 1988, 361; NStZ-RR 2005, 75; NStZ 2010, 513; StV 2013, 444; MüKo-*Hardtung*, § 224 Rn 15; Lackner/Kühl-*Kühl*, § 224 Rn 4; NK-*Paeffgen*, § 24 Rn 14; *Fischer*, § 224 Rn 8; K/H/H, BT 1, Rn 250; W/H/E, BT 1, Rn 298; *Bosch*, JA 2009, 392, 394; *Kühl/Hinderer*, JuS 2009, 919, 922.

[538] BGH StraFo 2015, 216 m.w.N.; BGHSt 14, 152, 155; 3, 105, 109; Sch/Sch-*Sternberg-Lieben*, § 224 Rn 4; Lackner/Kühl-*Kühl*, § 224 Rn 4; LK-*Lilie*, § 224 Rn 20; *Fischer*, § 224 Rn 8.

[539] BGH StraFo 2015, 216.

[540] Vgl. BGH StraFo 2015, 216 (Holzlatte); BGH 20.9.2018 – 3 StR 195/18 (Tischbein).

Körperverletzungsdelikte – Gefährliche Körperverletzung (§ 224)

und verneinen müssen, um nicht mit dem Bestimmtheitsgebot aus Art. 103 II GG und dem in der Menschenwürde verankerten Schuldprinzip, das es verbietet, einen Täter mit schuldunangemessenen Strafen zu belegen, zu kollidieren.[541]

Beispiel[542]: Profiboxer B nahm im Vorfeld eines Qualifikationskampfs Dopingmittel ein; er gewann den Kampf nach Punkten.[543] Ohne die Einnahme der illegalen Substanz wäre der Kampf möglicherweise anders ausgegangen. Jedenfalls wird der Kampf nicht gewertet.

B hat zunächst den Tatbestand des § 223 I verwirklicht. Bei der Frage nach der Verwirklichung auch des § 224 I Nr. 2 Var. 2 stellt sich das o.g. Problem, dass die als gefährliches Werkzeug in Betracht kommenden Boxhandschuhe regelkonform eingesetzt wurden. In teleologischer Einschränkung des § 224 I Nr. 2 Var. 2 wird man regelkonform eingesetzte Sportgeräte/Ausstattungsgegenstände aus dem Tatbestand heraushalten müssen. Es bleibt mithin beim Tatbestand des § 223 I.

Bei der Frage nach dem Vorliegen einer die Rechtswidrigkeit ausschließenden Einwilligung[544] ist zu diskutieren, ob diese zu verneinen ist. Denn i.d.R. wird man vom Fehlen einer Einwilligung ausgehen können, wenn der Kampf einen lebensgefährlichen oder zumindest regelwidrigen Verlauf annimmt. Auch die in schwerwiegender Weise die anerkannten Sport- und Wettkampfregeln verletzende Einnahme von Dopingmitteln kann einer wirksamen Einwilligung entgegenstehen. So ist das OLG Köln der Auffassung, dass ein Sportkämpfer nicht davon ausgehen müsse, der Gegner bestreite den Kampf unter dem Einfluss von illegalen leistungssteigernden Mitteln, was – bei einem gedopten Gegner – die Einwilligung in kampfbedingte Verletzungen in Frage stelle.[545]

Diese Schlussfolgerung ist nicht zwingend. Denn offenbar ist – infolge moderner Doping-Methoden und der nur begrenzt effektiven Doping-Kontrollen – die Dunkelziffer recht hoch, sodass ein Kampfsportler gerade damit rechnen muss, der Gegner sei gedopt. Tritt er also beim Kampf an, obwohl er damit rechnen muss, der Gegner sei (wie viele andere) gedopt, wird man durchaus von einer Einwilligung in kampfsportbedingte Verletzungen ausgehen können. Dann läge also keine strafbare Körperverletzung des gedopten Sportlers vor.

Auch kommt es nicht auf eine tatsächlich eingetretene Verletzung an, sondern es genügt vielmehr schon die **potentielle Gefährlichkeit des Werkzeugs im konkreten Fall**[546], da auf die *Geeignetheit*, erhebliche Verletzungen herbeizuführen, abzustellen ist. Zu beachten ist aber stets, dass aufgrund der Formulierung „anderes" gefährliches Werkzeug in § 224 I Nr. 2 der Gesetzgeber eine Vergleichbarkeit der Gefährlichkeit mit der einer Waffe fordert, was wiederum zu einer restriktiven Auslegung führt.

Beispiele[547]: Festzurren eines Kunststoffbandes um den Hals des Opfers; Stoßen einer zersplitterten Glasflasche in die Wange eines Menschen; Halten eines brennenden Feuerzeugs an eine Person; Ausdrücken einer glimmenden Zigarette auf der Haut eines Menschen[548]; Stich ins Auge mit einem spitzen Bleistift; Anfahren und Verletzen mit einem Kfz[549]; Schlag mit einem Knüppel, einer Holzlatte, einem Baseballschläger oder einer (Fahrrad-)Kette; Stich mit einem (Küchen-)Messer; Hetzen eines (gefährlichen) Hundes

327

---

[541] Siehe dazu OLG Köln SpuRt 2019, 134, 135 (Boxhandschuhe während des Boxkampfs) – allerdings ohne rechtsmethodische Herleitung.
[542] Nach OLG Köln SpuRt 2019, 134.
[543] Klarzustellen ist, dass im Originalfall lediglich der Tatverdacht bestand und dass das Verfahren völlig offen ist. Damit vorliegend aber eine Strafbarkeit nach § 224 geprüft werden kann, wird der Sachverhalt als feststehend behandelt.
[544] Siehe zu diesem ungeschriebenen, aber allgemein anerkannten Rechtfertigungsgrund *R. Schmidt*, AT, Rn 428 ff.
[545] So OLG Köln SpuRt 2019, 134, 135.
[546] Vgl. BGH StraFo 2015, 216.
[547] Vgl. BGH StraFo 2015, 216; NStZ 2011, 211, 212; NStZ 2007, 405; NStZ 2002, 597 f.; NStZ 2002, 30; Lackner/Kühl-*Kühl*, § 224 Rn 5; Sch/Sch-*Sternberg-Lieben*, § 224 Rn 5 f.
[548] Das gilt zumindest dann, wenn die Zigarette im Gesicht ausgedrückt wird. Denn in diesem Fall sind die möglichen Folgen besonders schlimm (vgl. BGH NStZ 2002, 30).
[549] Zum Pkw als Schadenswerkzeug vgl. BGHSt 12, 253, 256; 24, 382, 384; BGH NStZ 2012, 697 f.; OLG Zweibrücken 18.10.2018 – 1 OLG 2 Ss 42/18.

121

auf einen Menschen; Werfen einer (gefüllten) Bierflasche oder eines Trinkglases an den Kopf[550]

> **Hinweis für die Fallbearbeitung:** Wichtig ist, dass das Werkzeug immer nur dann als gefährliches Werkzeug i.S.v. § 224 I Nr. 2 Var. 2 gilt, wenn es im konkreten Fall in einer Weise eingesetzt wird, die geeignet ist, erhebliche Verletzungen herbeizuführen. Die abstrakte Gefährlichkeit genügt also nicht.

Auch hinsichtlich thermisch oder chemisch wirkender Mittel wird angenommen, dass diese als gefährliche Werkzeuge i.S.v. § 224 I Nr. 2 anzusehen seien. Folgt man dieser Auffassung, sind etwa das Schütten von heißem Wasser oder Säure ins Gesicht, das Sprühen von Reizgas (CS; Pfefferspray) in das Gesicht[551] bzw. in die Augen[552] oder das Verabreichen von Drogen oder Schlafmitteln von § 224 I Nr. 2 erfasst. Doch ist zu beachten, dass mit einer derart weiten Interpretation des Werkzeugbegriffs leicht die Wortlautgrenze und damit der Spielraum möglicher Auslegung überschritten werden.[553] Zudem besteht auch kein kriminologisches Bedürfnis für eine extensive Auslegung des Werkzeugbegriffs, da thermisch oder chemisch wirkende Stoffe bereits dem Giftbegriff bzw. dem Begriff des anderen gesundheitsschädlichen Stoffes i.S.d. Nr. 1 unterfallen.[554] Sofern man dennoch thermisch oder chemisch wirkende Stoffe auch von § 224 I Nr. 2 als erfasst ansehen möchte, besteht eine tatbestandliche Handlungseinheit zu § 224 I Nr. 1, weil auch dort nicht die abstrakte Gefährlichkeit, sondern die konkrete Verwendung maßgeblich ist. Sofern auch eine das Leben gefährdende Behandlung i.S.d. Nr. 5 vorliegt, besteht auch zu dieser Tathandlungsmodalität tatbestandliche Handlungseinheit.

Äußerst problematisch ist auch die Rechtsprechung des BGH hinsichtlich der Verwendung sog. **K.-o.-Tropfen** (Gammahydroxybuttersäure, besser bekannt als GHB oder „Liquid Ecstasy"), wo das Gericht kein gefährliches Werkzeug, sondern lediglich ein sonstiges Mittel (i.S.d. § 250 I Nr. 1b) annimmt, wenn die Dosis konkret ungefährlich sei.[555] Dem ist zwar im Ergebnis, nicht aber in der Begründung zu folgen. Richtigerweise hätte der BGH im Hinblick auf den verfassungsrechtlichen Bestimmtheitsgrundsatz (Art. 103 II GG) die Werkzeugeigenschaft in Frage stellen müssen, statt die objektive Gefährlichkeit zu verneinen. Denn in medizinischer Hinsicht besteht Einigkeit, dass bei der Verwendung von K.-o.-Tropfen gerade durch Nichtärzte und ohne Kenntnis des Gesundheitszustands des Betroffenen erhebliche Gesundheitsrisiken bestehen, selbst wenn die verabreichte Dosis gering ist. Ohne sachverständige Beurteilung des körperlichen Allgemeinzustands gibt es keine ungefährliche Herbeiführung einer Bewusstlosigkeit des Opfers.[556] Verneint man also die Werkzeugeigenschaft, nicht aber die Lebensgefährlichkeit, gelangt man richtigerweise zu § 224 I Nr. 5.

Nicht minder problematisch ist, ob Tritte mit einem **beschuhten Fuß** als gefährliche Körperverletzung i.S.d. § 224 I Nr. 2 Var. 2 zu werten sind. An sich handelt es sich bei einem Schuh um kein „Werkzeug". Nach Auswertung der Rechtsprechung lässt sich allerdings sagen, dass das Treten mit schweren Schuhen (insb. mit Springerstiefeln) überwiegend[557] und mit sonstigen (festen) Schuhen (insbesondere Winterschuhen) jedenfalls dann als Verwendung eines gefährlichen Werkzeugs i.S.d. § 224 I Nr. 2 StGB zu werten ist, wenn die konkrete Tatausführung geeignet ist, nicht unerhebliche Verletzungen herbeizuführen.[558] Das ist der Fall, wenn der Täter heftig gegen den Kopf (insb. das Gesicht)[559] oder

---

[550] Zu Letzterem AG Erfurt Kriminalistik 2013, 775 (dazu *R. Schmidt*, AT, Rn 327).
[551] BGH NStZ 2019, 513, 514.
[552] Vgl. BGH NZV 2001, 352; NJW 2008, 3651 f.
[553] Vgl. bereits die 1. Aufl. 2002; erfreulicherweise später auch OLG Dresden NStZ-RR 2009, 337, das Flüssigkeiten (hier: heißer Kaffee) mit Verweis auf die Wortlautgrenze nicht als Werkzeug ansieht, und *Ernst* JR 2015, 208, 209. Abzulehnen *Jahn*, JuS 2010, 268 f., der die Herausnahme von Flüssigkeiten aus dem Werkzeugbegriff als „nicht haltbar" bezeichnet.
[554] Nicht überzeugend daher *Jahn*, JuS 2010, 268 f.; *Bosch*, JA 2009, 737, 739; *Bosch*, JA 2006, 743, 744 f., *Rengier*, BT II, § 14 Rn 8. Beim (besonders) schweren Raub wäre die Einordnung aber ergebnisrelevant, da § 250 II Nr. 1 Var. 2 nur gegeben ist, wenn man Pfefferspray als gefährliches Werkzeug einstuft.
[555] BGH NStZ 2009, 505 f.
[556] *Bosch*, JA 2009, 737, 739.
[557] Siehe nur BGH NStZ 2017, 164.
[558] Siehe ebenfalls BGH NStZ 2017, 164. Siehe auch BGH 20.9.2018 – 3 StR 195/18.

Körperverletzungsdelikte – Gefährliche Körperverletzung (§ 224)

andere empfindliche Körperteile (Bauch; Genitalbereich; seitlicher hinterer Rücken etc.) des Opfers tritt[560], da das Verletzungspotential (Gesichtsknochenbrüche, Gehirnverletzungen, Organverletzungen etc.) hier besonders hoch ist. Man kann also sagen, dass festes Schuhwerk aufgrund seiner Verwendung (heftige Tritte in sensible Bereiche des Körpers) zum „gefährlichen Werkzeug" wird. Selbst der Tritt mit einem mit Turnschuh beschuhten Fuß senkrecht auf den auf dem Straßenasphalt liegenden Kopf des Opfers ist vom BGH (zu Recht) als ein Fall des § 224 I Nr. 2 Var. 2 angesehen worden.[561] Darin ist kein Verstoß gegen das Analogieverbot zu sehen, da infolge der konkreten Tatausführung das Verletzungsrisiko sehr hoch ist.

Gegenbeispiele: Nicht unter den Begriff des gefährlichen Werkzeugs fällt jedenfalls der **328** Schnürsenkel, mit dem das Opfer gefesselt wird, das dabei lediglich leichte Verletzungen davonträgt. Denn bei dieser Art der konkreten Verwendung ist der Schnürsenkel weder geeignet, erhebliche Körperverletzungen herbeizuführen, noch besteht eine mit einer Waffe vergleichbare Gefährlichkeit.[562] Auch das bestimmungsgemäße Benutzen von ärztlichen Instrumenten (Skalpelle o.Ä.) durch eine dafür qualifizierte Heilperson unterfällt nach der Rspr. nicht dem § 224 I Nr. 2[563], was freilich angesichts der o.g. Definition nicht einsichtig erscheint und auch die Brauchbarkeit der Definition in Frage stellt, wird aber wohl mit der „Sozialadäquanz" begründet. Dagegen können Injektionsspritzen in der Hand medizinischer Laien durchaus gefährliche Werkzeuge sein. Gleiches gilt für Tätowierbesteck. Ebenso kann das Stülpen einer Plastiktüte über den Kopf des Opfers geeignet sein, erhebliche Verletzungen herbeizuführen; eine Bejahung des § 224 I Nr. 2 begegnet jedoch Bedenken, wenn die Plastiktüte im konkreten Fall nur bis zur Höhe der Nase heruntergezogen wurde und nicht festgestellt werden kann, dass das Opfer in Atemnot geraten ist oder dass die Gefahr sonstiger – auch psychosomatischer – Verletzungen bestand.[564] Aus demselben Grund muss „eine das Leben gefährdende Behandlung" i.S.v. § 224 I Nr. 5 in Frage gestellt werden. Für den Fall, dass eine Verwirklichung des § 224 I Nr. 2 bzw. Nr. 5 verneint werden muss, kommt aber ein Versuch in Betracht.

Einen Unterfall des gefährlichen Werkzeugs stellt die Waffe dar.

Waffe ist ein Gegenstand, dessen primäre Zweckbestimmung darin liegt, im Wege des **329** Angriffs oder der Verteidigung zur Bekämpfung anderer eingesetzt zu werden.[565]

Beispiele[566]**:** Die eine Waffe kennzeichnende Zweckbestimmung ist bei solchen Gegenständen zu bejahen, die **bestimmungsgemäß** geeignet sind, **erhebliche Verletzungen** herbeizuführen. Das ist insbesondere bei Gegenständen anzunehmen, die nach dem WaffG als Waffen gelten.[567] In Anlehnung an § 1 II WaffG i.V.m. der Anlage 1 zum WaffG zählen dazu Schusswaffen, ihnen gleichgestellte Geräte, Hieb-, Stoß- oder Stichwaffen, Gaspistolen, Schreckschusswaffen etc. Messer sind Waffen, wenn sie nach ihrer konkreten Bauart zum Einsatz als Verletzungsmittel bestimmt sind.

Zu weit ginge es aber, sonstige Messer sowie Schneid- oder Stichwerkzeuge, die zwar wie eine Waffe eingesetzt werden können, denen die Funktion als Angriffs- oder Verteidigungswerkzeug jedoch nicht bestimmungsgemäß zukommt (Küchenmesser, Taschenmesser, Skalpelle und dergleichen), als Waffen zu bezeichnen.[568] Die gegenteilige Annahme

---

[559] So im Fall BGH 20.9.2018 – 3 StR 195/18.

[560] Vgl. BGH 20.9.2018 – 3 StR 195/18; BGH NStZ-RR 2015, 309 f.; BGH 13.5.2015 – 2 StR 488/14; BGH NStZ 2010, 151; NStZ 2003, 662, 663; NStZ 1999, 616 f.; BGHSt 30, 375, 376 f. Zur Frage, ob auch § 224 I Nr. 5 vorliegt, vgl. Rn 343.

[561] BGH NStZ 2017, 164.

[562] BGH NStZ 2002, 594. Möglicherweise liegt aber eine „das Leben gefährdende Behandlung" i.S.v. § 224 I Nr. 5 vor, sofern das Opfer über eine längere Zeit ohne Flüssigkeitszufuhr gefesselt wird.

[563] Vgl. BGH NJW 1978, 1206; NStZ 1987, 174; LG Köln NJW 2012, 2128.

[564] Vgl. BGH NStZ 2002, 594.

[565] Vgl. BVerfG NStZ 2009, 83, 84; BGHSt 4, 125, 127; LK-*Lilie*, § 224 Rn 19; Lackner/Kühl-*Kühl*, § 244 Rn 3 i.V.m. § 224 Rn 2.

[566] Vgl. BGHSt 43, 266, 269; 45, 92, 93 f.; BGH NStZ 2002, 31, 33; 1999, 301.

[567] Es findet zwar keine (Blankett-)Verweisung in § 224 auf das WaffG statt, es ist aber methodisch einwandfrei, bei der Auslegung der strafrechtlichen Waffenbegriffe das WaffG heranzuziehen (so auch BGHSt 48, 197 ff. - *Großer Senat*).

[568] Vgl. bereits die 1. Aufl. 2002; später auch BVerfG NStZ 2009, 83, 84; *Hecker*, JuS 2010, 172.

Körperverletzungsdelikte – Gefährliche Körperverletzung (§ 224)

würde den Bestimmtheitsgrundsatz (Art. 103 II GG) missachten, da solche Gegenstände nicht mehr vom möglichen Wortsinn des Begriffs der Waffe umfasst sind. Auch Pfefferspray und Pkw sind nicht mehr vom möglichen Wortsinn des Waffenbegriffs umfasst. Diese mögen zwar geeignet, nicht aber dazu bestimmt sein, Menschen zu verletzen.[569] Selbstverständlich unberührt bleibt aber die Einstufung derartiger Gegenstände als gefährliche Werkzeuge.[570]

330 Da die Waffe nur einen Unterfall des gefährlichen Werkzeugs darstellt, fällt sie folgerichtig nur dann unter § 224 I Nr. 2 Var. 1, wenn sie bei der Tatbegehung auch als gefährliches Werkzeug eingesetzt wird. Daran fehlt es etwa, wenn der Täter sein zusammengeklapptes Springmesser dem Opfer nur leicht in den Rücken drückt.

331 Subjektiv ist **Vorsatz** erforderlich (*dolus eventualis* genügt). Der Täter muss zum einen die Umstände kennen, aus denen sich die Gefährlichkeit des eingesetzten Werkzeugs ergibt (intellektuelles Vorsatzelement), und darf sich zum anderen nicht davon abbringen lassen, die beschriebene Tathandlung zu begehen (kognitives Vorsatzelement).

c. Mittels eines hinterlistigen Überfalls (Nr. 3)

332 **Überfall** ist jeder plötzliche, unerwartete Angriff, auf den sich das Opfer nicht vorbereiten kann.[571]

333 Zu beachten ist, dass aufgrund der gegenüber § 223 I erhöhten Strafandrohung ein unerwarteter Angriff von hinten oder das bloße Ausnutzen des Überraschungsmoments für sich allein noch nicht genügen können. Vielmehr muss der Täter zur Verschleierung des geplanten Angriffs noch weitere Vorkehrungen getroffen haben (wie etwa das Aufsuchen eines Verstecks, um dem Opfer aufzulauern). Diesem Erfordernis genügt das Merkmal *hinterlistig*.

334 **Hinterlistig** ist ein Überfall, wenn der Täter *planmäßig* in einer auf Verdeckung seiner wahren Absicht berechnenden Weise (also mit List) vorgeht, um dadurch dem Angegriffenen die Abwehr zu erschweren und die Vorbereitung auf die Verteidigung nach Möglichkeit auszuschließen.[572]

Beispiele[573]: Verstecken und Auflauern; Vortäuschen einer Autopanne und damit einer Hilfsbedürftigkeit, um einen günstigen Moment für einen Angriff zu schaffen; Vortäuschen von Friedfertigkeit; Anbringen einer Falle (Stolperdraht etc.), in die der Täter das Opfer hineinlockt; heimliches Beibringen eines Schlafmittels, um dadurch dem Opfer die Abwehr des nicht erwarteten Angriffs zu erschweren. Aber: Stets ist ein planmäßiges, auf Verdeckung der wahren Absicht gerichtetes Vorgehen erforderlich. Freilich setzt diese Feststellung die Prüfung subjektiver Elemente im Rahmen eines objektiven Tatbestandsmerkmals voraus, was sich aber nicht vermeiden lässt.

Gegenbeispiel: Da ein planmäßiges Verbergen der Überfallabsicht erforderlich ist, ist das Merkmal „hinterlistiger Überfall" nicht gegeben, wenn der Täter plötzlich von hinten angreift oder lediglich einen dunklen Raum betritt, in dem sich das ahnungslose und durch den Angriff überraschte Opfer aufhält, seine wahre Absicht aber nicht verdeckt. Das bloße Ausnutzen eines Überraschungsmoments genügt nicht.[574]

---

[569] Zum Pkw: BVerfG NStZ 2009, 83, 84 (*v. Heintschel-Heinegg*, JA 2009, 70; nicht überzeugend *Simon*, NStZ 2009, 84 f. und *Bosch*, JA 2009, 392, 394 Fußn. 14).
[570] Vgl. bereits die 1. Aufl. 2002; wie hier nun auch *Hardtung*, NStZ 2011, 635, 637 (Skalpell).
[571] *Ellbogen*, JuS 2002, 151, 155; *Nowak*, JuS 2001, L 44, 47; *Fischer*, § 224 Rn 10.
[572] Vgl. BGH NStZ 2012, 698; NStZ 2004, 93; Lackner/Kühl-*Kühl*, § 224 Rn 6; Sch/Sch-*Sternberg-Lieben*, § 224 Rn 10; *Fischer*, § 224 Rn 10; *Hardtung*, JuS 2006, 54, 56; *Ellbogen*, JuS 2002, 151, 155.
[573] Vgl. Sch/Sch-*Sternberg-Lieben*, § 224 Rn 10; Lackner/Kühl-*Kühl*, § 224 Rn 6; LK-*Lilie*, § 224 Rn 31.
[574] BGH NStZ 2012, 698; NStZ 2007, 702; vgl. auch *Linke/Steinhilber*, JA 2010, 117, 121.

d. Mit einem anderen Beteiligten gemeinschaftlich (Nr. 4)

§ 224 I Nr. 4 setzt voraus, dass die Körperverletzung mit einem anderen Beteiligten gemeinschaftlich begangen wird.

335

Die Vorschrift wirft zwei Fragen auf. Zum einen stellt sich die Frage, ob mit der Formulierung „mit einem anderen Beteiligten" ein **mittäterschaftliches** Zusammenwirken i.S.d. § 25 II gemeint ist oder ob es ausreicht, dass der Täter sich eines **Teilnehmers** i.S.d. §§ 26, 27 bedient. Zum anderen ist unklar, ob sich die Beteiligten allesamt, d.h. **eigenhändig** an der Tathandlung beteiligen müssen oder ob es genügt, wenn nur einer schlägt und der andere lediglich **psychisch** (durch Anwesenheit, Unterstützen oder gar durch Anfeuern) mitwirkt.

336

> **Beispiel**[575]: Weil O den vor einer Diskothek abgestellten Wagen des A als Fahrzeug eines Unfallflüchtigen identifiziert hatte und A befürchtete, O könne ihn bei der Polizei „anschwärzen", beschloss A, dem O in die Diskothek zu folgen und ihn dort zu verprügeln. Um seinem Anliegen Ausdruck zu verleihen, bat er seine Kumpel B und C, ihn zumindest durch ihre Anwesenheit bei der Auseinandersetzung mit O zu unterstützen. B und C folgten seiner Bitte und hielten sich anschließend stets in unmittelbarer Nähe des A auf. Dieser ging auf O zu, pöbelte ihn an, bedrängte ihn und versetzte ihm einen heftigen Faustschlag ins Gesicht. O ging zu Boden, konnte sich jedoch wieder aufrichten und ging auf A zu. Daraufhin entwickelte sich ein Gerangel, in dessen Verlauf O erneut im Gesicht verletzt wurde und schließlich zu Boden stürzte. Als O am Boden lag, wandten sich A und auf dessen Kommando auch B und C abrupt von ihm ab und entfernten sich. Hat A sich nach § 224 I Nr. 4 strafbar gemacht?

Da ein Faustschlag ins Gesicht eine körperliche Misshandlung darstellt und A diesbezüglich vorsätzlich gehandelt hat, hat er sich zunächst wegen Körperverletzung gem. § 223 I strafbar gemacht. Möglicherweise hat A die Körperverletzung auch mit „anderen Beteiligten gemeinschaftlich" gem. § 224 I Nr. 4 begangen.

Die Vorschrift bringt Auslegungsschwierigkeiten mit sich. Zunächst stellt sich die Frage, ob die Formulierung „mit einem anderen Beteiligten" ein mittäterschaftliches Zusammenwirken i.S.d. § 25 II erfordert oder ob sie es genügen lässt, dass der Täter sich eines Teilnehmers i.S.d. §§ 26, 27 bedient. Zum anderen stellt sich die Frage, ob sich die Beteiligten allesamt, d.h. eigenhändig an der Tathandlung beteiligen müssen oder ob es genügt, wenn nur einer schlägt und die anderen lediglich psychisch (durch „unterstützende" Anwesenheit oder durch Anfeuern) mitwirken.

<u>Zum Erfordernis einer mittäterschaftlichen Beteiligung</u>

Im vorliegenden Fall muss eine Strafbarkeit des A aus § 224 I Nr. 4 ausscheiden, wenn mit der Formulierung „mit einem anderen Beteiligten" ein **mittäterschaftliches** Zusammenwirken i.S.d. § 25 II gemeint ist und B und C lediglich als **Gehilfen** (i.S.d. § 27) einzustufen sind.

B und C haben dergestalt mit A zusammengewirkt, dass bei ihnen zumindest eine psychische Beihilfe i.S.d. § 27 I vorliegt. Allerdings könnte auch eine Mittäterschaft i.S.d. § 25 II vorliegen. Die Abgrenzung zwischen Täterschaft und Teilnahme erfolgt auf der Basis der h.L. nach Tatherrschaftsgesichtspunkten. Tatherrschaft in diesem Sinne bedeutet „das vom Vorsatz umfasste In-den-Händen-Halten des tatbestandsmäßigen Geschehensablaufs".[576] Der BGH stellt ausschließlich bzw. überwiegend darauf ab, welche Bedeutung der konkreten Beteiligungshandlung im Rahmen des Gesamtgeschehens zukommt.[577] Im Ergebnis ist aber kaum ein Unterschied zur Tatherrschaftslehre feststellbar, weshalb es insoweit keiner Entscheidung bedarf.

---

[575] Nach BGH NStZ 2003, 86 f. Vgl. auch BGH NStZ 2015, 584, 585; NStZ 2015, 698; NStZ 2016, 595; NJW 2017, 1894.
[576] Die Formel wurde von *Maurach* geprägt (AT, 2. Aufl. 1958, § 49 II C 2). Insgesamt wurde die Tatherrschaftslehre von *Roxin* in seiner Habilitationsschrift „Täterschaft und Tatherrschaft" (1963) ausgebaut und ist heute in jedem Lehrbuch und Kommentar anzutreffen.
[577] BGH NStZ 2008, 273 f.; 2007, 338, 339. Vgl. auch BGH NStZ 2013, 104.

Körperverletzungsdelikte – Gefährliche Körperverletzung (§ 224)

B und C haben durch ihr Auftreten als Begleiter des A ihre jederzeitige Eingriffsbereitschaft erkennen lassen. Dadurch haben sie A nicht nur psychische Beihilfe geleistet, sondern im Einvernehmen mit ihm dessen Durchsetzungsmacht gegenüber O in einer Weise verstärkt, welche die Lage des O erheblich verschlechtert hat. Ob dies aber zur Annahme von Mittäterschaft führt, ist nicht zweifelsfrei zu beantworten. Die Frage kann aber dahinstehen, wenn für § 224 I Nr. 4 das Vorliegen von Teilnahme genügt. Dafür spricht jedenfalls der Vergleich mit der früheren Fassung der Vorschrift, die (in § 223a I Var. 3 i.d.F. vor dem 6. StrRG 1998) „von mehreren gemeinschaftlich" sprach. Insoweit sah sich die frühere h.M. veranlasst, gerade mit Blick auf die (auch schon damals gegebene) hohe Strafandrohung ein mittäterschaftliches Handeln vorauszusetzen. Allerdings hat der Gesetzgeber im Zuge des 6. StrRG 1998 die Formulierung „von mehreren gemeinschaftlich" durch die Formulierung „mit einem anderen Beteiligten" ersetzt bzw. ergänzt. Beteiligte sind aber gemäß der Legaldefinition in § 28 I/II auch der Anstifter und der Gehilfe. Eine so gravierende Änderung des Wortlauts kann nicht ohne Konsequenzen bleiben, wenn sich auch der Reformgesetzgeber nicht zum Sinn der Umstellung geäußert hat.[578]

Folgt man dieser überzeugenden Überlegung, genügt für § 224 I Nr. 4 also auch eine Mitwirkung von Gehilfen. Eine Mittäterschaft ist insoweit nicht erforderlich. Daher kann bzgl. § 224 I Nr. 4 die Frage, ob es sich bei B und C um Mittäter oder um Gehilfen handelt, dahinstehen.

<u>Eigenhändigkeit des Zusammenwirkens?</u>
Wie bereits angemerkt, ist im Rahmen der Prüfung der Strafbarkeit nach § 224 I Nr. 4 zudem unklar, ob sich die Beteiligten **eigenhändig** an der Tathandlung beteiligen müssen oder ob es genügt, wenn nur einer schlägt und die anderen lediglich **psychisch** (durch „unterstützende" Anwesenheit oder durch Anfeuern) mitwirken. In ständiger Rechtsprechung macht der BGH deutlich, es sei zur Erfüllung des Qualifikationstatbestands des § 224 I Nr. 4 (lediglich) erforderlich, dass ein am Tatort anwesender Tatgenosse die Wirkung der Körperverletzungshandlung des Täters bewusst in einer Weise verstärkt, welche die Lage des Verletzten zu verschlechtern geeignet ist.[579] Dabei werde weder Eigenhändigkeit noch Mittäterschaft vorausgesetzt; ausreichend sei vielmehr schon das gemeinsame Wirken eines Täters und eines Gehilfen bei der Begehung einer Körperverletzung.[580] Entscheidend sei allein eine Beteiligung, aus der sich eine Schwächung der Abwehrmöglichkeiten des Opfers ergebe[581] und sich die Gefährlichkeit der konkreten Tatsituation erhöhe.[582] Eine verstärkte Gefährlichkeit der Körperverletzung bestehe für das Tatopfer v.a. dann, wenn es durch das Zusammenwirken mehrerer in seiner Chance beeinträchtigt werde, dem Täter der Körperverletzung Gegenwehr zu leisten, ihm auszuweichen oder zu flüchten.[583]

Auf der Basis dieser Rechtsprechung ist A nach § 224 I Nr. 4 strafbar. Die „unterstützende" Anwesenheit von B und C war geeignet, die Lage des O zu verschlechtern, und trug zu einer Schwächung seiner Abwehrmöglichkeiten bei. Dies hat A sich zunutze gemacht.

Stellungnahme: Zwar legt es der Wortlaut des § 224 I Nr. 4, der von einer „gemeinschaftlichen Begehung der Körperverletzung" spricht, nahe, eine eigenhändige Mitwirkung aller Beteiligten zu fordern. Mit Blick auf den Schutzzweck der Norm, der vom BGH dahin verstanden wird, dass allein die unterstützende Anwesenheit von Tatgenossen die Körperverletzungshandlung des Täters bewusst in einer Weise verstärkt, die geeignet ist, die Abwehrmöglichkeiten des Verletzten zu verschlechtern, überzeugt es aber, keine eigenhändige Mitwirkung der Tatgenossen an den Verletzungshandlungen zu fordern, sondern allein deren „unterstützende" Anwesenheit genügen zu lassen.

---

[578] Vgl. BGH NStZ 2003, 86, 87; NStZ 2016, 595 f.; NJW 2017, 1894; Lackner/Kühl-*Kühl*, § 224 Rn 7; LK-*Lilie*, § 224 Rn 34; *Schroeder*, JuS 2002, 139, 140; *Baier*, JA 2003, 365, 366; *Dannecker*, JuS 2002, 1087, 1089; *Hörnle*, Jura 1998, 169, 178 u. Jura 2001, 44, 49; *Jäger*, JuS 2000, 31, 36; *Wallschläger*, JA 2002, 390, 393; *Jäger*, JA 2015, 793.
[579] Vgl. nur BGH NStZ 2015, 584, 585; NStZ 2015, 698; NStZ 2016, 595.
[580] BGH NJW 2017, 1894 (mit Verweis auf BGHSt 47, 383, 386).
[581] BGH NStZ NStZ 2015, 698; NStZ 2016, 595.
[582] BGH NJW 2017, 1894 (mit Verweis auf *Fischer*, § 224 Rn 11a).
[583] BGHSt 47, 383, 387.

Körperverletzungsdelikte – Gefährliche Körperverletzung (§ 224)

Ergebnis: Fordert man zur Bejahung des Merkmals „mit einem anderen Beteiligten" kein mittäterschaftliches Zusammenwirken, sondern lässt auch eine Gehilfeneigenschaft der anderen Beteiligten genügen, sofern diese nur unterstützend wirkt, hat sich A nach § 224 I Nr. 4 strafbar gemacht.

> **Hinweis für die Fallbearbeitung:** Der Leser wird erkannt haben, dass bei der Prüfung der Strafbarkeit des A inzident die Tatbeiträge der anderen beiden Beteiligten mitgeprüft werden mussten. Das entspricht zwar nicht dem „schulmäßigen" Lehrsatz, dass Teilnehmer zwingend nach dem Haupttäter zu prüfen sind (Grundsatz der Akzessorietät der Teilnahme), anders konnte aber das Merkmal „gemeinschaftlich" nicht geprüft werden. Mithin empfiehlt sich folgende Vorgehensweise:
>
> - Steht nach gedanklicher (Vor-)Prüfung fest, dass alle Beteiligten *mittäterschaftlich* zusammengewirkt haben, ist eine gemeinsame Prüfung der Beteiligten unter dem Obersatz „Strafbarkeit der ... aus §§ 223, 224 I Nr. 4, 25 II" zu empfehlen. Die Bejahung des § 224 I Nr. 4 ist dann unproblematisch, sofern auch die übrigen Tatbestandsvoraussetzungen sowie die Voraussetzungen der Zurechnungsnorm des § 25 II[584] vorliegen.
>
> - Ist einer der Beteiligten indes „nur" *Teilnehmer*, müsste an sich zunächst der Haupttäter auf seine Strafbarkeit nach §§ 223, 224 I Nr. 4 geprüft werden. Da jedoch das Qualifikationsmerkmal „gemeinschaftlich" nicht notwendigerweise erfüllt ist, wenn der andere Beteiligte lediglich Beihilfe i.S.v. § 27 I geleistet hat, kommt man nicht umhin, dessen Tatbeitrag inzident bei der Prüfung des Haupttäters zu untersuchen. Gelangt man zu dem Ergebnis, dass der Tatbeitrag des Gehilfen ein einverständliches Zusammenwirken bei der Körperverletzung bedeutet, ist – sofern auch die übrigen Voraussetzungen erfüllt sind – der Haupttäter nach §§ 223, 224 I Nr. 4 strafbar. Sodann kann bei der anschließend zu beantwortenden Frage nach der Strafbarkeit des Gehilfen nach oben verwiesen und die Strafbarkeit nach §§ 223, 224 I Nr. 4, 27 I festgestellt werden.

Fazit: Aus alledem ergibt sich folgende Definition der gemeinschaftlichen Körperverletzung gem. § 224 I Nr. 4: **337**

Gemeinschaftlich wird die Körperverletzung begangen, wenn mindestens zwei am Tatort anwesende Beteiligte einverständlich zusammenwirken und dem Opfer unmittelbar gegenübertreten.[585] Nicht erforderlich ist eine eigenhändige Mitwirkung an der Verletzungshandlung jedes am Tatort anwesenden Beteiligten.[586] Es genügt, wenn die Beteiligung geeignet ist, die Abwehrmöglichkeiten des Verletzten zu verschlechtern, und sich gefahrerhöhend auswirkt.[587] Weder der Eintritt einer konkreten Gefahr noch der Eintritt erheblicher Verletzungen sind erforderlich.

Da bereits die „normale" Mittäterschaft i.S.d. § 25 II nicht voraussetzt, dass alle zusammenwirkenden Beteiligten auch **schuldfähig** i.S.d. § 20 sind, muss dies erst recht für die gemeinschaftlich begangene Körperverletzung gelten. **338**

Subjektiv ist **Vorsatz** erforderlich (*dolus eventualis* genügt). Der Täter muss neben dem allgemeinen Körperverletzungsvorsatz die Umstände kennen, aus denen sich das tatsächliche gemeinschaftliche Mitwirken des anderen Beteiligten ergibt. **339**

---

[584] Vgl. dazu BGH NStZ 2002, 597, 598 sowie ausführlich *R. Schmidt*, AT, Rn 999 ff.
[585] BGHSt 47, 383, 386; BGH NStZ 2015, 584, 585; NJW 2017, 1894.
[586] BGHSt 47, 383, 386; BGH NJW 2017, 1894.
[587] BGH NJW 2017, 1894.

Körperverletzungsdelikte – Gefährliche Körperverletzung (§ 224)

e. Mittels einer das Leben gefährdenden Behandlung (Nr. 5)

aa. Allgemeine Auslegungstendenzen

340   § 224 I Nr. 5 stellt den Fall unter Strafe, dass jemand die Körperverletzung mittels einer das Leben gefährdenden Behandlung begeht. Dabei ist es nicht erforderlich, dass der Verletzungs*erfolg* lebensgefährlich ist; vielmehr genügt die Lebensgefährlichkeit der Verletzungs*handlung*.[588] Fraglich ist lediglich, ob es genügt, dass die Tathandlung generell (d.h. abstrakt) geeignet ist, das Opfer in Lebensgefahr zu bringen, oder ob der Täter das Leben des Opfers tatsächlich (d.h. konkret) gefährdet haben muss.

341   ▪ Ein Teil des Schrifttums verlangt mit Blick auf die hohe Strafandrohung eine einschränkende Auslegung des § 224 I, die sich im Falle der Nr. 5 dahingehend auswirkt, dass das Opfer in eine **konkrete Lebensgefahr** gekommen sein muss.[589]

342   ▪ Demgegenüber lässt die h.M. die **objektive Eignung** der Behandlung zur Lebensgefährdung genügen, d.h. wenn der Täter sein Opfer in eine abstrakte Lebensgefahr bringt; eine tatsächliche Lebensgefahr müsse nicht eingetreten sein.[590] Immerhin fordert der BGH neuerdings, dass die Art der Behandlung des Opfers durch den Täter *nach den Umständen des Einzelfalls* (generell) geeignet sein müsse, das Leben des Opfers zu gefährden.[591]

343   ▪ Stellungnahme: Zwar ist bei Straftatbeständen, die eine hohe Strafandrohung enthalten, eine einschränkende Auslegung stets begrüßenswert, auf der anderen Seite ist aber auch der Opferschutz zu berücksichtigen. Darüber hinaus deutet auch schon der Wortlaut der Norm, der von „gefährdender Behandlung" und nicht von „in Gefahr bringender Behandlung" spricht, auf das Genügenlassen einer abstrakten Gefährlichkeit hin. Dieses Genügenlassen wurde auch schon bei den anderen Qualifikationstatbeständen festgestellt, sodass sich der Befund aufstellen lässt, die Norm des § 224 I stelle insgesamt auf die (abstrakte) Gefährlichkeit der Tathandlung und nicht auf den Eintritt eines (konkreten) Gefährdungserfolgs ab. Schließlich ging auch der Reformgesetzgeber im Zuge des 6. StrRG 1998 davon aus, dass trotz der Verdoppelung der gesetzlichen Höchststrafe auf 10 Jahre die Herbeiführung einer konkreten Gefahr nicht erforderlich sein solle (BT-Drs. 13/8587, S. 82 f.).

Sofern der Täter das Opfer tatsächlich in eine konkrete Lebensgefahr gebracht hat, kann (und muss) der Streit dahinstehen.[592] Das kann zum **Beispiel** in folgenden Fällen anzunehmen sein: Stoßen einer zersplitterten Glasflasche in die Wange eines Menschen; Schlag mit einer (vollen) Glasflasche auf den Kopf eines Menschen; Stoß in tiefes oder winterkaltes Wasser; fester Würgegriff am Hals von einiger Dauer (insb. bei Abschnüren der Halsschlagader)[593]; Hetzen eines (Kampf-)Hundes auf einen Menschen; Beibringen mehrerer schwerer Schläge auf den Kopf; lang andauerndes Fesseln ohne Flüssigkeitszufuhr; Anfahren mit einem Kfz[594]; Zu-Boden-Stoßen eines Menschen auf die Fahrbahn einer viel befahrenen Autobahn[595]; Eintreten auf das am Boden liegende wehrlose Opfer[596]; Herunterstoßen vom fahrenden Moped oder Fahrrad; Herunterstoßen von einem Balkon[597]; Stoß des Kopfes gegen eine Hauswand oder einen Felsen; Schleudern einer vollen Bierflasche gegen den Kopf; Stich mit einem Messer in den Bauch[598]; Übergießen mit

---

[588] Vgl. auch *Fischer*, § 224 Rn 12 und seit jeher der BGH (etwa BGHSt 2, 160, 163).

[589] Im Wesentlichen nur und NK-*Paeffgen*, § 224 Rn 27 f.

[590] BGHSt 2, 160, 163; 36, 1, 9; BGH NStZ 2002, 597, 598; NStZ 2002, 594; NStZ 2004, 618; NStZ 2007, 339; NStZ 2008, 32; NStZ 2008, 278; Sch/Sch-*Sternberg-Lieben*, § 224 Rn 12; SK-*Horn/Wolters*, § 224 Rn 30; LK-*Lilie*, § 224 Rn 36; Lackner/Kühl-*Kühl*, § 224 Rn 8; *Fischer*, § 224 Rn 12; *Hörnle*, Jura 2001, 44, 49 f.

[591] Vgl. BGH NStZ-RR 2015, 309 f.; BGH 13.5.2015 – 2 StR 488/14; BGH NStZ 2013, 345 f.; KHE 2011, 198; NStZ 2011, 90 f.; NStZ 2010, 276.

[592] Vgl. bereits die 1. Aufl. 2002; später auch *Krack/Schwarzer*, JuS 2008, 140, 142.

[593] Vgl. dazu BGH NStZ 2002, 594; aufgegriffen auch von *Krack/Schwarzer*, JuS 2008, 140, 142.

[594] Vgl. dazu *Ellbogen/Hentschke*, JA 2003, 412, 420.

[595] Anders (jedoch nicht überzeugend) BGH NStZ 2007, 34, 35, der darauf abstellt, dass die Gefährdung nicht bereits von dem Zu-Boden-Stoßen, sondern erst von den herannahenden Fahrzeugen ausgehe.

[596] Vgl. BGH NStZ-RR 2015, 309 f.; BGH 13.5.2015 – 2 StR 488/14; BGH StV 2008, 406 f. – dazu Beispiel (4) Rn 395a (zu § 227). Zum „beschuhten" Fuß vgl. auch Rn 327.

[597] Vgl. BGH NStZ 2007, 399 f.

[598] BGH NStZ 2008, 278.

Körperverletzungsdelikte – Gefährliche Körperverletzung (§ 224)

Grillanzünder und anschließendes Anzünden[599] (wobei bei allen Beispielen auch Tötungsvorsatz vorliegen kann). Erst recht kann der Streit dahinstehen, wenn der Täter das Opfer nicht nur in eine konkrete Lebensgefahr bringt, sondern auch dessen Tod verursacht (dann allerdings wäre § 224 von § 227 oder ggf. von §§ 212, 211 verdrängt). Vgl. dazu die Beispiele bei Rn 395a sowie das Beispiel bei Rn 351.

Entschieden werden muss der Streit aber dann, wenn die Tathandlung lediglich geeignet ist, eine Lebensgefahr herbeizuführen. Das ist zum **Beispiel** bei mehreren massiven Faustschlägen gegen den Kopf[600], mehrmaligem Einschlagen mit einem Knüppel oder Tischbein auf den ganzen Körper des fixierten Opfers[601] oder bei der Anwendung von (medizinisch nicht indizierten) Röntgenstrahlen (zumindest wenn die Gefahr von Langzeitschäden wesentlich erhöht ist) der Fall.[602] Auch der ungeschützte Geschlechtsverkehr eines HIV-Positiven gehört dazu. Vgl. dazu sogleich Rn 345 ff. Ob auch die Verabreichung von Pfefferspray in das Gesicht eines Menschen abstrakt das Leben gefährden kann, ist trotz der immensen Wirkung (u.U. Atemnot; Erstickungsanfälle) zweifelhaft und daher zu verneinen.

Subjektiv ist **Vorsatz** erforderlich (*dolus eventualis* genügt). Der Täter muss neben dem **344** allgemeinen Körperverletzungsvorsatz die Umstände kennen, aus denen sich die Gefährlichkeit seiner Tathandlung für das Leben des Opfers ergibt (Gefährdungsvorsatz).[603]

Der für Nr. 5 erforderliche Gefährdungsvorsatz wirft Abgrenzungsprobleme zu §§ 212, 22 auf. Jedoch ist zu beachten, dass der Gesetzgeber mit § 224 I Nr. 5 eine lebensgefährliche Verhaltensweise unter Strafe gestellt hat und dabei davon ausgeht, dass der Täter nicht den Tod billigend in Kauf nimmt, da ja sonst § 212 vorliegt. Es gibt also Situationen, in denen der Täter das Opfer objektiv in Lebensgefahr bringt und subjektiv mit Lebensgefährdungsvorsatz handelt (wobei dolus eventualis genügt), ohne jedoch den Tod des Opfers billigend in Kauf zu nehmen (da ja sonst ein Fall der §§ 212, 22 vorläge). Bei § 224 I Nr. 5 muss der Täter also die Lebensgefährlichkeit erkennen und trotzdem handeln, darf aber nicht mit Tötungsvorsatz handeln. Hat der Täter also mit Gefährdungsvorsatz gehandelt, ist es somit möglich, dass er den gleichwohl eingetretenen Tod nicht billigend in Kauf nahm, sondern lediglich fahrlässig verursachte. Damit ist der Anwendungsbereich des § 227 eröffnet. Dies nehmen die Gerichte regelmäßig bei den sog. U-Bahn-Schlägereien an: Der Schläger nehme durch Tritte gegen den Rumpf oder Kopf zwar in Kauf, das Opfer lebensgefährlich zu verletzen, aber nicht, dass das Opfer daran sterben würde. Verstirbt das Opfer gleichwohl, liegt nach Auffassung der Gerichte ein Fall der §§ 224 I Nr. 5, 227 vor. Zu § 227 vgl. Rn 393 ff.

bb. Insbesondere: HIV

Hinsichtlich der Infizierung mit HIV ist zu beachten, dass ein Vorsatz zumindest dann **345** nicht in Betracht kommt, wenn der Infizierende schon gar nichts von seiner Infektion weiß. In diesem Fall fehlt bereits das kognitive Vorsatzelement (Fall des § 16 I S. 1). Des Weiteren ist eine Strafbarkeit des Infizierenden (allerdings nicht wegen Verneinung des Vorsatzes, sondern unter dem Gesichtspunkt der Einwilligung des Opfers bzw. der eigenverantwortlichen Selbstgefährdung) ausgeschlossen, wenn er seinen Sexualpartner zuvor aufgeklärt hat und dieser dennoch eigenverantwortlich auf Schutzmaßnahmen verzichtet. Denn in diesem Fall hat es der Sexualpartner jederzeit in der Hand, auf Sexualkontakte zu verzichten bzw. das Tatgeschehen zu kontrollieren. Es liegt ein Fall der straflosen Beteiligung an einer eigenverantwortlichen Selbstgefährdung vor.[604]

---

[599] BGH NJW 2009, 863 (zugleich nimmt der BGH zutreffend Tateinheit zwischen § 224 I Nr. 5 und § 226 an).
[600] BGH NStZ 2013, 345, 346; NStZ 2005, 156.
[601] BGH 20.9.2018 – 3 StR 195/18.
[602] Vgl. dazu BGHSt 43, 346 ff. und zur Strahlentherapie BGHSt 43, 306 ff. Vgl. auch *Wasserburg*, NStZ 2003, 353, 356 f.
[603] BGHSt 36, 1, 15; Lackner/Kühl-*Kühl*, § 224 Rn 9 f.; NK-*Paeffgen*, § 224 Rn 34; *Fischer*, § 224 Rn 13.
[604] Vgl. bereits die 1. Aufl. 2002; später auch *Jahn*, JuS 2007, 772, 773 f. Der BGH hat bislang offengelassen, ob die Grundsätze der eigenverantwortlichen Selbstgefährdung/Selbstverletzung auf den sexuellen Umgang mit HIV-Infizierten anwendbar sind (vgl. BGHSt 36, 1, 17; jetzt auch LG Würzburg JuS 2007, 772, 773). Nach Auffassung des BayObLG können

129

Körperverletzungsdelikte – Gefährliche Körperverletzung (§ 224)

346 **Beispiel:** Die 17-jährige O weiß von der HIV-Infektion ihres Freundes T. Gleichwohl hat sie mit ihm aufgrund eines freiwilligen und eigenverantwortlichen Entschlusses ungeschützten Geschlechtsverkehr.

In diesem Fall ist bei O aufgrund ihres Alters davon auszugehen, dass sie sich der Tragweite ihrer Entscheidung bewusst ist. T ist somit wegen Fehlens einer Haupttat straflos.

Die Grenze einer straflosen Beteiligung an einer eigenverantwortlichen Selbstgefährdung zu einer (mittelbaren) Täterschaft wäre jedoch dann überschritten, wenn T kraft seines überlegenen Sachwissens das Risiko besser erfasste als die sich selbst gefährdende O. Das wäre jedenfalls dann anzunehmen, wenn nur T, nicht jedoch auch O, von der HIV-Infektion gewusst hätte. In diesem Fall wäre von einer Tatherrschaft des T auszugehen gewesen; insbesondere wäre kein Raum für eine rechtfertigende Einwilligung (§ 228) durch O.

347 Liegt eine Tatherrschaft vor, kommt Tötung oder Körperverletzung in Betracht. In aller Regel kann aber der Kausalitätsnachweis nicht erbracht werden, da das Risiko der Ansteckung bei einem einzigen heterosexuellen Kontakt äußerst gering ist.[605] In der Praxis beschränkt sich die Strafbarkeitsprüfung daher i.d.R. auf den Versuch. Hierbei muss zwischen Körperverletzungsvorsatz und Tötungsvorsatz unterschieden werden. Hinsichtlich des **Körperverletzungsvorsatzes** genügt nach der Rspr. des BGH das Bewusstsein, dass selbst bei statistisch gering zu veranschlagendem Infektionsrisiko jeder Sexualkontakt derjenige von vielen sein könne, der eine Virusübertragung zur Folge habe, dass also jeder einzelne für sich in Wirklichkeit das volle Risiko einer Infektion in sich trage.[606] Dem ist zuzustimmen. Wer von seiner Infektiosität weiß und dennoch ungeschützten Geschlechtsverkehr ausübt, nimmt zumindest billigend in Kauf, dass das Opfer infiziert wird. Daran ändert auch die Ende 2007 erfolgte Markteinführung des HIV-Medikaments Atripla nichts. Zwar ist bei dessen Einnahme bei den meisten Infizierten HIV nicht mehr lebensbedrohlich, aber eben nur bei den meisten und nicht bei allen (Kinder, Jugendliche, Schwangere und Personen, die mit Viren infiziert sind, die gegen bestimmte Wirkstoffe resistent sind, sind nicht mit Atripla therapierbar). Da der Täter dies im Zeitpunkt der Tathandlung nicht einschätzen kann (er also damit rechnen muss, dass das Opfer nicht Atripla-tauglich ist), ist dolus eventualis in Bezug auf § 224 I Nr. 5 zu bejahen. Kann zwar der Kausalitätsnachweis erbracht, nicht aber der Vorsatz bewiesen werden, ist immer noch an eine Strafbarkeit aus § 229 zu denken.

348 Hinsichtlich des (bedingten) **Tötungsvorsatzes** ist zu beachten, dass dieser vom BGH a.a.O. unter Verweis auf die „höhere Hemmschwelle" bei Tötungsdelikten verneint wird. Der BGH begründet seinen Standpunkt damit, dass der Täter insoweit möglicherweise die Hoffnung gehabt habe, die zum Tode führende Krankheit werde bei seinem Partner entweder überhaupt nicht oder erst nach Entdeckung eines Heilmittels ausbrechen. Diese Entscheidung ist in der Literatur fast einhellig auf Kritik gestoßen. Der BGH habe von seinem Standpunkt aus auch den Körperverletzungsvorsatz nicht bejahen dürfen. Denn auch sonst vertrete er die Auffassung, dass eine äußerst geringe Wahrscheinlichkeit des Erfolgseintritts klar gegen die Annahme des voluntativen Elements spreche. Darüber hinaus lasse der BGH auch sonst das Hoffen auf das Ausbleiben des Taterfolgs nicht genügen. Vielmehr müsse der Täter auf das Ausbleiben des Erfolgs vertrauen. Ferner wird die Inkonsequenz der BGH-Entscheidung gerügt, zwar Körperverletzungsvorsatz, nicht aber auch Tötungsvorsatz anzunehmen, da der Täter, der die Körperverletzung billigend in Kauf nehme, dies auch hinsichtlich einer Tötung tue.[607]

---

diese Grundsätze aber herangezogen werden (vgl. BayObLG NStZ 1990, 81, 82; zust. Lackner/Kühl-*Kühl*, vor § 211 Rn 12a; *W/H/E*, BT 1, Rn 294).

[605] In Abhängigkeit von der Sexualpraxis liegt das Risiko zwischen 0,005% und 0,5%.

[606] Vgl. BGHSt 36, 1, 11; 36, 262, 267; 38, 199, 200. Vgl. auch LG Würzburg JuS 2007, 772, 773.

[607] Vgl. die zahlreichen Nachweise bei Sch/Sch-*Sternberg-Lieben/Schuster*, § 15 Rn 87a.

Auch nach der hier vertretenen Auffassung ist Tötungsvorsatz anzunehmen, da eine „Billigung" des Erfolgseintritts naheliegt, wenn der Täter trotz Erkennens der Möglichkeit des Erfolgseintritts gleichwohl sein gefährliches Handeln aufnimmt oder sein Verhalten fortsetzt.[608] Übt also jemand in Kenntnis seiner Infektion mit einer anderen Person ungeschützten Geschlechtsverkehr aus, handelt er – trotz geringer Wahrscheinlichkeit einer Infektion im Einzelfall – mit *dolus eventualis* auch in Bezug auf ein Tötungsdelikt. Insbesondere hilft ihm die Behauptung nicht, er habe gehofft, die Krankheit werde nicht eintreten oder es werde noch vor Ausbruch der Krankheit ein Heilmittel geben. Auch das Ende 2007 auf dem europäischen Markt zugelassene HIV-Medikament Atripla ändert daran nichts. Zwar verhindert es den Ausbruch der Immunschwächekrankheit AIDS und führt dazu, dass HIV nicht mehr lebensbedrohlich ist, allerdings ist das Mittel nicht bei allen erkrankten Menschen einsetzbar (s.o.). Vorsatz hinsichtlich § 212 bzw. §§ 224 I Nr. 5 und 226 I Nr. 3 ist zumindest bei diesem Personenkreis nicht auszuschließen.

349

Hinweis für die Fallbearbeitung: Unter Zugrundelegung dieser Ausführungen ergibt sich für die HIV-Fälle folgende Prüfung:

350

1. Vollendete Tötung

Eine Strafbarkeit des Täters wegen vollendeter Tötung scheidet regelmäßig aus. Zum einen können viele Jahre zwischen Infektion und Ausbruch der Krankheit liegen und zum anderen ist aufgrund des geringen Ansteckungsrisikos (das Risiko der Ansteckung bei einem einzigen heterosexuellen Kontakt ist sehr gering, namentlich liegt es bei ca. 1:500) schon der Kausalitätsnachweis kaum zu erbringen. Das gilt insbesondere dann, wenn das Opfer in dem fraglichen Zeitraum Sexualkontakte mit mehreren Personen gehabt hat. Der objektive Tatbestand ist also regelmäßig zu verneinen.

2. Versuchte Tötung

Hinsichtlich des subjektiven Tatbestands muss der Täter mit Eventualvorsatz handeln. Das **Wissenselement** liegt zumeist vor, da das Für-Möglich-Halten genügt. Demgegenüber hängt das **voluntative Element** des Vorsatzes weitgehend von der Beurteilung des Einzelfalls ab, namentlich von Art, Intensität und Häufigkeit des Sexualkontakts, bei dem auch die Anwendung besonders gefahrträchtiger (z.B. Analverkehr) oder gezielt gefahrmindernder (z.B. *coitus interruptus*) Sexualpraktiken erheblich zu Buche schlagen kann, sowie vom Aufklärungsstand und Intelligenzgrad des Täters. Nach Auffassung des BGH wird die erforderliche Risikobereitschaft häufig jedoch kaum zu beweisen sein. Im Ergebnis bleibe daher zumeist nur eine Strafbarkeit wegen (versuchter) gefährlicher Körperverletzung. Der hier vertretene Standpunkt wurde bereits dargelegt.

3. Gefährliche Körperverletzung

Sofern man den Kausalitätsnachweis erbringt, ist der Grundtatbestand des § 223 I in der Variante der Gesundheitsschädigung regelmäßig zu bejahen. Darüber hinaus ist der Tatbestand des § 224 I Nr. 1 und 5 verwirklicht: Nr. 1 ist verwirklicht, weil die Körperflüssigkeit, die den HI-Virus in sich trägt, ein gesundheitsschädlicher (Gift-)Stoff ist. Nr. 5 ist verwirklicht, weil die Übertragung des Virus eine das Leben gefährdende Behandlung darstellt. Fraglich ist aber auch hier der Vorsatz. Nach Auffassung des BGH steht dem voluntativen Element des Vorsatzes nicht die Hoffnung oder Vorstellung des Täters entgegen, es werde schon nichts passieren. Denn trotz des sehr geringen allgemeinen Ansteckungsrisikos berge jeder einzelne ungeschützte Sexualkontakt das volle Risiko einer Infizierung in sich. Folgt man dieser (mit Blick auf den Tötungsvorsatz widersprüchlichen) Auffassung, ist der Täter wegen vollendeter oder, sofern der Kausalitätsnachweis nicht erbracht werden kann, wegen versuchter gefährlicher Körperverletzung (§ 224 I Nr. 1/5 bzw. §§ 224 II, 22) strafbar (das gilt nicht, wenn eine tatbestandsausschließende eigenverantwortliche Selbstgefährdung oder eine die Rechtswidrigkeit ausschließende Einwilligung vorliegt).

---

[608] Siehe auch BGH NStZ 1999, 507, 508; BGH NStZ-RR 2000, 165, 166.

Körperverletzungsdelikte – Gefährliche Körperverletzung (§ 224)

> **4. Fahrlässige Tötung bzw. fahrlässige Körperverletzung**
> Kann zwar der Kausalitätsnachweis erbracht, nicht aber der Vorsatz bewiesen werden, bleibt in Abhängigkeit vom eingetretenen Taterfolg nur eine Strafbarkeit aus § 222 oder § 229.

2. Subjektiver Tatbestand: Vorsatz

351 In subjektiver Hinsicht ist für alle Tatmodalitäten *dolus eventualis* erforderlich und auch ausreichend.[609] Zu beachten ist jedoch, dass der Schädigungs- (bzw. Gefährdungs-)vorsatz über den für § 223 erforderlichen Körperverletzungsvorsatz hinausgehen muss. Vgl. dazu die Ausführungen zu den einzelnen Tathandlungen sowie das folgende Beispiel:

Beispiel[610]**:** T lebte zusammen mit ihrem Lebensgefährten L, dem gemeinsamen, vier Monate alten Sohn S und der aus der früheren Ehe des L stammenden, 4 Jahre alten Tochter O in einer Mietwohnung. Während einer kurzen unbeaufsichtigten Phase begab sich O in die Küche, um heimlich Schokoladenpudding aus dem Kühlschrank zu nehmen und zu essen. Um den Pudding zusätzlich zu süßen, wollte sie Zucker darüber streuen, nahm stattdessen aber irrtümlich eine Salzpackung und rührte mehr als 30 g Kochsalz in die Süßspeise. Beim ersten Kosten bemerkte sie, dass der Pudding ungenießbar war, und ließ ihn stehen. Als nunmehr T in die Küche kam, die leere Salzpackung sowie den ungegessenen Pudding sah, wurde sie zornig und stellte O zur Rede. Obwohl T erkannte, dass das Mädchen versehentlich Salz in die Süßspeise eingerührt hatte, zwang sie das sich heftig sträubende Kind durch Drohung mit Schlägen, den Pudding vollständig auszulöffeln. Bei dieser erzieherischen Maßnahme nahm sie in Kauf, dass der Verzehr dieser Speise bei dem Mädchen zu Übelkeit, Magenverstimmung oder Bauchschmerzen führen würde, sie wusste jedoch nicht, wie viel Salz genau die Süßspeise enthielt. Da sie in Gesundheitsfragen bestenfalls durchschnittlich sachkundig war, wusste sie nicht, dass die Aufnahme von 0,5 bis 1 g Kochsalz pro Kilogramm Körpergewicht (O wog 15 Kilo) in aller Regel zum Tode führt. Wenig später klagte O über Übelkeit und musste erbrechen; auch setzte bei ihr alsbald starker Durchfall ein. Als sich der Zustand des Kindes im Verlauf der nächsten halben Stunde zusehends verschlechterte und es schließlich kaum noch Reaktionen zeigte, brachte T ihre Stieftochter ins Krankenhaus. Dort wurde sogleich eine extreme Kochsalzvergiftung festgestellt, an der O trotz Notfallbehandlung verstarb. Strafbarkeit der T?

I. Körperverletzung gem. § 223

Durch das Zwingen, die ungenießbare Süßspeise zu verzehren, hat T bei O Abscheu und Ekel hervorgerufen und dadurch deren körperliches Wohlbefinden durch eine üble, unangemessene Behandlung nicht nur unerheblich beeinträchtigt; zugleich hat sie O in ihrer Gesundheit geschädigt und damit insgesamt den objektiven Tatbestand der Körperverletzung gem. § 223 I Var. 1 und 2 verwirklicht. Diese Tathandlung hat T auch vorsätzlich verwirklicht.

II. Gefährliche Körperverletzung gem. § 224 I Nr. 1 Var. 1 und Nr. 5

Möglicherweise hat T durch die o.g. Handlung auch eine gefährliche Körperverletzung gem. § 224 I Nr. 1 Var. 1 und/oder Nr. 5 begangen.

§ 224 I Nr. 1 Var. 1 stellt das Beibringen von Gift unter Strafe. Gift ist jede organische oder anorganische Substanz, die im konkreten Fall geeignet ist, durch chemische oder chemisch-physikalische Wirkung die Gesundheit in erheblichem Maße zu schädigen. Kochsalz wirkt im Körper chemisch. Allerdings ist Kochsalz – abstrakt gesehen – ein Lebens- bzw. Würzmittel und damit – ebenfalls abstrakt gesehen – nicht gesundheitsschädlich. Jedoch kann seine Beibringung im Einzelfall aufgrund zu hoher Menge mit einer konkreten Gesundheitsschädigung verbunden sein. O klagte über Übelkeit und musste erbrechen;

---

[609] Hat der Täter mehrere Nrn. des § 224 I objektiv verwirklicht, ist in der Fallbearbeitung eine differenzierte Prüfung des subjektiven Tatbestands erforderlich, da die subjektive Täterseite stets ihre Entsprechung im objektiven Tatbestand haben muss. Beispiel: Hat der Täter die objektiven Tatbestände der Nrn. 1 und 5 verwirklicht, muss sich der Vorsatz zum einen auf die Beibringung des (Gift-)Stoffes und zum anderen auf die Lebensgefährlichkeit der Behandlung beziehen.
[610] In Anlehnung an BGHSt 51, 18 ff.

132

Körperverletzungsdelikte – Gefährliche Körperverletzung (§ 224)

auch setzte bei ihr alsbald starker Durchfall ein. Dies stellt eine Gesundheitsschädigung dar. T hat daher den objektiven Tatbestand des § 224 I Nr. 1 Var. 1 verwirklicht. Dass die Einnahme von Kochsalz auch eine das Leben gefährdende Behandlung darstellen kann, hat der Todeseintritt bei O nur allzu deutlich gezeigt. T hat daher auch den objektiven Tatbestand des § 224 I Nr. 5 verwirklicht.[611] Ob chemisch wirkende Stoffe auch gefährliche Werkzeuge i.S.d. § 224 I Nr. 2 Var. 2 sein können, ist zwar überaus zweifelhaft, kann jedoch aufgrund der Bejahung der objektiven Tatbestände der Nrn. 1 und 5 dahinstehen.

T müsste aber auch einen über § 223 hinausgehenden Schädigungsvorsatz gehabt haben. Hinsichtlich § 224 I Nr. 1 müsste sie die durch den Verzehr der versalzenen Speise begründete Gefahr weiterer erheblicher Gesundheitsschäden laienhaft für möglich gehalten und sich damit abgefunden haben. Der BGH ist der Auffassung, dass dies bei T – entgegen der Vorinstanz – durchaus angenommen werden könne. Denn auch wenn T die konkrete Menge des von O aufgenommenen Salzes und das Ausmaß der durch den Verzehr der versalzenen Speise begründeten Gesundheitsgefahr nicht erkannte (und nach der Auffassung der Vorinstanz auch nicht habe erkennen können), habe sie bei ihrer Tathandlung nicht nur eine erhebliche Beeinträchtigung des physischen Wohlbefindens der O in Kauf genommen, sondern auch weitergehende gesundheitliche Schädigungen in Gestalt von Bauchschmerzen und Übelkeit.[612]

Daher müsse davon ausgegangen werden, dass die Gesundheitsschädlichkeit des von O aufgenommenen Salzes auch von ihrem Vorsatz umfasst gewesen sei.

Unerwähnt lässt der BGH die Frage, ob T die Umstände der lebensgefährdenden Behandlung gem. § 224 I Nr. 5 bewusst waren. Überträgt man aber seine Ausführungen zu § 227 (dazu sogleich), wonach nicht feststellbar sei, dass T Kenntnis darüber besaß, dass bereits geringe Mengen Kochsalz bei einem Kleinkind lebensgefährliche Vergiftungserscheinungen hervorrufen können, muss man § 224 I Nr. 5 in subjektiver Hinsicht im Ergebnis verneinen.

Bewertung: Anders als die Vorinstanz, die in der Annahme, es sei für T nicht vorhersehbar gewesen, dass es zu einer Gesundheitsschädigung kommen würde, § 224 I Nr. 1 verneint hat, ist die Auffassung des BGH jedenfalls in Bezug auf § 224 I Nr. 1 gut vertretbar. T ist durchaus zu unterstellen, dass sie sich der extrem gesundheitsschädlichen Wirkung einer derart hohen Kochsalzkonzentration bewusst gewesen ist, zumal die laienhafte Vorstellung für die Bejahung des Vorsatzes genügt. Warum der BGH indes die Prüfung des § 224 I Nr. 5 unterlässt, kann nur damit erklärt werden, dass er allein auf § 227 abstellen wollte.

Teilt man (wie hier) die Rechtsauffassung des BGH, hat sich T wegen gefährlicher Körperverletzung gem. § 224 I Nr. 1 Var. 1 strafbar gemacht.

III. Misshandlung von Schutzbefohlenen gem. § 225 I Nr. 1, III Nr. 1

Ob T die O „roh misshandelt" hat, ist zwar nicht auszuschließen, dies kann jedoch dahinstehen, da die dafür zu fordernde gefühllose Gesinnung bei T zu verneinen ist.

IV. Körperverletzung mit Todesfolge gem. § 227

Da O trotz Notfallbehandlung an den Folgen der Kochsalzintoxikation starb, könnte sich T des Weiteren wegen Körperverletzung mit Todesfolge gem. § 227 strafbar gemacht haben.

Das Grunddelikt gem. § 223 liegt vor. T hat durch die Tathandlung in Bezug auf § 223 auch <u>objektiv sorgfaltspflichtwidrig</u> gehandelt. Der Todeseintritt war auch <u>objektiv vorhersehbar</u>, da bei den erfolgsqualifizierten Delikten nur grunddeliktstypische und damit innerhalb der Lebenswahrscheinlichkeit liegende Tatfolgen strafschärfend wirken (auf die Deliktsstruktur des § 227 kann hier nicht weiter eingegangen werden, vgl. dazu im Einzelnen Rn 393 ff.).

Fraglich ist allein die <u>subjektive Vorhersehbarkeit</u>, ob also von T in ihrer konkreten Lage nach ihren persönlichen Kenntnissen und Fähigkeiten die schwere Folge und der tatbestandsspezifische Gefahrzusammenhang zwischen der Körperverletzungshandlung und

---

[611] Vgl. auch *Jahn*, JuS 2006, 758 ff. und *Bosch*, JA 2006, 743 ff.
[612] BGHSt 51, 18, 21 ff.

133

dem Eintritt des Todes vorhergesehen werden konnten, oder ob die tödliche Gefahr für O vom Standpunkt der T aus betrachtet so weit außerhalb der Lebenswahrscheinlichkeit lag, dass ihr die qualifizierende Folge deshalb nicht zuzurechnen ist.

Nach Auffassung des BGH ist nicht feststellbar, ob T Kenntnis darüber besaß, dass bereits geringe Mengen Kochsalz bei einem Kleinkind lebensgefährliche Vergiftungserscheinungen hervorrufen können. Denn eine solche Kenntnis sei wenig verbreitet und gehöre keinesfalls zu jener medizinischen Sachkenntnis, welche sich fast jede Mutter über kurz oder lang aneigne.

Bewertung: Die Auffassung des BGH überzeugt. Es ist nicht widersprüchlich, einerseits den Schädigungsvorsatz in Bezug auf § 224 I Nr. 1 zu bejahen, andererseits aber die Kenntnis über die lebensgefährdende Wirkung einer überhöhten Kochsalzkonzentration zu verneinen.

Da somit der Tod der O für T subjektiv nicht vorhersehbar war, hat sie sich nicht gem. § 227 strafbar gemacht. Folgerichtig ist sie auf der Basis der Auffassung des BGH auch nicht wegen **fahrlässiger Tötung** gem. § 222 strafbar (a.A. wohl vertretbar).

Nach Auffassung des BGH kommt der **Nötigung** (§ 240 I) zum Verzehr des Puddings gegenüber der Körperverletzungshandlung kein eigenständiger Unrechtsgehalt zu, der zur Klarstellung die Aufnahme in den Urteilstenor gebieten könnte.

V. Ergebnis
T ist wegen gefährlicher Körperverletzung gem. § 224 I Nr. 1 Var. 1 strafbar.

II. Rechtswidrigkeit und III. Schuld

352 Gegenüber § 223 ergeben sich keine Besonderheiten. Zur prüfungstechnischen Verortung vgl. Rn 301.

IV. Strafzumessungsgesichtspunkte

353 Ein minder schwerer Fall wird angenommen, wenn der Täter zur Tat hingerissen wurde, oder wenn er den Tatbestand des § 216 versucht hat bzw. von einem solchen Versuch zurückgetreten ist, aber bereits eine Körperverletzung verursacht hat (vgl. Rn 219 f.).

C. Schwere Körperverletzung (§ 226)

I. Erfolgs- bzw. Tatbestandsqualifikation zu § 223

Bei der schweren Körperverletzung handelt es sich (jedenfalls bzgl. **§ 226 I**) um eine **Erfolgsqualifikation** zu § 223.[613] Erfolgsqualifizierte Delikte sind Delikte, die an einen eigenständig strafbaren Grundtatbestand anknüpfen und hinsichtlich der in der Qualifikationsnorm beschriebenen schweren Tatfolge gem. der Grundregel des § 18 eine fahrlässige Verursachung genügen lassen. Die Formulierung „... wenigstens Fahrlässigkeit" in § 18 bedeutet, dass auch eine vorsätzliche Verursachung der schweren Folge nicht schadet. § 226 greift diesen Gedanken auf, unterscheidet aber mit seinen Absätzen 1 und 2 ausdrücklich zwischen verschiedenen Formen der subjektiven Beziehung des Täters zur schweren Folge:

- Verursacht der Täter eine der in § 226 I genannten Folgen **absichtlich** (*dolus directus* 1. Grades) oder **wissentlich** (*dolus directus* 2. Grades), richtet sich die Strafbarkeit nach § 226 **II** (Freiheitsstrafe von 3-15 Jahren, vgl. § 226 II i.V.m. § 38 II).

- Demnach verbleibt eine Strafbarkeit des Täters aus § 226 I (Freiheitsstrafe von 1 Jahr bis 10 Jahre), wenn er die schwere Folge **fahrlässig**, **leichtfertig** oder **bedingt vorsätzlich** (*dolus eventualis*) verursacht hat.

Ob nicht nur § 226 I, sondern auch **§ 226 II** eine Erfolgsqualifikation darstellt oder ob es sich bei dieser Norm um eine Vorsatzqualifikation in Form einer Tatbestandsqualifikation zu § 223 handelt, ist unklar. Teilweise wird in der Ausbildungsliteratur in Anlehnung an ein Urteil des BGH[614] § 226 II nicht als Erfolgsqualifikation, sondern als „Qualifikationstatbestand" oder als „Qualifikation" bezeichnet, der bzw. die „wie ein normales qualifizierendes Vorsatzdelikt" zu prüfen sei, gleichzeitig wird aber am Erfordernis eines „tatbestandsspezifischen Gefahrzusammenhangs zwischen Grundtatbestand und schwerer Tatfolge" festgehalten.[615] Letzterem ist nicht zu folgen. Denn wenn man bedenkt, dass das Erfordernis des tatbestandsspezifischen Gefahrzusammenhangs gerade den Fall kennzeichnet, dass die schwere Folge lediglich *fahrlässig* bzw. *leichtfertig* verursacht wurde (nur so lässt sich die hohe Strafandrohung gegenüber dem reinen Fahrlässigkeitsdelikt rechtfertigen), kann es bei *wissentlich* oder gar *absichtlich* verursachter Folge auf dieses Erfordernis nicht ankommen. Denn auch bei den Vorsatzdelikten im Übrigen wird ein tatbestandsspezifischer Gefahrzusammenhang im Allgemeinen nicht gefordert. Daher wird man mit dem BGH trotz der Formulierung „verursacht" in § 226 II wegen des Erfordernisses eines direkten Vorsatzes von einer Tatbestandsqualifikation ausgehen müssen, auf den tatbestandsspezifischen Gefahrzusammenhang aber verzichten können bzw. müssen und stattdessen subjektiv direkten Vorsatz prüfen müssen.

> **Hinweis für die Fallbearbeitung:** Immer wenn das Gesetz Formulierungen wie „... eine andere Person durch die Tat in die Gefahr ... bringt" verwendet, liegt eine Vorsatzqualifikation (als Tatbestandsqualifikation) vor. Heißt es hingegen „Verursacht der Täter durch die Tat den Tod/die schwere Gesundheitsschädigung ...", liegt eine Erfolgsqualifikation i.S.d. § 18 vor. Eine Ausnahme von diesem Grundsatz liegt nach der hier vertretenen Auffassung bei § 226 II vor, der wegen des Erfordernisses eines direkten Vorsatzes wie ein normales Vorsatzdelikt und daher auch ohne den „tatbestandsspezifischen Gefahrzusammenhang" zu prüfen ist.

---

[613] Zur Rechtsnatur und zum Deliktsaufbau von erfolgsqualifizierten Delikten vgl. ausführlich *R. Schmidt*, AT, Rn 887 ff.
[614] BGH NJW 2001, 980. Vgl. auch BGH 25.6.2002 – 5 StR 103/02, der bei § 226 II unmissverständlich von einer Tatbestandsqualifikation des § 223 ausgeht.
[615] So *Joecks/Jäger*, § 226 Rn 2/32; *Rengier*, BT II, § 15 Rn 2/4.

359 Nach der hier vertretenen Auffassung empfiehlt sich bzgl. § 226 daher folgender differenzierter Prüfungsaufbau:

Schwere Körperverletzung (§ 226 I)

Vorprüfung: Grundtatbestand des § 223

1. Objektiver Tatbestand (*körperliche Misshandlung* oder *Gesundheitsschädigung*)
2. Subjektiver Tatbestand (Vorsatz, *dolus eventualis* genügt)
3. Ggf. Qualifikationstatbestände (etwa § 224), auf denen der Taterfolg des § 226 I aufbaut
4. Rechtswidrigkeit und Schuld (ebenso ist es vertretbar und u.U. sogar angebracht, RW und Schuld nach der Erfolgsqualifikation zu prüfen – etwa, wenn die Tat gerechtfertigt oder entschuldigt ist oder der Täter schuldunfähig ist; vgl. dazu Rn 301)

I. Erfolgsqualifikation des § 226 I

1. Eintritt einer der in § 226 I bezeichneten schweren Folgen

⇨ Verlust des **Sehvermögens** (auf mindestens einem Auge), des **Gehörs** (auf beiden Ohren), des **Sprechvermögens** oder der **Fortpflanzungsfähigkeit**

⇨ Verlust oder dauernde Unbrauchbarkeit eines **wichtigen Körpergliedes**

⇨ **Dauernde Entstellung** in erheblicher Weise oder Verfallen in **Siechtum**, **Lähmung** oder **geistige Krankheit** oder **Behinderung**

2. Kausalität und objektive Zurechnung

Die Handlung des Täters muss äquivalent kausal sein für den Eintritt der schweren Folge. Diese muss dem Täter auch (nach allgemeinen Gesichtspunkten[616]) objektiv zuzurechnen sein.

3. Tatbestandsspezifischer Gefahrzusammenhang

Zwischen dem Grunddelikt und der schweren Folge muss ein tatbestandsspezifischer Gefahrzusammenhang bestehen. Diese enge Verknüpfung ist erforderlich, um die im Vergleich zum Grunddelikt, aber auch zum Fahrlässigkeitsdelikt (das bei isolierter Betrachtung der fahrlässig herbeigeführten schweren Folge vorliegen würde) hohen Strafandrohungen zu rechtfertigen (zu möglichen Aufbauproblemen vgl. das Prüfungsschema zu § 227).

4. Wenigstens Fahrlässigkeit

Bezüglich der schweren Folge genügt Fahrlässigkeit (§ 18 i.V.m. **§ 226 I**). „Wenigstens" bedeutet, dass auch eine vorsätzliche Begehung nicht ausgeschlossen ist (die Möglichkeit der vorsätzlich herbeigeführten Folge führt dazu, dass ein Versuch konstruktiv möglich ist - § 22 setzt Vorsatz voraus). Dagegen ist eine Teilnahme auch dann möglich, wenn die schwere Folge unvorsätzlich herbeigeführt wurde (§§ 26, 27 setzen eine vorsätzliche Haupttat voraus; die Erfolgsqualifikation – auch § 226 I – gilt gem. §§ 11 II, 18 insgesamt als Vorsatztat). Handelt der Täter hinsichtlich der schweren Folge aber *absichtlich* oder *wissentlich*, ist **§ 226 II** gegeben (vgl. dazu das nächste Prüfungsschema). Liegt aber ein Fall des § 226 I vor, ist die Fahrlässigkeit wie folgt zu prüfen:

⇨ Das **objektive Fahrlässigkeitselement** besteht aus der *objektiven Sorgfaltspflichtverletzung* und der *objektiven Vorhersehbarkeit des wesentlichen Kausalverlaufs und der schweren Folge.* Allerdings ist zu beachten, dass nach st. Rspr. des BGH der Täter schon durch die schuldhafte Verwirklichung eines der Grunddelikte der §§ 223 ff. stets sorgfaltspflichtwidrig handelt. Alleiniges Merkmal der Fahrlässigkeitsprüfung hinsichtlich der qualifizierenden Tatfolge ist demnach die *Vorhersehbarkeit der schweren Folge.*[617] Freilich ist zu beachten, dass bei Verneinung der Vorhersehbarkeit der schweren Folge auch ein atypischer Kausalverlauf vorliegt, der zur Verneinung der objektiven Zurechnung und damit auch des tatbestandsspezifischen Gefahrzusammenhangs führt.

⇨ Das **subjektive Fahrlässigkeitselement** besteht aus der Vorwerfbarkeit der Sorgfaltspflichtverletzung im Hinblick auf die *persönlichen Kenntnisse und Fähigkeiten des Täters* sowie aus der *individuellen Erkennbarkeit der schweren Folge und des tatbestandsspezifischen Gefahrzusammenhangs.*

---

[616] Vgl. zu diesen *R. Schmidt*, AT, Rn 164 ff.
[617] So ausdrücklich BGH NStZ 2001, 478 f.; vgl. auch *Fischer*, § 227 Rn 7; *Jescheck/Weigend*, AT, § 26 II 1a u. 54 III 2. Teilweise wird zusätzlich die *Vorhersehbarkeit des tatbestandsspezifischen Gefahrzusammenhangs* verlangt (so etwa SK-*Rudolphi*, § 18 Rn 3; *Sch/Sch-Sternberg-Lieben*, § 227 Rn 7).

Körperverletzungsdelikte – Schwere Körperverletzung (§ 226)

II. Rechtswidrigkeit und III. Schuld

Nach der Prüfung des § 226 I bedarf es nur dann einer Prüfung der RW und Schuld, sofern diese nicht bereits nach dem Tatbestand des Grunddelikts (s.o.) geprüft worden sind.

IV. Strafzumessungsgesichtspunkte (§ 226 III)

Ein minder schwerer Fall wird angenommen, wenn der Täter bspw. zur Tat hingerissen wurde. Bei Vorliegen der bes. Provokationsvoraussetzungen des § 213 ist die Annahme eines minder schweren Falls zwingend.

Schwere Körperverletzung (§ 226 II)

Vorprüfung: Grundtatbestand des § 223
1. Objektiver Tatbestand (*körperliche Misshandlung* oder *Gesundheitsschädigung*)
2. Subjektiver Tatbestand (Vorsatz, *dolus eventualis* genügt)
3. Ggf. Qualifikationstatbestände (etwa § 224), auf denen der Taterfolg des § 226 II aufbaut
4. Rechtswidrigkeit und Schuld (ebenso ist es vertretbar und u.U. sogar angebracht, RW und Schuld nach der Erfolgsqualifikation zu prüfen – etwa, wenn die Tat gerechtfertigt oder entschuldigt ist oder der Täter schuldunfähig ist; vgl. dazu Rn 301)

I. Qualifikation des § 226 II

1. Eintritt einer der in § 226 I bezeichneten schweren Folgen
⇨ Verlust des **Sehvermögens** (auf mindestens einem Auge), des **Gehörs** (auf beiden Ohren), des **Sprechvermögens** oder der **Fortpflanzungsfähigkeit**
⇨ Verlust oder dauernde Unbrauchbarkeit eines **wichtigen Körperglieds**
⇨ **Dauernde Entstellung** in erheblicher Weise oder Verfallen in **Siechtum**, **Lähmung** oder **geistige Krankheit** oder **Behinderung**

2. Kausalität und objektive Zurechnung
Die Handlung des Täters muss äquivalent kausal sein für den Eintritt der schweren Folge. Diese muss dem Täter auch (nach allgemeinen Gesichtspunkten[618]) objektiv zuzurechnen sein.

3. Absichtliche oder wissentliche Erfolgsverursachung
§ 226 II verlangt, dass der Täter hinsichtlich der schweren Folge *absichtlich* oder *wissentlich* handelt (bei *dolus eventualis* bleibt es also bei § 226 I).

II. Rechtswidrigkeit und III. Schuld
Nach der Prüfung des § 226 II bedarf es nur dann einer Prüfung der RW und Schuld, sofern diese nicht bereits nach dem Tatbestand des Grunddelikts (s.o.) geprüft worden sind.

IV. Strafzumessungsgesichtspunkte (§ 226 III)
Ein minder schwerer Fall wird angenommen, wenn der Täter bspw. zur Tat hingerissen wurde. Bei Vorliegen der bes. Provokationsvoraussetzungen des § 213 ist die Annahme eines minder schweren Falls zwingend.

II. Die erfolgsqualifizierenden Deliktsmerkmale

1. Eintritt einer in § 226 I genannten schweren Folge

Die schwere Körperverletzung hat zunächst zur Voraussetzung, dass eine der in § 226 I genannten Folgen eingetreten ist.

a. § 226 I Nr. 1

§ 226 I Nr. 1 sanktioniert den Verlust des **Sehvermögens** auf mindestens einem Auge, des **Gehörs** (auf beiden Ohren), des **Sprechvermögens** und der **Fortpflanzungsfähigkeit**.

---

[618] Vgl. zu diesen *R. Schmidt*, AT, Rn 164 ff.

Körperverletzungsdelikte – Schwere Körperverletzung (§ 226)

362 ▪ **Sehvermögen** ist die Fähigkeit, Gegenstände zu erkennen. Verloren ist das Sehvermögen, wenn die genannte Fähigkeit nahezu aufgehoben ist, also lediglich ein Restsehvermögen von etwa 5 bis 10 % verbleibt.[619] Das Sehvermögen ist auch dann aufgehoben, wenn das Opfer nur noch lichtempfindlich ist.[620] Der Verlust des Sehvermögens auf *einem* Auge reicht aus, um § 226 I Nr. 1 zu verwirklichen.

363 ▪ **Gehör** ist die Fähigkeit, artikulierte Laute akustisch zu verstehen.[621] Verloren ist das Gehör, wenn die genannte Fähigkeit insgesamt, also auf beiden Ohren fehlt.[622] War das Opfer bereits vor der Tat auf einem Ohr taub (Sachverhaltsangabe!) und hat nun die Hörfähigkeit auch auf dem anderen Ohr verloren, ist der Täter aus § 226 I Nr. 1 strafbar. Umgekehrt ist Nr. 1 nicht gegeben, wenn das Opfer durch die Tat zwar auf einem Ohr taub geworden ist, die Hörfähigkeit auf dem anderen Ohr aber nach wie vor gegeben ist.

364 ▪ **Sprechvermögen** ist die Fähigkeit, artikuliert zu reden. Verlust bedeutet nicht, dass völlige Stimmlosigkeit eingetreten sein müsste; andererseits genügt zur Bejahung des Verlustes auch nicht, wenn das Opfer bloß stottert.[623]

365 ▪ **Fortpflanzungsfähigkeit** ist die Fähigkeit, sich zu reproduzieren. Diese Fähigkeit ist verloren, wenn sie im Wesentlichen (also nicht unbedingt vollständig) aufgehoben ist, der Ausfall langzeitig ist und die Heilung sich entweder gar nicht oder doch auf unbestimmte Zeit nicht absehen lässt.[624] Auch Kinder können ihre Fortpflanzungsfähigkeit verlieren, da diese bei ihnen insofern bereits potentiell vorhanden ist.[625] Demgegenüber kann Frauen nach den Wechseljahren die Fortpflanzungsfähigkeit nicht mehr genommen werden. Bei greisen Männern ist im Einzelfall zu entscheiden.

366 Die Möglichkeit, die Folgen durch Verwendung körperfremder Hilfsmittel (z.B. Seh- oder Hörhilfe) abzumildern, ändert nichts an der Verwirklichung des Tatbestands. Lediglich, wenn der Verlust einer der genannten Fähigkeiten durch einen operativen Heileingriff rückgängig gemacht werden kann und eine solche Operation für das Opfer auch zumutbar ist, lässt sich gut vertreten, § 226 I Nr. 1 zu verneinen. Denn anderenfalls hätte das Opfer es in der Hand, über die Strafbarkeit des Täters nach § 226 zu entscheiden. Freilich kann man dem wiederum entgegenhalten, es sei genauso zweifelhaft, den Täter durch zufällig gegebene Heilmöglichkeiten zu privilegieren.[626]

b. § 226 I Nr. 2

367 § 226 I Nr. 2 sanktioniert den Verlust oder die dauernde Unbrauchbarkeit eines **wichtigen Körperglieds**. Die Vorschrift birgt nicht unerhebliche Auslegungsprobleme in sich. So ist zunächst unklar, welche Körperteile als „**Körperglied**" i.S.d. § 226 I Nr. 2 zu verstehen sind.

▪ Eine Ansicht unterstellt nur solche Körperteile dem Anwendungsbereich des § 226 I Nr. 2, die **äußerlich** in Erscheinung treten, eine in sich geschlossene Existenz mit besonderer Funktion im Gesamtorganismus haben und mit dem **Rumpf** oder einem anderen Körperteil durch ein **Gelenk** verbunden sind.[627] Demnach wären innere Organe (wie z.B. eine Niere) nicht von Nr. 2 erfasst.

---

[619] Vgl. dazu MüKo-*Hardtung*, § 226 Rn 21.
[620] Vgl. OLG Hamm GA 1976, 303; *Fischer*, § 226 Rn 2a; *Joecks/Jäger*, § 226 Rn 5; *Rengier*, BT II, § 15 Rn 5.
[621] MüKo-*Hardtung*, § 226 Rn 23.
[622] *Fischer*, § 226 Rn 3; Sch/Sch-*Sternberg-Lieben*, § 226 Rn 1b; *W/H/E*, BT 1, Rn 313.
[623] Sch/Sch-*Sternberg-Lieben*, § 226 Rn 1b; *Joecks/Jäger*, § 226 Rn 7; Lackner/Kühl-*Kühl*, § 226 Rn 2.
[624] Lackner/Kühl-*Kühl*, § 226 Rn 2; *W/H/E*, BT 1, Rn 313.
[625] Wie hier die h.M., vgl. nur MüKo-*Hardtung*, § 226 Rn 25; *Joecks/Jäger*, § 226 Rn 8; *W/H/E*, BT 1 Rn 313; a.A. NK-*Paeffgen*, § 226 Rn 25, nach dessen Auffassung die Fortpflanzungsfähigkeit aktuell bestanden haben muss.
[626] Siehe dazu auch die ganz ähnliche Problematik bzgl. des Merkmals „dauernde Gebrauchsunfähigkeit eines wichtigen Körpergliedes" (§ 226 I Nr. 2) bei Rn 370.
[627] NK-*Paeffgen*, § 226 Rn 26; LK-*Hirsch*, § 226 Rn 14; SK-*Horn/Wolters*, § 224 Rn 8; MüKo-*Hardtung*, § 224 Rn 26; Lackner/Kühl-*Kühl*, § 226 Rn 3; *Fischer*, § 226 Rn 6; *Wallschläger*, JA 2002, 390, 396; *Hardtung*, JuS 2008, 1060, 1062.

Körperverletzungsdelikte – Schwere Körperverletzung (§ 226)

- Andere verzichten auf eine Verbindung mit einem Gelenk und können somit z.B. eine Ohrmuschel oder die Nase unter § 226 I Nr. 2 subsumieren.[628]

- Wieder andere wollen sogar **innere Organe** (wie z.B. eine Niere) in den Schutzbereich einbeziehen.[629]

- Der BGH hat die Frage bislang nicht abschließend beantwortet, es aber unter Berufung auf die Wortlautgrenze abgelehnt, jedenfalls innere Organe (wie eine Niere) als Körperglieder zu bezeichnen.[630]

- Stellungnahme: Der Meinungsstreit ist immer dann relevant (und zu entscheiden), wenn die Voraussetzungen der zuerst genannten Auffassung nicht vorliegen, wenn also das Opfer bspw. ein Körperteil verloren hat oder auf Dauer nicht mehr gebrauchen kann und dieser Körperteil nicht durch ein Gelenk mit dem Körper verbunden war/ist. Bei der Frage, welcher Auffassung dann der Vorzug zu geben ist, muss (wie stets) vom Wortlaut der Norm und vom geschützten Rechtsgut her argumentiert werden. Gerade Letzteres scheint es nahezulegen, auch ein inneres Organ mit einzubeziehen, weil dessen Verlust für den Gesamtorganismus eine viel größere Bedeutung haben kann als bspw. „nur" der Verlust eines Fingers. Gleichwohl bildet der Wortlaut einer Strafnorm die äußersten Grenzen der Auslegung. Nach dem möglichen Wortsinn des Begriffs „Glied" kann daher nur gemeint sein, dass eine Verbindung per Gelenk erforderlich ist. Zudem ist die Erfassung anderer wichtiger Körperteile hinreichend von den anderen Nummern des § 226 I (etwa Siechtum oder dauernde Entstellung) erfasst. Insoweit besteht auch schon kein kriminologisches Bedürfnis für eine den Wortlaut überspannende Auslegung des Begriffs „Glied". Gegen die Einbeziehung von Organen spricht schließlich die Formulierung „gebrauchen". Denn Organe „gebraucht" man nicht; diese funktionieren vielmehr auf vegetativer Basis.

Ergebnis: Nach der hier vertretenen Auffassung ist ein Körperteil nur dann ein Körperglied i.S.d. § 226 I Nr. 2, wenn es äußerlich in Erscheinung tritt, eine in sich geschlossene Existenz mit besonderer Funktion im Gesamtorganismus hat und mit dem Rumpf oder einem anderen Körperteil durch ein Gelenk verbunden ist.

> **Hinweis für die Fallbearbeitung:** Zu beachten ist, dass auf den Streit immer nur dann eingegangen werden darf, wenn nicht die Voraussetzungen der engsten Auffassung vorliegen, wenn es sich bei dem Körperteil also nicht um einen solchen handelt, der äußerlich in Erscheinung tritt, eine in sich geschlossene Existenz mit besonderer Funktion im Gesamtorganismus hat und mit dem Rumpf oder einem anderen Körperteil durch ein Gelenk verbunden ist. So wäre es verfehlt, auf die vorgenannten Standpunkte einzugehen oder gar den Streit zu entscheiden, wenn es z.B. um den Verlust bzw. die Unbrauchbarkeit eines Fingers, einer Hand oder eines Arms geht.

Unklar ist auch die Bedeutung des Zusatzes „**wichtig**"; vor allem ist fraglich, ob es auf die *generelle Bedeutung für einen Menschen* ankommt („generalisierende Betrachtungsweise") oder ob die Bedeutung des Körperglieds für das *konkrete Opfer* maßgeblich ist („individualisierende Betrachtungsweise").

368

- Insbesondere die frühere, vom Reichsgericht geprägte und vom BGH bestätigte Rechtsprechung bestimmte die Wichtigkeit allein nach der **generellen Bedeutung** des Glieds für den Gesamtorganismus und erfasste damit etwa ein Bein, einen Arm, einen Daumen und einen Zeigefinger, nicht aber einen Mittelfinger.[631] Sondereigenschaften des Verletzten, insbesondere sein Beruf, scheiden demnach als Kriterien für die Beurteilung als wichtig aus.

---

[628] Sch/Sch-*Sternberg-Lieben*, § 224 Rn 2.
[629] *Rengier*, BT II, § 15 Rn 7; *Otto*, BT, § 17 Rn 6.
[630] BGHSt 28, 100 ff.
[631] RGSt 6, 346, 347; 62, 161, 162; 64, 201, 202; BGH MDR bei Dallinger 1953, 597; dem sich anschließend NK-*Paeffgen*, § 226 Rn 24; *Joecks/Jäger*, § 226 Rn 14; *Wallschläger*, JA 2002, 390, 396; *Jesse*, NStZ 2008, 605 ff.

139

Körperverletzungsdelikte – Schwere Körperverletzung (§ 226)

- Die überwiegende Rechtslehre hält dagegen auch die **individuellen Verhältnisse** des Verletzten (z.B. die Bedeutung des linken Fingers für den linkshändigen Stenotypisten) für bedeutsam.[632]

- Wieder andere **differenzieren**, indem sie zwar grundsätzlich individuelle Verhältnisse berücksichtigen, nicht aber „außerkörperliche" Gesichtspunkte wie bspw. die Bedeutung für den Beruf.[633]

- Nunmehr hält auch der BGH die Auslegung, die das Tatbestandsmerkmal der „Wichtigkeit" eines Körperglieds durch das Reichsgericht erfahren hat, für zu eng und nicht mehr zeitgemäß. Er hat entschieden, dass bei der Beurteilung der Frage, ob ein Körperglied i.S.d. § 226 I Nr. 2 wichtig ist, auch **individuelle Verhältnisse** sowie dauerhafte körperliche (Vor-)Schädigungen des Verletzten zu berücksichtigen seien.[634] Damit hat sich der BGH der o.g. überwiegenden Rechtslehre angeschlossen.

- Stellungnahme: Liegen nach dem Sachverhalt besondere individuelle Verhältnisse vor (Beispiel: Finger eines Klavierspielers), muss in der Fallbearbeitung die Frage aufgeworfen werden, ob diese bei der Bestimmung des Begriffs „wichtig" in § 226 I Nr. 2 zu berücksichtigen sind. Für eine Einbeziehung individueller Verhältnisse spricht, dass gerade der Verlust von individuell wichtigen und auch berufswesentlichen Körpergliedern das Opfer besonders schwer trifft und eine Bestrafung aus § 226 I Nr. 2 der Einzelfallgerechtigkeit dient. Mit Blick auf den Opferschutz scheint es daher sachgerecht, die Wichtigkeit unter Berücksichtigung der speziell für den Verletzten nachteiligen Folgen zu beurteilen. Auf der anderen Seite werden durch eine generalisierende Betrachtungsweise Zufallsergebnisse vermieden, was der Rechtssicherheit dient. Für eine generalisierende Betrachtungsweise spricht vor allem aber die gesetzliche Formulierung in § 226 I Nr. 2, wo von Verlust eines wichtigen Glieds „des" Körpers die Rede ist und der Gesetzgeber damit offenbar auf eine generelle Betrachtungsweise abstellt. Hätte der Gesetzgeber auch die individuelle Bedeutung des Glieds für das Opfer berücksichtigt wissen wollen, hätte er nicht von „des" Körpers sprechen dürfen, sondern hätte von „seines" Körpers sprechen müssen.[635] Da der mögliche Wortsinn auch hier die Grenze der Auslegung bildet, ist nach der hier vertretenen Auffassung unter „wichtiges Glied des Körpers" nur ein solches zu verstehen, das von allgemeiner Bedeutung für den menschlichen Körper ist. Der BGH, der neuerdings eine individualisierende Betrachtungsweise favorisiert, verkennt diese Aspekte. Im Ergebnis ist daher der generalisierenden Betrachtungsweise zu folgen.

> **Hinweis für die Fallbearbeitung:** Zu beachten ist, dass auf den Streit immer nur dann näher eingegangen werden darf, wenn das von der Tat betroffene Körperglied nicht generell, sondern ausschließlich individuell (d.h. gerade für das Opfer – Beispiel: Mittelfinger eines Klavierspielers) wichtig ist. Ist das betreffende Körperglied generell (d.h. für jeden Menschen unabhängig von den individuellen Verhältnissen – Beispiel: Zeigefinger oder Daumen) wichtig, gelangen alle Auffassungen zur Bejahung des objektiven Tatbestands des § 226 I Nr. 2, was ein näheres Eingehen und v.a. eine Streitentscheidung entbehrlich macht. Dasselbe gilt natürlich im umgekehrten Fall, wenn also das betroffene Körperglied weder für den Gesamtorganismus eines jeden Menschen noch für den des konkret geschädigten von herausgehobener Bedeutung ist.

369 Schließlich muss das wichtige Glied entweder **verloren gegangen** oder **dauernd nicht mehr zu gebrauchen** sein. Während unter Verlust die physische Abtrennung vom Gesamtorganismus zu verstehen ist, ist das Körperglied dauernd gebrauchsunfähig, wenn es aufgrund der Verletzungshandlung derart beeinträchtigt ist, dass es nicht mehr „bestimmungsgemäß" eingesetzt werden kann bzw. wenn die wesentlichen Wirkungen der Verletzungshandlung faktisch und wertungsmäßig denjenigen eines physischen Verlusts

---

[632] LK-*Hirsch*, § 226 Rn 15; Sch/Sch-*Sternberg-Lieben*, § 226 Rn 2; Lackner/Kühl-*Kühl*, § 226 Rn 3.
[633] MüKo-*Hardtung*, § 226 Rn 27; SK-*Horn/Wolters*, § 226 Rn 10.
[634] BGH NJW 2007, 1988 f.
[635] Anders offenbar *Jesse*, NStZ 2008, 605, 606 f. („vom Wortlaut noch gedeckt").

entsprechen.[636] Jedoch setzt die dauernde Gebrauchsunfähigkeit keinen völligen Funktionsverlust des betroffenen Körperglieds voraus, sondern lässt u.U. auch eine dauerhafte Versteifung des betroffenen Körperglieds genügen (Beispiel: Versteifung eines Zeigefingers oder eines Kniegelenks).[637] Die Forderung nach einem völligen Funktionsverlust entspräche weder dem Sinn des Gesetzes noch dem Willen des Gesetzgebers, der nicht nur den Verlust, sondern auch die dauernde Gebrauchsunfähigkeit infolge einer Versteifung tatbestandlich erfasst ansehen wollte.

Gleichwohl führt eine Versteifung nicht zwangsläufig zur Bejahung des § 226 I Nr. 2. Denn bei einem „nur" durch Versteifung beeinträchtigten Körperglied wird zumeist irgendeine Funktion erhalten bleiben. Für die Beurteilung, ob ein wichtiges Körperglied dauernd nicht mehr gebraucht werden kann, ist deshalb im Wege einer wertenden Gesamtbetrachtung zu ermitteln, ob als Folge der vorsätzlichen Körperverletzung so viele Funktionen ausgefallen sind, dass das Körperglied weitgehend unbrauchbar geworden ist und von daher die wesentlichen faktischen Wirkungen denjenigen eines physischen Verlustes entsprechen.[638] Wie bezüglich der Frage, ob ein „Verlust des Sehvermögens auf mindestens einem Auge, des Gehörs, des Sprechvermögens und der Fortpflanzungsfähigkeit" (§ 226 I Nr. 1) verneint werden muss, wenn der Geschädigte es verweigert, die Folgen durch Verwendung körperfremder Hilfsmittel (z.B. Seh- oder Hörhilfe) abzumildern (Rn 366), oder ob das Merkmal „dauernd entstellt" (§ 226 I Nr. 3) gegeben ist, wenn der Geschädigte es unterlässt, die entstellende Wirkung durch zumutbare medizinische Maßnahmen zu beseitigen oder zumindest abzumildern (Rn 380), muss auch hinsichtlich § 226 I Nr. 2 der Frage nachgegangen werden, ob die Verwirklichung des Tatbestands zu verneinen ist, wenn Bewegungseinschränkungen von Körpergliedern zu einem Teil darauf zurückzuführen sind, dass der Geschädigte auf erforderliche Behandlungs- bzw. Nachsorgemaßnahmen verzichtete.

370 -378

> **Beispiel[639]:** T und O lebten gemeinsam in einem Asylbewerberheim. Das Verhältnis zwischen ihnen verschlechterte sich, weil T während einer Haftzeit des O dessen Freundin „nachstellte". Deshalb stellte O den T nach seiner Haftentlassung bei Zusammentreffen immer wieder in aggressiver Weise zur Rede. Auch am Tattag kam es zu einer verbalen Auseinandersetzung, in deren Folge O zu T sagte, er ficke dessen Mutter. Dann schlug er T mit der flachen Hand ins Gesicht. In Reaktion darauf hieb T dem O eine Fernbedienung kräftig auf den Mund (was zu einem Oberkieferbruch und zur Lockung bzw. zum Verlust von vorderen Zähnen führte). Daraufhin ergriff T ein Küchenmesser und schlug damit mehrere Male in Richtung des Kopfes und Halses des O. Dieser hob zur Abwehr seine Hände und wurde dort durch das Messer getroffen. Er zog sich während des Angriffs in die Gemeinschaftsküche der Etage zurück. Als er T fragte: „Hast du genug, willst du aufhören oder weitermachen?", ließ dieser sein Messer fallen und trat zur Seite, sodass O die Küche verlassen und sich einer medizinischen Heilbehandlung unterziehen konnte. Dort wurde festgestellt, dass es aufgrund der Messerhiebe u.a. zu Schnittverletzungen an der linken Hand mit Durchtrennungen aller Beugesehnen von vier Fingern einschließlich der Nerven und zu einer potentiell lebensgefährlichen Schlagaderverletzung gekommen war. Trotz Operation ist O wegen der Verletzungen ein Faustschluss der linken Hand unmöglich, ebenso ein vollständiges Strecken der betroffenen Finger. Bei Kälte sowie bei schnellen Greifbewegungen und beim Tragen von schwereren Lasten leidet er unter stromstoßartigen Schmerzen des linken Arms. Die linke Hand ist (damit) weitgehend gebrauchsunfähig. Eine wesentliche Besserung ist nicht mehr zu erwarten. Allerdings sind die Bewegungseinschränkungen der Finger zu einem Teil darauf zurückzuführen, dass O auf die erforderliche Nachsorge seiner Verletzungen verzichtete. Die neuro- und handchirurgischen

---

[636] Vgl. dazu aus jüngerer Zeit BGH NJW 2017, 1763, 1764.
[637] BT-Drs. 13/9064, S. 16; siehe auch BGHSt 51, 252, 257; BGH NJW 2017, 1763, 1764; Lackner/Kühl-*Kühl*, § 226 Rn 3; LK-*Hirsch*, § 226 Rn 17.
[638] BGH NStZ 2014, 213; BGHSt 51, 252, 257; BGH NJW 2017, 1763, 1764.
[639] Nach BGH NJW 2017, 1763 f. (in Konzentration auf das Kernproblem teilweise abgewandelt).

Körperverletzungsdelikte – Schwere Körperverletzung (§ 226)

Konsultationen, die nach Auffassung des Erstoperateurs erfolgen sollten, hat O ebenso wenig durchführen lassen wie die angeratene Physiotherapie. Bei Durchführung der angeratenen Physiotherapie wäre die Einschränkung der Bewegungsmöglichkeit deutlich geringer gewesen.

Lösungsgesichtspunkte: T könnte sich zunächst wegen versuchten Totschlags (§§ 212 I, 22) strafbar gemacht haben, wenn man davon ausgeht, dass bei einem mehrmaligen Schlagen mit einem Küchenmesser in Richtung Kopf und Hals mindestens dolus eventualis bzgl. des Todes vorliegt. Da der BGH diese Frage aber nicht aufgegriffen hat, muss davon ausgegangen werden, dass er schon keinen (mindestens bedingten) Tötungsvorsatz oder jedenfalls (aufgrund des Fallenlassens des Messers und Zur-Seite-Tretens) einen strafbefreienden Rücktritt angenommen hat. Für die zuerst genannte Möglichkeit spricht die Annahme des BGH, dass die Gefahr, O würde sich gegen die auf Hals und Kopf gerichteten heftigen Messerschläge mit den Händen schützen und hieran schwerwiegende Verletzungen erleiden, für T offensichtlich gewesen sei. Das impliziert die Annahme, dass der BGH Tötungsvorsatz ausschließt, was jedoch nicht überzeugt. Denn dass ein mit einem Messer in Richtung Kopf und Hals attackiertes Opfer schützend die Arme verschränkt, ist derart wahrscheinlich (fast schon reflexartig), dass man mit der vom BGH vorgenommenen Argumentation (eher: Behauptung) in den meisten Fällen, in denen der Täter in Richtung Kopf oder Hals sticht oder schlägt, den Tötungsvorsatz verneinen müsste. Das kann nicht überzeugen.

T hat aber jedenfalls die Tatbestände der §§ 223 I, 224 I Nr. 2 (gefährliches Werkzeug) und Nr. 5 (eine das Leben gefährdende Behandlung) verwirklicht und sich daher einer gefährlichen Körperverletzung schuldig gemacht.

Fraglich bzgl. der Körperverletzungsdelikte ist allein, ob er sich auch einer schweren Körperverletzung gem. § 226 I Nr. 2 schuldig gemacht hat.

Eine Hand ist ein „Körperglied" und sie ist auch „wichtig" i.S.d. § 226 I Nr. 2. Die linke Hand des O müsste aber auch zumindest dauernd unbrauchbar geworden sein. Nach der insoweit zutreffenden Formulierung des BGH ist für die Beurteilung, ob ein wichtiges Glied i.S.d. § 226 I Nr. 2 dauernd nicht mehr gebraucht werden kann, im Wege einer wertenden Gesamtbetrachtung zu ermitteln, ob die vorsätzliche Körperverletzung den Ausfall so vieler Funktionen verursacht hat, dass das Körperglied weitgehend unbrauchbar geworden ist und von daher die wesentlichen faktischen Wirkungen denjenigen eines physischen Verlusts entsprechen. Richtig nimmt der BGH auch Bezug darauf, dass ein völliger Funktionsverlust des betroffenen Körperglieds nicht erforderlich ist.

Gemäß der medizinischen Feststellung ist die linke Hand des O weitgehend gebrauchsunfähig, was der schweren Folge i.S.d. § 226 I Nr. 2 entspricht.

Fraglich ist jedoch, ob die Gebrauchsunfähigkeit dem Täter überhaupt zugerechnet werden kann, wenn deren Beseitigung oder Abmilderung dem Opfer unter Berücksichtigung von Erfolgsaussichten, Zahl von (Folge-)Operationen und damit verbundenen Risiken zumutbar gewesen wäre, es aber entsprechende Maßnahmen unterließ.[640] Während ein Teil der Literatur dies bejaht[641], steht der BGH auf dem gegenteiligen Standpunkt. Der Umstand, dass der Verletzte eine medizinische Behandlung zur Beseitigung oder Abmilderung der eingetretenen Beeinträchtigungen unterlasse, könne nicht dazu führen, die Zurechnung der vom Täter herbeigeführten gravierenden Folge zu verneinen.[642] Die erhöhte Strafdrohung des § 226 sei an das Ausmaß der vom Täter schuldhaft hervorgerufenen Rechtsgutverletzung geknüpft. Für dessen Beurteilung sei im Grundsatz der Zeitpunkt des Urteils maßgebend. Eine unterlassene Mitwirkung des Geschädigten an Maßnahmen, die zu einer Abmilderung der schweren Folge(n) geführt hätten, sei grds. nicht geeignet, das

---

[640] Der BGH (NJW 2017, 1763, 1764) stellt insoweit auf die „Dauerhaftigkeit" bzw. „Langwierigkeit" der schweren Folge ab, was jedoch nicht überzeugt, da es um die Frage nach der Zurechnung der „Gebrauchsunfähigkeit" insgesamt geht.
[641] MüKo-*Hardtung*, § 226 Rn 42; Sch/Sch-*Sternberg-Lieben*, § 226 Rn 5; LK-*Hirsch*, § 226 Rn 17 (auch herangezogen von BGH NJW 2017, 1763, 1764.
[642] BGH NJW 2017, 1763, 1764 mit Verweis u.a. auf BGHSt 17, 161, 164 f.; BGH NJW 1967, 297, 298.

Körperverletzungsdelikte – Schwere Körperverletzung (§ 226)

begangene Unrecht zu relativieren.[643] Dem ist jedenfalls dann zuzustimmen, wenn sich die Weigerung des Opfers, sich an Heilbehandlungs- bzw. Rehabilitationsmaßnahmen zu beteiligen, auf nachvollziehbare Gründe (Angst vor operationsbedingten Risiken; Vermeidung weiterer Schmerzen etc.) stützen lässt. Etwas anderes würde nur dann gelten, wenn das Opfer bspw. aus Böswilligkeit notwendige Behandlungsmaßnahmen verweigert, um dem Täter zu schaden.

Da ein solches böswilliges Verhalten bei O nicht ersichtlich ist, kann dessen Weigerung, an neuro- und handchirurgischen Konsultationen und der angeratenen Physiotherapie teilzunehmen, T nicht entlasten.

T hat sich mithin wegen gefährlicher Körperverletzung gem. § 224 I Nr. 2 (gefährliches Werkzeug) und Nr. 5 (eine das Leben gefährdende Behandlung) in Tateinheit mit einer schweren Körperverletzung gem. § 226 I Nr. 2 strafbar gemacht. Sollte man entgegen der Auffassung des BGH einen Tötungsvorsatz annehmen, käme ein versuchter Totschlag (§§ 212 I, 22) tateinheitlich dazu, sofern man keinen strafbefreienden Rücktritt (gem. § 24 I S. 1 Var. 1) bejaht.

c. § 226 I Nr. 3

§ 226 I Nr. 3 erfasst den Fall, dass die verletzte Person **in erheblicher Weise dauernd entstellt** wird oder in **Siechtum**, **Lähmung** oder **geistige Krankheit** oder **Behinderung** verfällt.

379

- **Entstellung** ist das Verunstalten der Gesamterscheinung, die einen unästhetischen Eindruck vermittelt. **Erheblich** ist die Entstellung allerdings nur dann, wenn sie in ihren Auswirkungen dem Gewicht der geringsten der in Nr. 1 und 2 genannten schweren Folgen in etwa gleichkommt.[644] So ist der Betroffene beispielsweise erheblich entstellt bei Verlust der Nasenspitze, einer Ohrmuschel oder mehrerer Vorderzähne. Auch verunstaltende Narben im Gesicht, am Hals oder an Stellen, die – sei es auch nur zeitweise – den Blicken anderer preisgegeben sind[645], können eine Entstellung i.S.d. Nr. 3 begründen. Allerdings muss – etwa durch deutliche Verzerrung der Proportionen des Körperteils – im Einzelfall ein Grad an Verunstaltung erreicht sein, der über das lediglich sichtbare und störend wirkende hinausgeht.[646] Nach Auffassung des BGH soll eine sogar 12 cm lange, 4 mm breite, blassrötliche, leicht wulstförmige Narbe, die vom linken Halsbereich vom Ohrläppchen nach vorne zum Unterkiefer verläuft, nicht genügen, um von einer erheblichen Entstellung i.S.d. Nr. 3 sprechen zu können. Eine solche Narbe möge zwar störend und unästhetisch wirken, sei jedoch nicht von solchem Gewicht wie die anderen in Nr. 3 genannten schweren Folgen.[647] Diese Rechtsauffassung ist in Anbetracht der Tatsache, dass der BGH andererseits den Verlust der Nasenspitze oder einer Ohrmuschel als tatbestandlich i.S.d. Nr. 3 angesehen hat, zweifelhaft. Zuzustimmen ist dem BGH aber insofern, als Narben an den Oberschenkeln den Anforderungen des § 226 I Nr. 3 nicht genügen.[648] **Dauernd** entstellt bedeutet, dass der Betroffene auf unabsehbare Zeit starke psychische Nachteile im Verkehr mit seiner Umwelt zu erleiden hat.[649] Problematisch ist, ob das Merkmal „dauernd" gegeben ist, wenn die entstellende Wirkung durch *medizinische Maßnahmen* beseitigt werden kann. Hierzu wird man unter Berücksichtigung von Art, Realisierbarkeit und v.a. Zumutbarkeit des dazu erforderlichen Eingriffs ganz auf den Einzelfall abstellen müssen. So liegt eine dauerhafte Entstellung nicht vor, wenn beim Verlust eines Vorderzahns die Lücke im Gebiss durch eine Zahnprothese geschlossen werden kann.[650] Generell gilt: Kann die Verunstaltung durch eine dem Opfer zumutbare Operation in absehbarer Zeit mit Aus-

380

---

[643] BGH NJW 2017, 1763, 1764.
[644] BGH NStZ 2015, 266, 268; NJW 2014, 3382, 3384; NStZ-RR 2013, 343; NStZ 2008, 32; NStZ 2006, 686.
[645] Vgl. nur BGH NJW 2009, 863 (Brandnarben im Gesicht an Oberkörper, Armen und Beinen).
[646] BGH NStZ 2015, 266, 268; NJW 2014, 3382, 3384.
[647] BGH NStZ 2008, 32 f. Immerhin bejaht der BGH wenigstens § 224 I Nr. 2 Var. 2 und Nr. 5.
[648] BGH NStZ 2006, 686 (breite Narben am Oberschenkel aufgrund von Messerstichen).
[649] Vgl. BGHSt 24, 315, 317; vgl. auch *W/H/E*, BT 1, Rn 318.
[650] BGHSt 24, 315, 317.

Körperverletzungsdelikte – Schwere Körperverletzung (§ 226)

sicht auf Erfolg behoben werden, ist eine Strafbarkeit aus § 226 I Nr. 3 zu verneinen.[651] Auf die Zumutbarkeit der medizinisch-technischen Beseitigung (siehe dazu bereits Rn 370) muss deshalb abgestellt werden, da es anderenfalls das Opfer in der Hand hätte, über die Strafbarkeit aus § 226 I Nr. 3 zu entscheiden. Aus dem Schutzzweck der Norm folgt schließlich, dass eine Entstellung auch dann gegeben sein kann, wenn der Betroffene bereits vorher unansehnlich war.[652]

381 ▪ **Siechtum** ist ein chronischer Krankheitszustand, der den Gesamtorganismus des Verletzten ergreift und ein Schwinden der körperlichen oder geistigen Kräfte zur Folge hat und dessen Heilung sich überhaupt nicht oder der Zeit nach nicht bestimmen lässt.[653] Verfallen in Siechtum kann insbesondere bei einer Infizierung mit **HIV** zu bejahen sein, sofern die Krankheit ausbricht (dazu Rn 345 ff.). Angesichts des geringen Ansteckungsrisikos und der langen Inkubationszeit (6-10 Jahre) zwischen der Übertragung des Virus und dem möglichen Ausbruch der Immunschwächekrankheit AIDS ist aber die Annahme von *dolus eventualis* (auch hinsichtlich § 212 und §§ 223, 224 I Nr. 1 und 5) nicht immer zu beweisen, da der Täter behaupten wird, er habe darauf vertraut, dass bis zum Ausbruch der Krankheit ein Heilmittel gefunden werde. Tatsächlich scheint es nunmehr ein Heil- bzw. Therapiemittel zu geben. Ende 2007 ist auf dem europäischen Markt das HIV-Medikament Atripla zugelassen worden. Die tägliche Einnahme einer Kapsel verhindert den Ausbruch der Immunschwächekrankheit und führt dazu, dass HIV nicht mehr lebensbedrohlich ist. Damit ist AIDS in den Status einer chronischen, aber nicht lebensbedrohlichen Krankheit übergegangen. Da Atripla jedoch nicht bei allen Menschen anwendbar ist (vgl. dazu Rn 347), hat sich die Problematik nicht gänzlich erledigt.

382 ▪ **Lähmung** bedeutet eine erhebliche Beeinträchtigung der Bewegungsfähigkeit eines Körperteils, die den ganzen Körper in Mitleidenschaft zieht.[654] Völlige Bewegungslosigkeit eines Arms kann eine Lähmung sein, ferner die Versteifung eines Kniegelenks. Nicht dagegen ausreichen würde die Versteifung eines Handgelenks oder eines Fingers.

383 ▪ Bezüglich der **geistigen Krankheiten** nimmt der BGH mit Blick auf den Schutzzweck des § 226, der allein auf die Folgen für das Tatopfer abstellt, eine an medizinischen Kriterien orientierte Auslegung vor.[655] Liege eine nach ICD 10[656] klassifizierte geistige Krankheit vor, gelte das auch für § 226.[657] Dem ist vollumfänglich zuzustimmen. Es ist kein Grund ersichtlich, den strafrechtlichen Begriff der geistigen Krankheit anders zu definieren als den international anerkannten medizinischen. Weiterhin macht der BGH klar, dass mit Blick auf den in § 226 genannten Begriff „verfallen" und einen Vergleich zu den sonstigen Tatbestandsvarianten des § 226 die geistige Krankheit nicht nur unerheblich und nicht nur vorübergehend sein dürfe.[658] Auch das überzeugt. Eine Unheilbarkeit zu fordern, ginge aber zu weit.

Beispiel[659]**:** Auf einem Weinfest schlug T den O kräftig mit der Faust gegen die Schläfe, wodurch O das Gleichgewicht verlor, umfiel und mit dem Schädel auf den Asphalt aufschlug. Durch den Sturz zog sich O ein Schädelhirntrauma mit frontobasal beidseitiger Kontusionsblutung und eine Schädelfraktur zu. Dies führte zu einem organischen Psychosyndrom nach Schädel-Hirn-Trauma (ICD-10 F07.2), welches sich bis heute in erheblicher Weise auf das Leben des O auswirkt. Er leidet an einer signifikanten Einschränkung des Konzentrationsvermögens und der Aufmerksamkeitszuwendung, einer

---

[651] Wie hier BGHSt 24, 315, 317; *Fischer*, § 226 Rn 9a; SK-*Horn/Wolters*, § 226 Rn 14; MüKo-*Hardtung*, § 226 Rn 42; a.A. noch BGHSt 17, 161, 163 ff.
[652] Vgl. dazu insgesamt Lackner/Kühl-*Kühl*, § 226 Rn 4; Sch/Sch-*Sternberg-Lieben*, § 226 Rn 3; *W/H/E*, BT 1, Rn 319.
[653] Lackner/Kühl-*Kühl*, § 226 Rn 4; *W/H/E*, BT 1, Rn 320; *Joecks/Jäger*, § 226 Rn 21.
[654] Sch/Sch-*Sternberg-Lieben*, § 226 Rn 7; Lackner/Kühl-*Kühl*, § 226 Rn 4.
[655] Siehe BGH NStZ 2018, 102, 103.
[656] ICD steht für „International Statistical Classification of Diseases and Related Health Problems" und ist ein von der Weltgesundheitsorganisation herausgegebenes Manual aller medizinisch anerkannten Krankheiten und Diagnosen. Die Klassifikation der F-Gruppe (F00-F99) beschreibt psychische Störungen und Verhaltensstörungen.
[657] BGH NStZ 2018, 102, 103. Anders die (bislang) h.L.: alle exogenen und endogenen Psychosen i.S.v. § 20 (NK-*Paeffgen/Böse*, § 226 Rn 35; SK-*Wolters*, § 226 Rn 15).
[658] BGH NStZ 2018, 102, 103.
[659] BGH NStZ 2018, 102, 103.

Körperverletzungsdelikte – Schwere Körperverletzung (§ 226)

gesteigerten Vergesslichkeit, einer Beeinträchtigung des Arbeitsgedächtnisses, einer gesteigerten Ermüdbarkeit, einer Reduktion der Frustrations- und Belastungstoleranz sowie einem reduzierten Antriebsniveau. Zudem zeigt sich O deutlich persönlichkeitsverändert, was insbesondere gekennzeichnet ist durch eine erhöhte Reizbarkeit mit teils paranoiden Zügen und durch eine Nivellierung der Emotionen. Weitere Folgeerscheinungen sind häufige, teils migräneartige Kopfschmerzen, ein Tinnitus, eine erhebliche Schädigung des Geruchssinns sowie gelegentliche Taubheitsgefühle in den Fingern und im Oberschenkel. Durch die genannten Beeinträchtigungen ist die Arbeitsfähigkeit des O in seinem erlernten Beruf des Ingenieurs um mehr als 50 %, seine Erwerbsfähigkeit insgesamt jedoch um weniger als 50 % reduziert. Für die Zukunft sind allenfalls noch geringfügige Besserungen der Symptomatik zu erwarten.

Zutreffend bestätigte der BGH die Vorinstanz, die eine Verwirklichung des § 226 I Nr. 3 Var. 4 angenommen hatte.

- Auch die **Behinderung** muss eine „geistige" sein. Das geht zum einen aus der Formulierung „oder" hervor und zum anderen sind „körperliche" Behinderungen bereits ausreichend von den Varianten 1-3 erfasst.[660] War das Opfer bereits vor der Tat geistig behindert, ist der Täter aus der Var. 4 nur dann strafbar, wenn er den Grad der Behinderung erhöht hat. Im Übrigen stellt der BGH klar, dass bei Bejahung der Var. 4 für eine zusätzliche Annahme einer geistigen Behinderung i.S.d. Var. 5 kein Raum ist, da hierunter nur solche Störungen der Gehirntätigkeit fielen, die nicht bereits als geistige Krankheit zu qualifizieren seien.[661]   **384**

Der Anknüpfungspunkt für das erhöhte Strafmaß wird dadurch unterstrichen, dass das Opfer in eine der genannten Tatfolgen verfallen sein muss.

Ein **Verfallen** liegt vor, wenn der Körper im Ganzen in erheblicher Weise chronisch (nicht notwendigerweise unheilbar) beeinträchtigt wird und die Beseitigung dieses Zustands sich für eine absehbare Zeit nicht bestimmen lässt.[662]   **385**

2. Tatbestandsspezifischer Gefahrzusammenhang (bei § 226 I)

Um dem verfassungsrechtlich verankerten Schuldprinzip Rechnung zu tragen, besteht absoluter Konsens darüber, dass die schwere Folge sich als Verwirklichung gerade der dem Grunddelikt innewohnenden Gefahr darstellen muss. Dieser sog. **tatbestandsspezifische Gefahrzusammenhang** verlangt, dass sich gerade die **dem Grundtatbestand anhaftende spezifische Gefahr in der schweren Folge niedergeschlagen hat**.[663] (vgl. dazu auch Rn 394 ff. zu § 227).   **386**

> **Beispiel:** Schlägt A den B mit einem Baseballschläger kräftig auf den Kopf und verfällt B aufgrund einer dadurch (fahrlässig) verursachten Schädelfraktur einer dauerhaften geistigen Behinderung, hat sich gerade die dem Schlag anhaftende spezifische Gefahr in der genannten schweren Folge niedergeschlagen.

3. Fahrlässige/vorsätzliche Verursachung einer der schweren Folgen

Die Voraussetzungen hinsichtlich der (fahrlässig oder leichtfertig) verursachten schweren Folgen wurden bereits im Prüfungsschema zu **§ 226 I** genannt. Handelt der Täter hinsichtlich der schweren Folge *absichtlich* oder *wissentlich*, ist **§ 226 II** einschlägig. Diese Norm ist gerade wegen der vorsätzlichen Herbeiführung der schweren Folge wie ein   **387**

---

[660] LK-*Lilie*, § 226 Rn 25; SK-*Horn/Wolters*, § 226 Rn 15; Lackner/Kühl-*Kühl*, § 226 Rn 4; *Fischer*, § 226 Rn 13; *Wallschläger*, JA 2002, 390, 396. Dem sich anschließend *Koch/Dorn*, JA 2012, 675, 676.
[661] BGH NStZ 2018, 102, 103.
[662] BGH JA 2003, 105 ff.; Lackner/Kühl-*Kühl*, § 226 Rn; LK-*Hirsch*, § 226 Rn 22.
[663] Vgl. nur BGHSt 48, 34 ff. (mit Bespr. v. *Hardtung*, NStZ 2003, 261 f.); BGH NStZ 2001, 478 f.; BGHSt 14, 110 ff. (Pistolen-Fall); 31, 96, 98 f. (Hochsitz-Fall); 33, 322, 38, 295; BGH NJW 1971, 152 (Rötzel-Fall); LG Kleve NStZ-RR 2003, 235; *Fischer*, § 18 Rn 2; SK-*Rudolphi*, § 18 Rn 3; Sch/Sch-*Sternberg-Lieben/Schuster*, § 18 Rn 4; *Fahl*, JA 2002, 275 ff.

„normales **Vorsatzdelikt**" zu prüfen, sodass es diesbezüglich auf die im Prüfungsschema zu § 226 I genannten Prüfungspunkte 3. und 4. nicht ankommt. Hier genügen Kausalität und objektive Zurechnung. Allerdings ist die erforderliche Vorsatzform (in einem subjektiven Tatbestand) zu prüfen.

4. Versuchte Erfolgsqualifikation

388 Problematisch (und **prüfungsrelevant**) wird es, wenn der **Grundtatbestand nur versucht wurde**, die schwere Folge gleichwohl eingetreten ist. Geht man mit §§ 11 II, 18 von der Einstufung der erfolgsqualifizierten Delikte als Vorsatzdelikte aus, ist ein Versuch auch des § 226 I grundsätzlich möglich.[664] Grundsätzlich müssen aber hinsichtlich der Versuchsstrafbarkeit bei erfolgsqualifizierten Delikten folgende Erscheinungsformen unterschieden werden:

(1) Grunddelikt versucht/schwere Folge eingetreten ⇒ **erfolgsqualifizierter Versuch**

> **Beispiel:** T will O mit einem Knüppel schlagen. O kann aber ausweichen, sodass T sein Ziel verfehlt (Versuch der §§ 223, 224 I Nr. 2). Aufgrund des Ausweichens verliert O aber die Balance und stützt; dabei schlägt er mit dem Kopf auf eine Tischkante, wodurch er einen Schädelbruch erleidet. Er ist dauerhaft geistig behindert (§ 226 I Nr. 3 Var. 5).

> Lässt man es ausreichen, dass allein der Körperverletzungshandlung die tatbestandsspezifische Gefahr anhaftet, hat sich diese im Eintritt der schweren Folge realisiert. Dann liegt ein erfolgsqualifizierter Versuch vor. Unterstellt man auch die objektive und subjektive Vorhersehbarkeit, hat I sich wegen schwerer Körperverletzung gem. § 226 I Nr. 3 Var. 5 strafbar gemacht.

(2) Grunddelikt verwirklicht/schwere Folge versucht ⇒ **versuchte Erfolgsqualifikation**

> **Beispiel:** T schlägt O mit einem Knüppel und nimmt dabei billigend in Kauf, dass O dadurch in Siechtum verfällt. O kann aber ausweichen, sodass T den O lediglich am Oberarm trifft. Das erfüllt zwar die §§ 223, 224 I Nr. 2, nicht aber § 226 I Nr. 3 Var. 2.

> Da das erfolgsqualifizierte Delikt gem. §§ 11 II, 18 insgesamt als Vorsatzdelikt gilt und T die schwere Folge auch in seinen Vorsatz mit aufgenommen hatte, ist er wegen vollendeter gefährlicher Körperverletzung gem. §§ 223, 224 I Nr. 2 in Tateinheit mit versuchter schwerer Körperverletzung gem. §§ 226 I Nr. 3 Var. 2, 22, 23 I, 12 I strafbar.

(3) Grunddelikt versucht/schwere Folge versucht ⇒ **versuchte Erfolgsqualifikation**

> **Beispiel:** T schlägt O mit einem Knüppel und nimmt dabei billigend in Kauf, dass O dadurch in Siechtum verfällt. O kann aber ausweichen, sodass T den O nicht trifft.

> Hier ist T wegen versuchter schwerer Körperverletzung gem. §§ 226 I Nr. 3 Var. 2, 22, 23 I, 12 I strafbar.

389 Vgl. dazu im Einzelnen *R. Schmidt*, AT, Rn 895 ff. Problematisch ist es auch, wenn dem vorsätzlich verwirklichten oder nur versuchten Grundtatbestand die schwere Folge nur deshalb folgt, weil das **Opfer selbstschädigend aktiv wird** oder **Dritte in das Geschehen eingreifen** oder **mehrere Personen beteiligt** sind.[665] Da auch diese Problemkreise ausführlich bei *R. Schmidt*, AT, Rn 907 ff. dargestellt sind, sei ebenfalls insoweit darauf verwiesen.

5. Verhältnis zu den Tötungsdelikten

390 Es ist denkbar, dass der Täter hinsichtlich der schweren Körperverletzung mit Absicht oder wissentlich handelt und dabei den Tod des Opfers billigend in Kauf nimmt (hinsicht-

---

[664] Hinsichtlich § 226 II stellt sich die Problematik nicht, da hier ein normales Vorsatzdelikt vorliegt und der Versuch (wegen des Verbrechenscharakters) ohne weiteres strafbar ist.
[665] Vgl. BGHSt 48, 34, 38 ff.

lich der Tötung also mit *dolus eventualis* handelt). Bleibt in diesem Fall die Tötung „im Versuch stecken", während die in § 226 I genannte schwere Folge eingetreten ist, liegt Tateinheit zwischen §§ 212, 22 und § 226 II (bzw. §§ 211, 22 und § 226 II) vor. Für den Fall, dass der Täter hinsichtlich der Tötung mit *dolus directus* 1. oder 2. Grades handelt, hat der BGH entschieden: **Tritt** der Täter in einem solchen Fall vom **Versuch der Tötung** strafbefreiend **zurück**, hat aber die eingetretene schwere Folge i.S.d. § 226 als sichere Folge seines Handelns erkannt, ist er **aus § 226 II strafbar**.[666] Problematisch ist es, wenn die versuchte Tötung **fehlschlägt**, das Opfer aber eine schwere Folge i.S.d. § 226 davonträgt und diese Folge auch vom Vorsatz des Täters umfasst war.

Beispiel[667]: A und B sind Mitglieder der durch Gewaltbereitschaft und Ausländerhass geprägten Skinheadszene. Bei einem Treffen mit Gesinnungsgenossen kam die gegen eines der Gruppenmitglieder erstattete Strafanzeige zur Sprache. Als „Denunziant" wurde D verdächtigt. Um ihn zur Rede zu stellen, suchten A und B noch in derselben Nacht D auf, schlugen ihn ins Gesicht und fragten ihn, ob er die fragliche Anzeige erstattet habe. Obwohl er dies bestritt, traten und schlugen die beiden weiter auf ihn ein. Aus Furcht, er werde sie wegen dieser Handlungen anzeigen, beschlossen A und B nach längerer Diskussion, D zu verbrennen, weil dieser „ganz weg müsse". Zudem wollten sie durch das Verbrennen des D sämtliche Beweise der Misshandlungen vernichten. An einem abgelegenen Ort zwang A den D unter Gewaltanwendung, sich auszuziehen, da er „dann besser brenne". Anschließend goss er einen Liter Benzin auf den nackten Körper des am Boden liegenden D aus. B hielt ein Feuerzeug an die Füße des D. Dieser begann am ganzen Körper zu brennen. A und B rannten sofort weg. Doch schon nach kurzer Zeit gelang es D, das Feuer durch Hin- und Herwälzen auf dem Boden zu löschen, aufzustehen und zum nächsten Wohnhaus zu laufen. D musste mehrfach operiert werden; sein Oberkörper und seine Arme und Beine sind großflächig vernarbt. Strafbarkeit von A und B?

391

> **Hinweis für die Fallbearbeitung:** Da sowohl Körperverletzungsdelikte als auch ein versuchter Mord in Betracht kommen, stellt sich die Frage nach dem richtigen Aufbau. Es ist vertretbar, zunächst nach dem Motto „Dickschiffe vorn" den versuchten Mord zu prüfen. Doch da A und B mit der Tötung die zuvor begangene Körperverletzung verdecken wollten (also in Verdeckungsabsicht i.S.v. § 211 II Var. 9 handelten), kommt man bei dieser Vorgehensweise nicht umhin, die zu verdeckende Tat inzident beim versuchten Mord zu prüfen. Diese unübersichtliche Schachtelprüfung vermeidet man jedoch, indem man zuerst die zu verdeckende Tat prüft.

Lösungsgesichtspunkte

1. Gefährliche Körperverletzung gem. §§ 223, 224 I Nr. 2, 4, 25 II
Dadurch, dass A und B auf D einschlugen und ihn traten, haben sie „mit gefährlichen Werkzeugen" (besohlte Schuhe) und „gemeinschaftlich" i.S.v. § 224 I Nr. 2 u. 4, 25 II eine gefährliche Körperverletzung in Mittäterschaft begangen.

2. Nötigung gem. §§ 240, 25 II
Dadurch, dass A den D unter Gewaltanwendung zwang, sich auszuziehen, hat er ihn i.S.v. § 240 I genötigt. Da diese Nötigung eine Tötung durch Verbrennen erleichtern sollte, war sie auch verwerflich i.S.v. § 240 II. B wird die Nötigung nach den Grundsätzen des § 25 II zugerechnet.

3. Versuchter Mord in Mittäterschaft gem. §§ 211 I, II Var. 6. u. 9., 22, 25 II
Dadurch, dass A den Körper des D mit Benzin übergoss und B ihn anzündete, könnten sie sich wegen versuchten Mordes in Mittäterschaft strafbar gemacht haben.
Der Tod des D ist ausgeblieben. Der Versuch eines Mordes ist aufgrund des Verbrechenscharakters strafbar (vgl. §§ 23 I, 12 I).
Durch das Anzünden des D haben sie unmittelbar zur Tötung angesetzt. Da sie ihm dabei

---

[666] BGH NJW 2001, 980.
[667] Nach BGH JA 2003, 105 ff. (mit Bespr. v. *Eisele* a.a.O.).

Körperverletzungsdelikte – Schwere Körperverletzung (§ 226)

aus gefühlloser Gesinnung unnötige Schmerzen zufügen, ihn also „grausam" töten wollten und sie in der Absicht handelten, die vorangegangene gefährliche Körperverletzung zu verdecken, sind sie wegen versuchten Mordes (§§ 211 I, II Var. 6 u. 9, 22, 25 II) strafbar.

4. Schwere Körperverletzung gem. §§ 226 I Nr. 3, II, 25 II

Dadurch, dass A und B dem D die beschriebenen Verbrennungen zugefügt haben, könnten sie sich wegen schwerer Körperverletzung gem. §§ 226 I Nr. 3, II, 25 II strafbar gemacht haben.

D ist durch die irreversiblen und dauerhaft sichtbaren Brandverletzungen an Oberkörper, Armen und Beinen „in erheblicher Weise dauernd entstellt". Diese Folge war für den Fall seines Überlebens auch vorhersehbar i.S.d. § 18, sodass A und B jedenfalls „wenigstens" fahrlässig i.S.v. §§ 226 I, 18 gehandelt haben.

Möglicherweise haben A und B sich auch der schweren Körperverletzung nach § 226 II schuldig gemacht. Das ist der Fall, wenn sie die „dauernde Entstellung" wenigstens „wissentlich" verursacht haben. Wissentliches Handeln im Sinne dieser Vorschrift bedeutet, dass der Täter die schwere Folge als sichere Auswirkung seiner Handlungsweise voraussieht. A und B wollten D durch Verbrennen *töten*. Es könnte daher angenommen werden, dass sie nicht sicher voraussahen, dass D überleben und infolge ihres Handelns dauerhaft entstellt sein würde. Damit entfiele der für eine Strafbarkeit nach § 226 II erforderliche Vorsatz. Da die dauerhaften Auswirkungen zudem nur zu Lebzeiten des D bestehen und deshalb „als nur kurzfristiges Durchgangsstadium zur Tötung" angesehen werden könnten, könnte auf dem Boden der sog. Einheitstheorie weiterhin angenommen werden, dass § 226 II schon tatbestandlich ausscheidet. Der BGH teilt diese Bedenken nicht, da er davon ausgeht, dass A und B – alternativ zur Tötung – auch den Fall des Überlebens von D bedacht hätten. So hätten A und B sich nach längerer Überlegung dazu entschlossen, D „ganz" zu verbrennen, um sämtliche Spuren der Misshandlungen zu vernichten. Entsprechend diesem Tatplan hätten sie den nackten Körper ihres Opfers mit Benzin übergossen und in Brand gesetzt. Dass ein solches Vorgehen die Hautoberfläche ganz oder teilweise zerstöre, im Falle des Todes bis zur Unkenntlichkeit des Leichnams führen könne und im Falle des Überlebens dauerhaft entstellende Vernarbungen hinterlasse, liege auf der Hand. Dessen seien sich A und B gerade aufgrund ihrer vorausgegangenen Diskussion durchaus bewusst gewesen. **Der Annahme des § 226 II stehe auch nicht entgegen**, dass A und B mit **direktem Tötungsvorsatz** gehandelt hätten. Denn zur Tatbestandserfüllung reiche es aus, dass der Täter – alternativ zur beabsichtigten Tötung – die schwere Folge als sichere Auswirkung seiner Handlung voraussehe, er – wie hier – die schwere Folge durch die gewählte Art und Weise der Tötung als notwendiges Durchgangsziel erkenne (BGH JA 2003, 105).

A und B haben sich demnach wegen schwerer Körperverletzung nach §§ 226 I Nr. 3, II, 25 II strafbar gemacht.

5. Gefährliche Körperverletzung gem. §§ 223, 224 I Nr. 2, 4, 5, 25 II

Mit dem Zufügen der Brandverletzungen haben A und B sich zugleich einer gemeinschaftlichen, mittels gefährlichen Werkzeugs sowie mittels einer das Leben gefährdenden Behandlung gefährlichen Körperverletzung nach §§ 224 I Nr. 2, 4 u. 5, 25 II schuldig gemacht.

6. Konkurrenzen

Da eine wissentlich verübte schwere Körperverletzung nach § 226 II sowie eine gefährliche Körperverletzung nach § 224 auch dann vorliegen können, wenn der Täter mit seiner Tathandlung das Opfer töten wollte, verkörpern die vorliegende Nötigung, sich auszuziehen, der Mordversuch, die schwere und die gefährliche Körperverletzung durch das Verbrennen des D jeweils eigenständiges Unrecht und stehen daher in Tateinheit zueinander.[668] Die durch die Schläge und Tritte verübte vorangegangene gefährliche Körperverletzung steht hierzu im Verhältnis der Tatmehrheit (§ 53).[669]

---

[668] Vgl. nun auch BGH NJW 2009, 863 (Tateinheit zwischen § 224 I Nr. 5 und § 226).
[669] Vgl. auch *Eisele*, JA 2003, 105.

7. Ergebnis

A und B sind wegen versuchten Mordes in Tateinheit mit schwerer und gefährlicher Körperverletzung und mit Nötigung sowie in Tatmehrheit mit der vorangehenden weiteren gefährlichen Körperverletzung strafbar.

6. Problem der Privilegierungsfunktion des § 216

Tritt der Täter strafbefreiend vom Versuch des § 216 zurück, hat durch seine Tathandlung aber eine der in § 226 I genannten schweren Folgen verwirklicht, ist fraglich, ob sich die durch den Rücktritt vom Versuch ergebende Privilegierung auch entlastend auf die Strafbarkeit aus § 226 auswirkt. Zu diesem sog. Problem der Privilegierungsfunktion des § 216 in Fällen schwerer Körperverletzung vgl. Rn 219 f.

D. Verstümmelung weiblicher Genitalien (§ 226a)

Mit Gesetz v. 24.9.2013 hat der Gesetzgeber § 226a in das StGB eingefügt. Gemäß § 226a I wird mit Freiheitsstrafe nicht unter einem Jahr bestraft, wer die äußeren Genitalien einer weiblichen Person verstümmelt.[670] Diese Vorschrift wirft einige (verfassungsrechtliche) Fragen auf. So ist zunächst ein Verstoß gegen den Gleichheitsgrundsatz aus Art. 3 I GG immanent. Denn nach § 1631d I BGB ist die Entscheidung hinsichtlich der Beschneidung von nicht einsichts- und urteilsfähigen *männlichen* Kindern von der Sorgeberechtigung umfasst, sofern durch die Beschneidung das Kindeswohl nicht gefährdet wird, was der Gesetzgeber bei einer religiös motivierten Beschneidung annimmt. Das hat strafbefreiende Wirkung für Beschneider und einwilligende Personensorgerechtsinhaber zur Folge. Demgegenüber ist die Verstümmelung weiblicher Genitalien nicht nur strafbar nach §§ 223, 224, sondern sogar ein Verbrechen (§§ 226a I, 12 I). Um einen Widerspruch zwischen § 226a und der straflosen Beschneidung männlicher Kinder zu vermeiden, müsste man sich eine Beschneidung weiblicher Genitalien vorstellen können, die nicht verstümmelnd wirkt. Das könnte man hinsichtlich der Beschneidung lediglich der Klitorisvorhaut noch annehmen, dann aber bliebe es dennoch bei einer Körperverletzung nach §§ 223, 224, die wegen § 228 wohl nicht zu rechtfertigen ist, wohingegen die Beschneidung des Gliedes, die (ebenfalls) dem Tatbestand der gefährlichen Körperverletzung unterfällt, wegen § 1631d I BGB gerechtfertigt sein soll.

Keine Frage: Die Verstümmelung von Genitalien ist zwingend strafwürdig. Richtig ist auch die Qualifikation zum Verbrechen. Lediglich die Beschränkung der Strafbarkeit in § 226a auf weibliche Genitalien ist sachlich nicht gerechtfertigt. Daran ändern auch die religiösen Motive, die hinsichtlich der (nicht verstümmelnden) Beschneidung des Gliedes angeführt werden, nichts (vgl. auch *Putzke*, Monatsschrift Kinderheilkunde 2013, 950 f.).

---

[670] Vgl. dazu ausführlich *Rittig*, JuS 2014, 499 ff.

E. Körperverletzung mit Todesfolge (§ 227)

I. Erfolgsqualifikation zu § 223

393 Wie § 226 stellt auch § 227 auf eine besondere Folge der vorsätzlichen Körperverletzung ab und ist (wie § 226 I) ein **erfolgsqualifiziertes Delikt** i.S.d. § 18. Danach muss die schwere Folge (hier: der Tod eines Menschen) wenigstens fahrlässig verursacht worden sein. Es empfiehlt sich folgender Aufbau:

Körperverletzung mit Todesfolge (§ 227)

Vorprüfung: Tatbestand des § 223
1. Objektiver Tatbestand: *Körperliche Misshandlung* oder *Gesundheitsschädigung*
2. Subjektiver Tatbestand (Vorsatz, *dolus eventualis* genügt)
3. Ggf. weitere Qualifikationen (etwa § 224), auf denen der Taterfolg des § 227 aufbaut
4. Rechtswidrigkeit und Schuld (ebenso ist es vertretbar und u.U. sogar angebracht, die RW und Schuld nach der Erfolgsqualifikation zu prüfen – etwa, wenn die Tat gerechtfertigt oder entschuldigt ist oder der Täter schuldunfähig ist; vgl. dazu Rn 301)

I. Erfolgsqualifikation des § 227 I

1. Eintritt der in § 227 I bezeichneten schweren Folge *Tod der verletzten Person*

2. Kausalität und objektive Zurechnung
Die Handlung des Täters muss äquivalent kausal sein für den Tod des Opfers. Die Todesfolge muss dem Täter auch (nach allgemeinen Gesichtspunkten[671]) objektiv zuzurechnen sein.

3. Tatbestandsspezifischer Gefahrzusammenhang
Diese enge Verknüpfung ist erforderlich, um die im Vergleich zum Grunddelikt des § 223, aber auch zum Fahrlässigkeitsdelikt des § 222 (das bei isolierter Betrachtung des fahrlässig herbeigeführten Todes vorliegen würde), hohe Strafandrohung und die „Aufwertung" zum Verbrechen zu rechtfertigen. In dem tödlichen Tatausgang muss sich daher gerade die dem Grundtatbestand anhaftende spezifische Gefahr niedergeschlagen haben (**„Realisierung der grunddeliktsspezifischen Gefahr"**). Nur dann ist der Tod „durch die Körperverletzung" verursacht. Bleibt der Taterfolg des § 223 aus, kann der tatbestandsspezifische Zusammenhang nur dann angenommen werden, wenn man nicht auf den (ausgebliebenen) Körperverletzungserfolg abstellt, sondern auf das **Gesamtgeschehen** (d.h. auf die Tathandlung des § 223). Auch bei einem **dazwischentretenden Verhalten** des Opfers bzw. eines Dritten (z.B. schwerer Behandlungsfehler des Arztes[672]) kann der erforderliche Zusammenhang nur dann bejaht werden, wenn im Tatverhalten in Bezug auf das Grunddelikt bereits die Gefahr des entsprechenden Verhaltens (z.B. Panikreaktionen) angelegt war. (Freilich sind bei der Prüfung gewisse Überschneidungen mit der objektiven Zurechnung möglich, was zu Aufbauproblemen führen kann. Es scheint gut vertretbar, in Fällen, bei denen man die objektive Zurechnung verneinen müsste, zu dieser nichts zu sagen, und die gesamte Problematik einheitlich beim tatbestandsspezifischen Gefahrzusammenhang zu erörtern).

4. Wenigstens Fahrlässigkeit
Der Tod muss wenigstens fahrlässig verursacht worden sein (§ 18 i.V.m. § 227). „Wenigstens" bedeutet, dass auch eine vorsätzliche Begehung nicht ausgeschlossen ist (die Möglichkeit der vorsätzlich herbeigeführten Todesfolge führt dazu, dass ein Versuch konstruktiv möglich ist - § 22 setzt Vorsatz voraus). Dagegen ist eine Teilnahme auch dann möglich, wenn die schwere Folge unvorsätzlich herbeigeführt wurde (§§ 26, 27 setzen eine vorsätzliche Haupttat voraus; die Erfolgsqualifikation – auch § 227 – gilt gem. §§ 11 II, 18 insgesamt als Vorsatztat). Handelt der Täter hinsichtlich der Todesfolge aber vorsätzlich (wobei *dolus eventualis* genügt), wird § 227 von § 212 oder § 211 verdrängt. Liegt aber ein Fall der fahrlässigen Herbeiführung der Todesfolge vor, ist die Fahrlässigkeit wie folgt zu prüfen:

⇨ Das **objektive Fahrlässigkeitselement** besteht aus der *objektiven Sorgfaltspflichtverletzung* und der *objektiven Vorhersehbarkeit des wesentlichen Kausalverlaufs und der*

---

[671] Vgl. zu diesen *R. Schmidt*, AT, Rn 164 ff.
[672] BGH NStZ 2009, 92, 93.

(konkreten) Todesfolge. Allerdings ist zu beachten, dass nach st. Rspr. des BGH der Täter schon durch die schuldhafte Verwirklichung eines der Grunddelikte der §§ 223 ff. stets sorgfaltspflichtwidrig handelt. Alleiniges Merkmal der Fahrlässigkeitsprüfung hinsichtlich der qualifizierenden Tatfolge ist demnach die *Vorhersehbarkeit der schweren Folge* (vgl. das Schema zu § 226 bei Rn 359). Freilich ist zu beachten, dass bei Verneinung der Vorhersehbarkeit der schweren Folge auch ein atypischer Kausalverlauf vorliegt, der zur Verneinung der objektiven Zurechnung und damit auch des tatbestandsspezifischen Gefahrzusammenhangs führt.

⇨ Das **subjektive Fahrlässigkeitselement** besteht aus der Vorwerfbarkeit der Sorgfaltspflichtverletzung im Hinblick auf die *persönlichen Kenntnisse und Fähigkeiten* des Täters sowie aus der *individuellen Erkennbarkeit der schweren Folge und des tatbestandsspezifischen Gefahrzusammenhangs*. Vgl. dazu auch das Beispiel bei Rn 351.

II. Rechtswidrigkeit und III. Schuld

Nach der Prüfung des § 227 bedarf es nur dann einer Prüfung der RW und Schuld, sofern diese nicht bereits nach dem Tatbestand des Grunddelikts (s.o.) geprüft worden sind.

IV. Strafzumessungsgesichtspunkte (§ 227 II)

Ein minder schwerer Fall wird angenommen, wenn der Täter bspw. zur Tat hingerissen wurde. Bei Vorliegen der bes. Provokationsvoraussetzungen des § 213 ist die Annahme eines minder schweren Falls zwingend (vgl. BGH NStZ-RR 2000, 80).

II. Der Grundtatbestand der Körperverletzung

§ 227 I setzt eine **Körperverletzung** voraus und nimmt dabei Bezug auf §§ 223 bis 226a. Den eigentlichen Grundtatbestand bildet aber allein § 223. Das bedeutet, dass mindestens dieser Tatbestand vorliegen muss. Ob darüber hinaus einer der Tatbestände der §§ 224-226a vorliegt, ist zwar für das Strafmaß, nicht aber für die Anwendung des § 227 relevant. Und hinsichtlich § 223 muss nicht stets eine vollendete Tat vorliegen. Auch ein **Versuch** des § 223 kommt als Grundtatbestand zu § 227 ebenso in Betracht wie eine Tatbestandsverwirklichung durch **Unterlassen** (§§ 223 I, 13 I)[673]. Siehe dazu Rn 398 ff. und 416.

393a

III. Der tatbestandsspezifische Gefahrzusammenhang

1. Tatbestandliche Anforderungen

Hat der Täter nur den Grundtatbestand oder – unabhängig von diesem – das Delikt verwirklicht, das beim erfolgsqualifizierten Delikt die schwere Folge ausmacht, ergibt sich in aller Regel eine geringere Strafandrohung als bei dem erfolgsqualifizierten Delikt, das beide Tatbestände miteinander verknüpft.

394

Beispiel: Die Körperverletzung gem. § 223 hat einen Strafrahmen von bis zu 5 Jahren Freiheitsstrafe. Die fahrlässige Tötung gem. § 222 wird ebenfalls mit Freiheitsstrafe bis zu 5 Jahren bestraft. Demgegenüber führt die mit § 227 vorgenommene Verknüpfung der §§ 223, 222 zu einer Verschiebung des Strafrahmens auf eine Mindeststrafe von 3 Jahren und eine Höchststrafe von 15 (!) Jahren (vgl. § 38 II).

Betrachtet man das hohe Strafmaß des § 227 und den Verbrechenscharakter der Tat, wird mit Blick auf das verfassungsrechtlich verankerte Schuldprinzip deutlich, dass die Strafbarkeit aus § 227 mehr voraussetzen muss als die bloße Idealkonkurrenz von Körperverletzung und fahrlässiger Tötung. Durchweg ist eine restriktive Auslegung geboten. Die Prüfung, ob der Täter aus § 227 schuldig gesprochen werden muss oder (lediglich) idealkonkurrierend aus § 223 und § 222, hat also stets vor diesem Hintergrund zu erfolgen.

Einleuchtend ist, dass der Täter, der durch seine Körperverletzungshandlung den Tod des Opfers verursacht, eine höhere kriminelle Energie aufbringt als derjenige, der

395

---

[673] BGH NJW 2017, 418, 419.

Körperverletzungsdelikte – Körperverletzung mit Todesfolge (§ 227)

schlicht eine Sorgfaltspflicht (etwa im Straßenverkehr) missachtet und dabei den Tod eines Menschen verursacht. Daher leuchtet es ein, dass das Strafmaß höher sein muss, wenn der den Tod verursachende Täter das Opfer zuvor in dessen körperlicher Integrität verletzt hat. Dies regelt § 227. Um andererseits dem genannten Schuldprinzip Rechnung zu tragen, besteht absoluter Konsens darüber, dass die schwere Folge sich als Verwirklichung gerade der dem Grunddelikt innewohnenden Gefahr darstellen muss. Dieser sog. **tatbestandsspezifische Gefahrzusammenhang** verlangt, dass sich gerade die dem Grundtatbestand anhaftende spezifische Gefahr in der schweren Folge niedergeschlagen hat[674] bzw. sich ein Risiko realisiert hat, das typischerweise mit dem Grundtatbestand einhergeht[675]. Nur so lässt sich die im Vergleich zum vorsätzlichen Grundtatbestand und zur Fahrlässigkeitstat erhöhte Strafandrohung des § 227 rechtfertigen.

395a Im Einzelfall kann die Beantwortung der Frage, wie dieser tatbestandsspezifische Gefahrzusammenhang beschaffen sein muss, schwierig sein. Versteht man ihn zu eng, ist dem geschützten Rechtsgut des § 227 sowie den Strafzwecken der Generalprävention und Spezialprävention[676] nicht hinreichend Rechnung getragen, da bei einer zu engen Auslegung mitunter selbst sehr brutale und abscheuliche Gewalttaten aus dem Anwendungsbereich des § 227 herausfallen könnten. Versteht man ihn indes zu weit und hält sogar bei mittelbaren Verursachungsbeiträgen einen spezifischen Gefahrzusammenhang für möglich[677], gerät man mit dem Schuldprinzip in Konflikt, da man bei einer (zu) weiten Auslegung den gebotenen Abstand zur bloßen objektiven Zurechnung, die ohnehin bei allen Erfolgsdelikten zu fordern ist, nivellierte. Wie auch sonst wird eine sachangemessene Entscheidung in der Mitte liegen.

Beispiele:

(1) Schlägt A (ohne Tötungsvorsatz zu haben) den B mit einem **Baseballschläger kräftig auf den Kopf** und stirbt B aufgrund einer Schädelfraktur, hat sich gerade die dem Schlag anhaftende spezifische Gefahr in dem Tod des B niedergeschlagen. Bei derart gewalttätigem Verhalten ist es auch vorhersehbar, dass das Opfer an den Folgen der Kopfverletzungen sterben kann. Eine Bestrafung aus § 227 ist daher sachgerecht.

(2) Ein Elternteil, der sein **Kleinkind** wegen nervtötenden Geschreis **schüttelt** und dabei eine zum Tode führende Hirnblutung verursacht, realisiert diese dem Schütteln anhaftende spezifische Gefahr und ist wegen § 227 strafbar.[678] Die Gerichte nehmen tw. sogar bedingten Tötungsvorsatz an.

(3) Die Mutter, die ihr 4-jähriges Kind zwingt, **stark versalzenen Pudding** zu verzehren, realisiert die der Kochsalzintoxikation anhaftende spezifische Gefahr des Todeseintritts (vgl. dazu näher Rn 351).

(4) Der Schläger, der sein Opfer zuerst niederschlägt, dann mit der **Spitze seines beschuhten Fußes kräftig gegen den Rumpf tritt** und dabei den Tod des Opfers verursacht, verwirklicht i.d.R. den Tatbestand des § 227. Denn zum einen ist es durchaus vorstellbar, dass ein kräftiger Tritt mit der Schuhspitze gegen den Rumpf eines am Boden liegenden Menschen Milzrisse, Rippenbrüche, Organquetschungen oder -risse, Einspießungsverletzungen etc. verursachen kann, sodass es auch nicht ausgeschlossen ist, den darauf basierenden Tod als unmittelbare Folge der Misshandlung anzusehen. Zum anderen hat sich durch eine solche gefährliche Handlungsweise gerade die ihr anhaftende spezifische Gefahr des Todeseintritts verwirklicht. Eine Verneinung des § 227 kommt allenfalls dann in Betracht, wenn der Tod aufgrund eines völlig

---

[674] Vgl. nur BGH NStZ 2009, 92, 93; StV 2008, 406 f.; NStZ 2008, 278; BGHSt 48, 34, 36 ff. (Gubener Verfolgungsfall); BGHSt 14, 110 ff. (Pistolen-Fall); 31, 96, 98 f. (Hochsitz-Fall); 33, 322, 38, 295; BGH NJW 1971, 152 (Rötzel-Fall); *Fischer*, § 18 Rn 2; SK-*Rudolphi*, § 18 Rn 3; Sch/Sch-*Sternberg-Lieben/Schuster*, § 18 Rn 4; dem sich anschließend *Kudlich*, JA 2009, 246, 248. Vgl. auch *Steinberg*, NStZ 2010, 72 ff.
[675] Vgl. BGH NJW 2016, 2516, 2517 (zu § 239a III bzw. § 251).
[676] Zu den Straftheorien vgl. Rn 12 ff.
[677] So BGH NStZ 2013, 280, 281.
[678] Vgl. BGH NStZ 2004, 201 ff.

außerhalb der Lebenserfahrung liegenden Kausalverlaufs eintritt. Ein völlig außerhalb der Lebenserfahrung liegender und sowohl die objektive Zurechnung als auch objektive Vorhersehbarkeit ausschließender atypischer Kausalverlauf mag jedoch allenfalls dann angenommen werden, wenn etwa der Tritt unterhalb des Rippenwinkels erfolgt und über den Solarplexus eine (als medizinisch sehr unwahrscheinlich anzusehende) Reaktion des zehnten Hirnnervs auslöst, die zum Tod des Opfers (das noch dazu stark betrunken ist und an einer Herzschwäche leidet) führt. Das ist eine Wertungsfrage und hängt davon ab, ob man diesen Kausalverlauf als so atypisch und unvorhersehbar einstuft, dass eine Zurechnung ausgeschlossen ist. Die allgemeinen Zurechnungskriterien und der Wortlaut des § 227 schließen jedenfalls eine Bestrafung wegen gefährlicher Körperverletzung mit Todesfolge nicht zwingend aus.[679] (Selbstverständlich würde ein Fall des § 227 erst recht vorliegen, wenn der Täter nicht gegen den Rumpf, sondern gegen den Kopf des wehrlos am Boden liegenden Opfers getreten hätte und das Opfer an den Folgen der Kopfverletzung gestorben wäre).

Schwierig kann daher auch die Beantwortung der Frage sein, welcher Anknüpfungspunkt für den tatbestandsspezifischen Gefahrzusammenhang in Betracht kommt. Es ist denkbar, auf den Taterfolg des § 223 abzustellen und einen tatbestandsspezifischen Gefahrzusammenhang zwischen dem Körperverletzungs_erfolg_ und dem Todeseintritt zu fordern (sog. **Letalitätslehre**), oder aber man lässt es genügen, wenn der tatbestandsspezifische Gefahrzusammenhang zwischen der Tat_handlung_ des § 223 und dem Todeseintritt besteht (**Lehre von der Handlungsgefahr**). Zu unterschiedlichen Ergebnissen gelangen diese beiden Ansichten vor allem dann, wenn der Taterfolg des § 223 ausbleibt, das Opfer dennoch die schwere Folge des § 227 erleidet. Da dieser Fall dem des sog. erfolgsqualifizierten Versuchs entspricht und die Problematik des Anknüpfungspunkts dort behandelt wird, sei insoweit auf die Darstellung bei Rn 398 ff. verwiesen.

396

Weiterhin wird die Frage nach dem Anknüpfungspunkt des tatbestandsspezifischen Gefahrzusammenhangs relevant, wenn dem vorsätzlich verwirklichten Grundtatbestand die schwere Folge nur deshalb folgt, weil das **Opfer selbstschädigend aktiv wird** oder **Dritte in das Geschehen eingreifen** (wobei auch schon der allgemeine Zurechnungszusammenhang zu verneinen wäre, was ggf. zu Aufbauproblemen führen kann; vgl. dazu das Prüfungsschema Punkt I.2. und I.3.). Problematisch ist es auch, wenn **mehrere Personen beteiligt** sind oder wenn beim Täter (etwa aufgrund von Alkoholkonsum) die **Steuerungsfähigkeit vermindert ist**. Auch diese Fragen werden im Folgenden behandelt.

396a

2. Versuchte Körperverletzung mit Todesfolge

Kommt im Zusammenhang mit § 227 ein strafbarer Versuch in Betracht, muss zunächst geklärt werden, welcher Bestandteil des Delikts verwirklicht und welcher versucht wurde. Es muss zwischen folgenden Formen unterschieden werden:

397

(1) Grunddelikt versucht/schwere Folge eingetreten ⇒ **erfolgsqualifizierter Versuch**
(2) Grunddelikt verwirklicht/schwere Folge „versucht" ⇒ **versuchte Erfolgsqualifikation**
(3) Grunddelikt versucht/schwere Folge „versucht" ⇒ **versuchte Erfolgsqualifikation**

Die erforderliche enge Verbindung zwischen dem Grundtatbestand und der schweren Folge ist (wie bei § 226, vgl. Rn 388) problematisch (und damit klausurrelevant), wenn der **Grundtatbestand nur versucht wurde**, die schwere Folge (hier: der **Tod** des Opfers) **gleichwohl eingetreten** ist. Geht man mit §§ 11 II, 18 von der Einstufung der

398

---

[679] So auch BGH StV 2008, 406 f. (und _Steinberg_, NStZ 2010, 72, 73). Vgl. auch BGH NStZ 2013, 280, 281, der in zutreffender Weise § 227 für möglich hält, wenn der Täter mit äußerster Gewalteinwirkung (heftige Tritte in das Gesicht eines bereits wehrlos am Boden liegenden Opfers) den Tod auch nur mittelbar verursacht. Zu § 224 I Nr. 2 und 5 (bei Tritten mit einem beschuhten Fuß) vgl. Rn 327/343 und BGH NStZ-RR 2015, 309 f.; BGH 13.5.2015 – 2 StR 488/14.

Körperverletzungsdelikte – Körperverletzung mit Todesfolge (§ 227)

erfolgsqualifizierten Delikte als Vorsatzdelikte aus[680], ist ein Versuch grundsätzlich möglich. Tritt die fahrlässig verursachte schwere Folge schon beim Versuch des Grundtatbestands ein (sog. **erfolgsqualifizierter Versuch**), wird man eine Strafbarkeit aus dem erfolgsqualifizierten Delikt nur dann annehmen können, wenn bereits der Tat*handlung* (und nicht erst dem Tat*erfolg*) des Grunddelikts die spezifische Gefahr anhaftet, die sich unmittelbar in der schweren Folge realisiert. Ob dies der Fall ist, muss durch **Auslegung des *jeweiligen* (Qualifikations-)Tatbestands** ermittelt werden.

399

> **Hinweis für die Fallbearbeitung:** Unabhängig vom vorliegend zu behandelnden § 227 ist in der gerichtlichen Praxis die tatbestandsbezogene Frage, ob die schwere Folge bereits an die Tathandlung anknüpft oder ob das Gesetz die Bestrafung aus der schweren Folge von dem Eintritt des Taterfolgs des Grunddelikts abhängig macht, bereits hinreichend beantwortet (so lässt die Rspr. bei den §§ 178, 226, 227, 239 III Nr. 2, IV, 251, 306c die Tathandlung genügen und fordert bei den §§ 306b I, 306d I Halbs. 2 die Vollendung des Grunddelikts). In der Fallbearbeitung darf der Prüfung aber nicht ein bestimmtes Auslegungsergebnis der Rspr. zugrunde gelegt werden. Vielmehr muss die o.g. Frage durch eigene Auslegung beantwortet werden. Nur eine juristisch korrekte Auslegung des jeweiligen erfolgsqualifizierten Tatbestands unter Beachtung der genannten verfassungsrechtlichen Vorgaben kann den Korrektor überzeugen. Im Übrigen ist anzumerken, dass die Streitfrage nach dem Anknüpfungspunkt des tatbestandsspezifischen Gefahrzusammenhangs nur in den bei Rn 396, 396a genannten Konstellationen eine Rolle spielt. Ist z.B. der Grundtatbestand vollendet, bedarf es keines Wortes darüber, ob auch allein die Tathandlung des Grundtatbestands geeignet gewesen wäre, dem Täter die schwere Folge als Erfolgsqualifikation zuzurechnen. Insbesondere wäre es in diesem Fall verfehlt, zusammenhanglos einen Prüfungspunkt „Anknüpfungspunkt des tatbestandsspezifischen Gefahrzusammenhangs" zu bilden.

400 **Beispiel**[681]**:** Bandenchef C will den „vom rechten Wege abgekommenen" D vorsätzlich mit seiner Pistole gegen die Stirn schlagen, um diesem eine Lektion zu erteilen. Dabei löst sich für C völlig unerwartet ein Schuss, der bei D unmittelbar zum Tode führt.

In diesem Fall existiert kein Körperverletzungserfolg, dessen spezifische Gefahr sich im Todeseintritt hätte realisieren können. Eine Strafbarkeit aus § 227 kann man also nur dann annehmen, wenn man es ausreichen lässt, dass allein der Körperverletzungshandlung die tatbestandsspezifische Gefahr anhaftet, die sich im Todeseintritt realisiert hat.

⇨ In Bezug auf § 227 vertritt ein Teil der Literatur eine **enge Auslegung** des § 227, nämlich die, dass sich der Todeserfolg gerade aus dem vorsätzlich zugefügten **Körperverletzungs*erfolg*** ergeben haben müsse (sog. **Letalitätslehre**).[682] Folgte man dieser Auffassung, wäre C (nur) wegen fahrlässiger Tötung (§ 222) in Tateinheit mit versuchter gefährlicher Körperverletzung (§§ 223 I, II, 224 I Nr. 2, 5, 22, 23 I, 12 II) strafbar.

⇨ Demgegenüber nimmt die Rechtsprechung eine **weite Auslegung** des Begriffs der „Körperverletzung" in § 227 vor und setzt nicht voraus, dass zwischen dem eigentlichen Körperverletzungserfolg und dem Todeseintritt der genannte spezifische Zusammenhang besteht. Vielmehr bezieht sie die **Körperverletzungs*handlung***, soweit be-

---

[680] Wie hier BGHSt 48, 34, 35 ff.; BGH NStZ 2001, 534; NZV 1995, 495; *W/B/S*, AT, Rn 693. Vgl. aber auch BGH NStZ 2008, 150, 151, wo das Gericht konstatiert, dass erfolgsqualifizierte Delikte fahrlässige Erfolgsdelikte seien. Auf der Basis dieses Urteils wären also weder ein Versuch noch eine Teilnahme möglich. Mit Blick auf § 11 II kann dieses Urteil aber nicht überzeugen. Vgl. dazu eingehend *R. Schmidt*, AT, Rn 895.

[681] In Anlehnung an BGHSt 14, 110 ff. (Pistolen-Fall). Vgl. auch BGHSt 48, 34 ff. (Gubener Verfolgungs-Fall), dargestellt bei Rn 408 und 411.

[682] So z.B. LK-*Hirsch*, § 227 Rn 5; MüKo-*Hardtung*, § 227 Rn 11; SK-*Horn/Wolters*, § 227 Rn 10; SK-*Rudolphi*, § 18 Rn 3; Lackner/Kühl-*Kühl*, § 227 Rn 2; Sch/Sch-*Sternberg-Lieben*, § 227 Rn 9; *K/H/H*, BT 1, Rn 272 ff.

Körperverletzungsdelikte – Körperverletzung mit Todesfolge (§ 227)

reits *ihr* das Risiko eines tödlichen Ausgangs anhaftet, in den Gefahrzusammenhang mit ein.[683]

Stellungnahme: Gerade mit Blick auf den Wortlaut des § 227, der den Tod der *„**verletzten**“* Person fordert, sowie auf die wegen der **hohen Strafandrohung** gebotene **restriktive Auslegung** des § 227 (der dort vorgesehene Strafrahmen entspricht schon fast dem des § 212!) wird man mit guten Gründen zu der Annahme kommen dürfen, § 227 gelange nur dann zur Anwendung, wenn die schwere Folge gerade durch den Erfolgseintritt des Grundtatbestands unmittelbar verursacht wurde. Andererseits spricht § 227 aber auch von der „Körper**verletzung**“, was wiederum auf ein Abstellen des Gesetzgebers auf den Gesamtzusammenhang schließen lässt. Auf jeden Fall kann dem Wortlaut des § 227 keine eindeutige Aussage entnommen werden. Bezieht man aber sowohl den Opferschutz in die Auslegung des § 227 mit ein als auch den Umstand, dass der Täter allein mit der Tathandlung bereits ein großes kriminelles Unrecht verwirklicht, und es u.U. lediglich vom Zufall abhängt, ob der Erfolg eintritt oder nicht, sollte man bei § 227 in Übereinstimmung mit der Rechtsprechung des BGH den Anknüpfungspunkt des tatbestandsspezifischen Gefahrzusammenhangs in dem Gesamtgeschehen sehen und damit der **weiten Auslegung** folgen. Haftet also bereits der Tathandlung des Grundtatbestands die spezifische Gefahr des Todeseintritts an, ist der Täter – bei gegebenen übrigen Voraussetzungen – aus § 227 strafbar.

Folgt man der auch hier vertretenen Auffassung des BGH, hat sich im vorliegenden Fall das Risiko des tödlichen Ausgangs bereits mit dem Hochhalten der geladenen (und entsicherten) Schusswaffe realisiert. Der geforderte tatbestandsspezifische Gefahrzusammenhang zwischen dem Grundtatbestand und der Todesfolge ist somit zu bejahen. Unterstellt man auch die objektive und subjektive Vorhersehbarkeit, hat C sich wegen Körperverletzung mit Todesfolge (§ 227) strafbar gemacht. Der ebenfalls verwirklichte Tatbestand der fahrlässigen Tötung (§ 222) tritt aufgrund der Spezialität des § 227 zurück.

> **Hinweis für die Fallbearbeitung:** Das Problem des Anknüpfungspunkts des tatbestandsspezifischen Gefahrzusammenhangs stellt sich zwar hauptsächlich, nicht aber ausschließlich beim fehlenden Erfolgseintritt bzgl. des Grunddelikts. So kann es sein, dass zwar ein Körperverletzungserfolg eintritt, die schwere Folge, der Tod, jedoch z.B. durch einen Sturz, der nicht unmittelbar auf dem Körperverletzungserfolg basiert, verursacht wird. Folgt man der Letalitätstheorie, ist zweifelhaft, ob der Todeserfolg überhaupt noch in einem von § 227 geforderten tatbestandsspezifischen Gefahrzusammenhang mit dem Verletzungserfolg des § 223 steht. Das ist nur der Fall, wenn man eine unwesentliche Abweichung im Kausalverlauf und damit die objektive Zurechnung bejaht.[684] Nur, wer bereits die Körperverletzungshandlung ausreichen lässt, braucht insoweit keine Erörterungen vorzunehmen und gelangt zur Strafbarkeit nach § 227, wenn allein der *Körperverletzungshandlung* das Risiko eines tödlichen Ausgangs anhaftet. Nach beiden Ansätzen gilt jedoch, dass bei Verneinung des § 227 stets an eine Strafbarkeit nach § 222 zu denken ist.[685]

Zu den beiden Erscheinungsformen der **versuchten Erfolgsqualifikation** sowie zur Frage nach dem **Rücktritt vom Versuch** des § 227 vgl. die Ausführungen bei *R. Schmidt*, AT, Rn 895 ff. und 904 ff.

400a

Besondere Probleme ergeben sich, wenn das Opfer unmittelbar durch eine **selbstschädigende Handlung** zu Tode kommt oder **Dritte in das Geschehen eingreifen**. Denn dann stellt sich nicht nur die Frage nach dem Anknüpfungspunkt des tatbestandsspezifi-

401

---

[683] Vgl. die bereits genannten Entscheidungen BGHSt 14, 110, 112; 31, 96, 98; 32, 25, 28; 33, 322, 38, 295; 48, 34, 35 ff.; BGH NJW 1971, 152; NStZ 2001, 478 f.; NStZ 2008, 278; NStZ 2013, 280, 281; vgl. auch Sch/Sch-*Sternberg-Lieben*, § 227 Rn 4 f.; *Fischer*, § 227 Rn 3a; *Hinderer*, JA 2009, 25, 29; *Steinberg*, NStZ 2010, 72, 74.
[684] Vgl. dazu näher *R. Schmidt*, AT, Rn 144 ff. und 164 ff.
[685] § 222 darf also nur dann geprüft werden, wenn § 227 (wegen Fehlens des tatbestandsspezifischen Gefahrzusammenhangs) ausscheidet (vgl. wie hier nun auch *Heger*, JA 2008, 859, 861).

Körperverletzungsdelikte – Körperverletzung mit Todesfolge (§ 227)

schen Gefahrzusammenhangs, sondern auch die Frage nach der rechtlichen Auswirkung der selbstschädigenden Handlung des Opfers oder des Eingreifens Dritter.

3. Selbstschädigung des Opfers u. Eingreifen Dritter in das Geschehen

402 Der Streit um den strafrechtlichen Anknüpfungspunkt des tatbestandsspezifischen Gefahrzusammenhangs setzt sich bei Sachverhalten fort, in denen **das Opfer selbstschädigend aktiv wird** oder **Dritte in das Geschehen eingreifen**. Hier ist es aufgrund der gebotenen restriktiven Auslegung erfolgsqualifizierter Delikte nicht ohne weiteres möglich, noch einen tatbestandsspezifischen Gefahrzusammenhang zwischen dem Grundtatbestand und der besonderen Tatfolge anzunehmen. Berühmt geworden sind in diesem Zusammenhang der sog. Rötzel-Fall[686] und der Hochsitz-Fall[687].

403 **Rötzel-Fall**[688]**:** Der gewalttätige Ehemann verprügelt wieder einmal seine ihm körperlich weit unterlegene Ehefrau. Als diese versucht, den fortwährenden Angriffen durch Flucht über den Balkon zu entrinnen, stürzt sie ab und verstirbt, noch bevor der Notarzt eintrifft. Der BGH hat den tatbestandsspezifischen Gefahrzusammenhang zwischen der Körperverletzung und der Todesfolge verneint. Letztlich habe das Opfer selbst seinen Tod herbeigeführt. Das Vorverhalten des Täters stehe nicht im „unmittelbaren" Zusammenhang mit dem Tod des Opfers.

404 **Hochsitz-Fall:** Neffe N kippt den (mittlerweile in die Jahre gekommenen) Hochsitz um, auf dem sein Onkel O sitzt, um die Jagd auszuüben. O erleidet durch den Sturz aus 3,5 Metern Höhe einen Knöchelbruch und wird stationär behandelt. Nach einigen Tagen wird er entlassen, ohne dass man ihm blutverdünnende Mittel mitgegeben oder eine Nachbehandlung durchgeführt hat. Zu Hause verstirbt er an einer Embolie, deren Eintritt durch die Bettlägerigkeit verursacht wird, durch eine kunstgerechte ärztliche Behandlung jedoch hätte vermieden werden können. In diesem Fall hat der BGH anders entschieden. Das Umwerfen des Hochsitzes sei „lebensgefährlich" für das Opfer. Daher stehe der Bejahung der Körperverletzung mit Todesfolge auch nicht der Behandlungsfehler entgegen.

405 Wegen dieser vermeintlichen Inkonsequenz wurden und werden die beiden Urteile des BGH in der Literatur harsch kritisiert. So wird der Auffassung des BGH im Rötzel-Fall entgegengehalten, dass zu den spezifischen Gefahren, denen das Gesetz mit der hohen Strafandrohung begegnen wolle, auch der Umstand gehöre, dass das Opfer aus Angst vor weiteren Misshandlungen unbesonnen reagiere und beispielsweise waghalsige Fluchtversuche unternehme, um sich vor dem Angreifer in Sicherheit zu bringen. Solche Reaktionen seien Teil des elementaren Selbsterhaltungstriebs des Menschen und daher bei gravierenden Misshandlungen ebenso naheliegend und deliktstypisch wie Fluchtversuche bei einer Freiheitsberaubung oder einer drohenden Vergewaltigung (etwa wenn die Frau nach einer längeren Hetzjagd bei der Flucht über Bahngleise von einem Zug erfasst wird). Infolgedessen müsse es auch im Bereich des § 227 zur Bejahung des tatbestandsspezifischen Gefahrzusammenhangs zwischen Körperverletzungshandlung und Todesfolge genügen, dass der Tod unmittelbar durch einen Fluchtversuch herbeigeführt worden sei, den das Opfer bei einem gegenwärtigen Angriff in naheliegender, nachvollziehbarer Weise aus Furcht vor (weiteren) schweren Verletzungen unternommen habe. Das Gleiche gelte für Ausweichbewegungen und sonstige Abwehrmaßnahmen des Angegriffenen.[689] Lediglich, wenn der Angriff beendet sei und das Opfer später durch das eigenverantwortliche Ingangsetzen eines neuen Kausalverlaufs seinen Tod herbeiführe,

---

[686] BGH NJW 1971, 152 ff.
[687] BGHSt 31, 96 ff.
[688] Im Originalfall ging es um die Haushaltshilfe Resi, die vom Täter Rötzel geschlagen wurde und dann beim Fluchtversuch durch einen Sturz vom Balkon zu Tode kam.
[689] *W/H/E*, BT 1, Rn 332; Sch/Sch-*Sternberg-Lieben*, § 227 Rn 6; *Rengier*, BT II, § 16 Rn 6 f.; SK-*Horn/Wolters*, § 227 Rn 9. Vgl. auch *v. Heintschel-Heinegg/Kudlich*, JA 2001, 129 ff.

156

Körperverletzungsdelikte – Körperverletzung mit Todesfolge (§ 227)

könne nicht mehr von einem tatbestandsspezifischen Gefahrzusammenhang gesprochen werden.

Im **Rötzel-Fall** nahm der BGH (lediglich) eine Strafbarkeit wegen fahrlässiger Tötung (§ 222) in Tateinheit mit dem entsprechenden Körperverletzungsdelikt (§§ 223 ff.) an. Dagegen müsste man – der Argumentation der h.L. folgend – den tatbestandsspezifischen Gefahrzusammenhang bejahen. Der Ehemann wäre hiernach einer Körperverletzung mit Todesfolge (§ 227) schuldig. Der tatbestandsspezifische Gefahrzusammenhang wäre nur dann nicht zu bejahen, wenn die Ehefrau z.B. nach gelungenem Abstieg vom Balkon auf dem Weg zu einer Freundin von einem Lkw erfasst und getötet worden wäre. Dann ginge es zu weit, einen tatbestandsspezifischen Gefahrzusammenhang anzunehmen. Selbst eine Strafbarkeit wegen fahrlässiger Tötung scheint fraglich.

Mittlerweile hat auch der BGH seine ehemalige Rötzel-Entscheidung relativiert. In seiner (vergleichbaren) ersten **Fenstersturz-Entscheidung** bejaht er den tatbestandsspezifischen Gefahrzusammenhang, wenn das Opfer aufgrund einer körperverletzungsbedingten Benommenheit panikartig reagiert und unvernünftige Fluchtversuche unternimmt.[690] Hier habe sich gerade die der begangenen Tat eigentümliche Gefahr für das Leben der verletzten Person in der Todesfolge verwirklicht.

Bestätigt hat der BGH diese Fenstersturz-Rechtsprechung dann zunächst im sog. **Hetzjagd-Fall**, der – da er eine Verknüpfung der Problematik um die Selbstschädigung des Opfers mit der Strafbarkeit des erfolgsqualifizierten Versuchs herstellt – sogleich bei Rn 411 gesondert dargestellt wird. Bereits an dieser Stelle kann jedoch gesagt werden, dass der BGH die Abweichung zum sog. Rötzel-Fall in bemerkenswerter Weise damit begründet, dass die damalige Entscheidung ohne Begründung ergangen und daher nicht bindend sei.[691]

Des Weiteren hat der BGH seine Abkehr von der Rötzel-Entscheidung in seiner **zweiten Fenstersturz-Entscheidung** bestätigt. Das Opfer, eine Ehefrau, die zuvor von ihrem Mann mit einem Küchenmesser in den Rücken gestochen wurde, versuchte, in Panik vor weiteren Messerattacken aus dem Fenster zu klettern, rutschte dabei aber ab, stützte 25 Meter in die Tiefe und verstarb an den Folgen des Aufpralls. Da aber auch die Konstellation eine Verknüpfung der Problematik um die Selbstschädigung des Opfers mit der Strafbarkeit des erfolgsqualifizierten Versuchs darstellt, sei ebenfalls verwiesen, und zwar auf Rn 411a.

Allerdings geht es auch nach Auffassung des BGH zu weit, zwei Mittäter wegen Körperverletzung mit Todesfolge zu bestrafen, wenn sie – um die Tatspuren zu verwischen – die **vermeintliche Leiche** ihres zuvor vorsätzlich misshandelten Opfers **in einen Fluss werfen**, wo dieses dann ertrinkt. Hier sei der tatbestandsspezifische Gefahrzusammenhang nicht gegeben, wenn das Tatopfer „mit größerer Wahrscheinlichkeit" nicht an den Misshandlungen gestorben wäre.[692]

4. Zusammentreffen erfolgsqualifizierter Versuch/Selbstschädigung des Opfers

Eine Verknüpfung des erfolgsqualifizierten Versuchs mit der Selbstschädigung des Opfers stellen der „Hetzjagd-Fall"[693] und die zweite „Fenstersturz-Entscheidung"[694] dar.

Hetzjagd-Fall: Im Anschluss an einen Diskothekenbesuch kam es gegen 2.30 Uhr zu einer tätlichen Auseinandersetzung zwischen jugendlichen Einheimischen und Ausländern.

---

[690] BGH NJW 1992, 1708 mit krit. Anm. v. *Graul*, JR 1992, 344 und *Mitsch*, Jura 1993, 18. Vgl. auch *Sowoda*, Jura 1994, 649 u. 1995, 644 sowie SK-*Horn/Wolters*, § 227 Rn 5.
[691] BGHSt 48, 34, 36 ff.
[692] BGH StV 1998, 203, 204.
[693] BGHSt 48, 34 ff. (mit Bespr. v. *Heger*, JA 2003, 455 ff.; *Hardtung*, NStZ 2003, 261 ff.; *Puppe*, JR 2003, 123 ff.; *Kühl*, JZ 2003, 637 ff.; *Laue*, JuS 2003, 743 ff.; nachgestellt von *Norouzi*, JuS 2006, 531 ff.).
[694] BGH NStZ 2008, 278.

Körperverletzungsdelikte – Körperverletzung mit Todesfolge (§ 227)

Nachdem sich die einheimischen Diskothekenbesucher zunächst zurückgezogen hatten, trafen sie im Nachbarort einige Freunde und beschlossen mit diesen, zur Diskothek zurückzukehren und gemeinsam die Ausländer zusammenzuschlagen. An der Diskothek wieder angekommen, entdeckten sie sogleich drei der Ausländer, die sich offenbar auf dem Nachhauseweg befanden. Laut schreiend stürmten sie auf die Ausländer zu. Diese liefen beim Anblick der mit sog. Bomberjacken und Springerstiefeln bekleideten Gruppe aus Angst und in Panik in unterschiedliche Richtungen davon. Die Verfolger teilten sich entsprechend auf. X, Y und Z verfolgten den Algerier A, der mittlerweile einen passablen Abstand hatte erringen können und auf ein Mehrfamilienhaus zurannte. Da er die Haustür nicht öffnen konnte, trat er in Todesangst die untere Glasscheibe der Tür ein. Beim anschließenden eiligen Durchsteigen verletzte er sich an den noch im Türrahmen steckenden Glasresten und zog sich am Oberschenkel eine tiefe Schnittwunde zu. Zudem riss er seine Kniekehlenschlagader auf. Während X, Y und Z weiter nach ihm suchten, verblutete A binnen kurzer Zeit in seinem Versteck.

1. Strafbarkeit wegen versuchter gefährlicher Körperverletzung in Mittäterschaft
X, Y und Z könnten sich durch die Hetzjagd wegen versuchter gefährlicher Körperverletzung in Mittäterschaft gem. §§ 223, 224 I Nr. 4, 25 II, 22 strafbar gemacht haben.

Die Tat ist nicht vollendet, der Versuch ist gem. § 224 II strafbar. Nach ihrer Vorstellung wollten X, Y und Z den A gemeinsam zusammenschlagen und damit körperlich misshandeln. Da sie darüber hinaus dazu entschlossen waren, gemeinsam A gegenüberzutreten und diesem durch ihre Übermacht die Verteidigung zu erschweren, war ihre Vorstellung auch auf eine „mit einem anderen Beteiligten gemeinschaftlich" zu begehende Korperverletzung i.S.d. § 224 I Nr. 4 gerichtet.

Indem X, Y und Z dem A nachrannten, um diesen zu verprügeln, haben sie die Schwelle zum „jetzt geht´s los" überschritten und damit auch unmittelbar zur Tatbestandsverwirklichung angesetzt.

X, Y und Z haben sich somit wegen versuchter gefährlicher Körperverletzung in Mittäterschaft strafbar gemacht.

2. Strafbarkeit wegen versuchter Körperverletzung mit Todesfolge
Möglicherweise ist dieser Versuch aufgrund des Todeseintritts bei A zur Körperverletzung mit Todesfolge (§§ 227, 25 II) qualifiziert. Dazu müsste der Tod des A „durch die Körperverletzung" verursacht worden sein.

⇨ In Bezug auf § 227 vertritt ein Teil der Literatur eine enge Auslegung des § 227, nämlich die, dass sich der Todeserfolg gerade aus dem vorsätzlich zugefügten **Körperverletzungserfolg** ergeben müsse (sog. Letalitätslehre, s.o.). Folgte man dieser Auffassung, hätten sich X, Y und Z bei Vorliegen der übrigen Voraussetzungen (nur) wegen fahrlässiger Tötung (§ 222) in Tateinheit mit versuchter gefährlicher Körperverletzung (§§ 223 I, II, 224 I Nr. 4, 22) strafbar gemacht.

⇨ Demgegenüber setzt die Rechtsprechung nicht voraus, dass zwischen dem eigentlichen Körperverletzungserfolg und dem Todeseintritt dieser spezifische Zusammenhang besteht. Vielmehr bezieht sie die **Körperverletzungshandlung**, soweit bereits *ihr* das Risiko eines tödlichen Ausgangs anhaftet, in den Gefahrzusammenhang mit ein (siehe ebenfalls oben). Demnach hätten sich X, Y und Z bei Vorliegen der sonstigen Voraussetzungen wegen gemeinschaftlicher Körperverletzung mit Todesfolge (§§ 227, 25 II) strafbar gemacht.

Die zuletzt genannte Auffassung überzeugt. Zwar wird man gerade mit Blick auf den Wortlaut des § 227, der den Tod der „*verletzten*" Person fordert, sowie auf die wegen der **hohen Strafandrohung** gebotenen **restriktiven Auslegung** des § 227 (der dort vorgesehene Strafrahmen entspricht schon fast dem des § 212!) mit guten Gründen zu der Annahme kommen dürfen, § 227 gelange nur dann zur Anwendung, wenn die schwere Folge gerade durch den Erfolgseintritt des Grundtatbestands unmittelbar verursacht

Körperverletzungsdelikte – Körperverletzung mit Todesfolge (§ 227)

worden sei. Wenn man andererseits jedoch bedenkt, dass § 227 von einer „Körper**verlet-**
zung" spricht, was wiederum auf ein Abstellen des Gesetzgebers auf den Gesamtzusammenhang schließen lässt, kann man dem Wortlaut des § 227 keine eindeutige Aussage
entnehmen. Bezieht man aber sowohl den Opferschutz in die Auslegung des § 227 mit ein
als auch den Umstand, dass der Täter allein mit der Tathandlung bereits ein großes kriminelles Unrecht verwirklicht und es u.U. lediglich vom Zufall abhängt, ob der Erfolg eintritt
oder nicht, sollte man bei § 227 in Übereinstimmung mit der Rechtsprechung den Anknüpfungspunkt des **tatbestandsspezifischen Gefahrzusammenhangs** in dem Gesamtgeschehen sehen. Haftet also bereits der Tathandlung des Grundtatbestands die spezifische
Gefahr des Todeseintritts an, ist der Täter – bei gegebenen übrigen Voraussetzungen –
aus § 227 strafbar.

Im vorliegenden Fall ist fraglich, ob sich das Risiko des tödlichen Ausgangs mit dem „Hin-
terherjagen" und dem „in Todesangst versetzen" realisiert hat. Dieser sog. tatbestandsspezifische Gefahrzusammenhang ist nicht nur gegeben, wenn das Opfer aufgrund einer
körperverletzungsbedingten Benommenheit panikartig reagiert und unvernünftige Fluchtversuche unternimmt, sondern auch dann, wenn das Opfer angesichts der Zahl der Angreifer und deren aggressiven Auftretens sowie Verfolgens damit rechnen muss, alsbald
schlimme Verletzungen davonzutragen.[695]
Das Verhalten von X, Y und Z begründet daher die spezifische Gefahr, dass A „Hals über
Kopf" in Todesangst und Panik fliehen und dabei zu Tode kommen wird.

Unterstellt man auch die objektive und subjektive Vorhersehbarkeit, haben X, Y und Z sich
wegen gemeinschaftlicher Körperverletzung mit Todesfolge (§§ 227, 25 II) strafbar gemacht. Der bereits bejahte Tatbestand der versuchten gefährlichen Körperverletzung
(§ 224 I Nr. 4, 25 II, 22) und der ebenfalls verwirklichte Tatbestand der fahrlässigen Tötung (§ 222) treten aufgrund der Spezialität des § 227 zurück.

Zweite Fenstersturz-Entscheidung[696]: T war Tänzer in einer afrikanischen Tanzgrup-   **411a**
pe, die in verschiedenen deutschen Städten gastierte. Auch seine Ehefrau O war dort als
Tänzerin engagiert. Das Leben der Eheleute war geprägt von einer traditionellen Rollen-
verteilung, wonach der Ehemann u.a. auch über den Aufenthalt der Frau bestimmen
konnte. In der Tanzgruppe fiel T dadurch auf, dass er O mehrmals körperlich misshandelte. Deswegen wurde ihm gekündigt. Dies traf T hart, da er nicht nur sein ihm wichtiges
Engagement und sein Aufenthaltsrecht in Deutschland verlor, sondern die Kündigung auch
als empfindlichen Rückschlag für sein Lebenskonzept, das er bislang zielstrebig umgesetzt
hatte, empfand. O blieb weiter bei der Tanzgruppe und genoss ihre neuen Freiheiten. Dies
entsprach jedoch nicht den Vorstellungen des T, der mit O in den Senegal zurückkehren
wollte. Doch O weigerte sich, die Tanzgruppe zu verlassen. In der Folge einer hitzigen
Auseinandersetzung in der gemeinsamen Wohnung im achten Stock eines Apartmenthau-
ses drohte T seiner Frau damit, sich umzubringen, sollte sie sich weigern, mit ihm zurück
in den Senegal zu reisen. Doch O weigerte sich vehement, der Aufforderung Folge zu leisten. Sodann griff T nach einem Messer. Als O versuchte, es ihm zu entwenden, brach in T
ein „Aggressionssturm" los. Er versetzte seiner Frau mit dem 20 Zentimeter langen Küchenmesser einen Stich in den Rücken, der etwa vier Zentimeter tief eindrang. O floh bar-
fuß in das gegenüberliegende Schlafzimmer, wobei T der O mit dem Messer in der Hand
nachlief. In „Todesangst" stieg O auf das äußere Fensterbrett. Aufgrund der geringen
Fensterhöhe konnte sie sich jedoch nur zu dreiviertel aufrichten, sie fand keinen Halt auf
dem schmalen Fensterbrett, rutschte aus und fiel etwa 25 Meter in die Tiefe. Durch den
Sturz erlitt sie tödliche Verletzungen.

Der BGH hat zunächst einen Tötungsvorsatz verneint. Das ist in Anbetracht der Gefährlichkeit des Messerstichs durchaus zweifelhaft. Immerhin hat der BGH bei der sodann ein-
geleiteten Prüfung des § 227 klargestellt, dass der von § 227 geforderte tatbestandsspezifische Gefahrzusammenhang auch von einer Körperverletzungshandlung ausgehen

---

[695] BGHSt 48, 34, 36 ff.
[696] BGH NStZ 2008, 278 (Sachverhält abgewandelt).

Körperverletzungsdelikte – Körperverletzung mit Todesfolge (§ 227)

könne und dass es daher eines Gefahrzusammenhangs zwischen Körperverletzungserfolg und dem Tod des Opfers nicht bedürfe. Sodann bestätigt das Gericht seine im Hetzjagd-Fall (BGHSt 48, 34 ff.) vertretene Rechtsauffassung, dass eine solche tatbestandstypische Gefahr sich auch dann im Tod des Opfers verwirklicht haben könne, wenn die unmittelbar zum Tod führende Ursache ein Verhalten des Opfers war, sofern dieses selbstschädigende Verhalten sich als naheliegende und deliktstypische Reaktion darstelle, wie dies bei Fluchtversuchen in Panik und Todesangst der Fall sei.

Im vorliegenden Fall ging von dem Verhalten des Täters – Messerstich in den Rücken bei ausweglöser Lage des Opfers – die Gefahr aus, dass die Frau, die um ihr Leben fürchten musste, in Panik geriet und bei riskanten Fluchtversuchen zu Tode kommt. Denn angesichts der konkreten Bedrohungssituation war das – wenngleich kopflose – Fluchtverhalten des Opfers eine typische, dem Schutzzweck des § 227 unterfallende, unmittelbare (Kurzschluss)Reaktion auf die lebensgefährliche Körperverletzungshandlung mit dem Messer. Dass das Opfer sich zu dem festgestellten Fluchtverhalten gedrängt sah, war allein auf die Körperverletzungshandlung des Täters zurückzuführen und nicht mehr durch einen autonomen, mit diesem Geschehen nur durch die bloße Kausalität verbundenen Willensbildungsprozess beeinflusst. T hat sich daher gem. § 227 strafbar gemacht (sofern man mit dem BGH den Tötungsvorsatz verneint).

412 Greifen **Dritte** in den Geschehensablauf ein, entfällt der tatbestandsspezifische Gefahrzusammenhang nicht, wenn die dem Grunddelikt anhaftende eigentümliche Gefahr für den Eintritt der besonderen Tatfolge erhalten bleibt. Lediglich, wenn das Fehlverhalten Dritter auf grober Fahrlässigkeit beruht oder ein anderer die durch die Primärverletzung geschaffene hilflose Lage des Opfers vorsätzlich zu seiner eigenen Tat ausnutzt, ist für das erfolgsqualifizierte Delikt (insbesondere § 227) kein Raum.[697]

413 Im obigen **Hochsitz-Fall** hat der BGH ein grob fahrlässiges Verhalten der Ärzte nicht gesehen. Daher entfalle der tatbestandsspezifische Gefahrzusammenhang nicht.[698]

414 Infrage stellt der BGH den tatbestandsspezifischen Gefahrzusammenhang (bzw. den allgemeinen Zurechnungszusammenhang) jedoch dann, wenn sich **das Opfer ohne einsichtiges Motiv weigert, sich einer (lebens-)notwendigen ärztlichen Heilbehandlung zu unterziehen**. Aber auch wenn sich das Opfer ärztlich behandeln lasse, könne der Zurechnungszusammenhang fraglich sein, wenn das Opfer letztlich aufgrund eines **schweren Behandlungsfehlers** sterbe.[699]

415 **Hinweis für die Fallbearbeitung:** Für alle Konstellationen gilt: Muss der allgemeine Zurechnungszusammenhang (d.h. die objektive Zurechnung) verneint werden, scheidet § 227 aus. In diesem Fall darf auch nicht auf § 222 zurückgegriffen werden, da auch dieser Tatbestand die objektive Zurechnung gleichermaßen verlangt. Davon zu unterscheiden ist die Konstellation, dass zwar die objektive Zurechnung, nicht aber der für § 227 erforderliche tatbestandsspezifische Gefahrzusammenhang gegeben ist. In diesem Fall scheidet § 227 aus. Zu prüfen ist dann § 222.

IV. Körperverletzung mit Todesfolge durch Unterlassen

416 Möglich ist auch eine Körperverletzung mit Todesfolge durch Unterlassen, wenn ein Garant eine Körperverletzung pflichtwidrig nicht verhindert.[700] Grunddelikt des § 227 ist in diesem Fall also eine Tatbestandsverwirklichung durch Unterlassen (§§ 223 I, 13 I).[701]

---

[697] Vgl. BGHSt 31, 96, 99; *W/H/E*, BT 1, Rn 334; *Roxin*, AT I, § 11 Rn 115 ff. Vgl. auch die Fallbearbeitung von *Esser/Beckert*, JA 2012, 590, 594.
[698] Ob der BGH diese Entscheidung auch heute so treffen würde, mag bezweifelt werden. Denn bei den modernen Behandlungsstandards wäre das Sterben an einer Embolie eher die Folge grober Fahrlässigkeit des Arztes bzw. Pflegepersonals und stünde wohl nicht im tatbestandsspezifischen Gefahrzusammenhang mit dem Sturz vom Hochsitz.
[699] Vgl. auch BGH NStZ 2009, 92 f.
[700] Vgl. BGH NJW 1995, 2045; BGH NStZ 2006, 686; BGH NJW 2017, 418, 419.
[701] BGH NJW 2017, 418, 419.

Körperverletzungsdelikte – Körperverletzung mit Todesfolge (§ 227)

Beispiel[702]**:** Gammabutyrolacton (GBL) wird im Körper zu Gammahydroxybuttersäure (GHB), besser bekannt als „Liquid Ecstasy", umgewandelt und hat daher die gleiche Wirkung; allerdings ist GBL deutlich potenter als GHB. GBL bewirkt – in Abhängigkeit von der Dosierung – nach Einnahme eine Atemdepression und im Weiteren eine Unterversorgung des Gehirns mit Sauerstoff, wenn nicht rechtzeitig eine künstliche Beatmung erfolgt (so der BGH mit Verweis auf das LG). Nachdem eine Gruppe junger Leute im Anschluss an einen Diskothekenbesuch noch von A zu sich nach Hause eingeladen worden war, um dort weiterzufeiern, konsumierte dort T eine gewisse Menge GBL. Anschließend stellte er das Fläschchen, in dem sich das hochkonzentrierte GBL befand, auf dem Boden neben seinen Füßen ab. Zumindest gegenüber einigen der in der Wohnung Anwesenden äußerte er, dass sich in der Flasche GBL befinde und dieses nur in ganz kleinen Konsumeinheiten eingenommen werden dürfe. Gleichwohl nahm der zu diesem Zeitpunkt stark alkoholisierte und zudem unter Einfluss von Tetrahydrocannabinol (THC) und Amphetamin stehende O das Fläschchen und trank – in Kenntnis des Inhalts – einen Schluck daraus. Er ging jedoch von einer konsumfähigen, keine Lebensgefahr hervorrufenden Dosierung aus. Anschließend legte er sich schlafen. T, der den Konsum durch O nicht mitbekam, jedoch später darüber durch andere aus der Gruppe unterrichtet wurde, schaute einige Zeit später nach O, bemerkte aber nichts Auffälliges. Einen lebensbedrohlichen Zustand erkannte aber wiederum einige Zeit später der Z, der sodann auch einen Notarzt herbeirief. Auf dem Weg zum Krankenhaus musste O reanimiert werden. Gleichwohl verstarb er einige Tage später im Krankenhaus infolge des durch das GBL verursachten Atemstillstands und einer dadurch hervorgerufenen hypoxischen Hirnschädigung.

Das Landgericht verneinte eine Strafbarkeit des T wegen § 227 maßgeblich mit dem Argument, es habe sich nicht vom Vorliegen einer vorsätzlichen Körperverletzung (die ja Grundvoraussetzung für § 227 ist) überzeugen können, und verurteilte T daher wegen fahrlässiger Tötung (§ 222). Zudem nahm das LG einen Zustand erheblich verminderter Steuerungsfähigkeit an. Der BGH beanstandete die Verneinung des § 227 und hob das Urteil auf. Die Verneinung des § 223 weise durchgreifende Rechtsfehler auf.

Lösung: Die Annahme des § 223, die darin begründet sein könnte, dass T das Fläschchen mit dem GBL u.a. auch dem O zugänglich machte, scheitert daran, dass T von dem Konsum durch O nichts mitbekam und T insoweit nicht vorsätzlich handelte.

Jedoch kann Grunddelikt des § 227 auch eine **Körperverletzung durch Unterlassen** (§§ 223 I, 13 I) sein.[703]

Dadurch, dass GBL im Verlaufe der Zeit eine Atemdepression und im Weiteren eine Unterversorgung des Gehirns mit Sauerstoff bewirkt, wenn nicht rechtzeitig eine künstliche Beatmung erfolgt (s.o.), ist eine sofortige ärztliche Behandlung geboten. Unterbleibt dies, erweist sich nach insoweit zutreffender Auffassung des BGH die Verschlechterung des durch die Wirkung des GBL ohnehin hervorgerufenen pathologischen Zustands als Gesundheitsschädigung i.S.v. § 223 I. Diese hätte durch das Herbeirufen ärztlicher Hilfe abgewendet werden können. Der Annahme einer Körperverletzung (durch Unterlassen) steht nach Auffassung des BGH auch nicht das Eigenverantwortlichkeitsprinzip entgegen. O habe das Ausmaß des mit dem Trinken des GBL aus der Flasche verbundenen Risikos grundlegend verkannt. Er sei nämlich von einer Konzentration des Wirkstoffs in einer konsumfähigen Dosis, d.h. in einer verdünnten Form ausgegangen. Zudem habe T im Zeitpunkt der Einnahme unter nicht unerheblichem Einfluss von Alkohol sowie THC und Amphetamin gestanden. Das sei regelmäßig für die Fähigkeit zur Risikoeinschätzung von nicht unerheblicher Bedeutung. Die hypothetische Kausalität des Unterlassens sowie objektive Zurechnung des Erfolgs liegen damit vor.

Die für ein unechtes Unterlassungsdelikt erforderliche „Erfolgsabwendungspflicht" könnte sich vorliegend aus der sog. Überwachungsgarantenstellung ergeben. T hat durch das Abstellen der Flasche GBL diese frei zugänglich gemacht und damit eine Gefahrenquelle geschaffen. Nach Auffassung des BGH begründet dies für ihn die Pflicht, dem von dieser

---

[702] Nach BGH NJW 2017, 418 ff. Siehe auch BGHSt 61, 21 (= NJW 2016, 176) – dazu *R. Schmidt*, AT, Rn 183.
[703] Zum Prüfungsaufbau eines unechten Unterlassungsdelikts siehe *R. Schmidt*, AT, Rn 767.

Quelle für die Rechtsgüter Dritter ausgehenden Gefahrpotential durch geeignete und ihm zumutbare Maßnahmen zu begegnen.[704]

Der für § 227 erforderliche spezifische Gefahrzusammenhang kann auch dann angenommen werden, wenn das Grunddelikt durch Unterlassen verwirklicht wurde. Voraussetzung ist, dass der Garant bereits in einer ihm vorwerfbaren Weise den lebensgefährlichen Zustand herbeigeführt hat, aufgrund dessen der Tod der zu schützenden Person eintritt.[705] Wie sich aus den vorstehenden Ausführungen ergibt, hat T vorwerfbar den lebensgefährlichen Zustand bei O herbeigeführt. T ist daher strafbar gem. § 227 I.

V. Verminderte Steuerungsfähigkeit beim Täter

417 Im Rahmen des **Fahrlässigkeitsvorwurfs** ist schließlich diskussionswürdig, ob eine beim Täter vorhandene **verminderte Steuerungsfähigkeit** (hervorgerufen etwa durch übermäßigen Alkoholgenuss) zur Verneinung der **Vorhersehbarkeit** der schweren Folge führen kann. Vgl. dazu den Übungsfall, der unter verlagrs@t-online.de angefordert werden kann.

VI. Beteiligung am erfolgsqualifizierten Delikt

418 Sind an einem erfolgsqualifizierten Delikt mehrere Personen beteiligt, ist gem. § 29 für jeden Beteiligten separat zu prüfen, ob diesem die eingetretene besondere Tatfolge als solche zugerechnet werden kann. Sofern der Beteiligte den Grundtatbestand nicht eigenhändig begeht, ist der sonst erforderliche tatbestandsspezifische Gefahrzusammenhang nicht Voraussetzung. Vielmehr genügt es, wenn dem Beteiligten hinsichtlich der besonderen Tatfolge Fahrlässigkeit zur Last fällt. So muss bspw. bei der **Anstiftung** die besondere Folge durch eine Handlung des Angestifteten verursacht worden sein, die vom Vorsatz des Anstifters umfasst ist. Ob der Haupttäter nur den Grundtatbestand oder die besondere Folge vorsätzlich herbeigeführt und dabei ggf. ein anderes, schwereres Delikt verwirklicht hat, ist für die Strafbarkeit des Anstifters gem. § 26 i.V.m. dem einschlägigen erfolgsqualifizierten Delikt unerheblich. Entsprechendes gilt für den Mittäter und den Gehilfen.[706]

419 **Beispiel:** S bezahlt T, damit dieser seinen Nebenbuhler O mit einem Stahlrohr verprügelt. So geschieht es. Wenig später stirbt O an den Folgen der Kopfverletzung, die T ihm zugefügt hatte. Dabei konnte T nachgewiesen werden, dass er selbst noch eine Rechnung mit O offen hatte und daher dessen Tod billigend in Kauf nahm. Strafbarkeit der Beteiligten?

T hat sich eines Totschlags (§ 212) schuldig gemacht. Insbesondere genügt für den Vorsatz die billigende Inkaufnahme des Todes. Daneben hat T auch die Erfolgsqualifikation des § 227 erfüllt, die aber auf Konkurrenzebene (Gesetzeskonkurrenz) zurücktritt.[707]

Fraglich ist die Strafbarkeit des S. Zumindest hat er sich einer Anstiftung zur gefährlichen Körperverletzung (§§ 223 I, 224 I Nr. 2, 5, 26) schuldig gemacht. Problematisch ist, wie sich der Tod des O auf seine Strafbarkeit auswirkt. Anstiftung zum Totschlag scheidet aus, da er weder vorsätzlich in Bezug auf die Tat des T handelte noch sein Anstiftervorsatz auf einen Totschlag gerichtet war. Möglicherweise ist er aber einer Anstiftung zur gefährlichen Körperverletzung mit Todesfolge schuldig (§§ 223 I, 224 I Nr. 2, 5, 227, 26). Dass § 26 eine *vorsätzliche* Haupttat voraussetzt und es sich bei § 227 um eine *Erfolgsqualifikation* handelt, steht dem nicht entgegen, da Erfolgsqualifikationen gem. §§ 11 II, 18 insgesamt als Vorsatztaten gelten. Auch spielt es für S keine Rolle, dass T eines Totschlags schuldig ist. Denn nach zutreffender h.M. ist gem. § 29 für S allein seine **psychische Beziehung zum Eintritt der schweren Folge** entscheidend. Er muss sich also wegen Anstiftung

---

[704] BGH NJW 2017, 418, 419 mit Verweis auf BGHSt 61, 21 Rn 9 (= NJW 2016, 176, 177) – dazu (kritisch) *R. Schmidt*, AT, Rn 183.

[705] BGH NJW 2017, 418, 420.

[706] Vgl. dazu insgesamt BGHSt 19, 339 ff.; BGH NStZ 1997, 82; 1998, 513; NJW 2016, 2516, 2517; Sch/Sch-*Sternberg-Lieben/Schuster*, § 18 Rn 7; SK-*Rudolphi*, § 18 Rn 6; *Fischer*, § 18 Rn 5; *Kudlich*, JA 2000, 511, 514. Teilweise anders LK-*Schünemann*, § 26 Rn 92; NK-*Paeffgen*, § 18 Rn 132.

[707] Nach LK-*Hirsch*, § 227 Rn 1 u. 9 schließen sich §§ 211 ff. und § 227 schon tatbestandlich aus.

zur Körperverletzung mit Todesfolge verantworten, soweit ihm hinsichtlich der Todesfolge Fahrlässigkeit zur Last fällt. S wusste und wollte, dass T den O mit einem Stahlrohr zusammenschlägt. Dass das Zusammenschlagen mit einem Stahlrohr stets die Gefahr schwerer Folgen, ja sogar den Tod, bedeuten kann, ist für jedermann ersichtlich. In Ermangelung entgegenstehender Gesichtspunkte gilt dies auch für S. In Bezug auf den Tod des O handelte S somit fahrlässig. S ist einer Anstiftung zur gefährlichen Körperverletzung mit Todesfolge (§§ 223 I, 224 I Nr. 2, 5, 227, 26) schuldig.

Anmerkung: Die Gegenauffassung, die hinsichtlich der §§ 211 ff. und § 227 von einem Exklusivitätsverhältnis ausgeht, müsste konsequenterweise bei T den Tatbestand des § 227 verneinen. Somit würde es bei S an einer teilnahmefähigen Haupttat in Bezug auf den Tod des O fehlen (§§ 212, 26 scheidet ja wegen des fehlenden Tötungsvorsatzes bei S aus). Demzufolge wäre S (nur) einer Anstiftung zur gefährlichen Körperverletzung (§§ 223 I, 224 I Nr. 2, 5, 26) in Tateinheit mit fahrlässiger Tötung (§ 222) schuldig.

420

Ähnliches gilt für die höchstpersönliche Zurechnung der Todesfolge bei gemeinschaftlich verübter Körperverletzung in **Mittäterschaft**: Begehen mehrere Täter mittäterschaftlich eine Körperverletzung und führt einer der Mittäter den Tod des Opfers vorsätzlich herbei, muss er sich wegen Mordes oder Totschlags verantworten. Ist die Todesfolge nicht vom Vorsatz eines anderen Mittäters umfasst, kann diesem ggf. zwar der objektive Tatbestand des Tötungsdelikts über § 25 II zugerechnet werden, keinesfalls aber der Tötungsvorsatz. Daher haftet der Beteiligte, bei dem der Tötungsvorsatz nicht vorliegt, „nur" aus § 227, wenn er die körperverletzende Handlung gebilligt hat und die daraus resultierende Todesfolge für ihn auch vorhersehbar war (§ 18), d.h., wenn ihm in Bezug auf die unmittelbare Herbeiführung der Todesfolge Fahrlässigkeit zur Last gelegt werden kann.[708] Ist das nicht der Fall, verbleibt es immerhin bei einer Bestrafung nach § 224 I Nr. 4 und/oder Nr. 5.

Beispiel[709]: Die drei der rechtsradikalen Szene angehörenden, zwischen 18 und 19 Jahren alten Täter A, B und C schlugen gemeinsam auf einen 16-jährigen, dunkelhäutigen Jugendlichen ein. Im Zuge der sich steigernden Misshandlungen brachte A dem Opfer aufgrund eines spontan gefassten Entschlusses vorsätzlich durch einen Sprung auf den Kopf tödliche Verletzungen bei. Mit einer derartigen Handlungsweise hatten B und C, die ihr Opfer lediglich quälen, aber nicht töten wollten, nicht gerechnet. Strafbarkeit der Beteiligten?

A ist wegen Mordes aus niedrigen Beweggründen (§ 211 I, II Var. 4) strafbar. B und C können dagegen nicht wegen eines Tötungsdelikts zur Verantwortung gezogen werden, weil die Tötung nicht vom gemeinsamen Tatplan/Tatentschluss umfasst war (zum sog. **Mittäterexzess** vgl. *R. Schmidt*, AT, Rn 1012).

Möglicherweise sind B und C aber wegen gemeinschaftlicher gefährlicher Körperverletzung mit Todesfolge (§§ 223 I, 224 I Nr. 4, Nr. 5, 227, 25 II) strafbar.

Bei gemeinschaftlich begangener gefährlicher Körperverletzung (§§ 224 I Nr. 4, Nr. 5, 25 II) kann der von einem Mittäter verursachte Tod den anderen Mittätern nach § 227 zugerechnet werden, wenn sich in dem Todeserfolg die der Verwirklichung des Grundtatbestands eigentümliche Gefahr niedergeschlagen hat, die todesursächliche körperverletzende Handlung im Rahmen des gemeinschaftlichen Tatentschlusses lag und den anderen Mittätern hinsichtlich des Todes ihrerseits wenigstens Fahrlässigkeit zur Last fällt. Daran ändert auch der Umstand nichts, dass der den Tod unmittelbar herbeiführende Mittäter mit Tötungsvorsatz handelt. Denn § 18 regelt die höchstpersönliche Zurechnung der schweren Folge. Es kommt also stets auf den konkreten Täter an.

Für B und C war es vorhersehbar, dass das Opfer durch die emotional stark aufgeheizte Tatsituation und die sich intensivierende körperliche Misshandlung zu Tode kommen

---

[708] Vgl. auch BGH NStZ 2013, 280, 281.
[709] In Anlehnung an BGH NStZ 2005, 93 ff.; ganz ähnlich auch BGH NStZ 2013, 280, 281.

Körperverletzungsdelikte – Körperverletzung mit Todesfolge (§ 227)

könnte. Daher sind B und C wegen gemeinschaftlicher gefährlicher Körperverletzung mit Todesfolge (§§ 223 I, 224 I Nr. 4, Nr. 5, 227, 25 II) strafbar.

VII. Verhältnis zu den Tötungsdelikten/Konkurrenzen

421 Liegt nicht nur Körperverletzungsvorsatz vor, sondern nimmt der Täter auch den Tod billigend in Kauf, wird § 227 von § 212 bzw. § 211 verdrängt.[710] § 227 stellt also einen Auffangtatbestand dar für den Fall, dass ein Tötungsvorsatz nicht besteht bzw. nicht nachgewiesen werden kann. Umgekehrt verdrängt § 227 wegen Spezialität § 222 (§ 227 setzt zwingend eine vorsätzliche Körperverletzungshandlung i.S.d. § 223 voraus, wohingegen § 222 auch ohne eine solche verwirklicht sein kann). Schließlich verdrängt § 227 die §§ 223, 224 und 226 im Wege der Gesetzeskonkurrenz (so tritt § 223 als Grundtatbestand hinter § 227, aber auch hinter § 224 zurück; ob § 224 hinter § 227 zurücktritt, wird uneinheitlich gesehen – nach der hier vertretenen Auffassung bleibt § 224 neben § 227 bestehen, um im Urteilstenor deutlich zu machen, dass die Körperverletzung mit Todesfolge eine gefährliche war). § 226 wiederum steht in Tateinheit mit § 224.[711] Eine Gesetzeskonkurrenz würde das gesonderte Unrecht, das bei der Verwirklichung des § 224 über die schwere Folge der Körperverletzung hinausgeht, nicht zum Ausdruck bringen.[712] Schließlich ist zu beachten: Wird dieselbe Person durch mehrere Handlungen des Täters verletzt, handelt es sich nach dem BGH nur um *eine* (gefährliche) Körperverletzung, wenn die einzelnen Akte in engem räumlichen und zeitlichen Zusammenhang stünden, ohne dass wesentliche Zäsuren einträten, und mit der Mehrheit der Handlungen das tatbestandliche Unrecht intensiviert werde.[713] Zu den Konkurrenzen vgl. auch Rn 465 ff.

422 **Hinweis für die Fallbearbeitung:** In Fällen, in denen eine Strafbarkeit des Täters aus § 227 in Betracht kommt, muss regelmäßig eine Abgrenzung zu § 212 und zu § 222 vorgenommen werden. Steht nach (gedanklicher) Prüfung fest, dass der Täter hinsichtlich des Todeseintritts beim Opfer mit *dolus eventualis* gehandelt hat, ist zwingend mit der Prüfung des § 212 zu beginnen und nach dessen Bejahung lediglich anzumerken, dass § 227 verdrängt wird. Mit der Prüfung des § 212 ist auch dann zu beginnen, wenn *dolus eventualis* hinsichtlich der Todesfolge lediglich nicht ausgeschlossen werden kann, also einer Prüfung bedarf. Dann ist im Rahmen der Prüfung des subjektiven Tatbestands des § 212 die Abgrenzung zur Fahrlässigkeit hinsichtlich der Todesfolge vorzunehmen. Sollte diesbezüglich Fahrlässigkeit angenommen werden, ist die Prüfung des § 212 abzubrechen und auf § 227 einzugehen. Sodann sind die Voraussetzungen des § 227 zu prüfen. Wird § 227 im Ergebnis bejaht, tritt der ebenfalls verwirklichte § 222 subsidiär zurück.[714] Auf § 222 sollte nur dann eingegangen werden, wenn bei § 227 der tatbestandsspezifische Gefahrzusammenhang verneint werden muss, da § 222 an die Zurechnung weniger strenge Anforderungen stellt.

Schließlich ist zu beachten, dass wegen §§ 11 II, 18 auch ein Versuch der Herbeiführung der schweren Folge des § 227 konstruktiv möglich ist, etwa wenn der Täter eine Körperverletzung begeht und dabei mit dolus eventualis hinsichtlich des Todeseintritts des Opfers handelt. In diesem Fall liegt zwar tatbestandlich ein Versuch des § 227 vor, der jedoch eindeutig hinter §§ 212, 22 bzw. §§ 211, 22 zurücktritt, weshalb es sich

---

[710] Wie hier MüKo-*Hardtung*, § 227 Rn 19; LK-*Hillenkamp*, Vor § 22 Rn 116; *Cornelius*, JA 2009, 425, 428; a.A. SK-*Horn/Wolters*, § 227 Rn 2 und 18. Für die hier vertretene Auffassung spricht aber schon der Wortlaut des § 227 i.V.m. § 18, wo von „wenigstens" fahrlässig gesprochen wird und damit auch eine vorsätzliche Begehung des § 227 möglich ist. Geht also auch der Gesetzgeber davon aus, dass eine vorsätzliche Begehung des § 227 möglich ist, muss dieses Delikt zumindest neben dem Tötungsdelikt tatbestandlich greifen. Vgl. auch *Steinberg*, NStZ 2010, 72, 77.

[711] St. Rspr., vgl. nur BGH NJW 2017, 1763, 1764.

[712] Vgl. BGH NJW 2014, 645 (Tateinheit zwischen § 226 und § 224 I Nr. 4); BGH NJW 2009, 863; *Hager*, JA 2009, 391; *Fischer*, § 226 Rn 20; SK-*Horn/Wolters*, § 226 Rn 27; LK-*Lilie*, § 224 Rn 41 (Konkurrenzverhältnis zwischen § 226 und § 224 I Nr. 5).

[713] BGH NStZ 2019, 471, 472 mit Verweis u.a. auf MüKo-*Joecks/Hardtung*, § 223 Rn 123.

[714] So auch *v. Heintschel-Heinegg/Kudlich*, JA 2001, 129, 130; anders *Esser/Beckert*, JA 2012, 590, 594, die trotz Bejahung des § 227 die Strafbarkeit nach § 222 (wenn auch nur kurz) prüfen.

Körperverletzungsdelikte – Körperverletzung mit Todesfolge (§ 227)

empfiehlt, in der Fallbearbeitung ausschließlich die versuchte Tötung (in Tateinheit mit der verwirklichten Körperverletzung) zu prüfen und auf die Prüfung des versuchten § 227 zu verzichten.

F. Körperverletzung im Amt (§ 340)

423
Bei der Körperverletzung im Amt handelt es sich um einen **Qualifikationstatbestand** zu § 223.[715] Da dessen Tathandlung (die Körperverletzung) dem Grunde nach von jedermann begangen werden kann und die Qualifikation des § 340 vor allem eine Einschränkung des Täterkreises vornimmt (Täter des vollendeten § 340 kann nur ein **Amtsträger** sein - vgl. § 11 I Nr. 2 StGB und § 48 I WStG), spricht man im Allgemeinem von einem **„uneigentlichen"** Amtsdelikt bzw. von einem **Sonderdelikt**. Mittelbare Täterschaft und Mittäterschaft scheiden also aus, sofern der Agierende nicht selbst tauglicher Täter (also Amtsträger) ist.[716] Für außenstehende Tatbeteiligte kommt – da es sich bei der Amtsträgereigenschaft um ein besonderes persönliches Merkmal handelt, welches die Strafe gegenüber dem Grundtatbestand modifiziert – **§ 28 II** zur Anwendung. Vgl. dazu ausführlich *R. Schmidt*, AT, Rn 1138 ff.

424
In Bezug auf die Tathandlung (die Körperverletzung) muss der Täter **gerade in seiner Funktion als Amtsträger** auftreten und die Tat außerdem entweder **während seines Dienstes** oder **im engen zeitlichen und sachlichen Zusammenhang zu diesem** verüben. Erst dann ist das qualifizierende Element der Beeinträchtigung des Ansehens des Staates als Rechtsstaat erfüllt. Eine außerhalb dieses Zusammenhangs oder lediglich bei Gelegenheit der Amtsausübung verübte Körperverletzung kann daher den Tatbestand des § 340 nicht erfüllen. Es bleibt aber stets eine Strafbarkeit aus § 223.

> **Beispiel:** A und B sind Amtswalter derselben Behörde. Weil B während einer Betriebsfeier mit der Frau des A flirtet, stellt dieser B am nächsten Morgen in der Behörde zur Rede. Es kommt zu einem heftigen Streit, bei dem A die Fassung verliert und B kräftig mit der Faust ins Gesicht schlägt.
>
> Zwar hat A die Tat während des Dienstes verübt, er ist aber gegenüber B nicht als Amtsträger aufgetreten und es fehlt zudem an dem erforderlichen engen zeitlichen und sachlichen Zusammenhang mit der Dienstausübung. A ist daher (nur) nach § 223 I, nicht jedoch nach § 340 I strafbar.

425
Zur Bejahung der Tathandlung genügt es auch, wenn der Amtsträger die Körperverletzung **begehen lässt**. Fraglich ist allerdings, wie der Begriff des Begehenlassens zu verstehen ist.

- Vertretbar ist, den Begriff des Begehenlassens im Sinne einer **mittelbaren Täterschaft** zu verstehen („der Amtswalter begeht die Tat durch einen anderen, § 25 I Var. 2").[717]

- Denkbar ist aber auch, **Anstiftung** und **Beihilfe** (§§ 26 oder 27) genügen zu lassen.[718]

- **Stellungnahme:** Der mögliche Wortsinn des Begriffs *Begehenlassen* lässt beide Auslegungsergebnisse zu. Stellt man daher auf das geschützte Rechtsgut (Ansehen des Staates als Rechtsstaat) ab, gibt es keinen Grund, das *Begehenlassen* auf mittelbare Täterschaft zu beschränken. Daher genügen Anstiftung oder Beihilfe.

426
Der **Versuch** ist gem. § 340 II strafbar. Da § 340 III auf die §§ 224 bis 229 verweist, ist auch eine rechtfertigende **Einwilligung** des Verletzten (§ 228) möglich. Mit Blick auf das geschützte Rechtsgut ist die Möglichkeit der rechtfertigenden Einwilligung zwar kaum nachvollziehbar, aber geltendes Recht und daher hinzunehmen.

---

[715] Lackner/Kühl-*Heger*, § 340 Rn 1; SK-*Horn/Wolters*, § 340 Rn 2; NK-*Kuhlen*, § 340 Rn 4.
[716] Freilich bleibt hiervon die Möglichkeit unberührt, dass sich der Agierende, bei dem die Amtsträgereigenschaft fehlt, wegen untauglichen Versuchs strafbar macht - § 340 II.
[717] Vertreten von *Otto*, BT, § 19 Rn 5.; SK-*Horn/Wolters*, § 340 Rn 3.
[718] So die h.M., vgl. nur Lackner/Kühl-*Heger*, § 340 Rn 2; *Fischer*, § 340 Rn 2b.

G. Misshandlung von Schutzbefohlenen (§ 225)

Die Vorschrift schützt in erster Linie die *Gesundheit* und die *körperliche Unversehrtheit* von Personen, die sich in einem *Verhältnis besonderer Abhängigkeit zum Täter* befinden. Daneben schützt die Vorschrift infolge der Formulierung „Quälen" auch vor rein *seelischen Einwirkungen*. Das veranlasst den BGH und einen Teil der Lit. dazu, in § 225 einen im Verhältnis zu § 223 **eigenständigen Tatbestand** zu sehen.[719] Demgegenüber misst die h.L. der *seelischen Beeinträchtigung* nur eine untergeordnete Bedeutung bei und sieht die Vorschrift im Übrigen als eine **Qualifikation** zu § 223.[720]

427

Auswirkungen hat der Streit vor allem im Bereich der Beteiligung, wenn Personen beteiligt sind, die nicht in einem besonderen Pflichtenverhältnis zum Opfer stehen. Wird bei § 225 eine Qualifikation zu § 223 angenommen, kommt – da es sich bei den Merkmalen *quält, roh misshandelt* und *böswillige Vernachlässigung seiner Pflicht* sowie bei der Pflichtenstellung des Täters um **besondere persönliche Merkmale** handelt – § 28 II zur Anwendung. Sieht man in § 225 indes einen selbstständigen Straftatbestand, kann es sich bei den genannten Merkmalen nur um strafbegründende besondere persönliche Merkmale handeln, sodass § 28 I zur Anwendung gelangt. Vgl. dazu (und zum Klausuraufbau) *R. Schmidt*, AT, Rn 1138 ff.

427a

Geschützt werden Personen unter 18 Jahren sowie wegen Gebrechlichkeit oder Krankheit Wehrlose, die sich in einem der vier in § 225 I genannten besonderen **Schutzverhältnisse** zum Täter befinden.[721]

428

Der **Fürsorge** des Täters untersteht, wer von diesem abhängig ist. Umgekehrt ist das Fürsorgeverhältnis dadurch gekennzeichnet, dass der Täter rechtlich verpflichtet ist, für das geistige oder leibliche Wohl des Schutzbefohlenen zu sorgen. **Obhut** bedeutet die Pflicht des Täters zur unmittelbaren körperlichen Beaufsichtigung des Schutzbefohlenen. Das Fürsorge- bzw. Obhutsverhältnis kann namentlich auf Gesetz (z.B. Eltern), freiwilliger Übernahme (z.B. Kindergärtnerin) oder behördlichem Auftrag (z.B. Aufsichtsperson) beruhen. Ein bloßes Gefälligkeitsverhältnis (ohne Rechtsbindungswillen) genügt nicht. Dem **Hausstand des Täters** gehören etwa leibliche Kinder, Stief- oder Pflegekinder, u.U. auch Hauspersonal und Auszubildende an. **Von dem Fürsorgepflichtigen der Gewalt des Täters überlassen** worden ist, wer aufgrund eines tatsächlichen Vorgangs der Gewalt des Täters unterstellt ist. Dem Täter **im Rahmen eines Dienst- oder Arbeitsverhältnisses untergeordnet** ist, wer bspw. bei diesem beschäftigt ist oder von diesem ausgebildet wird.

429 -432

Als **Tathandlung** nennt § 225 I drei Begehungsweisen: *das Quälen, das rohe Misshandeln* und das *an der Gesundheit schädigen durch böswillige Vernachlässigung der Sorgfaltspflicht*. Die Begehungsweisen des Quälens und des rohen Misshandelns können dabei auch durch Unterlassen verwirklicht werden.[722]

433

- **Quälen** ist das Verursachen länger dauernder oder sich wiederholender (erheblicher) Schmerzen oder Leiden körperlicher oder seelischer Art.[723] Mehrere Körperverletzungshandlungen, die für sich genommen noch nicht den Tatbestand des § 225 I erfüllen, können als Quälen i.S.d. § 225 I zu beurteilen sein, wenn die ständige Wiederholung den gegenüber § 223 I gesteigerten Unrechtsgehalt ausmacht.[724]

434

- Das **Misshandeln** entspricht dem des § 223. **Roh** ist eine Misshandlung, wenn sie auf einer gefühllosen Gesinnung beruht. Eine gefühllose Gesinnung liegt vor, wenn der Täter bei der Misshandlung das – notwendig als Hemmung wirkende – Gefühl für das Leiden

435

---

[719] BGHSt 41, 113, 116; BGH NStZ 2007, 405; BGH NJW 1999, 72; Sch/Sch-*Sternberg-Lieben*, § 225 Rn 1.
[720] Vgl. nur NK-*Paeffgen*, § 225 Rn 2; LK-*Hirsch*, § 225 Rn 1; SK-*Horn/Wolters*, § 225 Rn 2/11; Lackner/Kühl-*Kühl*, § 225 Rn 1; *Fischer*, § 225 Rn 2; MüKo-*Hardtung*, § 225 Rn 2.
[721] Vgl. zu den nachfolgenden Definitionen BGH NStZ 2007, 405; NK-*Paeffgen*, § 225 Rn 7; Lackner/Kühl-*Kühl*, § 225 Rn 3 ff.; Sch/Sch-*Sternberg-Lieben*, § 225 Rn 7; *Fischer*, § 225 Rn 3 u. 4.
[722] BGH NStZ 2017, 465 (mit Verweis auf BGH NStZ 1991, 234).
[723] BGH NStZ 2016, 472.
[724] BGH NStZ 2016, 472.

Misshandlung von Schutzbefohlenen (§ 225)

des Misshandelten verloren hat, das sich bei jedem menschlich und verständlich Denkenden eingestellt hätte.[725] Anders als beim „Quälen" kommt es beim „rohen Misshandeln" auf das einzelne Körperverletzungsgeschehen an.[726]

Beispiel[727]**:** Gegen 16 Uhr versetzte T seinen beiden siebenjährigen Söhnen A und B (Zwillinge) vier bzw. drei heftige Schläge mit einem Gummiknüppel auf das entblößte Gesäß, nachdem diese ihm in einem „Verhör" gestanden hatten, gespielt zu haben, statt – wozu er sie aufgefordert hatte – Hausaufgaben zu machen. Nach dem Abendessen, gegen 20 Uhr, forderte er die Kinder auf, jeweils 20 Liegestütze und 20 Sit-ups zu machen. Beide Kinder waren körperlich rasch überfordert, begannen zu weinen und gaben schließlich auf. Daraufhin wies T die Kinder an, „auf allen Vieren" innerhalb von zehn Minuten den Boden des Flurs zu putzen. Da A dies in der vorgegebenen Zeit nicht gelungen war, versetzte T ihm einen Fußtritt, wodurch er mit dem Kopf gegen eine Türzarge prallte. Nachdem die Kinder sich schließlich schlafen gelegt hatten, stürmte T in das Kinderzimmer und forderte sie dazu auf, entsprechend einer Alarmübung beim russischen Militär innerhalb von 45 sek. jeweils ihre Schlafanzüge aus- und andere Kleidung anzuziehen. Auch hier waren A und B überfordert und begannen aus Angst und Verzweiflung, heftig zu weinen. Durch die genannten Maßnahmen wollte T die Kinder schikanieren und disziplinieren.

In diesem Fall stellt nach Auffassung des BGH das Gesamtgeschehen keine einzige rohe Misshandlung dar; vielmehr handele es sich um zeitlich voneinander abgegrenzte Handlungen, die sich auch in ihrer Gesamtheit nicht als ein einziges Körperverletzungsgeschehen darstellen. T hat sich demnach nicht wegen § 225 I strafbar gemacht.

436 ▪ Auch die **Gesundheitsschädigung** entspricht der des § 223. Sie kann insb. durch Mangel- oder extreme Fehlernährung herbeigeführt werden.[728] **Böswillig** i.S.d. § 225 handelt, wer die ihm obliegende Sorgepflicht aus besonders verwerflichen Gründen verletzt, wie etwa aus Hass, Bosheit, Geiz, rücksichtslosem Egoismus usw. Daran fehlt es, wenn das Handeln oder Unterlassen des Täters nur auf Gleichgültigkeit oder Schwäche beruht.

437 Der Täter muss bezüglich aller objektiven Tatbestandsmerkmale **vorsätzlich** handeln (*dolus eventualis* genügt). Der **Versuch** ist strafbar (§ 225 II).

438 Zwei **Qualifikationstatbestände** zu § 225 I enthält **§ 225 III. Nr. 1** verlangt, dass der Täter den Schutzbefohlenen durch die Tat in die (konkrete) **Gefahr des Todes** oder einer **schweren Gesundheitsschädigung** bringt. **Nr. 2** setzt die konkrete Gefahr einer **erheblichen Entwicklungsschädigung** i.S.v. § 171 voraus. Es handelt sich bei § 225 III also um ein konkretes **Gefährdungsdelikt**. Die Gefahr muss daher auch **vorsätzlich** herbeigeführt worden sein.

439 ▪ Eine (konkrete) **Todesgefahr** liegt vor, wenn der Nichteintritt einer Verletzung lediglich vom rettenden Zufall abhängt.[729]

440 ▪ Die **schwere Gesundheitsschädigung** setzt (in Übereinstimmung mit § 250 I Nr. 1c) keine schwere Körperverletzung i.S.d. § 226 I Nr. 1-3 voraus, sondern liegt auch bei einschneidenden oder nachhaltigen Beeinträchtigungen der Gesundheit vor, etwa bei langwierigen ernsthaften Krankheiten oder erheblicher Beeinträchtigung der Arbeitskraft für lange Zeit.[730]

441 Zu beachten ist, dass die konkrete Gefahr gerade durch die Tat verursacht worden sein muss (**Kausalität**). Allerdings genügt es, dass eine bestehende Gefahr verstärkt wird.

---

[725] Vgl. auch hierzu BGH NStZ 2016, 472 (mit Verweis u.a. auf BGH NStZ-RR 2015, 369, 370 f.).

[726] BGH NStZ 2016, 472.

[727] Nach BGH NStZ 2016, 472.

[728] Vgl. dazu BGH NStZ 2007, 402, 404.

[729] BGH NStZ 2017, 281, 282 (zu § 306b II Nr. 1); *Küpper*, JuS 2000, 225; Lackner/Kühl-*Kühl*, § 225 Rn 9 i.V.m. § 315c Rn 23.

[730] BT-Drs. 13/8587, S. 28; *Schroth*, NJW 1998, 2861, 2865; Lackner/Kühl-*Kühl*, § 250 Rn 3. Vgl. auch *Wallschläger*, JA 2002, 390, 395.

Eine **Strafzumessungsvorschrift** für minder schwere Fälle enthält **§ 225 IV**.

442

H. Beteiligung an einer Schlägerei (§ 231)

Nach dem Wortlaut des § 231 wird derjenige, der sich an einer Schlägerei oder an einem von mehreren verübten Angriff beteiligt, schon wegen dieser Beteiligung bestraft, wenn durch die Schlägerei oder den Angriff der Tod eines Menschen oder eine schwere Körperverletzung (§ 226) verursacht worden ist. Setzt man sich mit der Formulierung „schon wegen dieser Beteiligung" näher auseinander, wird klar, dass der Gesetzgeber der für solche Fälle **typischen Beweisnot** entgegentreten und bereits die **bloße Beteiligung** an einer Schlägerei oder an einem von mehreren verübten Angriff sanktionieren möchte. Strafgrund ist die generelle Gefährlichkeit, die von einer Schlägerei ausgeht. Die Tat ist daher als ein **abstraktes Gefährdungsdelikt** anzusehen.[731] Die schwere Folge ist lediglich objektive Bedingung der Strafbarkeit (dazu später). Allgemein anerkannt ist folgendes Prüfungsschema:

443

Beteiligung an einer Schlägerei (§ 231)

I. Tatbestand

  1. Objektiver Tatbestand

    a. Schlägerei

    Schlägerei ist eine mit gegenseitigen Körperverletzungen verbundene Auseinandersetzung, bei der mindestens **drei** Personen aktiv mitwirken.

    b. Ein von mehreren verübter Angriff

    Ein **von mehreren verübter Angriff** liegt vor, wenn mindestens **zwei** Personen (die nicht notwendigerweise in einem Verhältnis der Mittäterschaft i.S.v. § 25 II stehen müssen) eine auf eine Körperverletzung eines anderen gerichtete Handlung unternehmen, wobei Einheitlichkeit des Angriffs, des Angriffsgegenstands und des Angriffswillens bestehen muss.

    c. Beteiligung an der Schlägerei oder an dem Angriff

    Beteiligt ist nach wohl h.M. jeder, der am Tatort anwesend ist und in feindseliger Weise an den Tätlichkeiten mitwirkt. Problematisch sind das psychische Mitwirken (Anfeuern etc.), das frühzeitige Aussteigen und das spätere Hinzukommen einzelner Personen.

  2. Subjektiver Tatbestand (Vorsatz, *dolus eventualis* genügt)

  3. Tatbestandsannex (objektive Bedingung der Strafbarkeit)

  Im Rahmen der Schlägerei oder des von mehreren verübten Angriffs muss der **Tod eines Menschen** oder eine **schwere Körperverletzung** verursacht worden sein. Nach nahezu einhelliger Auffassung sind diese genannten Folgen für die rechtliche Missbilligung der Tat bedeutungslos. Sie stehen außerhalb des eigentlichen Straftatbestands und stellen lediglich (objektive) Voraussetzungen für eine Bestrafung dar. Daher braucht der Täter auch in keiner subjektiven Beziehung zu ihnen zu stehen. Zum Prüfungsstandort dieser Voraussetzung vgl. Rn 455.

II. Rechtswidrigkeit und III. Schuld

  In der Formulierung in § 231 II „Nach Absatz 1 **wird nicht bestraft**, wer an der Schlägerei oder dem Angriff beteiligt war, **ohne dass ihm dies vorzuwerfen ist**" ist richtigerweise ein deklaratorischer Hinweis auf mögliche Rechtfertigungs- und Entschuldigungsgründe zu sehen (str.). In Betracht kommen insbesondere Notwehr (§ 32) und entschuldigender Notstand (§ 35). Dies gilt jedoch nur in Bezug auf § 231. Hinsichtlich der *jeweiligen* Verteidigungshandlung kann sich der angegriffene Beteiligte auf die allgemeinen Rechtfertigungsregeln berufen. Zieht bspw. der beteiligte A plötzlich ein Messer und kann sich der ebenfalls beteiligte B nur durch eine Tötung des A retten, ist B hinsichtlich der Tötung gerechtfertigt, nicht aber hinsichtlich des § 231.

---

[731] Vgl. nur BGHSt 14, 132, 1234 f.; 33, 100, 103; 39, 305, 308; BGH NJW 2015, 1540, 1543; Sch/Sch-*Sternberg-Lieben*, § 231 Rn 1; Lackner/Kühl-*Kühl*, § 231 Rn 1; MüKo-*Hohmann*, § 231 Rn 7; *W/H/E*, BT 1, Rn 382.

Beteiligung an einer Schlägerei (§ 231)

I. Tatbestand

1. Objektiver Tatbestand

444 **Tathandlung** ist die Beteiligung des Täters an einer Schlägerei oder an einem von mehreren verübten Angriff.

445 **Schlägerei** ist eine mit gegenseitigen Körperverletzungen verbundene Auseinandersetzung, bei der mindestens **drei** Personen aktiv mitwirken.[732]

446 Dabei wird derjenige, der durch die Schlägerei verletzt wird und eine in § 226 I genannte schwere Folge erleidet, mitgezählt (freilich liegt bei diesem die Anwendbarkeit des § 60 – Absehen von Strafe – nahe). Mitgezählt werden auch Angegriffene, die wegen Notwehr straflos bleiben. An der aktiven Mitwirkung von drei Personen fehlt es aber, wenn sich eine davon auf bloße Schutzwehr beschränkt.[733]

447 Ein **von mehreren verübter Angriff** liegt vor, wenn mindestens **zwei** Personen (die nicht notwendigerweise in einem Verhältnis der Mittäterschaft i.S.v. § 25 II stehen müssen) eine auf eine Körperverletzung eines anderen gerichtete Handlung unternehmen, wobei Einheitlichkeit des Angriffs, des Angriffsgegenstands und des Angriffswillens bestehen muss.[734]

448 Wie aus der Definition hervorgeht, sind (im Gegensatz zur Schlägerei) tatsächliche Körperverletzungen nicht erforderlich. Es genügt insoweit die bloße Absicht i.S. einer Intention. Diese kann bereits in dem Verfolgen des Opfers gesehen werden.[735]

449 **Beteiligt** ist nach wohl h.M. jeder, der am Tatort anwesend ist und in feindseliger Weise physisch oder psychisch an den Tätlichkeiten mitwirkt.[736]

450 Für die Verwirklichung dieses Tatbestandsmerkmals muss also keine Beteiligungsform i.S.d. §§ 25 ff. vorliegen; auch wird ein Zusammenwirken nicht verlangt. Doch müssen nach der genannten h.M. die Beteiligten bei der Schlägerei anwesend sein und physisch (tatsächlich) oder psychisch (intellektuell) dazu beitragen, dass geschlagen wird, etwa durch anfeuernde Zurufe, Ziehen eines Messers, Abhalten von Hilfskräften u.Ä. Selbst der durch die Schlägerei Verletzte kann aus § 231 strafbar sein, solange er nur an den Tätlichkeiten beteiligt ist.[737] Denn Strafgrund des § 231 ist nicht die Verletzung (diese zu sanktionieren ist Aufgabe anderer Delikte, namentlich §§ 212, 211 oder §§ 223 ff.), sondern die Gefährlichkeit der Schlägerei. Und diese hat sich gerade bei dem Verletzten realisiert.

Fehlt es an einer Beteiligung im dargelegten Sinn, kann aber eine Beihilfe (§ 27) zu § 231 in Betracht kommen. Die Gegenauffassung will die psychische Mitwirkung (z.B. Ablenken der Polizei oder Reizen bzw. Anfeuern der Kämpfenden) von vornherein nur als Beihilfe zur Schlägerei werten.[738] Die von der h.M. vorgenommene Gleichstellung von physischer und psychischer Mitwirkung werde dem unterschiedlichen Unrechtsgehalt nicht gerecht.

---

[732] BGHSt 15, 369, 370; 31, 124, 125; 33, 102; BGH NStZ 2014, 147; Lackner/Kühl-*Kühl*, § 231 Rn 2; *Fischer*, § 231 Rn 3; LK-*Hirsch*, § 231 Rn 4; SK-*Horn/Wolters*, § 231 Rn 3; *Engländer*, NStZ 2014, 214 f.

[733] Vgl. *Eisele*, ZStW 110, 69, 73; SK-*Horn/Wolters*, § 231 Rn 3; kritisch NK-*Paeffgen*, § 231 Rn 5.

[734] Vgl. BGHSt 31, 124, 125; Lackner/Kühl-*Kühl*, § 231 Rn 3; *Fischer*, § 231 Rn 4; *Schroeder*, JuS 2002, 139, 140; *Wallschläger*, JA 2002, 390, 397.

[735] LK-*Hirsch*, § 231 Rn 5; vgl. auch BGH NStZ-RR 2000, 331.

[736] LK-*Hirsch*, § 231 Rn 6; *Fischer*, § 231 Rn 8; *Joecks/Jäger*, § 231 Rn 6; *W/H/E*, BT 1, Rn 388. Vgl. auch *Schroeder*, JuS 2002, 139, 140; *Wallschläger*, JA 2002, 390, 397.

[737] Wie hier BGHSt 33, 100, 104; MüKo-*Hohmann*, § 231 Rn 22; *Hardtung*, JuS 2008, 1060, 1064; a.A. LK-*Hirsch*, § 231 Rn 10; *Rengier*, BT II, § 18 Rn 9.

[738] Sch/Sch-*Sternberg-Lieben*, § 231 Rn 12; Lackner/Kühl-*Kühl*, § 231 Rn 3; NK-*Paeffgen*, § 231 Rn 7; *Zopfs*, Jura 1999, 172, 173.

Beteiligung an einer Schlägerei (§ 231)

Beispiel: A, B und C prügeln sich auf einer Konzertveranstaltung. D feuert sie an. Als die Schlägerei von Ordnungskräften aufgelöst wird, stellt sich heraus, dass C auf einem Auge erblindet ist. Wie sind die Beteiligten strafbar?

Nach h.M. ist neben A, B und C auch D wegen Beteiligung an einer Schlägerei (§ 231) strafbar. Nach der Gegenauffassung ist das Anfeuern des D nicht als eine täterschaftliche Beteiligung i.S.d. § 231 zu werten. Danach wäre D lediglich aus §§ 231, 27 I, II, 49 I zu bestrafen.

Zu der Frage, wie es sich auf die Strafbarkeit eines Beteiligten auswirkt, wenn dieser **vor Verursachung der schweren Folge** aus der Schlägerei **ausscheidet** oder erst **später hinzukommt**, vgl. Rn 459 ff.

451

Nicht beteiligt sind lediglich Angegriffene, die sich auf Schutzwehr beschränken, oder Friedensstifter, welche die Streitenden zu trennen versuchen (siehe auch unten, Verschulden). Auch nur zufällig Anwesende, die in keinerlei Beziehung zu den feindseligen Geschehensabläufen stehen, sind nicht aus § 231 strafbar.

452

Beispiel: An der obigen Konzertveranstaltung nimmt auch E teil. Als A, B und C, die um ihn herum stehen, plötzlich beginnen, sich zu prügeln, will er sich entfernen, was ihm allerdings aufgrund der Menschenmenge nicht gelingt. E wird wegen Beteiligung an einer Schlägerei angeklagt. Wie wird seine Strafverteidigerin S vorgehen?

S wird darlegen, dass E das Tatbestandsmerkmal „Beteiligung" i.S.d. § 231 nicht erfüllt habe. E habe nicht in feindseliger Weise an den Tätlichkeiten teilgenommen.

2. Subjektiver Tatbestand

Zur Erfüllung des subjektiven Tatbestands ist mindestens **bedingter Vorsatz** erforderlich. Er muss das Wissen umfassen, dass eine Schlägerei oder ein Angriff mehrerer vorliegt und dass eine zurechenbare Beteiligung stattfindet.

453

3. Tod oder schwere Körperverletzung eines Menschen

Im Rahmen der Schlägerei oder des von mehreren verübten Angriffs muss der Tod eines Menschen oder eine schwere Körperverletzung **verursacht** worden sein. Diese Formulierung könnte auf eine Erfolgsqualifikation i.S.d. § 18 hindeuten, die in einem tatbestandsspezifischen Gefahrzusammenhang zur Beteiligung stehen und zumindest vorhersehbar sein muss. Gleichwohl ist man sich bei § 231 einig, dass die genannten schweren Folgen für die rechtliche Missbilligung der Tat bedeutungslos sind. Sie stehen außerhalb des eigentlichen Straftatbestands und stellen lediglich (objektive) Voraussetzungen für eine Bestrafung dar – sog. **objektive Bedingung der Strafbarkeit**. Daher braucht der Täter auch in keiner subjektiven Beziehung zu ihnen zu stehen. Daraus folgt, dass auch eventuelle Tatbestandsirrtümer unbeachtlich sind.[739]

454

Beispiel: Wenn T bei einer Kneipenschlägerei mit einem Bierglas nach X wirft, diesen jedoch verfehlt und dabei O ins Gesicht trifft, macht er sich nach § 231 I strafbar, wenn O dabei ein Auge verliert (§ 226 I Nr. 1). Das Fehlgehen der Tat ist unbeachtlich, da die schwere Folge gerade nicht vom Tatbestandsvorsatz umfasst zu sein braucht und deshalb auch ein Tatbestandsirrtum keine Auswirkungen haben kann. T würde sich aber auch dann nach § 231 I strafbar machen, wenn nicht er, sondern X dem O ein Bierglas ins Gesicht schleuderte und O dabei ein Auge verlöre.

---

[739] Die Resistenz gegenüber Irrtümern erweckt Zweifel hinsichtlich der Vereinbarkeit mit dem Schuldprinzip. Diesen Zweifeln begegnet die h.M. mit dem Argument, dass Unrecht und Schuld der Tat bereits unabhängig vom Vorliegen der objektiven Bedingung der Strafbarkeit begründet seien (vgl. hierzu Lackner/Kühl-*Kühl*, § 231 Rn 5; Sch/Sch-*Sternberg-Lieben*, § 231 Rn 1 u. 13; NK-*Paeffgen*, § 231 Rn 3 u. 19; *Lagodny*, Strafrecht vor den Schranken der Grundrechte, 1996, S. 233 ff.).

455

> **Hinweis für die Fallbearbeitung:** Fraglich ist der Prüfungsstandort einer objektiven Bedingung der Strafbarkeit. Da – wie gesagt – eine subjektive Beziehung des Täters zu ihr nicht erforderlich ist, hat die Prüfung jedenfalls außerhalb von Vorsatz und Schuld zu erfolgen. Hinzu kommt: Dadurch, dass der Gesetzgeber in der objektiven Bedingung der Strafbarkeit eine *strafbegründende* Tatsache sieht, ist auch § 18, welcher den Eintritt der schweren Folge wiederum vom Vorliegen einer *subjektiven* Beziehung abhängig macht und eine *Strafschärfung* herbeiführt, nicht anwendbar (s.o.).
>
> Zunächst ist es möglich, die objektive Bedingung der Strafbarkeit nach der Schuld oder gar noch vor dem objektiven Tatbestand zu prüfen, denn liegt die objektive Bedingung der Strafbarkeit nicht vor, kann der Straftatbestand schon deshalb nicht erfüllt sein.[740]
>
> Üblich ist es jedoch, die objektive Bedingung der Strafbarkeit als Tatbestandsannex *nach* dem subjektiven Tatbestand zu prüfen.
>
> Gleichgültig, wie man sich entscheidet: Mit beiden Vorgehensweisen stellt man klar, dass die objektive Bedingung der Strafbarkeit eine materielle Strafbarkeitsvoraussetzung ist und nicht zum Tatbestand gehört. Darüber hinaus gibt man zu erkennen, dass eine subjektive Beziehung des Täters zu ihr nicht erforderlich ist.

456

Fraglich ist, in welchem Zusammenhang die schwere Folge mit der Schlägerei oder dem Angriff stehen muss. Die wohl h.M. lässt einen ursächlichen Zusammenhang i.S. einer reinen Kausalität ausreichen.[741] Danach genügt es, dass sich der Erfolg nach der Bedingungstheorie schlicht auf die Schlägerei oder den Angriff zurückführen lässt. Folgt man dieser Ansicht, ist § 231 z.B. erfüllt, wenn durch die Schlägerei ein unbeteiligter Dritter derart in Aufregung versetzt wird, dass er einen Herzinfarkt erleidet und daran verstirbt. Dass hier die Schlägereibeteiligten aus § 231 strafbar sein sollen, erscheint unbillig. Denn auch sonst fordert die neuere Strafrechtsdogmatik eine objektive Zurechnung des Taterfolgs. Daher wird man auch bei § 231 fordern müssen, dass die schwere Folge objektiv vorhersehbar war.[742]

Jedenfalls ist es gleichgültig, ob die schwere Folge der Handlung eines bestimmten Täters zuzuschreiben ist oder ob nicht geklärt werden kann, wessen Handlung letztlich die schwere Folge herbeigeführt hat. Kann aber der konkrete Täter ermittelt werden, liegt bei diesem Tateinheit zwischen § 231 und einem Tötungsdelikt bzw. mit § 226 vor. Ob die schwere Folge bei einem an der Schlägerei Beteiligten oder bei einem gänzlich unbeteiligten Menschen eintritt, ist – wie sich aus den vorstehenden Ausführungen ergeben hat – für die Strafbarkeit aus § 231 irrelevant.

II. Rechtswidrigkeit und III. Schuld

457

Die Formulierung „Nach Absatz 1 **wird nicht bestraft**, wer an der Schlägerei oder dem Angriff beteiligt war, **ohne dass ihm dies vorzuwerfen ist**" in § 231 II wird teilweise als *Einschränkung des Tatbestands* (mit der Folge, dass dieser Prüfungspunkt bereits unter I. geprüft werden muss) verstanden.[743] Doch diese Auffassung überzeugt nicht. Denn das Gesetz benutzt auch sonst die Formulierung „wird nicht bestraft" nur in Fällen, in denen es einen Rechtfertigungs-, Entschuldigungs- oder Strafausschließungsgrund annimmt (Beispiel: § 218a IV oder § 258 V). Möchte das Gesetz hingegen bereits den Tatbestand ausschließen, sind Formulierungen wie „Der Tatbestand ist nicht verwirklicht, wenn ..." üblich (Beispiel: § 218a I). Richtigerweise ist in § 231 II daher ein deklaratori-

---

[740] So *Werle*, JuS 2001, L 57, 59.
[741] BGHSt 33, 100, 103; *Otto*, BT, § 23 Rn 5; *W/H/E*, BT 1, Rn 393 ff.
[742] Wie hier LK-*Hirsch*, § 231 Rn 15; Sch/Sch-*Sternberg-Lieben*, § 231 Rn 14; *Lackner/Kühl-Kühl*, § 231 Rn 5; *Rengier*, BT I, § 18 Rn 7 f.; *Hardtung*, JuS 2008, 1060, 1064.
[743] So Lackner/Kühl-*Kühl*, § 231 Rn 4; *Hohmann/Sander*, BT II, § 10 Rn 10.

Beteiligung an einer Schlägerei (§ 231)

scher Hinweis auf mögliche Rechtfertigungs- und Entschuldigungsgründe zu sehen.[744] In Betracht kommen insbesondere Notwehr (§ 32) und entschuldigender Notstand (§ 35).

Abzugrenzen ist diese Konstellation von derjenigen, in welcher ein bereits schuldhaft Beteiligter im Laufe der Schlägerei oder des Angriffs in eine Notwehrsituation (bspw. durch das Ziehen eines Messers o.ä.) gerät. Hier muss differenziert werden: Bezüglich der *einzelnen* Verteidigungshandlung kann sich der angegriffene Beteiligte auf die allgemeinen Rechtfertigungsregeln berufen. Davon unberührt bleibt jedoch seine Strafbarkeit aus § 231, denn zum einen macht sich auch der Verletzte aus § 231 strafbar und zum anderen ist die Entstehung einer Notwehrlage ein deutlicher Beweis für die Gefährlichkeit der Schlägerei (*abstraktes Gefährdungsdelikt!*), sodass es sachgerecht ist, das Unrecht **allein schon in der Beteiligung** zu sehen. Angreifer und Angegriffener machen sich somit wegen Beteiligung an einer Schlägerei strafbar.[745]

458

> **Beispiel:** A prügelt in einer Schlägerei mit. Plötzlich zieht der ebenfalls mitprügelnde B ein Messer und greift A an. Dieser kann sich nur dadurch retten, dass er B tötet. Strafbarkeit des A?
>
> Nach dem oben Gesagten bestand für A eine konkrete Verteidigungslage. Der Totschlag war durch Notwehr gerechtfertigt. Dennoch ist A nach § 231 strafbar. Die Beteiligung an der Schlägerei war nicht durch Notwehr gerechtfertigt. Die objektive Strafbarkeitsbedingung (hier: der Tod des B) steht außerhalb von Unrecht und Schuld. Hierfür ist die Rechtfertigung der einzelnen Verteidigungshandlung unbeachtlich.

IV. Frühzeitiges Aussteigen/späteres Hinzukommen eines Beteiligten

Problematisch im Zusammenhang mit der Auslegung des Tatbestandsmerkmals „beteiligen" ist, wie sich das frühzeitige Aussteigen und das spätere Hinzukommen Einzelner auf deren Strafbarkeit nach § 231 auswirken.

459

1. Steigt der Beteiligte noch vor Verursachung der schweren Folge aus, weil er aufgrund einer Verletzung nicht mehr an den Handlungen teilnehmen kann oder er den Tatort verlässt, bestehen unterschiedliche Auffassungen darüber, ob ihm die schwere Folge angelastet werden kann und er daher aus § 231 strafbar ist.

460

> **Beispiel:** A, B, C und D prügeln sich. Nachdem D „genug hat" und den Ort des Geschehens verlässt, kommt C infolge weiterer Gewaltanwendung durch A und B zu Tode. Soll D die nach seinem Ausscheiden verursachte schwere Folge in Bezug auf § 231 angelastet werden?

461

Abwandlung: Das Geschehen findet ohne A statt.

⇨ Teilweise wird eine Strafbarkeit aus § 231 desjenigen, der sich bereits vor Verursachung der schweren Folge von dem weiteren Tatgeschehen lossagt, verneint. Der Täter müsse sich während des *gesamten* Verursacherzeitraums an der Schlägerei oder dem Angriff beteiligt haben. Anderenfalls werde der Tatbestand des § 231 zu unscharf.[746] Folgt man dieser Auffassung, wäre D im Ausgangsfall nicht aus § 231 strafbar.

⇨ Die überwiegende Auffassung macht dagegen geltend, dass gerade die durch § 231 sanktionierte spezifische Gefährlichkeit einer Schlägerei auch bei einer Folge zum Ausdruck komme, die erst nach dem Verlassen des Tatorts herbeigeführt werde, da es sich insoweit immer noch um dieselbe Schlägerei handele. Etwas anderes müsse nur

---

[744] Wie hier *Eisele*, JR 2001, 270 f.; *K/H/H*, BT 1, Rn 295.
[745] Der BGH hat in einer neueren Entscheidung (NJW 1993, 3337) noch einmal klargestellt, dass die Strafbarkeit nach § 231 (damals § 227) auch dann eingreife, wenn der Angegriffene bezüglich der konkreten Verteidigungshandlung gerechtfertigt sei.
[746] Vgl. etwa SK-*Horn/Wolters*, § 231 Rn 8; Sch/Sch-*Sternberg-Lieben*, § 231 Rn 9; *K/H/H*, BT 1, Rn 297; *Welzel*, Lehrbuch des deutschen Strafrechts, 11. Aufl. 1969, S. 297.

Beteiligung an einer Schlägerei (§ 231)

dann gelten, wenn von seinem Ausscheiden der Charakter des Geschehens als „Schlägerei" abhänge oder wenn es sich gar um eine andere Schlägerei handele, aus der die schwere Folge hervorgehe.[747] Da dies vorliegend nicht der Fall ist, wäre D demzufolge aus § 231 strafbar, obwohl er in dem Zeitpunkt, in dem die schwere Folge verursacht wurde, nicht mehr an der Schlägerei teilnahm.

⇨ Stellungnahme: Die überwiegend vertretene Auffassung kann sich mit guten Gründen auf den Wortlaut des § 231 stützen, der in der Tat die Strafbarkeit nach § 231 gerade nicht von der Ursächlichkeit des *einzelnen* Tatbeitrags für die schwere Folge abhängig macht (abstraktes Gefährdungsdelikt!). Gleichwohl schließt der Wortlaut des § 231 das Auslegungsergebnis der Minderheitsmeinung nicht aus. Daher muss nach systematischen Argumenten gesucht werden. Der überwiegenden Auffassung ist zuzugeben, dass auch der ausscheidende Beteiligte immerhin dazu beigetragen hat, dass die Auseinandersetzung nicht beendet wurde, sondern einen derartigen Verlauf genommen hat, dass es schließlich zum Eintritt der schweren Folge gekommen ist. Außerdem würde sich der einzelne Beteiligte bei Beweisschwierigkeiten stets darauf berufen, er habe sich schon frühzeitig vom Tatort entfernt und habe daher mit der schweren Folge nichts zu tun. Aus dem Grundsatz *in dubio pro reo* müsste er dann freigesprochen werden. Daher kann man sich durchaus auf den Standpunkt stellen, der Gesetzgeber habe diese (ungewünschte) Konsequenz gerade dadurch vermeiden wollen, dass er die Strafbarkeit nach § 231 *nicht* von der Ursächlichkeit des einzelnen Tatbeitrags für die schwere Folge abhängig gemacht habe. In Fällen, in denen der Sachverhalt nicht aufgeklärt werden kann, ist diese kriminalpolitische Intention des Gesetzgebers auch nachvollziehbar. Steht aber – wie im vorliegenden Fall – fest, dass der Täter im Zeitpunkt der Verursachung der schweren Folge bereits nicht mehr am Tatort anwesend und auch aus Tatherrschaftsgesichtspunkten nicht mehr an der Schlägerei „beteiligt" war, ist es unbillig und mit dem Schuldprinzip unvereinbar, ihm die schwere Folge anzulasten. Der Wortlaut des § 231 ist daher teleologisch zu reduzieren. Würde man eine solche teleologische Reduktion nicht zulassen, müsste man die Verfassungsmäßigkeit des § 231 bezweifeln. Der verurteilte Täter kann dann eine Verfassungsbeschwerde gegen das letztinstanzliche Urteil erheben mit der Rüge, er sei durch die Strafgerichtsurteile in seinen Grundrechten verletzt worden.

Folgt man der hier vertretenen Auffassung, haben sich nur A und B wegen Beteiligung an einer Schlägerei strafbar gemacht (insbesondere ist bei der Bestimmung der Mindestzahl von drei auch der getötete C mitzuzählen, weil auch dieser letztlich an der Schlägerei beteiligt war). Folgt man indes der h.M., hat sich auch D aus § 231 strafbar gemacht.

In der Abwandlung befinden sich – nachdem D den Tatort verlassen hat – nur noch B und C am Ort der Schlägerei. Für eine Strafbarkeit aus § 231 fehlt es demnach schon an der erforderlichen Personenzahl. Somit ist das Tatbestandsmerkmal „Schlägerei" nach beiden Auffassungen nicht erfüllt.

Weiterführender Hinweis: Eine Schlägerei i.S.d. § 231 kann durchaus vorliegen, wenn innerhalb einer Auseinandersetzung zweier rivalisierender Gruppen hintereinander stattfindende „Zwei-Personen-Kämpfe" in einem so engen Zusammenhang zueinander stehen, dass eine juristische Trennung mit Blick auf den Schutzzweck der Norm nicht geboten ist.[748]

---

[747] BGHSt 14, 132, 133 f.; Lackner/Kühl-*Kühl*, § 231 Rn 5; *Fischer*, § 231 Rn 8; *W/H/E*, BT 1, Rn 398 ff.
[748] BGH NStZ 2014, 147.

Fahrlässige Körperverletzung (§ 229)

2. Analog zur ersten Konstellation ist auch die Strafbarkeit desjenigen fraglich, der erst **462** **nach Verursachung der schweren Folge** der Schlägerei „beitritt".

Beispiel: A, B und C prügeln sich. Als B mit voller Wucht eine noch ungeöffnete Bierflasche auf dem Schädel des C zertrümmert, fällt dieser in sich zusammen und bleibt regungslos auf dem Boden liegen. Dem bislang zuschauenden D reicht es nun. Er steigt in das Geschehen ein. Doch schon nach einigen Minuten trifft die Polizei ein und unterbindet die Schlägerei. Bei C kann sie nur noch den Tod feststellen. Ist auch D aus § 231 strafbar? **463**

⇨ Teilweise wird eine Strafbarkeit aus § 231 desjenigen, der erst nach Verursachung der schweren Folge in das Tatgeschehen eintritt, noch entschiedener verneint als in der umgekehrten Konstellation (zu den Argumenten vgl. oben).[749]

⇨ Die diesbezüglich wohl überwiegende Auffassung behandelt diese Fallkonstellation in Übereinstimmung mit der ersten. Es sei gleichgültig, ob der Täter schon vor Eintritt der schweren Folge ausgeschieden sei oder sich erst nach Verursachung der schweren Folge an der Schlägerei beteiligt habe (zu den Argumenten siehe auch hier die obige Darstellung).[750]

⇨ Stellungnahme: Die Undifferenziertheit der zuletzt genannten Auffassung, die sich selbst als h.M. bezeichnet, ist weder mit dem Schuldprinzip vereinbar noch – wie sie selbst behauptet – durch den Zweck des § 231 gefordert. Zwar ist richtig, dass § 231 die besondere Gefährlichkeit einer Schlägerei durch die Aufnahme einer objektiven Strafbarkeitsbedingung zum Ausdruck bringt. Ein *nach* der Verwirklichung der objektiven Strafbarkeitsbedingung hinzugekommener Beteiligter verursacht diese Bedingung aber gerade nicht; er kann also nicht mehr im *abstrakten* Sinne zu einer Eskalation der Gewalttätigkeit beitragen. Es fehlt also gerade bei demjenigen, der erst nach Verursachung der schweren Folge in das Tatgeschehen eintritt, an dem erforderlichen Zusammenhang zwischen der Schlägerei und der schweren Folge. Eine nachträgliche Zurechnung fremder Tatbeiträge ist dem StGB auch sonst fremd. Das gilt selbst für den Fall, in dem der genaue Zeitpunkt des Hinzutretens unklar ist. Hier muss dann nach dem Grundsatz *in dubio pro reo* ein Freispruch erfolgen. Diese kriminalpolitische Konsequenz ist hinzunehmen. Sollte sie sich als untragbar erweisen, ist allein der Gesetzgeber berufen, Abhilfe zu schaffen und die Vorschrift des § 231 zu ändern.

Folgt man auch in diesem Fall der hier vertretenen Auffassung, ist D nicht aus § 231 strafbar. Jedenfalls ist A aus § 231 strafbar und B tateinheitlich aus § 231 und § 227.

I. Fahrlässige Körperverletzung (§ 229)

Der Aufbau eines Fahrlässigkeitsdelikts ist ausführlich bei *R. Schmidt*, AT, Rn 841 ff. **464** dargestellt. Insoweit sei auf die dortigen Ausführungen verwiesen.

---

[749] LK-*Hirsch*, § 231 Rn 8; SK-*Horn/Wolters*, § 231 Rn 8; NK-*Paeffgen*, § 231 Rn 8; Sch/Sch-*Sternberg-Lieben*, § 231 Rn 15; *Hardtung*, JuS 2008, 1060, 1065.
[750] BGHSt 16, 130, 132; MüKo-*Hohmann*, § 231 Rn 24 f.; *Fischer*, § 231 Rn 8; Lackner/Kühl-*Kühl*, § 231 Rn 5; *W/H/E*, BT 1, Rn 398 ff.

J. Konkurrenzen in Bezug auf Körperverletzung und Tötung

465 Verwirklicht der Täter den objektiven Tatbestand eines (vorsätzlich begehbaren) Tötungsdelikts (also einen der Tatbestände der §§ 211, 212 oder 216), ist klar, dass er damit (sozusagen als „notwendiges Durchgangsstadium") zugleich auch eine Körperverletzung begeht. Eine Ideal- oder Realkonkurrenz zwischen Tötungs- und Körperverletzungsdelikten kann es daher schon begrifflich nicht geben.[751] Diese Erkenntnis schlägt sich auch auf den Vorsatz durch: Wer jemanden töten will, will ihn auch in dessen körperlicher Integrität verletzen (**Einheitstheorie**). Die **vollendeten Körperverletzungsdelikte** treten dann (soweit tatbestandlich überhaupt anwendbar) im Wege der Gesetzeskonkurrenz (Subsidiarität) hinter dem **vollendeten Tötungsdelikt** zurück.[752] Nichts anderes gilt, wenn sowohl das Tötungsdelikt als auch das Körperverletzungsdelikt im Versuchsstadium steckengeblieben sind.[753] In der Fallbearbeitung brauchen sie i.d.R. daher auch nicht geprüft zu werden. Es sollte der Hinweis: „die gleichzeitig verwirklichte Körperverletzung tritt subsidiär zurück" genügen.[754]

Nach der noch vom RG vertretenen **Gegensatztheorie** schließt der Tötungsvorsatz das gleichzeitige Vorliegen eines auf bloße Körperverletzung (bei Aufrechterhaltung des Lebens) gerichteten Vorsatzes begrifflich aus.[755] Diese Betrachtungsweise vermag zwar Wertungswidersprüche im Strafmaß beim Zusammentreffen von privilegierter Tötung (§ 216) mit qualifizierter Körperverletzung (§§ 224, 225, 226) auszuschließen, sie versperrt jedoch die Möglichkeit, beim Rücktritt vom Tötungsversuch eine bereits vollendete Körperverletzung zu erfassen. Sie wird daher heute zu Recht nicht mehr vertreten.

Lange Zeit streitig war demgegenüber das Verhältnis zwischen **versuchter Tötung** und **vollendeter Körperverletzung**. Die Rechtsprechung hatte auch hier überwiegend eine Subsidiarität der Körperverletzungsdelikte angenommen.[756] Nun nimmt der BGH **Tateinheit** an, um den Unterschied zwischen folgenloser versuchter Tötung und folgenhafter verwirklichter Körperverletzung zu verdeutlichen („Klarstellungsfunktion" der Tateinheit, vgl. §§ 260 IV, 268 StPO).[757] Zum Verhältnis versuchte Tötung/vollendete schwere Körperverletzung nach § 226 II vgl. auch Rn 219 f. Zum Konkurrenzverhältnis zwischen § 224 und § 226 vgl. Rn 421.

---

[751] Klarstellend BGH NStZ 2014, 84, 85.

[752] Wohl einhellige Auffassung, vgl. nur BGHSt 50, 80, 91 ff.; 44, 196, 199; 21, 265; 16, 122; BGH NStZ 2005, 332, 333; NJW 2001, 980; NStZ 2014, 84, 85; Lackner/Kühl-*Kühl*, § 212 Rn 8; *W/H/E*, BT 1, Rn 358.

[753] BGH NStZ 2014, 84, 85.

[754] Etwas anderes mag nur dann gelten, wenn im Bearbeitervermerk ausdrücklich vorgesehen ist, die Körperverletzung neben dem Tötungsdelikt zu prüfen.

[755] RGSt 61, 375.

[756] Vgl. nur BGHSt 21, 265; 22, 248; BGH NStZ 1995, 589; NStZ 1997, 233; NStZ-RR 1998, 42: Es sei nicht notwendig, im Urteilstenor zum Ausdruck zu bringen, dass ein Tötungsversuch mit einer vollendeten Körperverletzung zusammengetroffen sei, da auch die Strafe für den versuchten Totschlag den Rahmen des vollendeten Tötungsdelikts voll ausschöpfen könne.

[757] BGH JA 2003, 105 ff.; BGHSt 44, 196, 200; *Satzger*, JR 1999, 203; *Altvater*, NStZ 2001, 19, 25. Vgl. auch BGH NJW 2001, 980 mit Bespr. v. *Martin*, JuS 2001, 513.

3. Kapitel – Straftaten gegen die sexuelle Selbstbestimmung

A. Einführung und Systematik

Als Straftaten gegen die sexuelle Selbstbestimmung werden die im 13. Abschnitt des StGB genannten Straftatbestände der §§ 174 bis 184j bezeichnet. Bei diesen geht es um die strafrechtliche Sanktionierung von unterschiedlichen Verhaltensweisen, die unterschiedliche Rechtsgüter verletzen. Gleichwohl lassen sich die Delikte in gewisser Weise kategorisieren; gemeinsam ist allen aber der Sexualbezug.

466

- Sexueller Missbrauch von Kindern[758], Schutzbefohlenen[759], Jugendlichen und (anderen) besonders Schutzbedürftigen (§§ 174-176b, 182) – also deutlicher Bezug zum Kinder- und Jugendschutz und zum Schutz kranker und hilfsbedürftiger Menschen
- Sexueller Übergriff, sexuelle Nötigung, Vergewaltigung (§§ 177, 178, 180, 180a)
- Prostitution und Zuhälterei (§ 181a, 184f, 184g)
- Verbreitung und Zugänglichmachung pornographischer Inhalte, insbesondere mit Aspekten des Jugendschutzes (§§ 184-184e)
- Belästigung in sexuell motivierter Weise (§§ 183, 183a, 184f, 184i, 184j)

Der Versuch einer Kategorisierung ist aber nicht frei von Einwänden, insbesondere, wenn die genannten Strafnormen mehrere Rechtsgüter schützen. So sanktioniert § 184 die Verbreitung pornographischer Inhalte, dient aber auch klar dem Jugendschutz. Auch § 184g sanktioniert die Ausübung der Prostitution und schützt wiederum Minderjährige. Unabhängig von dem Versuch einer Kategorisierung steht die **sexuelle Handlung** im Mittelpunkt der Strafnormen. Diese liegt gemäß der Legaldefinition des § 184h Nr. 1 vor, wenn die Handlung im Hinblick auf das jeweils geschützte Rechtsgut von einiger Erheblichkeit ist. Als **erheblich** in diesem Sinne sind nach dem BGH solche sexualbezogenen Handlungen zu werten, die nach Art, Intensität und Dauer eine sozial nicht mehr hinnehmbare Beeinträchtigung des im jeweiligen Tatbestand geschützten Rechtsguts bedeuten. Dazu bedürfe es einer Gesamtbetrachtung aller Umstände im Hinblick auf die Gefährlichkeit der Handlung für das jeweils betroffene Rechtsgut.[760] Ob also eine Sexualstraftat vorliegt, ist stets mit Blick auf das von der einschlägigen Strafnorm geschützte Rechtsgut zu ermitteln; lediglich in Bezug auf das geschützte Rechtsgut belanglose Handlungen scheiden aus[761].

466a

> **Beispiele:** So ist das Berühren einer (auch bekleideten) erogenen Zone (Schritt, Brust) regelmäßig als sexuelle Handlung anzusehen. Andererseits kann bei Berührungen unterhalb einer Erheblichkeitsschwelle der Sexualbezug i.S.v. § 184h Nr. 1 zu verneinen sein, insbesondere, wenn diese nur von sehr kurzer Dauer und auch wertungsmäßig als unbedeutend anzusehen sind. Davon abgesehen, ist eine Berührung nicht stets zwingend, um den Tatbestand eines Sexualdelikts zu verwirklichen. So kann bspw. das (bloße) Nachahmen einer Penetrationsbewegung zwar nicht der Strafnorm des § 184i I, wohl aber der des § 183a unterfallen.

Im Folgenden sollen und können lediglich einige Straftatbestände erläutert werden. Das betrifft insbesondere diejenigen, die im Rahmen der im Zuge der am 10.11.2016 in Kraft getretenen Reform der Sexualdelikte[762] geändert wurden oder auch im Übrigen Auslegungsschwierigkeiten in sich bergen und denen daher eine gewisse Ausbildungs- und Prüfungsrelevanz zukommen kann.

466b

---

[758] Wozu gem. § 176 IV Nr. 1 auch die Vornahme sexueller Handlungen vor einem Kind gehört, sofern dieses gem. § 184h Nr. 2 das Geschehen wahrnimmt (dazu BGH NStZ 2019, 203 f. – Vergewaltigung der Mutter im Beisein ihres Kindes).
[759] Siehe dazu etwa BGH NStZ 2019, 21 f.; NStZ 2019, 406 f.
[760] BGH NStZ 2018, 91, 92 m.w.Nachw. aus der Rspr. des BGH.
[761] BGH NStZ 2018, 91, 92.
[762] BGBl I 2016, S. 2460.

Straftaten gegen die sexuelle Selbstbestimmung

B. Sexueller Übergriff; sexuelle Nötigung; Vergewaltigung (§ 177)

I. Sexueller Übergriff (§ 177 I)

466c Den Grundtatbestand innerhalb der Strafnorm des § 177 bildet § 177 I. Danach macht sich strafbar, wer gegen den erkennbaren Willen einer anderen Person sexuelle Handlungen an dieser Person vornimmt oder von ihr vornehmen lässt oder diese Person zur Vornahme oder Duldung sexueller Handlungen an oder von einem Dritten bestimmt.

466d Maßgebliches Tatbestandsmerkmal ist der entgegenstehende erkennbare Wille des Opfers. Ein sexuellen Handlungen entgegenstehender Wille liegt vor, wenn die betroffene Person zur Vornahme oder Duldung sexueller Handlungen nicht bereit ist, wenn also die Freiwilligkeit nicht vorliegt. Hinsichtlich der Freiwilligkeit wird man schutzgutbezogen argumentieren und eine enge Auslegung fordern müssen. So ist eine Unfreiwilligkeit bereits dann anzunehmen, wenn der Täter etwa seine berufliche Stellung oder seine Vorgesetzteneigenschaft ausnutzt und beim Opfer – auch unterhalb der Schwelle der Nötigung oder Drohung – den Eindruck von (beruflichen) Nachteilen vermittelt, sollte es sich den sexuellen Handlungen widersetzen. Denn befürchtet eine Person durch Nichtvornahme einer von ihr erwarteten sexuellen Verhaltensweise (berufliche oder andere) Nachteile, ist sie nicht frei in ihrer sexuellen Selbstbestimmung, die als Ausfluss der durch Art. 2 I i.V.m. 1 I GG garantierten Intimsphäre besonders zu respektieren ist.

> **Beispiel**[763]**:** T, leitender Chefarzt in einer Klinik, bedrängte während der Arbeitszeit mehrmals u.a. die medizinische Fachangestellte O, an ihm den Oralverkehr vorzunehmen. Nachdem O sich den Aufforderungen, die jedoch ohne Zwang, Drohung oder Nötigung erfolgten, zunächst widersetzt hatte, beugte sie sich ihnen schließlich und nahm den Oralverkehr für ca. 2 Sekunden vor.
>
> Durch das beschriebene Verhalten könnte T sich zunächst gem. § 177 I Var. 2 strafbar gemacht haben. Dazu müsste er von O gegen ihren erkennbaren Willen an sich eine sexuelle Handlung vornehmen lassen haben. Die Ausübung des Oralverkehrs ist – wenn auch nur für einen Augenblick – eine sexuelle Handlung i.S.d. § 184h Nr. 1. Dies müsste aber auch gegen den erkennbaren Willen der O geschehen sein.
>
> Zwar wurde O weder gezwungen, bedroht noch sonst genötigt, den Oralverkehr an T vorzunehmen, gleichwohl war sie nicht frei in ihrer Entscheidung. Denn sie musste – auch wenn von T nicht explizit vermittelt – davon ausgehen, berufliche Nachteile zu erfahren, wenn sie sich dem Bedrängen weiterhin widersetzte. T war Chefarzt mit – unterstelltermaßen – Vorgesetztenfunktion, jedenfalls aber mit Einflussmöglichkeiten in der Klinik. Diese Umstände führten dazu, dass O in ihrer Entscheidung nicht frei war, auch wenn sie vom äußeren Eindruck her den Oralverkehr freiwillig vornahm.
>
> Ergebnis: T hat sich gem. § 177 I Var. 2 strafbar gemacht. Dazu, ob die Voraussetzungen auch des § 177 II Nr. 4 vorliegen, siehe Rn 467. Zu denken wäre auch an einen besonders schweren Fall nach § 177 VI S. 2 Nr. 1, siehe dazu Rn 467f.

466e Der innerlich gebildete entgegenstehende Wille muss (aus der Sicht eines objektiven Dritten) auch **erkennbar** sein. „Erkennbar" soll nach Auffassung des Gesetzgebers der entgegenstehende Wille sein, wenn das Opfer ihn zum Tatzeitpunkt[764] entweder ausdrücklich (verbal) erklärt oder zumindest konkludent (etwa durch Weinen oder Abwehren der sexuellen Handlung) zum Ausdruck bringt.[765] Damit folgt der Gesetzgeber der sog. „Nein-heißt-nein-Lösung".

---

[763] Nach LG Bamberg 7.12.2017 – 33 KLs 1105 Js 520/17; siehe auch *Hörnle*, NStZ 2019, 439 ff.
[764] Das schließt nicht aus, dass das Opfer zuvor einen anderen Willen hatte, diesen später aber ausdrücklich oder konkludent wiederrief. Ein ursprüngliches Einverständnis kann – selbstverständlich – widerrufen werden.
[765] BT-Drs. 18/9097, S. 22 f. Siehe auch BGH NStZ 2019, 516, 517.

Straftaten gegen die sexuelle Selbstbestimmung

Tathandlungen sind die Vornahme sexueller Handlungen an dem Opfer (Var. 1), das **466f**
Vornehmenlassen sexueller Handlungen durch das Opfer (Var. 2) und das Bestimmen
des Opfers zur Vornahme oder Duldung sexueller Handlungen an oder von einem Dritten
(Var. 3). Von der Var. 2 umfasst sind auch sexuelle Handlungen, die das Opfer an sich
selbst vornehmen muss. Allen Varianten ist gemeinsam, dass sich der Täter über den
entgegenstehenden Willen hinwegsetzt.

Der subjektive Tatbestand setzt Vorsatz voraus (§ 15), wobei dolus eventualis genügt. **466g**
Der Täter muss also zumindest billigend in Kauf nehmen, dass ein entgegenstehender
Opferwille besteht und dieser auch (für objektive Dritte) erkennbar ist. Verkennt der
Täter dies bzw. deutet das Opferverhalten falsch, kommt gemäß der allgemeinen Geset-
zessystematik ein Erlaubnistatbestandsirrtum gem. § 16 I S. 1 in Betracht.

> **Beispiel:** T, ein deutscher Mann, nimmt an O, einer Frau japanischer Herkunft, sexuelle
> Handlungen vor. O ist aufgrund ihrer Erziehung und ihres sozialen Umfelds nicht damit
> vertraut, sich körperlich zu wehren. O schreit während des Übergriffs durch T „iiya", was
> so viel wie „Nein" auf Japanisch bedeutet, aber wie das deutsche „Ja" klingt. Deswegen
> geht T davon aus, dass der Geschlechtsverkehr einvernehmlich ist.

> In diesem Fall stellt sich bereits die Frage, ob der entgegenstehende Wille objektiv er-
> kennbar war; jedenfalls wird man § 16 I S. 1 in Betracht ziehen müssen.

II. Ausnutzen besonderer Umstände; sexuelle Nötigung (§ 177 II)

Gemäß § 177 II wird ebenso bestraft, wer sexuelle Handlungen an einer anderen Person **467**
vornimmt oder von ihr vornehmen lässt oder diese Person zur Vornahme oder Duldung
sexueller Handlungen an oder von einem Dritten bestimmt. Diese Vorschrift, die eine Erkennbarkeit des entgegenstehenden Willens nicht voraussetzt, erfasst nach dem Willen
des Gesetzgebers Konstellationen, in denen (1) dem Opfer das Erklären eines entgegenstehenden Willens entweder nicht zumutbar ist, sodass selbst eine geäußerte Zustimmung nicht tragfähig wäre, oder (2) ihm das Erklären eines entgegenstehenden Willens
objektiv nicht möglich ist.[766] Hinzukommen muss aber die Verwirklichung eine der Nrn.
1-5.

- Nr. 1 beschreibt eine Tatsituation, in der es der Täter **ausnutzt**, dass das Opfer **nicht in
  der Lage ist, einen entgegenstehenden Willen zu bilden oder zu äußern**.

  Erforderlich ist, dass das Opfer zur Bildung oder Äußerung eines Willens absolut unfähig
  sein muss, was nicht nur bei einem aufgrund einer (schweren) geistigen Behinderung wi-
  derstandsunfähigen Menschen anzunehmen ist, sondern auch dann, wenn dem Opfer be-
  wusstseinsausschließende Mittel („K.-o.-Tropfen") verabreicht worden sind, unabhängig
  davon, ob der Täter selbst das Mittel verabreicht hat oder ob er das Opfer in einer solchen
  Situation vorfindet und die Widerstandsunfähigkeit ausnutzt.[767]

- Nach Nr. 2 macht sich strafbar, wer **ausnutzt**, dass das Opfer aufgrund seines **körperlichen oder psychischen Zustands in der Bildung oder Äußerung des Willens erheblich eingeschränkt** ist, es sei denn, man hat sich der Zustimmung dieser Person
  versichert.

  Geschützt sind Opfer mit geistigen Behinderungen, die mit einer erheblichen Intelligenz-
  minderung einhergehen. Aber auch stark betrunkene Menschen, deren Trunkenheitsgrad
  die Fähigkeit zur Willensbildung oder -äußerung nicht absolut ausschließt, werden geschützt. Anders als bei Nr. 1 genügt es, wenn die Willensbildung oder -äußerung erheblich
  eingeschränkt ist.

---

[766] Vgl. BT-Drs. 18/9097, S. 23.
[767] BT-Drs. 18/9097, S. 23 f. Siehe auch BGH NStZ 2017, 407.

Straftaten gegen die sexuelle Selbstbestimmung

Durch die Einschränkung: „es sei denn, er hat sich der Zustimmung dieser Person versichert" bringt der Gesetzgeber zum Ausdruck, dass er das sexuelle Selbstbestimmungsrecht auch von Personen mit den genannten Einschränkungen, die Sexualität leben sollen, respektiert, solange dies nur ihrem natürlichen Willen entspricht.[768] Dieser kann verbal oder konkludent (etwa durch freiwillige Vornahme sexualbezogener Handlungen der geschützten Person) erklärt werden.[769]

■ Nr. 3 sanktioniert das **Ausnutzen eines Überraschungsmoments**, d.h. einer Sachlage, in der sich das Opfer keines sexuellen Angriffs ausgesetzt sieht und der Täter diese Situation zur Vornahme einer sexuellen Handlung ausnutzt.

Der Gesetzgeber nennt den Fall, dass z.B. der Täter plötzlich und für das Opfer unerwartet in dessen Intimbereich fasst, soweit hierin eine sexuelle Handlung nach § 184h Nr. 1 zu sehen sei.[770]

Das Bespritzen einer Frau im Supermarkt mit zuvor in ein Augentropfenfläschchen abgefülltem Sperma wurde von der Rechtsprechung bislang (lediglich) als Beleidigung i.S.d. § 185 angesehen[771], was aber nach der Reform der Sexualdelikte nunmehr anders zu beurteilen sein dürfte. Zwar fehlt es bei der Frage nach der Strafbarkeit gem. § 177 I, die dann gegeben ist, wenn der Täter trotz objektiv erkennbaren entgegenstehenden Willens eine sexuelle Handlung an dem Opfer vornimmt und sich damit über die zum Ausdruck gebrachte sexuelle Selbstbestimmung des Opfers hinwegsetzt[772], im vorliegenden Fall jedenfalls an der Erkennbarkeit eines entgegenstehenden Willens. Es kommt aber eine Strafbarkeit nach § 177 II Nr. 3 in Betracht, da § 177 II eine Erkennbarkeit des entgegenstehenden Willens insoweit nicht voraussetzt und nach dem Willen des Gesetzgebers Konstellationen erfasst, in denen (1) dem Opfer das Erklären eines entgegenstehenden Willens entweder nicht zumutbar ist, sodass selbst eine geäußerte Zustimmung nicht tragfähig wäre, oder (2) ihm das Erklären eines entgegenstehenden Willens objektiv nicht möglich ist.[773] Vorliegend lässt sich Nr. 3 bejahen, weil der Täter insoweit die keinen (sexuellen) Übergriff erwartende Frau mit seiner Handlung überraschte und daher ein Überraschungsmoment ausnutzte. Diese Handlung lässt sich auch nicht als unterhalb der Erheblichkeitsschwelle i.S.v. § 184h Nr. 1 stehend einstufen. § 184i I scheidet jedenfalls aus, da es insoweit an der „körperlichen Berührung" fehlt (siehe dazu Rn 467n).

■ Strafbar nach Nr. 4 macht sich, wer eine Lage **ausnutzt**, in der dem Opfer bei Widerstand **ein empfindliches Übel droht**.

Mit dieser Vorschrift begegnet der Gesetzgeber Fällen, bei denen das Opfer sexuelle Handlungen an sich vornehmen lässt oder am Täter vornimmt, weil es befürchtet, bei Weigerung einem „Klima der Gewalt" ausgesetzt zu sein.[774] Mit Blick auf die Hochrangigkeit des geschützten Rechtsguts *sexuelle Selbstbestimmung* wird man aber auch berufliche oder gesellschaftliche Nachteile als ausreichend ansehen müssen. In jedem Fall aber greift Nr. 4 (wie die anderen Nummern des § 177 II) nur dann, wenn das Opfer nach außen hin (aus Gründen der Vermeidung von Nachteilen) keine Ablehnung kommuniziert hat[775], weshalb man im Beispiel von Rn 466d auch eine Strafbarkeit des T nach § 177 II Nr. 4 (statt nach § 177 I Var. 2) annehmen könnte.

■ Schließlich macht sich gem. Nr. 5 strafbar, wer das Opfer zur Vornahme oder Duldung der sexuellen Handlung **durch Drohung mit einem empfindlichen Übel genötigt hat**.

---

[768] BT-Drs. 18/9097, S. 24.
[769] BT-Drs. 18/9097, S. 24.
[770] BT-Drs. 18/9097, S. 25.
[771] Vgl. dazu AG Lübeck 8.6.2011 – 746 Js 13196/11.
[772] Vgl. BT-Drs. 18/9097, S. 23.
[773] Vgl. BT-Drs. 18/9097, S. 23
[774] BT-Drs. 18/9097, S. 26.
[775] Siehe dazu BT-Drs. 18/9097, S. 23 und *Hörnle*, NStZ 2019, 439, 440 f.

Straftaten gegen die sexuelle Selbstbestimmung

Hier muss der Täter den entgegenstehenden Willen des Opfers durch (psychischen) Zwang brechen, indem er ihm ein empfindliches Übel (i.S.d. § 240 I) in Aussicht stellt.[776]

III. Versuch in Bezug auf § 177 I, II (§ 177 III); Rücktritt vom Versuch

Da es sich bei § 177 I, II aufgrund der Strafandrohung von sechs Monaten bis zu fünf Jahren Freiheitsstrafe lediglich um Vergehen handelt (siehe § 12 II), musste der Gesetzgeber die Strafbarkeit des Versuchs explizit anordnen; ohne diese explizite Strafandrohung wäre der Versuch nicht strafbar gewesen (siehe § 23 I).

467a

Zur Strafbarkeit wegen Versuchs ist es erforderlich, dass der Täter, nachdem er den Tatentschluss gefasst hat, unmittelbar zur Tatbestandsverwirklichung ansetzt (vgl. § 22). Der Rücktritt vom Versuch, der immer dann in Betracht kommt, wenn der Täter freiwillig von weiteren Angriffshandlungen ablässt, wodurch der Eintritt des Taterfolgs ausbleibt, richtet sich nach § 24. Vgl. dazu insgesamt *R. Schmidt*, AT, Rn 630 ff.

467b

IV. Sexueller Missbrauch kranker oder behinderter Menschen (§ 177 IV)

§ 177 IV qualifiziert die Tat (nach § 177 I oder § 177 II) zu einem Verbrechen und ist verwirklicht, wenn die Unfähigkeit des Opfers, einen Willen zu bilden oder zu äußern, auf einer Krankheit oder Behinderung beruht. Vorausgesetzt wird also eine Krankheit oder Behinderung, die die Willensbildung oder -äußerung ausschließt. Zur Definition des Begriffs „Behinderung" stellt der Gesetzgeber auf § 2 I S. 1 SGB IX ab, wonach eine Behinderung gegeben ist, wenn die körperliche Funktion, die geistige Fähigkeit und/oder die seelische Gesundheit mit hoher Wahrscheinlichkeit länger als sechs Monate von dem für das Lebensalter typischen Zustand abweichen und daher die Teilhabe des Betroffenen am gesellschaftlichen Leben beeinträchtigt ist. Hinsichtlich des Begriffs „Krankheit" verweist der Gesetzgeber auf die Rechtsprechung der Sozialgerichte, wonach Krankheit als ein regelwidriger Körper- oder Geisteszustand definiert wird, der Behandlungsbedürftigkeit und/oder Arbeitsunfähigkeit zur Folge habe.[777]

467c

Verwirklicht ist § 177 IV, wenn der Täter an einem kranken oder behinderten Menschen eine Tathandlung i.S.d. § 177 I oder § 177 II begeht.

467d

V. Sexuelle Nötigung; Ausnutzung von Schutzlosigkeit (§ 177 V)

Ebenfalls eine Tatbestandsqualifikation mit der Einstufung als Verbrechen normiert § 177 V, wenn der Täter mindestens eine der Nrn. 1-3 genannten Handlungen vornimmt.

467e

- Nr. 1 erfasst den Fall, dass der Täter **Gewalt** anwendet. Erforderlich ist eine gegen den Körper gerichtete Kraftentfaltung zur Überwindung eines Widerstands. Dazu zählen bspw. das Festhalten des Opfers, dessen Fesselung oder Betäubung (etwa mit K.-o.-Tropfen), aber auch das Einsperren in einen Raum, um es an der Flucht zu hindern[778]. Unklar ist, in welcher Verbindung die Gewalt zum Taterfolg stehen muss.

  ⇒ Nach einer Auffassung, die sich am früheren Tatbestand der sexuellen Nötigung (§ 177 I a.F.) orientiert, muss die Gewalt der Erzwingung der sexuellen Handlung dienen.[779] Gemäß der allgemeinen Auslegung des Begriffs „dienen" muss also ein Finalzusammenhang im Sinne einer Zweck-Mittel-Relation zwischen der Gewalt und der Duldung oder der Vornahme der sexuellen Handlung bestehen.[780] Überraschende, überrumpelnde Handlungen scheiden daher aus (für diese greift aber § 177 II Nr. 3).

---

[776] BT-Drs. 18/9097, S. 26.
[777] BT-Drs. 18/9097, S. 26.
[778] BGH NStZ 2019, 516, 518 mit Verweis u.a. auf Lackner/Kühl-*Heger*, § 177 Rn 13; MüKo-*Renzikowski*, § 177 Rn 106.
[779] MüKo-*Renzikowski*, § 177 Rn 111; SK-*Wolters/Noltenius*, § 177 Rn 53.
[780] So die zutreffende Schlussfolgerung von BGH NStZ 2019, 516, 517.

Straftaten gegen die sexuelle Selbstbestimmung

⇨ Nach der Gegenauffassung unter Einschluss des BGH setzt § 177 V Nr. 1 keinen Finalzusammenhang voraus. Es genüge, wenn der Täter die Gewalt im Tatzeitpunkt bzw. im Rahmen eines einheitlichen Tatgeschehens vor, bei oder nach der sexuellen Handlung anwendet.[781]

Der BGH leitet seine Rechtsauffassung anhand der anerkannten Auslegungsmethoden her. Weder Wortlaut der Vorschrift, noch ihre Entstehungsgeschichte, noch systematische Erwägungen oder Sinn und Zweck der Vorschrift forderten einen Finalzusammenhang. So verlange zunächst der Wortlaut des § 177 V Nr. 1 lediglich, dass der Täter „gegenüber dem Opfer Gewalt anwendet". Von einer „Nötigung mit Gewalt" bzw. davon, dass Gewalt als Nötigungsmittel eingesetzt werden müsse, sei nicht die Rede.[782] Dies entspreche auch dem Willen des Gesetzgebers.[783] Auch der Vergleich mit § 177 II Nr. 5, in dessen Rahmen eine Nötigung des Tatopfers und damit ein Finalzusammenhang mit der Duldung oder Vornahme der sexuellen Handlung vorausgesetzt seien, zeige, dass der Gesetzgeber innerhalb des § 177 das Erfordernis einer Nötigung differenziert regele und nur ausnahmsweise als Tatbestandsvoraussetzung vorgesehen habe.[784] Schließlich fordere der im Vergleich zum Grunddelikt höhere Strafrahmen des § 177 V Nr. 1 keine andere Betrachtungsweise. Die erhöhte Strafandrohung des § 177 V Nr. 1 lasse sich bereits aus dem Umstand rechtfertigen, dass der sexuelle Übergriff überhaupt unter zusätzlicher Anwendung von Gewalt erfolge. Schon hierdurch wiege der sexuelle Übergriff – unabhängig vom Vorliegen eines Finalzusammenhangs oder von sonstigen Zielsetzungen des Täters – qualitativ schwerer.[785]

Auch über die zeitliche Beziehung zwischen der Gewaltanwendung und der sexuellen Handlung hat der BGH entschieden. Das Begriffsmerkmal „bei der Tat" sei so zu verstehen, dass die qualifikationsgeeignete Phase mit dem Zeitpunkt des Versuchsbeginns des sexuellen Übergriffs beginne und Gewaltanwendungen bis zum Zeitpunkt der Beendigung[786] des sexuellen Übergriffs einschließe.[787]

Beispiel[788]**:** T und O unterhielten eine Beziehung, die von beiderseitiger Eifersucht und massiven Streitigkeiten geprägt war. T übte dabei mehrfach körperliche Gewalt gegen O aus. Auch in der Tatnacht gerieten T und O in der gemeinsamen Wohnung nach dem Genuss von Alkohol und Kokain in Streit. T warf der O vor, im Laufe des Abends mit einem anderen Mann „geflirtet" zu haben. Er verschloss nun die Wohnungseingangstür und nahm den Schlüssel an sich, um eine etwaige Flucht der O zu verhindern. Anschließend versetzte er ihr Faustschläge ins Gesicht sowie gegen ihren Kopf und Oberkörper. Als sie sich zu entziehen suchte, zog er ihr kräftig an den Haaren und riss dabei mehrere Haarbüschel aus. Außerdem hielt er ihr Mund und Nase so fest zu, dass sie zwischenzeitlich keine Luft mehr bekam.

Als O infolge des Sauerstoffmangels kurz das Bewusstsein verlor, beschloss T, den von ihm erwünschten, von O – wie er wusste – aber abgelehnten Analverkehr durchzuführen. Er entblößte sein erigiertes Glied und entkleidete den Unterkörper der auf dem Wohnzimmersofa liegenden O, die in diesem Augenblick das Bewusstsein wiedererlangte. Daher gelang es ihm aufgrund des einsetzenden Widerstands der O nicht, wie beabsichtigt zunächst mit dem Finger in den Anus einzudringen, hierdurch kam es allerdings in diesem Zeitraum zu Berührungen des Analbereichs der O durch T. Trotz

---

[781] BGH NStZ 2019, 516, 517 mit Verweis auf BeckOK-*Ziegler*, § 177 Rn 31; Lackner/Kühl-*Heger*, § 177 Rn 13; *Hörnle*, NStZ 2017, 13, 19; *Spillecke*, StraFo 2018, 361, 364.
[782] BGH NStZ 2019, 516, 517.
[783] Hier erfolgt der Hinweis auf BT-Drs. 18/9097, S. 27.
[784] BGH NStZ 2019, 516, 517.
[785] BGH NStZ 2019, 516, 517.
[786] Damit dürfte Vollendung gemeint sein. Denn bei § 177 V Nr. 1 handelt es sich nicht um ein Delikt mit überschießender Innentendenz (wie das z.B. bei §§ 242, 249 der Fall wäre), bei dem man zwischen Vollendung und Beendigung unterscheiden muss. Beim Raub die Beendigungsphase als qualifikationsgeeignet anzusehen, ist – trotz aller Kritik – ja noch nachvollziehbar, aber bei § 177 V Nr. 1 gibt es keine Beendigungsphase. Ist die Tat vollendet, ist sie zugleich abgeschlossen (und damit „beendet").
[787] BGH NStZ 2019, 516, 517.
[788] Nach BGH NStZ 2019, 516.

Straftaten gegen die sexuelle Selbstbestimmung

seiner körperlichen Überlegenheit gab er die weitere Ausführung seines Vorhabens aber freiwillig auf und nahm von dem beabsichtigten Eindringen Abstand.

T hat jedenfalls § 177 I verwirklicht. Er hat gegen den erkennbaren Willen der O eine sexuelle Handlung i.S.d. § 184h Nr. 1 an ihr vorgenommen (siehe dazu Rn 466a). § 177 II Nr. 1 liegt nicht vor, da O zum maßgeblichen Zeitpunkt wieder bei Bewusstsein und in der Lage war, ihren entgegenstehenden Willen zu äußern. Hinsichtlich § 177 V Nr. 1 müsste T Gewalt angewendet haben. Zwar verlangt § 177 V Nr. 1 keinen Final- oder gar Kausalzusammenhang, sondern lässt schlicht eine Gewaltanwendung im Zeitraum zwischen dem Eintritt in das Versuchsstadium und der Beendigung (besser: Vollendung) des sexuellen Übergriffs genügen (s.o.), vorliegend allerdings erfolgte die Ausübung körperlicher Gewalt durch T zu einem Zeitpunkt, als er noch nicht den Tatentschluss hatte, ein Sexualdelikt zu begehen. Diesen fasste er erst, nachdem O das Bewusstsein verloren hatte. Insofern fehlt es am Kriterium „Gewaltanwendung bei der Tat". Dass T sich nachträglich das Ergebnis der von ihm durch die Herbeiführung der Bewusstlosigkeit ausgeübten Gewalt zunutze machte, stellt – wie der BGH ausdrücklich betont – keine Gewaltanwendung i.S.d. § 177 V Nr. 1 dar, „sondern lediglich ein Ausnutzen der Auswirkungen der bereits vollständig abgeschlossenen Gewaltausübung".[789] Dieses bloße Nutzbarmachen einer durch eine bereits abgeschlossene Gewaltanwendung geschaffenen Situation sei schon begrifflich keine „Anwendung" von Gewalt i.S.d. § 177 V Nr. 1.[790] Die Verwirklichung der Gewaltqualifikation ergebe sich vorliegend aber daraus, dass T den sexuellen Übergriff verübte, während er die Wohnungstür verschlossen hielt und hierdurch die O an einer Flucht hinderte.[791] Zwar habe T die Wohnungstür zu einem Zeitpunkt abgeschlossen, als er noch keine Absicht bezüglich eines sexuellen Übergriffs hatte. Allerdings stelle das Aufrechterhalten einer solchermaßen geschaffenen Lage – im Gegensatz zur bloßen Ausnutzung einer aus anderen Gründen erfolgten und abgeschlossenen Gewaltwirkung – jedenfalls dann eine tatbestandsmäßige Gewaltanwendung dar, wenn – wie vorliegend – ein enger räumlich-zeitlicher Zusammenhang zwischen dem Einsperren und der sexuellen Handlung bestehe, zumal T den Türschlüssel während des gesamten Tatgeschehens mit sich geführt habe.[792]

Bewertung: Die unterschiedliche Sichtweise des BGH bzgl. der Gewaltanwendung ist zweifelhaft. Sowohl bei dem Verriegeln der Tür als auch bei der Ausübung der körperlichen Gewalt hatte T noch keinen Tatentschluss zur Begehung eines Sexualdelikts. Diesen fasste er erst später. Wenn der BGH hinsichtlich der Ausübung der körperlichen Gewalt meint, diese sei zum Zeitpunkt des Entschlusses, O zu vergewaltigen, bereits abgeschlossen und könne daher nicht qualifikationsgeeignet i.S.d. § 177 V Nr. 1 sein, stellt sich die Frage, warum hinsichtlich der verschlossenen Wohnungstür etwas anderes gelten soll. Wenn man das Verschließen der Wohnungstür überhaupt als qualifikationsgeeignet ansehen kann, dann ausschließlich mit dem Argument, T habe die Lage nicht lediglich ausgenutzt, sondern durch das Beisichführen des Türschlüssels und die damit verbundene Ausübung der Verfügungsgewalt über den Aufenthaltsort der O aktualisiert.

Nur wenn man sich dieser Überlegung anschließt, hat T sich gem. § 177 V Nr. 1 strafbar gemacht, anderenfalls nur nach § 177 I, da er vom Versuch des § 177 I i.V.m. VI S. 2 Nr. 1 strafbefreiend zurückgetreten ist.

- Nr. 2 sanktioniert den Fall, dass der Täter dem Opfer mit **gegenwärtiger Gefahr für Leib oder Leben droht**.

---

[789] BGH NStZ 2019, 516, 518.
[790] BGH NStZ 2019, 516, 518.
[791] BGH NStZ 2019, 516, 518.
[792] BGH NStZ 2019, 516, 518.

Mit einer gegenwärtigen Gefahr für Leib oder Leben droht, wer eine Schädigung für Leib oder Leben in Aussicht stellt, die als sicher oder höchstwahrscheinlich zu erwarten ist, falls nicht alsbald eine Abwehrmaßnahme ergriffen wird.[793]

Die Drohung kann ausdrücklich oder konkludent (durch schlüssiges Verhalten) erfolgen („Du weißt ja, was passiert, wenn du dich wehrst..."; oder: „Du hast ja sowieso keine Chance"); allein entscheidend ist, dass der Täter für den Adressaten erkennbar die Gefahr für Leib oder Leben zum Ausdruck bringt.[794]

■ Nach Nr. 3 macht sich der Täter schließlich strafbar, wenn er eine Lage **ausnutzt**, in der das Opfer seiner Einwirkung **schutzlos ausgeliefert** ist.

Das ist etwa der Fall, wenn der Täter das Opfer zunächst einsperrt, dann aufgrund eines neuen Tatentschlusses sexuell missbraucht.

VI. Besonders schwere Fälle (§ 177 VI)

467f

Eine Strafzumessungsvorschrift mit zwei in S. 2 genannten Regelbeispielen stellt § 177 VI dar, wenn der Täter das Opfer vergewaltigt (§ 177 VI S. 2 Nr. 1) oder wenn eine Sexualstraftat nach § 177 I oder II von mehreren gemeinschaftlich begangen wird (§ 177 VI S. 2 Nr. 2). Die Strafandrohung von mindestens zwei Jahren Freiheitsstrafe darf nicht darüber hinwegtäuschen, dass der Gesetzgeber leider auch in der jüngsten Gesetzesreform offenbar nach wie vor keine Veranlassung gesehen hat, die Vergewaltigung als Tatbestandsqualifikation einzustufen. Die Vergewaltigung und die gemeinschaftliche Tatausübung lediglich als Strafzumessungsvorschriften (und nicht als eigene Tatbestände) anzusehen, wird weder dem Unrechtsgehalt noch dem Opferschutz gerecht. Das wird besonders deutlich, wenn man bedenkt, dass gem. § 12 III Schärfungen oder Milderungen, die für besonders schwere oder minder schwere Fälle vorgesehen sind, für die Einteilung in Verbrechen und Vergehen außer Betracht bleiben. So bleibt der sexuelle Übergriff i.S.d. § 177 I auch dann ein Vergehen i.S.d. § 12 II, wenn ein besonders schwerer Fall gem. § 177 VI S. 2 Nr. 1 (Vergewaltigung) vorliegt. Auch kann der nach ganz h.M. für Strafzumessungsvorschriften geltende Aufbaugrundsatz, dass sie zwingend nach der Schuld des Grunddelikts zu prüfen sind, misslich sein, wenn der Täter bspw. schuldunfähig ist. Denn dann kann insbesondere der Erschwernisgrund der Vergewaltigung nicht mehr geprüft werden. Davon abgesehen gilt:

■ Nr. 1 erfasst die **Vergewaltigung**, die gemäß der Legaldefinition in § 177 VI S. 2 Nr. 1 vorliegt, wenn der Täter (nach § 177 I oder § 177 II, ggf. unter Verwirklichung einer Qualifikation nach § 177 IV oder § 177 V) mit dem Opfer den Beischlaf vollzieht oder vollziehen lässt oder ähnliche sexuelle Handlungen an dem Opfer vornimmt oder von ihm vornehmen lässt, die dieses besonders erniedrigen, insbesondere wenn sie mit einem Eindringen in den Körper (also mit einer Penetration) verbunden sind.

Unter **Beischlaf** ist das Eindringen des Gliedes in die Scheide zu verstehen. Eindringen anderer Körperteile in die Scheide und das Eindringen des Gliedes in andere Körperöffnungen sind zwar ebenfalls Formen der Penetration, aber keine des Beischlafs; sie stellen aber **ähnliche sexuelle Handlungen** dar, wozu gerade das Einführen des Gliedes in Mund (siehe das Beispiel bei Rn 466d) oder Anus[795], das Einführen anderer Körperglieder (wie z.B. Finger) in Scheide, Mund oder Anus und das Einführen körperfremder Gegenstände in Scheide, Mund oder Anus zählen.

Eine **besondere Erniedrigung** liegt vor, wenn das Opfer in gravierender, über die Verwirklichung der Tatbestände des § 177 I oder II hinausgehender Weise zum bloßen Objekt sexueller Willkür des Täters herabgewürdigt wird und dies gerade in der Art und Aus-

---

[793] Vgl. (insoweit übertragbar) BGH NStZ 2015, 36 f. (zu § 255).
[794] Vgl. BGH NStZ 2015, 461 (zu § 255).
[795] Siehe dazu auch BGH NStZ 2019, 516, 517 (Versuch der Analpenetration).

Straftaten gegen die sexuelle Selbstbestimmung

führung der sexuellen Handlung zum Ausdruck kommt.[796] Ein Eindringen in den Körper stellt gemäß der gesetzlichen Formulierung (siehe § 177 VI S. 2 Nr. 1 a.E.) stets eine besondere Erniedrigung dar. Das Einführen des Gliedes in Mund oder Anus, das Einführen anderer Körperglieder in Scheide, Mund oder Anus und das Einführen körperfremder Gegenstände in Scheide, Mund oder Anus erfüllen dieses Kriterium regelmäßig. Da Regelbeispiele jedoch nur eine Indizwirkung entfalten („in der Regel"), kann trotz Vorliegens des Regelbeispiels ein besonders schwerer Fall zu verneinen sein, etwa wenn das Eindringen in den Körper oder die ähnliche sexuelle Handlung nur sehr kurz, d.h. für einen Augenblick, andauerten.[797] Dem lässt sich freilich entgegenhalten, dass bspw. auch ein nur sehr kurzzeitiger Oralverkehr besonders erniedrigend für das Opfer sein kann, geht es doch um einen sehr intimen und höchst körperlichen und psychischen Vorgang.[798]

Anders als bei § 177 II a.F. ist es nach der aktuellen Rechtslage für die Verwirklichung der Vergewaltigung **nicht mehr erforderlich**, dass der Täter das Opfer **durch Gewalt, durch Drohung mit Gewalt oder durch das Ausnutzen einer schutzlosen Lage nötigt**. Eine Vergewaltigung liegt nunmehr bereits dann vor, wenn der Täter – ohne eine Nötigungshandlung vorzunehmen – **schlicht den Beischlaf mit dem Opfer ausübt und dabei dessen erkennbaren entgegengesetzten Willen missachtet** (§ 177 VI S. 2 Nr. 1 unter Bezugnahme auf § 177 I) bzw. eine Situation i.S.d. § 177 II **ausnutzt**. Damit möchte der Gesetzgeber dem Umstand Rechnung tragen, dass eine Sexualstraftat i.S.d. § 177 I oder II, die mit einem Beischlaf oder einer ähnlichen sexuellen Handlung verbunden ist, vom Opfer als eine Form sexualisierter Gewalt empfunden wird, und zwar unabhängig davon, ob Gewalt oder Drohung im strafrechtlichen Sinne ausgeübt wurde.[799]

Beispiel: T und O lernen sich in der Diskothek kennen; sie beschließen, die Wohnung des T aufzusuchen, um dort den netten Abend fortzusetzen. In der Wohnung des T kommt es zu Annäherungsversuchen durch T, obwohl O sexuelle Handlungen ausdrücklich ablehnt. Gleichwohl setzt sich T über den erkennbar entgegenstehenden Willen der O hinweg und vollzieht den Beischlaf. ⇨ T ist strafbar gem. § 177 I, VI S. 2 Nr. 1 (Vergewaltigung).

Kritik: Unabhängig davon, dass der beibehaltene Begriff „Vergewaltigung" unpassend erscheint, wenn vom Täter keinerlei Gewalt (oder Nötigung) ausgeht, ist in Fällen fehlender Gewalt bzw. Nötigung auch die Vereinbarkeit des § 177 VI S. 2 Nr. 1 mit dem Grundsatz der Verhältnismäßigkeit zweifelhaft. Das gilt erst Recht in Fällen der folgenden Art:

Beispiel: Obwohl zwischen T und O Geschlechtsverkehr nur mit Kondom vereinbart war, zieht T es während der Penetration heimlich (ohne dass O es sofort bemerkt) hinunter.

Dieses als „Stealthing" bezeichnete Phänomen dürfte, da der ungeschützte Geschlechtsverkehr nicht konsentiert war, jedenfalls den Straftatbestand des (§ 177 I) verwirklichen, da er dem erkennbaren Willen der O zuwiderlief. Daran ändert auch der Umstand nichts, dass O das Stealthing (erst) später bemerkte. Denn zum Zeitpunkt des Beginns der Ausübung des Geschlechtsverkehrs ging sie davon aus, dass T ein Kondom benutzt. Verwirklicht ist dann aber auch § 177 VI S. 2 Nr. 1 mit der Mindeststrafandrohung von zwei Jahren. Ob dieses Ergebnis dem Grundsatz der Verhältnismäßigkeit standhält, ist zu bezweifeln. Das gilt erst recht, wenn man bedenkt, dass die Möglichkeit der Annahme eines minder schweren Falls (§ 177 IX) sich gerade nicht auf § 177 VI erstreckt.[800]

Jedenfalls liegt kein Fall einer Vergewaltigung vor, wenn z.B. ein Krankenpfleger den Beischlaf an einer im Koma liegenden Patientin vornimmt, da in diesem Fall kein entgegenstehender Wille (Rn 466d) existiert, der missachtet worden sein könnte. Es liegt aber ein Fall des § 174a II vor, der jedoch dann nicht greift, wenn sich das Opfer etwa zu Hause befindet (dann aber kann ein Fall des § 174c I vorliegen). Bei Wachkoma-Patienten (also bei Personen, deren Großhirn geschädigt ist, wobei das Stammhirn aber funktionstüchtig

---

[796] Vgl. *Fischer*, § 177 Rn 150.
[797] So hat das LG Bamberg 7.12.2017 – 33 KLs 1105 Js 520/17 im Beispiel bei Rn 466d die Annahme des § 177 VI S. 2 Nr. 1 verneint, weil O den Penis des T lediglich für „ein bis zwei Sekunden" in den Mund genommen hatte.
[798] Zweifelnd auch *Hörnle*, NStZ 2019, 439.
[799] Siehe BT-Drs. 18/9097, S. 28.
[800] Siehe bereits die 20. Aufl. 2018; kritisch später auch *Hoffmann*, NStZ 2019, 16, 17 f.

ist – sog. apallisches Syndrom) hängt die Strafbarkeit (§ 174a II, § 174c I oder § 177 VI) vom Bewusstseinsgrad und dem Ort der Tatbegehung ab.

In **subjektiver** Hinsicht fordert § 177 VI, dass der Täter beim Eindringen in den Körper des oder der Geschädigten dessen oder deren erkennbaren Willen erkannt und sich in billigender Weise über diesen hinweggesetzt hat.[801]

Beispiel[802]**:** Zwischen T und O kam es zu einvernehmlichem Oralverkehr. T unterbrach diesen jedoch schon bald und schlug der O mit der flachen Hand mehrmals auf Bauch und Vagina. Nachdem O gesagt hatte, dass dies nichts für sie sei und T aufhören solle, stellte dieser die Schläge zunächst ein. Auf Vorschlag des T kam es dann zu einvernehmlichem Analverkehr. Hierbei biss T der O mehrfach in beide Brüste, worauf diese vor Schmerzen aufschrie. Obwohl T erkannte, dass O mit der Zufügung von Schmerzen nicht einverstanden war, schlug er ihr auch ins Gesicht. Trotz der erneuten Aufforderung der O, aufzuhören, und deren Versuch, T wegzudrücken, biss dieser weiter in die Brüste der O. Nach dem Analverkehr erklärte T, im Mund der O „kommen zu wollen", wobei ihm aufgrund der vorherigen Gegenwehr und der zurückweisenden Äußerungen der O klar war, dass diese „keinen Geschlechtsverkehr jeglicher Art und auch nicht unter gleichzeitiger Gewaltanwendung" haben wollte. Dennoch steckte er der O seinen Penis in den Mund und führte den Oralverkehr aus, wobei er seitlich auf O lag, sodass diese nicht ausweichen konnte. Während des Oralverkehrs biss er der O in Bauch und Oberschenkel, was für diese wiederum erheblich schmerzhaft war. Trotz Schreiens der O hörte T nicht mit dem Beißen auf. Während dieser Handlungen legte T ein T-Shirt über den Hals der O, steckte es auf einer Seite in die Matratze und hielt es auf der anderen Seite für etwa 20 Sekunden stramm fest. O fühlte sich hierdurch unwohl, war aber in der Atmung nicht beeinträchtigt. Beim Oralverkehr kam T schließlich zum Samenerguss. Das Ejakulat schluckte O herunter.

Auf die Aufforderung der O, sie nun nach Hause zu fahren, sagte T, er werde dies am nächsten Tag tun. O schlief hierauf ein. Als sie nach drei oder vier Stunden aufwachte, verlangte T erneut Oralverkehr. Er drückte den Mund der O mit der Hand auf. Obwohl O nichts sagte, wusste T aus den vorherigen Geschehnissen, dass diese „mit weiteren sexuellen Handlungen und sexuellen Handlungen mit Gewalt" nicht einverstanden war. Dennoch steckte er seinen Penis in den Mund der O und führte den Oralverkehr aus, wobei er der O weitere Bisse in Bauch und Oberschenkel zufügte. Das Beißen stellte T auch nicht ein, als O, für die die Bisse aufgrund der Beeinträchtigung des Gewebes wegen des vorherigen Geschehens besonders schmerzhaft waren, vor Schmerzen schrie. Nach einigen Minuten brach T den Oralverkehr ab, ohne dass er zum Samenerguss gekommen war.

Der BGH hob die landgerichtliche Verurteilung wegen Vergewaltigung in zwei Fällen in Tateinheit mit vorsätzlicher Körperverletzung auf. Im ersten Tatgeschehen habe O dem Oral- und Analverkehr zugestimmt und sei mit diesem zunächst einverstanden gewesen. Die verbalen und physischen Versuche der O, T dazu zu bringen, mit dem Beißen und den Schlägen aufzuhören, hätten nichts an dem grundsätzlichen Einverständnis zum Oral- und Analverkehr geändert. Es könne nicht ausgeschlossen werden, dass O mit dem Geschlechtsverkehr als solchem weiterhin und bis zuletzt einverstanden gewesen sei und sich ihr erkennbar entgegenstehender Wille nur auf das Zufügen von Schmerzen durch Schläge und Bisse bezogen habe. Auch aus dem Umstand, dass O vor Schmerzen geschrien habe und T ihr zeitweise den Mund zugehalten habe, lasse sich für ein fehlendes Einverständnis der O mit dem Geschlechtsverkehr als solchem nichts ableiten. Ein etwaiges Entfallen des Einverständnisses zum Geschlechtsverkehr sei für T auch nicht erkennbar gewesen. Die landgerichtlichen Feststellungen zum objektiven Tatgeschehen ließen keine eindeutige Willensäußerung der O in diesem Sinne erkennen, zumal O, nachdem sie T bereits nach dem ersten Oralverkehr und den ihr in diesem Zusammenhang zugefügten

---

[801] Siehe dazu BGH NStZ 2019, 407, 408.
[802] Nach BGH NStZ 2019, 407.

Schlägen aufgefordert hatte, aufzuhören, sogar noch der Durchführung von Analverkehr zugestimmt habe.[803]

Auch im zweiten Tatgeschehen sei ein Handeln des T gegen den erkennbaren Willen der O nicht eindeutig belegt. O habe nichts gesagt, als T den Oralverkehr verlangte und vollzog; auch lasse sich den Feststellungen des Landgerichts nicht entnehmen, O habe durch ihr sonstiges Verhalten erkennen lassen, dass sie mit dem Oralverkehr als solchem nicht einverstanden war. Allein aus dem Schreien der O habe sich ein dem Oralverkehr entgegenstehender Wille schon deshalb nicht ergeben, weil O gerade nicht mit dem einsetzenden Oralverkehr zu schreien begann, sondern erst auf die erneuten Bisse des T.[804]

Stellungnahme: Sicherlich hätte O ihren entgegenstehenden Willen deutlicher zum Ausdruck bringen können. Gleichwohl sind die Ausführungen des BGH abzulehnen. Man wird davon ausgehen müssen, dass auch das grundsätzliche Einverständnis zum Oral- und Analverkehr endet, sobald die Verhaltensweise des Täters eine Art und Weise annimmt, die nicht konsentiert war. Und nur, weil O durch das ihr über den Hals gelegte und verzurrte T-Shirt nicht in ihrer Atmung beeinträchtigt war, kann das Geschehenlassen des Oralverkehrs durch sie nicht als „konkludente" Zustimmung gewertet werden. Das muss auch T bewusst gewesen sein, was ihn aber nicht davon abhielt, gleichwohl den Oralverkehr zu vollziehen.

Erst recht kann im zweiten Tatgeschehen nicht von einer Zustimmung ausgegangen werden. Der Täter, der dem vor Schmerzen schreienden Opfer den Mund zuhält, kann nicht die Augen davor verschließen, dass das Opfer sein Einverständnis nicht mehr aufrechterhält.

Wie das Landgericht zu Recht geurteilt hatte, hat T sich wegen Vergewaltigung in zwei Fällen in Tateinheit mit vorsätzlicher Körperverletzung strafbar gemacht.

- Nr. 2 sanktioniert den Fall, dass die Tat (die keine Vergewaltigung sein muss; es genügt eine Tat nach § 177 I oder II) von mehreren **gemeinschaftlich** begangen wird. Erforderlich ist das aktive Zusammenwirken von mindestens zwei Tätern.[805]

VII. Qualifikation nach § 177 VII

Wiederum eine Tatbestandsqualifikation mit der Mindeststrafandrohung von drei Jahren Freiheitsstrafe stellt § 177 VII dar, der vorliegt, wenn der Täter mindestens eine der in Nrn. 1-3 genannten Voraussetzungen erfüllt.

467g

- Nr. 1 liegt vor, wenn der Täter eine **Waffe** oder ein **anderes gefährliches Werkzeug** (wie bspw. ein Messer) **bei sich führt**. Diesbezüglich können die zu § 244 I Nr. 1a bzw. § 250 I Nr. 1a aufgestellten Grundsätze herangezogen werden.[806]

- Nr. 2 ist verwirklicht, wenn der Täter **sonst ein Werkzeug oder Mittel bei sich führt, um den Widerstand einer anderen Person durch Gewalt oder Drohung mit Gewalt zu verhindern oder zu überwinden**. Diesbezüglich können die zu § 244 I Nr. 1b bzw. § 250 I Nr. 1b aufgestellten Grundsätze herangezogen werden.[807]

- Nr. 3 normiert ein konkretes Gefährdungsdelikt, das verwirklicht ist, wenn der Täter das Opfer **in die Gefahr einer schweren Gesundheitsschädigung bringt**. Mit *Gefahr* ist eine konkrete Gefahr gemeint; der Täter muss eine Lage schaffen, bei der es vom (rettenden) Zufall abhängt[808], ob das Opfer eine schwere Gesundheitsschädigung erleidet oder nicht. Dabei ist auf die Gefahr abzustellen, der das Opfer allein wegen seiner individuellen Schadensdisposition ausgesetzt ist.[809] Die *schwere Gesundheitsschädigung* setzt

---

[803] BGH NStZ 2019, 407, 408.
[804] BGH NStZ 2019, 407, 408.
[805] *Fischer*, § 177 Rn 73.
[806] Vgl. dazu *R. Schmidt*, BT II, Rn 188 ff./379 ff.
[807] Vgl. dazu *R. Schmidt*, BT II, Rn 218 ff./390 ff.
[808] BGH NStZ 2017, 281, 282 (zu § 306b II Nr. 1).
[809] BGH NJW 2002, 2043 (zu § 250 I Nr. 1c).

Straftaten gegen die sexuelle Selbstbestimmung

(in Übereinstimmung mit § 218 II S. 2 Nr. 2, § 221 und § 250 I Nr. 1c) *keine* schwere Körperverletzung i.S.d. § 226 I Nr. 1-3 voraus, sondern liegt auch bei einschneidenden oder nachhaltigen Beeinträchtigungen der Gesundheit vor, etwa bei ernsthaften Störungen der körperlichen Funktionen, langwierigen ernsthaften Krankheiten oder erheblichen Beeinträchtigungen der Arbeitskraft für lange Zeit.[810] Vgl. dazu die (übertragbaren) Ausführungen zu § 221 bzw. § 250 I Nr. 1c (siehe dazu oben Rn 259 f. und *R. Schmidt*, BT II, Rn 403 ff.).

VIII. Qualifikationen nach § 177 VIII

467h
Der Qualifikationstatbestand des § 177 VIII, der eine Freiheitsstrafe von sogar mindestens fünf Jahren vorsieht, ist verwirklicht, wenn der Täter

- gem. Nr. 1 eine **Waffe** oder ein **anderes gefährliches Werkzeug** (wie bspw. ein Messer) **verwendet**. Diesbezüglich können die zu § 250 II Nr. 1 aufgestellten Grundsätze herangezogen werden (vgl. dazu *R. Schmidt*, BT II, Rn 414 ff.).

- gem. Nr. 2a das Opfer bei der Tat **körperlich schwer misshandelt**

  Körperliche Misshandlung ist eine Körperverletzung i.S.d. § 223 I. *Schwer* ist die körperliche Misshandlung, wenn eine schwere Gesundheitsschädigung i.S.d. § 177 VII Nr. 3 (s.o.) vorgenommen wird oder zumindest besonders rohe Misshandlungen (siehe dazu Rn 435 zu § 225 I) vorgenommen werden.

- oder gem. Nr. 2b das Opfer durch die Tat **in die Gefahr des Todes bringt**. Der Täter muss also eine Lage schaffen, in der das Überleben des Opfers lediglich vom rettenden Zufall abhängt.

IX. Minder schwere Fälle des § 177 I, II, IV, V, VII, VIII (§ 177 IX)

467i
Eine Reduzierung des Strafrahmens für minder schwere Fälle des § 177 I, II, IV, V, VII und VIII sieht § 177 IX vor. Ausgenommen sind also lediglich die Fälle des § 177 VI (Vergewaltigung; gemeinschaftliche Tatbegehung). Nach allgemeiner Auffassung liegt (generell) ein minder schwerer Fall vor, wenn das gesamte Tatbild einschließlich aller subjektiven Momente und der Täterpersönlichkeit bei Gesamtbetrachtung aller wesentlichen belastenden und entlastenden Umstände vom Durchschnitt der gewöhnlich vorkommenden Fälle in so erheblichem Maße abweicht, dass die Anwendung des an sich vorgesehenen Strafrahmens unangemessen erscheint.[811] So kann nach Auffassung des Gesetzgebers ein minder schwerer Fall (des § 177 II Nr. 3) anzunehmen sein, wenn z.B. die sexuelle Handlung nur geringfügig über der Erheblichkeitsgrenze des § 184h Nr. 1 liegt.[812]

X. Versuch und Rücktritt in Bezug auf § 177 III-VIII

467j
Während die Tatbestände des § 177 I und II Vergehen darstellen und der Gesetzgeber die Versuchsstrafbarkeit daher explizit anordnen musste (§ 177 III), handelt es sich bei § 177 IV, V, VII und VIII um Verbrechen, bei denen der Versuch stets strafbar ist (siehe §§ 12 I, 23 I). Allen Versuchstatbeständen gemein ist aber das Erfordernis des unmittelbaren Ansetzens gem. § 22. Das Merkmal „unmittelbar" wird vom BGH bisweilen auch mit „ohne (wesentliche) Zwischenakte in die Tatbestandsverwirklichung einmünden" beschrieben. Denn oft liest man, dass ein Versuch vorliege, wenn der Täter subjektiv die **Schwelle zum „jetzt geht´s los" überschreite** und objektiv derart zur tatbestandsmäßigen Angriffshandlung ansetze, dass sein Tun **ohne (wesentliche) Zwischenakte**

---

[810] BT-Drs. 13/8587, S. 28; BGH NJW 2002, 2043 (zu § 250 I Nr. 1c).
[811] Vgl. BGH NStZ 2008, 510 (zu § 213) – dazu oben Rn 36.
[812] BT-Drs. 18/9097, S. 25.

in die Rechtsgutverletzung bzw. Erfüllung des Tatbestands übergehe.[813] Mit dieser „Zwischenaktformel" versucht der BGH, den strafbaren Versuch von nicht strafbaren Vorbereitungshandlungen abzugrenzen, was insbesondere erforderlich wird, wenn objektiv noch keine Rechtsgutverletzung eingetreten ist bzw. der Täter noch kein objektives Tatbestandsmerkmal erfüllt hat. Aber auch die Zwischenaktformel ist nicht stets geeignet, eine konturscharfe Abgrenzung zwischen strafloser Vorbereitungshandlung und strafbarem Versuch zu ermöglichen. Das liegt insbesondere daran, dass der Begriff des (wesentlichen) Zwischenakts ebenso einer wertenden Betrachtung unterworfen ist. Jedenfalls liegt nach der Rechtsprechung des BGH ein Versuch i.d.R. dann vor, wenn der Täter bereits mit der tatbestandlichen Ausführungshandlung begonnen bzw. ein Tatbestandsmerkmal erfüllt hat (Teilverwirklichung des Tatbestands).[814] Diese (vermeintlich überzeugende) Lösung hat aber ihre Tücken, wie der folgende Beispiel zeigt.

Beispiel[815]**:** T beabsichtigte, ein Kind zu vergewaltigen. Er ergriff in einem bewohnten Ortsteil die 13-jährige O, klebte ihr Klebeband auf den Mund und zerrte sie in sein Auto, um mit ihr zur Tatausführung an einen abgelegenen Ort zu fahren und dort die Tat zu vollziehen. Jedoch gelang es O, die Tür zu öffnen und aus dem Fahrzeug zu fliehen, als T im Begriff war, loszufahren.

Durch das beschriebene Verhalten könnte T sich wegen Versuchs einer sexuellen Nötigung in einem besonders schweren Fall gem. §§ 177 I, V Nr. 1, 22, 23 I, 12 I i.V.m. § 177 VI S. 2 Nr. 1 strafbar gemacht haben. Daneben kommt eine Strafbarkeit wegen versuchten schweren sexuellen Missbrauchs von Kindern gem. §§ 176a II Nr. 1 Var. 1, 22, 23 I, 12 I in Betracht.

<u>Strafbarkeit nach §§ 176a II Nr. 1 Var. 1, 22, 23 I, 12 I</u>
T beabsichtigte, mit O den Beischlaf zu vollziehen und damit den Tatbestand des § 176a II Nr. 1 Var. 1 zu verwirklichen. Er müsste gem. § 22 aber auch nach seiner Vorstellung unmittelbar zur Tatbestandsverwirklichung angesetzt haben, was nach ständiger Rechtsprechung des BGH der Fall ist, wenn das Täterverhalten ohne wesentliche Zwischenakte in die Rechtsgutverletzung bzw. Erfüllung des Tatbestands übergeht, jedenfalls aber dann, wenn der Täter ein Tatbestandsmerkmal erfüllt hat.

Ein Tatbestandsmerkmal des § 176a II Nr. 1 Var. 1 hat T nicht erfüllt. Ein Versuch liegt daher nur vor, wenn T nach seiner Vorstellung unmittelbar zur Tat angesetzt hat. Hierzu hat der BGH entschieden, dass zum Zeitpunkt des Sichbemächtigens und Ins-Auto-Zerrens, um an einen abgelegenen Ort zu fahren, auch für T unklar gewesen sei, wo dieser Ort sein sollte und wie lange die Fahrt dorthin dauern würde. Denn T sei ortsfremd gewesen und ihm hätten Ortskenntnisse zur Umgebung des Ergreifungsortes gefehlt. Eine Strafbarkeit wegen versuchten schweren sexuellen Missbrauchs von Kindern sei damit nicht gegeben.[816]

<u>Strafbarkeit nach §§ 177 I, V Nr. 1, 22, 23 I, 12 I i.V.m. § 177 VI S. 2 Nr. 1</u>
Da T den beabsichtigten Beischlaf mit O auch gegen deren Willen vollziehen wollte, kommt auch eine versuchte sexuelle Nötigung in einem besonders schweren Fall gem. §§ 177 I, V Nr. 1, 22, 23 I, 12 I i.V.m. § 177 VI S. 2 Nr. 1 in Betracht. Auch hier müsste T gem. § 22 nach seiner Vorstellung unmittelbar zur Tatbestandsverwirklichung angesetzt haben, was – wie aufgezeigt – nach ständiger Rechtsprechung des BGH der Fall ist, wenn das Täterverhalten ohne wesentliche Zwischenakte in die Rechtsgutverletzung bzw. Erfüllung des Tatbestands übergeht, jedenfalls aber dann, wenn der Täter ein Tatbestandsmerkmal erfüllt hat.

---

[813] So eine Zusammenschau aus z.B. BGH NStZ 2019, 79; NStZ 2015, 207 f.; NJW 2014, 1463; NStZ 2013, 579; NStZ 2013, 156, 157; NStZ 2011, 400, 401; NStZ 2006, 331 f.; NJW 2002, 1057; NStZ 2001, 415; NStZ 2001, 475, 476; BGHSt 48, 34, 36 ff.; 37, 294, 297 f.; 26, 201, 203.
[814] Siehe nur BGH NStZ 2019, 79 m.w.N.
[815] Nach BGH NStZ 2019, 79.
[816] BGH NStZ 2019, 79.

T hat ein Tatbestandsmerkmal erfüllt; durch das Anbringen von Klebeband und das Zerren in den Pkw hat er Gewalt angewendet i.S.d. § 177 V Nr. 1. Demzufolge müsste er nach der vom BGH vertretenen Teilverwirklichungsregel wegen versuchter sexueller Nötigung in einem besonders schweren Fall gem. §§ 177 I, V Nr. 1, 22, 23 I, 12 I i.V.m. § 177 VI S. 2 Nr. 1 strafbar sein.

Gleichwohl kommt der BGH zu einem anderen Ergebnis. T habe mit dem Einsatz von Gewalt bereits ein Tatbestandsmerkmal der sexuellen Nötigung nach § 177 verwirklicht und sei jedenfalls insoweit in das Versuchsstadium gelangt.[817] Danach ist T also wegen versuchter sexueller Nötigung in einem besonders schweren Fall gem. §§ 177 I, V Nr. 1, 22, 23 I, 12 I i.V.m. § 177 VI S. 2 Nr. 1 strafbar.

Bewertung: Das erstaunt. Denn ebenso wie bei der Frage nach der Strafbarkeit wegen versuchten schweren sexuellen Missbrauchs von Kindern ist bei der Frage nach dem Versuch einer sexuellen Nötigung in einem besonders schweren Fall unklar, welche wesentlichen Zwischenschritte zur Tatbestandsverwirklichung noch erforderlich gewesen wären.[818] Zwar hat T durch das Anbringen von Klebeband und das Zerren in den Pkw Gewalt angewendet, wo und wann aber die Tat hätte ausgeführt werden können und welche Zwischenschritte noch erforderlich gewesen wären, war T zu diesem Zeitpunkt unklar. Die unterschiedliche Bewertung im Vergleich zur verneinten Strafbarkeit wegen versuchten schweren sexuellen Missbrauchs von Kindern überzeugt daher nicht, ist aber Ergebnis der Anwendung der Teilverwirklichungsregel.[819] Ein Lösungsansatz, der solche Wertungswidersprüche vermeidet, bestünde darin, ein unmittelbares Ansetzen zur Tatbestandsverwirklichung – und damit einen Versuch – auch bei Verwirklichung eines einzelnen Tatbestandsmerkmals erst dann anzunehmen, wenn ein von der Strafnorm geschütztes Rechtsgut unmittelbar gefährdet ist. Bemächtigt sich also ein Täter eines Opfers, um dieses zu vergewaltigen, ist für den Täter zu diesem Zeitpunkt aber noch unklar, wo und wann die Tat ausgeführt werden könnte und welche Zwischenschritte noch erforderlich sind, liegt darin trotz Teilverwirklichung des Tatbestands noch kein unmittelbares Ansetzen zur Tatbestandsverwirklichung des § 177.

467k Problematisch ist auch die Versuchsstrafbarkeit in Bezug auf § 177 VI, insbesondere die Frage nach dem Rücktritt vom Versuch. Ausgangspunkt der Problematik ist die bereits erwähnte Rechtsnatur des § 177 VI als Strafzumessungsvorschrift. Da es sich dabei gerade nicht um einen Straftatbestand handelt, kann es auch keinen Versuch (und keinen Rücktritt vom Versuch) geben, da die Strafbarkeit des Versuchs gemäß der Formulierung in § 22 an *Tatbestandsmerkmale* anknüpft. Strafzumessungsregeln stehen außerhalb von Tatbestand und Schuld (sie können also nicht versucht werden). Eine „versuchte Vergewaltigung" kann es somit begriffslogisch nicht geben, sondern lediglich einen versuchten sexuellen Übergriff bzw. eine versuchte sexuelle Nötigung in einem besonders schweren Fall. Auch von daher wäre es zu begrüßen gewesen, wenn der Gesetzgeber die Vergewaltigung endlich zum Tatbestand erklärt und es nicht bei einer Strafzumessung belassen hätte. Davon abgesehen lassen sich hinsichtlich des Versuchs in Bezug auf § 177 VI drei Konstellationen unterscheiden[820]:

(1) Grundtatbestand versucht – Regelbeispiel verwirklicht
(2) Grundtatbestand erfüllt – Regelbeispiel gewollt, aber nicht verwirklicht
(3) Grundtatbestand versucht – Regelbeispiel gewollt, aber nicht verwirklicht

467l Im vorliegenden Zusammenhang soll lediglich die Konstellation (3) erläutert werden. Gelingt dem Täter nicht der beabsichtigte Beischlaf, weil er noch nicht einmal eine Tat nach § 177 I oder II verwirklicht, könnte die in der Fallbearbeitung zu bildende Überschrift lauten: „Strafbarkeit des T gem. §§ 177 I (oder II), 22, 23 I, 12 II i.V.m. § 177 VI S. 2

---

[817] BGH NStZ 2019, 79.
[818] Sehr kritisch auch *Eidam*, NStZ 2019, 79, 80.
[819] Siehe *Eidam*, NStZ 2019, 79, 80.
[820] Vgl. *R. Schmidt*, BT II, Rn 156 ff. (bzgl. § 243).

Nr. 1." Wichtig ist hierbei, die Versuchsregeln nicht hinter § 177 VI S. 2 Nr. 1 zu platzieren (da, wie gesagt, Strafzumessungsregeln nicht versucht werden können). Fraglich in solchen Konstellationen ist denn auch der Rücktritt vom Versuch.

> **Beispiel:** T fasst den Tatentschluss, die O zu vergewaltigen. Noch bevor es zum Beischlaf kommt, lässt er von seinem Vorhaben ab, weil Widerstand und Tränen ihn „abturnen". T geht dabei aber davon aus, dass er den Beischlaf noch hätte herbeiführen können, wenn er gewollt hätte.

In diesem Fall kam es nicht zur Verwirklichung des § 177 VI S. 2 Nr. 1. Geht man davon aus, dass auch keine Vollendung des § 177 I oder II vorliegt, hat T sich wegen versuchten sexuellen Übergriffs bzw. versuchter sexueller Nötigung in einem besonders schweren Fall strafbar gemacht, sofern das Ablassen von der weiteren Tatausführung nicht als strafbefreiender Rücktritt vom Versuch gem. § 24 I zu werten ist. Da T freiwillig die weitere Ausführung der Tat aufgab, liegt ein strafbefreiender Rücktritt vom unbeendeten Versuch vor, § 24 I S. 1 Var. 1.

C. Sexueller Übergriff; sexuelle Nötigung; Vergewaltigung mit Todesfolge (§ 178)

Bei § 178 handelt es sich um eine Erfolgsqualifikation, bei der die Straferwartung nicht unter zehn Jahren Freiheitsstrafe liegt, wenn der Täter durch den sexuellen Übergriff, die sexuelle Nötigung oder Vergewaltigung (§ 177) wenigstens leichtfertig den Tod des Opfers verursacht. Wie allen erfolgsqualifizierten Delikten (vgl. etwa §§ 227, 238 III, 251) eigentümlich, muss sich die schwere Folge (hier: der Tod des Sexualopfers) als Verwirklichung gerade der dem Grunddelikt innewohnenden Gefahr darstellen. Dieser sog. **tatbestandsspezifische Gefahrzusammenhang** (bzw. qualifikationsspezifische Zusammenhang[821]) verlangt, dass sich gerade die dem Grundtatbestand anhaftende spezifische Gefahr in der schweren Folge niedergeschlagen hat[822] bzw. sich ein Risiko realisiert hat, das typischerweise mit dem Grundtatbestand einhergeht[823].

467m

> **Beispiel:** Während der Vergewaltigung drückt T der O den Mund zu, damit sie nicht schreien kann. Dadurch gerät O aber in Luftnot und erstickt. ⇨ Hier hat T leichtfertig den Tod der O verursacht, da sich die Gefährlichkeit der Grundtat (auch) in der schweren Folge niedergeschlagen hat.[824]

D. Sexuelle Belästigung (§ 184i)

Der Straftatbestand der sexuellen Belästigung (§ 184i) soll – um einen umfassenden Schutz der sexuellen Selbstbestimmung zu gewährleisten – als Auffangtatbestand Verhaltensweisen mit Sexualbezug erfassen, die unterhalb der Erheblichkeitsschwelle anderer Sexualstraftaten liegen, insbesondere nicht die nach § 177 erforderliche Erheblichkeit (§ 184h Nr. 1) erreichen.[825] Dementsprechend ist § 184i I formell subsidiär, d.h. nur dann einschlägig, wenn nicht die Tat in anderen Vorschriften (die jedoch auch außerhalb des 13. Abschnitts des StGB liegen können[826]) mit schwererer Strafe bedroht ist.

467n

Für eine Strafbarkeit wegen sexueller Belästigung nach § 184i ist eine körperliche Berührung i.S. einer „unmittelbaren körperlichen Einwirkung"[827] erforderlich, und zwar in sexuell bestimmter Weise. Das Merkmal „in sexuell bestimmter Weise" weist eindeutig ein

467o

---

[821] So die Terminologie von BGH NJW 2016, 2516, 2518 (zu § 251).
[822] Vgl. nur BGH NStZ 2001, 478 f.; BGHSt 14, 110 ff. (Pistolen-Fall); 31, 96, 98 f. (Hochsitz-Fall); 33, 322, 38, 295; BGH NJW 1971, 152 (Rötzel-Fall); *Fischer*, § 18 Rn 2; SK-*Rudolphi*, § 18 Rn 3; Sch/Sch-*Sternberg-Lieben/Schuster*, § 18 Rn 4.
[823] Vgl. BGH NJW 2016, 2516, 2517 (zu § 251).
[824] Vgl. allgemein zu den Voraussetzungen eines erfolgsqualifizierten Delikts *R. Schmidt*, AT, Rn 891 ff.
[825] Vgl. BT-Drs. 18/9097, S. 30.
[826] BGH NStZ 2019, 22, 25 mit dem Argument der fehlenden Beschränkung auf Vorschriften des 13. Abschnittes.
[827] Vgl. BT-Drs. 18/9097, S. 30.

subjektives Element auf, was die Frage aufwirft, ob eine Strafbarkeit nach § 184i nur angenommen werden kann, wenn die Tathandlung auch von entsprechenden sexuellen Absichten geleitet ist, und bei fehlender sexueller Motivation entsprechend zu verneinen ist. Der BGH hat hierzu entschieden, dass es für eine Strafbarkeit nach § 184i genüge, wenn eine Berührung bereits objektiv, also allein gemessen an dem äußeren Erscheinungsbild, einen Sexualbezug erkennen lasse.[828] Dass der BGH gleichwohl nicht gänzlich ohne subjektive Merkmale eine Strafbarkeit nach § 184i annehmen möchte, ergibt sich aus der sodann folgenden Formulierung, dass auch ambivalente Berührungen, die für sich betrachtet nicht ohne weiteres einen sexuellen Charakter aufweisen, tatbestandsmäßig sein könnten, wenn sich der Sexualbezug aus Sicht eines objektiven Betrachters ergebe, der alle Umstände des Einzelfalls kenne, wobei auch zu berücksichtigen sei, ob der Täter von sexuellen Absichten geleitet gewesen sei.[829]

467p Wie bereits in der 20. Auflage 2018 dieses Buches formuliert, ist § 184i daher bspw. einschlägig, wenn der Täter dem (weiblichen) Opfer ohne dessen Einwilligung bzw. gegen dessen Willen an die Brust, den Po oder in den Schritt fasst (generell: an erogenen Zonen grabscht), wenn sich aus dem Geschehensablauf ein Sexualbezug ergibt. Da der Gesetzgeber – wie aufgezeigt – auch solche Fälle von den Sexualdelikten erfassen möchte, bei denen die Überschreitung einer Erheblichkeitsschwelle, die zur Annahme einer sexuellen Handlung und damit zur Bejahung einer Strafbarkeit wegen sexuellen Übergriffs (vgl. § 177 I) erforderlich ist (vgl. § 184h Nr. 1), nicht eindeutig bejaht werden kann, ist § 184i selbst dann einschlägig, wenn das Opfer bekleidet ist und der Täter das Opfer nur leicht berührt.[830] Allerdings ist es schon allein mit Blick auf Art. 103 II GG sowie den Grundsatz der Verhältnismäßigkeit zwingend, die Vorschrift in teleologischer Weise nur dann für anwendbar zu erklären, wenn die Tathandlung eindeutig die Erheblichkeitsschwelle des § 184h Nr. 1 überschreitet. So dürfte bspw. das Fassen an ein Knie die Erheblichkeitsschwelle nicht erreichen[831], wohl aber das Küssen auf den Mund oder das Küssen des Halses bei erkennbarem entgegenstehendem Willen des Opfers, da es hierbei um Handlungen geht, die typischerweise eine sexuelle Intimität zwischen den Beteiligten voraussetzen[832] und damit körperliche Berührungen in sexuell bestimmter Weise i.S.d. § 184i I darstellen, die aber nicht die für eine Strafbarkeit nach § 177 erforderliche Erheblichkeit (§ 184h Nr. 1) erreichen. Ist danach ein Sexualbezug gegeben, steht einer Strafbarkeit nach § 184i auch nicht entgegen, dass der Täter allein aus Renitenz und zur Provokation an eine erogene Zone grabscht.[833]

> **Beispiel**[834]**:** Nachdem T aufgrund einer mittäterschaftlichen Geiselnahme und gefährlichen Körperverletzung von der Polizei festgenommen und zur Polizeiwache verbracht worden war, wurde sie dort – in Anwesenheit der Polizeibeamtin O – von einer weiteren Polizeibeamtin körperlich durchsucht. T, der die Durchsuchung missfiel, rief der O zu: „Und Du willst wohl auch gleich in meine Fotze gucken? Soll ich auch in Deine greifen?" Dabei griff sie der O mit einer schnellen Bewegung in den Schritt und kniff sie dort schmerzhaft. O war hierdurch schockiert und sie ekelte sich sehr.
>
> Der BGH hat entschieden, dass T sich nach § 184i strafbar gemacht hat. T hat gezielt in den Genitalbereich der O gegriffen und sie dort gekniffen. Dass das Verhalten der T (aus ihrer Sicht) nicht sexuell motiviert war, sondern aus Renitenz und zur Provokation geschah, ändert an der Strafbarkeit nach § 184i nichts, da eindeutig Sexualbezug vorlag.

---

[828] BGH NStZ 2019, 22, 23.
[829] BGH NStZ 2019, 22, 24.
[830] Vgl. BT-Drs. 18/9097, S. 30. Siehe auch BGH NStZ 2018, 91, 92.
[831] Siehe OLG Hamm 31.1.2019 – 4 RVs 1/19.
[832] Vgl. BT-Drs. 18/9097, S. 30.
[833] BGH NStZ 2019, 22, 24.
[834] Nach BGH NStZ 2019, 22.

Straftaten gegen die sexuelle Selbstbestimmung

Eine Strafzumessungsregel für besonders schwere Fälle stellt § 184i II dar. Ein solcher liegt gem. § 184i II S. 2 i.d.R. vor, wenn die Tat von mehreren gemeinschaftlich begangen wird. Schließlich ist zu beachten, dass eine Tat nach § 184i I bzw. II ein relatives Antragsdelikt darstellt (§ 184j III).

467q

E. Straftaten aus Gruppen (§ 184j)

Bei Handlungen i.S.d. §§ 177, 184i, die aus einer Gruppe heraus vorgenommen werden, greift § 184j. Diese Regelung ist nicht unproblematisch, weil sie eine Strafbarkeit eines Gruppenangehörigen wegen eines Sexualdelikts zur Folge haben kann, obwohl der betroffene Gruppenangehörige keinerlei Bezug zu dem aus der Gruppe vorgenommenen Sexualdelikt hat.

467r

> **Beispiel:** A ist mit seinen Kumpeln B, C und D auf dem Kiez unterwegs. Die Gruppe fasst den Entschluss, Taschendiebstähle zu begehen. Als man die O erblickt, gehen B, C und D dazu über, sie anzusprechen und zu bedrängen, um einen Taschendiebstahl (Smartphone, Geldbörse) zu begehen. Dabei geht D – ohne dass dies zuvor in der Gruppe abgesprochen oder konsentiert worden wäre – noch weiter und fasst der O in sexuell motivierter Weise in den Schritt.
>
> D ist gem. § 184i I strafbar; ggf. greift auch § 184i II, wenn man das Merkmal „gemeinschaftlich" als mittäterschaftliches Zusammenwirken versteht und bei mindestens einem anderen Gruppenmitglied ein entsprechender Mitwirkungsvorsatz besteht (anders aber die Gesetzesbegründung, die die Beteiligung lediglich „im umgangssprachlichen Sinn" verstanden wissen will[835]).
>
> A hat sich in Übereinstimmung mit dem Wortlaut des § 184j an einer Personengruppe beteiligt, die eine andere Person (hier: O) zur Begehung einer Straftat (hier: Diebstahl) an ihr bedrängt. Auch wurde von einem Beteiligten der Gruppe (hier: D) eine Straftat nach § 184i begangen. Diese Sexualstraftat war jedoch weder zuvor (mit A) konsentiert noch für A absehbar. Ob es daher (mit Blick auf Art. 103 II GG) verfassungsrechtlich Bestand haben kann, A wegen eines Sexualdelikts (hier: § 184j) zu bestrafen, obwohl sein Verhalten keinerlei Sexualbezug hat, muss bezweifelt werden.

---

[835] BT-Drs. 18/9097, S. 31.

Brandstiftungsdelikte (§§ 306 ff.)

4. Kapitel – Brandstiftungsdelikte

A. Einführung und Systematik

468 Als Brandstiftungsdelikte werden die im 28. Abschnitt des StGB („gemeingefährliche Straftaten") genannten Straftatbestände der §§ 306 bis 306 f bezeichnet. Bei diesen geht es um die strafrechtliche Sanktionierung von Verhaltensweisen, die nach Auffassung des Gesetzgebers das Leben und die Gesundheit einer Vielzahl von Menschen zumindest gefährden oder Sachen von bedeutendem Wert (str.) zerstören können. Dementsprechend sind die Straftatbestände rechtstechnisch teilweise als **Erfolgsdelikte**, teilweise aber auch als **abstrakte** und **konkrete Gefährdungsdelikte** ausgestaltet sowie vereinzelt mit **Erfolgsqualifikationen** versehen.[836]

469 ■ Bei dem **Erfolgsdelikt** des § 306 I handelt es sich nach wohl überwiegender Auffassung trotz seiner systematischen Stellung im Abschnitt über die gemeingefährlichen Straftaten lediglich um einen Spezialfall der Sachbeschädigung.[837] Folgt man dieser Auffassung, steht § 306 I insoweit grundsätzlich unabhängig und selbstständig neben dem **abstrakten Gefährdungsdelikt** des § 306a I und bildet von daher keineswegs dessen Grundtatbestand. Allerdings haftet nach Auffassung des BGH zumindest den Tatbeständen des § 306 I *Nr. 1* und *Nr. 3* auch ein Element der *Gemeingefährlichkeit* an („brandbedingte generelle Gemeingefährlichkeit").[838] Teilt man (insbesondere mit dem Argument der systematischen Stellung des § 306 im Abschnitt über die gemeingefährlichen Straftaten) diese Auffassung, wird beim Inbrandsetzen eines tauglichen Tatobjekts der Tatbestand des § 306 I *Nr. 1* von dem des § 306a I Nr. 1 verdrängt, sofern dessen Voraussetzungen erfüllt sind. Auch die Frage der Einwilligung wird von der Bestimmung der Rechtsnatur des § 306 I berührt. Denn nach h.M. ist eine Einwilligung nur bei Individualrechtsgütern (wie der Sachbeschädigung), nicht aber bei Universalrechtsgütern (wie den gemeingefährlichen Delikten) möglich. Folglich ist eine Einwilligung hinsichtlich der Brandstiftung nur bei § 306 I und auch nur dann möglich, wenn man in der Vorschrift einen Spezialtatbestand der Sachbeschädigung sieht. Immerhin sieht der BGH die Tatbestände des § 306 I Nr. 1 und Nr. 3 als gemeingefährliche Delikte an und gelangt so zur Indisponibilität des Rechtsguts und damit zur Unbeachtlichkeit einer etwaigen Einwilligung.

470 ■ Hingegen stellen die §§ 306a II und 306b II Nr. 1 **konkrete Gefährdungsdelikte** hinsichtlich der Gesundheit bzw. des Todes dar. Dabei stellt § 306b II Nr. 1 eine Tatbestandsqualifikation zu § 306a dar (das gilt im Übrigen auch für § 306b II Nr. 2 u. 3).[839]

471 ■ Bei der besonders schweren Brandstiftung nach § 306b I und der Brandstiftung mit Todesfolge nach § 306c handelt es sich um **Erfolgsqualifikationen** (i.S.v. § 18), bei denen der Täter die schwere Folge wenigstens fahrlässig (bei § 306b I) bzw. leichtfertig (bei § 306c) verursacht haben muss. Dabei bezieht sich § 306b I auf die §§ 306 und 306a, während § 306c an die §§ 306 bis 306b anknüpft.

472 ■ Die **fahrlässige Brandstiftung** nach § 306d sanktioniert in Abs. 1 die fahrlässige Begehung der §§ 306 I, 306a I und die vorsätzliche Begehung des § 306a II mit fahrlässiger Erfolgsverursachung (sog. Vorsatz-Fahrlässigkeits-Kombination) sowie in Abs. 2 die fahrlässige Begehung des § 306a II mit fahrlässiger Erfolgsverursachung (sog. Fahrlässigkeits-Fahrlässigkeits-Kombination).

---

[836] Zu den Begriffen *abstraktes Gefährdungsdelikt, konkretes Gefährdungsdelikt* und *Erfolgsqualifikation* vgl. ausführlich die Bearbeitung bei *R. Schmidt*, AT, Rn 91 ff.

[837] Vgl. Lackner/Kühl-*Heger*, § 306 Rn 1; Sch/Sch-*Heine/Bosch*, § 306 Rn 1; *Fischer*, § 306 Rn 1; *Wolff*, JR 2002, 94, 96; *Kudlich*, NStZ 2003, 458, 459 ff.; *Duttge*, Jura 2006, 15, 16. Vgl. auch BGH NStZ 2016, 605, 606 (§ 306 im Verhältnis zu § 303 das speziellere Delikt).

[838] BGH NStZ 2001, 196 (zu § 306 I Nr. 1); BGH NJW 2018, 1766, 1767 (zu § 306 I Nr. 3) mit Verweis auf BT-Drs. 13/8587, S. 87.

[839] Vgl. auch BGH NStZ 2019, 32, 33 f.; StV 2005, 391 f.; BGH NJW 1999, 3131; SK-*Wolters/Horn*, § 306 Rn 1.

Brandstiftungsdelikte (§§ 306 ff.)

- Die **tätige Reue** ist in § 306e geregelt. Sie stellt einen persönlichen Strafaufhebungsgrund dar für den Fall, dass ein in der Vorschrift genanntes Brandstiftungsdelikt bereits vollendet und damit ein Rücktritt nach § 24 ausgeschlossen ist. 473

Graphisch dargestellt ergibt sich (GD = Gefährdungsdelikt): 474

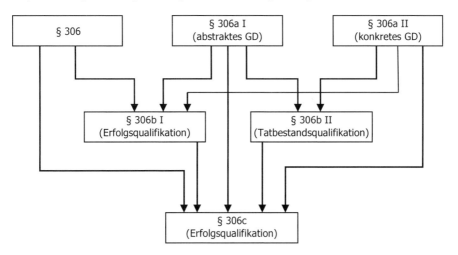

Hinweis für die Fallbearbeitung[840]: Die vorangestellte Übersicht war sicherlich nicht einfach zu lesen. Eine Darstellung, die sich aber nicht in der gebotenen Weise mit dem differenzierten System der Brandstiftungsdelikte auseinandersetzt, mag zwar den Vorzug der Einfachheit genießen, kann aber keine wirkliche Hilfestellung für die Fallbearbeitung bieten. Für die Falllösung empfiehlt es sich, die Prüfung zunächst mit dem Tatbestand des § 306 I zu beginnen, um sodann – auch bei Ablehnung des § 306 I mangels Fremdheit der in Brand gesetzten Objekte – den Tatbestand des § 306a I bzw. § 306a II zu prüfen (auf diese Weise werden Inzident-Prüfungen vermieden). Liegen § 306 oder 306a vor, kommt weiterhin die Erfolgsqualifikation des § 306b I in Betracht. Liegen die Voraussetzungen des § 306a II oder des § 306a I vor, ist ggf. auch § 306b II zu prüfen. § 306c ist bei allen der genannten Delikte der §§ 306-306b anwendbar. Sofern die §§ 306 I und § 306a mangels vorsätzlicher Handlung oder § 306a II mangels vorsätzlicher Gefahrverursachung ausscheiden, ist im Anschluss stets die fahrlässige Brandstiftung nach § 306d zu prüfen. Schließlich ist bei Vorliegen entsprechender Anhaltspunkte bei jedem der genannten Delikte (mit Ausnahme von § 306c) zu prüfen, ob ein Fall der tätigen Reue vorliegt. Voraussetzung ist aber stets, dass der betreffende Tatbestand bereits vollendet ist. Vor der Vollendung sind regelmäßig die allgemeinen Rücktrittsregeln des § 24 anzuwenden.

Zur gutachtlichen Aufbereitung diverser Brandstiftungsdelikte vgl. auch *R. Schmidt*, Fälle zum Strafrecht II, Fall 4 Rn 64 ff.

---

[840] Vgl. auch *Schenkewitz*, JA 2001, 400, 408; *Müller/Hönig*, Jura 2001, 517; *Fisch/Sternberg-Lieben*, JA 2000, 124; *Kudlich*, NStZ 2003, 458, 459 ff.

B. Brandstiftung (§ 306)

475 Wie bereits ausgeführt, handelt es sich nach h.M. bei der als **Erfolgsdelikt** ausgestalteten **Brandstiftung** nach § 306 I um einen **Spezialfall der Sachbeschädigung**, der insoweit grundsätzlich unabhängig und selbstständig neben dem **abstrakten Gefährdungsdelikt** des § 306a I steht und keineswegs dessen Grundtatbestand bildet (vgl. aber § 306 I Nr. 1 in Bezug auf § 306a I Nr. 1). Das Delikt gehört (wegen des Merkmals „fremd") insoweit nach h.M. zu den Sachbeschädigungsdelikten der §§ 303 I und 305, ist vom Gesetzgeber jedoch aufgrund des ebenfalls vorhandenen Elements der Gemeingefährlichkeit (zumindest bei § 306 I Nr. 1, s.o.), des Verbrechenscharakters und der Möglichkeit der fahrlässigen Begehung dem 28. Abschnitt des StGB eingegliedert worden (vgl. BT-Drs. 13/8587, S. 87). Dieser Umstand ist nicht nur akademischer Natur, sondern übt – wie noch zu sehen sein wird – erheblichen Einfluss auf die Auslegung der einzelnen Brandstiftungsdelikte aus. Geschützt wird mit § 306 I jedenfalls fremdes Eigentum. Es empfiehlt sich folgender Prüfungsaufbau:

Brandstiftung (§ 306)

I. Tatbestand

1. Objektiver Tatbestand
  a. Tatsubjekt (unmittelbarer Täter, mittelbarer Täter, Mittäter)
  b. Tatobjekt (*fremdes*, in § 306 I Nr. 1-6 genanntes Objekt)
  c. Tathandlung (Inbrandsetzen oder durch eine Brandlegung ganz oder teilweises Zerstören mindestens eines der Objekte)
  d. Eintritt des Erfolgs und Verbindung zwischen Handlung und Erfolg (Kausalität)
  e. Erfolgszurechnung (Lehre von der objektiven Zurechnung)

2. Subjektiver Tatbestand
Vorsatz bzgl. aller objektiven Tatbestandsmerkmale, mindestens *dolus eventualis*. Der **Versuch** ist wegen des Verbrechenscharakters strafbar (das gilt wegen § 12 III auch für § 306 II). Bei fehlendem Vorsatz ist im Anschluss stets die fahrlässige Brandstiftung nach § 306d zu prüfen.

II. Rechtswidrigkeit und III. Schuld
Sofern man die Auffassung teilt, dass § 306 trotz der der Tathandlung anhaftenden Gemeingefährlichkeit in erster Linie *fremdes Eigentum* schützt, kann die Rechtswidrigkeit insbesondere durch rechtfertigende Einwilligung ausgeschlossen sein. Sofern der Einwilligende mit der Einwilligung sittenwidrige Zwecke verfolgt, ist dies unbeachtlich, da § 228 nach strittiger, aber zutreffender Auffassung keinen allgemeinen Rechtsgrundsatz darstellt, sondern nur auf Körperverletzungsdelikte anwendbar ist (anderenfalls hätte der Gesetzgeber eine Verweisungsnorm oder eine entsprechende Regelung im Allg. Teil aufnehmen müssen). Hinsichtlich der Schuld gelten die allgemeinen Regeln.

IV. Strafzumessungsgesichtspunkte/Tätige Reue
In minder schweren Fällen ist der Strafrahmen sechs Monate bis fünf Jahre (§ 306 II). Einen persönlichen Strafaufhebungs- bzw. Strafmilderungsgrund stellt die tätige Reue gem. § 306e dar für den Fall, dass ein in der Vorschrift genanntes Brandstiftungsdelikt bereits vollendet und damit ein Rücktritt nach § 24 ausgeschlossen ist.

I. Tatbestand

476 Die in der Strafnorm des § 306 I genannten **Tatobjekte** (wobei anzumerken ist, dass die Strafnorm die Objekte zwar jeweils in der Mehrzahl nennt, der Tatbestand der Brandstiftung selbstverständlich aber auch dann erfüllt ist, wenn der Täter nur *ein* Objekt in Brand gesetzt hat) müssen für den Täter **fremd** sein, dürfen also in Übereinstimmung mit §§ 303 I, 242 weder im Alleineigentum des Täters stehen noch herrenlos sein.

Brandstiftungsdelikte (§§ 306 ff.)

Beispiel: Neffe N hat von seinem verstorbenen Onkel eine alte leer stehende Villa geerbt. Zwar ist die Villa instandsetzungsfähig, aber das Grundstück hat eine sehr schöne Lage, die sich hervorragend für die Errichtung eines Luxushotels eignet. Um die Schwierigkeiten, die mit der Erlangung einer Abrissgenehmigung verbunden sind (die Villa steht unter Denkmalschutz), zu vermeiden, zündet er zusammen mit seinem Freund F die Villa an.

In diesem Fall ist zwar F tauglicher (Mit-)Täter, nicht aber N, da die Villa für diesen nicht fremd ist.

Die tauglichen Tatobjekte sind in § 306 I Nr. 1 bis 6 enumerativ aufgezählt. Aufgabe des **477** Klausurbearbeiters ist es nun, den Tatbestand auszulegen, also zu prüfen, ob das im Sachverhalt betroffene Objekt unter eines der in der Vorschrift genannten Objekte zu subsumieren ist. Dabei ist stets vom geschützten Rechtsgut und von der Höhe des Strafmaßes auszugehen.

Im obigen **Beispiel** könnte F sich durch das Anzünden der Villa nach § 306 I Nr. 1 Var. 1 strafbar gemacht haben. Dazu müsste die Villa ein Gebäude darstellen. Unter einem Gebäude versteht man ein durch Wände und Dach begrenztes, mit dem Erdboden fest verbundenes Bauwerk, das dazu bestimmt und geeignet ist, dem Aufenthalt – nicht notwendigerweise dem Wohnen – von Menschen zu dienen. Teilweise wird darüber hinaus gefordert, das Gebäude müsse das Ziel verfolgen, den freien Zutritt Dritter zu verhindern (damit will man ausschließen, dass z.B. ein Rohbau, bei dem noch Türen und Fenster fehlen, unter den Begriff des Gebäudes subsumiert werden kann). Im vorliegenden Fall kommt es auf dieses einschränkende Kriterium aber nicht an, da die Villa nach beiden Auffassungen ein Gebäude darstellt. Insbesondere ist – wie definiert – gerade nicht Voraussetzung, dass das Gebäude aktuell bewohnt wird. Entscheidend ist vielmehr, dass es weiterhin dem Aufenthalt von Menschen dienen kann. Das ist bei der Villa des N der Fall. Diese war für F auch fremd. F handelte auch vorsätzlich. Sofern man primär auf das Individualrechtsgut *fremdes Eigentum* abstellt, kann aber die Rechtswidrigkeit – insbesondere durch rechtfertigende Einwilligung – ausgeschlossen sein. Diese lag bei N vor. Insbesondere schadet es nicht, dass N sittenwidrige Ziele verfolgte, da § 228 sich nur auf Körperverletzungsdelikte bezieht und insoweit nicht anwendbar ist.

Im Ergebnis haben sich somit weder F noch N aus § 306 I Nr. 1 Var. 1 strafbar gemacht.

Das genannte Beispiel entspricht dem Schulfall einer Brandstiftung. In Klausuren sind **478** jedoch auch solche Fallgestaltungen anzutreffen, bei denen eine Auseinandersetzung mit den **verfassungsrechtlichen Problemen des § 306** erforderlich wird:

Beispiele:

(1) A möchte sich an seinem Nebenbuhler B rächen. Dazu zündet er dessen **automatisches Garagentor** an, auf das B doch so stolz ist.

Sofern man ein automatisches Garagentor unter den Begriff „technische Einrichtung" (§ 306 I Nr. 2) subsumiert, ist A wegen Brandstiftung strafbar.

(2) C ist über D derart verärgert, dass er dessen **Paddelboot** zur Mitte des Sees schleppt und dort anzündet.

Sofern man ein Paddelboot (oder auch ein **Schlauchboot**) unter den Begriff „Wasserfahrzeug" (§ 306 I Nr. 4) subsumiert, ist C wegen Brandstiftung strafbar.

(3) E lässt auf der Parkbank eine Packung **Hartkekse** liegen. Obdachloser F zündet diese an, um sich am Feuer die Finger zu wärmen.

Sofern man Hartkekse unter den Begriff „land- oder ernährungswirtschaftliches Erzeugnis" (§ 306 I Nr. 6) subsumiert, ist F wegen Brandstiftung strafbar.

Ob die jeweils beschriebene Rechtsfolge angesichts des Verbrechenscharakters der Norm **479** und der hohen Strafandrohung (Freiheitsstrafe von einem Jahr bis zu zehn Jahren!) Bestand haben kann, darf mit Recht bezweifelt werden. Um hier nicht mit dem verfas-

Brandstiftungsdelikte (§§ 306 ff.)

sungsrechtlich verankerten **Bestimmtheitsgebot** und dem **Schuldprinzip** in Konflikt zu geraten, bietet es sich für Fälle der vorliegenden Art zunächst an, einen minder schweren Fall gem. § 306 II anzunehmen. Damit wäre zwar das Strafmaß erheblich reduziert, wegen der Regelung des § 12 III änderte diese Strafmilderung aber nichts an dem Verbrechenscharakter der Tat. Daher kommt man letztlich nicht umhin, eine **verfassungskonforme Auslegung** des § 306 vorzunehmen. Die Tatbestandsmerkmale sind also **restriktiv auszulegen**. Konkret wird man fordern müssen, Objekte, von denen im Falle ihres Brennens keine Gemeingefährlichkeit ausgeht, aus dem Kreis tauglicher Tatobjekte auszuklammern, zumindest aber, dass es sich jeweils um Tatobjekte handelt, die einen bedeutenden Wert besitzen. Hierzu bietet es sich an, die für § 315c genannte Wertgrenze zu übertragen. Danach ist ein Schaden von etwa **1.000,- €** zu fordern.[841]

> Da von keinem der in den **Beispielen (1)** bis **(3)** genannten Objekte im Falle eines Brandes eine Gemeingefährlichkeit ausgeht, sind allesamt nach der hier vertretenen Auffassung aus dem Kreis der tauglichen Tatobjekte auszuklammern. Daneben ist zumindest bei den Beispielen **(2)** und **(3)** die Wertgrenze des § 315c nicht erreicht. Davon unberührt bleibt freilich die Möglichkeit einer Strafbarkeit aus § 303 I.

480

> **Kritik und Hinweis für die Fallbearbeitung:** § 306 ist geradezu ein Paradebeispiel für die „in Mode gekommene" Tendenz des Gesetzgebers, sich seiner Verantwortung zu entziehen und Strafvorschriften so weit zu fassen, dass sich letztlich die Rechtsprechung im Einzelfall bemühen muss, den einschlägigen Tatbestand zu konkretisieren, damit die Vorschrift nicht gegen das Analogieverbot verstößt. Für den Klausurbearbeiter bieten derart unbestimmte Straftatbestände wie § 306 I aber eine exzellente Gelegenheit, das juristische Verständnis unter Beweis zu stellen.

481 Zu den **Tatobjekten** des § 306 I Nr. 1 bis 6 im Einzelnen[842]:

482 ▪ § 306 I <u>Nr. 1</u> nennt Gebäude und Hütten. Unter einem **Gebäude** versteht man ein durch Wände und Dach begrenztes, mit dem Erdboden fest verbundenes Bauwerk, das dazu bestimmt und geeignet ist, dem Aufenthalt – nicht notwendigerweise dem Wohnen – von Menschen zu dienen.[843] Teilweise wird darüber hinaus gefordert, das Gebäude müsse dem Zweck dienen, den freien Zutritt Dritter zu verhindern.[844] Damit will man offenbar ausschließen, dass z.B. ein Rohbau, bei dem noch Türen und Fenster fehlen, oder eine instandsetzungsfähige Ruine unter den Begriff des Gebäudes subsumiert werden können. Eine **Hütte** ist ein unbewegliches (ebenfalls mit dem Boden fest verbundenes) Bauwerk, das mangels Größe, Festigkeit oder Dauerhaftigkeit nicht als Gebäude gelten kann. Dazu zählt etwa das Gartenhäuschen. Bei Bau- oder Marktbuden, aber auch bei einem Buswartehäuschen, ist zweifelhaft, ob von einer Hütte gesprochen werden kann.

483 ▪ § 306 I <u>Nr. 2</u> nennt Betriebsstätten oder technische Einrichtungen, namentlich Maschinen. Was der Gesetzgeber unter einer **Betriebsstätte** verstanden hat, als er diese Tatvariante in den Tatbestand des § 306 eingefügt hat, ist weithin unklar. Klar ist jedenfalls, dass auch Anlagen erfasst sein können, die außerhalb der Nr. 1 liegen (sonst hätte die Aufnahme der Nr. 2 in den Tatbestand des § 306 keinen Sinn gemacht). Legt man die Vorschrift des § 12 Abgabenordnung zugrunde, ist eine Betriebsstätte jede feste Geschäftseinrichtung oder Anlage, die der Tätigkeit eines Unternehmens dienen, z.B. Fabrikations- oder Werkstätten. Mit Blick auf die gebotene restriktive Auslegung des Tatbestands sind aber nur Funktionseinheiten von erheblichem Ausmaß und Betriebsstätten von bestimmter Größe und bestimmtem Wert erfasst. Ob dies bei Bau- oder Imbisswagen der Fall ist, mag

---

[841] Vgl. zu dieser Wertgrenze Rn 617 und nunmehr auch *Eisele*, BT I, Rn 725; *Rengier*, BT II, § 10 Rn 6.

[842] Zu den Definitionen vgl. insgesamt *Fischer*, § 306 Rn 3 ff.; *Sch/Sch-Heine/Bosch*, § 306 Rn 4 ff.; SK-*Wolters/Horn*, § 306 Rn 3 ff.; LK-*Wolff*, § 306 Rn 6 ff.; *Lackner/Kühl-Heger*, § 306 Rn 2; *Joecks/Jäger*, § 306 Rn 5 ff.; *Schröder*, JA 2002, 367 ff.; *Kudlich*, NStZ 2003, 458, 459 ff.

[843] Siehe dazu BGHSt 6, 107 ff.

[844] *Eisele*, AL 2013, 278, 281.

Brandstiftungsdelikte (§§ 306 ff.)

bezweifelt werden. Die in der Vorschrift genannte **Maschine** konkretisiert den Oberbegriff **technische Einrichtung**. Darunter sind Sachen zu verstehen, die im Rahmen einer Betriebsstätte zur Fertigung und Produktion eingesetzt werden.

§ 306 I <u>Nr. 3</u> nennt Warenlager und Warenvorräte. Der Begriff des **Warenlagers** ist weit und funktional zu verstehen[845]; insbesondere beschränkt der Wortsinn den Begriff nicht auf eine Räumlichkeit. Lager ist daher jede mobile oder stationäre Lagerstätte, die zur Lagerung nicht ganz unerheblicher Warenmengen geeignet und bestimmt ist; auf ihre konkrete Beschaffenheit kommt es nicht an.[846] Somit können auch Container und Lkw-Wechselbrücken[847] Warenlager sein, wenn sie zur Aufnahme größerer Warenvorräte geeignet und bestimmt sind.[848] **Warenvorrat** ist eine größere Menge von körperlichen Gegenständen, die nicht dem Eigenverbrauch, sondern typischerweise dem gewerblichen Umsatz dienen.[849] Da das Gesetz Warenlager und Warenvorrat begrifflich trennt, folgt daraus, dass sich der Warenvorrat nicht unbedingt in einem Warenlager befinden muss, um taugliches Tatobjekt sein zu können.[850] Entnimmt man mit dem BGH jedenfalls den Tatbeständen des § 306 I Nr. 1 und Nr. 3 ein Element der (brandbedingten generellen) Gemeingefährlichkeit (und sieht sie nicht als bloße Spezialtatbestände der Sachbeschädigung an), führt das (wegen der dann gebotenen restriktiveren Auslegung) dazu, dass unbedeutende Schäden aus dem Tatbestand des § 306 I herauszuhalten sind.[851] In Bezug auf unbedeutende Warenvorräte stützt der BGH die Herausnahme der Tat aus dem Tatbestand des § 306 I Nr. 3 (weiter) auf das Argument, dass allein unter dem Aspekt eines typischerweise dem gewerblichen Umsatz dienenden Eigentumsschutzes die Beschädigung oder Zerstörung unbedeutender Vorratsmengen die qualifizierte Strafdrohung nicht rechtfertigen könne. Das ist abzulehnen. Entnimmt man § 306 I Nr. 3 ein Element der Gemeingefährlichkeit (mit den Worten des BGH: „brandbedingte generelle Gemeingefährlichkeit"), kann der (lediglich) dem gewerblichen Umsatz dienende Eigentumsschutz kein Argument für eine Tatbestandseinschränkung sein. Zudem ist unklar, bei welcher Menge man von „unbedeutend" sprechen kann, zumal der BGH bei § 306e (dazu Rn 551) klare Wertgrenzen fordert, um nicht mit Art. 103 II GG in Konflikt zu geraten. Hier sollte der BGH eine einheitliche Linie fahren.

§ 306 I <u>Nr. 4</u> bezieht Kraftfahrzeuge, Schienen-, Luft- und Wasserfahrzeuge in den Tatbestand ein. Unter **Kraftfahrzeuge** sind nach der auch hier anzuwendenden Legaldefinition in § 248b IV sämtliche Landfahrzeuge zu verstehen, die durch Maschinenkraft angetrieben werden, also auch Mofas. Bei den **Schienen-**, **Luft-** und **Wasserfahrzeugen** fehlt eine derartige Begrenzung, sodass auch solche Fahrzeuge umfasst sind, die etwa durch Muskel- oder Windkraft bewegt werden. Nach dem Wortlaut sind also auch nicht Gleitschirme sowie Schlauch- und Paddelboote ausgeschlossen, was allerdings mit Blick auf die genannte Schwere der Strafandrohung und die damit verbundene gebotene restriktive Auslegung kaum vertretbar erscheint (s.o.). Es ist auch kaum vorstellbar, dass der Gesetzgeber gewollt hat, dass sich jemand aus § 306 strafbar macht, wenn er mitten auf einem See ein (unbesetztes) Paddelboot anzündet. Hier sollte, wie gesagt, eine Strafbarkeit aus § 303 I genügen.

§ 306 I <u>Nr. 5</u> nennt Wälder, Heiden und Moore. Unter **Wald** ist eine erhebliche, zusammenhängende, ganz oder zum größten Teil mit Bäumen bestandene Bodenfläche einschließlich des zwischen diesen stehenden Unterholzes und des übrigen Pflanzenwuchses zu verstehen. **Heide** ist eine offene Landschaft mit typischer Vegetation aus Zwergsträuchern. **Moor** bezeichnet ein dauerhaft feuchtes, schwammiges, tierarmes Gelände mit charakteristischen Pflanzengesellschaften auf einer mindestens 30 cm dicken Torfdecke.

484

485

486

---

[845] BGH NJW 2019, 1238, 1239.
[846] BGH NJW 2019, 1238, 1239.
[847] Darunter sind austauschbare Ladungsträger (Container) zu verstehen, um den Umschlag z.B. von Lkw auf Bahnwaggons zu vereinfachen.
[848] BGH NJW 2019, 1238, 1239.
[849] BGH NJW 2018, 1766; BGH NJW 2019, 1238.
[850] Siehe auch BGH NJW 2018, 1766.
[851] So jedenfalls BGH NJW 2018, 1766, 1767 in Bezug auf unbedeutende Vorratsmengen i.S.d. § 306 I Nr. 3.

Brandstiftungsdelikte (§§ 306 ff.)

487 ▪ § 306 I <u>Nr. 6</u> ist ähnlich unbestimmt wie Nr. 4. Genannt sind **land-, ernährungs- und forstwirtschaftliche Anlagen und Erzeugnisse**. Mit Blick auf die Schwere der Strafandrohung wird man nur solche Objekte unter den Tatbestand subsumieren können, die jeweils eine größere Menge oder einen nicht unerheblichen Wert verkörpern (s.o.). Das ist bspw. bei einem Futtersilo, nicht aber bei dem genannten Hartkeks der Fall.

488 **Tathandlung** ist das **Inbrandsetzen** oder das **durch eine Brandlegung ganz oder teilweise Zerstören** mindestens eines der in der Strafnorm genannten Objekte.

489 **In Brand gesetzt** ist ein Tatobjekt, wenn zumindest ein funktionswesentlicher Bestandteil des Objekts so vom Feuer erfasst wird, dass das Feuer aus eigener Kraft, d.h. ohne Fortwirken des Zündstoffes, selbstständig weiterbrennen kann.[852]

490 Zur Bestimmung des **funktionswesentlichen Bestandteils** von Gebäuden können nach Auffassung des BGH zwar nicht die Vorschriften des Zivilrechts über wesentliche Bestandteile (§ 94 II BGB) herangezogen werden, weil im Strafrecht allein der allgemeine Sprachgebrauch und die Verkehrsanschauung maßgeblich seien.[853] Allerdings werden funktionswesentliche Bestandteile i.S.d. §§ 306 ff. regelmäßig auch solche des § 94 II BGB sein, sodass es auf diese Kontroverse i.d.R. nicht ankommt. Bei Gebäuden reicht daher das Brennen von **Inventar** (z.B. Sofa, Wandregal, Lattentür bzw. Lattenrost), aber auch das Brennen einer Holzwand, die einzelne Kellerräume abtrennt[854], sowie von Tapeten **nicht** aus, wohl aber das von Türen, Treppen, Fußböden[855], fest eingearbeiteten Deckenverkleidungen[856] und von fest mit dem Untergrund verbundenen Teppichböden (str.[857]).

491
> **Hinweis für die Fallbearbeitung:** Da zum Teil sehr unterschiedliche Auffassungen darüber bestehen, ob ein konkreter Bestandteil funktionswesentlich ist oder nicht (so kann bspw. das Wandregal bei dem einen Korrektor als funktionswesentlicher Bestandteil gelten, bei dem anderen aber nicht), sollte man nicht etwa versuchen, möglichst viele Fallbeispiele auswendig zu lernen, sondern *anhand der anerkannten juristischen Auslegungsmethoden* den im Sachverhalt genannten Bestandteil darauf untersuchen, ob der in Brand gesetzte Bestandteil derart eng mit dem Tatobjekt verbunden ist, dass man von einer Funktionswesentlichkeit des Bestandteils sprechen kann.

492 Nicht erforderlich ist das Vorhandensein einer offenen Flamme; auch Glimm- oder Schwelbrände sind daher möglich. Auch ein bereits brennendes Gebäude kann an anderer Stelle nochmals in Brand gesetzt werden (insoweit liegt also kein Fall des untauglichen Versuchs vor); teilweise wird es sogar für tatbestandsmäßig gehalten, wenn ein bereits bestehender Brand intensiviert wird, etwa durch Zugießen von Öl.[858] Nach der hier vertretenen Auffassung kommt jedoch nur Beihilfe in Betracht.[859] Schließlich ist zu beachten, dass es – anders als bei der Brandlegung (Rn 495 ff.) – bei der Taterfolgsvariante des Inbrandsetzens nicht auf das ganz oder teilweise Zerstören des Tatobjekts ankommt. Es genügt allein, dass ein funktionswesentlicher Bestandteil in Brand gesetzt ist.

493 Die Tathandlung ist auch durch **Unterlassen** möglich. Das gilt jedenfalls dann, wenn der Garant pflichtwidrig nicht einschreitet, obwohl das selbstständige Weiterbrennen noch verhindert werden kann. Die Garantenstellung kann sich aus den allgemeinen Regeln, insbesondere aus pflichtwidrigem Vorverhalten (Ingerenz), freiwilliger Übernah-

---

[852] BGH NStZ 2014, 404 f.; BGHSt 16, 109, 110; 18, 363, 364 ff.; 34, 115, 117; 36, 221, 222; 48, 14, 18; Lackner/Kühl-*Heger*, § 306 Rn 3; *Fischer*, § 306 Rn 14; *Sch/Sch-Heine/Bosch*, § 306 Rn 13; MüKo-*Radtke*, § 306 Rn 51; *Schenkewitz*, JA 2001, 400, 401; *Müller/Hönig*, JA 2001, 597, 518. Vgl. auch BGH NStZ 2008, 99 f.
[853] Damit fährt das Gericht bei § 306 eine andere Linie als z.B. bei § 242 (siehe *R. Schmidt*, BT II, Rn 15 ff.).
[854] Vgl. dazu BGH NStZ 2003, 266 (Inbrandsetzen von Holztrennwänden im Keller).
[855] Vgl. dazu BGH NStZ 2003, 265 (PVC-Boden).
[856] BGH NStZ 2014, 404, 405.
[857] Verneinend BGH NStZ 2010, 151 f.
[858] So LK-*Schünemann*, § 27 Rn 44; Lackner/Kühl-*Heger*, § 306 Rn 3.
[859] Wie hier *Geppert*, Jura 1998, 597, 601; *Müller/Hönig*, JA 2001, 597, 518; Sch/Sch-*Heine/Bosch*, § 306 Rn 14.

Brandstiftungsdelikte (§§ 306 ff.)

me, ehelicher Lebensgemeinschaft, nicht jedoch aus einem Versicherungsvertrag[860] ergeben. Auch eine zunächst nur fahrlässig begangene Brandstiftung (§ 306d) kann bei bewusster Unterlassung des Eingreifens in eine vorsätzliche übergehen.[861]

> **Beispiel:** Die Neujahrsrakete des N zischt unkontrolliert in das Fenster des Nachbarhauses und setzt dort sofort die Gardine in Brand. N, der mit dem Nachbarn ohnehin im Streit steht, unternimmt nichts, sondern sieht lieber schadenfreudig zu, wie sich die Flammen ausbreiten. Doch seine Freude nimmt ein jähes Ende, als ihm drei Tage später die Eröffnung eines Ermittlungsverfahrens wegen Brandstiftung mitgeteilt wird.
>
> In diesem Fall hatte N eine Erfolgsabwendungspflicht aus dem Gesichtspunkt der Ingerenz. Er hatte dafür Sorge zu tragen, dass durch seine Rakete niemand zu Schaden kommt. Diese Pflicht hat er bewusst verletzt, indem er es unterlassen hat, alles Zumutbare zu unternehmen, um eine Ausbreitung der Flammen zu verhindern. Er hat damit die Tatbestände der §§ 306 I Nr. 1 Var. 1, 306a I Nr. 1, 13 verwirklicht. Die fahrlässige Brandstiftung tritt dahinter zurück (Konsumtion in Form der mitbestraften Vortat).

Neben dem Inbrandsetzen kann Tathandlung (bzw. Taterfolgsvariante) auch das **durch eine Brandlegung ganz oder teilweise Zerstören** mindestens eines der in der Strafnorm genannten Objekte sein.

494

Brandlegung ist jede Handlung, die auf das Verursachen eines Brandes gerichtet ist. Ein tatsächlicher (auch nur kurzfristiger) Brand „mit heller Flamme", durch den die Teile des Tatobjekts ganz oder teilweise zerstört werden, ist also nicht erforderlich.[862]

495

Das Tatobjekt wird **zerstört**, wenn es vernichtet wird oder seine bestimmungsgemäße Brauchbarkeit völlig verliert. Es ist **teilweise** zerstört, wenn Teile des Tatobjekts *wesentlich* beschädigt oder für nicht unbeträchtliche Zeit nicht mehr zweckbestimmt genutzt werden können.[863]

496

Typischer Fall ist die **Explosion**, da es hierbei nicht notwendigerweise zu einer Brandentwicklung kommen muss (die 1. Tathandlungsvariante also nicht immer verwirklicht ist).

497

Im Einzelfall kann die Feststellung, ob das Tatobjekt **teilweise zerstört** ist, mitunter sehr schwierig sein. Hinsichtlich einer *Wohnung* hat der BGH eine teilweise Zerstörung angenommen, wenn ein zum selbstständigen Gebrauch bestimmter, dem Wohnen dienender Teil der Wohnung durch die Brandlegung für eine beträchtliche Zeit[864] zum Wohnen unbrauchbar geworden ist.[865] Ob dabei die Zeitspanne der Nutzungseinschränkung oder -aufhebung für eine teilweise Zerstörung durch Brandlegung ausreicht, beurteilt der BGH objektiv anhand des Maßstabs eines „verständigen Wohnungsinhabers".[866] Es sei auf die Zeit abzustellen, die für die tatbedingt erforderlichen Renovierungsarbeiten tatsächlich benötigt wird.[867] Ähnlich argumentiert der BGH auch hinsichtlich eines *Gewerbeobjekts*.[868] Bei einer Brandlegung in einem *Mehrfamilienhaus* setzt „teilweises Zerstören" voraus, dass (zumindest) „ein zum selbstständigen Gebrauch bestimmter Teil des Wohngebäudes, d.h. eine zum Wohnen bestimmte, abgeschlossene Untereinheit, durch die Brandlegung für eine beträchtliche Zeit zu Wohnzwecken unbrauchbar geworden ist".[869]

---

[860] Wie hier Lackner/Kühl-*Heger*, § 306 Rn 3; *Müller/Hönig*, JA 2001, 517, 518; *Geppert*, Jura 1998, 597, 601; anders im Wesentlichen nur NK-*Herzog*, § 306 Rn 26.

[861] Wie hier Lackner/Kühl-*Heger*, § 306 Rn 6 a.E.; anders *Müller/Hönig*, JA 2001, 517, 518: neuer Brandherd erforderlich.

[862] So auch Lackner/Kühl-*Heger*, § 306 Rn 4; *Radtke*, ZStW 110 (1998), 848, 871; *Müller/Hönig*, JA 2001, 597, 519.

[863] Vgl. BGH NJW 2018, 246, 247.; BGH NStZ 2019, 27, 28.

[864] BGH NJW 2018, 246, 247. Siehe aber auch BGH NStZ 2019, 27, 28, wo von „nicht unbeträchtliche Zeit" die Rede ist.

[865] BGHSt 48, 14, 18 ff.; BGH NJW 2018, 246, 247 mit Verweis auf BGH NStZ 2014, 647 und BGH NJW 2014, 1123. Siehe auch BGH NStZ 2019, 27, 28.

[866] BGH NJW 2018, 246, 247 mit Verweis auf BGH NStZ 2014, 647 und BGH NJW 2014, 1123. Siehe auch BGH NStZ 2019, 27, 28.

[867] BGH NJW 2018, 246, 247 mit Verweis auf BGH NStZ 2014, 404.

[868] BGH NJW 2012, 693 f.

[869] BGH NStZ 2010, 151 f.; NStZ 2008, 519. Siehe auch BGH NStZ 2019, 27, 28.

Brandstiftungsdelikte (§§ 306 ff.)

Jedenfalls reicht es nach Auffassung des BGH in beiden Fällen zur Erfüllung des Tatbestands „teilweises Zerstören eines Gebäudes" **nicht** aus, dass (lediglich) das **Mobiliar** zerstört wurde.[870] Der Tatbestand sei jedoch verwirklicht, wenn Tapeten und Teppichböden zerstört bzw. (durch starken Ruß) unbrauchbar geworden seien oder wenn durch die Hitzeeinwirkung Putz abplatze.[871] Auch **Löschmitteleinwirkung** kann zur (vollständigen oder teilweisen) Zerstörung des Gebäudes führen.

Noch problematischer ist die Bestimmung der teilweisen Zerstörung der in § 306 I Nr. 5 genannten Objekte. So ist etwa fraglich, welcher Anteil der Gesamtfläche zerstört sein muss, um von einer teilweisen Zerstörung sprechen zu können.

Die (zumindest teilweise) Zerstörung muss auf die Brandlegung zurückzuführen sein.

498 Mit der Formulierung „durch die Brandlegung" statt „durch den Brand" wollte der Gesetzgeber dem Umstand Rechnung tragen, dass durch die Verwendung moderner feuerresistenter Werkstoffe immer seltener ein Feuer zum Ausbruch gerät, Menschen und bedeutende Sachwerte aber auch durch Rauch-, Gas- und Hitzeentwicklung sowie durch Verrußung gefährdet werden können.[872] Erst recht können Menschen gefährdet werden, wenn der Zündstoff statt zu brennen explodiert (s.o.).[873] Würde man ein Feuer mit heller Flamme fordern, käme man in vielen Fällen lediglich zur Versuchsstrafbarkeit.

499 Die beiden Taterfolgsvarianten *Inbrandsetzen* und *durch Brandlegung ganz oder teilweise zerstören* stehen gleichrangig nebeneinander (vgl. § 306 I: „oder"). Daher stellt es keine wesentliche Abweichung vom Kausalverlauf dar, wenn der Täter das Tatobjekt in Brand setzt, dieses aber ganz oder teilweise durch Brandlegung zerstört wird. Im Übrigen genügt zur Bejahung von **Kausalität** und **objektiver Zurechnung** eine mittelbare Verursachung. Daher sind bspw. sogar Löschmittelschäden durch automatische Löschanlagen durch die Brandlegung verursacht.[874]

> **Beispiel:** T zündet seinen in einer Tankstelle stehenden Pkw an, in der Erwartung, dass dadurch die Tankstelle in hohen Flammen aufgeht und dass durch die Flammen der ebenfalls in der Tankstelle stehende (offene) BMW Z 8 seines Erzfeindes E zerstört wird. Doch bevor es zu dem erwarteten „Unglück" kommt, wird durch die Rauchentwicklung die automatische Löschanlage aktiviert und das Feuer sofort gelöscht. Nebeneffekt des Ganzen ist, dass durch das chemische Löschmittel die Lederpolsterung des BMW Z 8 stark beschädigt wird.
>
> In diesem Fall könnte eine wesentliche Abweichung des tatsächlichen vom vorgestellten Kausalverlauf vorliegen, die nicht nur die objektive Zurechnung entfallen lässt, sondern zugleich auch einen Irrtum über den Kausalverlauf darstellt, der zum Ausschluss des Vorsatzes führt. Vorliegend wird man jedoch davon ausgehen müssen, dass sich die Kausalabweichung noch in den Grenzen des nach allgemeiner Lebenserfahrung Vorhersehbaren gehalten hat und keine andere Bewertung der Tat zulässt. Immerhin wollte T den Wagen des E zerstören, und dies hat er zumindest teilweise auch erreicht. Somit liegt weder eine wesentliche Abweichung vom Kausalverlauf noch ein vorsatzausschließender Irrtum vor.

500
> Generell lässt sich sagen, dass eine lediglich unbeachtliche Abweichung vom Kausalverlauf vorliegt, wenn der Täter das Objekt durch Inbrandsetzen zerstören wollte, diesen Taterfolg aber letztlich dadurch erreicht hat, dass das Objekt entgegen seiner Vorstellung ohne Feuerentwicklung zumindest teilweise zerstört (etwa explodiert) ist. In der **Fallbearbeitung** ist nach der hier vertretenen Auffassung auf das Brandlegen aber nicht mehr einzugehen, wenn zuvor das Inbrandsetzen eindeutig bejaht worden ist.

---

[870] BGH NStZ 2008, 519; BGHSt 48, 14, 18 ff. (mit Bespr. v. *Martin*, JuS 2003, 409; *Radtke*, NStZ 2003, 432).
[871] BGH NJW 2018, 246, 247 mit Verweis auf BGH NStZ 2014, 647 und BGH NJW 2014, 1123; BGH NStZ 2001, 252.
[872] Vgl. BT-Drs. 13/8587, S. 26; BT-Drs. 13/9064, S. 22; BGHSt 48, 14, 19.
[873] Vgl. BT-Drs. 13/9064, S. 22; Lackner/Kühl-*Heger*, § 306 Rn 4; Matt/Renzikowski-*Dietmeier*, § 306 Rn 16; *W/H/E*, BT 1, Rn 1044; *Schenkewitz*, JA 2001, 400, 401; *Jäger*, AL 2013, 278, 281.
[874] *Fischer*, § 306 Rn 15; *Müller/Hönig*, JA 2001, 517, 519.

Brandstiftungsdelikte (§§ 306 ff.)

Subjektiv muss der Täter mit **Vorsatz** hinsichtlich aller objektiven Tatbestandsmerkmale handeln, wobei *dolus eventualis* genügt.[875] Da die beiden Taterfolgsvarianten *Inbrandsetzen* und *durch Brandlegung ganz oder teilweise zerstören* gleichrangig nebeneinander stehen (Rn 499), stellt es keinen Irrtum über den Kausalverlauf dar, wenn sich der Täter ein Inbrandsetzen vorstellt, tatsächlich aber eine Zerstörung durch Brandlegung eintritt. Abweichungen zwischen den Tatvarianten sind also sowohl objektiv als auch subjektiv unerheblich. Der **Versuch** ist allein wegen des Verbrechenscharakters des Delikts (auch im Fall des § 306 II, vgl. § 12 III) strafbar.

II. Rechtswidrigkeit und Schuld

Hinsichtlich der Rechtswidrigkeit gelten die allgemeinen Regeln. Sofern man die Auffassung teilt, dass § 306 trotz der der Tathandlung anhaftenden Gemeingefährlichkeit in erster Linie *fremdes Eigentum* schützt (siehe Rn 469), kann die Rechtswidrigkeit insbesondere durch **rechtfertigende Einwilligung** des Rechtsgutinhabers ausgeschlossen sein.[876] Sind mehrere Rechtsgutinhaber vorhanden (Beispiele: Ehegatten, Lebenspartner, Wohngemeinschaft), müssen *alle* einwilligen. Fehlt die Einwilligungsfähigkeit (Beispiel: Kinder), entscheiden gem. § 1629 BGB die gesetzlichen Vertreter. Bei Sachen juristischer Personen obliegt die Erteilung der Einwilligung demjenigen Vertretungsorgan, zu dessen Geschäftsbefugnissen die Verfügung gehört (Beispiel: GmbH-Geschäftsführer in Bezug auf die GmbH). Die Einwilligung ist aber unwirksam, wenn der Vertreter damit seine Vertretungsmacht gegenüber der juristischen Person offensichtlich missbraucht.[877]

Sofern der Einwilligende mit der Einwilligung sittenwidrige Zwecke verfolgt, ist die Einwilligung dennoch beachtlich, da § 228 nach strittiger, aber zutreffender Auffassung keinen allgemeinen Rechtsgrundsatz darstellt, sondern nur auf Körperverletzungsdelikte anwendbar ist (anderenfalls hätte der Gesetzgeber eine Verweisungsnorm oder eine entsprechende Regelung im Allgemeinen Teil aufnehmen müssen).[878]

Auch hinsichtlich der Schuld gelten die allgemeinen Regeln.

III. Strafzumessungs-/Strafaufhebungsgesichtspunkte

In minder schweren Fällen ist der Strafrahmen sechs Monate bis fünf Jahre (§ 306 II). Hat der Täter den Brand gelöscht, bevor ein erheblicher Schaden entstanden ist, kann das Gericht nach Maßgabe des § 49 II die Strafe mildern oder von ihr absehen (§ 306e). Die tätige Reue stellt einen persönlichen Strafaufhebungsgrund dar für den Fall, dass ein in der Vorschrift genanntes Brandstiftungsdelikt bereits vollendet und damit ein Rücktritt nach § 24 ausgeschlossen ist.

---

[875] Vgl. dazu BGH NStZ 2003, 265. Zum maßgeblichen Zeitpunkt des Vorsatzes vgl. AT, Rn 272.
[876] Vgl. BGH NJW 2003, 1824 und die Fallbearbeitung von *Stief*, JuS 2009, 716, 717.
[877] BGH NJW 2003, 1824.
[878] So die h.M., vgl. nur LK-*Hirsch*, vor § 32 Rn 125; *Gropp*, AT, § 5 Rn 106; *Jescheck/Weigend*, AT, § 34 III 1; *W/B/S*, AT, Rn 377; *Joecks/Jäger*, Vor § 32 Rn 28. Näher zum Streitstand Sch/Sch-*Sternberg-Lieben*, § 228 Rn 14.

Brandstiftungsdelikte (§§ 306 ff.)

C. Abstraktes Gefährdungsdelikt *schwere Brandstiftung* (§ 306a I)

504

§ 306a I schützt bestimmte, in der Norm aufgeführte Wohn- und Aufenthaltsstätten, und zwar nach dem Willen des Gesetzgebers ohne Rücksicht darauf, ob im Einzelfall eine konkrete Gefahr für Menschen entstanden ist. Vielmehr gelten nach Auffassung des Gesetzgebers schon allein die Tathandlungen als erfahrungsgemäß **generell gefährlich** für Leben oder körperliche Unversehrtheit von Menschen, sofern sie sich auf die in § 306a I Nrn. 1-3 erfassten Objekte beziehen. Deshalb spielt die **Eigentumsfrage** (im Gegensatz zu § 306 I) hier **keine** Rolle.[879] Von daher lässt sich sagen, dass es sich bei der Strafnorm des § 306a I um ein grundsätzlich unabhängig und selbstständig neben dem **Erfolgsdelikt** des § 306 I stehendes **abstraktes Gefährdungsdelikt**[880] und keineswegs um dessen Qualifikation handelt. Teilt man allerdings die Auffassung des BGH[881], wird beim Inbrandsetzen ein und desselben Gebäudes der Tatbestand des § 306 I Nr. 1 von dem des § 306a I Nr. 1 verdrängt, sofern dessen Voraussetzungen erfüllt sind. In diesem Fall müsste man konsequenterweise auch von einem Verhältnis Grundtatbestand/Qualifikation ausgehen. Es empfiehlt sich folgender Prüfungsaufbau:

Schwere Brandstiftung (§ 306a I)

Vorbemerkung: Handelt es sich bei dem Tatobjekt um eine für den Täter fremde Sache, wurde in aller Regel bereits der Tatbestand des § 306 I Nr. 1 bejaht. In diesem Fall ist § 306a I zusätzlich zu prüfen. War das Tatobjekt für den Täter hingegen nicht fremd, ist § 306 I zunächst anzuprüfen, sogleich aber zu verneinen, um sodann auf § 306a I einzugehen. Dessen Prüfung stellt sich wie folgt dar:

I. Tatbestand

  1. Objektiver Tatbestand
- a. Tatsubjekt (unmittelbarer Täter, mittelbarer Täter, Mittäter)
- b. Tatobjekt (ein in § 306a I Nr. 1-3 genanntes Objekt unabhängig von den Eigentumsverhältnissen)
- c. Tathandlung (Inbrandsetzen oder durch eine Brandlegung ganz oder teilweises Zerstören mindestens eines der Objekte)
- d. Eintritt des Erfolgs und Verbindung zwischen Handlung und Erfolg (Kausalität)
- e. Erfolgszurechnung (Lehre von der objektiven Zurechnung)

  2. Subjektiver Tatbestand

Vorsatz bzgl. aller objektiven Tatbestandsmerkmale, mindestens *dolus eventualis.* Der **Versuch** ist wegen des Verbrechenscharakters strafbar (das gilt wegen § 12 III auch für § 306a III). Sollte § 306a I mangels vorsätzlicher Handlung ausscheiden, ist im Anschluss stets die fahrlässige Brandstiftung nach § 306d zu prüfen.

II. Rechtswidrigkeit und Schuld

Es gelten die allgemeinen Regeln. Zwar kommt auch hier eine rechtfertigende Einwilligung in Betracht, diese dürfte aber wegen der der Tathandlung anhaftenden (gegenüber § 306 I gesteigerten) Gemeingefährlichkeit (abstraktes Gefährdungsdelikt!) und der damit verbundenen Indisponibilität des Rechtsguts ausgeschlossen sein. Hinsichtlich der Schuld gelten ebenfalls die allgemeinen Regeln.

III. Strafzumessungsgesichtspunkte/Tätige Reue

In minder schweren Fällen ist der Strafrahmen sechs Monate bis fünf Jahre (§ 306a III). In minder schweren Fällen ist der Strafrahmen sechs Monate bis fünf Jahre (§ 306 II). Einen persönlichen Strafaufhebungs- bzw. Strafmilderungsgrund stellt die tätige Reue gem. § 306e dar für den Fall, dass ein in der Vorschrift genanntes Brandstiftungsdelikt bereits vollendet und damit ein Rücktritt nach § 24 ausgeschlossen ist.

---

[879] Deklaratorisch BGH NStZ-RR 2000, 209; BGH NStZ 2008, 99; *Müller/Hönig*, JA 2001, 517, 519; *Cantzler*, JA 1999, 474, 476; *Schenkewitz*, JA 2001, 400, 402 f. Anders verhält es sich bei § 306a II.
[880] Vgl. bereits *Schmidt/Seidel*, StGB, 2. Aufl. 1998, S. 185 und später auch BGH NStZ 2014, 404, 406.
[881] BGH NStZ 2001, 196. Kritisch *Wolff*, JR 2002, 94 ff.

Brandstiftungsdelikte (§§ 306 ff.)

IV. Teleologische Reduktion?

Da § 306a I unabhängig davon, ob tatsächlich eine Gefahr für einen Menschen bestanden hat oder nach den Umständen sogar ausgeschlossen war, eine Freiheitsstrafe bis zu 15 Jahren vorsieht (vgl. § 38 II), ist eine **Kollision** mit dem verfassungsrechtlich verankerten **Schuldprinzip** unvermeidlich, wenn der Täter aus § 306a I bestraft wird, obwohl er **zuvor in zuverlässiger und lückenloser Weise gewährleistet hat, dass unter keinen Umständen durch seine Brandstiftung ein Mensch gefährdet werden kann**. Freilich kommt dies nur bei **kleinen, insbesondere einräumigen Gebäuden** in Betracht, bei denen auf einen Blick übersehbar ist, dass sich in ihnen kein Mensch aufhält.

I. Tatbestand

Wegen der Rechtsnatur des § 306a I als **abstraktes Gefährdungsdelikt** ist weder Voraussetzung, dass tatsächlich eine Gefahr für das Leben eines Menschen bestanden hat, noch, dass es sich bei den in der Norm genannten Tatobjekten für den Täter um fremde Objekte handelt. Daher kann auch (im Gegensatz zu § 306 I) tauglicher Täter sein, wer sein **eigenes** Gebäude anzündet. Insbesondere nennt der Wortlaut keine Beschränkung auf *fremde* Objekte. **505**

Die tauglichen **Tatobjekte** sind in § 306a I Nr. 1 bis 3 enumerativ aufgezählt. Aufgabe des Klausurbearbeiters ist es – wie bei § 306 I – den Tatbestand auszulegen, also zu prüfen, ob das im Sachverhalt genannte Objekt unter eines der in der Vorschrift genannten zu subsumieren ist. Dabei ist auch hier stets vom geschützten Rechtsgut und von der Höhe des Strafmaßes auszugehen. **506**

- § 306a I **Nr. 1** nennt ein **Gebäude**, ein **Schiff**, eine **Hütte** und eine andere **Räumlichkeit, die der Wohnung von Menschen dient**. In Anbetracht der Formulierung „oder eine andere Räumlichkeit, die der Wohnung von Menschen dient" ist klar, dass die Tatobjekte Gebäude, Schiff und Hütte (zu deren Definition vgl. die Ausführungen zu § 306 I Nr. 1.) lediglich beispielhaft genannt sind und Unterfälle des Begriffs *Räumlichkeit, die der Wohnung von Menschen dient*, darstellen. **507**

Räumlichkeit kann daher nicht nur ein Bauwerk sein, sondern jeder nach allen Seiten und nach oben hin abgeschlossener, unbeweglicher oder beweglicher Raum, der tatsächlich dem dauernden Aufenthalt von Menschen dient.[882] Insbesondere kommt es nicht darauf an, dass die Räumlichkeit lediglich zum *Wohnen* bestimmt oder geeignet ist. **508**

Der in § 306a I Nr. 1 enthaltene Satzbestandteil „dient" stellt nichts anderes dar als das Erfordernis einer entsprechenden **Widmung zu Wohnzwecken**. Die Räumlichkeit muss also für mindestens eine Person – wenn auch nur vorübergehend[883] – den räumlichen Mittelpunkt der (privaten) Lebensführung bilden.[884] Anders als bei § 306 I Nr. 1 können daher bspw. auch Wohnmobile, Wohnwagen und Künstlerwagen erfasst sein, selbst wenn sie für längere Zeit abgestellt sind.[885] Auch Zweitwohnsitze sind erfasst. Maßgeblich ist allein, inwieweit ein Wohnzweck (noch) erkennbar ist. Bei einem zwecks Verkaufs auf dem Platz eines Gebrauchtwagenhändlers abgestellten Wohnmobil dürfte ein Wohnzweck aber nicht (mehr) vorliegen. Erst recht fehlt es an der erforderlichen Widmung bei Rohbauten (bzw. bei noch nicht bezogenen Neubauten) oder bei leer stehenden Gebäuden (etwa geschlossenen Hotels oder zum Abriss vorgesehenen Mietshäusern)[886], da es insoweit auf **509**

---

[882] SK-*Wolters/Horn*, § 306a Rn 6, 15; *W/H/E*, BT 1, Rn 1050; *Schröder*, JA 2002, 367, 368 f.
[883] BGH NStZ 2012, 39.
[884] Vgl. auch BGH NStZ 2010, 519; NStZ 2008, 99.
[885] BGH NStZ 2010, 519.
[886] Anders verhält es sich aber, wenn das eigentlich leer stehende Gebäude Hausbesetzern oder Obdachlosen nicht nur zeitweise als Unterkunft dient.

205

Brandstiftungsdelikte (§§ 306 ff.)

den Zeitpunkt der Tathandlung ankommt. Daraus folgt: Der Wohnzweck kann durch **Entwidmung** auch wieder entfallen.

510

> **Hinweis für die Fallbearbeitung:** Sollte das Tatobjekt entwidmet worden sein, ist zu bedenken, dass der Täter nicht zwingend straflos ist, sondern aus § 306 I (sofern die Sache für ihn fremd ist) oder gar aus § 306a II (sofern er im konkreten Fall einen Menschen in die Gefahr einer Gesundheitsschädigung gebracht hat; auf die Fremdheit der Sache kommt es insoweit nicht an) strafbar sein kann.

511

Widmung und Entwidmung müssen nicht ausdrücklich, sondern können auch **konkludent** (also durch schlüssiges Verhalten) erfolgen. Das kann etwa der Fall sein, wenn der Täter sein eigenes (von ihm bewohntes) Haus anzündet. Mit dem Anzünden hat er das Haus zugleich **entwidmet** mit der Folge, dass kein taugliches Tatobjekt i.S.d. § 306a I Nr. 1 vorliegt.[887]

Beispiel: Neffe N hat von seinem verstorbenen Onkel eine alte leer stehende Villa geerbt, in der er sein eigenes Quartier eingerichtet hat. Zwar ist die Villa instandsetzungsfähig, aber das Grundstück hat eine sehr schöne Lage, die sich hervorragend für die Errichtung eines Luxushotels eignet. Da die Villa jedoch unter Denkmalschutz steht und N daher wohl keine Abrissgenehmigung erhalten würde, zündet er kurzerhand die Villa an.

In diesem Fall ist N zwar tauglicher Täter, da es bei § 306a I nicht auf die Eigentumsverhältnisse ankommt, allerdings hat er die Villa durch das Inbrandsetzen konkludent entwidmet, sodass eine Strafbarkeit aus § 306a I mangels tauglichen Tatobjekts nicht gegeben ist (da hier auch die Gefahr einer Gesundheitsschädigung fehlt, scheitert auch eine Strafbarkeit aus § 306a II; eine Strafbarkeit aus § 306 scheitert an der Fremdheit).

512

Wird die Räumlichkeit von **mehreren Personen** bewohnt (gleichgültig ob legal oder illegal; Beispiele von mehreren Berechtigten: Ehegatten, Lebenspartner, Wohngemeinschaft; gleichgültig, ob Eigen- oder Fremdbesitz; Beispiele: eigenes Haus oder Mietshaus), müssen Widmung bzw. Entwidmung durch **alle** Bewohner erfolgen.[888] Fehlt die Einwilligungsfähigkeit (etwa bei Kindern) und damit auch die Fähigkeit der Widmung/Entwidmung, entscheiden gem. § 1629 BGB grds. die gesetzlichen Vertreter mit Wirkung für ihre Kinder.[889] Das Abstellen auf den Bewohner hat den Grund, dass es nicht auf den Willen des zivilrechtlichen Eigentümers oder des rechtmäßigen Besitzers ankommt, sondern auf die aus der Tathandlung resultierende abstrakte Gefährlichkeit für Menschen. Daher kann eine Entwidmung angenommen werden, wenn alle Mitbewohner eines Hauses mit der Brandlegung einverstanden sind und zuvor das Haus verlassen haben.[890] Problematisch ist das Ganze aber dann, wenn der Täter zuvor den Alleinbewohner **tötet** und **anschließend** (um die Tatspuren zu verwischen) **das Haus niederbrennt**. Hier hat der BGH eine Entwidmung angenommen, da das Haus im Zeitpunkt der Tat gerade nicht mehr den räumlichen Mittelpunkt gebildet habe (ein Toter kann kein Haus mehr bewohnen).[891]

513

Selbstverständlich bleibt auch bei **vorübergehender Abwesenheit** des Bewohners (Urlaub, Geschäftsreise o.ä.) die Wohneigenschaft erhalten, da insoweit von keiner Entwidmung gesprochen werden kann. Etwas anderes gilt nur dann, wenn der Bewohner die Räumlichkeit erkennbar nicht mehr als seine Wohnung betrachtet. Der Umkehrschluss aus § 306a I Nr. 3 stellt dies klar.

514

Bei **gemischt genutzten Gebäuden**, d.h. bei Gebäuden, die teils gewerblich, teils wohnlich genutzt werden und bei denen beide Teile nach ihrer äußeren Erscheinung und

---

[887] Vgl. dazu auch BGH NStZ 2009, 100; NStZ 2008, 99 ff. Vgl. auch *Dannecker/Gaul*, JuS 2008, 345, 347; *Stief*, JuS 2009, 716, 718; Lackner/Kühl-*Heger*, § 306a Rn 2; Sch/Sch-*Heine/Bosch*, § 306a Rn 5.

[888] Vgl. bereits die 1. Aufl. 2002; später auch BGH NStZ-RR 2005, 76; *Kudlich*, JuS 2005, 473, 474; *Bischoff/Jungkamp*, JuS 2009, 447, 451.

[889] Wie hier BGH NStZ 1999, 32, 34; StV 2007, 584 f.; NStZ 2008, 99, 100 (allerdings mit einigen Besonderheiten, deren Behandlung den Rahmen dieses Buches sprengen würde).

[890] BGHSt 26, 121, 122 f.; BGH NStZ 1994, 130.

[891] Vgl. BGHSt 23, 114 ff.

inneren Einrichtung ein einheitliches Ganzes bilden[892], ist für die Anwendung des § 306a I Nr. 1 zunächst Grundvoraussetzung, dass der Wohnteil in irgendeiner Art und Weise von der Tathandlung betroffen sein muss.[893] Bezieht sich die Tathandlung also nur auf den wirtschaftlich (bzw. nicht wohnlich) genutzten Teil, stellt sich die Frage nach der Anwendbarkeit des § 306a I Nr. 1, der ja einen Wohnzweck voraussetzt. Es müssen also Auswirkungen auch auf den Wohnteil vorhanden sind. Hierbei ist nach den Taterfolgsvarianten *Inbrandsetzen* und *durch Brandlegung ganz oder teilweise zerstören* zu unterscheiden.

Taterfolgsvariante Inbrandsetzen

Wird nur der wirtschaftlich (bzw. nicht wohnlich) genutzte Teil in Brand gesetzt, ist fraglich, ob § 306a I Nr. 1 nur dann vollendet sein kann, wenn das Feuer tatsächlich auch den Wohnbereich ergriffen hat, oder bereits dann, wenn nicht auszuschließen ist, dass das Feuer auch auf den Wohnbereich übergreifen kann.

Beispiel: T zündet nachts einen Gewerbebetrieb an, in dem sich auch die Einliegerwohnung des Geschäftsführers G befindet. Dieser hält sich jedoch im Zeitpunkt der Tat nicht im Gebäude auf. Noch bevor die Wohnung des G vom Feuer erfasst wird, kann es durch die rasch eintreffende Feuerwehr gelöscht werden. Am Wohnteil selbst sind keine Beschädigungen feststellbar.

Der Gewerbebetrieb des G könnte dem § 306a I Nr. 3 unterfallen. Insbesondere ist nicht Voraussetzung, dass sich jemand *im Tatzeitpunkt* in der Wohnung aufhält. Allerdings will Nr. 3 lediglich den Fall sanktionieren, dass die Räumlichkeit nur zeitweise dem Aufenthalt von Menschen dient. Die Wohnung des G dient diesem aber dauernd zum Aufenthalt. Möglicherweise hat T jedoch den Tatbestand des § 306a I Nr. 1 verwirklicht. Ein Gewerbebetrieb als solcher fällt aber nicht unter die Nr. 1 und das Feuer hat auch die Einliegerwohnung nicht erreicht, sodass diesbezüglich (nur) an einen Versuch zu denken ist.

Da das Feuer den Wohnteil nicht erfasst hat, hat T sich somit nicht wegen vollendeter schwerer Brandstiftung gem. § 306a I Nr. 1 strafbar gemacht, jedoch wegen versuchter schwerer Brandstiftung (§§ 306a I Nr. 1, 22). Diese Versuchstat steht in Tateinheit mit vollendeter Brandstiftung gem. § 306 I Nr. 1 in Bezug auf den Gewerbeteil.[894]

Taterfolgsvariante durch Brandlegung ganz oder teilweise zerstören

Wird bei einem gemischt genutzten Gebäude nur der wirtschaftlich (bzw. nicht zu Wohnzwecken) genutzte Teil in Brand gesetzt, ist § 306a I Nr. 1 in der Taterfolgsvariante *durch Brandlegung ganz oder teilweise zerstören* nur dann vollendet, wenn durch die Brandlegung auch der Wohnbereich betroffen und ganz oder teilweise zerstört ist. Das entspricht insoweit dem Wortlaut des § 306a I Nr. 1. Zu klären ist aber, unter welchen Voraussetzungen ein zumindest teilweises Zerstören angenommen werden kann. Nach der Rechtsprechung des BGH ist das der Fall, wenn ein zum selbstständigen Gebrauch bestimmter, dem Wohnen dienender Teil des Gebäudes durch die Brandlegung für nicht unbeträchtliche Zeit[895] zum Wohnen unbrauchbar geworden ist.[896] Dies sei dann anzunehmen, wenn infolge der brandbedingten Einwirkung das Tatobjekt einzelne von mehreren der auf das Wohnen gerichteten Zweckbestimmungen nicht mehr erfüllen kann, wobei hierzu insbesondere der Aufenthalt, die Nahrungsversorgung und das Schlafen zählen.[897] Maßstab sei insofern die Vorstellung eines „verständigen Wohnungsinhabers"[898], wobei Unbrauchbarkeit zu Wohnzwecken erst anzunehmen sei, wenn eine Wohnung infolge des Brandes für eine nicht unbeträchtliche Zeit nicht mehr zu diesem Zweck genutzt werden kann. Ob die Zeitspanne der Nutzungseinschränkung oder -aufhebung für eine teilweise Zerstörung

---

[892] So die Definition des BGH (NJW 2018, 246, 247; NStZ 2019, 27, 28).
[893] Siehe (klarstellend) BGH NStZ 2019, 27, 28 f.
[894] BGH NJW 2011, 2148, 2149. Zu diesem Konkurrenzverhältnis siehe auch BGH NStZ 2019, 27, 28 f.
[895] BGH NStZ 2019, 27, 28. BGH NJW 2018, 246, 247 verwendet auch die Formulierung: „nicht für eine beträchtliche Zeitspanne".
[896] BGH NStZ 2019, 27, 28 mit Verweis u.a. auf BGH NStZ 2014, 647, 648; BGH NJW 2014, 1123; BGH NJW 2018, 246, 247.
[897] BGH NJW 2018, 246, 247 mit Verweis auf BGH NStZ 2014, 404.
[898] BGH NStZ 2019, 27, 28 mit Verweis auf BGH NJW 2018, 246, 247; BGH NStZ 2014, 404.

Brandstiftungsdelikte (§§ 306 ff.)

durch Brandlegung ausreicht, sei objektiv, ebenfalls anhand des Maßstabs eines „verständigen Wohnungsinhabers" zu beurteilen.[899] Hierbei sei auf die Zeit abzustellen, die für die tatbedingt erforderlichen Renovierungsarbeiten tatsächlich benötigt wird.[900]

Wird also nur der wirtschaftlich (bzw. nicht zu Wohnzwecken) genutzte Teil in Brand gesetzt, ist § 306a I Nr. 1 nur dann vollendet, wenn ein zum selbstständigen Gebrauch bestimmter, dem Wohnen dienender Teil des Gebäudes durch die Brandlegung für nicht unbeträchtliche Zeit[901] zum Wohnen unbrauchbar geworden ist.[902] Dazu genügt es dann auch, wenn die Unbrauchbarkeit zu Wohnzwecken lediglich mittelbar auf die im gewerblichen Teil verübte Brandlegung zurückzuführen ist, etwa in Form einer erheblichen Verrußung infolge des gelegten Brandes[903] oder infolge des Einsatzes von Löschmitteln[904]. Der BGH begründet seine Auffassung mit dem Schutzzweck der Variante *durch die Brandlegung ganz oder teilweise zerstören*, der an die Gefährdung für Leben und Gesundheit der Bewohner, aber auch für bedeutende Sachwerte anknüpft, die darin liegt, dass durch die zunehmende Verwendung feuerbeständiger und feuerhemmender Baustoffe und Bauteile bei einer Brandlegung zwar wesentliche Gebäudebestandteile selbst nicht mehr stets brennen, gleichwohl aber große Ruß-, Gas- und Rauchentwicklung sowie starke Hitzeeinwirkung entstehen.[905] Gleichwohl sind eine zumindest teilweise Zerstörung und eine Unbrauchbarkeit für eine nicht unbeträchtliche Zeit erforderlich.

Beispiel[906]**:** K legt nachts Feuer in einem Gewerbebetrieb, in dem sich auch die Einliegerwohnung des Geschäftsführers G befindet. Dieser hält sich jedoch im Zeitpunkt der Tat nicht im Gebäude auf. Noch bevor die Wohnung des G vom Feuer erfasst wird, kann es durch die rasch eintreffende Feuerwehr gelöscht werden. In der Wohnung sind nur leichte Verrußungen feststellbar.

Hier liegt kein Fall des § 306a I Nr. 1 vor, da der Wohnteil nicht für nicht nur „unbeträchtliche Zeit" unbrauchbar geworden ist.

Im Zusammenhang mit der Taterfolgsvariante *durch Brandlegung ganz oder teilweise zerstören* hat der BGH nun auch eine weitere Facette entschieden, und zwar die Frage, ob bei auch wohnlich genutzten Gebäuden der Taterfolg der durch Brandlegung vollständigen oder teilweisen Zerstörung bereits darin liegen kann, dass ausschließlich nicht dem Wohnen selbst dienende Gebäudeteile – etwa in den Kellerräumen verlaufende Versorgungsleitungen – von den Brandfolgen betroffen sind, die brandbedingte Zerstörung dort aber eine Nutzung der im Objekt gelegenen Wohnungen für eine ausreichende Zeitspanne aufhebt. Mit Blick auf den Wortlaut des § 306a I Nr. 1 hat der BGH die Frage verneint. Unter dem Begriff der „Zerstörung" sei nach allgemeinem Sprachgebrauch zu verstehen, dass etwas sehr stark beschädigt und dadurch unbrauchbar bzw. unbenutzbar gemacht werde.[907] Das entspreche auch dem juristischen Sprachgebrauch sowie dem Schutzzweck des § 306a I Nr. 1, der eine Strafbarkeit vorsehe, wenn die Brandlegung infolge der Verwendung feuerbeständiger oder feuerhemmender Baumaterialien zwar nicht dazu führe, dass wesentliche Gebäudebestandteile selbst brennen, die Brandlegung gleichwohl aber die Gefahr in sich berge, dass infolge großer Ruß-, Gas- und Rauchentwicklung sowie durch starke Hitzeeinwirkung eine erhebliche Menschengefährdung sowie hohe Sachschäden entstehen können.[908] Ein bloßes Hervorrufen der Unbenutzbarkeit genügt also nicht für die Bejahung einer (teilweisen) Zerstörung; hierzu sind brandbedingte Einwirkungen auf die Sachsubstanz des Wohnobjekts erforderlich.[909]

---

[899] BGH NJW 2018, 246, 247 mit Verweis auf BGH NStZ 2014, 647 und BGH NJW 2014, 1123.
[900] BGH NJW 2018, 246, 247 mit Verweis auf BGH NStZ 2014, 404.
[901] BGH NStZ 2019, 27, 28.
[902] BGH NStZ 2019, 27, 28 mit Verweis u.a. auf BGH NStZ 2014, 647, 648; BGH NJW 2014, 1123; BGH NJW 2018, 246, 247.
[903] BGH NStZ 2019, 27, 28 mit Verweis u.a. auf BGH NStZ 2014, 647, 648; BGH NJW 2018, 246, 247.
[904] BGH NStZ 2019, 27, 28 mit Verweis u.a. auf BGH NStZ 2014, 404, 405; BGH NJW 2018, 246, 247.
[905] Siehe dazu Rn 498 mit entsprechenden Nachweisen.
[906] BGH NStZ 2019, 27.
[907] BGH NStZ 2019, 27, 29 mit Verweis auf duden.de, „zerstören".
[908] BGH NStZ 2019, 27, 29 mit Verweis auf BT-Dr. 13/8587, S. 26 – siehe dazu schon oben Rn 498.
[909] Vgl. BGH NStZ 2019, 27, 29 mit Verweis auf BT-Dr. 13/8587, S. 26.

Brandstiftungsdelikte (§§ 306 ff.)

- § 306a I **Nr. 2** nennt eine **Kirche** und ein anderes der **Religionsausübung dienendes Gebäude**, ohne weitere Voraussetzungen (etwa Zeit der Tat, Anwesenheit von Personen) zu nennen.

515

- § 306a I **Nr. 3** nennt eine **Räumlichkeit, die zeitweise dem Aufenthalt von Menschen dient**. Darunter können Büro- und Wohnwagen, aber auch Eisenbahnwagen, Autobusse, Fähren, Theater, Kinos, Werkstatträume, Fabriken, Stallungen und Scheunen fallen, solange nur eine gewisse Regelmäßigkeit der tatsächlichen Nutzung erkennbar ist.[910] Eine einmalige Übernachtung bspw. eines Obdachlosen genügt also nicht. Ebenso wenig erfasst sind Räumlichkeiten, die aufgrund ihrer geringen Größe keinen „Aufenthalt" gewähren können, so etwa Telefonzellen oder Pkws.

516

Eine Bestrafung aus § 306a I Nr. 3 hat des Weiteren zur Voraussetzung, dass die Tat **zu einer Zeit** begangen wird, in der Menschen **sich dort aufzuhalten pflegen**. Ob tatsächlich zum Tatzeitpunkt Menschen anwesend sind, ist also unerheblich (abstraktes Gefährdungsdelikt).

Beispiel: T will sich an dem Bauer B rächen, weil dieser im Gemeinderat sitzt und dafür gesorgt hat, dass dem T die Baugenehmigung versagt wurde. Eines Nachts zündet T eine außerhalb der Bebauung liegende Scheune des B an. Da er aber weiß, dass diese Scheune regelmäßig von Landstreichern als Schlafstätte aufgesucht wird, überzeugt er sich zuvor, dass niemand anwesend ist.

Da § 306a I Nr. 3 (lediglich) zur Voraussetzung hat, dass die Tat zu einer Zeit begangen wird, in der Menschen sich dort aufzuhalten pflegen, es somit nicht darauf ankommt, dass sich jemand auch im Tatzeitpunkt tatsächlich dort aufhält, hat T den Tatbestand des § 306a I Nr. 3 insoweit erfüllt. Ob dieses Ergebnis in Anbetracht der hohen Strafandrohung (Freiheitsstrafe bis zu 15 Jahren!) Bestand haben kann, mag bezweifelt werden (zur teleologischen Reduktion des Tatbestands siehe Rn 521 ff.).

Hinsichtlich **gemischt genutzter** Gebäude gilt dasselbe wie bei Nr. 1 (Rn 514).

Tathandlungen sind in Übereinstimmung mit § 306 I das **Inbrandsetzen** oder das **durch eine Brandlegung ganz oder teilweise Zerstören** mindestens eines der in der Strafnorm genannten Objekte. Vgl. dazu und zum **Unterlassen** Rn 493.

517

Subjektiv muss der Täter mit **Vorsatz** hinsichtlich aller objektiven Tatbestandsmerkmale (einschließlich des Umstands, dass sich Menschen in der Räumlichkeit aufzuhalten pflegen) handeln, wobei *dolus eventualis* genügt.[911] Der **Versuch** ist wegen des Verbrechenscharakters des Delikts strafbar (das gilt wegen § 12 III auch für § 306a III).

518

II. Rechtswidrigkeit und Schuld

Hinsichtlich Rechtswidrigkeit und Schuld gelten grds. die zu § 306 aufgestellten Regeln. Im Gegensatz zu § 306 dürfte allerdings eine **rechtfertigende Einwilligung** wegen der der Tathandlung anhaftenden (gegenüber § 306 I gesteigerten) Gemeingefährlichkeit (abstraktes Gefährdungsdelikt!) und der damit verbundenen Indisponibilität des Rechtsguts **ausgeschlossen** sein.[912]

519

III. Strafzumessungs-/Strafaufhebungsgesichtspunkte

In minder schweren Fällen ist der Strafrahmen sechs Monate bis fünf Jahre (§ 306a III). Einen persönlichen Strafaufhebungs- bzw. Strafmilderungsgrund stellt die tätige Reue gem. § 306e dar für den Fall, dass ein in der Vorschrift genanntes Brandstiftungsdelikt bereits vollendet und damit ein Rücktritt nach § 24 ausgeschlossen ist.

520

---

[910] Vgl. BGHSt 23, 60, 62.
[911] Zum maßgeblichen Zeitpunkt des Vorsatzes vgl. *R. Schmidt*, AT, Rn 272.
[912] Vgl. den Umkehrschluss aus BGH NJW 2003, 1824.

Brandstiftungsdelikte (§§ 306 ff.)

IV. Teleologische Reduktion?

521 Da § 306a I unabhängig davon, ob tatsächlich eine Gefahr für einen Menschen bestanden hat oder nach den Umständen sogar ausgeschlossen war, eine Freiheitsstrafe von einem Jahr bis zu 15 Jahren (vgl. § 38 II) vorsieht, ist eine **Kollision** mit dem verfassungsrechtlich verankerten **Schuldprinzip** unvermeidlich, wenn der Täter aus § 306a I bestraft wird, obwohl er **zuvor in zuverlässiger und lückenloser Weise gewährleistet hat, dass unter keinen Umständen durch seine Brandstiftung ein Mensch gefährdet werden kann**.[913] Freilich kommt dies nur bei **kleinen, insbesondere einräumigen Gebäuden** in Betracht, bei denen auf einen Blick übersehbar ist, dass sich in ihnen kein Mensch aufhält.[914] Sofern die Räumlichkeit diese Eigenschaft nicht aufweist, kommt allenfalls ein minder schwerer Fall nach § 306a III in Betracht.

522 **Beispiel:** T des vorigen Beispiels (Rn 516) konnte sich von der Nichtanwesenheit von Menschen deswegen überzeugen, weil die Scheune nur aus einem (nahezu leeren) Raum bestand. Gleichwohl hat T – wie bereits festgestellt – an sich den Tatbestand des § 306a I Nr. 3 mit der angedrohten Freiheitsstrafe von bis zu 15 Jahren erfüllt.

⇨ Weil aber kein Mensch (weder aus subjektiver noch aus objektiver Sicht) gefährdet sein *konnte*, wird in derartigen Fällen überwiegend eine **Einschränkung des Tatbestands** in Erwägung gezogen.[915] Nimmt man im vorliegenden Fall eine einschränkende Auslegung vor, würde bei T eine Strafbarkeit aus § 306a I Nr. 3 entfallen.

⇨ Die Gegenauffassung lehnt jegliche Einschränkung des Tatbestands ab und stützt sich dabei auf den klaren Wortlaut der Norm und die Einstufung als abstraktes Gefährdungsdelikt.[916]

⇨ Stellungnahme: Für die Gegenauffassung spricht, dass es sich bei § 306a I in der Tat um ein abstraktes, und nicht um ein konkretes Gefährdungsdelikt handelt. Auf der anderen Seite hat der Gesetzgeber, der im Zuge des 6. StrRG 1998 auch die Brandstiftungsdelikte völlig neu gestaltet hat, die einschränkende Rechtsprechung des BGH ausdrücklich gebilligt und sich *aus diesem Grund* gegen die Einfügung einer tatbestands-einschränkenden Klausel nach Art des § 326 VI entschieden.[917]

Folgt man der hier vertretenen Auffassung, hat sich T des obigen Beispiels nicht aus § 306a I Nr. 3 strafbar gemacht. Da die Scheune für ihn aber fremd war, ist er aus § 306 I Nr. 1 strafbar. Wäre die Scheune dagegen seine eigene gewesen, hätte sogar (jedenfalls hinsichtlich der Brandstiftungsdelikte) eine Straflosigkeit vorgelegen. Hätte sich Hab und Gut der Landstreicher in der Scheune befunden, wäre aber eine Strafbarkeit aus § 303 I anzunehmen gewesen.

Zu beachten ist aber, dass eine teleologische Reduktion auch nach Auffassung des BGH nicht in Betracht kommt, wenn sich der Täter nach der Brandlegung vom Tatobjekt entfernt und sich damit der Kontrolle, ob Bewohner während seiner Abwesenheit zurückkehren oder Dritte das Gebäude betreten, entzieht.[918]

523 **Hinweis für die Fallbearbeitung:** Das Problem der teleologischen Reduktion ist in der Praxis nur von begrenzter Reichweite. Denn handelt es sich um eine Räumlichkeit, die nicht im Eigentum des Täters steht (für diesen also fremd ist), greift bereits § 306 I, der dieselbe Strafuntergrenze hat (Freiheitsstrafe von 1 Jahr) und lediglich in der Obergrenze unter der des § 306a I liegt (max. 10 Jahre statt 15 Jahre). Sollte es sogar zu einer

---

[913] Vgl. BGHSt 26, 121, 124 f.; BGH NStZ 2014, 404, 406.
[914] Wie hier Lackner/Kühl-*Heger*, § 306a Rn 1; Sch/Sch-*Heine/Bosch*, § 306a Rn 2.
[915] BGHSt 26, 121, 124 f.; 34, 115, 118; BGH NStZ 1982, 420, 421; NStZ 1985, 408, 409; NStZ 1999, 32, 33 f.; BGH NStZ 2014, 404, 406; vgl. auch BGHSt 43, 8, 12; *W/H/E*, BT 1, Rn 1054; Sch/Sch-*Heine/Bosch*, § 306a Rn 2; *Bischoff/Jungkamp*, JuS 2009, 447, 451.
[916] LK-*Wolff*, § 306a Rn 6; *Rengier*, JuS 1998, 397, 399; *Koriath*, GA 2001, 51, 65; *K/H/H*, BT 1, Rn 765; *Kudlich*, JA 2008, 703, 705.
[917] Vgl. BT-Drs. 13/8587, S. 45-47.
[918] BGH NStZ 2014, 404, 406.

Gefährdung von Menschen gekommen sein, greift wiederum § 306a II, der (wie § 306a I) das Inbrandsetzen (auch) der eigenen Sache ausreichen lässt. Für § 306a I bleiben also nur Fälle der obigen Art. Da diese aber gerade examenstypisch sind, sollte bei der Klausurprüfung zunächst der Tatbestand des § 306a I komplett durchgeprüft werden (also objektiv und subjektiv), um bei dessen Bejahung sogleich auf die Problematik einer Einschränkung des Tatbestands einzugehen und eine überzeugende Lösung des Konflikts herbeizuführen. Dabei hängt die Qualität der Arbeit weniger von dem (unreflektierten) „Abspulen" der genannten Auffassungen ab, sondern von einer problemorientierten Diskussion.

D. Konkretes Gefährdungsdelikt *schwere Brandstiftung* (§ 306a II)

Gemäß § 306a II wird mit Freiheitsstrafe von 1 Jahr bis zu 15 Jahren (vgl. § 38 II) bestraft, wer eine in § 306 I Nr. 1 bis 6 bezeichnete Sache in Brand setzt oder durch eine Brandlegung ganz oder teilweise zerstört und dadurch einen anderen Menschen in die Gefahr einer Gesundheitsschädigung bringt. Diese Formulierung bringt verschiedene Aspekte zum Ausdruck: | 524

- Zunächst muss es sich um eines der in **§ 306 I** (nicht etwa um eines der in § 306a I) genannten Tatobjekte handeln. Insbesondere ist ein Wohnzweck nicht erforderlich. Daher kann sich die Problematik des gemischt genutzten Gebäudes hier nicht stellen. | 525

- Fraglich ist, ob (wie bei § 306 I) die **Eigentumslage** der Tatobjekte eine Rolle spielt, ob sich also der Verweis in § 306a II lediglich auf die in § 306 I Nr. 1-6 genannten Objekte oder auch auf deren **Fremdheit** bezieht. | 526

  ⇨ Teilweise wird vertreten, § 306a II sei ausschließlich auf **eigene** oder **herrenlose** Sachen anwendbar (nach dieser Auffassung darf die Sache also gerade nicht fremd sein). Diese Auffassung argumentiert mit dem Umstand, dass § 306a II auch Bezugstat für die fahrlässige Brandstiftung nach § 306d I Var. 3 sei. Die Einbeziehung fremder Sachen in § 306a II und damit auch in § 306d I Var. 3 löse bei Anwendung der letztgenannten Strafnorm nicht verständliche Folgen aus: Die mit Strafmaß von 1 Jahr bis zu 10 Jahren bedrohte vorsätzliche Brandstiftung (§ 306 I) werde bei *zusätzlicher* fahrlässiger Gefährdung von Menschen vom Verbrechen zum Vergehen herabgestuft, was mit dem Schuldprinzip unvereinbar sei.[919]

  ⇨ Nach herrschender Meinung unter Einschluss des BGH spielt die **Eigentumslage** des Tatobjekts **keine** Rolle.[920]

  ⇨ Stellungnahme: Der h.M. ist zu folgen, da sich bereits der Wortlaut des § 306a II nur auf die in § 306 I Nr. 1-6 bezeichneten Objekte bezieht. Hätte der Gesetzgeber auch auf das Attribut „fremd" Bezug nehmen wollen, hätte er (wie bspw. in § 306d I) von „wer in den Fällen des § 306 I" sprechen müssen und hätte nicht lediglich von „eine in § 306 I Nr. 1 bis 6 bezeichnete Sache" sprechen dürfen. Zudem steht bei § 306a II nicht die Sachbeschädigung, sondern die konkrete Gefahr einer Gesundheitsschädigung im Mittelpunkt. Aus Gründen des Opferschutzes kann es also nicht auf die Eigentumslage ankommen.

- Der Täter muss **durch** seine Tathandlung die **konkrete Gefahr** einer **Schädigung der Gesundheit** eines anderen Menschen geschaffen haben. | 527

  ⇨ **Konkrete** Gefahr bedeutet, dass der Nichteintritt der Gesundheitsschädigung lediglich vom *rettenden Zufall* abhängt.[921] Die Gefahr muss aber stets im Einzelfall positiv festgestellt werden.

---

[919] *Fischer*, § 306a Rn 10a, b, § 306d Rn 4; *Fischer*, NStZ 1999, 13, 14; kritisch auch *Wolters*, JR 1999, 208.
[920] BGH NStZ 1999, 32, 33 (mit zust. Bespr. v. *Eisele*, JA 1999, 542); BGH NStZ-RR 2000, 209; StV 2001, 16; Lackner/Kühl-*Heger*, § 306a Rn 7; SK-*Wolters/Horn*, § 306a Rn 25; *Schenkewitz*, JA 2001, 400, 403.
[921] BGH NStZ 1999, 32, 33; NStZ 2017, 281, 282 (zu § 306b II Nr. 1).

Brandstiftungsdelikte (§§ 306 ff.)

⇨ Zur **Gesundheitsschädigung** vgl. die Ausführungen zu § 223 I bei Rn 289. In Betracht kommen insbesondere erhebliche Verbrennungen.

⇨ Aufgrund der Formulierung „und *dadurch* einen anderen Menschen in die Gefahr ...'' und wegen des hohen Strafmaßes muss zwischen der Tathandlung und der Gefahr einer Gesundheitsschädigung eine stärkere Verbindung liegen als eine bloße Ursächlichkeit. In Anlehnung an den von den erfolgsqualifizierten Delikten her bekannten tatbestandsspezifischen Gefahrzusammenhang ist auch hier ein **Unmittelbarkeitszusammenhang** zu fordern. Die Gefahr der Gesundheitsschädigung muss also gerade die **(typische) Folge** der Inbrandsetzung bzw. Brandlegung sein.

⇨ Die Formulierung „ein **anderer** Mensch'' bedeutet, dass zumindest die Selbstgefährdung nicht tatbestandsmäßig i.S. dieser Vorschrift sein kann.[922] Sofern der Täter aber seinen **Mittäter** oder seinen **Gehilfen** in die Gefahr einer Gesundheitsschädigung bringt, ist fraglich, ob hier ein anderer Mensch i.S. dieser Vorschrift vorliegt (vgl. das Parallelproblem etwa bei den §§ 306c, 307 u. 315c). Nach der hier vertretenen Auffassung scheiden Tatbeteiligte als „andere'' Menschen aus, da sie nicht die Allgemeinheit repräsentieren, die vor den Gefahren einer Brandstiftung bewahrt werden soll. Aber auch wenn man anderer Ansicht ist, liegt doch zumindest eine freiverantwortliche Selbstgefährdung des Tatbeteiligten vor, sodass auf jeden Fall die objektive Zurechnung entfällt.[923] Das Ergebnis ist somit stets dasselbe.

528

> **Hinweis für die Fallbearbeitung:** Hat der Täter nur seinen Mittäter bzw. seinen Gehilfen in die Gefahr einer Gesundheitsschädigung gebracht, sollte die gesamte Problematik innerhalb des Prüfungspunktes „Gefahr einer Gesundheitsschädigung eines anderen Menschen'' erörtert und dabei auch die eigentlich erst danach zu prüfende objektive Zurechnung mit einbezogen werden. Anders lässt sich eine flüssige Prüfung nicht erreichen.

529

▪ Weil die Gefahr einer Gesundheitsschädigung für einen bestimmten Menschen bestehen muss, ist *dessen* **Einwilligung** (nicht die des Eigentümers) beachtlich. Auch von daher ist die Gefährdung des Tatbeteiligten tatbestandslos i.S.d. § 306a II. In solchen Fällen ist aber stets an § 306a I zu denken.

530 Aus diesen Überlegungen heraus bietet sich folgender Deliktsaufbau an:

> ### Schwere Brandstiftung (§ 306a II)
>
> **Vorbemerkung:** Handelt es sich bei dem Tatobjekt um eine für den Täter fremde Sache, wurde in aller Regel bereits der Tatbestand des § 306 I Nr. 1 bejaht. Hier ist dann § 306a II zusätzlich zu prüfen. War das Tatobjekt für den Täter hingegen nicht fremd, ist § 306 I zunächst anzuprüfen, sogleich aber zu verneinen, um sodann auf § 306a II einzugehen. Dessen Prüfung könnte wie folgt vorgenommen werden:
>
> **I. Tatbestand**
> **1. Objektiver Tatbestand**
>   a. Tatsubjekt (unmittelbarer Täter, mittelbarer Täter, Mittäter)
>   b. Tatobjekt (ein in § 306 I Nr. 1-6 genanntes Objekt, das nicht fremd zu sein braucht)
>   c. Tathandlung (Inbrandsetzen oder durch eine Brandlegung ganz oder teilweises Zerstören mindestens eines der Objekte)
>   d. Eintritt des Erfolgs sowie Eintritt der im Einzelfall konkret festzustellenden Gefahr einer Gesundheitsschädigung einer *anderen* Person und Verbindung zwischen Handlung und Erfolg/Gefährdung (Kausalität)

---

[922] Insoweit lediglich klarstellend BayObLG JR 2000, 210 mit Anm. *Wolff*, JR 2000, 211.
[923] Zum Meinungsstand vgl. Sch/Sch-*Heine/Bosch*, § 306a Rn 21; SK-*Wolters/Horn*, § 307 Rn 4; NK-*Herzog*, § 306a Rn 2; *Murmann*, Jura 2001, 258, 259; *Müller/Hönig*, JA 2001, 517, 521.

Brandstiftungsdelikte (§§ 306 ff.)

e. Erfolgs- und Gefahrzurechnung (objektive Zurechnung)

2. Subjektiver Tatbestand

Vorsatz bzgl. aller objektiven Tatbestandsmerkmale (einschließlich der konkreten Gefahr einer Gesundheitsschädigung: Gefährdungsvorsatz), mindestens *dolus eventualis*. Der **Versuch** ist allein wegen des Verbrechenscharakters strafbar (das gilt wegen § 12 III auch für § 306a III). Allerdings wird es kaum darzulegen sein, dass das Tatopfer auch tatsächlich in die konkrete Gefahr einer Gesundheitsschädigung gekommen wäre, wenn der Täter die Tat hätte vollenden können. Daher wird zumeist nur ein Versuch des § 306a I angenommen.

II. Rechtswidrigkeit

Es gelten die allgemeinen Regeln. Rechtfertigende Einwilligung des Gefährdeten ist möglich.

III. Schuld

Es gelten die allgemeinen Regeln.

IV. Strafzumessungsgesichtspunkte/Tätige Reue

In minder schweren Fällen ist der Strafrahmen sechs Monate bis fünf Jahre (§ 306a III). Hat der Täter den Brand gelöscht, bevor ein erheblicher Schaden entstanden ist, kann das Gericht nach Maßgabe des § 49 II die Strafe mildern oder von ihr absehen (§ 306e). Die tätige Reue stellt einen persönlichen Strafaufhebungsgrund dar für den Fall, dass der Täter ein in der Vorschrift genanntes Brandstiftungsdelikt bereits vollendet hat und damit ein Rücktritt nach § 24 ausgeschlossen ist.

Weiterführender Hinweis: Liegen die Voraussetzungen des § 306a II oder des § 306a I vor, ist auch § 306b II zu prüfen. Sofern § 306a II mangels vorsätzlicher Handlung oder mangels vorsätzlicher Gefahrverursachung ausscheidet, ist im Anschluss stets die fahrlässige Brandstiftung nach § 306d zu prüfen.

E. Erfolgsqualifikation *besonders schwere Brandstiftung* (§ 306b I)

I. Die erfolgsqualifizierenden Voraussetzungen des § 306b I

Bei der besonders schweren Brandstiftung nach § 306b I handelt es sich um eine **Erfolgsqualifikation** zu §§ 306a und 306, bei der der Täter mit Freiheitsstrafe von 2 bis 15 Jahren (vgl. § 38 II) bestraft wird, wenn er durch eine Brandstiftung nach § 306a oder § 306, d.h. durch Inbrandsetzen, Brandlegung oder den Brand (auch der eigenen Sache!) eine *schwere Gesundheitsschädigung eines anderen Menschen* oder eine *Gesundheitsschädigung einer großen Zahl von Menschen* wenigstens fahrlässig (vgl. § 18) verursacht.

531

> **Hinweis für die Fallbearbeitung:** Immer wenn das Gesetz Formulierungen wie *„... eine andere Person durch die Tat in die Gefahr ... bringt"* verwendet, liegt ein Gefährdungsdelikt vor (das auch eine Tatbestandsqualifikation sein kann, wie etwa § 306a II im Verhältnis zu § 306a). Heißt es hingegen *„Verursacht der Täter durch die Tat den Tod/die schwere Gesundheitsschädigung ..."*, liegt eine Erfolgsqualifikation i.S.d. § 18 vor.

532

Das allgemeine Aufbauschema eines erfolgsqualifizierten Delikts ist *R. Schmidt*, AT, Rn 891 zu entnehmen, das vorliegend nur der Ergänzung der deliktsspezifischen Besonderheiten bedarf.

533

- Eine **schwere Gesundheitsschädigung** (vgl. auch die Verwendung des Begriffs etwa in §§ 221, 250, 330, 330a) liegt jedenfalls dann vor, wenn das Opfer eine der in § 226 abschließend aufgezählten Folgen der schweren Körperverletzung erleidet. Darüber hinaus werden nach dem Willen des Gesetzgebers all jene Gesundheitsbeeinträchtigungen er-

534

213

Brandstiftungsdelikte (§§ 306 ff.)

fasst, die die Gefahr einer langwierigen und ernsthaften Krankheit oder eine erhebliche Beeinträchtigung der Arbeitskraft oder vergleichbare Folgen nach sich ziehen.[924] Aus der Formulierung „eines *anderen* Menschen" ergibt sich die gleiche Folge wie bei § 306a II.

535 ▪ Alternativ zur schweren Gesundheitsschädigung eines anderen Menschen nennt das Gesetz als schwere Folge die **Gesundheitsschädigung einer großen Zahl von Menschen**, ohne nur irgendwie einen Anhaltspunkt zu liefern, ab welcher konkreten Zahl von einer *großen* Zahl gesprochen werden kann. Daher wird ein Angeklagter, der bspw. die Gesundheitsschädigung von 10 Personen verursacht hat, stets geltend machen, eine große Zahl von Menschen liege erst dann vor, wenn wenigstens 11 Personen betroffen seien. Hier ist wieder einmal die Rechtsprechung berufen, (in gesetzesvertretender Weise) die höchst unbestimmte Regelung zu konkretisieren. In der Fallbearbeitung wird hingegen verlangt, dass man anhand der bekannten Auslegungsmethoden einen gangbaren Weg aufzeigt.

Beispiel: T wirft im Vorbeifahren einen Molotow-Cocktail in die Fensterscheibe des Hauses des O. Da dort gerade eine Party stattfindet, erleiden 10 Personen leichte Rauchvergiftungen und einige Brandverletzungen.

T hat zunächst die Tatbestände der §§ 306 I Nr. 1 und 306a I Nr. 1 verwirklicht. Darüber hinaus könnte er die Erfolgsqualifikation des § 306b I verwirklicht haben. Die Verursachung einer schweren Gesundheitsschädigung einer anderen Person liegt insoweit nicht vor, da der Grad der hervorgerufenen Gesundheitsschädigung unterhalb des geforderten Maßes liegt. Möglicherweise hat T aber eine große Zahl von Menschen an der Gesundheit geschädigt. Ausgehend von dem möglichen Wortsinn ist zumindest eine zweistellige Zahl zu fordern; anderenfalls wäre die Wortlautgrenze zu Lasten des Täters überschritten.[925] Dies ist vorliegend der Fall, da 10 Personen betroffen sind. Fraglich ist jedoch, ob nicht systematische Gründe eine noch größere Zahl fordern. So wird etwa in § 330 II Nr. 1, der den gleichen Begriff enthält, oder in § 125, der den Begriff „Menschenmenge" verwendet, jeweils eine größere Zahl gefordert.[926] Doch da diese Tatbestände andere Schutzrichtungen verfolgen, können sie nicht wirklich als Vergleichsgrundlage herangezogen werden. In der Literatur werden hinsichtlich § 306b I Var. 2 teilweise 20, teilweise aber auch 50 Personen genannt.[927] Doch das Erfordernis einer derart großen Zahl würde wiederum dem Schutzbedürfnis der Opfer nicht gerecht. Der BGH hat in einem vergleichbaren Fall, in dem 14 Personen betroffen waren, eine große Zahl bejaht, allerdings nicht erwähnt, wie er sich entschieden hätte, wenn bspw. nur 10 Personen betroffen gewesen wären.[928] Jedenfalls lässt er 8 Personen nicht genügen.[929] Nach der hier vertretenen Auffassung sollte man eine Zahl von 10 Personen fordern, aber auch ausreichen lassen. Schließt man sich dem an, ist T auch aus § 306b I Var. 2 strafbar.

536
> **Hinweis für die Fallbearbeitung:** Die vorangestellte Darstellung sollte verdeutlicht haben, dass es für eine gute Fallbearbeitung weniger darauf ankommt, die von den einzelnen Literaturstimmen genannten Zahlen benennen zu können, sondern dass unter Verwendung der anerkannten Auslegungsmethoden eine einzelfallbezogene Lösung herbeigeführt wird. Nur eine problemorientierte Diskussion, die sich am Schutzgut einerseits und am hohen Strafmaß andererseits orientiert, kann den Korrektor überzeugen.

---

[924] Vgl. Sch/Sch-*Heine/Bosch*, § 306b Rn 3; *Müller/Hönig*, JA 2001, 517, 522. Vgl. auch *Stief*, JuS 2009, 716, 718.

[925] Vgl. aber *W/H/E*, BT 1, Rn 1060, der eine Zahl von mehr als drei Personen ausreichen lässt. Diese Auffassung ist jedoch mit Blick auf den Wortsinn des Begriffs *groß* abzulehnen.

[926] Zum Begriff der Menschenmenge i.S.v. § 125 vgl. BGH NStZ 2002, 538; zum Begriff der „großen Zahl von Menschen" i.S.v. § 263 III S. 2 Nr. 2 vgl. OLG Jena NJW 2002, 2404.

[927] Vgl. zu beiden Zahlengrößen SK-*Wolters/Horn*, § 306b Rn 4; NK-*Herzog*, § 306b Rn 4; *Fischer*, § 306b Rn 5; *Joecks/Jäger*, § 306b Rn 4; *Radtke*, ZStW 110 (1998), 848, 876; *Ellbogen*, Jura 1998, 483, 488; *Cantzler*, JA 1999, 474, 476.

[928] BGHSt 44, 175, 178.

[929] BGH NJW 2011, 1091 f.

Brandstiftungsdelikte (§§ 306 ff.)

- Schließlich muss der Täter eine der genannten schweren Folgen durch Inbrandsetzen, Brandlegung oder den Brand **verursacht** haben. Unter „Verursachung" ist eine mindestens fahrlässige Herbeiführung i.S.d. **§ 18** gemeint.[930] Dabei ist der sonst bei Erfolgsqualifikationen allgemein geforderte tatbestandsspezifische Gefahrzusammenhang, der seine Begründung in der gegenüber dem jeweiligen Grundtatbestand wesentlich höheren Strafandrohung findet, bei § 306b I Var. 2 nicht ohne weiteres erforderlich, da hier die Strafe im Vergleich zu denen der §§ 306 u. 306a nicht wesentlich erhöht ist. Vielmehr genügt es, dass sich **die in der Brandstiftung typischerweise angelegte Gefahr einer Gesundheitsschädigung unmittelbar realisiert hat**.[931]

537

Beispiele: Verbrennungen, Verletzungen durch herabstürzende Bauteile, aber auch Verletzungen durch einen Fenstersprung[932] und durch das Explodieren des Zündstoffs.

Gegenbeispiele: Zu weit ginge es, das typische Brandstiftungsrisiko in Fällen realisiert zu sehen, in denen nachträglich hinzugekommene Helfer oder Zurückkehrende, die noch Gegenstände vor den Flammen retten wollen, zu Schaden kommen (vgl. dazu auch die übertragbaren Erläuterungen zu § 306c).

II. Erfolgsqualifizierter Versuch

Geht man mit §§ 11 II, 18 von der Einstufung der erfolgsqualifizierten Delikte als Vorsatzdelikte aus, ist ein Versuch grundsätzlich möglich.[933] Rechtstechnisch muss zwischen folgenden Formen unterschieden werden:

538

(1) Grunddelikt versucht/schwere Folge eingetreten ⇒ **erfolgsqualifizierter Versuch**
(2) Grunddelikt verwirklicht/schwere Folge versucht ⇒ **versuchte Erfolgsqualifikation**
(3) Grunddelikt versucht/schwere Folge versucht ⇒ **versuchte Erfolgsqualifikation**

Von **besonderer Studien- und Prüfungsrelevanz** ist der **erfolgsqualifizierte Versuch**. Denn tritt die (fahrlässig) verursachte schwere Folge schon beim Versuch des Grundtatbestands ein, wird man eine Strafbarkeit aus dem erfolgsqualifizierten Delikt nur dann annehmen können, wenn bereits der Tat*handlung* (und nicht erst dem Tat*erfolg*) des Grunddelikts die spezifische Gefahr anhaftet, die sich gerade in der schweren Folge realisiert. Ob dies (generell) der Fall ist, muss durch **Auslegung des *jeweiligen* Tatbestands** ermittelt werden.

539

> **Hinweis für die Fallbearbeitung:** In der gerichtlichen Praxis ist die tatbestandsbezogene Frage, ob die schwere Folge bereits an die Tathandlung anknüpft oder ob das Gesetz die Bestrafung aus der schweren Folge von dem Eintritt des Taterfolgs des Grunddelikts abhängig macht, bereits hinreichend beantwortet (so lässt die Rspr. bei den §§ 178, 226, 227, 239 III Nr. 2, IV, 251, 306c die Tathandlung genügen und fordert bei den §§ 306b I, 306d I 2. Halbsatz teilweise die Vollendung des Grunddelikts). In der Fallbearbeitung darf der Prüfung aber nicht ein bestimmtes Auslegungsergebnis der Rspr. zugrunde gelegt werden. Vielmehr muss die o.g. Frage durch eigene Auslegung beantwortet werden. Nur eine juristisch korrekte Auslegung des jeweiligen erfolgsqualifizierten Tatbestands unter Beachtung der genannten verfassungsrechtlichen Vorgaben kann den Korrektor überzeugen. Im Übrigen ist anzumerken, dass die Streitfrage nach dem Anknüpfungspunkt des tatbestandsspezifischen Gefahrzusammenhangs nur in dieser Konstellation eine Rolle spielt. Ist der Grundtatbestand vollendet, bedarf es keines Wortes darüber, ob auch allein die Tathandlung des Grundtatbestands geeignet gewesen wäre, dem Täter die schwere Folge als Erfolgsqualifikation zuzurechnen. Insbesondere

540

---

[930] Wie hier BGHSt 44, 175, 177; SK-*Horn*, § 306b Rn 1 (11. Aufl.); Lackner/Kühl-*Heger*, § 306b Rn 1; *Cantzler*, JA 1999, 474, 476; *Müller/Hönig*, JA 2001, 517, 522; *Immel*, StV 2001, 477, 478; anders *Wolters*, JZ 1998, 397, 400, und *Geppert*, Jura 1998, 507, 603, die von einer Tatbestandsqualifikation ausgehen und dementsprechend mindestens *dolus eventualis* fordern. Doch diese Auffassung ist mit dem im StGB einheitlich verwendeten Begriff des Verursachens nicht vereinbar.
[931] Vgl. Lackner/Kühl-*Heger*, § 306b Rn 2; Sch/Sch-*Heine/Bosch*, § 306b Rn 3; NK-*Herzog*, § 306b Rn 3.
[932] Vgl. bereits die 1. Aufl. 2002; wie hier nunmehr auch *Stief*, JuS 2009, 716, 718.
[933] BGHSt 48, 34, 35 ff.; BGH NStZ 2001, 534. Vgl. dazu eingehend *R. Schmidt*, AT, Rn 895 ff.

Brandstiftungsdelikte (§§ 306 ff.)

> wäre es verfehlt, zusammenhanglos einen Prüfungspunkt „Anknüpfungspunkt des tatbestandsspezifischen Gefahrzusammenhangs" zu bilden.

541
Beispiel: Bandenchef C will dem „vom rechten Wege abgekommenen" V-Mann V eine Lektion erteilen. Dazu begibt er sich mit seinen Schergen zum Haus des V, um dieses niederzubrennen. Doch der Zündstoff entflammt sich nicht so richtig, sodass ein Feuer letztlich nicht ausbricht und am Haus auch kein nennenswerter Schaden entsteht. Dafür entstehen aber giftige Gase, die bei V (von dem C irrtümlich annahm, dass er sich gerade auf einem Bandentreffen befinde) eine schwere Verätzung der Atemwege verursachen.

Da das Haus des V weder in Brand gesetzt noch durch die Brandlegung ganz oder teilweise zerstört wurde, ist C jedenfalls wegen versuchter schwerer Brandstiftung aus §§ 306a I Nr. 1, 22 strafbar. Hinsichtlich der Erfolgsqualifikation des § 306b I existiert kein Brandstiftungserfolg, dessen spezifische Gefahr sich in der eingetretenen Folge hätte realisieren können. Eine Strafbarkeit (auch) aus §§ 306a I Nr. 1, 22 i.V.m. § 306b I Var. 1 kann man also nur dann annehmen, wenn man es ausreichen lässt, dass allein der Brandstiftungs*handlung* die tatbestandsspezifische Gefahr anhaftet, die sich in der schweren Gesundheitsschädigung des V realisiert hat.

⇨ Fordert man mit einer Minderheitsmeinung[934], dass sich die schwere Gesundheitsschädigung gerade aus dem vorsätzlich herbeigeführten **Brandstiftungs*erfolg*** ergeben haben muss, wäre C (nur) wegen versuchter schwerer Brandstiftung aus §§ 306a I Nr. 1, 22 (mit der fakultativen Strafmilderung gem. § 23 II i.V.m. § 49 I) in Tateinheit mit fahrlässiger Körperverletzung (§ 229) strafbar.

⇨ Setzt man demgegenüber mit der h.M.[935] nicht voraus, dass zwischen dem eigentlichen Brandstiftungserfolg und der schweren Gesundheitsschädigung dieser spezifische Zusammenhang besteht, sondern bezieht die **Brandstiftungs*handlung*** in den Gefahrzusammenhang mit ein, soweit bereits *ihr* das Risiko einer schweren Gesundheitsschädigung anhaftet, wäre C aus §§ 306a I Nr. 1, 22 i.V.m. 306b I Var. 1 strafbar.

Stellungnahme: Für die Minderheitsmeinung spricht, dass ein Straftatbestand, der eine hohe Strafandrohung enthält, stets restriktiv ausgelegt werden muss. Andererseits dürfen aber auch der Opferschutz und damit der Gesamtzusammenhang der Tatbegehung nicht unberücksichtigt bleiben. Gerade der Wortlaut des § 306b I, wo es heißt „durch eine Brandstiftung" und nicht etwa „durch den Brand", lässt darauf schließen, dass das Gesetz auf den Gesamtzusammenhang abstellen will. Es gibt viele Fälle, die zeigen, dass sich auch ein Zusammenhang zwischen Brandstiftungshandlung und Todesfolge bilden lässt, bei dem sich die spezifische Feuergefahr realisiert. Eine solche Gefahrverwirklichung ist nämlich entgegen *Roxin* (a.a.O. Rn 331) nicht nur dann anzunehmen, wenn das Opfer „ein Raub der Flammen" geworden ist, sondern ist auch im Fall einer tödlichen Raucheinwirkung zu bejahen. Diese Annahme wird dadurch untermauert, dass der Gesetzgeber mit der Vorschrift des § 306b I gerade die Gefährlichkeit einer Brandstiftung sanktionieren will, die sich letztlich ja auch in der schweren Tatfolge realisiert hat. Bezieht man letztlich noch den Opferschutz in die Auslegung mit ein sowie den Umstand, dass der Täter allein in der Tathandlung bereits ein großes kriminelles Unrecht verwirklicht und es u.U. lediglich vom Zufall abhängt, ob der Erfolg eintritt oder nicht, sollte man bei § 306b I den Anknüpfungspunkt des Gefahrzusammenhangs in dem Gesamtgeschehen sehen.

Damit bleibt der Minderheitsmeinung (nur) das Argument, dass allein die Gemeingefahr, die sich durch die Verbindung von Feuer und Tatobjekt auszeichnet, Grundlage für den erfolgsqualifizierenden Zusammenhang sein kann. Dieses Argument ist angesichts der besonders hohen Strafandrohung des § 306 c beachtlich, vermag aber das Gewicht des aufgezeigten Opferschutzes nicht aufzuwiegen. Schließlich ist zu beachten, dass der Gesetzgeber von Verfassungs wegen bei der Fassung echter Erfolgsqualifikationen nicht ge-

---

[934] SK-*Rudolphi*, § 18 Rn 7, *Roxin*, AT II, § 29 Rn 331, 338.
[935] BGHSt 44, 175, 177; *Fischer*, § 306c Rn 3; SK-*Wolters/Horn*, § 306c Rn 5 f.; *Müller/Hönig*, JA 2001, 517, 524; *Kress/Weisser*, JA 2006, 115, 117.

Brandstiftungsdelikte (§§ 306 ff.)

zwungen ist, die schwere Folge mit dem vollständigen Unrecht des Grunddelikts zu verknüpfen. Dass er hiervon abweichend verfahren kann, ist etwa bei § 251 unbestritten.

Mithin ist ein hinreichender Zusammenhang zwischen Brandstiftung und Todesfolge auch dann zu bejahen, wenn sich die der Brandstiftung**handlung** anhaftende typische Gefahr des Tatmittels Feuer im Todeseintritt realisiert. Dann ist der Täter – bei gegebenen übrigen Voraussetzungen – auch aus § 306b I strafbar.

Auch im vorliegenden Fall hat sich das Risiko der schweren Gesundheitsschädigung (schwere Verätzung der Atemwege) bereits mit der Rauchentwicklung beim Zündstoff realisiert. Der geforderte Anknüpfungspunkt zwischen dem Grundtatbestand und der schweren Folge ist somit zu bejahen. Unterstellt man auch die objektive und subjektive Vorhersehbarkeit, hat C sich wegen besonders schwerer Brandstiftung strafbar gemacht. Der ebenfalls verwirklichte Tatbestand der fahrlässigen Körperverletzung (§ 229) tritt aufgrund der Spezialität des § 306b I zurück.[936]

Zu den sog. **Rettungsschäden** vgl. Rn 547a.

F. Qualifikationstatbestand *besonders schwere Brandstiftung* (§ 306b II)

Da § 306b II nicht etwa von Verursachung einer schweren Folge spricht, sondern die Strafbarkeit an bestimmte Begehungsweisen, Absichten und Handlungspflichten knüpft, handelt es sich bei den genannten Modalitäten um **Qualifikationstatbestände**, nicht um (weitere) Erfolgsqualifikationen zu **§ 306a (I u. II)**.[937] Vorausgesetzt ist also jeweils **vorsätzliches** Handeln i.S.v. *dolus eventualis* (bei Nr. 2 zusätzlich Absicht i.S.v. *dolus directus* 1. Grades). Es bietet sich folgender Prüfungsaufbau an:

542

Besonders schwere Brandstiftung (§ 306b II)

Vorbemerkung: Zwar wird in § 306b II nur auf § 306a verwiesen, nicht (wie in § 306b I) auch auf § 306 I, doch eröffnet § 306a II in Fällen des **§ 306 I** bei konkreter Gefahr einer Gesundheitsschädigung den Zugang zu § 306b II. § 306 I kann also durchaus als Ausgangsdelikt zu § 306b II dienen.[938] Kommt aber ein Fall des § 306a in Betracht, ist es gut vertretbar, zuerst § 306a I zu prüfen und nach dessen Bejahung § 306a II zu prüfen, um wiederum auch nach Bejahung § 306a I auf Konkurrenzebene dahinter zurücktreten zu lassen. Das Ergebnis zu dieser Prüfung (306a I oder 306a II) ist dann der Grundtatbestand zu 306b II. Eine Fahrlässigkeits-Fahrlässigkeits-Kombination nach §§ 306a II, 306d II ist dagegen kein Fall des § 306a, wie er von § 306b II vorausgesetzt wird.[939]
Die Prüfung des § 306b II könnte insgesamt wie folgt vorgenommen werden:

O. Verwirklichung des Grundtatbestands des § 306a I oder II

I. Qualifikationstatbestand des § 306b II

    1. Objektiver Tatbestand

        ⇨ **Nr. 1:** Der Täter muss durch seine Tat nach § 306a einen **anderen Menschen in die Gefahr des Todes** bringen (Unmittelbarkeitszusammenhang). Hier handelt es sich um ein **konkretes Gefährdungsdelikt**, bei dem die Gefahr im konkreten (Einzel-)Fall festgestellt werden muss. Eine konkrete Gefahr liegt vor, wenn der Nichteintritt des Todes lediglich vom rettenden Zufall abhängt.[940] Zum Begriff des *anderen* vgl. die Erläuterung zu § 306a II. *Dolus eventualis* genügt.

---

[936] Zur ebenfalls sehr prüfungsrelevanten Frage des Rücktritts vom erfolgsqualifizierten Versuch vgl. *R. Schmidt*, AT, Rn 904 ff.
[937] Vgl. Lackner/Kühl-*Heger*, § 306b Rn 3; *Fischer*, § 306b Rn 6; vgl. auch BGH NStZ 2008, 99, 100; NJW 2007, 2130, 2131; StV 2005, 391 f.; StV 2001, 16; *Radtke*, NStZ 2008, 100, 101; *Stein*, JR 2000, 115; *Murmann*, Jura 2001, 258, 264; *Immel*, StV 2001, 477, 478; *Müller/Hönig*, JA 2001, 517, 523.
[938] Kritisch zur (indirekten) Hereinnahme von § 306 I als Ausgangsdelikt *W/H/E*, BT 1, Rn 1061; *Fischer*, § 306b Rn 6.
[939] Vgl. BGH StV 2001, 16.
[940] Siehe nur BGH NStZ 2019, 32, 33 (in Bezug auf § 306b II Nr. 1); BGH NStZ 2019, 346, 347 (in Bezug auf § 315b I).

217

⇨ **Nr. 2:** Der Täter muss in der **Absicht** (*dolus directus* 1. Grades) handeln, **eine andere Straftat zu ermöglichen oder zu verdecken** (wie bei § 211, vgl. dort). Dabei schadet es nicht, wenn der Täter hinsichtlich der Tathandlung i.S.d. § 306a lediglich mit *dolus eventualis* handelt. Die andere Straftat muss nicht eine des Täters sein, es genügt die einer fremden Person.[941] Aufgrund der hohen Strafandrohung (Freiheitsstrafe von 5 bis 15 Jahren) ist aber fraglich, ob es sich beim typischen **Versicherungsbetrug** (§ 263 I, III S. 2 Nr. 5), bei dem das entwidmete Gebäude nur deswegen niedergebrannt wird, um an die Versicherungssumme zu gelangen, um eine andere Straftat handelt.

⇨ **Nr. 3:** Der Täter muss das **Löschen des Brandes verhindern** oder **erschweren**. Beispiele: Entfernung von Feuerlöschern, Behinderung der Feuerwehr etc.

2. Subjektiver Tatbestand

Subjektiv ist **Vorsatz** i.S.v. *dolus eventualis* erforderlich (bei Nr. 1 zusätzlich **Gefährdungsvorsatz** i.S.v. *dolus eventualis* und bei Nr. 2 zusätzlich **Absicht** i.S.v. *dolus directus* 1. Grades). Der **Versuch** ist allein wegen des Verbrechenscharakters strafbar.

II. Rechtswidrigkeit

Es gelten die allgemeinen Regeln. Rechtfertigende Einwilligung des Gefährdeten ist möglich, sofern § 306b II auf § 306a II aufbaut.

III. Schuld

Es gelten die allgemeinen Regeln.

IV. Strafzumessungsgesichtspunkte/Tätige Reue

Ein minder schwerer Fall ist nicht vorgesehen. Einen persönlichen Strafaufhebungs- bzw. Strafmilderungsgrund stellt die tätige Reue gem. § 306e dar für den Fall, dass ein in der Vorschrift genanntes Brandstiftungsdelikt bereits vollendet und damit ein Rücktritt nach § 24 ausgeschlossen ist.

I. Bringen eines Menschen in die Gefahr des Todes (§ 306b II Nr. 1)

543 § 306b II Nr. 1 greift, wenn der Täter in den Fällen des § 306a einen anderen Menschen in die Gefahr des Todes bringt. Wie anhand dieser Formulierung zu erkennen ist, beschreibt die Strafnorm ein konkretes Gefährdungsdelikt, das nach den Regeln des allgemeinen Teils immer dann vorliegt, wenn nach Schaffung einer kritischen Situation durch den Täter der Nichteintritt der Verletzung des geschützten Rechtsguts nur vom rettenden Zufall abhängt[942], d.h., wenn ein unbeteiligter Beobachter zu der Einschätzung gelangt, dass das (gerade so eben) noch einmal gut gegangen sei.[943] Allein der Umstand, dass sich Menschen in enger räumlicher Nähe zur Gefahrenquelle befinden, genügt nach der Rechtsprechung des BGH noch nicht zur Annahme einer konkreten Gefahr.[944] Umgekehrt werde die Annahme einer Gefahr aber auch nicht dadurch ausgeschlossen, dass ein Schaden ausgeblieben ist, weil sich der Gefährdete noch in Sicherheit habe bringen können.[945] Kommt es aber nicht zu einer erforderlichen kritischen Situation, bei der es nur vom Zufall abhängt, ob eine Rechtsgutverletzung eintritt, ist § 306b II Nr. 1 nicht gegeben. Sollte der Täter aber einen diesbezüglichen Vorsatz haben, kommt ein Versuch des § 306b II Nr. 1 in Betracht.

Beispiel[946]**:** Nach der Trennung von O war T − (auch) angesichts des ungeklärten Umgangs mit den beiden Kindern − verzweifelt. Unter Alkoholeinfluss stehend betrat er das

---

[941] BGH StV 2001, 15 f.
[942] Siehe nur BGH NStZ 2019, 32, 33 (in Bezug auf § 306b II Nr. 1); BGH NStZ 2019, 346, 347 (in Bezug auf § 315b I).
[943] Siehe nur BGH NStZ 2019, 32, 33 mit Verweis auf BGH NStZ 2014, 85, 86.
[944] BGH NStZ 2019, 32, 33 mit Verweis auf BGH NStZ 2017, 281, 282.
[945] BGH NStZ 2019, 32, 33.
[946] Nach BGH NStZ 2019, 32.

Brandstiftungsdelikte (§§ 306 ff.)

Mietshaus, in dem O mit den Kindern im 1. Stock lebte, stellte mehrere Kisten mit Kleidung vor deren Wohnungstür ab und legte unter Zuhilfenahme eines Brandbeschleunigers einen Brand. Er nahm die Tötung der O und der ebenfalls in der Wohnung befindlichen Kinder zumindest billigend in Kauf und rechnete mit der Ausbreitung des Feuers auf das Wohnhaus und angrenzende Häuser. Nach der Brandlegung verließ T das Haus. Bereits wenige Minuten nach der Brandlegung vernahm O den Feuermelder im Flur und bemerkte dichten schwarzen Rauch, welcher durch die Wohnungstür in ihre Wohnung drang. Sie setzte sofort einen Notruf ab. Das Betreten des Wohnhauses war zu dieser Zeit wegen des sich schnell ausbreitenden Feuers nicht mehr möglich. So stand die Holztreppe, auch im Bereich des Erdgeschosses, vollständig in Flammen. O ließ (daher) zunächst ihre beiden Kinder aus dem Wohnzimmerfenster hinab in eine von Helfern ausgebreitete Decke fallen; anschließend sprang sie selbst. Verletzt wurde niemand, auch deshalb nicht, weil zum Tatzeitpunkt die anderen Mieter außer Haus waren.

In Bezug auf Brandstiftungsdelikte könnte T nicht nur die Tatbestände des § 306a I Nr. 1 und des § 306a II verwirklicht haben, sondern auch den Qualifikationstatbestand des § 306b II Nr. 1. Dazu müsste er durch seine Tat einen anderen Menschen in die Gefahr des Todes gebracht haben. Das ist der Fall, wenn nach Schaffung einer kritischen Situation durch den Täter der Nichteintritt der Verletzung des geschützten Rechtsguts nur vom rettenden Zufall abhängt[947], d.h., wenn ein unbeteiligter Beobachter zu der Einschätzung gelangt, dass das (gerade so eben) noch einmal gut gegangen sei.[948] Allein der Umstand, dass sich Menschen (hier: O und die beiden Kinder) in enger räumlicher Nähe zur Gefahrenquelle befinden, genügt nach der Rechtsprechung des BGH noch nicht zur Annahme einer konkreten Gefahr.[949] Zwar werde die Annahme einer Gefahr nicht dadurch ausgeschlossen, dass ein Schaden ausgeblieben ist, weil sich der Gefährdete noch in Sicherheit habe bringen können[950], komme es aber nicht zu einer erforderlichen kritischen Situation, bei der es nur vom Zufall abhängt, ob eine Rechtsgutverletzung eintritt, sei § 306b II Nr. 1 nicht gegeben.

So liegt es nach Auffassung des BGH im vorliegenden Fall. O sei durch das Anschlagen des Feuermelders frühzeitig auf den Brand aufmerksam geworden. Sie und ihre Kinder hätten das Haus durch das Wohnzimmerfenster im 1. Stock noch zu einem Zeitpunkt verlassen können, in dem sie noch nicht durch eindringenden Rauch oder eindringendes Feuer unmittelbar gefährdet gewesen seien. Zwar habe der Brandherd vor der Außentür der Wohnung gelegen, sodass den Insassen bei einer Fortentwicklung der Flammen in der Wohnung der Fluchtweg abgeschnitten gewesen wäre. Doch darauf sei es wegen der von einem Zeugen organisierten Rettung nicht angekommen.[951] T ist danach nicht nach § 306b II Nr. 1 strafbar.

Stellungnahme: Das kann man auch anders sehen. Denn das Treppenhaus war bereits unpassierbar, und dass Helfer hinzukamen und außen eine als Sprunghilfe dienende Decke aufspannten, war weder für T noch für den vom BGH ins Spiel gebrachten „unbeteiligten Beobachter" kalkulierbar. Zudem hätte sich das Feuer auch viel schneller ausbreiten können oder O hätte den Brand erst später (oder gar nicht) bemerken können. Dass der Feueralarm rasch auslöste, ändert daran nichts. Mit dem BGH ist aber immerhin eine Versuchsstrafbarkeit gegeben. T habe damit gerechnet, dass O und die beiden gemeinsamen Kinder sich in der Wohnung im 1. Stock befinden und darin zu Tode kommen könnten. Den Eintritt der Todesgefahr habe er billigend in Kauf genommen.[952]

T ist danach jedenfalls wegen versuchter besonders schwerer Brandstiftung gem. §§ 306b II Nr. 1, 22, 23 I, 12 I in Tateinheit mit vollendetem § 306a I Nr. 1 und § 306a II strafbar.

Zur Frage nach der Strafbarkeit wegen versuchten Totschlags oder versuchten Mordes unter dem Aspekt der Heimtücke vgl. Rn 64 ff.

---

[947] Siehe nur BGH NStZ 2019, 32, 33 (in Bezug auf § 306b II Nr. 1); BGH NStZ 2019, 346, 347 (in Bezug auf § 315b I).
[948] Siehe nur BGH NStZ 2019, 32, 33 mit Verweis auf BGH NStZ 2014, 85, 86.
[949] BGH NStZ 2019, 32, 33 mit Verweis auf BGH NStZ 2017, 281, 282.
[950] BGH NStZ 2019, 32, 33.
[951] BGH NStZ 2019, 32, 34.
[952] BGH NStZ 2019, 32, 34.

Brandstiftungsdelikte (§§ 306 ff.)

II. Einschränkende Auslegung des § 306b II Nr. 2

544 Häufig sind Fälle anzutreffen, bei denen das Gebäude nur deswegen niedergebrannt wird, um Leistungen der Gebäude- bzw. Hausratversicherung zu erhalten.[953] Da die Brandversicherung im Fall der vorsätzlichen Herbeiführung des Versicherungsfalls durch den Versicherungsnehmer von der Leistungspflicht befreit ist (vgl. § 81 I VVG), kommt neben der Verwirklichung von Brandstiftungsdelikten auch **Versicherungsmissbrauch** gem. § 265 I in Betracht, der bereits durch die Brandstiftungshandlung verwirklicht ist, sofern der Täter die Sache in Brand setzt oder durch Brandlegung ganz oder teilweise zerstört, um anschließend den Versicherungsfall auszulösen. Kommt es später dann zur Auszahlung der Versicherungssumme, liegt ein Fall des **Versicherungsbetrugs** gem. § 263 I, III S. 2 Nr. 5 vor, der § 265 I verdrängt.

545 In Bezug auf § 306b II Nr. 2 stellt sich nun das Problem der „anderen" Straftat. Klar ist zunächst, dass der mit der Tathandlung i.S.d. §§ 306 ff. gleichzeitig verwirklichte Versicherungsmissbrauch i.S.d. § 265 I keine „andere" Straftat sein kann, da die für § 265 I erforderliche Zerstörung bzw. Beschädigung der Sache ja gerade mit der Brandstiftungshandlung zusammenfällt.[954] Etwas anderes gilt aber für den (beabsichtigten) Versicherungsbetrug i.S.d. § 263 I, III S. 2 Nr. 5. In Fällen dieser Art stellt sich die Frage, ob diese Straftat eine „andere" Straftat i.S.d. § 306b II Nr. 2 sein kann.

> **Beispiel:** B hat von seinem verstorbenen Onkel eine (vermietete) Villa geerbt. Diese ist schätzungsweise 5 Mio. € wert und in dieser Höhe auch gegen Feuer versichert. Da B aber bereits auf Ibiza das Leben lieben gelernt hat, möchte er dort lieber von dem Geld ein Strandlokal errichten. Doch der Verkauf der vermieteten Villa gestaltet sich schwieriger als erwartet. Um die ganze Sache etwas zu beschleunigen, zündet er eines Nachts (die Bewohner sind gerade auswärts) die Villa an, um anschließend Leistungen aus der Brandversicherung zu erhalten. Gut zwei Monate später erhält er dann auch die (erschlichenen) Leistungen aus der Brandversicherung (§ 263 I, III S. 2 Nr. 5).

> In Bezug auf Brandstiftungsdelikte könnte B nicht nur den Tatbestand des § 306a I Nr. 1 verwirklicht haben, sondern auch den des Qualifikationstatbestands des § 306b II Nr. 2 Var. 1 (Brandstiftung in der Absicht, eine andere Straftat – hier einen Versicherungsbetrug – zu ermöglichen). Doch dies ist kritisch zu sehen. Hintergrund der Überlegung ist, dass im Zuge des 6. StrRG 1998 eine Gesetzesänderung stattgefunden hat. So war in § 307 Nr. 2 a.F. von „ausnutzen" die Rede und der Strafrahmen belief sich auf 10-15 Jahre. Daher war eine restriktive Auslegung erforderlich. In der seit 1998 geltenden Vorschrift des § 306b II Nr. 2 hat der Gesetzgeber aber das Erfordernis des „Ausnutzens" gestrichen und zudem die Mindeststrafe auf 5 Jahre herabgesetzt. Dies könnte zu einer anderen Betrachtungsweise führen.

> ⇨ Dennoch hält die überwiegende Literatur trotz des Wegfalls der Formulierung „ausnutzen" daran fest, dass der Täter die besondere (Gemein-)Gefährlichkeit zur Ermöglichung (oder Verdeckung) einer Straftat instrumentalisiert haben muss. Der Täter müsse gerade die spezifischen Wirkungen, die mit der Brandstiftung einhergehen, bei der Begehung der „anderen" Straftat geplant ausnutzen. Zudem seien (im Vergleich zu § 306b I) eine erhöhte Verwerflichkeit und eine Unrechtssteigerung erforderlich, was aber kaum anzunehmen sei.[955]

> Da im vorliegenden Fall des „Brandversicherungsbetrugs" die Brandlegung nur den Zweck hatte, den Versicherungsfall auszulösen, kann von einem „Ausnutzen der spezifischen Folgen, die mit einem Brandanschlag einhergehen", nicht gesprochen werden. Ebenso wenig kann von einer erhöhten Verwerflichkeit und einer Unrechtssteigerung

---

[953] Diese Art des Versicherungsbetrugs wird landläufig auch „warmer Abriss" genannt.
[954] Davon geht auch der BGH (BGHSt 51, 236, 239 ff.) aus.
[955] Lackner/Kühl-*Heger*, § 306b Rn 4; *Fischer*, § 306b Rn 9; Sch/Sch-*Heine/Bosch*, § 306b Rn 13; *Joecks/Jäger*, § 306b Rn 9; *Schlothauer*, StV 2000, 138 f.; *Geppert*, Jura 1998, 597, 604; *Mitsch*, ZStW 111 (1998), 65, 114; *Hecker*, GA 1999, 332.

gesprochen werden, da die Brandstiftung ja gerade nur den Zweck hatte, Versicherungsleistungen zu erhalten.

B wäre demzufolge nicht aus § 306b II Nr. 2 strafbar, sondern „nur" aus § 306a I Nr. 1 in Tateinheit mit Versicherungsmissbrauch (§ 265 I), der bereits mit der Brandstiftung verwirklicht wird und daher bereits von vornherein keine „andere Straftat" sein kann. Tatmehrheitlich dazu ist B aus § 263 I, III S. 2 Nr. 5 strafbar, der dann § 265 I verdrängt.

⇨ Der BGH orientiert sich demgegenüber am Wortlaut des § 306b II Nr. 2, der nicht die Steigerung oder Ausnutzung einer brandbedingten Gemeingefahr verlange, sondern von „Ermöglichen einer anderen Straftat" spreche – eine Formulierung, die inhaltlich deckungsgleich mit den sprachlich (fast) identischen Passagen in § 211 II Var. 8 und § 315 III Nr. 1b sei. Die Intention, später Leistungen aus der Brandversicherung zu erschleichen, begründe zudem gerade die erhöhte Verwerflichkeit und die Unrechtssteigerung.[956] Auch stellt der BGH klar, dass jedenfalls der durch die Brandstiftung gleichzeitig verwirklichte Versicherungsmissbrauch nach § 265 I keine von der Brandstiftung abgrenzbare „andere Straftat" darstellt.[957] Das BVerfG hat entschieden, dass § 306b II Nr. 2 einer einschränkenden Auslegung zugänglich, also nicht verfassungswidrig sei. Die egoistische Bestrebung des Erschleichens einer Versicherungsleistung, derentwegen der Brand gelegt werde, begründe die erhöhte Verwerflichkeit und die Unrechtssteigerung.[958]

Demnach hätte B durch die Brandstiftung eine andere Straftat ermöglicht, nämlich den späteren Versicherungsbetrug zum Nachteil der Brandversicherung. Folgt man also dieser Auffassung, hat sich B wegen § 306b II Nr. 2 Var. 1 in Tateinheit mit Versicherungsmissbrauch (§ 265 I) und in Tatmehrheit mit § 263 I, III S. 2 Nr. 5, der dann § 265 I verdrängt, strafbar gemacht.

⇨ Stellungnahme: Zwar ist eine restriktive Auslegung mit Blick auf Art. 103 II GG und das ebenfalls verfassungsrechtlich verankerte Schuldprinzip grundsätzlich zu begrüßen, allerdings hat der Gesetzgeber durch Streichung des „Ausnutzens" und Herabsetzung der Mindeststrafe von 10 auf 5 Jahre eine Änderung der Rechtslage herbeigeführt, die nicht unberücksichtigt bleiben darf. Der Auffassung des BGH ist damit zu folgen. B ist wie beschrieben strafbar.

Fazit: Der BGH stellt fest, dass die Ermöglichungsabsicht in § 306b II Nr. 2 Var. 1 gleich zu verstehen sei wie diejenige in § 211 II Var. 8 und in § 315 III Nr. 1b. Er stellt fest, dass es für die zu ermöglichende „andere Straftat" nicht ausreiche, dass der Täter durch seine Handlung noch ein anderes Rechtsgut verletzen will. Die strafschärfende Verknüpfung von Unrecht mit weiterem Unrecht liege vielmehr nur dann vor, wenn die zu ermöglichende „andere Straftat" durch eine weitere, von der Tathandlung unabhängige, Tathandlung begangen werden soll. Damit bestätigte der BGH nunmehr auch für die Ermöglichungsabsicht das, was er bereits zuvor zur Verdeckungsabsicht (etwa in § 211 II Var. 9) entschieden hatte. Bei einem späteren Versicherungsbetrug (§ 263 I, III S. 2 Nr. 5) hat er aber eine „andere" Straftat angenommen.

Unbeantwortet ließ der BGH indes die Frage, wie der Fall zu entscheiden ist, dass die Brandstiftung mit der Absicht begangen wird, einen anderen Menschen zu töten. Überträgt man seine Gedanken zum Versicherungsbetrug, wäre es konsequent, auch insoweit die Strafschärfung vom Erfordernis einer neuen Handlung abhängig zu machen, also den Qualifikationstatbestand des § 306b II Nr. 2 Var. 1 anzuwenden, wenn unter Ausnutzung der Umstände der Brandstiftung ein Tötungsdelikt begangen werden soll. Soll das Opfer indes

---

[956] BGHSt 45, 211, 216 ff.; 51, 236, 238 (mit Bespr. v. *Bosch*, JA 2007, 743 ff.). Vgl. auch BGH NStZ 2008, 571; *Kudlich*, JA 2008, 703, 706; *Kudlich/Herold*, JA 2013, 511, 513 f.; *Bischoff/Jungkamp*, JuS 2009, 447, 451; *MüKo-Radtke*, § 306b Rn 18 ff. Vgl. auch die Fallbearbeitungen von *Stief*, JuS 2009, 716, 720; *Linke/Steinhilber*, JA 2010, 117, 124 f.
[957] BGH NJW 2007, 2130, 2131 f.
[958] BVerfG BVerfGK 18, 222 ff.

Brandstiftungsdelikte (§§ 306 ff.)

in den Flammen umkommen, fehlt es an der Zäsur und damit an der „anderen" Straftat i.S.v. § 306b II Nr. 2 Var. 1.

545a Wie aus § 81 I VVG folgt, ist der Anspruch auf die Versicherungsleistung ausgeschlossen, wenn der Versicherungsnehmer vorsätzlich den Versicherungsfall herbeiführt (siehe Rn 545). Geht die Brandstiftung also von einer anderen Person als dem Versicherungsnehmer aus, hat der Versicherungsnehmer unter den versicherungsrechtlichen Voraussetzungen einen entsprechenden Anspruch. Etwas anderes gilt lediglich dann, wenn sich der Versicherungsnehmer die Tat des Brandstifters (versicherungsrechtlich) zurechnen lassen muss. Das ist der Fall, wenn der Brandstifter aufgrund eines tatsächlichen Vertretungsverhältnisses die Befugnis besitzt, selbstständig und in nicht ganz unbedeutendem Umfang für den Versicherten in dem Geschäftskreis zu handeln, dem das versicherte Risiko angehört (**„Repräsentantenstellung"** des Brandstifters).[959] Freilich ist eine enge Auslegung geboten. So muss sich der (gutgläubige!) Ehegatte des Brandstifters dessen vorsätzliche Herbeiführung des Versicherungsfalls nicht allein wegen der Ehegattenstellung nach § 81 I VVG zurechnen lassen.[960] Auch genügt nicht die Überlassung der Mitobhut über die gemeinsame Wohnung zur Begründung einer Repräsentantenstellung im versicherungsrechtlichen Sinne.[961] Somit verliert also der (gutgläubige!) Versicherungsnehmer seinen Anspruch auf die Versicherungsleistung nicht, wenn der Brandstifter nicht „Repräsentant" im dargelegten Sinn ist.

G. Erfolgsqualifikation *Brandstiftung mit Todesfolge* (§ 306c)

546 Nach § 306c macht sich strafbar, wer durch eine Brandstiftung nach den §§ 306 bis 306b wenigstens leichtfertig den Tod eines anderen Menschen verursacht. Es handelt sich somit um eine **Erfolgsqualifikation**, der folgender Aufbau zugrunde gelegt werden sollte (vgl. dazu allgemein *R. Schmidt*, AT, Rn 891):

Brandstiftung mit Todesfolge (§ 306c)

O. Verwirklichung eines der Grundtatbestände der §§ 306 bis 306b

I. Erfolgsqualifikation des § 306c

⇨ **Eintritt der besonderen Tatfolge *Tod eines anderen Menschen*** i.S.d. § 18

⇨ **Kausalität und objektive Zurechnung**: Die Brandstiftung muss äquivalent kausal sein für den Tod des Opfers. Die Todesfolge muss dem Täter auch (nach allgemeinen Gesichtspunkten) objektiv zuzurechnen sein.

⇨ **Tatbestandsspezifischer Gefahrzusammenhang** zwischen dem Grunddelikt (Brandstiftungs*handlung* genügt, siehe bei § 306b I) und der schweren Folge. Diese enge Verknüpfung ist erforderlich, um die im Vergleich zum Grunddelikt, aber auch zum Fahrlässigkeitsdelikt des § 222 (das bei isolierter Betrachtung des fahrlässig herbeigeführten Todes vorliegen würde) hohe Strafandrohung (anders bei § 306b I!) zu rechtfertigen, und ist etwa bei Verbrennen, Ersticken infolge Rauchvergiftung oder Sauerstoffmangel, Einstürzen des Mauerwerks etc. gegeben. Sonderproblem „**Retterschäden**": Da die Vorschrift nicht voraussetzt, dass sich der zu Tode Gekommene zur Tatzeit in der Räumlichkeit aufgehalten haben muss, ist die Bejahung des erforderlichen Gefahrzusammenhangs nicht ausgeschlossen, wenn ein später **Hinzugekommener** den Tod findet. Im Einzelnen ist aber zu differenzieren: Ist das Eingreifen des Opfers eine typische Folge der Brandstiftung, ist der Gefahrzusammenhang jedenfalls dann zu bejahen, wenn die Rettungshandlung nicht von vornherein aussichtslos erscheint. Bei berufsmäßigen Helfern ist dies in jedem Einzelfall zu bestimmen. Bei priva-

---

[959] BGHZ 107, 229, 230 f.; BGH NStZ 2017, 290, 291.
[960] BGH NStZ 2017, 290, 291 mit Verweis u.a. auf BGH NStZ 2007, 640, 641.
[961] BGH NStZ 2017, 290, 291 mit Verweis u.a. auf BGH NStZ 2007, 640, 641.

Brandstiftungsdelikte (§§ 306 ff.)

ten Helfern ist das Näheverhältnis zum bedrohten Rechtsgut mit zu berücksichtigen, weil insoweit die Eigenverantwortlichkeit der Selbstgefährdung reduziert sein kann.

Da der tatbestandsspezifische Gefahrzusammenhang jedenfalls enger ist als die reine Erfolgsverursachung und die objektive Zurechnung, sind diese beiden Voraussetzungen nach der hier vertretenen Auffassung in der Fallbearbeitung nicht gesondert zu prüfen, wenn der tatbestandsspezifische Gefahrzusammenhang vorliegt.

⇨ **Wenigstens Leichtfertigkeit** bezüglich der schweren Folge. „Wenigstens" bedeutet, dass auch eine **vorsätzliche** Begehung nicht ausgeschlossen ist. Handelt der Täter aber vorsätzlich hinsichtlich der schweren Folge, hat er regelmäßig auch einen **Mord** mit gemeingefährlichen Mitteln verwirklicht (Tateinheit). Die Möglichkeit der vorsätzlich herbeigeführten Folge führt auch dazu, dass ein **Versuch** konstruktiv möglich ist (§ 22 setzt Vorsatz voraus). Dagegen ist eine **Teilnahme** auch dann möglich, wenn die schwere Folge unvorsätzlich herbeigeführt wurde (§§ 26, 27 setzen eine vorsätzliche *Haupttat* voraus; die Erfolgsqualifikation gilt gem. §§ 11 II, 18 insgesamt als Vorsatztat; der Teilnehmer muss nur hinsichtlich der Tatfolge ebenfalls leichtfertig handeln). „Leichtfertig" beschreibt einen erhöhten Grad an Fahrlässigkeit, vergleichbar mit der groben Fahrlässigkeit im BGB („es hätte jedem einleuchten müssen"). Im Übrigen ist die Leichtfertigkeit wie folgt zu prüfen:

⇨ Das **objektive Leichtfertigkeitselement** besteht aus der *objektiven Sorgfaltspflichtverletzung* und der *objektiven Vorhersehbarkeit des wesentlichen Kausalverlaufs und der schweren Folge*. Allerdings ist zu beachten, dass nach st. Rspr. des BGH der Täter schon durch die schuldhafte Verwirklichung eines der Grunddelikte stets objektiv (und subjektiv) sorgfaltspflichtwidrig handelt. Alleiniges Merkmal der Prüfung der objektiven Leichtfertigkeit hinsichtlich der qualifizierenden Tatfolge ist demnach die *Vorhersehbarkeit der schweren Folge*.

⇨ Das **subjektive Leichtfertigkeitselement** besteht aus der Vorwerfbarkeit der Sorgfaltspflichtverletzung im Hinblick auf die *persönlichen Kenntnisse und Fähigkeiten* des Täters sowie aus der *individuellen Erkennbarkeit der schweren Folge und des tatbestandsspezifischen Gefahrzusammenhangs*.

II. Rechtswidrigkeit und III. Schuld: Es gelten die bekannten Regeln.

Zur Möglichkeit eines **erfolgsqualifizierten Versuchs**: Da (wie bei § 306b I) die spezifische Gefahr der Brandstiftungs*handlung* genügt und nicht etwa ein Brandstiftungs*erfolg* gefordert wird, ist ein erfolgsqualifizierter Versuch (Grunddelikt versucht – schwere Folge eingetreten) möglich. Vgl. dazu die übertragbaren Ausführungen zu § 306b I.

Sonderproblem **objektive Zurechnung von Retterschäden**: Bei Rn 531 ff. wurde dargelegt, dass der für eine Strafbarkeit aus einem erfolgsqualifizierten Delikt erforderliche tatbestandsspezifische Gefahrzusammenhang i.d.R. auch dann angenommen werden könne, wenn der Tatererfolg an die Tathandlung des Grunddelikts (und nicht an dessen Tatererfolg) anknüpfe. Nunmehr gilt es der Frage nachzugehen, ob der tatbestandsspezifische Gefahrzusammenhang auch angenommen werden kann, wenn sich die Erfolgsqualifikation in der Person eines Retters (Feuerwehrmann, Rettungssanitäter, Polizeibeamter, aber auch eine Privatperson) realisiert, der sich zur Rettung von Menschen in das Gebäude begibt und dort eine schwere Gesundheitsschädigung erleidet oder gar den Tod findet. Jedenfalls kann der tatbestandsspezifische Gefahrzusammenhang nicht schon mit dem Argument verneint werden, der Retter habe sich zum Zeitpunkt der Tatbegehung noch nicht in den Räumlichkeiten aufgehalten. Denn weder § 306b I noch § 306c verlangen, dass sich das Opfer zum Zeitpunkt der Tat in der Räumlichkeit befunden haben muss.[962] Andererseits muss bedacht werden, dass sich der Retter, der sich in ein

---

[962] So aber noch BGHSt 39, 322, 325 f. zur Rechtslage vor der Strafrechtsreform 1998.

223

Brandstiftungsdelikte (§§ 306 ff.)

brennendes Gebäude begibt, letztlich eigenverantwortlich selbst gefährdet, was zur Verneinung des Zurechnungszusammenhangs führen könnte.

- Dennoch verneint der BGH den Zurechnungszusammenhang nur dann, wenn dem Opfer **ein einsichtiges Motiv für die Rettungshandlung fehlt**.[963] Das Opfer habe insbesondere dann ein einsichtiges Motiv für die Vornahme der Rettungshandlung, wenn es ihm darum gehe, Gefahren für eigene Rechtsgüter oder solche nahestehender Personen abzuwenden. Aber auch über diesen Sachverhalt hinaus tendiert der BGH, ein einsichtiges Motiv zu bejahen, wenn es sich nicht „um eine von **vornherein sinnlose** oder mit offensichtlich **unverhältnismäßigen Wagnissen** verbundene Rettungsaktion handelt, die zu einem **gänzlich unvertretbaren Risiko** für Leib und Leben des Retters führt". Dabei denkt der BGH offenbar an professionelle Retter (Feuerwehrleute, Rettungssanitäter, Polizeibeamte), die sich nicht in einem Näheverhältnis zu den gefährdeten Personen befinden, durch das Strafrecht jedoch geschützt werden sollen.

  Diese Rspr. ist denn auch vom OLG Stuttgart aufgegriffen worden. In dem Fall hatte ein Wohnungsinhaber Asche aus seinem Kamin, von dem er dachte, dass die Glut erloschen sei, nicht ordnungsgemäß entsorgt, sondern in einer Papiertüte auf dem Holzboden abgestellt. Es entwickelte sich ein Schwelbrand, der den gesamten Holzfußboden des Zimmers erfasste. Personen waren zu diesem Zeitpunkt nicht gefährdet. Zwei Feuerwehrmänner, die sich unter gröbster Vernachlässigung von Sicherheitsbestimmungen zu lange in dem brennenden Haus aufhielten, um den (Bagatell-)Brand zu löschen, erlitten eine schwere Kohlenmonoxidvergiftung, an der sie letztlich verstarben.

  Das OLG hat entschieden, dass dem Verursacher eines Brandes grundsätzlich auch der auf einer überobligatorischen und damit über die berufsbedingte Handlungspflicht hinausgehenden Rettungshandlung beruhende Tod von Feuerwehrmännern zuzurechnen sei. Die Grenze der Zurechnung sei jedoch überschritten, wenn sich der Rettungsversuch von vornherein als sinnlos oder mit offensichtlich unverhältnismäßigen Wagnissen verbunden und damit als offensichtlich unvernünftig darstelle. Dies sei der Fall, wenn die Risikofaktoren in einer objektivierten Ex-ante-Betrachtung so gewichtig seien, dass auch unter angemessener Berücksichtigung der psychischen Drucksituation der Rettungskräfte deutlich werde, dass die (weitere) Durchführung der Rettungsaktion zu einem gänzlich unvertretbaren Risiko für Leib und Leben der Retter führe.[964] Da im vorliegenden Fall keine Personen gefährdet waren, war der überlange Aufenthalt in dem Haus unter massivem Verstoß gegen Sicherheitsbestimmungen unvertretbar. Der Zurechnungszusammenhang in Bezug auf die fahrlässige Tötung (§ 222) ist damit zu verneinen. Der Mieter hat sich lediglich wegen fahrlässiger Brandstiftung (§ 306d) schuldig gemacht.

  Folge dieser Rspr. ist also, dass immer dann ein Zurechnungszusammenhang zu bejahen ist, wenn der Rettungsversuch zugunsten nahestehender Menschen erfolgt bzw. nicht von vornherein sinnlos erscheint.

- In der Literatur werden andere Lösungswege beschritten. Teilweise wird vorgeschlagen, den Zurechnungszusammenhang gemäß dem Grundsatz von der Opfereigenverantwortlichkeit in Anlehnung an die **Einwilligungsregeln** einzuschränken (Einwilligungslösung).[965] Da eine Einwilligung dann unbeachtlich ist, wenn der Rechtsgutinhaber infolge eines Willensmangels keine freiverantwortliche Disposition über seine Rechtsgüter treffen kann und dies wiederum anzunehmen ist, wenn die Einwilligung unter dem Eindruck einer Nötigungssituation erfolgt[966] ist, muss eine eigenverantwortliche Selbstgefährdung des Retters demnach abgelehnt werden, wenn dieser sich **aufgrund einer nötigenden Situation zur Selbstgefährdung gezwungen sieht**. Dies wird insbesondere in Betracht kommen, wenn sich die im Gebäude befindliche Person in Lebensgefahr befindet. Dass eine Bedrohung dritter Personen mit Gewalt geeignet sein kann, Hilfsmaßnahmen hervorzu-

---

[963] BGHSt 39, 322, 325 f.; BGH NStZ 2009, 331 ff.
[964] OLG Stuttgart NJW 2008, 1971 (mit Bespr. v. *Kudlich*, JA 2008, 740).
[965] *Amelung*, NStZ 1994, 338; *Sowada*, JZ 1994, 663.
[966] Vgl. dazu *R. Schmidt*, AT, Rn 175 ff. und 444 ff.

Brandstiftungsdelikte (§§ 306 ff.)

rufen, ist im Rahmen des Nötigungstatbestands (§ 240) allgemein anerkannt. Nichts anderes kann für die vorliegend zu behandelnde Konstellation gelten. Fühlt sich ein Retter menschlich verpflichtet, in ein brennendes Gebäude zu steigen, um Menschenleben zu retten, ist die Freiverantwortlichkeit der Rettungsentscheidung durch die Bedrohungssituation für fremde Rechtsgüter in einem Maße beeinträchtigt, das den Retter zur Selbstgefährdung gewissermaßen zwingt. Diese vom Retter als solche empfundene (moralische) Verpflichtung zur Hilfe trifft ihn unabhängig von tatsächlichen rechtlichen Hilfspflichten. Bei Übertragung der Grundsätze über die Einwilligung wäre die Rettungshandlung unter den aufgezeigten Voraussetzungen also als unfrei anzusehen.

Infolgedessen wäre die Todesfolge beim Retter dem Brandstifter – in Übereinstimmung mit der Lösung der Rspr. – nur dann nicht zuzurechnen, wenn der Rettungsversuch grob unvernünftig wäre.

- Schließlich wird vertreten, die zurechnungsausschließende Eigenverantwortlichkeit des Opfers in Anlehnung an die Regeln zur **Entschuldigung**, also entsprechend § 35, zu konkretisieren (Entschuldigungslösung).[967] Nach diesem Ansatz muss danach gefragt werden, ob sich der Retter bei seiner Rettungstat in einer § 35 vergleichbaren Konfliktsituation befand. Dies wiederum setzt voraus, dass der Retter in einem Näheverhältnis zu der in Gefahr befindlichen Person steht. Ist dies nicht der Fall, handelt der Retter also eigenverantwortlich, wenn er sich in ein brennendes Gebäude begibt, um Menschen zu retten. Kommt er selbst zu Schaden, kann dies nicht dem Brandstifter zugerechnet werden.

  Folge dieser Auffassung ist also, dass immer dann ein Zurechnungszusammenhang zu bejahen ist, wenn der Retter in einem § 35 vergleichbaren Näheverhältnis zu der gefährdeten Person steht. Ist das nicht der Fall, kommt eine Zurechnung der schweren Folge selbst dann nicht in Betracht, wenn die Rettungshandlung nachvollziehbar und sogar Erfolg versprechend ist.

Da die beiden zuerst genannten Lösungsmöglichkeiten i.d.R. zu demselben Ergebnis gelangen, nämlich zu einer Zurechnung der schweren Folge, wenn der Rettungsversuch nicht grob unvernünftig ist, bedarf es zwischen diesen beiden Ansätzen kaum einer Entscheidung. Sofern aber das für die dritte Meinung erforderliche Näheverhältnis fehlt, bedarf es regelmäßig einer Entscheidung für oder gegen die Entschuldigungslösung. Gegen die Entschuldigungslösung spricht, dass der Opferschutz zu kurz gerät, weil wohl in den überwiegenden Fällen das in § 35 beschriebene Näheverhältnis fehlt. Insbesondere professionelle Retter wären – unabhängig von möglichen gesetzlichen Rettungspflichten, die ihre Grenze aber ebenfalls in der zumutbaren Selbstgefährdung finden – nicht hinreichend durch das Strafrecht geschützt. Daher sollte die Streitentscheidung zugunsten der ersten beiden Lösungsmöglichkeiten getroffen werden.

Speziell bei § 306 c ist – wegen der im Vergleich zu § 306b I extrem hohen Strafandrohung („nicht unter 10 Jahren") und der damit gebotenen engen Tatbestandsauslegung – jedoch darüber hinaus zu überlegen, ob sich Retterschäden überhaupt als die Verwirklichung eines spezifischen Brandstiftungsrisikos darstellen. Auf der anderen Seite darf aber auch nicht verkannt werden, dass sich der Retter nicht irgendeiner Gefahr aussetzt, sondern gerade der durch die Brandstiftung hervorgerufenen. Außerdem kann der spezifische Zusammenhang zur Brandsituation nicht deswegen geleugnet werden, weil der von außen hinzukommende Retter von der Gefahr nicht so überrascht wird wie der im Tatzeitpunkt schon in der Gefahrenzone befindliche zu Rettende. Denn der Retter gerät gerade unter dem Eindruck der Brandstiftungssituation aufgrund seines Entschlusses, Menschenleben zu retten, in Gefahr. Diese Auffassung entspricht auch der gesetzgeberischen Wertung, wonach gerade nicht erforderlich ist, dass sich das Tatopfer im Zeitpunkt der Brandstiftung im Gebäude befunden hat.

---

[967] *Bernsmann/Zieschang*, JuS 1995, 775, 778 f.; MüKo-*Duttge*, § 15 Rn 155; *Roxin*, AT I, § 11 Rn 101; *Renzikowski*, Restriktiver Täterbegriff und fahrlässige Beteiligung, 1997, S. 168.

Brandstiftungsdelikte (§§ 306 ff.)

Mithin kann ein tatbestandsspezifischer Gefahrzusammenhang zwischen der Brandstiftungshandlung und dem Tod des Retters, der zur Rettung von Menschenleben in ein brennendes Gebäude steigt, bejaht werden, sofern die Rettung nicht von vornherein aussichtslos erscheint. Mit Blick auf die hohe Strafandrohung in § 306c wird man aber etwas anderes dann annehmen müssen, wenn es „nur" um die Rettung von Sach- und Vermögenswerten geht. Dabei darf es aus Gründen der Rechtssicherheit auch keine Differenzierung hinsichtlich der Bedeutung des Sach- bzw. Vermögenswerts geben.

547b   Ob für den Fall, dass eine Strafbarkeit des Brandstifters aus § 306b I bzw. § 306c wegen Nichtvorliegens des tatbestandsspezifischen Gefahrzusammenhangs ausgeschlossen ist, auf **§ 229** bzw. **§ 222** zurückgegriffen werden kann, ist unklar. Da jedenfalls die Zurechnungskriterien bei einer reinen Fahrlässigkeitstat weniger streng sind als bei einem erfolgsqualifizierten Delikt[968], ist eine Strafbarkeit wegen **fahrlässiger Körperverletzung** bzw. **fahrlässiger Tötung** nicht von der Hand zu weisen.[969] Zu einer diesbezüglichen Strafbarkeit vgl. *R. Schmidt*, AT, Rn 848 ff.

H. Fahrlässige Brandstiftung (§ 306d)

548   Die fahrlässige Brandstiftung nach § 306d ist in vier Tatvarianten unterteilt:

- Nach § 306d I Halbs. 1 Var. 1 macht sich strafbar, wer ein in § 306 I Nr. 1 bis 6 genanntes fremdes Tatobjekt fahrlässig in Brand setzt oder durch Brandlegung ganz oder teilweise zerstört.

  Beispiele: Verstöße gegen Sicherheits- und Brandverhütungsvorschriften in Bezug auf Gewerbebetriebe, wodurch ein für den Täter fremdes Objekt (etwa ein Mietgebäude) fahrlässig in Brand gesetzt oder durch Brandlegung ganz oder teilweise zerstört wird.

  Fazit:
  - das Tatobjekt muss für den Täter **fremd** sein („in den Fällen des § 306 Abs. 1").
  - § 306d I Halbs. 1 Var. 1 ist letztlich ein **„fahrlässiger § 306 I"**.

- Nach § 306d I Halbs. 1 Var. 2 macht sich strafbar, wer ein durch § 306a I Nr. 1 bis 3 geschütztes Objekt fahrlässig in Brand setzt oder durch Brandlegung ganz oder teilweise zerstört. Eine Fremdheit des Objekts ist wegen der Inbezugnahme des § 306a nicht erforderlich.

  Beispiele: Verstöße gegen Brandverhütungsvorschriften; Rauchen im Bett; fahrlässiger Umgang mit Feuerwerkskörpern; mangelnde Beaufsichtigung brennender Kerzen (z.B. Adventskranz); Anlassen von Herdplatten; Überlassung von Brandmitteln an (strafunmündige) Kinder, wodurch ein Objekt (etwa eine Mietwohnung) fahrlässig in Brand gesetzt oder durch Brandlegung ganz oder teilweise zerstört wird.

  Fazit:
  - Eine Fremdheit des Objekts ist wegen der Inbezugnahme des § 306a I nicht erforderlich.
  - § 306d I Halbs. 1 Var. 2 ist letztlich ein **„fahrlässiger § 306a I"**.

> **Hinweis für die Fallbearbeitung:** Die Prüfung dieser beiden Tatvarianten richtet sich nach dem allgemeinen Aufbau eines fahrlässigen Erfolgsdelikts.

---

[968] Nach allgemein anerkannten Grundsätzen über die Erfolgszurechnung bei einer Fahrlässigkeitstat macht sich der Täter wegen Fahrlässigkeit strafbar, wenn der Erfolgseintritt nicht völlig außerhalb dessen liegt, was nach dem gewöhnlichen Verlauf der Dinge und der allgemeinen Lebenserfahrung noch in Rechnung zu stellen ist (vgl. *R. Schmidt*, AT, Rn 862).
[969] Auch umgekehrt ist es denkbar, dass bei einer fahrlässigen (nicht vorsätzlichen!) Brandstiftung (§ 306d) der Zurechnungszusammenhang bejaht wird, wohingegen bzgl. der fahrlässigen Tötung der Zurechnungszusammenhang verneint werden muss (so der Fall OLG Stuttgart NJW 2008, 1971 - mit Bespr. v. *Kudlich*, JA 2008, 740), s.o. Denn im Vergleich zu § 222 ist der Zurechnungszusammenhang bei § 306d eher zu bejahen.

Brandstiftungsdelikte (§§ 306 ff.)

- Nach § 306d I Halbs. 2 macht sich strafbar, wer in Fällen des § 306a II vorsätzlich handelt und die Gefahr der Gesundheitsschädigung fahrlässig verursacht (sog. **Vorsatz-Fahrlässigkeits-Kombination**).

Beispiel: Um in den Genuss der Brandversicherungsleistung zu kommen, setzt T nachts sein von ihm allein bewohntes Einfamilienhaus in Brand, indem er im Erdgeschoss Brandbeschleuniger ausgießt und anzündet. Allerdings wusste T nicht, dass sich im Gästezimmer sein Freund F befand, der sich schlafen gelegt hatte. Noch bevor sich die Flammen ausbreiten konnten, war F wach geworden und hatte durch das Zimmerfenster entkommen können. Eine Gesundheitsschädigung erlitt F zum Glück nicht.

Fazit:
- Vorsätzliche Tat in Bezug auf ein in § 306 I Nr. 1-6 genanntes Objekt
- Eine Fremdheit des Objekts ist nicht erforderlich (wegen der Formulierung: „in den Fällen des § 306a Abs. 2")
- Fahrlässige Verursachung der Gefahr der Gesundheitsschädigung

> **Hinweis für die Fallbearbeitung:** Die Prüfung dieser Tatvariante richtet sich nach dem allgemeinen Aufbau einer Vorsatz-Fahrlässigkeits-Kombination, wie er bei *R. Schmidt*, AT, Rn 887 ff. dargestellt ist.

- Schließlich macht sich nach § 306d II strafbar, wer in Fällen des § 306a II fahrlässig handelt und auch die Gefahr der Gesundheitsschädigung fahrlässig verursacht (sog. **Fahrlässigkeits-Fahrlässigkeits-Kombination**).

Beispiel: T hat vergessen, die im Wohnzimmer brennenden Adventskerzen zu erlöschen, bevor er sich schlafen legt. Durch das Abbrennen der Kerzen geraten zunächst der Adventskranz und sodann das Wohnzimmer in Flammen. Nur durch einen rettenden Zufall wacht die Frau des T auf und kann die übrigen Familienmitglieder aufwecken. Niemand erleidet eine Gesundheitsschädigung.

Fazit:
- Fahrlässige Tat in Bezug auf ein in § 306 I Nr. 1-6 genanntes Objekt
- Eine Fremdheit des Objekts ist nicht erforderlich.
- Fahrlässige Verursachung der Gefahr der Gesundheitsschädigung

> **Hinweis für die Fallbearbeitung:** Die Prüfung dieser Tatvariante richtet sich nach dem allgemeinen Aufbau eines fahrlässigen Erfolgsdelikts, wie er bei *R. Schmidt*, AT, Rn 847 dargestellt ist, wobei anzumerken ist, dass der Täter in zweifacher Hinsicht fahrlässig gehandelt haben muss, hinsichtlich der Tathandlung *und* der Gefahr.

Für den Fall, dass der Täter freiwillig den Brand löscht, bevor ein erheblicher Schaden entsteht (oder er sich zumindest bemüht), vgl. § 306e II, III.

549

I. Tätige Reue (§ 306e)

Tritt der Täter noch vor Vollendung eines Vorsatzdelikts freiwillig zurück, ist er aus dem betreffenden Delikt nicht strafbar („Rücktritt vom Versuch", § 24).[970] Es gibt aber durchaus auch Situationen, in denen der Täter einen Brand legt (die Tat also vollendet), sich dann aber eines Besseren besinnt und durch Löschen des Brandes verhindert, dass ein noch größerer Schaden entsteht. In diesem Fall ist § 24 nicht (mehr) anwendbar. Dass diese Rückkehr „auf den richtigen Pfad" aber (strafmildernd bzw. strafbefreiend) honoriert werden muss, leuchtet ein, denn ansonsten könnte der Täter das Feuer genauso gut weiterbrennen lassen. Hinzu kommt, dass mit Blick auf die hohe Strafandrohung der Brandstiftungsdelikte ein Verstoß gegen das Schuldprinzip immanent wäre, wenn die erhebliche Unrechtsminderung nicht gewürdigt würde. Hier hat der Gesetzgeber mit

550

---

[970] Zur dieser Konstellation vgl. BGH NStZ 2004, 329 und ausführlich *R. Schmidt*, AT, Rn 704 ff.

227

Brandstiftungsdelikte (§§ 306 ff.)

§ 306e die Möglichkeit geschaffen, die Strafe zu mildern oder von ihr abzusehen.[971] Folgende Konstellationen sind zu unterscheiden:

- Vollendet der Täter eines der Delikte der §§ 306, 306a und 306b, *kann* das Gericht nach Maßgabe des § 49 II nach seinem Ermessen die Strafe mildern oder von ihr absehen, wenn der Täter freiwillig den Brand löscht, bevor ein erheblicher Schaden entsteht – **§ 306e I**. In weiter Auslegung des Wortlauts verlangt der BGH jedoch nicht, dass der Täter den Brand eigenhändig löscht; vielmehr lässt er es genügen, wenn der Täter durch sein Verhalten bewirkt, dass Dritte, insbesondere die Feuerwehr, den Brand löschen, bevor ein erheblicher Schaden entsteht.[972]

  Bei der Frage, ob die Strafe gemildert oder von ihr abgesehen werden kann, kommt es nach dem BGH insbesondere auf das Ausmaß des bereits entstandenen Schadens und den Grad der Gefahr an[973], aber auch auf Art und Umfang der Rettungsbemühungen des Täters[974]. Alarmiert etwa der Täter frühzeitig die Feuerwehr und sind nur Bagatellschäden entstanden, kann das dazu führen, dass das Tatgericht ganz von Strafe absieht.

- Das freiwillige und ernsthafte Bemühen (fehlende Verhinderungskausalität) kann unter den Voraussetzungen des § 306e III genügen. Die Strafbarkeit nach anderen Vorschriften (auch nach § 306c oder § 306f) bleibt hiervon freilich unberührt.[975]

- Löscht der Täter des Delikts nach § 306d freiwillig den Brand, bevor ein erheblicher Schaden entsteht, *wird* er gem. **§ 306e II** nicht bestraft (persönlicher Strafaufhebungsgrund ⇒ keine Bestrafung!). Sein freiwilliges und ernsthaftes Bemühen (fehlende Verhinderungskausalität) genügt unter den Voraussetzungen des § 306e III.

- In allen Fällen des § 306e gilt aber: Wurde durch die Tat eine Person konkret gefährdet oder in ihrer Gesundheit geschädigt, scheidet nach dem BGH eine Anwendung von § 306e im Allgemeinen aus.[976] Sollte das im zu prüfenden Fall zutreffen, besteht für die weitere Prüfung, ob ein „erheblicher Schaden" eingetreten ist (Rn 551), kein Raum mehr.

551 Ist also weder eine Person konkret gefährdet noch in ihrer Gesundheit geschädigt, bleibt Raum für die Prüfung, ob durch die Tat ein **„erheblicher Schaden"** (siehe § 306e) eingetreten ist. Die Frage nach der „Erheblichkeit" des Schadens bemisst sich nach dem Wert des durch die Brandstiftung betroffenen Schutzguts.[977] Geht man davon aus, dass – zumindest bei Gebäuden – das vollständige oder teilweise Zerstören des Tatobjekts in aller Regel mit einem beträchtlichen Sachschaden verbunden ist, würde man die Regelung des § 306e leerlaufen lassen, wenn man die (Sach-)Schadensgrenze zu niedrig ansetzte. Auch eine einzelfallbezogene Wertgrenzbestimmung überzeugt nicht, da diese Methode zu einer erheblichen Rechtsunsicherheit führt, was vor dem Hintergrund des Bestimmtheitsgebots aus Art. 103 II GG kritisch erscheint.[978] Daher ist nach Auffassung des BGH die Bestimmung einer festen Wertgrenze sachgerecht.[979] Jedenfalls kann man nach überzeugender Auffassung des BGH auf Wertgrenzen, die die Rspr. für andere Tatbestände mit gänzlich anderen Schutzzwecken und anderen Schutzobjekten entwickelt hat (etwa 1.000,- € für § 315c I), nicht zurückgreifen.[980] Vielmehr ist ein durch Brandstiftung entstandener erheblicher **Sachschaden** an einem Wohngebäude regelmäßig erst dann anzunehmen, wenn mindestens **2.500,- €** objektiv zur Schadensbesei-

---

[971] Vgl. dazu BGH NStZ 2003, 265.
[972] BGH NJW 2019, 243, 244.
[973] BGH NJW 2019, 243, 244 mit Verweis auf LK-*Wolff*, § 306e Rn 15.
[974] BGH NJW 2019, 243, 244.
[975] Wie hier Sch/Sch-*Heine/Bosch*, § 306e Rn 16; Lackner/Kühl-*Heger*, § 306e Rn 1; a.A. *Geppert*, Jura 1998, 597, 606.
[976] BGH NJW 2019, 243, 244 mit Verweis u.a. auf SK-*Wohlers/Horn*, § 306e Rn 11; NK-*Kargl*, § 306e Rn 4.
[977] BGH NJW 2019, 243, 244.
[978] Auch der BGH lehnt dies ab (siehe BGH NJW 2019, 243, 244).
[979] BGH NJW 2019, 243, 244. Überzeugend wäre es, wenn der BGH feste Wertgrenzen auch bei 306 I Nr. 3 annähme. Dort aber stellt er auf „unbedeutende" Warenvorräte ab (siehe Rn 484).
[980] BGHSt 48, 14, 23; BGH NJW 2019, 243, 244.

tigung erforderlich sind.[981] Mit der Begrenzung auf „Wohngebäude" wird zudem klar, dass nur Schäden am Gebäude und an seinen wesentlichen Bestandteilen berücksichtigungsfähig sind. Schäden am Inventar und Brandfolgeschäden (etwa höhere Heizkosten für den Fall, dass durch den Brand ein Fenster beschädigt wurde) bleiben bei der Schadensbemessung außer Betracht.[982]

Bei einer **Körperverletzung** wird man einen „erheblichen Schaden" annehmen müssen, wenn die Verletzung die Intensität des § 226 I Nr. 2 erreicht.

552

Bei der Frage nach der **Freiwilligkeit** ist bei allen drei Absätzen des § 306e (wie bei § 24) die Tätersicht entscheidend. **Löschen** ist – wie aufgezeigt – auch dann zu bejahen, wenn der Täter Dritte hinzuzieht und den Brand von diesen gelöscht wird.

553

Hinweis für die Fallbearbeitung: Die Prüfung des § 306e hat im Anschluss an die Schuldfeststellung zu erfolgen, da es sich insoweit um eine Strafzumessungsregel/einen persönlichen Strafaufhebungsgrund handelt. Inhaltlich muss zunächst die objektiv erforderliche Handlung (das Löschen bzw. Löschenlassen) und dann die subjektive Freiwilligkeit geprüft werden. Schließlich darf kein erheblicher Schaden entstanden sein.

554

J. Konkurrenzen der Brandstiftungsdelikte

§ 306 verdrängt den § 303 I und bei Zerstörung eines Gebäudes auch den § 305. Umgekehrt wird § 306 i.d.R. von den §§ 306a bis 306c verdrängt[983], kann mit diesen aber auch tateinheitlich zusammentreffen, wenn die Tatobjekte zum Teil nur unter § 306 fallen. Nach dem BGH ist zwischen § 306 und § 306a Tateinheit nur möglich, wenn § 306 vollendet und § 306a versucht wurde.[984]

555

Mit §§ 308 und 265 ist Tateinheit möglich, mit § 263 III Nr. 5 dagegen Tatmehrheit oder Tateinheit. In Fällen des Übergangs von fahrlässiger in vorsätzliche Begehung wird die Fahrlässigkeitstat entweder als subsidiäre Gesetzesverletzung oder (nach der hier vertretenen Auffassung) als mitbestrafte Vortat verdrängt.

Im Übrigen ist Tateinheit mit folgenden Tatbeständen möglich:

- § 211: Mord (insb. Heimtücke, Gemeingefährlichkeit, Habgier)
- §§ 223, 224: gefährliche Körperverletzung (insb. § 224 I Nr. 5)
- §§ 223, 226: schwere Körperverletzung (insb. § 226 I Nr. 2 und 3)
- § 222: fahrlässige Tötung
- § 229: fahrlässige Körperverletzung
- Umweltdelikte (§§ 324 ff.)

---

[981] BGHSt 48, 14, 23; bestätigt durch BGH NJW 2019, 243, 244.
[982] BGH NJW 2019, 243, 244.
[983] Für § 306a I Nr. 1 explizit BGH NStZ 2001, 196; a.A. SK-*Wolters/Horn*, § 306 Rn 21: Tateinheit.
[984] BGH NStZ 2001, 196.

5. Kapitel – Straßenverkehrsdelikte

556
Zu den prüfungsrelevanten Straftatbeständen des 28. Abschnitts des StGB gehören nicht nur die Brandstiftungsdelikte, sondern auch die Straßenverkehrsdelikte. Zu diesen zählen §§ 315b, 315c sowie § 316[985].

- §§ 315b, 315c beschreiben **konkrete Gefährdungsdelikte**, bei denen im Einzelfall festgestellt werden muss, ob der Täter durch seine Handlung Leib oder Leben eines anderen Menschen oder fremde Sachen von bedeutendem Wert gefährdet hat.

- § 316 fordert diesen konkreten Gefährdungserfolg nicht, sondern sanktioniert die *generelle* Gefährlichkeit der Trunkenheit im Verkehr (**abstraktes Gefährdungsdelikt**).[986] Dabei ist zu beachten, dass § 316 sich nicht nur auf den Straßenverkehr beschränkt, sondern sich auf alle Verkehrsarten, somit auch auf die in den §§ 315 und 315a beschriebenen, erstreckt.

Überblick über die Tatbestände der §§ 315b, 315c und 316

§ 315b konkretes Gefährdungsdelikt	§ 315c konkretes Gefährdungsdelikt	§ 316 abstraktes Gefährdungsdelikt
Sanktioniertes Verhalten: – Fehlverhalten außerhalb des Straßenverkehrs (I Nrn. 1-3) – Ausnahmsweise auch Fehlverhalten im Straßenverkehr bei Vorliegen eines „verkehrsfremden Eingriffs"	Sanktioniertes Verhalten: – Führen eines Fahrzeugs trotz Fahruntüchtigkeit infolge berauschender Mittel (I Nr. 1a) – oder Führen eines Fahrzeugs trotz Fahruntüchtigkeit infolge geistiger oder körperlicher Mängel (I Nr. 1b) – oder grob verkehrswidriges und rücksichtsloses Fehlverhalten (I Nrn. 2a-g, sog. „sieben Todsünden")	Sanktioniertes Verhalten: Führen eines Fahrzeugs trotz Fahruntüchtigkeit infolge berauschender Mittel
Taterfolg: – Eintritt einer konkreten Gefahr (oder eines Schadens)	Taterfolg: – Eintritt einer konkreten Gefahr (oder eines Schadens)	keine Gefährdung (bzw. Schädigung) eines bestimmten Objekts im Einzelfall erforderlich

557
Geschützte Rechtsgüter der Straßenverkehrsdelikte sind die *Sicherheit des öffentlichen Straßenverkehrs*, daneben aber auch (jedenfalls bei §§ 315b und c) die Individualrechtsgüter *Leben, körperliche Unversehrtheit und fremdes Eigentum.*[987] Diese doppelte Schutzrichtung übt vor allem Einfluss aus auf die Frage, ob die gefährdete Person in ihre Gefährdung einwilligen kann und ob damit die objektive Zurechnung des Gefahrerfolgs bzw. die Rechtswidrigkeit der Tathandlung entfällt (dazu später).

Zum Begriff des **öffentlichen Straßenverkehrs** vgl. die Ausführungen zu § 315c (Rn 599). Zu beachten ist aber, dass § 315b nicht schon dann ausgeschlossen ist, wenn die konkrete Gefahr (oder gar der Schaden) außerhalb des öffentlichen Straßenverkehrs eintritt. Voraussetzung ist nur, dass sich das Opfer zum Zeitpunkt der Tathandlung (d.h.

---

[985] Zwar zählt § 142 (unerlaubtes Entfernen vom Unfallort) i.w.S. ebenfalls zu den Straßenverkehrsdelikten, die Vorschrift ist aber zum einen vom Gesetzgeber im 7. Abschnitt über die öffentliche Ordnung aufgenommen worden, und zum anderen ist geschütztes Rechtsgut das private Interesse an der Aufklärung des Unfallhergangs zwecks (zivilrechtlicher) Geltendmachung von Schadensersatzansprüchen.

[986] Zu den Begriffen *abstraktes Gefährdungsdelikt* und *konkretes Gefährdungsdelikt* vgl. ausführlich die Bearbeitung bei *R. Schmidt*, AT, 105 ff.

[987] Vgl. BGHSt 48, 119, 120 ff.; NJW 2003, 1613, 1614; *Fischer*, § 315b Rn 2; § 315c Rn 2; § 316 Rn 2; Lackner/Kühl-*Heger*, § 315b Rn 1; Sch/Sch-*Hecker*, § 315 Rn 1; SK-*Wolters/Horn*, § 315 Rn 2.

zum Zeitpunkt des unmittelbaren Ansetzens zur Tatbestandsverwirklichung) im öffentlichen Verkehrsraum befindet.[988]

> **Hinweis für die Fallbearbeitung:** Sog. „Straßenverkehrsklausuren" sind nicht selten anzutreffen. Im Mittelpunkt steht dabei i.d.R. ein Unfall, bei dem der Verursacher den Tatbestand des § 315c (zumeist auch die §§ 222, 229) verwirklicht. Diese Tatbestände bilden dann häufig die Zäsur zwischen dem vorhergehenden und dem nachfolgenden Geschehen. Insbesondere bilden sie den Anknüpfungspunkt für weitere Delikte, namentlich dem Totschlag bzw. Mord durch Unterlassen (§§ 212, 211, 13), der Aussetzung (§ 221), der unterlassenen Hilfeleistung (§ 323a I – sofern neben § 221 noch anwendbar) und dem unerlaubten Entfernen vom Unfallort (§ 142). Gleichzeitig kennzeichnen sich derartige Klausuren dadurch, dass sie mit Rechtsproblemen des Allgemeinen Teils verknüpft sind, namentlich mit den Figuren des Zurechnungszusammenhangs, der Schuldunfähigkeit infolge Alkoholintoxikation und der actio libera in causa.

A. Gefährliche Eingriffe in den Straßenverkehr (§ 315b)

I. Einführung und Abgrenzung zu § 315c

Schutzgut des § 315b wie des § 315c ist die **Sicherheit des öffentlichen Straßenverkehrs**.[989] Während aber § 315c Fehlleistungen sanktioniert, die im *fließenden und ruhenden Straßenverkehr* auftreten, stellt § 315b nach der Zielvorstellung des Gesetzgebers vornehmlich nur solche Verhaltensweisen unter Strafe, die **von außen her** in den Straßenverkehr **eingreifen** (vgl. auch die amtliche Überschrift des § 315b I Nr. 3, in der von „Eingriff in den Straßenverkehr" gesprochen wird ⇒ „in etwas eingreifen" kann man denklogisch nur von außen).

558

> **Beispiele:** Zu diesen sog. **verkehrsfeindlichen** oder **exogenen Eingriffen** („Außeneingriffen") zählen etwa das Herabgießen von Farbe oder das Herabwerfen von (größeren) Steinen oder Gullydeckeln von einer Autobahnbrücke, die Abgabe von Schüssen auf vorbeifahrende Fahrzeuge, das Durchtrennen von Bremsschläuchen, das Spannen eines Stahlseils über die Fahrbahn oder die Errichtung einer Straßensperre.

Trotz der gesetzgeberischen Zielvorstellung und der Verwendung des Begriffs „Eingriff" ist nach der Rechtsprechung des BGH § 315**b** I nicht auf den sog. **Außeneingriff** beschränkt. Vielmehr ist die Strafnorm auch dann anwendbar, wenn die Tathandlung aus dem **fließenden und ruhenden Straßenverkehr** heraus begangen wird (und an sich die Sperrwirkung des § 315c greift, auch wenn keine der dort genannten Tatmodalitäten vorliegt). Das soll etwa dann der Fall sein, wenn das Fahrzeug bewusst zweckwidrig eingesetzt wird und die damit verbundene Gefahrverursachung bereits den Charakter von verkehrsfeindlichen Einwirkungen annimmt (Fahrzeug als „Waffe" oder „Schadenswerkzeug" bzw. „provozierter Unfall")[990] – sog. **verkehrsfeindlicher Inneneingriff** oder „Pervertierung des Straßenverkehrs". Die Intention des BGH ist klar: Er ist bemüht, mit einer extensiven Auslegung des § 315b I unerwünschte Strafbarkeitslücken zu vermeiden, die dadurch entstehen, dass bestimmte, für sanktionswürdig gehaltene Verhaltensweisen nicht von dem abschließenden Katalog des § 315c I Nr. 2 erfasst sind. Damit gerät der BGH aber mit dem verfassungsrechtlich verankerten Analogieverbot und dem Schuldprinzip in Konflikt. Immerhin versucht der BGH, dem zu entgehen, indem er eine grobe Einwirkung von einigem Gewicht fordert. Anderenfalls könne von einer „Beeinträchtigung der Sicherheit des Straßenverkehrs" nicht gesprochen werden.[991] In subjektiver Hinsicht verlangt der BGH zunächst, dass der Täter mit dem Ziel handelt, das Fahr-

559

---

[988] BGH StV 2012, 218, 219.
[989] *Fischer*, § 315b Rn 2; OLG Zweibrücken 18.10.2018 – 1 OLG 2 Ss 42/18.
[990] Vgl. BGH NStZ 2015, 278; BGHSt 41, 231, 234; 47, 158, 159 f.; BGH NStZ 2010, 391 f.; DAR 2006, 30, 30 f.; NStZ 2006, 503, 504 f.
[991] Vgl. BGHSt 41, 231, 237; 47, 158, 159 f.

Straßenverkehrsdelikte – Gefährliche Eingriffe in den Straßenverkehr (§ 315 b)

zeug verkehrsfeindlich zu verwenden („zu pervertieren"). Damit meint er *dolus directus* 1. Grades. Hinsichtlich des Einsatzes des Fahrzeugs als „Waffe" oder „Schadenswerkzeug" verlangt der BGH Schädigungsvorsatz, wobei er dabei *dolus eventualis* genügen lässt.[992]

560 **Beispiele:**

(1) absichtliches Verhindern eines Überholversuchs durch Abschneiden des Weges („nach links rüberziehen")[993],

(2) Provozieren eines Auffahrunfalls durch abruptes Bremsen[994],

(3) vorsätzliches Rammen eines anderen Fahrzeugs (jedenfalls bei hoher Geschwindigkeit ⇒ sonst ist die erforderliche grobe Einwirkung von einigem Gewicht kaum zu bejahen[995]),

(4) gezieltes Zufahren auf einen Menschen[996] und erst recht, wenn ein Autofahrer eine flüchtende Person anfährt, um diese an der weiteren Flucht zu hindern[997],

(5) Falschfahren auf der Autobahn („Geisterfahrer")[998],

(6) Öffnen der Beifahrertür während der Fahrt durch Beifahrer, um einen neben dem Fahrzeug befindlichen Radfahrer auffahren zu lassen oder zu einem riskanten Ausweichmanöver zu zwingen[999],

jeweils mit dem Ziel, das Fahrzeug verkehrsfeindlich als Schadenswerkzeug bzw. als Waffe zu verwenden („zu pervertieren"), und mit der billigenden Inkaufnahme eines Schadens. Auch das absichtliche Herbeiführen eines Verkehrsunfalls zwecks Betrugs der Kfz-Halterhaftpflichtversicherung fällt hierunter.[1000]

561 Da der BGH einen „Eingriff" i.S.d. § 315b I in Fällen bewusst zweckwidriger Fahrzeugbenutzung immerhin, aber auch nur dann, bejaht, wenn der Täter mit dem Ziel handelt (= *dolus directus* 1. Grades), das Fahrzeug verkehrsfeindlich zu verwenden („zu pervertieren"), verstärkt er die „Sperrwirkung" des § 315c für „normale" Verkehrsverstöße, die aus dem fließenden oder ruhenden Verkehr heraus begangen werden. Fehlen in den genannten Beispielen (1) bis (5) also die Absicht, das Fahrzeug zweckwidrig zu verwenden, oder der Vorsatz, es als Waffe oder Schadenswerkzeug schadensverursachend zu missbrauchen, ist nur Raum für § 315c, nicht auch für § 315b. Das Gleiche gilt für das gezielte Zufahren auf einen Halt gebietenden Polizeibeamten, um ihn schlicht zur Freigabe der Fahrbahn zu zwingen. Dieser Fall wird entgegen der früheren Auffassung des BGH[1001] also nicht mehr von § 315b I erfasst, sofern der Täter den Polizisten nicht überfahren will, sondern trotz der Unbeherrschbarkeit des Geschehens davon ausgeht, dass dieser noch rechtzeitig zur Seite springen werde. Da in diesen Fällen aber auch kaum § 315c eingreift, bleibt i.d.R. nur Raum für § 240, §§ 223 ff. und § 113 (wobei § 113 als lex specialis § 240 verdrängt). Ob diese Folge dem spezifisch verkehrsstrafrechtlichen Gehalt und der hohen kriminellen Energie des Täters gerecht wird, darf bezweifelt werden. Auf der anderen Seite gilt nun einmal im Strafrecht der Wortlaut einer Norm als äußerste Grenze der Auslegung. In jedem Fall ist der Gesetzgeber berufen, den Tatbestand des § 315c I um die genannten Fälle zu erweitern. Zur Konkurrenz zwischen § 315b und § 315c, wenn beide Tatbestände durch dieselbe Handlung verwirklicht werden, vgl. Rn 564.

---

[992] BGH NStZ 2010, 391, 392; DAR 2006, 30, 30 f.; NJW 2003, 1613, 1614; vgl. auch OLG Hamm NStZ-RR 2014, 141.
[993] BGH NJW 2003, 1613, 1614.
[994] Vgl. bereits die 6. Aufl. 2007 dieses Buches; wie hier nun auch *Radtke/Meyer*, JA 2009, 702, 704 und BGH NStZ 2012, 700, 701 (mit Bespr. v. *Hecker*, JuS 2013, 84). Vgl. auch *Heß/Burmann*, NJW 2013, 1647, 1651.
[995] Vgl. BGHSt 47, 158, 159 f.; *Himmelreich/Lessing*, NStZ 2002, 301, 303; *Ferner*, PVR 2002, 10.
[996] BGH NStZ 2014, 86, 87; DAR 2006, 30, 30 f.; NZV 2001, 352.
[997] OLG Zweibrücken 18.10.2018 – 1 OLG 2 Ss 42/18.
[998] BGH NStZ 2006, 503, 504 f. Vgl. dazu bereits Rn 76 und 108.
[999] OLG Hamm NStZ-RR 2017, 224.
[1000] BGH NStZ 2015, 278.
[1001] Vgl. BGHSt 26, 176, 178.

Straßenverkehrsdelikte – Gefährliche Eingriffe in den Straßenverkehr (§ 315 b)

Weiterhin hält der BGH ein Hindernisbereiten i.S.d. § 315b I Nr. 2 bzw. einen ebenso gefährlichen Eingriff i.S.d. § 315b I Nr. 3 für gegeben, wenn ein (sonstiger) Verkehrsteilnehmer entsprechende Handlungen aus dem fließenden Verkehr heraus begeht.

562

> **Beispiel:** Radfahrer R gießt während der Fahrt Öl auf die Fahrbahn, damit vorbeikommende Motorradfahrer auf der Ölspur ausrutschen und stürzen. Ob auch das sog. Auto-Surfen einen gefährlichen Eingriff in den Straßenverkehr darstellt, mag bezweifelt werden.[1002]

Nach Auffassung des BGH liegen eine bewusste Zweckentfremdung und damit eine Anwendbarkeit des § 315b sogar dann vor, wenn sich der Fahrzeugführer objektiv pflichtgemäß verhält, subjektiv sich aber von der Absicht (auch hier i.S.v. *dolus directus* 1. Grades[1003]) leiten lässt, einen Verkehrsunfall herbeizuführen.[1004] Auch diesbezüglich sind mit Blick auf das Analogieverbot Bedenken berechtigt (Rn 559).

563

> **Beispiel:** B weiß, dass eine bestimmte Straßeneinmündung unfallträchtig ist, weil aufgrund der örtlichen Gegebenheiten viele Autofahrer die Regel „rechts vor links" missachten. In der Erwartung, dass sich wieder einmal ein redlicher Autofahrer irren wird, steht B mit seinem Wagen auf der Vorfahrtsstraße, um sodann (von rechts) in die Straßenmündung einzufahren, sobald ein (anderer) Autofahrer unberechtigt in den Mündungsbereich einfährt. Damit möchte B den Unfallgegner unter dem Gesichtspunkt der Vorfahrtverletzung für den Schaden verantwortlich machen.
>
> Kommt es hier zu einem Unfall, ist B nach dem BGH (auch) aus § 315b I unter dem Gesichtspunkt *Bereiten eines Hindernisses* bzw. *ebenso gefährlicher Eingriff* strafbar.

> **Hinweis für die Fallbearbeitung:** Diese Fallgruppe ist besonders klausurrelevant, weil sie nicht in das herkömmliche Aufbauschema *Objektiver und Subjektiver Tatbestand* passt. Denn prüft man schulmäßig zuerst den objektiven Tatbestand, muss man diesen konsequenterweise ablehnen, weil der Täter objektiv gerade pflichtgemäß handelte.[1005] Zum subjektiven Tatbestand könnte man dann nichts mehr sagen, weil dieser auf dem objektiven Tatbestand aufbaut. Auch die in Betracht zu ziehende Möglichkeit, innerhalb des objektiven Tatbestands die Absicht als Kriterium für dessen Verwirklichung zu prüfen, dürfte auf Kritik des Korrektors stoßen. Nach der hier vertretenen Auffassung sollte man die Deliktsstufen entweder überhaupt nicht benennen oder einen einheitlichen Prüfungspunkt mit der Bezeichnung *Unrechtstatbestand* anführen und innerhalb dessen die rechtsfeindliche Gesinnung des Täters als unrechtsbegründendes Merkmal klassifizieren. Diese Vorgehensweise sollte zu keiner Beanstandung des Korrektors führen. Im Übrigen dürfte aufgrund der obigen Ausführungen klar geworden sein, dass der BGH die Vorstellung des Gesetzgebers nach einer Exklusivität zwischen § 315b und § 315c nahezu nivelliert hat. Kann also ein bestimmtes, dem fließenden und/oder ruhenden Straßenverkehr zugrunde liegendes Täterverhalten nicht unter § 315c I subsumiert werden, gelangt der BGH durch eine extensive Auslegung des § 315b I letztlich doch zu einer Strafbarkeit. Da aber auch nach dem BGH ein und dieselbe Handlung kaum beide Tatbestände verwirklichen wird, sollte man auch in der Fallbearbeitung – nachdem man einen der beiden Tatbestände bejaht hat – zu dem anderen nichts mehr sagen. Etwas anderes gilt nur für

564

[1002] Dafür *Saal*, NZV 1998, 51; dagegen zu Recht *Trüg*, JA 2002, 214, 216; OLG Düsseldorf NStZ-RR 1997, 326. Vgl. auch *Kopp*, JA 2000, 365 f.; zur gutachtlichen Aufbereitung vgl. *R. Schmidt*, Fälle zum Strafrecht I, Fall 2 Rn 4 ff.

[1003] Der BGH verwendet insoweit die Formulierungen „bewusste Zweckentfremdung *zu* verkehrsfeindlichen Zwecken" oder „mit Nötigungsabsicht", was auch in diesem Zusammenhang nur auf *dolus directus* 1. Grades schließen lässt.

[1004] BGH StV 2000, 22, 23 mit Bespr. v. *Freund*, JuS 2000, 754; *König*, JA 2000, 777 ff.; *Kudlich*, StV 2000, 23; *Kopp*, JA 2000, 365 f.; Sch/Sch-*Hecker*, § 315b Rn 8 ff.

[1005] Zwar setzt die gesetzliche Formulierung für den objektiven Tatbestand keine Pflichtwidrigkeit voraus, diese wird aber vom BGH für die vorliegende Konstellation gefordert.

Straßenverkehrsdelikte – Gefährliche Eingriffe in den Straßenverkehr (§ 315 b)

den Fall der bewussten Zweckentfremdung des Fahrzeugs. Hier liegt nach Auffassung des BGH Tateinheit vor.[1006] Die Prüfungsreihenfolge liegt dann im Ermessen des Bearbeiters.

565 Aber selbst nach Auffassung des BGH kann es zu weit gehen, eine bewusste Zweckentfremdung des Fahrzeugs anzunehmen, wenn der Autofahrer das an seinem Wagen festhängende Opfer über eine gewisse Distanz mitschleift.

566 **Beispiel**[1007]: M ist die schlechte Behandlung durch ihren Freund R endgültig leid und hat sich von ihm getrennt. Doch dieser will M – notfalls mit Gewalt – zurückholen. Dazu will er sie in sein Auto locken und mittels der Kindersicherung am Aussteigen hindern. Doch Versuche, M zum Einsteigen zu bewegen scheitern. Daher packt er sie von hinten und versucht, sie ins Auto zu zerren. Doch M wehrt sich heftig und beginnt zu schreien. Um den Widerstand zu brechen, sprüht R Pfefferspray in die Augen der M und schafft es so, sie auf den Rücksitz des Autos zu schieben. Anschließend fährt er los. Doch schon nach kurzer Fahrt gerät M wegen der Kindersicherung in Panik, tritt die Seitenscheibe ein und klettert mit den Füßen zuerst aus dem fahrenden Auto heraus. Doch R gelingt es, die M noch an der Jacke festzuhalten, mit der Folge, dass deren Beine auf dem Asphalt schleifen. R beschleunigt den Wagen sogar noch, kommt dann aber in einer Sackgasse zum Stehen. M gelingt es, noch aufzustehen und wegzulaufen. Um M an der Flucht zu hindern, fährt R rückwärts auf M zu und erfasst sie mit dem Fahrzeugheck seitlich an der rechten Hüfte. Wieder gelingt es M, aufzustehen und wegzulaufen. Diesmal hat sie aber Glück. Der zufällig vorbeifahrende Autofahrer A stellt sich mit seinem Wagen vor M, sodass R keine Chance mehr sieht, sein „Ziel" zu erreichen.

Lösungsgesichtspunkte:

1. Handlungskomplex – Geschehen bis einschließlich der ersten Flucht
Zunächst kann festgestellt werden, dass R durch das Hineinschieben der M in den Wagen, bei dem er zuvor die Kindersicherung aktiviert hatte, den Tatbestand der *Freiheitsberaubung* (§ 239 I Var. 1 – „Einsperren") verwirklicht hat. Darüber hinaus hat er durch das Sprayen von Pfeffer in die Augen der M eine *gefährliche Körperverletzung* (§§ 223 I, 224 I Nr. 1 Var. 2 – gefährliches Werkzeug) und eine *Nötigung* (§ 240) begangen.[1008] Dagegen hat R nach Auffassung des BGH dadurch, dass er die M mit seinem Wagen mitschleifte, nicht den Tatbestand des § 315b I Nr. 3 verwirklicht. Zwar könne eine solche Gewaltanwendung gegen einen Fahrzeuginsassen, der das Fahrzeug verlassen möchte, als anderer, ebenso gefährlicher Eingriff i.S.d. § 315b I gewertet werden, Voraussetzung sei jedoch, dass das Fahrzeug dabei zweckwidrig in verkehrsfremder Einstellung als Waffe eingesetzt werde. Dies sei vorliegend jedoch nicht der Fall, da R allein deshalb weiterfuhr, um seinen ursprünglichen Tatplan („Zurückholen" der M) zu verwirklichen. Folgt man dieser Auffassung, erfolgte das Weiterfahren mithin nicht zweckentfremdet zur Gefährdung des Straßenverkehrs, sondern zweckbestimmt, weil R sich mit seinem Opfer zu einer anderen Stelle begeben wollte. Dies stellt zwar ein gefährliches Verhalten *im* Straßenverkehr, nicht aber einen gefährlichen Eingriff *in* den Straßenverkehr dar.

2. Handlungskomplex – Erfassen der M mit dem Auto
Den Tatbestand des § 224 I Nr. 2 hat R auch noch einmal im zweiten Handlungskomplex durch das Anfahren der M verwirklicht. Auch hat er sich dadurch, dass er mit seinem Wagen rückwärts auf M zufuhr und diese auch erfasste, aus § 315b I Nr. 3, III i.V.m. § 315 III Nr. 1 b strafbar gemacht. Mit dieser Handlung hat er nämlich (im Gegensatz zu oben) sein Fahrzeug zweckwidrig als Waffe eingesetzt. Diese Beeinträchtigung des Straßenver-

---

[1006] Vgl. BGHSt 22, 67, 75 f.; zust. *Fischer*, § 315b Rn 16; *Geppert*, Jura 1996, 639, 647; anders SK-*Horn/Wolters*, § 315c Rn 26; Sch/Sch-*Hecker*, § 315b Rn 16; LK-*König*, § 315b Rn 95 (dem zustimmend *Radtke/Meyer*, JA 2009, 702, 710), die einen Vorrang des § 315b in Form der Gesetzeskonkurrenz annehmen.
[1007] In Anlehnung an BGH NZV 2001, 352 (mit Bespr. v. *Fahl*, JA 2002, 18).
[1008] Die vorgenannten Tatbestände wären in der Fallbearbeitung selbstverständlich im Gutachtenstil zu prüfen. Anzuprüfen (und zu verneinen) wären ebenfalls § 239a (scheitert im Ergebnis an der fehlenden Erpressung bzw. an der diesbezüglichen Absicht) und § 239b (scheitert im Ergebnis an der Drohung mit dem Tod oder einer schweren Körperverletzung, obwohl sich R der M bemächtigt hat, um sie zu einer Unterlassung – namentlich den R zu verlassen – genötigt hat).

Straßenverkehrsdelikte – Gefährliche Eingriffe in den Straßenverkehr (§ 315 b)

kehrs durch einen ähnlichen, ebenso gefährlichen Eingriff i.S.d. § 315b I Nr. 3 führte auch zur konkreten Gefährdung der M. Dabei handelte R auch in der Absicht, eine andere Straftat zu ermöglichen, denn er wollte M, nachdem diese zunächst entkommen war, erneut ihrer Freiheit berauben. Der zweckwidrige Einsatz des Fahrzeugs war mithin Mittel, die erneut beabsichtigte Freiheitsberaubung zu ermöglichen.

Insgesamt stellt sich die Prüfung des § 315b I wie folgt dar:

567

Gefährliche Eingriffe in den Straßenverkehr (§ 315b I, ggf. i.V.m. III)

I. Tatbestand

  1. Objektiver Tatbestand

    a. Tatsubjekt (keine Begrenzung des Täterkreises; auch Beifahrer und Außenstehende)

    b. Tathandlung (Verwirklichung einer der Nrn. 1-3)

      ⇨ Grundsätzlich sind nur verkehrsfremde (= exogene) Eingriffshandlungen erfasst.

      ⇨ Nach der Rspr. des BGH sind aber auch verkehrsinterne Verhaltensweisen erfasst für den Fall, dass der Fahrzeugführer das Fahrzeug bewusst zweckwidrig einsetzt (Fahrzeug als „Waffe" oder „Schadenswerkzeug") - sog. verkehrsfeindlicher Inneneingriff oder „Pervertierung des Straßenverkehrs". Ob das auch für den Beifahrer gilt, der dem Fahrer ins Lenkrad greift, um ein bestimmtes Verhalten zu erzwingen, ist fraglich.

      ⇨ Weiterhin liegt nach der Rspr. des BGH ein Fall des § 315b I vor, wenn sich der Fahrzeugführer zwar objektiv pflichtgemäß verhält, subjektiv sich aber von der Absicht (auch hier i.S.v. *dolus directus* 1. Grades) leiten lässt, einen Verkehrsunfall herbeizuführen.

    c. Eintritt eines zweifachen Taterfolgs

      ⇨ Die Eingriffshandlung i.S.d. Nrn. 1-3 muss zunächst zu einer „abstrakten" Beeinträchtigung der Verkehrssicherheit führen („1." Taterfolg; allerdings durch Verwirklichung einer der Nrn. 1-3 indiziert und daher regelmäßig neben den Nrn. 1-3 nicht gesondert zu prüfen).

      ⇨ Diese Beeinträchtigung muss sich wiederum zu einer im Einzelfall konkret festzustellenden Gefahr für Leib oder Leben eines anderen Menschen oder fremde Sachen von bedeutendem Wert (zurzeit ca. 1.000,- €) verdichtet haben („2." Taterfolg in Form eines konkreten „Gefährdungserfolgs"). Problematisch ist die Fremdheit, wenn es sich bei der gefährdeten Sache um das Tatfahrzeug handelt und dieses nicht dem Täter gehört, vgl. dazu Rn 617.

    d. Verbindung zwischen Handlung und Erfolg/Gefährdung (Kausalität) sowie Erfolgs- und Gefahrzurechnung des „2." Erfolgs (objektive Zurechnung). Das folgt aus der Formulierung „dadurch". Allerdings müssen nach Auffassung des BGH unter Berufung auf den Schutzzweck des § 315b Gefährdungshandlung und Gefährdungserfolg in besonderer Weise miteinander verknüpft sein. Der Gefährdungserfolg müsse eine spezifische Folge des Eingriffs in den Straßenverkehr sein („**straßenverkehrsspezifische Verknüpfung**"). Fehle diese besondere Verknüpfung, sei der Tatbestand nicht erfüllt. Eine **zeitliche Zäsur** zwischen diesen beiden Erfolgen sei dagegen **nicht** erforderlich.

  2. Subjektiver Tatbestand

    Vorsatz bzgl. aller objektiven Tatbestandsmerkmale (einschließlich der konkreten Gefahr; § 18 ist nicht anwendbar!), mindestens *dolus eventualis*. Sollte die Tathandlung aus dem fließenden und ruhenden Straßenverkehr heraus begangen, das Fahrzeug also bewusst zweckentfremdet werden und die damit verbundene Gefahrverursachung bereits den Charakter von verkehrsfeindlichen Einwirkungen annehmen, ist diesbezüglich Absicht i.S.v. *dolus directus* 1. Grades erforderlich. Hinsichtlich des Einsatzes des Kfz als Waffe oder Schadenswerkzeug ist Schädigungsvorsatz erforderlich, wobei *dolus*

235

eventualis genügt. Der Versuch des § 315b I ist strafbar (§ 315b II).

II. Rechtswidrigkeit

Es gelten die allgemeinen Regeln. Rechtfertigende Einwilligung des Gefährdeten ist nach h.M. nicht möglich.

III. Schuld

Es gelten die allgemeinen Regeln.

IV. Qualifikationen

Schließlich sind die Qualifikationen des § 315b III zu beachten, die die Tat zum Verbrechen qualifizieren, wenn der Täter unter den Voraussetzungen des § 315 III handelt. Dabei ist zu beachten, dass es sich bei § 315 III Nr. 1 um Absichtsqualifikationen handelt und bei § 315 III Nr. 2 um eine Erfolgsqualifikation (Obersatz in der Klausur: Strafbarkeit nach § 315b I, III i.V.m. § 315 III Nr. ...).

II. Tatbestandsvoraussetzungen des § 315b I

1. Objektiver Tatbestand des § 315b I

568 Den objektiven Tatbestand des § 315b I verwirklicht derjenige, der (durch einen verkehrsfremden Eingriff oder durch eine bewusste Zweckentfremdung des eigenen Verkehrsmittels, s.o.) die Sicherheit des öffentlichen Straßenverkehrs dadurch beeinträchtigt, dass er

(1) Anlagen oder Fahrzeuge zerstört, beschädigt oder beseitigt,
(2) Hindernisse bereitet oder
(3) einen ähnlichen, ebenso gefährlichen Eingriff vornimmt

und dadurch Leib oder Leben eines anderen Menschen oder fremde Sachen von bedeutendem Wert gefährdet. Zur Prüfung im Einzelnen:

a. Zerstören, Beschädigen oder Beseitigen von Anlagen oder Fahrzeugen

569 ▪ **Anlagen** sind sämtliche Einrichtungen, die dem Straßenverkehr dienen. Dazu zählen jedenfalls die in § 43 StVO beispielhaft aufgezählten Einrichtungen (etwa Verkehrszeichen, Ampeln, Schranken, Parkuhren, Blinklicht- und Lichtzeichenanlagen etc.), aber auch die Straße selbst mit ihrem Zubehör (bspw. Gullydeckel[1009]) sowie der Allgemeinheit zugängliche Parkhäuser und Parkplätze (s.o.). Teilweise wird gefordert, die Anlage müsse auf Dauer angelegt sein.[1010] Doch diese Auffassung ist abzulehnen, da anderenfalls z.B. das Manipulieren der Ampel einer Tagesbaustelle nicht erfasst würde.

570 ▪ **Fahrzeuge** sind sämtliche im öffentlichen Verkehr vorkommenden Beförderungsmittel ohne Rücksicht auf die Antriebsart, also neben Kraftfahrzeugen auch Straßenbahnen, Pferdefuhrwerke und Fahrräder.[1011] Inlineskates werden gem. §§ 24 I und 31 II StVO straßenverkehrsrechtlich den Fußgängern zugeordnet. Diese überzeugende Wertung kann auch auf das StGB übertragen werden.

571 ▪ Die Frage, ab welchem Beeinträchtigungsgrad von einem **Zerstören** (und nicht nur von einem Beschädigen) des Tatobjekts gesprochen werden kann, ist für die Fallbearbeitung irrelevant, da für die Strafbarkeit bereits das **Beschädigen** genügt. Beschädigt ist das Objekt dann, wenn es in seiner Substanz oder in seiner bestimmungsgemäßen Brauchbarkeit nicht nur unerheblich beeinträchtigt ist.[1012]

[1009] Vgl. BGH NStZ 2002, 648.
[1010] So *Joecks/Jäger*, § 315b Rn 3; SK-*Horn/Wolters*, § 315b Rn 5.
[1011] *Fischer*, § 315b Rn 6; *Joecks/Jäger*, § 315b Rn 4.
[1012] Sch/Sch-*Hecker*, § 303 Rn 8.

Beispiele: Werfen einer vollen Getränkedose in die Windschutzscheibe eines vorbeifahrenden Autos; Durchtrennen von Bremsschläuchen; Werfen von Gegenständen von einigem Gewicht von einer Brücke auf fahrende Fahrzeuge[1013]

■ **Beseitigt** ist das Objekt, wenn es an einen Ort verbracht wird, wo es seine ihm zugedachte Funktion nicht mehr ausüben kann.

572

Beispiel[1014]: Herausheben eines am Fahrbahnrand befindlichen Gullydeckels und Hineinwerfen in den Gullyschacht. ⇨ Hier wird eine dem Straßenverkehr dienende, nämlich die gefahrlose Überquerung von Kanalschächten ermöglichende Einrichtung von ihrem bestimmungsgemäßen Ort entfernt und damit beseitigt i.S.v. § 315b I Nr. 1.

b. Bereiten eines Hindernisses

Als 2. Tathandlungsvariante nennt § 315b I mit Nr. 2 das **Bereiten eines Hindernisses**. Darunter ist (in recht weiter Auslegung) jede Einwirkung auf den Straßenkörper (oder auf Straßenverkehrsteilnehmer) zu verstehen, die geeignet ist, den reibungslosen Verkehrsablauf zu hemmen oder zu gefährden.[1015]

573

Beispiele: Errichten einer Straßensperre oder Spannen eines Seiles quer zur Fahrbahn; Legen einer Person, eines Baumstammes, eines großen Steins oder eines Fahrrades[1016] auf die Fahrbahn; Treiben von Tieren auf die Fahrbahn; abruptes Abbremsen, um einen Auffahrunfall herbeizuführen (Rn 560); Schieben von liegen gebliebenen Fahrzeugen auf die Fahrbahn. Auch die genannten Beispiele bzgl. des absichtlichen Herbeiführens eines Unfalls trotz objektiv nicht zu beanstandenden Verhaltens und das Hineinwerfen des Gullydeckels in den Gullyschacht, um ein „Loch" in der Fahrbahn bzw. im Fußgängerweg herbeizuführen, gehören ebenso hierher wie der Fall, dass der Fahrer eines Pkw bewusst auf einen Radfahrer zusteuert und der Beifahrer die Beifahrertür öffnet, um gemeinsam mit dem Fahrer, der das Fahrzeug dann schräg nach rechts lenkt, einen Radfahrer abzudrängen und „vom Rad zu holen"[1017].

c. Vornehmen eines ähnlichen, ebenso gefährlichen Eingriffs

Wegen ihrer generalklauselartigen Formulierung könnte diese Tathandlungsvariante mit dem verfassungsrechtlich verankerten Bestimmtheitsgebot (Art. 103 II GG) in Konflikt geraten. Fordert man aber ein Täterverhalten, das in seiner Gefährlichkeit mit dem Zerstören, Beschädigen oder Beseitigen i.S.d. Nr. 1 bzw. mit dem Hindernisbereiten i.S.d. Nr. 2 vergleichbar ist, ist die Norm im Ergebnis nicht zu beanstanden.[1018]

574

Beispiele: Herabgießen von Farbe von einer Autobahnbrücke auf unten fahrende Kfz[1019]; Herabwerfen von (größeren) Steinen oder Gullydeckeln von einer Autobahnbrücke[1020]; Abgabe von Schüssen auf vorbeifahrende Fahrzeuge; Lösen von Radschrauben oder Bremsschläuchen; Mitnehmen eines anderen auf der Motorhaube bei hoher Geschwindigkeit (sog. „Auto-Surfen", str., s.o.); Geben falscher Signale oder Zeichen; Abziehen des Zündschlüssels während der Fahrt, welches das Einrasten der Lenkradsperre und somit die Steuerungsunfähigkeit des Fahrzeugs bewirkt.

575

Wie die Beispiele zeigen, wäre in einigen Fällen an sich eine Zuordnung zu dem in Nr. 1 genannten Beschädigen von Fahrzeugen vorzunehmen gewesen. Warum die Rspr. Nr. 3 annimmt, ist unbekannt. Allerdings kommt der Zuordnung in der Praxis keine Relevanz zu, da die Nrn. gleichrangig sind. Äußerst problematisch sind indes das Greifen des Beifahrers

---

[1013] Vgl. BGHSt 48, 119, 120 f.
[1014] Vgl. BGH NStZ 2002, 648.
[1015] Vgl. BGH NStZ 2007, 34, 35; BGHSt 41, 231, 234; OLG Hamm NStZ-RR 2017, 224.
[1016] Siehe den Fall BGH NStZ 2019, 346, 347.
[1017] OLG Hamm NStZ-RR 2017, 224.
[1018] Vgl. dazu BGHSt 41, 231, 237; *Fahl*, JuS 2003, 472, 473.
[1019] BGHSt 48, 119, 120 ff.
[1020] Vgl. BGHSt 48, 119, 120 ff.; BGH NStZ-RR 2010, 373 f.

Straßenverkehrsdelikte – Gefährliche Eingriffe in den Straßenverkehr (§ 315 b)

ins Steuer, um das Fahrzeug umzulenken oder das plötzliche Ziehen der Handbremse durch ihn bei hoher Geschwindigkeit. Im zuerst genannten Fall wird man zur Bejahung des § 315b I Nr. 3 allenfalls dann kommen, wenn die für Verkehrsinneneingriffe erforderliche verkehrsfeindliche Gesinnung vorliegt (vgl. dazu Rn 562a); im zweiten Fall scheitert eine Strafbarkeit aus § 315b I Nr. 3 am subjektiven Tatbestand, sofern der Täter Angst hat und lediglich eine verkehrsgerechte Geschwindigkeit erzielen möchte[1021].

576 Nach der bereits geschilderten Auffassung des BGH kommt § 315b I Nr. 3 auch dann in Betracht, „wenn der Fahrzeugführer *im fließenden Verkehr* sein Fahrzeug **bewusst zweckentfremdet** und damit in **verkehrsfeindlicher** Weise auf den Straßenverkehr einwirkt" („Fahrzeug als Waffe", s.o. Rn 559 f.). Ist § 315b I Nr. 3 (ggf. i.V.m. III) gegeben, liegt regelmäßig Tateinheit mit § 315c I Nr. 2a-f (ggf. i.V.m. III) vor (vgl. Rn 564).

577
> **Hinweis für die Fallbearbeitung:** Durch diese Darstellung wird klar, dass der BGH grundsätzlich dazu übergeht, die Erfüllung des objektiven Tatbestands von dem Vorliegen subjektiver Kriterien (gezielte Zweckentfremdung des Fahrzeugs; verkehrsfeindliche Gesinnung) abhängig zu machen. Die damit verbundenen erheblichen Aufbauprobleme bei der Fallbearbeitung wurden bereits erläutert. Zu empfehlen ist auch hier entgegen der allgemeinen Aufbauregel die Anführung eines einheitlichen Prüfungspunkts mit der Bezeichnung *Unrechtstatbestand*, innerhalb dessen die rechtsfeindliche Gesinnung des Täters als unrechtsbegründendes Merkmal klassifiziert wird. Diese Vorgehensweise sollte – wie gesagt – zu keiner Beanstandung des Korrektors führen.

578 **Beispiele:** Als ähnliche, ebenso gefährliche Eingriff wurden demnach angesehen: durch Nötigungs- und Gefährdungsabsicht geleitetes Zufahren mit hoher Geschwindigkeit auf einen anderen[1022]; vorsätzliches Rammen eines anderen Fahrzeugs (zumindest bei hoher Geschwindigkeit, s.o.); willkürliches Zwingen eines anderen zum scharfen Bremsen oder zum Anhalten; Falschfahren auf der Autobahn, um einen Frontalzusammenstoß zu provozieren. Auch das zur Vorbereitung eines Betrugs gegenüber der Haftpflichtversicherung absichtliche Verursachen eines Unfalls trotz äußerlich korrekten Fahrmanövers (s.o.) gehört hierher.

579 Dagegen genügt es **nicht**, wenn das Täterverhalten ohne die verkehrsfeindliche Absicht lediglich ganz aus dem Rahmen dessen fällt, was im Straßenverkehr vorzukommen pflegt.

580 **Beispiele:** Sich einer Polizeikontrolle durch Vorbeifahren an einer Polizeisperre bzw. neben einem Polizeibeamten oder durch andere Umgehungsmanöver entziehen[1023]; Veranstalten von riskanten Ausweichbewegungen, um Verfolger abzuschütteln; Fahren von Schlangenlinien, um hinten fahrende Autos vom Überholen abzuhalten[1024]

d. Tatbestandsverwirklichung durch Unterlassen?

581 Vereinzelt wird diskutiert, ob der Tatbestand des § 315b I auch durch Unterlassen begangen werden kann.

582 **Beispiel:** Lastwagenfahrer F hat es pflichtwidrig versäumt, seine Ladung ordnungsgemäß zu sichern. In einer Kurve löst sich ein Teil der Ladung und rutscht auf die Fahrbahn. F bemerkt dies zwar, steht aber unter Zeitdruck und fährt weiter. Der kurze Zeit später in die Kurve einfahrende O kann mit seinem Pkw nicht mehr rechtzeitig ausweichen und fährt in die sperrigen Gegenstände. Am Wagen des O entsteht ein Sachschaden i.H.v. 1.500,- €. Strafbarkeit des F?

[1021] Vgl. OLG Hamm NJW 2000, 2686, 2687. Vgl. auch *Eisele*, JA 2003, 40, 42.
[1022] Vgl. BGH DAR 2006, 30, 30 f.; BGHSt 41, 231, 237 (eine hohe Geschwindigkeit und damit eine Gefährdung lägen nicht vor bei 20 km/h, da das Opfer jederzeit zur Seite springen könne).
[1023] Vgl. OLG Hamm NStZ-RR 2001, 104, 105.
[1024] BGH NJW 2003, 1613, 1614.

Straßenverkehrsdelikte – Gefährliche Eingriffe in den Straßenverkehr (§ 315b)

Eine Strafbarkeit des F aus § 315c I Nr. 2 kommt nicht in Betracht, da F´s Verhalten von dem abschließenden Katalog dieser Strafnorm nicht erfasst ist. Möglicherweise hat F sich aber aus § 315b strafbar gemacht. Doch dieser Straftatbestand setzt – zumindest nach dem Willen des Gesetzgebers – einen **verkehrsfremden** (d.h. exogenen) Eingriff in den Straßenverkehr voraus. F hat sich aber in seiner Funktion als Verkehrsteilnehmer, sich also *im* Straßenverkehr fehlverhalten. Insbesondere handelt es sich bei der heruntergefallenen Ladung um ein Hindernis, das durch einen Verkehrsvorgang erst geschaffen wurde. Pflichtwidrige Verhaltensweisen, die ihren Ursprung im fließenden und ruhenden Straßenverkehr haben, werden aber gerade von – dem hier nicht einschlägigen – § 315c I sanktioniert. Demzufolge wäre F weder aus § 315b noch aus § 315c strafbar. Erst recht liegt keine Sachbeschädigung vor, da § 303 I Vorsatz voraussetzt und dieser bei F nicht angenommen werden kann (etwas anderes würde nur dann gelten, wenn der Sachverhalt von „billigend in Kauf nehmen" spräche).

⇨ Um dieses vermeintlich unbillige Ergebnis zu vermeiden, nimmt der BGH eine extensive Auslegung des § 315b I vor (siehe bereits oben) und sieht in dem Nichtwegräumen des Hindernisses eine Verwirklichung des § 315b I Nr. 2 durch Unterlassen (i.S.d. § 13).[1025]

⇨ Die Gegenauffassung hält die Entsprechungsklausel des § 13 für nicht einschlägig, da die Nichtbeseitigung eines Hindernisses nicht einem Vorgang gleichgestellt werden könne, durch den ein solches bereitet werde. Diese Auffassung hält aber § 315b I Nr. 3 ggf. i.V.m. V (durch aktives Tun) für gegeben.[1026]

Stellungnahme: Keine der beiden Auffassungen überzeugt. Der BGH setzt sich über den gesetzgeberischen Willen hinweg und subsumiert auch pflichtwidrige Verhaltensweisen, die im *fließenden Verkehr* begründet sind, unter § 315b. Hinzu kommt, dass man, wenn man schon ein Unterlassen annimmt, dann auf das Nichtsichern der Ladung abstellen müsste. Der Gegenauffassung ist zwar zuzugeben, dass sie nicht verkennt, dass die Gefahrenlage letztlich durch ein aktives Tun herbeigeführt wurde, aber auch sie subsumiert ein verkehrsinternes Verhalten unter § 315b. Nach der hier vertretenen Auffassung kann das Verhalten des F daher nicht unter § 315b subsumiert werden. Er ist straflos. Sollte hierin ein unbilliges Ergebnis gesehen werden, ist allein der Gesetzgeber berufen, Abhilfe zu schaffen.

Weiterführender Hinweis: Zumindest in der Praxis wäre das Problem entschärft, wenn O in seiner körperlichen Unversehrtheit verletzt worden wäre. Dann wäre § 229 verwirklicht (bei einem Tod sogar § 222) und eine unbillige Strafbarkeitslücke nicht vorhanden.

e. „1." Taterfolg: Beeinträchtigung der Sicherheit des öffentlichen Straßenverkehrs

Zwar setzt die Norm eine „Beeinträchtigung der Sicherheit des öffentlichen[1027] Straßenverkehrs" voraus, geht aber gleichzeitig davon aus, dass diese Beeinträchtigung durch die Verwirklichung einer der genannten Tathandlungsvarianten vorliegt (die Norm nennt mit den Nrn. 1 bis 3 und der Formulierung „dadurch" sozusagen die Voraussetzungen, unter denen eine Beeinträchtigung der Sicherheit des Straßenverkehrs vorliegt). In der Fallbearbeitung ist daher regelmäßig keine nähere Erörterung dieses Tatbestandsmerkmals (besser gesagt: „abstrakten" Taterfolgs) erforderlich.

[1025] BGHSt 7, 307, 311; zustimmend *Fischer*, § 315b Rn 15.
[1026] Sch/Sch-*Hecker*, § 315b Rn 11.
[1027] Zwar ist im Tatbestand des § 315b I nicht von „öffentlichem" Straßenverkehr die Rede, das Erfordernis „öffentlich" ergibt sich aber aus dem Schutzzweck der Norm (vgl. BGHSt 49, 128, 130 ff.; 48, 119, 120 ff.).

f. „2." Taterfolg: Konkrete Gefährdung eines der genannten Rechtsgüter

585 Allein das Vorliegen einer (abstrakten) Beeinträchtigung des öffentlichen Straßenverkehrs genügt noch nicht, um eine Verwirklichung des § 315b I annehmen zu können. Vielmehr ist der Tatbestand erst dann verwirklicht, wenn der Täter durch sein Verhalten auch Leib oder Leben eines anderen Menschen oder fremde Sachen von bedeutendem Wert gefährdet. Die Gefährdung muss dabei eine **konkrete** sein. Das steht zwar so nicht wörtlich in der Norm, ergibt sich aber zum einem aus der Gesamtformulierung („...und dadurch ... gefährdet") und zum anderen aus einem Vergleich mit den abstrakten Gefährdungsdelikten, die den Eintritt der Gefahr nicht explizit nennen. Mithin lässt sich sagen:

586 Der Täter muss eine abstrakte Gefährdung des Straßenverkehrs bewirken („1." Erfolg), die sich zu einer konkreten Gefahr für die genannten Schutzobjekte verdichtet („2." Erfolg).[1028] Eine zeitliche Zäsur zwischen diesen beiden Erfolgen ist nicht erforderlich.[1029]

Hinsichtlich der Anforderungen an die **konkrete Gefahr** entscheidet der BGH in ständiger Rechtsprechung, dass die Tathandlung über die ihr innewohnende latente Gefährlichkeit hinaus zu einer kritischen Situation geführt haben müsse, in der – was nach allgemeiner Lebenserfahrung aufgrund einer objektiven nachträglichen Prognose zu beurteilen sei – die Sicherheit einer bestimmten Person oder Sache im Sinne eines „Beinaheunfalls" so stark beeinträchtigt gewesen war, dass es nur noch vom Zufall abgehangen habe, ob das Rechtsgut verletzt wurde oder nicht.[1030]

> **Beispiel**[1031]: Baut der Täter eine „Straßenfalle" auf, indem er bei Dunkelheit und starkem Regen ein Fahrrad auf die Fahrbahn legt, um heranfahrende Autos zum Anhalten zu bewegen, und muss ein Autofahrer eine Vollbremsung vornehmen, um ein Überrollen des Fahrrades zu verhindern, ist damit noch nicht ohne weiteres eine konkrete Gefährdung von Leib und Leben der Fahrzeuginsassen verbunden. Das wäre nur anzunehmen, wenn es lediglich vom Zufall abgehangen hat, dass das Fahrzeug nicht von der Fahrbahn geschleudert war.

Als Gefährdungsobjekte nennt § 315b I des Weiteren „fremde Sachen von bedeutendem Wert". Der „bedeutende Wert" ist nach h.M. ab **750,-** bis **1.300,- €** anzunehmen.[1032] Dabei ist zu beachten, dass nach der Rspr. des BGH nicht allein der Wert entscheidet, sondern dass auch ein bedeutender Schaden drohen muss, wobei die Höhe des (drohenden) Schadens wiederum nach der am Marktwert zu messenden Wertminderung zu bestimmen ist.[1033] Der Grenzwert für Sachwert und Schadenshöhe ist damit einheitlich zu bestimmen. Es kommt also stets darauf an, dass ein bedeutender Schaden droht; § 315b ist also nicht dadurch ausgeschlossen, dass im konkreten Fall ein nur geringerer Schaden entstanden ist.

Zur Gefährdung eines anderen Menschen und zu der Frage, ob auch ein Fahrzeuginsasse, der strafrechtlich als „Beteiligter" anzusehen ist, ein „anderer" Mensch sein kann, vgl. im Übrigen Rn 614 f. Hinsichtlich der gefährdeten Sache ist schließlich die Fremdheit problematisch, wenn es sich um das Tatfahrzeug handelt und dieses nicht dem Täter gehört; vgl. dazu sowie zu der Frage nach dem bedeutenden Wert Rn 617.

[1028] Siehe dazu etwa BGH NStZ 2019, 346, 347.
[1029] So ausdrücklich BGHSt 48, 119, 120 ff. Vgl. auch BGH NStZ 2007, 34, 35; NStZ 2009, 100, 101; *Grupp/Kinzig*, NStZ 2007, 132. Vgl. auch *Obermann*, NStZ 2009, 539 ff.
[1030] So etwa BGH NStZ 2019, 346, 347 m.w.N.
[1031] Nach BGH NStZ 2019, 346.
[1032] Für 750,- €: BGH NStZ 2015, 278; NStZ 2012, 700, 701; NStZ 2011, 215; LG Heilbronn NZV 2018, 197; LK-*König*, § 315c Rn 170. Für 1.300,- €: LG Göttingen 21.7.2011 - 1 KLs 19/09; OLG Jena StV 2009, 194; *Himmelreich/Halm*, NStZ 2009, 373, 376; *Fischer*, § 315 Rn 16a; Sch/Sch-*Hecker*, § 315c Rn 31.
[1033] BGH NStZ 2019, 346, 347 mit Verweis u.a. auf BGH NStZ-RR 2008, 289.

Straßenverkehrsdelikte – Gefährliche Eingriffe in den Straßenverkehr (§ 315b)

Liegt nur eine abstrakte Gefährdung von Leib oder Leben eines anderen Menschen oder von fremden Sachen vor oder fehlt die **verkehrsspezifische Verknüpfung** von abstrakter Gefährdung des Straßenverkehrs und Herbeiführung einer konkreten Gefahr für eines der genannten Schutzgüter (zu dieser Verknüpfung siehe sogleich Rn 589), ist der Tatbestand nicht erfüllt. In Betracht kommt dann aber ein Versuch, dessen Strafbarkeit in § 315b II angeordnet ist.

> **Beispiel:** Hebt der Täter einen am Fahrbahnrand befindlichen Gullydeckel an und wirft ihn in den Gullyschacht, beseitigt er eine dem Straßenverkehr dienende, nämlich die gefahrlose Überquerung von Kanalschächten ermöglichende Einrichtung von ihrem bestimmungsgemäßen Ort (s.o.). Nähert sich jedoch niemand dem offenen Schacht, kann auch niemand konkret gefährdet werden. In diesem Fall scheitert der objektive Tatbestand an dem Erfordernis der konkreten Gefährdung. Der Täter macht sich aber wegen Versuchs nach §§ 315b I Nr. 1, II, 22, 23 I, 12 II strafbar. Das Gleiche gilt, wenn der Täter einen Stein von einer Autobahnbrücke wirft, der unten auf der Fahrbahn zerbröselt und keine konkrete Gefährdung für Straßenverkehrsteilnehmer verursacht.[1034]

Zu den Anforderungen, die an das Vorliegen einer konkreten Gefahr knüpfen, gelten im Übrigen sinngemäß die zu § 315c I gemachten Ausführungen. Zu den mitunter erheblichen Auslegungsproblemen (Kann ein „anderer" Mensch auch der Teilnehmer sein? Kann auch das Tatmittel, das einem anderen gehört, überhaupt „fremd" sein? Wann liegt ein bedeutender Wert vor?) vgl. die Ausführungen zu § 315c I. Speziell zur konkreten Gefahr i.S.d. § 315b I vgl. aber sogleich Rn 589 ff.

g. Verkehrsspezifische Verknüpfung von Beeinträchtigung und Gefährdung

Bislang wurde festgestellt, dass die verkehrsfremde Eingriffshandlung i.S.d. Nrn. 1-3 zunächst zu einer „abstrakten" Beeinträchtigung der Verkehrssicherheit geführt haben müsse (als „1." Taterfolg bezeichnet, der allerdings durch die Verwirklichung einer der Nrn. 1-3 indiziert und daher regelmäßig nicht gesondert zu prüfen ist). Des Weiteren wurde gesagt, dass diese Beeinträchtigung sich wiederum zu einer im Einzelfall *konkret* festzustellenden Gefahr für Leib oder Leben eines anderen Menschen oder fremde Sachen von bedeutendem Wert verdichtet haben müsse („2." Taterfolg in Form eines „Gefährdungserfolgs"). Allein das Vorliegen dieser beiden Taterfolge genügt nach Auffassung des BGH jedoch nicht. Im Hinblick auf den Schutzzweck der Norm (Schutz der Sicherheit und Leichtigkeit des Straßenverkehrs einschließlich der Individualrechtsgüter wie Leben, Gesundheit und Sachen von bedeutendem Wert) sei vielmehr erforderlich, dass die Beeinträchtigung des Straßenverkehrs und die konkrete Gefährdung eines der genannten Schutzgüter in einem **verkehrsspezifischen Zusammenhang** stünden („dadurch"). Anderenfalls sei die hohe Strafandrohung nicht zu rechtfertigen. Eine zeitliche Zäsur zwischen den beiden „Taterfolgen" sei allerdings nicht erforderlich.[1035]

> **Beispiel[1036]:** Nach Begehung eines Banküberfalls flüchtete B mit einem Auto, das er zuvor dem E gestohlen hatte. T, ein Mitarbeiter des E, sieht zufällig, wie der Wagen des E an ihm vorbeifährt. Sofort nimmt er die Verfolgung auf und gibt drei Schüsse auf das vorausfahrende Fahrzeug ab. B nimmt zwar die Schüsse „akustisch" wahr, fühlt sich aber nicht in seiner Fahrsicherheit beeinträchtigt. Er entkommt.
>
> Hier steht der Sachschaden in keinem relevanten Zusammenhang mit der Eigendynamik der Fahrzeuge zum Tatzeitpunkt, sondern ist ausschließlich auf die Pistolenschüsse zurückzuführen. Es fehlt damit an dem erforderlichen verkehrsspezifischen Zusammenhang

---

[1034] Vgl. den Fall BGH NStZ 2010, 572 f.
[1035] BGHSt 48, 119, 120 ff.; BGH NStZ 2007, 34, 35.
[1036] In Anlehnung an BGH NStZ 2009, 100, 101. Vgl. auch *Obermann*, NStZ 2009, 539 ff.

Straßenverkehrsdelikte – Gefährliche Eingriffe in den Straßenverkehr (§ 315 b)

zwischen der Beeinträchtigung des Straßenverkehrs und der konkreten Gefährdung der durch § 315b geschützten Rechtsgüter.[1037]

590 Der Verdeutlichung des bisher Gesagten soll ein Übungsfall dienen, dessen ausformulierte Lösung jedoch den Rahmen der vorliegenden Bearbeitung sprengen würde. Sie kann unter verlagrs@t-online.de angefordert werden.

Sachverhalt[1038]**:** T goss aus Langeweile und zum Zeitvertreib von einer Autobahnbrücke Lackfarbe aus einer Dose auf die Fahrbahn, um Sachschäden an den Fahrzeugen herbeizuführen. Dabei traf er die Windschutzscheibe des unten fahrenden Fahrzeugs des O. Das Fahrzeug wurde an Frontscheibe und Kühler getroffen. O konnte den Wagen jedoch sicher stoppen. Die Lackschäden konnten mit einem Aufwand von ca. 2.000,- € beseitigt werden. Da das Herabgießen von Farbe T noch nicht genug „Stimmung" bereitete, warf er am darauf folgenden Tag einen faustgroßen Stein von der Autobahnbrücke auf das Fahrzeug des A. Der Stein prallte auf die Windschutzscheibe. Diese platzte zwar, hielt dem Aufprall aber stand, sodass der Stein nicht ins Innere des Fahrzeugs gelang. Auch A schaffte es, sein Fahrzeug kontrolliert zum Stehen zu bringen. Der Schaden belief sich auf 1.500,- €. Strafbarkeit des T?

2. Subjektiver Tatbestand des § 315b I

591 Subjektiv muss der Täter bezüglich aller objektiven Tatbestandsmerkmale (einschließlich der konkreten Gefährdung: Gefährdungsvorsatz) vorsätzlich handeln, wobei grundsätzlich *dolus eventualis* genügt.[1039] Lediglich, wenn die Tathandlung aus dem fließenden und ruhenden Straßenverkehr heraus begangen, das Fahrzeug also bewusst zweckentfremdet wird und die damit verbundene Gefahrverursachung bereits den Charakter von verkehrsfeindlichen Einwirkungen annimmt, ist hinsichtlich der <u>zweckwidrigen Verwendung</u> Absicht i.S.v. *dolus directus* 1. Grades erforderlich (s.o.). Hinsichtlich des <u>Schädigungsvorsatzes</u> genügt *dolus eventualis*. Der Versuch des § 315b I ist strafbar (§ 315b II) und kommt insbesondere dann in Betracht, wenn der zumindest billigend in Kauf genommene Gefährdungserfolg nicht eintritt.

> **Beispiel:** Um sich an O zu rächen, öffnet T am Wagen des O das Entlüftungsventil der Bremsanlage und nimmt dabei in Kauf, dass es zu einem Unfall mit Personen- und erheblichen Sachschäden kommen kann. Bei der anschließenden Fahrt verliert O zwar die Bremskraft seines Fahrzeugs, kann aber noch durch Ziehen der Handbremse den Wagen stoppen, bevor es zu einer kritischen Situation kommt.
>
> Hier ist T jedenfalls nach §§ 315b I Nr. 1, II, 22, 23 I, 12 II strafbar, möglicherweise i.V.m. § 315 III Nr. 1a, der wegen § 315b III Anwendung findet, sofern man die Absicht, einen Unglücksfall herbeizuführen, bei T bejaht.

III. Rechtswidrigkeit und Schuld

592 Hinsichtlich der Rechtswidrigkeit wäre zu diskutieren, ob der Rechtsgutinhaber (d.h. die konkret gefährdete Person oder der Eigentümer der konkret gefährdeten Sache) in die Rechtsgutgefährdung **einwilligen** kann mit der Folge, dass die Tat nicht rechtswidrig wäre. Stellt man auf die Gemeingefährlichkeit der Tat und die Sicherheit des öffentlichen Straßenverkehrs ab, ist eine Einwilligung unbeachtlich, da eine Einzelperson nicht in Rechtsgüter der Allgemeinheit einwilligen kann. Hebt man dagegen die Individualgefährdung hervor, scheint eine Einwilligung nicht ausgeschlossen. Vgl. dazu aber die ausführlichen Erläuterungen zu § 315c. Auch hinsichtlich der Schuld sei auf die dortigen Ausführungen verwiesen.

[1037] So BGH NStZ 2009, 100, 101.
[1038] In Anlehnung an BGHSt 48, 119 ff.
[1039] Siehe auch BGH NStZ 2019, 346, 347.

Straßenverkehrsdelikte – Gefährliche Eingriffe in den Straßenverkehr (§ 315b)

IV. Vorsatz-Fahrlässigkeits-Kombination des § 315b I i.V.m. IV

Beeinträchtigt der Täter zwar **vorsätzlich** die Sicherheit des öffentlichen Straßenverkehrs durch eine der genannten Handlungsmodalitäten, verursacht aber die Gefahr für Leib oder Leben eines anderen Menschen oder fremde Sachen von bedeutendem Wert lediglich **fahrlässig** (sog. **Vorsatz-Fahrlässigkeits-Kombination**), richtet sich die Strafbarkeit nach § 315b IV. Diese sollte wie folgt geprüft werden:

593

Gefährliche Eingriffe in den Straßenverkehr (§ 315b I i.V.m. IV)

I. Tatbestand

1. Objektiver Tatbestand des § 315b I

Prüfung wie beim reinen Vorsatzdelikt nach § 315b I

2. Subjektiver Tatbestand des § 315b I

Erforderlich ist – wie beim reinen Vorsatzdelikt nach § 315b I – **Vorsatz** bzgl. aller objektiven Tatbestandsmerkmale (außer der konkreten Gefahr!).

3. Fahrlässige Verursachung der Gefahr gem. § 315b IV

Die eingetretene konkrete Gefahr muss bzw. darf ausschließlich fahrlässig verursacht worden sein.

a. Objektive Sorgfaltspflichtverletzung

Nach h.M. handelt der Täter objektiv sorgfaltswidrig, wenn er nicht diejenige Sorgfalt angewendet hat, die von einem besonnenen und gewissenhaften Menschen in der konkreten Lage und der sozialen Rolle des Handelnden zu erwarten ist. Bestehen Verhaltensregeln, gegen die der Täter verstoßen hat, ist die Sorgfaltspflichtverletzung indiziert.

b. Objektive Vorhersehbarkeit des wesentlichen Kausalverlaufs und des Gefahreintritts

Der wesentliche Kausalverlauf und der Gefahreintritt sind objektiv vorhersehbar, wenn sie nicht so sehr außerhalb der Lebenserfahrung stehen, dass man mit ihnen nicht rechnen kann. Verfügt der Täter aber über Sonderwissen, ist er gleichwohl verpflichtet.

c. Objektive Zurechnung der Gefahr/Unmittelbarkeit

Die Gefahr ist objektiv zurechenbar, wenn gerade das pflichtwidrige Verhalten des Täters sich in tatbestandsspezifischer Weise in der konkreten Gefahr niedergeschlagen hat, die durch die Verhaltensnorm, gegen die der Täter verstoßen hat, gerade vermieden werden sollte. Es muss sozusagen ein Pflichtwidrigkeitszusammenhang zwischen der Handlung des Täters und dem konkreten Gefahrerfolg bestehen. Dieser Pflichtwidrigkeitszusammenhang besteht aber nicht bei eigenverantwortlicher Selbstgefährdung des Opfers oder wenn der Täter keine rechtserhebliche Gefahr geschaffen hat oder sein Verhalten ausschließlich in einer Risikoverringerung liegt.

II. Rechtswidrigkeit und Schuld

Grundsätzlich keine Besonderheiten zu § 315b I. Allerdings sind zusätzlich die subjektive Sorgfaltspflichtverletzung und die subjektive Vorhersehbarkeit zu prüfen.

243

Straßenverkehrsdelikte – Gefährliche Eingriffe in den Straßenverkehr (§ 315 b)

V. Fahrlässigkeits-Fahrlässigkeits-Kombination des § 315b I i.V.m. V

594 Beeinträchtigt der Täter die Sicherheit des öffentlichen Straßenverkehrs durch eine **fahrlässige** Verwirklichung einer der genannten Handlungsmodalitäten und verursacht auch die Gefahr für Leib oder Leben eines anderen Menschen oder fremde Sachen von bedeutendem Wert lediglich **fahrlässig** (sog. **Fahrlässigkeits-Fahrlässigkeits-Kombination**), richtet sich die Strafbarkeit nach § 315b V.

Gefährliche Eingriffe in den Straßenverkehr (§ 315b I i.V.m. V)

I. Tatbestand

1. **Eintritt der konkreten Gefahr durch eine Handlung des Täters**

   Beeinträchtigung der Sicherheit des öffentlichen Straßenverkehrs durch Verwirklichung einer der Nrn. 1-3 sowie Eintritt der im Einzelfall konkret festzustellenden Gefahr für Leib oder Leben eines anderen Menschen oder fremde Sachen von bedeutendem Wert

2. **Kausalität und objektive Zurechnung**

   Kausalität zwischen Handlung und Erfolg/Gefährdung sowie Erfolgs- und Gefahrzurechnung (objektive Zurechnung/straßenverkehrsspezifische Verknüpfung von Gefährdungshandlung und Gefährdungserfolg) - wie bei § 315b I i.V.m. IV.

3. **Objektive Sorgfaltspflichtverletzung**

   Wie bei § 315b I i.V.m IV

4. **Objektive Vorhersehbarkeit des wesentlichen Kausalverlaufs und des Erfolgs- sowie Gefahreintritts**

   Wie bei § 315b I i.V.m IV

II. Rechtswidrigkeit und Schuld

   Keine Besonderheiten zu § 315b I. Allerdings sind zusätzlich die subjektive Sorgfaltspflichtverletzung und die subjektive Vorhersehbarkeit zu prüfen.

VI. Gefährlicher Eingriff unter den Voraussetzungen des § 315 III

595 Schließlich sind die Qualifikationen des § 315b III zu beachten, die die Tat zum Verbrechen qualifizieren, wenn der Täter unter den Voraussetzungen des **§ 315 III** handelt. Dabei ist zu beachten, dass es sich bei den Fällen des § 315 III Nr. 1 um Absichtsqualifikationen handelt, die die Tat zum Verbrechen qualifiziert, wohingegen § 315 III Nr. 2 eine Erfolgsqualifikation enthält (Obersätze in der Klausur: Strafbarkeit nach § 315b I, III i.V.m. § 315 III Nr. ...).

§ 315 III Nr. 1a regelt den Fall, dass der Täter die konkrete Gefahr für die Sicherheit des Schutzobjekts herbeiführt und dabei in der Absicht i.S.v. dolus directus 1. Grades handelt, einen Unglücksfall herbeizuführen.[1040]

> **Beispiele** für § 315b III i.V.m. § 315 III Nr. 1a: Rammen eines vorausfahrenden Kfz mit einer (Mehr)Geschwindigkeit von 40 km/h, um den Fahrer zum Anhalten zu zwingen; Abruptes Abbremsen, um einen Auffahrunfall zu provozieren.

Nicht erforderlich ist, dass der Schaden tatsächlich eintritt (vgl. Wortlaut des § 315 III Nr. 1a: *„Absicht*, einen Unglücksfall herbeizuführen"). Welche weiteren Ziele der Täter verfolgt (Sabotage, Diebstahl, Bestrafungsaktion), ist ohne Bedeutung.

[1040] Vgl. dazu BGHSt 45, 211, 218.

B. Gefährdung des Straßenverkehrs (§ 315c)
I. Einführung und Abgrenzung zu § 315b

Trotz der Stellung der §§ 315b und c im 28. Abschnitt des StGB über gemeingefährliche Straftaten ist nach dem wohl herrschenden Schrifttum zumindest bei § 315c die Herbeiführung einer Gemeingefahr nicht erforderlich. Vielmehr soll nach den einschlägigen Tatbeständen eine konkrete Individualgefahr genügen, sodass in erster Linie die Individualrechtsgüter *Leben* und *körperliche Unversehrtheit* sowie fremdes *Eigentum* einzelner Verkehrsteilnehmer als von § 315c geschützt anzusehen seien.[1041] Die *Sicherheit des Straßenverkehrs* sei lediglich mittelbar geschützt. Der BGH vertritt das Gegenteil. Seiner Rechtsprechung zufolge ist die Verkehrssicherheit das vorrangig geschützte Rechtsgut.[1042] Diese unterschiedliche Akzentuierung ist nicht nur dogmatischer Natur, sondern hat vor allem Konsequenzen für die Einwilligung des Gefährdeten (dazu später).

596

Bei § 315c handelt es sich um ein **konkretes Gefährdungsdelikt**. Anders als § 316, das ein abstraktes Gefährdungsdelikt und zugleich ein Dauerdelikt darstellt, beginnt die Tathandlung des § 315c I Nr. 1a nicht schon bei Fahrtantritt, sondern erst bei Herbeiführung der konkreten Gefährdung. Vollendet ist die Tat mit Eintritt dieser Gefahr (wobei selbstverständlich auch ein Schadenseintritt den Tatbestand des § 315c nicht ausschließt). Verursacht der Täter während einer Trunkenheitsfahrt mehrere konkrete Gefährdungen, ist i.d.R. von einer natürlichen Handlungseinheit und damit von einer Tateinheit auszugehen. Werden durch eine Handlung mehrere Schutzgüter gefährdet, liegt nicht etwa Tateinheit, sondern *eine* Gesetzesverletzung vor.

597

Ebenso beschreibt § 315c (bis auf Abs. 1 Nr. 2 g) **eigenhändige Delikte**, da er insoweit auf das Fehlverhalten des Fahrzeugführers abstellt. Wer also (bis auf die genannte Ausnahme) nicht selbst das Fahrzeug steuert, kann nicht mittelbarer Täter, nicht arbeitsteiliger Mittäter und auch nicht Fahrlässigkeitstäter sein. Es kommt (nur) eine Teilnahme (Anstiftung und Beihilfe) nach den allgemeinen Regeln in Betracht (dazu Rn 631 f.).

598

Zur Abgrenzung zwischen § 315b und § 315c wurde bereits ausführlich Stellung genommen. Werden durch eine Handlung § 315b und § 315c verwirklicht, besteht nach der Rechtsprechung des BGH Tateinheit (vgl. dazu Rn 564).

598a

Schließlich enthält die Vorschrift wie andere Vorschriften der §§ 315 ff. neben dem eigentlichen Vorsatzdelikt (§ 315c I) eine Vorsatz-Fahrlässigkeits-Kombination (§ 315c I i.V.m. III Nr. 1) und eine Fahrlässigkeits-Fahrlässigkeits-Kombination (§ 315c I i.V.m. III Nr. 2). Siehe dazu Rn 620-622. Zum Zusammenspiel mit anderen Strafvorschriften (Tötung durch Unterlassen, Aussetzung, unterlassene Hilfeleistung, unerlaubtes Entfernen vom Unfallort) vgl. den Hinweis für die Fallbearbeitung bei Rn 557. Für eine Prüfung der Strafbarkeit nach § 315c empfiehlt sich folgender Aufbau:

598b

[1041] Sch/Sch-*Hecker*, § 315c Rn 43; *Joecks/Jäger*, § 315c Rn 18; SK-*Horn/Wolters*, § 315c Rn 22; *Rengier*, BT II, § 44 Rn 9; *Schroeder*, JuS 1994, 846, 848; *Ranft*, Jura 1987, 608, 614; *Otto*, Jura 1991, 443, 444; *Graul*, JuS 1992, 321, 325; *Geppert*, Jura 2001, 559, 565. Vgl. auch *Eisele*, JA 2007, 168.
[1042] So BGHSt 6, 232; 23, 261, 263; BGH StV 1994, 543; NJW 2005, 915 f.; zust. Lackner/Kühl-*Heger*, § 315c Rn 32; *Fischer*, § 315c Rn 2; NK-*Herzog*, § 315c Rn 23; LK-*König*, § 315c Rn 3.

Straßenverkehrsdelikte – Gefährdung des Straßenverkehrs (§ 315c)

Gefährdung des Straßenverkehrs (§ 315c)

I. Tatbestand

1. Objektiver Tatbestand

a. Tatsubjekt (mit Ausnahme des § 315c I Nr. 2g: eigenhändiges Delikt)

b. Tathandlung: Führen eines Fahrzeugs im öffentlichen Straßenverkehr, und zwar entweder in fahruntüchtigem Zustand (Nr. 1) oder unter grob verkehrswidrigem und rücksichtslosem Verhalten (Nr. 2a-f). Bei Nr. 2g: Nichtkenntlichmachung haltender oder liegen gebliebener Fahrzeuge trotz Erforderlichkeit.

c. Eintritt des Erfolgs in Form einer im Einzelfall konkret festzustellenden Gefahr für Leib oder Leben eines anderen Menschen oder fremde Sachen von bedeutendem Wert. Zur Gefährdung eines anderen Menschen und zu der Frage, ob auch ein Fahrzeuginsasse, der strafrechtlich als „Beteiligter" anzusehen ist, ein „anderer" Mensch sein kann, vgl. Rn 614 f. Hinsichtlich der gefährdeten Sache ist die Fremdheit problematisch, wenn es sich bei der Sache um das Tatfahrzeug handelt und dieses nicht dem Täter gehört; vgl. dazu sowie zu der Frage nach dem bedeutenden Wert Rn 617.

d. Verbindung zwischen Handlung und Gefährdungserfolg (Kausalität) sowie Erfolgs-/Gefahrzurechnung (Gefahrverwirklichungszusammenhang).

2. Subjektiver Tatbestand

Vorsatz bzgl. aller objektiven Tatbestandsmerkmale (einschließlich der konkreten Gefahr; § 18 ist nicht anwendbar!), mindestens *dolus eventualis*. Sollte die Tathandlung vorsätzlich, die Gefahr aber fahrlässig verursacht worden sein, greift § 315c III Nr. 1. Werden Tathandlung und Gefahr fahrlässig begangen, greift § 315c III Nr. 2. Der Versuch des § 315c I Nr. 1 ist strafbar (§ 315c II).

II. Rechtswidrigkeit

Sofern man die Auffassung teilt, dass § 315c trotz der der Tathandlung anhaftenden Gemeingefährlichkeit in erster Linie die Individualrechtsgüter Leib oder Leben oder fremdes Eigentum schütze, kann die Rechtswidrigkeit insbesondere durch rechtfertigende Einwilligung ausgeschlossen sein.

III. Schuld

Es gelten die allgemeinen Regeln. Von besonderer Bedeutung ist die rauschbedingte Schuldunfähigkeit, da dann eine Auseinandersetzung mit der fraglichen Figur der *actio libera in causa* erforderlich wird.

II. Tatbestandsvoraussetzungen des § 315c

1. Objektiver Tatbestand des § 315c I

599 Den objektiven Tatbestand des § 315c I verwirklicht derjenige, der im Straßenverkehr

- ein Fahrzeug führt, obwohl er infolge einer oder mehrerer in § 315c I Nr. 1 genannten Mängel nicht in der Lage ist, das Fahrzeug sicher zu führen, <u>oder</u>

- sich unter Begehung bzw. Missachtung einer oder mehrerer der in § 315c I Nr. 2 genannten Modalitäten (sog. „Todsünden" im Straßenverkehr) grob verkehrswidrig und rücksichtslos verhält

<u>und</u> dadurch Leib oder Leben eines anderen Menschen oder fremde Sachen von bedeutendem Wert gefährdet. Im Einzelnen gilt:

- Mit **Straßenverkehr** ist der Verkehr auf Straßen und Wegen gemeint.

Straßenverkehrsdelikte – Gefährdung des Straßenverkehrs (§ 315c)

- Angesichts des Schutzzwecks des § 315c bezieht sich der Begriff „Straßenverkehr" nur auf den öffentlichen Straßenverkehr.[1043] **Öffentlich** im Sinne des Verkehrsstrafrechts ist nicht nur der Straßenverkehr, der sich auf den dem allgemeinen Straßenverkehr gewidmeten Straßen, Bürgersteigen, Wegen und Plätzen bewegt, sondern auch derjenige, der sich auf solchen (auch privaten) Verkehrsflächen abspielt, die jedermann oder allgemein bestimmten Gruppen von Verkehrsteilnehmern dauernd oder auch nur vorübergehend zur Benutzung ausdrücklich oder stillschweigend offenstehen. Denn mit Blick auf die geschützten Rechtsgüter kann es weder auf die Eigentumsverhältnisse noch auf die Widmung des Verkehrsraums ankommen. Entscheidend ist allein, dass der Verkehrsraum von einem zufälligen Personenkreis genutzt werden kann.[1044]

Beispiel: Um seine Reaktionsfähigkeit im betrunkenen Zustand zu testen, fährt A an einem Samstagabend mit seinem Auto bei einer Blutalkoholkonzentration (BAK) von 1,2 ‰ auf dem Parkplatz eines Supermarkts.

Da auch der (im Privateigentum stehende) Parkplatz eines Supermarkts praktisch jedem zur Benutzung offensteht, hat A am öffentlichen Straßenverkehr teilgenommen. Daran ändert auch der Umstand nichts, dass A außerhalb der Geschäftszeit auf dem Parkplatz geübt hat.

Gegenbeispiele: Zu weit ginge es aber, eine (stillschweigende) Duldung seitens des Verfügungsberechtigten anzunehmen, wenn der Fahrzeugführer einen zum Wohnhaus gehörenden Hofraum oder dazugehörige Stellplätze oder auch ein an der Straße angrenzendes Feld benutzt. Gleiches gilt hinsichtlich eines Betriebsgeländes, wenn der Zutritt lediglich Werksangehörigen und Personen mit individuell erteilter Erlaubnis möglich ist.[1045] Auch zum Eingangsbereich eines Bürogebäudes gehörende Betontreppenstufen sind kein öffentlicher Verkehrsraum.[1046] Bei Feldern und Äckern ist regelmäßig von auszugehen, dass der Eigentümer oder Pächter die Benutzung durch einen unbestimmten Personenkreis nicht duldet.

Da § 315c I Nr. 1 und die meisten Tatbestände des § 315c I Nr. 2 auf das Fehlverhalten des Fahrzeugführers abstellen, kann diesbezüglich **Täter** nur sein, wer ein **Fahrzeug führt.** 600

- Ein Fahrzeug **führen** erfordert, dass jemand das Fahrzeug unter bestimmungsgemäßer Anwendung der Steuerungselemente unmittelbar in Bewegung setzt und lenkt; das bloße Laufenlassen des Motors, das Lösen der Feststellbremse oder das Einschalten des Fahrtlichts genügen daher noch nicht. Das Führen beginnt erst mit dem Anrollen der Räder und endet mit deren endgültigem Stillstand, spätestens mit Verlassen des Kfz.[1047]

- Zu den **Fahrzeugen** i.S.d. §§ 315c, 316 gehören nicht nur Kraftfahrzeuge (z.B. Pkw, Lkw, Krafträder, motorisierte Krankenfahrstühle[1048], Elektrorollstühle[1049], aber auch Bagger), sondern grds. alle Fortbewegungsmittel, die der Beförderung von Personen dienen (daher z.B. auch Bahnen, Wasserfahrzeuge[1050], Flugzeuge, aber auch E-Bikes[1051], Fahrräder, Par-

---

[1043] Wie bei § 315b I ist auch bei § 315c I zwar nicht explizit von „öffentlichem" Straßenverkehr die Rede, das Erfordernis „öffentlich" ergibt sich aber aus dem Schutzzweck der Normen (vgl. BGHSt 49, 128, 129 ff.; 48, 119, 120 ff.; BGH StV 2012, 218 f.; NStZ 2013, 530, 531).

[1044] Vgl. NStZ 2013, 530, 531; KG VA 2009, 31; OLG Hamm NZV 2008, 257; *Himmelreich/Halm*, NStZ 2009, 373, 374.

[1045] BGH NJW 2004, 1965 f.

[1046] BGH NStZ-RR 2012, 389.

[1047] Vgl. BGHSt 35, 390, 393; OLG Karlsruhe NZV 2006, 441; *Himmelreich/Halm*, NStZ 2007, 389, 391 f. Dem entspricht es, wenn der BGH hinsichtlich des § 248b von einem Gebrauch eines Fahrzeugs nur dann spricht, wenn das Fahrzeug in Gang gesetzt wird (BGH NStZ 2015, 156). Daran fehle es, wenn lediglich der Motor gestartet wird. Da ein Führen ohne Ingangsetzen nicht denkbar ist, ist auch für das „Führen" i.S.v. §§ 315c, 316 ein Ingangsetzen zu fordern.

[1048] Unter motorisierten Krankenfahrstühlen sind nicht etwa (Treppen-)Aufzüge oder (Elektro-)Rollstühle zu verstehen, sondern einsitzige Automobile mit Straßenzulassung und mit einem Leergewicht von max. 300 kg und einer bauartbedingten Höchstgeschwindigkeit von 15 km/h (anders *Jahn*, JuS 2008, 80, 81, der einen Elektrorollstuhl einem motorisierten Krankenfahrstuhl gleichsetzt). Das Führen eines motorisierten Krankenfahrstuhls ist fahrerlaubnisfrei (§ 4 I S. 2 Nr. 2 FeV), bedarf aber einer Prüfbescheinigung (§§ 4 I S. 2 Nr. 2, 76 Nr. 2 FeV).

[1049] Vgl. dazu AG Löbau NJW 2008, 530, 531 mit Bespr. v. *Jahn*, JuS 2008, 80.

[1050] LG Kiel NStZ 2007, 59 (Motorboote).

247

Straßenverkehrsdelikte – Gefährdung des Straßenverkehrs (§ 315c)

tybikes und Pferdefuhrwerke[1052]); Inlineskates und Kinderwagen werden (wegen des geringen Gefährdungspotentials) gem. §§ 24 I und 31 II StVO den Fußgängern zugeordnet. Diese überzeugende (straßenverkehrsrechtliche) Wertung kann auch auf das StGB übertragen werden.[1053]

- **Fahrzeugführer** ist derjenige, der alle oder alle wesentlichen zur Fortbewegung des Fahrzeugs bestimmten technischen Vorrichtungen (Lenkung, Kupplung, Gaspedal, Bremse) bestimmungsgemäß bedient.[1054] Dazu gehören auch derjenige, der Lenkung und Bremsen beim Abschleppen bedient, und derjenige, der das Fahrzeug (ohne Motorkraft) lediglich eine abschüssige Straße hinunterrollen lässt oder das von hinten angeschobene Fahrzeug lenkt (etwa zu dem Zweck, dadurch den Motor in Gang zu setzen).

Der **Fahrzeughalter** als solcher scheidet dagegen aus, und zwar auch dann, wenn er als Beifahrer die Führung des Fahrzeugs einer fahrunsicheren Person überlässt und sich lediglich vorbehält, bei Bedarf einzugreifen. Denn bei § 315c handelt es sich – bis auf Abs. 1 Nr. 2 g – um ein eigenhändiges Delikt. Auch derjenige, der auf dem Beifahrersitz sitzt und die Gangschaltung bedient oder kurz ins Lenkrad greift, führt das Fahrzeug nicht. Denn mit dem nur kurzen Griff ins Lenkrad bleiben weitere wesentliche Einrichtungen des Fahrzeugs unbeeinflusst; zudem werden die Einrichtungen nicht „bestimmungsgemäß" bedient. Auch genügt es nicht, wenn jemand sein Fahrzeug schiebt[1055], ohne dabei den Fahrersitz einzunehmen, oder wenn jemand ohne seinen Willen bewirkt, dass sein Fahrzeug in Bewegung gerät. Die Fahrzeugführereigenschaft wird auch bei demjenigen verneint, der im abgestellten Wagen bei laufendem Motor hinter dem Steuer schläft, oder bei demjenigen, der den Motor nur laufen lässt, um die Heizung in Betrieb zu nehmen. Auch der Beifahrer auf einem Motorrad führt das Fahrzeug grds. nicht.[1056]

Diskutiert wird auch die Fahrzeugführereigenschaft des **Fahrschullehrers**, der während der Ausbildungsfahrt auf dem Beifahrersitz des Fahrschulwagens mitfährt. Für eine Fahrzeugführereigenschaft spricht die Fiktion des § 2 XV S. 2 StVG, wonach der Fahrlehrer als Fahrzeugführer i.S. dieses Gesetzes (also des StVG) gilt, wenn der eigentliche Fahrzeugführer keine entsprechende Fahrerlaubnis besitzt. Da aber § 2 XV S. 2 StVG explizit nur auf das StVG („dieses Gesetz") Bezug nimmt, kann diese straßenverkehrsrechtliche Regelung für die Frage einer Strafbarkeit nach dem StGB nicht herangezogen werden (AG Cottbus DAR 2003, 477). Für dieses Auslegungsergebnis spricht auch der Normzweck des § 2 XV S. 2 StVG, der lediglich den Fahrschüler vor einer Strafbarkeit nach § 21 I Nr. 1 StVG (Strafbarkeit wegen Fahrens ohne Fahrerlaubnis) bewahren möchte[1057] und zudem den straßenverkehrsrechtlichen Zweck der Gewährleistung der Sicherheit und Leichtigkeit des Straßenverkehrs verfolgt. Daher kann die Regelung des § 2 XV S. 2 StVG nicht für die Frage nach der Fahrzeugführereigenschaft nach dem StGB fruchtbar gemacht werden. Richtigerweise ist die Frage nach der Fahrzeugführereigenschaft i.S.d. § 315c rein strafrechtlich zu beantworten. Diesbezüglich spricht die Wortbedeutung des Begriffs „Fahrzeugführer" gegen die Hereinnahme des auf dem Beifahrersitz mitfahrenden Fahrlehrers in den Fahrzeugführerbegriff. Andererseits spricht für die Fahrzeugführereigenschaft des

---

[1051] Die rechtliche Einordnung sog. E-Bikes als Fahrrad oder Kraftfahrzeug ist noch nicht geklärt. Bedenken an der Einordnung als Kraftfahrzeug bestehen jedenfalls bei solchen E-Bikes, bei denen sich der Elektromotor erst dann unterstützend einschaltet, wenn die Pedale mit Muskelkraft betätigt werden („Pedelec"). In diesem Fall reicht allein die Kraft des Elektromotors nicht, um das Bike anzutreiben; vielmehr unterstützt der Elektromotor lediglich die Muskelkraft. Für die Anwendbarkeit der §§ 315c, 316 kann die Frage zwar dahinstehen, weil die Vorschriften auch Fahrräder erfassen, nicht aber für die Bestimmung der absoluten Fahruntüchtigkeit (Rn 604). Auch für eine Ordnungswidrigkeit nach § 24a StVG (Rn 606) ist die Einordnung entscheidungserheblich (vgl. dazu auch OLG Hamm DAR 2013, 712).
[1052] Vgl. dazu OLG Oldenburg NJW 2014, 2211.
[1053] Auch der BGH zieht bei der Auslegung strafrechtlicher Begriffe solche aus dem Straßenverkehrsrecht heran, etwa wenn es um den Fahrzeugbegriff geht (vgl. BGH NStZ 2014, 415, 416).
[1054] BGHSt 35, 390, 392 f.
[1055] Hier liegt der Teufel im Detail: Mit „Schieben" im dargelegten Sinne ist gemeint, dass jemand mit eigener Körperkraft das Fahrzeug in Bewegung setzt; ob der Motor dabei läuft, ist irrelevant. Wird der laufende Motor aber als Antriebskraft eingesetzt („Schieben unter Einsatz des laufenden Motors"), gilt dies als „Führen".
[1056] Vgl. insgesamt zu den Definitionen BGHSt 13, 226, 227; 35, 390, 392 ff.; 36, 341, 243 f.; BayObLG NStZ-RR 2001, 26; siehe auch *Schlund*, DAR 2000, 562); *Fischer*, § 315c Rn 3; *Lackner/Kühl-Heger*, § 315c Rn 3; *Sch/Sch-Hecker*, § 316 Rn 20 ff.; *Geppert*, Jura 2001, 559, 561; *König*, JA 2003, 131, 132.
[1057] OLG Dresden NJW 2006, 1013, 1014. Vgl. nunmehr auch *Helmrich*, JuS 2011, 1114, 1116.

Straßenverkehrsdelikte – Gefährdung des Straßenverkehrs (§ 315c)

Fahrschullehrers, dass er eine Lehrfunktion ausübt, dem Fahrschüler verbindliche Anweisungen erteilt und über eine besondere beifahrerseitige Pedalausstattung verfügt, die es ihm ermöglicht, jederzeit Kupplung, Bremse und Gaspedal, also wesentliche Bedieneinheiten, zu betätigen.[1058] Nach der hier vertretenen Auffassung bietet sich ein Mittelweg an: Der auf dem Beifahrersitz mitfahrende Fahrschullehrer, der dem Fahrschüler Anweisungen erteilt, ist nur in dem Moment als Fahrzeugführer anzusehen, in dem er die Hilfspedale auch tatsächlich bedient. Diese bereits auch in den Vorauflagen vertretene Auffassung wurde nunmehr vom BGH bestätigt. Der BGH hat zunächst entschieden, dass die Fiktion des § 2 XV S. 2 StVG nicht auf das StGB übertragen werden könne. Sodann hat er entschieden, dass der Fahrlehrer aber dann „Fahrzeugführer" sei, wenn er gehalten sei, in das Geschehen einzugreifen.[1059] Freilich ist zu beachten, dass bei einer Verneinung der Fahrzeugführereigenschaft immer noch an eine Strafbarkeit wegen gefährlichen Eingriffs in den Straßenverkehr gem. § 315b I Nr. 3 (Rn 562a und 575) zu denken ist.

Soweit der Tatbestand ein „Führen" voraussetzt (das betrifft v.a. § 315c I Nr. 1 – Fahren im **fahruntüchtigen** Zustand, aber auch § 315c I Nr. 2a-f – nicht notwendigerweise jedoch Nr. 2g), ist die Tat ein **eigenhändiges Delikt**.[1060] Wer in diesem Fall also nicht selbst das Fahrzeug steuert, kann nicht mittelbarer Täter, arbeitsteiliger Mittäter und auch nicht Fahrlässigkeitstäter sein. Es kommt (nur) eine Teilnahme (Anstiftung und Beihilfe) nach den allgemeinen Regeln in Betracht. Im Übrigen sind die Tathandlungen wie folgt zu unterscheiden:

601

a. Rauschbedingte Fahruntüchtigkeit (§ 315c I Nr. 1a)

Der Fahrer ist **fahruntüchtig**, wenn er infolge des Genusses alkoholischer Getränke oder anderer berauschender Mittel nicht in der Lage ist, das Fahrzeug eine längere Strecke so zu steuern, dass er den Anforderungen des Straßenverkehrs, und zwar auch bei plötzlichem Auftreten schwieriger Verkehrslagen, so gewachsen ist, wie es von einem durchschnittlichen Fahrzeugführer zu erwarten ist.[1061]

602

Bei der **alkoholbedingten Fahruntüchtigkeit** nach Nr. 1a Var. 1 hängt die Fahruntüchtigkeit zwar in erster Linie vom Ausmaß der alkoholbedingten Änderung der Leistungsfähigkeit und der Beeinträchtigung der Gesamtpersönlichkeit des Fahrers ab, sie ist aber in der gerichtlichen Praxis (in Übereinstimmung mit § 316) durch die auf wissenschaftlichen Erkenntnissen basierende Unterscheidung von absoluter und relativer Fahruntüchtigkeit näher konkretisiert.

603

- Bei **absoluter Fahruntüchtigkeit** ist der Tatbestand des § 315c I Nr. 1a Var. 1 oder des § 316 einschlägig. Absolute Fahruntüchtigkeit bedeutet, dass die Fähigkeit, ein Fahrzeug sicher zu steuern, stets ausgeschlossen ist. Insbesondere brauchen keine weiteren Feststellungen über die Konstitution und die Fahrweise des Fahrers im konkreten Fall getroffen zu werden. Sie ist bei allen **Kraftfahrern** grds. bei einer Blutalkoholkonzentration (BAK) *im Zeitpunkt der Tat* von **mindestens 1,1 ‰** gegeben. Dieser Grenzwert errechnet sich daraus, dass nach medizinischer Erfahrung bereits ab 1,0 ‰ eine Fahruntüchtigkeit vorliegt. Hinzu tritt ein Sicherheitszuschlag von 0,1 ‰ für Messfehler.[1062] Ist dieser

604

[1058] Vgl. OLG Hamm NJW 1969, 1975; OLG Köln NJW 1971, 670; OLG Dresden NJW 2006, 1013 f. (mit Bespr. v. *Bosch*, JA 2006, 576; vgl. auch *Eisele*, JA 2007, 168; *Haverkamp/Kaspar*, JA 2010, 780, 781). Für die Fahrzeugführereigenschaft des Fahrlehrers i.S.d. Straßenverkehrsrechts *und* des Ordnungswidrigkeitenrechts hingegen OLG Bamberg NJW 2009, 2393.
[1059] BGH NJW 2015, 1124, 1125 f.
[1060] Lackner/Kühl-*Heger*, § 315c Rn 4; Sch/Sch-*Hecker*, § 315c Rn 45; *König*, JA 2003, 131, 132.
[1061] BGHSt 13, 83, 84 ff.; 31, 42, 44; 44, 219, 221; *Fischer*, § 315c Rn 3a; *Himmelreich/Lessing*, NStZ 2002, 301, 303.
[1062] Siehe etwa BGHSt 44, 219, 222; OLG Oldenburg 7.4.2016 - 1 Ss 53/16. Der Wert von 1,1 ‰ gilt mit Blick auf das Gefährdungspotential, das von einer Trunkenheitsfahrt mit einem Kraftfahrzeug ausgeht, auch für Schiffsführer (LG Hamburg VRS 110 (2006), 415 ff.), Kutschenführer (OLG Oldenburg NJW 2014, 2211, 2212) und Fahrer von Krankenfahrstühlen (BayObLG NStZ-RR 2001, 26). Für Radfahrer, Fahrer von E-Bikes, Leichtmofas und von Elektrorollstühlen ist mit Blick auf das geringere Gefährdungspotential und die geringeren Leistungsanforderungen an die Fahrer der Grenzwert von 1,5 ‰ zzgl. 0,1 ‰ Sicherheitszuschlag, also 1,6 ‰, angemessen (vgl. dazu VG Neustadt 8.8.2014 – 3 L 636/14.NW; OLG Hamm DAR 2013, 712; OVG Koblenz NJW 2012, 3388 f.; OLG Karlsruhe NStZ-RR 1997, 356; LG Hildesheim NJW 1992, 451; OLG Celle NJW 1992, 2169; a.A. OLG Düsseldorf NJW 1992, 992 und BGHSt 34, 133, 137: 1,7 ‰ bzgl. Radfahrer). Bei Fahrern

Straßenverkehrsdelikte – Gefährdung des Straßenverkehrs (§ 315c)

Grenzwert festgestellt, ist ein Gegenbeweis für die Fahrtüchtigkeit unzulässig, da der absolute Grenzwert die Bedeutung einer **prozessualen Beweisregel** (= unwiderlegbare Vermutung) hat.[1063] Das gilt auch für „trinkfeste" Personen, also für Personen, die regelmäßig große Mengen alkoholischer Getränke zu sich nehmen.

Beachte: Häufig werden von Klausurbearbeitern die BAK-Grenzwerte wie Tatbestandsmerkmale behandelt. Das ist falsch. Sie stellen lediglich prozessuale Beweisregeln dar, die ihrerseits Ergebnisse naturwissenschaftlicher Zusammenhänge sind. Sie dienen also lediglich dem Gericht (und damit dem Klausurbearbeiter) dazu, über das Tatbestandsmerkmal „Fahruntüchtigkeit" befinden zu können. Für die Tatbestände der §§ 315c I Nr. 1a Var. 1, 316 zudem ohne Bedeutung ist es, ob außer der Fahruntüchtigkeit gleichzeitig die Voraussetzungen des § 21 (verminderte Schuldfähigkeit) vorliegen. Ist hingegen § 20 (Schuldunfähigkeit) gegeben, kommt sowohl im Fall des § 315c I Nr. 1a als auch in dem des § 316 eine *actio libera in causa* in Betracht, sofern man diese Figur überhaupt noch für verfassungsgemäß hält (dazu später).

605 ▪ § 315c I Nr. 1a Var. 1 kann auch bei einer **relativen Fahruntüchtigkeit** gegeben sein. Diese kommt in Betracht, wenn eine BAK von **mindestens 0,3 ‰** festgestellt wird *und* **Ausfallerscheinungen** den Schluss zulassen, dass der Alkoholkonsum zur Fahruntüchtigkeit geführt hat.[1064]

Anders als bei der absoluten Fahruntüchtigkeit muss bei der relativen Fahruntüchtigkeit im Einzelfall nachgewiesen werden, dass die Berauschung zur Fahruntüchtigkeit geführt hat. Beweisanzeichen für die (widerlegbare) Annahme einer relativen Fahruntüchtigkeit sind namentlich die BAK, das Gewicht und die Alkoholempfindlichkeit des Täters, die Trinkgeschwindigkeit, die eingenommene Speisemenge, die körperliche Konstitution, aber auch objektive Umstände wie Tageszeit, Straßen- und Wetterverhältnisse, Fahrweise (Fahren in Schlangenlinien, ungehemmtes und auffälliges Fahren, grundloses Abkommen von der Fahrbahn, falsches Einschätzen von Abständen und Entfernungen, Geradeausfahren in Kurven etc.).[1065] Generell lässt sich sagen, dass alkoholtypische Fahrfehler solche sind, die dem Täter im fahrtüchtigen Zustand nicht unterlaufen würden. Jedoch ist stets zu beachten, dass das Vorliegen von Beweisanzeichen der genannten Art nicht automatisch zur Annahme der Fahruntüchtigkeit führt. Vielmehr ist eine **Gesamtwürdigung** aller Indizien und Umstände des Einzelfalls maßgeblich; insbesondere ist der **Gegenbeweis** zulässig. Kann der Beschuldigte also glaubhaft machen, dass ihm der Fahrfehler auch im nüchternen Zustand unterlaufen wäre, ist eine rauschbedingte Fahruntüchtigkeit zu verneinen. So greifen allein die bloße Nichtbeachtung der Geschwindigkeitsbegrenzung bzw. eine leicht erhöhte Geschwindigkeit[1066], ein Fahrfehler beim Linksabbiegen mit einem Pkw bei verdeckter Sicht[1067] oder beim Rückwärtseinbiegen mit einem Lkw[1068] nicht als Beweiszeichen durch, da derartiges Fehlverhalten auch im nicht alkoholisierten Zustand häufig zu beobachten ist. Freilich ist die Gerichtspraxis bei der Würdigung der Argumente, die gegen die Annahme einer Fahruntüchtigkeit sprechen, eher zurückhaltend.[1069]

---

von Sportbooten soll die absolute Fahruntüchtigkeit bei 1,3 ‰ liegen (Schifffahrtsobergericht Karlsruhe VRS 100 (2001), 348 ff.; a.A. OLG Brandenburg VRS 115 (2009), 302, 303: 1,1‰). Für Inlineskater sollen die Grenzwerte für Radfahrer gelten (*Fischer*, § 316 Rn 27). Hinsichtlich anderer Fahrzeugführer fehlt eine derartige prozessuale Beweisregel. So ist für Fahrer von Schienenfahrzeugen eine konkrete BAK niemals Beweiszeichen für eine absolute Fahruntüchtigkeit. Hier müssen (wie bei der relativen Fahruntüchtigkeit) weitere alkoholbedingte Beweiszeichen herangezogen werden (dazu OLG Karlsruhe NStZ-RR 1997, 356; *Geppert*, Jura 2001, 559, 562).

[1063] Vgl. BGHSt 31, 42, 44; 37, 89, 91 ff.; BGH NJW 2015, 1834. Die genannte prozessuale Beweisregel gilt nicht für die „anderen berauschenden Mittel" (etwa Marihuana) gem. § 315c I Nr. 1a Var. 2. Bei deren Einnahme bedarf es nach den Regeln der relativen Fahruntüchtigkeit zusätzlicher Beweisanzeichen (vgl. OLG Frankfurt NStZ-RR 2002, 17, 18).
[1064] Vgl. etwa BGHSt 31, 42, 44; OLG Karlsruhe NZV 2006, 441; OLG Oldenburg 7.4.2016 - 1 Ss 53/16; *Himmelreich/Halm*, NStZ 2007, 398, 392.
[1065] Vgl. dazu etwa auch OLG Oldenburg 7.4.2016 - 1 Ss 53/16.
[1066] Vgl. dazu insgesamt BGHSt 44, 219, 225; BGH NStZ-RR 2001, 173; OLG Karlsruhe NZV 2006, 441; *Himmelreich/Halm*, NStZ 2007, 398, 392; *Himmelreich/Lessing*, NStZ 2002, 301, 303; *König*, JA 2003, 131, 133 f.; *SK-Horn/Wolters*, § 316 Rn 25; *Fischer*, § 316 Rn 6 ff.
[1067] LG Saarbrücken VRS 114 (2008), 283; *Himmelreich/Halm*, NStZ 2009, 373, 376.
[1068] LG Berlin BA 45 (2008), 264, 265; *Himmelreich/Halm*, NStZ 2009, 373, 376.
[1069] Umso erfreulicher ist es, dass das OLG Oldenburg 7.4.2016 - 1 Ss 53/16 ein Urteil des AG aufhob, weil dieses sich nicht ausreichend mit allen Umständen (Straßen- und Witterungsverhältnissen) auseinandergesetzt hatte.

Straßenverkehrsdelikte – Gefährdung des Straßenverkehrs (§ 315c)

Die Untergrenze von 0,3 ‰ ist mit Blick auf die 0,5-‰-Grenze in § 24a StVG nicht ganz unproblematisch. Denn sie kann zu dem merkwürdigen Ergebnis führen, dass ein Fahrzeugführer sich wegen §§ 315c I Nr. 1a oder 316 strafbar macht, obwohl er den Grenzbereich zu einer Ordnungswidrigkeit noch nicht erreicht hat. Sieht also selbst der Gesetzgeber unterhalb des Grenzwerts von 0,5 ‰ ein solch geringes Gefahrenpotential, dass er noch nicht einmal eine Sanktion als Ordnungswidrigkeit vorsieht, sollte man erst recht keine Straftat oder eine solche zumindest nur unter ganz engen Voraussetzungen annehmen. Sofern man also eine Straftat im Bereich zwischen 0,3 ‰ und 0,5 ‰ nicht von vornherein verneinen möchte, sind im Gegenzug (um nicht mit dem Schuldprinzip in Konflikt zu geraten) an die übrigen Beweiszeichen wesentlich höhere Anforderungen zu stellen.

> **Merke:** Anders als bei der absoluten Fahruntüchtigkeit besteht bei der relativen Fahruntüchtigkeit keine unwiderlegliche Vermutung für die Fahruntüchtigkeit, sondern diese muss aufgrund einer Gesamtwürdigung, bei der auch der Gegenbeweis Eingang findet, im Einzelfall nachgewiesen werden. Dabei gilt: Je niedriger der BAK-Wert ist, desto höher müssen die Anforderungen an den Nachweis der rauschbedingten Fahruntüchtigkeit sein. Das gilt insbesondere bei BAK-Werten zwischen 0,3 und 0,5 ‰, da in diesem Bereich noch nicht einmal eine Ordnungswidrigkeit gegeben sein kann.

Einige sehen die Untergrenze von **0,3 ‰** lediglich als **Richtwert** an und gelangen so zu der Möglichkeit, eine relative Fahruntüchtigkeit auch **unterhalb** einer BAK von 0,3 ‰ anzunehmen.[1070] Dies ist abzulehnen. Denn ist schon der Bereich zwischen 0,3 ‰ und 0,5 ‰ zweifelhaft, sollte man erst recht keine Straftat unterhalb von 0,3 ‰ annehmen.

> **Hinweis für die Fallbearbeitung:** Eine praktische Ergänzung zu § 315c I Nr. 1a und § 316 ist die bereits erwähnte Ordnungswidrigkeitenvorschrift des **§ 24a StVG** mit ihrem festen Grenzwert von **0,5 ‰**[1071]. Ist § 315c I Nr. 1a oder § 316 gegeben, gilt § 21 OWiG, sodass § 24a StVG praktisch ausscheidet. Sind Zweifel vorhanden, ob § 316 oder § 24a StVG vorliegt, gilt der Grundsatz *in dubio pro reo*, sodass wegen des Stufenverhältnisses nur § 24a StVG eingreift.
> Des Weiteren muss beachtet werden, dass aufgrund der Formulierung „dadurch" in § 315c der Taterfolg des § 315c I Nr. 1a gerade auf die alkoholbedingte Fahruntüchtigkeit zurückzuführen sein muss (sog. **Pflichtwidrigkeitszusammenhang**), wobei es genügt, wenn das Rauschmittel eine von mehreren Ursachen der Fahruntüchtigkeit ist. Wäre der Taterfolg also auch ohne rauschbedingte Fahruntüchtigkeit eingetreten, ist § 315c I Nr. 1a zu verneinen.

606

[1070] Vgl. OLG Saarbrücken NStZ-RR 2000, 12 f.; *König*, JA 2003, 131, 133 f.; LK-*König*, § 316 Rn 93; *Janker*, NZV 2001, 197.
[1071] Ein Überschreiten der Grenze von 0,5 ‰ ist mit Bußgeld und Fahrverbot sanktioniert, vgl. § 25 I S. 2 StVG.

Straßenverkehrsdelikte – Gefährdung des Straßenverkehrs (§ 315c)

606a   **Übersicht: Sanktionsrechtlich relevante Blutalkoholkonzentrationen**[1072]

>0,0‰	Alkoholverbot für Fahranfänger: Gemäß § 24c I StVG handelt ordnungswidrig, wer in der Probezeit (§ 2a StVG) oder vor Vollendung des 21. Lebensjahres als Führer eines Kfz im Straßenverkehr alkoholische Getränke zu sich nimmt oder die Fahrt antritt, obwohl er unter der Wirkung eines solchen Getränks steht.
0,3‰	Relative Fahruntüchtigkeit i.S.v. § 315c I Nr. 1a Var. 1, § 316 regelmäßig anzunehmen, wenn alkoholbedingte Ausfallerscheinungen hinzutreten.
0,5‰	Ordnungswidrigkeit i.S.v. §§ 24a, 25 I S. 2 StVG.
1,1‰	Absolute Fahruntüchtigkeit i.S.v. § 315c I Nr. 1a Var. 1, § 316 für Kraftfahrzeugführer.
1,3‰	Absolute Fahruntüchtigkeit für Sportbootfahrer (str.).
1,6‰	Absolute Fahruntüchtigkeit i.S.v. § 315c I Nr. 1a Var. 1, § 316 für Radfahrer und Fahrer von Leichtmofas (Probleme: Inlineskater und Rollstuhlfahrer).
2,0‰	Verminderte Schuldfähigkeit i.S.v. § 21 naheliegend.
3,0‰	Schuldunfähigkeit i.S.v. § 20 i.d.R. gegeben, dann aber § 323a möglich.
3,3 ‰	Schuldunfähigkeit i.S.v. § 20 i.d.R. auch bei vorsätzlichen Tötungsdelikten gegeben; § 323a möglich, wenn § 20 zumindest nicht ausgeschlossen werden kann.

606b   Da die BAK schließlich regelmäßig nicht zum Zeitpunkt der Tatbegehung, sondern erst zu einem späteren Zeitpunkt festgestellt werden kann, ist sie durch **Rückrechnung** auf den Zeitpunkt des Trinkens zu ermitteln. Hierfür hat sich der Tatrichter, von Ausnahmefällen abgesehen, eines Sachverständigen zu bedienen. Geht es um die Frage der Fahrtüchtigkeit, muss (anders als bei der Frage der Schuldfähigkeit i.S.v. § 20[1073]) zugunsten des Täters (= geringstmögliche BAK zum Tatzeitpunkt) ein stündlicher Abbauwert von 0,1 ‰ angenommen werden. Dabei sind die ersten beiden Stunden nach Trinkende[1074] in die Rückrechnung grds. nicht mit einzubeziehen.[1075]

606c   Fahruntüchtig kann auch sein, wer **andere berauschende Mittel** zu sich genommen hat (§ 315c I Nr. 1a Var. 2). Andere berauschende Mittel sind vor allem **Betäubungsmittel** (z.B. Haschisch, Marihuana, Heroin, Kokain). Nach derzeitigem Stand der Wissenschaft liegen aber keine gesicherten Erfahrungswerte vor, die es erlauben, bei Blutwirkstoffkonzentrationen oberhalb eines bestimmten (Grenz-)Werts ohne weiteres eine rauschmittelbedingte Fahruntüchtigkeit anzunehmen[1076], zumal die Wirkung von Betäubungsmitteln sehr viel individueller ist als bei Alkohol. Daher ist es problematisch, eine absolute Fahruntüchtigkeit allein aufgrund eines positiven Wirkstoffspiegels im Blut zu begründen. Das gilt selbst hinsichtlich „harter" Drogen wie Heroin oder Kokain. Richtigerweise bedarf es der Feststellung weiterer aussagekräftiger Beweisanzeichen, die im konkreten Einzelfall belegen, dass die Gesamtleistungsfähigkeit des betreffenden Kraftfahrzeugführers so weit herabgesetzt war, dass er nicht mehr in der Lage war, sein Fahrzeug im Straßenverkehr eine längere Strecke, auch bei Eintritt schwieriger Verkehrslagen, sicher zu führen.[1077] Demzufolge muss also nach den Regeln der **relativen Fahruntüchtigkeit** verfahren werden, wobei die Anforderungen an Art und Ausmaß drogenbedingter Ausfallerscheinungen umso geringer sein können, je höher die im Blut festgestellte Wirkstoffkonzentration ist.[1078] Gleichwohl tendiert der BGH neuerdings offenbar dazu, allein auf die Überschreitung eines bestimmten Grenzwerts abzustellen.[1079]

[1072] Vgl. bereits die 6. Aufl. 2007.
[1073] Vgl. dazu *R. Schmidt*, AT, Rn 507a.
[1074] Die ersten beiden Stunden nach Trinkende sind jedenfalls nicht mit in die Rückrechnung einzubeziehen, wenn der Täter sturzmäßig vor dem Straßenverkehrsdelikt Alkohol getrunken hat. Denn dieser benötigt ca. 2 Stunden, bis er vollständig ins Blut gelangt ist.
[1075] Vgl. BGH NStZ 2000, 193; OLG Köln DAR 2013, 293. Vgl. auch *Himmelreich/Halm*, NStZ 2013, 454, 459.
[1076] *Winkler*, NStZ 2014, 562, 568.
[1077] So jedenfalls die bisherige Rechtsprechung, vgl. BGH NStZ 2012, 324, 325; BGHSt 44, 219, 225.
[1078] Vgl. *Eisele*, JA 2007, 168, 169. Zur Fahruntüchtigkeit infolge anderer Drogen als Alkohol vgl. auch BGH NStZ 2012, 324, 325; BGHSt 44, 219, 222; BayObLG NJW 2003, 1681 f.
[1079] Siehe BGH NJW 2017, 1403, 1404 (Tatrichter sei auch in Fällen, in denen die Fahrt mit dem Kraftfahrzeug nicht im zeitlichen Zusammenhang mit dem vorausgegangenen Cannabiskonsum erfolge, aus Rechtsgründen nicht gehindert, beim

Straßenverkehrsdelikte – Gefährdung des Straßenverkehrs (§ 315c)

In der Praxis sind die aufgrund von Empfehlungen der Grenzwertkommission der deutschen Gesellschaft für Rechtsmedizin vom BVerfG[1080] festgelegten Relevanzgrenzwerte zu beachten. Diese betragen[1081]: **606d**

⇨ Tetrahydrocannabinol (THC), enthalten in Cannabisprodukten = 1 ng/ml Blutserum[1082]
⇨ Morphin (enthalten in Heroin und morphinhaltigen Schmerzpräparaten) = 10 ng/ml
⇨ Benzoylecgonin (BZE), enthalten in Kokain = 75 ng/ml
⇨ Amfetamin = 25 ng/ml
⇨ Designer-Amfetamine wie Methylendioxyamfetamin (MDA), Methylendioxymetamfetamin (MDMA) und Methylendioxyethylamfetamin (MDE), enthalten in Ecstasy (XTC) = 25 ng/ml

Sind diese (Grenz-)Werte für THC, Morphin, BZE, XTC, MDE, MDA, MDMA, Amfetamin etc. überschritten, darf der Rückschluss erfolgen, der Fahrzeugführer habe bei seiner Teilnahme am Straßenverkehr unter einer tatbestandlich relevanten Wirkung des entsprechenden Rauschmittels gestanden. Das heißt aber nicht, dass Wirkstoffkonzentrationen unterhalb der Grenzwerte bei der Frage nach der Fahruntüchtigkeit irrelevant wären. Lediglich die Anforderungen an Art und Ausmaß drogenbedingter Ausfallerscheinungen sind dann (wesentlich) höher. Liegen keine drogenbedingten Ausfallerscheinungen vor, kann jedenfalls nicht allein aufgrund des Drogenkonsums auf eine drogenbedingte Fahruntüchtigkeit (i.S.d. § 315c I Nr. 1a Var. 2 bzw. § 316) geschlossen werden.[1083] **606e**

Schließlich kann der Tatbestand des § 315c I Nr. 1a Var. 2 auch im Falle der Einnahme von verordneten **Medikamenten** verwirklicht sein. **606f**

Beispiel[1084]: T nimmt vor Fahrtantritt unter Missachtung der im Beipackzettel enthaltenen Warnhinweise ein Medikament zur Gewichtsabnahme ein und konsumiert zeitgleich große Mengen koffeinhaltiger Getränke. In Übereinstimmung mit den im Beipackzettel beschriebenen Wechselwirkungen tritt Fahruntüchtigkeit ein, derentwegen T einen schweren Unfall verursacht, bei dem O verletzt wird.

Hier ist T gem. § 315c I Nr. 1a Var. 2, III Nr. 2 strafbar, weil er sich infolge der Missachtung der im Beipackzettel enthaltenen Warnhinweise in einen fahruntüchtigen Zustand begeben, in diesem Zustand ein Kfz im Straßenverkehr geführt und dabei eine andere Person verletzt hat.

b. Mängelbedingte Fahruntüchtigkeit (§ 315c I Nr. 1b)

§ 315c I **Nr. 1b** sanktioniert das Führen eines Fahrzeugs in fahruntüchtigem Zustand infolge **geistiger oder körperlicher Mängel**. Hier kommen sowohl dauernde (z.B. Amputationen, Schwerhörigkeit, Farbblindheit, Star-Leiden) als auch vorübergehende (Fieber, Heuschnupfen, Einwirkung von Medikamenten, Ermüdung[1085]) Mängel in Betracht.[1086] Auch Anfallsleiden (z.B. Epilepsie) gehören dazu, sofern sie die Gefahr jederzeit auftretender Anfälle begründen.[1087] **607**

Fehlen gegenläufiger Beweisanzeichen allein aus der Feststellung einer entsprechenden THC-Konzentration im Blut (hier: 1 ng THC/ml Blutserum) auf ein nach § 24a II und III StVG objektiv und subjektiv sorgfaltswidriges Verhalten zu schließen).
[1080] BVerfG NJW 2005, 349 ff.
[1081] Zu den im Folgenden genannten berauschenden Mitteln und den Substanzen vgl. auch die Anlage zu § 24a StVG.
[1082] Zwar hat die Grenzwertkommission im September 2015 eine Anhebung des Grenzwerts hinsichtlich der cannabisbedingten Beeinträchtigung der Fahrsicherheit auf 3 ng THC/ml Blutserum empfohlen, die Rspr. sieht bislang aber keinen Anlass, von der bisherigen Grenze von 1 ng THC/ml Blutserum abzuweichen. Für eine Anhebung des Grenzwerts sprächen keine juristisch relevanten Gründe (VG Gelsenkirchen Blutalkohol 53 (2016), 278). Auch der BGH geht nach wie vor von einem analytischen Grenzwert von 1 ng THC/ml Blutserum aus (BGH NJW 2017, 1403, 1404).
[1083] Vgl. dazu BGH NStZ 2012, 324; LG Waldshut-Tiengen Blutalkohol 49 (2012), 222 f.
[1084] *Eisele*, JA 2007, 168, 169.
[1085] Zum Letzteren vgl. BGH NStZ 2002, 152.
[1086] Der Tatbestand ist aber dann nicht gegeben, wenn technische Vorkehrungen getroffen wurden, die eine Gefährdung des Verkehrs ausschließen sollen (z.B. Spezialfahrzeug für Rollstuhlfahrer etc.).
[1087] BGHSt 40, 341, 344.

c. Die sieben „Todsünden" (§ 315c I Nr. 2)

608 § 315c I Nr. 2a-g betrifft dagegen besonders gravierende Verkehrsverstöße, die ein (fahrtüchtiger oder fahruntüchtiger) Verkehrsteilnehmer begeht. Zu beachten ist hierbei, dass – anders als § 315b I Nr. 3 – die Verkehrsverstöße *abschließend* geregelt sind. Sonstiges Fehlverhalten im Straßenverkehr darf wegen des Analogieverbots zu Lasten des Täters somit nicht unter § 315c I Nr. 2 subsumiert werden.[1088] Andererseits ist einer der dort enumerativ aufgelisteten Verkehrsverstöße als solcher für eine Bejahung des objektiven Tatbestands noch nicht ausreichend. Hinzukommen muss stets ein grob verkehrswidriges *und* rücksichtsloses Täterverhalten.[1089] Dabei betrifft die grobe Verkehrswidrigkeit die *objektiven* Umstände, die Rücksichtslosigkeit dagegen die *subjektive* Seite des Täters.[1090]

609 ▪ **Grob verkehrswidrig** handelt, wer objektiv *besonders schwer* gegen eine Verkehrsvorschrift verstößt. Da aber der Katalog der Nr. 2 ohnehin schon schwere Verkehrsverstöße voraussetzt, müssen im Einzelfall noch besondere hinzukommen.

Beispiele: doppelte Überschreitung der zulässigen Höchstgeschwindigkeit; Überholen mehrerer hintereinanderfahrender Fahrzeuge; Überholen bei außerordentlich schlechter Sicht oder vor engen und unübersichtlichen Kurven; dichtes Annähern von hinten an ein vorausfahrendes Fahrzeug bei erheblicher Differenzgeschwindigkeit

610 ▪ Der Täter muss nicht nur grob verkehrswidrig, sondern auch rücksichtslos handeln. **Rücksichtslos** handelt, wer sich aus eigensüchtigen Gründen über seine Pflichten gegenüber anderen Verkehrsteilnehmern hinwegsetzt oder aus Gleichgültigkeit von vornherein Bedenken gegen sein Verhalten nicht aufkommen lässt.[1091] Nach zutreffender h.M.[1092] handelt es sich hierbei um ein strafbegründendes besonderes persönliches Merkmal i.S.d. § 28 I, sodass für den Teilnehmer die Strafe zu mildern ist, sofern dieser nicht rücksichtslos handelt.

611
> **Hinweis für die Fallbearbeitung:** Obwohl es sich bei der Rücksichtslosigkeit um ein subjektives Merkmal bzw. ein Schuldmerkmal handelt und sie daher nach den allgemeinen Aufbaugrundsätzen an sich entweder beim subjektiven Tatbestand oder bei der Schuld zu prüfen wäre, ist sie wegen ihres engen Zusammenhangs mit dem grob verkehrswidrigen Täterverhalten mit diesem zusammen innerhalb des objektiven Tatbestands zu prüfen. Insofern kann es aber zu empfehlen sein, statt von objektivem und subjektivem lediglich von *Tatbestand* zu sprechen.

d. Taterfolg: Konkrete Gefahr für eines der genannten Schutzgüter

612 Gleichgültig, ob der Täter eine Handlung nach § 315c I Nr. 1 oder Nr. 2 begangen hat, muss er durch seine Handlung eine **konkrete Gefahr** für Leib oder Leben eines *anderen* Menschen oder *fremde* Sachen von *bedeutendem Wert* verursacht haben.[1093] Diese Formulierung bringt (ähnlich § 315b I) teilweise erhebliche Auslegungsschwierigkeiten mit sich, die näher zu erläutern sind.

[1088] Aus diesem Grund ist es auch problematisch, wenn der BGH von § 315c I nicht erfasste verkehrsinterne Fälle unter bestimmten Voraussetzungen unter § 315b I subsumiert (dazu Rn 558 ff.).
[1089] Vgl. BGH NJW 2005, 915 f.; *Himmelreich/Lessing*, NStZ 2002, 301, 303.
[1090] Zu den Definitionen vgl. BGHSt 5, 392, 395; Lackner/Kühl-*Heger*, § 315c Rn 19; NK-*Herzog*, § 315c Rn 15; *Fischer*, § 315c Rn 12; *Geppert*, Jura 2001, 559, 563.
[1091] Vgl. BGH NJW 2005, 915 f.; OLG Oldenburg DAR 2002, 89; OLG Koblenz VA 2008, 214; KG NStZ-RR 2008, 257; *Himmelreich/Halm*, NStZ 2009, 373, 376.
[1092] Wie hier BGHSt 1, 368, 371; SK-*Günther*, vor § 32 Rn 22; LK-*Schünemann*, § 28 Rn 16 ff.; *Fischer*, § 28 Rn 6; Lackner/ Kühl-*Kühl*, § 28 Rn 5; Sch/Sch-*Heine/Weißer*, § 28 Rn 2 ff.; *Radtke/Meyer*, JuS 2011, 521, 523. Nach der Gegenauffassung (etwa *Jescheck/Weigend*, AT, § 42 II; *W/B/S*, AT, Rn 422) handelt es sich bei der Rücksichtslosigkeit um ein besonderes Schuldmerkmal, für das § 29 gelte. Vgl. dazu im Einzelnen *R. Schmidt*, AT, Rn 550 ff.
[1093] Insoweit lediglich klarstellend BGH Blutalkohol 51 (2014), 113 f.; NJW 2005, 915 f.; OLG Köln NStZ 2004, 320; *Himmelreich/Lessing*, NStZ 2002, 301, 303; *Eisele*, JA 2007, 169, 171. Siehe auch BGH NStZ 2019, 346, 347 (zu § 315b).

Straßenverkehrsdelikte – Gefährdung des Straßenverkehrs (§ 315 c)

- **Gefahr** ist ein ungewöhnlicher Zustand, in dem nach den konkreten Umständen der Eintritt eines Schadens naheliegt. **Konkret** ist die Gefahr, wenn der Eintritt des Schadens derart naheliegt, dass es lediglich vom (rettenden) Zufall abhängt, dass der Schaden doch nicht eintritt.[1094] Es muss ein „Beinahe-Unfall" vorgelegen haben, dessen Feststellung im späteren Strafprozess auf eine **objektive nachträgliche Prognose** zu stützen ist.[1095] Das Gericht (bzw. der Klausurbearbeiter) muss es für bewiesen erachten, dass die Situation eines „Beinahe-Unfalls" vorgelegen hat, bei der es gerade noch einmal „gut gegangen" ist bzw. der Nichteintritt eines Schadens „lediglich vom Zufall abhing".[1096] Kommt es sogar zu einem **Unfall**, ist nach dem Erst-recht-Schluss i.d.R. § 315c I gegeben. Dennoch gibt es auch Fälle, in denen trotz Unfalls die „konkrete Gefahr" vom BGH verneint wird. Das mag widersprüchlich erscheinen, ist aber Resultat der Rspr. des BGH, der – entgegen dem Wortlaut des § 315c I – hinsichtlich Leib oder Leben einer anderen Person eine konkrete Gefahr *nicht unerheblicher* Verletzungen fordert. Handelt es sich also um einen „Bagatell-schaden", müssen nach Auffassung des BGH genaue Sachverhaltsfeststellungen bzgl. Verkehrssituation, Intensität des Aufpralls, gefahrener Geschwindigkeit etc. getroffen werden. Sei nur mit mäßiger Geschwindigkeit gefahren worden, sei der Sachschaden nur gering und sei es auch zu keiner Verletzung einer anderen Person gekommen, liege die Annahme einer konkreten Gefahr eher fern.[1097] Diese Auffassung ist abzulehnen. Denn das Gesetz fordert lediglich eine (wenn auch konkrete) Gefahr. Ob es zu einem Schaden gekommen ist, darf keine Rolle spielen. Der BGH nivelliert insoweit den Unterschied zwischen einem Gefährdungsdelikt und einem Verletzungsdelikt. Auch die Faktoren, ob der Schaden bei einem tatsächlichen Unfall nur gering war oder keine Personen verletzt wurden, können bei der Feststellung der konkreten Gefahr keine Rolle spielen. Anderenfalls könnte es vom Zufall abhängen, ob der Täter wegen § 315c I strafbar ist. Immerhin gelangt der BGH zu einer Versuchsstrafbarkeit.

613

- Wie bereits erwähnt, nennt die Strafnorm zwei Bezugspunkte der konkreten Gefahr: (1) eine Gefahr für Leib (d.h. körperliche Integrität) oder Leben eines anderen Menschen oder (2) für fremde Sachen von bedeutendem Wert. Eine **Gefahr für einen anderen Menschen** liegt vor, wenn als Schaden der Eintritt des Todes oder einer nicht unerheblichen Verletzung der körperlichen Unversehrtheit naheliegt. Auch die **Insassen** des Wagens, den der Täter steuert, können „andere" Menschen sein.[1098] Diesbezüglich reicht aber etwa die bloße Fahruntüchtigkeit des Fahrers noch nicht aus, um von einer *konkreten* Gefährdung zu sprechen. Vielmehr muss der Fahrer infolge seiner Alkoholisierung geradezu außer Stande sein, die wesentlichen technischen Einrichtungen des Fahrzeugs (Lenkung, Bremsen, Gaspedal etc.) kontrolliert zu betätigen. Hält man auch diesen Umstand nicht für geeignet, um von einer *konkreten* Gefährdung sprechen zu können, wird man eine gefährliche Situation i.S. eines „Beinahe-Unfalls" fordern müssen. Ob auch bei einem Insassen, der strafrechtlich als **Tatbeteiligter** zu qualifizieren ist, von einem „anderen" Menschen gesprochen werden kann, ist dagegen fraglich.

614

Beispiele:

615

(1) G sitzt als Beifahrer des volltrunkenen Fahrers T in dessen Wagen und feuert ihn an, noch schneller zu fahren. Hier leistet G psychische Beihilfe. Kommt es nun zu einem „Beinahe-Unfall", ist es für die Strafbarkeit des T nach § 315c entscheidend, ob G ein „anderer" Mensch i.S.d. § 315c I ist.

(2) A und B entschließen sich zum sog. Auto-Surfen. Dazu steigt B auf die Motorhaube des Wagens von A, wobei dieser mit einer Geschwindigkeit von 75 km/h geradeaus

---

[1094] BGHSt 22, 341, 344; BGH NStZ-RR 1997, 261; NStZ 2012, 701; Blutalkohol 51 (2014), 113 f.; NStZ 2017, 281, 282 (zu § 306b II Nr. 1).
[1095] So die st. Rspr. des BGH, vgl. nur BGH NStZ 2019, 346, 347 (zu § 315b); BGH NStZ 2012, 701 (re.Sp.); BGH NStZ 2013, 167; LG Heilbronn NZV 2018, 197.
[1096] Vgl. auch hierzu BGH NStZ 2012, 701 (re.Sp.); BGH Blutalkohol 51 (2014), 113 f.; NStZ 2017, 281, 282 (zu § 306b II Nr. 1); LG Heilbronn NZV 2018, 197.
[1097] So BGH NStZ 2012, 700, 701.
[1098] BGH NStZ 2012, 701 (re.Sp.).

fahren soll. So geschieht es. Doch B verliert das Gleichgewicht und stürzt von der Haube. Dabei verletzt er sich schwer.

⇨ Teilweise wird vertreten, dass auch ein Insasse bzw. ein „Auto-Surfer", der (notwendige) Beihilfe leistete, ein „anderer" Mensch i.S.d. § 315c I sei. Eine andere Auslegung habe zur Folge, dass bereits bei Zweifel darüber, ob die gefährdete Person Gehilfe sei, eine Bestrafung nach § 315c I auszuschließen sei. Es gäbe auch keinen allgemeinen Grundsatz, wonach der Teilnehmer selbst nicht Objekt der Straftat sein könne.[1099]

Demzufolge wären T und A der obigen Beispiele jeweils gem. § 315c I strafbar.

⇨ Die Gegenauffassung unter Einschluss des BGH verneint dagegen die Einbeziehung von an der Tat beteiligter Personen in den Schutzbereich des § 315c I. Gefährdet werden müsse durch die Tat ein anderer, welcher der Beteiligte (hier: der Teilnehmer) nicht sein könne, da die Gefährdung auch seine Tat sei. Darüber hinaus könne es nicht Zweck des Strafrechts sein, eine zweite Person zu schützen, die dann selbst aus derselben Norm bestraft werden soll.[1100]

Demzufolge wären T und A der obigen Beispiele *nicht* gem. § 315c I strafbar.

616

> **Stellungnahme und Hinweis für die Fallbearbeitung:** Da in den beiden vorliegenden Fallkonstellationen die Teilnahme konstitutiv für die Strafbarkeit des jeweiligen Haupttäters ist, kommt man nicht umhin, sie inzident in die Prüfung des Haupttäters „einzubauen". Bei der dann aufzuwerfenden Frage, ob auch der Insasse bzw. „Auto-Surfer", der nach den allgemeinen Regeln Beteiligter ist, ein „anderer" Mensch i.S.d. § 315c sein kann, ist der o.g. Meinungsstand darzustellen. Da (zumindest im juristischen Studium) im Ergebnis beide Auffassungen gleichermaßen vertretbar sind, sollte klausurtaktisch entschieden werden: Folgt man der Gegenauffassung unter Einschluss des BGH, ist die Prüfung des Tatbestands des § 315c I an dieser Stelle zu Ende, wenn die Strafbarkeit des Fahrers allein in der konkreten Gefährdung des teilnehmenden (!) Insassen bzw. „Auto-Surfers" begründet werden kann. Auf eine etwaige Prüfung, wie es sich auswirkt, dass der Teilnehmer für den Fahrer rechtfertigend in die Tat eingewilligt haben könnte (bzw. – da er sich selbst gefährdet hat – beim Haupttäter die objektive Zurechnung entfallen lassen könnte), kommt man nur im Hilfsgutachten. Eine solche Vorgehensweise ist aber ungünstig und sollte vermieden werden. So könnte der genannten Auffassung entgegengehalten werden, dass es nach den allgemeinen Grundsätzen des AT anerkannt ist, dass der Teilnehmer nur eine *fremde* Tat fördert. Daher ist z.B. im Rahmen des § 259 anerkannt, dass der Vortatteilnehmer ein anderer i.S.d. § 259 ist und daher durchaus Täter dieses Tatbestands sein kann. Schließt man sich diesem Gedanken an, ist auch der Insasse, der an der Tat beteiligt ist, in den Schutzbereich des § 315c mit einzubeziehen. Vgl. auch Rn 624 (Beispielsfall).

617

■ Zweiter Bezugspunkt der konkreten Gefahr sind die **fremden Sachen von bedeutendem Wert**. Nach der Rspr. des BGH ist der **bedeutende Wert** einer Sache nach dem Verkehrswert zu berechnen.[1101] Liegt dieser ab **750,- bis 1.300,- €**[1102], sollte ein bedeutender Wert angenommen werden. Dabei ist zu beachten, dass es nach der Rspr. des BGH bei der fremden Sache nicht nur auf den bedeutenden Wert ankommt, sondern dass auch ein bedeutender Schaden drohen muss, wobei die Höhe des (drohenden) Schadens nach der am Marktwert zu messenden Wertminderung zu bestimmen ist.[1103] Der Grenzwert für Sachwert und Schadenshöhe ist einheitlich zu bestimmen. Es kommt also stets darauf an, dass ein bedeutender Schaden droht; § 315c ist also (wie § 315b) nicht

---

[1099] *Schroeder*, JuS 1994, 846, 847; *Graul*, JuS 1992, 321, 324; *Geppert*, Jura 1996, 47, 48 und Jura 2001, 559, 564; Sch/Sch-*Hecker*, § 315c Rn 33; LK-*König*, § 315b Rn 71 ff.

[1100] BGH NStZ 2012, 701 (re.Sp.) mit Verweis auf BGHSt 6, 100, 102; 27, 40, 43 und BGH NJW 2009, 1155, 1157; vgl. auch *Fischer*, § 315c Rn 17; Lackner/Kühl-*Heger*, § 315c Rn 25; *Trüg*, JA 2002, 214, 217; *Kudlich*, JA 2008, 703, 708.

[1101] BGH NStZ-RR 2008, 289.

[1102] Für 750,- €: BGH NStZ 2015, 278; NStZ 2012, 700, 701; NStZ 2011, 215; LG Heilbronn NZV 2018, 197; LK-*König*, § 315c Rn 170. Für 1.300,- €: LG Göttingen 21.7.2011 - 1 KLs 19/09; OLG Jena StV 2009, 194; *Himmelreich/Halm*, NStZ 2009, 373, 376; *Fischer*, § 315 Rn 16a; Sch/Sch-*Hecker*, § 315c Rn 31.

[1103] BGH NStZ 2019, 346, 347 (zu § 315b) mit Verweis u.a. auf BGH NStZ-RR 2008, 289.

Straßenverkehrsdelikte – Gefährdung des Straßenverkehrs (§ 315c)

dadurch ausgeschlossen, dass im konkreten Fall ein nur geringerer Schaden entstanden ist.

Beispiel[1104]**:** Aufgrund von Ermüdung kam T mit ihrem Pkw leicht von der Straße ab, konnte den Wagen aber wieder „einfangen". Jedoch berührte ihr Pkw dabei den entgegenkommenden Lkw des O. Bei diesem entstand ein Sachschaden in Höhe von 500 €.

Ergibt eine Prognose, dass auch ein höherer Schaden (d.h. ein Schaden, der die o.g. Wertgrenze von 750,- bis 1.300,- € überschreitet) hätte entstehen können, und ist diesbezüglich eine konkrete Gefährdung zu bejahen, spielt es für die Annahme des § 315c keine Rolle, dass tatsächlich nur ein geringerer Schaden entstanden ist. Denn es kommt auf die konkrete Gefährdung (d.h. den konkret drohenden Schaden) an, nicht auf den tatsächlichen Schaden.

> **Hinweis für die Fallbearbeitung:** Auf der Basis der Rspr. des BGH sind für die Feststellung, ob eine fremde Sache von bedeutendem Wert gefährdet ist, demnach zwei Prüfungsschritte erforderlich: Zunächst ist danach zu fragen, ob es sich bei der gefährdeten Sache um eine solche von bedeutendem Wert handelt, was etwa bei älteren oder bereits vorgeschädigten Fahrzeugen fraglich sein kann. Handelt es sich um eine Sache von bedeutendem Wert, ist in einem zweiten Schritt zu prüfen, ob ihr auch ein bedeutender Schaden gedroht hat, wobei ein tatsächlich entstandener Schaden geringer sein kann als der maßgebliche Gefährdungsschaden.[1105] Wichtig ist nur, dass der *drohende* Schaden die genannte Mindesthöhe erreicht. Darauf, ob ein *tatsächlich entstandener* Schaden geringer (oder ob er überhaupt eingetreten) ist, kommt es nicht an.

Auch **Tiere** können taugliche Tatobjekte sein, weil sie strafrechtlich wie Sachen zu behandeln sind. Bei der Frage nach dem bedeutenden Wert ist auf den Verkehrswert abzustellen; dieser ist bei Wildtieren (Beispiel: Kollision mit einem Reh) fraglich, was allerdings dahinstehen kann, weil es insoweit bereits an der Fremdheit fehlt (Wildtiere sind herrenlos).

Grundstücken (Beispiel: Lkw kippt um, Diesel sickert ins Erdreich, Entsorgung ist teuer) kommt insoweit kein eigener Wert zu. Die Entsorgungskosten sind bei der Bemessung des Werts des Erdreichs kein wertbildender Faktor. Sie wohnen dem Erdreich nicht als Wert inne.[1106]

Schließlich muss die Sache für den Täter auch **fremd** sein. Fremd ist die Sache, wenn sie weder im Alleineigentum des Täters steht noch herrenlos ist. Das *eigene* Fahrzeug des Täters scheidet demzufolge schon einmal von vornherein aus. Aber auch das einer *anderen* Person gehörende Fahrzeug, das der Täter geliehen, gemietet, geleast, gestohlen oder unter Eigentumsvorbehalt gekauft und durch sein Verhalten in eine konkrete Gefahr gebracht hat, muss aus dem Schutzbereich des § 315c herausgenommen werden. Denn hier stellt das Fahrzeug das notwendige **Mittel** dar, mit dessen Hilfe der Täter die Tat begeht. Das Tatmittel kann nach dem Schutzzweck der Norm nicht gleichzeitig das geschützte Objekt sein. Darüber hinaus hinge die Strafbarkeit des Täters sonst von Zufällen ab, etwa wenn das Fahrzeug unter Eigentumsvorbehalt gekauft worden wäre.[1107]

e. Gefahrverwirklichungszusammenhang

Aufgrund des einschlägigen Wortlauts der Norm („und dadurch") und ihres Schutzzwecks muss die herbeigeführte Gefahr **gerade** auf das von § 315c sanktionierte Fehlverhalten des Täters zurückzuführen sein. Der BGH nennt dies „Gefahrverwirklichungszusammen-

618

[1104] Nach LG Heilbronn NZV 2018, 197.
[1105] So ausdrücklich BGH NStZ-RR 2008, 289; insoweit lediglich bestätigend LG Heilbronn NZV 2018, 197.
[1106] AG Schwäbisch Hall NStZ 2002, 152, 153. Das Grundwasser, das im Beispiel verseucht sein könnte, kommt von vornherein nicht als fremde Sache von bedeutendem Wert in Betracht, da es in niemandes Eigentum stehen kann.
[1107] Vgl. BGHSt 27, 40, 43; BGH NStZ-RR 1998, 150; StV 1999, 317; NStZ 2012, 701; AG Schwäbisch Hall NStZ 2002, 152, 153; Lackner/Kühl-*Heger*, § 315c Rn 25; Sch/Sch-*Hecker*, § 315c Rn 33; *Trüg*, JA 2002, 214, 217; *Eisele*, JA 2007, 168, 171.

hang".[1108] In der eingetretenen Gefahr müsse sich gerade das spezifische Risiko der Tathandlung verwirklicht haben.[1109] Es lässt sich aber auch von „Zurechnungs- und Schutzzweckzusammenhang" sprechen, gerade, wenn es um die Frage geht, ob der Schutzzweck der verletzten Norm (bzw. Straßenverkehrsregel) gerade die Verhinderung der konkreten Gefahr bezweckte. Zu verneinen ist der Zurechnungs- bzw. Schutzzweckzusammenhang bei einem rechtmäßigen Alternativverhalten[1110] oder wenn die Gefahr auch bei Einhaltung der verletzten Verhaltensregel entstanden wäre. Hätte sich bspw. die durch falsches Überholen verursachte Kollision unter Einhaltung des Richtungsgebots in gleicher Weise ereignet, fehlt der Gefahrverwirklichungs-, Zurechnungs- bzw. Schutzzweckzusammenhang.[1111] Gleiches gilt, wenn bspw. der durch den fahruntüchtigen Fahrer verursachte „Beinahe-Unfall" bzw. der eingetretene Unfall auch im fahrtüchtigen Zustand eingetreten wäre.[1112]

> **Beispiel:** Der aufgrund einer BAK von 1,2 ‰ absolut fahruntüchtige Autofahrer A kommt in einer Kurve von der Fahrbahn ab und kollidiert mit einem am Straßenrand stehenden Pkw. Die spätere polizeiliche bzw. sachverständige Untersuchung ergibt, dass die Fahrbahn aufgrund einer Ölschicht äußerst rutschig war und jeder durchschnittliche fahrtüchtige Autofahrer in der konkreten Situation den Unfall nicht hätte vermeiden können.
>
> Hier waren weder der Unfall noch die konkrete Gefährdung (die für § 315c I ja ausreicht) auf die Alkoholisierung zurückzuführen. A ist daher nicht gem. § 315c I strafbar. Selbstverständlich ist er aber gem. § 316 strafbar.
>
> Der für § 315c I erforderliche Zurechnungszusammenhang fehlt auch dann, wenn die konkrete Gefährdung auf ein anderes Fehlverhalten als die alkohol- bzw. mängelbedingte Fahruntüchtigkeit zurückzuführen ist. Abzulehnen ist daher die Auffassung des BGH, der in einem Fall, in dem ein Fußgänger unvermittelt nachts über eine unbeleuchtete Straße lief und von einem Auto erfasst wurde, dessen Fahrer alkoholbedingt fahruntüchtig war, eine Strafbarkeit des Fahrers nach § 315c I angenommen hat. Ob ein Verkehrsunfall für einen fahruntüchtigen Fahrer auf ein pflichtwidriges Verhalten zurückzuführen sei, hänge davon ab, bei welcher geringeren Geschwindigkeit der Fahrer seiner durch den Alkoholkonsum herabgesetzten Wahrnehmungs- und Reaktionsfähigkeit bei Eintritt der kritischen Verkehrslage hätte Rechnung tragen können und ob es auch bei dieser geringeren Geschwindigkeit zu dem Unfall (ergänze: oder der konkreten Gefährdung) gekommen wäre.[1113] Das überzeugt nicht. Ist ein Fahrer alkoholbedingt fahruntüchtig, darf er überhaupt kein Fahrzeug (im öffentlichen Straßenverkehr) führen. Daher kann nicht entscheidend sein, bei welcher (hypothetisch zu ermittelnden) Geschwindigkeit der Unfall bzw. die konkrete Gefährdung ausgeblieben wäre. Vielmehr muss danach gefragt werden, ob der Unfall bzw. die konkrete Gefährdung auch ohne Alkoholeinfluss eingetreten wäre.

Im Übrigen bleibt abzuwarten, ob die Gerichte die vom BGH zu § 315b I entwickelten Kriterien (verkehrsspezifischer Zusammenhang zwischen Gefährdungshandlung und Gefährdungserfolg; keine zeitliche Zäsur)[1114] auf § 315c I übertragen. Zur „Einwilligung" des Gefährdeten vgl. Rn 623 ff.

2. Subjektiver Tatbestand gem. § 315c I

619   Zur Verwirklichung des subjektiven Tatbestands des § 315c I muss der Täter vorsätzlich (dolus eventualis genügt) hinsichtlich aller objektiven Tatbestandsmerkmale einschließ-

---

[1108] BGH NStZ 2019, 215, 216.
[1109] BGH NStZ 2019, 215, 216 m.w.N.
[1110] Vgl. dazu BGHSt 8, 28, 32; Lackner/Kühl-*Heger*, § 315c Rn 27; Sch/Sch-*Hecker*, § 315c Rn 37; *Geppert*, Jura 2001, 559, 564. Dem sich anschließend *Kudlich*, JA 2008, 703, 708.
[1111] BGH NStZ 2019, 215, 216.
[1112] Vgl. dazu BGH Blutalkohol 51 (2014), 113 f.
[1113] BGH NStZ 2013, 231, 232 (mit Verweis auf weitere gleichlautende Judikate).
[1114] Vgl. BGHSt 48, 119, 120 ff.

lich der konkreten Gefahr[1115] gehandelt haben. Bei Nr. 1a Var. 1 (alkoholbedingte Fahruntüchtigkeit) muss der Fahrzeugführer seine alkoholbedingte Fahruntüchtigkeit kennen oder zumindest mit ihr rechnen und sich damit abfinden, dass er den im Verkehr zu stellenden Anforderungen nicht mehr genügt. Die bei der Frage nach der Fahruntüchtigkeit vom BGH zugrunde gelegten Grenzwerte („Promillewerte", vgl. Rn 604 ff.) müssen vom Vorsatz nicht umfasst sein, da es sich bei ihnen nicht um Tatbestandsmerkmale (i.S.v. § 16 I S. 1) handelt, sondern um prozessuale Beweisregeln.[1116] Es genügt, wenn der Täter seine alkoholbedingte Fahruntüchtigkeit kennt oder zumindest für möglich hält, sich aber gleichwohl hinter das Steuer setzt, das Fahrzeug führt und dadurch eine Gefährdung von Leib oder Leben eines anderen Menschen oder von fremden Sachen von bedeutendem Wert in Kauf nimmt. Bei *Nr. 2* muss sich der Eventualvorsatz auf den Verkehrsverstoß sowie auf die Umstände beziehen, die den Verstoß zu einem grob verkehrswidrigen und rücksichtslosen machen. **Fahrlässigkeit** hinsichtlich auch nur eines der Merkmale lässt die Tat unter *Abs. III* fallen (dazu sogleich).

3. Fahrlässige Verursachung der Gefahr gem. § 315c III

a. Vorsatz-Fahrlässigkeits-Kombination gem. § 315c I i.V.m. III Nr. 1

Wird die Tathandlung vorsätzlich begangen, die Gefahr aber nur fahrlässig verursacht (sog. Vorsatz-Fahrlässigkeits-Kombination), richtet sich die Strafbarkeit nach § 315c I (Nr. 1 oder 2) i.V.m. III Nr. 1.

> **Hinweis für die Fallbearbeitung:** Da in der Praxis kaum der Nachweis zu führen ist, dass der Täter hinsichtlich der Gefahr vorsätzlich gehandelt hat, sind die Staatsanwaltschaften schon seit langem dazu übergegangen, die Anklage lediglich nach § 315c I i.V.m. III Nr. 1 (oder gleich nach III Nr. 2) zu erheben.[1117] Daher ist auch in der Fallbearbeitung regelmäßig von einer Vorsatz-Fahrlässigkeits-Kombination auszugehen. Deren Aufbau erfolgt wie bei § 315b I i.V.m. IV, siehe dazu Rn 593.

b. Fahrlässigkeits-Fahrlässigkeits-Kombination gem. § 315c I i.V.m. III Nr. 2

Werden dagegen Tathandlung und Gefährdung fahrlässig begangen (sog. Fahrlässigkeits-Fahrlässigkeits-Kombination), richtet sich die Strafbarkeit nach § 315c I (Nr. 1 oder 2) i.V.m. III Nr. 2.[1118] Auch diesbezüglich sei auf die Ausführungen zu § 315b verwiesen.

III. Rechtswidrigkeit

Die Rechtswidrigkeit wird auch bei § 315c I durch die Verwirklichung des Tatbestands indiziert. Es kommt aber stets der Rechtfertigungsgrund Einwilligung in Betracht, wenn die gefährdete Person das Täterverhalten billigt. Voraussetzung dafür ist aber, dass die gefährdete Person überhaupt auf der Tatbestandsebene von § 315c geschützt ist und dass das Schutzgut disponibel ist.

> **Beispiel:** A feiert an einem Samstagabend mit seinen beiden Kumpel B und C ausgiebig seinen 20. Geburtstag. Nachdem die Alkoholvorräte früher als erwartet aufgebraucht sind, entschließt man sich, noch in die im Nachbarort befindliche Diskothek zu fahren. B, der noch als Einziger im Besitz einer Fahrerlaubnis ist, erklärt sich bereit, sich ans Steuer (seines Wagens) zu setzen. Unterwegs verliert er aber infolge der hohen BAK (2,36 ‰) die Kontrolle über sein Fahrzeug und schleudert in ein angrenzendes Feld, wo der Wagen im

---

[1115] Insoweit klarstellend BGH NJW 2016, 1109.
[1116] BGH NStZ 2015, 464, 465.
[1117] Vgl. nur OLG Saarbrücken StraFo 2001, 203; BayObLG ZfS 2001, 90 u. 517; *Himmelreich/Lessing*, NStZ 2002, 301, 303.
[1118] Vgl. dazu den „Karlsruher Autobahnraser-Fall" BGH NJW 2005, 915 f. Siehe auch BGH NStZ 2019, 215 f.

Straßenverkehrsdelikte – Gefährdung des Straßenverkehrs (§ 315c)

weichen Boden stecken bleibt. Bis auf einige Schürfwunden kommen alle noch einmal mit dem Schrecken davon. Strafbarkeit des B?

B könnte sich durch die Trunkenheitsfahrt und den „Ausritt" in das Feld aus § 315c I Nr. 1a i.V.m. III Nr. 1 strafbar gemacht haben. B war absolut fahruntüchtig. Er hätte aber auch einen „anderen" Menschen in eine konkrete Gefahr gebracht haben müssen.

Im Zusammenhang mit § 315c ist problematisch, ob der *nicht* an der Tat beteiligte Mitfahrer durch das schlichte Mitfahren überhaupt Gefährdungsobjekt sein kann, wenn der alkoholisierte Fahrzeugführer sonst niemanden gefährdet. Fährt der Fahrer weitgehend sicher und kommt es nicht zu Situationen, bei denen der Schadenseintritt vom Zufall abhängt (so die Definition der konkreten Gefährdung), reicht die bloße Fahruntüchtigkeit des Fahrers nicht aus. Erst wenn der Fahrer – wie vorliegend – außer Stande ist, das Fahrzeug überhaupt zu führen, d.h. unter Kontrolle zu haben und zu halten, kann eine *konkrete* Gefährdung des Beifahrers vorliegen.[1119] Anderenfalls würde man das konkrete Gefährdungsdelikt des § 315c (Merkmal: „dadurch") zu einem abstrakten Gefährdungsdelikt umfunktionieren, was einer unzulässigen Rechtsfortbildung zu Lasten des Täters gleichkäme. Übrig bleibt jedoch eine Strafbarkeit nach § 316, d.h. der Täter geht nicht straffrei aus.[1120]

Wären A und C also lediglich Mitfahrer (Beifahrer), nicht jedoch Teilnehmer i.S.v. §§ 26, 27, wären sie unproblematisch von § 315c geschützt, da sie insoweit „andere Menschen" wären. Da A und C den B jedoch zumindest psychologisch unterstützten und diese Art der Unterstützung nach h.M. zur Annahme einer Beihilfe i.S.v. § 27 genügt, sind A und C Gehilfen des B.

Hinsichtlich Gehilfen ist jedoch fraglich, ob sie überhaupt auf der Tatbestandsebene von § 315c geschützt sind. Dies wird von der Rechtsprechung und Teilen der Literatur abgelehnt. Gefährdet werden müsse durch die Tat ein anderer, was der Teilnehmer nicht sein könne, da die Gefährdung auch seine Tat sei. Darüber hinaus könne es nicht Zweck des Strafrechts sein, eine zweite Person zu schützen, die dann selbst aus derselben Norm bestraft werden soll.[1121] Folgt man dieser Auffassung, hat B nicht den Tatbestand des § 315c verwirklicht (die gutachtliche Prüfung ist demnach auf Tatbestandsebene zu beenden; zur möglichen Einwilligung kann man nichts mehr sagen). Die Gegenansicht beruft sich darauf, dass es keinen allgemeinen Grundsatz gebe, wonach der Teilnehmer nicht selbst Objekt der Straftat sein könne.[1122]

Folgt man der Gegenansicht, ist eine Tatbestandsverwirklichung durch B gegeben. Dieser hat also eine konkrete Gefahr zumindest für Leib oder Leben seiner Insassen verursacht. Er handelte auch zumindest hinsichtlich der Fahrt mit *dolus eventualis*, wohingegen hinsichtlich der konkreten Gefahr lediglich Fahrlässigkeit angenommen werden kann (dies anzunehmen ist wegen der Beweisschwierigkeit auch die überkommene Praxis der Staatsanwaltschaften, s.o.).

Möglicherweise ist B aber unter dem Aspekt der rechtfertigenden Einwilligung dadurch gerechtfertigt, dass A und C mit in den Wagen gestiegen sind und dabei auch davon ausgehen mussten, dass B absolut fahruntüchtig war. Ob eine Einwilligung rechtfertigend für den Täter wirkt, hängt davon ab, ob das Rechtsgut disponibel ist.

⇨ Nach der Rspr. des BGH (die allerdings zu den nicht teilnehmenden Insassen ergangen ist)[1123] ist geschütztes Rechtsgut des § 315c ausschließlich die Sicherheit des Straßenverkehrs. Allein schon aus der systematischen Stellung des § 315c im 28. Abschnitt, bei den gemeingefährlichen Straftaten, werde deutlich, dass eine Disponibilität

---

[1119] BGH NJW 1995, 3131 mit Besprechung *Hauf*, NZV 1995, 469 und *Berz*, NStZ 1996, 85.

[1120] Vgl. *Geppert*, NStZ 1989, 320 ff; und Jura 1996, 47, 51.

[1121] BGHSt 6, 100, 102; 27, 40; 43; BGH NJW 1991, 1120 (zu § 315b); NStZ 1995, 31; NStZ 2012, 701 f.; *Ranft*, Jura 1987, 614. Freilich ist zu beachten: Hätte B andere Personen (oder Sachen von bedeutendem Wert) konkret gefährdet, hätte § 315c unstreitig vorgelegen.

[1122] *Schroeder*, JuS 1994, 846, 847; *Geppert*, Jura 1996, 47, 48 und Jura 2001, 559, 564; *Zimmermann*, JuS 2010, 22, 25.

[1123] So BGHSt 6, 232; 23, 261, 264; BGH StV 1994, 543; zust. Lackner/Kühl-*Heger*, § 315c Rn 32; *Fischer*, § 315c Rn 17; NK-*Herzog*, § 315c Rn 23; LK-*König*, § 315c Rn 3. In die gleiche Richtung geht auch BGHSt 50, 80, 91 ff. (zu § 216 im sog. Kannibalen-Fall, vgl. dazu Rn 113a und b).

Straßenverkehrsdelikte – Gefährdung des Straßenverkehrs (§ 315c)

der Sicherheit aller Verkehrsteilnehmer zugunsten Einzelner nicht möglich sein könne. Somit sei eine Einwilligung unbeachtlich.

⇨ Nach wohl h.L.[1124] ist unbestreitbar, dass – da § 315c eine Individualgefahr voraussetzt – sein Schutz jedenfalls *auch* individuellen Gütern gilt. Die Möglichkeit einer Rechtfertigung durch Einwilligung könne daher – entgegen der Auffassung des BGH – nicht ausgeschlossen werden. Die Grundsätze über ein durch Einwilligung geschaffenes erlaubtes Risiko müssten auch hier gelten. Die verbleibenden Allgemeininteressen seien durch § 316 ausreichend geschützt.

Stellungnahme: Für die wohl h.L. spricht, dass eine gefährdete Person auch sonst in ihre eigene *Gefährdung* einwilligen kann, weil das StGB generell nur die Einwilligung in die Lebens*verletzung* (= Tötung, vgl. § 216) bzw. in bestimmten Fällen in die Gesundheits*verletzung* (vgl. § 228), grds. nicht aber in die (bloße) Lebens*gefährdung* verbietet.[1125] Somit würde also ein Teil des Unrechtstatbestands fehlen. Stellt man sich aber auf den Standpunkt, dass das Fehlen nur eines Teils des Unrechtstatbestands nicht zur Aufhebung des Gesamtunrechtstatbestands führen könne, ist eine wirksame Einwilligung ausgeschlossen. Das gilt erst recht, wenn man mit dem BGH gerade in dem Teil des Unrechtstatbestands, in den man nicht wirksam einwilligen kann, den Schwerpunkt der geschützten Rechtsgüter sieht.[1126] Fehl geht jedenfalls die Auffassung, die verbleibenden Allgemeininteressen seien durch § 316 ausreichend geschützt. Denn erstens erfasst § 316 nur einen Teilbereich des § 315c I (nämlich nur die alkohol- bzw. rauschbedingte Gefährdung des Straßenverkehrs i.S.v. § 315c I Nr. 1a, nicht jedoch die geistigen und körperlichen Mängel i.S.v. § 315c I Nr. 1b und auch nicht die 7 „Todsünden" i.S.v. § 315c I Nr. 2), sodass es durchaus zu Strafbarkeitslücken kommen kann[1127], und zweitens liegt das Strafmaß des § 316 deutlich unter dem des § 315c, sodass den Allgemeininteressen auch deswegen nicht ausreichend Rechnung getragen wird.

B ist also nicht gerechtfertigt. Er hat sich gem. § 315c I Nr. 1a i.V.m. III Nr. 1 in Tateinheit mit § 229 strafbar gemacht.

Hinweis für die Fallbearbeitung: Da die Gefährdung von Insassen des Fahrzeugs ausreicht, jedenfalls soweit sie nicht Teilnehmer sind (s.o.), hat die Einwilligung erhebliche praktische Bedeutung erlangt. Zumindest bei Personen, zu denen der Täter in persönlicher Beziehung steht, ist daher stets die Frage der Einwilligung zu prüfen. Ob eine Einwilligung dann auch tatsächlich beachtlich ist, hängt – wie bei allen konkreten Gefährdungsdelikten, die nicht nur Individualgüter, sondern auch Allgemeingüter schützen (vgl. nur die §§ 306 ff.) – davon ab, wie man die verschiedenen Rechtsgüter akzentuiert. Jedenfalls ist eine Einwilligung nur dann möglich, wenn man primär auf das Individualgut abstellt. Nur wenn man dieses Spannungsverhältnis erkennt und weniger den Meinungsstand unreflektiert abspult, überzeugt man den Korrektor. Daher sollte man auch – entgegen der hier vertretenen Auffassung – die Einwilligung im Ergebnis bejahen, um in einem nächsten Prüfungsschritt ggf. noch auf die Strafbarkeit nach § 316 eingehen zu können (denn anderenfalls würde diese Vorschrift nicht nur subsidiär zurücktreten, sondern auch schon nicht zu prüfen sein). Die Prüfung eines zusätzlichen und im Ergebnis auch noch zu bejahenden Tatbestands wirkt sich stets vorteilhaft auf die Bewertung der Arbeit aus.

625

Der kritische Leser mag sich gefragt haben, warum das Billigen der Insassen in die eigene Gefährdung „erst" bei der Rechtswidrigkeit und nicht schon im Rahmen der objekti-

626

[1124] Sch/Sch-*Hecker*, § 315c Rn 43; *Joecks/Jäger*, § 315c Rn 18; SK-*Horn/Wolters*, § 315c Rn 22; *Rengier*, BT II, § 44 Rn 9; *Schroeder*, JuS 1994, 846, 848; *Hauf*, NZV 1995, 80; *Ranft*, Jura 1987, 608, 614; *Otto*, Jura 1991, 443, 444; *Graul*, JuS 1992, 321, 325; *Kopp*, JA 1999, 943, 945; *Geppert*, Jura 2001, 559, 565; *Kudlich*, JA 2009, 389, 391.
[1125] Etwas anderes mag wiederum dann gelten, wenn die Lebensgefährdung eine ganz konkrete ist und der Betroffene ausdrücklich einwilligt (vgl. *R. Schmidt*, AT, Rn 463 hinsichtlich sadomasochistischer Sexualpraktiken mit Todesfolge und *R. Schmidt*, AT, Rn 194a hinsichtlich der Teilnahme an illegalen Autorennen).
[1126] Vgl. auch die parallele Argumentation bei *R. Schmidt*, AT, Rn 434a.
[1127] Diesen entscheidenden Umstand verkennt *Rengier*, BT II, § 44 Rn 9 bis zur 6. Aufl.; vgl. nunmehr aber dessen Bearbeitung seit der 7. Aufl. unter Übernahme der hier vorgebrachten Argumente.

ven Zurechnung unter dem Gesichtspunkt der einverständlichen Fremdgefährdung bzw. der eigenverantwortlichen Selbstgefährdung diskutiert wurde. Denn auch sonst führt gerade bei den Fahrlässigkeitstaten[1128] die eigenverantwortliche Selbstgefährdung des Opfers dazu, dass der Taterfolg (vorliegend der Gefahreintritt) dem Täter nicht zugerechnet werden kann. In der Tat ist die Diskussion bezüglich der „Einwilligung" innerhalb des Prüfungspunktes *Zurechnungszusammenhang* dogmatisch vorzugswürdig, könnte aber auf Seiten des Korrektors zu Irritationen führen, zumal die „Standardlehrbücher" und auch der BGH die Problematik im Rahmen der Rechtfertigung behandeln.

627

Hinweis für die Fallbearbeitung: Sollte man der dogmatisch vorzugswürdigen Einbettung der „Einwilligung" in den Zurechnungszusammenhang folgen, ist prüfungstechnisch zu beachten, dass bei der eigenverantwortlichen Selbstgefährdung des Insassen gerade kein Abbruch des Kausalzusammenhangs zwischen der Tathandlung und dem Taterfolg stattfindet. In der Fallbearbeitung muss die Kausalität also ganz normal festgestellt werden. Erst im Rahmen des Zurechnungszusammenhangs (der im Fall der eigenverantwortlichen Selbstgefährdung/Selbstverletzung auch von der sonst ablehnenden Rspr. angewendet wird) ist dann auf die eigenverantwortliche Selbstgefährdung bzw. einverständliche Fremdgefährdung einzugehen: Das durch den Täter initiierte Kausalgeschehen wird durch das eigenverantwortliche Opferverhalten grundsätzlich überlagert und führt dazu, dass dann eine Zurechnung des Gefahrerfolgs nicht erfolgen kann. Im Ergebnis verwirklicht sich also nicht das Täter-, sondern das Opferverhalten. Problematisch kann im Einzelfall die Feststellung sein, ob eine Eigenverantwortlichkeit vorliegt oder nicht. Hierzu gelten dieselben Kriterien wie für die Einwilligung. Zu beachten ist aber der nach dem BGH geltende Vorrang des Allgemeingüterschutzes, der wegen der Indisponibilität nicht nur eine rechtfertigende Einwilligung ausschließt, sondern auch zur Unbeachtlichkeit der Selbstgefährdung führt.

IV. Schuld

628
Wie bei jedem anderen Delikt muss auch für die Strafbarkeit nach § 315c die **Schuldfähigkeit** des Täters gegeben sein. Diese entfällt insbesondere in den Fällen des **§ 20**, dessen Voraussetzungen bei Alkoholkonsum regelmäßig (bis auf die Fälle der vorsätzlichen Tötung eines Menschen) bei einer BAK ab **3 ‰** (bei Tötungsdelikten wegen der „höheren Hemmschwelle" grds. erst ab 3,3 ‰) anzunehmen sind, sofern nicht ein entsprechendes Sachverständigengutachten zu einem anderen Ergebnis kommt.

629
Sollte der Täter demnach schuldunfähig sein, scheidet somit eine Strafbarkeit gem. § 315c (und auch gem. § 316), die allein auf der rechtswidrigen Verwirklichung des tatbestandlichen Erfolgs beruht, aus. Sie könnte aber in Verbindung mit den Grundsätzen der ***actio libera in causa*** begründet werden. Jedoch ist zu beachten, dass diese auf Gewohnheits- und Richterrecht basierende Figur nach der hier vertretenen Auffassung **verfassungswidrig** ist. Selbst wenn man anderer Auffassung ist, muss man sich eingehend mit der Entscheidung des nach der Geschäftsverteilung des BGH für Verkehrsstrafrecht zuständigen *4. Strafsenats*[1129] auseinandersetzen, wonach die *a.l.i.c.* bei allen verhaltensgebundenen Straßenverkehrsdelikten (gleichgültig, ob es sich um Vorsatz- oder Fahrlässigkeitsdelikte handelt – etwa §§ 316, 315c StGB, § 21 StVG) nicht anwendbar ist. Eine Strafbarkeit des Täters aus §§ 316, 315c StGB, § 21 StVG scheitert dann an der Schuldunfähigkeit im Zeitpunkt der unmittelbaren Tatbegehung. In Betracht kommt aber § 323a (Vollrausch). Vgl. dazu ausführlich nebst Aufbauhinweisen und Abschlussfall *R. Schmidt*, AT, Rn 510 ff.

[1128] Vorliegend handelt es sich zwar um eine Vorsatz-Fahrlässigkeits-Kombination, die gem. § 11 II insgesamt als Vorsatztat gilt, allerdings wurde die konkrete Gefährdung gerade fahrlässig verursacht.
[1129] BGHSt 42, 235 ff.

Straßenverkehrsdelikte – Gefährdung des Straßenverkehrs (§ 315 c)

V. Versuch

Der Versuch ist gem. § 315c II nur in den Fällen des § 315c I Nr. 1 strafbar. Ein Versuch ist z.B. darin zu sehen, dass sich der betrunkene Täter ans Steuer setzt und den Motor anlässt. Hier ist aber der Nachweis erforderlich, dass der Täter hinsichtlich der Tathandlung vorsätzlich handeln wollte. Das wird freilich regelmäßig nicht möglich sein, da diese Fälle schon beim vollendeten Delikt selten sind.

630

VI. Teilnahme

Sofern die nach der Vorschrift möglichen Tathandlungen nur eigenhändig begangen werden können (s.o., I.), sind Mittäterschaft und mittelbare Täterschaft ausgeschlossen. Davon unberührt bleibt die Möglichkeit der Teilnahme. Diese setzt eine vorsätzliche und rechtswidrige Haupttat voraus (vgl. §§ 26, 27). Soweit der Haupttäter also den Tatbestand des § 315c I verwirklicht, ist eine solche gegeben. Aber auch wenn der Haupttäter die Gefahr lediglich fahrlässig verursacht, also ein Fall des § 315c I i.V.m. III Nr. 1 vorliegt, gilt nichts anderes, da insoweit gem. der Regelung des § 11 II eine Vorsatztat vorliegt.

631

> **Beispiel:** G ermutigt seinen Zechkumpanen T, im betrunkenen Zustand noch nach Hause zu fahren. Unterwegs gefährdet T fahrlässig den Radfahrer R; er ist deshalb nach § 315c I Nr. 1a i.V.m. III Nr. 1 strafbar. G ist wegen Beihilfe hierzu strafbar, sofern auch er bezüglich der von T verursachten Gefährdung wenigstens fahrlässig handelte.

Liegt aber beim Haupttäter lediglich ein Fall des § 315c I i.V.m. III Nr. 2 vor, greift § 11 II nicht. Dann kommt eine Teilnahme nicht in Betracht.

632

> **Beispiel:** Sollte G des obigen Beispiels T überzeugt haben, noch fahrtüchtig zu sein, und kommt es bei der anschließenden Trunkenheitsfahrt zu einer konkreten Gefährdung, ist T „nur" nach § 315c I Nr. 1a i.V.m. III Nr. 2 strafbar. Da hier § 11 II nicht eingreift, fehlt es insoweit an einer teilnahmefähigen Haupttat. G kann sich aber selbstverständlich aus § 222 oder § 229 strafbar machen.

VII. Konkurrenzen

Liegen die Voraussetzungen des § 315c I Nr. 1a nicht vor (z.B. weil keine *konkrete* Gefahr gegeben ist), ist grundsätzlich zunächst eine Strafbarkeit nach dem (insoweit subsidiären) § 316 zu prüfen. Ist der Täter jedoch nicht schuldfähig, kommt § 323a (siehe sogleich) in Betracht, der zwar kein spezielles Straßenverkehrsdelikt, sondern ein Delikt zum Schutz von Gütern der Rechtsgemeinschaft darstellt, aber vorrangig vor § 316 zu prüfen ist.

633

Treten während einer Fahrt mehrere konkrete Gefährdungen ein, liegt *ein* Fall der Tateinheit vor, sofern eine einheitliche Handlung angenommen werden kann. Sollte es zu einem **Unfall** gekommen sein, liegt i.d.R. Tateinheit mit § 222 oder § 229 vor. Dagegen erfolgt die anschließende **Verkehrsunfallflucht** (**§ 142**) zumeist aufgrund eines neuen Tatentschlusses, sodass regelmäßig von einer Tatmehrheit auszugehen ist. Sollte das Opfer noch gelebt haben, als der Täter den Tatort verlassen hat, sind regelmäßig tatmehrheitlich auch ein **Mord** durch Unterlassen in Verdeckungsabsicht (§§ 211 I, II Var. 9, 13 I – dazu Rn 144) sowie eine **Aussetzung** (§ 221) zu prüfen. Hinsichtlich der Weiterfahrt liegt schließlich § 316 I vor.

Straßenverkehrsdelikte – Verbotene Kraftfahrzeugrennen (§ 315 d)

C. Verbotene Kraftfahrzeugrennen (§ 315d)

634
Nicht zuletzt in Reaktion auf den bei Rn 25 dargestellten „Berliner-Todesraserfall" sah sich der Gesetzgeber berufen, Gesetzeslücken zu schließen. Um nicht erlaubte Kraftfahrzeugrennen, bei denen (auch) Unbeteiligte getötet oder schwer verletzt werden, auch strafrechtlich zu bekämpfen, beschloss der Bundestag am 29.6.2017 ein entsprechendes Gesetz[1130], das am 13.10.2017 in Kraft trat[1131]. Nach alter Rechtslage konnten die Ausrichtung oder Durchführung von bzw. die Teilnahme an nicht erlaubten Kraftfahrzeugrennen lediglich als Ordnungswidrigkeit gem. §§ 29 I, 49 II Nr. 5 StVO a.F. („übermäßige Straßenbenutzung") i.V.m. § 24 StVG geahndet werden, sofern nicht die Voraussetzungen der §§ 315c, 211, 212, 222, 229, 223, 224, 226, 227, 303 I etc. vorliegen. Um den Schutz vor nicht erlaubten Kraftfahrzeugrennen schon im Vorfeld konkreter Rechtsgutsgefährdungen bzw. Rechtsgutverletzungen zu verbessern, wurden die Ausrichtung oder Durchführung von bzw. die Teilnahme an nicht erlaubten Kraftfahrzeugrennen durch Schaffung des neuen Straftatbestands des § 315d unter Kriminalstrafe gestellt.[1132] Der bisherige § 315d (Schienenbahnen im Straßenverkehr) wurde zu § 315e, dahinter wurde noch ein neuer § 315f (Einziehung) eingefügt. Im Einzelnen gilt:

I. Ausrichtung oder Durchführung von oder Teilnahme an nicht erlaubten Kraftfahrzeugrennen; nicht angepasste Geschwindigkeit

634a
Gemäß § 315d I macht sich strafbar, wer im Straßenverkehr

- ein nicht erlaubtes Kraftfahrzeugrennen ausrichtet oder durchführt (Nr. 1),
- als Kraftfahrzeugführer an einem nicht erlaubten Kraftfahrzeugrennen teilnimmt (Nr. 2)
- oder sich als Kraftfahrzeugführer mit nicht angepasster Geschwindigkeit und grob verkehrswidrig und rücksichtslos fortbewegt, um eine höchstmögliche Geschwindigkeit zu erreichen (Nr. 3).

Die als abstraktes Gefährdungsdelikt ausgestaltete Vorschrift des § 315d I wirft folgende Aspekte auf:

- Erfasst sind nur Rennen/Rasereien mit **Kraftfahrzeugen** (zum Begriff vgl. Rn 600).

- Unter einem **Kraftfahrzeugrennen** ist ein Wettbewerb zu verstehen, bei dem zwischen mindestens zwei Teilnehmern ein Sieger durch Erzielung einer möglichst hohen Geschwindigkeit ermittelt wird, wobei es einer vorherigen Absprache der Beteiligten nicht bedarf.[1133] Erfasst sind damit auch sog. Spontanrennen (einem zufällig begegneten Verkehrsteilnehmer wird Bereitschaft signalisiert, ein Rennen zu fahren).

- Mit **Straßenverkehr** ist (wie bei § 315c) der Verkehr auf öffentlichen Straßen und Wegen gemeint (siehe dazu Rn 599).

- Das Kraftfahrzeugrennen darf **nicht erlaubt** (muss also illegal) sein. Wettbewerbe, die von der Straßenverkehrsbehörde auf Antrag nach § 46 II S. 1 und 3 StVO erlaubt worden sind, werden also nicht erfasst. Die Straflosigkeit steht damit unter dem Vorbehalt behördlicher Erlaubnis („Verwaltungsakzessorietät im Strafrecht").

- **Veranstalter** eines Rennens ist derjenige, der als geistiger und praktischer Urheber, Planer und Veranlasser die Veranstaltung vorbereitet, organisiert oder eigenverantwortlich ins Werk setzt; (Hilfs-)Tätigkeiten, die ausschließlich im Stadium der Durchführung er-

---

[1130] Vgl. BT-Drs. 18/10145.
[1131] BGBl I 2017, S. 3532.
[1132] BT-Drs. 18/10145 (zum ersten Gesetzentwurf, der später noch leicht abgewandelt und ergänzt wurde), S. 7.
[1133] Vgl. BT-Drs. 18/10145, S. 9 mit Verweis auf OLG Hamm 5.3.2013 – III-1 RBs 24/13 (NZV 2013, 403). Diese vom Gesetzgeber genannte Definition wird teilweise skeptisch betrachtet bis abgelehnt (so bspw. von *Dahlke/Hoffmann-Holland*, KriPoZ 2017, 35, 37 ff.; *Kubiciel/Hoven*, NStZ 2017, 439, 445; *Blanke-Roeser*, JuS 2018, 18 ff.), wozu aber kein Anlass besteht, weil die vom Gesetzgeber genannte Definition allen Auslegungsmethoden gerecht wird.

bracht werden, genügen nicht, um eine Veranstaltereigenschaft zu begründen[1134], können selbstverständlich aber wegen Beihilfe (§§ 315d I Nr. 1, 27) strafbar sein.

- Mit **Teilnehmer** sind nicht Teilnehmer i.S.d. § 28 I (also Anstifter und Gehilfen gem. §§ 26, 27) gemeint, sondern Personen, die als Fahrzeugführer am Wettbewerb teilnehmen. Fahrzeugführer ist (wie bei § 315c), wer das Fahrzeug unter bestimmungsgemäßer Anwendung der Steuerungselemente unmittelbar in Bewegung setzt und lenkt (Rn 600). § 315d I Nr. 2 beschreibt damit (wie § 315c I Nr. 2a-f) ein eigenhändiges Delikt, sodass Mitfahrer lediglich nach den Regeln der §§ 26, 27 als Anstifter oder Gehilfen strafbar sein können.

- Das grob **verkehrswidrige** und **rücksichtslose** Fortbewegen mit nicht angepasster Geschwindigkeit, um eine höchstmögliche Geschwindigkeit zu erreichen (Nr. 3), erfasst in erster Linie sog. Speedjunkies – Extremraser, auch Einzelraser, die ohne Rücksicht auf Gefahren für Leib, Leben und Gesundheit anderer unter Missachtung der Straßenverkehrsvorschriften handeln. Grob verkehrswidrig handelt dabei, wer objektiv *besonders schwer* gegen eine Verkehrsvorschrift verstößt (Rn 609); rücksichtslos, wer sich aus eigensüchtigen Gründen über seine Pflichten gegenüber anderen Verkehrsteilnehmern hinwegsetzt oder aus Gleichgültigkeit von vornherein Bedenken gegen sein Verhalten nicht aufkommen lässt[1135] (Rn 610). Da die von Nr. 3 erfassten Verhaltensweisen unabhängig von der Teilnahme an einem illegalen Straßenrennen – und damit auch von Einzelrasern – verwirklicht werden können, wird man Nr. 3 als Auffangtatbestand ansehen müssen, der immer dann greift, wenn ein Fall der Nr. 2 nicht vorliegt bzw. in der Praxis nicht nachgewiesen werden kann. Die Zielsetzung – **Erreichung einer höchstmöglichen Geschwindigkeit** – ist zum einen gesetzlich höchst unbestimmt formuliert und muss zum anderen nach der Rechtsprechung[1136] noch nicht einmal Haupt- oder Alleinbeweggrund für die Fahrt sein. § 315d I Nr. 3 verlange nicht die Absicht, das Fahrzeug mit objektiv höchstmöglicher Geschwindigkeit zu führen oder es bis an die technischen bzw. physikalischen Grenzen auszufahren. Ausreichend sei vielmehr das Abzielen auf eine relative, eine nach den Sicht-, Straßen- und Verkehrsverhältnissen oder den persönlichen Fähigkeiten des Fahrers mögliche Höchstgeschwindigkeit. Daher könne auch in Fällen, in denen der Täter vor der verfolgenden Polizei flüchte, eine Strafbarkeit nach § 315d I Nr. 3 vorliegen, wenn die weiteren tatbestandlichen Voraussetzungen (verkehrswidriges und rücksichtsloses Fortbewegen mit nicht angepasster Geschwindigkeit) vorlägen. Sowohl der Gesetzeswortlaut als auch die Begründung sprächen dafür, auch die „Polizeiflucht" als tatbestandsmäßig anzusehen. Schließlich sei sie von einem spezifischen Renncharakter geprägt, in dem sich gerade die in der Gesetzesbegründung genannten besonderen Risiken wiederfänden, auch wenn das Ziel des Wettbewerbs hier nicht im bloßen Sieg, sondern in der gelungenen Flucht liege. Die risikobezogene Vergleichbarkeit mit den sportlichen Wettbewerben liege auf der Hand. Es sei vor dem Hintergrund des Schutzzwecks der Vorschrift und der intendierten Abgrenzung zwischen Fahrten mit Renncharakter – und damit abstrakt höherem Gefährdungspotential – und bloßen Geschwindigkeitsüberschreitungen auch sinnwidrig, für eine Strafbarkeit – bei identischer Fahrweise und gleicher abstrakter Gefährdungslage – allein danach zu differenzieren, welche Motive die Absicht, eine höchstmögliche Geschwindigkeit zu erreichen, letztlich ausgelöst hätten oder begleiteten.[1137]

Stellungnahme: Wie man an dem nicht unerheblichen Begründungsaufwand unschwer erkennt, ist die dargestellte Rechtsauffassung alles andere als zwingend. Gerade die gesetzliche Formulierung „um" deutet nämlich auf das Erfordernis einer zielgerichteten Verhaltensweise hin. Flüchtet der Täter vor der Polizei, wird es ihm nicht darauf ankommen, eine höchstmögliche Geschwindigkeit zu erreichen, sondern allein darauf, der Polizei zu entkommen. Er nimmt dabei sozusagen das Erreichen einer höchstmöglichen Geschwindigkeit

---

[1134] Vgl. BT-Drs. 18/10145, S. 9 mit Verweis auf OLG Karlsruhe 24.11.2010 - 3 (4) SsBs 559/10 u.a. (NZV 2012, 348).
[1135] Vgl. BGH NJW 2005, 915 f.; OLG Oldenburg DAR 2002, 89; OLG Koblenz VA 2008, 214; KG NStZ-RR 2008, 257; *Himmelreich/Halm*, NStZ 2009, 373, 376 – jeweils zu § 315c I.
[1136] AG Waldbröl NZV 2019, 317; OLG Stuttgart 4.7.2019 – 4 Rv 28 Ss 103/19.
[1137] OLG Stuttgart 4.7.2019 – 4 Rv 28 Ss 103/19. Siehe davor schon AG Waldbröl NZV 2019, 317.

Straßenverkehrsdelikte – Verbotene Kraftfahrzeugrennen (§ 315 d)

lediglich in Kauf, beabsichtigt sie jedoch nicht. Die Absicht aber wiederum wird durch die Formulierung „um" impliziert. Auch die vom OLG Stuttgart herangezogene „Vergleichbarkeit mit den sportlichen Wettbewerben" geht fehl. Eine Vergleichbarkeit rückt in die Nähe zur Analogie, die – jedenfalls, sofern sie strafbarkeitsbegründend wirkt – wegen Art. 103 II GG unzulässig ist. Dass es sinnwidrig wäre, die Polizeifluchtfälle aus dem Tatbestand des § 315d I Nr. 3 herauszuhalten, kann kein Argument sein, die Wortlautgrenze zu überschreiten. Es ist Aufgabe des Gesetzgebers, Straftatbestände hinreichend bestimmt genug zu formulieren. Fehlt es daran, sind Strafbarkeitslücken hinzunehmen. Wenn in den „Polizeifluchtfällen" also keine anderen Straftaten verwirklicht sind (etwa §§ 315c I Nr. 2, 222, 229), bleibt es bei einer Verkehrsordnungswidrigkeit.

II. Konkrete Gefährdung von Leib, Leben, Sachwerten (§ 315d II)

634b
Den als konkretes Gefährdungsdelikt ausgestalteten Qualifikationstatbestand des § 315d II verwirklicht, wer als Teilnehmer eines nicht erlaubten Kraftfahrzeugrennens (§ 315d I Nr. 2) oder als jemand, der sich mit nicht angepasster Geschwindigkeit und grob verkehrswidrig und rücksichtslos fortbewegt, um eine höchstmögliche Geschwindigkeit zu erreichen (Nr. 3), Leib oder Leben eines anderen Menschen oder fremde Sachen von bedeutendem Wert gefährdet. Zu den Begriffen *anderer Mensch*, *fremde Sachen von bedeutendem Wert* und *konkrete Gefährdung* vgl. Rn 612 ff. Zum Zurechnungszusammenhang vgl. Rn 618. Subjektiv ist Gefährdungsvorsatz erforderlich, wobei dolus eventualis genügt. Der Täter muss also wenigstens billigend in Kauf nehmen, dass das Ausbleiben einer Rechtsgutverletzung nur vom rettenden Zufall abhängen kann.

III. Versuchsstrafbarkeit (§ 315d III)

634c
§ 315d III ordnet in den Fällen des § 315d I Nr. 1 die Strafbarkeit des Versuchs an.

IV. Fahrlässige Verursachung der Gefahr (§ 315d IV)

634d
Wer in den Fällen des § 315d II die Gefahr nur fahrlässig verursacht (Vorsatz-Fahrlässigkeits-Kombination), unterfällt dem verringerten Strafrahmen des § 315d IV. Siehe dazu bereits die übertragbaren Grundsätze zu § 315c bei Rn 620 f.

V. Erfolgsqualifikation (§ 315d V)

634e
Verursacht der Täter in den Fällen des § 315d II durch seine Tat den Tod oder eine schwere Gesundheitsschädigung eines anderen Menschen oder eine Gesundheitsschädigung einer großen Zahl von Menschen, richtet sich die Straferwartung nach dem Verbrechenstatbestand des § 315d V (1 Jahr bis 10 Jahre Freiheitsstrafe). Mit dieser Vorschrift trägt der Gesetzgeber dem Umstand Rechnung, dass eine Bestrafung allein aus bspw. §§ 222 oder 229 dem Unwertgehalt der Tat nicht gerecht wird. Mit „verursacht" ist eine wenigstens fahrlässige Herbeiführung einer der schweren Folgen i.S.d. § 18 gemeint. Damit ist auch eine billigende Inkaufnahme einer der genannten schweren Folgen erfasst, wenngleich in einem solchen Fall auch entsprechende Vorsatzdelikte wie §§ 211 I, II Var. 7, 212, 223 I, 224 I Nr. 2 Var. 2, Nr. 5 greifen. § 315d V tritt dann in Idealkonkurrenz zu dem jeweils verwirklichten Vorsatzdelikt. Hinsichtlich der Tatbestandsmerkmale des § 315d V gilt:

- Die **schwere Gesundheitsschädigung** setzt (in Übereinstimmung mit § 315 III Nr. 2 und anderen Tatbeständen wie etwa §§ 221 I, 250 I Nr. 1c, 239 III Nr. 2) keine schwere Körperverletzung i.S.d. § 226 I Nr. 1-3 voraus, sondern liegt auch bei einschneidenden oder nachhaltigen Beeinträchtigungen der Gesundheit vor, insbesondere bei langwierigen ernsthaften Erkrankungen sowie bei Verlust oder erheblicher Einschränkung im Gebrauch der Sinne, des Körpers und der Arbeitsfähigkeit.[1138] Bei dem Opfer, dessen Tod herbeigeführt oder dessen Gesundheit schwer geschädigt wurde, muss es sich um einen *anderen* Menschen handeln, was die Frage aufwirft, ob auch die Insassen des vom Täter gesteuerten Wagens, die nach den Regeln der §§ 26, 27 Teilnehmer sind, gemeint sind (siehe dazu Rn 615).

- Das Merkmal der **Gesundheitsschädigung einer großen Zahl von Menschen** (die nicht „schwer" sein muss) birgt die Auslegungsschwierigkeit in sich, ab welcher Zahl man von einer „großen" Zahl sprechen kann. Der Gesetzgeber macht hierzu (anders als zu der Auslegung des Begriffs „schwere Gesundheitsschädigung") keine Angaben. Hinsichtlich des gleichlautenden Merkmals zu § 306b I wird vom Verfasser die Mindestzahl 10 vertreten (siehe dazu Rn 535). Angesichts der Gemeingefährlichkeit auch von nicht erlaubten Kraftfahrzeugrennen lässt sich diese Auslegung durchaus auf § 315d IV übertragen.

VI. Minder schwere Fälle (§ 315d V a.E.)

Um in Fällen geringeren Unrechts eine schuldunangemessene Strafandrohung auszuschließen, hat der Gesetzgeber eine Strafmilderung für minder schwere Fälle des § 315d V vorgesehen (§ 315d V a.E.: 6 Monate bis 5 Jahre Freiheitsstrafe). Der Verbrechenscharakter der Tat wird dadurch aber nicht berührt (vgl. § 12 III).

634f

VII. Einziehung von Kraftfahrzeugen (§ 315f)

Schließlich begegnet der Gesetzgeber dem von nicht erlaubten Kraftfahrzeugrennen i.S.d. § 315d I Nr. 2 und/oder grob verkehrswidriger und rücksichtsloser Raserei i.S.d. § 315d I Nr. 3 ausgehenden hohen Gefährdungspotential mit der Möglichkeit der Einziehung von Kraftfahrzeugen, die bei einem nicht erlaubten Kraftfahrzeugrennen eingesetzt worden sind, indem er in § 315f auf § 74a verweist. Durch die damit geschaffene Möglichkeit der Einziehung unter erweiterten Voraussetzungen dürfen Kraftfahrzeuge, auf die sich eine Tat nach § 315d I Nr. 2 oder Nr. 3, II, IV oder V bezieht, eingezogen werden, wenn diejenigen, denen diese Fahrzeuge gehören oder zustehen, wenigstens leichtfertig dazu beigetragen haben, dass ihre Kraftfahrzeuge Mittel oder Gegenstand der Tat oder ihrer Vorbereitung gewesen sind (§ 74a Nr. 1). Folge der Einziehung ist der Übergang des Eigentums auf den Staat (§ 75 I).[1139] Diese Regelung mag den betroffenen Teilnehmer zwar stark belasten, sie verstößt nach der hier vertretenen Auffassung aber gerade aufgrund des hohen Gefährdungspotentials, das mit nicht erlaubten Kraftfahrzeugrennen und grob verkehrswidriger und rücksichtsloser Raserei verbunden ist, nicht gegen den verfassungsrechtlich verbürgten (und in § 74f einfachgesetzlich konkretisierten) Grundsatz der Verhältnismäßigkeit.

634g

[1138] BT-Drs. 18/10145, S. 10 (mit Verweis auf die in Rspr. und Lit. entwickelten Auslegungsergebnisse zu § 315 III Nr. 2).
[1139] Sollte es sich um Leasingfahrzeuge oder um sicherungsübereignete Kraftfahrzeuge handeln (was insbesondere bei finanzierten Kraftfahrzeugen regelmäßig der Fall ist), greift § 75 II S. 1, da die Fahrzeuge im Eigentum der Leasinggeber bzw. der Kreditinstitute stehen und damit „Rechte Dritter" bestehen.

D. Trunkenheit im Verkehr (§ 316)

635 Geschütztes Rechtsgut ist die Sicherheit des Straßenverkehrs (dazu §§ 315b und 315c). Da die Vorschrift nicht – wie §§ 315a und 315c – den Eintritt einer Gefahr voraussetzt, handelt es sich nicht um ein *konkretes*, sondern um ein abstraktes Gefährdungsdelikt. Wie § 315a I Nr. 1 Var. 1 und § 315c I Nr. 1a ist § 316 jedoch auch ein eigenhändiges Delikt (Täter kann ausweislich des Wortlauts des § 316 nur der Fahrer sein), sodass auch hier Mittäterschaft und mittelbare Täterschaft ausscheiden, jedoch selbstverständlich Anstiftung und Beihilfe vorliegen können.

> **Hinweis für die Fallbearbeitung:** § 316 ist gegenüber § 315a I Nr. 1 Var. 1 bzw. § 315c I Nr. 1a subsidiär (§ 316 I a.E.), also ein Auffangtatbestand und nur zu prüfen, wenn § 315a I Nr. 1 Var. 1 bzw. § 315c I Nr. 1a nicht gegeben sind.
>
> Abzugrenzen ist § 316 auch von § 24a StVG mit seinem festen Grenzwert von 0,5 ‰. Ist § 316 (oder sogar § 315c Nr. 1a Var. 1) gegeben, gilt § 21 OWiG, sodass § 24a StVG praktisch ausscheidet. Sind Zweifel vorhanden, ob § 316 oder § 24a StVG vorliegt, kommt Wahlfeststellung nicht in Betracht, sondern wegen des Grundsatzes *in dubio pro reo* nur § 24a StVG (Stufenverhältnis).

636 **Tathandlung** ist das **Führen eines Fahrzeugs** im Zustand der **rauschbedingten Fahruntüchtigkeit**. Hierzu gelten die gleichen Grundsätze wie für § 315a I Nr. 1 Var. 1 und § 315c I Nr. 1a (siehe dazu Rn 603 ff.). Zu unterscheiden ist also auch bei § 316 zwischen relativer und absoluter Fahruntüchtigkeit. Auch muss bei § 316 die Berauschung für die Fahruntüchtigkeit kausal sein, wobei es genügt, wenn das Rauschmittel eine von mehreren Ursachen der Fahruntüchtigkeit ist.

637 § 316 ist – anders als § 315a und § 315c – ein **Dauerdelikt**. Es beginnt mit *Fahrtantritt* (also mit dem Inbewegungsetzen des Fahrzeugs; das bloße Laufenlassen des Motors genügt noch nicht[1140]) und endet, wenn der Fahrer endgültig die Weiterfahrt *aufgibt*.[1141] Kommt es unterwegs zu einem (Beinahe-) Unfall, wird regelmäßig § 315a I Nr. 1 oder § 315c I Nr. 1a erfüllt sein, die § 316 verdrängen (s.o.).

638 Subjektiv setzt § 316 I **Vorsatz** (*dolus eventualis* genügt) voraus. Die bei der Frage nach der Fahruntüchtigkeit vom BGH zugrunde gelegten Grenzwerte („Promillewerte", vgl. Rn 604 ff.) müssen vom Vorsatz nicht umfasst sein, da es sich bei ihnen nicht um Tatbestandsmerkmale (i.S.v. § 16 I S. 1) handelt, sondern um prozessuale Beweisregeln; es genügt, wenn der Täter seine alkoholbedingte Fahruntüchtigkeit kennt oder zumindest für möglich hält, aber gleichwohl nicht darauf verzichtet, das Fahrzeug zu führen.[1142] Handelt der Täter hinsichtlich der Fahruntüchtigkeit lediglich fahrlässig, ist § 316 II einschlägig. An der abstrakten Strafandrohung ändert sich dadurch nichts.

639

> **Hinweis für die Fallbearbeitung:** Liegt ein Fall des § 316 II vor, gleicht der Aufbau dem des § 316 I mit dem Unterschied, dass anstelle des dort vorausgesetzten subjektiven Tatbestands die objektive Sorgfaltspflichtverletzung ermittelt werden muss. In der Schuld ist anstelle der Vorsatzschuld der subjektive Sorgfaltsverstoß (die individuelle Fahrlässigkeitsschuld) bezüglich des Führens eines Fahrzeugs im Zustand der Fahruntüchtigkeit zu prüfen.

640 Hinsichtlich **Rechtswidrigkeit** und **Schuld** gelten die allgemeinen Regeln. Allerdings ist insbesondere die Rechtsprechung des *4. Senats* des BGH zu beachten, wonach die *actio*

[1140] Zum Begriff des Fahrzeugführers vgl. Rn 600. Zu beachten ist: Sollte bei § 316 noch kein „Führen" vorliegen, kommt – anders als bei §§ 315a oder 315c kein Versuch in Betracht, da dieser bei § 316 nicht unter Strafe gestellt ist.

[1141] Wie hier nun auch *Eisele*, JA 2007, 168, 172.

[1142] Vgl. BGH NStZ 2015, 464, 465.

Straßenverkehrsdelikte – Trunkenheit im Verkehr (§ 316)

libera in causa zumindest auf Straßenverkehrsdelikte und fahrlässige Erfolgsdelikte nicht anwendbar ist.[1143]

[1143] Vgl. BGHSt 42, 235 ff. sowie ausführlich *R. Schmidt*, AT, Rn 526 ff.

E. Unerlaubtes Entfernen vom Unfallort (§ 142)

641 Geschütztes Rechtsgut ist nicht – wie der Standort im 7. Abschnitt des StGB („Straftaten gegen die öffentliche Ordnung") vermuten lässt – das öffentliche Interesse an der lückenlosen Erfassung von Verkehrsunfällen und Unfallbeteiligten zum Zwecke der Strafverfolgung, sondern das private Interesse der Unfallbeteiligten und Geschädigten an möglichst umfassender Aufklärung des Unfallhergangs zum Zweck der Sicherung von Schadensersatzansprüchen.[1144] Die Geschädigten sollen in der Lage sein, eigene Schadensersatzansprüche durchzusetzen und fremde Ansprüche abzuwehren. Dieser Befund hat Auswirkungen auf die Frage nach der Einwilligung (siehe dazu Rn 694).

Das private Interesse der Unfallbeteiligten und Geschädigten an möglichst umfassender Aufklärung des Unfallhergangs zum Zweck der Sicherung von Schadensersatzansprüchen rechtfertigt, das Regelprinzip der Straflosigkeit der Selbstbegünstigung zu durchbrechen. Ein Unfallbeteiligter kann also durch § 142 gezwungen werden, sich der Strafverfolgung (z.B. nach §§ 315b, c, 211 ff., 222, 229) auszusetzen. Ein Verstoß gegen den Nemotenetur-Grundsatz liegt darin nach h.M. nicht.[1145] Des Weiteren ist § 142 ein Schutzgesetz i.S.d. § 823 II BGB. Gemäß dem Schutzzweck der Norm muss aber in folgenden Fällen bereits von einer Anwendbarkeit des § 142 abgesehen bzw. eine tatbestandliche Reduktion vorgenommen werden:

642 ■ Wenn keine anderen Unfallbeteiligten existieren oder keine fremden Schäden verursacht worden sind, scheidet § 142 wegen **Fehlens von fremden Feststellungsinteressen** konsequenterweise aus.[1146] § 142 ist aber sehr wohl anwendbar, wenn der Täter ein fremdes Fahrzeug benutzt, bei diesem ein Schaden entsteht und zur Durchsetzung von Schadensersatzansprüchen des Eigentümers entsprechende Feststellungen am Unfallort notwendig sind.

Beispiel: X hat mit einem Mietwagen einen Verkehrsunfall verursacht, bei dem ausschließlich am Mietwagen ein Schaden entstanden ist. Insbesondere waren keine Dritten beteiligt. Wenn man davon ausgeht, dass gem. den Vertragsbedingungen die Beweislast für das Nichtverschulden des Schadens sowieso bei X liegt, besteht kein Interesse auf Seiten der Mietwagengesellschaft, dass am Unfallort bestimmte Feststellungen getroffen werden (a.A. vertretbar). Das Gleiche würde gelten, wenn X das Fahrzeug geliehen oder gar gestohlen hätte.

643 ■ Eine Strafbarkeit aus § 142 ist auch für den Fall zu verneinen, dass zwar Unfallbeteiligte vorhanden sind, der Schaden aber so gering ist, dass vernünftigerweise mit der Geltendmachung von Schadensersatzansprüchen nicht gerechnet zu werden braucht, so etwa bei Sachschäden unterhalb der ungefähren **Bagatellgrenze** von **25,- €** (Rn 660). In derartigen Fällen ist das Tatbestandsmerkmal „Unfall" (s.u.) zu verneinen. Das Gleiche gilt für den Fall, dass der Unfallverursacher an Ort und Stelle den Schaden begleicht oder auf einen Betrag unterhalb der Bagatellschwelle reduziert (siehe dazu Rn 648 ff. „Unfall").

644 ■ Aus dem Schutzzweck der Norm folgt weiter, dass bereits der Tatbestand[1147], und nicht erst die Rechtswidrigkeit[1148], sowohl von Abs. 1 als auch von Abs. 2 ausgeschlossen ist, wenn sämtliche **Berechtigte** endgültig (*ausdrücklich* oder *stillschweigend* unter dem Aspekt des Einverständnisses) auf die Feststellungen **verzichten**.

Beispiel: Die Autofahrer T₁ und T₂ kollidieren mit ihren Fahrzeugen. Der Schaden ist hoch. Die beiden einigen sich aber rasch darauf, jeweils keine Forderungen gegeneinan-

---

[1144] BT-Drs. 7/3503, S. 3; *Fischer*, § 142 Rn 2; Lackner/Kühl-*Kühl*, § 142 Rn 1; SK-*Rudolphi*, § 142 Rn 2.

[1145] BVerfGE 16, 191 (zu einer alten Fassung des § 142); BGHSt 29, 138, 142; *Fischer*, § 142 Rn 2; Lackner/Kühl-*Kühl*, § 142 Rn 2; *W/H/E*, BT 1, Rn 1107; kritisch *Duttge*, JR 2001, 181 ff.

[1146] Sog. Fehlen von fremden Feststellungsinteressen, vgl. BGHSt 8, 263, 266; SK-*Rudolphi/Stein*, § 142 Rn 10 u. 19, Sch/Sch-*Sternberg-Lieben*, § 142 Rn 25.

[1147] H.M., vgl. *Beulke*, JuS 1982, 815, 816; *Fischer*, § 142 Rn 30 ff.; SK-*Rudolphi/Stein*, § 142 Rn 20.

[1148] So aber Sch/Sch-*Sternberg-Lieben*, § 142 Rn 71.

der zu erheben, und entfernen sich. Zeuge Z meint, das hätten sie nur getan, weil sie alkoholisiert gewesen seien, und erstattet Anzeige (§ 158 I StPO). Strafbarkeit der Unfallbeteiligten?

An sich hätten beide den Tatbestand des § 142 I Nr. 1 erfüllt. Doch haben beide auf Feststellungen verzichtet. Der Auffassung folgend, dass ein solcher Verzicht tatbestandsausschließend wirke, entfällt der Tatbestand. Nach der Gegenauffassung sind die beiden jeweils durch Einwilligung des anderen gerechtfertigt.

Denkbar ist auch ein (mutmaßlicher) **Verzicht** des Berechtigten auf die Feststellungen am Unfallort. Das betrifft insbesondere den Fall, dass nahe Angehörige oder enge Freunde einen Schaden erleiden. Auch hier sollte nicht erst von einer Rechtfertigung unter dem Aspekt der (mutmaßlichen) Einwilligung, sondern bereits von einem Ausschluss des Tatbestands unter dem Aspekt der teleologischen Reduktion ausgegangen werden.

- Schließlich ist zu beachten, dass der **Kasko-Versicherer** kein Geschädigter i.S. dieser Vorschrift ist.[1149]

645

Da der Tatbestand im Übrigen nicht voraussetzt, dass die Beteiligten untereinander *tatsächlich* Schadensersatzansprüche haben oder dass die Verfolgung dieser Ansprüche durch das unerlaubte Entfernen *tatsächlich* erschwert wird, ist § 142 ein **abstraktes (Vermögens-)Gefährdungsdelikt**.[1150] Darüber hinaus ist es ein **Sonderdelikt**, da es nur von einem Unfallbeteiligten begangen werden kann. Dogmatisch enthält § 142 eine eigentümliche Verknüpfung zweier Tatbestände, von denen jedenfalls der in Abs. 2 beschriebene ein *echtes Unterlassungsdelikt* darstellt. Aber auch für Abs. 1 wird man das anzunehmen haben. Zwar wird dort mit der Formulierung „sich entfernen" scheinbar auf ein aktives Tun abgestellt, dennoch liegt der Schwerpunkt in dem Unterlassen der Ermöglichung von Feststellungen[1151] (dazu später mehr). Daraus folgt, dass die mit einem Unterlassungsdelikt verbundene „Zumutbarkeit" – ähnlich wie bei § 323c I – als ein den Tatbestand des § 142 begrenzendes regulatives Prinzip angesehen wird. Damit lassen sich Konflikte bereits auf der Tatbestandsebene lösen.

646

Beispiel: Auf dem Weg zu einem dringenden Krankenbesuch verursacht Arzt Dr. T einen relativ geringen Blechschaden. Bei einem Abwarten auf den Berechtigten würde er den dringenden Krankenbesuch versäumen.

Durch die Qualifikation des § 142 I als echtes Unterlassungsdelikt gebietet das regulative Prinzip der Zumutbarkeit, dass es dem Arzt unzumutbar ist, am Unfallort zu verweilen und andere, weitaus wichtigere Pflichten zu versäumen.

Das in § 142 genannte zentrale Ereignis, das die strafbewehrten Pflichten auslöst, ist der **Unfall im öffentlichen Straßenverkehr** (Rn 648 ff.). Um eine umfassende Aufklärung des Unfallgeschehens zu ermöglichen, sind in der Vorschrift verschiedene solcher strafbewehrten Pflichten normiert, die in folgender Übersicht verdeutlicht werden.[1152]

647

[1149] BGHSt 8, 263, 266.
[1150] Sch/Sch-*Sternberg-Lieben*, § 142 Rn 1; *Duttge*, JR 2001, 181, 182.
[1151] Vgl. nur *Fischer*, § 142 Rn 5.
[1152] Zur gutachtlichen Aufbereitung des § 142 auch *R. Schmidt*, Fälle zum Strafrecht II, Fall 3 Rn 19 ff.

Unerlaubtes Entfernen vom Unfallort (§ 142)

I. Tatbestand des § 142 I

1. Objektiver Tatbestand

a. Täter kann nur ein **Unfallbeteiligter** i.S.d. § 142 V sein (**Sonderdelikt**, mittelbare Täterschaft ist nicht denkbar, in Betracht kommt nur Teilnahme). Im Übrigen ist Unfallbeteiligter jeder, der nur irgendetwas mit dem Unfall zu tun haben könnte, gleichgültig, ob er Kraftfahrer oder sonstiger Verkehrsteilnehmer oder überhaupt kein Verkehrsteilnehmer (etwa der Beifahrer) ist oder ob er sein Verhalten schuldhaft verursacht oder willensgesteuert hat (z.B. fehlt die Willenssteuerung bei einem Auffahrunfall infolge eines Sekundenschlafs).

Ein **Unfall im Straßenverkehr** ist ein plötzliches Ereignis, das in unmittelbarem Zusammenhang mit den Gefahren des Straßenverkehrs steht und einen nicht ganz unerheblichen Schaden verursacht. Ein Unfall kann auch dann vorliegen, wenn das schadensbegründende Ereignis **vorsätzlich** herbeigeführt wurde. Voraussetzung ist nur, dass sich für andere ein **verkehrstypisches Risiko verwirklicht** hat. Daran fehlt es, wenn ein Verhalten schon nach seinem äußeren Erscheinungsbild keine Auswirkung des allgemeinen Verkehrsrisikos, sondern einer **deliktischen Planung** ist.

Die Erheblichkeitsschwelle, um von einem „Unfall" sprechen zu können, ist bei ca. 25,- € anzusetzen.

Der Begriff „**Straßenverkehr**" deckt sich mit dem des § 315c (vgl. dort). Um einen „Unfall" bejahen zu können, ist nicht unbedingt die Beteiligung von Kraftfahrzeugen erforderlich. Auch **Fahrradfahrer**, **Inlineskater** und sogar **Fußgänger** können (auch untereinander) Verkehrsunfälle verursachen, solange sie sich nur in dem genannten öffentlichen Verkehrsraum bewegen.

b. Tathandlung i.S.d. § 142 I ist das (räumliche) **Sichentfernen** vom Unfallort unter Verletzung nachstehender Pflichten.

⇨ Bei Anwesenheit feststellungsberechtigter Personen (§ 142 I Nr. 1) besteht eine **Anwesenheits- und Vorstellungspflicht** durch
- angemessen lange Anwesenheit am Unfallort,
- Angabe der Tatsache der Unfallbeteiligung.

⇨ Bei fehlender Anwesenheit feststellungsberechtigter Personen (§ 142 I Nr. 2) besteht eine **Wartepflicht** für eine dem Grad des Feststellungsbedürfnisses und der Zumutbarkeit angemessene Zeit.

Für das Sichentfernen ist eine **Ortsveränderung** erforderlich.

2. Subjektiver Tatbestand: Vorsatz (*dolus eventualis* genügt)

II. Tatbestand des § 142 II

1. Tatsubjekt (wie oben)
2. Ein in der *Vergangenheit* liegender Unfall (zum Begriff Unfall s.o.)

Es muss ein in der Vergangenheit liegender Unfall im Straßenverkehr vorliegen, bei dem sich der fragliche Unfallbeteiligte vom Unfallort entfernt hatte, ohne nach § 142 I strafbar zu sein (tatbestandliche Exklusivität zwischen I und II),

⇨ weil er sich nach Ablauf der in I Nr. 2 normierten Wartezeit (II Nr. 1)
⇨ oder sich berechtigt oder entschuldigt vom Unfallort (II Nr. 2) entfernt hatte.

Probleme der Norm: unvorsätzliches Entfernen vom Unfallort; Begriff des Unfallorts

3. Tathandlung: Unterlassung der unverzüglichen nachträglichen Ermöglichung der Mindestfeststellungen i.S.v. § 142 I Nr. 1.

Das Gleiche gilt, wenn der Täter trotz formaler Gelegenheit, die Feststellungen zu ermöglichen, die Feststellungen absichtlich vereitelt (§ 142 III).

III. Rechtswidrigkeit und Schuld

Vgl. insbesondere das zu § 315c Gesagte. In Betracht kommt insbesondere die rechtfertigende **Einwilligung**. Im Übrigen gelten die allgemeinen Grundsätze.

IV. Absehen von Strafe (§ 142 IV)

Straßenverkehrsdelikte – Unerlaubtes Entfernen vom Unfallort (§ 142)

I. Tatbestand des § 142 I

1. Objektiver Tatbestand

a. Unfall im Straßenverkehr

Der objektive Tatbestand setzt zunächst einen Unfall im Straßenverkehr voraus.

Ein **Unfall** i.S.d. § 142 ist ein plötzliches Ereignis im Straßenverkehr, das unmittelbar mit dessen typischen Gefahren in Zusammenhang steht und einen nicht völlig belanglosen Personen- oder Sachschaden zur Folge hat.[1153]

648

> **Beispiel:** Zweifellos ist von einem Unfall zu sprechen, wenn Fahrzeuge im Straßenverkehr (unvorsätzlich) kollidieren und mindestens an einem der Fahrzeuge ein nicht ganz unerheblicher Sachschaden entstanden ist.

649

> **Gegenbeispiel:** Ein verkehrstypisches Unfallrisiko des Straßenverkehrs hat sich nicht verwirklicht, wenn im ruhenden Verkehr beim (noch nicht beendeten) Be- und Entladen ein Gegenstand von einem Lkw auf einen daneben (oder dahinter) stehenden Pkw fällt.[1154]

Fraglich ist, ob auch dann von einem Unfall gesprochen werden kann, wenn ein Beteiligter das Ereignis im Straßenverkehr **vorsätzlich** herbeigeführt hat.

650

- Nach Auffassung des BGH steht die vorsätzliche Herbeiführung des schadensbegründenden Ereignisses der Annahme eines Unfalls grds. nicht entgegen. Entscheidend sei allein, dass sich (aus Sicht und zu Lasten eines anderen Beteiligten i.S.v. § 142) die **typischen Gefahren des Straßenverkehrs** verwirklicht hätten. Sei dies der Fall, liege trotz vorsätzlicher Herbeiführung des Ereignisses ein Unfall i.S.v. § 142 vor.[1155]

651

- Demgegenüber geht ein Teil der Literatur davon aus, dass die vorsätzliche Herbeiführung des Ereignisses schon begriffslogisch einen „Unfall" ausschließe.[1156]

652

> **Beispiel:** Fährt ein Autofahrer bewusst oder sogar absichtlich Leitpfosten um, um seinen Frust „abzureagieren", hat sich nach Auffassung des BGH trotz vorsätzlicher Herbeiführung des Schadens eine typische Gefahr des Straßenverkehrs verwirklicht.

- Aber auch der BGH lehnt mit Blick auf den Normzweck einen Unfall ab, wenn ein Geschehen schon **nach seinem äußeren Erscheinungsbild** keine Auswirkung des allgemeinen Verkehrsrisikos, sondern einer **deliktischen Planung** ist. Denn in diesem Fall hätten sich gerade nicht die typischen Gefahren des Straßenverkehrs verwirklicht. Das sei insbesondere der Fall, wenn ein Fahrzeug nicht als Fortbewegungsmittel, sondern als Werkzeug oder Waffe zur Verwirklichung eines bestimmten Deliktsplans und zur Herbeiführung eines außerhalb des Straßenverkehrs liegenden Erfolgs benutzt werde.[1157] Freilich ist die Abgrenzung zu den vorsätzlich herbeigeführten Vorfällen, die noch als „Unfall" gelten sollen, schwammig.

653

> **Beispiele:**
> (1) Hätte der Autofahrer des obigen Beispiels die Leitpfosten nicht beschädigt, um seinen Frust abzureagieren, sondern um Sachschäden herbeizuführen, läge nach Auffassung

654

[1153] BGHSt 24, 382, 383 f.; 47, 158, 159; OLG Köln DAR 2011, 541 f.; OLG Düsseldorf NStZ-RR 2008, 289; LG Berlin NStZ 2007, 100; OLG Dresden NJW 2005, 2633; AG Rosenheim NStZ 2003, 318; Sch/Sch-*Sternberg-Lieben*, § 142 Rn 5; *Fischer*, § 142 Rn 7. Zum Begriff des Straßenverkehrs gelten die bei Rn 584 und 599 gemachten Ausführungen in gleicher Weise.
[1154] Wie hier AG Tiergarten NVZ 2009, 94; *Himmelreich/Halm*, NStZ 2009, 373, 375; *Hecker*, JuS 2011, 1038, 1039 und JuS 2013, 851. Abzulehnen OLG Köln DAR 2011, 541 f., das im Be- und Entladen eines Lkw eine spezifische Gefahr des Straßenverkehrs sieht, wenn der Führer eines auf öffentlicher Straße geparkten Lkw beim Ladevorgang ein Blech statt auf die Ladefläche versehentlich gegen die Seitenwand des Lkw wirft und ein anderes Fahrzeug durch das abprallende Metallteil beschädigt wird. Das Urteil überzeugt deswegen nicht, weil ein straßenverkehrsspezifischer Zusammenhang, d.h. eine typische Gefahr des Straßenverkehrs, gerade nicht erkennbar ist. Sollte man dennoch der Auffassung des OLG Köln folgen, ist der Vorsatz insbesondere dann fraglich, wenn lediglich ein kleiner Schaden entstanden ist. Hier kann die Verneinung des Vorsatzes angezeigt sein, wenn die Möglichkeit naheliegt, dass der Verursacher den Schaden nicht bemerkt hat.
[1155] BGHSt 12, 253, 256; 24, 382, 383 f.; 47, 158, 159 f.; 48, 233, 236 ff. Vgl. auch *Haverkamp/Kaspar*, JA 2010, 780, 784.
[1156] So SK-*Rudolphi/Stein*, § 142 Rn 15; Sch/Sch-*Sternberg-Lieben*, § 142 Rn 18.
[1157] BGHSt 47, 158, 159 f.; 48, 119, 120 ff.; vgl. auch OLG Düsseldorf NStZ-RR 2008, 289.

273

des BGH in dem Geschehen schon rein äußerlich keine Realisierung des allgemeinen Verkehrsrisikos, sondern das Ergebnis einer deliktischen Planung. Eine Strafbarkeit aus § 142 scheidet folgerichtig aus. In Betracht kommt aber eine Strafbarkeit aus § 315b I Nr. 3, wenn man davon ausgeht, dass der Täter sein Fahrzeug als „Werkzeug" oder „Waffe" einsetzt und damit einen verkehrs*fremden* Eingriff vornimmt (selbstverständlich müssen auch die anderen Voraussetzungen des § 315b erfüllt sein), ggf. in Tateinheit mit § 303 I.

(2) Das Gleiche gilt, wenn ein Autofahrer vorsätzlich ein anderes Fahrzeug oder Personen zur Verwirklichung eines verkehrsfremden Zwecks (Wut, Hass, Bestrafung etc.) rammt bzw. anfährt oder wenn jemand aus einem fahrenden Auto heraus Gegenstände wirft, um Personen- oder Sachschäden herbeizuführen. Auch der Fall, dass ein Autofahrer eine flüchtende Person anfährt, um diese an der weiteren Flucht zu hindern, gehört hierher.[1158] In all diesen Fällen scheidet § 142 mangels Unfalls aus.

(3) Auch wenn jemand (faust-)große Steine von einer Autobahnbrücke wirft, hat sich schon nach dem äußeren Erscheinungsbild kein straßenverkehrstypisches Risiko realisiert, sodass ein Unfall i.S.v. § 142 verneint werden muss. Auch hier liegt regelmäßig eine Strafbarkeit wegen gefährlichen Eingriffs in den Straßenverkehr nach § 315b I Nr. 3 vor (jedenfalls sofern auch dessen weitere Voraussetzungen erfüllt sind). Daneben ist an § 211 I, II Var. 7 (gemeingefährliches Mittel) zu denken (dazu Rn 108). Schließlich ist – wie in den anderen Beispielen – an § 303 I zu denken.

655 Gegen diese Rechtsprechung ließe sich zwar einwenden, sie privilegiere den deliktisch planenden Täter, der im Vergleich zum „einfachen" verkehrsunfallflüchtigen Täter viel größeres Unrecht verwirklicht hat, indem sie den Tatbestand des § 142 gerade beim deliktisch planenden Täter verneint. Allerdings geht es bei § 142 um die Sanktionierung des unerlaubten Entfernens, also um das Anschlussgeschehen, das von der Würdigung des schadensbegründenden Ereignisses zu unterscheiden ist. Dieses zu würdigen ist Aufgabe anderer Straftatbestände wie bspw. §§ 211, 212, 223 ff., 315b und 303 I.[1159] Zudem spricht schon der Begriff „Unfall" jedenfalls gegen eine Einbeziehung von solchen Ereignissen, die auf straßenverkehrsfremder und deliktischer Planung beruhen.

656

> **Fazit:** Nach dem BGH kann ein **Unfall im Straßenverkehr** auch dann vorliegen, wenn das schadensbegründende Ereignis **vorsätzlich** herbeigeführt wurde. Voraussetzung ist nur, dass sich ein **verkehrstypisches Risiko verwirklicht** hat. Daran fehlt es, wenn ein Verhalten schon nach seinem äußeren Erscheinungsbild keine Auswirkung des allgemeinen Verkehrsrisikos, sondern einer **deliktischen Planung** ist.

657 Der Begriff des **Straßenverkehrs** deckt sich mit dem des § 315c. Daher ist nur der *öffentliche* Verkehr gemeint. **Öffentlich** im Sinne des Verkehrsstrafrechts ist nicht nur der Straßenverkehr, der sich auf den dem allgemeinen Straßenverkehr gewidmeten Straßen, Bürgersteigen, Wegen und Plätzen bewegt, sondern auch derjenige, der sich auf solchen (auch privaten) Verkehrsflächen abspielt, die jedermann oder allgemein bestimmten Gruppen von Verkehrsteilnehmern dauernd oder auch nur vorübergehend zur Benutzung offenstehen. Denn mit Blick auf die geschützten Rechtsgüter kann es weder auf die Eigentumsverhältnisse noch auf die Widmung des Verkehrsraums ankommen. Entscheidend ist allein, dass der Verkehrsraum von einem zufälligen Personenkreis genutzt werden kann.[1160]

Beispiel: Um teure Fahrstunden bei der Fahrschule zu sparen, trainiert R an einem Samstagabend mit seinem Auto auf dem Parkplatz eines Supermarkts das Einparken. Dabei stößt er mit dem Wagen gegen einen Pavillon und verursacht bei diesem einen nicht un-

---

[1158] OLG Zweibrücken 18.10.2018 – 1 OLG 2 Ss 42/18.
[1159] Anders *Fahl*, JuS 2003, 472, 474.
[1160] OLG Düsseldorf NStZ 2012, 326; OLG Hamm NZV 2008, 257; *Himmelreich/Halm*, NStZ 2009, 373, 374. Vgl. auch KG VA 2009, 31; OLG Düsseldorf NStZ-RR 2012, 218; *Heß/Burmann*, NJW 2013, 1647, 1651.

erheblichen Sachschaden. Im Glauben, nicht beobachtet worden zu sein, sucht er das Weite.

Da auch der (im Privateigentum stehende) Parkplatz eines Supermarkts praktisch jedem zur Benutzung offensteht, hat R am öffentlichen Straßenverkehr teilgenommen. Daran ändert auch der Umstand nichts, dass R außerhalb der Geschäftzeit auf dem Parkplatz geübt hat.

Gegenbeispiele: Zu weit ginge es aber, eine (stillschweigende) Duldung seitens des Verfügungsberechtigten anzunehmen, wenn der Fahrzeugführer einen zum Wohnhaus gehörenden Hofraum oder dazugehörige Stellplätze oder auch ein an der Straße angrenzendes Feld benutzt. Das Gleiche gilt hinsichtlich fest vermieteter Stellplätze und erst recht hinsichtlich solcher Parkplätze bzw. Parkhäuser, die eingezäunt bzw. verschlossen sind.

Unbeschadet der Problematik um den vorsätzlich herbeigeführten „Unfall" und die privaten Verkehrsflächen muss der Unfall sich als Realisierung einer typischen Gefahr des Straßenverkehrs darstellen (**Unmittelbarkeitszusammenhang**). An diesem Zusammenhang fehlt es nicht schon dadurch, dass der Wagen des (späteren) Unfallverursachers von der Straße abkommt und in einem privaten Vorgarten erheblichen Sachschaden anrichtet.[1161] Zudem ist der Eintritt des Taterfolgs außerhalb des öffentlichen Verkehrsraums deshalb unschädlich, weil gem. § 9 I Var. 1 die Tathandlung maßgeblich ist. **658**

Um einen „Unfall" bejahen zu können, ist nicht unbedingt die Beteiligung von Kraftfahrzeugen erforderlich. Auch **Fahrradfahrer, Inlineskater** und sogar **Fußgänger** können (auch untereinander) Verkehrsunfälle verursachen, solange sie sich nur in dem genannten öffentlichen Verkehrsraum bewegen.[1162] **659**

Beispiel: Die gestresste Staranwältin für Wirtschaftsrecht G hat ihren Einkaufswagen wieder einmal viel zu schwer beladen. Draußen auf dem Parkplatz des Supermarkts kann sie den Wagen dann nicht mehr halten; dieser rammt ein parkendes Auto. Da sie sich schon lange nicht mehr um die Belange anderer kümmert, sondern ihr Handeln ausschließlich nach dem RVG ausrichtet, entschließt sie sich kurzerhand, einfach weiterzugehen. Doch sie wird beobachtet und später von der Polizei vernommen. Von dieser muss sie sich auch dergestalt belehren lassen, dass auch das Beschädigen von Kfz mit einem Einkaufswagen einen Unfall i.S.d. § 142 darstelle und dass sie sich nun wegen unerlaubten Entfernens vom Unfallort verantworten müsse.[1163]

Letztlich setzt die Annahme eines Unfalls i.S.v. § 142 voraus, dass das Ereignis einen **nicht völlig belanglosen Schaden** zur Folge hat. Bei Verletzungen der **körperlichen Integrität** ist diese Grenze erreicht, wenn der Schaden eine Körperverletzung i.S.d. §§ 223, 229 darstellt (also lediglich zu verneinen bei geringfügigen Hautabschürfungen oder bloßer Beschmutzung des Körpers). Wann ein **Sachschaden** die Bagatellgrenze überschreitet, ist nach objektiven Maßstäben zu beurteilen und dann der Fall, wenn mit Schadensersatzansprüchen vernünftigerweise zu rechnen ist. Überwiegend wird die Grenze bei einer Schadenshöhe von **25,- €** gezogen.[1164] Zu beachten ist jedoch, dass nur die unmittelbaren Schäden beachtlich sind. Kosten für das Abschleppen oder gar für ein Ersatzfahrzeug müssen daher bei der Bestimmung des „Unfalls" außer Betracht bleiben.[1165] **Beseitigt** der Schädiger vor der Tathandlung (d.h. vor dem unerlaubten Entfernen) den Schaden oder **reduziert** diesen auf einen Betrag **unterhalb der ge-** **660**

[1161] Vgl. OLG Köln NJW 2002, 1359; SK-*Rudolphi/Stein*, § 142 Rn 13; Lackner/Kühl-*Kühl*, § 142 Rn 6.
[1162] Vgl. dazu insgesamt Sch/Sch-*Sternberg-Lieben*, § 142 Rn 17; SK-*Rudolphi/Stein*, § 142 Rn 14; Lackner/Kühl-*Kühl*, § 142 Rn 6; LK-*Geppert*, § 142 Rn 36; OLG Düsseldorf NStZ-RR 2012, 218; *Heß/Burmann*, NJW 2013, 1647, 1651.
[1163] Vgl. nunmehr auch den Fall OLG Düsseldorf NStZ 2012, 326.
[1164] OLG Düsseldorf VSR 1993, 165; Lackner/Kühl-*Kühl*, § 142 Rn 7; *Fischer*, § 142 Rn 11; SK-*Rudolphi/Stein*, § 142 Rn 9. *Schild* (NK, § 142 Rn 44) nimmt dagegen eine Grenze von 150,- € an, was aber deutlich zu hoch angesetzt ist. Die Interessen des Geschädigten an der Feststellung der Unfallverursachung sind auch bei deutlich niedrigeren Werten gegeben.
[1165] Sch/Sch-*Sternberg-Lieben*, § 142 Rn 12.

Straßenverkehrsdelikte – Unerlaubtes Entfernen vom Unfallort (§ 142)

nannten Bagatellgrenze, gibt es keinen „Unfall" mehr. Denn nach dem Schutzzweck der Norm ist dann angesichts der Belanglosigkeit des noch vorhandenen Schadens von einem Entfallen des Feststellungsinteresses auszugehen.[1166]

> **Beispiel:** Der 76-jährige T fährt seit 25 Jahren einen VW-Käfer. Als er mit der Stoßstange seines Wagens (diese ist noch mit einem Gummiwulst umgeben) beim Einparken an der Plastikstoßstange eines bereits parkenden Autos entlangschleift, kommt es zu einem Abrieb von Gummi auf dem Lack. Da T glücklicherweise immer etwas Verdünnung dabeihat, entfernt er sofort die Gummispuren. Bei dem Wagen des anderen sind keine Schäden feststellbar.

660a Eine Kollision mit einem **Wildtier** ist nach allgemeiner Auffassung kein Unfall i.S.d. § 142. Zwar könnte man als „Berechtigten" den Jagdausübungsberechtigten („Jagdpächter") ansehen, jedoch fehlt es am Schutzzweck der Norm, da ein Schadensersatzanspruch regelmäßig ausscheidet. Denn wilde Tiere stehen gem. § 960 BGB in niemandes Eigentum, sind also herrenlos. Deren Verletzung/Tötung kann daher kein fremdes Eigentumsrecht verletzen und daher auch keinen Schadensersatzanspruch auslösen.[1167]

b. Eigenschaft der fraglichen Person als Unfallbeteiligter (i.S.v. § 142 V)

661 Täter kann, und zwar auch als Mittäter, nur ein **Unfallbeteiligter** sein. Die Tat ist also, wie eingangs erwähnt, ein **Sonderdelikt**. Mittelbare Täterschaft ist damit nicht denkbar. Der Begriff des Unfallbeteiligten ist in **§ 142 V** legaldefiniert. Aus der Formulierung „kann" folgt aber, dass es im Prinzip nur auf die **Möglichkeit** eines Verursachungsbeitrags für den Unfall ankommt. Ob die fragliche Person auch *tatsächlich* ein Unfallbeteiligter ist, soll ja gerade erst durch Erfüllung der Pflichten des § 142 aufgeklärt werden.

> **Beispiel:** Der am Straßenrand stehende T gibt dem Autofahrer A missverständliche Zeichen. Es kommt zu einem Unfall.
>
> Hier sind beide Unfallbeteiligte. Es ist strafrechtlich irrelevant, wenn sich nachträglich herausstellt, dass das fragliche Verhalten in keiner Weise für den Unfall ursächlich war. Es genügt, dass diese Möglichkeit bestand.

662 Um aber angesichts der Weite des strafrechtlichen Ursachenbegriffs („Äquivalenzformel") eine Ausuferung der strafrechtlichen Verantwortlichkeit zu vermeiden, bestehen Bestrebungen, den Kreis möglicher Normadressaten einzuschränken. Das gilt insbesondere hinsichtlich des **Fahrzeughalters**, der sein Fahrzeug einem erkennbar **ungeeigneten** oder (aufgrund von Alkoholeinwirkung) **fahruntüchtigen** Fahrer überlassen hat, der später den Unfall (mit-)verursacht hat. Das Gleiche gilt, wenn der Halter dem (späteren) Unfallbeteiligten ein **mangelhaftes Fahrzeug überlässt**. In derartigen Fällen ist nach h.M. der Halter nur dann Unfallbeteiligter, wenn er selbst *im Zeitpunkt* des Unfalls am Unfallort anwesend war (etwa als Beifahrer).[1168]

> **Beispiel:** A hat B sein Auto geliehen, damit dieser im Nachbarort einige Besorgungen machen kann. Dabei ist A klar, dass die Bremsen defekt sind. Unterwegs kommt es dann aufgrund eines Bremsenversagens zu einem Auffahrunfall. Über Handy ruft B den A an. Dieser erscheint sofort am Unfallort und entfernt sich sogleich wieder, ohne irgendetwas zu sagen.

[1166] Lackner/Kühl-*Kühl*, § 142 Rn 8; SK-*Rudolphi/Stein*, § 142 Rn 9a; *Joecks/Jäger*, § 142 Rn 8.

[1167] MüKo-*Zopfs*, § 142 Rn 27; *Rittig*, Unfallflucht (§ 142 StGB) und das unvorsätzliche Sich-Entfernen vom Unfallort, 2011, S. 31. Das Entfernen vom Ort der Kollision zieht auch keine Strafbarkeit aus § 292 nach sich. In Betracht kommt aber eine Strafbarkeit nach dem Tierschutzgesetz, sofern das Tier noch lebt und seinen Qualen überlassen wird. In jedem Fall stellt die Nichtanzeige des Wildunfalls eine Ordnungswidrigkeit nach dem Landesjagdgesetz dar.

[1168] Lackner/Kühl-*Kühl*, § 142 Rn 3; LK-*Geppert*, § 142 Rn 40; SK-*Rudolphi/Stein*, § 142 Rn 16 a.

Straßenverkehrsdelikte – Unerlaubtes Entfernen vom Unfallort (§ 142)

In diesem Fall ist A keinesfalls Unfallbeteiligter. Etwas anderes hätte nach h.M. nur dann gegolten, wenn A mit im Wagen gesessen hätte.

Generell kommt ein **Mitfahrer** nur dann als Unfallbeteiligter in Betracht, wenn der Verdacht besteht, dass er selbst das Fahrzeug gesteuert, den Fahrer abgelenkt (etwa die nörgelnde Ehefrau) oder behindert, ihn in seinem verkehrswidrigen Verhalten bestärkt oder Pflichten verletzt hat, die ihn als Beifahrer treffen.[1169]

663

Die gebotene Einschränkung gilt auch bei einer **mittelbaren Verursachung eines Unfalls**. Eine mittelbare Ursächlichkeit genügt nur dann, wenn sich die verdächtige Person **verkehrswidrig** verhalten hat.[1170]

664

Beispiel: Antiquitätensammler A fährt mit seinem Pkw gemütlich durch die Lande. Als er plötzlich ein Antiquitätengeschäft sieht, tritt er voll auf die Bremse, um die Einfahrt nicht zu verpassen. Der Fahrer des nachfolgenden Wagens B schafft es gerade noch, durch eine Vollbremsung einen Auffahrunfall zu vermeiden. Doch der hinter B fahrende C hat weniger Glück und fährt auf den Wagen des B auf.

In diesem Fall hat sich A durch sein plötzliches scharfes Abbremsen verkehrswidrig verhalten. Er ist daher nicht nur mittelbarer Unfallverursacher, sondern auch Unfallbeteiligter.

Zusammenfassung: Unfallbeteiligter ist jeder, der nur irgendetwas mit dem Unfall zu tun haben könnte, gleichgültig, ob er Kraftfahrer oder sonstiger Verkehrsteilnehmer oder überhaupt kein Verkehrsteilnehmer ist. Auch der Beifahrer kann Unfallbeteiligter sein, sofern konkrete Anhaltspunkte dafür bestehen, dass *er* es war, der den Wagen gesteuert hat, oder dass sein Verhalten in der Unfallsituation den Unfall mitverursacht hat – etwa durch Ablenken oder Behindern des Fahrers. Es kommt auch nicht darauf an, ob das Verhalten der fraglichen Person schuldhaft oder willensgesteuert war (z.B. fehlt die Willenssteuerung bei einem Auffahrunfall infolge eines Sekundenschlafs).[1171] Maßgeblich ist allein, dass die betreffende Person zum Zeitpunkt des Ereignisses am Unfallort anwesend war und ihr Verhalten den Verdacht begründet, irgendetwas mit dem Unfallgeschehen zu tun zu haben. Lediglich bei demjenigen, der nachträglich am Unfallort eintrifft, kann eine Unfallbeteiligung regelmäßig ausgeschlossen werden.[1172]

665

c. Tathandlung: Unerlaubtes Entfernen vom Unfallort

Obwohl die Überschrift des § 142 aktiv formuliert ist und daher darauf schließen lässt, dass der Schwerpunkt der strafrechtlichen Vorwerfbarkeit zumindest bzgl. Abs. 1 in dem „unerlaubten Entfernen", also in einem aktiven Tun besteht, ist man sich jedoch weithin einig, dass der Vorwurf – obwohl der Täter auch in tatsächlicher Hinsicht eine Ortsveränderung vornehmen muss – *nicht* in dem Verlassen des Unfallortes liegt, sondern in der **Nichterfüllung** der in § 142 Nummern 1 und 2 genannten **Pflichten**. Man spricht daher von einem **verkappten Unterlassungsdelikt**.[1173] Hinsichtlich der Tathandlung ist zwischen Abs. 1 und Abs. 2 zu unterscheiden:

666

Tathandlung des **§ 142 I** ist das (räumliche) Sichentfernen vom Unfallort *unter* Verletzung der in den Nummern 1 und 2 dieses Absatzes genannten Pflichten. Die Tatbestandsalternativen unterscheiden sich dadurch, dass im Rahmen der Nr. 1 feststellungs-

667

[1169] Vgl. BayObLG NStZ-RR 2000, 140, 141 (mit Bespr. v. *Hentschel*, NJW 2001, 711, 718); SK-*Rudolphi*, § 142 Rn 16; Lackner/Kühl-*Kühl*, § 142 Rn 4. Nach Auffassung des BGH (St 15, 1, 6) besteht der Verdacht, dass der Beifahrer das Fahrzeug gesteuert haben könnte, bei Ehegatten praktisch immer. Diese Auffassung ist abzulehnen.
[1170] SK-*Rudolphi/Stein*, § 142 Rn 16; Sch/Sch-*Sternberg-Lieben*, § 142 Rn 16 a.
[1171] Vgl. BayObLG NStZ-RR 2000, 140, 141 (mit Bespr. v. *Hentschel*, NJW 2001, 711, 718); Lackner/Kühl-*Kühl*, § 142 Rn 5; SK-*Rudolphi/Stein*, § 142 Rn 16.
[1172] W/H/E, BT 1, Rn 1104; *Fischer*, § 142 Rn 16; differenzierend NK-*Schild*, § 142 Rn 52.
[1173] Lackner/Kühl-*Kühl*, § 142 Rn 4; *Fischer*, § 142 Rn 5; SK-*Rudolphi/Stein*, § 142 Rn 25; a.A. *Küper*, GA 1994, 49, 71 („Begehungsdelikt").

Straßenverkehrsdelikte – Unerlaubtes Entfernen vom Unfallort (§ 142)

berechtigte Personen anwesend sind, im Rahmen der Nr. 2 dagegen nicht.[1174] **Im Fall der Nr. 1** trifft den fraglichen Unfallbeteiligten eine **Anwesenheits- und Vorstellungspflicht**, im Fall der **Nr. 2** eine **Wartepflicht**.

668
- Die **Anwesenheitspflicht** ist eine rein passive Pflicht (daher teilweise auch „Feststellungsduldungspflicht" genannt). Sie gebietet es, sich nicht eher zu entfernen, bis die einschlägigen Feststellungen getroffen sind. Daher darf der Unfallbeteiligte den Unfallort nicht vorher ohne Einverständnis der anwesenden feststellungsberechtigten Personen verlassen. Vor allem hat er auf ausdrückliches oder schlüssiges Verlangen die polizeiliche Unfallaufnahme abzuwarten. Auch darf er sich nicht entfernen, bevor die Beamten ihm dies gestatten.[1175] Sind aber alle Feststellungen zur späteren Durchsetzung von Schadensersatzansprüchen getroffen und dient das (weitere) Interesse der Polizei ausschließlich der Strafverfolgung, müssen diesbezügliche Feststellungen nicht ermöglicht werden.[1176] Denn § 142 dient ausschließlich dem privaten Feststellungsinteresse zur Durchsetzung von Schadensersatzansprüchen, nicht dem staatlichen Strafverfolgungsinteresse (s.o.).

Fraglich ist, ob sich der Unfallbeteiligte wegen unerlaubten Entfernens strafbar macht, wenn er das **Einverständnis** seitens der feststellungsberechtigten Person zum Verlassen des Unfallortes **durch Täuschung erschlichen** hat.

Beispiel: A verursacht einen Verkehrsunfall, wobei der Wagen des B einen nicht unerheblichen Sachschaden erleidet. Unter dem Vorwand, einen ganz dringenden Geschäftstermin zu haben, kann A den B dazu bewegen, auf das Herbeiholen der Polizei zu verzichten. Am nächsten Tag bestreitet A den Unfallhergang. Hat er sich aus § 142 I Nr. 1 strafbar gemacht?

⇨ Mit Rücksicht auf den tatsächlichen Charakter des Einverständnisses kann man sich auf den Standpunkt stellen, dass etwaige **Irrtümer seitens des Opfers unbeachtlich** seien. Wendet man diesen Gedanken auf den vorliegenden Fall an, so ist die Vorspiegelung falscher Tatsachen durch A für den Tatbestandsausschluss unbeachtlich. A hätte sich demzufolge nicht wegen unerlaubten Entfernens strafbar gemacht.

⇨ Vorzugswürdig erscheint jedoch der Gedanke, den **Verzicht** für **unwirksam** zu erklären. Denn bei einem durch Täuschung (oder gar Drohung) erlangten Verzicht auf weitere Feststellungen besteht kein Anlass, den Tatbestand des § 142 teleologisch zu reduzieren. A hat sich daher aus § 142 I Nr. 1 strafbar gemacht.

669
- Die **Vorstellungspflicht** erfüllt der fragliche Unfallbeteiligte jedenfalls dann, wenn er seine Unfallbeteiligung als solche offenlegt. Ob die gesetzliche Formulierung in § 142 I Nr. 1, wonach der Unfallbeteiligte bestimmte Feststellungen ermöglichen muss, darüber hinausgehende Mitwirkungspflichten (etwa Angabe der Personalien gegenüber den anderen Unfallbeteiligten) bis hin zur Selbstbezichtigung gebietet, ist umstritten.

⇨ Teilweise wird die Vorstellungspflicht so verstanden, dass der Unfallbeteiligte den anderen Beteiligten nicht nur seinen Namen und seine Anschrift mitteilen, sondern sogar die Überprüfung seiner Angaben durch Vorlage seines Personalausweises oder anderer Dokumente (z.B. Führerschein) ermöglichen müsse.[1177]

⇨ Dieses Verständnis der Vorstellungspflicht ist nach der hier vertretenen Auffassung mit dem verfassungsrechtlichen Prinzip, sich nicht selbst belasten zu müssen (Nemotenetur-Grundsatz), unvereinbar. Nicht erforderlich ist daher, genaue Angaben zu Art und Umfang der Unfallbeteiligung zu machen. Auch muss der Täter nicht seinen Na-

---

[1174] Als feststellungsberechtigte Personen kommen solche in Betracht, die fähig sind und erkennbar den Willen haben, zugunsten des Geschädigten Feststellungen zu treffen und an diesen weiterzugeben. Das müssen nicht notwendigerweise Unfallbeteiligte, sondern können auch am Unfallort erschienene unbeteiligte Dritte sein (vgl. OLG Köln NJW 2002, 1359; *Fischer*, § 142 Rn 24).
[1175] Vgl. dazu SK-*Rudolphi/Stein*, § 142 Rn 27; Sch/Sch-*Sternberg-Lieben*, § 142 Rn 27.
[1176] Vgl. SK-*Rudolphi/Stein*, § 142 Rn 27; *Fischer*, § 142 Rn 27; Sch/Sch-*Sternberg-Lieben*, § 142 Rn 27; Joecks/Jäger, § 142 Rn 43.
[1177] OLG Stuttgart NJW 1981, 879; OLG Hamm NStZ 1985, 257; LK-*Geppert*, § 142 Rn 1.

Straßenverkehrsdelikte – Unerlaubtes Entfernen vom Unfallort (§ 142)

men nennen, den Führerschein oder die Fahrzeugpapiere vorzeigen oder Angaben über seine Rolle z.B. als Fahrer oder Beifahrer machen. Der Unfallbeteiligte muss in einem solchen Fall aber warten, bis die vom Unfallgegner gerufene Polizei am Unfallort eintrifft und die erforderlichen Angaben (auf Basis der §§ 34, 49 I Nr. 29 StVO und § 111 OWiG) aufnimmt. Sollte die Polizei aber ihr Erscheinen verweigern (was häufig bei kleineren Sachschäden zu beobachten ist), gebietet es das Feststellungsinteresse des Geschädigten, ihm zumindest die Personalien zu nennen und sich ihm gegenüber ggf. auszuweisen.[1178]

Konsequenz: Wer sich also ausschweigt, Spuren verwischt oder falsche Angaben macht, seine Unfallbeteiligung als solche aber nicht leugnet, macht sich nicht nach § 142 strafbar. Zu beachten ist aber, dass aktive Mitwirkungspflichten sich aus §§ 34, 49 I Nr. 29 StVO und § 111 OWiG ergeben. Diesbezügliche Zuwiderhandlungen sind Ordnungswidrigkeiten.

Als **feststellungsberechtigte** Personen kommen solche in Betracht, die fähig sind und erkennbar den Willen haben, zugunsten des Geschädigten Feststellungen zu treffen und an diesen weiterzugeben. Das müssen nicht notwendigerweise Unfallbeteiligte sein; auch (zufällig) am Unfallort erschienene unbeteiligte Dritte kommen in Betracht.[1179]

670

Ist dagegen keine feststellungsberechtigte Person anwesend, trifft den Unfallbeteiligten gemäß **Nr. 2** eine **Wartepflicht**. Die Dauer dieser Wartepflicht bemisst sich nach den Umständen des Einzelfalls. Kriterien sind *Art und Schwere des Unfalls, Verkehrsdichte, Tageszeit, Witterungsverhältnisse, Interessenlage der Beteiligten* und vor allem der *Zeitpunkt des erwarteten oder für möglich gehaltenen Eintreffens einer feststellungsberechtigten Person.*[1180] Als brauchbare Faustformel gilt: „Je höher der Schaden, insbesondere bei Personenschäden, desto länger die Wartepflicht". So kann bei geringen Sachschäden eine Wartezeit von 5 bis 15 Minuten ausreichen, bei größeren Sachschäden und erst recht bei Personenschäden können jedoch mehrere Stunden erforderlich sein.[1181] Die Wartepflicht besteht auch dann, wenn mit dem Erscheinen feststellungsberechtigter Personen nicht gerechnet werden kann (z.B. nachts auf einer einsamen Nebenstrecke). Ersatzmaßnahmen (z.B. das Klemmen der Visitenkarte hinter das Wischerblatt) beseitigen die Wartepflicht grundsätzlich nicht, können aber bei eindeutiger Sach- und Rechtslage wartezeitverkürzend wirken.[1182]

671

So ist **beispielsweise** eine Wartezeit von 20 Min. bei einem nächtlichen Unfall in der Stadtmitte bei einem Laternenschaden von 250,- € für unzureichend erachtet worden, ebenso bei einem Schaden von 300,- € an belebter Stelle, nämlich an einer Bundesstraße in bebauter Gegend gegen 18.30 Uhr, sowie bei einem Schaden von 450,- € abends gegen 22 Uhr in einer Großstadtstraße. Bei einem Schaden von ca. 200,- € an einem parkenden Wagen nachts um 4.30 Uhr sollen hingegen 10 Min. Wartezeit genügen, wenn für das baldige Eintreffen feststellungsberechtigter Personen kein konkreter Anhaltspunkt vorliegt und dem Unfallbeteiligten ein längeres Zuwarten nicht zuzumuten ist.[1183]

672

Bei der Bemessung der angemessenen Wartezeit kann auch die Zeit angerechnet werden, die der Unfallbeteiligte nur deswegen an der Unfallstelle verbringt, um sich aus der durch das Unfallgeschehen eingetretenen Situation zu befreien, die ihn an einer Weiter-

673

[1178] So auch OLG Dresden StraFo 2008, 218; *Fischer*, § 142 Rn 24; Sch/Sch-*Sternberg-Lieben*, § 142 Rn 27; SK-*Rudolphi*, § 142 Rn 24; Lackner/Kühl-*Kühl*, § 142 Rn 18; *Joecks/Jäger*, § 142 Rn 34.
[1179] Vgl. OLG Köln NJW 2002, 1359; *Fischer*, § 142 Rn 24.
[1180] Vgl. BGHSt 4, 144; 5, 124, 127; 7, 112, 116; 20, 258, 260; OLG Köln NJW 2002, 1359; LK-*Geppert*, § 142 Rn 113 f.; SK-*Rudolphi*, § 142 Rn 33; *Fischer*, § 142 Rn 36 f.; Lackner/Kühl-*Kühl*, § 142 Rn 19.
[1181] Eine Entscheidungsgrundlage für die Praxis bietet *Rittig*, Unfallflucht (§ 142 StGB) und das unvorsätzliche Sich-Entfernen vom Unfallort, 2011, S. 37.
[1182] Lackner/Kühl-*Kühl*, § 142 Rn 19.
[1183] Nachweise bei OLG Köln NJW 2002, 1359, 1360.

279

fahrt hindert.[1184] Demnach muss der Zweck des Verbleibens am Unfallort nicht unbedingt in der Ermöglichung der Feststellung einer Unfallbeteiligung liegen.

Beispiel: A kommt mit seinem Wagen von der Fahrbahn ab und verursacht an einem privaten Gartenzaun einen Schaden i.H.v. 200,- €. Nach Begutachtung der Sachlage versucht er ca. 15 Min., das Fahrzeug aus dem Zaun durch Rückwärtssetzen zu entfernen, was ihm schließlich auch gelingt. Sodann fährt er von der Unfallstelle fort. Nach Auffassung des OLG Köln a.a.O. hat A eine angemessene Zeit an der Unfallstelle verbracht.

674

Zusammenfassung

- Bei *Anwesenheit* feststellungsberechtigter Personen (§ 142 I Nr. 1) besteht eine **Anwesenheits- und Vorstellungspflicht** durch

  ⇨ angemessen lange Anwesenheit am Unfallort,
  ⇨ Angabe der Tatsache der Unfallbeteiligung.

- Bei *fehlender Anwesenheit* feststellungsberechtigter Personen (§ 142 I Nr. 2) besteht eine **Wartepflicht** für

  ⇨ eine dem Grad des Feststellungsbedürfnisses und der Zumutbarkeit angemessene Zeit.

---

675   Die Verletzung der Anwesenheits- und Vorstellungspflicht bzw. der Wartepflicht ist nach der Konstruktion des § 142 I nur dann strafbar, wenn der Täter **„sich entfernt"**. Für das Sichentfernen ist eine **Ortsveränderung** erforderlich. Dies ist jedenfalls dann anzunehmen, wenn der Täter den *räumlichen* Bereich des Unfallortes verlassen hat, also den Bereich, in dem er seiner Pflicht, einem Berechtigten seine Unfallbeteiligung zu offenbaren, nicht mehr nachkommen kann. Da dies entscheidend von der Verkehrssituation abhängt, ist eine feste Distanzangabe nicht möglich.[1185] Jedenfalls ist der Bereich dann überschritten, wenn ein Zusammenhang mit dem Unfall nicht mehr erkennbar ist.[1186]

676   Verlässt der Täter den Unfallbereich nur **vorübergehend**, etwa um für sein eigenes Fahrzeug einen Abstellplatz zu suchen[1187] oder um von einer nahe gelegenen Gaststätte oder Telefonzelle aus die Polizei oder den Geschädigten anzurufen, und beabsichtigt, von dort aus wieder an den Unfallort zurückzukehren, kann von einer Beeinträchtigung des Feststellungsinteresses keine Rede sein. In diesem Fall macht sich der Betroffene nur dann nach § 142 strafbar, wenn er sich entschließt, nicht mehr an den Unfallort zurückzukehren.[1188] Freilich spricht der Anscheinsbeweis gegen die Annahme, der Täter habe den Unfallort nur vorübergehend verlassen wollen. Regelmäßig werten die Strafgerichte derartige Behauptungen als Schutzbehauptung (ähnlich wie beim Dieb, der behauptet, er habe die Sache wieder zurückbringen wollen).

677

Hinweis für die Fallbearbeitung: Die vorgenannte Konstellation ist strikt von derjenigen zu trennen, in welcher der Täter gar nicht beabsichtigt, entsprechende Telefonate zu führen, also von vornherein den Unfallort verlässt, um sich seiner Pflichten zu entziehen. Kehrt der Täter dann doch noch zum Unfallort zurück, bedeutet dies nicht etwa einen Rücktritt vom Versuch, denn die Tat war bereits vollendet.

678   Fraglich ist, ob ein „Sichentfernen" auch dann angenommen werden kann, wenn der Täter zwar am Unfallort verweilt, sich aber nicht vorstellt, sondern vielmehr den Eindruck erweckt, er sei ein unbeteiligter Passant, worauf sich dann die Berechtigten entfernen. Nach überwie-

---

[1184] OLG Köln NJW 2002, 1359.
[1185] Vgl. bereits die 1. Aufl. 2002; wie hier nun auch OLG Hamburg NJW 2009, 2074.
[1186] Vgl. Sch/Sch-*Sternberg-Lieben*, § 142 Rn 43; *Fischer*, § 142 Rn 21; SK-*Rudolphi*, § 142 Rn 35; Lackner/Kühl-*Kühl*, § 142 Rn 10. Ausführlich *Rittig*, NZV 2013, 561 ff.
[1187] Vgl. dazu LG Essen 29.11.2006 – 23 Qs 157/06; *Müller/Schmidt*, NStZ 2007, 385, 391.
[1188] So auch Lackner/Kühl-*Kühl*, § 142 Rn 11.

gender Auffassung liegt in einem solchen Verhalten noch keine strafbare Handlung i.S.d. § 142. Eine solche trete aber spätestens dann ein, wenn sich die feststellungsberechtigten Personen ihrerseits vom Unfallort entfernten.[1189]

Schließlich setzt das Sichentfernen ein **willensgetragenes Verhalten** voraus. Fehlt es daran, liegt zumeist schon gar keine strafrechtlich relevante Handlung vor.

> **Beispiele: (1)** Der Unfallverursacher ist bewusstlos und wird vom Krankenwagen abtransportiert; **(2)** der Unfallverursacher wird von der Polizei in Gewahrsam genommen und – etwa um eine Blutprobe zu erlangen – auf die Dienststelle verbracht. In diesen Fällen ergibt sich möglicherweise aber eine Strafbarkeit aus § 142 II[1190] (dazu sogleich).

2. Subjektiver Tatbestand

Sowohl für § 142 I Nr. 1 als auch für Nr. 2 ist mindestens **bedingter Vorsatz** erforderlich. Er setzt das Bewusstsein voraus, dass ein Unfall stattgefunden hat, dass der Schaden nicht ganz unerheblich ist, dass der Täter Unfallbeteiligter ist und dass er sich den Unfallfeststellungen entzogen und hierdurch Feststellungen vereitelt hat.[1191] Da es sich bei dem „Unfall" um ein normatives Tatbestandsmerkmal handelt, genügt es zur Bejahung des Vorsatzes, wenn der Täter aufgrund einer „Parallelwertung in der Laiensphäre" den wesentlichen rechtlich-sozialen Bedeutungsgehalt des Tatumstands (laienhaft) erfasst. Hat der Täter also den strafbarkeitsbegründenden Tatumstand, der den „Unfall" ausmacht, sinnlich wahrgenommen, unterliegt er allenfalls einem Subsumtionsirrtum i.S.v. § 17, nicht aber einem tatbestandsausschließenden Tatbestandsirrtum gem. § 16.[1192] Am Vorsatz kann es aber fehlen, wenn der Täter sich etwa entfernt, um den Geschädigten beschleunigt zu verständigen (wobei i.d.R. bereits das Sichentfernen ausgeschlossen ist, s.o.). Auch in Fällen, in denen lediglich ein kleiner Schaden entstanden ist, kann die Verneinung des Vorsatzes angezeigt sein, wenn die Möglichkeit naheliegt, dass der Verursacher den Schaden nicht bemerkt hat.[1193] Fraglich ist, ob ein **„unvorsätzliches"** Verhalten bereits den subjektiven Tatbestand des „Sichentfernens" entfallen lässt oder ob sich der Täter nur entschuldigt i.S.d. § 142 II Nr. 2 Var. 2 entfernt hat. Vgl. dazu sogleich Rn 685 ff.

II. Tatbestand des § 142 II

1. § 142 II betrifft die Fälle, in denen der Täter – obwohl er sich vom Unfallort entfernt hat – nicht schon nach § 142 I strafbar ist. Entfernt sich der fragliche Unfallbeteiligte **nach Ablauf** der gemäß § 142 I Nr. 2 erforderlichen **Wartezeit** – also tatbestandslos –, muss er die erforderlichen Feststellungen unverzüglich nachholen, vgl. § 142 II Nr. 1.

> **Hinweis für die Fallbearbeitung:** Durch die Inbezugnahme des § 142 I Nr. 2 wird eine verbrechenssystematisch bedeutsame negative Anwendbarkeitsvoraussetzung aufgestellt: Nach § 142 II kann nur strafbar sein, wer nicht schon nach § 142 I strafbar ist. Insofern stehen die beiden Absätze in einem Exklusivitätsverhältnis zueinander. Aus diesem Grund ist in der Fallbearbeitung stets mit der Prüfung des § 142 I zu beginnen.

[1189] Sch/Sch-*Sternberg-Lieben*, § 142 Rn 43; SK-*Rudolphi*, § 142 Rn 35a; anders wohl LK-*Geppert*, § 142 Rn 63; *Fischer*, § 142 Rn 26.
[1190] Vgl. Sch/Sch-*Sternberg-Lieben*, § 142 Rn 46; Lackner/Kühl-*Kühl*, § 142 Rn 12.
[1191] Vgl. BayObLG NStZ-RR 2000, 140, 141; Lackner/Kühl-*Kühl*, § 142 Rn 31.
[1192] Wie hier *Hecker*, JuS 2013, 851, 852; a.A. LG Aachen NVZ 2013, 305.
[1193] Vgl. dazu OLG Köln NVZ 2011, 619.

Straßenverkehrsdelikte – Unerlaubtes Entfernen vom Unfallort (§ 142)

682　**2.** Die gleiche Pflicht trifft den Unfallbeteiligten, wenn er sich **berechtigt oder entschuldigt** vom Unfallort entfernt hat, § 142 II Nr. 2.

683　a. **Berechtigtes Sichentfernen** liegt vor, wenn für sein Verhalten ein **Rechtfertigungsgrund** greift. Sofern das Einvernehmen des Berechtigten nicht schon tatbestandsausschließend wirkte, kommt insbesondere – auch mutmaßliche – Einwilligung in Betracht. Weiterhin kommt § 34 in Betracht, wenn der fragliche Unfallbeteiligte verletzt ist und sich zu einem Arzt begibt[1194] oder eine andere verletzte Person zum Arzt oder ins Krankenhaus fährt (dann greift die andere wichtige Pflicht aus § 323c I). Auch wenn sich ein Unfallbeteiligter als Letzter (d.h. zeitlich nach den Berechtigten) vom Unfallort begeben hat, soll ein berechtigtes Entfernen vorliegen.[1195]

684　b. **Entschuldigtes Sichentfernen** liegt vor, wenn für das Verhalten des Täters ein Entschuldigungsgrund vorliegt. In Betracht kommt insbesondere § 35, wenn der Täter am Unfallort ernstlich bedroht wird. Über den technischen Sinn des Ausdrucks „entschuldigt" hinaus werden auch Schuldausschließungsgründe wie der Erlaubnistatbestandsirrtum (beispielsweise bei irriger Annahme eines wirksamen Feststellungsverzichts, sofern hierin nicht schon ein Tatbestandsausschluss gesehen wird) oder der unvermeidbare Verbotsirrtum (§ 17 S. 1, etwa wenn der Täter über die Dauer der Wartezeit irrt) hinzugerechnet. Auch die vorübergehende (insbesondere alkoholbedingte) Schuldunfähigkeit i.S.d. **§ 20** ist denkbar. Doch hier eine Strafbarkeit aus § 142 II anzunehmen stößt auf Bedenken, da der Täter ja schon aus § 323a (Vollrausch) strafbar ist.[1196]

> **Beispiel:** Der Unfallverursacher ist so stark betrunken, dass er schuldunfähig i.S.d. § 20 ist. Gleichwohl schafft er es noch, vom Unfallort zu flüchten. Am nächsten Morgen wird er zu Hause von der Polizei festgenommen. Strafbarkeit wegen unerlaubten Entfernens vom Unfallort?
>
> Nach h.M. hat sich auch der wegen hochgradiger Alkoholisierung schuldunfähige Täter entschuldigt vom Unfallort entfernt (§ 142 II Nr. 2 Var. 2), sodass ihn nur eine unverzügliche Nachholung der Feststellungspflichten trifft. Da sich die unverzügliche Nachholung der Feststellungen aber auf ein Geschehen bezieht, für das der Täter bereits wegen Vollrauschs (§ 323a) strafbar ist, scheint es angebracht, den Anwendungsbereich des § 142 II teleologisch zu reduzieren und nur in solchen Fällen zu bejahen, in denen keine Strafbarkeit aus § 323a gegeben ist. Anderenfalls würde ein und dieselbe Handlung zweimal in Ansatz gebracht.

685　c. Äußerst relevant ist die Frage, ob „**unvorsätzliches**" Entfernen vom Unfallort bereits den subjektiven Tatbestand des „Sichentfernens" (i.S.v. § 142 I) entfallen lässt oder ob sich der Täter nur entschuldigt i.S.d. § 142 II Nr. 2 Var. 2 entfernt hat.

> **Beispiel:** Der nicht mehr ganz junge T tangiert unbemerkt mit seinem Wagen leicht den am Straßenrand fahrenden Radfahrer R. Daraufhin stürzt dieser, was von T ebenfalls nicht bemerkt wird. An einer kurz darauf folgenden roten Ampel wird er von einem Passanten aufgeklärt. T lehnt sowohl eine Rückkehr als auch die Möglichkeit nachträglicher Feststellungen ab.[1197]

686　▪ Nach Auffassung des **BGH**[1198] handelt „**berechtigt oder entschuldigt**" i.S.v. § 142 II Nr. 2 auch derjenige Unfallbeteiligte, der sich unvorsätzlich vom Unfallort entfernt, etwa weil er – wie vorliegend T – den Unfall gar nicht wahrgenommen hat. Voraussetzung sei nur, dass zwischen dem Unfallgeschehen und der nachträglichen Kenntniserlangung ein zeitlicher und räumlicher Zusammenhang besteht.

[1194] Vgl. nun auch BGH NStZ 2015, 265.
[1195] Vgl. Lackner/Kühl-*Kühl*, § 142 Rn 23; *Fischer*, § 142 Rn 45 ff.
[1196] Vgl. SK-*Rudolphi*, § 142 Rn 39; Sch/Sch-*Sternberg-Lieben*, § 142 Rn 54; Lackner/Kühl-*Kühl*, § 142 Rn 24.
[1197] Vgl. auch den Fall OLG Hamburg NJW 2009, 2074 f. und aktuell BGH NStZ 2011, 209, 210.
[1198] BGHSt 13, 89, 93; 28, 129. Vgl. auch LK-*Geppert*, § 142 Rn 133 ff.

Straßenverkehrsdelikte – Unerlaubtes Entfernen vom Unfallort (§ 142)

Mit dieser Auffassung stellt der BGH somit das vorsatzlose Sichentfernen dem berechtigten oder entschuldigten Entfernen i.S.d. § 142 II Nr. 2 gleich und **bejaht** die Pflicht zur unverzüglichen nachträglichen Ermöglichung der erforderlichen Feststellungen, **wenn der Unfallbeteiligte in zeitlichem und räumlichem Zusammenhang von dem Unfall Kenntnis erlangt hat**. Da dies nach dem BGH für den vorliegenden Fall zutrifft, hätte sich T nach § 142 II Nr. 2 Var. 2 strafbar gemacht.

Der vom BGH hergeleiteten Erweiterung lässt sich aber entgegenhalten, dass sie sich nicht dem Wortlaut des § 142 II Nr. 2 entnehmen lässt und damit in Bezug auf den Bestimmtheitsgrundsatz aus Art. 103 II GG problematisch ist.[1199] Bei der Einbeziehung des unvorsätzlichen Sichentfernens vom Unfallort müsste sich z.B. jeder bei der Polizei melden, der eine Beschädigung an seinem Kfz entdeckt, von der er nicht weiß, woher sie stammt. Damit werden jedoch die Grenzen einer vom Wortlaut des Gesetzes ausgehenden Auslegung der Vorschrift überschritten. Darüber hinaus besteht ein psychologischer Unterschied zwischen bewusstem und unbewusstem Sichentfernen, was ebenfalls vom BGH verkannt wird. Schließlich ist unklar, wo zeitlich und räumlich die Grenze zu ziehen ist, innerhalb derer der Täter Kenntnis von dem Unfall erlangt haben muss.

▪ Daher wird die Einbeziehung des sich unvorsätzlich entfernenden Unfallbeteiligten in den Pflichtenkreis des § 142 II von der **h.L.**[1200] auch abgelehnt. Der fehlende Vorsatz habe im Hinblick auf die Frage der Berechtigung oder Entschuldigung keinerlei Einfluss; die Straffreiheit des Sichentfernens beruhe vielmehr auf einem davon losgelösten weiteren Grund, der Unvorsätzlichkeit.

687

Der h.L. folgend, muss der Täter also wissen, dass sich ein Unfall ereignet hat und dass er sich somit von einer Unfallstelle entfernt. Wer erst nachträglich an einem anderen Ort von dem Unfall erfährt, ist daher nicht nach § 142 strafbar, wenn er nicht die Feststellungen gem. § 142 II ermöglicht.

Auf den vorliegenden Fall bezogen, entfällt nach der h.L. daher bereits der subjektive Tatbestand des § 142 I. T ist somit in Bezug auf § 142 straflos. In Betracht kommt aber eine Strafbarkeit wegen fahrlässiger Körperverletzung.

▪ Kürzlich musste sich auch das **BVerfG** mit der o.g. Frage auseinandersetzen. Es hat entschieden, dass eine Auslegung des § 142 II Nr. 2, die auch das unvorsätzliche – und nicht das berechtigte oder entschuldigte – Sichentfernen vom Unfallort erfasst, die mögliche Wortlautgrenze überschreite und damit gegen Art. 103 II GG verstoße.[1201]

687a

Auch danach ist T nicht wegen Verkehrsunfallflucht strafbar.

▪ Stellungnahme: Die Entscheidung des BVerfG ist insofern zu begrüßen, als sie der mit Blick auf den Bestimmtheitsgrundsatz problematischen Rspr. des BGH eine klare Absage erteilt. Allerdings ist auch *sie* kritikwürdig. Denn aufgrund ihrer Ungenauigkeit in Bezug auf den Begriff des *Unfallorts* könnte sie die Strafgerichte dazu einladen, zukünftig den Begriff des Unfallorts einfach räumlich-zeitlich auszudehnen, um letztlich doch eine Strafbarkeit des „bösgläubig" gewordenen Unfallbeteiligten bejahen zu können. Bei einem derart weit verstandenen Begriff des Unfallorts (der dann auch die 200m vom eigentlichen Unfallort entfernte Kreuzung erfasst, wo der Täter von Passanten auf seine Unfallbeteiligung hingewiesen wird) wird man in der Tat eine Strafbarkeit aus § 142 annehmen können, und zwar aus § 142 I (nicht aus § 142 II). Denn erstreckt man den Begriff des Unfallorts auf die 200m entfernte Kreuzung, hat der Unfallbeteiligte, der dort auf seine Unfallbeteiligung hingewiesen wird, ja niemals den Unfallort *verlassen*; vielmehr ist er bei dieser Interpretation am Unfallort *geblieben*. Entschließt er sich sodann, weiterzufahren,

687b

[1199] Das war schon immer die vom Verfasser (seit der 1. Aufl. 2002) vertretene Ansicht; wie hier nun auch BVerfG NJW 2007, 1666, 1667 (dazu sogleich) und OLG Hamburg NJW 2009, 2074 f.
[1200] Vgl. nur Sch/Sch-*Sternberg-Lieben*, § 142 Rn 55; SK-*Rudolphi*, § 142 Rn 40; Lackner/Kühl-*Kühl*, § 142 Rn 25; *Fischer* (seit der 51. Aufl.), § 142 Rn 51.
[1201] BVerfG NJW 2007, 1666 ff. Dem folgend OLG Hamburg NJW 2009, 2074 f. (ausführlich besprochen von *Rittig*, Unfallflucht (§ 142 StGB) und das unvorsätzliche Sich-Entfernen vom Unfallort, 2011, S. 84 ff.; *Rittig*, NZV 2013, 561 ff.).

Straßenverkehrsdelikte – Unerlaubtes Entfernen vom Unfallort (§ 142)

ohne die erforderlichen Feststellungen zu ermöglichen, macht er sich aus § 142 I Nr. 1 strafbar.

Um also zu dem gewünschten Ergebnis zu gelangen, könnten die Strafgerichte nunmehr den durch das Merkmal „Unfallort" beschriebenen räumlich-zeitlichen Zusammenhang großzügiger als bisher verstehen. Denn bei einer derartigen Ausweitung des Begriffs „Unfallort" hat sich der Unfallbeteiligte mitunter noch gar nicht unvorsätzlich vom Unfallort *entfernt* und wäre aus § 142 I Nr. 1 strafbar, wenn er die erforderlichen Feststellungen nicht ermöglichte.[1202] Eine solche Vorgehensweise ist jedoch abzulehnen, weil sie das verfassungsrechtliche Problem des „unvorsätzlichen" Entfernens nicht löst, sondern lediglich auf den Begriff des „Unfallorts" verlagert. Nach der hier vertretenen Auffassung ist die Wortlautgrenze des Begriffs „Unfallort" überschritten, wenn man z.B. die 200m vom eigentlichen Unfallgeschehen entfernte Kreuzung einbezöge. Entfernt sich somit ein Unfallbeteiligter unvorsätzlich vom eigentlichen Unfallort (man möge ihn auch als „unmittelbare Unfallstelle" bezeichnen), macht er sich nach der hier vertretenen Auffassung nicht wegen unerlaubten Entfernens vom Unfallort strafbar, und zwar weder nach § 142 I noch nach § 142 II.[1203] Selbstverständlich bleibt eine Strafbarkeit aus anderen Delikten (fahrlässige Tötung, fahrlässige Körperverletzung, Gefährdung des Straßenverkehrs etc.) hiervon unberührt.

687c
- Erfreulicherweise hat sich jüngst auch der **BGH** diesen Bedenken angeschlossen und entschieden, dass der Tatbestand des 142 II Nr. 2 nicht erfüllt sei, wenn der Täter den eigentlichen Unfallort unvorsätzlich verlässt, später an einem anderen Ort (Warten vor roter Ampel) vom Unfall erfährt und sich von diesem Ort dann entfernt.[1204]

688
d. Des Weiteren ist fraglich, ob § 142 II den Fall erfasst, dass sich der Täter nicht durch eigenes willensgetragenes Verhalten, sondern etwa infolge von **Bewusstlosigkeit** (Abtransport mit dem Rettungswagen) oder **Zwangseinwirkung** vom Unfallort entfernt bzw. entfernt wird (s.o.). Muss der Täter in einem solchen Fall die erforderlichen Feststellungen unverzüglich nachholen? Diese Frage wird teilweise bejaht mit der Folge, dass sich der Täter bei entsprechender Unterlassung aus § 142 II strafbar macht.[1205] Nach der hier vertretenen Auffassung liegt keine Strafbarkeit aus § 142 II vor, wenn der Täter die Ermöglichung nachträglicher Feststellungen unterlässt. Denn § 142 I spricht von „Sichentfernen" vom Unfallort. Wer jedoch aufgrund von Bewusstlosigkeit oder *vis absoluta* vom Unfallort fortgebracht wird, entfernt sich nicht, sondern wird entfernt. Eine nicht willensgetragene oder zwangsweise Entfernung vom Unfallort begründet daher keine nachträglichen Feststellungspflichten.[1206]

688a
e. Davon zu unterscheiden ist die Konstellation, in der der Täter zunächst in strafrechtlich nicht relevanter Weise den Unfallort verlässt, sodann an den Unfallort **zurückkehrt**, um dann wiederum erneut (diesmal in strafrechtlich relevanter Weise) **den Unfallort verlässt**.[1207]

Beispiel: Autofahrer T kollidiert an der Kreuzung mit einem Gefahrguttransporter. Es entsteht ein großer Brand, der den Einsatz eines großen Feuerwehr- und Bergungseinsatzes erforderlich macht. Da T kurz bewusstlos wird, wird er in ein nahe gelegenes Krankenhaus verbracht. Doch schon nach einigen Minuten erwacht T und beschließt, an den Unfallort zurückzukehren, um der Polizei seine Unfallbeteiligung zu offenbaren. Er verlässt heimlich das Krankenhaus, steigt in ein Taxi und lässt sich an den Unfallort bringen. Als er dort das

---

[1202] In diese Richtung geht OLG Düsseldorf NZV 2008, 107 f., auch wenn es im konkreten Fall aufgrund der *erheblichen* zeitlichen Distanz zum Unfallgeschehen den räumlich-zeitlichen Zusammenhang verneint hat. Ganz ähnlich OLG Hamburg NJW 2009, 2074 f.

[1203] Ablehnend auch *Dehne-Niemann*, Jura 2008, 135, 140; *Küper*, NStZ 2008, 597, 602; *Mitsch*, JuS 2010, 303, 305 f.

[1204] BGH NStZ 2011, 209, 210 mit Bespr. v. *Jahn*, JuS 2011, 274.; vgl. auch *Rittig*, NZV 2013, 561, 564.

[1205] So BayObLG NJW 1982, 1059; zust. *Fischer*, § 142 Rn 42 ff.

[1206] Wie hier Sch/Sch-*Sternberg-Lieben*, § 142 Rn 46; *Joecks/Jäger*, § 142 Rn 76 ff.; SK-*Rudolphi*, § 142 Rn 40a; Lackner/Kühl-*Kühl*, § 142 Rn 25; *Mitsch*, JuS 2009, 341, 342.

[1207] Davon, dass auch diese Konstellation prüfungs- und examensrelevant ist, geht auch *Mitsch*, JuS 2009, 341, aus.

Straßenverkehrsdelikte – Unerlaubtes Entfernen vom Unfallort (§ 142)

Ausmaß des Unfalls erblickt, entschließt er sich, doch lieber seine Unfallbeteiligung nicht zu offenbaren. Er gibt dem Taxifahrer die Anweisung, ihn nach Hause zu fahren.

Hier hat T zunächst straflos den Unfallort verlassen, da er im bewusstlosen Zustand abtransportiert wurde (es fehlt insoweit schon an einer strafrechtlich relevanten Handlung). T hat sich also nicht „entfernt" i.S.d. § 142 I. Daher treffen ihn insoweit auch keine Nachholpflichten gem. § 142 II, nachdem er im Krankenhaus erwacht ist. Denn die in § 142 II genannten Pflichten setzen gerade voraus, dass sich der Täter zuvor entfernt hat.

Fraglich kann allenfalls sein, ob in dem erneuten Verlassen des Unfallortes, nachdem T an diesen zurückgekehrt war, ein unerlaubtes Entfernen vorliegt, ob also die zunächst erloschene Feststellungs- und Wartepflicht nach § 142 I wieder auflebt. Das ist richtigerweise zu verneinen. Denn § 142 I fordert einen zeitlich-räumlichen Zusammenhang des Verlassens mit dem vorangegangenen Unfall. Dieser Zusammenhang ist nicht mehr gegeben, wenn ein Unfallbeteiligter zunächst vom Unfallort entfernt wurde, später an den Unfallort zurückkehrt und sodann diesen (erneut) verlässt.

T hatte also, als er an den Unfallort zurückkehrte, keine Feststellungs- und Wartepflicht mehr. Diese konnte er daher auch nicht verletzen, indem er den Unfallort (erneut) verließ. Und weil er auch in diesem Fall keine Pflichten mehr besaß, musste er diese auch nicht gem. § 142 II nachholen. T ist mithin nicht strafbar aus § 142.

3. Tathandlung ist das **Unterlassen des unverzüglichen Nachholens** der Feststellungspflicht. Unverzüglich bedeutet, dass kein vorwerfbares Verzögern der Nachholpflicht vorliegen darf.[1208] Auf welche Weise die Nachholpflicht erfolgt, ist unerheblich, § 142 III S. 1 enthält nur beispielhaft zwei Möglichkeiten (*Benachrichtigung des Berechtigten* und *Mitteilung an eine nahe gelegene Polizeidienststelle*), die als Minimalvoraussetzungen zu verstehen sind und deren Erfüllung jedenfalls ausreicht.[1209] Fraglich ist, ob der Verpflichtete zwischen diesen beiden Möglichkeiten frei wählen darf oder ob irgendwelche Einschränkungen zu beachten sind. **689**

- Teilweise wird vertreten, dass das Unverzüglichkeitsgebot keinerlei Auswirkungen auf die Wahlmöglichkeit des Verpflichteten habe.[1210] Demnach würde sich der Verpflichtete nicht aus § 142 II strafbar machen, wenn er diejenige Möglichkeit wählt, die im Vergleich zu der nicht gewählten eine (zeitliche) Verzögerung der Feststellungen mit sich bringt. **690**

- Die h.M. sieht in zutreffender Weise das **Wahlrecht unter dem Vorbehalt der Unverzüglichkeit i.S.d. § 142 II**.[1211] Das bedeutet, dass der Unfallbeteiligte von vornherein nur den Weg der Nachholung der erforderlichen Feststellung beschreiten darf, der im Vergleich zu anderen in Betracht kommenden Wahlmöglichkeiten dem Unverzüglichkeitsgebot gerecht wird. Dies wird regelmäßig die Polizei sein, wenn er den Geschädigten nicht unverzüglich erreichen kann. **691**

4. Subjektiv gilt dasselbe wie für § 142 I. **692**

Zusammenfassung: **693**

Der Tatbestand des § 142 II ist erfüllt, wenn sich der Unfallbeteiligte

- nach Ablauf der in § 142 I Nr. 2 normierten Wartezeit (§ 142 II Nr. 1)
- oder berechtigt oder entschuldigt

vom Unfallort (§ 142 II Nr. 2) entfernt hat **und** die Mindestfeststellungen i.S.v. § 142 I Nr. 1 nicht unverzüglich nachträglich ermöglicht.

Das Gleiche gilt, wenn der Täter trotz formaler Gelegenheit, die Feststellungen zu ermöglichen, die Feststellungen absichtlich vereitelt (§ 142 III).

[1208] Lackner/Kühl-*Kühl*, § 142 Rn 26.
[1209] BGHSt 23, 138, 141.
[1210] Sch/Sch-*Sternberg-Lieben*, § 142 Rn 70; LK-*Geppert*, § 142 Rn 139.
[1211] BGHSt 29, 138; *Fischer*, § 142 Rn 54/56; Lackner/Kühl-*Kühl*, § 142 Rn 26; *Joecks/Jäger*, § 142 Rn 88 ff.

III. Rechtswidrigkeit und Schuld

694 Vgl. insbesondere das zu § 315c Gesagte. In Betracht kommt vor allem die rechtfertigende **Einwilligung**. In diesem Zusammenhang ist jedoch fraglich, ob eine Einwilligung des Geschädigten überhaupt möglich ist. Eine Einwilligung setzt nämlich die Dispositionsbefugnis des Geschädigten über das Rechtsgut voraus. Daran fehlt es, wenn durch die Strafvorschrift ein Rechtsgut der Allgemeinheit (z.B. §§ 153 ff. – Straftaten gegen die staatliche Rechtspflege, §§ 315c, 316 – Verkehrsstraftaten oder § 306a – schwere Brandstiftung) geschützt ist. § 142 steht im 7. Abschnitt des StGB über die Straftaten gegen die öffentliche Ordnung. Das spricht gegen eine Dispositionsbefugnis des Geschädigten. Dieses auf den ersten Blick plausible Argument greift allerdings nicht durch, da auch § 123 im 7. Abschnitt eingeordnet ist und es hinsichtlich des Hausfriedensbruchs nahezu einhellige Auffassung ist, dass der Hausrechtsinhaber durch Einverständnis den Tatbestand oder doch zumindest durch Einwilligung die Rechtswidrigkeit ausschließen kann. Mit Blick auf das von § 142 geschützte *private* Interesse der Unfallbeteiligten und Geschädigten an möglichst umfassender Aufklärung des Unfallhergangs zum Zweck der Sicherung von Schadensersatzansprüchen muss daher eine Disponibilität des Geschädigten über das Schutzgut möglich sein.

IV. Absehen von Strafe (§ 142 IV)

695 Die **Strafzumessungsregel** des § 142 IV sieht die Möglichkeit vor, von der Strafe abzusehen, wenn der Täter nachträglich bestimmte Feststellungen freiwillig ermöglicht. Dazu muss es sich jedoch zunächst um einen Unfall **außerhalb des fließenden Verkehrs** gehandelt haben. Erfasst werden damit in erster Linie Kollisionen mit **parkenden** Fahrzeugen.[1212] Des Weiteren darf es sich nur um einen **unbedeutenden Sachschaden** handeln (der jedoch die eingangs erwähnte Bagatellgrenze von 25,- € überschritten haben muss, denn sonst wäre bereits der Tatbestand des § 142 nicht einschlägig); die Grenze dürfte derzeit bei **1.300,- €** liegen.[1213] Schließlich muss der Unfallbeteiligte innerhalb von **24 Stunden nach dem Unfall** (und nicht etwa nach Vollendung des Delikts) **freiwillig** die Feststellungen ermöglicht haben (zum Freiwilligkeitskriterium vgl. die Ausführungen bei *R. Schmidt*, AT, Rn 704 ff., 722 ff.). Das Risiko, früher entdeckt zu werden, trägt der Verkehrsunfallflüchtige.[1214]

V. Beihilfe

695a Grundsätzlich kann nach Vollendung einer Haupttat Beihilfe (§ 27 I) nicht mehr geleistet werden. Bei Delikten, bei denen jedoch zwischen (formeller) Vollendung und (materieller) Beendigung unterschieden wird (das betrifft namentlich Delikte mit überschießender Innentendenz wie §§ 242, 249 sowie § 263), ist jedenfalls nach der Rechtsprechung in Abweichung von dem soeben genannten Grundsatz sukzessive Beihilfe möglich.[1215] Unterscheidet ein Delikt also nicht zwischen diesen beiden Stadien, sondern findet seinen Abschluss mit der Vollendung, kann daraus gefolgert werden, dass nach Vollendung keine Beihilfe mehr möglich ist, sondern (lediglich) Begünstigung (§ 257) bzw. Strafvereitelung (§ 258). Handelt es sich bei § 142 also um ein Delikt, das seinen tatsächlichen Abschluss bereits dann gefunden hat, wenn der Täter das Merkmal des „unerlaubten Entfernens" verwirklicht hat, dürfte auch hier keine Beihilfe mehr anzunehmen sein, wenn der Täter im weiteren Fluchtverlauf „Fluchthilfe" erhält. Das OLG Karlsruhe ist jedoch der Auffassung, dass das Sich-Entfernen erst ende, wenn der flüchtende Unfallbeteiligte sich durch das Absetzen vom Unfallort endgültig in Sicherheit – vor Feststellun-

---

[1212] Vgl. BT-Drs. 13/9064, S. 10; *Himmelreich/Lessing*, NStZ 2000, 299.
[1213] Vgl. bereits die die 6. Aufl. 2007; wie hier nun auch *Xanke*, Praxiskommentar Straßenverkehrsrecht, 2009, § 69 Rn 20; *Himmelreich/Halm*, NStZ 2009, 373, 375; a.A. LG Frankfurt Der Verkehrsanwalt 2008, 145: 1400,- €; AG Saalfeld DAR 2005, 52: 1500,- €.
[1214] Lackner/Kühl-*Kühl*, § 142 Rn 38.
[1215] Siehe dazu *R. Schmidt*, AT, Rn 1112.

Straßenverkehrsdelikte – Unerlaubtes Entfernen vom Unfallort (§ 142)

gen zugunsten Feststellungsberechtigter – gebracht habe. Das sei (jedenfalls) der Fall, wenn mit seiner Identifikation nicht mehr zu rechnen sei.[1216] Beihilfe zum unerlaubten Entfernen vom Unfallort ist von diesem Standpunkt aus also auch dann noch möglich, wenn sich der Täter bereits unerlaubt von der Unfallstelle entfernt hat.

Stellungnahme: Diese Auffassung ist mit Blick auf Art. 103 II GG abzulehnen. Ist die sukzessive Beihilfe bei Delikten mit überschießender Innentendenz, bei denen zwischen Vollendung und Beendigung unterschieden wird, schon problematisch genug, ist die Grenze des Art. 103 II GG bei Delikten, die diese Unterscheidung nicht kennen, erst recht überschritten. Bei § 142 zwischen Vollendung und Beendigung zu unterscheiden und die „Beendigungsphase" auf die weitere Fluchtphase zu erstrecken, wo es nichts mehr an Tatbestandsmerkmalen zu verwirklichen gibt, nur um sukzessive Beihilfe zulassen zu können, überzeugt nicht und ist abzulehnen.

VI. Konkurrenzen

Häufig liegt bereits bei der Verursachung eines Unfalls ein strafbares Verhalten vor. In Betracht kommen insbesondere §§ 315b, 315c, 316, 229 und 222. Entfernt sich der Täter nach Verwirklichung eines dieser Delikte unerlaubt vom Unfallort, macht er sich aus § 142 strafbar, wobei (aufgrund eines neuen Tatentschlusses zur Verkehrsunfallflucht) regelmäßig von Tatmehrheit (Realkonkurrenz) zu den Vortaten auszugehen ist.

696

Wurde eine Person verletzt und entfernt sich der Täter vom Unfallort, ohne sich um die Person zu kümmern, steht § 142 in Idealkonkurrenz zu § 323c I (Unterlassungseinheit). Möglich ist auch ein tateinheitliches Zusammentreffen des § 142 mit §§ 211, 212 (jeweils durch Unterlassen, § 13), etwa wenn der Täter durch den Unfall garantenpflichtig geworden ist und den Verletzten mit Tötungsvorsatz zurücklässt. Leistet der Verkehrsunfallflüchtige Widerstand gegen Polizeibeamte, die ihn festhalten wollen, ist Idealkonkurrenz mit § 113 gegeben. Zwischen § 142 I und II ist Wahlfeststellung möglich.

[1216] OLG Karlsruhe NStZ-RR 2017, 355.

F. Vollrausch (§ 323a)

697 Insbesondere wenn (in der Fallbearbeitung) bei den §§ 315b, c, 316 und § 21 StVG die *Schuldfähigkeit* wegen akuter Intoxikation verneint werden musste und der Täter auch nicht in Verbindung mit den Grundsätzen der ***actio libera in causa*** (*a.l.i.c.*) bestraft werden kann, ist gutachtlich sodann (aber auch nur dann) auf § 323a einzugehen. Grundüberlegung dieses (Auffang-)Tatbestands ist, dass der Rausch isoliert betrachtet strafrechtlich irrelevant ist. Auch eine in einem Rauschzustand begangene rechtswidrige Tat kann – sofern diesbezüglich die Schuldunfähigkeit nach § 20 ausgeschlossen war – gerade wegen der Schuldunfähigkeit strafrechtlich nicht sanktioniert werden. Um die Allgemeinheit gleichwohl vor der generellen Gefährlichkeit des Rauschzustands zu schützen, ist die Vorschrift des § 323a geschaffen worden. Gegenstand des Schuldvorwurfs ist daher allein das vorsätzliche oder fahrlässige Herbeiführen eines solchen – nach der Bewertung des Gesetzes stets für die Allgemeinheit abstrakt gefährlichen – Zustands. § 323a ist mithin ein **abstraktes Gefährdungsdelikt**.[1217] Darüber hinaus ist die Tat ein **eigenhändiges Delikt**. Nur wer sich selbst in den Zustand der Schuldunfähigkeit begibt, kann Täter sein. Dadurch scheiden (arbeitsteilige) Mittäterschaft und mittelbare Täterschaft von vornherein aus. Zur Teilnahme vgl. Rn 713.

698
> **Hinweis für die Fallbearbeitung:** Kommt in einer Klausur § 323a in Betracht, empfiehlt es sich, zunächst die Rauschtat zu prüfen (z.B. die oben behandelten Straßenverkehrsdelikte; aber auch Tötungs- und Körperverletzungsdelikte stehen nicht selten in diesem Zusammenhang[1218]). Ist hier volle oder verminderte (§ 21) Schuldfähigkeit sicher zu bejahen, ist die (gedankliche) Prüfung beendet. Der Täter ist dann aus dem verwirklichten Delikt zu bestrafen. Ist hingegen Schuld<u>un</u>fähigkeit (§ 20) gegeben oder nach dem Grundsatz *in dubio pro reo* nicht auszuschließen, wird weiter geprüft, ob die Rauschtat unter dem Gesichtspunkt der *a.l.i.c.* erfasst werden kann. Ist dies der Fall, tritt § 323a subsidiär zurück. Für dessen Prüfung ist dann kein Raum. Wird hingegen mit der hier vertretenen Auffassung die *a.l.i.c.* aus verfassungsrechtlichen Gründen (siehe *R. Schmidt*, AT, Rn 510 ff.) abgelehnt oder liegen deren Voraussetzungen nicht vor (fehlende psychische Verbindung zwischen der Defektbegründungshandlung und der späteren Defekttat), <u>muss</u> das Täterverhalten schließlich nach § 323a gewürdigt werden.

699 Strukturell ist § 323a ein aus zwei Elementen zusammengesetztes Delikt, der Berauschung und der Rauschtat. Die *Berauschung* ist ein objektives Tatbestandsmerkmal; sie muss darüber hinaus rechtswidrig und schuldhaft begangen werden. Dagegen ist die *Rauschtat* nach h.M. eine objektive Strafbarkeitsbedingung; sie muss demnach nicht von der Schuld umfasst sein. Ausreichend und erforderlich ist eine „rechtswidrige Tat" (§ 11 I Nr. 5), die also nur tatbestandsmäßig und rechtswidrig zu sein braucht. Da (Tatbestands-)Vorsatz und Fahrlässigkeit Bestandteile des Tatbestands sind, müssen diese vorliegen. Aus diesen Überlegungen heraus empfiehlt sich folgender Aufbau:

[1217] Vgl. *Renzikowski*, ZStW 112, 475, 509; Lackner/Kühl-*Heger*, § 323a Rn 1.
[1218] Vgl. nunmehr auch *Krack/Schwarzer*, JuS 2008, 140, 143.

Vollrausch (§ 323a)

Vollrausch (§ 323a)

I. Tatbestand

Vorprüfung: Zunächst muss (durch eine entsprechende gutachtliche Prüfung) positiv festgestellt werden, dass die Strafbarkeit der Rauschtat wegen definitiver Schuldunfähigkeit (§ 20) oder bei Zweifeln diesbezüglich nach dem Grundsatz *in dubio pro reo* ausgeschlossen ist. Sodann ist danach zu fragen, ob etwas anderes unter Anwendung der Figur der **actio libera in causa** zu gelten hat. Denn kann die Rauschtat unter dem Gesichtspunkt der *a.l.i.c.* erfasst werden, ist für § 323a kein Raum (Auffangtatbestand!). Lediglich, wenn die Voraussetzungen der *a.l.i.c.* nicht vorliegen oder man diese Rechtsfigur mit der hier vertretenen Auffassung aus verfassungsrechtlichen Gründen schlichtweg ablehnt, ist Raum für eine Prüfung des § 323a.

1. Objektiver Tatbestand
a. Tatsubjekt (**eigenhändiges Delikt**)
b. Tathandlung: Das **Sichberauschen**
c. Eintritt des Erfolgs: **Rausch**, d.h. das definitive Vorliegen der Schuldunfähigkeit oder ein Zustand, bei dem die Schuldunfähigkeit nicht auszuschließen ist, aber mindestens eine verminderte Schuldfähigkeit (§ 21) vorliegt
d. Verbindung zwischen Handlung und Erfolg (Kausalität)

2. Subjektiver Tatbestand
Vorsatz oder **Fahrlässigkeit** hinsichtlich des Sichberauschens

3. Objektive Strafbarkeitsbedingung: Rauschtat
Begehen einer rechtswidrigen (nicht schuldhaften!) Tat im Zustand des Rausches. Auch ein Versuch kann eine Rauschtat sein.

II. Rechtswidrigkeit und III. Schuld
Die Berauschung muss rechtswidrig und schuldhaft herbeigeführt worden sein.

IV. Teilnahmeprobleme
Mittäterschaft oder mittelbare Täterschaft an § 323a sind nicht möglich. Ob wenigstens eine Teilnahme möglich ist, wird unterschiedlich beantwortet. Ganz überwiegend wird jedoch eine Teilnahme für möglich erachtet. An der Rauschtat ist jedenfalls Beteiligung möglich. In Betracht kommt insb. mittelbare Täterschaft mit dem Rauschtäter als Tatwerkzeug.

I. Tatbestand

1. *Tathandlung* ist das **Sichversetzen** eines **Schuldfähigen** in einen **Rausch**, d.h. in einen Zustand akuter Intoxikation, bei dem die Steuerungsfähigkeit zumindest erheblich vermindert ist, und zwar entweder durch Zusichnehmen **alkoholischer Getränke** oder **anderer berauschender Mittel**.[1219]   **700**

> **Beispiele** von anderen berauschenden Mitteln sind: Kokain, Heroin, Morphium, Opium, Ecstasy, Amfetamine und deren Derivate.
>
> Auch durch Zusammenwirken von Alkohol bzw. anderen berauschenden Mitteln mit Medikamenten, welche die Alkoholwirkung steigern, kann der Rausch herbeigeführt werden. Allerdings kann bei Medikamenten, die zum Zwecke der Heilbehandlung eingesetzt wurden, die Tat gerechtfertigt sein.[1220]

Jemand, der bereits im Zeitpunkt des Sichversetzens in den Rauschzustand schuldunfähig ist, kann also die Tat von vornherein nicht begehen.   **701**

[1219] Vgl. BGH NJW 2004, 3356 f.; BGHSt 32, 48, 53; SK-*Wolters/Horn*, § 323a Rn 3; Sch/Sch-*Hecker*, § 323a Rn 7.
[1220] Vgl. Sch/Sch-*Hecker*, § 323a Rn 6.

Vollrausch (§ 323 a)

702 Vermeintlich problematisch ist es, wenn **nicht festgestellt** werden kann, ob der Täter (im Zeitpunkt der Rauschtat) wirklich schuldunfähig gewesen ist oder dies lediglich nicht ausgeschlossen werden kann. Es kommen drei Möglichkeiten in Betracht:

- der Täter war schuldunfähig (§ 20),
- der Täter war vermindert schuldfähig (§ 21),
- der Täter war trotz Einnahme berauschender Mittel uneingeschränkt schuldfähig.

703 Ob in einem Fall der Unklarheit über die Schuldunfähigkeit des Täters im Zeitpunkt der Rauschtat der Straftatbestand des § 323a anwendbar ist, war lange Zeit umstritten. Denn bis zum 31.12.1974 lautete die Gesetzesfassung: „..., weil er infolge des Rausches schuldunfähig war". Das Gesetz forderte damit offenbar die definitive Schuldunfähigkeit des Täters im Zeitpunkt der Rauschtat.

> **Beispiel:** A hat im betrunkenen Zustand B erschlagen. Anschließend ist er geflüchtet. Als man ihn erst zwei Tage später fassen kann, ist nicht mehr feststellbar, ob er im Zeitpunkt der Tötung schuldunfähig (§ 20) oder vermindert schuldfähig (§ 21) gewesen ist. Wegen des Grundsatzes *in dubio pro reo* kann A jedenfalls nicht aus der Rauschtat (also aus einem Tötungsdelikt) bestraft werden. Prinzipiell müsste dies (nach der alten Rechtslage) auch für § 323a gelten, denn wenn die Möglichkeit besteht, dass T lediglich vermindert schuldfähig war, gilt insoweit ebenfalls der Grundsatz *in dubio pro reo*, sodass § 323a an sich ausscheidet. Gleichwohl hat die Rspr. – um Strafbarkeitslücken zu schließen – schon frühzeitig auch in Fällen, in denen wegen des Zweifelssatzes der Täter von der rechtswidrigen (Rausch-)Tat freigesprochen werden musste, wegen Vollrauschs verurteilt.[1221]

704 Mit der seit dem 1.1.1975 geltenden Neufassung der Strafnorm, in der der Gesetzgeber den Tatbestand um eine Variante „oder weil dies nicht auszuschließen ist" erweitert hat, ist diese Strafbarkeitslücke beseitigt. Das Gesetz bestätigt also die Ansicht der genannten frühen Rspr. des BGH. § 323a findet seitdem jedenfalls dann Anwendung, wenn ein Zustand der Schuldunfähigkeit (§ 20) definitiv feststeht oder ein solcher nicht ausgeschlossen werden kann, aber zumindest die Voraussetzungen der verminderten Schuldfähigkeit (§ 21) erfüllt sind. Zu beantworten bleibt demnach nur noch die Frage, ob § 323a auch dann eingreift (ob also von einem „Rausch" i.S.d. § 323a gesprochen werden kann), wenn noch nicht einmal die verminderte Schuldfähigkeit feststeht, oder – anders formuliert – ob § 323a Anwendung findet, wenn nicht ausgeschlossen werden kann, dass der Täter im Zeitpunkt der Rauschtat sogar uneingeschränkt schuldfähig gewesen ist.

705 **Beispiel:** Bei A des obigen Beispiels steht zwar fest, dass er zuvor einiges an Alkohol getrunken hatte. Im Nachhinein kann aber nicht festgestellt werden, ob er im Zeitpunkt der Tötungshandlung uneingeschränkt schuldfähig, vermindert schuldfähig oder schuldunfähig gewesen ist. Strafbarkeit des A?

Da eine Strafbarkeit aus einem Tötungsdelikt zumindest eine verminderte Schuldfähigkeit voraussetzt, bei A aber nicht ausgeschlossen werden kann, dass dieser sogar schuldunfähig gewesen ist, darf er wegen des Zweifelssatzes nicht aus einem Tötungsdelikt bestraft werden. Möglicherweise greift aber der Auffangtatbestand des § 323a. Dazu müsste A infolge seines Rausches schuldunfähig gewesen oder dies dürfte zumindest nicht ausgeschlossen sein. Die Schuldunfähigkeit kann nicht festgestellt werden. Ob die Formulierung „oder weil dies nicht auszuschließen ist" in § 323a auch den Fall erfasst, wenn sogar das Stadium der verminderten Schuldfähigkeit nicht mit Sicherheit festgestellt werden kann, ist umstritten.

[1221] Vgl. nur BGH GSSt 9, 390, 398.

Vollrausch (§ 323 a)

⇨ Einige[1222] nehmen einen „Rausch" i.S.d. § 323a auch dann an, wenn nicht festgestellt werden kann, dass der Zustand des § 21 vorlag. Erforderlich sei lediglich die Feststellung, dass – aus biologischer Sicht – überhaupt ein Rauschzustand vorgelegen hat. Dass dieser die Grenze des § 21 erreicht haben muss, gehe aus der Gesetzesformulierung nicht hervor. Folgt man dieser Auffassung, hätte A sich aus § 323a strafbar gemacht.

⇨ Dagegen verlangt insbesondere die Rechtsprechung[1223], dass definitiv feststeht, dass der Täter im Zeitpunkt der Rauschtat zumindest den Zustand des § 21 erreicht hat. Da dies vorliegend nicht mit Sicherheit festgestellt werden kann, müsste A nach der Rechtsprechung infolge des Zweifelssatzes freigesprochen werden.

Stellungnahme: Der zuerst genannten Auffassung ist zuzugeben, dass der nur möglicherweise vermindert schuldfähige Täter nicht bessergestellt werden darf als derjenige, dem wenigstens eine verminderte Schuldfähigkeit nachzuweisen ist. Andererseits steht nur mit der definitiven Feststellung des Zustands des § 21 zugleich fest, dass der Täter trotz seiner verminderten Schuldfähigkeit in einem Zustand gehandelt hat, in dem nach genereller Erfahrung die Gefahr strafrechtlicher relevanter Ausschreitungen besteht. Eine Unterschreitung dieser Mindestgrenze würde in den Tatbestand des § 323a auch ungefährliches, möglicherweise völlig vorwurfsfreies Verhalten einbeziehen. Steht also noch nicht einmal fest, dass der Täter sich i.S.d. § 323a berauscht hat, muss *in dubio pro reo* ein Schuldspruch aus § 323a ausscheiden. Mit der Rechtsprechung ist A (sofern keine Wahlfeststellung zwischen § 323a und dem Tötungsdelikt angenommen werden kann, siehe sogleich) also freizusprechen.

> **Hinweis für die Fallbearbeitung:** Zu einer guten Examensvorbereitung gehört es, mit dem Problem dieser „Unklarheit" des Tatbestands umgehen zu können. Es wäre ein Fehler, der Problematik ausweichen zu wollen. Insbesondere darf in einen unklar umschriebenen Sachverhalt die Schuldunfähigkeit nicht leichtfertig hineininterpretiert werden. Unklarheiten in diesem Bereich sind gewollt, um eine differenzierte Auseinandersetzung mit ihnen zu ermöglichen. Sollte man sich der hier vertretenen Ansicht anschließen und beim Täter im Zeitpunkt der Rauschtat zumindest eine verminderte Schuldfähigkeit (§ 21) fordern, führt dies gleichwohl nicht zwingend zur Straflosigkeit des Täters. Denn denkbar ist durchaus eine Wahlfeststellung zwischen § 323a und der im Rausch begangenen Tat.[1224]

706

2. Als Vorwerfbarkeitsform sieht das Gesetz **Vorsatz** oder **Fahrlässigkeit** vor. Diese beziehen sich aber nur auf die Herbeiführung des Rausches selbst. Der Täter handelt *vorsätzlich*, wenn er weiß oder in Kauf nimmt, dass er durch die Rauschmittel in den Zustand einer nicht mehr auszuschließenden Schuldunfähigkeit gerät. *Fahrlässig* handelt der Täter, wenn er die Folge des Rauschmittels hätte erkennen müssen und können; bei gleichzeitiger Einnahme von Medikamenten und Alkohol muss er mit einer erheblichen Steigerung der alkoholischen Intoxikationswirkung rechnen. Demgemäß entscheidet sich die Frage, ob der Täter wegen vorsätzlicher oder fahrlässiger Begehung des § 323a strafbar ist, nach seinem Verschulden am Rausch, nicht danach, ob die Rauschtat vorsätzlich oder fahrlässig begangen worden ist.[1225]

707

> **Hinweis für die Fallbearbeitung:** Liegt *Fahrlässigkeit* vor, erfolgt der Deliktsaufbau dennoch wie bei der Vorsatztat. Anstelle des subjektiven Tatbestands sind die objektive Sorgfaltspflichtverletzung und die objektive Voraussehbarkeit des Rausches zu prüfen. Später in der Schuld sind anstelle der Vorsatzschuld die subjektive Sorgfalts-

708

[1222] *Fischer*, § 323a Rn 4; SK-*Wolters/Horn*, § 323a Rn 16; Sch/Sch-*Hecker*, § 323a Rn 8a; LK-*Spendel*, § 323a Rn 154.
[1223] BGH NJW 2004, 3356 f.; BGH NJW 1970, 1370; OLG Zweibrücken NZV 1993, 488; Lackner/Kühl-*Heger*, § 323a Rn 4; W/H/E, BT 1, Rn 1139; *Rengier*, BT II, § 41 Rn 22.
[1224] Vgl. BGH NJW 2004, 3356 f. (keine Wahlfeststellung zwischen § 323 und § 316); Lackner/Kühl-*Heger*, § 323a Rn 5; zum Institut der Wahlfeststellung vgl. *R. Schmidt*, AT, Rn 54.
[1225] Sch/Sch-*Hecker*, § 323a Rn 10.

291

pflichtverletzung und die subjektive (d.h. die individuelle) Voraussehbarkeit des Rausches zu ermitteln.

709 **3.** *Objektive Strafbarkeitsbedingung* ist die im Rausch begangene rechtswidrige Tat (**Rauschtat**), auf die sich – wie bereits erwähnt – weder Vorsatz noch Fahrlässigkeit des Täters im Zeitpunkt der Herbeiführung des Rausches zu beziehen brauchen. Die Rauschtat muss nach § 323a eine rechtswidrige Tat (§ 11 I Nr. 5) sein, aus der deshalb nicht bestraft werden kann, weil nicht ausgeschlossen werden konnte, dass der Täter zu *dieser* Zeit schuldunfähig war.

710 **Hinweis für die Fallbearbeitung:** Daraus folgt, dass hinsichtlich der Rauschtat alle objektiven und subjektiven Tatbestandsmerkmale verwirklicht werden müssen. Insbesondere müssen bei Vorsatzdelikten der **Vorsatz** und – soweit erforderlich – auch bestimmte Absichten wie die Zueignungsabsicht bei §§ 242 oder 249 zu bejahen sein. Unterliegt der Rauschtäter einem Tatbestandsirrtum, der nach § 16 I S. 1 zum Vorsatzausschluss führt, ist er nur bei Existenz eines entsprechenden Fahrlässigkeitstatbestands strafbar! Gleiches gilt, wenn der Rauschtäter sich in einem Erlaubnistatbestandsirrtum befindet und man sich der Auffassung des BGH anschließt, der in einem solchen Fall den Vorsatz ausschließt (Rn 242). Ebenso entfällt eine Rauschtat, wenn der Täter **gerechtfertigt** ist. Zu beachten ist aber, dass eine Rechtfertigung auch bei einem Volltrunkenen subjektive Rechtfertigungselemente erfordert. Aus der Systematik der Verbrechenslehre folgt weiterhin, dass eine Rauschtat nicht vorliegen kann, wenn der Rauschtäter **entschuldigt** ist (z.B. Nötigungsnotstand nach § 35). Diese Schlussfolgerung ist konsequent, da er auch im schuldfähigen Zustand nicht strafbar wäre. Im schuldunfähigen Zustand kann nichts anderes gelten. Ein unvermeidbarer Verbots- oder Erlaubnisirrtum (§ 17), ein Entschuldigungstatbestandsirrtum (§ 35 S. 2) oder ein Notwehrexzess (§ 33) werden aber nur dann berücksichtigt, wenn sie dem Täter auch im schuldfähigen Zustand unterlaufen wären.

711 Als Rauschtat kommt auch ein **Versuch** in Betracht, sofern der Täter nicht strafbefreiend (vgl. § 24) zurückgetreten ist.[1226] Begeht der Täter mehrere Rauschtaten, müssen keine Konkurrenzen gebildet werden, weil sie nur - sofern sie während *desselben* Rausches begangen worden sind - unselbstständige Bestandteile einer einzigen Bestrafung nach § 323a sind.

II. Rechtswidrigkeit und III. Schuld

712 Neben der vorsätzlichen oder fahrlässigen Erfüllung des objektiven Tatbestands (also der Herbeiführung der Berauschung) muss der Täter nach den allgemeinen Grundsätzen die Berauschung auch rechtswidrig und schuldhaft herbeigeführt haben. Das folgt schon aus dem Tatbestandscharakter der Vorschrift.

IV. Teilnahme

713 Auch im Bereich von Täterschaft und Teilnahme ist zu unterscheiden zwischen

(1) der Beteiligung am Delikt des § 323a und
(2) der Beteiligung an der im Rausch begangenen Tat.

714 Zu (1) – **Beteiligung am Delikt des § 323a**: Für den Bereich des Delikts des § 323a ist *Mittäterschaft* schon begrifflich ausgeschlossen. Auch *mittelbare Täterschaft* scheidet aus, da die Tat ein eigenhändiges Delikt ist.[1227] Sehr strittig ist dagegen, ob *Teilnahme* am Vollrausch möglich ist.

[1226] Wie hier nun auch *Krack/Schwarzer*, JuS 2008, 140, 143.
[1227] Vgl. SK-*Wolters/Horn*, § 323a Rn 9; Lackner/Kühl-*Heger*, § 323a Rn 17.

Vollrausch (§ 323a)

Beispiel: Gastwirt G schenkt T alkoholische Getränke aus, bis dieser den Zustand des § 20 erreicht. In diesem Zustand beteiligt T sich an einer Schlägerei (§ 231). Ist G wegen Anstiftung oder Beihilfe zum Vollrausch strafbar?

⇨ Ein Teil der Literatur verneint eine Teilnahmemöglichkeit aus den gleichen Wertungsgesichtspunkten wie die mittelbare Täterschaft. Sinn des § 323a sei es, *nur* dem Täter die Pflicht der Selbstkontrolle aufzuerlegen. Anderenfalls würde eine unüberschaubare Ausdehnung des Bereichs des strafbaren Verhaltens eintreten, insbesondere für Wirte und Zechgenossen.[1228] Folgt man dieser Auffassung, wäre G nicht aus §§ 323a, 26 bzw. §§ 323a, 27 I strafbar.

⇨ Ganz überwiegend wird jedoch eine Teilnahme für möglich erachtet.[1229] Da es sich bei dem Rauschzustand aber um ein strafbegründendes besonderes persönliches Merkmal handelt, wendet die h.M. § 28 I an mit der Folge der (im Fall des § 27 doppelten) obligatorischen Strafmilderung gem. § 49 I. Demzufolge wäre eine Strafbarkeit des G aus §§ 323a, 26 bzw. §§ 323a, 27 nicht ausgeschlossen, wobei seine Strafe im Fall der Strafbarkeit doppelt gemildert würde.

Stellungnahme: Für die zuerst genannte Auffassung spricht, dass es auf den ersten Blick durchaus befremdend erscheint, Gastwirte und Zechkumpane strafrechtlich für das Verhalten Betrunkener verantwortlich zu machen. Bei näherer Betrachtung wird aber klar, dass die Verantwortlichkeit für das Verhalten Dritter dem Strafrecht nicht fremd ist. So ist auch der Garant i.S.d. § 13 für das Verhalten desjenigen, den er zu beaufsichtigen hat, verantwortlich. Überdies wird die strafrechtliche Verantwortung bereits dadurch begrenzt, dass die Teilnahme eine *vorsätzliche* Haupttat voraussetzt, der Rausch aber regelmäßig lediglich fahrlässig herbeigeführt wurde. Der h.M. ist somit zu folgen. Geht man bei T davon aus, dass dieser sich lediglich fahrlässig berauscht hat, ist G auch bei Befolgung der h.M. nicht wegen Teilnahme am Vollrausch strafbar.

Zu (2) – **Beteiligung an der Rauschtat**: An der *Rauschtat* ist dagegen unstreitig strafbare Beteiligung möglich. Insbesondere kann auch ein mittelbarer Täter den Schuldunfähigen als Werkzeug benutzen.

715

[1228] So Lackner/Kühl-*Heger*, § 323a Rn 17; *Ranft*, JA 1983, 239, 244.
[1229] So BGHSt 10, 247, 248 ff.; Sch/Sch-*Hecker*, § 323a Rn 9; SK-*Wolters/Horn*, § 323a Rn 9; *Schroeder*, JuS 2004, 312, 313; *Joecks/Jäger*, § 323a Rn 31.

G. Unterlassene Hilfeleistung (§ 323c I)

716 Bei der Hilfspflicht, deren Unterlassen gem. § 323c I mit Strafe bedroht ist[1230], handelt es sich nicht etwa um eine Erfolgsabwendungspflicht, sondern um eine auf dem **Solidarprinzip beruhende allgemeine Handlungspflicht.**[1231]

717 Rechtsgüter des § 323c I sind die durch die Tatsituation gefährdeten **Individualrechtsgüter** des Betroffenen (v.a. Leben und Gesundheit). Strafgrund ist jedoch das Allgemeininteresse daran, der Solidarpflicht in Notlagen anderer nachzukommen.[1232] Für die Fallbearbeitung bietet sich folgende Prüfung an:

Unterlassene Hilfeleistung (§ 323c I)

I. Tatbestand

1. Objektiver Tatbestand

   a. Täterqualifikation: keine Einschränkung des Täterkreises („Jedermannsdelikt")

   b. Tatsituation: Unglücksfall, gemeine Gefahr oder Not

   Unglücksfall ist jedes plötzlich eintretende Ereignis, das erhebliche Gefahren für Menschen oder (jedenfalls bedeutenden) Sachen hervorruft oder hervorzurufen droht.[1233] Typische Beispiele sind Unfälle und schwere Krankheiten. Ein Schaden muss noch nicht eingetreten sein. Daher ist der Tatbestand auch dann verwirklicht, wenn der Täter z.B. ein Kleinkind erblickt, das in der 3. Etage eines nicht gesicherten Rohbaus spielt, und nicht eingreift, sondern stattdessen einfach weitergeht oder -fährt in der Annahme, es gehe ihn nichts an.
   Ob ein Unglücksfall vorliegt, ergibt sich aus der Ex-post-Betrachtung, also nach den objektiven Gegebenheiten unter Einbeziehung auch erst nachträglich bekannt gewordener Tatsachen. War der Verunglückte also im Zeitpunkt der unterlassenen Hilfeleistung bereits tot, ist der Unterlassende auch dann nicht strafbar, wenn er dachte, der Verunglückte würde noch leben und Hilfe bedürfen. Wenn allerdings der Verunglückte noch lebt, bleibt es selbst dann bei einem Unglücksfall, wenn sich später herausstellen sollte, dass der Tod von Anfang an unabwendbar war. Zur Frage, ob ein Suizidversuch einen Unglücksfall darstellt, Rn 205 f.

   Gemeine Gefahr ist ein Zustand, dem die naheliegende (also konkrete) Gefahr für Leib und Leben unbestimmt vieler Personen oder bedeutender Sachwerte innewohnt (etwa Naturkatastrophen wie Erdbeben oder Überschwemmungen, aber auch Brände, Trinkwasserknappheit etc.).

   Gemeine Not ist eine erhebliche Notlage der Allgemeinheit[1234], wobei sich die gemeine Not begrifflich nicht trennscharf von der gemeinen Gefahr abgrenzen lässt.

   c. Tathandlung: Unterlassen einer erforderlichen, möglichen und zumutbaren Hilfeleistung

   Hilfeleisten ist die mit dem Ziel der Abwehr weiterer Schäden vorzunehmende Tätigkeit.

   Erforderlich ist die Hilfeleistung, wenn die sich aus der Tatsituation ergebende Gefahr nicht unerheblicher Schäden von Personen oder Sachen von bedeutendem Wert besteht und die Hilfeleistung geeignet und notwendig ist, diese Schäden abzuwenden. Die Situation ist (anders als der Unglücksfall) ex ante aus der Sicht ei-

---

[1230] Zu § 323c II, der ein Tätigkeitsdelikt beschreibt, vgl. sogleich Rn 718.
[1231] Zur Rechtsnatur des § 323c I als echtes Unterlassungsdelikt vgl. *R. Schmidt*, AT, Rn 763/820 ff.
[1232] Vgl. nur BGHSt 14, 213, 215.
[1233] Vgl. BGHSt 3, 65; 6, 147; *W/H/E*, BT 1, Rn 1152.
[1234] Sch/Sch-*Hecker*, § 323c Rn 8.

nes verständigen Beobachters zu beurteilen. Daher ist ein Hilfeleisten nicht erforderlich, wenn es aus der Sicht eines verständigen Beobachters offensichtlich **sinnlos** wäre („keine Rettung nicht rettbarer Verletzter"). An der Erforderlichkeit der Hilfeleistung fehlt es auch, wenn andere bereits Hilfe leisten und der Täter nicht wirksamer oder schneller Hilfe leisten kann. Die Hilfspflicht entfällt weiterhin, wenn der Hilfsbedürftige die erforderliche Hilfe **ablehnt**. Voraussetzung ist aber, dass der Hilfsbedürftige auch über das gefährdete Rechtsgut verfügen kann. Dies soll nach h.M. auch für (konkrete) Lebensgefahren gelten, da sonst § 323c I eine Ermächtigung und Pflicht zu Zwangsbehandlungen beinhalten würde.[1235] Als Beispiel kann der Fall genannt werden, in dem sich ein Patient in akuter Lebensgefahr befindet und die lebensrettende Operation verweigert. Da Heilbehandlungen grds. der Einwilligung bedürfen, verstieße es grds. gegen das Selbstbestimmungsrecht, den Patienten gegen seinen Willen zu behandeln. Daher macht sich der Arzt jedenfalls dann nicht wegen § 323c I strafbar, wenn der Entschluss des Patienten, sich nicht operieren zu lassen, frei von Willensmängeln geäußert wurde. (Prüfungsort der Problematik kann neben der Erforderlichkeit auch die Rechtswidrigkeit sein).

Mit **Möglichkeit** sind die physisch-realen (d.h. die tatsächlichen) Umstände gemeint, welche den Hilfsunwilligen dazu befähigen, die gebotene Handlung vorzunehmen.

Die **Zumutbarkeit** ist – anders als bei den unechten Unterlassungsdelikten – nach h.M. ein Tatbestandsmerkmal.[1236] Sie stellt im Wesentlichen auf rechtlichwertende Elemente ab. So ist eine Hilfeleistung ausweislich des Gesetzeswortlauts unzumutbar, wenn sich der Hilfsunwillige selbst **erheblichen Gefahren** aussetzen müsste oder er **andere wichtige Pflichten** verletzen würde.

Beispiel: Autofahrer A ist verunglückt und befindet sich bewusstlos im brennenden Auto. Dem vorbeikommenden Passanten T wäre es zwar physisch-real möglich, A aus dem Wagen zu helfen. Dazu müsste er sich aber in Lebensgefahr begeben oder zumindest schwere Körperverletzungen hinnehmen.

⇨ Hier ist eine Hilfeleistung wegen der damit verbundenen Folgen für T nicht zumutbar. Damit liegt eine Strafbarkeit aus § 323c I nicht vor. Eine solche läge aber vor, wenn T es unterließe, zumindest den Rettungsdienst zu alarmieren.

Ob die Gefahr, sich (oder nahe Angehörige) der **Strafverfolgung** auszusetzen, die Zumutbarkeit entfallen lässt, ist streitig. Zumutbar ist die Hilfeleistung jedenfalls noch dann, wenn der Hilfsunwillige den Unglücksfall selbst verursacht hat, sofern es sich um Straftaten *im Zusammenhang* mit dem Unglücksfall handelt. In anderen Fällen könnte man zwar mit der Selbstbelastungsfreiheit argumentieren, jedoch ist es durchaus möglich, zu helfen, ohne sich dabei der Gefahr der Strafverfolgung auszusetzen, etwa durch einen anonymen Anruf beim Rettungsdienst.

Eine andere wichtige Pflicht, die zum Ausschluss der Zumutbarkeit führt, ist z.B. die **Garantenpflicht** aus § 13.

Beispiel: Vater V fährt mit seinem 5-jährigen Sohn und dessen Freund mit einem Schlauchboot auf der Mitte eines Sees. Als das Boot leck schlägt, drohen beide Kinder zu ertrinken. V kann nur eines retten. Er entscheidet sich für seinen Sohn. Das andere Kind ertrinkt.

V könnte sich wegen unterlassener Hilfeleistung gem. § 323c I strafbar gemacht haben. Nach der gesetzlichen Regelung besteht die allgemeine Hilfspflicht aber nur dann, wenn die Hilfeleistung „ohne eigene Gefahr und ohne Verletzung anderer wichtiger Pflichten" möglich ist. Da eine Garantenpflicht jedenfalls dann eine andere wichtige Pflicht i.S.d. § 323c I darstellt, wenn sie zur Abwendung einer konkre-

---

[1235] Sch/Sch-*Hecker*, § 323c Rn 26.
[1236] BGHSt 17, 166, 170; *W/H/E*, BT 1, Rn 1156; Sch/Sch-*Hecker*, § 323c Rn 10.

Unterlassene Hilfeleistung (§ 323c I)

ten Lebensgefahr dient, hat V schon nicht den Tatbestand des § 323c I erfüllt.

    d. Taterfolg: Unterlassen der Hilfeleistung

2. Subjektiver Tatbestand: Vorsatz

Der Täter muss die Tatsituation sowie Umstände kennen, aus denen sich die Hilfspflicht ergibt.

II. Rechtswidrigkeit (allgemeine Regeln)

III. Schuld (allgemeine Regeln)

IV. Konkurrenzen

§ 323c I ist subsidiär, soweit der Hilfsunwillige wegen der aus dem Unglücksfall drohenden Schadensfolge als Täter oder Gehilfe eines entsprechenden vorsätzlichen Begehungs- oder unechten Unterlassungsdelikts strafbar ist. Ist nicht zu klären, ob der Hilfsunwillige sich in strafbarer Weise an der den Unglücksfall bildenden Straftat beteiligt hat, ist ein Rückgriff auf § 323c I möglich.[1237]

Gegenüber vorsätzlichen unechten Unterlassungsdelikten tritt § 323c I im Wege der Gesetzeskonkurrenz (Subsidiarität) zurück.

718 Demgegenüber handelt es sich bei der mit Gesetz v. 23.5.2017 eingefügten Tat nach § 323c II, wonach (wie gem. § 323c I) bestraft wird, wer in Situationen des § 323c I (also bei Unglücksfällen oder gemeiner Gefahr oder Not) eine Person behindert, die einem Dritten Hilfe leistet oder leisten will, um ein Tätigkeitsdelikt (und nicht – wie bei § 323c I – um ein Unterlassungsdelikt), da es nicht um ein Unterlassen einer Hilfeleistung geht, sondern – wie der Gesetzgeber ausführt – allein um die Behinderung einer Hilfe leistenden Person.[1238] Der Gesetzgeber nennt hierzu beispielhaft Tathandlungen wie die Beschädigung von technischem Gerät, das Versperren eines Wegs, das Nichtbeiseitetreten („Unfallgaffer"), das Blockieren von Notfallgassen und die Beeinträchtigung der Tätigkeit von Ärzten und Krankenhauspersonal in der Notaufnahme.[1239]

[1237] BGHSt 39, 164; BGH NStZ 1997, 127; *W/H/E*, BT 1, Rn 1159.
[1238] BT-Drs. 18/12153 S. 7.
[1239] BT-Drs. 18/12153 S. 7.

Straftaten im Amt

6. Kapitel – Straftaten im Amt

A. Einführung

Die **Körperverletzung im Amt** (§ 340) und die **Strafvereitelung im Amt** (§ 258a) wurden bzw. werden bereits an anderer Stelle behandelt. Insoweit sei auf die Ausführungen bei Rn 423 ff. und 1118 ff. verwiesen. Vorliegend zu behandeln sind die Straftaten im Amt gem. §§ 331 ff. Diese stellen ein eigenes System von Straftaten dar. Deren Schutzgut ist im Einzelnen streitig. Im Kern geht es aber um den Schutz der Sachlichkeit, Unvoreingenommenheit, Unkäuflichkeit staatlicher Entscheidungen und die Autorität des Staates.[1240] Im Zuge der Europäisierung des Rechts sind §§ 331 ff. auch auf Bestechungsfälle mit EU-Auslandsbezug anwendbar.[1241] Ergänzend wirkt das Gesetz zur Bekämpfung internationaler Bestechung (IntBestG). Zunächst sei die Systematik vorgestellt:

719

- **§§ 331, 332 – Strafbarkeit des Amtsträgers:** Die Vorteilsannahme nach § 331 und die Bestechlichkeit nach § 332 kennzeichnen das passive Unrechtsverhalten des Amtsträgers. Hierbei handelt es sich um Sonderdelikte in der Form echter Amtsdelikte. Täter können nur der Amtsträger und die für den öffentlichen Dienst besonders Verpflichteten sein (jeweils Abs. 1) sowie Richter und Schiedsrichter (jeweils Abs. 2). § 331 I und § 332 I unterscheiden sich im Wesentlichen dadurch voneinander, dass § 331 I eine schlichte und sogar pflichtgemäße Dienstausübung genügen lässt, die den Anschein von Käuflichkeit erweckt. Auf eine konkrete Gefährdung des geschützten Rechtsguts (oder auf das Vorliegen eines Schadens) kommt es nicht an. § 331 ist mithin ein abstraktes Gefährdungsdelikt. Demgegenüber verlangt § 332 I, dass der Täter einen Vorteil für eine zumindest in groben Umrissen erkennbare konkrete Diensthandlung fordert, sich versprechen lässt oder annimmt. Bei § 332 I muss die Diensthandlung zudem pflichtwidrig sein, d.h. der Täter muss für die Diensthandlung rechtswidrig bzw. illegal handeln.[1242]

720

Vorteilsannahme, § 331 I	Bestechlichkeit, § 332 I
- abstraktes Gefährdungsdelikt (es genügt schlichte Dienstausübung, die den Anschein der Käuflichkeit erweckt; konkrete Gefährdung des Schutzgutes oder gar Schaden sind nicht erforderlich) - Auf Pflichtwidrigkeit der Dienstausübung kommt es nicht an (ist Diensthandlung aber pflichtwidrig, wird § 331 I von § 332 I verdrängt) - Innerlich ist eine Verknüpfung von Dienstausübung und Vorteilszuwendung erforderlich	- zumindest in groben Umrissen erkennbare Diensthandlung, bei der der Täter einen Vorteil fordert, sich versprechen lässt oder annimmt - Pflichtwidrigkeit der Diensthandlung (Rechtswidrigkeit bzw. Illegalität der Diensthandlung) - Innerlich ist eine Verknüpfung von Dienstausübung und Vorteilszuwendung erforderlich - Anders als bei § 331 I ist bei § 332 I der Versuch strafbar (§ 332 I S. 3)

- **§§ 333, 334 – Strafbarkeit des Vorteilsgebers:** Die Vorteilsgewährung nach § 333 und die Bestechung nach § 334 kennzeichnen das aktive Verhalten des Vorteilsgebers. Beide Normen bilden das spiegelbildliche Gegenstück zu den §§ 331, 332. Täter kann freilich jedermann (auch ein Amtsträger) sein. Wie bei §§ 331, 332 erfasst § 333 das pflichtgemäße und § 334 das pflichtwidrige Dienst- oder richterliche Handeln.

721

[1240] BGHSt 15, 88, 96; *Rengier*, BT II, § 60 Rn 7. Vgl. auch BT-Drs. 7/550, S. 269 und *Kuhlen*, JuS 2011, 673 ff.
[1241] Vgl. auch BR-Drs. 557/98, S. 267 - EU-BestechungsG; grundlegend *Korte*, wistra 1999, 81.
[1242] *Harriehausen*, NStZ 2013, 256, 257; *Fischer*, § 331 Rn 5-7.

B. Vorteilsannahme (§ 331)

722 Durch § 331 geschützt werden soll das Vertrauen der Allgemeinheit in die Sachgerechtigkeit, Neutralität und Nichtkäuflichkeit dienstlicher Handlungen.[1243] Bereits der Anschein von Käuflichkeit soll vermieden werden[1244]; es soll verhindert werden, dass die Öffentlichkeit berechtigte Zweifel an der Unparteilichkeit des Verwaltungshandelns hat[1245]. Dementsprechend sind eine konkrete Gefährdung des geschützten Rechtsguts oder gar ein Schaden nicht erforderlich[1246]; es genügt die abstrakte Gefährdung. Abzustellen ist darauf, wie die Öffentlichkeit von außen die Zusammenhänge bewertet. Das führt zu der Konsequenz, dass ein Fall des § 331 vorliegen kann, obwohl die Diensthandlung an sich pflichtgemäß bzw. rechtlich zulässig ist und auch der betreffende Amtswalter das Gefühl hat, nichts Unrechtes zu tun bzw. niemandem zu schaden.[1247]

723 § 331 I erfasst die Dienstausübung des Amtsträgers (oder einer ihm gleichgestellten Person), die den Anschein der Käuflichkeit erweckt. Hiermit ist nicht eine bestimmte Diensthandlung gemeint, die nachgewiesen werden müsste. Insoweit kommt dem § 331 I als abstraktes Gefährdungsdelikt eine Auffangfunktion zu. § 331 II erfasst die käufliche richterliche (§ 11 I Nr. 3) oder schiedsrichterliche (z.B. nach §§ 1025 ff. ZPO) Handlung, die als Gegenleistung gewährt wird. Erforderlich ist ein quasi-synallagmatisches Beziehungsverhältnis in Form einer Unrechtsvereinbarung.[1248] Liegt eine solche Vereinbarung nicht nachweislich vor, ist (subsidiär) auf § 331 I zurückzugreifen.[1249]

I. Tatbestand

1. Objektiver Tatbestand

724 Täter der Vorteilsannahme können nur sein: ein (europäischer) **Amtsträger** i.S.v. § 11 I Nr. 2(a), ein Richter i.S.v. § 11 I Nr. 3, ein Mitglied eines Gerichts der Europäischen Union, ein Schiedsrichter oder eine dem Amtsträger nach § 11 I Nr. 4 gleichgestellte Person.[1250] § 331 ist damit ein echtes Sonderdelikt. Die Amtsträgereigenschaft muss durch (förmliche) Bestellung begründet werden, wobei es sich bei dem übertragenen Aufgabenbereich nicht unbedingt um eine gehobene oder besonders schwierige Tätigkeit handeln muss; es genügt eine gewisse selbstständige und eigenverantwortliche Tätigkeit.[1251] Eine bloß faktische Wahrnehmung öffentlicher Aufgaben genügt keinesfalls.[1252]

> **Beispiele:** Beamte (im statusrechtlichen Sinn), Angestellte oder Arbeiter im öffentlichen Dienst, Richter, Soldaten oder (sonstige) Personen, die in einem besonderen öffentlich-rechtlichen Amtsverhältnis stehen. Dazu zählen etwa Beliehene bzw. beliehene Unternehmer (z.B. TÜV) und ggf. Erfüllungsgehilfen der Verwaltung.

725 Die Eigenschaft als Amtsträger oder ihm gleichgestellte Person ist ein besonderes persönliches Merkmal i.S.d. § 28 I. Nichtamtsträger können lediglich Anstifter oder Gehilfen der Tat des Amtsträgers sein.

726 Unter einem **Vorteil** ist jede Leistung des Zuwendenden zu verstehen, die die materielle (Beispiel: Geldzahlung) oder immaterielle (Beispiele: Aufstiegschancen; Empfang sexueller Handlungen) Lage des Zuwendungsempfängers („eigennützige Vorteilsannahme")

[1243] BGH NJW 2011, 2558, 2559; BGHSt 47, 295, 303; vgl. auch *Harriehausen*, NStZ 2013, 256, 257.
[1244] BGH NStZ-RR 2007, 309; *Korte*, in: MüKo, § 331 Rn 118.
[1245] *Harriehausen*, NStZ 2013, 256, 257.
[1246] *Harriehausen*, NStZ 2013, 256, 258.
[1247] *Harriehausen*, NStZ 2013, 256, 258.
[1248] OLG Hamm NStZ 2002, 38; vgl. auch *Deiters*, NStZ 2003, 453 ff.
[1249] BT-Drs. 13/8079, S. 15.
[1250] Vgl. dazu auch BGH NJW 2016, 1398, 1399 (zur Amtsträgereigenschaft von angestellten Schulsekretären i.S.v. § 11 I Nr. 2 lit. c)).
[1251] BGH NJW 2016, 1398, 1399.
[1252] BGH NJW 2016, 1398, 1399.

Straftaten im Amt

oder des Dritten („fremdnützige Vorteilsannahme") objektiv verbessert und auf die die Amtsperson oder der begünstigte Dritte keinen Rechtsanspruch hat.[1253]

Beispiel: Die A-AG soll den neuen Bahnhof der B-Stadt bauen. Damit sich das Projekt lohnt, sollen ebenfalls mehrere Einkaufspassagen errichtet werden. Aber nicht nur in der Baubehörde werden Bedenken laut, sondern auch beim Denkmalschutz. Außerdem ist die geplante Ladenfläche viel zu groß, sodass sich letztlich auch der Einzelhandel in der B-City wortreich gegen die Errichtung wehrt.
Die A-AG möchte es allen recht machen: Der Bürgermeister bekommt einen BMW 745i als Firmenwagen dauerhaft kostenlos überlassen[1254]; dem Abteilungsleiter im Bauamt wird ein Kredit auf unbestimmte Zeit gestundet[1255], und da er ewig klamm ist, erhält er noch einen Nebenjob bei der A-AG[1256]; der Chef der Denkmalschutzbehörde wird zum Essen ins Adlon eingeladen[1257] und die Sekretärin im Amt für Stadtentwicklung erhält einen Satz Werbegeschenke[1258] und wird künftig vom Vorstandsvorsitzenden der A-AG mit dem Auto zur Arbeit gebracht.[1259]

Beispiele für immaterielle Vorteile sind: Gewährung des Geschlechtsverkehrs oder Duldung sexueller Handlungen[1260]; Einladung zur Jagd und das Inaussichtstellen von Karrierechancen und gesteigertem beruflichem Ansehen.[1261]

Teilweise wird der Vorteilsbegriff verneint, wenn es um übliche, unbedeutende Höflichkeiten des täglichen Lebens geht, so beim Anbieten einer Tasse Tee während einer Hausdurchsuchung oder einer Betriebsprüfung.[1262] Nach der hier vertretenen Auffassung schließen sozialadäquate Leistungen die Unrechtsvereinbarung aus (dazu Rn 730). **727**

Strafbar sind drei **Tathandlungen.** Der Amtsträger oder eine ihm gleichgestellte Person muss für seine Dienstausübung i.w.S. für sich oder einen Dritten einen Vorteil fordern, sich versprechen lassen oder annehmen. **728**

- **Fordern** ist das einseitige (ausdrücklich oder konkludent zum Ausdruck kommende) Verlangen einer Leistung.[1263]

  Der Aufgeforderte braucht das Begehren des sich käuflich zeigenden Amtsträgers nicht zu verstehen. Wenn er es verstanden hat, muss er dies nicht akzeptieren oder auf das Angebot eingehen.[1264]

  Beispiel: P, Präsident eines Rockerclubs, führt seine Harley beim TÜV vor, um die neue Schalldämpferanlage (die ihren Namen nicht wirklich verdient und daher auch nicht abnahmefähig ist) abnehmen zu lassen. Prüfer T erklärt sich bereit, die Anlage dennoch abzunehmen, macht P aber deutlich, dass dies etwas „extra" koste. Als rechtschaffener Bürger empört über dieses „dreiste" Vorgehen des T fährt P unverrichteter Dinge davon.

- **Sich-Versprechen-Lassen** ist die Annahme eines (auch nur bedingten) Angebots der späteren Zuwendung.[1265]

[1253] OLG Köln NStZ 2002, 35; BGH NStZ 2001, 425; BGHSt 31, 264, 269; 35, 128; 133; 47, 295, 304; BGH JR 2001, 314, 315; *Fischer*, § 331 Rn 11, 11a. Vgl. auch *Deiters*, NStZ 2003, 453 ff.; *Harriehausen*, NStZ 2013, 256, 258.
[1254] Sch/Sch-*Heine/Eisele*, § 331 Rn 18.
[1255] BGHSt 16, 40, 46.
[1256] RGSt 77, 7578; OLG Köln NStZ 2002, 35, 36 (für die Erweiterung von Arbeitsmöglichkeiten durch Drittmittel).
[1257] Vgl. BGH GA 1967, 154 f.
[1258] Bei Werbegeschenken kann auch ein Handeln im Rahmen der Sozialadäquanz liegen, was regelmäßig von der Werthaltigkeit und dem Umfang der Zuwendung abhängig zu machen ist.
[1259] Bei Gefälligkeiten ist die Abgrenzung zur Zuwendung besonders schwierig und stets eine Tatfrage.
[1260] BGH StV 1994, 527; BGH NStZ-RR 2002, 272.
[1261] OLG Karlsruhe NJW 2001, 907; OLG Hamburg StV 2001, 284; BGH NJW 1985, 2656.
[1262] Vgl. dazu entsprechend BGHSt 31, 264, 279; BGH NStZ 2002, 272.
[1263] BGHSt 8, 214, 215; 15, 239, 239; Sch/Sch-*Heine/Eisele*, § 331 Rn 22; Lackner/Kühl-*Heger*, § 331 Rn 7.
[1264] BGHSt 10, 237, 240.
[1265] BGHSt 10, 237, 240 f.; Lackner/Kühl-*Heger*, § 331 Rn 7.

Straftaten im Amt

Beispiel: P, Präsident eines Rockerclubs, führt seine Harley beim TÜV vor, um die neue Schalldämpferanlage abnehmen zu lassen. Prüfer T erklärt P, dass die Anlage nicht abnahmefähig sei und daher auch nicht abgenommen werden könne. Daraufhin erklärt P, dass er sich eine Abnahme auch „etwas extra kosten lassen" würde. T zeigt sich bereit, gegen Erhalt von Bargeld die TÜV-Abnahme durchzuführen.

▪ **Annehmen** bedeutet die tatsächliche Entgegennahme des Vorteils mit dem Willen der Ausnutzung im eigenen Interesse oder mit dem Willen, Dritten einen Vorteil zukommen zu lassen.[1266]

Beispiel: T des letzten Beispiels nimmt von P einen Umschlag mit 200,- € entgegen und steckt diesen ein. Ob hier auch ein Fall des § 332 vorliegt, der § 331 verdrängt, wird anhand der Ausführungen bei Rn 735 ff. deutlich.

729 Schließlich muss der Vorteil i.S.d. § 331 I für die **Dienstausübung** gewährt werden, ohne dass diese als Gegenleistung nachweisbar sein müsste. Gemeint ist die dienstliche Tätigkeit im Allgemeinen, nicht eine konkret bestimmte Handlung. Denn Schutzgut des § 331 I ist das Vertrauen der Allgemeinheit in die Unkäuflichkeit des Amtes (Rn 722). Die Tätigkeit muss aber eine solche sein, die der Täter im Rahmen des ihm übertragenen Aufgabenbereichs und in amtlicher Eigenschaft wahrnimmt.[1267]

730 § 331 I setzt schließlich eine **inhaltliche Verknüpfung von Diensthandlung und Vorteil** voraus (vgl. Wortlaut: „für die Dienstausübung"). Ob diese gegeben ist, muss anhand der Umstände des Einzelfalls im Rahmen einer Gesamtschau aller erkennbaren Indizien ermittelt werden.[1268] Es muss auf jeden Fall ein innerer Zusammenhang mit der Dienstausübung bestehen, der den Anschein der Käuflichkeit des Amtsträgers erweckt. Bei bloßen sozialadäquaten Zuwendungen wie Kaffee, Gebäck oder Kanapees während einer Besprechung oder sonstigen Bagatellbewirtungen, die aus Höflichkeit nicht abgeschlagen werden können, sollte ein Vorteil verneint werden. Bei Restauranteinladungen, Einladungen zu Firmenjubiläen mit großem Grillbuffet etc. handelt es sich aber nicht mehr um eine Bagatellbewirtung.[1269]

2. Subjektiver Tatbestand

731 Bedingter Vorsatz ist ausreichend. Geht der Amtsträger bspw. davon aus, es handele sich bei der Zuwendung um eine sozialadäquate Gefälligkeit, liegt ein Tatbestandsirrtum nach § 16 I S. 1 vor. Ein regelmäßig vermeidbarer Verbotsirrtum nach § 17 liegt etwa vor, wenn der Amtsträger den Wert der Zuwendung erkennt, aber davon ausgeht, die Annahme der Zuwendung sei sozialadäquat.[1270]

II. Rechtswidrigkeit, Genehmigung nach § 331 III

732 Hinsichtlich der Rechtswidrigkeit gelten zunächst die allgemeinen Grundsätze. Zu beachten ist jedoch auch die „Genehmigung" nach § 331 III hinsichtlich des Versprechenlassens und des Annehmens (nicht aber hinsichtlich des Forderns!). Die Rechtsnatur der „Genehmigung" ist umstritten. Abgegrenzt wird überwiegend danach, ob eine vorherige oder eine nachträgliche Zustimmung vorlag.[1271] Die vorher erteilte Zustimmung (Einverständnis) i.S.v. § 331 III Var. 1 wird überwiegend als Rechtfertigungsgrund betrachtet. Probleme ergeben sich hinsichtlich der nachträglichen Zustimmung (Genehmigung) i.S.v. § 331 III Var. 2, da das Strafrecht eine rückwirkende Rechtfertigung nicht kennt. Daher

---

[1266] RGSt 58, 263, 266.; *Joecks/Jäger*, § 331 Rn 8.
[1267] *Fischer*, § 331 Rn 6 f.
[1268] BGH NStZ 2005, 216; NStZ-RR 2007, 309; *Harriehausen*, NStZ 2013, 256, 259.
[1269] Die in Ausführung zu § 42 I BeamtStG ergangenen Verwaltungsvorschriften geben einen guten Überblick über Zuwendungen, die von den Diensterren als sozialadäquat angesehen werden.
[1270] Sch/Sch-*Heine/Eisele*, § 331 Rn 51; Lackner/Kühl-*Heger*, § 331 Rn 13.
[1271] Vgl. zum Meinungsstreit Sch/Sch-*Heine/Eisele*, § 331 Rn 45 ff.

wird die Genehmigung i.S.v. § 331 III Var. 2 als (bei der Schuld zu prüfender) Strafaufhebungsgrund angesehen.[1272]

III. Schuld

Es gelten die allgemeinen Grundsätze. Zum möglichen Verbotsirrtum vgl. bereits Rn 731.   **733**

IV. Teilnahme

Derjenige, der die Vorteile gewährt, ist *nicht* wegen Teilnahme (Anstiftung und Beihilfe)   **734**
zu § 331 strafbar. Dies ergibt sich aus dem abschließenden Charakter der §§ 333,
334.[1273]

C. Bestechlichkeit (§ 332)

I. Tatbestand

1. Objektiver Tatbestand

§ 332 ist eine Qualifikation zu § 331.[1274] Das geschützte Rechtsgut ist mit dem des § 331   **735**
identisch. § 332 setzt jedoch erschwerend voraus, dass der Amtsträger oder der ihm in
Bezug auf §§ 331 ff. gleichgestellte Verpflichtete (vgl. auch § 332 II: Qualifikation für
Richter oder Schiedsrichter) einen Vorteil für sich oder einen Dritten als Gegenleistung
dafür fordert, sich versprechen lässt oder annimmt, dass er eine Diensthandlung vorgenommen hat oder künftig vornimmt und dadurch seine Dienstpflichten verletzt hat oder
verletzen würde. Diese Tathandlungsvarianten entsprechen ebenso denen des § 331 wie
der Begriff des Vorteils (vgl. Rn 726-728). Ergänzend hinsichtlich des Forderns gilt § 332
III. Anders als bei § 331 muss bei § 332 die Diensthandlung aber pflichtwidrig sein. Der
Täter muss also bei Vornahme der Handlung Dienstpflichten verletzen, d.h. die Handlung
muss gegen das Gesetz (nach h.M. gegen straf- und dienstrechtliche Ge- und Verbote),
Dienstvorschriften oder Einzelanordnungen verstoßen.[1275] Diese Handlung muss zudem
bestimmt oder bestimmbar sein.

> **Beispiele: (1)** Staatsanwalt S lässt die Beweisunterlagen gegen ein Entgelt verschwinden. **(2)** Polizeipräsident P weiß, dass Polizeimeister M Drogen verkauft. Gegen Zusage einer Zuwendung unterlässt er es, Maßnahmen zu ergreifen, um M aus dem Dienst entfernen zu lassen.

Wie bei § 331 geht es auch bei § 332 um die Bekämpfung eines Beziehungsverhältnisses   **736**
in Form einer Unrechtsvereinbarung, allerdings mit dem Unterschied, dass bei § 332 eine
zumindest in groben Umrissen erkennbare konkrete Diensthandlung bestehen muss,
bei der der Täter einen Vorteil fordert, sich versprechen lässt oder annimmt (s.o.).

2. Subjektiver Tatbestand

Eventualvorsatz ist ausreichend. Im Fall des § 332 III Nr. 2 ist ein etwaiger geheimer   **737**
Vorbehalt, die Dienstpflichtverletzung nicht zu begehen, unbeachtlich.[1276]

II. Rechtswidrigkeit und III. Schuld

Es gelten die allgemeinen Grundsätze.   **738**

[1272] So BGHSt 31, 264, 285; Sch/Sch-*Heine/Eisele*, § 331 Rn 50; *W/H/E*, BT 1, Rn 1182. Anders Lackner/Kühl-*Heger*, § 331
Rn 14, der generell wohl von einem Rechtfertigungsgrund ausgeht.
[1273] BGHSt 37, 207, 212.
[1274] § 332 verdrängt somit § 311 in seinem Anwendungsbereich. Das gilt nach der hier vertretenen Auffassung auch für
den Versuch des § 332 im Verhältnis zum vollendeten § 331, zumal i.d.R. der Versuch des § 332 zugleich eine Vollendung
des § 331 darstellen dürfte.
[1275] BGHSt 15, 88, 92; *W/H/E*, BT 1, Rn 1187.
[1276] BGH NStZ 1984, 24.

301

Straftaten im Amt

IV. Besonders schwerer Fall der Bestechlichkeit (§ 335)

739 § 335 stellt eine Strafzumessungsvorschrift mit nicht abschließender Regelbeispielstechnik dar. Prüfungsstandort ist nach der Schuld. Bezüglich der Quasi-Tatbestände ergeben sich kaum Besonderheiten, sodass eine Herleitung nach den bekannten Grundsätzen (vgl. etwa die Ausführungen zu § 243) erfolgen kann. Probleme bereitet aufgrund seiner unbestimmten Aussage § 335 II Nr. 1. Teilweise wird ein Vorteil großen Ausmaßes (vgl. § 264 II Nr. 1) bereits bei Zuwendungen ab 5.000,- € angenommen.[1277] Dieser Auffassung sollte man sich nicht ohne weiteres anschließen. Der Betrag ist vielmehr in Relation zu den jeweiligen Einkünften des Täters und zur streitbefangenen Handlung sowie zu dem jeweiligen Projekt des Vorteilsgebers zu sehen.

D. Vorteilsgewährung (§ 333)

740 § 333 bildet das Gegenstück zu § 331. Er stellt das Verhalten des Vorteilsgebers unter Strafe. Die Tathandlungen entsprechen denen des § 331 somit spiegelbildlich. Das Anbieten entspricht dem Fordern, das Versprechen dem Versprechenlassen und das Gewähren dem Annehmen.[1278] Täter und Adressat müssen sich nicht unbedingt persönlich gegenübertreten, sodass indirekte Verbindungen mittels Kontaktpersonen ausreichen. Täter kann bei § 333 jedermann (also auch ein anderer Amtsträger) sein. Der Vorteilsgeber ist ausschließlich aus §§ 333 oder 334 zu bestrafen, ohne dass eine Teilnahme an §§ 331, 332 in Frage kommt (s.o.). Vollendet ist § 333 bereits mit den o.g. Tathandlungen, ohne dass es einer Ausführung bedarf.[1279] § 333 ist (wie § 331) eine Auffangfunktion beizumessen. Liegen die Voraussetzungen des § 334 (dazu sogleich) nicht vor, etwa wenn dem Vorteilsgeber nicht nachzuweisen ist, dass er von einem pflichtwidrigen Handeln ausging, muss § 333 geprüft werden.[1280] Inhaltlich bereitet § 333 keine weiteren Probleme, sodass auf die vorangegangenen Ausführungen verwiesen werden kann.[1281] Die Rechtswidrigkeit kann nach § 333 III ausgeschlossen sein, vgl. dazu die Ausführungen zu § 331 III.

E. Bestechung (§ 334)

741 § 334 ist eine Qualifikation zu § 333 und bildet das Gegenstück zu § 332. Voraussetzung ist somit eine pflichtwidrige Diensthandlung. Erfasst werden die bereits begangene Pflichtwidrigkeit, die Anstiftung sowie die versuchte Anstiftung zu künftigen Pflichtwidrigkeiten. Der Täter befindet sich in einem vorsatzausschließenden Tatbestandsirrtum, wenn er um die Pflichtwidrigkeit nicht weiß. In diesem Fall ist **§ 333 Auffangtatbestand**.[1282]

742 **§ 335** normiert einen besonders schweren Fall der Bestechung. Hierbei handelt es sich um eine Strafzumessungsvorschrift mit nicht abschließenden Regelbeispielen, sodass Prüfungsstandort nach der Schuld ist.

742a Keine Amtsdelikte sind die Bestechlichkeit und die Bestechung im geschäftlichen Verkehr gem. § 299, also Maßnahmen, die der Förderung eines beliebigen Geschäftszwecks dienen.

[1277] Lackner/Kühl-*Heger*, § 335 Rn 2. Enger Sch/Sch-*Heine/Eisele*, § 335 Rn 3, der 25.000,- € als Grenze ansieht. Kritisch gegenüber festen Zahlen *Joecks/Jäger*, § 335 Rn 2.
[1278] Lackner/Kühl-*Heger*, § 333 Rn 3; Sch/Sch-*Heine/Eisele*, § 333 Rn 3.
[1279] Sch/Sch-*Heine/Eisele*, § 333 Rn 9.
[1280] Prüfungsstandort ist dann bei § 334 der Vorsatz, der zu verneinen ist.
[1281] An der Norm werden nicht unerhebliche verfassungsrechtliche Bedenken geäußert, vgl. *W/H/E*, BT 1, Rn 1195.
[1282] Sch/Sch-*Heine/Eisele*, § 333 Rn 13.

Nötigung (§ 240)

7. Kapitel – Straftaten gegen die persönliche Freiheit

A. Nötigung (§ 240)

Rechtsgut des Nötigungstatbestands ist die **Freiheit der Willensentschließung und** **743** **Willensbetätigung**.[1283] Der Mensch soll frei entscheiden können, ob er etwas tun oder lassen (Dispositionsfreiheit) und wie er ggf. sein Tun gestalten will (Handlungsfreiheit i.e.S.). Wird er in der Ausübung einer dieser beiden Freiheiten behindert, ist das Rechtsgut des § 240 betroffen. Anderenfalls scheidet Nötigung aus (dazu Rn 779).

§ 240 ist als Willensbeeinflussungsdelikt in seiner Handhabung dynamisch. Im Mittelpunkt steht die stetige Anpassung des Nötigungstatbestands an wandelnde gesellschaftliche Verhältnisse unter Berücksichtigung der Grundrechte des Bürgers. Hier sind insbesondere Art. 5 I, 8 I und 9 III GG zu nennen, die dogmatisch in das System des § 240 einzubeziehen sind und über die Frage, ob eine (rechtswidrige) Nötigung vorliegt, maßgeblich mitentscheiden. Einen nicht unwesentlichen Anwendungsbereich des § 240 findet sich im Straßenverkehr, weil sich dort häufig angestaute Aggressionen (in Form von Drängeln, dichtem Auffahren[1284], abruptem Abbremsen, Ausbremsen, Zufahrt versperren etc.) entladen.

§ 240 ist folgendermaßen konstruiert: Der Täter setzt ein bestimmtes Mittel (Gewalt oder Drohung mit einem empfindlichen Übel) ein (= Nötigungshandlung). Dadurch wird das Opfer zu einer Handlung, einer Duldung oder einem Unterlassen genötigt (= Nötigungserfolg). Der Nötigungserfolg muss sich in einer Verengung der Dispositionsfreiheit oder der Handlungsfreiheit des Opfers konkretisieren. Der Taterfolg ist mit dem „angestrebten Zweck" i.S.d. § 240 II identisch. Ein etwaiger Fernzweck (z.B. die Verfolgung eines politischen Ziels wie der Ausstieg aus dem Braunkohleabbau) ist nach umstrittener Auffassung nicht zu berücksichtigen. Allein der angestrebte Nahzweck (z.B. die Blockierung des Werkstors) soll zu dem Nötigungsmittel in Relation gesetzt werden („Mittel-Zweck-Relation"). Daraus ergibt sich die Antwort auf die Frage nach der Verwerflichkeit der Nötigung. Es empfiehlt sich folgendes Prüfungsschema:

744

Nötigung (§ 240)

I. Tatbestand

1. Objektiver Tatbestand

a. Nötigungsmittel: Gewalt oder Drohung mit einem empfindlichen Übel

Die Bestimmung des Begriffs „**Gewalt**" ist sehr problematisch. Einerseits verlangt Art. 103 II GG eine einengende Interpretation, die auf eine Beschränkung der Tathandlung auf körperlich empfundenen Zwang hinausläuft. Andererseits verlangt der Opferschutz eine weite Auslegung, die auch einen rein psychisch wirkenden Zwang erfasst. Daher kann die Entscheidung, welches Täterverhalten noch als Gewalt i.S.v. § 240 anzusehen ist, im Einzelfall sehr schwierig und u.U. willkürlich sein. In der Klausur sollte i.d.R. jedoch folgende „Kurzdefinition" herangezogen werden, wonach unter Gewalt jeder durch körperliche Kraftentfaltung vermittelte Zwang zu verstehen ist, der auch beim Opfer körperlich (und nicht nur psychisch) wirkt und der Überwindung eines geleisteten oder erwarteten Widerstands dient. Besondere Probleme bereitet die Gewalt gegen Sachen, Gewalt gegen Dritte und Gewalt durch Unterlassen.

[1283] BGHSt 37, 350, 353; BVerfGE 73, 206, 237; 104, 92 ff.; BVerfG NJW 2007, 397, 398; *Sinn*, NJW 2002, 1024; Sch/Sch-*Eisele*, § 240 Rn 1; *Fischer*, § 240 Rn 2. Anders *Hruschka*, JZ 1995, 737, 743 und NJW 1996, 160, 162, der nur die Freiheit der Willensbetätigung als Schutzgut des § 240 sieht. Kritisch auch *Sinn*, JuS 2009, 577, 578 f. *Horn/Wolters* (SK, § 240 Rn 3) sehen nur die „rechtlich" geschützte Freiheit als Schutzgut an.

[1284] Vgl. dazu BVerfG NJW 2007, 1669 ff.

303

Nötigung (§ 240)

Drohung ist das Inaussichtstellen eines künftigen Übels, auf das der Drohende Einfluss hat oder zu haben vorgibt. Mit einem empfindlichen Übel wird gedroht, wenn der in Aussicht gestellte Nachteil von einer solchen Erheblichkeit ist, dass seine Ankündigung geeignet erscheint, den Bedrohten i.S. des Täterverlangens zu motivieren. Kernprobleme bilden hier das Drohen durch Unterlassen und die Drohung mit Unterlassen.

b. Nötigungserfolg: Tun, Duldung oder Unterlassung
Das Opfer muss zu einem Tun, einer Duldung oder einem Unterlassen veranlasst werden, wobei es entscheidend darauf ankommt, dass durch das Nötigungsmittel die Willensentschließung oder die Willensbetätigung eingeengt wurde.

c. Kausaler und nötigungsspezifischer Zusammenhang zwischen Nötigungsmittel und Nötigungserfolg

2. Subjektiver Tatbestand
Eventualvorsatz bzgl. des Nötigungsmittels und nach h.M. auch bzgl. des Nötigungserfolgs (nach a.A. Absicht bzgl. des Nötigungserfolgs)

II. Rechtswidrigkeit (§ 240 II)
(1) Nichteingreifen von Rechtfertigungsgründen
(2) Verwerflichkeit der Mittel-Zweck-Relation

III. Schuld

IV. Besonders schwerer Fall der Nötigung (§ 240 IV)

I. Tatbestand

1. Objektiver Tatbestand

a. Nötigungsmittel

745 Der Tatbestand nennt zwei Nötigungsmittel, *Gewalt* und *Drohung mit einem empfindlichen Übel*. Beide Nötigungsmittel können (mit Blick auf das Bestimmtheitsgebot des Art. 103 II GG) problematisch werden. Denn wie noch zu zeigen sein wird, ist der Begriff der Gewalt bei § 240 im Zuge einer umstrittenen „Vergeistigung" durch die Rechtsprechung aufgeweicht worden. Die Drohung mit einem empfindlichen Übel scheint von vornherein nahezu uferlos. Daher empfiehlt es sich, entweder beide Merkmale restriktiv auszulegen oder sie im Zweifel zu bejahen und die notwendigen Einschränkungen bei der Verwerflichkeitsprüfung nach § 240 II vorzunehmen. Dagegen ist für die juristische Fallbearbeitung ein Abspulen der (bei Rn 748 ff. aufgezeigten) historischen Entwicklung selten ratsam und wird auch nicht erwartet. Andererseits sind fundierte Ausführungen geboten, wenn es um Demonstrationen mit **Sitzblockaden** geht, also eine Grundrechtsrelevanz bzgl. Art. 5 I GG und/oder Art. 8 I GG auf der Hand liegt (vgl. näher Rn 784 und 796).

746 Gemeinsam ist beiden Nötigungsmitteln, dass sie eine aktuelle Zwangslage des Opfers auslösen. Im Unterschied zur Drohung, bei der das Opfer zu dem vom Täter erwünschten Verhalten motiviert werden soll, weil es den Eintritt des angekündigten Übels fürchtet, wird bei der Gewalt das Übel sogleich zugefügt. Dabei kann die Gewalt in zwei unterschiedlichen Erscheinungsformen auftreten[1285]:

- Sie kann zunächst durch unmittelbare körperliche Zwangseinwirkung, etwa durch Zusammenschlagen, so intensiv sein, dass sie die Gegenwehr des Opfers ganz ausschließt. In diesem Fall spricht man von *vis absoluta* (willensausschließende Gewalt).

- Gewalt kann aber auch vorliegen, wenn das Opfer nicht direkt durch Gewaltanwendung von einem Verhalten abgehalten, sondern durch ein Verhalten des Täters so beeinflusst

---

[1285] Vgl. auch BVerfGE 104, 92 ff.; BVerfG NJW 2007, 397, 398; *Sinn*, NJW 2002, 1024 und JuS 2009, 577, 580; *W/H/E*, BT 1, Rn 432 ff.; Lackner/Kühl-*Heger*, § 240 Rn 4.

304

Nötigung (§ 240)

wird, dass es zu einem bestimmten Verhalten veranlasst oder davon abgehalten wird. In diesem Fall spricht man von *vis compulsiva* (willensbeugende Gewalt).

Beispiele: Ein Geiselnehmer hat sich des Opfers bemächtigt und will es durch Schläge zu einer Aussage zwingen; ein Autofahrer fährt auf eine Person zu, die eine Parklücke freihält, um sie dazu zu bewegen, zur Seite zu springen

Die Gewalt der Handlungen liegt hier also darin, dass der Willen des Opfers gebeugt wird, indem ihm Übel zugefügt werden. Der Unterschied zur Drohung besteht darin, dass hier bereits unmittelbar Schmerzen oder andere Übel zugefügt werden. Bei der Drohung werden diese ja nur in Aussicht gestellt, um etwa bei der Nötigung, den Willen des Opfers zu beugen.

> **Hinweis für die Fallbearbeitung:** Die Unterscheidung zwischen absoluter und kompulsiver Gewalt ist für die Frage der Strafbarkeit zwar ohne Belang, da beide Arten von § 240 erfasst sind. Gleichwohl sollte eine Entscheidung - im Zweifel ohne Begründung - herbeigeführt werden, damit eine klare Linie erkennbar ist.

747

aa. Gewalt

a.) Herleitung des gegenwärtigen Gewaltbegriffs

Ausgangspunkt der Überlegung ist, dass das RG die Gewalt unter Hinweis auf den gewöhnlichen Sprachgebrauch auf die Entfaltung körperlicher Kraft zur Überwindung eines geleisteten oder erwarteten Widerstands beschränkte.[1286] Zentrales Merkmal der Reichsgerichtsdefinition war die **körperliche Kraftentfaltung**. Es gab jedoch Fälle, bei denen die Einwirkungshandlung auf das Opfer nicht diesem klassischen Gewaltbegriff entsprach, die aber als gleichwertig anzusehen waren. Die körperliche Kraftentfaltung wurde u.a. durch die zunehmende Technisierung der Gesellschaft ersetzbar (Abgabe von Schreckschüssen[1287]). Das simple Beibringen eines Narkosemittels gegenüber einem Schlafenden[1288] konnte hingegen nicht von dem Begriff der Gewalt umfasst werden. Das gab der Rechtsprechung Anlass zu einer (umstrittenen) Aufweichung des Gewaltbegriffs.

748

Zunächst erkannte die Rechtsprechung an, dass es für die Gewalt weniger auf die Intensität der Kraftentfaltung auf der Täterseite, als vielmehr auf die **Zwangseinwirkung** beim Opfer ankomme. Gewalt liegt danach vor, wenn der Täter durch – nicht notwendig erhebliche – körperliche Handlungen die Ursache dafür setzt, dass der wirkliche oder erwartete Widerstand des Angegriffenen durch ein unmittelbar auf dessen Körper einwirkendes Mittel gebrochen oder verhindert wird.[1289]

749

In einem weiteren Schritt wurde das Merkmal der (körperlichen) Zwangseinwirkung, an dem der BGH zumindest begrifflich lange festgehalten hatte, dadurch unterwandert, dass die psychosomatischen Wirkungen einer geäußerten Bedrohung, wie etwa die Nervenerregung beim Opfer, auch unter den Gewaltbegriff zu subsumieren waren. Nach diesem entmaterialisierten oder **vergeistigten** Gewaltbegriff setzt die Gewalt eine – nicht notwendig erhebliche – Kraftentfaltung voraus, durch die entweder physischer oder psychischer Zwang ausgelöst wird, den das Opfer als körperlichen Zwang empfindet. Körperlich wird ein psychischer Zwang empfunden, wenn das Opfer ihm überhaupt nicht, nur mit erheblicher Kraftentfaltung oder in unzumutbarer Weise begegnen kann.[1290]

750

[1286] RGSt 2, 184, 185; 56, 87, 88; 64, 113, 115; 73, 343, 344.
[1287] RGSt 60, 157, 158; 66, 353, 355.
[1288] Das RG verneinte eine Strafbarkeit nach § 240 mangels Kraftentfaltung, RGSt 58, 98. Vgl. auch BGHSt 1, 145, 146 (das vorliegende Beispiel wurde vom BGH für tatbestandlich erachtet). Das Opfer braucht auch grundsätzlich die Einwirkung (infolge Trunkenheit oder Bewusstlosigkeit) nicht zu bemerken, BGHSt 4, 210, 212. Auch nach heutiger Auffassung wäre eine Strafbarkeit nach § 240 vertretbar.
[1289] BGHSt 1, 145; 20, 194, 195 (Einschließen des Opfers).
[1290] BGHSt 23, 126, 127.

Nötigung (§ 240)

Beispiele: Bedrohung eines anderen mit einer Schusswaffe[1291]; dichtes Auffahren und Blinken auf der Autobahn zur Erzwingung der Freigabe der Überholspur[1292]; Erzwingen des Abbruchs einer Lehrveranstaltung durch gezielte Lärmentwicklung der Studenten[1293]

751 Logische Konsequenz dieser Entwicklung war, dass ein Sitzstreik auf Straßenbahnschienen als Gewalt angesehen wurde.[1294] Demonstrierende Studenten hatten sich auf den Gleiskörper der Straßenbahn gesetzt, um den Straßenbahnverkehr zu blockieren. Der BGH bejahte u.a. unter Verzicht auf das Erfordernis der Nervenerregung eine Nötigung mit Gewalt wegen der **gewichtigen psychischen Zwangseinwirkung** auf den Straßenbahnfahrer. Rein physisch betrachtet habe freilich kein Hindernis für eine Straßenbahn vorgelegen. Für die Abgrenzung zur Drohungsalternative sei nur die Gegenwärtigkeit der Übelzufügung entscheidend.

752 Ein (scheinbares) Machtwort hatte dann das BVerfG gesprochen. In Abweichung zu zwei früheren Entscheidungen[1295] hatte das BVerfG mit 5:3 Stimmen die „erweiternde Auslegung" des Gewaltbegriffs im Zusammenhang mit Sitzblockaden für verfassungswidrig (Verstoß gegen Art. 103 II GG) erklärt, soweit die Gewalt lediglich in körperlicher Anwesenheit besteht und die Zwangseinwirkung auf den Genötigten nur psychischer Natur ist.[1296] Das Problem der Entscheidung liegt in ihrer Einschränkung. Das BVerfG hat eben nicht den Gewaltbegriff definiert, sondern dies den Fachgerichten überlassen. Letztlich wurde nur eine konkrete Konstellation entschieden und auch nur für diese entfaltet das Urteil Bindungswirkung gem. § 31 BVerfGG.

753 Werden andere durch die bloße körperliche Anwesenheit von Menschen lediglich psychisch in ihrer Willensfreiheit beeinträchtigt, liegt demnach keine Gewalt vor.[1297]

754 Diese Auffassung wurde weitgehend kritisiert, zumal Sitzblockaden physische Hindernisse schaffen, mithin also durchaus körperlichen Zwang vermitteln.[1298] Ging man aber davon aus, mit der Entscheidung des BVerfG sei eine Sachfrage endgültig geklärt worden, wurde man kurze Zeit später enttäuscht. Denn der BGH kam in dem Fall, dass sich mehrere Kurden auf einer Autobahn versammelten und ein Verkehrschaos verursachten, überraschenderweise zu dem gleichen Ergebnis wie vor der Entscheidung des BVerfG.[1299] Der BGH nahm zwar die Grundsätze des BVerfG zur Grundlage seiner Überlegung und unterstellte, dass bei den Fahrern der zuerst anhaltenden Pkw infolge der bloß körperlichen Anwesenheit der Menschenmenge nur eine psychische Zwangslage und damit keine Nötigung vorgelegen hätten. Die nachfolgenden Pkw hätten hingegen anhalten müssen, da die vorderen Pkw ein unüberwindbares physisches Hindernis dargestellt hätten.[1300] Eine Strafbarkeit nach § 240 war nach Ansicht des BGH daher gegeben („**Zweite-Reihe-Rechtsprechung**"; nicht gerade einleuchtend und im Ergebnis sehr str.[1301]).

[1291] BGHSt 23, 126 ff.

[1292] BGHSt 19, 263 ff. (Autobahn-Fall).

[1293] BGH NJW 1982, 189, 190 (Störung von Lehrveranstaltungen).

[1294] BGHSt 23, 46 ff. (Laepple-Urteil), siehe auch OLG Köln NJW 1986, 333; OLG Düsseldorf StV 1987, 393; OLG Koblenz NJW 1988, 720.

[1295] BVerfGE 73, 206 ff. (1. Sitzblockadenentscheidung); 76, 211 ff.

[1296] BVerfGE 92, 1, 18 (2. Sitzblockadenentscheidung). Vgl nunmehr auch BVerfGE 104, 92 ff.; BVerfG NJW 2007, 397, 398; NJW 2011, 3020, 3021; OLG Düsseldorf NJW 1999, 2912 mit Anmerkung *Erb*, NStZ 2000, 200.

[1297] BGH NStZ-RR 2002, 236.

[1298] *Krey*, JR 1995, 265, 271 f.

[1299] BGHSt 41, 182, 183.

[1300] BGHSt 41, 182, 184 ff.

[1301] Ablehnend *Kniesel*, NJW 1996, 2606, 2610 („Taschenspielertrick" des BGH). Der Entscheidung des BGH folgend etwa *Krey/Jaeger*, NStZ 1995, 541, 542; OLG München NStZ-RR 1997, 241. Vgl. dazu auch *Sinn*, NJW 2002, 1024 f.; *ders.*, JuS 2009, 577, 580 f.; *Eisele*, JA 2009, 698, 699.

Nötigung (§ 240)

Sodann musste sich das BVerfG erneut mit der Auslegung des Gewaltbegriffs beschäftigen.[1302] Der erkennende *Erste Senat* hatte über Verfassungsbeschwerden zu entscheiden, die einige Demonstranten erhoben hatten, weil sie strafgerichtlich wegen Nötigung verurteilt worden waren. Sie hatten sich trotz eines zuvor erteilten Versammlungsverbots zusammengekettet und anschließend an das Haupttor des Baugeländes der geplanten Wiederaufbereitungsanlage Wackersdorf angekettet und so die Zufahrt blockiert. Das BVerfG hat die Verfassungsbeschwerden zurückgewiesen. Zwar sei (nach wie vor) zutreffend, dass allein psychischer Zwang für den Begriff der Gewalt nicht ausreiche, allerdings genüge zur Bejahung von Gewalt die Errichtung eines physischen Hindernisses, welches die Blockierer dadurch bewirkt hätten, dass sie sich im Fall „Wackersdorf" an das Haupttor angekettet bzw. im Fall „Autobahnblockade" ihre Fahrzeuge auf der Fahrbahn abgestellt hätten. Der Annahme der Gewalt i.S.d. § 240 stehe auch nicht das Grundrecht auf Versammlungsfreiheit (Art. 8 I GG) entgegen. Zwar entfalle nicht schon der Schutzbereich dieses Grundrechts, da das Anketten an das Haupttor und damit das Schaffen eines physischen Hindernisses nicht unfriedlich seien. Allerdings sei der Eingriff in das Versammlungsgrundrecht wegen Verwerflichkeit der Mittel-Zweck-Relation gerechtfertigt.[1303]

756
Mit dieser Entscheidung bejaht das BVerfG den Tatbestand der Nötigung, verlagert die Strafbarkeitsprüfung aber auf die Rechtfertigungsebene, indem es auf die Verwerflichkeit der Mittel-Zweck-Relation abstellt. Vgl. dazu ausführlich Rn 785 ff.

757
Die Literatur ist ähnlich uneinheitlich wie die Rechtsprechung. Verwunderlich ist, dass mehrheitlich verfassungsrechtlich bedenkliche Thesen vertreten werden, in denen ein *tatbestandlich* weiter Gewaltbegriff für praktikabel erachtet wird. Kennzeichnend für die Literatur ist, dass die Diskussion eher rechtsfolgenorientiert wirkt. Gewalt im Sinne der Freiheitsdelikte sei jedes Mittel, mit dem auf den Willen oder das Verhalten eines anderen durch ein gegenwärtiges empfindliches Übel eine Zwangseinwirkung ausgeübt werde.[1304] Die Grundrechtsrelevanz wird erst in der Mittel-Zweck-Relation (dazu sogleich) berücksichtigt.

758
Zusammenfassung: Rechtsprechung und Literatur ist es letztlich nicht gelungen, einen einheitlichen Gewaltbegriff zu definieren, was nicht zuletzt seine Ursache in der Unbestimmtheit und der vielen Interpretationsmöglichkeiten des Begriffs findet. Dennoch ist in einer Fallbearbeitung eine Definition erforderlich, um überhaupt eine Subsumtion vornehmen zu können. Jedenfalls in unproblematischen Fällen empfiehlt sich daher folgende Kurzdefinition:

759
Gewalt ist jeder durch körperliche Kraftentfaltung vermittelte Zwang, der auch beim Opfer körperlich (und nicht nur psychisch) wirkt und der Überwindung eines geleisteten oder erwarteten Widerstands dient.[1305]

760
> **Beispiele**, insb. aus dem Bereich des **Straßenverkehrs**: Da sich Verkehrsteilnehmer im Massenverkehr oft gegenseitig behindern oder gefährden, besteht Einigkeit darüber, dass nicht jeder vorsätzliche Regelverstoß im Straßenverkehr, der ein Nötigungselement enthält, quasi automatisch dem Nötigungstatbestand des § 240 unterfallen soll. Für solche Fälle stellt die Rechtsordnung ein abgestuftes System von Sanktionen bereit: Wer vorsätz-

---

[1302] Vgl. BVerfGE 104, 92 ff. (bestätigt durch BVerfG NJW 2007, 397 ff.) mit abl. Bespr. *Sinn*, NJW 2002, 1024 und krit. *Mittelsdorf*, JuS 2002, 1062. Vgl. aus jüngerer Zeit BVerfG NJW 2011, 3020 ff.
[1303] Allerdings darf nicht die Strafnorm des § 21 VersG übersehen werden. Danach macht sich strafbar, wer in der Absicht, nicht verbotene Versammlungen oder Aufzüge zu verhindern oder zu sprengen oder sonst ihre Durchführung zu vereiteln, Gewalttätigkeiten vornimmt oder androht oder grobe Störungen verursacht. Passive Resistenz, die darauf ausgerichtet ist, nicht verbotene Versammlungen gröblich zu stören, erfüllt demnach den Straftatbestand des § 21 VersG, auch wenn man § 240 StGB verneinen sollte.
[1304] Sch/Sch-*Eisele*, Vorbem §§ 234 ff. Rn 6; *Fischer*, § 240 Rn 8 ff.; SK-*Horn/Wolters*, § 240 Rn 9 ff.
[1305] Vgl. BVerfG NJW 2007, 397, 398.

307

Nötigung (§ 240)

lich gegen eine Verkehrsregel verstößt und dadurch einen anderen behindert, handelt regelmäßig nach § 49 StVO ordnungswidrig i.S.v. § 24 StVG. Begeht er dabei eine der „sieben Todsünden" im Straßenverkehr und führt das zu einem „Beinahe-Unfall", macht er sich nach § 315c wegen Gefährdung des Straßenverkehrs strafbar (Rn 596 ff.). Setzt er das von ihm geführte Kfz in verkehrsfeindlicher Einstellung bewusst zweckwidrig ein und führt das zu einem „Beinahe-Unfall", ist er nach § 315b wegen eines gefährlichen Eingriffs in den Straßenverkehr zu bestrafen (Rn 558 ff.). Ob daneben bestimmte andere Verhaltensweisen den Straftatbestand der Nötigung i.S.d. § 240 erfüllen, ist eine Frage des Einzelfalls und hängt von der Dauer und der Intensität der Zwangseinwirkung ab. Bejaht hat dies die Rspr. in folgenden Fällen: Straßensperren durch Pkw als Blockademittel[1306]; Mitschleifen des Opfers während der Fahrt mit einem Fahrzeug, um dieses am Entkommen zu hindern; beharrliches Linksfahren auf der Autobahn[1307]; dichtes, bedrängendes Auffahren auf den Vordermann bei gleichzeitigem Betätigen von Lichthupe und Signalhorn – auch innerorts[1308]; Ausbremsen auf der Autobahn und dichtes Auffahren zur Erzwingung der Überholmöglichkeit[1309]; massive Reduzierung der Geschwindigkeit, um den Fahrer eines dahinter fahrendes Fahrzeugs zu einer unangemessen niedrigen Geschwindigkeit zu zwingen[1310] oder ihn zu maßregeln; Blockieren eines Fahrzeugs bzw. einer Ausfahrt (sofern nicht der eigene Körper hierzu verwendet wird)[1311]. Fällen dieser Art sei gemeinsam, dass die Einwirkung auf den anderen Verkehrsteilnehmer nicht Folge, sondern Zweck des verbotswidrigen Verhaltens sei; der Erfolg – Freigeben der Fahrbahn durch den anderen, Bremsenmüssen oder Nicht-Überholen-Können des anderen – sei für den Täter das Ziel des Handelns. Das mache die Verwerflichkeit aus.[1312]

761   Dagegen soll **keine Gewalt** i.S.v. § 240 bspw. vorliegen bei andauerndem Hupen[1313], Antippen des Bremspedals ohne Bremswirkung[1314], Versperren von Ausfahrten, Pkw oder sonstigen Sachen mit dem eigenen Körper.[1315] Auch das Stellen in eine Parklücke, um diese für jemand anderes freizuhalten, stellt grds. keine Nötigung dar, jedenfalls dann nicht, wenn derjenige, für den die Parklücke freigehalten wird, ein Vorrecht auf die Parklücke hat.[1316] Bzgl. einer Parklücke hat gem. § 12 V S. 1 StVO Vorrang, wer sie zuerst unmittelbar erreicht; der Vorrang bleibt erhalten, wenn der Berechtigte an der Parklücke vorbeifährt, um rückwärts einzuparken, oder wenn sonst zusätzliche Fahrbewegungen ausgeführt werden, um in die Parklücke einzufahren. Steigt also bei Erreichen einer Parklücke der Mitfahrer aus und stellt sich in die Lücke, um den Fahrer einzuweisen, stellt dies keine Nötigung zulasten eines anderen Autofahrers dar, der ebenfalls die Parklücke erblickt hat und seinen Wagen dort abstellen möchte, dies aber nicht kann, weil die Parklücke blockiert ist.[1317] Wegen (versuchter) Nötigung strafbar macht sich aber dieser andere Autofahrer, der mit seinem Pkw sodann versucht, die in der Parklücke stehende Person wegzudrängen, oder diese tatsächlich wegdrängt.[1318] Das gilt übrigens selbst dann, wenn dieser andere Autofahrer das Vorrecht hätte. Denn auch an sich bevorrechtigte Verkehrsteilnehmer dürfen „nicht um jeden Preis" ihr Recht durchsetzen.[1319] Insbesondere das Zufahren mit dem Pkw auf einen Menschen ist ein dynamischer Krafteinsatz und führt beim Opfer zu einer physisch wirkenden Angstreaktion und damit zu einem körperlich wirkenden

---

[1306] BGHSt 41, 182; *Schmidt*, JuS 1995, 1134, 1135.
[1307] OLG Düsseldorf NStZ-RR 2000, 369.
[1308] BVerfG NJW 2007, 1669 f. Das ist nicht ganz unproblematisch, weil damit eine Strafbarkeit für einen Bereich begründet wird, für den der Gesetzgeber sonst nur eine Verkehrsordnungswidrigkeit vorgesehen hat. Zu beachten ist zudem, dass gem. § 5 V S. 1 StVO außerhalb geschlossener Ortschaften das Überholen durch kurze Schall- oder Leuchtzeichen angekündigt werden darf. Nicht jedes Hupen oder Blinken ist also tatbestandsmäßig!
[1309] BGH NJW 1995, 3131, 3133; OLG Köln NZV 1995, 405.
[1310] BayObLG NJW 2002, 628 f.; vgl. auch OLG Celle ZfS 2009, 173.
[1311] OLG Koblenz MDR 1975, 243 (Blockieren der Ausfahrt); OVG Saarlouis NJW 1994, 878.
[1312] OLG Düsseldorf NStZ 2008, 38.
[1313] OLG Düsseldorf NJW 1996, 2245.
[1314] OLG Köln NZV 1997, 318 mit Bespr. v. *Fahl*, JA 1998, 274.
[1315] OLG Düsseldorf NJW 1999, 2912; BGH NStZ-RR 2002, 236 (mit Verweis auf § 315b I Nr. 2).
[1316] BGH NStZ-RR 2002, 236; OLG Frankfurt a.M. NStZ-RR 2011, 110; *Fischer*, § 240 Rn 49; MüKo-*Sinn*, § 240 Rn 93.
[1317] Siehe den Fall AG Villingen-Schwenningen 29.8.2018 – 6 Cs 56 Js 1599/18 mit Bespr. v. *Hecker*, JuS 2019, 269.
[1318] Siehe den Fall AG Villingen-Schwenningen 29.8.2018 – 6 Cs 56 Js 1599/18.
[1319] Siehe bereits OLG Hamm NJW 1970, 2074, 2075 (Herausdrücken eines Fußgängers aus einer Parklücke mit einem Pkw) und nunmehr auch den Fall AG Villingen-Schwenningen 29.8.2018 – 6 Cs 56 Js 1599/18.

Nötigung (§ 240)

Zwang.[1320] Dagegen soll das bloße rücksichtslose Überholen keine Nötigung sein.[1321] Ziel des Letzteren sei, schnell voranzukommen. Dass dies auf Kosten anderer geschehe, sei nur die in Kauf genommene Folge, nicht aber Zweck der Fahrweise. Nötigung liege in einem solchen Fall nicht vor.[1322] Freilich ist in einem solchen Fall aber an § 315d zu denken.

Wenn bei Betrachtung der genannten Beispiele eine gewisse Inkonsistenz erkennbar ist, ist Folge der erwähnten Unbestimmtheit des Gewaltbegriffs. Das betrifft insbesondere das dichte Auffahren innerorts. Dieses stellt weder eine Kraftentfaltung in erheblichem Maße dar noch reicht die körperliche Reaktion des Betroffenen über das Empfinden von Angst und Nervosität hinaus. Allenfalls kann daher ein psychischer Zwang angenommen werden, der aber für die Bejahung des § 240 nicht ausreicht. Wenn das Fachgericht – unter Billigung des BVerfG – dennoch eine Strafbarkeit nach § 240 annimmt, kehrt es zum vergeistigten Gewaltbegriff zurück und macht eine praktikable Abgrenzung zwischen straflosem und strafbarem Verhalten unmöglich. Zudem ist eine Kollision mit Art. 103 II GG immanent. Zwar richtet sich diese Verfassungsbestimmung an den Gesetzgeber und verpflichtet diesen, hinreichend bestimmt Strafgesetze zu formulieren, damit der Einzelne die Strafbarkeit seines Verhaltens im Voraus absehen kann. Wenn aber das BVerfG einen so offenen und unbestimmten Tatbestand wie § 240 für verfassungsgemäß hält und dabei auf Rechtsprechung und Literatur verweist, die dem Tatbestand Konturen verliehen hätten, verspielt es nicht nur seine Glaubwürdigkeit, wenn es ein strafgerichtliches Urteil stützt, das zum vergeistigten Gewaltbegriff, der seinerzeit gerade vom BVerfG abgelehnt wurde, zurückkehrt, sondern es verlagert auch die Anforderungen des Art. 103 II GG auf die Rechtsanwendung. Demnach sind also die Strafgerichte gehalten, in vorhersehbarer Weise den Gewaltbegriff anzuwenden. Davon ist die Strafgerichtsbarkeit jedoch weit entfernt. Solange also der Gesetzgeber keine Präzisierung vornimmt bzw. das BVerfG keine konsequente Linie aufzeigt, kommt es einem Lotteriespiel gleich, ob ein bestimmtes Verhalten vom Strafgericht als strafbare Nötigung angesehen wird oder nicht.

762

b.) Gewalt gegen Sachen

Schwierigkeiten bereiten Gewalteinwirkungen auf Sachen. Auch sie können Gewalt i.S.d. § 240 sein. Allerdings ist die (fließende) Grenze zur bloßen Sachbeschädigung (§ 303 I) oder straflosen Sachentziehung zu beachten. Jedenfalls wird die Gewaltanwendung in Fällen bejaht, in denen durch die Einwirkung auf Sachen ein körperlich vermittelter Zwang ausgeübt wird.

763

> **Beispiel:** Vermieter V sieht keine Möglichkeit, sich seines missliebigen Mieters M durch Kündigung des Mietvertrags zu entledigen. Daraufhin schikaniert er diesen durch Abstellen der Zentralheizung während einer Frostperiode.
>
> Auch wenn V dem M wirksam gekündigt hätte und dieser der Verpflichtung nicht nachkommen würde, läge eine Sachgewalt vor, wenn etwa V die Türschlösser auswechselte, um M am Betreten der Wohnung zu hindern. Dieses Ergebnis wird damit begründet, dass - obwohl auf den ersten Blick das Verhalten des Täters nur gegen Sachen gerichtet ist - der Effekt sich jedoch als physischer Zwang auswirke, der die freie Willensentschließung und -betätigung einschränke.
>
> Weitere **Beispiele** sind das Abdrehen von Wasser oder das Abstellen von Strom, das Vergiften des Brunnens, das Aushängen der Fenster, das Beschädigen eines Rollstuhls oder das Verstecken der Gehhilfen („Krücken").[1323]

764

[1320] Vgl. BVerfG NJW 2007, 397, 398. Eine Rechtfertigung nach § 32 kommt nicht in Betracht, weil der Autofahrer kein Anrecht auf einen Parkplatz hat (der „Blockierer" handelt nicht widerrechtlich). In jedem Fall ist es aber sozialethisch nicht geboten, einen freien Parkplatz mit Einsatz des Wagens „freizukämpfen". Schließlich ist der Einsatz eines Kfz gegen einen Menschen auch verwerflich i.S.d. § 240 II.
[1321] OLG Düsseldorf NStZ 2008, 38.
[1322] BGH NStZ 2009, 213, 214.
[1323] Nachweise bei Lackner/Kühl-*Heger*, § 240 Rn 11; Sch/Sch-*Eisele*, § 240 Rn 13; *Rengier*, BT II, § 23 Rn 30.

Nötigung (§ 240)

c.) Dreiecksnötigung - Gewalt gegen Dritte

765 Gewalt gegen Dritte (sog. Dreiecksnötigung) genügt, wenn sie sich mittelbar gegen die Person des zu Nötigenden richtet. Das ist insbesondere der Fall, wenn Gewalt gegenüber nahestehenden Personen wie Angehörigen angewendet wird. Voraussetzung ist aber, dass sie vom Genötigten (nicht körperlich!) als Zwang empfunden wird.[1324]

d.) Gewalt durch Unterlassen

766 Auch ein Unterlassen (§ 13) kann Gewalt sein, sofern der Täter *Garant* für die Abwendung der Zwangslage ist.[1325]

Beispiele: das Nichtgewähren von Nahrung; das Nichtaufheben einer Blockade

767 Nach der o.g. Ansicht des BVerfG ist die Gewalt durch Unterlassen zweifelhaft geworden. Insbesondere ist bei einem Nichttätigwerden schwer zu begründen, dass dies i.S.d. § 13 I einer durch ein (vom BVerfG gefordertes) Mindestmaß an Kraftentfaltung gekennzeichneten Gewaltanwendung entsprechen soll.[1326] Als Anwendungsfälle des Unterlassens sollen lediglich die Fälle des Aufrechterhaltens oder Nichthinderns körperlich wirkenden Zwangs in Betracht kommen.[1327]

e.) Tatbestandsausschließendes Einverständnis

768 Die Handlungsformen der Nötigung setzen ein Handeln gegen oder ohne den Willen des Betroffenen voraus. Liegt sein Einverständnis (auch wenn dies letztlich durch Täuschung erlangt wurde) vor, entfällt bereits der Tatbestand.[1328]

bb.: Drohung mit einem empfindlichen Übel

a.) Begriff der Drohung

Zweite Tathandlungsvariante ist die Drohung mit einem empfindlichen Übel.

769 **Drohung** ist das Inaussichtstellen eines künftigen Übels, auf dessen Eintritt der Drohende Einfluss hat oder zu haben vorgibt.[1329]

770 Durch den tatsächlichen oder *vermeintlichen* (ob der Täter die Drohung wahr machen kann, ist unerheblich) Einfluss auf das Eintreten des angekündigten Übels unterscheidet sich die Drohung von einer schlichten Warnung. Von der Gewalt unterscheidet sich die Drohung dadurch, dass das Übel noch nicht gegenwärtig ist. Entscheidend sind nicht die gewählten Worte, sondern der Sinn der Erklärung aus der Sicht des Opfers. Ausschlaggebend ist demnach, ob aus seiner Sicht der Anschein der Ernstlichkeit erweckt wird. Bejahendenfalls liegt eine Drohung auch dann vor, wenn der Täter es nicht ernst meint. Eine verbale Äußerung ist nicht erforderlich, sodass auch konkludent gedroht werden kann, z.B. dann, wenn das Opfer auf dem Boden liegt und der Täter mittels einer Drohgebärde die Hand erhebt.[1330] In jedem Fall aber muss der Bedrohte Kenntnis von der Drohung erlangen und dadurch in eine Zwangslage versetzt werden.[1331]

[1324] BGHSt 23, 47, 50.
[1325] Sch/Sch-*Eisele*, vor §§ 234 Rn 20.
[1326] Sch/Sch-*Eisele*, § 240 Rn 20; *Fischer*, § 240 Rn 22.
[1327] Lackner/Kühl-*Heger*, § 240 Rn 9a.
[1328] BGHSt 14, 81; Sch/Sch-*Eisele*, § 240 Rn 21.
[1329] Allgemeine Auffassung, vgl. nur BGH NStZ 2018, 278, 279; NStZ 2009, 692, 693; BGHSt 31, 195, 201; 16, 386, 387; BGH NStZ-RR 2001, 171; *Fischer*, § 240 Rn 31.
[1330] Vgl. dazu BGH NJW 1984, 1632 (konkludente Anschlussdrohung bei § 178 I); 1990, 1055 (für § 239b I); *Fischer*, § 240 Rn 31.
[1331] BGH NStZ 2018, 278, 279 (mit Verweis auf BGH NStZ 2005, 41, 42).

Nötigung (§ 240)

Des Weiteren muss das angekündigte Übel empfindlich sein.

Unter **Übel** versteht man jede über die bloße Unannehmlichkeit hinausgehende Einbuße **771**
an Werten oder Zufügung von Nachteilen.[1332] Mit einem **empfindlichen** Übel wird
gedroht, wenn der in Aussicht gestellte Nachteil von der Erheblichkeit ist, dass seine
Ankündigung geeignet erscheint, den Bedrohten im Sinne des Täterverlangens zu motivieren.[1333]

Für eine Strafbarkeit nach § 240 kommt es nicht darauf an, ob sich der Drohende recht- **772**
mäßiger Mittel bedient. Entscheidend ist allein, ob das Angedrohte verwerflich ist.

> **Beispiele:** Drohen mit Entlassung; Unterlassen der winterlichen Heizöllieferung; Ent-
> erbung; Lärmterror; Aufnahme in schwarze Liste; HIV-Infizierung; Kundgabe einer Liebes-
> beziehung an den Betrogenen; Strafanzeige; öffentliche Bekanntmachung; Drohen mit
> Suizid

> **Gegenbeispiele:** Drohen, die Freundschaft zu kündigen oder die Beziehung zur Lebens-
> gefährtin abzubrechen; Drohen mit Dienstaufsichtsbeschwerde oder mit gerichtlicher Gel-
> tendmachung von nichtigen Ansprüchen

Umstritten ist allerdings, ob auf einen besonnenen Menschen abgestellt werden muss[1334] **773**
oder ob der Individualschutz des § 240 betont werden und von dem individuell Bedrohten in seiner konkreten Lage ausgegangen werden muss.[1335] Dieser Streit bedarf jedenfalls dann keiner Entscheidung, wenn das angekündigte Übel für den Betroffenen einen
erheblichen Nachteil darstellt.

> **Beispiel**[1336]**:** Die 17-jährige Mandy wird von Kaufhausdetektiv Reinemann bei einem La-
> dendiebstahl erwischt. Gemäß seiner Aufforderung begibt sie sich mit ihm in sein Büro.
> Dort bittet M den R, er möge den Diebstahl nicht zur Anzeige bringen, da sie schwere Re-
> pressalien ihrer Eltern und den Verlust ihres Ausbildungsplatzes befürchte. R erwidert, er
> wolle ihr diesen Gefallen tun, allerdings hänge es von ihr ab, ob das Strafverfahren gegen
> sie eingeleitet werde. Erst wenn M sich ihm hingebe, könne er sich entschließen, etwas für
> sie zu tun. Aus den genannten Gründen gibt sie sich R hin. Strafbarkeit des R?

> Hier hat R das Stellen einer Strafanzeige angekündigt. Dieses angekündigte Übel stellt für
> M einen erheblichen Nachteil dar und ist daher empfindlich. Damit ist die Drohung aber
> noch nicht per se als Nötigung strafbar, denn gem. § 240 II muss die Nötigung verwerflich
> sein. Abstrakt gesehen ist die Ankündigung, jemanden wegen einer Straftat anzuzeigen,
> nicht verwerflich. Die Ankündigung einer Strafanzeige ist jedoch dann verwerflich, wenn
> sie sozialwidrig als Druckmittel zu dem Zweck eingesetzt wird, den widerstrebenden Willen
> des Opfers in eine bestimmte Richtung zu lenken. Vgl. dazu Rn 800.

Die Bedrohung eines **Dritten** reicht aus, wenn das angedrohte Übel geeignet ist, den **774**
Genötigten i.S.d. Täterverhaltens zu motivieren.

b.) Drohung durch Unterlassen
Bei entsprechender Garantenstellung kann eine Drohung auch durch Unterlassen i.S.d. **775**
§ 13 begangen werden.

> **Beispiel:** T erkennt, dass O sein Verhalten irrtümlich als Ankündigung eines empfindlichen
> Übels empfindet. Sobald er dies feststellt, entsteht ein pflichtwidriger Dauerzustand (Inge-
> renz). Wenn T es jetzt unterlässt, den Irrtum aufzuklären, droht er durch Unterlassen.

[1332] Sch/Sch-*Eisele*, § 240 Rn 9.
[1333] BGH NStZ 1987, 222, 223; 1982, 287.
[1334] So v.a. die ältere Rechtsprechung: BGH NStZ 1982, 287; Lackner/Kühl-*Heger*, § 240 Rn 13.
[1335] Sog. Selbstverantwortungsprinzip, vgl. BGHSt 31, 195, 201; BGH NStZ 1992, 278.
[1336] Angelehnt an BGHSt 31, 195 ff.

311

Nötigung (§ 240)

c.) Drohung mit einem Unterlassen

776 Von dem nach § 13 zu beurteilenden Drohen *durch* Unterlassen muss das Drohen *mit* einem Unterlassen unterschieden werden, denn hierbei handelt es sich um ein Begehungsdelikt. Bedeutung erlangt das Drohen mit einem Unterlassen etwa bei der Weigerung, bestimmte Arbeiten zu verrichten, bestellte Waren abzunehmen, eine Arbeitssuchende nicht anzustellen, wenn sich diese dem Chef nicht sexuell hingebe, oder die gewohnte Unterhaltszahlung fortzusetzen.

cc. Verhältnis zwischen Gewalt und Drohung

777 Soweit ein Täterverhalten zugleich eine Drohung und eine Gewaltanwendung darstellt, darf die Zuordnung nicht offenbleiben, da Unterschiede im Hinblick auf die Verwerflichkeitsprüfung des § 240 II bestehen. Bei den harten Formen der Gewalt wird die Verwerflichkeit eher zu bejahen sein als bei einer Drohung. Auch bei der Strafzumessung ist dies von Bedeutung.

b. Nötigungserfolg

778 Der Nötigungserfolg besteht aus einer **Handlung**, **Duldung** oder **Unterlassung**. Die Duldung stellt eine Unterart der Unterlassung dar. Eine Handlung im Rechtssinne muss nicht vorliegen. Es genügt vielmehr jedes Opferverhalten, das kausal auf das Nötigungsmittel zurückzuführen ist. Wegen des geschützten Rechtsguts *Freiheit der Willensentschließung und Willensbetätigung* wird man aber stets fordern müssen, dass sich durch die Tathandlung der **Handlungsspielraum** des Opfers **verengt** hat. Es muss im Ergebnis eine **Willensbeugung** stattgefunden haben.

> **Beispiel**[1337]**:** T ist Musiklehrer und gibt auch privat Einzelunterricht. Unter anderem unterrichtet er auch die O. In einer Pause nähert sich T der O verbal an, was O allerdings nicht erwidert. Im Gegenteil macht sie T klar, dass sie kein Interesse habe. Unter Ausnutzung eines Überraschungseffekts zieht T die O dennoch an sich heran und küsst sie auf den Mund.
>
> Eine Strafbarkeit wegen Beleidigung (§ 185) liegt nicht vor, da sexuell motivierte Verhaltensweisen für sich allein noch nicht geeignet sind, die Ehre i.S. einer Personenwürde zu verletzen (vgl. Rn 945). Zudem wird der sexualbezogene Ehrschutz durch die §§ 174 ff. (dazu Rn 466 ff.) mit abgedeckt.
>
> Ob ein Fall des § 184i I oder gar des § 177 I, II Nr. 3 vorliegt, hängt davon ab, ob die Handlung des T (Kuss auf den Mund unter Heranziehung der O und Ausnutzung eines Überraschungseffekts) geeignet ist, die Freiheit der sexuellen Selbstbestimmung (erheblich) zu beeinflussen. Das lässt sich in Anbetracht der Geringfügigkeit des „Übergriffs" jedenfalls in Bezug auf § 177 sicherlich verneinen (insbesondere, weil kein Zungenkuss vorlag); es liegt aber wohl ein Fall des § 184i I vor (siehe dazu Rn 467n).
>
> Neben § 184i I kommt eine Strafbarkeit des T wegen Nötigung (§ 240 I) in Betracht. Das setzt die Ausübung eines Zwangs auf die Willensbetätigung beim Opfer voraus. T hat durch das Heranziehen der O zu sich Gewalt ausgeübt und sich durch das Küssen auf den Mund über den von O zuvor gebildeten Willen hinweggesetzt. Diese Tat war auch widerrechtlich und verwerflich i.S.v. § 240 II. T ist daher auch wegen Nötigung gem. § 240 I strafbar, die aber hinter § 184i zurücktritt.[1338]
>
> **Gegenbeispiel**[1339]**:** Der für das Strafverfahren zuständige Richter R bietet dem Beschuldigten B an, gegen Zahlung von 5.000,- € an R persönlich das Strafverfahren gegen ihn einzustellen. B glaubt R und zahlt den genannten Betrag.

[1337] In Anlehnung an OLG Hamm Kriminalistik 2013, 276.
[1338] Zwar ist § 184i I formell subsidiär (vgl. § 184i I a.E.), jedoch nur gegenüber Straftaten mit gleicher oder ähnlicher Schutzrichtung (also Sexualstraftaten), vgl. BT-Drs. 18/9097, S. 30.
[1339] In Anlehnung an OLG Oldenburg NStZ 2008, 691 f.

Nötigung (§ 240)

In Betracht kommt eine Strafbarkeit des R aus § 253. Dies setzt eine Nötigung i.S.d. § 240 voraus. Allerdings hat R nicht die Entscheidungsfreiheit bzw. den Handlungsspielraum des B eingeschränkt. Im Gegenteil; R hat B überhaupt erst einen Handlungsspielraum eröffnet. R ist daher weder wegen Nötigung noch wegen Erpressung strafbar.

Zur Vollendung des Delikts genügt es, wenn das Nötigungsopfer die verlangte Handlung vorgenommen oder zumindest mit der Ausführung begonnen hat.[1340]

779

c. Kausaler und nötigungsspezifischer Zusammenhang zwischen Mittel und Erfolg

Nach allgemeiner Ansicht[1341] muss zwischen dem Nötigungsmittel und dem Nötigungserfolg ein spezifischer Zusammenhang bestehen, und zwar in der Form, dass sich in der Reaktion des Opfers gerade die dem Nötigungsmittel eigentümliche Kraft der Willensbeugung niedergeschlagen hat. So bejahte der BGH[1342] den Kausalzusammenhang jedenfalls im Rahmen eines einheitlichen Verkehrsstaus infolge einer Autobahndemonstration, da sich hier der gegenüber dem ersten Autofahrer ausgeübte Zwang unmittelbar in ein physisches Hindernis gegenüber den folgenden umgestaltet habe. Handelt es sich bei dem fraglichen Geschehen um eine Nötigung zu einer Unterlassung, muss das Opfer entweder willens oder in der Lage gewesen sein, die Handlung vorzunehmen. Anderenfalls liegt ein **Versuch** vor (vgl. § 240 III). Ein solcher ist auch anzunehmen, wenn das Opfer aus anderen Gründen handelt.

780

2. Subjektiver Tatbestand: Vorsatz

Der subjektive Tatbestand des § 240 I fordert bezüglich der Nötigungs*mittel* Vorsatz, wobei *dolus eventualis* genügt. Dagegen ist umstritten, welche Vorsatzform bezüglich des Nötigungserfolgs erforderlich ist. Nach h.M. genügt auch hinsichtlich des abgenötigten Opferverhaltens *dolus eventualis*.[1343] Die Gegenauffassung[1344] schließt aus dem Merkmal „Zweck" in § 240 II, dass der Nötigungserfolg beabsichtigt i.S.d. *dolus directus* 1. Grades sein müsse. Eine vermittelnde Meinung verlangt lediglich bei *Gewalt gegen Sachen* eine diesbezügliche Absicht.[1345]

781

> **Hinweis für die Fallbearbeitung:** Wie grundsätzlich bei jeder Streitfrage ist auch hier zunächst mit der Prüfung der engeren Auffassung zu beginnen. Denn können deren Voraussetzungen bejaht werden, erübrigt sich eine Streitentscheidung.

782

II. Rechtswidrigkeit

Die Prüfung der Rechtswidrigkeit weicht von dem bekannten Muster („Tatbestand indiziert Rechtswidrigkeit") ab, weil § 240 II eine Besonderheit bereitstellt. Bei der Frage nach der Strafbarkeit wegen Nötigung sollte in der Fallbearbeitung daher zunächst festgestellt werden, ob Rechtfertigungsgründe für die Tat vorliegen. Ist das nicht der Fall, wird die Verwerflichkeit der Mittel-Zweck-Relation gem. § 240 II festgestellt.[1346]

783

1. Nichteingreifen von Rechtfertigungsgründen

Bevor man sich der Verwerflichkeitsprüfung gemäß § 240 II unterzieht, müssen nach der herrschenden und hier vertretenen Auffassung die allgemeinen Rechtfertigungsgründe

784

[1340] BGH NStZ 2013, 36.
[1341] Sch/Sch-*Eisele*, § 240 Rn 14; *W/H/E*, BT 1, Rn 467.
[1342] BGHSt 41, 182, 185; a.A. *Hoyer*, JuS 1996, 200, 203; dagegen *Kudlich*, JuS 1996, 664.
[1343] BGHSt 5, 245, 246.
[1344] Sch/Sch-*Eisele*, § 240 Rn 34; *Sinn*, JuS 2009, 577, 584; BayObLG NJW 1989, 1621.
[1345] *W/H/E*, BT 1, Rn 469; LK-*Träger/Altvater*, § 242 Rn 115.
[1346] Vgl. bereits die 1. Aufl. 2002; später auch *Mitsch*, JA 2016, 161, 162 (mit Verweis auf *Eisele*, BT I, 3. Aufl. 2015, Rn 487).

Nötigung (§ 240)

vorrangig geprüft werden. Dies hat den Hintergrund, dass ein Verhalten, das nach allgemeinen Regeln gerechtfertigt ist, niemals „verwerflich" sein kann.[1347]
Als Rechtfertigungsgründe kommen häufig §§ 32, 34 StGB, § 127 StPO, §§ 229, 562b, 859 BGB und insbesondere Art. 5 I und 8 I GG in Betracht. Geht es dem Täter aber darum, anderen seinen Willen aufzudrängen, kommen Art. 5 I GG und Art. 8 I GG nicht als Rechtfertigungsgründe in Betracht. Art. 5 I GG gewährleistet nur den Meinungskampf mit geistigen Mitteln[1348]. Art. 8 I GG wirkt nur insofern rechtfertigend, als es um notwendige Folgen einer Versammlung geht.[1349]

2. Verwerflichkeit der Mittel-Zweck-Relation

785 Sowohl Rechtsnatur als auch dogmatische Einordnung des § 240 II sind umstritten. Teilweise wird vertreten, Sinn und Zweck des § 240 II bestehe darin, die weit gefassten Tatbestände des Abs. 1 wieder einzuschränken (sog. Ergänzungsfunktion). Daher scheide Nötigung bereits auf Tatbestandsebene aus, wenn die Mittel-Zweck-Relation nicht verwerflich sei.[1350] Die Rechtsprechung sieht § 240 II jedoch als speziellen Rechtfertigungsgrund an. Sie hält § 240 II für einen Maßstab, mit dem festgestellt wird, ob im Rahmen einer gesamtwertenden Betrachtung Rechtswidrigkeit vorliegt oder nicht (spezielle Rechtswidrigkeitsregel).[1351] Dies überzeugt schon allein deshalb, weil sowohl Formulierung („Rechtswidrig ist die Tat, wenn...") in § 240 II als auch Gesetzessystematik die Annahme eines (speziellen) Rechtfertigungsgrundes nahelegen.

786 Die Zuordnung des § 240 II zu einer bestimmten Systemebene ist nicht nur akademischer Natur, sondern hat Einfluss auf die Bewertung von **Irrtümern**[1352]:

- Ordnet man die Verwerflichkeitsklausel dem **Tatbestand** zu und irrt der Täter über die Tatumstände, die das Verwerflichkeitsurteil auslösen, liegt ein **Tatbestandsirrtum** i.S.d. § 16 I S. 1 vor mit der Folge, dass der Tatbestandsvorsatz ausgeschlossen ist.

- Betrachtet man die Verwerflichkeitsklausel dagegen als spezielle **Rechtswidrigkeitregel** und bewertet der Täter sein Verhalten irrig als nicht verwerflich, liegt ein **Verbotsirrtum** gem. § 17 vor. Nimmt der Täter umgekehrt einen Sachverhalt an, der sein Verhalten nicht verwerflich erscheinen ließe, handelt er im **Erlaubnistatbestandsirrtum**, der nach dem BGH überwiegend gem. § 16 I S. 1 zum Tatbestandsausschluss und nach der Lit., der sich teilweise auch der BGH anschließt, zum Ausschluss des Vorsatzschuldvorwurfs (§ 16 I S. 1 analog) führt. Diese unterschiedliche Behandlung hat z.B. Einfluss auf die Strafbarkeit von Teilnehmern.[1353]

787 Unabhängig von der dogmatischen Einordnung des § 240 II ergibt sich die Widerrechtlichkeit der Nötigung aus der Beziehung zwischen Mittel und Zweck, wozu eine umfassende Abwägung und Berücksichtigung sämtlicher Umstände gehört.[1354] Nach st. Rspr. des BGH ist eine Nötigung dann widerrechtlich, wenn die Verquickung von Mittel und Zweck mit den Grundsätzen eines geordneten Zusammenlebens unvereinbar ist, sie „sozial unerträglich" ist.[1355] Es ist folgende Kurzformel zu empfehlen:

[1347] Vgl. bereits die 1. Aufl. 2002; später auch *Sinn*, JuS 2009, 577, 584.
[1348] Vgl. BGHSt 44, 34, 41.
[1349] BVerfGE 104, 92 ff. (mit abl. Bespr. v. *Sinn*, NJW 2002, 1024).
[1350] Sch/Sch-*Eisele*, § 240 Rn 16; *W/H/E*, BT 1, Rn 476.
[1351] BGHSt 2, 194, 196 (Großer Senat); 35, 270, 276; 44, 34, 43; BGH NJW 2017, 1487, 1488 f.; BVerfGE 73, 207, 257; BVerfG NJW 2011, 3020 f.
[1352] Vgl. auch Rn 801-803.
[1353] Vgl. dazu *R. Schmidt*, AT, Rn 541 ff.
[1354] BGHSt 35, 270, 276; BVerfG NJW 1991, 972; NJW 2011, 3020, 3021; *Fischer*, § 240 Rn 42.
[1355] BGH NJW 2017, 1487, 1488 f. (mit Verweis auf BGH NStZ 2014, 149, 152).

314

Nötigung (§ 240)

Die Anwendung der Gewalt oder die Androhung des Übels zu dem angestrebten Zweck **788** ist dann **verwerflich**, wenn die Verquickung von Mittel und Zweck **sozial unerträglich** ist.[1356]

Es lassen sich folgende Leitlinien bestimmen:

Der Einsatz eines **verwerflichen Mittels** führt regelmäßig (jedoch nicht zwingend) zur **789** Verwerflichkeit der Mittel-Zweck-Relation, auch wenn ein an sich erlaubtes Ziel verfolgt wird. Ansonsten ist eine **umfassende Abwägung** erforderlich.

> **Beispiel 1:** T hat eine fällige und einredefreie Geldforderung gegen O. Mit vorgehaltener **790** Waffe zwingt er ihn, der Forderung nachzukommen.
>
> Eine zunächst in Betracht kommende räuberische Erpressung (§§ 253, 255) scheidet im Ergebnis aus, da der erstrebte Vermögensvorteil nicht rechtswidrig war. Denn hat der Täter einen fälligen einredefreien Anspruch[1357] auf den Vermögensvorteil, ist die Rechtswidrigkeit der (erstrebten) Bereicherung nicht gegeben.[1358]
>
> Hinsichtlich der dann zu prüfenden Nötigung (§ 240) ist zu beachten, dass das mit der Handlung verfolgte Ziel auf dem Boden der Rechtsordnung stand. Denn die Forderung war fällig und einredefrei und damit berechtigt. Missbilligenswert war aber das Mittel, mit dessen Hilfe T seine an sich berechtigte Forderung durchzusetzen pflegte. Die Bedrohung mit einer Waffe ist „sozial unerträglich", keinesfalls das adäquate Mittel, eine (wenn auch berechtigte) Geldforderung durchzusetzen. Die zwangsweise Durchsetzung von Forderungen ist allein durch staatliche Zwangsmaßnahmen möglich (hier: durch Bewirken eines vollstreckbaren Titels mit anschließender Zwangsvollstreckung gem. §§ 802a ff. ZPO).
>
> **Beispiel 2:** Diesmal bedient sich T des obigen Beispiels eines Inkassounternehmens, das **791** in der Branche einen besonderen Ruf „genießt", da es (aufgrund „unkonventioneller Beitreibungsmethoden") eine hohe „Erfolgsquote" verzeichnen kann. Nachdem zwei Mitarbeiter des Inkassounternehmens O aufgesucht und diesen über die alltäglichen Gefahren des Straßenverkehrs, denen seine Kinder auf dem Schulweg ausgesetzt seien, „aufgeklärt" haben, zahlt O die offene Forderung umgehend.
>
> Auch hier ist hinsichtlich der Nötigung (§ 240) zu beachten, dass das mit der Handlung verfolgte Ziel auf dem Boden der Rechtsordnung stand. Denn die Forderung war fällig und einredefrei und damit berechtigt. Selbstverständlich missbilligenswert war aber das Mittel, mit dessen Hilfe das Inkassounternehmen seine an sich berechtigte Forderung (aus abgetretenem Recht) durchzusetzen pflegte. Denn aufgrund des Auftretens der Mitarbeiter und ihrer Anspielungen musste O um Leib und Leben seiner Kinder fürchten, auch wenn die Mitarbeiter ihre Anspielungen niemals umgesetzt hätten. Ihr Auftreten war sozial unerträglich und damit verwerflich i.S.d. § 240 II.
>
> **Beispiel 3[1359]:** U hat für sich das Geschäftsmodell entdeckt, mit den Eigentümern privater **792** Parkplätze (etwa Betreibern von Supermärkten) die Vereinbarung zu treffen, widerrechtlich abgestellte Kraftfahrzeuge abzuschleppen bzw. mit einer Parkkralle zu versehen. Im Gegenzug sollten die Vertragspartner ihre Ansprüche gegen die Fahrzeughalter an U abtreten. Diese Ansprüche sollte U selbst gegenüber den Falschparkern eintreiben. Nach Abschluss entsprechender Vereinbarungen stellte U an den betreffenden Orten Schilder auf, welche die Parkplätze als Privatparkplätze kenntlich machten und darauf hinwiesen, dass widerrechtlich parkende Kraftfahrzeuge kostenpflichtig abgeschleppt bzw. mit einer Parkkralle versehen würden. In 14 Fällen brachte er anschließend eine Parkkralle an den jeweils widerrechtlich abgestellten Kraftfahrzeugen an und verlangte von den zu ihren Fahrzeugen zurückkommenden Fahrzeugführern vor Ort aufgrund der Abtretung der Ansprüche unmittelbar eine Bezahlung derjenigen Beträge, die sich aus den mit seinen Vertrags-

---

[1356] Siehe auch BGHSt 35, 270, 277; BGH NStZ 2014, 149, 152; NJW 2017, 1487, 1488 f.
[1357] Siehe zu diesem Kriterium die (übertragbaren) Ausführungen zu § 242 bei *R. Schmidt*, BT II, Rn 115 ff.
[1358] Vgl. nur BGH NJW 2017, 1487, 1488.
[1359] Nach BGH NJW 2017, 1487 ff.

Nötigung (§ 240)

partnern vereinbarten Preislisten für die bereits erbrachten Leistungen ergaben. U berief sich jeweils auf ein Zurückbehaltungsrecht und erklärte, er werde die Parkkralle erst abnehmen, wenn ihm vor Ort der geforderte Betrag (hier: 119 €, was höhenmäßig nicht zu beanstanden war) vollständig gezahlt werde. Dabei ging U davon aus, dass alle seine Handlungen rechtens seien. Immerhin hatte er sich zuvor anwaltlich beraten und über den Rechtsanwalt ein Gutachten eines Zivilrechtsprofessors der hiesigen Universität einholen lassen. Aus diesem Gutachten ging hervor, dass es eine Rechtsprechung zur Zulässigkeit von Parkkralle und Vertragsstrafe – anders als zum Abschleppen – bundesweit bisher zwar nicht gebe, das Vorhaben des U aber gleichwohl zulässig sei. Dennoch wurde gegen U – aufgrund von Strafanzeigen – strafrechtlich ermittelt.

Hier könnte zunächst eine Strafbarkeit wegen **Erpressung** (§ 253) vorliegen. Der objektive Tatbestand liegt vor. U hat mit dem Anbringen der Parkkrallen mit einem empfindlichen Übel gedroht und damit die Betroffenen zu einer Handlung (namentlich die Begleichung der geltend gemachten Geldforderung) veranlasst. Auch ist der Taterfolg gegeben. Durch die Tathandlung entstand bei den Betroffenen ein Vermögensnachteil und U erzielte einen Vermögensvorteil. U müsste aber auch den subjektiven Tatbestand erfüllt haben. Erforderlich ist zunächst Vorsatz (*dolus eventualis* genügt) bezüglich aller objektiven Tatbestandsmerkmale. Daran bestehen vorliegend keine Zweifel. Voraussetzung ist aber auch – in Kongruenz zu § 263 – die Absicht (i.S.v. *dolus directus* 1. Grades), sich (oder einen Dritten) zu bereichern.[1360] Diese (erstrebte) Bereicherung muss rechtswidrig sein. Mit diesem objektiven Tatbestandsmerkmal, auf das sich der Tatbestandsvorsatz (wobei hier *dolus eventualis* genügt) ebenfalls beziehen muss, ist gemeint, dass die (erstrebte) Bereicherung der materiellen Rechtslage widersprechen muss.[1361] Daran fehlt es, wenn der Täter auf den Vermögensvorteil einen fälligen einredefreien Anspruch hat oder irrtümlich davon ausgeht, einen solchen Anspruch zu haben.[1362] U ging vom Bestehen zivilrechtlich einklagbarer materieller Ansprüche in geltend gemachter Höhe aus. Fraglich sind die Folgen, die sich daraus ergeben.

Glaubt der Täter irrig, er habe einen fälligen einredefreien Rechtsanspruch auf den erstrebten Vermögensvorteil, irrt er über die Rechtswidrigkeit der beabsichtigten Bereicherung[1363] (fehlende „Parallelwertung in der Laiensphäre") und unterliegt gem. § 16 I S. 1 einem vorsatzausschließenden Tatbestandsirrtum.[1364] Mithin handelte U nicht vorsätzlich in Bezug auf den Erpressungstatbestand und ist nicht nach § 253 strafbar.

Hinsichtlich der dann zu prüfenden **Nötigung** (§ 240) ist zu beachten, dass U mit einem empfindlichen Übel gedroht und damit zu einer Handlung genötigt haben müsste (insoweit gilt dasselbe wie bei der soeben geprüften Erpressung). Indem U an den unberechtigt geparkten Fahrzeugen Parkkrallen angebracht und den Betroffenen anschließend erklärt hat, er werde die Parkkralle nur abnehmen, wenn ihm der verlangte Geldbetrag gezahlt werde, hat er ein empfindliches Übel angedroht. Dies müsste aber auch rechtswidrig i.S.d. § 240 II gewesen sein. Rechtswidrig i.S.d. § 240 II ist die Nötigung nur dann, wenn das Nötigungsmittel (hier: die Androhung des empfindlichen Übels) zu dem angestrebten Zweck als verwerflich anzusehen ist. Nach st. Rspr. des BGH ist das dann der Fall, wenn die Verquickung von Mittel und Zweck mit den Grundsätzen eines geordneten Zusammenlebens unvereinbar ist, sie „sozial unerträglich" ist.[1365] Während die Vorinstanz, das LG München I, dies bejahte, hat der BGH diese Frage offengelassen. Beide Gerichte nahmen jedoch an, U habe sich in einem unvermeidbaren Verbotsirrtum (§ 17 S. 1) befunden, weil er davon ausgehen durfte, die von ihm gewählte rechtliche Konstrukt sei zulässig.[1366] Zwar dürfe man sich, so der BGH, nicht allein auf die Auffassung eines Rechtsanwalts verlassen,

---

[1360] Zur Bereicherungsabsicht siehe die übertragbaren Ausführungen zum Betrug bei *R. Schmidt*, BT II, Rn 645. Zur ebenfalls erforderlichen Stoffgleichheit vgl. die ebenso übertragbaren Ausführungen zum Betrug bei *R. Schmidt*, BT II, Rn 646.
[1361] Vgl. dazu BGH NStZ 2002, 597, 598; NStZ-RR 2014, 341 f.; NJW 2017, 1487, 1488.
[1362] BGH NJW 2017, 1487, 1488 (mit Verweis auf BGH NStZ-RR 2014, 341).
[1363] Vgl. dazu auch BGH NJW 2017, 1487, 1488; NStZ-RR 2014, 341 f. (s.o.).
[1364] BGHSt 42, 268, 272; BGH NStZ 2003, 663, 664; Lackner/Kühl-*Kühl*, § 263 Rn 62; *Rengier*, BT I, § 13 Rn 268; *Joecks/Jäger*, § 263 Rn 173. Speziell zu § 253 vgl. BGH StV 2014, 283.
[1365] BGH NJW 2017, 1487, 1488 f. (mit Verweis auf BGH NStZ 2014, 149, 152).
[1366] Näher zum Verbotsirrtum und dessen dogmatische Einordnung *R. Schmidt*, AT, Rn 558.

Nötigung (§ 240)

wenn sie dem Vorhaben günstig sei. Eine Auskunft sei in diesem Sinne jedoch dann (und nur dann) verlässlich, wenn sie objektiv, sorgfältig, verantwortungsbewusst und insbesondere nach pflichtgemäßer Prüfung der Sach- und Rechtslage erteilt worden sei. Bei der Auskunftsperson sei dies der Fall, wenn sie die Gewähr für eine diesen Anforderungen entsprechende Auskunftserteilung biete. Insbesondere bei komplexen Sachverhalten und erkennbar schwierigen Rechtsfragen sei dies aber nicht ausreichend. Regelmäßig sei dann ein detailliertes, schriftliches Gutachten über die Rechtslage erforderlich, um die Unvermeidbarkeit des Verbotsirrtums zu begründen.[1367]

Da U nicht nur anwaltlichen Rat, sondern sogar ein rechtswissenschaftliches Gutachten einholte, das ihm die Rechtmäßigkeit seines Geschäftsmodells bescheinigte, ist nicht ersichtlich, was U noch hätte tun sollen, um einen etwaigen Verbotsirrtum zu vermeiden. Wäre das Anbringen von Parkkrallen und das anschließende Abhängigmachen des Lösens von der Bezahlung des geforderten Betrags eine Nötigung, wäre U gleichwohl nicht strafbar, weil er sich in einem unvermeidbaren Verbotsirrtum befand.

Fazit: Wie aus den Beispielen hervorgegangen ist, wirkt als Indiz für die Verwerflichkeit jedenfalls die Gewaltanwendung bzw. die Drohung mit Gewalt und erst recht die Begehung von Straftaten bzw. (teilweise) Verwirklichung von objektiven Straftatbeständen. In den übrigen Fällen ist eine umfassende Abwägung unter Berücksichtigung sämtlicher Umstände des konkreten Einzelfalls unerlässlich.[1368] Dabei sind im Zweifel staatliche Zwangsvollstreckungsmaßnahmen zu beantragen. **793-796**

Nicht selten ist zwischen den unmittelbaren Zielen (den „**Nahzielen**") und den „**Fernzielen**" zu unterscheiden, was insbesondere bei **Blockadedemonstrationen** häufig zu beobachten ist. Die unmittelbar angestrebten Ziele, bspw. das Blockieren von Wegen, Schienen oder Ausfahrten, können ohne weiteres als sozialwidrig angesehen werden. In bestimmten Fallkonstellationen geht es aber um „ehrbare" politische oder gesellschaftliche Fernziele wie den Umweltschutz, die Verhinderung von Kriegseinsätzen der Bundeswehr oder von Atomtransporten, die Finanzkrise oder um den sozialen Frieden. Insbesondere die sog. „**Zweite-Reihe-Rechtsprechung**" des BGH[1369] führt zu regelmäßigen Diskussionen. **797**

Beispiel[1370]: A setzt sich zusammen mit anderen Gleichgesinnten vor die Zufahrt einer US-Kaserne in Deutschland, um gegen die Außenpolitik der Trump-Administration zu protestieren. Dadurch stauen sich Fahrzeuge in mehreren Reihen hintereinander auf. Die Sitzblockade war zuvor angekündigt worden. Es dauert nur wenige Minuten, bis die Demonstranten von der Polizei weggetragen werden. A wird wegen Nötigung zu einer Geldstrafe verurteilt. Zu Recht? **798**

Zunächst ist das Verhalten des A gegenüber den ersten Fahrern zu würdigen. Hierbei lässt sich sagen, dass bei den Fahrern der zuerst anhaltenden Pkw („Erste Reihe") infolge der bloß körperlichen Anwesenheit der Menschenmenge lediglich eine psychische Zwangslage vorgelegen hat, die für den Gewaltbegriff des § 240 I nach der heute herrschenden Auffassung nicht ausreichend ist. Folglich liegt keine Nötigung zum Nachteil der ersten Fahrzeugführer vor.

Etwas anderes könnte aber hinsichtlich der nachfolgenden Pkw (die „Zweite Reihe") gelten. Denn diese mussten anhalten, da die vorderen Pkw für sie ein unüberwindbares physisches Hindernis darstellten. Insofern kann man sagen, A habe die ersten Fahrer als unfreies Werkzeug, mithin als Tatmittler eingesetzt. Rechtlich bedeutet dies eine Nötigung in mittelbarer Täterschaft (§§ 240 I, 25 I Var. 2): Die Gewaltanwendung der Fahrzeugführer

---

[1367] BGH NJW 2017, 1487, 1489.
[1368] BVerfGE 73, 206, 253 f.; BVerfG NStZ 1991, 279.
[1369] Vgl. BGHSt 41, 182, 184 ff. – dazu oben Rn 754.
[1370] In Anlehnung an BVerfG NJW 2011, 3020 ff.

der „ersten Reihe", die als Tatmittler handeln, wird dem Demonstranten zugerechnet.[1371] Ein Verstoß gegen das Analogieverbot des Art. 103 II GG ist nach Auffassung des BVerfG darin nicht zu sehen.[1372]

Allerdings muss eine Nötigung immer auch widerrechtlich i.S.d. § 240 II sein, um eine Strafbarkeit zu begründen. Im Mittelpunkt dieser Prüfung steht die Verwerflichkeit, die anhand einer umfassenden Interessenabwägung festzustellen ist. Zu berücksichtigen sind insbesondere die betroffenen Rechtsgüter, die Intensität und Dauer der Zwangswirkung oder der sachliche Zusammenhang. Jedoch stellt sich im vorliegenden Fall die Frage, ob das Fernziel, also der Protest gegen die Außenpolitik der Trump-Administration, überhaupt bei § 240 II oder erst im Rahmen der Strafzumessung zu berücksichtigen ist. Das BVerfG sieht die Berücksichtigung von Fernzielen im Rahmen des § 240 II nicht als verfassungsrechtlich geboten an.[1373] Bei der im Rahmen des § 240 II vorzunehmenden Gesamtabwägung komme es lediglich auf die Wahl des Versammlungsortes, die konkrete Ausgestaltung der Versammlung sowie die von ihr in Relation zum Versammlungsthema betroffenen Personen an. Diese Auffassung überzeugt, da rechtsdogmatisch immer nur unmittelbare Nötigungserfolge von § 240 II erfasst sein können. Begründen lässt sich diese Auffassung damit, dass es anderenfalls in der Hand des Richters läge, zu entscheiden, was billigenswert ist und was nicht. Folge wäre eine Gefährdung des Meinungspluralismus. Auch müsste eine Unsicherheit in der Rechtsanwendung hingenommen werden. Aus diesem Grunde sind Fernziele erst im Rahmen der Strafzumessung (auch bei den Regelbeispielen!) zu berücksichtigen.[1374]

Auch, wenn man aber die Fernziele bei § 240 II nicht berücksichtigt, ergibt sich, dass eine Sitzblockade, die der Erregung von Aufmerksamkeit als Mittel der öffentlichen Meinungsbildung dienen soll, nicht per se verwerflich ist, solange sie friedlich ist, da auch nonverbale Kommunikation vom Versammlungsbegriff des Art. 8 I GG erfasst ist und dieses Grundrecht einen sehr hohen Rang besitzt, was entsprechende Würdigung bei der Abwägung finden muss.

Nach diesen Maßstäben scheint es für den vorliegenden Fall gut vertretbar, die Verwerflichkeit des Ansinnens und damit eine Strafbarkeit des A wegen Nötigung zu verneinen.

799 **Zusammenfassung:** Verwerflichkeit liegt vor, wenn das Täterverhalten einen solch hohen Grad sittlicher Missbilligung darstellt, dass die Verquickung von Mittel und Zweck mit den Grundsätzen eines geordneten Zusammenlebens unvereinbar ist, sie „sozial unerträglich" ist.[1375]

800 Bezieht man diese Grundsätze auf den obigen Fall des **Kaufhausdiebstahls** (Rn 773), lässt sich feststellen, dass die von R angedrohte Strafanzeige nicht nur ein empfindliches Übel darstellt, sondern dass auch die Mittel-Zweck-Relation als verwerflich anzusehen ist. R ist somit wegen Nötigung (§ 240 I, II) strafbar.

Eine Strafbarkeit wegen Sexualbeleidigung (i.S.d. § 185) ist dagegen nicht gegeben. Dadurch, dass R ein Zwangsmittel angewendet hat, um M gefügig zu machen, hat er dokumentiert, dass er ihre sittliche Integrität positiv in Rechnung stelle. Das schließt eine die Geschlechtsehre herabsetzende Bewertung aus. Auch ist allein im Vollzug des Geschlechtsverkehrs keine tätliche Beleidigung zu sehen. § 185 schützt die persönliche Ehre. Die sexuelle Selbstbestimmung ist durch §§ 174 ff. geschützt. Wäre eine sexualbezogene Handlung außerhalb der §§ 174 ff. zu würdigen, wäre deren Tatbestandsbestimmtheit in

---

[1371] Hinsichtlich des Verhaltens der ersten Fahrzeugführer ist zu beachten, dass darin eine Nötigung gegenüber den Fahrern der zweiten Reihe vorliegt, die jedoch entweder als nicht verwerflich angesehen werden muss oder aber jedenfalls gem. § 34 gerechtfertigt oder gem. § 35 entschuldigt ist. Dieser Umstand macht den Weg frei für die Annahme einer mittelbaren Täterschaft.

[1372] BVerfG NJW 2011, 3020, 3021 f.

[1373] BVerfG NJW 2011, 3020, 3021 f.

[1374] BGHSt 5, 245, 246; 35, 270, 272; BVerfGE 73, 206, 258; *Sinn*, NJW 2002, 1024; vgl. auch *Rosenau*, Jura 2002, 781, 782; anders BVerfGE 104, 92 ff.; BVerfG NJW 2011, 3020, 3021 f.

[1375] BGH NJW 2017, 1487, 1488 f. (mit Verweis auf BGH NStZ 2014, 149, 152).

Nötigung (§ 240)

Frage gestellt, wollte man § 185 als Auffangtatbestand „kleiner Sexualdelikte" qualifizieren.

Strafbar ist R aber nicht nur wegen Nötigung gem. § 240 I, II, sondern auch wegen sexueller Nötigung gem. § 177 II Nr. 5 und sogar wegen Vergewaltigung gem. § 177 II Nr. 5, VI S. 2 Nr. 1 Var. 1 strafbar, da er mit einem empfindlichen Übel (Stellen einer Strafanzeige) gedroht und somit die Duldung sexueller Handlungen, insbesondere des Beischlafs, abgenötigt hat. § 240 ist subsidiär.[1376]

III. Schuld

1. Allgemeine Grundsätze

Hinsichtlich der Schuld gelten zunächst die allgemeinen Grundsätze.

801

2. Erlaubnistatbestandsirrtum, Erlaubnisirrtum, Verbotsirrtum

Im Bereich des § 240 II sind auch Irrtümer denkbar. Einerseits ist ein Irrtum über Wertungstatbestände in tatsächlicher Hinsicht möglich. Wer danach z.B. Umstände annimmt, die sein Verhalten bei tatsächlichem Vorliegen als nicht verwerflich erscheinen lassen, unterliegt einem **Erlaubnistatbestandsirrtum**, der nach der hier vertretenen rechtsfolgenverweisenden eingeschränkten Schuldtheorie nicht den Vorsatz selbst, sondern lediglich die (bei der Schuld zu prüfende) Vorsatzschuld entfallen lässt.

802

> **Beispiel:** T versteht es gut, sich bei seinem Chef einzuschmeicheln. Daher soll er auch in seinem Betrieb auf Diebstähle der Mitarbeiter achten. Allerdings verdächtigt er zu Unrecht die gerade das Betriebsgelände verlassende O und zwingt sie gewaltsam, ihre – tatsächlich leere – Tasche zu öffnen. Strafbarkeit wegen Nötigung?
>
> T hat O gewaltsam zu einer Handlung genötigt, § 240 I Var. 1. Sieht man die Regelung des § 240 II als Tatbestandsergänzung an, ist sodann die Verwerflichkeit festzustellen. Diese ist zu bejahen, weil das Mittel (Gewalt) nicht recht und auch der Zweck nicht billigenswert waren (T war es arbeitsrechtlich nicht gestattet, willkürliche Taschenkontrollen durchzuführen). T hat somit den Tatbestand der Nötigung erfüllt. Bei Befolgen der auch hier vertretenen h.M. ist § 240 II jedoch keine Tatbestandsergänzung, sondern eine spezielle Rechtswidrigkeitsregel. Danach ist die Verwerflichkeit (noch) nicht zu prüfen, sondern zunächst, ob ein anerkannter Rechtfertigungsgrund greift. Nothilfe (§ 32) scheidet aus, da (in Wirklichkeit) kein rechtswidriger Angriff der O vorlag. Auch das Festnahmerecht nach § 127 I StPO scheidet aus, weil O nicht auf frischer Tat betroffen wurde. Das Gleiche gilt, wenn man T als Privatperson – im Gegensatz zu einem Organ der Polizeibehörde – kein Irrtumsprivileg zubilligt. Danach befand sich T in einem Erlaubnistatbestandsirrtum, sodass nach der hier vertretenen Auffassung gem. § 16 I S. 1 analog die Vorsatzschuld entfällt. T handelte somit nicht schuldhaft.

803

Ist der Täter hingegen in der Lage, die tatsächlichen Umstände richtig zu bewerten, und irrt er lediglich bezüglich der Verwerflichkeit, liegt ein **Erlaubnis- bzw. Verbotsirrtum** vor, der nach § 17 zu behandeln ist. Siehe dazu das Beispiel 3 bei Rn 792.

804

[1376] Bei der Vergewaltigung ist zu beachten, dass diese keine Nötigung (mehr) voraussetzt. Nach der im Zuge der Neuregelung des Sexualstrafrechts im November 2016 (siehe dazu Rn 466 ff.) umgesetzten gesetzgeberischen Intention ist eine Vergewaltigung nicht mehr davon abhängig, dass der Täter das Opfer durch Gewalt, durch Drohung mit Gewalt oder durch das Ausnutzen einer schutzlosen Lage nötigt. Eine Vergewaltigung liegt nunmehr bereits dann vor, wenn der Täter – ohne eine Nötigungshandlung vorzunehmen – schlicht den Beischlaf mit dem Opfer ausübt und dabei dessen erkennbaren entgegengesetzten Willen missachtet. Siehe dazu Rn 466c f.

IV. Besonders schwerer Fall mit Regelbeispielen (§ 240 IV S. 1, S. 2 Nr. 1, 2 und 3)

805   § 240 IV regelt einen besonders schweren Fall der Nötigung und enthält zwei Regelbeispiele (zur Regelbeispieltechnik vgl. ausführlich *R. Schmidt*, BT II, Rn 128 ff.):

- **§ 240 IV S. 2 Nr. 1 - Schwangerschaftsabbruch**

  Unter Schwangerschaftsabbruch versteht man das Abtöten der ungeborenen Leibesfrucht (BGHSt 31, 348).

- **§ 240 IV S. 2 Nr. 2 - Missbrauch der Stellung als Amtsträger**

  Tauglicher Täter kann nur ein Amtsträger sein. Für beteiligte Nichtamtsträger ist § 28 II analog anzuwenden. Eine Parallelvorschrift enthält § 263 III und § 264 II. Zur sog. **„Folter, um ein Menschenleben zu retten"** (Fall Daschner), vgl. *R. Schmidt*, AT, Rn 376a.

V. Konkurrenzen

806   Neben der Freiheitsberaubung (§ 239) setzen auch einige andere Tatbestände wie bspw. Zwangsheirat (§ 237), Raub (§ 249) und Erpressung (§ 253) eine Nötigung voraus. Sie alle verdrängen § 240 im Wege der Gesetzeskonkurrenz (Spezialität). Wird jedoch neben den in diesen Tatbeständen pönalisierten Zwecken ein anderer Zweck verfolgt, steht § 240 zu ihnen in Idealkonkurrenz. Die Bedrohung (§ 241) tritt hinter die Nötigung zurück.[1377] Probleme können im Verhältnis zu §§ 113, 114 entstehen (dazu sogleich).

[1377] BGH NStZ 2019, 410, 411.

B. Widerstand gegen Vollstreckungsbeamte (§ 113)

Die zuletzt im Zuge des am 30.5.2017 in Kraft getretenen 52. StrÄG[1378] überarbeitete Strafnorm des § 113 schützt bestimmte Personen, namentlich Amtsträger und Soldaten der Bundeswehr, die zur Vollstreckung von Gesetzen, Rechtsverordnungen, Urteilen, Gerichtsbeschlüssen oder Verfügungen berufen sind, vor Widerstandshandlungen in Form von Gewalt oder Drohung mit Gewalt. Ein tätlicher Angriff ist nicht mehr Voraussetzung; vor einem solchen schützen nunmehr § 114 (in Bezug auf Vollstreckungsbeamte) und § 115 (in Bezug auf Personen, die Vollstreckungsbeamten gleichstehen).

807

Geschütztes Rechtsgut des § 113 sind die ungestörte Durchsetzung rechtmäßiger staatlicher Vollstreckungsakte und der Schutz der dazu berufenen Organe. Wer (als Amtsträger) zur Vollstreckung berufen ist, richtet sich nach § 4 BundesVwVG (bzw. nach den entsprechenden Vorschriften der LandesVwVGe). § 113 ist ein unechtes Unternehmensdelikt (§ 11 I Nr. 6), sodass es unerheblich ist, ob sich der Adressat der Nötigungshandlung beeindrucken lässt. Tatbestandsmäßig sind daher auch die erfolglose sowie die untaugliche Widerstandshandlung. Probleme der Vorschrift bestehen neben dem Verhältnis zu §§ 114, 115 und 240 auch in der dogmatischen und rechtlichen Einordnung der Rechtmäßigkeit der Diensthandlung. Dazu sind Grundkenntnisse der ZPO (§§ 750, 751, 753, 758a, 759, 808, 811, 909) erforderlich.

808

§ 113 ist ein sog. Jedermannsdelikt; es besteht keine Einschränkung des tauglichen Täterkreises. Täter ist jeder, der gegen eine Vollstreckungshandlung Widerstand leistet, sei es mit Gewalt oder durch Drohung mit Gewalt. Gleichgültig ist, ob der Widerstand Leistende Adressat der Vollstreckungsmaßnahme ist oder lediglich jemand, der sich einmischt. Zudem zählt das Delikt zu den sog. unechten Unternehmensdelikten (s.o.).

809

I. Tatbestand

1. Objektiver Tatbestand

a. Geschützter Personenkreis und geschütztes Verhalten

§ 113 I schützt **Amtsträger** und **Soldaten der Bundeswehr**. Amtsträger i.S.d. § 113 sind solche nach § 11 I Nr. 2, 2a. Neben den inländischen Amtsträgern (wie den Polizei- und Zollbeamten, Gerichtsvollziehern, Vollstreckungsbeamten des Finanzamtes, Richtern etc.) kommen auch europäische Amtsträger (Nr. 2a) in Frage.

810

Die Amtsträger und Soldaten der Bundeswehr sind jedoch nicht schlechthin geschützt. Sie müssen jeweils zur Vollstreckung von Gesetzen, Rechtsverordnungen, Urteilen, Gerichtsbeschlüssen oder Verfügungen berufen sein.

811

Vollstreckung heißt die Verwirklichung des auf einen bestimmten Fall konkretisierten Staatswillens gegenüber Personen und Sachen, notfalls durch Zwang.[1379]

812

Es muss sich also um eine **Einzelfallvollstreckung** handeln. **Allgemeine Diensthandlungen** sind **nicht** von § 113 I geschützt (für diese greift aber § 114 – dazu Rn 842 ff.). Bei ihnen fehlt der bereits konkretisierte Wille des Staates zur Regelung eines bestimmten Falls. Um allgemeine Diensthandlungen handelt es sich immer, wenn die Polizei schlichte Überwachungs- oder Ermittlungstätigkeiten[1380] wie Streifenfahrten, Geschwindigkeitsmessungen („Radarkontrollen"), Vernehmungen von Beschuldigten oder Beobachtungen von Personengruppen durchführt sowie schlicht das Gesetz anwendet.

813

[1378] BGBl I 2017, S. 1226.
[1379] BGHSt 25, 313, 314; *Fischer*, § 113 Rn 3; *Trüg*, JA 2002, 214, 221.
[1380] Vgl. dazu allgemein Sch/Sch-*Eser*, § 113 Rn 13; BGH NJW 1982, 2081; KG NStZ 1989, 121.

Widerstand gegen Vollstreckungsbeamte (§ 113)

Beispiel: Die Polizei kontrolliert ein verrufenes Stadtviertel. T, der immer etwas zu verbergen hat, hetzt seinen Hund auf die Beamten.

Hier fehlt es am Merkmal der Vollstreckung, da keine Einzelfallvollstreckung, sondern eine allgemeine Personenkontrolle vorliegt. In Betracht kommen aber neben § 114 die §§ 223 ff. sowie § 240.

Ob eine Fahrzeugkontrolle im Straßenverkehr eine Einzelfallvollstreckung darstellt oder schlicht eine allgemeine Diensthandlung, ist unklar.[1381] Nur wenn man eine Einzelfallvollstreckung annimmt, kommt eine Strafbarkeit nach § 113 in Betracht; anderenfalls nach § 114. Wegen des Verweises in § 114 II auf § 113 II kommt aber auch bei einer Fahrzeugkontrolle § 113 II S. 2 Nr. 1 zur Anwendung, wenn man von einer allgemeinen Diensthandlung ausgeht und der Fahrzeugführer auf den Halt gebietenden Polizist zufährt, wodurch dieser zur Seite springen muss, um nicht erfasst zu werden.

814 Eine Vollstreckungshandlung i.S.d. § 113 I liegt aber bspw. in der Durchführung einer **allgemeinen Verkehrskontrolle**, wenn die Polizei einen Straßenverkehrsteilnehmer einer Kontrolle unterziehen möchte und ihm Halt gebietet.[1382]

815 Darüber hinaus muss sich der Amtsträger bei der **Vornahme** einer solchen Vollstreckungsmaßnahme befunden haben. Hierbei handelt es sich um ein zeitliches Kriterium. Die Vollstreckungstätigkeit muss bereits begonnen haben oder unmittelbar bevorstehen. Sie darf noch nicht beendet sein. Der Vollstreckungsbeamte i.w.S. muss sich – plastisch gesprochen – im „Kontaktbereich" des Betroffenen befunden haben.[1383]

816 **Soldaten der Bundeswehr** – aber auch in Deutschland stationierte NATO-Soldaten – sind den Amtsträgern gleichgestellt, sofern sie wie Vollstreckungsbeamte i.e.S. handeln (vgl. dazu die obigen Ausführungen). Zu nennen sind hier insbesondere Feldjäger und Wachpersonal der jeweiligen Einrichtungen. Im Verhältnis von Soldaten untereinander wird § 113 durch §§ 24, 25 WStG verdrängt.

b. Tathandlung nach § 113 I

817 Tathandlung ist gem. § 113 I das Widerstandleisten mit Gewalt oder durch Drohung mit Gewalt. Bei einem tätlichen Angriff sind §§ 114, 115 einschlägig.

818 **Widerstandleisten** ist jede aktive Tätigkeit zur Verhinderung oder Erschwerung der Diensthandlung, und zwar durch Gewalt gegen die Person des Amtsträgers oder durch Drohung mit Gewalt.[1384]

819 Da es sich bei dem Widerstandleisten um eine aktive Tätigkeit handelt, scheidet rein passives Verhalten aus. Das bloße Flüchten vor der Polizei, das Nichtöffnen der Tür oder das Sitzenbleiben eines Festzunehmenden reichen daher nicht aus.[1385]

Beispiel: So stellt es kein Widerstandleisten i.S.d. § 113 I dar, wenn ein tatverdächtiger Autofahrer sich weigert, den Kofferraum zu öffnen, sehr wohl aber, wenn er sich vom Inneren der Fahrgastzelle aus abstützt, um ein Herausziehen durch Polizeibeamte zu erschweren. Davon unabhängig fehlt es aber schon am Gewalt- oder Drohungsmerkmal.

Von einem rein passiven Verhalten kann auch nicht mehr gesprochen werden, wenn der Betroffene sich an Gegenständen festhält oder seine Füße gegen den Boden stemmt, um

---

[1381] Siehe dazu den Fall OLG Hamm 12.2.2019 – 4 RVs 9/19: Zufahren auf einen Halt gebietenden Polizisten.
[1382] OLG Celle StV 2013, 25, 26 f.
[1383] AG Tiergarten NJW 1988, 3218. Der „Kontaktbereich" ist grds. noch nicht auf dem Weg zum Vollstreckungsschuldner hin eröffnet. Kommt es hier zu Auseinandersetzungen, greift § 240. Vgl. dazu im Einzelnen LK-*Rosenau*, § 113 Rn 20.
[1384] BGH NStZ 2015, 388; NStZ 2013, 336; OLG Celle StV 2013, 25, 26 f.; Lackner/Kühl-*Heger*, § 113 Rn 5 u. 6; *Trüg*, JA 2002, 214, 221. Vgl. auch OLG Stuttgart NStZ 2016, 353, 354.
[1385] RGSt 2, 411, 412; BGHSt 18, 133, 134 f.; *Trüg*, JA 2002, 214, 221.

den Abtransport seiner Person durch Polizeivollzugsbeamte zu verhindern. In diesem Fall ist ein Widerstandleisten mittels Gewalt anzunehmen[1386] (dazu sogleich).

Für die Verwirklichung des § 113 I kommt es im Gegensatz zu § 240 nicht auf einen effektiven Nötigungserfolg an. Dies ergibt sich aus dem Charakter des § 113 als **unechtes Unternehmensdelikt**.[1387] Erfasst werden somit erfolglose (Beispiel: Polizist lässt sich durch die Drohung nicht beeindrucken) sowie untaugliche Widerstandshandlungen.

820

aa. Widerstandleisten mit Gewalt

Gewalt i.S.d. § 113 liegt vor, wenn ein physisch wirkendes Zwangsmitteln gegen die Person des Vollstreckenden erfolgt und es geeignet ist, die Vollendung der Diensthandlung zumindest zu erschweren.[1388]

821

Die Rechtsprechung orientiert sich bei der Auslegung des Gewaltbegriffs des § 113 I an derjenigen zu § 240.[1389] In der Regel wird aber physische Gewalt vorliegen, nach der hier vertretenen Ansicht ist diese sogar erforderlich. Die Gewalt muss sich mittelbar oder unmittelbar gegen die Person des Vollstreckenden richten und dessen Tätigkeit erschweren. Ein „Erfolg" dergestalt, dass die Vollstreckungshandlung unmöglich gemacht wird, ist nicht erforderlich. Andererseits reicht passiver Widerstand (i.S.v. bloßem Ungehorsam) ebenso wenig aus wie die bloße Flucht[1390].

822

> **Beispiele von Gewalt:** Entreißen einer gepfändeten Sache; Einschließen von Vollstreckungsbeamten; schnelles Zufahren auf den Polizeibeamten, um die Freigabe des Wegs zu erzwingen[1391]; Festhalten an Gegenständen oder Füße gegen den Boden stemmen, um den Abtransport durch Polizeivollzugsbeamte zu verhindern[1392]; Anketten an immobilen Gegenständen[1393]

> **Keine Gewalt:** Bloßer passiver Widerstand; Präparieren der Tür, um dem Gerichtsvollzieher das Betreten der Wohnung zu erschweren (str.);[1394] Gewalt gegen sich selbst[1395]; auch die bloße Flucht vor der Polizei erfüllt diese Voraussetzungen selbst dann nicht, wenn dabei andere Verkehrsteilnehmer behindert, gefährdet oder unvorsätzlich verletzt werden.[1396] Etwas anders würde aber gelten, wenn der Flüchtige die ihn verfolgenden Polizisten abdrängte oder am Überholen hinderte oder sie zur Freigabe der Fahrbahn nötigte.[1397] Dann läge ein Widerstandleisten mittels Gewalt vor.

bb. Widerstandleisten durch Drohung mit Gewalt

Anders als bei der Drohung i.S.d. § 240 ist bei der Drohung i.S.d. § 113 eine Drohung mit Gewalt erforderlich. Die Drohung mit einem empfindlichen Übel genügt nicht.

823

Drohung mit Gewalt ist die Ankündigung der bevorstehenden Gewaltanwendung, die eine Erschwerung der Vollstreckungshandlung zum Ziel hat.[1398]

824

Droht der Täter nicht mit Gewalt (gegen den Vollstreckungsbeamten), sondern bspw. mit Selbsttötung, Veröffentlichung von kompromittierenden Sachverhalten, mit Strafan-

825

[1386] Vgl. BVerfG NJW 2006, 136.
[1387] BGH NStZ 2013, 336; *Fischer*, § 113 Rn 22.
[1388] BGH NStZ 2013, 336, 337; BGH NStZ 2016, 353, 354.
[1389] Siehe OLG Stuttgart NStZ 2016, 353, 355: „aufgrund desselben Begriffsgehalts ... übertragbar".
[1390] BGH NStZ 2015, 388 mit Verweis auf BGH NStZ 2013, 336; *Fischer*, § 113 Rn 23.
[1391] Vgl. dazu OLG Celle StV 2013, 25, 26 f.
[1392] Vgl. BVerfG NJW 2006, 136.
[1393] OLG Stuttgart NStZ 2016, 353, 355.
[1394] Sch/Sch-*Eser*, § 113 Rn 42; anders RGSt 41, 82; BGHSt 18, 133, 135.
[1395] OLG Hamm NStZ 1995, 548.
[1396] BGH NStZ 2015, 388 mit Verweis auf BGH NStZ 2013, 336; *Fischer*, § 113 Rn 23.
[1397] BGH NStZ 2013, 336, 337.
[1398] Sch/Sch-*Eser*, § 113 Rn 45; *Fischer*, § 113 Rn 26.

Widerstand gegen Vollstreckungsbeamte (§ 113)

zeigen oder Dienstaufsichtsbeschwerden, ist diese Variante nicht erfüllt. In derartigen Fällen, in denen § 113 I nicht greift, verbleibt aber der Auffangtatbestand des § 240.

cc. Bei der Vornahme der Vollstreckungshandlung

826 Die Widerstandshandlung muss „bei der Vornahme einer Vollstreckungshandlung" erfolgen. Eine zeitliche Koinzidenz zwischen der Vornahme der Widerstandshandlung und der Vollstreckungshandlung ist nach der Rechtsprechung jedoch nicht erforderlich. So sei das Tatbestandsmerkmal „bei der Vornahme einer Vollstreckungshandlung" bereits dann erfüllt, wenn sich der Täter einer bereits begonnenen oder unmittelbar bevorstehenden, aber noch nicht beendeten Vollstreckungshandlung widersetze. Dafür reiche es aus, dass sich die Tathandlung in dieser Zeitspanne auswirke, möge auch die eigentliche Vollstreckungshandlung erst nach der Tathandlung stattfinden.[1399] Daher sei auch nicht erforderlich, dass sich der Amtsträger schon zum Zeitpunkt der vorweggenommenen Widerstandshandlung im „Kontaktbereich" des von der Amtshandlung Betroffenen befinden müsse. Dies gelte selbst dann, wenn die Zeitspanne bis zum Zusammentreffen von Widerstand und Vollstreckungsmaßnahme mehrere Stunden betrage.[1400]

> **Beispiel**[1401]: Ketten sich „Stuttgart-21-Gegner" an einbetonierte Rohre fest, ist das Merkmal „bei der Vornahme einer Diensthandlung" nach der Rechtsprechung auch dann erfüllt, wenn die Diensthandlung (Räumung des Platzes) erst einige Stunden später erfolgen soll bzw. erfolgt. Das widerspricht § 8, der den Zeitpunkt der Tathandlung als maßgeblich betrachtet, die Rechtsprechung stellt aber offenbar darauf ab, dass die Tathandlung noch andauert, wenn die Vollstreckungsbeamten behindert werden.

2. Subjektiver Tatbestand: Vorsatz

827 Bezüglich der in § 113 I genannten Tatbestandsmerkmale muss der Täter vorsätzlich handeln, wobei Eventualvorsatz genügt. Es reicht also aus, wenn der Täter es für möglich hält und billigend in Kauf nimmt, dass sein Verhalten ein Widerstandleisten in Bezug auf eine Vollstreckungshandlung darstellt. Die Rechtmäßigkeit der Vollstreckungshandlung ist kein Tatbestandsmerkmal (h.M., dazu sogleich). Hierauf muss sich der Vorsatz des Täters also nicht erstrecken. § 113 IV geht dem Tatbestandsirrtum vor.[1402]

3. Rechtmäßigkeit der Vollstreckungshandlung (§ 113 III)

828 Fehlt es an der Rechtmäßigkeit der Vollstreckungshandlung, ist die Tat nicht nach § 113 strafbar (§ 113 III S. 1).

829
> **Hinweis für die Fallbearbeitung:** Die in § 113 III genannte Rechtmäßigkeit der Vollstreckungshandlung ist eines der zentralen rechtsdogmatischen Probleme des § 113. Sowohl die prüfungstechnische Einordnung als auch die Definition des Rechtmäßigkeitsmaßstabs bereiten Schwierigkeiten. Überwiegend wird vertreten, dass es sich *nicht* um ein Tatbestandsmerkmal handele, sodass sich auch der Vorsatz nicht auf die Rechtmäßigkeit der Vollstreckungshandlung beziehen müsse. Aus diesem Grunde scheidet auch eine Anwendung des Tatbestandsirrtums nach § 16 I S. 1 aus. Prüfungsstandort sollte daher nach dem subjektiven Tatbestand sein.[1403]

[1399] OLG Stuttgart NStZ 2016, 353, 355 mit Verweis u.a. auf BGHSt 18, 133, 135.
[1400] OLG Stuttgart NStZ 2016, 353, 355.
[1401] Vgl. OLG Stuttgart NStZ 2016, 353.
[1402] Lackner/Kühl-*Heger*, § 113 Rn 19.
[1403] Vgl. auch *W/H/E*, BT 1, Rn 703, die die Rechtmäßigkeit als (modifizierte) objektive Bedingung der Strafbarkeit ansehen. Vgl. auch *Fischer*, § 113 Rn 10. Anders Sch/Sch-*Eser*, § 113 Rn 20, der die Rechtmäßigkeit als Merkmal des Tatbestands ansieht, worauf sich jedoch nicht der Vorsatz beziehen müsse. Um Irritationen zu vermeiden, sollte dem vorgeschlagenen Aufbaumuster gefolgt werden.

Widerstand gegen Vollstreckungsbeamte (§ 113)

Welche Anforderungen an die Rechtmäßigkeit der Vollstreckungshandlung zu stellen sind, wird unterschiedlich beantwortet. Unterschieden wird im Wesentlichen zwischen dem „materiellen, d.h. verwaltungs(vollstreckungs)rechtlichen Rechtmäßigkeitsbegriff" und dem „eigenständigen strafrechtlichen Rechtmäßigkeitsbegriff".

830

> **Beispiel[1404]:** Der nach Deutschland eingereiste, aus dem Irak stammende T sollte abgeschoben werden, weil er im Asylantrag falsche Angaben gemacht hatte und die Voraussetzungen für die Gewährung eines Aufenthaltstitels nach dem AufenthG nicht vorlagen. Gleichwohl erging eine Duldungsverfügung (der Aufenthalt wird trotz Nichtbestehens eines Aufenthaltstitels geduldet), die allerdings die mit der Festnahme des T und dessen Verbringung in Abschiebehaft beauftragte Polizei nicht erreichte. Als zwei Polizeibeamte bei T erschienen, um ihn abzuholen, floh T in einen Schuppen und hielt von innen die Tür fest. Dem Polizeibeamten P gelang es, unter verstärktem Kraftaufwand die Tür so weit zu öffnen, dass der hinter ihm stehende Kollege den T in dem Schuppen entdeckte und diesen sofort aufforderte, sich auf den Boden zu legen. P zog nunmehr die Tür vollständig auf. T hatte dies erwartet und war entschlossen, ein Messer einzusetzen, um sich so den Weg freizukämpfen und der beabsichtigten Abschiebung zu entgehen. Mehrmals schnell hintereinander stach er in Richtung P und nahm dabei in Kauf, dass P tödlich verletzt werden könnte. Dieser konnte jedoch reflexartig zurückweichen, sodass er durch die Stiche nicht verletzt wurde. Sofort nach der Ausweichbewegung trat P wieder nach vorn und konnte T mit dem Einsatzstock das Messer aus der Hand schlagen. Anschließend gelang es den Beamten, den sich wehrenden T zu Boden zu bringen und ihm Handfesseln anzulegen. Strafbarkeit des T gem. § 113?[1405]

T könnte sich nach § 113 I, II S. 2 Nr. 1, Nr. 2 strafbar gemacht haben, indem er sich gewaltsam der Ingewahrsamnahme widersetzte und dabei mit einem Messer in Richtung P stach. P war als Polizeibeamter ein zur Vollstreckung von Gesetzen berufener Amtsträger i.S.v. § 11 I Nr. 2a und damit auch i.S.v. § 113. Indem T mit dem Messer in Richtung P stach, um sich der Festnahme zu entziehen, hat er Widerstand durch Gewalt geleistet. Er handelte auch vorsätzlich. T verwirklichte auch die Strafzumessungsvorschrift des § 113 II S. 2 Nr. 1, da es sich bei dem Messer um ein gefährliches Werkzeug handelt (vgl. Rn 836). Ob T darüber hinaus das Regelbeispiel des § 113 II S. 2 Nr. 2 verwirklichte, ist dagegen zweifelhaft. Zwar hing es lediglich vom Zufall ab, dass er P nicht traf, allerdings verübte T damit noch keine Gewalttätigkeit, da es insoweit an einer Verletzung fehlt (vgl. Rn 837). § 113 II S. 2 Nr. 2 ist daher zu verneinen. Fraglich ist schließlich die Rechtmäßigkeit der polizeilichen Maßnahme. Ist eine solche rechtswidrig, scheitert eine Strafbarkeit nach § 113 I, II gem. § 113 III. Welche Anforderungen an die Rechtmäßigkeit der Diensthandlungen zu stellen sind, wird unterschiedlich beantwortet.

⇨ Der von einer Minderheitsmeinung vertretene **materielle**, d.h. verwaltungsrechtliche Rechtmäßigkeitsbegriff verlangt die verwaltungsrechtliche materielle Rechtmäßigkeit der Amtshandlung. Dementsprechend macht sich der Täter nicht nach § 113 strafbar, wenn die Amtshandlung, gegen die er Widerstand leistet, nach verwaltungsrechtlichen Grundsätzen bzw. dem maßgeblichen Vollstreckungsrecht rechtswidrig ist.[1406]

T konnte sich auf die aufenthaltsrechtliche Duldungsverfügung berufen. Die polizeiliche Festnahme war daher verwaltungs(vollstreckungs)rechtlich nicht zulässig.

Die Polizei handelte mithin rechtswidrig und T wäre nicht gem. § 113 I, II S. 2 Nr. 1 strafbar, legte man den verwaltungsrechtlichen bzw. verwaltungsvollstreckungsrechtlichen Rechtswidrigkeitsbegriff zugrunde.

[1404] In Anlehnung an BGH NStZ 2015, 574.

[1405] Auf die jedenfalls verwirklichten Tatbestände des versuchten Totschlags (§§ 212, 22) und der versuchten gefährlichen Körperverletzung (§§ 224 I Nr. 2, II, 22 – ein Messer ist jedenfalls ein „gefährliches Werkzeug") soll hier nicht weiter eingegangen werden; sie wären aber je nach Fallfrage selbstverständlich zu prüfen.

[1406] *Reinhart*, NJW 1997, 911, 914; *Rühl*, JuS 1999, 521, 529; *Weber*, JuS 1997, 1080, 1082; *Amelung*, JuS 1986, 329, 335 f. Auf die Nichtigkeit (i.S.d. § 44 VwVfG) kommt es nicht an; es genügt die Rechtswidrigkeit, d.h. die Unvereinbarkeit mit formellem und/oder materiellem Recht.

Widerstand gegen Vollstreckungsbeamte (§ 113)

⇨ Die h.M.[1407] folgt demgegenüber einem eigenständigen **strafrechtlichen** Rechtmäßigkeitsbegriff mit der Folge, dass weniger eine materielle, sondern vielmehr eine formale Prüfung erfolgt. Dabei hat die h.M. vier Prüfungspunkte als Voraussetzung für die Rechtmäßigkeit staatlichen Handelns im Strafrecht entwickelt. Danach ist eine Diensthandlung i.S.d. § 113 rechtmäßig, wenn der Amtsträger

(1) sachlich[1408] und örtlich zuständig ist,

(2) die wesentlichen Förmlichkeiten des Ob und Wie der fraglichen Maßnahme beachtet,

(3) ein etwa bestehendes Ermessen pflichtgemäß ausübt und

(4) verbindliche Weisungen beachtet.

Als wesentliche Förmlichkeiten werden bspw. angesehen:

⇨ das Vorliegen eines vollstreckbaren Titels bei der Zwangsvollstreckung,

⇨ das Eröffnen des Vorführungsbefehls nach § 134 StPO,

⇨ die Androhung unmittelbaren Zwangs vor dessen Anwendung,

⇨ die Belehrung über die Beschuldigtenstellung[1409] oder

⇨ die Eröffnung des Tatvorwurfs bei Identifizierungsmaßnahmen oder vorläufiger Festnahme.

Ist aber die Amtshandlung bspw. nicht erforderlich, d.h. unverhältnismäßig, willkürlich oder amtsmissbräuchlich, ist sie auch nach dieser Auffassung (selbstverständlich) nicht rechtmäßig i.S.d. § 113 I.[1410]

Vorliegend unterlagen die beiden Polizeibeamten der Fehlvorstellung, zur Festnahme berechtigt zu sein, weil sie davon ausgingen, T solle abgeschoben werden. Von der Duldungsverfügung fehlte ihnen die Kenntnis. Die Unkenntnis über diese Tatsache ist ihnen auch nicht vorzuwerfen, weil sie zu Recht davon ausgehen mussten, ihre Beauftragung sei rechtmäßig. Ihnen kommt daher ein Irrtumsprivileg zugute, das ihre Amtshandlung nicht willkürlich und daher nicht rechtswidrig i.S.d. § 113 I machte. T wäre also unter Zugrundelegung der h.M. gem. § 113 I, II S. 2 Nr. 1 strafbar.

Stellungnahme: Da beide Auffassungen zu unterschiedlichen Ergebnissen führen, muss die Frage, welcher Auffassung zu folgen ist, entschieden werden. Für die Minderheitsauffassung spricht, dass es allgemein üblich ist, auf die Verwaltungsakzessorietät abzustellen: Ist ein Verhalten verwaltungsrechtlich erlaubt, kann es nicht strafrechtlich relevant sein („Einheit der Rechtsordnung"). Da vorliegend das Handeln der Polizeibeamten objektiv rechtswidrig war, hieße dies, dass ihr Handeln auch nicht rechtmäßig i.S.d. § 113 I wäre. Wäre ihr „Angriff" auf die Freiheit des T damit rechtswidrig gewesen, wäre dieser zur Notwehr berechtigt gewesen und daher nicht strafbar. Für die h.M. unter Einschluss des BGH spricht jedoch der Wille des Gesetzgebers, in Bezug auf § 113 einen eigenständigen, vom Verwaltungsrecht losgelösten Rechtmäßigkeitsbegriff zugrunde zu legen.[1411] Zudem war das Verhalten der Beamten nicht willkürlich; sie mussten aufgrund der ihnen gegebenen Anweisung die Maßnahme durchführen. Amtsträger sind aufgrund von Delegation und Arbeitsdruck selten in der Lage, alle materiellen Voraussetzungen rechtsfehlerfrei zu überprüfen, zumal selbst Juristen nicht selten Schwierigkeiten haben, die Nichtigkeit von Staatsakten einhellig zu bejahen. Folge wäre also ein ewig prüfender Amtswalter (etwa ein Gerichtsvollzieher), der zeitlich nicht in der Lage wäre, sein Pensum abzuarbeiten. Ein wesentlicher Zweig der Rechtsdurchsetzung wäre gelähmt. Der Bürger ist zudem nicht rechtlos gestellt, zumal ihm Rechtsbehelfe (siehe das nächste Beispiel) zur Verfügung stehen.

[1407] BGHSt 4, 161, 164; 21, 334, 363; BGH NStZ 2015, 574, 575; KG NStZ 2006, 414 f.; OLG Stuttgart NStZ 2016, 353, 355 f.; *Fischer*, § 113 Rn 11; Lackner/Kühl-*Heger*, § 113 Rn 7. Vgl. auch BVerfG StV 2008, 71, das die Verfassungsgemäßheit des „strafrechtlichen Rechtmäßigkeitsbegriffs" bestätigt hat.

[1408] Steht die Diensthandlung etwa unter Richtervorbehalt (wie die Durchsuchung gem. §§ 102, 105 StPO) und fehlt die erforderliche richterliche Anordnung, ist die Polizei sachlich nicht zuständig für die Anordnung der Maßnahme, was diese rechtswidrig auch i.S.d. § 113 macht.

[1409] Vgl. dazu OLG Celle StV 2013, 25, 26 f.

[1410] Vgl. BGH NStZ 2015, 574, 577.

[1411] BT-Drs. 6/502, S. 4; *Fischer*, § 113 Rn 11 mit Verweis auf die Protokolle.

Widerstand gegen Vollstreckungsbeamte (§ 113)

So wäre es T zumutbar gewesen, die Festnahmehandlung zu dulden und später im Gewahrsam auf die Duldungsverfügung hinzuweisen.

War die Festnahmehandlung von P daher rechtmäßig i.S.d. § 113 I, war zugleich die Abwehrhandlung des T nicht durch Notwehr gedeckt, da es dann an der Rechtswidrigkeit des Angriffs (vgl. § 32 II) fehlt. T hat sich somit gem. § 113 I, II S. 2 Nr. 1 strafbar gemacht. Sollte sich T über die Rechtmäßigkeit der polizeilichen Maßnahme geirrt haben, hängt seine Strafbarkeit von der Vermeidbarkeit seines Irrtums ab, vgl. § 113 IV.

Zu beachten ist das im Fall angesprochene Phänomen, dass dem Amtsträger, auch wenn er formal rechtswidrig gehandelt hat, im Fall der Fehleinschätzung *tatsächlicher* Voraussetzungen (falscher Sachverhalt) ein **Irrtumsprivileg** zugekommen kann.[1412] Dies gilt jedoch nur, wenn er nicht (grob) fahrlässig handelt.

831

Beispiel: B hat sich mit ihrer kleinen Boutique in Hamburg-Wandsbek finanziell übernommen. Ihr Gläubiger W verklagte B auf Zahlung des noch ausstehenden Mietzinses i.H.v. 3.500,- €, den B für ihre 45 Quadratmeter monatlich zahlen muss. Wie erwartet gewinnt W den Prozess. Einige Wochen später steht der Gerichtsvollzieher G mit einer vollstreckbaren Ausfertigung des Urteils nach § 750 I S. 1 ZPO vor der Tür der B und will einige ihrer Sachen pfänden. Unter den Sachen, die G auffallen, befindet sich auch ein antiker Webstuhl, den B jedoch noch für die Herstellung ihrer Kleidungsstücke für die Boutique benötigt. B weist G mehrfach darauf hin, dass der Webstuhl nicht gepfändet werden dürfe, da sie diesen als „letzte Stütze" des Unternehmens benötige. Demgegenüber hält G den Webstuhl für eine wertvolle Antiquität ohne praktische Verwendbarkeit. Schließlich hat G das Gejammer satt und bringt ein Pfandsiegel auf dem wertvoll aussehenden Stück auf. In ihrer Existenz bedroht und nun gänzlich verzweifelt, schlägt B mehrfach mit einem Regenschirm auf G ein, da sie sich anders nicht zu helfen weiß. G lässt von der Pfändung ab und verlässt unverrichteter Dinge den Ort. Strafbarkeit der B nach §§ 113, 114?

B könnte sich gem. §§ 114 I, II, 113 II S. 2 Nr. 1 strafbar gemacht haben, indem sie G durch das Schlagen mit dem Regenschirm an der Pfändung des Webstuhls hinderte.

Bei G handelt es sich um einen Amtsträger nach § 11 I Nr. 2a. Dieser ist nach §§ 753 I, 808 I ZPO zur Vollstreckung von Urteilen berufen. In zeitlicher Hinsicht befand sich G auch bei der Vornahme einer Vollstreckungshandlung, als er das Pfandsiegel an dem Webstuhl anbrachte. Grundsätzlich ist bei Gerichtsvollziehern das zeitliche Kriterium bereits bei Betreten der Schuldnerwohnung erfüllt, sodass es auf das Anbringen des Pfandsiegels letztlich nicht ankommt. B verübte durch das Einschlagen auf G diesem gegenüber einen tätlichen Angriff (§ 114 I) und handelte zudem auch vorsätzlich. Sollte man bei dem Regenschirm aufgrund der zweckwidrigen Verwendung von einem gefährlichen Werkzeug ausgehen (vgl. dazu Rn 836), hätte B auch die Strafzumessungsvorschrift des § 113 II S. 2 Nr. 1 verwirklicht, die über den Verweis in § 114 II auch für § 114 gilt.

Weitere Voraussetzung für eine Strafbarkeit nach § 114 I ist die Rechtmäßigkeit der Pfändung des Webstuhls durch G (§ 114 III i.V.m. § 113 III S. 1). Der Maßstab für die Bemessung der Rechtmäßigkeit ist streitig. Nach einer Auffassung ist den verwaltungs(vollstreckungs)rechtlichen Maßstäben Folge zu leisten. Zu erfolgen hat demnach eine materiellrechtliche Prüfung. Vorliegend wird jedoch dem „strafrechtlichen Rechtmäßigkeitsbegriff" gefolgt, der primär auf die formale Rechtmäßigkeit abstellt (siehe Rn 830). Das Strafrecht ist nicht nur vom Zivilrecht, sondern auch vom (sonstigen) öffentlichen Recht unabhängig. Zu bedenken ist auch, dass materielle Prüfungen in der Praxis zu aufwendig und letztlich lähmend sind, sodass es lediglich auf das Vorliegen formaler – leichter nachprüfbarer – Kriterien ankommen muss. G müsste bei der Pfändung demnach „wesentliche Förmlichkeiten" beachtet und dürfte nicht willkürlich gehandelt haben. Er müsste sachlich und örtlich zuständig gewesen sein, die wesentlichen Verfahrensvorschriften eingehalten und sein Ermessen rechtsfehlerfrei ausgeübt haben. G ist nach §§ 753 I, 808 I ZPO sachlich zuständig. Die örtliche Zuständigkeit ist ebenfalls zu bejahen. Fraglich ist jedoch, ob G we-

---

[1412] RGSt 61, 297, 298; BGHSt 21, 334, 363.

sentliche Verfahrensvorschriften eingehalten hat. Nach § 811 I Nr. 5 ZPO dürfen Gegenstände, die der Fortsetzung einer Erwerbstätigkeit dienen, nicht gepfändet werden. B produzierte verschiedene Sachen mit ihrem Webstuhl für ihre Boutique. Ohne diese Eigenproduktion war der bereits geschwächte Bestand des Gewerbes nicht mehr gewährleistet. Mithin war der Webstuhl unpfändbar. Die Pfändung könnte gleichwohl rechtmäßig i.S.d. § 114 I, III i.V.m. § 113 III gewesen sein. Denn irrt sich der Amtsträger über das Vorliegen tatsächlicher Voraussetzungen, kommt ihm ein Irrtumsprivileg zugute. Dies ergibt sich daraus, dass fehlerhafte Bewertungen einer Situation letztlich auch dem gewissenhaftesten Staatsdiener unterlaufen können und somit durchaus häufig vorkommen. Auch wäre ansonsten der Strafschutz beachtlich verkürzt. G ging davon aus, dass B die Pfändung einer schönen und technisch interessanten Antiquität habe verhindern wollen, um deren Besitz zu wahren. Dass er die Ausführungen der B für unwahr hielt, erscheint nachvollziehbar und verständlich. Die Diensthandlung war somit trotz des Verstoßes gegen § 811 I Nr. 5 ZPO rechtmäßig.

Möglicherweise kommt es B aber zugute, dass sie davon ausging, die Pfändung sei rechtswidrig. B könnte nach § 114 III i.V.m. § 113 IV S. 2 straflos bleiben. Dem steht jedoch entgegen, dass sich B gem. § 766 I ZPO im Wege der Vollstreckungserinnerung gegen die Pfändung hätte wehren können. B hat sich somit nach § 114 I (ggf. i.V.m. § 113 II S. 2 Nr. 1) strafbar gemacht. Allerdings sind eine Milderung oder ein Absehen von Strafe nach § 114 III i.V.m. § 113 IV S. 2 in Betracht zu ziehen. Eine Strafbarkeit nach § 223 I liegt ebenfalls vor, war aber nicht zu prüfen.

832 Wieder anders liegt der Fall, wenn der Amtsträger *rechtlich* falsch handelt. Dann ist die Amtshandlung stets rechtswidrig[1413] (und Notwehr des Täters möglich).

> **Beispiel:** O droht dem Gerichtsvollzieher mehrfach, er werde ihm in die Hand beißen, wenn er nicht sofort die Wohnung verlasse. G ist wenig beeindruckt und bringt seine Pfandsiegel an. Eine Stunde später muss er sich im Krankenhaus behandeln lassen, da O tatsächlich zubiss.
>
> In diesem Fall ist die Pfändung der Sachen nicht rechtmäßig erfolgt, denn nach § 759 ZPO muss der Gerichtsvollzieher bei Widerstand (wozu auch bloße Drohungen bereits zählen) Zeugen hinzuziehen. O ist bzgl. § 114 I gerechtfertigt (nicht aber bzgl. § 223 I).

II. Rechtswidrigkeit

833 Hinsichtlich der Rechtswidrigkeit gelten die allgemeinen Grundsätze. So ist die Tat nicht rechtswidrig, wenn dem Täter ein anerkannter Rechtfertigungsgrund zur Seite steht. Das können Notwehr (§ 32), rechtfertigender Notstand (§ 34), aber auch zivilrechtliche Rechtfertigungsgründe sein wie die Notstandsregelungen der §§ 228, 904 BGB und das Selbsthilferecht nach § 229 BGB. Irrt der Täter über das Vorliegen der gesetzlichen Voraussetzungen des Rechtfertigungsgrundes, liegt ein Erlaubnistatbestandsirrtum vor.

III. Schuld

834 Das Vorliegen eines allgemeinen Entschuldigungs- oder Schuldausschließungsgrunds führt dazu, dass die Tat nicht schuldhaft begangen wurde. In Bezug auf § 17 enthält § 113 IV eine verdrängende Sonderregelung, wenn der Täter irrtümlich die Rechtswidrigkeit der Diensthandlung annimmt. Danach entfällt die Schuld, wenn der Irrtum über die Rechtswidrigkeit der Vollstreckungshandlung unvermeidbar und es dem Täter nach den ihm bekannten Umständen auch unzumutbar war, sich mit Rechtsbehelfen (vgl. dazu den vorletzten Beispielsfall) gegen die vermeintlich rechtswidrige Diensthandlung zu wehren. Für die Frage der Vermeidbarkeit gelten die für § 17 aufgestellten Grundsätze.[1414]

[1413] BGHSt 24, 125, 127; BGH NStZ 2015, 574, 576 f.; Lackner/Kühl-*Heger*, § 113 Rn 13.
[1414] Vgl. hierzu auch *W/H/E*, BT 1, Rn 714.

IV. Besonders schwere Fälle (§ 113 II)

Der Gesetzgeber bedient sich bei § 113 II der Regelbeispieltechnik, wie sie ausführlich bei *R. Schmidt*, BT II, Rn 128 ff. beschrieben ist. Vorgeschlagener Prüfungsstandort ist nach der Schuldfeststellung des Grunddelikts, da es sich nicht um Tatbestandsmerkmale, sondern um Strafzumessungsgesichtspunkte handelt.

835

- § 113 II S. 2 Nr. 1 ⇒ **Beisichführen einer Waffe oder eines anderen gefährlichen Werkzeugs**

  Der Begriff der <u>Waffe</u> ist *nicht* im technischen Sinne zu verstehen. Vielmehr sind unter Zugrundelegung des allgemeinen Sprachgebrauchs solche Gegenstände gemeint, bei denen die primäre Zweckbestimmung darin liegt, im Wege des Angriffs oder der Verteidigung zur Bekämpfung anderer eingesetzt zu werden (vgl. Rn 329). Ein Pkw ist daher nicht mehr vom möglichen Wortsinn des Waffenbegriffs umfasst.[1415] Denn ein Pkw ist nicht dazu bestimmt, andere Personen zu verletzen.

  836

  Die Waffe muss von einem am Tatort anwesenden Täter oder Teilnehmer *mitgeführt* werden. Es ist nicht erforderlich, dass sich die Waffe „am Mann" befindet. Es genügt, wenn deren Erlangung ohne nennenswerte Zwischenschritte möglich ist.[1416] Eine Verwendungsabsicht ist seit der Gesetzesänderung vom 30.5.2017[1417] nicht mehr erforderlich.

  Die Variante des Beisichführens eines <u>anderen gefährlichen Werkzeugs</u> ist im Zuge der am 5.11.2011 in Kraft getretenen Gesetzesänderung in die Vorschrift aufgenommen worden.[1418] Die Regelung sieht eine abstrakte Gefahr für Leib, Leben und Willensfreiheit als Grund für eine Strafschärfung an, die allein durch die bloße Verfügbarkeit eines gefährlichen Werkzeugs begründet ist.[1419] Das ist nicht ganz unproblematisch, weil der Gesetzgeber die bereits von § 244 I Nr. 1a Var. 2 bekannten Auslegungsprobleme[1420] – ohne sie etwa gelöst zu haben – herübergezogen hat. Es ist somit auch bei § 113 II S. 2 Nr. 1 Var. 2 die Gefährlichkeit des Gegenstands im Einzelfall durch Auslegung zu ermitteln. Von eindeutigen Fällen (Einsatz eines Messers, Knüppels etc., aber auch die Verwendung eines Pkw als „Schadenswerkzeug" – dazu Rn 839) abgesehen, dürfte das insbesondere dann problematisch sein, wenn der Gegenstand nicht verwendet worden ist, zumal der Gesetzgeber mit der am 30.5.2017 in Kraft getretenen Gesetzesänderung (siehe Rn 807) die zuvor in die Vorschrift des § 113 II S. 2 Nr. 1 Var. 2 aufgenommene Verwendungsabsicht gestrichen hat. Es bietet sich daher an, die zu § 244 I Nr. 1a Var. 2 vorgenommene einschränkende Auslegung zu übertragen und einen inneren Verwendungsvorbehalt zu fordern. Gefährlich ist ein mitgeführtes Werkzeug damit nur dann, wenn zu seiner allgemeinen Eignung, erhebliche Körperverletzungen zuzufügen, hinzutritt, dass der Täter sich insgeheim vorbehält, den Gegenstand notfalls auch gegen Menschen einzusetzen.[1421]

  Der Quasi-Vorsatz des Täters muss sich auf das Tatmittel und das Beisichführen beziehen.

- § 113 II S. 2 Nr. 2 ⇒ Bringen des Angegriffenen durch die Gewalttätigkeit in die **Gefahr des Todes** oder einer **schweren Gesundheitsschädigung**

  Dieses Regelbeispiel fordert, dass der Täter den Angegriffenen durch eine Gewalttätigkeit (Schlagen, Stechen etc.) quasi-vorsätzlich in die konkrete Gefahr des Todes oder einer schweren Gesundheitsschädigung gebracht hat. Es handelt sich also um ein **konkretes Gefährdungsdelikt** in Form einer Strafzumessungsvorschrift, bei der die Gefahr im konkreten (Einzel-)Fall festgestellt werden muss. Eine konkrete Gefahr liegt vor, wenn der Nichteintritt des Todes bzw. der schweren Gesundheitsschädigung lediglich vom rettenden Zufall abhängt (vgl. dazu Rn 260 und 543).

  837

[1415] BVerfG NStZ 2009, 83, 84.
[1416] BGHSt 31, 105 (Für den Raub); *W/H/E*, BT 1, Rn 715.
[1417] BGBl I 2017, S. 1226 – siehe oben Rn 807.
[1418] Zum Begriff des „anderen gefährlichen Werkzeugs" vgl. Rn 318 ff. sowie *R. Schmidt*, BT II, Rn 195 ff.
[1419] *Singelnstein/Puschke*, NJW 2011, 3473.
[1420] Siehe *R. Schmidt*, BT II, Rn 195 ff.
[1421] *R. Schmidt*, BT II, Rn 206 (zu § 244 I Nr. 1a Var. 2).

Der Quasi-Vorsatz des Täters muss auch den konkreten Quasi-Gefährdungsvorsatz umfassen.

- **§ 113 II S. 2 Nr. 3 ⇒ Tat wird mit einem anderen Beteiligten gemeinschaftlich begangen**

838 Dieses mit der am 30.5.2017 in Kraft getretenen Gesetzesänderung eingeführte Regelbeispiel sanktioniert den Fall, dass die Tat (also das Widerstandleisten durch Gewalt oder Drohung mit Gewalt) mit einem anderen Beteiligten gemeinschaftlich begangen wird. Damit trägt der Gesetzgeber dem Umstand Rechnung, dass ein gemeinschaftliches Vorgehen mehrerer Angreifer die Gefahr für die betroffenen Polizistinnen und Polizisten erheblich erhöht.[1422] Leider fehlt in der Gesetzesbegründung ein Hinweis, wie der Gesetzgeber das Merkmal „gemeinschaftlich" verstanden haben möchte. Orientiert man sich an der Auslegung anderer Straftatbestände, die eine gemeinschaftliche Tatbegehung sanktionieren (etwa § 224 I Nr. 4), wird man unter gemeinschaftlichem Widerstandleisten verstehen müssen, dass mindestens zwei am Tatort anwesende Beteiligte einverständlich zusammenwirken und dem Vollstreckungsbeamten unmittelbar gegenübertreten.[1423] Eine eigenhändige Mitwirkung an der Widerstandshandlung jedes anwesenden Beteiligten ist dabei aber nicht erforderlich.[1424]

Der Quasi-Vorsatz des Täters muss sich auf die gemeinschaftliche Tatbegehung beziehen.

V. Hinweise

839 § 113 kann in Zusammenhang mit Straßenverkehrsdelikten relevant werden. In diesem Zusammenhang sollten v.a. die sog. **„Polizeifluchtfälle"** geläufig sein.[1425] Bei diesen gerät der Fahrzeugführer etwa während einer allgemeinen Verkehrskontrolle in Panik und fährt mit erhöhter Geschwindigkeit auf den auf der Straße stehenden und Halt gebietenden Polizisten zu. Dies tut er in der sicheren Erwartung, der Polizist werde rechtzeitig zur Seite springen. Der Polizist bleibt entweder unverletzt oder zieht sich lediglich Schürfwunden zu. ⇨ Ein versuchtes Tötungsdelikt scheidet nach der Rechtsprechung aus, da es insoweit am Tötungsvorsatz fehle. Übrig bleiben dann ggf. eine gefährliche Körperverletzung gem. § 224 I Nr. 2 und eine Strafbarkeit nach § 114 I, II i.V.m. § 113 II S. 2 Nr. 1 (Auto als „Schadenswerkzeug", siehe dazu Rn 813/836/845[1426]). § 240 tritt hinter §§ 113, 114 zurück. Ebenfalls zu prüfen ist § 315b I Nr. 3 ggf. i.V.m. IV. Hier muss in der Fallbearbeitung zunächst erklärt werden, warum § 315b (der an sich nur für verkehrsfremde, d.h. exogene Eingriffe Anwendung findet) und nicht § 315c geprüft wird (vgl. dazu die Ausführungen bei den §§ 315 ff.).[1427] Durch die Nutzung des Pkw wird ein ähnlicher, ebenso gefährlicher Eingriff in vorsätzlicher Weise vorgenommen (§ 315b I Nr. 3). Hier ist dann zu prüfen, ob der Polizeiflüchtige neben dem regelmäßig vorliegenden **Handlungsvorsatz** einen **Gefährdungs- und Schädigungsvorsatz** bezüglich des Polizisten hat. Abzugrenzen ist der Eventualvorsatz („Na wenn schon") von der bewussten Fahrlässigkeit („Wird schon gut gehen"). Der Nachweis ist (in der Praxis) selten erbringbar. Aus diesem Grund ist bei Prüfungsarbeiten den Ausführungen zum subjektiven Tatbestand erhöhte Aufmerksamkeit zu widmen. Sind dem Sachverhalt kaum Ausführungen zur subjektiven Seite des Täters zu entnehmen, sind beide Ergebnisse zumindest vertretbar. Wichtig zu wissen ist aber, dass der BGH davon ausgeht, dass die Gefahr regelmäßig willentlich als Mittel verursacht werde, um den Polizisten zu einer Abwehrmaßnahme zu nötigen.[1428] Entscheidet man sich für ein bedingt vorsätzli-

---

[1422] BT-Drs. 18/11161, S. 9.
[1423] BGH NStZ 2015, 584, 585 (zu § 224 I Nr. 4).
[1424] A.A. BGH NStZ 2015, 584, 585 (zu § 224 I Nr. 4: eigenhändiges Mitwirken an der Körperverletzung erforderlich).
[1425] Vgl. dazu BVerfG NStZ 2009, 83, 84; BGHSt 28, 87; OLG Hamm NStZ-RR 2001, 104; *Ranft*, Jura 1987, 611.
[1426] Zum Pkw als Schadenswerkzeug (i.S.d. § 224 I Nr. 2 Var. 2) vgl. BGHSt 12, 253, 256; 24, 382, 384; BGH NStZ 2012, 697 f.; OLG Zweibrücken 18.10.2018 – 1 OLG 2 Ss 42/18.
[1427] Rn 558 ff.
[1428] BGHSt 22, 67, 75; OLG Düsseldorf NJW 1982, 1111.

ches Verursachen der Gefahr, ist auf § 315b IV nicht einzugehen und dieser ist im Obersatz nicht zu nennen. Liegt eine fahrlässige Gefährdung vor, die durch Absatz IV tatbestandlich erfasst wird, ist Zurückhaltung geboten. An sich wäre nach Sinn und Wortlaut der Norm eine Strafbarkeit gegeben. Das sehen die Obergerichte[1429] jedoch anders. Wenn der Fahrzeugführer seinen Pkw als „Waffe" pervertiere, müsse – um gerade alltägliches Verhalten im Straßenverkehr nicht mit Höchststrafen zu pönalisieren – ein Gefährdungs(eventual)vorsatz vorliegen. Eine fahrlässige Gefährdung reiche nicht. Nach der Rechtsprechung des BGH zu § 315b ist weiter ein **Schädigungsvorsatz** erforderlich.[1430] Dieser wird (jedoch) selten vorliegen.

VI. Konkurrenzen

Beim Widerstandleisten, beim Drohen mit Gewalt sowie beim Behindern ist zugleich der Tatbestand der Nötigung nach § 240 erfüllt, was die Frage nach dem Konkurrenzverhältnis aufwirft.[1431] Aufgrund der gesetzlichen Neuregelung der §§ 113, 115 sowie der Anhebung der Strafandrohung des Grundtatbestands des § 113 I auf das Niveau der Nötigung kann man zwar nicht mehr von einer Privilegierung des § 113 im Vergleich zu § 240 sprechen, allerdings wird man aufgrund der situativen Besonderheit bei Widerstandshandlungen sowie der tatbestandlichen Ausgestaltung der §§ 113, 115 nach wie vor von einer Spezialregelung ausgehen dürfen. In einer Prüfungsarbeit wären also §§ 113, 115 zu prüfen und § 240 wäre lediglich in den Konkurrenzen zu nennen, ohne dass es einer weiteren Prüfung bedarf, sofern eine Strafbarkeit aus einem der Tatbestände der §§ 113, 115 bejaht wurde.

840

Weitere Konkurrenzaspekte ergeben sich bei § 114, sofern der tätliche Angriff eine Körperverletzung nach den §§ 223 ff. darstellt. Dann besteht Tateinheit. § 114 verdrängt aber selbstverständlich § 240. In Bezug auf das Verhältnis zwischen § 113 und § 114 gilt: Ein tätlicher Angriff ist nicht mehr Voraussetzung bei § 113; vor einem solchen schützen nunmehr § 114 (in Bezug auf Vollstreckungsbeamte) und § 115 (in Bezug auf Personen, die Vollstreckungsbeamten gleichstehen). § 114 ist damit in seinem Anwendungsbereich speziell und vorrangig. Im Rahmen von § 113 bleibt also Raum für ein Widerstandleisten, das nicht in einem tätlichen Angriff liegt, also eine aktive Tätigkeit zur Verhinderung oder Erschwerung der Diensthandlung, und zwar durch Gewalt gegen die Person des Amtsträgers oder durch Drohung mit Gewalt[1432], ohne dass dies als tätlicher Angriff zu werten wäre. Bei § 115 III S. 1 kommt Tateinheit auch mit dem jeweiligen Begehungsdelikt gegen das von der Gefahr bedrohte Individualrechtsgut – also etwa fahrlässige oder vorsätzliche Körperverletzung gegenüber den in Not Geratenen – in Betracht, sofern sich die Behinderung auch in einem entsprechenden Verletzungserfolg niedergeschlagen hat.[1433]

841

[1429] OLG Köln NZV 1991, 319; 1994, 365; Lackner/Kühl-*Heger*, § 315b Rn 5, 4.
[1430] BGH NJW 2003, 1613; StV 2004, 136 f.; *Dreher*, JuS 2003, 1159 ff.; *König*, NStZ 2004, 175 ff.
[1431] Vgl. dazu *Bosch*, Jura 2011, 268 ff.; *Jahn*, JuS 2013, 268, 269.
[1432] BGH NStZ 2015, 388; NStZ 2013, 336; OLG Celle StV 2013, 25, 26 f.; Lackner/Kühl-*Heger*, § 113 Rn 5 u. 6; *Trüg*, JA 2002, 214, 221. Vgl. auch OLG Stuttgart NStZ 2016, 353, 354.
[1433] *Singelnstein/Puschke*, NJW 2011, 3473, 3477.

C. Tätlicher Angriff auf Vollstreckungsbeamte (§ 114)

842 Im Zuge des am 30.5.2017 in Kraft getretenen 52. StrÄG[1434] wurde die bislang in § 113 enthaltene Begehungsform des tätlichen Angriffs herausgelöst und in § 114 als eigenständiger Straftatbestand mit erhöhtem Strafrahmen (Freiheitsstrafe von drei Monaten bis zu fünf Jahren) geregelt. Gleichzeitig hat der Gesetzgeber den bislang erforderlichen Bezug zur (Einzel-)Vollstreckungshandlung aufgegeben. Damit werden nunmehr auch tätliche Angriffe auf solche Vollstreckungsbeamte (i.S.d. § 113 I) erfasst, die lediglich allgemeine Diensthandlungen vornehmen wie Streifenfahrten oder -gänge, Befragungen von Straßenpassanten, Geschwindigkeitsmessungen („Radarkontrollen"), Fahrzeugkontrollen[1435], Unfallaufnahmen, Beschuldigtenvernehmungen und andere bloße Ermittlungstätigkeiten (siehe dazu bereits Rn 813).[1436] Damit trägt der Gesetzgeber dem Umstand Rechnung, dass Vollstreckungsbeamte auch dann tätlichen Angriffen ausgesetzt sein können, wenn sie lediglich allgemeine Diensthandlungen (und keine Einzelvollstreckungsmaßnahmen) vornehmen. In solchen Fällen sind sie sogar besonders schutzbedürftig, da sie sich i.d.R. nicht in gleicher Weise wie bei Vollstreckungshandlungen tätlichen Angriffen ausgesetzt sehen und daher oftmals unvorbereitet und folglich in der Abwehr von tätlichen Angriffen geschwächt sind. Das rechtfertigt die im Vergleich zu § 113 I höhere Mindeststrafandrohung, obwohl – wie noch zu sehen sein wird – beim tätlichen Angriff noch nicht einmal eine körperliche Berührung stattfinden muss.

843 Tathandlung ist der tätliche Angriff auf einen zur Vollstreckung von Gesetzen, Rechtsverordnungen, Urteilen, Gerichtsbeschlüssen oder Verfügungen berufenen Amtsträger oder Soldaten der Bundeswehr.

844 Ein **tätlicher Angriff** ist eine unmittelbar auf den Körper des Beamten abzielende feindselige Aktion ohne Rücksicht auf ihren Erfolg.[1437]

845 Anders als bei § 113 I muss es dem Täter beim tätlichen Angriff i.S.d. § 114 I nicht um die Erschwerung oder Verhinderung der Vollstreckungstätigkeit gehen.[1438] Es geht allein um eine tätliche feindselige Aktion, bei der es zudem nicht auf einen (Körperverletzungs-) Erfolg ankommt. Selbst eine konkrete Gefährdung der körperlichen Integrität verlangt der Begriff des Angriffs i.S.d. § 114 I nicht. Mithin handelt es sich beim tätlichen Angriff um ein **unechtes Unternehmensdelikt**.[1439] Um aber andererseits nicht mit dem Bestimmtheitsgrundsatz und dem Schuldprinzip in Konflikt zu geraten, wird man fordern müssen, dass die tätliche feindselige Aktion *geeignet* ist, eine Körperverletzung herbeizuführen.[1440] Folgt man dem, stellt sich § 114 I als Eignungsdelikt dar.[1441] Ist damit also eine Körperberührung bzw. -verletzung nicht erforderlich, reicht etwa auch ein (fehlgehender) Wurf mit einem Gegenstand oder ein Ausholen mit einem Küchenmesser. Dieser hier bereits in der 20. Aufl. 2018 vertretenen Ansicht hat sich nun auch das OLG Hamm angeschlossen, indem es entschieden hat, dass das Zufahren auf einen Halt gebietenden Polizisten eine tatbestandliche Handlung i.S.d. § 114 I sein könne, auch wenn der Polizist

---

[1434] BGBl I 2017, S. 1226 – siehe dazu bereits oben Rn 807.

[1435] Siehe nur OLG Hamm 12.2.2019 – 4 RVs 9/19: Polizeikontrolle ist Diensthandlung i.S.d. § 114.

[1436] BT-Drs. 18/11161, S. 9.

[1437] *Fischer*, § 114 Rn 5; Sch/Sch-*Eser*, § 114 Rn 4; *König/Müller*, ZIS 2018, 96, 99; *Kulhanek*, JR 2018, 551, 554; OLG Hamm 12.2.2019 – 4 RVs 9/19.

[1438] Vgl. *Joecks/Jäger*, § 114 Rn 1.

[1439] Bei Unternehmensdelikten ist bereits das „Unternehmen", d.h. die Tathandlung, als Vollendung der Tat anzusehen (siehe § 11 I Nr. 6). Auf einen Taterfolg wie etwa den Tod oder die Körperverletzung kommt es nicht an. Spricht der Tatbestand nicht ausdrücklich von Unternehmen, ist er aber von der Deliktsnatur ebenso wenig auf eine Erfolgsverursachung ausgerichtet, liegt ein sog. unechtes Unternehmensdelikt vor (siehe dazu *R. Schmidt*, AT, Rn 129/130).

[1440] So im Ergebnis auch *Busch/Singelnstein*, NStZ 2018, 510, 513.

[1441] Von einem Eignungsdelikt spricht man, wenn der Gesetzgeber allein die Eignung einer Tathandlung genügen lässt, einen Taterfolg herbeizuführen. Auf einen Taterfolg wie etwa den Tod oder die Körperverletzung kommt es – wie bei den Unternehmensdelikten – nicht an (siehe dazu *R. Schmidt*, AT, Rn 108).

nicht erfasst werde.[1442] Trotz der gegenüber § 113 erhöhten Strafandrohung sei noch nicht einmal erforderlich, dass die Angriffshandlung konkret geeignet ist, die körperliche Unversehrtheit des Amtsträgers auch tatsächlich und nicht nur unerheblich zu beeinträchtigen.[1443] Überzeugend begründet das OLG seine Entscheidung mit dem Opferschutz und erteilt entgegenstehenden Literaturstimmen[1444] eine Absage. Folgerichtig hat das OLG entschieden, dass sich der Vorsatz des Täters auch nur auf den Angriff i.S.d. § 114 I beziehen müsse; einen Körperverletzungs- oder gar Tötungsvorsatz oder konkreten Gefährdungsvorsatz verlange die Vorschrift nicht.[1445]

Durch die Anordnung der entsprechenden Geltung des § 113 II in § 114 II greift auch die Strafzumessungsvorschrift des § 113 II mit ihren Regelbeispielen (dazu Rn 835 ff.). **846**

Handelt es sich bei der Vollstreckungshandlung um eine solche i.S.d. § 113 I (also nicht um eine allgemeine Diensthandlung, sondern um eine Einzelvollstreckungsmaßnahme), greift schließlich – wie sich aus dem Verweis in § 114 III auf § 113 III ergibt – auch der Schutz nach § 114 nur dann, wenn die Vollstreckungsmaßnahme rechtmäßig ist. Insoweit kann auf die Ausführungen bei Rn 828 ff. Bezug genommen werden. Infolge des Verweises in § 114 III auf § 113 III und IV gelten hinsichtlich Einzelvollstreckungsmaßnahmen entsprechend auch die Irrtumsprivilegien nach § 113 III S. 2 und IV (Rn 831). **847**

Da es sich wie bei § 113 I auch bei § 114 I um ein Vorsatzdelikt handelt, ist Vorsatz erforderlich, wobei Eventualvorsatz genügt. I.d.R. dürfte bei einem Angriff aber dolus directus 1. Grades vorliegen. Ist die Diensthandlung eine Vollstreckungshandlung i.S.d. § 113 I, gilt gem. § 114 III die Vorschrift des § 113 III entsprechend, sodass keine Strafbarkeit nach § 114 I vorliegt, wenn die Vollstreckungshandlung nicht rechtmäßig ist. Selbstverständlich greifen bei einem tätlichen Angriff aber die allgemeinen Vorschriften (insbesondere §§ 223 ff.), sofern deren Voraussetzungen vorliegen und kein allgemeiner Rechtfertigungs-, Entschuldigungs- oder Schuldausschließungsgrund greift. **848**

[1442] OLG Hamm 12.2.2019 – 4 RVs 9/19.
[1443] OLG Hamm 12.2.2019 – 4 RVs 9/19.
[1444] BeckOK-*Dallmeyer*, § 114 Rn 5; *Busch/Singelnstein*, NStZ 2018, 510, 512; *Puschke/Rienhoff*, JZ 2017, 924, 929 f.
[1445] OLG Hamm 12.2.2019 – 4 RVs 9/19.

D. Widerstand gegen oder tätlicher Angriff auf Personen, die Vollstreckungsbeamten gleichstehen (§ 115)

849 Im Zuge des am 30.5.2017 in Kraft getretenen 52. StrÄG[1446] wurde schließlich die bislang in § 114 a.F. enthaltene Regelung in § 115 überführt und an die genannten Änderungen angepasst. So gelten zum Schutz von Personen, die die Rechte und Pflichten eines Polizeibeamten haben oder Ermittlungspersonen der Staatsanwaltschaft sind, ohne Amtsträger zu sein, gem. § 115 I die §§ 113 und 114 entsprechend. Den in § 113 I genannten Personen stehen gem. § 115 I also solche Personen gleich, die (einzelne) Rechte und Pflichten eines Polizeibeamten haben oder Ermittlungspersonen der Staatsanwaltschaft sind, ohne Amtsträger zu sein. Freilich ist auf den ersten Blick unklar, wie jemand Rechte eines Polizeibeamten haben oder Ermittlungsperson der Staatsanwaltschaft sein kann, ohne Amtsträger zu sein. Denn gerade die Ausübung hoheitlicher Befugnisse ist wegen des Rechtsstaats- und Demokratieprinzips Amtsträgern vorbehalten. Dementsprechend dürfte der Anwendungsbereich des § 115 I klein sein. In der – übereinstimmenden – Literatur werden zumeist lediglich Jagdaufseher, Fischereiaufseher und Förster genannt, die ihren Aufgabenbereich nicht durch Berufung (oder Beleihung), sondern kraft Gesetzes erhalten (vgl. etwa § 25 II BJagdG für den Jagdaufseher). Bedeutsamer dürfte indes die Hinzuziehung ausländischer Polizeikräfte sein, etwa bei der Sicherung von Wirtschaftsgipfeln (wie der G20-Gipfel). Diese ausländischen Polizeikräfte üben hoheitliche Befugnisse aus, obwohl sie sich auf dem Territorium der Bundesrepublik Deutschland befinden und keine nationalen Vollzugskräfte sind. Ermöglicht wurde das jedoch auf der Grundlage von völkerrechtlichen Verträgen, wobei allerdings zweifelhaft ist, ob eine Übertragung von Hoheitsbefugnissen auf (völker-)vertraglicher Basis überhaupt zulässig ist. Auch in Bezug auf die Ermittlungspersonen der Staatsanwaltschaft ist es denkbar, dass jemand diese Funktion ausübt, ohne Amtsträger zu sein. Wer Ermittlungsperson der Staatsanwaltschaft ist, richtet sich gem. § 152 II GVG nach Landesrecht. In den jeweiligen Bestimmungen sind – bspw. in der hamburgischen Verordnung über die Ermittlungspersonen der Staatsanwaltschaft – nicht nur Amtsträger (i.e.S.) aufgelistet, sondern auch Tarifbeschäftigte der Polizei, soweit ihnen Polizeivollzugsaufgaben übertragen worden sind.

849a § 115 II erweitert den Schutz auf Personen, die zur Unterstützung bei der Diensthandlung hinzugezogen sind. Darunter fallen etwa Zeugen i.S.d. §§ 105 II, 106 I StPO, § 759 ZPO. Auch von der Polizei zur Sicherstellung bzw. Umsetzung verkehrswidrig abgestellter Fahrzeuge beauftragte private Abschleppunternehmer sind von § 115 II ebenso geschützt wie Ärzte, die zu Rettungseinsätzen oder Diensthandlungen herangezogen werden. Gemäß § 115 II gelten zum Schutz dieser Personen §§ 113, 114 entsprechend.

> **Beispiel:** Wird bei einer Verkehrskontrolle durch die Polizei ein freiberuflich tätiger Arzt (also kein Amtsarzt) zur Abnahme von Blut hinzugezogen, wird dieser zwar nicht zum Amtsträger i.S.d. § 113, jedoch zum Schutzobjekt des § 115 II.[1447] Leistet also jemand Widerstand oder greift den Arzt sogar an, wird er gem. § 115 II nach § 113 oder § 114 bestraft.

849b Gemäß § 115 III S. 1 wird nach § 113 bestraft, wer bei Unglücksfällen oder gemeiner Gefahr oder Not Hilfeleistende der Feuerwehr, des Katastrophenschutzes oder eines Rettungsdienstes durch Gewalt oder durch Drohung mit Gewalt behindert. Anders als das Widerstandleisten in § 113 I weist das Merkmal des Behinderns in § 115 III S. 1 – wie schon allein der Wortlaut nahelegt – ein Erfolgsmoment auf, das sich wegen der

---

[1446] BGBl I 2017, S. 1226 – siehe Rn 807/842.
[1447] OLG Dresden NJW 2001, 3643; vgl. auch LG Kassel NVwZ 2002, 126.

Widerstand/tätlicher Angriff bzgl. Vollstreckungsbeamten gleichstehender Personen (§ 115)

gesetzlich vorgegebenen Tatsituation des Hilfeleistens auf dieses beziehen muss. Die Tathandlungen müssen die Hilfsmaßnahmen daher mindestens erschweren.[1448]

Die von § 115 vorgenommene Erweiterung des Schutzes zugunsten Angehöriger der Feuerwehr, des Katastrophenschutzes und von Rettungsdiensten überzeugt, da hierdurch auch diesbezügliche Einsatzbehinderungen den Widerstandsleistungen i.S.d. § 113 gleichgestellt werden. Lediglich der Ausschluss sonstiger Hilfeleistender aus dem Kreis der geschützten Personen ist durch die ausdrückliche Beschränkung auf Feuerwehr, Katastrophenschutz und Rettungsdienste nicht überzeugend. Insoweit kommt aber immerhin eine Strafbarkeit nach § 240 in Betracht.

Bei einem tätlichen Angriff auf die durch § 115 III S. 1 geschützten Personen greift schließlich § 115 III S. 2, der die Geltung des § 114 anordnet. Daher kann insbesondere auch das Halten eines Laserstrahls in die Augen bspw. von Piloten eines Rettungshubschraubers oder des Fahrers eines Rettungswagens jedenfalls dann einen tätlichen Angriff darstellen, wenn dafür ein leistungsstarkes Gerät (z.B. ein leistungsstarker Laserpointer) verwendet wird. **849c**

[1448] *Singelnstein/Puschke*, NJW 2011, 3473, 3474.

Freiheitsberaubung (§ 239)

E. Freiheitsberaubung (§ 239)

850 Geschütztes Rechtsgut des § 239 ist die Freiheit der Willensentschließung und Willensbetätigung in Bezug auf die Freiheit der Person zur Veränderung des Aufenthaltsortes.[1449] Geschützt ist also derjenige, der einen bestimmten Ort verlassen möchte und hieran gehindert wird (sog. persönliche Fortbewegungsfreiheit).[1450] Wird umgekehrt eine Person gezwungen, den gegenwärtigen Aufenthaltsort zu verlassen, oder wird sie daran gehindert, einen bestimmten Ort aufzusuchen, ist § 239 nicht einschlägig.[1451] Zu prüfen ist dann aber etwa § 240.

> **Beispiel:** Streikposten T hindert den nicht gewerkschaftsangehörigen O gewaltsam an dem Betreten des Betriebsgeländes. ⇨ Eine Strafbarkeit wegen Freiheitsberaubung scheidet aus, da O nicht daran gehindert wurde, sich von seinem gegenwärtigen Aufenthaltsort wegzubewegen. Er wurde lediglich daran gehindert, einen bestimmten Ort, das Betriebsgelände, zu betreten. Darin liegt keine Freiheitsberaubung i.S.d. § 239 I. T hat sich aber wegen Nötigung nach § 240 strafbar gemacht.

851 Für die Fallbearbeitung bietet sich folgendes Prüfungsschema an:

Freiheitsberaubung (§ 239)

I. Tatbestand

1. Objektiver Tatbestand des § 239 I

a. Tathandlung, bestehend aus zwei Handlungsvarianten:
- ⇨ **Einsperren** ist das Verhindern des Verlassens eines Raums durch äußere Vorrichtungen gegen den Willen des Opfers.
- ⇨ **Berauben der persönlichen Freiheit auf andere Weise** bedeutet, dass dem Opfer durch ein anderes Mittel die Möglichkeit der Fortbewegung genommen wird.

Erforderlich ist ein Handeln **gegen oder ohne den Willen des Opfers**. Ist das Opfer „einverstanden", liegt ein **tatbestandsausschließendes Einverständnis** vor. Bei **Willensmängeln** ist nach wohl h.M. ein erteiltes Einverständnis **unwirksam**. Denn gerade die durch List oder Täuschung bewirkte Beeinträchtigung fremder Autonomie werde in anderen Freiheitsdelikten ausdrücklich als strafwürdig eingestuft (§ 234) und dürfe deshalb auch in § 239 **keine tatbestandsausschließende Wirkung** entfalten.

b. Taugliches Tatobjekt:

Tatobjekt kann jede Person sein, die in der Lage ist, willkürlich ihren Aufenthaltsort zu verändern. Hat das Opfer zur Zeit der Tat keine Möglichkeit zur Willensbetätigung und -ausübung (Beispiele: Säuglinge, Bewusstlose und Betrunkene), ist das Opfer nach h.M. nicht vom Schutzbereich des § 239 erfasst, weil es einen Fortbewegungswillen nicht bilden und daher dessen auch nicht beraubt werden könne. Allerdings ist der Täter durch die Strafbarkeit des Versuchs nicht straflos gestellt.

Hat das Opfer die Beraubung seiner Freiheit nicht mitbekommen (Beispiel: Opfer schläft), ist es nach h.M. nicht entscheidend, ob das Opfer gegenwärtig seinen Aufenthaltsort verlassen will. Vielmehr komme es darauf an, ob es dies *könnte* (sog. **potentielle Wille des Opfers**). Einschränkend wird teilweise jedoch eine *„Aktualisierbarkeit"* dieses mutmaßlichen Willens gefordert. So müsse bei Schlafenden oder Bewusstlosen mit einem Erwachen während des Eingesperrtseins gerechnet werden.

2. Subjektiver Tatbestand: Vorsatz (mind. *dolus eventualis*)

3. Ggf.: Erfolgsqualifikationen (§ 239 III und IV)[1452]

II. Rechtswidrigkeit und III. Schuld: Es gelten die allgemeinen Grundsätze.

[1449] Vgl. etwa Sch/Sch-*Eisele*, § 239 Rn 1; MüKo-*Wieck-Noodt*, § 239 Rn 1.
[1450] BGH NStZ 2015, 338, 339 unter Verweis auf BGHSt 32, 183, 188 f.
[1451] BGHSt 32, 183, 189; *Joecks/Jäger*, § 239 Rn 8. Vgl. auch *Eidam*, JuS 2010, 869, 870.
[1452] Zum prüfungstechnischen Aufbau von Grundtatbestand und Erfolgsqualifikation vgl. *R. Schmidt*, AT, Rn 891.

Freiheitsberaubung (§ 239)

I. Tatbestand

1. Objektiver Tatbestand

a. Tathandlungen

Mögliche Tathandlungen sind das Einsperren (Var. 1) oder das Berauben der persönlichen Freiheit auf andere Weise (Var. 2).

852

aa. Einsperren (§ 239 I Var. 1)

Der Begriff Einsperren ist mit Blick auf die 2. Tatvariante („auf andere Weise") nur exemplarischer Natur. Der Gesetzgeber will hiermit verdeutlichen, dass es auf die vollständige Aufhebung der Fortbewegungsfreiheit ankommt. Demzufolge bietet sich folgende Definition an:

853

Einsperren ist das Verhindern des Verlassens eines Raums durch äußere Vorrichtungen gegen den Willen des Opfers.[1453]

854

> **Beispiele:** Einschließen des Opfers im Keller oder Wäscheschrank; Bewachung durch einen bissigen Hund oder durch den Täter selbst; Installieren von Bewegungsmeldern oder Lichtschranken

Dabei muss das von dem Täter hierzu gewählte Mittel nicht unüberwindlich sein. Probleme stellen sich aber regelmäßig, wenn dem Opfer Möglichkeiten offenstehen, sich der Freiheitsberaubung zu entziehen. Dies ist anzunehmen, wenn das Opfer über Nachschlüssel verfügt. Anders wird es gesehen, wenn lediglich Fenster als Ausgang zur Flucht genutzt werden können oder wenn Dachziegel gelockert werden müssen, um über das Dach in das Treppenhaus zu gelangen.

855

Allgemein wird darauf abgestellt, ob die Benutzung solcher Fluchtwege ungewöhnlich, anstößig, gefährlich oder beschwerlich ist.[1454] Dem Täter soll nicht der Freiheitsdrang des Opfers zugutekommen. Andererseits wäre es unbillig, den Täter wegen der nicht unbeachtlichen Strafandrohung bezüglich vollendeter Freiheitsberaubung zu verurteilen, wenn das Opfer einfach durch die unverschlossene Hintertür hätte gehen können. In Betracht kommt dann aber stets eine versuchte Freiheitsberaubung (§ 239 II).

bb. Auf sonstige Weise der Freiheit berauben (§ 239 I Var. 2)

Auf sonstige Weise der Freiheit berauben bedeutet, dass dem Opfer durch ein anderes Mittel die Möglichkeit der Fortbewegung genommen wird.[1455]

856

Tatmittel der „anderweitigen Freiheitsberaubung" sind u.a. List, Drohung und Gewalt.[1456]

857

> **Beispiele:** Das Opfer wird festgebunden oder festgenommen und gefesselt[1457], betäubt oder hypnotisiert[1458], am Verlassen des Pkw oder des Zugs durch Weiterfahren (mit hoher Geschwindigkeit) gehindert[1459]. Kurios und auch streitig ist, ob das Entwenden von Kleidungsstücken eines Nacktbadenden eine Freiheitsberaubung darstellt.[1460] Eine Körperverletzung (und die damit verbundene kurzzeitige Hinderung an der Fortbewegung) ist i.d.R. noch keine Freiheitsberaubung.[1461]

[1453] Joecks/Jäger, § 239 Rn 12; Sch/Sch-Eisele, § 239 Rn 5. Vgl. auch BGH NZV 2001, 352 (dazu Fahl, JA 2002, 18, 19).
[1454] RGSt 8, 210, 211; Sch/Sch-Eisele, § 239 Rn 6.
[1455] BGH NStZ 2015, 338, 339; NStZ 2002, 317, 318; 2003, 371; Joecks/Jäger, § 239 Rn 14; Sch/Sch-Eisele, § 239 Rn 6.
[1456] BGH NStZ 2002, 317, 318; Fischer, § 239 Rn 8; Sch/Sch-Eisele, § 239 Rn 6.
[1457] RGSt 17, 127 (Festnahme Minderjähriger nach § 127 StPO).
[1458] RGSt 61, 239, 241.
[1459] RGSt 25, 147, 149; RG DJZ 8, 764; RGSt 25, 147, 149.
[1460] Fall des RGSt 6, 231. Ablehnend Sch/Sch-Eisele, § 239 Rn 6. Joecks/Jäger (§ 239 Rn 14) fordern zusätzlich mindestens eine psychische Barriere des Opfers, wenn dieses durch List seiner Freiheit auf sonstige Weise beraubt wird. In diesem Fall müsste er aber auch zu einer Bejahung des § 239 kommen, wenn Kleidungsstücke entwendet werden. Das Schamgefühl durch Nacktheit ist in unserem Kulturkreis sehr wohl eine Barriere.
[1461] BGH NStZ 2003, 371.

Freiheitsberaubung (§ 239)

cc. Tatbestandsausschließendes Einverständnis

858 Erforderlich ist ein Handeln **gegen oder ohne den Willen des Opfers**. Ist das Opfer „einverstanden", liegt ein **tatbestandsausschließendes Einverständnis** vor.[1462] Unklar ist, ob ein erteiltes Einverständnis wirksam ist, wenn es mit **Willensmängeln** behaftet ist.

- Die wohl h.M.[1463] vertritt die Auffassung, dass gerade die durch List oder Täuschung bewirkte Beeinträchtigung fremder Autonomie in anderen Freiheitsdelikten ausdrücklich als strafwürdig eingestuft werde (§ 234) und deshalb auch hinsichtlich des § 239 **keine tatbestandsausschließende Wirkung** entfalten dürfe. Der täuschende Täter ist also hiernach aus § 239 strafbar.

- Nach der Gegenauffassung[1464] sind willensmängelbehaftete **Einverständnisse** insbesondere dann, wenn der Willensmangel auf List oder Täuschung beruht, generell **wirksam**. Es komme allein auf den faktischen Willen des Opfers an. Demzufolge ist der täuschende Täter nicht aus § 239 strafbar.

- Stellungnahme: Da es um die Willensentschließungsfreiheit geht, die auf dem natürlichen Willen basiert, ändert eine List oder Täuschung nichts am Vorliegen eines rechtswirksamen Willens. Mit der Gegenauffassung ist daher ein Einverständnis auch dann wirksam, wenn es mit Willensmängeln behaftet ist.

dd. Teleologische Reduktion bei Personenbeförderungen?

859 Fraglich ist, ob der Tatbestand der Freiheitsberaubung auch dann vorliegt, wenn bspw. ein Bahnfahrgast oder ein Fluggast während der Fahrt oder des Fluges den Wunsch äußert, die Bahn bzw. das Flugzeug verlassen zu wollen, und der Fahrer bzw. Pilot sich weigert, dem Wunsch nachkommen. Müsste der Fahrer bzw. der Pilot dem Wunsch nachkommen, um nicht den Tatbestand der Freiheitsberaubung zu erfüllen, würde dies einen außerplanmäßigen Halt bzw. eine außerplanmäßige Landung auf dem nächstmöglichen Flugplatz erforderlich machen. Insbesondere im Fall des „aussteigewilligen" Flugpassagiers liegen die Folgen für die anderen Passagiere, das Flugunternehmen und für den gesamten Flugverkehr auf der Hand, müsste der Pilot dem Wunsch nach einer (sofortigen) Landung nachkommen. Um bei Weigerung des Fahrers bzw. Piloten eine Strafbarkeit wegen Freiheitsberaubung auszuschließen, werden verschiedene Lösungsmodelle vorgeschlagen. Teilweise wird auf die Sozialadäquanz abgestellt. Wer sich in ein Transportmittel begebe, wisse, dass er nicht beliebig aussteigen könne. Andere wollen eine rechtfertigende Pflichtenkollision annehmen.[1465] Richtig erscheint die Annahme einer teleologischen Reduktion des Tatbestands.[1466] Wer sich als Passagier in ein (öffentliches) Verkehrsmittel begibt, disponiert über das Schutzgut aus § 239 für die Dauer des regulären Transports. Das bedeutet für den Fahrer bzw. Piloten, dass unter normalen Umständen keine Tatbestandsverwirklichung in Bezug auf § 239 vorliegt.

b. Tatobjekt

860 Tatobjekt des § 239 kann jede Person sein, die in der Lage ist, willkürlich ihren Aufenthaltsort zu verändern. Hat das Opfer zur Zeit der Tat jedoch nicht die Möglichkeit oder das Bewusstsein zur Willensbetätigung und -ausübung, herrscht Streit über die Anwendbarkeit des § 239:

[1462] So auch *W/H/E*, BT 1, Rn 422; BGH NJW 1993, 1807. Zur Prüfung des tatbestandsausschließenden Einverständnisses vgl. die Ausführungen bei *R. Schmidt*, AT, Rn 428 ff.
[1463] Lackner/Kühl-*Kühl*, § 239 Rn 5; *Fischer*, § 239 Rn 6; *Bloy*, ZStW 96 (1984), 703, 713 und ZStW 108 (1996), 703, 713.
[1464] *Park/Schwarz*, Jura 1995, 294, 297; *Rengier*, BT II, § 22 Rn 9.
[1465] *Valerius*, JuS 2014, 561, 565 f. m.w.N.
[1466] Eine einschränkende Auslegung einer Norm nach deren Sinngehalt und Zweck ist auch sonst dem Strafrecht nicht fremd, vgl. Rn 270, 294a, 461, 521, 940, 1036, 1222.

Freiheitsberaubung (§ 239)

aa. Physische Beeinträchtigung beim Opfer

Ist das Opfer zwar physisch, aber nicht psychisch beeinträchtigt, wird mehrheitlich angenommen, dass der Tatbestand des § 239 nicht verwirklicht sei. Geschützt werde nur der (potentielle) Fortbewegungswille. Könne dieser durch das Opfer nicht gebildet werden, könne man das Opfer auch dessen nicht berauben.[1467]

861

Daher unterfallen Personen, die kein Selbstbestimmungsrecht ausüben können wie bspw. Säuglinge und geistig schwerstbehinderte Menschen, nach h.M.[1468] nicht dem Schutz des § 239 I. Das entspricht insoweit der Ratio der Strafnorm, die die Fähigkeit voraussetzt, einen natürlichen Willen zu bilden. Probleme ergeben sich indes bei Volltrunkenen, Schlafenden und Bewusstlosen, da deren Fähigkeit, einen natürlichen Willen zu bilden, ja nur temporär aufgehoben ist und sich dieser Personenkreis noch nicht einmal potentiell fortbewegen könnte. Gleichwohl stellt die wohl h.M.[1469] hier auf einen potentiellen Fortbewegungswillen ab, der nach der hier vertretenen Auffassung aber gerade nicht besteht. Volltrunkene, Schlafende und Bewusstlose sind nicht in der Lage, auch nur potentiell einen beachtlichen Fortbewegungswillen zu bilden. Selbstverständlich kommt – in Abhängigkeit von der subjektiven Seite – auch danach eine versuchte Freiheitsberaubung (§ 239 II) in Betracht. Jedenfalls aber greift § 239 I ab dem Zeitpunkt der Wiedererlangung des Bewusstseins bzw. der Fähigkeit der Willensbestimmung. Rollstuhlfahrer und sonst körperlich beeinträchtigte Menschen fallen von vornherein nicht unter diesen Problemkreis. Hier reicht für eine vollendete Freiheitsberaubung das Wegnehmen oder Zerstören von künstlichen Hilfsmitteln wie Gehhilfen oder Rollstühlen.

862

bb. Unkenntnis des Opfers

Ein weiteres Problem besteht bei Vorliegen von Unkenntnis des Opfers von dem Tatgeschehen. Dies mutet merkwürdig an, geschieht aber dennoch.

863

> **Beispiel:** J will sich an ihren WG-Mitbewohnern D, K, F und L rächen, indem sie diese in der (im 4. Stock befindlichen) Wohnung einschließt (dabei nimmt sie sämtliche Wohnungsschlüssel mit). Die Mitbewohnerin D befindet sich nichtsahnend in ihrem Zimmer und lernt für die Bachelorprüfung. K weiß ebenfalls nichts von seiner „Gefangenschaft", hätte aber sowieso die Wohnung an diesem Tage nicht mehr verlassen. F schläft, um sich von ihrer Erstsemester-Party zu erholen. Ihr „Lebensabschnittsgefährte" L ist aufgrund seines Drogenkonsums besinnungslos.

Das Beispiel zeigt, dass es unterschiedliche Gründe und somit Bewusstseinsumstände seitens des Opfers geben kann. An diesen Umstand knüpfen zwei Theorien an, deren Relevanz sich aber durch die Einführung der Strafbarkeit des Versuchs 1998 weitgehend entschärft hat.

864

- Eine Minderheitsmeinung[1470] setzt einen **aktuell-tatsächlichen Willen zur Ortsveränderung** voraus. Liege dieser, unabhängig von den Gründen, nicht vor, scheide eine Strafbarkeit des Täters aus vollendetem Delikt aus. Wer nicht gewillt sei, seinen gegenwärtigen Ort zu verlassen, könne auch nicht seiner Fortbewegungsfreiheit beraubt werden. Es bleibe jedoch eine Strafbarkeit wegen Versuchs. Rechtsdogmatischer Anknüpfungspunkt sei die „enge Verwandtschaft des § 239 mit der Nötigung", wonach § 239 lediglich einen Spezialfall der Nötigung darstelle.

865

- Nach der h.M.[1471] ist nicht entscheidend, ob das Opfer gegenwärtig seinen Aufenthaltsort verlassen will. Vielmehr komme es darauf an, ob es dies könne, wenn es das wolle (**po-**

866

[1467] Sch/Sch-*Eisele*, § 239 Rn 3; *Fischer*, § 239 Rn 3 ff.; *Joecks/Jäger*, § 239 Rn 10.
[1468] NK-*Sonnen*, § 239 Rn 13; *Fischer*, § 239 Rn 2; Sch/Sch-*Eisele*, § 239 Rn 2.
[1469] BGHSt 32, 183, 187 f.; MüKo-*Wieck-Noodt*, § 239 Rn 17.
[1470] *Fischer*, § 239 Rn 4; *Bloy* ZStW 96 (1984), 703; *Joecks/Jäger*, § 239 Rn 11; *Kretschmer*, Jura 2009, 590, 591.
[1471] BGHSt 32, 183, 188; 14, 314, 316; Sch/Sch-*Eisele*, § 239 Rn 1; *W/H/E*, BT 1, Rn 418; LK-*Träger/Schluckebier*, § 239 Rn 9; MüKo-*Wieck-Noodt*, § 239 Rn 13; *Kett-Straub/Linke*, JA 2010, 25, 26.

Freiheitsberaubung (§ 239)

tentieller Fortbewegungswille des Opfers). Einschränkend wird teilweise jedoch eine „Aktualisierbarkeit" dieses mutmaßlichen Willens gefordert.[1472] So müsse bei Schlafenden oder Bewusstlosen mit einem Erwachen während des Eingesperrtseins zu rechnen sein.

867 ▪ **Stellungnahme:** Für die Minderheitsauffassung spricht die gesetzliche Formulierung: „...der Freiheit beraubt,...". Diese Formulierung deutet darauf hin, dass das Opfer in seiner aktuellen Willensentschließungsfreiheit bezüglich des Entschlusses, seinen Aufenthaltsort zu verlassen, beeinträchtigt sein muss. Für die h.M. spricht hingegen nicht nur das hohe Gut der Fortbewegungsfreiheit, sondern auch der Umstand, dass der Gesetzgeber durch das 6. StRG 1998 das Wort „Gebrauchen" der Freiheit gestrichen hat. Der Gesetzgeber hat dadurch also sprachlich deutlich gemacht, dass er ein „Gebrauchen" der Fortbewegungsfreiheit für eine Strafbarkeit wegen vollendeter Tat nicht für erforderlich hält.[1473] Aus diesem Grunde sollte man der h.M. folgen, obwohl damit eine Vorverlagerung der Strafbarkeit verbunden ist, wofür aber mit der Einführung der Versuchsstrafbarkeit durch das 6. StRG an sich kein Bedürfnis besteht. Folgt man demgegenüber der Minderheitsmeinung, kommt eine Strafbarkeit wegen Versuchs (§ 239 II) in Betracht.

868 **Vollendet** ist die Freiheitsberaubung, wenn es dem Opfer für eine bestimmte Zeit unmöglich gemacht wird, seinen Aufenthaltsort zu verändern. § 239 I ist ein Dauerdelikt, sodass die Tat erst dann beendet ist, wenn der Freiheitsentzug aufgehoben wurde.

869 Darüber, ob eine bestimmte **Mindestdauer** erforderlich ist, um eine Freiheitsberaubung annehmen zu können, enthält § 239 I keine Aussage, sodass auch sehr kurze Zeiträume erfasst zu sein scheinen. Das hohe Schutzgut der Fortbewegungsfreiheit spricht in der Tat für das Genügenlassen eines kurzen Zeitraums. Andererseits enthält die Vorschrift eine relativ hohe Strafandrohung (bis zu fünf Jahren Freiheitsstrafe oder Geldstrafe), was wiederum zu einer einschränkenden Interpretation zwingt. Daher wird man eine zeitlich nur unerhebliche Beeinträchtigung der Fortbewegungsfreiheit nicht genügen lassen dürfen[1474], sondern **einige Minuten** Freiheitsentzug fordern müssen.[1475] Richtigerweise ist § 239 daher z.B. bei einem nur wenige Minuten dauernden Raubüberfall zu verneinen.

Auch die Intensivierung einer Freiheitsbeschränkung kann zu einer tatbestandlichen Relevanz führen, etwa wenn eine untergebrachte Person fixiert wird.

> **Beispiel**[1476]**:** So stellt eine 5-Punkt- oder 7-Punkt-Fixierung, bei der sämtliche Gliedmaßen des Betroffenen (hier: eines in einer geschlossenen Psychiatrie untergebrachten Patienten) mit Gurten am Bett festgebunden werden, grds. eine Freiheitsentziehung i.S.v. Art. 104 II GG und damit auch i.S.d. § 239 dar. Wie das BVerfG zu Recht ausführt, nimmt die vollständige Aufhebung der Bewegungsfreiheit durch die 5-Punkt- oder 7-Punkt-Fixierung am Bett dem Betroffenen die ihm bei der Unterbringung auf einer geschlossenen psychiatrischen Station noch verbliebene Freiheit, sich innerhalb dieser Station – oder zumindest innerhalb des Krankenzimmers – zu bewegen. Sie sei daher – gerade, weil sie darauf angelegt ist, den Betroffenen auf seinem Krankenbett vollständig bewegungsunfähig zu halten – eine eigenständige freiheitsentziehende Maßnahme.[1477]

870 Prüfungsrelevant ist auch die Freiheitsberaubung in **mittelbarer Täterschaft**.

> **Beispiel:** T ist frustrierter Kripo-Beamter beim Drogendezernat. Er wundert sich mehrfach über den auffälligen Lebenswandel seiner Kollegen. Auch versteht er nicht, warum er nicht befördert wird, obwohl er alle Voraussetzungen stets erfüllt hat. Um seiner Wut Luft zu machen, schreibt T einen anonymen Brief an den Innenminister. Als Anlage legt er

---

[1472] *W/H/E*, BT 1, Rn 418; *Fahl*, Jura 1998, 456, 460.
[1473] BT-Drs. 13/8587 S. 41; so auch Sch/Sch-*Eisele*, § 239 Rn 3.
[1474] So die wenig griffige Formulierung von BGH NStZ 2010, 515, 516. Vgl. auch *Valerius*, JuS 2014, 561, 564.
[1475] Vgl. auch BGH NStZ 2003, 371; LK-*Träger/Schluckebier*, § 239 Rn 18; *Krack/Gasa*, JuS 2008, 1005, 1007; *Kett-Straub/Linke*, JA 2010, 25, 26.
[1476] BVerfG NJW 2018, 2619 (Fixierung von untergebrachten Personen).
[1477] BVerfG NJW 2018, 2619, 2621.

Freiheitsberaubung (§ 239)

mehrere von ihm gefälschte Dokumente bei, die die scheinbare Verstrickung der Kollegen in illegale Drogengeschäfte und Prostitution beweisen sollen. Der Innenminister ist über den vermeintlichen Hinweis hoch erfreut. Denn dadurch, dass Parlamentswahlen anstehen, kann er durch eine entsprechende Verhaftung der von T genannten Beamten medienwirksam in der Verwaltung aufräumen.[1478]

Hier hat sich T nach §§ 239, 25 I Var. 2 strafbar gemacht.

Möglich ist auch eine **Unterlassungstäterschaft**, sofern der Täter die Voraussetzungen des § 13 I erfüllt. Vgl. dazu die Ausführungen nebst Beispielsfällen bei *R. Schmidt*, AT, Rn 776.   871

2. Subjektiver Tatbestand: Vorsatz

Zur Verwirklichung des subjektiven Tatbestands muss der Täter mindestens mit Eventualvorsatz gehandelt haben.   872

II. Rechtswidrigkeit

Die Rechtswidrigkeit kann insbesondere durch das **elterliche Erziehungsrecht** („Stubenarrest") ausgeschlossen sein. Ob in diesem Fall eine Rechtfertigung vorliegt, ist das Ergebnis einer Rechtsgüterabwägung. Abzuwägen ist das in Art. 6 II GG verankerte elterliche Erziehungsrecht, das das (in § 1631 I Var. 4 BGB einfachgesetzlich geregelte) Aufenthaltsbestimmungsrecht beinhaltet, mit dem (durch § 239 StGB einfachgesetzlich geschützten) Freiheitsgrundrecht des Kindes aus Art. 2 II S. 2 GG und dem allgemeinen Persönlichkeitsrecht aus Art. 2 I i.V.m. Art. 1 I GG. Nur, wenn das elterliche Erziehungsrecht als „erzieherische Maßnahme" dem Ziel der Personensorge dient und zur Entwicklung der Persönlichkeit des Kindes beiträgt, ist eine Rechtfertigung möglich. Stellt sich die Freiheitsentziehung aber als „entwürdigende Maßnahme" (siehe einfachgesetzlich § 1631 II S. 2 BGB) dar, ist sie nicht rechtfertigungsfähig.   873

Weiterhin kommen als Rechtfertigungsgründe § 32 StGB, § 127 StPO, aber auch §§ 229, 562b, 859 BGB in Betracht.

> **Beispiel:** A wird das Fahrrad gestohlen. Drei Wochen später entdeckt er es auf einem Flohmarkt, als es von B dort angeboten wird. Er nimmt es unter Überwindung von Widerstand an sich und hält B vor Ort fest bis zum Eintreffen der Polizei.
>
> Der Tatbestand des § 239 I ist verwirklicht. A hat B für eine nicht ganz unbedeutende Zeit an der Fortbewegungsfreiheit gehindert. Eine Rechtfertigung gem. § 859 II BGB liegt nicht vor, da die Tat bereits drei Wochen zurückliegt und die Unmittelbarkeit zwischen der Besitzentziehung und der Gewaltanwendung nicht mehr gegeben ist. Auch scheidet § 32 StGB aus, da der Angriff auf das Eigentum nicht mehr gegenwärtig ist. § 127 I StPO liegt ebenfalls nicht vor, da die Tat (der Diebstahl) nicht mehr „frisch" ist.
>
> Möglicherweise greift aber § 229 BGB. A hat gegen B einen einredefreien zivilrechtlichen Anspruch auf Herausgabe des Eigentums (§ 985 BGB). Ohne Ansichnahme des Fahrrades und Festhalten des B wäre dieser Anspruch nicht durchsetzbar, da die Personalien des B nicht bekannt sind. Da obrigkeitliche Hilfe in Form von anwesenden Polizeibeamten nicht zu erlangen ist, durfte A den B bis zum Eintreffen der Polizei gem. § 229 BGB festhalten.

Eine „Einwilligung" hingegen beseitigt nicht erst die Rechtswidrigkeit, sondern als Einverständnis bereits die Tatbestandsmäßigkeit.

III. Schuld

Es ergeben sich keine Besonderheiten.   874

[1478] BGHSt 3, 4, 5; 10, 306, 307; 42, 275.

Freiheitsberaubung (§ 239)

IV. Qualifikationen gem. § 239 III, IV[1479]

875 Gemäß § 239 **III Nr. 1** wird mit Freiheitsstrafe von einem Jahr bis zu zehn Jahren bestraft, wer sein Opfer länger als eine Woche der Freiheit beraubt. Ob es sich hierbei um eine Erfolgsqualifikation[1480] oder um eine **tatbestandliche Qualifikation**[1481] handelt, ist unklar. Für eine tatbestandliche Qualifikation spricht das Fehlen des Wortes „verursacht", das im Allgemeinen dazu verwendet wird, eine Erfolgsqualifikation zu kennzeichnen. Sofern man sich dieser Überlegung anschließt, genügt Fahrlässigkeit i.S.d. § 18 nicht; vielmehr ist mindestens Eventualvorsatz i.S.d. § 15 erforderlich.[1482]

876 Um eine **Erfolgsqualifikation** handelt es sich jedenfalls bei § 239 **III Nr. 2**, die der Täter dadurch verwirklicht, dass er eine schwere Gesundheitsschädigung des Opfers verursacht. Die schwere Gesundheitsschädigung setzt (in Übereinstimmung mit § 250 I Nr. 1c) keine schwere Körperverletzung i.S.d. § 226 I Nr. 1-3 voraus, sondern liegt auch bei einschneidenden oder nachhaltigen Beeinträchtigungen der Gesundheit vor, etwa bei langwierigen ernsthaften Krankheiten oder erheblicher Beeinträchtigung der Arbeitskraft für lange Zeit.[1483]

877 Unstreitig handelt es sich auch bei § 239 **IV** (Verursachen des Todes des Opfers) um eine **Erfolgsqualifikation**.[1484]

878 Bei den genannten Erfolgsqualifikationen ist zu beachten, dass sich (wie bei allen Erfolgsqualifikationen) § 18 lediglich auf die schwere Folge bezieht, sodass es bei dem Vorsatzerfordernis hinsichtlich des Grundtatbestands (hier: § 239 I) bleibt. Darüber hinaus ist zu beachten, dass die schwere Folge in einem tatbestandsspezifischen Gefahrzusammenhang mit der Tat oder einer während der Tat begangenen Handlung stehen muss.

So konnte dem Täter nach § 239 III a.F. der Tod des Opfers als Folge eines Fluchtversuchs oder der Suizid des Opfers zugerechnet werden.[1485] Daran hat sich auch nichts durch die Neufassung des § 239 III und IV geändert. Vgl. dazu insgesamt die Ausführungen bei *R. Schmidt*, AT, Rn 887 ff.

V. Strafzumessungsregel gem. § 239 V

879 Einen minder schweren Fall regelt § 239 V, der sich auf die Absätze III und IV bezieht.

VI. Konkurrenzen

880 Im Fall der tatbestandlichen Qualifikation ist Tateinheit mit §§ 223 ff. und §§ 211, 212, 222 möglich. Nicht selten ist die Freiheitsberaubung notwendiger Bestandteil für die Begehung eines anderen Delikts. Zu denken ist hier an §§ 177 f. und §§ 249 ff. In diesen Fällen ist § 239 subsidiär und unterliegt der Gesetzeskonkurrenz.[1486] § 239 erhält aber wieder eine eigenständige Bedeutung, wenn die Freiheitsberaubung über das notwendige Maß zur Durchführung der §§ 177 f. (durch stundenlanges Festhalten nach der Vergewaltigung) und §§ 249 ff. hinausgeht. Gegenüber § 240 geht § 239 vor, weil in jeder Freiheitsberaubung auch ein Unterlassen/eine Duldung liegt.[1487]

[1479] Zum (abweichenden) Prüfungsaufbau in der Fallbearbeitung (Qualifikation vor Rechtswidrigkeit und Schuld) siehe oben Rn 851.
[1480] So etwa *Rengier*, BT II, § 22 Rn 11 (unter Verweis auf BT-Drs. 13/8587, S. 84); *Joecks/Jäger*, § 239 Rn 17.
[1481] So *Hohmann/Sander*, BT II, § 11 Rn 16; *W/H/E*, BT 1, Rn 425.
[1482] Vgl. die Darstellung bei Sch/Sch-*Eisele*, § 239 Rn 12 m.w.N. Zu beachten ist, dass in dem Fall, dass der Täter vorsätzlich handelt, die Frage in den meisten Fällen dahinstehen kann.
[1483] BT-Drs. 13/8587, S. 28; *Schroth*, NJW 1998, 2861, 2865; Lackner/Kühl-*Kühl*, § 250 Rn 3.
[1484] Vgl. dazu etwa BGH NJW 2015, 96 ff. (Jalloh) – dazu *R. Schmidt*, AT, Rn 776.
[1485] BGHSt 19, 382, 386; Lackner/Kühl-*Kühl*, § 239 Rn 9; *Joecks/Jäger*, § 239 Rn 15.
[1486] Siehe BGH NStZ 2019, 410, 411.
[1487] Anders BGH NStZ 2006, 330: Idealkonkurrenz.

F. Erpresserischer Menschenraub (§ 239a)

§ 239a schützt primär die Freiheit und Unversehrtheit des Entführten, d.h. seine psychische und physische Integrität. Geschützt werden daneben auch die in Sorge gebrachten Angehörigen und das Vermögen.[1488]

881

Der Tatbestand des § 239a I ist auf den ersten Blick komplex und schwierig formuliert. Verständnisprobleme werden aber überwunden, wenn man erkennt, dass die Norm zwei Varianten enthält, bei denen es sich um zwei unterschiedliche Tatbestände handelt, die auch in der Fallbearbeitung strikt voneinander zu trennen und gesondert zu prüfen sind:

882

- Die 1. Var. beschreibt einen **Entführungs- und Sichbemächtigungstatbestand**, bei dem der Täter das Opfer entführt oder sich des Opfers bemächtigt und dabei von vornherein mit der Absicht (i.S.v. *dolus directus* 1. Grades) handelt, die Sorge des Opfers (Zwei-Personen-Verhältnis) um sein Wohl oder die Sorge eines Dritten um das Wohl des Opfers (Drei-Personen-Verhältnis) zu einer Erpressung (§ 253[1489]) auszunutzen (ein *tatsächliches* Ausnutzen ist hier also nicht erforderlich!). Subjektiv ist neben der genannten Absicht der „normale" Tatbestandsvorsatz gem. § 15 erforderlich.

883

- Die 2. Var. beschreibt demgegenüber einen **Ausnutzungstatbestand**, der immer dann vorliegt, wenn der Täter – zunächst ohne Erpressungsabsicht – das Opfer entführt oder sich des Opfers bemächtigt hat, dann aber die Lage aufgrund eines neuen Tatentschlusses zu einer Erpressung, wiederum alternativ im Zwei- oder Drei-Personen-Verhältnis, ausnutzt. Im Gegensatz zur Var. 1 muss die Lage aber tatsächlich zu einer Erpressung (oder deren Qualifikation gem. § 250 oder sogar gem. §§ 250, 251) ausgenutzt werden. Dabei ist unbestritten und nach dem Wortlaut eindeutig, dass es sich bei der Erpressung um ein objektives Tatbestandsmerkmal handelt. Fraglich ist lediglich, ob es zur Vollendung des § 239a I Var. 2 genügt, wenn der Täter lediglich den Versuch der Erpressung begeht, oder ob eine Vollendung der Erpressung zu fordern ist. Vgl. dazu Rn 902. Subjektiv ist der „normale" Tatbestandsvorsatz gem. § 15 erforderlich, aber auch ausreichend.

884

Wenn hinsichtlich der 1. Var. gesagt wurde, dass ein tatsächliches Ausnutzen nicht erforderlich sei (vgl. Gesetzeswortlaut: *„um ... auszunutzen"*), heißt das umgekehrt nicht, dass ein tatsächlich gegebenes Ausnutzen den Tatbestand der 1. Var. ausschließt. Im Gegenteil: Genügt bereits die Absicht der Ausnutzung, ist die tatsächliche Ausnutzung erst recht tatbestandsmäßig. Der maßgebliche Unterschied zwischen den beiden Varianten kann also nicht darin bestehen, dass es zu einer Erpressung tatsächlich gekommen ist. Für die Abgrenzung allein maßgeblich ist, ob der Täter bereits im Zeitpunkt des Entführens bzw. Sichbemächtigens die Absicht zu einer Erpressung hatte (dann Var. 1) oder erst später (dann Var. 2), und zwar aufgrund eines neuen Tatentschlusses. Mithin empfehlen sich folgende beiden Prüfungsschemata, die den Umstand berücksichtigen, dass § 239 a I zwei Varianten enthält, bei denen es sich (wie gesagt) um **zwei unterschiedliche Tatbestände** handelt, die daher auch in der Fallbearbeitung strikt voneinander zu trennen und gesondert zu prüfen sind:

884a

[1488] MüKo-*Renzikowski*, § 239a Rn 3; Lackner/Kühl-*Heger*, § 239a Rn 1; *W/H/S*, BT 2, Rn 741. Vgl. auch BGH NStZ 2007, 32 f.; BGH StV 2007, 354 f.

[1489] Selbstverständlich kommt als beabsichtigtes Delikt auch die räuberische Erpressung gem. § 255 (ggf. sogar i.V.m. § 250) in Betracht, da dieser Qualifikationstatbestand sämtliche Merkmale der „einfachen" Erpressung beinhaltet. Nach der Rspr. kommt auch ein Raub (§ 249) in Betracht (vgl. BGH NStZ 2002, 31, 32; NStZ-RR 2004, 333, 334; NStZ 2007, 32 f.), da die Rspr. den Raub als Spezialfall der räuberischen Erpressung sieht. Dies ist nach der hier vertretenen Auffassung jedoch abzulehnen.

Erpresserischer Menschenraub (§ 239a); Geiselnahme (§ 239b); Menschenraub (§ 234)

Erpresserischer Menschenraub gem. § 239a I Var. 1

I. Tatbestand des § 239a I Var. 1

1. Objektiver Tatbestand

Die Var. 1 beschreibt einen **Entführungs- und Sichbemächtigungtatbestand**, bei dem der Täter das Opfer entführt oder sich des Opfers bemächtigt und dabei von vornherein *mit der Absicht* handelt, die Sorge des Opfers um sein Wohl oder die Sorge eines Dritten um das Wohl des Opfers zu einer Erpressung (§ 253, aber auch § 255 und § 249) auszunutzen (ein *tatsächliches* Ausnutzen ist also nicht erforderlich, aber auch nicht hinderlich).

⇨ **Entführen** ist das Herbeiführen einer Ortsveränderung gegen oder ohne den Willen des Opfers.

⇨ **Sichbemächtigen** bedeutet, dass der Täter die physische Herrschaft über das Tatopfer ohne oder gegen dessen Willen erlangt (ein Ortswechsel ist nicht erforderlich, aber auch nicht hinderlich).

Problematisch ist die Anwendung des Tatbestands auf sog. **Zwei-Personen-Verhältnisse**, weil dabei zumeist zugleich §§ 253, 255 vorliegen (Beispiel: Bedrohen mit einer Waffe, um das Opfer zur Herausgabe von Vermögenswerten zu bewegen). Nach heute h.M. liegt eine Strafbarkeit nach § 239a bei gleichzeitigem Vorliegen der §§ 253, 255 nur vor, wenn die bereits durch die Entführung entstandene Zwangslage zu einem **weiteren** Nötigungsakt (Verbrechen) ausgenutzt wird (sog. **funktionaler und zeitlicher Zusammenhang**).

2. Subjektiver Tatbestand

Der subjektive Tatbestand setzt zum einen **Vorsatz** (*dolus eventualis*) und zum anderen die **Absicht** (*dolus directus* 1. Grades) voraus, eine Erpressung unter Ausnutzung der Sorge des Opfers oder eines Dritten um das Wohl des Entführungs-/Bemächtigungsopfers zu begehen. Trotz des Verweises in § 239a (nur) auf § 253 kann nach der Rspr. (Standpunkt: Der Raub ist lediglich ein Spezialfall der Erpressung) auch ein Raub nach § 249 Nötigungsziel des Täters sein (sehr str.; nach der hier vertretenen Auffassung wegen Art. 103 II GG zumindest zweifelhaft). Jedenfalls kann sich die Absicht auch auf die räuberische Erpressung nach § 255 beziehen, zumal diese auch sämtliche Voraussetzungen des § 253 enthält. § 239a scheidet jedoch immer aus, wenn der Täter einen fälligen Anspruch auf die erstrebte Leistung hat. Denn dann entfällt die Rechtswidrigkeit der erstrebten Bereicherung. Im Übrigen kann es für die Fallbearbeitung empfehlenswert sein, die in § 239a vorausgesetzten „Zieltaten" vorab zu prüfen, um eine unübersichtliche Schachtelprüfung zu vermeiden.

3. Ggf. Erfolgsqualifikation, § 239a III

Qualifiziert ist die Tat nach § 239a III, wenn der Täter durch die Tat (entgegen § 18) *wenigstens leichtfertig* den Tod des Opfers verursacht hat. Wegen der hohen Strafandrohung muss der Tod in einem *tatbestandsspezifischen Gefahrzusammenhang* stehen.[1490]

II. Rechtswidrigkeit und III. Schuld: Es gelten die allgemeinen Grundsätze.

IV. Tätige Reue, § 239a IV

§ 239 IV normiert den Fall der tätigen Reue nach vollendeter Tat und eröffnet dem Gericht die Möglichkeit einer Strafmilderung nach § 49 I.

Erpresserischer Menschenraub gem. § 239a I Var. 2

I. Tatbestand des § 239a I Var. 2

1. Objektiver Tatbestand

Die Var. 2 beschreibt demgegenüber einen **Ausnutzungstatbestand**, der immer dann vorliegt, wenn der Täter – zunächst ohne Erpressungsabsicht – das Opfer entführt oder sich des Opfers bemächtigt hat, dann aber die Lage aufgrund eines *neuen Tatentschlusses* zu einer Erpressung ausnutzt. Strittig ist dabei, ob nur dann von „Ausnutzen" gesprochen werden kann, wenn die Erpressung bzw. räuberische Erpressung (bzw. der Raub) erfolgt ist oder ob auch ein Erpres-

---

[1490] Zum prüfungstechnischen Aufbau von Grundtatbestand und Erfolgsqualifikation vgl. *R. Schmidt*, AT, Rn 891.

Erpresserischer Menschenraub (§ 239a); Geiselnahme (§ 239b); Menschenraub (§ 234)

sungsversuch genügt, um das Merkmal „Ausnutzen" zu bejahen.

2. Subjektiver Tatbestand

Im Rahmen des Ausnutzungstatbestands genügt *dolus eventualis*. Jedoch ist im Rahmen der Erpressung bzw. räuberischen Erpressung bzw. des Raubs die *Absicht der rechtswidrigen Bereicherung* bzw. der *rechtswidrigen Zueignungsabsicht* erforderlich. Im Übrigen kann es für die Fallbearbeitung empfehlenswert sein, die in § 239a vorausgesetzten „Zieltaten" vorab zu prüfen, um eine unübersichtliche Schachtelprüfung zu vermeiden.

3. Ggf. Erfolgsqualifikation, § 239a III

Qualifiziert ist die Tat nach § 239a III, wenn der Täter oder ein Teilnehmer durch die Tat (entgegen § 18) *wenigstens leichtfertig* den Tod des Opfers verursacht hat. Wegen der hohen Strafandrohung muss der Tod in einem *tatbestandsspezifischen Gefahrzusammenhang* stehen.[1491]

II. Rechtswidrigkeit und III. Schuld: Es gelten die allgemeinen Grundsätze.

IV. Tätige Reue, § 239a IV

§ 239 IV normiert den Fall der tätigen Reue nach vollendeter Tat und eröffnet dem Gericht die Möglichkeit einer Strafmilderung nach § 49 I.

I. Tatbestand des § 239a I Var. 1

1. Objektiver Tatbestand

Entführen ist das Herbeiführen einer Ortsveränderung gegen oder ohne den Willen des Opfers.[1492]

Als Tatmittel kommen neben der **Gewalt** auch **List** und **Drohung** in Frage.[1493] Das Tatbestandsmerkmal des Entführens ist auch dann gegeben, wenn sich das Opfer bspw. als Austauschgeisel („Ersatzgeisel") anbietet, denn dann wird durchaus eine Notlage ausgenutzt.[1494] Eine Entführung liegt aber nicht vor, wenn sich das Opfer gänzlich frei von psychischem Zwang in die Gewalt des Täters begibt (bzw. mit diesem kollusiv zusammenwirkt).

Sichbemächtigen bedeutet, dass der Täter die physische Herrschaft über das Tatopfer ohne oder gegen dessen Willen erlangt.[1495]

Im Unterschied zur Entführung bedarf es bei dem Sichbemächtigen keiner Ortsveränderung.[1496] Auch muss nicht der Tatbestand der Freiheitsberaubung erfüllt sein. Es kommt allein darauf an, dass das Opfer dem Täter schutzlos ausgeliefert ist. Der Täter muss willkürlich über den Körper des Opfers bestimmen können.[1497] Aus diesem Grunde können auch Kleinstkinder, die sich nicht frei bewegen können, taugliche Opfer i.S.d. § 239a werden. Im Übrigen sind die Handlungsformen vielfältig. Als tatbestandsmäßig wird bereits das Bedrohen mit einer (Schein-)Waffe („In-Schach-Halten") angesehen.[1498] Auch das Fesseln und Festhalten in der Wohnung des Opfers stellen ein Sichbemächtigen dar.[1499]

2. Subjektiver Tatbestand

Der subjektive Tatbestand des § 239a I Var. 1 setzt zum einen den allgemeinen Tatbestandsvorsatz (*dolus eventualis*) und zum anderen die Absicht (i.S.v. *dolus directus* 1.

[1491] Zum prüfungstechnischen Aufbau von Grundtatbestand und Erfolgsqualifikation vgl. *R. Schmidt*, AT, Rn 891.
[1492] *Joecks/Jäger*, § 239a Rn 9; Sch/Sch-*Eisele*, § 239a Rn 6; BGHSt 22, 178, 179; 24, 90, 92; 40, 350, 352. Vgl. auch BGH NStZ 2007, 32 f.; StV 2007, 354 f.
[1493] BGH NStZ 1996, 276, 277; *Rengier*, BT II, § 24 Rn 2.
[1494] *Mitsch*, BT II, 3. Aufl. 2015, S. 675.
[1495] BGH NStZ-RR 2010, 46, 47 f.; BGHSt 26, 70, 71 (für das tätereigene Kind); BGH NStZ 2007, 32 f.; StV 2007, 354 f. Vgl. auch *Jahn*, JuS 2010, 174, 175.
[1496] Vgl. bereits die 1. Aufl. 2002; wie hier nun auch BGH NStZ 2010, 516.
[1497] *Mitsch*, BT II, 3. Aufl. 2015, S. 677.
[1498] BGH StV 1999, 647. Aufgrund des hohen Strafrahmens von 5 Jahren sollte man in Fällen, in denen der Täter lediglich eine Scheinwaffe benutzt (in denen also noch nicht einmal eine abstrakte Gefahr besteht), von der Strafbarkeit nach § 239a absehen.
[1499] Vgl. BGH NStZ 2010, 516; *Rengier*, BT II, § 24 Rn 7.

Erpresserischer Menschenraub (§ 239a); Geiselnahme (§ 239b); Menschenraub (§ 234)

Grades) des Täters voraus, die Sorge des Opfers um sein Wohl oder die Sorge eines Dritten um das Wohl des Opfers zu einer Erpressung (oder räuberischen Erpressung oder – nach der Rspr. – einen Raub) auszunutzen (sog. Erpressungsabsicht).

890 ▪ Der **Vorsatz** ist regelmäßig unproblematisch. Sofern der Täter irrig von einem tatbestandsausschließenden Einverständnis ausgeht, liegt ein Irrtum nach § 16 I S. 1 vor mit der Folge, dass eine Strafbarkeit aus § 239a entfällt.

891 ▪ Probleme bereitet hingegen die **Erpressungsabsicht**. Der Täter muss sein Handeln „zu einer Erpressung (§ 253) ausnutzen". Bereits auffällig ist der Verweis in § 239a (nur) auf § 253. Rechtsprechung und Literatur streiten mit gravierenden Konsequenzen über die rechtsdogmatische Stellung von § 253 und § 249. Aus diesem Grunde kann nach Auffassung der Rechtsprechung (Meinungsbild: Der Raub ist lediglich ein Spezialfall der Erpressung) auch ein Raub nach § 249 Nötigungsziel des Täters sein[1500]; nach der hier vertretenen Ansicht ist diese extensive Auslegung des § 239a I mit Blick auf den Bestimmtheitsgrundsatz aus Art. 103 II GG zumindest zweifelhaft.

Jedenfalls kann sich die Absicht auch auf die räuberische Erpressung nach § 255 beziehen, zumal diese auch sämtliche Voraussetzungen des § 253 enthält.

Weiterhin ist zu beachten, dass der Täter in der Absicht handeln muss, sich oder einen Dritten rechtswidrig zu bereichern bzw. die Sache sich oder einem Dritten rechtswidrig zuzueignen (vgl. §§ 253, 249). Bemächtigt sich der Täter des Opfers also zunächst nur, um etwa eine Aussage abzunötigen, fehlt die für die Bejahung des § 239a I Var. 1 erforderliche Bereicherungs- bzw. Zueignungsabsicht.[1501] Aber auch bei Bestehen einer Bereicherungs- bzw. Zueignungsabsicht ist § 239a I Var. 1 nicht gegeben, wenn der Täter einen fälligen und einredefreien Anspruch auf die Sache hat. Dies gilt auch im Ganovenmilieu, wenn dem Täter betrügerisch Geld entzogen wird, welches im Rahmen eines verbotenen oder sittenwidrigen Geschäfts eingesetzt werden sollte. Auch hier hat der Täter einen Anspruch gem. § 823 II BGB i.V.m. § 263 StGB auf Rückzahlung des Geldes, sodass der Tatbestand des § 239a nicht gegeben ist.[1502]

892 Problematisch ist auch die Frage nach dem Nötigungsadressaten. Vor der Neufassung im Jahre 1989 setzte § 239a Personenverschiedenheit zwischen dem entführten Opfer und dem Adressaten der Drohung voraus. Vorgesehen waren also **drei Personen**, das Entführungsopfer, der Drohungsadressat und natürlich der Täter.

Beispiel: Gärtner Gustav sperrt die Millionärstochter Maria in seinen Keller. Von den Eltern verlangt er 1 Mio. €, oder er werde der M die Finger abschneiden.

893 Das Beispiel stellt das typische und unproblematische „**Drei-Personen-Verhältnis**" dar. Nachdem aber das Strafrechtsänderungsgesetz von 1989 die Strafnorm des § 239a (aber auch die des § 239b) auf die Erpressung des Entführungsopfers *selbst* ausgedehnt hat, können Entführungsopfer und Drohungsadressat personenidentisch sein. Diese tatbestandliche Einbeziehung von „**Zwei-Personen-Verhältnissen**" (Täter – Nötigungsopfer)[1503] hat vom Gesetzgeber nicht oder nicht hinreichend bedachte Folgen. So unterfallen Sachverhalte, die bereits von §§ 253, 255, aber auch von § 177 II, VI-VIII erfasst sind, jedenfalls vom Wortlaut her zugleich auch dem Tatbestand des § 239a mit seiner schweren Strafandrohung (5-15 Jahre, vgl. § 38 II).

[1500] So im Fall BGH NStZ 2007, 32 f. Vgl. auch BGH NStZ 2002, 31, 32; NStZ-RR 2004, 333, 334; NStZ 2010, 516.

[1501] So im Fall BGH 20.9.2018 – 3 StR 195/18.

[1502] *Mitsch*, JuS 2003, 122 mit Verweis auf eine Strafbarkeit wegen Geldwäsche gem. § 261; *Kindhäuser/Wallau*, NStZ 2003, 152; BGH NStZ 2002, 33 – Betrug beim Handeltreiben mit Betäubungsmitteln.

[1503] Selbstverständlich ändert sich am Vorliegen eines Zwei-Personen-Verhältnisses nichts, wenn Mittäterschaft vorliegt (vgl. auch BGH NStZ 2010, 516.).

Hauptanwendungsfall des sog. Zwei-Personen-Verhältnisses ist das Bedrohen mit einer Waffe, **894** um das Opfer zur Herausgabe von Vermögenswerten zu bewegen (vgl. dazu das Beispiel bei Rn 899).

Damit nicht jede Freiheitsberaubung mit Erpressungs- oder (nach dem BGH) Raub- **895** absicht, etwa wenn der Täter sein Opfer packt und in eine dunkle Ecke zerrt, um es dort zu berauben oder zur Herausgabe von Wertgegenständen zu nötigen, als erpres- serischer Menschenraub mit der dabei fällig werdenden hohen Mindeststrafe angese- hen werden muss, ist eine enge Auslegung des Tatbestands erforderlich.

- Der BGH machte den entscheidenden Anfang, indem er eine „Außenwirkung" außerhalb **896** des unmittelbaren Gewaltverhältnisses forderte.[1504] § 239a dürfe nicht auf solche Zwei- Personen-Verhältnisse Anwendung finden, in denen das Sichbemächtigen oder Entführen unmittelbares Mittel für einen Nötigungstatbestand sei.

- Die Lehre von der Außenwirkung wurde mehrheitlich als zu unbestimmt abgelehnt und **897** wird heute auch nicht mehr vertreten. Das gleiche Schicksal teilt die Konkurrenzlösung der Literatur.[1505] Könne in einem „Zwei-Personen-Verhältnis" ein über §§ 253, 255 hinausge- hender Nötigungserfolg nicht festgestellt werden, seien §§ 253, 255 als mildere Normen spezieller.

- Nach der heute ständigen Rechtsprechung des BGH[1506] ist im Zwei-Personen-Verhältnis **898** eine Strafbarkeit nach § 239a I Var. 1 bei gleichzeitigem Vorliegen der §§ 253, 255 (bzw. § 249) nur dann gegeben, wenn durch die Entführung oder das Sichbemächtigen eine Zwangslage i.S. einer **„stabilen Bemächtigungslage"** entsteht, die sodann zu einem *weiteren* Nötigungsakt (die Erpressung bzw. der Raub) ausgenutzt wird; dabei muss aller- dings noch ein **funktionaler und zeitlicher Zusammenhang** zwischen der Bemächti- gungslage und der (beabsichtigten) Erpressung bestehen. Wichtigste Konsequenz dieser Rechtsansicht ist, dass § 239a entfällt, wenn der Sichbemächtigungsakt und die abgenö- tigte Handlung auf *einer* Nötigungshandlung beruhen. Dies ist immer dann der Fall, wenn der Täter das Opfer unmittelbar nötigt (durch Vorhalten der Schusswaffe, um die Heraus- gabe des Geldes zu verlangen), ohne zuvor eine „stabile Bemächtigungslage" geschaffen zu haben.[1507]

Beispiel 1[1508]: Mit Sturmhauben maskiert läuteten morgens A und B an der Tür des O. Als dieser öffnete, schlug A ihm sofort mit der Faust ins Gesicht. A und B überwältigten O und fesselten ihn mit Klebeband an Armen und Beinen. Danach kniete sich A auf O und schrie ihn mit den Worten „Money! Money!" an. Daraufhin war O bereit, den Tätern sei- nen Tresor zu zeigen und die Zahlenkombination zu verraten. A und B räumten daraufhin Uhren und Bargeld im Wert von 39.000,- € aus dem Tresor. Nunmehr traf L, die Lebens- gefährtin des O, ein. Sie wurde ebenfalls überwältigt und gefesselt. Von beiden verlangten A und B in der Folge noch mehr Geld und weitere Wertsachen. Außerdem übergossen sie O und L mit Alkohol und Reinigungsmittel, weshalb diese Angst hatten, von den Tätern angezündet zu werden. Nachdem sie jedoch keinen nennenswerte weitere Beute erlangen konnten, zogen A und B ab.

Auf die von A und B verwirklichten gefährlichen Körperverletzungen gem. §§ 223 I, 224 I Nr. 1b, 4, 25 II in Tateinheit mit schwerem Raub gem. §§ 249 I, 250 I Nr. 1b, 25 II bzw. schwerer räuberischer Erpressung (§§ 253, 255, 250 I Nr. 1b, 25 II) und die dazu tat- mehrheitlich begangene versuchte schwere räuberische Erpressung (§§ 253, 255, 250 I Nr. 1b, 22, 23 I, 12 I, 25 II) sowie auf die Freiheitsberaubungen (§§ 239 I, 25 II) und den Hausfriedensbruch (§§ 123 I, 25 II) soll nicht weiter eingegangen werden.

[1504] BGHSt 39, 36, 44; 39, 330, 334.
[1505] *Geerds*, JR 1993, 424; *Renzikowski*, JZ 1994, 498.
[1506] BGH NStZ 2010, 516; BGHSt 40, 350, 355 (*Großer Senat*); BGH NStZ 2002, 31; StV 1999, 646; NStZ 2005, 508; NStZ 2006, 36; NStZ 2006, 340; NStZ 2006, 448 f.; NStZ 2007, 32 f.; StV 2007, 354 f.; NStZ 2008, 569, 570. Vgl. auch BGH NStZ 2014, 515 (zu § 239b).
[1507] BGH NStZ 2007, 32 f.; *Müller-Dietz*, JuS 1996, 110, 112; *Heinrich*, NStZ 1997, 365, 366.
[1508] Nach BGH NStZ 2010, 516.

Erpresserischer Menschenraub (§ 239a); Geiselnahme (§ 239b); Menschenraub (§ 234)

Fraglich ist allein, ob A und B auch den Tatbestand des erpresserischen Menschenraubs in der Variante des Sichbemächtigens (§ 239a I Var. 1) verwirklicht haben. Ein Sichbemächtigen im Sinne dieser Vorschrift liegt vor, wenn der Täter die physische Herrschaft über einen anderen erlangt, wobei weder eine Ortsveränderung erforderlich ist noch der Tatbestand der Freiheitsberaubung erfüllt sein muss. Allerdings ist bei einem – auch bei zwei Mittätern gegebenen – „Zwei-Personen-Verhältnis" (Täter-Opfer) weitere Voraussetzung, dass die Bemächtigungssituation im Hinblick auf die erstrebte Erpressungshandlung eine eigenständige Bedeutung hat; sie erfordert daher eine gewisse Stabilisierung der Beherrschungslage, die der Täter zur Erpressung ausnutzen will.

A und B überfielen O, brachten ihn zu Boden und fesselten ihn dort. O erklärte sich aus Angst um sein Wohl danach sofort bereit, A und B den Zugriff auf seine im Tresor befindlichen Wertgegenstände zu ermöglichen. Bei diesem Ablauf liegt es – anders als nach Auffassung des BGH – aber noch nicht nahe, dass A und B bereits eine stabile Bemächtigungslage geschaffen hatten, der die vom Tatbestand geforderte eigenständige Bedeutung zukommt. Denn der Sichbemächtigungsakt und die abgenötigte Handlung beruhten auf *einer* Nötigungshandlung. A und B schlugen O mit der Faust ins Gesicht. Unmittelbar danach überwältigten sie ihn und fesselten ihn mit Klebeband an Armen und Beinen, um die Herausgabe des Geldes zu bewirken. Von der Schaffung einer „stabilen Bemächtigungslage" kann nicht gesprochen werden (a.A. aber der BGH).

Eine solche kann allenfalls zu dem Zeitpunkt angenommen werden, als A und B in der Folge von dem am Boden liegenden und gefesselten O weiterhin verlangten, dass er ihnen die Aufbewahrungsorte weiterer Vermögensgegenstände nennt. Damit setzten sie zu weiteren Erpressungen an.

Jedenfalls lag eine stabile Bemächtigungslage vor, als sich A und B im Verlauf des Tatgeschehens auch der L bemächtigten. Beide Opfer lagen an Händen und Füßen gefesselt nebeneinander auf dem Boden, als A und B erneut Geld forderten. Es dürfte kein Zweifel daran bestehen, dass A und B nunmehr die auch auf L ausgedehnte Bemächtigungssituation dazu ausnutzten, die Sorge des O um das Wohl seiner Lebensgefährtin zusätzlich als Nötigungsmittel für eine Erpressung einzusetzen. Jedenfalls genügt dies für die Vollendung des § 239a I Var. 1.

- Soll das durch die (beabsichtigte) Erpressung erzwungene Verhalten des Opfers erst nach Beendigung der Zwangslage erfolgen[1509], fehlt der erforderliche funktionale und zeitliche Zusammenhang. In diesem Fall ist aber u.U. § 239a I Var. 2 einschlägig.

899

Beispiel[1510]**:** Mit geladenen Schreckschusspistolen bewaffnet überfielen A und B nach Ladenschluss Angestellte eines Verbrauchermarkts, um den Inhalt des dort im Büro befindlichen Tresors zu erbeuten. Nachdem sie in das Gebäude eingedrungen waren, fragten sie die Verkäuferin V und den Mitarbeiter M erfolglos nach dem Tresorschlüssel und sperrten sie gewaltsam in den Vorraum der Toilette ein. Nachdem sie anschließend einige Zeit im Büro vergeblich nach dem Schlüssel gesucht hatten, brachte A die V unter Schlägen aus dem Toilettenvorraum in das Büro. Dort verlangten A und B von ihr nochmals die Herausgabe des Tresorschlüssels und drohten ihr, sie umzubringen, wenn sie nicht die Wahrheit sage. V versicherte, dass sie nicht wisse, wo sich der Schlüssel befinde. Als A und B sodann erfuhren, dass ein dritter Angestellter geflüchtet war, verließen sie aus Angst vor der Polizei den Verbrauchermarkt nach insgesamt 8 Minuten ohne Beute.

A und B haben sich wegen gemeinschaftlich versuchten schweren Raubs gem. §§ 249, 250 I Nr. 1a, II Nr. 1, 25 II, 22, 23, 12 I in Tateinheit mit gefährlicher Körperverletzung gem. §§ 223, 224 I Nr. 4 und Hausfriedensbruch gem. §§ 123 I, 25 II strafbar gemacht.

Fraglich ist lediglich, ob auch eine Strafbarkeit wegen erpresserischen Menschenraubs gegeben ist. In Betracht kommt zunächst eine Strafbarkeit gem. **§ 239a I Var. 1**.

[1509] BGH NStZ 2008, 569, 570.
[1510] Vgl. BGH NStZ 2007, 32 f. Vgl. auch BGH StV 2007, 354 f.

Erpresserischer Menschenraub (§ 239a); Geiselnahme (§ 239b); Menschenraub (§ 234)

Indem A und B den Verbrauchermarkt überfallen und die physische Herrschaft über V und M erlangt haben, haben sie das objektive Tatbestandsmerkmal des Sichbemächtigens i.S.v. § 239a I Var. 1 verwirklicht. A und B handelten auch vorsätzlich. Sie müssten aber auch mit der Absicht gehandelt haben, eine Erpressung unter Ausnutzung der Sorge von V und M oder eines Dritten um das Wohl von V und/oder M zu begehen. Diese Tatbestandsvoraussetzung scheint in Anbetracht des Umstands, dass die Täter V und M einsperrten, um selbst nach dem Tresorschlüssel zu suchen, fraglich. Auf der Basis der Rspr. steht jedoch die Absicht, vom Opfer die Duldung der Wegnahme zu verlangen, der Absicht, es erpresserisch zu nötigen, gleich. Da nämlich der Tatbestand der Erpressung auch den speziellen Tatbestand des Raubs mitumfasse, liege ein erpresserischer Menschenraub auch dann vor, wenn der Täter einen Raub beabsichtige.[1511] Zwar ist diese Ausweitung der erpresserischen Absicht mit Blick auf den Bestimmtheitsgrundsatz aus Art. 103 II GG nicht ganz unbedenklich, allerdings kann die Problematik dahinstehen, wenn eine Bestrafung aus § 239a I Var. 1 aus einem anderen Grund ausscheidet: Denn es scheint weiterhin fraglich, ob A und B die Sorge ihrer Geiseln um deren Leben überhaupt zu einer Erpressung (oder auf Basis der Rspr.: zu einem Raub) „ausnutzen" wollten. Denn um sich die Bemächtigungslage als Grundlage für die beabsichtigte weitere Erpressung (oder den Raub) zunutze machen zu können, muss sie sich bereits zu einem gewissen Grad „stabilisiert" haben.[1512]

Der BGH hat hierzu entschieden, dass im Hinblick auf den Anwendungsbereich klassischer Delikte mit Nötigungselementen wie §§ 177 II, VI, 249 ff., 253 ff. der Tatbestand des § 239a I im Zwei-Personen-Verhältnis, insbesondere für Fälle des Sichbemächtigens, einschränkend auszulegen sei. Der Täter müsse durch die Anwendung von Gewalt oder durch Drohungen gegen das Opfer eine stabile Bemächtigungslage schaffen und beabsichtigen, diese Lage für sein weiteres Vorgehen auszunutzen, wobei dieser mit Blick auf die erstrebte Erpressung (ergänze: auf der Basis des BGH auch auf den Raub) eine eigenständige Bedeutung zukommen müsse. Mit der eigenständigen Bedeutung der Bemächtigungslage sei - insbesondere in Abgrenzung zu den Raubdelikten - lediglich gemeint, dass sich über die in jeder mit Gewalt verbundenen Nötigungshandlung liegende Beherrschungssituation hinaus eine weitergehende Drucksituation auf das Opfer gerade auch aus der stabilen Bemächtigungslage ergeben müsse. Der erforderliche funktionale Zusammenhang liege daher nicht vor, wenn sich der Täter des Opfers durch Nötigungsmittel bemächtige, die *zugleich* unmittelbar der beabsichtigten Erpressung dienten, wenn also **Bemächtigungstatbestand und Nötigungsmittel zusammenfallen.**[1513]

Im vorliegenden Fall haben A und B bereits im unmittelbaren Zusammenhang mit der Bemächtigungshandlung die Herausgabe des Tresorschlüssels gefordert. Damit haben sie nicht beabsichtigt, die von ihnen geschaffene Bemächtigungslage zu einer weiteren Nötigung auszunutzen. Mithin fehlt es an der im Zwei-Personen-Verhältnis erforderlichen stabilen Sichbemächtigungslage, bei der der Täter die bereits durch das Sichbemächtigen entstandene Zwangslage zu einem *weiteren* Nötigungsakt ausnutzen muss.

A und B haben sich zwar gem. der o.g. Taten strafbar gemacht, nicht aber gem. § 239a I Var. 1. Zur Frage, ob in Bezug auf das nochmalige Herausgabeverlangen eine Strafbarkeit gem. § 239a I Var. 2 vorliegt, vgl. Rn 902.

Zusammenfassung und Hinweis für die Fallbearbeitung: Mit Blick auf den hohen Strafrahmen des § 239a („nicht unter 5 Jahren") muss der Täter durch die Anwendung von Gewalt oder durch Drohungen gegen das Opfer eine stabile Bemächtigungslage schaffen und beabsichtigen, diese Lage für sein weiteres Vorgehen auszunutzen, wobei der Bemächtigungslage mit Blick auf die erstrebte Erpressung eine eigenständige Bedeutung zukommen muss. Daraus ergeben sich folgende Anforderungen an die Prüfung der Strafbarkeit:

900

[1511] BGH NStZ 2007, 32 f. mit Verweis auf BGH NStZ 2006, 448, 449 und BGH NStZ 2002, 31, 32.
[1512] St. Rspr., vgl. BGHSt 40, 350, 359 (*Großer Senat*); zuletzt BGH NStZ-RR 2010, 46, 47 f.
[1513] BGH NStZ 2007, 32 f. mit Verweis auf BGH NStZ 2006, 448, 449.

349

1. Vorliegen einer **Ersthandlung** (Entführung oder Sichbemächtigen): Der Täter muss das Opfer entführen oder sich dessen bemächtigen und dabei eine **stabile Bemächtigungslage** schaffen. Dies kann schon mit dem Vorhalten einer Waffe der Fall sein, jedenfalls aber dann, wenn der Täter dem Opfer etwa mit der Faust ins Gesicht schlägt und die physische Herrschaft erlangt.

2. Vorliegen einer **Zweithandlung** (Beabsichtigung einer Erpressung): Die vom Täter durch die Ersthandlung geschaffene Zwangslage muss von ihm zu einer **weiteren Nötigungshandlung** (d.h. zweiten Zwangslage) ausgenutzt werden bzw. es muss eine diesbezügliche Absicht vorliegen. Erforderlich ist dabei aber noch ein **funktionaler und zeitlicher Zusammenhang** zwischen der Bemächtigungslage und der (beabsichtigten) Erpressung.

Eine Strafbarkeit aus § 239a I Var. 1 scheidet folgerichtig aus,

- wenn sich der Täter des Opfers durch Nötigungsmittel bemächtigt, die *zugleich* unmittelbar der beabsichtigten weiteren Erpressung oder Nötigung dienen, wenn es also an der stabilen Bemächtigungslage i.S.e. Zäsur zwischen der Ersthandlung und der Zweithandlung fehlt[1514],

- oder wenn das durch die beabsichtigte Erpressung erzwungene Verhalten des Opfers erst nach Beendigung der Zwangslage erfolgen soll[1515].

II. Tatbestand des § 239a I Var. 2

1. Objektiver Tatbestand

901 Bei dem bereits oben beschriebenen Ausnutzungstatbestand hat der Täter zwar in Übereinstimmung mit der Var. 1 sein Opfer entführt oder sich dessen sonst wie bemächtigt. Der Unterschied zur Var. 1 liegt aber darin, dass der Täter – zunächst ohne Erpressungsabsicht – das Opfer entführt oder sich des Opfers bemächtigt hat und *dann* erst die Lage *aufgrund eines neuen Tatentschlusses* zu einer Erpressung (tatsächlich) ausnutzt.[1516] Der Täter hat im Zeitpunkt des Entführens bzw. Sichbemächtigens also *andere* Beweggründe als eine Erpressung. Solche anderen Beweggründe mögen sexuelle (insbesondere Vergewaltigung) oder räuberische sein. Aber auch banale Streiche, wie das zunächst scherzhafte Einsperren eines Bekannten im Keller, gehören hierher. Das (tatsächliche!) Ausnutzen der Zwangslage beim Opfer tritt erst nachträglich aufgrund eines neuen Tatentschlusses hinzu.[1517]

Aus dem Wortlaut des § 239a I Var. 2 ergibt sich, dass diese Norm jedoch nicht anwendbar ist, wenn ein Trittbrettfahrer die von einem anderen geschaffene Lage zu seinem Vorteil ausnutzt.[1518]

902 Unbestritten und nach dem Wortlaut eindeutig ist, dass es sich bei der Erpressung (bzw. auf der Basis der Rspr. auch beim Raub), zu der der Täter die Situation ausgenutzt haben muss, um ein objektives Tatbestandsmerkmal handelt (vgl. bereits Rn 884). Es stellt sich jedoch die Frage, ob § 239a I Var. 2 bereits bei einer **versuchten Erpressung** (bzw. bei einem versuchten Raub) verwirklicht ist oder ob es zu einer Vermögensverschiebung i.S.d. Erpressungstatbestands tatsächlich gekommen, die Erpressung also **vollendet** sein muss.

[1514] BGH NStZ 2006, 448, 449; BGH NStZ 2007, 32 f.; BGH StV 2007, 354 f.
[1515] BGH NStZ 2005, 508; BGH StV 2007, 354 f.
[1516] BGH NStZ 2019, 411, 412 – Fall aufbereitet bei *R. Schmidt*, BT II, Rn 354.
[1517] Vgl. BGH NStZ 2002, 31 *Rengier*, BT II, § 24 Rn 16 ff.; Lackner/Kühl-*Heger*, § 239a Rn 7.
[1518] Vgl. hierzu *Joecks/Jäger*, § 239a Rn 25 ff. m.w.N.

Im **Beispiel** von Rn 899 könnten A und B dadurch, dass sie die unter Schlägen in das Büro gebrachte Verkäuferin V mit dem Tode bedrohten, um in den Besitz des Tresorschlüssels zu gelangen, sich gem. § 239a I Var. 2 strafbar gemacht haben.

Zu diesem Zeitpunkt bestand bereits über einen längeren Zeitraum als Basis für eine Erpressung eine stabile Bemächtigungslage, in der die V - unabhängig von der Gewaltanwendung beim Sichbemächtigen - dem ungehemmten Einfluss von A und B wegen deren physischer Übermacht und der fortwirkenden Einschüchterung ausgesetzt war. Unter diesen Umständen ist davon auszugehen, dass A und B bei ihrer mit der Todesdrohung verbundenen Forderung nach Herausgabe des Tresorschlüssels auch die durch die Bemächtigungslage entstandene besondere Drucksituation bei V ausnutzten, um diese zu veranlassen, aus Sorge um ihr Wohl dem Begehren nachzukommen.

Möglicherweise steht der Vollendung des erpresserischen Menschenraubs aber entgegen, dass die Erpressung im Versuchsstadium stecken geblieben ist. Anders als bei § 239a I Var. 1 ist bei § 239a I Var. 2 nämlich umstritten, ob der bloße Versuch einer Erpressung des Täters genügt oder ob die Erpressung vollendet sein muss.

⇨ Die h.M. bejaht den Ausnutzungstatbestand des § 239a I Var. 2 schon beim Vorliegen des Versuchs einer Erpressung mit dem Argument, dass bereits in diesem Stadium die Integrität der Geisel und die Entschließungsfreiheit des Erpressungs- bzw. Nötigungsopfers gefährdet, der Schutzzweck der Norm also betroffen sei. Außerdem lasse die Var. 1 des § 239a I sogar das Vorliegen einer bloßen Erpressungsabsicht genügen, was zu einem unerklärbaren Wertungswiderspruch führen könne, verlangte man bei § 239a I Var. 2 eine Vollendung der Erpressung.[1519]

Folge dieser Auffassung wäre, dass A und B den Ausnutzungstatbestand des erpresserischen Menschenraubs (§ 239a I Var. 2) verwirklicht hätten.

⇨ Gegen das Genügenlassen des Versuchs einer Erpressung bei § 239a I Var. 2 spricht sich eine gewichtige Gegenauffassung aus. Der Wortlaut der Norm, der verlange, dass der Täter die geschaffene Lage zu einer Erpressung *ausnutzt*, setze schon begrifflich die Vollendung voraus und könne zudem nur dann vorliegen, wenn ein funktionaler Zusammenhang zwischen dem Entführen bzw. Sichbemächtigen einerseits und der Erpressung andererseits bestehe (siehe dazu Rn 898-900). Daher könne ein „Ausnutzen" niemals vorliegen, wenn der Täter lediglich das Versuchsstadium einer Erpressung erreicht habe. Ließe man zur Vollendung des § 239a I Var. 2 den bloßen Versuch einer Erpressung genügen, führte jeder Versuch einer – auch geringfügigen – Erpressung (z.B. mit leichter Körperverletzung drohende Aufforderung an das Opfer, einen Gegenstand herauszugeben) automatisch zur Verwirklichung des § 239a I Var. 2 und damit zur Mindeststrafe von 5 Jahren, auch wenn lediglich eine Freiheitsberaubung stattfinde. Dieser eklatante Wertungswiderspruch werde von der h.M., die den bloßen Versuch einer Erpressung zur Vollendung des § 239a I Var. 2 genügen lasse, geleugnet. Die h.M. verstoße damit gegen Art. 103 II GG und sei abzulehnen. Richtigerweise sei somit bei § 239a I Var. 2 eine vollendete Erpressung zu fordern.[1520]

Auf der Basis der Gegenauffassung haben A und B nicht den Ausnutzungstatbestand des erpresserischen Menschenraubs (§ 239a I Var. 2) verwirklicht.

⇨ Da die beiden Auffassungen zu unterschiedlichen Ergebnissen kommen, ist eine Streitentscheidung erforderlich. Da der Wortlaut einer Strafnorm die Grenze jeglicher Auslegung markiert, scheint die Gegenauffassung überzeugend. Allerdings ist es auch unter Beachtung des Wortlautarguments nicht zwingend, eine Vollendung der Erpressung zu fordern. Denn ein „Ausnutzen" der geschaffenen Lage kann auch dann bejaht werden, wenn der Täter gerade aufgrund der geschaffenen Lage unmittelbar dazu

---

[1519] Vgl. BGHSt 36, 309, 310; *Kindhäuser*, BT I, § 16 Rn 20; *W/H/S*, BT 2, Rn 740, 744; NK-*Sonnen*, § 239a, Rn 22; Sch/Sch-*Eisele*, § 239a Rn 23 f. Dem sich anschließend BGH NStZ 2007, 32 f., jedoch ohne jede Begründung.
[1520] So *Fischer*, § 239 Rn 13; MüKo-*Renzikowski*, § 239a Rn 68; SK-*Horn/Wolters*, § 239a Rn 15; *Elsner*, JuS 2006, 784, 787 f.

Erpresserischer Menschenraub (§ 239a); Geiselnahme (§ 239b); Menschenraub (§ 234)

übergeht, in erpresserischer Richtung tätig zu werden. Aufgrund des Wortlauts der Norm sowie des hohen Strafrahmens ist dann aber zu fordern, dass der Täter wenigstens das Versuchsstadium der Erpressung erreicht. Im Ergebnis ist daher der h.M. zu folgen.

Da A und B die V zuvor in den Toilettenraum eingesperrt hatten, lag im Zeitpunkt ihrer Drohung, V umzubringen, wenn diese nicht die Wahrheit über den Verbleib des Tresorschlüssels sage, eine stabile Bemächtigungslage vor. Diese Lage haben A und B auch ausgenutzt, indem sie unmittelbar dazu übergingen, die Nennung des Verbleibs des Tresorschlüssels von V abzunötigen. Auf der Basis der h.M. haben A und B daher den Ausnutzungstatbestand des erpresserischen Menschenraubs (§ 239a I Var. 2) verwirklicht.

2. Subjektiver Tatbestand

903   Da – im Gegensatz zur Var. 1 – der Täter bei der Var. 2 die Lage unstreitig zu einer Erpressung (oder deren Qualifikation gem. § 250 oder sogar gem. §§ 250, 251) ausgenutzt haben muss, es also zumindest zu einer versuchten Erpressung gekommen sein muss (objektives Tatbestandsmerkmal), genügt subjektiv der „normale" Tatbestandsvorsatz gem. § 15. Jedoch darf nicht übersehen werden, dass *dolus directus* 1. Grades bei der (versuchten) Erpressung bzw. räuberischen Erpressung Voraussetzung ist. Dort besteht bekanntermaßen die Absicht der rechtswidrigen Bereicherung.

III. Rechtswidrigkeit und Schuld

904   Es gelten die allgemeinen Grundsätze.

IV. Erfolgsqualifikation (§ 239a III)[1521]

905   Bei § 239a III handelt es sich um eine Erfolgsqualifikation. In Abweichung zu § 18 muss der Täter wenigstens leichtfertig den Tod des Opfers herbeigeführt haben. Leichtfertigkeit setzt ein besonders leichtsinniges oder gleichgültiges Verhalten voraus, vergleichbar mit der groben Fahrlässigkeit im Zivilrecht („es hätte jedem einleuchten müssen").[1522] Die schwere Folge muss (wie bei allen erfolgsqualifizierten Delikten) in einem **tatbestandsspezifischen Gefahrzusammenhang** mit der Tathandlung stehen.[1523] Problematisch ist dies immer für die Fälle der mittelbaren Verursachung der Todesfolge, also dann, wenn das Opfer durch eigene Hand oder durch das Eingreifen Dritter (i.d.R. der Polizei) zu Tode kommt. Stirbt das Opfer infolge von Suizid oder Entkräftung, wird man den erforderlichen Gefahrzusammenhang bejahen können.

906   Im Fall einer polizeilichen Befreiungsaktion ist die Beantwortung dieser Frage schwieriger, zumal einige Landespolizeigesetze den „finalen Rettungsschuss" nicht geregelt haben (und wohl auch nicht regeln wollten).[1524] Ob die Abgabe tödlicher Schüsse als typische Gefahr gewertet werden kann, ist somit der Auffassung des Gutachters überlassen.[1525] Da der Polizist freilich nicht das Opfer töten will, sondern den Entführer, ist nicht selten bei Verwechslungen ein Erlaubnistatbestandsirrtum seitens des Schützen zu prüfen. Tötet der Täter das Opfer hingegen vorsätzlich, sind neben § 239a III auch §§ 211, 212 zu prüfen. Ansonsten sollte an fahrlässige Tötung gedacht werden, § 222.

[1521] Zum (abweichenden) Prüfungsaufbau in der Fallbearbeitung siehe oben Rn 884a.
[1522] Vgl. Lackner/Kühl-*Kühl*, § 16 Rn 55; Sch/Sch-*Eisele*, § 239a Rn 31.
[1523] Vgl. auch Sch/Sch-*Eisele*, § 239a Rn 30; *Joecks/Jäger*, § 239a Rn 34.
[1524] Vgl. dazu ausführlich *R. Schmidt*, POR, 20. Aufl. 2018, Rn 981.
[1525] Vgl. die Ausführungen bei Lackner/Kühl-*Heger*, § 239a Rn 9 mit Verweis auf BGHSt 33, 322 mit Besprechung *Küpper*, NStZ 1986, 117.

V. Tätige Reue (§ 239a IV)

§ 239a IV normiert den Fall der tätigen Reue nach vollendeter Tat und eröffnet dem Gericht die Möglichkeit einer Strafmilderung nach § 49 I. Allerdings liegt tätige Reue i.S.d. § 239a IV erst dann vor, wenn der Täter das Opfer in seinen Lebensbereich zurückgelangen lässt und zudem auf die erstrebte Leistung verzichtet; dazu muss er vollständig von der erhobenen Forderung Abstand nehmen.[1526]

907

VI. Konkurrenzen

§ 239a verdrängt §§ 239 und 240 im Wege der Gesetzeskonkurrenz (Spezialität).[1527] Darüber hinaus ist § 239a I Var. 2 speziell gegenüber §§ 253, 255. Zwischen § 239a I Var. 1 und §§ 253, 255 besteht in Dreieckskonstellationen hingegen Handlungseinheit. Hinsichtlich des Verhältnisses zwischen § 239a und § 239b gilt, dass § 239a den § 239b im Wege der Spezialität verdrängt, wenn die Geiselnahme allein erpresserischen Zwecken dient. Denn in diesem Fall bedroht der Täter sein Opfer meist mit dem Tod, weshalb zwar der Tatbestand des § 239b erfüllt ist, er jedoch hinter § 239a zurücktritt. Lediglich, wenn die Geiselnahme nicht nur erpresserischen, sondern auch anderen Zwecken dient, ist Tateinheit anzunehmen. Im Übrigen ist wegen der verschiedenen Zielrichtungen Tateinheit des § 239a mit §§ 223 ff. und mit §§ 212, 211 möglich.[1528]

908

G. Geiselnahme (§ 239b)

Schutzgut des § 239b ist neben der persönlichen Freiheit und Unversehrtheit der Geisel auch deren Freiheit der Willensentschließung und Willensbetätigung.[1529]

909

§ 239b wirft ähnliche Probleme wie § 239a auf. Im Gegensatz zu dieser Strafvorschrift geht es dem Täter bei § 239b *nicht* um Bereicherungszwecke. An die Stelle der erpresserischen Absicht tritt jegliche Absicht der Nötigung mittels qualifizierter Nötigungsmittel (Drohung mit Freiheitsentziehung von über einer Woche, schwerer Körperverletzung oder dem Tod der Geisel). Als Beispiele können genannt werden:

910

- Der Täter bemächtigt sich eines „hochrangigen" Politikers oder Managers, um die Freilassung eines Häftlings zu erreichen.
- Der Täter bemächtigt sich eines Bankangestellten, um freien Abzug für sich herbeizuführen.
- Der Täter bemächtigt sich des Opfers, um eine Aussage (ein Geständnis) abzunötigen.[1530]

Wie § 239a enthält auch § 239b in Abs. 1 zwei Tatvarianten. Bezüglich der Probleme im **„Zwei-Personen-Verhältnis"** (Täter-Nötigungsopfer) kann auf die Ausführungen bei Rn 893 ff. verwiesen werden. Hinsichtlich des Zusammenhangs zwischen Entführung und abgenötigter Handlung ist nach der Rspr. des BGH erforderlich, dass zwischen der Entführung eines Opfers und einer beabsichtigten Nötigung ein funktionaler und zeitlicher Zusammenhang derart besteht, dass der Täter das Opfer *während der Dauer der Entführung* nötigen will und das abgenötigte Verhalten auch *während der Dauer der Zwangslage* vorgenommen werden soll.[1531] Drohungen und Erzwingungen eines erst nach Beendigung der Bemächtigungslage zu vollziehenden Verhaltens genügen nicht.[1532] Denn der Zweck des § 239b, der schon wegen der hohen Strafandrohung restriktiv ausgelegt werden muss, besteht gerade darin, das Sichbemächtigen oder die Entführung

911

[1526] BGH NJW 2017, 1124, 1125.
[1527] Vgl. BGH NStZ 2009, 632 (§ 239 weist ggü § 239a I Var. 2 keinen eigenständigen Unrechtsgehalt auf).
[1528] Vgl. hierzu Sch/Sch-*Eisele*, § 239a Rn 45; *W/H/E*, BT I, Rn 504; BGH NStZ 2006, 36, 37.
[1529] Lackner/Kühl-*Heger*, § 239b Rn 1; *W/H/E*, BT I, Rn 504; BGH NStZ 2006, 36, 37.
[1530] So im Fall BGH 20.9.2018 – 3 StR 195/18.
[1531] Vgl. BGHSt 40, 350, 355-359; BGH NStZ 2006, 36, 37. Vgl. auch BGH NStZ 2006, 340, 341 (Nr. 8); BGH NStZ 2014, 38 f.; *Krehl*, NStZ 2014, 39.
[1532] BGH NStZ 2014, 38 f.; *Krehl*, NStZ 2014, 39.

Erpresserischer Menschenraub (§ 239a); Geiselnahme (§ 239b); Menschenraub (§ 234)

des Opfers deshalb besonders unter Strafe zu stellen, weil der Täter seine Drohung während der Dauer der Zwangslage jederzeit realisieren kann.

> **Beispiel**[1533]: T überfiel die O in ihrer Wohnung, bedrohte sie mit einem 30 cm langen Küchenmesser und verlangte von ihr die Herausgabe von Geld und ihrer Girocard. Dabei kündigte er mehrfach an, er werde sie töten, wenn sie seinen Forderungen nicht nachkomme. Nach Entgegennahme der Girocard durchsuchte T sodann die Handtasche der O und fand darin ein Kuvert mit 2.700 €, die er zählte und einsteckte. Im Anschluss daran zerbrach er die SIM-Karte aus dem ihm zuvor übergebenen Mobiltelefon der O und zerschnitt mit dem mitgeführten Küchenmesser das Telefonkabel des Festnetzanschlusses. Er forderte O auf, sich im Schlafzimmer auf ihr Bett zu legen, wo er sie mit einem abgeschnittenen Telefonkabel fesselte und mit einem Sweatshirt knebelte. Dabei wiederholte er immer wieder, dass sie keinen "Mucks machen" solle, anderenfalls werde er sie töten. Schließlich verlangte er, sie solle sich 30 Minuten lang nicht bewegen oder bemerkbar machen, und verließ die Wohnung.
>
> T hat sich der O bemächtigt. Auch hat er der O unter Androhung, sie zu töten, ein bestimmtes Verhalten abgenötigt, nämlich sich 30 Minuten lang nicht zu bewegen oder bemerkbar zu machen.
>
> Der Ausnutzungstatbestand des § 239b I verlangt aber auch, dass der Täter die von ihm durch die Bemächtigung geschaffene Lage zu einer Nötigung ausnutzt. Hinsichtlich des Zusammenhangs zwischen der Bemächtigung und der beabsichtigten nötigungsbedingten Handlung ist nach der Rspr. des BGH erforderlich, dass ein funktionaler und zeitlicher Zusammenhang derart besteht, dass der Täter das Opfer *während der Dauer der Entführung* nötigen will und das abgenötigte Verhalten auch *während der Dauer der Zwangslage* vorgenommen werden soll. Drohungen und Erzwingungen eines erst nach Beendigung der Bemächtigungslage zu vollziehenden Verhaltens genügen nicht (s.o.).
>
> Vorliegend erfolgte die Nötigung zwar während der Dauer der Bemächtigungslage, jedoch sollte das abgenötigte Verhalten erst nach Beendigung der Bemächtigungslage eintreten. Damit erfüllt die Anweisung des T, O solle sich 30 Minuten lang nicht bewegen oder bemerkbar machen und dass er sie anderenfalls töten werde, die Tatbestände der Freiheitsberaubung (§ 239 I Var. 2) und der Bedrohung (§ 241), nicht aber der Geiselnahme.

912 **Subjektiv** verlangt § 239b I – sofern ein besonderes Drohmittel eingesetzt wird – hinsichtlich des Einsatzes dieses Mittels – etwa der Drohung mit einer schweren Körperverletzung (§ 226) – Absicht i.S. zielgerichteten Handelns.[1534]

912a § 239b II verweist u.a. auf die Erfolgsqualifikationen des § 239a III und auf die Tätige Reue des § 239a IV.

913 **Konkurrenzen:** Grundsätzlich ist § 239b gegenüber § 239a subsidiär. Tateinheit ist aber möglich, wenn mit derselben Handlung zugleich eine Bereicherung und ein anderer Zweck verfolgt werden (Rn 908).[1535] Gegenüber § 239b sind §§ 239/240 subsidiär.

[1533] In Anlehnung an BGH NStZ 2014, 38 f.
[1534] BGH NStZ 2019, 411, 412 – Fall aufbereitet bei *R. Schmidt*, BT II, Rn 354.
[1535] BGH NStZ 2003, 604, 605; BGHSt 25, 386; 26, 24, 25.

H. Menschenraub (§ 234)

Beim Menschenraub handelt es sich um einen Sonderfall der Freiheitsberaubung. 914

I. Tatbestand

1. Objektiver Tatbestand

Die Tathandlungen Gewalt und Drohung mit einem empfindlichen Übel sind identisch mit denen aus § 240 (siehe dort). 915

List umschreibt ein Verhalten, mit dem der Täter darauf abzielt, unter geschicktem Verbergen der wahren Zwecke oder Mittel seine Ziele durchzusetzen. **Bemächtigen** ist die Begründung der physischen Herrschaft.

Es genügt nicht, wenn der Täter sich aus anderen Gründen des Opfers bemächtigt und ihm später einfällt, im tatbestandlich erfassten Sinn damit zu verfahren.

2. Subjektiver Tatbestand

Neben dem **Vorsatz** ist die in Abs. 1 jeweilig genannte **Absicht** (also zielgerichteter Wille) Voraussetzung. Danach muss sich der Täter des Opfers bemächtigen, *um* dieses in hilfloser Lage auszusetzen oder dem Dienst in einer militärischen oder militärähnlichen Einrichtung im Ausland zuzuführen. 916

- Für das **Aussetzen des Opfers in hilfloser Lage** gelten die Ausführungen zu § 221 I entsprechend. Erforderlich ist also auch eine konkrete Leibes- oder Lebensgefährdung für das Opfer (BGH NStZ 2001, 247 mit Besprechung *Heger*, JA 2001, 631).

- Die Nennung der **militärischen oder militärähnlichen Einrichtung im Ausland** soll das Opfer vor einer Unterwerfung unter auf Dauer angelegte formalisierte Strukturen schützen, in denen er allenfalls mit sehr geringen Freiheitsrechten ausgestattet wäre (Sch/Sch-*Eisele*, § 234 Rn 6; vgl. auch BGHSt 39, 212, 214).

II. Rechtswidrigkeit und III. Schuld

Es gelten die allgemeinen Grundsätze. 917

I. Entziehung Minderjähriger (§ 235)

Schutzgut des § 235 sind das elterliche oder sonstige familienrechtliche Personensorgerecht und das betroffene Kind selbst.[1536] 918

Hinsichtlich des Täterkreises differenziert § 235 zwischen Angehörigen i.S.d. § 11 I Nr. 1 und außenstehenden Dritten. Den leiblichen Eltern sind die Adoptiveltern gleichzustellen. Pflege- und Stiefeltern sind nur Eltern i.S.d. Norm, wenn ihnen das Sorgerecht übertragen worden ist. Die Tat kann auch nur von einem Elternteil gegenüber dem anderen begangen werden, sofern dieser mitsorgeberechtigt ist oder ein Recht zum persönlichen Umgang nach § 1684 BGB hat.[1537] Ob jemand sorgeberechtigt ist, bestimmt sich nach den §§ 1626 ff., 1684 ff., 1754, 1773 ff., 1909 ff. BGB. 919

Tathandlungen sind das Entziehen des Minderjährigen und dessen Vorenthalten gegenüber dem Sorgeberechtigten. Entzogen ist der Minderjährige (eine Person unter 18 Jahren oder ein Kind, d.h. eine Person unter 14 Jahren), wenn das Recht zur Erziehung, Beaufsichtigung und Aufenthaltsbestimmung durch räumliche Trennung für eine gewisse, nicht nur ganz vorübergehende Dauer so beeinträchtigt wird, dass es nicht ausgeübt werden kann.[1538] Vorenthalten entspricht dem Entziehen und meint die Aufrechterhaltung der räumlichen Trennung.[1539] 920

[1536] BT-Drs. 13/8587, S. 38; BGHSt 44, 355, 357.
[1537] Lackner/Kühl-*Heger*, § 235 Rn 2; BGHSt 44, 355.
[1538] BGHSt 1, 199, 201; BGH NStZ 1996, 333.
[1539] *Joecks/Jäger*, § 235 Rn 3.

Entziehung Minderjähriger (§ 235)

Eine Entziehung ist auch durch Unterlassen möglich und bspw. der Fall, wenn ein Auskunftspflichtiger den Aufenthaltsort verschweigt. Problematisch ist regelmäßig die Dauer der Entziehung, insbesondere bei elterlichen Streitigkeiten um das Sorgerecht. Die Zeitspanne wird, wie bei den Freiheitsdelikten generell, sehr kurz angesetzt, sodass es schnell zu einer Strafbarkeit kommt.[1540]

921 **Tatmittel** der Nr. 1 sind Gewalt und Drohung mit einem empfindlichen Übel. Insoweit sei auf die Ausführungen zu § 240 verwiesen. Weiteres Tatmittel ist die List. Listiges Handeln setzt nicht unbedingt eine Täuschung und Irrtumserregung voraus. Ausreichend ist, dass der Täter einen schon bestehenden Irrtum geschickt für seine Zwecke ausnutzt.[1541]

922 **Subjektiv** ist Vorsatz erforderlich (*dolus eventualis* genügt). Die Vorstellung, es liege ein Einverständnis des Sorgeberechtigten vor, wie auch die irrige Annahme eines eigenen Sorgerechts sind Tatbestandsirrtümer.

[1540] BGHSt 16, 58, 61 (Dauer von 10 Min. bei Kleinkind ist ausreichend). Grds. sind aber die „Umstände des Einzelfalls" ausschlaggebend, BGHSt 10, 376, 378. *W/H/E*, BT 1, Rn 493 differenzieren nach dem Alter des Minderjährigen und dem sich daraus ergebenden Grad der Fürsorgebedürftigkeit.
[1541] BGHSt 32, 267, 269.

J. Bedrohung (§ 241)

§ 241 kodifiziert ein abstraktes Gefährdungsdelikt. Geschützt werden soll in erster Linie das Gefühl der Rechtssicherheit des Einzelnen, namentlich sein Vertrauen in den Rechtsfrieden.[1542] § 241 enthält im ersten Absatz den Bedrohungstatbestand und im zweiten Absatz den Vortäuschungstatbestand.

923

I. § 241 I: Bedrohen mit einem Verbrechen

Der Täter muss das Opfer mit der Begehung eines gegen dieses oder gegen eine ihm nahestehende Person gerichteten Verbrechens bedrohen. Der Begriff des Bedrohens entspricht dem des § 240 (vgl. dort). Abgrenzungsprobleme ergeben sich naturgemäß zur straflosen Warnung. Verwünschungen und Prahlereien reichen nicht. Um einer Ausuferung des Tatbestands entgegenzuwirken, muss mit einem Verbrechen i.S.d. § 12 I gedroht werden. Es kommt nicht darauf an, ob die Drohung ernst gemeint ist oder vom Opfer ernst genommen wird. Entscheidend ist, dass die Tathandlung objektiv *geeignet erscheint*, den Eindruck der Ernstlichkeit zu erwecken.[1543] Aus diesem Grunde kann auch mit Scheinwaffen (Schreckschusspistole etc.) gedroht werden. Das Bedrohen kann auch durch konkludentes Verhalten, bspw. durch Abgabe von Schreckschüssen erfolgen.

924

II. § 241 II: Vortäuschen eines bevorstehenden Verbrechens

Ein Vortäuschen liegt vor, wenn der Täter einen Irrtum des Opfers über das Bevorstehen eines gegen ihn oder eine ihm nahestehende Person gerichteten Verbrechens hervorruft, welches ein Dritter in Kürze begehen soll.[1544] Im Kern geht es hierbei um „falsche Warnungen", wobei der Täter aber nicht vorgibt, auf die Verwirklichung des (vermeintlich) bevorstehenden Verbrechens Einfluss zu haben.[1545] Glaubt das Opfer dem Täter nicht, liegt ein „Vortäuschen" nicht vor; § 241 II ist dann nicht gegeben (str.). Ein Versuch ist nicht strafbar.

925

III. Subjektiver Tatbestand

Grundsätzlich ist Eventualvorsatz ausreichend. Regelmäßig wird der Täter aber keine Vorstellung von der Deliktsunterteilung in Verbrechen und Vergehen nach § 12 haben. Aus diesem Grund ist es nur erforderlich, dass er das angedrohte oder vorgetäuschte Verhalten selbst als Verbrechen wertet. Nach Abs. 1 muss der Täter in dem Bewusstsein handeln, dass das Opfer seine Drohung möglicherweise ernst nehmen wird. Bei der Täuschung nach Abs. 2 muss der Täter wider besseres Wissen (*dolus directus* 2. Grades) handeln.[1546]

926

IV. Rechtswidrigkeit und Schuld

Es bestehen keine Besonderheiten.

927

V. Konkurrenzen

Schließt sich der Versuch oder die Vollendung des angedrohten Verbrechens unmittelbar an die Bedrohung an, tritt diese hinter dem angedrohten Verbrechen zurück.[1547] Hat der Täter mit der Verwirklichung des Verbrechens begonnen, findet § 241 von vornherein keine Anwendung mehr. Im Übrigen tritt die Bedrohung tritt hinter anderen Freiheitsde-

928

[1542] BVerfG NJW 1995, 2776, 2777; BGH NStZ 2015, 394, 395; Lackner/Kühl-*Heger*, § 241 Rn 1; *Fischer*, § 241 Rn 2.
[1543] BGH NStZ 2015, 394, 395 mit Verweis u.a. auch BVerfG NJW 1995, 2776, 2777.
[1544] *Joecks/Jäger*, § 241 Rn 7.
[1545] *Rengier*, BT II, § 27 Rn 4.
[1546] Lackner/Kühl-*Heger*, § 241 Rn 3; *Fischer*, § 241 Rn 6.
[1547] BGH NStZ 2019, 472.

Bedrohung (§ 241)

likten zurück, insbesondere hinter §§ 177 II, VI-VIII, 240, 239, 253, 255. § 241 lebt im Fall des Rücktritts von o.g. Delikten jedoch wieder auf.

K. Stalking (§ 238)

Der Begriff „Stalking" entstammt der englischen Jägersprache und bedeutet wortgetreu „Nachstellen" oder „Heranpirschen". Treffender erscheint es aber mit Blick auf den Opferschutz, den Begriff mit „Verängstigen", „Bedrängen" oder „Beunruhigen" zu übersetzen. In Deutschland erstmalig unter Strafe gestellt wurde Stalking 2007 mit der Aufnahme des § 238 in das StGB.[1548] Das heißt jedoch nicht, dass Stalkinghandlungen zuvor straflos gewesen wären. Unter den Voraussetzungen insbesondere der §§ 223 (Körperverletzung), 123 (Hausfriedensbruch), 185 (Beleidigung), 186 (Üble Nachrede), 187 Verleumdung), 201 (Verletzung der Vertraulichkeit des Wortes), 201a (Verletzung des höchstpersönlichen Lebensbereichs durch Bildaufnahmen), 202 (Verletzung des Briefgeheimnisses), 202a (Ausspähen von Daten), 240 (Nötigung), 241 (Bedrohung) war der Täter auch schon zuvor strafbar. Auch macht(e) er sich gem. § 4 GewSchG strafbar, wenn er einer gerichtlichen Verfügung i.S.d. § 1 GewSchG zuwiderhandelt(e). Dennoch wurde zum einen das Strafmaß des § 4 GewSchG (Freiheitsstrafe bis zu einem Jahr oder Geldstrafe) als nicht ausreichend angesehen und zum anderen ist das GewSchG in erster Linie auf die Abwehr häuslicher Gewalt zugeschnitten. Hinzu kommt, dass das Opfer ja zunächst einmal eine richterliche Verfügung beantragen muss. Mit der Aufnahme des § 238 in das StGB wurde also der Opferschutz ausgeweitet und speziell das Nachstellen unter Strafe gestellt. Ziel war es, die Handlungs- und Entscheidungsfreiheit von Opfern besser zu schützen.[1549] Allerdings trat die Strafwirkung erst dann ein, wenn das Opfer durch die Stalkinghandlung in seiner Lebensgestaltung schwerwiegend beeinträchtigt wurde, was in der Praxis teilweise schwer festzustellen war; zudem hing die Strafbarkeit allein davon ab, ob und wie das Opfer auf die Stalkinghandlung reagierte. Gab das Opfer dem Druck nach und änderte sein gewöhnliches Verhalten (etwa, indem es den Wohnort und/oder den Arbeitgeber wechselte, nicht mehr zum Sport oder zu Freizeitveranstaltungen ging, es sich eine neue Telefonnummer zuweisen ließ etc.), machte sich der Täter wegen Stalkings strafbar; führte das Täterverhalten beim Opfer zu keiner (wesentlichen) Verhaltensänderung, etwa, weil das Opfer dem Stalkingverhalten souverän und besonnen entgegentrat und sich dem Täter unbeeindruckt zeigte, griff § 238 nicht. Gerade diese Abhängigkeit der Strafbarkeit von der Opferreaktion führte dazu, dass § 238 als reformbedürftig angesehen wurde. Ziel der Reformbestrebung war es, allein die Eignung zur schwerwiegenden Beeinträchtigung genügen zu lassen und die Strafbarkeit primär vom Täterverhalten und der Qualität der Tathandlung abhängig zu machen.[1550]

928a

Mit dem am 10.3.2017 in Kraft getretenen Gesetz „zur Verbesserung des Schutzes gegen Nachstellungen"[1551] wurde die Reformbestrebung umgesetzt. Gemäß der nunmehr geltenden Fassung des § 238 genügt im Grundtatbestand (§ 238 I) allein die Eignung zur schwerwiegenden Beeinträchtigung, freilich unter beharrlicher Vornahme mindestens einer der in den Nrn. 1-5 genannten Handlungen. Flankierend hierzu wurde die Strafvorschrift aus dem Katalog der Privatklagedelikte in § 374 I StPO gestrichen, sodass Stalking nunmehr nicht mehr vom Verletzten selbst verfolgt werden muss. Allerdings handelt es sich nach wie vor nicht stets um ein Offizialdelikt. So wird das unbefugte Nachstellen in den Fällen des § 238 I (Grundtatbestand, s.o.) gem. § 238 IV nur auf Antrag verfolgt, wenn nicht die Strafverfolgungsbehörde wegen des besonderen öffentlichen Interesses an der Strafverfolgung ein Einschreiten von Amts wegen für geboten hält.

928b

> **Hinweis für die Fallbearbeitung:** Ist danach also kein Erfolg notwendig, bedarf es in einer Fallbearbeitung auch keiner Prüfung der Kausalität und objektiven Zurechnung.

[1548] BGBl I 2007, S. 354.
[1549] Siehe BT-Drs. 16/575, S. 6.
[1550] Siehe BT-Drs. 18/9946, S. 1.
[1551] BGBl I 2017, S. 386.

Stalking (§ 238)

I. Tatbestand des § 238 I

928c § 238 I schützt die Entschließungs- und Handlungsfreiheit, aber auch die körperliche Unversehrtheit und die psychische Integrität des Opfers.[1552] Mit der Strafnorm soll das Stalkingopfer vor Handlungen geschützt werden, die geeignet sind, die Lebensgestaltung schwerwiegend zu beeinträchtigen, indem der Täter beharrlich mindestens eine der in Nr. 1-5 genannten Handlungen vornimmt. Im Einzelnen gilt:

1. Objektiver Tatbestand

928d Die Tathandlung des § 238 I besteht in dem unbefugten Nachstellen in einer Weise, die geeignet ist, die Lebensgestaltung des Opfers schwerwiegend zu beeinträchtigen, indem der Täter beharrlich eine in den Nrn. 1-5 bezeichnete Handlung vornimmt.

a. Unbefugtes Nachstellen

928e Nachstellen ist eine Handlung, die darauf ausgerichtet ist, durch unmittelbare oder mittelbare Annäherungen an das Opfer in dessen persönlichen Lebensbereich einzugreifen.[1553] Das Merkmal „unbefugt" bedeutet, dass der Täter gegen den Willen des Opfers handeln muss. Ist das Opfer also „einverstanden", liegt (wie z.B. bei § 239) ein tatbestandsausschließendes Einverständnis vor (siehe dazu Rn 858). Daraus folgt zugleich, dass es sich bei dem Merkmal „unbefugt" um ein objektives Tatbestandsmerkmal handelt, nicht um einen bloßen Verweis auf das mögliche Vorliegen eines Rechtfertigungsgrundes.[1554] Das bedeutet:

- Der Täter muss gegen den Willen des Opfers handeln. Ausdrückliches oder stillschweigendes (d.h. konkludentes) Einverständnis des Opfers schließt somit bereits die Tatbestandsverwirklichung aus.[1555]

- Das Merkmal „unbefugt" muss vom Tatbestandsvorsatz des Täters umfasst sein. Ein Irrtum hinsichtlich der Befugnis schließt den Tatbestand aus (§ 16 I S. 1), vgl. Rn 928j.

- Gesetzliche Erlaubnissätze schließen (ebenfalls) den Tatbestand aus. Solche Erlaubnissätze, die das Merkmal „unbefugt" verneinen lassen, können sich aus dem öffentlichen Recht ergeben (Beispiele: Gerichtsvollzieher stellt Schuldner nach; Polizisten observieren tatverdächtige Person), aber auch privatrechtlich (Beispiel: Der Mann, der gemeinsam mit der Frau das elterliche Sorgerecht innehat, versucht beharrlich, Kontakt zu ihr aufzunehmen, da diese jedwede Kooperation verweigert). Ein besonderes Problem kann sich auch bzgl. des investigativen Journalismus ergeben, weil der Pressefreiheit aus Art. 5 I S. 2 GG ein hoher Verfassungsrang zugesprochen wird.[1556]

b. Durch Vornahme einer in Nrn. 1-5 bezeichneten Handlung

928f Der Tatbestand des § 238 I ist nur dann verwirklicht, wenn der Täter beharrlich mindestens eine der in den Nrn. 1-5 bezeichneten Handlungen vornimmt.

- **Aufsuchen räumlicher Nähe** (Nr. 1) bedeutet Herstellen einer physischen Nähe zum Opfer etwa durch Auflauern, Verfolgen, Vor-dem-Haus-Stehen und sonstiges Präsenz-Zeigen zum Zwecke der Belästigung/Bedrängung.[1557]

[1552] Siehe BT-Drs. 18/9946, S. 1 und 9 ff.
[1553] Siehe BT-Drs. 16/575, S. 7.
[1554] Davon geht auch der Gesetzgeber aus, vgl. BT-Drs. 16/575, S. 7. Zur (weiteren) Bedeutung dieser Einstufung vgl. oben Rn 858 sowie allgemein *R. Schmidt*, AT, Rn 212 ff.
[1555] BT-Drs. 16/575, S. 7.
[1556] Das Spannungsverhältnis zwischen dem allgemeinen Persönlichkeitsrecht und der Pressefreiheit hat auch der Gesetzgeber gesehen, indem er ausdrücklich auf das Erfordernis der Abwägung hinweist, BT-Drs. 16/575, S. 8.
[1557] BT-Drs. 16/575, S. 7.

Stalking (§ 238)

- **Versuch der Kontaktherstellung** via Telekommunikationsmittel oder anderer Kommunikationsmittel (Nr. 2) bedeutet den Versuch, das Opfer bspw. via E-Mail, SMS, WhatsApp oder über einen anderen Messengerdienst, per Telefon oder Brief zu erreichen.[1558]

- **Missbräuchliche Verwendungen von Daten** des Opfers (Nr. 3) in Form von Bestellungen von Waren oder Dienstleistungen (Nr. 3a) liegen bspw. vor, wenn der Täter im Internet unter Angabe des Namens des Opfers Waren oder Dienstleistungen bestellt. Dritte zur Kontaktaufnahme mit dem Opfer (Nr. 3b) veranlasst der Täter etwa, indem er im Internet Service- oder Dienstleistungen (insbesondere sexueller Natur) des Opfers anbietet, woraufhin Dritte das Opfer kontaktieren.[1559]

- **Bedrohung** mit der Verletzung von Leben, körperlicher Unversehrtheit, Gesundheit oder Freiheit des Opfers oder einer ihm nahestehenden Person (Nr. 4) meint, dass der Täter durch sein Verhalten zum Ausdruck bringt, einen der genannten Taterfolge herbeiführen zu können.

- **Vornehmen einer vergleichbaren Handlung** (Nr. 5). Die Aufnahme dieses bereits in der Gesetzesfassung von 2007 vorhandenen Auffangtatbestands war nach Auffassung des Gesetzgebers erforderlich, um der „für das Phänomen Stalking typischen Vielgestaltigkeit möglicher Verhaltensformen" Rechnung zu tragen.[1560] Freilich ist die Aufnahme eines derart weitgefassten Auffangtatbestands mit Blick auf den Bestimmtheitsgrundsatz aus Art. 103 II GG problematisch. Da Stalkinghandlungen zum Teil aber komplex und vielschichtig sein können und zudem einem Wandel unterliegen („Auflauern vor dem Haus" vs. „Cyberstalking"), war die Schaffung eines Auffangtatbestands kriminologisch geboten. Da Nr. 5 zudem ein Täterverhalten fordert, das in seiner quantitativen und qualitativen Wirkung mit den in den Nrn. 1-4 genannten Handlungen vergleichbar ist, kann der mögliche Sinn- und Bedeutungsgehalt der Norm durch Auslegung ermittelt werden, weshalb sie im Ergebnis nicht zu beanstanden ist.[1561]

c. Beharrlichkeit

Die Verwirklichung des § 238 I setzt eine beharrliche Vornahme mindestens einer der in den Nrn. 1-5 genannten Tathandlungen voraus. Das Kriterium der „Beharrlichkeit" soll einerseits den Delikttyp „Stalking" kennzeichnen, andererseits aber auch den Straftatbestand einschränken und einzelne, für sich genommen mitunter auch sozialadäquate Handlungen von strafwürdigen Stalkinghandlungen abgrenzen. 928g

Der Gesetzgeber versteht unter „beharrlich" ein wiederholtes Handeln oder andauerndes Verhalten[1562], fordert jedoch auch eine besondere Hartnäckigkeit und eine gesteigerte Gleichgültigkeit des Täters gegenüber dem gesetzlichen Verbot. 928h

d. Eignung zur schwerwiegenden Beeinträchtigung der Lebensgestaltung

Während § 238 I in der Fassung von 2007 eine schwerwiegende Beeinträchtigung der Lebensgestaltung des Opfers voraussetzte und damit ein Erfolgsdelikt darstellte, ist dieses Erfordernis in der seit dem 10.3.2017 geltenden Fassung nicht mehr vorhanden. Nunmehr genügt es, dass die Tathandlung objektiv geeignet ist, die Lebensgestaltung des Opfers schwerwiegend zu beeinträchtigen. Zutreffend hat der Gesetzgeber erkannt, dass die permanente Stresssituation, der die Betroffenen ausgesetzt sind, im Laufe der Zeit häufig zu seelischen und/oder körperlichen Schädigungen führen kann. Daher war es Anliegen des Reformgesetzgebers, den Opferschutz auszuweiten und den Opfern bereits dann den Schutz des § 238 I zugutekommen zu lassen, wenn eine schwerwiegende Beeinträchtigung noch nicht eingetroffen ist, die Tathandlung aber objektiv geeignet ist, 928i

---

[1558] Vgl. ebenfalls BT-Drs. 16/575, S. 7.
[1559] Vgl. erneut BT-Drs. 16/575, S. 7.
[1560] BT-Drs. 16/3641, S. 14.
[1561] Vgl. dazu BGHSt 41, 231, 237 (in Bezug auf § 315b I Nr. 3) – dazu oben Rn 574.
[1562] BT-Drs. 16/575, S. 7.

Stalking (§ 238)

Derartiges herbeizuführen. Das ist grundsätzlich zu begrüßen, darf jedoch nicht darüber hinwegtäuschen, dass der Begriff der „Eignung" im Einzelfall schwer handzuhaben sein kann, er aber mit Blick auf Art. 103 II GG hinreichend bestimmt sein muss. Versteht man den Begriff der „Eignung" aber als Unterbegriff einer „abstrakten Gefährdung", der die Vermutung zugrunde liegt, dass eine Handlung eine Gefahr für ein Rechtsgut darstellen kann, was ggf. unter Zuhilfenahme eines Sachverständigen feststellbar ist, ergeben sich keine durchgreifenden verfassungsrechtlichen Bedenken. Auch sonst sind Eignungsdelikte wie z.B. § 109d I, § 126 I, II, § 130 I, III, § 164 II, § 166 I, II, § 186, § 187, § 188 I, § 201 II S. 1 Nr. 2 i.V.m. II S. 2, § 324a I Nr. 1, § 325 I, § 325a I, 326 I Nr. 4, § 327 II S. 2, § 328 I Nr. 2 dem StGB nicht fremd, ohne dass deren Verfassungswidrigkeit festgestellt worden wäre. Speziell bei § 238 I ist aber die Kumulation von Eignungsdelikt und einer Generalklausel (§ 238 I Nr. 5), die entgegen der Intention der Bundesregierung[1563] nicht gestrichen wurde, problematisch. Hier wird abzuwarten bleiben, ob ggf. das BVerfG eine Unvereinbarkeit mit Art. 103 II GG feststellt.

2. Subjektiver Tatbestand

928j
§ 238 I ist ein Vorsatzdelikt, wobei grds. dolus eventualis genügt; allerdings dürfte in der Praxis dolus directus 1. Grades vorherrschen, zumal das Merkmal „beharrlich" kaum mit dolus eventualis vereinbar sein dürfte. Bei einem Irrtum des Täters über das Merkmal „unbefugt" entfällt aber der Vorsatz (s.o.).

II. Tatbestandsqualifikation des § 238 II

928k
Anders als bei § 238 I, das ein Eignungsdelikt darstellt, handelt es sich bei der Tatbestandsqualifikation des § 238 II um ein konkretes Gefährdungsdelikt mit leicht erhöhtem Strafrahmen. Es liegt vor, wenn der Täter das Opfer, einen Angehörigen des Opfers oder eine andere dem Opfer nahestehende Person durch die Tat in die Gefahr des Todes oder einer schweren Gesundheitsschädigung bringt.

- Der Begriff des **Angehörigen** ist in § 11 I Nr. 1 legaldefiniert. Andere **nahestehende** Personen sind bspw. Verwandte, die nicht Angehörige i.S.d. § 11 I Nr. 1 sind (etwa Onkel/Tante, Neffe/Nichte), und Personen aus eheähnlichen Lebensgemeinschaften, Liebesverhältnissen, engen Freundschaften und aus langjährigen Hausgemeinschaften. Sogar die Haushälterin kann eine andere nahestehende Person sein. Voraussetzung ist jedenfalls eine auf Dauer angelegte persönliche Beziehung zum eigentlichen Tatopfer, die über den üblichen Sozialkontakt des Alltagslebens hinausgeht und in ihrer Intensität des Zusammengehörigkeitsgefühls der Beziehung zwischen Verwandten vergleichbar ist.[1564]

- Während mit **Tod** das Erlöschen der physischen Existenz zu verstehen ist, setzt die **schwere Gesundheitsschädigung** (in Übereinstimmung mit § 221 I und § 250 I Nr. 1c) keine schwere Körperverletzung i.S.d. § 226 I Nr. 1-3 voraus, sondern liegt auch bei einschneidenden oder nachhaltigen Beeinträchtigungen der Gesundheit vor, etwa bei langwierigen ernsthaften Krankheiten oder erheblichen Beeinträchtigungen der Arbeitskraft für lange Zeit.[1565]

- Eine (**konkrete**) **Gefahr** für eines der beiden Schutzgüter liegt vor, wenn der Nichteintritt des Taterfolgs lediglich vom rettenden Zufall abhängt.[1566] Bei der Feststellung der Gefahr sind sowohl die äußeren Umstände (Temperatur, Ort, Tageszeit, Erreichbarkeit von Rettern etc.) als auch die individuelle Verfassung des Opfers (Alter, Gesundheitszustand, Gebrechlichkeit, Krankheit etc.) zu berücksichtigen.[1567]

[1563] Vgl. BT-Drs. 18/9946, S. 7
[1564] *R. Schmidt*, AT, Rn 593.
[1565] BT-Drs. 13/8587, S. 28 (zu § 113 II S. 2 Nr. 2). Siehe auch oben Rn 259 (zu § 221).
[1566] Das gilt bei allen konkreten Gefährdungsdelikten gleichermaßen, ist also allgemeine Auffassung.
[1567] BGH NStZ 2003, 662, 663 (zu § 224 I Nr. 2 bzw. § 250 I Nr. 1c).

III. Erfolgsqualifikation des § 238 III

Bei § 238 III handelt es sich um eine Erfolgsqualifikation, die immer dann greift, wenn **928l** der Täter durch die Tat den Tod des Opfers, eines Angehörigen des Opfers oder einer anderen dem Opfer nahestehenden Person verursacht. Mit „Erfolgsqualifikation" ist ein Delikt i.S.d. § 18 gemeint. Danach muss die schwere Folge (hier: der Tod) wenigstens fahrlässig verursacht worden sein. Wegen des im Vergleich zum Grunddelikt des § 238 I, aber auch zur Tatbestandsqualifikation des § 238 II deutlich erhöhten Strafrahmens (Freiheitsstrafe von einem Jahr bis zu zehn Jahren) genügt allein die fahrlässige Verursachung des Todes aber nicht. Vielmehr muss sich gerade die dem Grundtatbestand anhaftende spezifische Gefahr in der schweren Folge niedergeschlagen haben (sog. tatbestandsspezifischer Gefahrzusammenhang bzw. qualifikationsspezifischer Zusammenhang[1568]).[1569] Andererseits darf nicht übersehen werden, dass Stalkingopfer, die in besonderem Maße unter dem Psychoterror leiden, kaum besonnen reagieren dürften und möglicherweise waghalsige und wenig überlegte „Kurzschlussreaktionen" zeigen und dabei zu Tode kommen könnten. Aus Gründen des Opferschutzes sollten daher die an den tatbestandsspezifischen Gefahrzusammenhang zu stellenden Anforderungen nicht überspannt werden.

> **Beispiel:** Auf einer Party lernte O den T kennen; es entwickelte sich eine Beziehung. Nach ein paar Wochen fasste O aber den Entschluss, die Beziehung mit T nicht fortzusetzen, da dieser ihr gegenüber einige Male zornig und aggressiv aufgetreten war. Auch entwickelte T ein eifersüchtiges Verhalten, das O im Nachhinein als „krankhaft" bezeichnete. O beendete die Beziehung mit T. Dies gab sie T auch zu verstehen. Doch dieser war nicht gewillt, dies zu akzeptieren. Ständig schickte er E-Mails, SMS und klingelte an der Wohnungstür. Nachdem O den T sodann aus ihren Facebook- und WhatsApp-Gruppen „hinausgeworfen hatte", wurden die Kontaktbemühungen des T immer aufdringlicher. Nunmehr passte er sie überall, wo sie seiner Erfahrung nach anzutreffen war, ab, um sie zur Wiederaufnahme der Beziehung zu bewegen. Als dennoch sämtliche Bemühungen erfolglos blieben, stellte er sie in ihrem Freundeskreis bloß, postete intime Fotos von ihr auf Facebook und lauerte ihr schließlich überall auf und folgte ihr, sodass O sich nur noch in Begleitung mit Freunden aus der Wohnung traute. Das gesamte Geschehen nahm sie dermaßen mit, dass sie an Ess- und Schlafstörungen litt, Alpträume hatte und schließlich Panikattacken erlitt und an Depressionen erkrankte. Ihre berufliche Tätigkeit konnte sie nicht mehr ausüben. Als T ihr erneut auflauerte und sie verfolgte, ergriff sie die Flucht und rannte in Panik auf die Straße, wo sie von einem Kfz erfasst und getötet wurde.
>
> Variante: Infolge des ständigen Psychoterrors entwickelte O Suizidgedanken, die schließlich dazu führten, dass O sich das Leben nahm.
>
> Während im Ausgangsfall aufgrund des Täterverhaltens ohne weiteres der tatbestandsspezifische Gefahrzusammenhang angenommen werden kann[1570], erscheint in der Variante bereits die Zurechnung des Suiziderfolgs zweifelhaft, da O den Taterfolg selbst herbeiführte. Es ist allgemein anerkannt, dass eine freiverantwortliche Selbstschädigung/verletzung die objektive Zurechnung ausschließt.[1571] Das gilt aber nicht, wenn die Eigenverantwortlichkeit des Rechtsgutinhabers (hier: der O) infolge des Verhaltens des eigentlichen Täters eingeschränkt ist.[1572] Aufgrund des permanenten Psychoterrors, der von T ausging, erscheint es daher vertretbar, diesem den Taterfolg zuzurechnen und den tatbestandsspezifischen Gefahrzusammenhang i.S.d. § 238 III zu bejahen.[1573]

[1568] So die Terminologie von BGH NJW 2016, 2516, 2518.
[1569] Vgl. nur BGH NStZ 2009, 92, 93; StV 2008, 406 f.; NStZ 2008, 278; BGHSt 48, 34, 36 ff. (Gubener Verfolgungsfall); BGHSt 14, 110 ff. (Pistolen-Fall); 31, 96, 98 f. (Hochsitz-Fall); 33, 322, 38, 295; BGH NJW 1971, 152 (Rötzel-Fall); *Fischer*, § 18 Rn 2; SK-*Rudolphi*, § 18 Rn 3; Sch/Sch-*Sternberg-Lieben/Schuster*, § 18 Rn 4. Zur Prüfung eines erfolgsqualifizierten Delikts vgl. *R. Schmidt*, AT, Rn 891.
[1570] Insofern lassen sich die zu § 227 ergangenen „Verfolgungsfälle" übertragen.
[1571] Vgl. *R. Schmidt*, AT, Rn 176 (mit Verweis auf BGH NJW 2016, 176, 177).
[1572] Vgl. *R. Schmidt*, AT, Rn 863.
[1573] So auch BGH NJW 2017, 2211 f. in einem ähnlich gelagerten Fall.

Beleidigungsdelikte (§§ 185 ff.)

8. Kapitel – Straftaten gegen die persönliche Ehre

A. Einführung

929
Die Beleidigungsdelikte sind – gerade, weil sie im Spannungsverhältnis mit der Meinungsäußerungsfreiheit aus Art. 5 I S. 1 Var. 1 GG stehen – regelmäßig Gegenstand von Prüfungsarbeiten des juristischen Studiums. Daher ist eine vertiefte Auseinandersetzung mit ihnen erforderlich.[1574] Schutzgut der §§ 185 ff. ist die persönliche Ehre.[1575] Allerdings ist unklar, was unter dem Begriff der Ehre zu verstehen ist.[1576] Wegen dieser Unklarheit werden auch Bedenken hinsichtlich der Verfassungsmäßigkeit des als Auffangtatbestand zu verstehenden § 185 geäußert (dazu später). Geschützt wird durch ihn die sog. innere Ehre, die Ausdruck des persönlichen Achtungsanspruchs ist. Ehrverletzende Äußerungen gegenüber dem Ehrträger – unabhängig davon, ob Tatsachen oder Werturteile kundgetan werden – unterfallen stets § 185. Nicht selten werden ehrverletzende Äußerungen aber Dritten gegenüber kundgegeben. In diesem Fall ist zu differenzieren: Geht es um Werturteile, ist wiederum § 185 einschlägig. Geht es jedoch um Tatsachenbehauptungen, ist entweder § 186 oder § 187 einschlägig. Beide schützen die sog. äußere Ehre, also den „guten Ruf". Die §§ 186, 187 unterscheiden sich aber in einem wesentlichen Punkt voneinander: § 186 greift ein, wenn die Tatsachenbehauptung gegenüber Dritten nicht erweislich wahr ist. Die Nichterweislichkeit der Wahrheit ist kein Tatbestandsmerkmal, sondern eine objektive Bedingung der Strafbarkeit. § 187 bezieht sich demgegenüber nur auf definitiv unwahre Tatsachenbehauptungen. Die Unwahrheit der Tatsachenbehauptung ist Tatbestandsmerkmal. Das Antragserfordernis bezieht sich entgegen dem missverständlichen Wortlaut nicht nur auf § 185, sondern auf alle Beleidigungsdelikte. In der Fallbearbeitung sind grundsätzlich drei Problemkreise zu bewältigen:

930
(1) Liegt ein **Werturteil** oder eine **Tatsachenbehauptung** vor?

> Eine **Tatsache** ist etwas Geschehenes oder Bestehendes, das in die Wirklichkeit getreten und daher dem Beweis zugänglich ist.[1577]

Neben den sinnlich wahrnehmbaren Vorgängen sind auch innere Tatsachen zu berücksichtigen. Hierunter sind bestimmte Absichten, Einstellungen, aber auch Charaktereigenschaften zu verstehen, wenn sie zu äußeren Geschehnissen in Beziehung treten.

> **Werturteile** sind das Gegenteil von Tatsachen. Werturteile sind Äußerungen, die durch Elemente der subjektiven Stellungnahme, des Dafürhaltens oder Meinens geprägt sind und daher nicht wahr oder unwahr sind, sondern je nach der persönlichen Überzeugung nur richtig oder falsch sein können.[1578]

Die Abgrenzung zwischen Werturteil und Tatsachenbehauptung ist nicht immer einfach; die Grenzen sind fließend. Die Behauptung bestimmter Tatsachen („die Karla treibt sich nachts rum" oder „Kevin fährt einen Porsche, weil er Minderwertigkeitskomplexe hat und

---

[1574] Freilich spiegelt dieser Befund nicht die Praxis wider. Denn dort ist die Relevanz der Beleidigungsdelikte weitaus geringer, was daran liegt, dass es sich bei den Beleidigungsdelikten um Delikte handelt, die (von den in § 194 I S. 2 genannten Ausnahmen einmal abgesehen) nur auf Antrag verfolgt werden. Außerdem handelt es sich bei den Straftaten nach §§ 185-189 um Privatklagedelikte i.S.d. §§ 374 ff. StPO, was bedeutet, dass die Staatsanwaltschaft nur dann tätig wird, wenn gem. § 376 StPO ein öffentliches Interesse an der Strafverfolgung besteht. Dies jedoch wird nur in wenigen Fällen angenommen. Ansonsten muss der Verletzte selbst Strafklage erheben, was mit nicht unerheblichen Verfahrens- und Kostenrisiken für ihn verbunden ist. Daher wird sich der Verletzte sehr genau überlegen, auf die Verfolgung einer Beleidigung, die ein Privatklagedelikt darstellt, nicht zu verzichten.
[1575] Lackner/Kühl-*Kühl*, Vor § 185 Rn 1; Sch/Sch-*Eisele/Schittenhelm*, Vor §§ 185 ff. Rn 1; *Ostendorf/Frahm/Doege*, NStZ 2012, 529, 533 f.
[1576] Vgl. die Erläuterungen bei Lackner/Kühl-*Kühl*, Vor § 185 Rn 1.
[1577] BVerfG NJW 2013, 217, 218; NJW 2012, 3712, 3713; NJW 2006, 207; NJW 2003, 1109; BVerfGE 94, 1, 8; BGHZ 139, 95, 102; *R. Schmidt*, Grundrechte, 24. Aufl. 2019, Rn 432.
[1578] Vgl. BVerfG NJW 2013, 217, 218; NJW 2012, 3712, 3713; BVerfGE 94, 1, 8; 85, 1, 14; BVerfG NJW 1999, 483, 484; BGHZ 156, 206 ff.; BGH NJW 2016, 56, 58; NJW 2016, 1584, 1585. Grundlegend BVerfGE 7, 198, 208 ff. (Lüth). Aus der Lit. Sch/Sch-*Eisele/Schittenhelm*, § 186 Rn 3; *R. Schmidt*, Grundrechte, 24. Aufl. 2019, Rn 429.

Potenzprobleme kompensiert"[1579]) enthält freilich oftmals auch ein Element des Bewertens. Eben jenes kennzeichnet aber ein Werturteil. Die soeben genannten Aussagen stellen sich vordergründig als Tatsachenbehauptungen dar. Hinsichtlich Karla will der Äußernde wohl sagen, dass diese sexuell freizügig sei, was in Anbetracht der Zugänglichkeit zu einem Beweis in Richtung Tatsachenbehauptung geht. Noch eindeutiger scheint die Aussage: „Kevin fährt einen Porsche, weil er Minderwertigkeitskomplexe hat und Potenzprobleme kompensiert". Denn das Leiden an Minderwertigkeitskomplexen oder Potenzproblemen ist klar dem Beweis zugänglich und damit an sich eine Tatsache. Dennoch würde man bei wertender Betrachtung auch diese Äußerung nicht als Tatsachenbehauptung ansehen. Abzustellen ist auf den **Schwerpunkt der Äußerung und den Gesamtzusammenhang.**[1580] In Grenzfällen neigt das BVerfG zum Werturteil[1581], zumal die Äußerung einer Tatsache oft auch Meinungsbezug hat. Möchte also der Äußernde trotz Kundgabe eines an sich dem Beweis zugänglichen Aussagegehalts eine Meinung zum Ausdruck bringen oder gibt ein unsubstantiiertes (Pauschal-)Urteil ab, ist im Zweifel von einem Werturteil auszugehen.

(2) Liegt eine **Kundgabe** des **ehrenrührigen** Verhaltens vor?   931

Bei den §§ 185 ff. handelt es sich um Äußerungsdelikte.

⇨ Daher bedarf es der **vorsätzlichen Verlautbarung.**

⇨ In der **beleidigungsfreien Intimsphäre** ist die Kundgabe von Missachtung und/ oder Nichtachtung straflos.

⇨ Das Schaffen einer **kompromittierenden** Sachlage reicht für eine Strafbarkeit **nicht.** Vgl. dazu Rn 937.

(3) Ist der Ehrträger **beleidigungsfähig**?   932

Zu unterscheiden sind **Einzelperson, Personengesamtheit** und **Einzelperson unter einer Kollektivbezeichnung.** Vgl. dazu Rn 948 ff.

Zusammenfassung der Anwendung einzelner Vorschriften: 932a

Äußerung (Kundgabe)

gegenüber dem oder den Betroffenen → **§ 185**, wobei bei Tatsachen nach ganz h.M. die Unwahrheit erwiesen sein muss

gegenüber Dritten
- Werturteil → **§ 185**
- Tatsachen → **§ 186**, wenn nicht erweislich wahr; **§ 187**, wenn wissentlich unwahr

Im Übrigen ist darauf hinzuweisen, dass im Anwendungsbereich des § 186 oder des § 187 ein Rückgriff auf § 185 ausgeschlossen ist. Das gilt auch dann, wenn die Voraussetzungen des § 186 bzw. § 187 nicht vorliegen.

[1579] Vgl. *Kett-Straub*, JA 2012, 831, 833 hinsichtlich „Ferrari-Fahrer".
[1580] *Joecks/Jäger*, § 186 Rn 5; Sch/Sch-*Eisele/Schittenhelm*, § 186 Rn 4.
[1581] BVerfGE 90, 241, 247.

Beleidigungsdelikte (§§ 185 ff.)

B. Beleidigung (§ 185)

933

Beleidigung (§ 185)

Anwendungsbereich: § 185 ist nur anwendbar bei:

⇨ ehrenrührigen unwahren **Tatsachenbehauptungen** gegenüber dem **Ehrträger** und/oder

⇨ ehrverletzenden **Werturteilen** gegenüber dem **Ehrträger** oder **Dritten**

I. Tatbestand

1. Objektiver Tatbestand

Tathandlung des § 185 Var. 1 ist die **Beleidigung**. Hierunter versteht man die die Personenehre verletzende Kundgabe der Miss- oder Nichtachtung gegenüber einem anderen. Hinsichtlich der Kundgabe ist zu beachten, dass die Äußerung von jemandem zur Kenntnis genommen worden sein muss. Dabei ist es unerheblich, ob dies der gewollte Adressat ist oder nicht. Umstritten ist die Frage, ob der Erklärungsempfänger den ehrenrührigen Inhalt der Äußerung auch wirklich erfasst haben muss. Relevanz hat diese Frage deshalb, weil der Versuch der Beleidigung nicht strafbar ist. Nach der hier vertretenen Auffassung wäre es unbillig, die Strafbarkeit des Täters von der (intellektuellen) Fähigkeit des Beleidigungsadressaten, den ehrenrührigen Inhalt der Äußerung zu erfassen, abhängig zu machen. Denn es könnte vom reinen Zufall abhängen, ob der Adressat den beleidigenden Inhalt erfasst oder nicht.

Eine Strafbarkeit wird auch bei der Kundgabe von vertraulichen Mitteilungen über *nicht anwesende Dritte* im engsten Familien- und Freundeskreis verneint, sog. **beleidigungsfreie Intimsphäre**. Ausgenommen von diesem Grundsatz sind aber verleumderische Beleidigungen nach § 187. Auch wenn anwesende Familienmitglieder in ihrer Ehre verletzt werden (Beispiel: der Ehemann bezeichnet seine Frau als „Schlampe"), ist für eine teleologische Reduktion kein Raum.

Tatopfer ist jeder individuelle, im Tatzeitpunkt existenter Ehrträger, im Regelfall die

⇨ **lebende Einzelperson.** Dagegen sind **Verstorbene** nur über § 189 geschützt.

⇨ Auch eine **Personenmehrheit** kann beleidigt werden, wenn sie eine rechtlich anerkannte soziale Funktion erfüllt und die Möglichkeit einer einheitlichen Willensbildung besteht. Scheitert die Beleidigungsfähigkeit der Personenmehrheit wegen Nichtvorliegens einer Voraussetzung, ist zu prüfen, ob nicht

⇨ eine **Beleidigung einzelner Personen unter einer Kollektivbezeichnung** möglich ist. Voraussetzung sind eine räumliche Umgrenzbarkeit und eine zahlenmäßige Überschaubarkeit des Kollektivs.

2. Subjektiver Tatbestand

In Bezug auf die Missachtungskundgabe ist **Vorsatz** (*dolus eventualis* genügt) erforderlich. Ein Beleidigungswille wird nicht vorausgesetzt. Bei Tatsachenäußerungen ist nach h.M. zusätzlich Vorsatz bezüglich der Unwahrheit erforderlich.

3. Ggf. Qualifikation nach § 185 Var. 2[1582]

Eine Qualifikation stellt die **tätliche Beleidigung** dar. Erforderlich ist eine unmittelbar gegen den Körper gerichtete Einwirkung, die nach ihrem objektiven Sinn eine besondere Missachtung des Geltungswerts des Betroffenen ausdrückt. Bei der tätlichen Beleidigung ist entsprechender Vorsatz erforderlich.

II. Rechtswidrigkeit und III. Schuld

Es gelten die allgemeinen Grundsätze. Als Rechtfertigungsgründe kommen insbesondere die **Wahrnehmung berechtigter Interessen** nach § 193 sowie die rechtfertigende Einwilligung in Betracht.

IV. Strafantrag (§ 194 gilt für alle Beleidigungsdelikte); Privatklage (§ 374 I Nr. 2 StPO)

V. Straffreiheit

Gemäß § 199 kann der Täter im Fall einer wechselseitig begangenen Beleidigung für straffrei erklärt werden.

[1582] Zum prüfungstechnischen Aufbau von Grundtatbestand und Tatbestandsqualifikation vgl. *R. Schmidt*, AT, Rn 84 ff.

366

Beleidigungsdelikte (§§ 185 ff.)

I. Tatbestand

1. Objektiver Tatbestand

a. Tathandlung des § 185 Var. 1

Schutzgut der Beleidigungsdelikte ist die **Ehre i.S. einer Personenwürde**. Tathandlung ist die Beleidigung, in erster Linie die Äußerung eines **ehrverletzenden Werturteils** (dazu Rn 930). Mit Blick auf die Rechtsnatur der §§ 185 ff. als Äußerungsdelikte ist ebenfalls Voraussetzung, dass die Geringschätzung gegenüber dem **Adressaten kundgegeben** wird. Die h.M. definiert die Beleidigung als Kundgabe der Miss- oder Nichtachtung gegenüber einem anderen.[1583]

934

Freilich kann dieser Definition nicht unreflektiert gefolgt werden, weil allein eine zum Ausdruck gebrachte Miss- oder Nichtachtung eines anderen Menschen kaum zur Strafbarkeit führen kann. Man denke an den Fall, in dem A zu B sagt: „Du bist das Allerletzte", oder „Meine Augen schmerzen, wenn ich dich sehe". Obwohl derartige Äußerungen eine klare Missachtung zum Ausdruck bringen, dürfte eine Beleidigung auch nach Auffassung derjenigen, die die o.g. Definition aufgestellt haben oder vertreten, nicht vorliegen. Insbesondere die Meinungsäußerungsfreiheit (Art. 5 I S. 1 Var. 1 GG) beinhaltet auch das Recht der Kundgabe der Miss- oder Nichtachtung. Es muss einem Menschen freistehen, die gegenüber einem anderen Menschen gehegte Miss- oder Nichtachtung zum Ausdruck bringen zu dürfen. Zwar kann die Meinungsäußerungsfreiheit im Rahmen des § 193 (dazu Rn 988 ff.) berücksichtigt werden, nach der hier vertretenen Auffassung ist es aber sachgerecht, dem grundrechtlich geschützten Interesse des Äußernden bereits auf Tatbestandsseite durch einengende Interpretation des § 185 Var. 1 Geltung zu verleihen und eine Abwägung mit den Persönlichkeitsrechten des Betroffenen aus Art. 2 I GG i.V.m. Art. 1 I GG vorzunehmen.[1584] Eine tatbestandliche Beleidigung i.S.d. § 185 Var. 1 kann richtigerweise daher erst dann angenommen werden, wenn durch die Miss- oder Nichtachtung die Personenwürde des Adressaten verletzt wird. Die o.g. Definition der h.M. ist dementsprechend einzuengen:

935

Beleidigung ist die Kundgabe der Miss- oder Nichtachtung gegenüber einem anderen Menschen in einer dessen Personenwürde verletzenden Weise.

936

Die **Kundgabe** erfolgt zwar regelmäßig, aber nicht notwendig in mündlicher Form. Sie kann ebenso gut durch Schreiben eines Textes im Internet (soziales Netzwerk etc.), durch nonverbale Handlungen (bspw. symbolisch, bildlich oder durch Verwendung eines Akronyms) erfolgen. Auch eine Tätlichkeit kann Ausdruck einer Missachtung sein.

937

> **Beispiele**: ehrverletzende Beschimpfungen; jemandem den „Vogel" oder den gestreckten Mittelfinger zeigen; Zusenden beleidigender Briefe; Verschicken von E-Mails beleidigenden Inhalts; Posten eines Textes beleidigenden Inhalts im Internet; Aufmalen eines gestreckten Mittelfingers auf einem Plakat; Tragen eines Kleidungsstücks mit der Aufschrift „ACAB"[1585]; Tragen eines Ansteckers mit der Aufschrift „FCK CPS"[1586]; Bezeichnung eines Polizeibeamten als „Spinner" und „Spasti"[1587] etc.

Hinsichtlich der Kundgabe ist zu beachten, dass die Äußerung zur Kenntnisnahme durch einen anderen bestimmt sein muss (Zweckbestimmung). Eine Kundgabe liegt daher nicht vor, wenn der Täter mit sich selbst redet (oder „laut denkt"), ein Tagebuch verfasst,

938

[1583] Vgl. nur BGHSt 1, 288, 290 f.; 11, 67, 70; 16, 58, 63; 36, 145, 149; OLG Oldenburg NStZ-RR 2008, 201; *Fischer*, § 185 Rn 2; Sch/Sch-*Eisele/Schittenhelm*, § 186 Rn 1.
[1584] Auf diese einschränkende Interpretation der Beleidigung wird bei Rn 944 zurückzukommen sein.
[1585] BVerfG NJW 2016, 2643 f. „ACAB" steht für „all cops are bastards".
[1586] BVerfG NJW 2015, 2022 f. „FCK CPS" steht für „Fuck Cops".
[1587] OLG Hamm 11.9.2018 – 1 RVs 58/18.

Beleidigungsdelikte (§§ 185 ff.)

welches Dritten nicht zugänglich gemacht werden soll[1588], oder eine E-Mail verfasst, die er aber noch nicht abschickt, sondern lediglich in seinem E-Mail-Account speichert.

939 Da der Versuch der Beleidigung nicht mit Strafe bedroht ist, kann die Strafbarkeit des Täters davon abhängen, ob man fordert, dass **der Empfänger die Äußerung** in ihrem ehrenrührigen Sinn auch wirklich **verstanden hat.**[1589]

> **Beispiel:** T fragt O, ob sie auch einmal seinen „Hormonhaushalt regulieren" wolle.
>
> Geht man bei einer solchen Ansprache von einem ehrverletzenden Charakter aus, hängt die Strafbarkeit des T bei Bejahung der o.g. Frage davon ab, ob O den ehrenrührigen Inhalt seiner Äußerung inhaltlich erfasst hat. Nach der hier vertretenen Auffassung wäre es aber unbillig, die Strafbarkeit des Täters von der (intellektuellen) Fähigkeit des Beleidigungsadressaten, den ehrenrührigen Inhalt der Äußerung zu erfassen, abhängig zu machen. Denn es könnte vom reinen Zufall abhängen, ob der Adressat den beleidigenden Inhalt nun erfasst oder nicht. Daher kann es nicht erforderlich sein, dass der Erklärungsempfänger den ehrenrührigen Inhalt auch wirklich versteht. Etwas anderes kann freilich gelten, wenn nach den sozialen Anschauungen ein ehrverletzender Charakter auszuschließen ist. Vgl. dazu Rn 949.

940 Vor allem aus sozialen Erwägungen heraus wird eine Kundgabe von vertraulichen Mitteilungen im engsten Familienkreis über nicht anwesende Dritte verneint. Man spricht insoweit von **beleidigungsfreier Intimsphäre.** Rechtsdogmatisch lässt sich dies mit einer teleologischen Reduktion des Tatbestands begründen. Verleumderische Beleidigungen nach § 187 wird man aber als tatbestandlich ansehen müssen.

Gerade im engsten Familienkreis können emotionale Gespräche schnell zu verbalen Attacken (auch gegenüber Dritten) ausarten.[1590] Hier soll der Täter zumindest dann mangels Kundgabe (bzw. wegen teleologischer Reduktion des Tatbestands) nicht strafbar sein, wenn er mit Diskretion rechnen durfte. Werden jedoch anwesende Familienmitglieder in ihrer Ehre verletzt (Beispiel: der Ehemann bezeichnet seine Frau als „Schlampe") oder wird wissentlich Unwahres über Dritte (§ 187) gesagt, ist für eine teleologische Reduktion regelmäßig kein Raum.

Die Anwendbarkeit des Grundsatzes der beleidigungsfreien Intimsphäre wird mehrheitlich auch auf **ähnliche Vertrauensverhältnisse,** wie eheähnliche Partnerschaften, besonders enge Freundschaften oder Verlobungen bejaht.[1591] Abzulehnen sind aber Tendenzen, das Verhältnis zwischen Arzt und Patient sowie das zwischen Rechtsanwalt und Mandant als ähnliches Vertrauensverhältnis i.S.d. Diskussion zu werten. Die freie Aussprache wird hier durch § 193 interessengerecht geschützt.

941 Auch **Tatsachenbehauptungen gegenüber dem Betroffenen**[1592] können ehrverletzende Wirkung haben, jedenfalls sofern sie unwahr sind. Ausnahmsweise kann jedoch auch in der Behauptung einer wahren Tatsache unter den Voraussetzungen des § 192 eine sog. Formalbeleidigung liegen. Sie kann sich in diesen Fällen aus der Form oder den Begleitumständen der Äußerung ergeben.

> **Beispiel:** P hat vor vielen Jahren einige Minderjährige sexuell belästigt, ohne dass dies die Strafbarkeitsschwelle überschritten hätte. T gräbt diese alte Geschichte aus und teilt sie im Internet der staunenden Öffentlichkeit mit. Ist T wegen Beleidigung strafbar?
>
> Da es sich um eine wahre Tatsachenbehauptung gegenüber Dritten handelt, kommt nur eine Formalbeleidigung nach §§ 185, 192 in Betracht. Sie lag einmal im Publikationsexzess

---

[1588] *W/H/E,* BT 1, Rn 535; *Rengier,* BT II, § 28 Rn 21.
[1589] Dafür BGHSt 9, 17, 19; *Joecks/Jäger,* Vor § 185 Rn 25; *Rengier,* BT II, § 28 Rn 22. Dagegen BGHSt 1, 288, 290; 7, 129, 132; Sch/Sch-*Eisele/Schittenhelm,* § 185 Rn 16, wonach es lediglich auf die sinnliche Wahrnehmung ankomme.
[1590] BVerfGE 90, 255, 260 f.
[1591] *Joecks/Jäger,* Vor § 185, Rn 27 ff.; *Rengier,* BT II, § 28 Rn 26 f. mit Verweis auf BVerfGE 90, 255 ff.
[1592] Werden derartige Behauptungen Dritten gegenüber geäußert, greifen allein die §§ 186 ff.

Beleidigungsdelikte (§§ 185 ff.)

(d.h. dem Behaupten oder Verbreiten in unangemessen öffentlicher Form[1593]), zum anderen in der Reaktualisierung der lange zurückliegenden Tatsache. Dadurch wurde deren geschrumpftes Gewicht wieder verstärkt (Umstände). Nach Form und Umständen (vgl. § 192) lag also eine selbstständige Beleidigung vor.

Bei Tatsachenbehauptungen gegenüber dem Betroffenen ist aber zu beachten, dass deren Unwahrheit erwiesen sein muss, damit die Äußerung unter § 185 fällt.[1594] Es handelt sich insoweit um ein Tatbestandsmerkmal. So führen schon objektive Zweifel an der Unwahrheit der Tatsachenbehauptung oder entsprechende Unkenntnis des Täters zur Straflosigkeit (§ 16 I S. 1).

942

b. Ehrverletzender Inhalt der Äußerung

Da Rechtsgut der Beleidigungsdelikte die Ehre ist, muss die Kundgabe folgerichtig die **Ehre verletzen**. Wann dies der Fall ist, kann jedoch nicht generell beantwortet werden. Jedenfalls können allein das subjektive Ehrgefühl bzw. das Geltungsbewusstsein hierfür verständlicherweise kein Maßstab sein. Anderenfalls wäre die Strafbarkeit des Äußernden nicht zu legitimieren. Entscheidend kann daher nur die Sicht eines objektiven Beobachters in der Rolle als fiktiver Erklärungsempfänger sein.[1595] *Dieser* muss die Äußerung als Beleidigung verstehen. Inhaltlich geht es um den Achtungsanspruch des Ehrträgers (gegenüber der Gesellschaft). Die Klärung der Frage, was den Achtungsanspruch ausmacht, bereitet aufgrund der unberechenbaren „Flexibilität" der Beleidigungsdelikte – insbesondere des § 185 – erhebliche Probleme. Denn Moral und Anschauungen des täglichen Lebens verändern sich. So wird unter Berücksichtigung der herkömmlichen Grundsätze die Ehre eines Obdachlosen (wohl) nicht als verletzt angesehen, wenn er mit „Penner" angeredet wird. Genauso verhält es sich bei einer Prostituierten, die als „Hure" angesprochen oder der Dirnenlohn angeboten wird. Dies führt im Extremfall zu einer Rechtsverweigerung gegenüber sozialen Randgruppen, was nach der hier vertretenen Auffassung nicht hingenommen werden kann. Auch kann das Medium, in dem die fragliche Äußerung getätigt wird, eine Rolle spielen. So ist der Umgangston bspw. in einem Fußballstadion oder in einem Internetforum, in dem jeder anonym bzw. unter einem Pseudonym Beiträge schreibt, durchaus rauer als im „realen" Leben, was dazu führt, dass grenzlastige Äußerungen eher noch als „sozialadäquat" gelten. So dürften in einem Fußballstadion getätigte derbe, emotionaler Erregung geschuldete Ausdrucksweisen wie z.B.: „du Dumpfbacke" oder in einem Internetforum getätigte Aussagen wie: „wer einen Porsche fährt, hat Minderwertigkeitskomplexe und kompensiert Potenzprobleme" (Rn 930) die Grenze zur Ehrenrührigkeit wohl nicht überschreiten[1596], wobei sich die Frage stellt, ob Porsche-Fahrer unter dieser Kollektivbezeichnung überhaupt beleidigungsfähig sind (dazu Rn 951 ff.).

943

All dies zeigt, dass jedenfalls § 185 hochgradig unbestimmt ist. Solange die Strafnorm aber in der jetzigen Form fortbesteht, sind die konkreten Umstände des Einzelfalls zu berücksichtigen.[1597] Erforderlich ist stets eine wertende Betrachtung der Gesamtsituation unter Einbeziehung des sozialen Hintergrunds und der sozialen Stellung der betroffenen Personen, des Mediums und des Umfelds, in dem die fragliche Äußerung getätigt wurde. Auch die persönliche Beziehung der Personen zueinander ist zu berücksichtigen. Abgrenzungsprobleme ergeben sich insbesondere zu bloßen Unhöflichkeiten, Scherzen oder Takt- und Geschmacklosigkeiten, wie sie gerade Satire eigentümlich ist, deren Sanktion grds. nicht Aufgabe des Strafrechts sein kann (siehe dazu Rn 944b, 944e).

943a

[1593] *Ostendorf/Frahm/Doege*, NStZ 2012, 529, 535.
[1594] BayObLG NStZ-RR 2002, 40, 41.
[1595] Vgl. LG Neubrandenburg 12.7.2019 – 23 Qs 5/19; MüKo-*Regge/Pegel*, Vor §§ 185 ff. Rn 7; BVerfGE 93, 266, 295; BGH NJW 2000, 3421; BVerfG NJW 2009, 749 f.
[1596] Anders *Kett-Straub*, JA 2012, 831, 833 hinsichtlich „Ferrari-Fahrer".
[1597] *Rengier*, BT II, § 29 Rn 25.

Beleidigungsdelikte (§§ 185 ff.)

943b Vor diesem Hintergrund ist daher auch genau zu prüfen, ob z.B. die Bezeichnung von Polizisten als „Bullen", Spitzel", „Wegelagerer" oder „Oberförster" oder die (im Rahmen einer Satire getätigte) Bezeichnung eines ausländischen Staatsoberhaupts u.a. als „Ziegenficker" (vgl. dazu Rn 944b, 944e) eine strafbare Beleidigung darstellt.[1598]

Beispiele:

(1) So wurde die Bezeichnung eines Polizisten als Bulle[1599] ebenso wenig als Beleidigung angesehen wie die Bezeichnung eines in zivil ermittelnden Polizeibeamten als Spitzel im Rahmen der Auflösung einer Versammlung, da die Äußerung einen sachlichen Bezug zu einer konkreten dienstlichen Handlung des Polizeibeamten gehabt habe.[1600]

(2) Auch bei der Bezeichnung eines Polizisten bzw. eines kommunalen Beamten bei der Durchführung von Geschwindigkeitskontrollen als Wegelagerer tendiert die Rechtsprechung dazu, den Bezug zur Kritik des Betroffenen an der Verfolgung und Ahndung von Verkehrsordnungswidrigkeiten herzustellen und zugunsten der Meinungsäußerungsfreiheit den Ehrschutz der Beamten zurücktreten zu lassen.[1601]

(3) Gleiches gilt hinsichtlich der gegenüber einem mit der Ahndung von Parkverstößen beauftragten kommunalen Vollzugsbeamten getätigten Äußerung „Das ist doch Korinthenkackerei"[1602] sowie hinsichtlich der Bezeichnung der Qatar Football Association als „Krebsgeschwür des Weltfußballs" durch das frühere Mitglied des Exekutivkomitees der FIFA, Theo Zwanziger[1603] (dazu sogleich).

(4) Auch hielt die Verurteilung eines Angeklagten wegen Beleidigung, der den Richterspruch mit einem „Musikantenstadl" verglich, nicht stand.[1604]

(5) Schließlich ist der Fall zu nennen, in dem Mitglieder einer Schwurgerichtskammer im Verfahren gegen einen ehemaligen SS-Sanitäter im KZ Auschwitz-Birkenau in einem Beschluss eine Äußerung des Nebenklägervertreters als „ersichtlich narzisstisch dominierte Dummheit" bezeichneten.[1605] Dieser vom Nebenklägervertreter als strafwürdig erachteten Formulierung vorangegangen war ein hitzig – auch auf dem Schriftwege – ausgetragener Streit zwischen der Schwurgerichtskammer und dem Nebenklägervertreter um Rechtsauffassungen über die Zulassung der Nebenklage, in dem der Nebenklägervertreter gegenüber der Kammer auch den Vorwurf der Rechtsbeugung erhob. Das sodann infolge einer Strafanzeige des Nebenklägervertreters über die Äußerung der Mitglieder der Kammer entscheidende Strafgericht kam zu dem Ergebnis, dass es bereits aufgrund der vorliegenden Einzelfallumstände fragwürdig sei, ob für einen objektiven Betrachter ohne weiteres die Behauptung einer „narzisstisch dominierten" Handlungsweise als eine ehrverletzende Kundgabe der Missachtung aufzufassen sei. Jedenfalls aber sei die gewählte Formulierung als gerechtfertigt anzusehen (§ 193) in Anbetracht der bis dahin – auch durch die Nebenklägervertreter – sehr aufgeheizten Stimmung (auch medial) und der unmittelbar vorangegangenen schriftlichen Äußerungen des Nebenklägervertreters gegenüber der Kammer bis hin zum Vorwurf, die Kammer würde das Verbrechen der Rechtsbeugung begehen. Im „Kampf um das Recht" müssten Richter nicht alles aushalten, sondern dürften zur Wahrung ihrer berechtigten Interessen auch in der hier erfolgten Weise antworten.[1606] Richtig daran ist, dass Äußerungen stets im Gesamtzusammenhang mit den Begleitumständen zu sehen sind. Gleichwohl haben sich Staatsorgane – insbesondere Gerichte – in Wahrnehmung ihrer hoheitlichen Funktion bei der Kundgabe ihrer Meinung zurückhaltend zu äußern.

[1598] Vgl. auch die Beispiele bei Rn 944d.

[1599] Vgl. KG JR 1984, 165, das auf die positiven Eigenschaften dieser Tiere eingeht und eine Beleidigung verneint. Der Bulle stehe für Kraft, Ausdauer und Stärke. Das mögen Polizisten und wiederum andere Gerichte ganz anders sehen.

[1600] BayObLG NStZ 2005, 215.

[1601] Vgl. BayObLG NStZ 2005, 215; KG NJW 2005, 2872.

[1602] AG Emmendingen 8.7.2014 – 5 Cs 350 Js 30429/13.

[1603] LG Düsseldorf 19.4.2016 – 6 O 226/15.

[1604] BVerfG NJW 2017, 2606 f.

[1605] LG Neubrandenburg 12.7.2019 – 23 Qs 5/19.

[1606] LG Neubrandenburg 12.7.2019 – 23 Qs 5/19.

Beleidigungsdelikte (§§ 185 ff.)

Rechtstechnisch erfolgt die Straflosigkeit in diesen Fällen mit Blick auf die Meinungsäußerungsfreiheit entweder über eine einengende Auslegung des Beleidigungstatbestands (dazu sogleich) oder wenigstens über die Bejahung des Rechtfertigungsgrundes *Wahrnehmung berechtigter Interessen* gem. § 193 (dazu Rn 988 ff.).

943c

Die Notwendigkeit der einengenden Auslegung des § 185 ergibt sich zunächst aus der Verfassungsbestimmung des Art. 5 I S. 1 Var. 1 GG (**Meinungsäußerungsfreiheit**), die allerdings gem. Art. 5 II GG ihre Schranken im Recht der persönlichen Ehre und in den Vorschriften der allgemeinen Gesetze findet, zu denen wiederum die Tatbestände der §§ 185 ff. gehören.[1607] Es besteht eine Wechselwirkung zwischen der Meinungsäußerungsfreiheit des Art. 5 I S. 1 Var. 1 GG und dem Ehrschutz, der seine verfassungsrechtliche Grundlage in der Menschenwürde (Art. 1 I GG), aber auch im allgemeinen Persönlichkeitsrecht (Art. 2 I i.V.m. 1 I GG) findet. Daraus folgt: Beruft sich der Äußernde auf Art. 5 I S. 1 Var. 1 GG, findet seine Äußerung ihre Grenzen bei den §§ 185 ff., die über den Gesetzesvorbehalt des Art. 5 II GG Anwendung finden. Bei der Frage nach der Reichweite des Ehrschutzes der §§ 185 ff. wird nach dem herrschenden Ehrbegriff sowohl der sich aus der Personenwürde gem. Art. 1 I GG bzw. Art. 1 I i.V.m. 2 I GG ableitende sittliche Geltungswert als innere Ehre als auch die soziale Wertgeltung geschützt, die der Person aufgrund ihres Verhaltens in der Rechtsgemeinschaft (der Gesellschaft) zukommt. Daraus ergibt sich der Konflikt zwischen der Meinungsäußerungsfreiheit und dem Ehrschutz, der über die Strafbarkeit wegen Beleidigung entscheidet. Dieser Konflikt lässt sich entweder durch eine einschränkende, d.h. „Art. 5 I GG konforme" Auslegung des § 185 oder durch eine entsprechende Gewichtung der „berechtigten Interessen" i.S.v. § 193 lösen. Im ersten Fall entfiele bei Überwiegen der Meinungsäußerungsfreiheit der Tatbestand des § 185, im zweiten Fall die Rechtswidrigkeit.[1608]

944

Wo auch immer man die Konfliktlösung rechtstechnisch einordnet, bleibt das Erfordernis einer einzelfallbezogenen Abwägung zwischen der Meinungsäußerungsfreiheit und dem kollidierenden Ehrschutz.[1609] Dabei sind – wie aufgezeigt – **sämtliche Begleitumstände** der Äußerung wie deren **Anlass und Kontext**, in dem die getätigt wurde, zu berücksichtigen.[1610] Generell lässt sich aber sagen: Je stärker der Angriff auf den Menschenwürdegehalt des Ehrschutzes ist, desto eher überwiegt das Persönlichkeitsrecht.[1611]

944a

Das wohl bekannteste Judikat zu dem Themenkomplex (und der Anwendbarkeit des § 193 – vgl. dazu Rn 988 ff.) bildet das Urteil des BVerfG hinsichtlich der Äußerung „**Soldaten sind Mörder**".[1612] Hier hat das BVerfG auf das „Soldatentum" schlechthin abgestellt und den Tatbestand der Beleidigung verneint. Ebenso ist die Bezeichnung der Qatar Football Association als „**Krebsgeschwür des Weltfußballs**" durch das frühere Mitglied des Exekutivkomitees der FIFA, Theo Zwanziger (s.o.), nicht als Beleidigung angesehen worden, sondern als ein von der Meinungsäußerungsfreiheit gedeckter Beitrag zur öffentlichen Debatte über die Frage nach der Rechtmäßigkeit der Vergabeentscheidung hinsichtlich der Fußball-Weltmeisterschaft 2022 zugunsten von Katar.[1613] Auch das Tragen eines Kleidungsstücks mit der Aufschrift „**ACAB**" und das Tragen eines Ansteckers mit der Aufschrift „**FCK CPS**" sind vor dem Hintergrund der Meinungsäußerungsfreiheit und dem Anliegen, Kritik am staatlichen System und

---

[1607] Zur Kunstfreiheit (Art. 5 III S. 1 Var. 1 GG), die infolge seiner vorbehaltlosen Gewährleistung eine noch einengendere Interpretation des § 185 fordert, siehe sogleich Rn 944b.
[1608] Zu dieser dogmatischen Vorgehensweise vgl. bereits die 1. Aufl. 2002; später auch *Jahn*, JuS 2008, 743, 744; *Christoph*, JuS 2016, 599, 600 f.
[1609] Vgl. auch BVerfG NJW 2015, 2022 f. („FCK CPS", was für „Fuck Cops" steht) und BVerfG NJW 2017, 2607 (A.C.A.B., was für „all cops are bastards" steht).
[1610] BVerfG NJW 2005, 3274; GRUR 2008, 81; NVwZ-RR 2008, 330; DVBl 2009, 243, 244 f.; NJW 2013, 3021, 3022.
[1611] Vgl. abermals BVerfG NJW 2015, 2022 f. Vgl. auch BVerfG NJW 2014, 764, 765 bezüglich der Bezeichnung einer ehemaligen Landrätin als „durchgeknallt" und dass ihre Hormone dermaßen durcheinander seien, dass sie nicht mehr wisse, was Liebe, Sehnsucht, Orgasmus, Feminismus und Vernunft sei. Vgl. dazu im Einzelnen *R. Schmidt*, Grundrechte, 24. Aufl. 2019, Rn 428 ff.
[1612] BVerfGE 93, 266 ff.
[1613] LG Düsseldorf 19.4.2016 – 6 O 226/15.

Beleidigungsdelikte (§§ 185 ff.)

dem Polizeiapparat zu üben, von der Rspr. (jedenfalls des BVerfG) wohlwollend beurteilt worden.[1614] Das ist jedenfalls dann, wenn lediglich Institutionen, nicht einzelne Menschen in persona angegriffen werden, nachvollziehbar. Werden mit derartigen Schriftzügen aber gezielt Personen individuell adressiert, überwiegen deren Persönlichkeitsbelange und eine Verurteilung wegen Beleidigung hält einer Prüfung am Maßstab des Art. 5 I S. 1 Var. 1 GG stand.[1615]

944b Kann also die (unter dem Gesetzesvorbehalt des Art. 5 II GG stehende) Meinungsäußerungsfreiheit gem. Art. 5 I S. 1 Var. 1 GG zu einer einschränkenden Auslegung des Beleidigungstatbestands bzw. zu einer großzügigen Handhabung des § 193 zwingen, gilt dies erst recht für die (vorbehaltlos gewährleistete) **Kunstfreiheit** gem. Art. 5 III S. 1 Var. 1 GG, insbesondere für die vom Kunstbegriff umfasste **Satire**[1616] (s.o.). Bei Vorliegen von Satire ist gleichermaßen eine umfassende Güterabwägung vorzunehmen, wobei die ehrrührige Aussage selbst dann nicht isoliert betrachtet werden darf, wenn sie geschmacklos ist oder sogar einen Angriff auf die Würde des Verschmähten darstellt. Auch in einem solchen Fall ist die Äußerung stets im Gesamtzusammenhang zu sehen, in dem sie getätigt wurde. Dabei lässt sich sagen: Je mehr sich die Satire mit einer bestimmten Thematik auseinandersetzt und je höher die gesellschaftspolitische Bedeutung dieser Thematik ist, desto restriktiver müssen die Beleidigungstatbestände angewendet und ausgelegt werden.[1617] Hat sich zudem der Verschmähte zuvor selbst öffentlich durch unpassende und überzogene Äußerungen in den Fokus gestellt, kann eine darauf reagierende Schmähung durchaus in der Lage sein, den widerstreitenden Ehrschutz zurückzudrängen. Steht aber die persönliche Diffamierung und Schmähung im Vordergrund, ist trotz der vorbehaltlos gewährleisteten Kunstfreiheit tendenziell von einem Überwiegen des Ehrschutzes auszugehen. So dürfte auch die im Rahmen einer Satire getätigte Bezeichnung eines ausländischen Staatsoberhaupts (hier: des türkischen Staatspräsidenten Erdoğan) u.a. als „Ziegenficker" einen persönlichen, massiven Angriff auf dessen Würde darstellen, der trotz des berechtigten Anliegens, Kritik am Regime Erdoğans zu üben, nicht geduldet werden muss (a.A. die Staatsanwaltschaft Mainz).

> **Hinweis für die Fallbearbeitung:** Wie zum Ausdruck gekommen sein sollte, besteht die besondere Bedeutung der Kunstfreiheit aus Art. 5 III S. 1 Var. 1 GG gegenüber der Meinungsäußerungsfreiheit aus Art. 5 I S. 1 Var. 1 GG darin, dass sie vorbehaltlos gewährleistet ist, also nur durch kollidierendes Verfassungsrecht einschränkbar ist (s.o.), was ihr tendenziell einen höheren Schutz gewährt als der Meinungsäußerungsfreiheit, die ausdrücklich gem. Art. 5 II unter dem Vorbehalt des Ehrschutzes steht.
>
> Prüfungstechnisch lässt sich mit Blick auf den hohen Rang des Art. 5 I S. 1 Var. 1 GG und v.a. des Art. 5 III S. 1 GG gut vertreten, das Spannungsverhältnis bereits auf Tatbestandsebene aufzulösen. Sollte demnach die ehrrührige Äußerung den Ehrschutz überwiegen, wäre bereits der Tatbestand des § 185 zu verneinen; zur Frage nach den berechtigten Interessen gem. § 193 käme man dann nicht (mehr).

944c Im Mittelpunkt steht also die genannte Abwägung zwischen den grundrechtlich geschützten Interessen des Äußernden (Art. 5 I S. 1 GG; Art. 5 III GG) und den ebenfalls grundrechtlich geschützten Interessen des Betroffenen (Art. 2 I i.V.m. Art. 1 I GG). Das Ergebnis ist daher nicht prädeterminiert, sondern abhängig von der Gewichtung der jeweiligen Argumente, was freilich eine gewisse Rechtsunsicherheit in sich birgt. Geht es um ehrrührige Aussagen gegenüber Staatsbediensteten, könnte man zwar erwägen, der Meinungsäußerungsfreiheit gegenüber dem Ehrschutz tendenziell größeres Gewicht bei-

---

[1614] Vgl. BVerfG NJW 2016, 2643 f. („ACAB" nicht ohne weiteres Beleidigung). „ACAB" steht für „all cops are bastards"; BVerfG NJW 2015, 2022 f. („FCK CPS", was für „Fuck Cops" steht).

[1615] BVerfG NJW 2017, 2607 (Schriftzug A.C.A.B. ist Beleidigung, wenn angesprochener Personenkreis hinreichend konkretisiert ist).

[1616] Satire ist die offene – oft boshafte und geschmacklose – Bloßstellung eines Gegenstands oder einer Person mit dem Ziel, diese(n) der Lächerlichkeit preiszugeben (vgl. *R. Schmidt*, Grundrechte, 24. Aufl. 2019, Rn 524).

[1617] Wie hier später auch *Eppner/Hahn*, JA 2006, 702, 705 sowie dieselben in ihrem Parallelaufsatz JA 2006, 860 ff.

Beleidigungsdelikte (§§ 185 ff.)

zumessen mit dem Argument, der Staat und seine Bediensteten müssten eher Kritik hinnehmen als Privatpersonen[1618], jedoch müssen sich auch Staatsbedienstete nicht persönlich diskreditieren lassen. Die Rechtsprechung ist indes großzügiger.

So ist zum **Beispiel** entschieden worden, dass die in einer Beschwerde gegen einen Einstellungsbescheid der Staatsanwaltschaft (vgl. §§ 170 II, 171 StPO) getätigte Äußerung, der das Strafverfahren einstellende Staatsanwalt sei ein „**Super-Ermittler**", sein Verhalten sei „inzwischen **ganz offensichtlich vollkommen entartet**" und er „**schütze ein ganz offensichtlich mafiöses bzw. scientologisch organisiertes Unternehmen**" keine Strafbarkeit wegen Beleidigung nach nicht ziehe. Denn diese Ausdrücke seien nicht isoliert verwendet worden, sondern im Zusammenhang mit der anhängigen Rechtssache. Sie hätten die Unzufriedenheit des Beschwerdeführers mit dem Vorgehen des Staatsanwalts zwar in grob unhöflicher und unangemessener Weise ausgedrückt, hätten aber noch keine Formalbeleidigungen oder Schmähkritik dargestellt. Bei einer Meinungsäußerung sei grds. hinzunehmen, dass sich ein Verfahrensbeteiligter zu dem entscheidungserheblichen Sachverhalt und insbesondere dem Verhalten der Gegenseite unter Umständen auch mit drastischen Worten äußere. Im „Kampf um das Recht" dürfe ein Verfahrensbeteiligter auch starke, eindringliche Ausdrücke und sinnfällige Schlagworte benutzen, um seine Rechtsposition zu unterstreichen.[1619] Auch die Bezeichnung eines Staatsanwalts als **Rechtsbrecher** wurde als nicht tatbestandsmäßig angesehen.[1620]

944d

Dasselbe gilt hinsichtlich der Bezeichnung eines Polizisten als „**Oberförster**". Im konkreten Fall hatte ein Autofahrer, der im Rahmen einer Verkehrskontrolle angehalten wurde, dem Polizisten entgegnet: „Herr Oberförster, zum Wald geht es da lang". Das Gericht hat diese Aussage zwar als „dümmliche Bemerkung" angesehen, nicht aber als strafbare Beleidigung. Denn zum einen übe auch ein Oberförster eine gesellschaftlich anerkannte Funktion aus und zum anderen würde sich wohl auch ein Oberförster kaum als beleidigt fühlen, wenn er als „Oberkommissar" bezeichnet würde.[1621]

Auch wurde die gegenüber einer Gemeindevollzugsbeamtin getätigte Äußerung: „**Sie können mich mal**..." nicht als Beleidigung angesehen.[1622]

Schließlich wurde vom BVerfG die Bezeichnung eines Stadtratsmitglieds als „**Dummschwätzer**" durch ein anderes Stadtratsmitglied nicht als Beleidigung angesehen. Das BVerfG hob damit die Entscheidungen der Strafgerichte wegen Verletzung der Meinungsäußerungsfreiheit (Art. 5 I S. 1 GG) auf. Denn dieses Grundrecht zwinge dazu, Anlass und Zusammenhang der fraglichen Äußerung zu beachten, was die Instanzgerichte unterlassen hätten. Im vorliegenden Fall war der Beschwerdeführer zuvor vom „Beleidigungsopfer" durch die Aussage: „Der war auf einer Schule? Das kann ich gar nicht glauben!" provoziert worden, woraufhin der Beschwerdeführer das „Beleidigungsopfer" als „Dummschwätzer" bezeichnete. Das BVerfG entschied, dass es sich bei dieser Bezeichnung um eine Äußerung gehandelt habe, die durch die Elemente der Stellungnahme, des Dafürhaltens und des Meinens geprägt gewesen sei. Daher komme es bei der Frage, ob eine Beleidigung vorliege, auf eine Abwägung zwischen dem Persönlichkeitsrecht des „Beleidigungsopfers" und dem Grundrecht auf Meinungsäußerungsfreiheit des Beschwerdeführers an. Bei der fraglichen Bezeichnung als „Dummschwätzer" habe es sich nicht um eine sog. „Schmähkritik" gehandelt, bei der die Diffamierung eines Menschen im Vordergrund stehe, sondern nur um die sprachlich pointierte Bewertung im Kontext einer bestimmten Aussage des „Beleidigungsopfers". In diesem Fall könne noch nicht auf den Beleidigungscharakter der Äußerung geschlossen werden. Denn werde der Gemeinte als „Dummschwätzer" titu-

---

[1618] Siehe dazu *R. Schmidt*, Grundrechte, 24. Aufl. 2019, Rn 514.
[1619] OLG Oldenburg NStZ-RR 2008, 201. Allerdings hat das Gericht den Tatbestand des § 185 in apodiktischer Kürze bejaht und das Grundrecht der Meinungsäußerungsfreiheit (Art. 5 I S. 1 GG) lediglich beim Rechtfertigungsgrund des § 193 berücksichtigt und diesen bejaht. Dogmatisch vorzugswürdiger wäre es gewesen, die Meinungsäußerungsfreiheit bereits bei der Auslegung des Tatbestands des § 185 zu berücksichtigen.
[1620] OLG Naumburg StraFo 2012, 283 f.
[1621] AG Berlin-Tiergarten NJW 2008, 3233.
[1622] OLG Karlsruhe NStZ 2005, 158 (mit abl. Bespr. v. *Jerouschek*, NStZ 2006, 345).

373

liert, weil er nach Auffassung des Äußernden (im Rahmen einer Sachauseinandersetzung) dumme Aussagen getroffen hat, liege darin noch keine Beleidigung.[1623]

Zu weit geht es aber auch nach der Rechtsprechung, wenn ein Polizeibeamter als „Spinner" und/oder „Spasti" bezeichnet wird.[1624] Daran ändert auch die allgemeine Auffassung nichts, dass Äußerungen stets im Lichte der Gesamtumstände zu beurteilen sind.

Richtigerweise wurde die Äußerung eines Fahrgastes einer U-Bahn gegenüber einem uniformierten Beamten, der dem Verlangen nach Vorlage seines Dienstausweises zunächst nicht nachkam, **„da kann ja jeder Clown kommen**, ich möchte ihren Dienstausweis sehen" als Beleidigung angesehen.[1625] Dasselbe gilt hinsichtlich der Bezeichnung eines Rechtsanwalts als **Winkeladvokaten**.[1626] Auch die Bezeichnung eines Jägers, der ein verendetes Reh an der Anhängerkupplung über die Straße geschleift hatte, als **„Rabauken-Jäger"** wurde als Beleidigung angesehen.[1627] Ob diese Entscheidungen angesichts der Rspr. des BVerfG mit der gebotenen einschränkenden Auslegung des § 185 vereinbar ist, darf bezweifelt werden. So hat das BVerfG entschieden, dass die Bezeichnung einer Rechtsanwaltskanzlei als Winkeladvokatur nur nach den Umständen des Einzelfalls eine Schmähung darstelle und durch die Meinungsäußerungsfreiheit gedeckt sein könne.[1628]

944e | **Fazit:** Die Unsicherheiten bei der Frage nach der Verwirklichung des Beleidigungtatbestands sind Ausdruck des Spannungsverhältnisses zwischen der Meinungsäußerungsfreiheit bzw. der Kunstfreiheit, die zu einer einengenden Auslegung des § 185 zwingen bzw. zur Annahme berechtigter Interessen i.S.v. § 193 führen können, und dem Ehrinteresse des Äußerungsempfängers, das eine Bestrafung wegen Beleidigung fordert. Das BVerfG fordert (wenn auch nicht explizit), im Zweifel der Meinungsäußerungsfreiheit (ergänze: bzw. der Kunstfreiheit) den Vorrang einzuräumen. Danach ist der Tatbestand der Beleidigung nur dort gegeben, wo bei einer Äußerung nicht mehr die Auseinandersetzung in der Sache, sondern die **Diffamierung und Schmähung der Person** im Vordergrund steht, die jenseits polemischer und überspitzter Kritik **persönlich herabgesetzt** wird. Vor diesem Hintergrund dürfte der von der h.M. aufgestellte Begriff der Beleidigung (vgl. Rn 935) zu relativieren sein. Auch muss von Bedeutung sein, ob es sich bei dem Adressaten der Äußerung um eine Person der Zeitgeschichte handelt und ob diese bereits im Vorfeld (ebenfalls) öffentlich „ausgeteilt" hat. Zumindest, wenn es (lediglich) um überspitzte und polemische, selbst geschmacklose Kritik geht, ist dieser Personenkreis eher zur Duldung verpflichtet als eine nicht in der Öffentlichkeit stehende Person. Persönliche, massive Angriffe auf die Würde („Ziegenficker") muss nach der hier vertretenen Auffassung aber auch dieser Personenkreis nicht dulden.

945 Ein weiterer Problemkreis der §§ 185 ff. und somit der Ehrverletzung ist der Bezug zur **Sexualität**. Die Rechtsprechung betont, dass sexuell motivierte Verhaltensweisen für sich allein noch nicht geeignet seien, die Ehre i.S. einer Personenwürde zu verletzen. Eine Beleidigung sei aber dann anzunehmen, wenn der Täter durch seine verbalen oder nonverbalen Handlungen die betroffene Person in ehrrühriger Weise gering schätzt und daher ihre Geschlechtsehre als Teil ihrer Personenwürde verletzt.[1629] Dies sei z.B. der Fall, wenn der Täter einer Frau seine Telefonnummer gibt mit der Aufforderung, ihn anzurufen, wenn sie „Lust auf Telefonsex" habe.[1630] Das ist zweifelhaft. Eine solche Aufforderung mag zwar geschmacklos sein, in ihr aber eine Verletzung der Ehre i.S. einer

---

[1623] BVerfG NJW 2009, 749 f.

[1624] OLG Hamm 11.9.2018 – 1 RVs 58/18.

[1625] KG NJW 2005, 2872.

[1626] OLG Köln NJW-RR 2012, 1187. Unter einem Winkeladvokaten ist ein Anwalt zu verstehen, der eine Rechtssache nicht seinem Berufsstand entsprechend, also nicht verantwortungsbewusst vertritt oder zu vertreten befähigt ist (vgl. BGH VersR 1970, 861).

[1627] AG Pasewalk 20.5.2015 - 305 Cs 70/15; 711 Js 10447/14.

[1628] BVerfG NJW 2013, 3021, 3022.

[1629] BGHSt 36, 145 (mit Bespr. v. *Otto*, JZ 1989, 803); BGH StV 1987, 245; BGH JR 1992, 244; BayObLG NJW 1999, 72, 73; OLG Karlsruhe NJW 2003, 1263, 1264; AG Lübeck 8.6.2011 – 746 Js 13196/11; Lackner/Kühl-*Kühl*, § 185 Rn 6.

[1630] LG Freiburg NJW 2002, 3645.

Beleidigungsdelikte (§§ 185 ff.)

Personenwürde zu sehen und damit eine Straftat zu begründen, geht zu weit. Denn ein Unterschied zu den Fällen, in denen der Täter sein Smartphone unter den Rock einer Frau hält, um eine Bildaufnahme zu fertigen[1631], oder über die Trennwand einer Toilette schaut, um eine Frau beim Urinieren zu beobachten[1632], und bei denen die Rechtsprechung jeweils eine Beleidigung verneint hat, lässt sich bei vergleichender Betrachtung nicht feststellen. Verneint man in diesen Fällen Beleidigung, kann aber eine „Nötigung durch sexuelle Belästigung" nach § 240 vorliegen (vgl. dazu Rn 778). Für eine Strafbarkeit nach dem im Zuge der Reform der Sexualdelikte am 10.11.2016 in Kraft getretenen § 184i (Sexuelle Belästigung)[1633] fehlt in den vorgenannten Fällen die in der Vorschrift geforderte „körperliche Berührung". § 184i wäre bspw. einschlägig, wenn der Täter dem (weiblichen) Opfer an die Brust, den Po oder in den Schritt fasst, da in diesen Fällen die in der Vorschrift geforderte unmittelbare körperliche Einwirkung[1634] gegeben ist. Das Bespritzen einer Frau im Supermarkt mit zuvor in ein Augentropfenfläschchen abgefülltem Sperma wurde von der Rechtsprechung bislang (lediglich) als Beleidigung i.S.d. § 185 angesehen[1635], was aber nach Inkrafttreten der Reform der Sexualdelikte am 10.11.2016 anders zu beurteilen sein dürfte, siehe dazu Rn 467.

Von **mittelbarer Beleidigung** spricht man, wenn außer dem Betroffenen auch ein Dritter in seinem Achtungsanspruch verletzt wird. Beispielhaft hierfür ist die Bezeichnung eines Kindes als „Hurensohn", „verwahrlost" oder „verkommen".[1636] Aber auch hier darf nicht von einem „Automatismus der Strafbarkeit" ausgegangen werden. Der Einzelfall macht stets eine wertende Gesamtbetrachtung erforderlich.[1637]   946

Möglich ist schließlich auch eine Beleidigung durch **Unterlassen**. Das Unterlassen muss aber einen eigenen Erklärungswert haben. Das ist etwa der Fall, wenn der Täter es nicht verhindert, dass eigene, stofflich fixierte Äußerungen (beleidigende Tagebuchaufzeichnungen, Tonbänder, Briefe etc.) zur Kenntnis Dritter gelangen.[1638]   947

Keine Beleidigung durch Unterlassen ist mangels eigener Äußerung das schlichte Gewährenlassen beleidigender Äußerungen durch obhutspflichtige Personen. In Frage kommt hier bloß eine Beihilfe durch Unterlassen.[1639]   947a

c. Tatobjekt: Der Ehrträger

Eine weitere Problematik hinsichtlich der §§ 185 ff. besteht in der Bestimmung des Tatobjekts. Kenntnislücken in diesem Bereich rächen sich bei Leistungskontrollen sofort, da eine Herleitung aus bekannten Grundsätzen nicht möglich ist.   948

aa. Der lebende Mensch als Individualperson

Beleidigungsfähig ist jeder lebende Mensch, unabhängig von Alter, Reife oder geistigem Zustand.[1640] Allerdings ist zu beachten, dass die Ehre von dem Entwicklungsstand und dem gegenwärtigen entwicklungsbedingten Geltungswert und Achtungsanspruch des Betroffenen abhängig ist.[1641] Äußerungen oder Ansinnen, die für einen Erwachsenen eine Beleidigung darstellen, müssen nicht notwendig auch bei einem Kind eine Beleidigung sein, wenn dieses aufgrund seines Entwicklungsstandes nicht in der Lage ist, den ehr-   949

[1631] OLG Nürnberg NStZ 2011, 217.
[1632] LG Darmstadt NStZ-RR 2005, 140
[1633] BGBl I 2016, S. 2460 – siehe dazu oben Rn 467n.
[1634] Vgl. BT-Drs. 18/9097, S. 30.
[1635] Vgl. dazu AG Lübeck 8.6.2011 – 746 Js 13196/11.
[1636] Sch/Sch-*Eisele/Schittenhelm*, § 185 Rn 10.
[1637] *W/H/E*, BT 1, Rn 532.
[1638] Sch/Sch-*Eisele/Schittenhelm*, § 185 Rn 12.
[1639] *Joecks/Jäger*, § 185 Rn 21/22; Zum Ganzen *Küpper*, JA 1985, 453, 456.
[1640] Allgemeine Auffassung, vgl. nur MüKo-*Regge/Pegel*, Vor § 185 Rn 39; Lackner/Kühl-*Kühl*, Vor § 185 Rn 2.
[1641] MüKo-*Regge/Pegel*, Vor § 185 ff. Rn 43; Sch/Sch-*Eisele/Schittenhelm*, Vorbem §§ 185 ff. Rn 2.

Beleidigungsdelikte (§§ 185 ff.)

verletzenden Charakter zu erkennen.[1642] Gleiches gilt für die Beleidigung von Menschen mit Behinderung.[1643] Verstorbene werden nach h.M. nicht von §§ 185, 186, 187 erfasst, da sie zumindest nach strafrechtlichen Grundsätzen[1644] keine Ehre mehr besitzen.[1645] Hier greift § 189.

bb. Personengesamtheiten (Kollektivbeleidigung)

950 Besondere Probleme bereitet die Beleidigungsfähigkeit von Personengesamtheiten. Hierunter sind insbesondere Verbände, Behörden und juristische Personen des öffentlichen Rechts wie auch des Privatrechts zu verstehen. Für Behörden und öffentliche Körperschaften ergibt sich dies bereits aus § 194 III, IV. Hier geht der Gesetzgeber von einer eigenen „Verbandsehre" aus.[1646] Bei den übrigen Personengesamtheiten geht die ganz h.M.[1647] von einer Ehrfähigkeit und damit einer Beleidigungsfähigkeit aus, wenn sie

- ▪ eine rechtlich anerkannte soziale Funktion in der Gesellschaft erfüllen,
- ▪ einen einheitlichen Willen bilden können,
- ▪ in ihrem Bestand nicht vom Wechsel ihrer Mitglieder abhängen.

> **Beispiele von beleidigungsfähigen Personengesamtheiten**[1648]**:** die Bundeswehr, das Deutsche Rote Kreuz, die politischen Parteien, bestimmte Gewerkschaften, ein bestimmtes Dezernat der Kriminalpolizei, Non-Profit-Organisationen. Dass reine Wirtschaftsunternehmen, die bekanntermaßen in erster Linie oder ausschließlich eigennützige Ziele verfolgen, eine „soziale Funktion in der Gesellschaft" erfüllen, darf hingegen bezweifelt werden.[1649]

> Die Polizei (also solche) ist nicht beleidigungsfähig. Zweifelsohne erfüllt sie zwar eine „rechtlich anerkannte soziale Funktion in der Gesellschaft". Da es sich bei ihr aber weder um einen Verband mit einheitlicher Willensbildung noch um eine hinreichend überschaubare und abgegrenzte Personengruppe handelt, wird man ihr *aus diesem Grund* die Beleidigungsfähigkeit absprechen müssen.[1650] Mit gleicher Begründung ist die Beleidigungsfähigkeit der „deutschen Anwälte" bzw. „Juristen" oder Vereine, die die Ausübung von Hobbys zum Ziel haben bzw. ermöglichen (Kegelclubs etc.), zu verneinen.

> Auch **Familien** als solche (Beispiel: „die Hansens") werden nicht als Personengesamtheit gesehen, da es auch bei ihnen an einer einheitlichen Willensbildung mangelt.

> Möglich ist in derartigen Fällen aber eine Beleidigung von Einzelpersonen unter einer Kollektivbezeichnung[1651]:

cc. Einzelperson unter einer Kollektivbezeichnung

951 Mangelt es an einer der unter bb. genannten Voraussetzungen, ist zu prüfen, ob die Einzelperson unter einer Kollektivbezeichnung beleidigungsfähig ist (und im zu prüfenden Fall beleidigt wurde). Denn wird bei der nicht beleidigungsfähigen Personengesamtheit die Institution angegriffen, kann unter bestimmten Umständen aber ein Angriff auf die persönliche Ehre der Mitglieder des Kollektivs vorliegen. Werden also die unter den Sammelbegriff fallenden Einzelpersonen in ihrer Ehre angegriffen, kann das durchaus

---

[1642] MüKo-*Regge/Pegel*, Vor §§ 185 ff. Rn 43.
[1643] *Eppner/Hahn*, JA 2006, 702, 703.
[1644] Im Zivilrecht wird ein fortbestehendes Persönlichkeitsrecht des Verstorbenen anerkannt, vgl. die Mephisto-Urteile BVerfGE 30, 173 ff. (bestätigt in NJW 2001, 594); BGHZ 50, 136.
[1645] Ganz h.M., vgl. *Rengier*, BT II, § 28 Rn 7; *Joecks/Jäger*, Vor § 185 Rn 14; *W/H/E*, BT 1, Rn 523. Die Gegenansicht geht von einer Art postmortalem Ehrschutz aus, LK-*Hilgendorf*, § 189 Rn 2. Grund mag hierfür u.a. sein, dass § 189 nur vor Verunglimpfung schützt. Die Gegenauffassung führt jedoch zu einer systemwidrigen Anwendung bestehender Normen. § 189 regelt ausdrücklich das Andenken Verstorbener.
[1646] *Rengier*, BT II, § 28 Rn 9.
[1647] BGHSt 6, 186, 191; *W/H/E*, BT 1, Rn 524; *Fischer*, Vor § 185 Rn 12. Dagegen *Joecks/Jäger*, Vor § 185 Rn 17.
[1648] Nachweise bei Lackner/Kühl-*Kühl*, Vor § 185 Rn 5 und Sch/Sch-*Eisele/Schittenhelm*, Vorbem §§ 185 ff. Rn 3.
[1649] Vgl. dazu BGHSt 6, 186, 191.
[1650] Vgl. BVerfG AfP 2015, 236.
[1651] Siehe etwa BVerfG NJW 2017, 2607 (Schriftzug A.C.A.B. ist Beleidigung, wenn angesprochener Personenkreis hinreichend konkretisiert ist) – dazu oben Rn 944a.

Beleidigungsdelikte (§§ 185 ff.)

den Tatbestand des § 185 erfüllen. Das BVerfG betont für diesen Fall jedoch zu Recht, dass dadurch, dass es um eine Einzelbeleidigung geht, sich der Einzelne in der Äußerung auch wiederfinden müsse. Entscheidend sei dabei die (zahlenmäßige) Größe des Kollektivs. Je größer das Kollektiv sei, auf das sich die herabsetzende Äußerung beziehe, desto schwächer könne auch die persönliche Betroffenheit des einzelnen Mitglieds werden, weil es bei den Vorwürfen an große Kollektive meist nicht um das individuelle Fehlverhalten oder individuelle Merkmale der Mitglieder, sondern um den aus der Sicht des Äußernden bestehenden Unwert des Kollektivs und seiner sozialen Funktion sowie der damit verbundenen Verhaltensanforderungen an die Mitglieder gehe.[1652]

Eine Beleidigung einer Einzelperson unter einer Kollektivbezeichnung ist demnach insbesondere möglich, wenn

952

- das Kollektiv zahlenmäßig überschaubar ist und sich das betreffende Individuum aufgrund bestimmter Merkmale so deutlich aus der Allgemeinheit hervorhebt, dass es sich „in der Masse" wiederfindet; es muss also eine personalisierte Zuordnung der ehrrührigen Äußerung möglich sein.

- Das so in der Masse individualisierbare Mitglied des Kollektivs muss in seiner persönlichen Ehre verletzt sein.

Die personalisierte Zuordnung der ehrrührigen Äußerung ist häufig schwierig und wird durch die Rechtsprechung auch uneinheitlich (da oft wohl ergebnisorientiert) vorgenommen. Daher ist in der juristischen Fallbearbeitung eine problemorientierte Argumentation unabdingbar. Zur Orientierung kann aber Folgendes herangezogen werden:

953

Beispiele für die Annahme einer Beleidigungsfähigkeit: die in Deutschland lebenden, vom Nationalsozialismus verfolgten Juden[1653]; die Zeitsoldaten; die GSG 9; die Beamten der Schutz- und Kriminalpolizei; die Polizei, wenn erkennbar nur die Beteiligten an einem bestimmten Einsatz gemeint sind[1654]

Hingegen wurde eine Beleidigungsfähigkeit verneint:[1655] „Die Juden"; „die Katholiken"; „die Christen"; „die Akademiker"; „die an der Entnazifizierung Beteiligten"; „alle Soldaten der Welt"; „alle deutschen Ärzte", „alle deutschen Anwälte". Auch Porsche-Fahrer (Rn 943) und die Polizei als Ganzes sind nicht beleidigungsfähig. Denn der jeweilige fragliche Personenkreis ist so groß, dass sich eine ehrenrührige Aussage in der Masse verliert und den Einzelnen nicht erreicht. Eine personalisierte Zuordnung der ehrrührigen Äußerung ist hier sehr schwierig. Daher ist grds. weder wegen Kollektivbeleidigung von Polizeibeamten noch wegen Beleidigung einzelner Polizeibeamter unter einer Kollektivbezeichnung strafbar, wer (in polizeikritischer Absicht) auf dem Rücken seiner Jacke einen Aufnäher mit den Buchstaben „ACAB" („all cops are bastards") anbringt und dabei keine individuelle Person anspricht.[1656] Gleiches gilt hinsichtlich des Tragens eines Ansteckers mit der Aufschrift „FCK CPS".[1657] Etwas anderes kann aber gelten, wenn aufgrund der Örtlichkeit

---

[1652] BVerfG NJW 2016, 2643 f. („ACAB" nicht ohne weiteres Beleidigung). Vgl. zu den Voraussetzungen einer Kollektivbeleidigung auch bereits frühere Entscheidungen des BGH und der strafrechtlichen Instanzgerichte: BGHSt 11, 207, 208 (Versendung einer Postkarte mit rassenverhetzendem Text); 19, 235, 238; 36, 83, 85 (Beleidigung von aktiven Soldaten der BW); OLG Nürnberg NStZ 2013, 593; OLG Karlsruhe SpuRt 2013, 72, 73 f.; OLG München 18.12.2013 – 4 OLG 13 Ss 571/13.
[1653] Die Rechtsprechung stellt auf das besondere Schicksal dieser Glaubensgemeinschaft ab, sodass ein hinreichendes Abgrenzungskriterium vorliege. Gestützt werde diese Auffassung durch § 194 I S. 2. Vgl. zuletzt die Entscheidung zur Auschwitzlüge via Internet BGHSt 46, 212 ff. Eine ausführliche Besprechung des Falls ist bei *R. Schmidt*, AT, Rn 15i zu finden.
[1654] BVerfG NJW 2017, 2607 (Schriftzug A.C.A.B. ist Beleidigung, wenn angesprochener Personenkreis hinreichend konkretisiert ist). Fundstellen auch bei Lackner/Kühl-*Kühl*, Vor § 185 Rn 3 f.
[1655] Fundstellen bei Lackner/Kühl-*Kühl*, Vor § 185 Rn 3.
[1656] Vgl. LG Stuttgart NStZ 2008, 633 und OLG Nürnberg NStZ 2013, 593. Auch das BVerfG sieht das Tragen von Kleidungsstücken oder das Hochhalten eines Banners mit der Aufschrift „ACAB" im Rahmen einer Demonstration oder Sportgroßveranstaltung nur dann als eine Beleidigung unter einer Kollektivbezeichnung an, wenn ein Bezug zu einer hinreichend überschaubaren und abgegrenzten Personengruppe besteht (siehe BVerfG NJW 2016, 2643 f. - „ACAB" keine Beleidigung, wenn niemand Konkretes angesprochen) und BVerfG NJW 2017, 2607 (Schriftzug A.C.A.B. ist Beleidigung, wenn angesprochener Personenkreis hinreichend konkretisiert ist).
[1657] BVerfG NJW 2015, 2022 f. „FCK CPS" steht für: „Fuck Cops" (s.o.).

Beleidigungsdelikte (§§ 185 ff.)

und der konkreten Umstände ein Bezug zu den anwesenden Polizeibeamten besteht. Das kann etwa beim Hochhalten eines Banners mit der Aufschrift „ACAB" in einem Fußballstadion oder während einer polizeikritischen Demonstration der Fall sein, sofern der Betreffende sich in die Nähe der Einsatzkräfte der Polizei begibt, um diese mit seiner Parole zu konfrontieren und ihnen damit seine Missachtung auszudrücken.[1658] Das dürfte auch für das Tragen eines Ansteckers mit der Aufschrift „FCK CPS" gelten, wenn sich der Aussagegehalt auf die anwesenden Beamten bezieht.[1659] In beiden Fällen muss aber eine **personalisierte Zuordnung** der ehrrührigen Äußerung festgestellt werden; hierzu verlangt das BVerfG von den Tatgerichten hinreichende Feststellungen zu den Umständen, die die Beurteilung tragen, dass sich die Äußerungen jeweils auf eine hinreichend überschaubare und abgegrenzte Personengruppe beziehen.[1660] Gelingt die personalisierte Zuordnung nicht, überwiegt das Grundrecht der Meinungsäußerungsfreiheit.

2. Subjektiver Tatbestand

954 Hinsichtlich des subjektiven Tatbestands ist zu differenzieren. Handelt es sich um ehrenrührige Tatsachen, die gegenüber dem Betroffenen geäußert werden, muss sich nach ganz h.M. der Vorsatz auch auf die Unwahrheit erstrecken.[1661]

955 Für alle Fälle ist bedingter Vorsatz erforderlich, aber auch ausreichend (allg. Auffassung). Der Täter muss die Bedeutung seiner Handlung als Kundgabe der Miss- oder Nichtachtung sowie die Kenntnisnahme durch den Äußerungsempfänger in seinen Vorsatz aufgenommen haben. Aus diesem Grund handelt es sich um einen unbeachtlichen *error in persona* (und nicht um einen *aberratio ictus*), wenn der Täter am Telefon wüste Beschimpfungen von sich gibt, ohne zu bemerken, dass er falsch verbunden ist.[1662]

II. Rechtswidrigkeit

956 Als spezieller Rechtfertigungsgrund kommt die **Wahrnehmung berechtigter Interessen** nach § 193 in Betracht (dazu Rn 988 ff.). Möglich ist ebenfalls eine (Ehren-)Notwehr nach § 32, wenn diese zur Abwehr einer noch nicht beendigten Ehrenkränkung erforderlich ist.[1663] Nach h.M. entfällt die Rechtswidrigkeit auch durch Einwilligung.[1664]

III. Schuld

957 Es gelten die allgemeinen Grundsätze.

IV. Qualifikation der Beleidigung (§ 185 Var. 2)[1665]

§ 185 Var. 1 ist Grundtatbestand zu der Qualifikation des § 185 Var. 2.

958 Die **tätliche Beleidigung** erfordert eine unmittelbare körperliche Einwirkung, die nach ihrem objektiven Sinn eine besondere Missachtung des Geltungswerts des Betroffenen ausdrückt.[1666]

Beispiele: Anspucken oder Ohrfeigen des Opfers; Abschneiden der Haare

959 Da körperliche Einwirkungen bereits primär von den §§ 223 ff. erfasst sind, sollten Tätlichkeiten nur dann auch von § 185 Var. 2 erfasst werden, wenn durch sie gerade eine

---

[1658] OLG München 18.12.2013 – 4 OLG 13 Ss 571/13; OLG Karlsruhe 20.5.2014 - 1 (8) Ss 678/13-AK 15/14; BVerfG NJW 2016, 2643 f. („ACAB"); BVerfG NJW 2017, 2607 (Schriftzug A.C.A.B. auf einem Stoffbeutel).
[1659] Angedeutet in BVerfG NJW 2015, 2022 f. Bejahend AG München 13.4.2015.
[1660] BVerfG NJW 2016, 2643 f. („ACAB" nicht ohne weiteres Beleidigung).
[1661] OLG Koblenz MDR 1977, 864; OLG Köln NJW 1964, 2121.
[1662] BayObLG JZ 1986, 911; BayObLG JR 1987, 431; *Fischer*, § 185 Rn 17.
[1663] RGSt 21, 168, 171 (Beleidigung durch Geistlichen); 29, 240 (Notwehr gegen Beleidigung).
[1664] BGHSt 11, 67, 72; 23, 1, 3.
[1665] Zum (abweichenden) Prüfungsaufbau in der Fallbearbeitung siehe oben Rn 933.
[1666] Sch/Sch-*Eisele/Schittenhelm*, § 185 Rn 18.

Beleidigungsdelikte (§§ 185 ff.)

Ehrverletzung zum Ausdruck gebracht wird.[1667] Erforderlich ist also eine spezifische ehrverletzende Handlung. Beim Grapschen an die Brust, den Po oder in den Schritt (vgl. die sexuellen Übergriffe in der Silvesternacht 2015 in Köln, Hamburg und anderenorts) greifen nunmehr die Straftatbestände der §§ 184i, 184j (vgl. bereits Rn 945).

V. Strafantrag (§ 194); Privatklage (§ 374 I Nr. 2 StPO)

Das Erfordernis des Strafantrags gilt bis auf die Ausnahmen des § 194 I S. 2; II S. 2 und IV für alle Beleidigungen nach §§ 185 bis 189.[1668] Wer antragsbefugt ist, ergibt sich aus §§ 194 i.V.m. §§ 77 ff.

Neben dem Strafantragserfordernis ist auch das Privatklageerfordernis gem. § 374 I Nr. 2 StPO zu beachten, wenn die Beleidigung (d.h. sämtliche Taten nach §§ 185-189), nicht gegen eine der in § 194 IV genannten politischen Körperschaften gerichtet ist. Privatklage bedeutet, dass die Tat vom Verletzten verfolgt werden kann bzw. muss, ohne dass es einer vorherigen Anrufung der Staatsanwaltschaft bedarf. Insoweit besteht eine Ausnahme vom sonst geltenden Offizialprinzip. Stellt der Berechtigte bzgl. eines Privatklagedelikts gleichwohl einen Strafantrag, klagt die Staatsanwaltschaft gem. § 376 StPO nur an, wenn dies im öffentlichen Interesse liegt; ansonsten verweist sie den Antragsteller auf den Privatklageweg.[1669] Ob die Strafverfolgung durch die Staatsanwaltschaft im öffentlichen Interesse liegt, hängt von der Erheblichkeit der Ehrkränkung ab[1670], welche insbesondere dann anzunehmen ist, wenn der Tatbestand des § 188 vorliegt. Auch in den Fällen des § 194 I S. 2 und II S. 2 wird i.d.R. ein öffentliches Interesse i.S.d. § 376 StPO gegeben sein.[1671]

VI. Straffreiheit nach § 199

Im Falle einer Beleidigung, die auf der Stelle erwidert wurde, kann das Strafgericht – sofern es wegen § 374 I Nr. 2 StPO überhaupt zu einer Hauptverhandlung kommt – beide oder auch nur einen der Beteiligten für straffrei erklären.

VII. Konkurrenzen

Tateinheit ist möglich, wenn gleichzeitig Widerstand gegen Vollstreckungsbeamte nach § 113 geleistet wird oder im Falle der tätlichen Beleidigung mit den §§ 223 ff. Auch mit § 186 ist Tateinheit möglich, wenn ehrenrührige Tatsachen gegenüber dem Ehrträger und Dritten kundgetan werden. Tateinheit ist auch mit den Sexualdelikten nach §§ 174 ff. möglich.[1672]

[1667] *Fischer*, § 185 Rn 18.
[1668] Lackner/Kühl-*Kühl*, § 194 Rn 1.
[1669] Zum Privatklageweg vgl. *Hartmann/Schmidt*, StrafProzR, Rn 1037 ff.
[1670] *Meyer-Goßner/Schmitt*, StPO, § 376 Rn 1.
[1671] Sch/Sch-*Eisele/Schittenhelm*, § 194 Rn 4; *Eppner/Hahn*, JA 2006, 702, 706.
[1672] Sch/Sch-*Eisele/Schittenhelm*, § 185 Rn 20; Lackner/Kühl-*Kühl*, § 185 Rn 14.

Beleidigungsdelikte (§§ 185 ff.)

C. Üble Nachrede (§ 186)

963 § 186 erfasst die Kundgabe ehrenrühriger Tatsachen gegenüber einem anderen als dem Ehrträger. Schutzgut ist somit der „gute Ruf", der ein Drei-Personen-Verhältnis erforderlich macht, bestehend aus dem Täter, dem Äußerungsadressaten und dem Ehrträger. Die ehrenrührige Tatsache darf „nicht erweislich wahr" sein. Hierbei handelt es sich nach ganz h.M. um eine objektive Bedingung der Strafbarkeit mit der Folge, dass sich der Vorsatz des Täters hierauf nicht erstrecken muss.

I. Tatbestand

1. Objektiver Tatbestand

964 Tathandlung des § 186 ist das Behaupten oder Verbreiten einer ehrenrührigen Tatsache in Beziehung auf einen anderen (zur Unterscheidung Tatsache/Werturteil vgl. Rn 930). Handelt es sich um ein Werturteil oder um eine Tatsachenbehauptung, welche gegenüber *dem Ehrträger selbst* kundgegeben wird, ist ausschließlich § 185 einschlägig.

965 **Behaupten** heißt, eine Tatsache als nach eigener Überzeugung wahr hinstellen, selbst wenn man sie nur von dritter Seite erfahren hat.[1673]

966 Die Möglichkeiten einer Strafbarkeit nach § 186 sind vielfältig. Das bloße Äußern eines Verdachts (Beispiel: „Ich glaube, Bert ist ein Dealer") führt ebenso zu einer Strafbarkeit nach § 186 wie das Behaupten einer Tatsache, die nicht mit der Wahrheit übereinstimmt (Beispiel: „Bert ist ein Dealer", obwohl der Behauptende dies nicht beweisen kann). Tatbestandsmäßig ist aber auch das Stellen von Fragen oder das Nahelegen einer Schlussfolgerung.[1674]

> **Beispiel:** Gärtner Gustav steht erneut wegen Totschlags vor Gericht. Er sagt, diesmal habe er in Notwehr gehandelt. Zu diesem Schluss kommt auch das Strafgericht, obwohl die Hausangestellte Hanni in der mündlichen Verhandlung als Zeugin vernommen wurde und dabei ausgesagt hatte, G habe nicht in Notwehr gehandelt, sondern vielmehr das Opfer zuvor provoziert, um dieses unter dem Deckmantel der Notwehr töten zu können.
>
> Hier hat H durch das Bestreiten der Notwehrlage zugleich konkludent behauptet, G sei ein Totschläger.

Das Schaffen einer kompromittierenden Sachlage, wie das Verstecken von Diebesgut in der Wohnung des Freundes, ist mangels Kundgabe keine Behauptung.

967 Neben dem Behaupten der ehrenrührigen Tatsache kommt auch deren Verbreitung in Betracht.

968 **Verbreiten** ist die Weitergabe einer von anderen gehörten Tatsache.[1675]

969 Voraussetzung ist das Bestehen einer fremden Äußerung, die der Täter wiedergibt. Der Täter braucht sich den Inhalt der Äußerung nicht zu eigen zu machen, er muss also nicht für die Richtigkeit eintreten. In Anbetracht der ehrschädigenden Wirkung, die mit der üblen Nachrede verbunden ist, wird man nahezu jede Weitergabe auch einer Äußerung, von der der Täter selbst meint, es handele sich nur um ein Gerücht, von § 186 in der Variante des „Verbreitens" erfassen müssen. Das gilt selbst dann, wenn der Täter das Gerücht als unglaubwürdig oder unbestätigt kennzeichnet. Eine Strafbarkeit wegen übler

---

[1673] Lackner/Kühl-*Kühl*, § 186 Rn 5.
[1674] OLG Köln NJW 1962, 1121 und 1963, 1634; OLG München NJW 1993, 2998, 2999.
[1675] OLG Hamm 25.10.2005 – 3 Vs 1/05; Lackner/Kühl-*Kühl*, § 186 Rn 5; Sch/Sch-*Eisele/Schittenhelm*, § 186 Rn 8.

380

Beleidigungsdelikte (§§ 185 ff.)

Nachrede kommt nur dann nicht in Betracht, wenn sich derjenige, der die Äußerung wiedergibt, ernsthaft und eindeutig von ihrem Inhalt distanziert.[1676]

Beispiel: Student Willibald wohnt im Wohnheim einer mittelgroßen Universitätsstadt. Von der eine Etage über ihm wohnenden Lucy hat er gehört, dass sie der Prostitution nachgehe. Als sich W eine neue Mieterin vorstellt und fragt, wer sonst noch im Hause wohne, erwähnt er unter anderem, dass man über Lucy erzähle, dass sie anschaffen gehe. Tatsächlich hatte der Ex-Freund von Lucy dieses – unzutreffende – Gerücht in die Welt gesetzt.

Eine Ehrverletzung kann auch in der Verbreitung von Äußerungen Dritter, insbesondere in der Weitergabe ehrverletzender Gerüchte, liegen. Dabei genügt es, wenn die Mitteilung als ein Gerücht bezeichnet wird, selbst wenn dieses als unbestätigt oder unglaubwürdig dargestellt wird, sofern der verbreitende Täter der ehrenrührigen Tatsache nicht zugleich ernsthaft entgegentritt. Wer ein die Ehre des anderen verletzendes Gerücht weiterverbreitet, erbringt auch nicht dadurch den Wahrheitsbeweis, dass er dartut, auch andere hätten dasselbe ehrverletzende Gerücht verbreitet.[1677]

W hat somit eine nicht erweislich wahre ehrkränkende Tatsache verbreitet und den Tatbestand des § 186 erfüllt.

In Beziehung auf einen anderen muss die Ehrkränkung erfolgen. Dies setzt zunächst Personenverschiedenheit zwischen Täter, Adressat und Ehrträger voraus. Weiter muss dieser Drittbezug für den Adressaten erkennbar sein. Auf die Kenntnis des Betroffenen kommt es nicht an.

970

Beispiel: Mary sagt Paul, Peter habe im Kaufhaus geklaut. Dies ist jedoch nicht wahr. Für eine Strafbarkeit Marys nach § 186 ist es unerheblich, ob Peter etwas davon mitbekommen hat. Seine Kenntnis ist nicht relevant.

Am **Drittbezug** fehlt es, wenn der Täter den Namen des Ehrträgers nutzt. In diesem Fall wird für den Äußerungsadressaten nicht erkennbar, dass hinter der Äußerung ein anderer als der Betroffene als Urheber steht.[1678]

971

Beispiel: Peter hat im Kaufhaus gestohlen und wird vom Ladendetektiv erwischt. Peter gibt vor, keinen Ausweis bei sich zu tragen, und behauptet, er heiße Paul. Der Ladendetektiv nimmt die Daten auf, die Peter ihm angibt, und lässt ihn gehen. Gegen „Paul" wird ermittelt.

Eine Strafbarkeit nach § 186 scheidet aus zwei Gründen aus: Zum einen ist zu prüfen, ob überhaupt eine Kundgabe vorliegt. Peter hat lediglich im Zusammenhang mit der Vernehmung durch den Ladendetektiv geäußert, er heiße Paul. Insoweit hat er lediglich einen kompromittierenden Sachverhalt geschaffen. Dass der Ladendetektiv dachte, Paul sei ein Dieb, ist die Folge seiner Kombinationsgabe und nicht das unmittelbare Ergebnis von Peters Äußerung. Denn Peter hat nie *gesagt*, Paul sei ein Dieb. Zum anderen fehlt es am Drittbezug, da Peter gegenüber dem Äußerungsadressaten nicht als eine vom Ehrträger verschiedene Person in Erscheinung getreten ist.

Als **Tatobjekte** kommen lebende Individualpersonen, Personengesamtheiten sowie Einzelpersonen unter einer Kollektivbezeichnung in Betracht. Es gelten somit die hinsichtlich § 185 aufgezeigten Grundsätze.

972

[1676] BGHSt 18, 182, 183 (Callgirl-Prozess); OLG Hamm 25.10.2005 – 3 Vs 1/05.
[1677] OLG Hamm 25.10.2005 – 3 Vs 1/05.
[1678] BGH NStZ 1984, 216; Lackner/Kühl-*Kühl*, § 186 Rn 6.

Beleidigungsdelikte (§§ 185 ff.)

2. Subjektiver Tatbestand

973 Subjektiv ist mindestens *dolus eventualis* erforderlich. Dieser muss sich jedoch nur auf die Ehrenrührigkeit der behaupteten oder verbreiteten Tatsache beziehen, nicht auf deren Unwahrheit oder Nichterweislichkeit (siehe sogleich). Des Weiteren ist das Bewusstsein erforderlich, die Äußerung gegenüber einem Dritten kundgegeben zu haben. Das Erfordernis einer Beleidigungsabsicht besteht nicht.[1679]

3. Objektive Bedingung der Strafbarkeit

974 Bei der Nichterweislichkeit der Tatsache handelt es sich um eine objektive Bedingung der Strafbarkeit mit der Folge, dass sich der Vorsatz hierauf nicht zu beziehen braucht.[1680] Ist die Tatsache erwiesenermaßen wahr, liegt ein Strafausschließungsgrund vor (beachte hier insbesondere § 190). Der Täter trägt das volle Beweisrisiko und somit die Gefahr der Verurteilung, auch wenn Zweifel bestehen.[1681] In diesem Falle gilt der Grundsatz *in dubio pro reo* nicht. Es erfolgt eine Aufklärung des Sachverhalts von Amts wegen, vgl. § 244 II StPO. Der Wahrheitsbeweis ist geführt, wenn die Behauptung in ihrem Kern zutrifft.[1682] Der Wahrheitsbeweis kann durch ein Strafurteil bzw. Freispruch nach § 190 geführt werden.

975 Ist der Wahrheitsbeweis geführt, kann aber immer noch eine strafbare **Formalbeleidigung** nach §§ 185, 192 vorliegen.

> **Beispiel:** Richter Streng bezeichnet seinen Nachbarn, den Grundschullehrer Dr. Asmodi, als pädophil. A verklagt S. Diesem gelingt im Verfahren, seine Aussage als wahr zu belegen, zumal A schon einmal rechtskräftig wegen eines Vergehens an einer Minderjährigen verurteilt worden ist, § 190. A hatte vor Jahren mit einer minderjährigen Schülerin ein Verhältnis gehabt, ist mit ihr aber mittlerweile verheiratet. Andere Vorfälle hat es nicht gegeben. Um die Jugend vor dem „Teufel" zu „schützen", stellte S noch vor dem Prozess – ganz nach US-Vorbild – in seinem Garten eine große Tafel auf mit der Aufschrift „Grundschullehrer Dr. Asmodi missbraucht Ihre Kinder".
>
> S hat sich nach §§ 185, 192 strafbar gemacht. Form und Umstände sind – zumindest in Deutschland – als selbstständige Beleidigung gegenüber der wahren Tatsachenbehauptung anzusehen. Die Art der öffentlichen Verbreitung, das Aufstellen von Schildern, ist in Relation zur begangenen Tat unter Würdigung der Gesamtumstände (Täter heiratet Opfer und ist kein Wiederholungstäter) als **Publikationsexzess** anzusehen. Das öffentliche Interesse ist, gemessen an dem Gewicht der Tatsache, als geringwertig anzusehen.
>
> Anders dürfte es jedoch sein, wenn A mehrfach bestrafter Wiederholungstäter wäre und immer noch unterrichtete. Dann kann bereits ein Publikationsexzess verneint werden, zumal das öffentliche Interesse erheblich ist. Auf jeden Fall kommt eine Rechtfertigung nach § 193 in Betracht.

II. Rechtswidrigkeit und III. Schuld

976 Es gelten die allgemeinen Grundsätze. Hinsichtlich der Rechtswidrigkeit zu beachten ist aber auch hier vorrangig die Wahrnehmung berechtigter Interessen nach § 193 (siehe Rn 988 ff.).

IV. Qualifikation nach § 186 Var. 2 und § 188 I[1683]

977 § 186 Var. 2 qualifiziert die üble Nachrede, wenn die Tat öffentlich oder durch das Verbreiten von Schriften begangen wird.

[1679] Sch/Sch-*Eisele/Schittenhelm*, § 186 Rn 11; Lackner/Kühl-*Kühl*, § 186 Rn 10.
[1680] BGHSt 11, 273, 274; *Joecks/Jäger*, § 186 Rn 8/10.
[1681] Lackner/Kühl-*Kühl*, § 186 Rn 7a.
[1682] BGHSt 18, 182; *Rengier*, BT II, § 29 Rn 10/12.
[1683] Zum (abweichenden) Prüfungsaufbau in der Fallbearbeitung siehe oben Rn 933 (entsprechend).

Beleidigungsdelikte (§§ 185 ff.)

- **Öffentlich** ist die üble Nachrede erfolgt, wenn sie – unabhängig von der Öffentlichkeit des fraglichen Ortes – von einem größeren, nach Zahl und Individualität unbestimmten oder durch nähere Beziehung nicht verbundenen Personenkreis unmittelbar wahrgenommen werden kann.[1684]

  Nicht unter den Begriff der Öffentlichkeit zu subsumieren sind Äußerungen, die in geschlossenen Gesellschaften, kaum gefüllten Räumen oder auf einsamen Plätzen kundgegeben werden.[1685]

  Beispiele für die Öffentlichkeit sind das Bereitstellen von Informationen im Internet sowie Äußerungen in Printmedien, Rundfunk und Fernsehen.[1686]

- Macht der Täter die üble Nachrede einem größeren Personenkreis körperlich und nicht nur ihrem Inhalt nach zugänglich, verwirklicht er die Qualifikation **durch das Verbreiten von Schriften**, denen gem. § 11 III Ton- und Bildaufnahmen sowie elektronische Medien gleichstehen.[1687]

Hinsichtlich der Qualifikation nach § 186 Var. 2 ist zu beachten, dass der Ehrträger oder sonst ein Berechtigter gem. § 200 auf eine öffentliche Bekanntgabe des Urteils bestehen kann, sofern wegen der Beleidigung nach Maßgabe dieser Qualifikation auf Strafe erkannt wurde.

§ 188 I qualifiziert die üble Nachrede, wenn diese gegen **Personen des politischen Lebens** begangen wird. Im politischen Leben des Volkes stehen nur Personen, die sich für eine gewisse Dauer mit den grundsätzlichen, den Staat, seine Verfassung, Gesetzgebung und Verwaltung unmittelbar berührenden Angelegenheiten befassen und aufgrund ihrer Position das politische Leben maßgeblich beeinflussen.[1688]

D. Verleumdung (§ 187)

Die Verleumdung nach § 187 qualifiziert den Tatbestand des § 186 dergestalt, dass er die Unwahrheit der Dritten gegenüber mitgeteilten Tatsache als objektives Tatbestandsmerkmal normiert.[1689] In der ersten Begehungsmodalität macht sich strafbar, wer wider besseres Wissen in Beziehung auf einen anderen eine unwahre Tatsache behauptet oder verbreitet, welche denselben verächtlich zu machen oder in der öffentlichen Meinung herabzuwürdigen geeignet ist. Unwahr ist die Behauptung, wenn sie in ihren wesentlichen Punkten falsch ist. Geringfügige Übertreibungen oder die Unrichtigkeit von Nebensächlichkeiten genügen insofern nicht.[1690]

Beispiel: Behauptet T gegenüber Dritten wahrheitswidrig, O sei ein Betrüger, liegt der objektive Tatbestand des § 187 vor. Denn die Bezeichnung des O als Betrüger ist geeignet, ihn verächtlich zu machen bzw. in der öffentlichen Meinung herabzuwürdigen.

Behauptet der Täter den Inhalt der Äußerung nicht, sondern stellt diesen als richtig hin, liegt ein „Behaupten" nicht vor. Dann aber kommt ein „Verbreiten" einer unwahren Tatsache in Betracht.

Beispiel: Wieder hat O in Wahrheit keinen Betrug begangen. Dennoch postet T in einem Internetforum, O sei ein Betrüger, und stellt dies so dar, als sei es seine Überzeugung.

[1684] RGSt 38, 207, 208; 42, 112, 113.
[1685] *Rengier*, BT II, § 29 Rn 16.
[1686] Sch/Sch-*Eisele/Schittenhelm*, § 186 Rn 19.
[1687] Sch/Sch-*Eisele/Schittenhelm*, § 186 Rn 20.
[1688] BayObLG NJW 1982, 2511.
[1689] Lackner/Kühl-*Kühl*, § 187 Rn 1.
[1690] Sch/Sch-*Eisele/Schittenhelm*, § 187 Rn 2.

Beleidigungsdelikte (§§ 185 ff.)

Hier liegt der objektive Tatbestand des § 187 in der Modalität des Behauptens nicht vor. Jedoch hat T eine unwahre Tatsache verbreitet, die geeignet ist, ihn verächtlich zu machen bzw. in der öffentlichen Meinung herabzuwürdigen.

983a Bleiben Zweifel hinsichtlich der Unwahrheit, ist § 186 zu prüfen, wobei aber zuvor der unwiderlegbare Wahrheitsbeweis nach § 190 zu beachten ist.

984 Wegen der Eigenschaft der Tatsache als unwahr muss sich auch der Vorsatz des Täters auf die Unwahrheit beziehen. Verschärft wird die Anforderung bezüglich der Unwahrheit dadurch, dass der Täter „wider besseres Wissen" handeln muss. Dies erfordert die sichere Kenntnis der Unwahrheit i.S.d. *dolus directus* 2. Grades.[1691]

985 Die ebenfalls in § 187 genannte Kreditgefährdung stellt nach h.M. ein Vermögensdelikt dar. Geschützt wird das Vertrauen, das jemand (auch eine juristische Person) hinsichtlich der Erfüllung seiner vermögensrechtlichen Verbindlichkeiten genießt.[1692] Geschützt wird sozusagen die „wirtschaftliche Seite" der Ehre.

> **Beispiel:** Bauunternehmer U behauptet gegenüber etlichen Lieferanten von Baustoffen wahrheitswidrig, K (ein Konkurrent) sei in wirtschaftliche Schwierigkeiten geraten und könne seine Rechnungen nicht mehr bezahlen. Damit erhofft sich U, dass die Zulieferer von Baustoffen K nicht mehr beliefern und dieser dadurch ein Insolvenzverfahren beantragen muss.

986 Eine **Rechtfertigung** durch Wahrnehmung berechtigter Interessen nach § 193 (dazu Rn 988 ff.) scheidet nach ganz h.M. aus. Die Verfolgung eines berechtigten Zwecks kann nicht mit der bewussten Lüge vereinbart werden. Eine Ausnahme von diesem Grundsatz wird nur dann gemacht, wenn die Verleumdung nach § 187 die einzige Möglichkeit ist, ein Fehlurteil zu vermeiden.[1693]

> **Beispiel:** Würde T im Beispiel von Rn 983 nur deshalb posten, O sei ein Betrüger, um diesen zu einer Stellungnahme zu bewegen, wäre zumindest an § 193 zu denken. Allerdings ist selbst das Grundrecht auf Meinungsäußerung, das § 193 zugrunde liegt, nicht geeignet, die bei O hervorgerufene Ehrverletzung zu rechtfertigen.

987 Der **Strafantrag** nach § 194 ist Voraussetzung für die Verfolgung der Tat.

E. Rechtfertigungsgrund gem. § 193

988 § 193 normiert einen besonderen Rechtfertigungsgrund, der neben den allgemeinen Rechtfertigungsgründen, insbesondere der Notwehr und der Einwilligung, bei den Ehrdelikten zur Anwendung kommt.[1694] § 193 wird im Falle einer Meinungsäußerung als eine Ausprägung des Grundrechts der freien Meinungsäußerung nach Art. 5 I S. 1 Var. 1 GG verstanden und basiert auf dem Prinzip der Güterabwägung.[1695] Hauptanwendungsfall des § 193 ist die **Wahrnehmung berechtigter Interessen**, sofern die bei Rn 933 f. und Rn 944 ff. beschriebene Güter- und Interessenabwägung nicht schon bereits erschöpfend auf Tatbestandsebene vorgenommen wurde. Gemeinhin werden vier Kriterien genannt, die zu beachten sind.

989 ▪ Zunächst bedarf es **berechtigter Interessen**. Diese sind Interessen des einzelnen oder der Allgemeinheit, die dem Recht und den guten Sitten nicht zuwiderlaufen.[1696] Die in Re-

---

[1691] Vgl. OLG Hamm 25.10.2005 – 3 Vs 1/05; *W/H/E*, BT 1, Rn 548; *Rengier*, BT II, § 29 Rn 17.
[1692] Lackner/Kühl-*Kühl*, § 187 Rn 2.
[1693] RGSt 48, 414, 415; 58, 39; Sch/Sch-*Eisele/Schittenhelm*, § 193 Rn 2; Lackner/Kühl-*Kühl*, § 193 Rn 3.
[1694] Vgl. MüKo-*Joecks/Regge/Pegel*, § 193 Rn 1; Sch/Sch-*Eisele/Schittenhelm*, § 193 Rn 1.
[1695] BVerfGE 42, 143, 152; *R. Schmidt*, Grundrechte, 24. Aufl. 2019, Rn 501 ff.
[1696] OLG Jena NJW 2002, 1890, 1891; *W/H/E*, BT 1, Rn 574.

Beleidigungsdelikte (§§ 185 ff.)

de stehende Sache muss den Täter (auch Vertreter der Presse[1697]) so nahe berühren, dass er sich nach vernünftigem Ermessen zu ihrem Verfechter aufwerfen darf.[1698]

- Die Beleidigung muss gem. den allgemeinen Grundsätzen einer Güterabwägung **geeignet** und **erforderlich** für die Interessenwahrnehmung sein. Es gilt der Grundsatz, dass die Ehrverletzung das schonendste Mittel der Interessenwahrnehmung sein muss. Bei Tatsachenbehauptungen muss der Täter unter Berücksichtigung der jeweiligen Möglichkeiten und Umstände prüfen, ob die von ihm getätigte Äußerung wahr ist, sog. Prüfpflicht. Angesprochen sind hier die Massenmedien. Die Gefahr einer nachhaltigen Verletzung der Persönlichkeit ist immer ein bedeutender Faktor. Bei leichtfertigen Äußerungen kommt dem Täter also § 193 nicht zugute.[1699] **990**

- Des Weiteren muss die Beleidigung ein **angemessenes Mittel** darstellen. Dies ist dann der Fall, wenn eine Abwägung aller Umstände des konkreten Falls ergibt, dass das Interesse, die fragliche Äußerung tun zu dürfen, das Interesse am Schutz der Ehre überwiegt.[1700] Es sind insbesondere die Grundrechte des Art. 5 GG zu beachten. Drei Bereiche sind hier von Bedeutung. **991**

  ⇨ Grundsätze des **politischen Meinungskampfs**: Für den politischen Meinungskampf gelten besondere Regeln, grds. aber nur für den „Gegen"-, nicht für den „Erstschlag". Übertreibende oder verallgemeinernde Bezeichnungen des politischen Gegners sowie scharfe und drastische Formulierungen sind i.d.R. von § 193 gedeckt.[1701] Im Grundsatz gilt jedoch auch hier die Einschränkung, dass eine Auseinandersetzung mit der Sache und nicht eine „Abrechnung mit der Person" erfolgen soll (Schmähkritik; Angriff auf die Würde), vgl. Rn 944 ff. Rechtstechnisch kann die Abwägung der Meinungsäußerungsfreiheit und ggf. der Kunstfreiheit (bei politischer Satire) mit der persönlichen Ehre bereits auf Tatbestandsebene erfolgen, indem dort eine „Art. 5 I S. 1 Var. 1 GG bzw. Art. 5 III S. 1 Var. 1 GG konforme" Auslegung des § 185 vorgenommen wird, sodass sich ein Rückgriff auf § 193 nicht unbedingt ergibt (vgl. Rn 944 ff.). Jedoch ist es nicht falsch, auf Tatbestandsebene eine Verwirklichung des § 185 zu bejahen und im Rahmen des § 193 eine Abwägung des Grundrechts der Meinungsäußerungsfreiheit nach Art. 5 I S. 1 Var. 1 GG bzw. der Kunstfreiheit nach Art. 5 III S. 1 Var. 1 GG mit dem Persönlichkeitsrecht des Ehrträgers nach Art. 2 I i.V.m. Art. 1 I GG vorzunehmen. Dann aber sollte man den Tatbestand nicht begründungslos bejahen, sondern zumindest den Hinweis nebst Begründung geben, dass man die Meinungsäußerungsfreiheit bzw. die Kunstfreiheit als berechtigtes Interesse im Rahmen des Rechtfertigungsgrundes gem. § 193 berücksichtigen werde. **992**

  ⇨ **Kunstfreiheit**: Kompromittierende oder diffamierende Kunstwerke, Karikaturen und Satire können den Tatbestand der Beleidigungsdelikte erfüllen. In Anlehnung an das zur Meinungsäußerungsfreiheit Gesagte ist es auch hier (d.h. bei nicht politischer Satire) möglich, bereits auf Tatbestandsebene auf Art. 5 III S. 1 Var. 1 GG einzugehen und eine Abwägung mit dem Persönlichkeitsrecht des Ehrträgers nach Art. 2 I i.V.m. 1 I GG vorzunehmen, sodass sich ein Rückgriff auf § 193 auch hier nicht zwingend ergibt. Auf § 193 jedenfalls nicht einzugehen ist, wenn die Abwägung zwischen der Kunstfreiheit und dem allgemeinen Persönlichkeitsrecht ergibt, dass die Kunstfreiheit den Vorrang genießt und dadurch der Tatbestand der Beleidigung nicht verwirklicht ist. Ist der Tatbestand einer Strafnorm schon nicht erfüllt, bedarf es keiner Diskussion, ob im Rahmen der Rechtswidrigkeit ein Rechtfertigungsgrund greift (vgl. bereits Rn 944b, 944e). **993**

[1697] Lackner/Kühl-*Kühl*, § 193 Rn 8; *Joecks/Jäger*, § 193 Rn 8.
[1698] RGSt 63, 229, 231.
[1699] Lackner/Kühl-*Kühl*, § 193 Rn 10; BGHSt 14, 48, 51; BVerfG NJW 2000, 199.
[1700] OLG Oldenburg NStZ-RR 2008, 201 (dazu oben Rn 944c); OLG Jena NJW 2002, 1890, 1891; BayObLG NJW 1995, 2501; *Rengier*, BT II, § 29 Rn 43 m.w.N.
[1701] BVerfG NJW 1992, 2815; BGH NJW 2000, 3421.

Beleidigungsdelikte (§§ 185 ff.)

994 ⇨ Strafanzeigen, Verhalten von Prozessbeteiligten: Für **Strafanzeigen** und Anzeigen wegen Dienstpflichtverletzungen gilt, dass Anhaltspunkte hierfür vorliegen müssen. Der Anzeigende braucht jedoch nicht von der Richtigkeit des zugrunde liegenden Sachverhalts überzeugt zu sein. Die Aufklärung ist Aufgabe der zuständigen Behörde. Der Täter ist also nach § 193 gerechtfertigt.[1702] Besondere Beachtung verdient in einem Rechtsstaat das Verhalten von Prozessbeteiligten, insbesondere von Angeklagten (vgl. das folgende Beispiel) und Anwälten[1703].

Beispiel[1704]: Angeklagter A sagt in der Hauptverhandlung, seine damalige Freundin F sei Pornodarstellerin gewesen, um ihre Drogensucht zu finanzieren. Für Geld habe sie sich auch von jedem begrabschen lassen. A ging von der Wahrheit seiner Behauptungen aus. Der Beweis misslingt jedoch.

Die Tatbestandsvoraussetzungen des § 186 liegen vor. Fraglich ist jedoch, ob eine Rechtfertigung nach § 193 vorliegt. Das BVerfG zog für die Prüfung der Angemessenheit das Recht des Angeklagten auf freie Meinungsäußerung nach Art. 5 I GG sowie das Recht des Angeklagten auf ein faires Verfahren nach Art. 20 III, 2 I GG heran. Bei der Ehrträgerin ist freilich das allgemeine Persönlichkeitsrecht gem. Art. 2 I i.V.m. 1 I GG zu beachten. Bei der Abwägung kam das BVerfG zu dem Ergebnis, dass das Recht des Angeklagten auf eine effektive Verteidigung nicht von dem Damokles-Schwert weiterer Bestrafung wegen Beleidigung i.w.S. überschattet werden dürfe, soweit es sich nicht um Schmähungen handele. Der Angeklagte muss also immer von der Richtigkeit seiner Aussagen überzeugt sein, ohne der „Prüfpflicht" vollumfänglich nachkommen zu müssen. Folgt man dieser Auffassung, ist A gem. § 193 gerechtfertigt.

995 ▪ Subjektives Element: Nach der Rspr.[1705] ist die *Absicht* der Interessenwahrnehmung erforderlich (sog. Rechtfertigungswille). Die h.L.[1706] lässt für das Vorliegen des Rechtfertigungswillens die *Kenntnis* von der Rechtfertigungslage genügen.

> **Hinweis für die Fallbearbeitung:** Auch wenn § 193 primär Ausdruck der Grundrechte aus Art. 5 I, III GG ist, muss methodisch § 193 (und nicht Art. 5 I, III GG) als Rechtfertigungsgrund herangezogen werden. Die Grundrechte aus Art. 5 I, III GG sind lediglich bei der im Rahmen des § 193 vorzunehmenden Interessenabwägung zu berücksichtigen. Hauptfall der Heranziehung des Art. 5 I, III GG bei der Wahrnehmung berechtigter Interessen ist die öffentliche Auseinandersetzung mit Äußerungen des betreffenden Ehrträgers.

[1702] RGSt 66, 1; OLG Köln NJW 1997, 1247 mit Bespr. *Fahl*, JA 1998, 365.
[1703] LG Düsseldorf StV 2002, 660 (zu § 186) und *Wohlers*, StV 2001, 420 ff.
[1704] In Anlehnung an BVerfG StV 2000, 416.
[1705] BGH NStZ 1987, 554; OLG Düsseldorf VRS 60, 115.
[1706] Sch/Sch-*Eisele/Schittenhelm*, § 193 Rn 23; Lackner/Kühl-*Kühl*, § 193 Rn 9.

9. Kapitel – Straftaten gegen die öffentliche Ordnung

Bei den Straftaten gegen die öffentliche Ordnung (§§ 123-145d) handelt es sich (von § 123 einmal abgesehen) um Delikte, die sich gegen die innere Sicherheit der Bundesrepublik richten. Neben dem Hausfriedensbruch, der in erster Linie das individuelle Hausrecht schützt, werden im Folgenden der schwere Hausfriedensbruch (§ 124), der Landfriedensbruch (§ 125), die Volksverhetzung (§ 130) und die öffentliche Aufforderung zu Straftaten (§ 111) behandelt. Die Verbreitung von Propagandamitteln (§ 86) und die Verwendung von Kennzeichen verfassungswidriger Organisationen (§ 86a) sind bei Rn 1386 ff. und Rn 1399 ff. dargestellt.

996

A. Hausfriedensbruch (§ 123)

Das Schutzgut des § 123 ist im Einzelnen unklar. Im Wesentlichen geht es jedoch trotz der systematischen Stellung der Vorschrift im 7. Abschnitt des StGB über die öffentliche Ordnung um die Freiheit der Entscheidung des Rechtsgutträgers darüber, wer sich innerhalb der geschützten Räumlichkeiten und des befriedeten Besitztums aufhalten darf, mithin um das Hausrecht.[1707] Probleme bereitet § 123 hauptsächlich bei Gebäuden mit Öffentlichkeitsbezug sowie bei der Beantwortung der Frage, ob eine Unterlassungstäterschaft möglich ist. Fraglich kann auch sein, wer bei mehreren in Betracht kommenden Rechtsgutträgern das konkrete Hausrecht hat bzw. es ausüben darf. Es bietet sich folgender Aufbau an:

997

Hausfriedensbruch (§ 123)

I. Tatbestand

1. Objektiver Tatbestand

Geschützte Objekte sind die Wohnung, Geschäftsräume, das befriedete Besitztum und abgeschlossene Räume, welche zum öffentlichen Dienst oder Verkehr bestimmt sind.

- **Wohnung** ist der Inbegriff von Räumlichkeiten, deren Hauptzweck darin besteht, Menschen (vorübergehend) als Unterkunft zu dienen, ohne dass sie in erster Linie Arbeitsräume sind.

- **Geschäftsräume** sind abgeschlossene (auch mobile) Betriebs- und Verkaufsstätten, die hauptsächlich für eine gewisse Zeit oder dauernd gewerblichen (auch künstlerischen, wissenschaftlichen oder ähnlichen) Zwecken dienen.

- **Befriedetes Besitztum** ist ein in äußerlich erkennbarer Weise gegen Betreten durch zusammenhängende (nicht notwendigerweise lückenlose) Schutzwehren gesichertes bebautes oder unbebautes Grundstück. Nach h.M. gehören grds. auch sog. **Zubehörflächen** zum befriedeten Besitztum. Das sind Grundstücksflächen bzw. Raumgebilde, die selbst nicht abgeschlossen, jedoch für jedermann erkennbar mit geschützten Räumen örtlich und funktional eng verbunden sind. Zu nennen sind hier Höfe, Vorgärten oder Kaufhofpassagen.

- Zu den zum **öffentlichen Dienst** oder zum **öffentlichen Verkehr** bestimmten **abgeschlossenen Räumen** gehören bspw. Schulen, Kirchen, Gerichte und öffentliche Verkehrseinrichtungen wie Bus, Bahn, Flugzeug sowie die dazugehörigen Gebäude (Bahnhöfe, Flughäfen). Auch Zubehörflächen sind erfasst.

Tathandlung kann zunächst das **Eindringen** (Var. 1) sein. Eindringen ist das Gelangen in die geschützten Räume gegen (oder ohne) den Willen des Berechtigten.

Die Formulierung „**gegen den Willen**" verdeutlicht, dass die Einwilligung des Hausrechtsinhabers – auch durch **Widmung** – als **Einverständnis tatbestandsausschließend** wirkt. **Willensmängel** sind somit **unbeachtlich**, sodass auch ein erschlichenes und sogar durch Nötigung erwirktes Einverständnis wirksam ist (str.). Probleme ergeben sich aber, wenn Räumlichkeiten, die dem allgemeinen **Publikumsverkehr** offenstehen, wie Geschäfte, Rechtsanwaltskanzleien, Arztpraxen, Museen, Sportstadien oder Behörden, zu widerrechtlichen Zwecken betreten werden. Nach h.M. bezieht sich die generelle Zutrittser-

---

[1707] So *W/H/E*, BT 1, Rn 645. Ähnlich Sch/Sch-*Sternberg-Lieben/Schittenhelm*, § 123 Rn 1.

Straftaten gegen die öffentliche Ordnung – Hausfriedensbruch (§ 123)

laubnis nicht nur auf redliche Besucher, sondern erstreckt sich auch auf Personen mit äußerlich nicht erkennbarer rechtsfeindlicher Absicht. Es liegt demnach auch hier ein tatbestandsausschließendes Einverständnis vor.

Nach der wohl h.M. ist ein Eindringen auch durch **Unterlassen** i.S.d. § 13 möglich. Folgt man dieser Auffassung, ist aber die Abgrenzung zur 2. Tatvariante fraglich. Diese besteht in dem Verweilen, d.h. in dem **Sich-nicht-Entfernen** aus einem geschützten Objekt, obwohl der Berechtigte zum Verlassen aufgefordert hat (**echtes Unterlassungsdelikt**, sodass auf § 13 *nicht* einzugehen ist). Die 2. Var. erfasst somit Situationen, in denen der Täter zunächst zulässigerweise (sei es durch Einverständnis, Rechtfertigung oder Entschuldigung) in die Räumlichkeit gelangt ist, sodass die Konstruktion eines Eindringens durch Unterlassen nicht erforderlich ist.

Der **Inhaber des Hausrechts** braucht nicht Eigentümer zu sein. Maßgeblich ist allein, dass ihm die **Befugnis** zusteht, über Zugang in den Raum und Aufenthalt in demselben zu bestimmen und er ein **stärkeres Recht** hat als Mitberechtigte und der Störer.

2. Subjektiver Tatbestand: Vorsatz (*dolus eventualis* genügt)

II. Rechtswidrigkeit und III. Schuld: Es gelten die allgemeinen Grundsätze.

IV. Prozessvoraussetzung: Strafantrag nach § 123 II; Privatklageerfordernis

I. Tatbestand

1. Objektiver Tatbestand

a. Geschützte Objekte

998 Der geschützte Bereich ist katalogartig und abschließend aufgezählt. Umfasst werden Wohnungen, Geschäftsräume, befriedete Besitztümer und zum öffentlichen Dienst oder Verkehr bestimmte, in sich abgeschlossene Räume.

999 **Wohnung** ist der Inbegriff von Räumlichkeiten, deren Hauptzweck darin besteht, Menschen (vorübergehend) als Unterkunft zu dienen, ohne dass sie in erster Linie Arbeitsräume sind.[1708]

> **Beispiele:** Lässt man es genügen, wenn die Räumlichkeit nur vorübergehend als Wohnung genutzt werden soll, gehören neben der festen Wohnung auch Hotelzimmer, Krankenhauszimmer, Wohnwagen, Campingzelte oder Schiffe dazu. Leer stehende Wohnungen gehören nicht dazu. Sie sind befriedetes Besitztum. Zur Wohnung gehören aber auch einzelne unbenutzte Räume, desgleichen im Rahmen eines Mietvertrags Treppen, Waschküche, Keller etc. Auch Hafträume sind geschützt (str.).

1000 **Geschäftsräume** sind abgeschlossene (auch mobile) Betriebs- und Verkaufsstätten, die hauptsächlich für eine gewisse Zeit oder dauernd gewerblichen (auch künstlerischen, wissenschaftlichen oder ähnlichen) Zwecken dienen.[1709]

> **Beispiele:** Gasthausräume, Cafés, Fabriken, Werkstätten und Marktbuden. Auch auf Schiffen oder Wohnwagen kann es Geschäftsräume geben. Nebenräume gehören dazu.

1001 **Befriedetes Besitztum** ist ein in äußerlich erkennbarer Weise gegen Betreten durch zusammenhängende (nicht notwendigerweise lückenlose) Schutzwehren gesichertes bebautes oder unbebautes Grundstück. „Befriedet" bedeutend „eingehegt".[1710]

[1708] *Fischer*, § 123 Rn 6; Sch/Sch-*Sternberg-Lieben/Schittenhelm*, § 123 Rn 4.
[1709] *Fischer*, § 123 Rn 7; *W/H/E*, BT 1, Rn 652.
[1710] Lackner/Kühl-*Heger*, § 123 Rn 3.

388

Straftaten gegen die öffentliche Ordnung – Hausfriedensbruch (§ 123)

Beispiele: Kirchhof, Friedhof, Lagerplätze, eingefriedete Äcker, Wiesen, Weiden und Schonungen sowie Räumlichkeiten, die nicht unter die Wohnung subsumiert werden (etwa Stallanlagen[1711])

Ob eine Einfriedung bzw. Einhegung anzunehmen ist, ist eine Tatfrage. Eine völlige Abschließung oder Unüberwindbarkeit der Einfriedung ist nicht nötig. Maßgeblich ist, dass die Absperrung den Willen des Berechtigten erkennen lässt, den freien Zutritt zu verwehren (Schutzwehr). Dafür genügt auch eine niedrige Umwallung oder eine Absperrung mit Flatterband. Und da schon eine lückenbehaftete Schutzwehr ausreicht, ist auch ein unverschlossenes Gebäude „befriedetes Besitztum".

Im Zusammenhang mit **Fußgängerunterführungen** oder **Einkaufspassagen** in Fußgängerzonen sind indes kaum Anhaltspunkte für eine derartige Schutzwehr zu finden. Diese Objekte sollen nach dem erkennbaren Willen des Eigentümers/Berechtigten ja gerade frei betreten und passiert werden können. Etwas anderes könnte allenfalls dann gelten, weil bzw. soweit die Räumlichkeiten unter dem Straßenniveau liegen und naturgemäß über Abgrenzungen verfügen bzw. durch Rolltore abgesperrt werden können. Allerdings ist zweifelhaft, ob Rolltore – soweit vorhanden – tagsüber für Passanten überhaupt sichtbar sind und ob sie in dieser Zeit den Eindruck einer Absperrung erwecken können. Man wird sogar den Umkehrschluss ziehen und sagen können, dass der Berechtigte im Zeitraum, in dem die Rolltore hochgefahren sind, mit dem Betreten der Allgemeinheit einverstanden ist. Jedenfalls ist für eine reine Fußgängerunterführung allgemein anerkannt, dass sie kein befriedetes Besitztum darstellt, weil es ihr an Schutzwehren fehlt.[1712]

Jedenfalls gelten Neubauten, leer stehende Wohnungen und zum Abbruch bestimmte Häuser als befriedetes Besitztum. Daher stellen auch **Hausbesetzungen** grundsätzlich einen strafbaren Hausfriedensbruch dar.[1713]

Nach h.M. gehören grds. auch sog. **Zubehörflächen** zum befriedeten Besitztum. Zubehörflächen sind Grundstücksflächen bzw. Raumgebilde, die selbst nicht abgeschlossen, jedoch für jedermann erkennbar mit geschützten Räumen örtlich und funktional eng verbunden sind. Zu nennen sind hier Höfe, Vorgärten oder Kaufhofpassagen.[1714] Um aber nicht mit dem Bestimmtheitsgrundsatz und dem Schuldprinzip zu kollidieren, ist hinsichtlich der Frage, ob im konkreten Fall eine dem § 123 I unterfallende Zubehörfläche vorliegt, im Zweifel eine einschränkende Auslegung geboten.

> **Hinweis für die Fallbearbeitung:** Da es sich hinsichtlich der Zubehörflächen um einen abgeleiteten Schutz handelt, muss zunächst das unmittelbar geschützte Tatobjekt festgestellt werden. Erst wenn festgestellt wird, dass dieses dem Schutz des § 123 unterfällt, ist Raum für die Prüfung der Zubehörflächen. Dabei ist – wie aufgezeigt – eine zurückhaltende Auslegung geboten.

Weiterhin gehören zu den Schutzobjekten **abgeschlossene Räume**, die zum **öffentlichen Dienst** oder zum **öffentlichen Verkehr** bestimmt sind.

Zu den zum **öffentlichen Dienst** oder zum **öffentlichen Verkehr** bestimmten **abgeschlossenen Räumen** gehören bspw. Schulen, Kirchen, Gerichte und öffentliche Verkehrseinrichtungen wie Bus, Bahn, Flugzeug sowie die dazugehörigen Gebäude (Bahnhöfe, Flughäfen).[1715]

1002

Zu beachten ist jedoch, dass allein die Zugehörigkeit des Objekts zum öffentlichen Personen- oder Güterverkehr noch nicht ausreicht, um als Schutzobjekt i.S.d. § 123 I zu fungie-

---

[1711] OLG Naumburg NJW 2018, 2064, 2065 f. (dazu *R. Schmidt*, AT, Rn 415).
[1712] Vgl. OLG Frankfurt/M NJW 2006, 1746 f.
[1713] Nach OLG Stuttgart NStZ 1983, 123 soll ein fenster- und türloses Haus nicht als befriedet gelten. Der Wille des Berechtigten müsse sich für einen Dritten objektiv manifestieren. Wenn keine Hürden zu überwinden seien, sei eine dem Betreten entgegenstehende Einfriedung nicht erkennbar.
[1714] Für die h.M. Lackner/Kühl-*Heger*, § 123 Rn 3; *Rengier*, BT II, § 30 Rn 5; dagegen *Volk*, JR 1981, 167; *Amelung*, JZ 1986, 247.
[1715] Sch/Sch-*Sternberg-Lieben/Schittenhelm*, § 123 Rn 7/8; *Rengier*, BT II, § 30 Rn 6/7.

389

Straftaten gegen die öffentliche Ordnung – Hausfriedensbruch (§ 123)

ren. Hinzukommen muss eine bauliche Begrenzung des Raums, die diesen vor beliebigem Betreten schützt, weil anderenfalls das Merkmal „abgeschlossen" nicht erfüllt ist. Ob daher Bahnhöfe, die den freien Zugang gegenüber jedermann eröffnen, als „abgeschlossene" Räume angesehen werden können, ist zweifelhaft. Liegen aber die genannten Voraussetzungen vor, sind auch hinsichtlich der zum öffentlichen Dienst oder zum öffentlichen Verkehr bestimmten abgeschlossenen Räume **Zubehörflächen** erfasst. Daher ist es möglich, dass räumliche Gebilde, die örtlich und funktional mit einem Schutzobjekt des § 123 I eng verbunden sind, als Zubehörfläche gelten und damit ebenfalls dem Schutz des § 123 unterstehen.

Beispiel: Die **Zugangsebene** zu einem **U-Bahnhof** kann in Abhängigkeit von ihrer örtlichen und funktionalen Verbundenheit zum U-Bahnhof als Zubehörfläche gelten. Allein die bauliche Angrenzung genügt hierfür allerdings noch nicht; sie muss sich als funktionale Einheit mit dem U-Bahnhof erweisen. Ist also der U-Bahnhof als abgeschlossener Raum, der zum öffentlichen Verkehr bestimmt ist, anzusehen, kann auch die Zugangsebene vom Schutz des § 123 erfasst sein. Aufgrund der Unbestimmtheit des Merkmals *Zubehörfläche* und damit verbundenen Ausweitung des Tatbestands ist aber auch hier eine restriktive Auslegung vorzunehmen.[1716]

> **Hinweis für die Fallbearbeitung:** Handelt es sich bei dem im Sachverhalt genannten Objekt möglicherweise um einen zum öffentlichen Dienst oder zum öffentlichen Verkehr bestimmten abgeschlossenen Raum, ist die Prüfung mit dieser Variante der geschützten Tatobjekte zu beginnen. Kann das im Sachverhalt genannte Objekt nicht darunter subsumiert werden, ist die Prüfung nicht etwa abzubrechen, sondern mit der Frage fortzufahren, ob das Objekt befriedetes Besitztum ist und *unter diesem Aspekt* dem Schutz des § 123 I unterfällt. Die diesbezügliche Prüfung wird aber zumeist zu einem anderen Ergebnis führen.

1002a **Einschränkende Auslegung des Tatbestands bei Vorliegen eines Gemeingebrauchs:** Da der Schutzzweck des § 123 in der Wahrung des persönlichen Hausrechts und damit der Verfügungsgewalt des Rechtsgutträgers besteht, könnte es insbesondere hinsichtlich der soeben behandelten zum öffentlichen Dienst oder zum öffentlichen Verkehr bestimmten abgeschlossenen Räume gerade an diesem Schutzzweck fehlen, weil die Objekte i.d.R. dem **Gemeingebrauch** unterliegen. Der Gemeingebrauch ist geradezu der Gegenbegriff zum persönlichen Hausrecht. Er gewährt jedermann ein subjektives Recht, eine Sache ohne besondere Zulassung im Rahmen der öffentlichen Zweckbestimmung (der **Widmung**) zu nutzen.[1717] Auf die Eigentumsverhältnisse kommt es in diesem Zusammenhang nicht an; auch an privaten Grundstücken ist ein Gemeingebrauch möglich, sofern sie nur dem freien Zugang gewidmet sind.[1718] Bei im Eigentum der öffentlichen Hand stehenden Gebäuden bzw. Grundstücken kann die Widmung durch Verwaltungsakt, aber auch (wie bei privaten Eigentümern) durch Benutzungsordnungen oder konkludent durch schlichtes Zur-Verfügung-Stellen erfolgen.[1719] Da zumindest Letzteres bei öffentlichen Gebäuden und Flächen anzunehmen ist, kann es am geschützten Rechtsgut *persönliches Hausrecht* fehlen und der Tatbestand des Hausfriedensbruchs zu verneinen sein. Auf der anderen Seite kann die Reichweite der Widmung auf Besucher, Fahrgäste, Kunden etc. beschränkt sein, sodass außerhalb des „gewünschten" Personenkreises stehende Personen den Tatbestand des § 123 verwirklichen können.[1720] In Rechtsprechung und Literatur ist dieser Aspekt noch nicht hinreichend geklärt, und solange keine höchstrichterliche Entscheidung getroffen ist, wird die Thematik eine offene Frage bei der Prüfung der Strafbarkeit nach § 123 bleiben. Der Verdeutlichung dieser Problematik soll ein Übungsfall dienen, dessen gutachtliche Lösung

---

[1716] Vgl. auch OLG Frankfurt/M NJW 2006, 1746 f. sowie das Beispiel sogleich bei Rn 1002a.
[1717] Vgl. dazu *R. Schmidt*, AllgVerwR, 21. Aufl. 2018, Rn 1023.
[1718] Vgl. dazu das Parallelproblem *Kundenparkplatz des Supermarkts* bei Rn 599.
[1719] *R. Schmidt*, AllgVerwR, 21. Aufl. 2018, Rn 1023.
[1720] Vgl. dazu die Parallelproblematik bei Räumen, die dem allg. Publikumsverkehr offenstehen (Rn 1006).

Straftaten gegen die öffentliche Ordnung – Hausfriedensbruch (§ 123)

jedoch den Rahmen der vorliegenden Bearbeitung sprengen würde. Sie kann unter verlagrs@t-online.de angefordert werden.

b. Tathandlungen: Eindringen oder Sich-nicht-Entfernen

Tathandlung kann zunächst das **widerrechtliche Eindringen** (Var. 1) sein. Dabei ist anzumerken, dass es sich bei der genannten „Widerrechtlichkeit" (wie auch bei dem Merkmal „ohne Befugnis" der Var. 2) nicht um Tatbestandsmerkmale, sondern lediglich um deklaratorische Hinweise auf das allgemeine Verbrechensmerkmal der Rechtswidrigkeit handelt. **1003**

Eindringen ist das Gelangen in die geschützten Räume gegen (oder ohne) den (ausdrücklichen oder mutmaßlichen) Willen des Berechtigten.[1721] **1004**

Anders als das „Einsteigen" i.S.v. §§ 244 I Nr. 3, 243 I S. 2 Nr. 1 (dazu *R. Schmidt*, BT II, Rn 140) setzt das „Eindringen" i.S.v. § 123 keine Entfaltung von Kraft oder Geschicklichkeit zur Überwindung eines Zugangshindernisses voraus. So ist § 123 auch dann gegeben, wenn der Täter (ohne oder gegen den Willen des Berechtigten) schlicht durch das gekippte Fenster greift, den Hebel umlegt, das Fenster öffnet und einsteigt.

Die Formulierung **„gegen den Willen"** bedeutet, dass die Einwilligung des Hausrechtsinhabers als Einverständnis **tatbestandsausschließend** wirkt.[1722] Das gilt selbst dann, wenn das Einverständnis durch Täuschung erschlichen wurde (str.)[1723], nicht aber, wenn es durch Nötigung erwirkt wurde[1724]. **1005**

Probleme ergeben sich, wenn Räumlichkeiten, die dem **allgemeinen Publikumsverkehr** offenstehen (etwa Geschäfte, Rechtsanwaltskanzleien, Arztpraxen, Krankenhäuser, Museen, Sportstadien oder Behörden), zu widerrechtlichen Zwecken betreten werden (vgl. bereits die Problematik der dem öffentlichen Verkehr gewidmeten Objekte bei Rn 1002/1002a). **1006**

> **Beispiel:** T betritt ihre Lieblingsfiliale der Parfümerie „Lovely Fragrance" am Jungfernstieg in Hamburg. Schon beim Betreten des Ladenlokals hegt sie die Absicht, das Parfüm „Vanilla Grass" einzustecken. Strafbarkeit der T aus § 123 I?
>
> Da vorliegend kein ausdrücklicher entgegenstehender Wille des Berechtigten vorliegt und somit auf dessen mutmaßlichen Willen abzustellen ist, muss davon ausgegangen werden, dass ein generelles Einverständnis gegenüber allen potentiellen Kunden vorliegt. Dieses generelle Einverständnis wird sich andererseits nicht auf Personen erstrecken, die ihre rechtsfeindliche Absicht bereits im äußeren Erscheinungsbild dokumentieren (wie das etwa bei maskierten oder sichtbar bewaffneten Personen anzunehmen wäre), sodass in diesem Fall die Tathandlung „widerrechtliches Eindringen" vorliegt. Wenn die rechtsfeindliche Absicht – wie im vorliegenden Fall – jedoch äußerlich nicht erkennbar ist, liegt ein „Eindringen" nur vor, wenn sich die generelle Zutrittserlaubnis (das Einverständnis) nur auf redliche Personen bezieht. Ob dies angenommen werden kann, wird unterschiedlich gesehen.
>
> ⇨ Nach einer Minderheitsmeinung[1725] kann es aus der Sicht des Berechtigten kaum wünschenswert sein, auch Personen mit äußerlich nicht erkennbarer rechtsfeindlicher Gesinnung Eintritt zu gewähren. Auch scheine es kriminalpolitisch geboten, den getarnten und damit unauffälligen Täter, der gleiches Unrecht verfolgt, dem nichtgetarnten gleichzustellen. Demzufolge wäre T wegen Hausfriedensbruchs strafbar.

[1721] RGSt 39, 440; Sch/Sch-*Sternberg-Lieben/Schittenhelm*, § 123 Rn 11. Vgl. auch OLG Frankfurt/M NJW 2006, 1746.
[1722] Vgl. nun auch *Walter/Schwabenbauer*, JA 2014, 103, 106.
[1723] Vgl. Lackner/Kühl-*Heger*, § 123 Rn 5; Sch/Sch-*Sternberg-Lieben/Schittenhelm*, § 123 Rn 22; *W/H/E*, BT I, Rn 659; vgl. zum Meinungsstand im Übrigen *R. Schmidt*, AT, Rn 431.
[1724] Dies ist – soweit ersichtlich – unstreitig; vgl. dazu ebenfalls die in der letzten Fußnote Genannten.
[1725] LK-*Schäfer*, § 123 Rn 32 f.

Straftaten gegen die öffentliche Ordnung – Hausfriedensbruch (§ 123)

⇨ Nach der h.M.[1726] sind die obigen Argumente eine reine Fiktion, denn frage man den Berechtigten, gewähre er auch potentiellen, nach außen aber nicht als solchen erkennbaren Tätern Zutritt, sodass die Annahme obiger Argumente in bedenklicher Weise einem Gesinnungsstrafrecht nahe komme. Außerdem werde dem potentiellen Täter die Rücktrittsmöglichkeit genommen, wenn man den Tatzeitpunkt nicht auf die eigentliche Tat, sondern auf das Betreten der Räume „vorverlagert". Dies widerspreche dem Erfordernis der zeitlichen Koinzidenz zwischen Ausführungshandlung und dem entsprechenden Vorsatz[1727]. Schließlich bestehe für den Berechtigten auch die Möglichkeit, den Besucher zum Verlassen der Räume aufzufordern, § 123 I Var. 2. Demzufolge wäre T *nicht* wegen Hausfriedensbruchs strafbar.

Folgt man der überzeugenden h.M., bleibt festzuhalten, dass sich die generelle Zutrittserlaubnis auch im vorliegenden Fall nicht nur auf redliche Kunden, sondern auch auf Personen mit äußerlich nicht erkennbarer rechtsfeindlicher Absicht bezieht. Es liegt demnach ein tatbestandsausschließendes Einverständnis vor. T ist nicht wegen Hausfriedensbruchs strafbar.

Weiterführender Hinweis: Gelegentlich trifft man in Ladengeschäften auf Hinweisschilder mit der Aufschrift: „Keine Testkäufer", „Nicht zum Aufwärmen", „Ladendiebe unerwünscht" etc. Derartige Hinweisschilder sind wegen ihrer Abstraktheit nicht geeignet, die allgemein erteilte Zutrittserlaubnis gegenüber den angesprochenen Personengruppen einzuschränken. Diese machen sich also nicht wegen Hausfriedensbruchs strafbar, nur weil sie die Räumlichkeit ohne Kaufinteresse betreten.

1007 Umstritten ist weiterhin, ob die 1. Tathandlungsvariante (das Eindringen) auch durch **Unterlassen** i.S.d. § 13 begangen werden kann. Unstreitig ist dabei zunächst der Fall, in dem ein Garant es pflichtwidrig unterlässt, eine von ihm zu überwachende Person am Eindringen zu hindern.[1728]

Beispiel: Der bei der Bank angestellte Nachtwächter T lässt seinen Freund widerspruchslos während seiner Dienstzeit in die Bank eindringen. T ist aus §§ 123 I Var. 1, 13 I strafbar.

1008 Problematisch sind dagegen Fälle, in denen jemand eine zeitlich begrenzte Aufenthalts- bzw. Zutrittserlaubnis überschreitet oder zwar in nicht strafbarer Weise (also entweder unvorsätzlich, gerechtfertigt oder entschuldigt) gegen den Willen des Berechtigten in eines der geschützten Objekte eindringt, dieses aber nach Erkennen der Sachlage nicht unverzüglich verlässt.

1009 **Beispiele:**
(1) X lässt sich nach Ende der Öffnungszeiten (am Eingang angebrachtes Türschild: Geöffnet von 7-21 Uhr) vom Personal unbemerkt in einen Supermarkt einschließen.

(2) Y betritt aus Versehen den falschen Campingbus. Als er den Irrtum bemerkt, bleibt er jedoch dort und schaut noch ein wenig TV.

⇨ Die wohl h.M.[1729] wendet auch hier jeweils §§ 123 I, 13 I an. Begründet wird dies mit dem Charakter des § 123 als Dauerdelikt. Aus dem Vorverhalten ergebe sich eine **Garantenstellung** aus Ingerenz. Das widerrechtliche Verweilen in den Räumlichkeiten stelle deswegen ein „Eindringen" im Sinne der Vorschrift dar, ohne dass es einer Aufforderung wie bei der 2. Variante bedürfe.

[1726] *Kühl/Schramm*, JuS 2003, 681, 683; *Rengier*, BT II, § 30 Rn 9/11; SK-*Rudolphi/Stein*, § 123 Rn 26 ff.; Sch/Sch-*Sternberg-Lieben/Schittenhelm*, § 123 Rn 26; LK-*Lilie*, § 123 Rn 52.

[1727] Der *dolus antecedens* ist wie der *dolus subsequens* unbeachtlich, vgl. dazu *R. Schmidt*, AT, Rn 272.

[1728] Sch/Sch-*Sternberg-Lieben/Schittenhelm*, § 123 Rn 13; *Rengier*, BT II, § 30 Rn 14.

[1729] Lackner/Kühl-*Heger*, § 123 Rn 5; Sch/Sch-*Sternberg-Lieben/Schittenhelm*, § 123 Rn 13; MüKo-*Schäfer*, § 123 Rn 26; BGHSt 21, 224, 225.

Straftaten gegen die öffentliche Ordnung – Hausfriedensbruch (§ 123)

⇨ An dieser Auffassung wird erhebliche **Kritik** geübt.[1730] Der Begriff des Eindringens sei „aktivitätsgeprägt". Schon begriffslogisch dringe man von außen nach innen ein. Daher könne ein bloßes Verweilen keinesfalls ein Eindringen darstellen. Im Rahmen des § 13 müsse demnach das „Entsprechensmoment" verneint werden.[1731]

Stellungnahme: Die geäußerten Bedenken an der h.M. überzeugen. Hinzu kommt, dass das Gesetz die Möglichkeit des Unterlassens bereits mit der 2. Tathandlungsvariante (das „Verweilen") normiert hat. Erforderlich ist dort aber eine vorherige Aufforderung, die Räumlichkeit zu verlassen. Liegt eine solche nicht vor, scheidet eine Bestrafung nach § 123 I aus. Das Strafrecht ist fragmentarisch, auch wenn das Ergebnis nicht den Erwartungen Einzelner entspricht. Die Garantiefunktion des Strafrechts hat Verfassungsrang und bindet jedenfalls die Gerichte. Folglich kann in den beiden Beispielen eine Bestrafung nur nach § 123 I Var. 2 erfolgen. Erforderlich ist dann aber eine vom Täter nicht beachtete vorherige Aufforderung, die Räumlichkeit zu verlassen.

1010

2. Tathandlungsvariante ist das **Sich-nicht-Entfernen** aus einem geschützten Objekt, obwohl der Berechtigte zum (unverzüglichen) Verlassen aufgefordert hat. Hierbei handelt es sich um ein **echtes Unterlassungsdelikt**, sodass auf § 13 *nicht* einzugehen ist. Erforderlich ist jedoch eine (verbale, konkludente oder sonst schlüssige) Aufforderung des Hausrechtsinhabers zum Verlassen. Die Variante erfasst somit Situationen, in denen der Täter zunächst zulässigerweise (sei es durch Einverständnis, Rechtfertigung oder Entschuldigung) in die Räumlichkeit gelangt ist, diese dann aber trotz Aufforderung, die Räumlichkeit zu verlassen, nicht unverzüglich verlässt.

1011

Beispiel: Der sich unhöflich benehmende Gast T wird von Gastgeber G aufgefordert, das Haus zu verlassen. T entfernt sich nicht.

Mit „unverzüglich" ist kein sofortiges Verlassen gemeint; vielmehr orientiert sich die Zeitspanne an § 121 I BGB[1732], wonach lediglich ein schuldhaftes Zögern tatbestandlich ist. So muss es dem Gast des obigen Beispiels daher noch gestattet sein, bspw. noch den Mantel aus der Garderobe zu holen oder sich von anderen Gästen zu verabschieden.

1012

In Fällen des zeitlich begrenzten Einverständnisses (Türschild: Öffnungszeiten von 8-20 Uhr) kann auch schon beim Einlassen eine konkludent erklärte Aufforderung im Sinne der zweiten Tathandlungsvariante vorliegen.

Für das obige **Beispiel (1)** von Rn 1009 ergibt sich somit unabhängig von der geführten Diskussion eine Strafbarkeit nach § 123 I Var. 2.

c. Hausrechtsinhaber: Der Berechtigte

Hausrechtsinhaber ist regelmäßig der rechtmäßige Verfügungsbefugte, also derjenige, der in rechtmäßiger Weise die Sachherrschaft ausübt.[1733] Bei mehreren in Frage kommenden Personen ist zu klären, wer Inhaber des Hausrechts ist. Probleme ergeben sich hierbei insbesondere aufgrund der Vielzahl der geschützten Objekte. Daher soll an dieser Stelle lediglich auf die **Wohnung** als geschützten Bereich eingegangen werden. Hier ergeben sich die meisten Probleme, wenn es um die Frage nach dem Berechtigten geht.

1013

Verhältnis Mieter/Vermieter: Fraglich ist, ob in Mieträumen nicht nur der Mieter, sondern auch der Vermieter das Hausrecht ausüben kann. Wenn man bedenkt, dass die

1014

[1730] LK-*Lilie*, § 123 Rn 58; SK-*Rudolphi*, § 123 Rn 19; *Fischer*, § 123 Rn 25 f.
[1731] Vgl. den Wortlaut des § 13 I und die Ausführungen hierzu bei *R. Schmidt*, AT, Rn 763 ff.
[1732] MüKo-*Schäfer*, § 123 Rn 50; LK-*Lilie*, § 123 Rn 65.
[1733] Bei Hotelzimmern und Hafträumen (Rn 999) üben zwar auch der Hotelinhaber bzw. der Anstaltsleiter das jeweilige Hausrecht aus, man wird aber differenzieren müssen: So darf der Hotelinhaber dem Hotelgast zwar verwehren, unbefugt einen weiteren Gast (zwecks Übernachtung) aufzunehmen, das Hausrecht geht aber nicht so weit, dass der Hotelier jederzeit das Zimmer betreten darf. Bei Hafträumen wird man indes nur einen schwachen Schutz des Inhaftierten annehmen können. So kann er etwa nicht den jederzeitigen, anstaltsordnungsgemäßen Zutritt des Anstaltspersonals verwehren.

Straftaten gegen die öffentliche Ordnung – Hausfriedensbruch (§ 123)

gemietete Wohnung als vermögenswerte Position sowohl unter den Eigentumsbegriff des Art. 14 GG fällt[1734] als auch vom Schutzbereich des Art. 13 I GG erfasst ist, sollte das Hausrecht zugunsten des Vermieters so lange verneint werden, wie der Mieter unmittelbarer und rechtmäßiger Besitzer der Wohnung ist.

1015 **Verhältnis Mieter/Untermieter:** Im Rahmen der Untervermietung wird dem Vermieter das Recht zugestanden – auch stillschweigend – für ihn unzumutbare Besucher aus der Wohnung zu verweisen.[1735]

1016 **Verhältnis Ehegatten/Wohngemeinschaft/WG-Mitglied:** Im Rahmen dieses Verhältnisses üben alle Bewohner das Hausrecht gleichberechtigt aus. Sie sind zur gegenseitigen Rücksichtnahme verpflichtet und haben die Anwesenheit von Personen, denen ein anderer Berechtigter den Aufenthalt erlaubt hat, grundsätzlich zu dulden. Eine Duldungspflicht besteht nur dann nicht (mehr), wenn der Aufenthalt der unerwünschten Person für den Berechtigten **unzumutbar** ist bzw. wird.[1736]

> **Beispiele:** So braucht niemand die Anwesenheit des oder der Geliebten des Ehepartners in der (noch) gemeinsamen Ehewohnung zu dulden. Wird einem der Bewohner aufgrund polizeilicher Verfügung (nach dem Landespolizeigesetz) oder gerichtlicher Anordnung (etwa nach § 1 I S. 3 Nr. 1 GewSchG) der Zutritt zur gemeinsamen Wohnung untersagt, verliert er insoweit sein Hausrecht; der verbleibende Partner muss daher den Zutritt nicht dulden.

1017 | Als Kurzformel kann man sagen, dass der **Inhaber des Hausrechts** nicht Eigentümer oder unmittelbarer Besitzer zu sein braucht, solange ihm die **Befugnis** zusteht, über Zugang und Aufenthalt in dem Raum zu bestimmen, und er ein **stärkeres Recht** hat als der Mitberechtigte bzw. unmittelbare Besitzer. |

2. Subjektiver Tatbestand

1018 Zur Verwirklichung des subjektiven Tatbestands ist mindestens bedingter Vorsatz erforderlich. Dieser erfordert das Bewusstsein, gegen den Willen des Hausrechtsinhabers zu handeln. Bei der 2. Tatvariante (Sich-nicht-Entfernen) ist die Kenntnis von der Aufforderung erforderlich. Folgende **Irrtümer** sind denkbar:

- Weiß der Täter nicht, dass er entgegen dem Willen des Berechtigten handelt, ist ein **Tatbestandsirrtum** mit der Folge des **Vorsatzausschlusses** gegeben (§ 16 I S. 1).

- Glaubt der Täter umgekehrt, er handele gegen den Willen des Berechtigten, obwohl tatsächlich dessen Einverständnis gegeben ist, liegt ein **Versuch** vor, der aber in Ermangelung einer Strafbarkeitsandrohung **straflos** ist (vgl. § 12 II, 23 I).

- Nimmt der Täter an, ein das Hausrecht brechendes stärkeres Recht zu haben, befindet er sich im (regelmäßig vermeidbaren) **Verbotsirrtum** (§ 17).

- Im Übrigen gelten die allgemeinen Regeln über die irrige Annahme eines Rechtfertigungsgrundes.[1737]

II. Rechtswidrigkeit

1019 Zunächst ist – wie bereits bei Rn 1003 erläutert – zu beachten, dass es sich bei den in § 123 I genannten Merkmalen „widerrechtlich" und „ohne Befugnis" nicht um Tatbestandsmerkmale, sondern lediglich um (überflüssige) Hinweise auf das allgemeine Verbre-

---

[1734] Vgl. dazu BVerfGE 89, 1, 6 f.; BVerfG NJW 2000, 2658, 2659; BVerwG NVwZ 2000, 806; NVwZ 2000, 807 und NJW 2000, 2658; KG NJW 2000, 2210; *Roller*, NJW 2001, 1003 ff.
[1735] Sch/Sch-*Sternberg-Lieben/Schittenhelm*, § 123 Rn 17.
[1736] Vgl. *W/H/E*, BT I, Rn 667.
[1737] Vgl. dazu *R. Schmidt*, AT, Rn 311 ff.

394

chensmerkmal der Rechtswidrigkeit handelt. Es ist also ein Rechtfertigungsgrund erforderlich. Eine Rechtfertigung kann sich bei § 123 I zunächst aus den im Strafrecht allgemein anerkannten Rechtfertigungsgründen ergeben. Zu nennen sind insbesondere die mutmaßliche Einwilligung[1738] und die Notwehr nach § 32 bzw. der Notstand nach § 34, etwa wenn Tierschützer in Stallungen eindringen, um Verstöße gegen Tierschutzbestimmungen aufzudecken[1739]. Rechtfertigend können auch öffentlich-rechtliche Befugnisse wirken. Hier sind neben Art. 13 VII GG die Normen der Durchsuchung, Beschlagnahme und Pfändung gem. §§ 102 ff. StPO und 758 ZPO zu beachten. Auch die jeweiligen Normen der Landespolizeigesetze oder die des BundesPolG können einschlägig sein und das Eindringen oder das Sich-nicht-Entfernen rechtfertigen.

III. Schuld

Es gelten die allgemeinen Grundsätze.   1020

IV. Konkurrenzen

Im Rahmen des Hausfriedensbruchs wird zumeist das Konkurrenzverhältnis der *Kon-* 1021
sumtion genannt. Dieser Begriff ist umstritten. Nach h.M.[1740] liegt ein Fall der Konsumtion vor, wenn ein Straftatbestand neben einem anderen regelmäßig und typischerweise – nicht notwendigerweise – mit verwirklicht wird. Es handelt sich hierbei regelmäßig um die sog. mitbestrafte Begleittat.

> **Beispiel:** T bricht nachts in die Werkstatt des O ein. Zu diesem Zweck musste er ein Kellerfenster einschlagen. Aus der Werkstatt entwendet er einige Werkzeuge.
>
> Hier hat T neben dem Diebstahl in einem besonders schweren Fall (§§ 242, 243 I S. 2 Nr. 1) auch eine Sachbeschädigung (§ 303 I) und einen Hausfriedensbruch (§ 123 I) begangen. Nach der h.L. stellen diese Taten typische Begleittaten des Einbruchdiebstahls dar; sie würden daher von §§ 242, 243 I S. 2 Nr. 1 im Wege der Gesetzeskonkurrenz (hier: Konsumtion) verdrängt.[1741] Das Gleiche würde für §§ 303 I, 123 I in Bezug auf den Wohnungseinbruchdiebstahl gem. § 244 I Nr. 3 gelten.

Eine **Einschränkung** erfährt der Grundsatz der Konsumtion aber, wenn der Hausfrie- 1022
densbruch (zusätzlich) dazu dient, die Begehung **weiterer Straftaten** zu ermöglichen, etwa die Vergewaltigung des Opfers, nachdem zum Zweck des Diebstahls in dessen Wohnung eingebrochen worden ist. Hier geht der Hausfriedensbruch über das hinaus, was zu einer bloßen Begleittat im Rahmen des Einbruchdiebstahls gehört. § 123 I erlangt dann eigenständige Bedeutung.[1742]

V. Strafantrag und Privatklage

Wegen des Charakters als „Bagatelldelikt" hat der Gesetzgeber in § 123 II bestimmt, 1023
dass der einfache Hausfriedensbruch (also der des § 123 I) nur auf Antrag verfolgt wird (unbedingtes oder echtes Antragsdelikt). Antragsberechtigt ist der Inhaber des Hausrechts. Sind dies mehrere Personen, ist jeder selbstständig antragsberechtigt. Des Weiteren handelt es sich beim einfachen Hausfriedensbruch um ein Privatklagedelikt (vgl. § 374 I Nr. 1 StPO). Das bedeutet, dass der Verletzte, ohne zuvor die Staatsanwaltschaft, die grundsätzlich über das Anklagemonopol verfügt, anrufen zu müssen, direkt Privatklage erheben kann. I.d.R. muss er sogar Privatklage erheben, wenn er die Straf-

---

[1738] Liegt eine ausdrückliche Einwilligung vor, ist bereits der Tatbestand ausgeschlossen. Im Übrigen ist zu beachten, dass die mutmaßliche Einwilligung nur bei § 123 I Var. 1 als Rechtfertigungsgrund in Betracht kommt.
[1739] Vgl. dazu OLG Naumburg NJW 2018, 2064, 2065 f. und *R. Schmidt*, AT, Rn 331/415.
[1740] Vgl. BGH NJW 2002, 150, 151; BGHSt 46, 24, 25 (mit krit. Anm. v. *Kindhäuser*, NStZ 2001, 31); W/B/S, AT, Rn 791; *Fischer*, Vor § 52 Rn 20; Lackner/Kühl-*Kühl*, Vor § 52 Rn 27.
[1741] Vgl. LK-*Rissing-van Saan*, Vor § 52 Rn 144 ff.; SK-*Hoyer*, § 243 Rn 58; Sch/Sch-*Bosch*, § 243 Rn 59; W/B/S, AT, Rn 791. Skeptisch BGH NJW 2002, 150, 151.
[1742] Vgl. BGH NJW 2002, 150, 151.

Straftaten gegen die öffentliche Ordnung – Hausfriedensbruch (§ 123)

verfolgung möchte, denn die Staatsanwaltschaft wird bei Privatklagedelikten nur tätig, wenn dies im öffentlichen Interesse liegt (§ 376 StPO). Das ist aber – jedenfalls beim einfachen Hausfriedensbruch – regelmäßig nicht der Fall. Über die Privatklage entscheidet das Amtsgericht nach den Grundsätzen der StPO.

B. Schwerer Hausfriedensbruch (§ 124)

1024 § 124 stellt eine Qualifikation zu § 123 dar. Es handelt sich um eine Mischform zwischen Hausfriedensbruch (§ 123) und Landfriedensbruch (§ 125). Schutzgut ist neben dem Hausrecht der öffentliche Friede. Aufgrund der geringen Prüfungsrelevanz erfolgt nur eine schematische Darstellung.

I. Tatbestand

1. Objektiver Tatbestand

Erforderlich ist zunächst eine Menschenmenge.

1025 **Menschenmenge** ist eine räumlich vereinigte, nicht notwendig ungezählte, aber doch so große Personenmehrheit, dass die Zahl nicht sofort überschaubar ist und deshalb das Hinzukommen oder Weggehen Einzelner für den äußeren Eindruck unwesentlich ist.[1743]

Die Grenze wird bei ca. 15-20 Personen gesehen.[1744] Die Umstände des Einzelfalls sind zu beachten. Feste Werte gibt es nicht.

Die Menschenmenge muss sich öffentlich zusammenrotten.

1026 Um eine **Zusammenrottung** handelt es sich, wenn die Menschenmenge in äußerlich erkennbarer Weise von dem gemeinsamen Willen zu bedrohlichem oder gewalttätigem Handeln beherrscht wird.[1745] Die Zusammenrottung einer Menschenmenge kann sich auch aus einer zunächst friedlichen Versammlung entwickeln.[1746] **Öffentlich** ist die Zusammenrottung, wenn sich ihr eine unbestimmte Zahl beliebiger Personen anschließen kann.[1747]

1027 Der Täter muss sich sowohl an der Zusammenrottung als auch an dem widerrechtlichen Eindringen beteiligen. Dringt der Täter selber nicht ein, muss ihm das Eindringen anderer nach den Grundsätzen der Mittäterschaft (§ 25 II) zuzurechnen sein.[1748]

2. Subjektiver Tatbestand

1028 Bedingter Vorsatz bezüglich der Beteiligung und des Eindringens ist erforderlich, aber auch ausreichend. Die **Absicht** (i.S.d. *dolus directus* 1. Grades), selbst Gewalttätigkeiten gegen Personen oder Sachen zu begehen, ist dagegen nicht erforderlich. Es genügt, wenn diese Absicht bei anderen Teilnehmern vorliegt und vom Vorsatz des Täters umfasst ist.[1749] Gewalttätigkeit (zu der es aber nicht gekommen sein muss) setzt aggressives Tun von Erheblichkeit (Beispiel: Steinwürfe) voraus, also mehr als Gewalt.[1750]

II. Rechtswidrigkeit und III. Schuld

1029 Es gelten die allgemeinen Grundsätze.

[1743] BGHSt 33, 306, 308; BGH NStZ 1993, 538; OLG Köln NStZ-RR 1997, 234.
[1744] BGHSt 33, 306, 308. BGH NStZ 1994, 483 lässt u.U. auch 10 Personen ausreichen. Zur Menschenmenge i.S.v. § 125 vgl. BGH NStZ 2002, 538.
[1745] RGSt 55, 67, 68.
[1746] BGH NJW 1954, 1694.
[1747] RGSt 51, 422.
[1748] Lackner/Kühl-*Heger*, § 124 Rn 4.
[1749] Sch/Sch-*Sternberg-Lieben/Schittenhelm*, § 124 Rn 20.
[1750] Lackner/Kühl-*Heger*, § 125 Rn 4.

C. Landfriedensbruch (§ 125)

Schutzgut des § 125 sind die öffentliche Sicherheit sowie die jeweils bedrohten Individualrechtsgüter.[1751] Anknüpfungspunkt der Norm ist das Vorhandensein einer Menschenmenge. Aus dieser Menschenmenge heraus müssen die in Abs. 1 beschriebenen Handlungen in einer die öffentliche Sicherheit gefährdenden Weise mit vereinten Kräften begangen werden. Hierzu sei auf die Ausführungen zu § 124 verwiesen.

1030

Die **öffentliche Sicherheit** ist dann gefährdet, wenn Gewalttätigkeiten oder Bedrohungen für unbestimmte Personen die Gefahr von Schäden solchen Ausmaßes begründen, dass in der Allgemeinheit das Gefühl ausreichender Sicherheit durch weitere Ausschreitungen beeinträchtigt wird.[1752]

1031

Werden Einzelpersonen wegen der Zugehörigkeit zu einer Gruppe bewusst herausgesucht, wird dies auch als ausreichend erachtet.[1753]

1032

> **Beispiel:** Angriff auf einen Polizisten, Beamten der Bundespolizei oder Soldaten als Repräsentanten für die Organisation

Zur **Täterschaft** vergleiche ebenfalls die Ausführungen zu § 124. Täter des § 125 ist aber auch derjenige, der die Menge aufhetzt.[1754] Subjektiv ist **Eventualvorsatz** ausreichend. Bezüglich **Rechtswidrigkeit** und **Schuld** gelten die allgemeinen Grundsätze. Zu beachten ist schließlich der Verweis in § 125 II S. 1 auf die Rechtmäßigkeits- und Irrtumsregelungen des § 113 III und IV. Das gilt gem. § 125 II S. 2 auch in Fällen des § 114, wenn die Diensthandlung eine Vollstreckungshandlung i.S.d. § 113 I ist.

1033

§ 125a normiert den **besonders schweren Fall** des Landfriedensbruchs. Da es sich hier um eine **Strafzumessungsregel** handelt, ist Prüfungsstandort nach der Schuldfeststellung bzgl. § 125.

1034

Plündern bedeutet die Wegnahme oder das Abnötigen von Sachen in der Absicht rechtswidriger Zueignung unter Ausnutzung der Ordnungsstörung.[1755]

1035

[1751] Lackner/Kühl-*Heger*, § 125 Rn 1; Sch/Sch-*Sternberg-Lieben/Schittenhelm*, § 125 Rn 2.
[1752] OLG Köln NStZ-RR 1997, 234; *Joecks/Jäger*, § 125 Rn 1. Zur Menschenmenge i.S.v. § 125 vgl. BGH NStZ 2002, 538.
[1753] BGH NStZ 1993, 538; BayObLG NStZ-RR 1999, 269.
[1754] Lackner/Kühl-*Heger*, § 125 Rn 8 f. mit kritischer Würdigung bezüglich der Teilnahme.
[1755] RGSt 52, 34.

D. Volksverhetzung (§ 130)

1035a Das Schutzgut des § 130 ist nicht ganz klar. Geschützt ist jedenfalls der öffentliche Friede, wie sich aus dem Wortlaut des § 130 ergibt. Daneben schützt die Vorschrift – wie sich aus § 130 I Nr. 2 ergibt – auch die Würde des Menschen.[1756] Nicht ganz klar ist auch die Deliktsnatur. Bei § 130 I und III handelt es sich nach h.M. um abstrakte Gefährdungsdelikte[1757], wobei nach Auffassung des BGH die Eignung zur Friedensstörung konkret festgestellt sein muss[1758]. Der BGH verwendet den Begriff des „abstrakt-konkreten Gefährdungsdelikts". Relevant wird diese Qualifikation, wenn die Tathandlung im Ausland begangen wird und daher nicht § 3 greift. Greifen auch §§ 5-7 nicht, gilt das deutsche Strafrecht gem. § 9, wenn der Ort des Taterfolgs auf dem Gebiet der Bundesrepublik Deutschland liegt. Bei einem abstrakten Gefährdungsdelikt gibt es keinen Taterfolg. Daher stellt der BGH bei § 130 I, III darauf ab, dass es sich um abstrakt-konkrete Gefährdungsdelikte handele und ein Erfolg i.S.d. § 9 dort eintrete, wo die konkrete Tat ihre Gefährlichkeit im Hinblick auf das im Tatbestand umschriebene Rechtsgut entfalten könne. Bei der Volksverhetzung nach § 130 I und III sei das die konkrete Eignung zur Friedensstörung in der Bundesrepublik Deutschland.[1759] Aber auch eine Anwendbarkeit des § 130 I, III ist ausgeschlossen, wenn die Eignung der Tathandlung, den demokratischen Rechtsstaat zu gefährden, im zu prüfenden Fall nicht konkret festgestellt ist.[1760] Bei § 130 IV handelt es sich nach Auffassung des Gesetzgebers von vornherein um ein Erfolgsdelikt.[1761]

Bei allen Tatbeständen des § 130 handelt es sich um Vergehen. Der Versuch ist gem. § 130 VI nur strafbar in den Fällen des § 130 II Nr. 1 und 2, auch i.V.m. § 130 V. In den Fällen des § 130 II, auch i.V.m. § 130 V, und in den Fällen des § 130 III und IV gilt gem. § 130 VII die Sozialadäquanzklausel des § 86 III (dazu Rn 1394/1412) entsprechend.

I. Tatbestand

1. Tatbestand des § 130 I

1035b **Schutzobjekt** ist der öffentliche Friede. Sollten die in § 130 I genannten Individualrechtsgüter verletzt werden, greift der Schutz anderer Strafnormen.

1035c **Tathandlungen** der Nr. 1 sind das Aufstacheln zum Hass (Var. 1) und das Auffordern zu Gewalt- oder Willkürmaßnahmen (Var. 2) gegen eine nationale, rassische, religiöse oder durch ihre ethnische Herkunft bestimmte Gruppe, gegen Teile der Bevölkerung oder gegen einen Einzelnen wegen seiner Zugehörigkeit zu einer vorbezeichneten Gruppe oder zu einem Teil der Bevölkerung. Allen diesen Personengruppen ist gemeinsam, dass sie sich durch ihre jeweiligen Merkmale von der Gesamtbevölkerung abgrenzen[1762], wobei eindeutig nicht an die *inländische* Gesamtbevölkerung angeknüpft wird. Die in Deutschland lebenden Flüchtlinge z.B. sind ein von der Gesamtbevölkerung abgrenzbarer Bevölkerungsteil.[1763]

1035d **„Zum Hass aufstacheln"** bedeutet ein Verhalten, „das auf die Gefühle oder den Intellekt eines anderen einwirkt und objektiv geeignet sowie subjektiv bestimmt ist, eine emotional gesteigerte, über die bloße Ablehnung oder Verachtung hinausgehende feind-

---

[1756] BGHSt 46, 212, 217; VGH Mannheim NVwZ-RR 2011, 602, 603; Lackner/Kühl-*Kühl*, § 130 Rn 1 und 3.

[1757] BGHSt 46, 212, 218; *Fischer*, § 130 Rn 2a. Nach BGH NJW 2004, 2161 und Lackner/Kühl-*Kühl*, § 130 Rn 1 handelt es sich um ein „potentielles Gefährdungsdelikt".

[1758] BGHSt 46, 212, 218 f.

[1759] BGHSt 46, 212, 218 f.

[1760] Siehe BGH NStZ 2015, 81; StV 2018, 97; OLG Hamm MMR 2019, 53 f. – dazu *Stegbauer*, NStZ 2019, 72, 73.

[1761] BT-Drs. 15/5051, S. 5. Kritisch (mit Blick auf die Unterscheidung) *Fischer*, § 130 Rn 2a.

[1762] Vgl. dazu BGH NStZ-RR 2012, 277.

[1763] OLG Hamm 7.9.2017 – 4 RVs 103/17 – dazu *Stegbauer*, NStZ 2019, 72, 75.

selige Haltung gegen den betroffenen Bevölkerungsteil zu erzeugen oder zu verstärken".[1764] So wurde die Veröffentlichung eines „100-Tage-Programms für Deutschland" mit der Forderung, „Ausländer von der Beschäftigung auszuschließen", als tatbestandsmäßig angesehen.[1765] Allerdings ist stets die Meinungsäußerungsfreiheit aus Art. 5 I S. 1 Var. 1 GG zu beachten, die grds. auch beleidigende, geschmacklose, unsachliche, polemische, unvernünftige und auch gefährliche Äußerungen schützt.[1766] So sind die Parolen „Fremdarbeiterinvasion stoppen!" oder „Ausländer raus" grds. von der Meinungsäußerungsfreiheit gedeckt.[1767] Grenzen der Meinungsäußerung setzt aber Art. 5 II GG. Insbesondere die dort genannten „allgemeinen Gesetze", die aber wiederum im Lichte der Meinungsäußerungsfreiheit auszulegen sind[1768], setzen volksverhetzenden Äußerungen Grenzen. Insofern besteht eine Interaktion: Ist eine Äußerung durch Art. 5 I S. 1 Var. 1 GG gedeckt, kann sie nicht strafbar gem. § 130 sein. Das ist im Rahmen einer Gesamtbetrachtung zu ermitteln. So hat der BGH das Hochhalten eines Transparents mit der Aufschrift „ausländerstopp" und das Skandieren von Parolen wie: „Sozial geht nur national!", „Hoch die nationale Solidarität!" und die Warnung vor „Überfremdung, Islamisierung und Ausländerkriminalität" als von der Meinungsäußerungsfreiheit gedeckt angesehen, da er insoweit unter Berücksichtigung aller Begleitumstände keinen Angriff auf die Menschenwürde erblicken konnte.[1769] Auch die Leugnung des Holocaust als solche genügt nicht zur Verwirklichung des Merkmals „zum Hass aufstacheln".[1770] In Betracht kommt aber eine Strafbarkeit nach § 130 III.

Zu beachten ist aber stets: Sollte mit der Aufstachelung eine Verletzung der Menschenwürde verbunden sein, kommt eine Abwägung mit der Meinungsäußerungsfreiheit von vornherein nicht in Betracht, da die Menschenwürde als oberstes Verfassungsgut keiner Abwägung mit anderen Verfassungsgütern zugänglich ist (vgl. Art. 1 I S. 1 GG: „unantastbar"). So sind im Internet verbreitete Hasskommentare, in denen Flüchtlinge als „Affen", „Ungeziefer" und „kriminelles Pack" beschimpft werden, oder Äußerungen wie: „Deutschland will Transall-Maschinen der Bundeswehr einsetzen, um abgelehnte Asylbewerber schneller abzuschieben. In der CSU streitet man noch, aus welcher Höhe der Abwurf erfolgen soll." keinesfalls mehr von Art. 5 I S. 1 Var. 1 GG gedeckt und daher tatbestandlich i.S.d. § 130 I.[1771] Das gilt selbstverständlich auch für die Bezeichnung (voll-)verschleierter muslimischer Frauen als „verpacktes Vieh".[1772]

1035e

Die Tathandlung **„zu Gewalt- oder Willkürmaßnahmen auffordern"** beschreibt ein über bloßes Befürworten hinausgehendes, ausdrückliches oder konkludentes Einwirken auf andere mit dem Ziel, in ihnen den Entschluss zu diskriminierenden Handlungen hervorzurufen, die den elementaren Geboten der Menschlichkeit widersprechen.[1773] Unter Willkürmaßnahmen sind rechtswidrige, diskriminierende, auf Benachteiligung abzielende Maßnahmen wie z.B. der Ausschluss von Ämtern oder Aufrufe zu wirtschaftlichem Boykott zu zählen.[1774] Ausländerfeindliche Parolen wie „Amis raus", „Ausländer raus" oder „Deutschland den Deutschen" erfüllen diese Voraussetzung nicht ohne weiteres. Auch Äußerungen wie „Scheiß-Ausländer!" und „Schaut's, dass ihr euch aus unserem Land

1035f

[1764] BGH 27.7.2017 – 3 StR 172/17 Rn 30 (insoweit nicht abgedruckt in NStZ 2018, 37 ff.); ähnlich zuvor schon BGHSt 40, 96, 102; 46, 212, 217; BGH NStZ-RR 2009, 13 (LS); KG OLGSt StGB § 130 Nr. 11; OLG Brandenburg NJW 2012, 1440.
[1765] BGH NStZ 2007, 216.
[1766] BVerfGE 124, 300, 320 (Rudolf-Heß-Gedenkfeier). Vgl. auch BVerfG NJW 2003, 1109; NVwZ 2008, 416 f.; NJW 2009, 3016 f.; NJW 2012, 1273; NJW 2015, 2022 f.
[1767] VGH Mannheim NVwZ-RR 2011, 602, 603.
[1768] Zu dieser „Wechselwirkung" vgl. BVerfGE 7, 198, 208 f. (Lüth); 10, 118, 121; 107, 299, 331 f.; 124, 300, 342; 128, 226, 265 f.; BVerfG NJW 1999, 2262, 2263; NJW 1999, 2880; NVwZ 2008, 416 f.; NJW 2015, 1438, 1439.
[1769] BGH NStZ-RR 2012, 277.
[1770] BGH NStZ 2012, 564, 565.
[1771] Richtig OLG Hamm 7.9.2017 – 4 RVs 103/17 – dazu *Stegbauer*, NStZ 2019, 72, 75.
[1772] BVerfG 20.4.2018 – 1 BvR 31/17 – ebenfalls dazu *Stegbauer*, NStZ 2019, 72, 75.
[1773] BGH 27.7.2017 – 3 StR 172/17 Rn 30 (insoweit nicht abgedruckt in NStZ 2018, 37 ff.); zuvor schon BGH NStZ-RR 2009, 13 (LS); KG OLGSt StGB § 130 Nr. 11.
[1774] *Fischer*, § 130 Rn 10.

Straftaten gegen die öffentliche Ordnung – Volksverhetzung (§ 130)

verpisst's" zielen nach Auffassung des BGH zwar auf eine – wenn auch nicht unerhebliche – Kundgabe der Missbilligung, erreichten indes den tatbestandsrelevanten Bereich des § 130 I noch nicht.[1775] Keinesfalls richtig ist es aber, den Tatbestand des § 130 I zu verneinen für den Fall, dass jemand ein T-Shirt mit der Aufschrift „Refugees not welcome" und einem Piktogramm, das eine Enthauptung zeigt, entwirft und vertreibt.[1776]

1035g Das Medium, über das zum Hass aufgestachelt oder zu Gewalt- oder Willkürmaßnahmen aufgefordert wird, kann beliebig sein. In Betracht kommen Schriften, Symposien, Veranstaltungen, insbesondere aber auch das Internet. Erfolgt das Aufstacheln oder Auffordern über Wort, Schrift oder Bild, ist § 130 II einschlägig.

1035h In subjektiver Hinsicht ist **Vorsatz** erforderlich, wobei wegen des Kriteriums des nachhaltigen Einwirkens dolus eventualis nicht genügt. Vielmehr wird Absicht i.S.v. dolus directus 1. Grades vorliegen müssen. Das gilt erst recht für das Merkmal „aufstacheln".

2. Tatbestand des § 130 II

1035i § 130 II hat im Vergleich zu § 130 I einen herabgesetzten Strafrahmen. **Schutzobjekt** ist (wie bei § 130 I) der öffentliche Friede. Sollte eines der in § 130 II genannten Individualrechtsgüter verletzt werden, greift der Schutz der damit verwirklichten Strafnorm.

1035j § 130 II Nr. 1 knüpft an die Schutzgüter des § 130 I Nr. 1 an und sanktioniert, eine Schrift (§ 11 III), die die nachfolgenden Voraussetzungen erfüllt, zu verbreiten oder der Öffentlichkeit zugänglich zu machen oder sie einer Person unter achtzehn Jahren anzubieten, sie ihr zu überlassen oder zugänglich zu machen. Mit „Verbreitung" ist die Mengenverbreitung gemeint, d.h. der Täter macht die Substanz einer Schrift einem größeren Personenkreis zugänglich, wobei dieser nach Zahl und Individualität unbestimmt oder jedenfalls so groß sein muss, dass er für den Täter nicht mehr kontrollierbar ist.[1777] Eine „Kettenverbreitung", also die individuelle Weitergabe der Schrift an die jeweils nächste Person, ist nicht erfasst[1778] (es sei denn, der Empfänger ist minderjährig).
Die Schrift muss zum Hass aufstacheln (Nr. 1a), zu Gewalt- oder Willkürmaßnahmen gegen in Nr. 1a genannte Personen oder Personenmehrheiten auffordern (Nr. 1b) oder die Menschenwürde von in Nr. 1a genannten Personen oder Personenmehrheiten dadurch angreifen, dass diese beschimpft, böswillig verächtlich gemacht oder verleumdet werden (Nr. 1c)[1779].

1035k § 130 II Nr. 2 sanktioniert die Zugänglichmachung eines in Nr. 1a-c bezeichneten Inhalts mittels Rundfunks oder Telemedien gegenüber einer Person unter achtzehn Jahren oder der Öffentlichkeit. Mit „Telemedien" ist selbstverständlich auch das Internet gemeint.

1035l Schließlich stellt § 130 II Nr. 3 das Herstellen, Beziehen, Liefern, Vorrätighalten, Anbieten und Bewerben einer Schrift i.S.v. § 11 III mit dem in Nr. 1a-c bezeichneten Inhalt unter Strafe. Strafbar nach Nr. 3 ist auch, wer es unternimmt, eine solche Schrift ein- oder auszuführen, um sie oder aus ihr gewonnene Stücke im Sinne der Nr. 1 oder Nr. 2 zu verwenden oder einer anderen Person eine solche Verwendung zu ermöglichen.

[1775] BGH 27.7.2017 – 3 StR 172/17 Rn 32 (insoweit nicht abgedruckt in NStZ 2018, 37 ff.).
[1776] § 130 I verneint hat aber das OLG Celle NdsRpfl 2018, 32 mit der nicht nachvollziehbaren Begründung, das Piktogramm lasse auch die Interpretation zu, dass solche Handlungen den Herkunftsgebieten zugeschrieben würden. Siehe dazu auch *Stegbauer*, NStZ 2019, 72, 74 f.
[1777] BGH NStZ 2017, 405, 406.
[1778] BGH NStZ 2017, 405, 406.
[1779] Zu § 130 II Nr. 1b vgl. BGH NStZ-RR 2017, 386 („gutheißen heißt nicht auffordern" – es ging im Fall um das Bejubeln eines Liedes, das von der Verbrennung von Menschen dunkler Hautfarbe durch Mitglieder des Ku-Klux-Klans handelt); zu § 130 II Nr. 1c vgl. OLG Düsseldorf NStZ 2019, 347, 348.

In subjektiver Hinsicht ist **Vorsatz** erforderlich, wobei bei Nr. 1 und 2 dolus eventualis genügt. Bei Nr. 3 ist wegen der Formulierung „um sie" Absicht i.S.v. dolus directus 1. Grades erforderlich.

1035m

3. Tatbestand des § 130 III

§ 130 III StGB stellt das öffentliche Billigen, Leugnen und Verharmlosen des nationalsozialistischen Völkermordes unter Strafe, wenn dies geeignet ist, den öffentlichen Frieden zu stören. Mit § 130 III StGB möchte der Gesetzgeber insbesondere die Leugnung des Holocaust (sog. „Auschwitz-Lüge") strafrechtlich sanktionieren. Was die Vereinbarkeit des § 130 III StGB mit Art. 5 I S. 1 Var. 1 GG betrifft, hat das BVerfG die Leugnung des Holocaust als erwiesen unwahre Tatsachenbehauptung eingeordnet und damit dem Schutzbereich des Art. 5 I S. 1 Var. 1 GG entzogen.[1780] Damit kann die Beantwortung der Frage, ob § 130 III StGB ein „allgemeines Gesetz" i.S.v. Art. 5 II GG (also ein meinungsneutrales Gesetz) darstellt (dazu Rn 1035p ff.), dahinstehen. Allerdings ist fraglich, ob die Schutzbereichseröffnung auch dann versagt werden kann, wenn die Leugnung des Holocaust mit wertenden Elementen durchsetzt ist. Denn das BVerfG erachtet auch sonst bei einer Verquickung von reinen (unwahren) Tatsachenbehauptungen und Wertungen den Schutzbereich des Art. 5 I S. 1 Var. 1 GG für einschlägig.[1781] Es wäre nur konsequent, in diesem Fall wertende Äußerungen über das Leugnen der Judenverfolgung und des Völkermordes unter den Schutzbereich des Grundrechts auf Meinungsäußerungsfreiheit zu subsumieren[1782] und sie unter Anwendung des Art. 5 II GG einer allgemeinen Güterabwägung zu unterstellen.

1035n

4. Tatbestand des § 130 IV

Nach § 130 IV macht sich strafbar, wer öffentlich oder in einer Versammlung den öffentlichen Frieden in einer die Würde der Opfer verletzenden Weise dadurch stört, dass er die nationalsozialistische Gewalt- und Willkürherrschaft billigt, verherrlicht oder rechtfertigt. Da Billigung, Verherrlichung und Rechtfertigung Werturteile darstellen, ist unabhängig von deren Unsachlichkeit und Gefährlichkeit der Schutzbereich des Art. 5 I S. 1 Var. 1 GG eröffnet.[1783] Folglich stellt die Strafandrohung in § 130 IV einen Eingriff in die Meinungsäußerungsfreiheit dar[1784], der einer verfassungsrechtlichen Rechtfertigung bedarf.

1035o

Ob aber § 130 IV (wie § 130 III) ein „allgemeines", d.h. meinungsneutrales Gesetz gem. Art. 5 II GG darstellt und (daher) den Eingriff in die Meinungsäußerungsfreiheit rechtfertigen kann, ist zweifelhaft. Denn beide Strafvorschriften verbieten bestimmte Meinungen, sind daher gerade nicht meinungsneutral.[1785] Auch das BVerfG stellt fest, dass § 130 IV kein allgemeines Gesetz i.S.v. Art. 5 II GG sei. Allerdings sei § 130 IV auch als nicht-allgemeines Gesetz mit Art. 5 I GG vereinbar. Angesichts des sich allgemeinen Kategorien entziehenden Unrechts und des Schreckens, die die nationalsozialistische Herrschaft über Europa und weite Teile der Welt gebracht habe, und der als Gegenentwurf hierzu verstandenen Entstehung der Bundesrepublik Deutschland sei Art. 5 I GG für Bestimmungen, die der propagandistischen Gutheißung des nationalsozialistischen

1035p

[1780] BVerfGE 90, 241, 249 (Judenverfolgung/„Auschwitz-Lüge"). Siehe auch BVerfG NJW-RR 2017, 1001, wo das Gericht die Meinungsäußerungsfreiheit als verletzt angesehen hat bei der strafgerichtlichen Verurteilung nach § 130 III aufgrund der Äußerung: „So seltsam es klingen mag, aber seit 1944 ist kein einziger Jude nach Auschwitz verschleppt worden". Die Strafgerichte hätten sich nicht hinreichend mit der Mehrdeutigkeit der Äußerung auseinandergesetzt.

[1781] Vgl. BVerfGE 61, 1, 8 f. (Meinungsäußerung im Wahlkampf); 90, 1, 15 (Schuldfrage des 2. Weltkriegs).

[1782] Selbstverständlich wäre ihnen dann im Rahmen der Eingriffsrechtfertigung zu begegnen.

[1783] BVerfG NJW 2010, 47, 48 ff. (Rudolf-Heß-Gedenkkundgebung Wunsiedel).

[1784] BVerfG NJW 2010, 47, 48 ff.

[1785] Vgl. auch BVerfGE 111, 147, 155; BVerfG NJW 2010, 47, 48 ff.; *Poscher*, NJW 2005, 1316, 1317 f.

Straftaten gegen die öffentliche Ordnung – Volksverhetzung (§ 130)

Regimes in den Jahren zwischen 1933 und 1945 Grenzen setzten, eine Ausnahme vom Verbot des Sonderrechts für meinungsbezogene Gesetze immanent.[1786]

1035q Mit anderen Worten heißt dies: Bei Billigung, Verherrlichung und Rechtfertigung der nationalsozialistischen Gewalt- und Willkürherrschaft macht das BVerfG vom Erfordernis der „allgemeinen", d.h. meinungsneutralen Gesetze eine Ausnahme. Mag der Vorstoß des BVerfG dem (selbstverständlich zutreffenden) Ergebnis geschuldet sein, propagandistischen Gutheißungen der nationalsozialistischen Gewalt- und Willkürherrschaft Grenzen zu setzen, so muss dennoch berücksichtigt werden, dass auch das BVerfG nicht befugt ist, sich über den Wortlaut des Art. 5 II GG, wo von „allgemeinen Gesetzen" die Rede ist, hinwegzusetzen. § 130 IV ist nun einmal kein „allgemeines" Gesetz.[1787]

1035r Rechtsdogmatisch überzeugender wäre es gewesen, auch terminologisch einen Rückgriff auf die von den vorbehaltlos gewährleisteten Grundrechten bekannte **verfassungsimmanente Einschränkbarkeit** (Einschränkung des Grundrechts bei Kollision mit Grundrechten Dritter oder anderen wichtigen Verfassungsgütern) zuzulassen.[1788] Denn sind bereits vorbehaltlos gewährleistete Grundrechte (wie etwa diejenigen aus Art. 5 III GG) zugunsten anderer wichtiger Verfassungsgüter einschränkbar, muss dies erst recht für Grundrechte gelten, die unter einem Gesetzesvorbehalt stehen. Fraglich wäre dann, was als wichtiges anderes Verfassungsgut in Frage kommt. Ein Schutzgut wie etwa „der öffentliche Friede" (vgl. § 130 III, IV) ist entgegen der Auffassung des BVerfG[1789] dem Grundgesetz nicht zu entnehmen. Dogmatisch möglich wäre aber, auch in *diesem* Zusammenhang auf die Menschenwürde der verstorbenen Opfer des Nationalsozialismus bzw. des Holocaust abzustellen und somit den Grundrechtsschutz aus Art. 5 I S. 1 Var. 1 GG zu überwinden.

1035s In subjektiver Hinsicht ist **Vorsatz** erforderlich, wobei dolus eventualis genügt.

5. Sozialadäquanzklausel, § 130 VII

1035t Einen **Tatbestandsausschluss**[1790] normiert § 86 III, der gem. § 130 VII auch für § 130 II-V gilt. Danach gilt § 130 II-V nicht, wenn eine Handlung, die an sich nach § 130 II-V strafbar wäre, der staatsbürgerlichen Aufklärung, der Abwehr verfassungswidriger Bestrebungen, der Kunst oder der Wissenschaft, der Forschung oder der Lehre, der Berichterstattung über Vorgänge des Zeitgeschehens oder der Geschichte oder ähnlichen Zwecken dient („Sozialadäquanzklausel"). Handlungen, die zeitkritisch und aufklärend im Sinne des Schutzes der Verfassung vorgenommen werden oder der Kunst, Wissenschaft, Forschung oder Lehre dienen, sollen aus dem Tatbestand ausgenommen werden. § 130 VII i.V.m. § 86 III konkretisiert damit letztlich nur, was gem. Art. 5 III GG ohnehin zu gewährleisten wäre. Das gilt freilich nur, wenn mit den Handlungen keine verfassungsfeindlichen Ziele verfolgt werden. Denn hier würde auch Art. 5 III GG zurücktreten.

1035u Wichtig ist, dass die Sozialadäquanzklausel nicht für § 130 I gilt. Eine Tathandlung nach § 130 I kann niemals sozialadäquat sein.

II. Rechtswidrigkeit und III. Schuld

1035v Es gelten die allgemeinen Grundsätze.

[1786] BVerfG NJW 2010, 47, 48 ff.; zustimmend *Degenhart*, JZ 2010, 306.
[1787] Kritisch auch *Möllers*, in: Jahrbuch Öffentliche Sicherheit, 2011, 173, 175 f.
[1788] Vgl. bereits *R. Schmidt*, Grundrechte, 10. Aufl. 2008.
[1789] BVerfG NJW 2010, 47, 48 ff.
[1790] BGHSt 46, 36, 43; zweifelnd *Fischer*, § 86 Rn 17.

E. Öffentliche Aufforderung zu Straftaten (§ 111)

§ 111 stellt die Aufforderung zu **rechtswidrigen Taten** i.S.d. § 11 I Nr. 5 unter Strafe. **1036** Die Vorschrift bezweckt, besonders gefährliche Formen der Anstiftung bzw. versuchten Anstiftung unter Strafe zu stellen, die durch § 26 oder § 30 I deswegen nicht erfasst werden können, weil dort ein bestimmter Adressat oder Adressatenkreis und eine konkrete Ausrichtung auf eine bestimmte Haupttat verlangt werden. § 111 stellt also eine Art Auffangtatbestand für die an der Konkretheit der Haupttat bzw. des Adressatenkreises scheiternde Anstiftung nach § 26 bzw. versuchte Anstiftung nach § 30 I dar. Das genaue Rechtsgut des § 111 ist streitig. Vieles spricht aber für den öffentlichen Frieden. Die Gefährlichkeit der Tat ergibt sich aufgrund des potentiell großen Adressatenkreises.[1791]

Klärungsbedürftig ist der Begriff des **Aufforderns**. Erforderlich ist eine Äußerung, die erkennbar von einem einzelnen oder von einer unbestimmten Personenmehrheit ein bestimmtes Tun oder Unterlassen verlangt.[1792] Er entspricht damit im Wesentlichen dem Begriff des Bestimmens i.S.d. § 26. Nicht notwendig ist, dass der oder die Adressaten die Aufforderung wahrnehmen oder gar verstehen. Im politischen Bereich wird das „Auffordern" häufig als Meinungsäußerung bzw. Unmutsäußerung mit Blick auf die Bedeutung des Art. 8 I bzw. Art. 5 I GG als nicht tatbestandsmäßig angesehen (teleologische Reduktion bzw. grundrechtskonforme Einschränkung des Tatbestands des § 111), sodass die Norm letztlich in diesem Bereich leerläuft.[1793]

Subjektiv ist bedingter **Vorsatz** ausreichend. Der Vorsatz muss sich jedoch – entgegen dem Anstiftervorsatz – nicht auf die Vollendung der Tat erstrecken.[1794] Im Rahmen der **Rechtswidrigkeit** sind v.a. Art. 5 I GG und Art. 8 I GG zu beachten, sofern nicht schon ein Tatbestandsausschluss angenommen wird.

> **Beispiele:** Aufruf zur Befehlsverweigerung etwa im Afghanistan-Krieg[1795]; Aufruf zur Demontage von Bahngleisen[1796]. Ob in derartigen Fällen aber ein Tatbestandsausschluss bzw. eine Rechtfertigung angenommen werden kann, erscheint zweifelhaft.

Im Rahmen der **Schuld** gelten die allgemeinen Grundsätze.

[1791] Sch/Sch-*Eser*, § 111 Rn 2; *Joecks/Jäger*, § 111 Rn 1; Lackner/Kühl-*Heger*, § 111 Rn 1.

[1792] KG NStZ-RR 2002, 10; OLG Köln NJW 1988, 1102; anders *Joecks/Jäger*, § 111 Rn 2, die in der Aufforderung ein Bestimmen i.S.d. § 26 sehen.

[1793] KG NStZ-RR 2002, 10 (Aufforderung an Soldaten, Einsatzbefehle zu verweigern und zu desertieren); OLG Gera NStZ 1995, 445 („Haut die Bullen platt wie Stullen, schlagt sie ins Gesicht").

[1794] Sch/Sch-*Eser*, § 111 Rn 3; Lackner/Kühl-*Heger*, § 111 Rn 6.

[1795] BGH NStZ 2000, 108 (zum Kosovo-Krieg) mit kritischer Anmerkung *Schroeder*, JR 2001, 472.

[1796] LG Dortmund NStZ-RR 1998, 139.

F. Verwahrungsbruch (§ 133)

1037 § 133 schützt die staatliche Gewalt über in dienstlichem Verwahrungsbesitz befindliche Sachen und das Vertrauen in deren sichere Aufbewahrung.[1797]

I. Tatbestand

1. Objektiver Tatbestand

Hinsichtlich des Tatobjekts muss es sich um eine bewegliche Sache (Gegenstände jeglicher Art) handeln, die dienstlich verwahrt wird.

1038 **Dienstliche Verwahrung** i.S.d. § 133 I Var. 1 setzt voraus, dass fürsorgliche Hoheitsgewalt einer staatlichen oder kirchlichen Organisation den Gegenstand in Gewahrsam genommen hat, um ihn für bestimmte Zwecke zu erhalten und vor unbefugtem Zugriff zu bewahren.[1798]

1039 Zu beachten ist, dass dies auch Sachen des Täters sein können, an denen eine Behörde (etwa ein Fundbüro) Gewahrsam begründet hat. Nicht entscheidend sind der Wert der Sache oder die Eigentumsverhältnisse. Somit werden auch herrenlose Sachen erfasst.

> **Beispiele:** Gerichts- und Behördenakten; Beweismittel wie Blutproben; Zahlungen; Führerscheine bei Fahrverbot; beschlagnahmte oder hinterlegte Sachen[1799], nicht jedoch bei einer Pfändung, wenn das Pfandgut beim Eigentümer verbleibt (§ 808 II ZPO).[1800] Nach der Privatisierung von Post und Bahn zählen die von den Nachfolgegesellschaften transportierten Gegenstände grundsätzlich nicht mehr zu den verwahrten Sachen. Etwas anderes gilt nur für den Fall der Beleihung nach § 33 I PostG.

1040 Der Ort der Aufbewahrung ist unerheblich, sodass auch die Privatwohnung eines Polizisten, in dem sich Beweismittel befinden, erfasst wird.

Abzugrenzen ist die dienstliche Verwahrung von Sachen in **schlichtamtlichem Besitz** bzw. Sachen, die dem amtlichen Geschäftsverkehr dienen. Dies ist der Fall, wenn Sachen in behördlichem Gebrauch oder Verbrauch oder zur Vernichtung bestimmt sind (z.B. Schreddern von Akten nach Ablauf der Aufbewahrungsfrist).[1801] In diesem Fall fehlt der bestandserhaltende Charakter der Verwahrung.

> **Beispiele:** Das behördliche Inventar, Verbrauchsgegenstände wie Formulare oder Bleistifte; Geld, das zur Erfüllung amtlicher Verpflichtungen in einer Amtskasse verwahrt wird; Museumsstücke oder Bücher in einer Bibliothek (fraglich, wenn man bedenkt, dass gerade diese Gegenstände der Nachwelt erhalten bleiben sollen und somit auch „aufbewahrt" werden.)[1802]

1041 **Dienstlich in Verwahrung gegeben** i.S.d. § 133 I Var. 2 ist ein Gegenstand, wenn dem Empfänger dienstliche Herrschaftsgewalt übertragen wurde.[1803]

1042 Voraussetzung für die 2. Variante ist, dass eine Verwahrung aufgrund dienstlicher Anordnung zu dienstlichen Zwecken erfolgte. Gepfändete Sachen, die sich weiterhin in der Wohnung des Schuldners befinden, sind diesem nicht dienstlich in Verwahrung gegeben. Sie werden ihm vielmehr belassen.[1804]

[1797] RGSt 72, 174; BGHSt 5, 155, 159; 38, 381, 385.
[1798] BGHSt 18, 312, 313; AG Koblenz wistra 1999, 397.
[1799] Fundstellennachweis bei Sch/Sch-*Sternberg-Lieben*, § 133 Rn 6.
[1800] Sch/Sch-*Sternberg-Lieben*, § 133 Rn 9.
[1801] RGSt 62, 240; 72, 173; BGHSt 4, 236, 241.
[1802] Fundstellen bei Sch/Sch-*Sternberg-Lieben*, § 133 Rn 7; Lackner/Kühl-*Kühl*, § 133 Rn 3.
[1803] Lackner/Kühl-*Kühl*, § 133 Rn 4.
[1804] *Geppert*, Jura 1986, 597; Lackner/Kühl-*Kühl*, § 133 Rn 4.

Straftaten gegen die öffentliche Ordnung – Verwahrungsbruch (§ 133)

Tathandlungen sind das Zerstören, Beschädigen, Unbrauchbarmachen und Entziehen. Die Grenzen sind hier fließend.

1043

- **Zerstört** ist eine Sache, wenn sie so wesentlich beschädigt wird, dass sie ihre Gebrauchsfähigkeit verliert.[1805]
- **Beschädigen** bedeutet Minderung der Brauchbarkeit, ohne dass es einer Substanzverletzung bedarf.[1806]
- **Unbrauchbarmachen** bedeutet, eine Sache so zu verändern, dass sie ihren eigentlichen Zweck nicht mehr erfüllen kann. Auch dazu ist eine Substanzverletzung nicht nötig.[1807]
- Eine Sache ist der dienstlichen Verfügung **entzogen**, wenn dem (Mit-) Berechtigten die Möglichkeit des ungehinderten Zugriffs und der bestimmungsgemäßen Verwendung genommen oder erheblich erschwert wird.[1808]

Die Entziehung stellt den schwierigsten Fall des § 133 dar. Zu beachten ist, dass die Sache den Ort der Niederlegung nicht verlassen muss, sodass auch das bloße Verstecken in der falschen Akte oder das „Verfächern" ausreichen. Wird die Sache durch Täuschung oder List aus dem Amtsgewahrsam mittels eines gutgläubigen Amtsträgers ausgelöst, liegt kein Verwahrungsbruch vor.[1809]

1044

Handelt der zuständige Sachwalter dienstwidrig, indem er die Sache herausgibt, ohne dass die hierfür erforderlichen Voraussetzungen vorlagen, liegt kein Verwahrungsbruch vor, da der Verwahrungszweck beendet wurde.[1810]

> **Beispiel:** T ist zuständiger Sachbearbeiter für die Verwahrung von Führerscheinen. Da er den Rasenden Roland von der Insel Rügen für einen netten Jungen hält, gibt er ihm dessen Führerschein heraus, obwohl Roland ihn erst in zwei Monaten zurückerhalten dürfte.

Im Falle der Entziehung liegen häufig tateinheitlich ein Diebstahl, eine Urkundenunterdrückung sowie eine Sachbeschädigung vor.

1045

2. Subjektiver Tatbestand

Bedingter Vorsatz ist ausreichend. Der Versuch ist nicht strafbar.

1046

II. Rechtswidrigkeit und III. Schuld

Es gelten die allgemeinen Grundsätze.

IV. Qualifikation nach § 133 III – Amtsträgereigenschaft

Enttäuscht der Amtsträger, wozu auch Kirchenamtsträger und die für den öffentlichen Dienst besonders Verpflichteten gehören, das in ihn gesetzte Vertrauen, ist die Tat nach § 133 III qualifiziert. Die Amtsträgereigenschaft ist ein besonderes persönliches Merkmal i.S.d. § 28 II. Für Anstifter und Gehilfen gilt somit § 133 I, II.[1811]

1047

[1805] Sch/Sch-*Sternberg-Lieben*, § 133 Rn 14.
[1806] Ebenda.
[1807] Ebenda.
[1808] OLG Düsseldorf NStZ 1981, 25.
[1809] Lackner/Kühl-*Kühl*, § 133 Rn 6 m.w.N.
[1810] BGHSt 33, 190, 193.
[1811] Lackner/Kühl-*Kühl*, § 133 Rn 9. Vgl. zum Aufbau *R. Schmidt*, AT, Rn 1127 ff.

G. Verstrickungsbruch (§ 136 I)

1048
§ 136 enthält zwei Tatbestände, den Verstrickungsbruch nach Abs. 1 und den Siegel-bruch nach Abs. 2 (dazu Rn 1060 ff.).
Von § 136 I geschützt wird das durch die Pfändung oder Beschlagnahme entstehende öffentlich-rechtliche Gewaltverhältnis.[1812]

I. Tatbestand

1. Objektiver Tatbestand

1049
a. Tatobjekte der Verstrickung sind gepfändete oder beschlagnahmte Sachen. Forde-rungen und sonstige Rechte scheiden als Tatobjekte aus, da an ihnen keine äußere Herrschaft begründet werden kann.[1813]

1050
b. Die Sache muss **wirksam verstrickt** sein. Der Begriff der Verstrickung kommt im heutigen Sprachgebrauch nicht mehr vor. Gemeint ist damit nur, dass die Sache zur behördlichen Verfügung sichergestellt sein muss.

1051
aa. Die Verstrickung erfolgt durch **dienstliche Beschlagnahme** oder **Pfändung**, wobei die Beschlagnahme als weit gefasster Oberbegriff zu verstehen ist.

- **Beschlagnahme** ist die zwangsweise Bereitstellung einer Sache zur Verfügung einer Behörde, um öffentliche oder private Belange zu sichern.[1814]
- Die **Pfändung** dient der Sicherung oder Verwirklichung eines vermögensrechtlichen Anspruchs.[1815]

1052
Auch unbewegliche Sachen wie Grundstücke oder Häuser können beschlagnahmt oder gepfändet werden. Welche Maßnahmen zur Beschlagnahme oder Pfändung notwendig sind, ergibt sich aus den einschlägigen Einzelvorschriften. Rechtsgrundlage für eine Beschlagnahme bieten die §§ 94 ff., 111b ff. StPO und die Normen des jeweiligen Lan-despolizeirechts bzw. des BundesPolG. Rechtsgrundlage für eine Pfändung ist § 808 ZPO.
Für die Beschlagnahme ist es nicht erforderlich, dass die handelnde Dienststelle Besitz an der Sache erlangt. Es reicht, dass ein (eher symbolisches) Gewaltverhältnis durch ein Verfügungsverbot begründet wird.[1816] Ähnliche Grundsätze gelten für die Pfändung. Der Gerichtsvollzieher nimmt bewegliche Sachen grundsätzlich in Besitz (§ 808 I ZPO). Ver-bleiben die Sachen aber beim Schuldner, muss die Pfändung durch Anlegung von Siegeln oder Pfandanzeigen gekennzeichnet werden (§ 808 II ZPO).

1053
bb. Die Verstrickung muss des Weiteren **wirksam**, d.h. die wesentlichen Förmlichkei-ten müssen beachtet worden sein. Die Mängel müssen schwerwiegend und evident sein. Dies ist beispielsweise dann der Fall, wenn kein Vollstreckungstitel vorliegt oder die Klausel fehlt (Vgl. die Ausführungen zu 3.).

1054
b. Tathandlungen sind neben dem Entziehen das Zerstören, Beschädigen oder Un-brauchbarmachen. Vgl. dazu die Ausführungen zu § 133. Näher einzugehen ist auf die Handlungsvariante des Entziehens. Eine Sache ist der Verstrickung **entzogen**, wenn sie beiseitegeschafft wird, also der behördliche Zugriff vorübergehend oder dauerhaft verei-telt oder erschwert wird.[1817] Auf eine Ortsveränderung kommt es dabei nicht an. Werden beispielsweise die gepfändeten Sachen im Besitz des Schuldners belassen, wird ihm

---

[1812] BGHSt 5, 155; *Geppert/Weaver*, Jura 2000, 46.
[1813] RGSt 24, 49; *W/H/E*, BT 1, Rn 747 ff.
[1814] RGSt 65, 248, 249; Lackner/Kühl-*Kühl*, § 136 Rn 3.
[1815] Lackner/Kühl-*Kühl*, § 136 Rn 3.
[1816] RGSt 41, 256; BGHSt 15, 149, 150. Anders RGSt 51, 228, 237 und OLG Frankfurt SJZ 49 Sp. 870.
[1817] Sch/Sch-*Sternberg-Lieben/Schuster*, § 16 Rn 12.

Straftaten gegen die öffentliche Ordnung – Verstrickungsbruch (§ 136 I)

regelmäßig die Befugnis eingeräumt, diese weiterhin zu nutzen, wenn keine Wertminderung durch diese Nutzung zu befürchten ist.[1818]

Beispiel: Die im Tec-Dax gelistete Klingeling-Telefon-AG bezahlt wieder einmal ihre Rechnungen nicht. Bei ihr werden daraufhin alle Computer und Telefone sowie der Fuhrpark gepfändet. Bei Computern und Telefonen ist eine (kurzfristige) Wertminderung aufgrund einer weiteren Benutzung nicht zu befürchten. Anders muss man bei den Pkw entscheiden.

Weiterhin muss ein Verstrickungsbruch verneint werden, wenn die Sache durch den Schuldner zwar verkauft, aber nicht an den Käufer übergeben wird.[1819]

1055

2. Subjektiver Tatbestand

Bedingter Vorsatz ist ausreichend. Zu beachten ist aber hier die spezielle Irrtumsregelung des Abs. 4. Der Versuch ist nicht strafbar.

1056

Ein Tatbestandsirrtum nach § 16 I S. 1 liegt nach umstrittener Auffassung vor, wenn der Täter nichts von der Verstrickung weiß. Das Gleiche gilt, wenn er irrig davon ausgeht, eine Freigabe der Sache erfolge durch Verzicht des Gläubigers oder die Pfändung schuldnerfremder Sachen führe nicht zu einer Verstrickung.[1820] Rechtsdogmatische Konsequenz dieser Auffassung ist jedoch, dass es sich bei der „Rechtmäßigkeit der Verstrickung" um ein Tatbestandsmerkmal handelt. Richtiger erscheint es demnach, die Grundsätze des § 136 IV i.V.m. § 113 IV für ausschließlich zu erachten.[1821]

3. Rechtmäßigkeit der Diensthandlung (§ 136 III)

Die Natur des § 136 III ist ebenso wie die des § 113 III streitig. Prüfungspunkt sollte aber nach dem subjektiven Tatbestand sein, da es sich nach wohl h.M. nicht um ein Tatbestandsmerkmal handelt.

1057

Es müssen Verstöße gegen zwingende Vorschriften vorliegen. Hierbei kommt es nicht auf das Vorliegen der materiellen Wirksamkeitsvoraussetzungen an, sondern auf die formelle Rechtmäßigkeit.

Beispiele: Zu nennen sind hier die nicht erfolgte Hinzuziehung von Zeugen bei Widerstand nach § 759 ZPO, die Vollstreckung zur Nachtzeit ohne richterliche Erlaubnis, das offenkundige Vorliegen eines Pfändungsverbots nach §§ 811, 811c ZPO (unpfändbare Sachen und Haustiere) oder die Pfändung eindeutig belegten Dritteigentums.[1822]

II. Rechtswidrigkeit und III. Schuld

Es gelten die allgemeinen Grundsätze.

1058

IV. Problemhinweis

Neben § 136 sind häufig §§ 288, 289, 113, 303 I, 242, 246 zu prüfen.

1059

[1818] OLG Hamm VRS 13, 34.
[1819] OLG Hamm NJW 1956, 1889.
[1820] Lackner/Kühl-*Kühl*, § 136 Rn 8; anders SK-*Rudolphi*, § 136 Rn 16.
[1821] Vgl. die Ausführungen bei Sch/Sch-*Sternberg-Lieben*, § 136 Rn 33 ff.
[1822] Fundstellen bei Sch/Sch-*Sternberg-Lieben*, § 136 Rn 28-32.

H. Siegelbruch (§ 136 II)

1060 Geschützt wird durch § 136 II die inländische staatliche Autorität.

I. Tatbestand

1. Objektiver Tatbestand

a. Tatobjekt ist das dienstliche Siegel.

1061 ▪ Ein **Siegel** ist eine von einer inländischen Behörde (Ausnahme bei völkerrechtlichen Abkommen, dann auch ausländische Siegel) oder einem Amtsträger herrührende Kennzeichnung mit Beglaubigungscharakter.[1823]

Unter den Begriff des Siegels sind auch Plomben an Feuerlöschern oder Stempel von Fleischbeschauern zu subsumieren.[1824]

1062 ▪ **Angelegt** ist das Siegel, wenn es – auch nur locker – mit der Sache verbunden ist. Die Grundsätze bezüglich der hinreichenden Festigkeit einer zusammengesetzten Urkunde müssen nicht erfüllt werden.[1825]

1063 **b. Tathandlungen** sind das Beschädigen, Ablösen, Unkenntlichmachen und Unwirksammachen. Um ein Unwirksammachen handelt es sich, wenn die dienstliche Sperre missachtet wird, ohne dass hierbei das Siegel beeinträchtigt werden muss. Beispiel ist das Gelangen in eine versiegelte Wohnung, indem die Scheibe eingeschlagen wird.[1826]

1064
> **Hinweis für die Fallbearbeitung**: Durch die Manipulation an dem Siegel ist regelmäßig (auch) eine Strafbarkeit nach § 274 I Nr. 1 gegeben. Anzuprüfen wäre auch eine Amtsanmaßung nach § 132, welche aber regelmäßig zumindest mangels Vorsatz abzulehnen ist.

2. Subjektiver Tatbestand

1065 Bedingter Vorsatz ist ausreichend. Der Versuch ist nicht strafbar. Im Übrigen sei auf die Ausführungen zu § 136 I verwiesen.

3. Rechtmäßigkeit der Diensthandlung

1066 Hier gelten die Ausführungen zu § 136 I entsprechend.

II. Rechtswidrigkeit und III. Schuld

1067 Es gelten die allgemeinen Grundsätze.

[1823] Lackner/Kühl-*Kühl*, § 136 Rn 5.
[1824] RGSt 65, 133, 134; RGSt 39, 367, 368.
[1825] RG DR 41, 847, wonach es aber nicht reicht, dass das Siegel lediglich hingelegt ist. Eine Verbindung mittels Stecknadel ist nach BGH MDR bei Dallinger 52, 658 aber ausreichend.
[1826] Lackner/Kühl-*Kühl*, § 136 Rn 6.

I. Nichtanzeige geplanter Straftaten (§ 138)

Mit dieser Strafnorm möchte der Gesetzgeber das **Unterlassen einer Anzeige** von geplanten, in der Vorschrift katalogartig genannten **schweren Straftaten** sanktionieren. Durch den abschließenden Katalog von Straftaten macht der Gesetzgeber deutlich, dass er ein generelles „Denunziantentum" vermeiden wollte. Nur bei Kenntnis besonders schwerer Straftaten, die eine erhebliche Gefahr für die Allgemeinheit begründen, besteht eine Anzeigepflicht des Bürgers. Bei der Nichtanzeige geplanter Straftaten handelt es sich daher um ein **echtes Unterlassungsdelikt** mit der Folge, dass es auf die Voraussetzungen des § 13 nicht ankommt.

1068

I. Tatbestand

1. Objektiver Tatbestand

Zunächst muss die Begehung einer der in § 138 aufgezählten **Straftaten** bevorstehen. Umfasst wird nicht nur die Kenntnis von der täterschaftlichen Begehung, sondern nach h.M. auch die *Teilnahme* an einem dieser schwerwiegenden Delikte.[1827] Beteiligte - also Täter und Teilnehmer - sind nach h.M. nicht anzeigepflichtig.[1828] Voraussetzung ist stets, dass die Straftat tatsächlich geplant (**Vorhaben** – das ist die ernsthafte Planung[1829]) ist oder ausgeführt (**Ausführung** – damit erfasst wird die Versuchsphase bis zur Vollendung[1830]) wird und der befürchtete Erfolg durch die Anzeige verhindert werden kann. Weiß der Betroffene beispielsweise um eine Gefahr für sein Leben oder wurde bereits von Dritten Anzeige erstattet, scheidet eine Strafbarkeit nach § 138 aus.[1831]

1069

Des Weiteren muss der Täter glaubhafte Kenntnis von den Straftaten haben. Der Täter muss nicht wissen, wer die Tat begeht, sondern nur, dass eine Tat bevorsteht. Die bloße Annahme, eine Straftat stehe bevor, ist nicht ausreichend.[1832] Diese Kenntnis muss der Täter zu einem Zeitpunkt haben, bei dem die Ausführung oder der Eintritt des Erfolgs noch abgewendet werden können. Hierbei entscheidet die objektive Sachlage und nicht die Sicht des Täters.[1833]

1070

Der Täter muss es unterlassen haben, die Tat anzuzeigen. Der Täter der anzuzeigenden Tat muss nicht genannt werden, wenn die Tat auch anderweitig zu verhindern ist.[1834] Die Anzeige muss rechtzeitig geschehen, damit überhaupt noch die Möglichkeit der Tatverhinderung bzw. -vereitelung besteht. Muss die Rechtzeitigkeit der Anzeige verneint werden, gelingt aber dennoch eine Abwendung, ist eine Strafbefreiung wegen tätiger Reue analog § 24 möglich.[1835]

1071

2. Subjektiver Tatbestand

Eventualvorsatz ist ausreichend. Geht der Täter irrig davon aus, er sei nicht zur Anzeige verpflichtet, liegt ein regelmäßig vermeidbarer Gebotsirrtum nach § 17 vor.[1836]

[1827] Lackner/Kühl-*Kühl*, § 138 Rn 2. Anders SK-*Rudolphi/Stein*, § 138 Rn 8; zustimmend *Joecks/Jäger*, § 138 Rn 9.

[1828] *Joecks/Jäger*, § 138 Rn 19. Anders SK-*Rudolphi/Stein*, § 138 Rn 19, die Mittäter und Teilnehmer als anzeigepflichtig einstufen, wobei sie jedoch den „Nemo-tenetur-Grundsatz" übersehen.

[1829] *Joecks/Jäger*, § 138 Rn 6, wobei nicht das unbedachte Prahlen tatbestandlich sei. Es müssten konkrete Anhaltspunkte für die Ernstlichkeit vorliegen.

[1830] Abweichend *Joecks/Jäger*, § 138 Rn 7, die auch die Beendigungsphase als mit umfasst ansehen.

[1831] Sch/Sch-*Sternberg-Lieben*, § 138 Rn 2.

[1832] RGSt 60, 254; 71, 385, 387.

[1833] *Joecks/Jäger*, § 138 Rn 12; *Fischer*, § 138 Rn 9.

[1834] RGSt 60, 254.

[1835] *Loos/Westendorf*, Jura 1998, 403. Anders *Puppe*, NStZ 1996, 597, die eine analoge Anwendung von § 139 IV favorisiert.

[1836] BGHSt 19, 295, 297 (für den Gebotsirrtum).

Straftaten gegen die öffentliche Ordnung – Nichtanzeige geplanter Straftaten (§ 138 I)

II. Rechtswidrigkeit

1072   Es gelten die allgemeinen Grundsätze. Die Freistellung von der Anzeigepflicht nach § 139 II, III S. 2 stellt nach ganz h.M. einen Rechtfertigungsgrund dar.[1837]

III. Schuld

1073   Es gelten die allgemeinen Grundsätze.

IV. Persönlicher Strafaufhebungsgrund nach § 139 III S. 1, IV

1074   § 139 III S. 1 normiert ein Angehörigenprivileg und ist nach ganz h.M. ein Strafaufhebungsgrund.[1838] § 139 IV gilt für jedermann, dem es gelingt, die Ausführung oder den Erfolg der Tat anders als durch Anzeige abzuwenden.

[1837] Lackner/Kühl-*Kühl*, § 139 Rn 2.
[1838] *Fischer*, § 139 Rn 5 m.w.N.

Begünstigung (§ 257)

10. Kapitel – Delikte gegen die Rechtspflege

A. Begünstigung (§ 257)

Die Begünstigung stellt neben der Strafvereitelung (§ 258, aber auch § 258a), der Hehlerei (§ 259) und (mit Einschränkungen) der Geldwäsche (§ 261[1839]) ein **Anschlussdelikt** dar.[1840] Sie ist die nachträgliche (sachliche) Unterstützung einer beliebigen Straftat; durch sie wird das Interesse an der Wiederherstellung des gesetzmäßigen Zustands verletzt (sog. **Restitutionsvereitelung**).[1841] Zu beachten ist, dass eine Abhängigkeit zur Vortat bestehen muss. Bei dieser braucht es sich aber – anders als bei der Hehlerei – *nicht* um ein Vermögensdelikt zu handeln.[1842] In Betracht kommen beispielsweise auch Urkundendelikte, wenn sich hieraus unmittelbare Vorteile ergeben (Fälschung von Zeugnissen, um z.B. eine Anstellung zu erschleichen). Aus diesem Abhängigkeitsverhältnis ergeben sich auch Abgrenzungsprobleme zwischen einer möglichen sukzessiven Beihilfe und der Begünstigung (Rn 1080). Weiterhin ist der Begriff „Hilfeleisten" problematisch (Rn 1082 f.). Schließlich sollte in der Fallbearbeitung bei der Prüfung des § 257 stets auch an §§ 258, 259, 261 gedacht werden.

1075

Begünstigung (§ 257)

I. Tatbestand

1. Objektiver Tatbestand

Voraussetzung ist zunächst eine **rechtswidrige,** nicht notwendigerweise schuldhafte **Vortat** (i.S.v. § 11 I Nr. 5) eines anderen. Ordnungswidrigkeiten scheiden aus.

Der Vortäter muss aus der Vortat einen rechtswidrigen **Vorteil** erlangt haben. Dieser Vorteil kann aus einem Vermögensdelikt, aber auch aus einem Nichtvermögensdelikt stammen. Er muss aber **unmittelbar** durch die rechtswidrige Vortat erlangt sein. Allerdings ist der Begriff der Unmittelbarkeit weiter als bei § 259.

§ 257 I stellt nur die **Fremdbegünstigung** unter Strafe; die Selbstbegünstigung ist nicht strafbar, § 257 III.

Tathandlung ist das Hilfeleisten. Nach h.M. leistet Hilfe, wer eine Handlung vornimmt, die objektiv geeignet ist und subjektiv mit der Tendenz vorgenommen wird, die durch die Vortat erlangten oder entstandenen Vorteile gegen Entziehung zu sichern. Im Ergebnis braucht die Handlung den Vortäter nicht besser zu stellen. Liegt die Hilfeleistung zwischen Vollendung und Beendigung der Vortat, ist – sofern man die Figur der sukzessiven Beihilfe nicht von vornherein ablehnt – eine Abgrenzung zur sukzessiven Beihilfe (§ 27) vorzunehmen, die sich nach h.M. an der inneren Willensrichtung des Hilfeleistenden orientiert.

2. Subjektiver Tatbestand

Zur Verwirklichung des subjektiven Tatbestands ist zunächst **Vorsatz** bezüglich aller objektiven Tatbestandsmerkmale erforderlich (wobei *dolus eventualis* genügt). Darüber hinaus muss der Täter in der Absicht (i.S.v. *dolus directus* 1. Grades) handeln, dem Täter die (unmittelbaren) Vortat-Vorteile zu sichern und die Wiederherstellung des gesetzmäßigen Zustands zu vereiteln – **Vorteilssicherungsabsicht**.

II. Rechtswidrigkeit und III. Schuld: Es gelten die allgemeinen Grundsätze.

IV. Persönlicher Strafausschließungsgrund

§ 257 III S. 1 nimmt den an der Vortat Beteiligten von der Strafbarkeit aus. Der Gesetzgeber geht insoweit von einer mitbestraften Nachtat aus. Eine Ausnahme von diesem Grundsatz bildet **§ 257 III S. 2**, wonach der Strafausschluss nicht für denjenigen (Vortatbeteiligten) gilt, der einen an der Vortat Unbeteiligten zur Begünstigung **anstiftet**.

[1839] Das trifft auf § 261 I, nicht aber zwingend auf § 261 II zu.
[1840] Aus dem Nebenstrafrecht vgl. § 374 AO.
[1841] Vgl. *Fischer*, § 257 Rn 1; Lackner/Kühl-*Kühl*, § 257 Rn 1; *W/H/S*, BT 2, Rn 801; *Jahn/Reichart*, JuS 2009, 309, 310. Die *persönliche* Begünstigung ist durch § 258 sanktioniert.
[1842] Genau in diesem Punkt unterscheiden sich Begünstigung und Hehlerei.

411

Begünstigung (§ 257)

V. Strafverfolgungsvoraussetzungen

Nach **§ 257 IV S. 1** sind Strafantrag, Ermächtigung oder Strafverlangen (§§ 77 bis 77e) dann Prozessvoraussetzung, wenn der Begünstigende als Täter oder Teilnehmer der Vortat nur auf Antrag usw. verfolgt werden könnte. Bei Geringwertigkeit vgl. **§ 257 IV S.2 i.V.m. § 248a.**
§ 258 VI gilt **analog** bei tateinheitlichem Zusammentreffen von § 257 und § 258, wenn aus der Sicht des Anschlusstäters eine Strafvereitelung nicht ohne eine gleichzeitige Begünstigung zu erreichen ist (str.).

I. Tatbestand

1. Objektiver Tatbestand

a. Vorliegen einer Vortat

1076   Da es sich bei der Begünstigung um eine Anschlussstraftat handelt, setzt sie zunächst eine **Vortat** voraus, und zwar die rechtswidrige Straftat (vgl. § 11 I Nr. 5) eines anderen, die diesem Vorteile gebracht hat. Der Vortäter muss (objektiv und subjektiv) tatbestandsmäßig und rechtswidrig, aber nicht schuldhaft gehandelt haben.[1843] Unbeachtlich ist es auch, ob die Vortat verfolgbar ist, ob also beim Vortäter ein persönlicher Strafaufhebungs- oder Ausschließungsgrund (Verjährung oder Verbüßung der Strafe) vorliegt oder ob ein erforderlicher Strafantrag gestellt wurde.[1844]

> **Hinweis für die Fallbearbeitung:** Ob die Vortat eigenständig oder inzident als Tatbestandsvoraussetzung der Begünstigung geprüft werden muss, hängt von der Fallgestaltung ab. Ist *auch* nach der Strafbarkeit des Vortäters gefragt, muss dessen Verhalten i.d.R. zuerst geprüft werden. Anschließend ist die Begünstigung zu prüfen und bzgl. der Vortat nach oben zu verweisen. Ist hingegen *nur* nach der Strafbarkeit des Begünstigers gefragt, muss die Vortat zwingend inzident im Rahmen des objektiven Tatbestands des § 257 I geprüft werden.

1077   **Täter** des § 257 I kann grundsätzlich jedermann sein. Da allerdings § 257 I von „einem anderen" spricht, dem der Täter Hilfe leistet, folgt daraus zwingend, dass Täter des § 257 I nicht sein kann, wer sich selbst begünstigt; § 257 I stellt mithin nur die **Fremdbegünstigung** unter Strafe. Die Selbstbegünstigung als solche ist nicht tatbestandsmäßig i.S.v. § 257 I. Das schließt natürlich nicht aus, dass sich der Begünstiger durch sein Verhalten nach anderen Vorschriften strafbar machen kann, etwa wegen Falschverdächtigung oder wegen Urkundenfälschung.

Auch ist ein sonst an der Vortat Beteiligter nicht strafbar gem. § 257 I (vgl. § 257 III S. 1 - Gedanke der mitbestraften Nachtat bzw. Selbstbegünstigung).[1845] Da § 257 III S. 1 jedoch einen persönlichen Strafausschließungsgrund darstellt, ist er nicht im Rahmen des objektiven Tatbestands, sondern im Anschluss an die Schuld zu prüfen, vgl. dazu (und zum Unterschied zur Selbstbegünstigung, die bereits nicht tatbestandlich i.S.d. § 257 I ist), Rn 1088.

1078   Als Vortat i.S.v. § 257 kommt nur eine Tat in Betracht, aus der dem Vortäter ein **rechtswidriger Tatvorteil** erwachsen ist. Dieser Vorteil kann aus einem Vermögensdelikt, aber auch (abweichend von der Hehlerei, bei der sich die Vortat gegen fremdes Vermögen richten *muss*[1846]) aus einem Nichtvermögensdelikt stammen. Wichtig ist allein, dass der Vorteil beim Vortäter noch vorhanden ist.

[1843] Insoweit klarstellend Sch/Sch-*Hecker*, § 257 Rn 4; *Joecks/Jäger*, § 257 Rn 3; *W/H/S*, BT 2, Rn 803.
[1844] Ist die Vortat ein Antragsdelikt, bedarf es gem. § 257 IV S. 1 auch zur Strafverfolgung wegen Begünstigung eines Strafantrags, sofern der Täter des § 257 als fiktiver Täter (oder Beteiligter) der Vortat nur auf Antrag verfolgt werden könnte.
[1845] Vgl. dazu auch BGH NStZ-RR 2008, 289 (mit Bespr. v. *Kudlich*, JA 2008, 656).
[1846] Lackner/Kühl-*Kühl*, § 257 Rn 2.

Begünstigung (§ 257)

Beispiele: Vortaten, aus denen dem Täter Vorteile erwachsen können, sind insbesondere solche nach § 136 (Verstrickungs- und Siegelbruch), §§ 146 ff. (Geldfälschung) und §§ 331 ff. (Bestechungsdelikte).[1847]

Der Vorteil muss **unmittelbar** durch die rechtswidrige Vortat erlangt sein. Das Unmittelbarkeitserfordernis dient dazu, Ersatzvorteile („Vorteilssurrogate") auszuklammern.[1848] Allerdings ist der Begriff der Unmittelbarkeit weiter als bei § 259. Denn während § 259 von „Sachen" spricht, die durch die Tat erlangt sind (vgl. dazu *R. Schmidt*, BT II, Rn 834), lässt § 257 „Vorteile" genügen. Unmittelbar aus der Vortat stammende Vorteile sind z.B. Banknoten, die der Vortäter einwechselt oder von einem Bankkonto abhebt, auf das er den Erlös aus der Vortrat zuvor eingezahlt hatte.[1849] Denn in diesem Fall besteht der geldwerte Vorteil fort. Auch der dem Vortäter gezahlte Tatlohn ist ein sicherungsfähiger Vortatvorteil.[1850] Zu weit ginge es aber, z.B. den Erlös aus einem Verkauf des Erlangten oder die Vorteile aus dessen Anlage als unmittelbare Vorteile anzusehen.

1079

Beispiel[1851]**:** A stellte seinem Bruder B regelmäßig seinen eBay-Account zur Verfügung. Dabei wusste er und war auch damit einverstanden, dass B über diesen eBay-Account von ihm selbst oder von Dritten gestohlene Sachen verkaufte. Die jeweiligen Käufer zahlten den Kaufpreis auf ein Konto des A ein, der den entsprechenden Betrag dann abhob und dem B in voller Höhe in bar aushändigte. A wollte dem B dadurch ausschließlich beim Absatz gestohlener Waren helfen.

Hier hat A nicht den Tatbestand des § 257 I verwirklicht. Denn dieser setzt nach st. Rspr. voraus, dass dem Vortäter die unmittelbaren Vorteile der Tat gesichert werden sollen, die er zur Zeit der Begünstigungshandlung noch innehaben muss. Um unmittelbare Vorteile der Tat handelt es sich daher nicht mehr, wenn dem Vortäter lediglich wirtschaftliche Werte zugewendet werden sollen, die sich aus der Verwertung der Tatvorteile ergeben.

Daher ist der Erlös aus einem Verkauf des Erlangten kein unmittelbarer Vorteil mehr, der Gegenstand der Begünstigung im Sinne des § 257 I sein kann.

b. Vortat ist zwar vollendet, aber noch nicht beendet

Da es sich bei der Begünstigung um eine Anschlussstraftat handelt, stellt sich die Frage, ob die Vortat *beendet* sein muss. In Anlehnung an die Ausführungen bei *R. Schmidt*, AT, Rn 1010 ff. sei angemerkt, dass eine **Vollendung** einer Straftat immer dann vorliegt, wenn der Täter alle Merkmale des gesetzlichen Tatbestands verwirklicht hat. Bereits die Vollendung führt in aller Regel zur Strafbarkeit. Demgegenüber ist die Tat **beendet**, wenn das Tatgeschehen seinen tatsächlichen Abschluss gefunden hat. Vollendung und Beendigung fallen vor allem bei Dauerdelikten (z.B. § 239) und bei Delikten mit überschießender Innentendenz (z.B. §§ 242 oder 263) auseinander.

1080

Beispiele:
(1) Der Diebstahl (§ 242) ist *vollendet*, wenn der Täter neuen Gewahrsam begründet hat. *Beendet* ist der Diebstahl erst dann, wenn der Täter seine Zueignungsabsicht realisiert bzw. die Beute gesichert hat.
(2) Der Raub (§ 249) ist *vollendet*, wenn der Täter unter Gewaltanwendung oder unter Anwendung von Drohung mit gegenwärtiger Gefahr für Leib oder Leben neuen Gewahrsam begründet. *Beendet* ist der Raub, wenn der Täter die Beute gesichert hat.

[1847] *Fischer*, § 257 Rn 2/6; SK-*Hoyer*, § 257 Rn 2.
[1848] BGH NStZ 2012, 320, 321; LK-*Walter*, § 257 Rn 31.
[1849] OLG Frankfurt/M NJW 2005, 1727, 1734.
[1850] BGH NStZ 2012, 320, 321.
[1851] BGH NStZ-RR 2008, 289; *Kudlich*, JA 2008, 656.

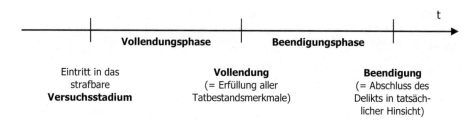

1081 Unstreitig sind **vor der Vollendung** nur **Beihilfe** und **nach Beendigung** nur (noch) **Begünstigung** möglich.[1852] Problematisch ist die Phase zwischen Vollendung und Beendigung (sog. **Beendigungsphase**).

> **Beispiel:** V hat in einem Metallverarbeitungsbetrieb eine Bohrmaschine gestohlen und sie, weil er sie nicht gleich abtransportieren konnte, auf dem Betriebsgelände versteckt (die Gewahrsamsbegründung wird unterstellt; das Delikt ist vollendet). Am nächsten Tag fährt der mit V befreundete T für V die Beute weg (= Beendigung des § 242).
>
> ⇨ Die h.M. unter Einschluss der Rspr.[1853] lässt hier sowohl **(sukzessive) Beihilfe als auch Begünstigung** (§ 257) zu und nimmt die Abgrenzung nach der Vorstellung und der **Willensrichtung** des Täters bzw. Gehilfen vor. Wolle dieser die Beendigung fördern, liege Beihilfe vor, wolle er die Vorteile sichern, Begünstigung.
>
> Folgt man der h.M., ist auch vorliegend die Willensrichtung des T entscheidend: Will er die Vortat beenden helfen, liegt Beihilfe vor. Dann scheidet die gleichzeitige Annahme einer Begünstigung wegen § 257 III S. 1 aus. Will T dagegen die Vorteile der Tat sichern helfen, liegt (nur) Begünstigung vor.
>
> ⇨ Die Gegenauffassung[1854] will unter Berufung auf § 257 III S. 1 stets einen Vorrang der **sukzessiven Beihilfe** vor der Begünstigung annehmen. Derjenige, der die Deliktsbeendigung tatsächlich fördere, könne sich nicht deshalb der unter Umständen strengeren Haftung wegen Beihilfe zur Vortat entziehen, weil er nur eine Vorteilssicherung anstrebe. Daher sei die innere Willensrichtung kein taugliches Abgrenzungskriterium.
>
> Demzufolge hätte sich T wegen Beihilfe zum Diebstahl strafbar gemacht.
>
> ⇨ Wieder andere[1855] lehnen eine sukzessive Beihilfe unter Bezug auf Art. 103 II GG nach Vollendung der Haupttat ab. Der Bestimmtheitsgrundsatz verbiete es, durch die Ausdehnung der Tatphase die zeitlichen Grenzen zu verwischen und auf diese Weise die Tatbeteiligung von dem unpräzisen Begriff der Tatbeendigung abhängig zu machen.
>
> Folgt man dieser Überlegung, stellt sich generell nicht (und daher auch nicht im vorliegenden Fall) die Frage nach der Abgrenzung zwischen sukzessiver Beihilfe und Begünstigung. Zu bestrafen ist lediglich wegen **Begünstigung**.
>
> ⇨ Stellungnahme: Gegen die h.M. spricht, dass die innere Willensrichtung nur schwer feststellbar ist und der Täter daher stets die Schutzbehauptung aufstellen wird, er habe lediglich die Vorteile der Tat sichern wollen. Für die zweitgenannte Auffassung spricht, dass sie aus den genannten Gründen die h.M. ablehnt. Allerdings ist ihr wiederum mit der zuletzt genannten Auffassung entgegenzuhalten, dass Art. 103 II GG eine restriktive Auslegung der Straftatbestände verlangt. Zudem ist die Abgrenzung der Beihilfe – ließe man diese zu – zur Begünstigung auch unter Zugrundelegung objektiver Gesichtspunkte nicht mit hinreichender Sicherheit konturiert. Außerdem liefe die Zurechnung bereits verwirklichter Tatbestandsmerkmale auf die Bestrafung eines nachträglichen Vorsatzes hinaus. Schließlich gewährt bereits § 257 einen hinreichen-

---

[1852] *Fischer*, § 257 Rn 4; BGH StV 1998, 25; BGH NStZ 2000, 31.
[1853] BGHSt 4, 132, 133; 6, 248, 251; BGH NStZ 2012, 316, 317; zust. Sch/Sch-*Heine/Weißer*, § 27 Rn 17; *Fischer*, § 27 Rn 6 und 10.
[1854] Sch/Sch-*Hecker*, § 257 Rn 8; *Seelmann*, JuS 1983, 32, 33 f.
[1855] LK-*Schünemann*, § 27 Rn 42 ff.; Lackner/Kühl-*Kühl*, § 27 Rn 3 und § 257 Rn 9; SK-*Hoyer*, § 27 Rn 18; dem sich anschließend *Rönnau/Golombek*, JuS 2007, 348, 351; *Jahn/Reichart*, JuS 2009, 309, 311.

Begünstigung (§ 257)

den Schutz. Der zuletzt genannten Auffassung ist daher zu folgen. T hat sich wegen Begünstigung strafbar gemacht.

> **Hinweis für die Fallbearbeitung:** Folgt man in einer Klausur – entgegen der hier vertretenen Ansicht – der h.M., ist zunächst die sukzessive Beihilfe zu prüfen. Liegt diese vor, ist für eine Prüfung des § 257 kein Raum. Ein kurzer Hinweis auf § 257 III S. 1 sollte dann genügen. Gleiches gilt, wenn man die zweitgenannte Auffassung vertritt. Wer der hier vertretenen Auffassung folgen möchte, muss zwar ebenfalls zunächst auf die sukzessive Beihilfe eingehen, diese aber ablehnen und sodann mit der Prüfung des § 257 fortfahren.

c. Tathandlung: Hilfeleisten

Auch der Begriff des Hilfeleistens ist gesetzlich nicht definiert. Während der BGH anfänglich eine Besserstellung des Vortäters forderte[1856], fand sich zwischenzeitlich eine vereinzelt in der Literatur vertretene (konträre) Gegenauffassung, die schon jede mit Vorteilssicherungstendenz geleistete Unterstützung genügen ließ[1857]. Diese beiden Extrempositionen haben sich zu Recht nicht durchgesetzt. Nach der von der heutigen h.M. vertretenen vermittelnden Position, die an objektiven *und* subjektiven Elementen anknüpft, ergibt sich folgende Definition des Hilfeleistens: **1082**

Hilfe leistet, wer eine Handlung vornimmt, die objektiv geeignet ist und subjektiv mit der Tendenz vorgenommen wird, die durch die Vortat erlangten oder entstandenen Vorteile gegen Entziehung zu sichern. Im Ergebnis braucht die Handlung den Vortäter jedoch nicht besser zu stellen. [1858]   **1082a**

> **Beispiele:** Bergung und Verbergung des Diebesguts; Irreführung der ermittelnden Beamten (nicht jedoch die Aussageverweigerung!); Abhebung des Sparguthabens eines gestohlenen Sparbuchs; Einlösung eines gestohlenen Pfandscheins; Unterstützung des Vortäters bei der Verwertung des Tatvorteils, um Zugriff des Eigentümers zu verhindern (bei Bereicherungsabsicht beachte auch § 259)[1859]

> **Anders** liegt jedoch der Fall, wenn es dem Begünstiger lediglich um Sacherhaltung geht, wenn also z.B. jemand versucht, gestohlene Sachen gegen Unwetter oder vor Zerstörung zu schützen bzw. beschädigte Sachen wiederherzustellen.[1860]

> **Beispiel:** T füttert das gestohlene und in seinem Besitz befindliche Tier. Soweit es T nicht darum geht, die Herausgabeansprüche des Eigentümers zu verhindern oder zu erschweren, scheidet § 257 aus. Weitere Beispiele sind der Schutz gestohlener Sachen vor Verderbnis (etwa durch Einlagern in ein Kühlhaus) und die Sicherung gegen weiteren Diebstahl.

Auch ein bloßes **Unterlassen** erfüllt die Tathandlung des Hilfeleistens, sofern der Täter Garant ist.[1861]   **1083**

> **Beispiele:** Die Eltern (Garantenstellung aus §§ 1627, 1631 BGB) sehen tatenlos zu, wie ihre Kinder einige Diebesgüter im Haus verstecken. Gastwirt G (Garantenstellung aus § 4 I S. 1 Nr. 1 GastG) lässt es zu, dass gestohlene Sachen in seine Wirtschaft gebracht werden.

[1856] BGHSt 2, 375, 376. Vgl. aus der aktuellen Lit. SK-*Hoyer*, § 257 Rn 18, der ebenfalls eine tatsächliche Verbesserung der Lage des Vortäters fordert.
[1857] *Seelmann*, JuS 1983, 32, 34.
[1858] BGHSt 4, 221, 225; 46, 107, 116; Lackner/Kühl-*Kühl*, § 257 Rn 3; Sch/Sch-*Hecker*, § 257 Rn 15; *Fischer*, § 257 Rn 7; LK-*Vogel*, § 257 Rn 13; MüKo-*Cramer*, § 257 Rn 16 f.; NK-*Altenhain*, § 257 Rn 21.
[1859] Vgl. auch die Nachweise bei *W/H/S*, BT 2, Rn 807; Sch/Sch-*Hecker*, § 257 Rn 16.
[1860] Sch/Sch-*Hecker*, § 257 Rn 16; *Joecks/Jäger*, § 257 Rn 12; *W/H/S*, BT 2, Rn 808.
[1861] BGH NJW 1979, 2621, 2622.

Begünstigung (§ 257)

2. Subjektiver Tatbestand

a. Vorsatz

1084 Subjektiv ist zunächst der allgemeine Tatbestandsvorsatz zu fordern, der sich als *dolus eventualis* auf die Vortat und das Hilfeleisten beziehen muss. Hinsichtlich der Vortat genügt es, dass der Täter des § 257 sich wenigstens eine ungefähre Vorstellung macht.[1862]

b. Vorteilssicherungsabsicht

1085 Des Weiteren muss der Täter nach h.M. mit dem zielgerichteten Willen (*dolus directus* 1. Grades) handeln, dem Täter die Vorteile der Tat zu sichern. Es muss ihm, ohne dass dies der einzige Zweck (Motiv) zu sein braucht, gerade darauf ankommen, die Wiederherstellung des gesetzmäßigen Zustands zu verhindern oder zu erschweren.[1863]

c. Irrtümer

1086 Die Erfüllung des subjektiven Tatbestands setzt voraus, dass der Vortäter noch im Besitz des durch die Tat erlangten Vorteils ist und ihn noch nicht eingebüßt hat. Ist der Vorteil beim Vortäter nicht mehr vorhanden, glaubt der Täter aber irrig daran, liegt ein strafloser (untauglicher) Versuch vor. Im umgekehrten Fall fehlt der Vorsatz.

> **Beispiel**[1864]**:** Rechtsanwalt Gierig nimmt 100.000,- € als Vorschuss für die Verteidigung des Kriminellen Raff, der das Geld durch einen Betrug erlangt hat. Strafbarkeit des Gierig nach § 257?
>
> G könnte sich gem. § 257 strafbar gemacht haben, indem er das Geld des R annahm. Dazu müsste zunächst eine rechtswidrige Vortat des R vorliegen. R hat das Geld durch Betrug gem. § 263 erworben. Restitutionspflichtiger Tatvorteil ist der Geldbetrag in Höhe des genannten Betrags. G müsste R aber auch Hilfe geleistet haben. Hierunter versteht man jede Handlung, die objektiv geeignet ist und subjektiv mit der Tendenz vorgenommen wird, die durch die Vortat erlangten oder entstandenen Vorteile gegen Entzug zu sichern. R zahlte den Betrag, ohne eigene Zahlungsmittel für seinen Verteidiger G aufwenden zu müssen. Er wurde somit von seinen Zahlungsverpflichtungen gegenüber G frei. Der Wahlverteidiger G half mit der Entgegennahme des Geldes den Betrag gegen Entziehung zu sichern. G handelte auch vorsätzlich. Fraglich ist jedoch, ob bei ihm die Voraussetzungen der Vorteilssicherungsabsicht vorlagen. Dann müsste es G gerade darum gegangen (i.S.v. *dolus directus* 1. Grades) sein, dem Betrugsopfer die Wiedererlangung des Geldes unmöglich zu machen. Dies ist jedoch wenig wahrscheinlich und kann nicht ohne weiteres unterstellt werden.
>
> Somit liegt keine Strafbarkeit nach § 257 vor. Zu beachten ist jedoch eine mögliche Strafbarkeit nach §§ 259, 261 (vgl. die Ausführungen dort).

II. Rechtswidrigkeit und III. Schuld

1087 Es bestehen keine Besonderheiten.

[1862] Vgl. BGHSt 46, 107, 118; Lackner/Kühl-*Kühl*, § 257 Rn 4.

[1863] BGHSt 46, 107, 118; Sch/Sch-*Hecker*, § 257 Rn 24; LK-*Vogel*, § 257 Rn 18; *Fischer*, § 257 Rn 10; SK-*Hoyer*, § 257 Rn 28. Dem sich anschließend *Jahn/Reichart*, JuS 2009, 309, 312.

[1864] In Anlehnung an BGH WM 2001, 1579.

Begünstigung (§ 257)

IV. § 257 III S. 1 als persönlicher Strafausschließungsgrund

1. § 257 III S. 1 – Beteiligung an der Vortat

§ 257 III S. 1 nimmt den an der Vortat Beteiligten von der Strafbarkeit aus und folgt **1088** somit dem Gedanken der mitbestraften Nachtat. Unter „Beteiligter" sind zwar nicht nur der Anstifter und der Gehilfe i.S.v. §§ 26, 27 (vgl. § 28 II) gemeint, sondern auch der Täter bzw. Mittäter i.S.v. § 25 I und II, allerdings nimmt § 257 I den Täter der Vortat bereits aus dem Tatbestand heraus, sodass sich hinsichtlich des Täters (und wegen § 25 II auch hinsichtlich des Mittäters) der Vortat nicht erst die Frage nach dem Strafausschließungsgrund stellt; der Täter der Vortat erfüllt mangels Subjektqualität schon nicht den objektiven Tatbestand des § 257 I. Mit „Beteiligtem" i.S.v. § 257 III S. 1 verbleiben somit nur der Anstifter und der Gehilfe der Vortat.[1865]

Voraussetzung für die Straflosigkeit nach § 257 III S. 1 ist aber stets, dass der Täter auch im Übrigen strafbar ist. Ist eine Beteiligung an der Vortat nicht nachweisbar oder liegt ein Schuldausschließungsgrund vor, ist aus § 257 I zu bestrafen.[1866] § 257 III verhindert eine Bestrafung aus § 257 I nicht, wenn dem Begünstigten bei der Vortatbeteiligung qualifizierende oder deliktsändernde Umstände unbekannt waren und er hiervon bei der späteren Begünstigungshandlung Kenntnis hat.

2. § 257 III S. 2 – Ausnahme: Strafbare Anstiftung

§ 257 III S. 2 statuiert von der an sich straflosen Selbstbegünstigung eine Ausnahme für **1089** den Fall, dass ein Vortatbeteiligter einen Unbeteiligten anstiftet, ihn oder einen anderen Vortatbeteiligten zu begünstigen. Diese Regelung ist kriminalpolitisch unglücklich, da es sich letztlich auch um eine mitbestrafte Verwertungstat handelt.[1867] Anders liegt es bei **§ 258 VI**, da dieser auch für die Anstiftung gilt.

V. Analoge Anwendung des § 258 VI?

Hat der Täter die Begünstigung zugunsten eines Angehörigen (vgl. dazu § 11 I Nr. 1) **1090** begangen, stellt sich die Frage, ob sich dieser Umstand strafmildernd auswirken kann. Eine Regelung wie § 258 VI in Bezug auf die Strafvereitelung (vgl. näher Rn 1117) ist in § 257 jedoch nicht enthalten. Gleichwohl wird diskutiert, ob dies nicht eine unbillige Härte für den Täter darstellt.

> **Beispiel:** T hat einen Einbruchdiebstahl gem. §§ 242 I, 244 I Nr. 3 begangen. Sein Schwager S bewahrt für ihn die gestohlenen Juwelen in einem Bankschließfach auf, um sie zu sichern und Beweismaterial für einen späteren Prozess gegen T verschwinden zu lassen.

> An sich hat S den Tatbestand der Begünstigung verwirklicht. Eine Privilegierung, wenn die Tat zugunsten eines Angerhörigen begangen wird, ist vom Gesetzgeber – anders als bei der Strafvereitelung – nicht vorgesehen. Da aber der Unrechtsgehalt der Begünstigung nicht höher ist als der der Strafvereitelung, ist zu überlegen, § 258 VI nicht auch auf die Begünstigung anzuwenden. Der Strafausschluss analog § 258 VI ist jedenfalls dann angebracht, wenn ein tateinheitliches Zusammentreffen von § 257 und § 258 vorliegt. Die Rechtsprechung spricht sich für die Annahme einer analogen Anwendung des § 258 VI auf § 257 aus, wenn die Vorteilssicherungsabsicht mit der Strafvereitelungsabsicht einhergeht und die Strafvereitelung nach der Vorstellung des Täters nicht ohne gleichzeitige Begünstigung erreicht werden kann.[1868] Da dies im vorliegenden Fall angenommen werden kann,

---

[1865] Soweit in der Literatur eine derartige Differenzierung nicht vorgenommen wird, wird der klare Wortlaut des § 257 I verkannt.
[1866] Lackner/Kühl-*Kühl*, § 257 Rn 8; *W/H/S*, BT 2, Rn 819.
[1867] LK-*Vogel*, § 257 Rn 22; *Joecks/Jäger*, § 257 Rn 16; Sch/Sch-*Hecker*, § 257 Rn 33.
[1868] BGH NJW 1995, 3264; *Fischer*, § 258 Rn 39; a.A. *Cramer*, NStZ 2000, 246; Lackner/Kühl-*Kühl*, § 258 Rn 16 mit dem Argument der Andersartigkeit der Delikte.

Begünstigung (§ 257)

kommt S das Angehörigenprivileg gem. § 258 VI analog zugute. Er ist straffrei. Ein Verstoß gegen das Analogieverbot besteht nicht, da § 258 VI *zugunsten* des S angewendet wird.

> **Hinweis für die Fallbearbeitung:** Die Möglichkeit der analogen Anwendung des § 258 VI auf § 257 wird häufig übersehen, kann aber – wie im obigen Beispiel gesehen – über die Strafbarkeit entscheiden.

VI. Versuch und Vollendung

1091 § 257 I ist – ebenso wie § 113 und § 323c I – ein unechtes Unternehmensdelikt.[1869] Das Merkmal „Hilfeleisten" umschreibt eine finale Handlung, die von der bloßen Zielrichtung des Täters getragen wird, ohne dass ein Erfolg nötig ist. Praktische Bedeutung hat das für den Versuch, der nicht ausdrücklich tatbestandsmäßig ist. Vollendet ist die Tat bereits mit dem Hilfeleisten in Begünstigungsabsicht.[1870]

VII. Strafantrag nach § 257 IV

1092 Insbesondere der Verweis des § 257 IV S. 2 auf § 248a ist sehr problematisch. § 248a soll nach wohl h.M. nur auf die Begünstigungshandlungen bezogen werden. Zu fragen ist somit, ob der zu sichernde Vorteil i.S.d. § 248a geringwertig ist.[1871]

VIII. Konkurrenzen

1093 Typische Konkurrenzprobleme bestehen zu §§ 258, 258a, 259, da die Begünstigung häufig mit diesen Delikten zusammenfällt. Bei Zusammentreffen ist Tateinheit anzunehmen. Stellt die fragliche Handlung eine Begünstigung bezüglich bereits begangener Taten und eine Beihilfe bezüglich zukünftiger Taten dar, liegt ebenfalls Tateinheit vor.[1872] Entsprechendes gilt für die Aussagedelikte (§§ 153 ff.). Wahlfeststellung zwischen § 257 und § 242 ist – wie bei § 259 – zulässig.[1873] § 257 weist in Struktur und Schutzzweck Parallelen zu §§ 259, 261 auf. Aus diesem Grunde sollten diese Vorschriften immer gedanklich im Wege einer Ausschlussprüfung beachtet werden.

[1869] Ein *echtes* Unternehmensdelikt liegt nicht vor, weil der Terminus „Unternehmen" i.S.d. § 11 I Nr. 6 nicht verwendet wird. Vgl. auch *Mitsch*, JuS 2015, 97, 100.

[1870] *Fischer*, § 257 Rn 11.

[1871] Lackner/Kühl-*Kühl*, § 257 Rn 10.

[1872] BGHSt 46, 107, 118.

[1873] Lackner/Kühl-*Kühl*, § 257 Rn 11.

Strafvereitelung (§ 258 und § 258 a)

B. Strafvereitelung (§ 258)

1094 Rechtsgut des § 258 ist die innerstaatliche Rechtspflege.[1874] Strafen (und Maßnahmen) sollen verhängt und auch vollstreckt werden. Wer das vereitelt, verletzt das durch § 258 geschützte Rechtsgut.

§ 258a stellt eine **Qualifikation** für **Amtsträger** dar. Dabei handelt es sich um ein uneigentliches Amtsdelikt, da der Grundtatbestand des § 258 von jedermann begangen werden kann. Bei einer Beteiligung an § 258a gilt daher § 28 II.

1095 § 258 behandelt unter der Bezeichnung Strafvereitelung die sog. persönliche Begünstigung, und zwar in Abs. 1 die Verfolgungsvereitelung und in Abs. 2 die Vollstreckungsvereitelung. Entscheidendes Abgrenzungskriterium zwischen diesen beiden Begehungsweisen ist das Vorliegen einer rechtskräftigen Verurteilung i.S.d. § 449 StPO (Strafe oder Maßnahme). In beiden Absätzen ist die Tat – anders als bei § 257 – ein Erfolgsdelikt mit Strafbarkeit des Versuchs (§ 258 IV).[1875]

1096
> **Hinweis für die Fallbearbeitung:** Da es sich bei § 258 um ein Erfolgsdelikt handelt, sind folgerichtig auch Kausalität und objektive Zurechnung zu prüfen. In der Fallbearbeitung sind zudem neben § 258 oft auch das Vortäuschen einer Straftat (§ 145d) und die Falsche Verdächtigung (§ 164) zu prüfen. Ferner ist auch an eine mögliche Strafbarkeit nach §§ 257, 259, 261 zu denken.

Es empfiehlt sich folgendes Prüfungsschema:

Strafvereitelung (§ 258)

I. Tatbestand

1. Objektiver Tatbestand des § 258 I (Verfolgungsvereitelung)

Hinsichtlich der **Var. 1** (Vereitelung einer **Bestrafung**) bedarf es einer rechtswidrigen (§ 11 I Nr. 5) und schuldhaft begangenen Vortat eines anderen, aus der ein staatlicher Strafanspruch entstanden ist. Hinsichtlich der **Var. 2** (Vereitelung einer **Maßnahme** gem. § 11 I Nr. 8) bedarf es zwar einer rechtswidrigen, nicht aber einer schuldhaft begangenen Vortat, aus der ein Anspruch auf Verhängung von Maßnahmen entstanden ist.

Tathandlung ist, dass der Täter den staatlichen Anspruch auf Verhängung der Strafe oder Androhung der Maßnahme gegen den anderen ganz oder zum Teil vereitelt.

- **Ganz vereitelt,** wer den staatlichen Zugriff entweder endgültig unmöglich macht oder für geraume Zeit vereitelt.
- **Zum Teil vereitelt,** wer erreicht, dass der Vortäter entgegen dem wahren Sachverhalt milder als verdient bestraft oder einer Maßnahme unterzogen wird.

Wurde die Tat ganz oder teilweise vereitelt, ist zugleich der Taterfolg gegeben. Die Tathandlung muss dann kausal für den Erfolgseintritt sein und diese muss objektiv zurechenbar sein.

Zu beachten ist schließlich die teleologische Reduktion des Tatbestands für Handlungen von **Strafverteidigern,** die vom Verfahrensrecht gedeckt sind.

2. Objektiver Tatbestand des § 258 II (Vollstreckungsvereitelung)

Voraussetzung ist das **Vorliegen einer rechtskräftigen Strafe oder Maßnahme,** die gegen einen anderen (auch auf Bewährung) verhängt wurde. Unbeachtlich ist, ob diese Strafe oder Maßnahme zu Unrecht verhängt wurde. Sie muss jedoch vollstreckbar sein, was sie nicht bei Vollstreckungsverjährung oder Amnestie ist.

Tathandlung ist, dass der Täter die Straf- oder Maßnahmevollstreckung ganz oder teilweise vereitelt. Zu Kausalität und Zurechnung s.o.

[1874] Vgl. BGHSt 43, 82, 84; 44, 52, 57; 45, 97, 101; *Dölling,* JR 2000, 377, 379; *Jerouschek/Schröder,* GA 2000, 51, 52; *Neumann,* StV 2000, 422, 425; *Joecks/Jäger,* § 258 Rn 1.
[1875] *Fischer,* § 259 Rn 1; Lackner/Kühl-*Kühl,* § 258 Rn 1.

419

3. Subjektiver Tatbestand

Bezüglich der Vortat genügt bedingter Vorsatz. Die Termini absichtlich (i.S.v. *dolus directus* 1. Grades) bzw. wissentlich (i.S.v. *dolus directus* 2. Grades) beziehen sich auf die Vereitelungshandlung.

4. Ggf. Qualifikation Strafvereitelung im Amt (§ 258a)

Der Aufbau dieser Qualifikation erfolgt wie bei § 258 I. Im objektiven Tatbestand ist zusätzlich die Tätereigenschaft als Amtsträger (§ 11 I Nr. 2) zu prüfen. Dieser muss bei dem Strafverfahren oder dem Verfahren zur Anordnung der Maßnahme zur Mitwirkung berufen worden sein. Im subjektiven Tatbestand ist der Vorsatz bezüglich der qualifizierenden Umstände zu prüfen.

Gemäß § 258a III gilt das Selbstschutzprivileg (§ 258 V), jedoch nicht das Angehörigenprivileg (§ 258 VI).

II. Rechtswidrigkeit und III. Schuld: Es gelten die allgemeinen Grundsätze.

IV. Persönliche Strafausschließungsgründe (h.M.)

1. § 258 V − straflose Selbstbegünstigung

Will der Täter durch die zugunsten eines anderen begangene Strafvereitelung *zugleich* **seine eigene** Bestrafung (Verhängung oder Vollstreckung) oder Unterwerfung unter eine Maßnahme verhindern, ist er straffrei. Das **Vorstellungsbild** des Täters entscheidet, sodass auch Irrtümer zu einer Anwendung des Abs. 5 führen.

Die **Anstiftung** zu einer den Täter begünstigenden Strafvereitelung ist für diesen ebenfalls straffrei. § 258 V gilt auch für **Amtsträger**, § 258a III.

2. § 258 VI - Angehörigenprivileg

Erfasst wird u.a. auch die **Anstiftung**. Die Besserstellung von Angehörigen muss nicht Hauptzweck sein. Ob auch hier auf das Vorstellungsbild des Täters abzustellen ist, ist streitig. Abs. 6 gilt für Amtsträger nicht, § 258a III.

I. Tatbestand

1. Objektiver Tatbestand des § 258 I

1097

Die **Verfolgungsvereitelung** gem. § 258 I kann in zwei Varianten begangen werden. Während die Var. 1 verhindern will, dass der Ausspruch der Strafe[1876] vereitelt wird, sanktioniert die Var. 2 das Vereiteln einer Maßnahme i.S.v. § 11 I Nr. 8 (Maßregeln der Besserung und Sicherung, Einziehung und Unbrauchbarmachung).[1877] Dementsprechend setzt nur die Var. 1 eine rechtswidrige <u>und</u> schuldhaft begangene Vortat eines anderen voraus. Auch darf weder ein persönlicher Strafausschließungsgrund noch ein Verfahrenshindernis vorliegen. Es muss also zur Zeit der Tat ein staatlicher Anspruch auf Strafe bestanden haben.[1878]

> **Beispiel:** Dem unter Drogeneinfluss stehenden, aber nicht schuldunfähigen Autofahrer A wird, ohne dass die Voraussetzungen des § 81a StPO vorgelegen hätten, eine Blutprobe zwecks Nachweises des Drogenkonsums entnommen. F, ein Freund des A, vernichtet diese, bevor sie im Labor ausgewertet werden kann. Strafbarkeit des F nach § 258 I Var. 1?
>
> Eine rechtswidrige und schuldhafte Vortat liegt vor (§ 315c I Nr. 1a oder § 316 bei A). Fraglich ist, ob F den staatlichen Strafanspruch vereitelt hat. Der staatliche Strafanspruch ist vereitelt, wenn der Zugriff auf den Täter infolge der Tathandlung entweder endgültig unmöglich gemacht oder für geraume Zeit verhindert wird. F hat ein Beweismittel (dauerhaft) unterdrückt. Die Unterdrückung eines Beweismittels kann aber nur zu einer Strafvereitelung führen, wenn das Beweismittel verwertbar gewesen wäre. Das ist wegen des Verstoßes gegen § 81a StPO fraglich. Zu beachten ist jedoch, dass − anders als im anglo-amerikanischen Raum − nicht jedes rechtswidrig erlangte Beweismittel zu einem Verwer-

---

[1876] Es besteht Einigkeit darüber, dass mit der gesetzlichen Formulierung „Bestrafung" nicht der Strafvollzug, sondern der Strafausspruch, also der Richterspruch, gemeint ist. Das folgt aus der Abgrenzung von Abs. 1 zu Abs. 2.
[1877] Hierunter fällt der Jugendarrest nach JGG nicht, vgl. Sch/Sch-*Hecker*, § 258 Rn 13/14.
[1878] *Joecks/Jäger*, § 258 Rn 6. Nicht erfasst werden Disziplinarmaßnahmen, Geldbußen und Auflagen nach § 153a StPO.

Strafvereitelung (§ 258 und § 258a)

tungsverbot führt. Vielmehr ist stets eine Abwägung zu treffen zwischen dem staatlichen (und damit öffentlichen) Strafverfolgungsinteresse und dem Persönlichkeitsinteresse des Betroffenen. Diese Interessenabwägung wird richtigerweise jedenfalls dann zugunsten des Betroffenen und damit zu einem Beweisverwertungsverbot führen, wenn es lediglich um die Aufklärung eines Vergehens geht. Vorliegend handelt es sich um die Aufklärung des § 315c I bzw. § 316. Bei beiden Tatbeständen handelt es sich um Vergehen (vgl. § 12 II). Im Ergebnis ist daher eine Verwertbarkeit abzulehnen. F hat somit die Strafverfolgung nicht vereitelt. Er ist aber wegen (untauglichen) Versuchs strafbar (vgl. § 258 IV).

Demgegenüber stellen die **Maßnahmen** i.S.d. § 11 I Nr. 8 gerade keine Strafen dar, so-dass die Var. 2 mit Blick auf die Vortat keine schuldhaft begangene Tat voraussetzt.   **1098**

Im Rahmen der Var. 2 ist daher nur das Vorliegen einer rechtswidrigen Tat i.S.d. § 11 I Nr. 5 erforderlich. Zusätzlich müssen aber auch die Voraussetzungen für die Verhängung einer Maß-nahme i.S.d. §§ 61 ff., 71 ff. vorliegen.[1879] In Betracht kommt die Var. 2 daher insbesondere bei der Begehung der Tat im schuldunfähigen Zustand.

Tathandlung ist das vollständige oder teilweise **Vereiteln** des staatlichen Anspruchs   **1099** auf Verhängung der Strafe oder der Maßnahme gegen den anderen. Dabei ist es hin-sichtlich der Variante „vollständiges Vereiteln" nicht erforderlich, dass der staatliche Strafanspruch völlig vereitelt wird; mit Blick auf den Schutzzweck der Norm genügt es, wenn dieser in erheblichem Maße verzögert wird. Der Tatbestand ist damit auch dann vollendet (und nicht nur versucht), wenn die Verurteilung aufgrund der Vereitelungs-handlung „um geraume Zeit" später erfolgt. Freilich umstritten ist die erforderliche Min-destzeit, um von „geraumer Zeit" sprechen zu können.[1880]

Der staatliche Strafanspruch ist **ganz vereitelt**, wenn der Zugriff auf den Täter infolge   **1100** der Tathandlung entweder endgültig unmöglich gemacht oder für geraume Zeit verhin-dert wird.[1881]

Beispiele: Beseitigen von Beweismitteln wie Tatspuren und Tatwaffen; Verbergen des Täters; Fluchthilfe durch Rat oder Überlassung eines Fahrzeugs; Verbergen von Überfüh-rungsstücken; falsche Angaben gegenüber Strafverfolgungsbehörden; das Herbeiführen einer Verjährung oder eines Freispruchs[1882]

Im Kern geht es somit um die **Besserstellung**[1883] des Täters. Der Tatbestand und somit   **1101** auch der Begriff der Besserstellung unterliegen nicht unerheblichen Bedenken. Aus diesem Grunde sollen sozialadäquate Verhaltensweisen nicht erfasst werden. Darunter werden Verhaltensweisen verstanden, die sich „völlig im Rahmen der normalen, ge-schichtlich gewordenen Ordnung" bewegen.[1884]

Nicht tatbestandsmäßig sind daher: das schlichte Gewähren von Obdach oder das   **1102** bloße Zusammenwohnen; das ärztliche Versorgen eines Flüchtigen; der Verkauf von Le-bensmitteln im Rahmen der üblichen Tätigkeit; das kurzweilige Gewähren von Aufenthalt

---

[1879] Vgl. dazu *Detter*, NStZ 2002, 132, 136.

[1880] 6 Tage reichen nach Ansicht des BGH (NJW 1959, 494, 495) nicht. Teilweise werden auch Zeiträume von 10 Tagen (OLG Stuttgart NJW 1976, 2084; *Jahn*, ZRP 1998, 103, 105 mit dem Vergleich zu § 229 I StPO) bis 14 Tagen (*W/H/E*, BT 1, Rn 806; *Hardtung*, JuS 2006, 54, 57, der allerdings die Gegenauffassungen verschweigt und dadurch die 10-Tages-Frist als unstreitig darstellt) für tatbestandlich erachtet. Eine Ausnahme bilden *Joecks/Jäger*, § 258 Rn 12, die eine mehrwöchige Verzögerung fordern. Unstreitig ist jedoch, dass die Verzögerung Auswirkungen auf die Bestrafung oder Anordnung einer Maßnahme haben muss. So differenziert BGH wistra 1995, 143 nach der Art des Delikts, die Auswirkungen auf das Verfah-ren und die Verzögerung auf die Verfolgung der Tat. Eine feste Zeitspanne wird somit abgelehnt.

[1881] BGHSt 45, 97, 100; BGH NJW 2016, 3110, 3111; Sch/Sch-*Hecker*, § 258 Rn 16; Lackner/Kühl-*Kühl*, § 258 Rn 3 u 4.

[1882] Nachweise bei Lackner/Kühl-*Kühl*, § 258 Rn 7 m.w.N.

[1883] BT-Drs. 7/550, S. 249; BGH NJW 1984, 135; BGH wistra 1995, 143; *Fischer*, § 258 Rn 7; *Mitsch*, Jura 2006, 381, 383 ff.

[1884] BGHSt 23, 226, 228; *Zipf*, ZStW (82) 1970, 633; OLG München NStZ 1985, 549; *Ebert/Kühl*, Jura 1981, 225, 226; Lackner/Kühl-*Kühl*, Vor § 32 Rn 29 (der auch auf das „Geringfügigkeitsprinzip" eingeht; Beispiel wäre hier: Frau gibt flüchtendem Dieb ein Glas Wasser).

Strafvereitelung (§ 258 und § 258 a)

und die Verköstigung ohne Verbergungswillen; die rechtmäßige Aussageverweigerung; das Überzeugen des Beschuldigten davon, er solle sein Geständnis widerrufen.[1885] Hierbei handelt es sich um sozialadäquate Verhaltensweisen, die rechtlich anerkannt sind oder zu berufstypischen (im Fall des Arztes, der den entflohenen Häftling ärztlich versorgt) Maßnahmen zählen.

1103 **Zum Teil vereitelt**, wer erreicht, dass der Vortäter entgegen dem wahren Sachverhalt milder als verdient bestraft oder einer Maßnahme unterzogen wird.[1886]

Beispiele: (1) Der Vortäter wird nur wegen eines Vergehens anstelle eines Verbrechens bestraft. Es kann nur ein Teil der Tatbeute eingezogen werden. **(2)** Der verhängte Tagessatz bei einer Geldstrafe ist niedriger, als wenn er nach den tatsächlichen Einkünften des Täters verhängt worden wäre. **(3)** Die Höchstdauer bei Führungsaufsicht wird abgekürzt. **(4)** Die Sperrfrist für die Wiedererteilung einer Fahrerlaubnis wird zu kurz bemessen.[1887]

1104 Zu beachten ist jedoch auch hier, dass **sozialadäquate Verhaltensweisen** nicht tatbestandsmäßig sind.

1105 Die Verwirklichung des Tatbestands ist auch durch **Unterlassen** möglich.

Beispiele: (1) T weiß, wo sich der gesuchte Delinquent aufhält, unterlässt es aber, die Strafverfolgungsbehörde einzuschalten. **(2)** T schweigt beharrlich gegenüber der ihn vernehmenden Polizei. **(3)** Der zur Aussage verpflichtete Zeuge schweigt vor dem ihn vernehmenden Ermittlungsrichter[1888].

1106 Ein Vereiteln durch Unterlassen setzt aber – da es sich um ein unechtes Unterlassungsdelikt i.S.v. § 13 I handelt – eine Garantenpflicht voraus. In Betracht kommt grundsätzlich nur eine Obhutspflicht für das Rechtsgut *staatliche Rechtspflege* in dem von § 258a umschriebenen Rahmen. Aus diesem Grund ist im Bereich des § 258 eine Unterlassungstäterschaft relativ selten und wird zudem auch widersprüchlich hergeleitet. So haben die Strafverfolgungsorgane aufgrund ihrer amtlichen Stellung die Pflicht zur Strafverfolgung. Zivilrechtliche oder öffentlich-rechtliche Melde- und Anzeigepflichten, wozu auch die Dienstpflichten und Verwaltungsvorschriften zählen, werden nicht erfasst und begründen somit grundsätzlich keine Garantenstellung.[1889] Auch besteht für den einfachen Bürger (abgesehen von § 138) keine Pflicht, Strafanzeige zu stellen.

In Beispiel **(1)** besteht daher keine Strafbarkeit nach §§ 258, 13. In den Beispielen **(2)** und **(3)** ist zu differenzieren: Der Zeuge muss vor dem Richter (vgl. §§ 48, 51 StPO) und (im Ermittlungsverfahren) vor der StA (§ 161a I S. 1 StPO) erscheinen und – bei Nichtbestehen eines Zeugnis- bzw. Aussageverweigerungsrechts – auch aussagen. Aus dieser besonderen strafprozessualen Pflichtenstellung gegenüber der StA und dem Gericht kann sich zugleich eine Garantenstellung i.S.d. § 13 ergeben. Verweigert der zur Aussage verpflichtete Zeuge also die Aussage ohne gesetzlichen Grund, muss er nicht nur ein Ordnungsgeld zahlen (§ 70 I StPO), sondern auch damit rechnen, dass er bis zu sechs Monaten in Beugehaft genommen wird (§ 70 II StPO). Dagegen ist strittig, ob der zur Aussage verpflichtete Zeuge sich auch wegen Strafvereitelung durch Unterlassen strafbar machen kann, wenn er die Aussage ohne gesetzlichen Grund verweigert. Die h.M. bejaht diese Frage.[1890] Dagegen hat sich jüngst das LG Itzehoe ausgesprochen. Das Gericht ist der

---

[1885] Fundstellen bei *Fischer*, § 258 Rn 10 f.; Lackner/Kühl-*Kühl*, § 258 Rn 7.
[1886] *Fischer*, § 258 Rn 9; Sch/Sch-*Hecker*, § 258 Rn 16.
[1887] Vgl. auch BT-Drs. 7/550, S. 249; Sch/Sch-*Hecker*, § 258 Rn 27.
[1888] Vgl. LG Itzehoe NStZ-RR 2010, 10.
[1889] Lackner/Kühl-*Kühl*, § 258 Rn 7a. Erlangt ein Wachbediensteter einer JVA Kenntnis davon, dass einige Inhaftierte beispielsweise Schutzgelder erpressen oder Mitgefangene vergewaltigen, begründen innerdienstliche Meldepflichten keine Garantenstellung, BGHSt 43, 82. Der Sinn dieser Rechtsprechung ist bereits aus Resozialisierungsgründen wenig nachvollziehbar. Vgl. auch LK-*Vogel*, § 258 Rn 18.
[1890] Sch/Sch-*Hecker*, § 258 Rn 17, 19; *Klein*, StV 2006, 338, 339; *Rinio*, JuS 2008, 600, 604; *Weidemann*, JA 2008, 532, 533; *Hecker*, JuS 2010, 549, 550 f.

Strafvereitelung (§ 258 und § 258 a)

Auffassung, dass eine über die allgemeine Aussageverpflichtung hinausgehende Mitwirkungspflicht des Zeugen, an der Strafverfolgung mitzuwirken, nicht bestehe.[1891] Diese Rechtsauffassung ist zwar vertretbar, sie überzeugt aber nicht. Denn bei der Erfüllung der strafprozessualen Zeugenpflichten geht es nicht lediglich um das Befolgen einer allgemeinen staatsbürgerlichen Pflicht. Die Strafgerichte sind im Hinblick auf die ihnen obliegende Aufklärungs- und Wahrheitsfindungspflicht in besonderer Weise auf die aktive Mitwirkung von Zeugen angewiesen.[1892] Deshalb unterliegen aussagepflichtige Zeugen einer mit Zwangsmitteln durchsetzbaren Aussagepflicht (vgl. § 70 StPO) und einer strafbewehrten Wahrheitspflicht (vgl. §§ 153 ff., 145d, 164). Daher ist es ebenso gut vertretbar, Zeugen als Beschützergaranten für die staatliche Strafrechtspflege anzusehen. Schließt man sich dem an, obliegt aussagepflichtigen Zeugen die Pflicht, die staatliche Rechtspflege in der Wahrnehmung ihres Strafverfolgungsauftrags durch Erfüllung ihrer Aussagepflicht zu unterstützen. Kommen sie ihrer Aussagepflicht nicht nach, machen sie sich wegen Strafvereitelung durch Unterlassen strafbar.

Im Ergebnis ist daher festzuhalten, dass Zeugen im Falle ihrer richterlichen Vernehmung aufgrund ihrer Pflicht zu wahrheitsgemäßer Aussage als Garanten einzustufen sind.

1106a

Gelangt man zu dem Schluss, dass die Amtsträgereigenschaft den Betroffenen bei dienstlich erlangter Kenntnis zu einem Handeln verpflichtet, stellt sich die Frage, ob bei **außerdienstlich** erlangten Kenntnissen ebenfalls eine Handlungspflicht besteht. Dies wird teilweise verneint. Die h.M. nimmt demgegenüber eine Abwägung vor zwischen dem Schutz der Privatsphäre des Amtsträgers und dem Interesse der Öffentlichkeit an der Strafverfolgung. Insbesondere bei schwerwiegenden Taten wird eine Anzeigepflicht bejaht (vgl. dazu ausführlich Rn 1119).

1107

§ 258 ist vor allem für **Strafverteidiger** von Bedeutung. Als Verteidiger ist der Rechtsanwalt nach § 1 BRAO unabhängiges Organ der Rechtspflege. Sein Beruf ist ein staatlich gebundener Vertrauensberuf, der ihm eine der Wahrheit und Gerechtigkeit verpflichtende, amtsähnliche Stellung zuweist.[1893] Zum anderen ist er auch Beistand des Beschuldigten und nimmt für diesen umfangreiche Interessen unter Wahrung der Verschwiegenheits- und Treuepflicht wahr. Zur Wahrung der Objektivität ist er nicht verpflichtet.

Durch diese Doppelstellung können Konfliktsituationen auftreten: Bei Verstößen gegen die Wahrheits- und Gerechtigkeitspflicht droht einerseits eine Strafbarkeit nach § 258. Bei Verstößen gegen die Verschwiegenheits- und Treuepflicht gegenüber seinem Mandanten droht andererseits eine Strafbarkeit nach § 203 I Nr. 3 (beachte aber § 139 III S. 2). Schließlich darf und muss der Verteidiger als Beistand (§ 137 StPO) nur für den Beschuldigten mit Rat und Tat (auch gegen dessen Willen; der Verteidiger ist nicht Vertreter des Beschuldigten, sondern er handelt aus eigenem Recht) tätig sein. Anderenfalls droht eine Strafbarkeit wegen Parteiverrats (§ 356).

Dementsprechend sind die Grenzen zwischen erlaubtem und unerlaubtem Verteidigerhandeln fließend. Das zulässige Verteidigerhandeln ergibt sich aus dem **Prozessrecht** unter Berücksichtigung des **Standesrechts**. Danach darf der Verteidiger grundsätzlich alles, was in gesetzlich nicht zu beanstandender Weise seinem Mandanten nutzt. Prozess- und standesgemäßes Verteidigerhandeln ist daher schon nicht tatbestandsmäßig i.S.d. § 258 und wirkt nicht erst rechtfertigend.[1894] Zur Annahme von deliktisch erlangtem Geld als Honorarleistung vgl. die Ausführungen zu § 261.

[1891] LG Itzehoe NStZ-RR 2010, 10.

[1892] *Hecker*, JuS 2010, 549, 551.

[1893] BVerfGE 38, 105, 119; 53, 207, 214; BVerfG NStZ 2004, 259, 260; BGHSt 9, 20, 22; 29, 99, 102; 46, 36, 43; LG Nürnberg-Fürth StV 2010, 136, 137 ff.; LG Augsburg NJW 2012, 93, 94 f.

[1894] OLG Düsseldorf StV 1994, 472 (Ausschluss d. Verteidigers); BGHSt 29, 102; BGH StV 2000, 427, 408. Vgl. auch LG Augsburg NJW 2012, 93, 94 f.

Strafvereitelung (§ 258 und § 258a)

1108 **Der Verteidiger darf also:**

- seinen Mandanten über die Rechtslage allseitig aufklären (hierbei darf er auch mitteilen, was er aus den Akten erfahren hat, ihm i.d.R. auch Aktenauszüge oder Abschriften aushändigen, soweit dies nicht den Untersuchungszweck gefährdet oder verfahrensfremder Missbrauch zu befürchten ist)[1895],

- eigene Ermittlungen durchführen[1896],

- von einer Selbstanzeige, einem Geständnis oder von Angaben des Beschuldigten zur Sache abraten[1897],

- einen aussageverweigerungsberechtigten Zeugen veranlassen, die Aussage zu verweigern (nur darf er hierzu keine willensbeugenden Mittel verwenden)[1898],

- sofern er nicht wider besseres Wissen handelt, auch zweifelhaftes Vorbringen seines Mandanten vortragen, jedoch hat er – anders als der Beschuldigte – kein „Recht auf Lüge",

- Zeugen benennen, auch wenn er Zweifel an der Richtigkeit von deren Aussage hegt (weiß der Verteidiger hingegen positiv, dass der Zeuge lügen wird – etwa um dem Angeklagten ein falsches Alibi zu verschaffen, darf er ihn nicht benennen; anderenfalls macht er sich wegen – zumindest versuchter – Strafvereitelung strafbar)[1899],

- den Freispruch seines Mandanten wegen Unaufklärbarkeit des Sachverhalts (non liquet) beantragen, obwohl er seine Schuld aus einem vertraulichen Geständnis kennt.[1900]

- Revision einlegen, obwohl der Verteidiger zutreffend die mangelhaften Erfolgsaussichten einschätzen kann oder die Revisionsbegründung nicht rechtzeitig einreicht, wodurch gem. § 346 I StPO die Revision vom Gericht als unzulässig verworfen wird. Zwar könnte auch eine mit Einlegung der Revision verursachte Verzögerung der Bestrafung (d.h. des Ausspruchs der Strafe) um „geraume Zeit" als Strafvereitelung in Betracht gezogen werden, weil für die „geraume Zeit" ca. eine Woche ausreicht und dies bei einer Revision stets anzunehmen ist. Auch ist bei § 258 I nicht nur auf den Strafausspruch als solchen zu blicken, sondern auf dessen Rechtskraft. Gerade diese wird durch Einlegung der Revision durchaus verzögert. Jedoch scheitert der Vorwurf der Strafvereitelung daran, dass die Einlegung einer Revision ein prozessual erlaubtes Mittel ist (s.o.).[1901]

- Die Stellung eines Ablehnungsgesuchs durch den Strafverteidiger für seinen Mandanten wegen Besorgnis der Befangenheit des Richters (§§ 24, 26 StPO) ist trotz einer ggf. erheblichen Verzögerung des Verfahrens jedenfalls dann keine (versuchte) Strafvereitelung, wenn sie in prozessual zulässiger Weise geschieht und zur Begründung Umstände vorgebracht werden, die als Befangenheitsgründe nicht von vornherein von der Hand zu weisen sind.[1902]

1109 **Dagegen darf der Verteidiger nicht:**

- dem Angeklagten zu falschen Angaben raten[1903],

- eine Falschaussage herbeiführen, etwa bewusst einen zum Meineid entschlossenen Zeugen benennen oder ihn in seiner Absicht bestärken,[1904]

- Zeugen bestechen oder auf sie einwirken, indem z.B. Schmerzensgeldversprechen als Belohnung für eine Falschaussage abgegeben werden,[1905]

[1895] BGHSt 29, 99, 103; BGH StV 1981, 28; KG NStZ 1983, 556. Vgl. nun auch *Jahn/Palm*, JuS 2009, 408, 410.
[1896] OLG Frankfurt NStZ 1981, 144, 145; BGH NJW 2000, 1277.
[1897] BGHSt 2, 375, 378; Lackner/Kühl-*Kühl*, § 258 Rn 9.
[1898] OLG Düsseldorf NJW 1991, 996; BGHSt 10, 393, 394 (Beeinflussung von Angehörigen).
[1899] Vgl. BGHSt 38, 345, 348; 46, 53, 56.
[1900] BGHSt 2, 375.
[1901] Vgl. auch *Hardtung*, JuS 2005, 54 ff.
[1902] LG Nürnberg-Fürth StV 2010, 136, 137 ff.; *Jahn*, JuS 2010, 552.
[1903] BGHSt 38, 345, 347.
[1904] BGHSt 29, 99, 107.
[1905] BGHSt 46, 53. In diesem Fall sollte einer Prostituierten Schmerzensgeld als Erfolgshonorar für eine falsche Aussage gewährt werden. Der Rechtsbeistand der P entwarf eine Vereinbarung, in der „Rechte und Pflichten" der P und des Belasteten fixiert wurden. Eine Strafbarkeit gem. §§ 258, 22, 23 I wurde jedoch mangels Vorsatzes verneint. Vgl. auch *Cramer/Papodopoulos*, NStZ 2001, 145, 148.

Strafvereitelung (§ 258 und § 258a)

- belastende Beweismittel beseitigen oder verfälschen oder verfälschte bewusst benutzen,[1906]
- Belastendes gegen seinen Mandanten vortragen (er ist daher auch nicht verpflichtet, auf Kosten des Mandanten erhobene Privatgutachten vorzulegen, wenn sich daraus Belastendes für seinen Mandanten ergibt),[1907]
- zur Einsicht überlassene Strafakten zum Zwecke der Verfahrensverschleppung zurückhalten,[1908]
- zu einer Verdunklung und Verzerrung des Sachverhalts bewusst beitragen.[1909]

Beispiel[1910]: Die Prostituierte Maria sagt vor Gericht aus, ihr Ex-Freund Goran habe sie durch Schläge zur Prostitution gezwungen. Dieser wird daraufhin verurteilt. M kommen später jedoch Bedenken gegenüber ihrer eigenen Aussage, sodass sie die Anwältin Gorans aufsucht, um ihr folgenden Vorschlag zu unterbreiten: Sollte sich Goran zu einer Zahlung von 5.000,- € und zur Übereignung eines Perserteppichs bereit erklären, werde sie ihre Aussage widerrufen. Die Schläge seien im Lande Gorans normales Mittel, um die Initiative der Frau zu wecken. Rechtsanwältin Ally findet die Idee ganz gut und setzt gleich einen „Vertrag" auf, in dem sich M verpflichtet, ihre Aussage im Berufungsverfahren zu widerrufen, und Goran sich verpflichtet, das Geld an M zu zahlen und den Teppich zu liefern. Der Staatsanwalt erfährt von der Abmachung und erhebt die öffentliche Klage gegen A wegen §§ 258 I, 22, 23 I.

A könnte sich gem. §§ 258 I, 22, 23 I strafbar gemacht haben, indem sie den „Vertrag" zwischen M und G entwarf.

Ihr Vorsatz müsste darauf gerichtet gewesen sein, die Bestrafung des G ganz oder zum Teil zu vereiteln. In Betracht kommt nur eine gänzliche Vereitelung. Bedenken bestehen jedoch wegen des Umstands, dass A die Verteidigerin des G ist und somit auch vertraglich (Dienstvertrag mit Geschäftsbesorgungscharakter) verpflichtet ist, diesem Beistand zu leisten. Die Grenzen dieser Beistandspflicht sind umstritten und teilweise noch nicht geklärt. Zu berücksichtigen ist hierbei aber stets, dass der Angeklagte nicht Objekt staatlichen Handelns, sondern Subjekt des Verfahrens ist. Aus diesem Grunde dienen die EMRK, das GG und die StPO als Garant für eine effektive und rechtsstaatliche Sicherung der Subjektsqualität eines jeden Angeklagten. Der Angeklagte hat nach Art. 6 III c EMRK das Recht auf eine wirksame Verteidigung. Dieses Recht wird immer dann tangiert, wenn die Handlungsfreiheit des Rechtsbeistands beschränkt wird. Eine strafrechtliche Belangung des Beistands würde zum einen die Garantie des Art. 6 III c EMRK außer Kraft setzen, zum anderen auch jeden Anwalt davon abhalten, ein „schwieriges" Mandat, welches u.a. prozesstaktische Erwägungen erfordert, zu übernehmen. In Literatur und Rechtsprechung haben sich somit schon früh mögliche Ansatzpunkte für eine Umreißung der Strafbarkeit des Verteidigers ergeben.

Als Ausgangspunkt der Überlegung hat sich einheitlich die Frage nach dem **prozessual zulässigen Verteidigerverhalten** herauskristallisiert. Prozessual zulässiges Handeln ist nach ganz h.M. bereits nicht tatbestandlich, wirkt somit nicht erst rechtfertigend. Der Verteidiger muss sich bei seinem Vorgehen auf verfahrensrechtlich zulässige Mittel beschränken. Nicht erlaubt sind somit etwa die unlautere oder gewaltsame Willensbeeinflussung von Zeugen oder die Verdunkelung des Sachverhalts, um die Wahrheitsfindung zu erschweren.[1911] Zu beachten ist aber, dass es Aufgabe des Verteidigers ist, alle Beweismittel heranzuziehen, die die Ausführungen des Angeklagten als möglich belegen können, wobei zu bedenken ist, dass im deutschen Strafrecht nicht der Angeklagte seine Unschuld beweisen muss, sondern die Staatsanwaltschaft dessen Schuld (sog. Unschuldsvermutung). Zudem gilt der Amtsermittlungsgrundsatz. Vorliegend geht es darum, dass A eine Zeugin

---

[1906] BGHSt 9, 22, 22; 38, 345, 348.
[1907] Vgl. die Nachweise bei *Fischer*, § 258 Rn 16 ff.
[1908] Ebenda.
[1909] BGH NStZ 1999, 188.
[1910] In Anlehnung an BGHSt 46, 53.
[1911] OLG Düsseldorf StV 1994, 472; BGHSt 2, 375, 377; 9, 20, 22; BGH NStZ 1999, 188, 189.

Strafvereitelung (§ 258 und § 258a)

benannt hat, von der sie wusste, dass ihre Aussage nicht der Wahrheit entsprechen würde. In der Rechtsprechung hat sich die Auffassung durchgesetzt, dass es dem Verteidiger untersagt ist, wissentlich falsche Tatsachen zu behaupten und für diesen Vortrag Zeugen zu benennen sowie diese zu einer Falschaussage zu bewegen bzw. sie in ihrem Vorhaben noch zu bestärken.[1912] Grundsätzlich muss es dem Verteidiger aber erlaubt sein, Zeugen zu benennen, an deren Glaubwürdigkeit er (auch erheblich) zweifelt. Dies gilt zumindest so lange, wie er keine positive Kenntnis von der Unrichtigkeit der Aussage hat. Die Würdigung einer zweifelhaften Aussage obliegt dem Gericht in der Hauptverhandlung. A hatte im vorliegenden Fall keine positive Kenntnis von der Unrichtigkeit der Aussagen der M. Somit hat sie sich grundsätzlich prozesskonform verhalten. Anrüchig ist allerdings, dass in einem „Vertrag" finanzielle Zusagen für eine bestimmte Aussage gemacht wurden. Zivilrechtliche Vereinbarungen über die Zahlung von Schmerzensgeld sind an sich nicht ungewöhnlich, dienen sie doch letztlich auch dem Rechtsfrieden und dem Genugtuungsinteresse des Geschädigten. Mit dem in Frage stehenden Vertragstext wird jedoch ein prozesswidriger Zweck verfolgt, nämlich der Freispruch des G aufgrund eines Widerrufs der ursprünglichen Aussage. In der Vereinbarung der genannten Gegenleistung als „Belohnung" für den Widerruf der Aussage liegt ein Verstoß gegen prozesskonformes Verhalten. Fraglich ist jedoch, ob A absichtlich oder wissentlich handelte. Ob dies angenommen werden kann, ist eine Tatfrage und bedarf einer Gesamtwürdigung des Falls und der Täterpersönlichkeit. Im vorliegenden Fall wären sowohl eine Ablehnung als auch eine Bejahung vertretbar.

2. Objektiver Tatbestand des § 258 II

1110
Voraussetzung für die **Vollstreckungsvereitelung** ist die rechtskräftige Verurteilung[1913] (Strafe oder Maßnahme) eines anderen (vgl. § 449 StPO). Diese muss vollstreckbar sein. Bei Vollstreckungsverjährung gem. § 79 oder Amnestie (eher selten) ist dies nicht der Fall. Ob die der Verurteilung zugrunde liegende Vortat wirklich begangen wurde, ist bei dem Rechtspflegedelikt nach § 258 II irrelevant und vom Gericht im Verfahren nach § 258 auch nicht zu prüfen.[1914] Ein Irrtum ist daher bedeutungslos. Umstritten war der Fall, dass jemand für einen Verurteilten die Geldstrafe bezahlt.

> **Beispiel:** Berufskraftfahrer T wird wegen wiederholten Überschreitens der zulässigen Lenkzeiten rechtskräftig zu einer Geldstrafe i.H.v. 5.000,- € verurteilt. Sein Arbeitgeber bezahlt die Summe, da der Lkw durch die Nichtbeachtung der Lenkzeiten besser ausgelastet ist.

1111
Die wohl h.L.[1915] ging bisher von einer Verwirklichung des § 258 II aus, da die Geldstrafe den Verurteilten persönlich treffen solle, was insbesondere durch die Tagessatzsystematik (§§ 40 ff.) zum Ausdruck komme. Dieser Zweck werde jedoch vereitelt, wenn ein anderer diese Strafe übernähme. Gegen diese Auffassung wurde eingewendet, dass es sehr einfach sei, die Regelung des § 258 II zu umgehen. So sei es nicht verboten, dem Verurteilten den Betrag zu schenken. Inzwischen hat der BGH[1916], dem sich Teile der Lehre angeschlossen haben, diese Frage entschieden. Danach erfüllt die Bezahlung einer Geldstrafe durch Dritte nicht den Tatbestand der Strafvereitelung. Vollstreckungsziel sei einzig die Durchsetzung der Zahlung. Nicht mit einer Vollstreckungsmaßnahme durchgesetzt werden könne die persönliche Betroffenheit des Vortäters. Folglich könne aufgrund des eindeutig formulierten Vollstreckungsziels auch nicht von einer Vollstreckungsvereitelung gesprochen werden.

[1912] BGHSt 29, 99, 107.
[1913] Auch auf Bewährung.
[1914] RGSt 73, 331; *Fischer*, § 258 Rn 29; Lackner/Kühl-*Kühl*, § 258 Rn 13.
[1915] SK-*Hoyer*, § 258 Rn 35; LK-*Vogel*, § 258 Rn 24a; w.N. bei *Fischer*, § 258 Rn 32.
[1916] BGHSt 37, 226; BGH NJW 1991, 990, 992; *Rengier*, BT I, § 21 Rn 20; *Joecks/Jäger*, § 258 Rn 13.

Strafvereitelung (§ 258 und § 258 a)

Tathandlung ist, dass der Täter die Straf- oder Maßnahmenvollstreckung ganz oder zum Teil vereitelt (zu den einzelnen Tatbestandsvoraussetzungen vgl. die Ausführungen zu § 258 I). **1112**

> **Beispiele:** Fluchthilfe, Gefangenenbefreiung, Verbüßung der Strafe für den Verurteilten, Scheinarbeitsverhältnis für Freigänger[1917]

3. Subjektiver Tatbestand

Bezüglich der Vortat genügt bedingter Vorsatz.[1918] Die Termini *absichtlich* bzw. *wissentlich* (direkter Vorsatz) beziehen sich nur auf die Tathandlung (die Vereitelung).[1919] **1113**

II. Rechtswidrigkeit und III. Schuld

Es gelten die allgemeinen Grundsätze. **1114**

IV. Beteiligungsprobleme

§ 258 erweist sich im Rahmen von Täterschaft und Teilnahme als problematisch. **1115**

(1) Hilft der Vortäter (egal ob Täter oder Mittäter) sich selbst, handelt er tatbestandslos, da § 258 einen „anderen" voraussetzt.

(2) In einer zweiten Konstellation helfen Teilnehmer (Anstifter o. Gehilfen) der Vortat dem Vortäter. Bei Anstiftern und Gehilfen ist an sich ein „anderer" i.S.d. § 258 gegeben, sodass sie Täter der Strafvereitelung sein können. Zu beachten ist hier aber § 258 V.

(3) In der wohl häufigsten Konstellation stiftet der Vortäter den Täter zu seiner Strafvereitelung an. Der Vereitelungstäter ist aus § 258 zu bestrafen. Eine Strafbarkeit des Vortäters wegen Anstiftung (§§ 258, 26) muss zwar angeprüft werden, scheitert jedoch an § 258 V, der auch die Anstiftung zur eigenen Strafvereitelung erfasst.[1920]

V. Persönliche Strafausschließungsgründe

1. § 258 V - Selbstschutzprivileg

Die dogmatische Einordnung des § 258 V ist umstritten. Nach h.M. handelt es sich um einen **persönlichen Strafausschließungsgrund**.[1921] Danach entfällt eine Bestrafung, wenn der Vereitelungstäter seine eigene Bestrafung verhindern will. Entscheidend ist allein der Selbstschutzwille des Vereitelungstäters, d.h., wie dieser seine eigene Situation selbst einschätzt.[1922] Geht der Vereitelungstäter irrig davon aus, gefährdet zu sein, bleibt er daher auch dann straflos, wenn sich seine Befürchtung als unbegründet erweist.[1923] Das Selbstschutzprivileg des § 258 V gilt auch für die Anstiftung zu § 258. **1116**

> **Beispiel:** V hat gestohlen. G hat ihm Beihilfe dazu geleistet. Die Strafverfolgungsbehörde ermittelt gegen V. Um die eigene Entdeckung zu verhindern, hilft G dem V bei der Flucht. G hat den Tatbestand des § 258 I erfüllt. V war für ihn ein „anderer". Die Gehilfentätigkeit ändert daran nichts. G kommt jedoch der persönliche Strafausschließungsgrund des § 258 V zugute.

Das Selbstschutzprivileg greift – wie sich aus § 258a III ergibt, der die Geltung lediglich des § 258 III und VI ausschließt – sogar bei der **Strafvereitelung im Amt** (§ 258a).

[1917] Nachweise bei Sch/Sch-*Hecker*, § 258 Rn 28.
[1918] BGHSt 45, 97, 100 mit Besprechung v. *Dölling*, JR 2000, 377, 379.
[1919] BGHSt 38, 345, 348; BGH NStZ 2015, 702.
[1920] Lackner/Kühl-*Kühl*, § 258 Rn 16; Sch/Sch-*Hecker*, § 258 Rn 38; *Joecks/Jäger*, § 258 Rn 10.
[1921] *Fischer*, § 258 Rn 34; Lackner/Kühl-*Kühl*, § 258 Rn 16. Anders BGHSt 43, 356, 358, der einen Entschuldigungsgrund annimmt.
[1922] BGH NJW 2016, 3110.
[1923] BGH NJW 2016, 3110.

Strafvereitelung (§ 258 und § 258a)

2. § 258 VI - Angehörigenprivileg

1117 Auch bei § 258 VI handelt es sich nach h.M. um einen **persönlichen Strafausschließungsgrund** („ist straffrei").[1924] Voraussetzung ist ein Angehörigenverhältnis gem. § 11 I Nr. 1. Geht der Täter irrig vom Bestehen eines solchen Verhältnisses aus, kommt ihm § 258 VI nicht zugute (str.).[1925] Darin ist kein Widerspruch zu § 258 V zu sehen, da § 258 V auf einer Einschätzung des Vereitelungstäters basiert und § 258 VI ein tatsächlich bestehendes Angehörigenverhältnis voraussetzt. Wie das Selbstschutzprivileg des § 258 V gilt auch das Angehörigenprivileg des § 258 VI für die Anstiftung zu § 258. Indes gilt das Angehörigenprivileg nicht für § 258a (vgl. § 258a III i.V.m. § 258 VI).

1117a Hat der Täter neben § 258 auch eine Begünstigung nach **§ 257** begangen, stellt sich die Frage, ob das Vorliegen der Voraussetzungen des § 258 VI die Strafbarkeit nach § 257 aufzehren kann, obwohl § 257 kein Angehörigenprivileg aufweist. Dies ist bspw. dann fraglich, wenn der Vereitelungstäter zum Beseitigen der Tatspuren die Beute versteckt und daneben aber auch eine Sicherung der Beute anstrebt. Da diese Fragestellung bereits bei § 257 (Rn 1088a) behandelt wurde, sei darauf verwiesen.

VI. Strafvereitelung im Amt, § 258a[1926]

1118 § 258a ist ein Qualifikationstatbestand zu § 258 und zugleich ein uneigentliches **Amtsdelikt** (vgl. auch § 340). Letzteres ergibt sich daraus, dass der Grundtatbestand von jedermann begangen werden kann. Die **Amtsträger**eigenschaft (vgl. die Legaldefinition in § 11 I Nr. 2) wirkt also nur strafschärfend, was hinsichtlich des Teilnehmers die Anwendung des **§ 28 II** zur Folge hat.

1118a Zu berücksichtigen ist, dass nicht alle Amtsträger als Täter in Betracht kommen, sondern nur solche, die **zur Mitwirkung bei einem Verfahren**, auf das sich § 258 I oder II bezieht, **berufen** sind. Zu nennen sind Richter, Staatsanwälte, Ermittlungspersonen der Staatsanwaltschaft (§ 152 I StPO) und sonstige Polizeibeamte in ihrer nach §§ 161, 163 StPO zugewiesenen Funktion, aber auch Beamte der Finanzverwaltung.[1927] Als typische Tathandlungen i.S.d. § 258a kommen die Nichteinleitung eines strafrechtlichen Ermittlungsverfahrens, die Entfernung oder Manipulation von Akten oder das Nichtbetreiben der Vollstreckung in Betracht.[1928] Unklar ist, ob das Tatbestandsmerkmal *zur Mitwirkung berufen* verlangt, dass der Amtsträger mit der Sache tatsächlich befasst ist, oder ob es genügen lässt, dass er die dienstlich eröffnete Möglichkeit hat, in das Verfahren einzugreifen.

> **Beispiel[1929]:** Gegen B, Bruder des Staatsanwalts T, wird wegen Urkundenfälschung ermittelt. Mit der Sache befasst ist der Kollege des T, der K. Um seinem Bruder zu helfen, schleicht sich T während der Mittagspause in das Büro des K und nimmt aus der Ermittlungsakte das Protokoll über eine entscheidende Zeugenaussage heraus, sodass B nicht weiter verfolgt werden kann.
>
> ⇨ Teilweise wird verlangt, dass der Amtsträger mit der Sache **tatsächlich befasst sein** müsse.[1930] Demzufolge hätte sich T nicht wegen Strafvereitelung im Amt strafbar gemacht.

[1924] Wie hier *Mitsch*, Jura 2006, 381, 385.
[1925] Vgl. *Fischer*, § 258 Rn 39; Lackner/Kühl-*Kühl*, § 258 Rn 17. Dagegen Sch/Sch-*Hecker*, § 258 Rn 39. Differenzierend *W/B/S*, AT, Rn 501; *Joecks/Jäger*, § 258 Rn 18, wonach unvermeidbare Irrtümer strafausschließend wirken und vermeidbare zu einer analogen Anwendung des § 35 II führen.
[1926] Zum (abweichenden) Prüfungsaufbau in der Fallbearbeitung siehe oben Rn 1096 (Aufbauschema).
[1927] Lackner/Kühl-*Kühl*, § 258a Rn 2; *W/H/E*, BT 1, Rn 816 f.
[1928] Vgl. Satzger/Schluckebier/Widmaier-*Jahn*, StGB, 4. Aufl. 2019, § 258a Rn 9.
[1929] Nach BayObLG 60, 257.
[1930] SK-*Hoyer*, § 258a Rn 6; *Fischer*, § 258a Rn 3.

428

Strafvereitelung (§ 258 und § 258a)

⇨ Demgegenüber reicht nach h.M. lediglich die dienstlich eröffnete **Möglichkeit**, in das Verfahren einzugreifen, aus, um die Strafbarkeit eines Amtsträgers wegen Strafvereitelung im Amt zu begründen.[1931] Folgt man dieser Auffassung, hat sich T wegen Strafvereitelung im Amt strafbar gemacht.

⇨ Stellungnahme: Die zuerst genannte Auffassung verkennt, dass es für die Verletzung der staatlichen Rechtspflege nicht darauf ankommen kann, dass der Amtsträger, der den staatlichen Strafanspruch vereitelt, mit dem konkreten Fall befasst ist. Es muss also genügen, dass die konkrete Amtsstellung des Täters – nicht dessen momentane Aufgabe – diesem die Möglichkeit gibt, in das Verfahren zugunsten des Täters einzugreifen.

T hat sich somit wegen Strafvereitelung im Amt gem. § 258a strafbar gemacht. Insbesondere hilft ihm das Angehörigenprivileg des § 258 VI nicht, da dieses bei dem Qualifikationstatbestand des § 258a keine Anwendung findet (vgl. § 258a III). In Betracht kommt aber ein minder schwerer Fall gem. § 258a I a.E.

Besonders problematisch (und daher prüfungsrelevant) ist die Frage, ob die **außerdienstliche Kenntniserlangung** eines Angehörigen der Strafverfolgungsbehörden oder eines Polizeivollzugsbeamten zum Einschreiten (bzw. zur Meldung) verpflichtet. In diesem Zusammenhang kommt eine Strafvereitelung im Amt häufig als **Unterlassungstat** in Betracht, wobei dann vor allem die Garantenpflicht Schwierigkeiten bereitet. **1119**

Beispiel: Polizeihauptkommissar P sitzt abends in der Kneipe und bekommt zufällig mit, wie sich zwei Personen am Nachbartisch über die Aufteilung der Beute unterhalten, die sie offenbar im Rahmen eines Tankstellenüberfalls erlangt haben. Doch P ist der Ansicht, nach Feierabend nicht zum Einschreiten verpflichtet zu sein. Daher unterlässt er auch eine entsprechende Meldung an die StA bzw. sieht von einer Strafverfolgung ab. Hat P sich wegen Strafvereitelung im Amt durch Unterlassen strafbar gemacht?

P könnte sich durch sein Untätigbleiben wegen Strafvereitelung im Amt durch Unterlassen gemäß §§ 258 I, 258a I, 13 I StGB strafbar gemacht haben, wenn man unterstellt, dass sein Nichtstun die Strafverfolgung zumindest erschwert hat.

Für P müsste eine Rechtspflicht zum Einschreiten aufgrund einer Garantenstellung bestanden haben. Unterstellt, dass P nach § 152 GVG i.V.m. §§ 152 II, 163 I S. 1 StPO (Legalitätsprinzip) Ermittlungsperson der Staatsanwaltschaft ist, trifft ihn die grundsätzliche Pflicht, an der Verfolgung von Straftaten mitzuwirken. Fraglich ist allerdings, wie es sich auswirkt, dass P außerhalb des Dienstes Kenntnis über die Straftat erlangt hat.

⇨ Um den privaten Bereich der Ermittlungspersonen zu schützen, wird teilweise eine generelle Anzeigepflicht privat erlangter Kenntnisse verneint.[1932] Demnach würden sich ein Staatsanwalt oder eine Ermittlungsperson – und damit auch P – niemals wegen Strafvereitelung im Amt strafbar machen, wenn sie im privaten Bereich Kenntnisse hinsichtlich einer Straftat erlangten und untätig blieben.

⇨ Die h.M. erkennt zwar auch bei Amtsträgern das Bedürfnis an, während der Freizeit von dienstlichen Erfordernissen entbunden zu sein, betont aber gleichzeitig die besondere Pflichtenstellung der Beamten, die ihnen § 152 GVG i.V.m. §§ 152 II, 163 I S. 1 StPO auferlegen. Um diese mitunter kollidierenden Interessen in einen angemessenen Ausgleich zu bringen, nimmt die h.M. eine einzelfallbezogene Abwägung zwischen dem öffentlichen Interesse an der Strafverfolgung und dem Interesse des Beamten an der Einräumung eines Privatlebens vor. Ein dem Strafverfolgungszwang unterliegender Beamter, der lediglich außerdienstlich Kenntnis von einer Straftat erlangt, ist auf der Basis der h.M. also immer dann zum Einschreiten verpflichtet, wenn die genannte Abwägung zu einem Überwiegen des öffentlichen Interesses an der Strafverfolgung gelangt. Entscheidend bei der nach der h.M. vorzunehmenden Abwägung ist, ob der

---

[1931] Sch/Sch-*Hecker*, § 258a Rn 4
[1932] Davon gehen *Volk/Engländer*, StrafprozR, § 8 Rn 11, aus.

Straftat ein besonderes Gewicht zukommt. Das ist nach h.M. insbesondere bei Katalogstraftaten des § 138 der Fall, also i.d.R. bei Verbrechen, aber auch bei erheblichen Straftaten gegen die Umwelt, bei Delikten mit hohem wirtschaftlichen Schaden sowie bei Delikten mit besonderem Unrechtsgehalt (etwa § 244a). Liege ein solcher Fall vor, bestehe für den Amtsträger eine entsprechende Handlungspflicht, auch wenn er außerhalb seiner Dienstzeit Kenntnis von der Straftat erlangt habe.[1933]

Ein Tankstellenüberfall stellt sich entweder als Raub oder räuberische Erpressung dar und ist somit auf jeden Fall eine Katalogstraftat des § 138 I (vgl. Nr. 7). Nach h.M. hat sich P somit wegen Strafvereitelung im Amt durch Unterlassen strafbar gemacht.

⇨ Neuerdings wird versucht, bei der Frage, ob der Straftat ein besonderes Gewicht zukommt, eine Orientierung an § 100c II Nrn. 1-7 StPO vorzunehmen.[1934] Danach wäre P nicht aus §§ 258, 258a, 13 I strafbar, sofern es sich bei der geplanten Tat nur um einen einfachen Raub gem. § 249 handelte. Denn der einfache Raub gem. § 249 ist nicht im Katalog des § 100c II StPO enthalten.

⇨ Stellungnahme: Die Kriterien der h.M. scheinen auf den ersten Blick zu unbestimmt zu sein, um eine Strafbarkeit wegen §§ 258a, 13 zu begründen.[1935] Einen Polizeibeamten (oder Staatsanwalt) jedoch von der Verpflichtung, bei privater Kenntniserlangung von dem Verdacht einer Straftat einzuschreiten, aber gänzlich freizusprechen, ist mit Blick auf die dienstrechtliche Stellung und die Funktion im Staatsgefüge auch nicht hinnehmbar.[1936] Aber auch die Auffassung, die sich bei der Frage nach der schweren Straftat an § 100c II Nrn. 1-7 StPO orientiert, ist abzulehnen. Zum einen scheint es unangemessen, die Strafbarkeitshürde wegen Strafvereitelung im Amt derart hoch anzusetzen, und zum anderen führt sie zu Ungereimtheiten, da z.B. zwar eine räuberische Erpressung gem. § 255 im Katalog des § 100c II Nrn. 1-7 StPO aufgeführt ist, nicht aber ein Raub gem. § 249. Die Strafbarkeit wegen Strafvereitelung im Amt hinge also mitunter davon ab, ob es sich bei der Tat um einen Raub oder eine räuberische Erpressung handelt.

Im Ergebnis ist somit der h.M. zu folgen. P hat sich gem. §§ 258a, 13 I strafbar gemacht.

VII. Selbstschutzprivileg

1120 Wie bei Rn 1116 ausgeführt, greift das Selbstschutzprivileg – wie sich aus § 258a III ergibt, der die Geltung lediglich des § 258 III und VI, nicht aber des § 258 V ausschließt – auch bei der **Strafvereitelung im Amt** (§ 258a). Dagegen greift das Angehörigenprivileg des § 258 VI nicht, wie sich aus dem Verweis in § 258a III auf § 258 VI ergibt.

VIII. Konkurrenzen

1120a § 258a verdrängt § 258. § 258 geht § 145d im Wege der ausdrücklichen Subsidiarität vor. Mit den §§ 164, 113, 120, 153 ff. und § 257 ist Tateinheit möglich.[1937]

[1933] BGHSt 5, 225, 228, 12, 277, 281; 38, 388, 391; BGH JR 1989, 430, 432; Sch/Sch-*Hecker*, § 258a Rn 11.
[1934] So *Jahn/Palm*, JuS 2009, 408, 412; *Jahn*, in: Satzger/Schluckebier/Widmaier, 4. Aufl. 2019, § 258a Rn 8.
[1935] Vgl. bereits die 1. Aufl. 2002. Das Argument der möglichen Kollision mit dem Bestimmtheitsgrundsatz liest man später auch bei *Jahn/Palm*, JuS 2009, 408, 412.
[1936] Das BVerfG verneint ausdrücklich einen Verstoß gegen den Bestimmtheitsgrundsatz aus Art. 103 II GG (BVerfG NJW 2003, 1030 f.).
[1937] Lackner/Kühl-*Kühl*, § 258 Rn 20.

C. Falsche Verdächtigung (§ 164)

Der Schutzzweck der Norm ist ambivalent: Zum einen soll die inländische Rechtspflege **1121** vor unberechtigter Inanspruchnahme geschützt werden, wobei gleichzeitig die dadurch bedingte Beeinträchtigung des Leistungsvermögens der Strafverfolgungsorgane vermieden werden soll (Rechtspflegetheorie).[1938] Zum anderen schützt die Norm den Unschuldigen vor irrtumsbedingten behördlichen Eingriffen in seine Individualrechtsgüter (Individualguttheorie)[1939], sodass § 164 Schutzgesetz i.S.d. § 823 II BGB ist. § 164 hat also eine **doppelte Schutzrichtung**, was insbesondere für die Frage der **Einwilligung** von Belang ist. Eine Einwilligung ist nämlich nur dann möglich, wenn sie das Individualgut betrifft und dieses im Vergleich zum Allgemeingut (Schutz vor Irreführung innerstaatlicher Behörden) höherrangig ist.[1940] Davon abgesehen, genügt für die Strafbarkeit des falsch Verdächtigenden jedoch, wenn *einer* der beiden Schutzzwecke verletzt ist.

Hinweis für die Fallbearbeitung: Im Rahmen der Fallbearbeitung kann § 164 von den Aussagedelikten der §§ 153 ff. abzugrenzen sein. Denn die Aussagedelikte können nur dann verwirklicht sein, wenn die falschen Äußerungen vor Gericht abgegeben werden. Unwahre Aussagen gegenüber der Staatsanwaltschaft oder deren Ermittlungspersonen sind nicht tatbestandsmäßig i.S.d. §§ 153 ff. Gegenüber Staatsanwaltschaft oder deren Ermittlungspersonen getätigte Äußerungen können daher ausschließlich dem Anwendungsbereich der §§ 164, 145d unterfallen.

Strukturell enthält § 164 mit seinen Absätzen 1 und 2 zwei unterschiedliche Tatbestände, wobei Abs. 1 den speziellen Tatbestand beschreibt.

I. Tatbestand

1. Objektiver Tatbestand

Tathandlung ist das falsche Verdächtigen der betreffenden Person bei einer Behörde **1122** oder einem zur Entgegennahme von Anzeigen zuständigen Amtsträger oder militärischen Vorgesetzten oder in der Öffentlichkeit.

Falsches Verdächtigen ist das Hervorrufen, Umlenken oder Verstärken eines Tatverdachts auf eine in Wahrheit unschuldige Person.[1941] **1123**

Die Tathandlung kann insbesondere durch das Behaupten von Tatsachen verwirklicht **1124** werden, die geeignet sind, den Verdächtigten einem strafrechtlichen Ermittlungsverfahren auszusetzen. Denn auch die wahrheitswidrige Behauptung, eine andere Person habe eine Straftat begangen, ist geeignet, einen sog. Anfangsverdacht zu begründen, der die Strafverfolgungsbehörde zur Einleitung eines Ermittlungsverfahrens zwingt (vgl. §§ 152 II, 163 I S. 1 StPO).[1942] Allerdings verlangt es der Normzweck (die Ratio) des § 164, dass eine falsche Verdächtigung ausscheidet, wenn schon nach dem Inhalt der verdächtigenden Äußerung selbst ausgeschlossen ist, dass diese zu einer behördlichen Reaktion führen kann. Das ist etwa der Fall, wenn es nach dem von der „verdächtigenden Person" dargestellten Sachverhalt an einer Strafverfolgungsvoraussetzung fehlt.[1943] Denn fehlt es an einer Strafverfolgungsvoraussetzung, darf die Strafverfolgungsbehörde nicht mit dem Ziel einer Anklage ermitteln.[1944] In einem solchen Fall werden also weder der „Verdächtigte" belastet noch das Leistungsvermögen der Strafverfolgungsorgane beeinträchtigt.

[1938] BGH NStZ 2015, 689.
[1939] BGHSt 5, 66, 68; *W/H/E*, BT 1, Rn 763 ff.; *Joecks/Jäger*, § 164 Rn 1 ff.; Lackner/Kühl-*Kühl*, § 164 Rn 1.
[1940] Vgl. bereits die 1. Aufl. 2002; später auch *Hecker*, JuS 2015, 182, 183.
[1941] BGHSt 9, 240, 246; 14, 240, 246; BGH NStZ 2015, 689; *Fischer*, § 164 Rn 3.
[1942] Vgl. BGH NStZ 2015, 689.
[1943] OLG Stuttgart NStZ-RR 2014, 276 mit Verweis auf BGH v. 7.11.2001 – 2 StR 417/01; *Fischer*, § 164 Rn 5b; LK-*Ruß*, § 164 Rn 15.
[1944] OLG Stuttgart NStZ-RR 2014, 276.

Falsche Verdächtigung (§ 164)

Daher scheidet eine Strafbarkeit nach § 164 I aus, wenn bei einem absoluten Antragsdelikt der Strafantrag nicht gestellt wird.

> **Beispiel**[1945]**:** T geriet mit seinem Motorrad in eine Verkehrskontrolle. Da er nicht Inhaber einer Fahrerlaubnis war (und sich daher gem. § 21 StVG strafbar gemacht hat), entschloss er sich, zu flüchten, was ihm auch gelang. Da die Polizei jedoch das Kennzeichen ablesen und eine Halterfeststellung vornehmen konnte, suchte sie T später zu Hause auf. Dieser gab gegenüber der Polizei wider besseres Wissen an, dass G ohne sein Wissen den Schlüssel an sich genommen habe und mit dem Motorrad gefahren sei. Offenbar sei es G gewesen, der vor der Polizei geflüchtet sei. Mit G hatte T zuvor diese Einlassung abgesprochen und G war damit einverstanden.
>
> In diesem Fall ist bei T wegen der Einlassung, G sei gefahren, an eine Strafbarkeit nach § 164 I zu denken. Denn er hat gegenüber der Polizei G verdächtigt, eine Straftat nach § 248b I (unbefugter Gebrauch des Motorrads) begangen zu haben. Allerdings handelt es sich bei § 248b um ein absolutes Antragsdelikt (§ 248b III). Eine Strafverfolgung ist also an einen Strafantrag geknüpft. T hat keinen Strafantrag gestellt und wird auch keinen stellen. Zutreffend hat das OLG Stuttgart daher entschieden, dass in einem solchen Fall der Normzweck des § 164 I nicht vorliegt. Denn wenn schon nach dem Inhalt der verdächtigenden Äußerung selbst ausgeschlossen sei, dass diese zu einer behördlichen Reaktion führen könne, greife der Normzweck des § 164 I nicht.[1946] T hat sich daher nicht gem. § 164 I strafbar gemacht.

1125 § 164 I scheidet auch aus, wenn es an einer verdächtigenden Tatsachenmitteilung fehlt. Das ist der Fall, wenn der Täter beispielsweise nur seine Rechtsauffassung kundtut oder generell seine Meinung zu einem Sachverhalt abgibt. Tatbestandslos ist daher das bloße Vorbringen einer von Art. 5 I GG geschützten Meinungsäußerung, da die Ausübung eines Grundrechts nicht strafrechtlich relevant sein kann.

1126 Auch dem **Selbstbegünstigungsprivileg** kommt bei § 164 eine erhebliche Bedeutung zu, was zugleich die Prüfungsrelevanz widerspiegelt. So ist das **Leugnen** der **eigenen Täterschaft** tatbestandslos, auch wenn der Verdacht dadurch *zwangsläufig* auf einen anderen fällt. Das Selbstbegünstigungsprivileg findet jedoch seine Grenzen, wenn der Täter die einzige neben ihm in Betracht kommende Person ausdrücklich (aktiv) als Täter bezeichnet.[1947]

> **Beispiel:** A und B fahren zusammen nach Hause. B sitzt am Steuer und übersieht den Fußgänger F, den er mit dem Wagen erfasst. F erleidet glücklicherweise nur mehrere Schürfwunden. Als die Polizei am Unfallort eintrifft, behauptet B, er sei nicht gefahren.
>
> **Variante 1:** A und B behaupten: „Der war´s", und zeigen jeweils auf den anderen.
>
> **Variante 2:** Bei der polizeilichen Vernehmung behauptet B wahrheitswidrig, er könne einen Zeugen benennen, der gesehen habe, dass A gefahren sei.
>
> Strafbarkeit des B gem. § 164?
>
> Zum Ausgangsfall: Indem B der Polizei mitteilte, er sei nicht gefahren, und damit zwangsläufig den Verdacht auf A lenkte, könnte er sich gem. § 164 I wegen falscher Verdächtigung strafbar gemacht haben. Als zuständige Stelle kommt auch die an Ort und Stelle tätige Polizei in Betracht, § 158 I StPO. B müsste A weiterhin verdächtigt haben. Unter Verdächtigen versteht man eine unwahre Tatsachenmitteilung, die einen Tatverdacht auf eine in Wahrheit unschuldige Person lenkt, verstärkt oder hervorruft. Folgt man dem Wortlaut der Definition, hat B bei dem zuständigen Beamten den Anschein erweckt, A habe F angefahren und somit eine Straftat nach §§ 223 ff. begangen. Dies ist objektiv falsch, da B gefahren ist. Zu beachten ist jedoch die Zwangslage des B, der sich vor Bestrafung schützen

---

[1945] Nach OLG Stuttgart NStZ-RR 2014, 276.
[1946] OLG Stuttgart NStZ-RR 2014, 276.
[1947] Vgl. auch den Fall BGH NStZ 2015, 689 f.

Falsche Verdächtigung (§ 164)

wollte. Der Gesetzgeber hat diesem menschlichen Selbsterhaltungstrieb in § 258 V Rechnung getragen. Folge ist die Tatbestandslosigkeit der Strafvereitelung. Zu berücksichtigen ist ferner, dass niemand verpflichtet ist, sich selbst zu belasten und an seiner Überführung teilzunehmen (Nemo-tenetur-Grundsatz). Diesem Grundsatz entspricht auch § 136 I S. 2 StPO. Aus diesen Gründen ist allgemein anerkannt, dass das schlichte Leugnen der Tat durch den Angeklagten tatbestandslos bleibt, selbst wenn dadurch zwangsläufig ein anderer in den Verdacht der Tatbegehung gerät.

B ist daher nicht wegen falscher Verdächtigung strafbar. Auf die Frage, ob er wegen nicht möglicher Beweiserbringung gem. dem Grundsatz *in dubio pro reo* nicht ohnehin hätte freigesprochen werden müssen, kommt es nicht an.

Zur Variante 1: Unbeschadet der problematischen Beweisführung, die dazu führt, dass B gem. dem Grundsatz *in dubio pro reo* wohl nicht verurteilt werden kann, ist aus materiell-rechtlicher Sicht fraglich, ob das Selbstbegünstigungsprivileg auch dann noch greift, wenn der Täter aktiv einen anderen beschuldigt, um damit seine eigene Bestrafung abzuwenden. Diese Folge wird teilweise etwa dann angenommen, wenn zwei in Frage kommende Personen sich gegenseitig (aktiv) beschuldigen.[1948] Diese Auffassung wird damit begründet, dass das Falsch-Bezichtigen dem Leugnen logisch gleichkomme und dass letztlich jeder der beiden nur sein Leugnen bestärke. Auch das Ableugnen ohne Nennung des anderen würde die Sachlage und das geschützte Rechtsgut nicht weniger verletzen. Gegen diese Auffassung spricht aber, dass der Täter zwar ein Recht hat, die Tat zu leugnen, es aber zu weit ginge, wenn er aktiv einen Dritten bezichtigen dürfte, die Tat begangen zu haben.[1949] Das Selbstschutzprivileg kann nicht so weit reichen, dass andere einer Straftat bezichtigt werden dürfen. Um daher in Bezug auf § 164 I straflos zu bleiben, hätte B nicht A bezichtigen, sondern nur (wie im Ausgangsfall) die Tat leugnen dürfen. A ist hingegen straflos, weil er zutreffend B als Täter benannt hat.

Zur Variante 2: Nicht anders verhält es sich in der Variante 2: Durch die Benennung eines vermeintlichen Zeugen hat B eine Maßnahme getroffen, die A gezielt belastet, obwohl B dessen Unschuld kennt. Das Selbstbegünstigungsprinzip darf in diesem Fall keine Anwendung finden. B ist strafbar aus § 164 I.

Insgesamt bleibt aber festzuhalten, dass B (auch in Bezug auf die Körperverletzung zum Nachteil des R) nicht verurteilt werden kann, sofern nicht bewiesen werden kann, dass er den Wagen gesteuert hat.

Die Verdächtigung muss **objektiv unwahr** sein.[1950] Abzustellen ist auf den Kern der Mitteilung. Bloße Übertreibungen, die keine Qualifikation der Tat darstellen, fallen nicht hierunter. Dabei ist genau auf den Gegenstand der Tatsachenmitteilung zu achten. **1127**

Insbesondere ist auf die Unterscheidung zwischen äußeren und inneren Tatsachen zu achten. Bei den äußeren Tatsachen stellt der Täter die Tatsache als absolut bestehend hin (Beispiel: „Dagobert hat geraubt"). Bei den inneren Tatsachen bezieht er die Tatsache auf seine subjektive Wahrnehmung (Beispiel: „Ich habe gesehen, dass Dagobert geraubt hat"). Täuscht sich der Täter über eine innere Tatsache (weil er etwa den Dagobert mit Donald verwechselt hat), fehlt es an der Unrichtigkeit der inneren Tatsache und damit am objektiven Tatbestandsmerkmal *Verdächtigen*. Für eine Vorsatzprüfung ist kein Raum.

Auch wenn etwaige Alibis oder Rechtfertigungsgründe für eine tatsächlich begangene Tat bei der Anzeige verschwiegen werden, ist der Tatbestand erfüllt. **1128**

Ein schon „klassisches" Examensproblem besteht in dem Fall, dass der **Schuldige zu Unrecht falsch verdächtigt** wird. Das klingt merkwürdig, ist aber möglich, wenn falsche Angaben über *Beweistatsachen* oder *Verdachtsgründe* gemacht werden. **1129**

[1948] OLG Düsseldorf NJW 1992, 1119.
[1949] Für eine derartige Rollenüberschreitung *Fischer*, § 164 Rn 3 ff.; BayObLG NJW 1986, 441; OLG Düsseldorf JZ 1992, 978 mit Anmerkung v. *Mitsch*.
[1950] *W/H/E*, BT 1, Rn 775.

Falsche Verdächtigung (§ 164)

Beispiel: Im Beispiel von Rn 1126 taucht der Zeuge Z auf und behauptet, er habe B am Steuer erkannt, obwohl er nur sah, dass A und B eilends die Rückbank aufsuchten.

⇨ Nach einer Auffassung[1951] kommt es nicht darauf an, welches – möglicherweise unrichtige – Beweismaterial der Verdächtigende den Ermittlungsbehörden präsentiert, sondern lediglich darauf, dass die Tätigkeit der Behörden schließlich in die richtige Richtung gelenkt wird. Habe der Verdächtigte die Tat tatsächlich begangen und der Täter dies gewusst oder geglaubt und nur gelogen, um einen überzeugenden Beweis zu erbringen, sei eine Bestrafung unzulässig. Danach wäre Z nicht aus § 164 I strafbar, wenn man davon ausgeht, dass die Staatsanwaltschaft gegen B ermittelt.

⇨ Die Gegenauffassung[1952] lässt es für eine Strafbarkeit aus § 164 I ausreichen, dass das verdachtsbegründende Tatsachenmaterial falsch ist. Danach wäre Z aus § 164 I strafbar, weil er gerade *nicht* gesehen hat, dass B am Steuer saß.

⇨ Stellungnahme: Da die beiden Auffassungen zu unterschiedlichen Ergebnissen führen, ist eine Entscheidung zu treffen. Für die Gegenauffassung spricht v.a. das Recht des falsch Verdächtigten auf die richtige Beweiswürdigung. Auch ist zu beachten, dass die Staatsanwaltschaft aufgrund des verdachtsbegründenden Tatsachenmaterials einschreiten und auch gegen den falsch Verdächtigten ermitteln muss, § 152 II StPO. Dessen Individualinteressen sind somit betroffen. Favorisiert man (wie hier) dann auch den Gedanken, § 164 I schütze *auch* Individualinteressen, gelangt man unweigerlich zur Maßgeblichkeit der Gegenauffassung. Dieser Standpunkt ist auch schon deshalb sachgerecht, weil es anderenfalls vom Zufall abhinge, ob der Verdächtigende strafbar ist oder nicht. Denn er hat ja gerade nicht gesehen, dass der Täter wirklich die Straftat begangen hat. Vielmehr hat er dies wider besseres Wissen behauptet. Z ist demnach aus § 164 I strafbar.

1130

> **Hinweis für die Fallbearbeitung:** Gerade aus der vorangestellten Argumentation folgt, dass die Darstellung dieses Streits nicht zwingend im objektiven Tatbestand, sondern auch im subjektiven Tatbestand unter dem Prüfungspunkt „wider besseres Wissen" erfolgen kann. Aufbaufragen sind letztlich nur Zweckmäßigkeitsfragen. Der hier favorisierte Standort im objektiven Tatbestand ist jedoch herrschend, obgleich Fragen des Wissens („wider besseres Wissen") behandelt werden müssen.

1131 Die Verdächtigung muss sich **gegen einen anderen** richten. Hinsichtlich dieses „anderen", gegen den sich die falsche Verdächtigung richten muss, ist zwar nicht erforderlich, dass der Täter diesen genau und richtig bezeichnet.[1953] Die Behörde muss jedoch unschwer ermitteln können, gegen wen sich der Verdacht nach dem Willen des Täters richten soll; eine „frei erfundene" bzw. „fiktive" Person ist daher kein „anderer" i.S.d. § 164.[1954] Davon unbeschadet muss dieser „andere" einer **rechtswidrigen Tat** oder **Dienstpflichtverletzung** bezichtigt werden. Gemeint ist eine Tat i.S.d. § 11 I Nr. 5, die im Gutachten zumeist zuvor geprüft wurde oder an dieser Stelle inzident zu prüfen ist. Diese braucht nicht schuldhaft begangen worden zu sein. Auch ein Versuch fällt darunter. Erwartete Folge muss entweder eine strafrechtliche Sanktion (beachte die §§ 59, 60, 71, 76a StGB und § 27 JGG) oder eine Disziplinarmaßnahme (nach BDG oder WDO) sein. Geht es bei der falschen Verdächtigung um eine Ordnungswidrigkeit, greift § 164 II.[1955]

Nach § 164 macht sich also nur strafbar, wer einen anderen bei einer Behörde oder einem zur Entgegennahme von Anzeigen zuständigen Amtsträger wider besseres Wissen einer rechtswidrigen Tat verdächtigt in der Absicht, ein behördliches Verfahren oder andere behördliche

---

[1951] BGHSt 35, 50, 53; *Fischer*, § 164 Rn 6.
[1952] *Joecks/Jäger*, § 164 Rn 16; *Fezer*, NStZ 1988, 176, 177; *Deutscher*, JuS 1888, 526; *Geilen*, Jura 1984, 300, 302 f.; *Sch/Sch-Bosch/Schittenhelm*, § 164 Rn 16.
[1953] OLG Stuttgart NJW 2018, 1110, 1111.
[1954] OLG Stuttgart NJW 2018, 1110, 1111 mit Nachweisen aus der Literatur.
[1955] OLG Stuttgart NJW 2018, 1110, 1111; Lackner/Kühl-*Kühl*, § 164 Rn 5; *Joecks/Jäger*, § 164 Rn 10 f.

Falsche Verdächtigung (§ 164)

Maßnahmen gegen ihn herbeizuführen. Selbstbezichtigung und Anzeigen gegen Unbekannt fallen daher nicht unter § 164. Vorliegen kann jedoch § 145d.[1956]

Adressat der Verdächtigung: Die Verdächtigung der betreffenden Person muss gegenüber einer Behörde, einem zur Entgegennahme von Anzeigen zuständigen Amtsträger, militärischen Vorgesetzten oder der Öffentlichkeit erfolgen. Bezüglich des Behördenbegriffs gilt § 11 I Nr. 7, sodass auch ein Gericht als Behörde in Betracht zu ziehen ist. Zu berücksichtigen ist generell die Legaldefinition des Behördenbegriffs in § 1 IV VwVfG (des Bundes). Auch der an Ort und Stelle ermittelnde Polizeibeamte ist ein zur Entgegennahme zuständiger Amtsträger (§ 158 I StPO). Schließlich ist zu beachten, dass die zuständige Stelle nicht unmittelbar Adressat der falschen Verdächtigung sein muss; es genügt, wenn sie über einen Dritten (also mittelbar) informiert wird.[1957]

1132

Die Tat kann auch durch **Unterlassen** begangen werden. Erfährt ein Anzeigender nachträglich von der Falschheit seines Vorbringens, liegt eine Garantenstellung aus Ingerenz und letztlich eine Strafbarkeit nach §§ 164, 13 I vor.[1958]

1133

§ 164 II betrifft als **Auffangtatbestand** alle sonstigen Tatsachenbehauptungen, die geeignet sind, die Einleitung einer behördlichen Maßnahme (beispielsweise die Einleitung eines Bußgeldverfahrens) gegen den Verdächtigen zu fördern.[1959]

1134

Vollendet ist die Tat mit dem Zugang der Tatsachenbehauptung bei der Behörde bzw. der zuständigen Stelle. Grundsätzlich gilt jedoch, dass keine Vollendung vorliegt, wenn Anzeige und Widerruf zeitgleich eingehen oder während der Protokollierung Berichtigungen angebracht werden.

1135

2. Subjektiver Tatbestand

Subjektiv muss der Täter zunächst **wider besseres Wissen** handeln. Das bedeutet, dass er im Zeitpunkt der Verdächtigung bestimmte Kenntnis (i.S.d. *dolus directus* 2. Grades) von der Unwahrheit des Angezeigten haben muss.[1960] Darüber hinaus muss er gemäß der Formulierung in § 164 in der **Absicht** handeln, behördliche Maßnahmen gegen den Verdächtigen einzuleiten oder fortdauern zu lassen. Dabei genügt nach h.M. aber ebenfalls *dolus directus* 2. Grades.[1961] Die „Absicht" ist also nicht nur als zielgerichtetes Handeln zu verstehen, sondern erfasst auch das sichere Wissen, dass die Anschuldigung zu einem Verfahren gegen den Verdächtigen führen wird. Daran fehlt es jedoch, wenn dem Täter klar ist, dass es zu keiner Strafverfolgung gegen den Verdächtigen kommen kann.[1962]

1136

> **Beispiel:** So fehlt bei T im Beispiel von Rn 1125 der erforderliche Vorsatz, sofern er zutreffend eingeschätzt hat, dass eine Straftat nach § 248b nur auf Antrag verfolgt wird und es daher zu keinem Verfahren gegen G kommen kann.

II. Rechtswidrigkeit und III. Schuld

Ob eine **rechtfertigende Einwilligung** des falsch Verdächtigten in seine eigene Strafverfolgung möglich ist, ist streitig. Diese Frage wird relevant, wenn beispielsweise der alkoholisierte Ehemann bei der polizeilichen Vernehmung angibt, nicht er, sondern seine ebenfalls alkoholisierte Frau sei mit seinem Pkw gefahren und habe einen Unfall verur-

1137

[1956] BGHSt 13, 219, 220; SK-*Rudolphi/Rogall*, § 164 Rn 29.
[1957] Vgl. OLG Frankfurt/M NStZ-RR 2002, 209 (zu § 145d); *Hoffmann*, GA 2002, 385, 393.
[1958] BGHSt 14, 240, 246; Sch/Sch-*Bosch/Schittenhelm*, § 164 Rn 21.
[1959] Siehe dazu den Fall OLG Stuttgart NJW 2018, 1110 ff.
[1960] RGSt 71, 37; OLG Brandenburg NJW 1996, 141; OLG Düsseldorf NJW 2000, 3582.
[1961] BGHSt 18, 204, 206; 13, 219, 220; SK-*Rudolphi/Rogall*, § 164 Rn 42; LK-*Vogel*, § 164 Rn 31; Sch/Sch-*Bosch/Schittenhelm*, § 164 Rn 32; MüKo-*Zopfs*, § 164 Rn 42; a.A. NK-*Vormbaum*, § 164 Rn 64.
[1962] OLG Stuttgart NStZ-RR 2014, 276.

Falsche Verdächtigung (§ 164)

sacht. Er sei nur Beifahrer gewesen. Das Interesse der Ehefrau ist in diesen Fällen darauf gerichtet, ihren Ehemann im Besitz der Fahrerlaubnis zu lassen, damit dieser nicht seinen Arbeitsplatz gefährdet. Von ihrer Seite liegt somit eine Einwilligung vor.

1138 Ob eine derartige Einwilligung jedoch **beachtlich** sein kann, hängt v.a. davon ab, ob das in Frage stehende Rechtsgut des § 164 **disponibel** ist. Folgt man dem Wortlaut des § 165 und beachtet man dort die Formulierung „der Verletzte", erscheint das geschützte Rechtsgut des § 164 die Interessen des Verletzten widerzuspiegeln. Eine Einwilligung wäre möglich (für den vorliegenden Fall unterstellt, dass diese *vor* der Tat erfolgt ist). Dagegen spricht, dass § 164 nicht ausschließlich, sondern *auch* den Verletzten schützt. Hauptanliegen des Gesetzgebers war der Schutz der innerstaatlichen Behörden vor Irreführungen. Dies ergibt sich v.a. aus gesetzessystematischen Erwägungen. § 145d tritt wegen ausdrücklicher Subsidiarität hinter § 164 zurück. Würde § 164 nur den Verletzten schützen, wäre es nicht einleuchtend, warum § 145d mit dem Schutzgut der Rechtspflege hinter § 164 zurücktreten sollte. Somit ist die Möglichkeit einer rechtfertigenden Einwilligung im Rahmen des § 164 abzulehnen. Dies entspricht auch der bei Rn 1121 dargestellten Alternativitätstheorie.

1139 Bezüglich der **Schuld** ergeben sich keine Besonderheiten.

IV. Strafzumessung/Absehen von Strafe

1140 Eine analoge Anwendung der §§ 157, 158, 258 V (vgl. aber das auch bei § 164 geltende Selbstbegünstigungsprivileg, dazu Rn 1125) wird vor allem wegen des eindeutigen Wortlauts nach h.M. abgelehnt.[1963]

V. Konkurrenzen

1141 Zu den Aussagedelikten, der Freiheitsberaubung in mittelbarer Täterschaft und zur Verleumdung besteht Tateinheit. § 145d ist subsidiär.

[1963] Vgl. die Ausführungen zu den Aussagedelikten sowie *Langer*, JZ 1987, 804, 812 und Lackner/Kühl-*Kühl*, § 164 Rn 11. Für eine Anwendung des § 158 vgl. Sch/Sch-*Bosch/Schittenhelm*, § 164 Rn 35.

D. Vortäuschen einer Straftat (§ 145d)

Die Strafnorm des § 145d ist differenziert aufgebaut. Geschütztes Rechtsgut des § 145d **1142**
I Nr. 1 und § 145d II Nr. 1 ist die Strafrechtspflege im Allgemeinen, die vor unnützer
Inanspruchnahme ihres Apparates und der damit verbundenen Schwächung der Verfol-
gungsintensität geschützt werden soll.[1964]
In § 145d I Nr. 2 und § 145d II Nr. 2 ist Schutzgut das Interesse, die staatlichen Strafverfolgungsorgane vor unnützer Inanspruchnahme zu schützen.[1965] Gegenüber § 164
(falsche Verdächtigung) und den §§ 258, 258a (Strafvereitelung) tritt § 145d im Wege
der Gesetzeskonkurrenz (Subsidiarität) *ausdrücklich* zurück (§ 145d I a.E.). Die Tat ist
ein abstraktes Gefährdungsdelikt.[1966]

I. Tatbestand

1. Objektiver Tatbestand

Die Absätze 1 und 2 weisen jeweils zwei verschiedene Tatbestandsvarianten auf. Wäh- **1143**
rend in § 145d I die Existenz einer rechtswidrigen Tat (§ 11 I Nr. 5) vorgetäuscht wird,
wird in § 145d II über den Beteiligten an einer rechtswidrigen Tat getäuscht.

a. § 145d I Nr. 1

Tathandlung des § 145d I Nr. 1 ist das Vortäuschen einer angeblich begangenen **1144**
rechtswidrigen Straftat.

Vortäuschen bedeutet das Erregen oder Verstärken des Verdachts der Tatbege- **1145**
hung.[1967] Das Vortäuschen einer Ordnungswidrigkeit ist nicht erfasst.

Die Tathandlung kann wie bei § 164 I durch Tatsachenbehauptungen oder durch Schaf- **1146**
fung von Beweismitteln geschehen, die auf die nicht begangene Tat hindeuten und zur
Kenntnis der Strafverfolgungsbehörden gebracht werden.

> **Beispiel**[1968]**:** Medardus erschreckt gerne seine Mitmenschen und versendet an Behörden
> zahlreiche Briefe, in denen sich ein weißes Pulver befindet. Er beschriftet diese Briefe mit
> „Achtung, Post von Dr. Milz aus Brand". Im Übrigen versieht er die Briefe mit seinem Ab-
> sender. Im Postverteilerzentrum Schönefeld wird aufgrund dieser Briefe ein Großalarm
> ausgelöst, da sie für tödliche „Milzbrandbriefe" („Anthrax") gehalten werden. Mit Spezial-
> geräten werden die Briefe von der Polizei sichergestellt.
>
> Ein solcher Anschlag wäre als versuchter Mord mit gemeingefährlichen Mitteln (§§ 211 I,
> II Var. 7, 22, 23 I, 12 I) zu bewerten, hätte sich tatsächlich Anthrax in den Briefen be-
> funden. Da die Briefe tatsächlich jedoch ungefährlich sind, könnte ein Vortäuschen gem.
> § 145 d I Nr. 1 vorliegen.
>
> Der Tatbestand des § 145 d I **Nr. 1** ist verwirklicht, wenn die erschrockene und ver-
> ängstigte Person die staatlichen Behörden einschaltet, um Hilfe zu erlangen und die Tat
> anzuzeigen. Denn die Nr. 1 ist durch diese Mitteilung (mittelbare Täterschaft!) erfüllt. M
> hat sich daher nach § 145 d I Nr. 1 strafbar gemacht, weil er vortäuschte, es sei bereits
> ein Mordversuch mit gemeingefährlichen Mitteln vorgenommen worden.
>
> Des Weiteren liegt eine Verwirklichung des § 145 d I **Nr. 2** vor, da der Versender des an-
> geblich todbringenden Briefes den Eindruck erweckte, dass eine Vollendung einer Katalog-
> tat nach § 126 I Nr. 2 (eben der Mord) bevorstehe.

[1964] Vgl. BGHSt 6, 251, 255; BGH NStZ 2015, 514.
[1965] BGHSt 19, 305, 307; *Krümpelmann*, ZStW 96 (1984), 1000, 1009.
[1966] Wie hier BGH NStZ 2015, 514; Sch/Sch-*Sternberg-Lieben*, § 145d Rn 1.
[1967] *W/H/E*, BT 1, Rn 784; SK-*Rudolphi/Rogall*, § 145d Rn 13.
[1968] In Anlehnung an OLG Frankfurt/M NStZ-RR 2002, 209. Vgl. auch *Hoffmann*, GA 2002, 385, 393.

Vortäuschen einer Straftat (§ 145d)

1147 Anders als bei § 164 ist die **Selbstbezichtigung** hier **strafbar**. Zu einer Tätigkeit der Strafverfolgungsbehörde infolge der Täuschung braucht es *nicht* gekommen zu sein. Es genügt allein, dass die Täuschung geeignet ist (abstraktes Gefährdungsdelikt!), ein unnützes Einschreiten auszulösen. Dies ist immer der Fall, wenn der Täter über das Vorliegen einer verfolgbaren rechtswidrigen Tat i.S.v. § 11 I Nr. 5 täuscht, sodass das Vortäuschen eines straflosen Versuchs, einer Ordnungswidrigkeit oder eines Disziplinarverstoßes ebenso wenig tatbestandlich ist wie das Vortäuschen einer gerechtfertigten und/oder nicht mehr verfolgbaren Straftat.[1969]

1148 Überaus prüfungsrelevant ist die Abgrenzung zwischen einem straflosen **Aufbauschen** einer tatsächlich begangenen Tat und der tatbestandsmäßigen Vortäuschung gem. § 145d I Nr. 1. Die Rechtsprechung stellt in überzeugender Weise darauf ab, ob die Ermittlungsbehörden mit den nach der erweiterten Sachdarstellung erforderlichen Maßnahmen in einem erheblichen Umfang mehr belastet werden, als sie dies bei richtiger Schilderung des Sachverhalts wären.[1970] Dies ist i.d.R. nicht anzunehmen, wenn die Tat nur übertrieben dargestellt wird, also Qualifikationen geschildert werden oder falsche (d.h. zu hohe) Schadensangaben gemacht werden. Auch der Fall, dass ein Delikt als vollendet hingestellt wird, obwohl tatsächlich (nur) ein (strafbarer!) Versuch vorliegt, ist vom tatbestandslosen Aufbauschen umfasst.

> **Beispiel:** Panzerknacker P wollte während eines Einbruchdiebstahls den Tresor des Großindustriellen G leer räumen, der jedoch wider Erwarten bereits leer war. Raffgierig wie G ist, behauptet er wahrheitswidrig gegenüber der Polizei und der Versicherung, ihm seien kostbarer Schmuck und eine größere Summe Geld aus dem Tresor entwendet worden.
>
> Die Tatsache, dass hier die Vollendung statt des Versuchs behauptet wurde, führt nicht zur Verwirklichung des § 145d I Nr. 1, da die Ermittlungsbehörden nicht in einem erheblichen Umfang mehr belastet werden, als sie dies bei richtiger Schilderung des Sachverhalts der Fall wären.[1971] Es kommt aber eine Strafbarkeit nach § 263 in Betracht.

1148a Erhält eine tatsächlich begangene Tat durch die Vortäuschung ein im Kern anderes Gepräge[1972] (Hauptfall: Aus einem Vergehen wird ein Verbrechen gemacht), kann von einem bloßen Aufbauschen nicht mehr gesprochen werden. Dann liegt nach zutreffender Auffassung eine Strafbarkeit nach § 145d vor.[1973]

> **Beispiel:** Ausbilderin A hat den 15-jährigen Auszubildenden dazu verleitet, sexuelle Handlungen an ihr vorzunehmen (vgl. § 174 I: Vergehen). Dieser behauptet, A habe ihn genötigt, den Beischlaf mit ihr vorzunehmen (vgl. § 177 II, VI S. 2 Nr. 1: Zwar bleibt die Tat wegen § 12 III ein Vergehen, stellt aber ein anderes Gepräge dar).

1149 **Täuschungsadressat** ist eine Behörde (§ 11 I Nr. 7, auch ein Gericht) oder eine zur Entgegennahme von Anzeigen zuständige Stelle (§ 158 I StPO, auch der ermittelnde Polizei- oder Zollbeamte). Vergleiche hierzu die Ausführungen zu § 164.

[1969] *Geppert*, Jura 2000, 383, 384; Lackner/Kühl-*Kühl*, § 145d Rn 4.

[1970] OLG Hamm NStZ 1987, 558, 559; OLG Karlsruhe MDR 1992, 1166, 1167. Dem folgend *Fischer*, § 145d Rn 5 ff.; Lackner/Kühl-*Kühl*, § 145d Rn 4; *W/H/E*, BT 1, Rn 787. In dieselbe Richtung tendiert schließlich eine Literaturmeinung (Sch/Sch-*Sternberg-Lieben*, § 145d Rn 7), die davon ausgeht, dass Täuschungen mit Wahrheitskern nur dann eine tatbestandsmäßige Täuschungshandlung darstellen, wenn sie zu einer erheblichen Mehrbelastung der Strafverfolgungsorgane führen. Im Gegensatz zum Standpunkt der Rechtsprechung will sie allerdings das Hervorrufen dieser Mehrbelastung davon abhängig machen, ob der Täter ein Antrags- oder Privatklagedelikt als Offizialdelikt hinstellt. Das wäre z.B. der Fall, wenn O von T geschlagen (§ 223) würde, vor der Polizei jedoch wahrheitswidrig erklärt, T habe ihr die Verletzungen zugefügt, als er sie vergewaltigte (§ 177 II, VI S. 2 Nr. 1). Denn während für die Verfolgung einer Körperverletzung ein Strafantrag nach § 230 erforderlich ist, ist die Verfolgung einer Vergewaltigung weder von der Stellung eines Strafantrags abhängig noch ist sie ein Privatklagedelikt (vgl. § 374 StPO).

[1971] Lackner/Kühl-*Kühl*, § 145d Rn 4; mit Anmerkung *Stree*, NStZ 1987, 559.

[1972] BGH NStZ 2015, 514; Sch/Sch-*Sternberg-Lieben*, § 145d Rn 1.

[1973] BGH NStZ 2015, 514; Sch/Sch-*Sternberg-Lieben*, § 145d Rn 1.

Vortäuschen einer Straftat (§ 145d)

b. § 145d I Nr. 2

Tathandlung ist das Vortäuschen einer angeblich bevorstehenden rechtswidrigen Tat aus dem Katalog des § 126 I. **1150**

> Für diese Tatmodalität sind zum **Beispiel** die Fälle einer angeblich bevorstehenden Brandstiftung oder Explosion in einem Kaufhaus oder öffentlichen Gebäude zu nennen.

c. § 145d II Nr. 1

Tathandlung ist die (versuchte) **Täuschung** über den **Beteiligten** (Täter oder Teilnehmer) an einer rechtswidrigen Straftat. Da der Wortlaut der Norm keine Antwort auf die Frage enthält, ob die rechtswidrige Tat tatsächlich begangen worden sein muss oder ob es genügt, dass der Täter irrig glaubt, es liege eine rechtswidrige Tat vor, besteht naturgemäß ein Streit über diese Frage.[1974] Nach der hier vertretenen Auffassung bietet es sich an, von der Formulierung „zu täuschen sucht" in § 145d II a.E. auszugehen. Gerade diese Formulierung legt es nahe, dass die Tat eben nach der Auffassung des Täters, d.h. nach seinem Vorstellungsbild, gegeben ist. Um andererseits dem Schuldprinzip hinreichend Rechnung zu tragen, sollte entsprechend dem Schutzzweck der Norm (Funktionsfähigkeit der Strafrechtspflege!) zumindest der Verdacht einer Straftat gefordert werden, da ansonsten die Behörden gar nicht erst tätig werden würden (vgl. § 160 StPO).[1975] **1151**

Beteiligte sind alle, auf deren Mitwirkung der Erfolg zurückzuführen ist, also nicht nur Täter oder Teilnehmer, sondern auch Nebentäter. Es kommen zwei Fallgruppen in Betracht: **1151a**

(1) Ablenken des Tatverdachts von einem Dritten auf einen anderen (auch auf sich selbst!) **1152**

Der Täuschende lenkt von dem, der die Tat begangen hat, den Verdacht ab (entsprechend § 258). Der Verdacht muss aber gleichzeitig auf eine andere Person gelenkt werden (str.).[1976] Hierzu gehört auch der Fall, dass der Täuschende die fremde Tat auf sich lenkt, etwa um in Täterkreisen Ruhm zu erlangen. Das bloße Vereiteln der richtigen Spur durch falsche Aussagen, die den Täter entlasten, reicht aber nicht.

(2) Schlichtes Ablenken des Tatverdachts von sich selbst **1153**

Grundsätzlich ist der Nemo-tenetur-Grundsatz zu beachten, wonach sich niemand selbst belasten muss und der Beschuldigte daher weder wahrheits- noch aussagepflichtig ist. Der Beschuldigte darf die Tat also **leugnen,** auch wenn der Verdacht dadurch zwangsläufig auf einen Dritten fällt. Lenkt der Täter den Verdacht auf eine fiktive Person oder auf eine Person, die auf keinen Fall strafbar sein kann, ist er straflos, da der staatliche Ermittlungsapparat nicht unnütz in Anspruch genommen wird.[1977] Dies ist beispielsweise der Fall, wenn der nüchterne Beifahrer der Trunkenheitsfahrt bezichtigt wird.[1978]

Beispiel: R sitzt mit einer BAK von 1,2 ‰ hinter dem Steuer seines Nissan GTR und fährt in Schlangenlinien. Als er von hinten „Ungemach" in Form einer Polizeistreife sieht, schafft er es noch, rechts heran zu fahren und den Platz mit seiner *nüchternen* Beifahrerin M zu tauschen, bevor die Beamten an das Fahrzeug herantreten.

Hier ist eine Strafbarkeit aus § 145d II Nr. 1 anzuprüfen, im Ergebnis jedoch zu verneinen. R täuscht zwar – formal betrachtet – darüber, dass nicht er, sondern M gefahren sei. Zu bedenken ist aber, dass in der Person der M eine Strafbarkeit wegen Trunkenheit

---

[1974] Für das Erfordernis einer tatsächlich begangenen Tat *Fischer*, § 145d Rn 7; *Geppert*, Jura 2000, 383, 384; KG JR 1989, 26; *Hohmann/Sander*, BT II; § 24 Rn 21; dagegen OLG Hamm NJW 1963, 2138, 2139; Sch/Sch-*Sternberg-Lieben*, § 145d Rn 13; Lackner/Kühl-*Kühl*, § 145d Rn 7.

[1975] *Piatkowski/Saal*, JuS 2005, 979, 981.

[1976] OLG Zweibrücken NStZ 1991, 530; a.A. *Fischer*, § 145d Rn 7.

[1977] BGHSt 6, 252, 254; KG VRS 22, 346.

[1978] Sch/Sch-*Sternberg-Lieben*, § 145d Rn 15; BGHSt 19, 305, 307.

im Verkehr nach § 316 nicht vorliegen kann. Die Polizisten haben am Steuer des Wagens die nüchterne M und auf dem Beifahrersitz den alkoholisierten R gesehen. Die Polizisten hätten gegenüber M aber niemals gemäß § 316 ermitteln können und wären auf diese Idee wegen fehlender Anhaltspunkte gar nicht gekommen. Im Ergebnis wird zwar der tatsächliche Täter des § 316 entlastet, die Polizeiarbeit aber nicht in eine andere Richtung gelenkt. Hätte R aber noch weitere Delikte begangen, wie ein unerlaubtes Entfernen vom Unfallort nach § 142, so wäre durch den Sitzplatztausch über Beteiligte an einer tatsächlich begangenen Straftat getäuscht worden, da die Nichtalkoholisierung der M unerheblich für die Begehung des § 142 ist.

Lenkt der Täuschende den Verdacht auf jemand anderes, ist § 145d seinem Sinn nach nur erfüllt, wenn der Täuschende selbst *aktiv* die Initiative ergreift (Beispiel: Anzeige gegen „Unbekannt")[1979] oder konkrete Angaben macht, die Verfolgungsmaßnahmen auslösen können. Einzige Ausnahme ist das o.g. Lenken des Verdachts auf eine Person, die auf keinen Fall Täter sein kann.

d. § 145d II Nr. 2

1154 In dieser Tatvariante ist Tathandlung die täuschende Äußerung des Täters, wonach der Verdacht der Beteiligung auf einen in Wirklichkeit Unbeteiligten fällt. Gegen diesen Unbeteiligten müssen jedoch Maßnahmen möglich sein, d.h. die Angaben des Täters müssen relativ ausführlich sein. Schließlich ist das Ablenken eines bereits bestehenden Verdachts bzgl. eines Dritten möglich.

2. Subjektiver Tatbestand

1155 Subjektiv muss der Täter hinsichtlich aller Tatumstände mindestens billigend in Kauf genommen haben (*dolus eventualis*), dass sein Verhalten zur Auslösung eines ungerechtfertigten Einschreitens der Strafverfolgungsorgane führe.[1980] Hinsichtlich der Täuschungshandlung muss er sogar wider besseres Wissen handeln, womit *dolus directus* 2. Grades gemeint ist.

II. Rechtwidrigkeit und III. Schuld

1156 Es gelten die allgemeinen Grundsätze.

IV. Strafmilderung/Absehen von Strafe

1157 Berichtigt der Täter seine Angaben rechtzeitig, also bevor es zu einer unnützen Inanspruchnahme der Strafverfolgungsorgane kommt, stellt sich die Frage nach einer analogen Anwendung zumindest des § 158. Wie bei § 164 sei auf den eindeutigen Wortlaut verwiesen. Demnach scheidet eine analoge Anwendung aus (str.).[1981]

V. Konkurrenzen

1158 § 145d ist ausdrücklich subsidiär zu §§ 164, 258, 258a (§ 145d I a.E.), auch hinsichtlich der Täuschung über die Beteiligten einer Straftat. Die Subsidiaritätsklausel wird allgemein aber nicht so verstanden, dass § 145d schon dann keine Anwendung mehr findet, wenn bereits der Tatbestand der spezielleren Normen gegeben ist. Vielmehr wird die Klausel so verstanden, dass § 145d als **mitbestrafte Begleittat** zurücktreten soll, wenn es **tatsächlich** zu einer **Bestrafung** aus den vorrangigen Rechtspflegedelikten kommt. Entfällt jedoch insbesondere § 258 oder § 258a – weil der Täter sich oder einen Angehörigen begünstigt (§ 258 V, VI, § 258a III) – ist nach allgemeiner Auffassung für die Subsidiarität kein Raum. § 145d kommt dann zur Anwendung. Mit anderen Tatbeständen ist Idealkonkurrenz möglich.[1982]

[1979] Vgl. dazu *W/H/E*, BT 1, Rn 792.
[1980] Lackner/Kühl-*Kühl*, § 145d Rn 9; *Joecks/Jäger*, § 145d Rn 26; *Geppert*, Jura 2000, 383, 388.
[1981] A.A. Sch/Sch-*Bosch/Schittenhelm*, § 164 Rn 24; *Joecks/Jäger*, § 145d Rn 29.
[1982] Lackner/Kühl-*Kühl*, § 145d Rn 11.

Aussagedelikte (§§ 153 ff.)

E. Falsche uneidliche Aussage (§ 153)

1159 Geschütztes Rechtsgut der §§ 153 ff. ist die staatliche Rechtspflege und die damit verbundene öffentliche Wahrheitsfindung, die durch falsche Aussagen gefährdet wird.[1983] Zu den Aussagedelikten gehören

(1) das vorsätzliche falsche Aussagen nach § 153,

(2) das vorsätzliche oder fahrlässige falsche Schwören nach §§ 154, 161 und

(3) das vorsätzliche oder fahrlässige Abgeben einer falschen Versicherung an Eides statt nach §§ 156, 161.

1160 Bei den Aussagedelikten handelt es sich um **abstrakte Gefährdungsdelikte**. Denn der zur Entgegennahme Befugte muss dem Aussagenden nicht glauben oder gar eine (fehlerhafte) Entscheidung treffen; daher erschöpft sich die Tat in der Falschheit der Aussage selbst. Daraus wird zudem klar, dass die §§ 153 ff. auch zu den schlichten **Tätigkeitsdelikten** gehören. Schließlich kann Täter nur sein, wer die Aussage selbst tätigt. Die Aussagedelikte sind daher auch **eigenhändige Delikte**. Mittäterschaft und mittelbare Täterschaft sind, wie sich auch aus § 160 ergibt, daher ausgeschlossen. Im Bereich der **Strafmilderung** bzw. des **Absehens von Strafe** sind die Regelungen der §§ 157 und 158 zu beachten. Im Rahmen des **Versuchs** bildet § 159 eine Besonderheit, wonach entgegen der allgemeinen Regel (vgl. §§ 30, 31) die versuchte Anstiftung zu einem Vergehen (nach §§ 153, 156) strafbar ist. Bzgl. § 153 empfiehlt sich folgender Aufbau:

Falsche uneidliche Aussage (§ 153)

I. Tatbestand

1. Objektiver Tatbestand

Täter des § 153 kann nur ein **Zeuge** oder ein **Sachverständiger** sein. Die Parteien im Zivilprozess (vgl. aber § 154) und der Beschuldigte im Strafprozess scheiden somit mangels Subjektqualität aus. **Tathandlung** ist die Falschaussage. Eine **Aussage** ist jede (grds. mündliche) Bekundung, auf die sich in der konkreten Verfahrenssituation die Wahrheitspflicht erstreckt. Auch das **Verschweigen** von Tatsachen kann den Tatbestand erfüllen, wenn die Unvollständigkeit nicht offenbart, sondern die Aussage als vollständige ausgegeben wird. **Falsch** ist die Aussage nach der herrschenden objektiven Theorie, wenn das Erklärte objektiv nicht mit der Wirklichkeit in Einklang steht. **Zuständige Stelle**: Die Falschaussage muss vor einer für das konkrete Verfahren zuständigen staatlichen Stelle gemacht werden. In Betracht kommen die staatlichen Gerichte (also nicht die privaten Schiedsgerichte, §§ 1025 ff. ZPO), aber auch andere zur eidlichen Vernehmung zuständige Stellen wie Untersuchungsausschüsse eines Gesetzgebungsorgans des Bundes oder eines Landes (vgl. § 162 II) oder Notare (§ 22 BNotO). Auch internationale Stellen i.S.d. § 162 II sind zuständig. *Nicht* tauglich sind die Staatsanwaltschaft und die Polizei (arg. §§ 161a I S. 3, 163 III StPO).

2. Subjektiver Tatbestand

Zur Verwirklichung des subjektiven Tatbestands ist *dolus eventualis* erforderlich.

II. Rechtswidrigkeit und III. Schuld: Es gelten die allgemeinen Grundsätze.

IV. Strafmilderung/Absehen von Strafe

Eine Strafmilderung bzw. ein Absehen von Strafe kommen in den Fällen des Aussagenotstands (§ 157 I), bei uneidlicher Falschaussage eines Eidesunmündigen (§ 157 II) und bei tätiger Reue durch rechtzeitige Berichtigung unter den Voraussetzungen des § 158 in Betracht.

Eine Strafmilderung für Teilnehmer nach **§ 28 I** kommt nach der h.M. nicht in Betracht, da diese die prozessuale Wahrheitspflicht nicht als besonderes persönliches Merkmal, sondern als Umstand verstehen, der (lediglich) die Positionsnähe zum Rechtsgut kennzeichnet.

[1983] Vgl. BGHSt 8, 301, 309; 45, 16, 25; *Sch/Sch-Bosch/Schittenhelm*, Vorbem §§ 153 ff. Rn 2; Lackner/Kühl-*Heger*, Vor § 153 Rn 1.

Aussagedelikte (§§ 153 ff.)

> **Merke**: Grundsätzlich sind neben den Aussagedelikten die §§ 257, 258, 145d, 271, 263 (Prozessbetrug), 164, 187, 239 I, 25 I Var. 2 in Betracht zu ziehen.

I. Tatbestand

1161 § 153 sanktioniert den Fall, dass jemand vor Gericht oder einer anderen zur eidlichen Vernehmung von Zeugen oder Sachverständigen zuständigen Stelle als Zeuge oder Sachverständiger uneidlich falsch aussagt.

1. Objektiver Tatbestand

1162 **Täter** nach § 153 können demnach nur ein **Zeuge** oder ein **Sachverständiger**[1984] sein. Der Beschuldigte im Strafprozess und die Parteien im Zivil- wie Verwaltungsprozess scheiden daher aus dem Kreis der tauglichen Täter aus. Für die Parteien im Zivil- und Verwaltungsprozess kommt aber § 154 in Betracht.[1985]

1163 **Tathandlung** ist die **Falschaussage** (auch in der Form der Versicherung). Der Täter muss im Rahmen einer Vernehmung in einem Punkt falsch aussagen, auf den sich im konkreten Fall die Wahrheitspflicht erstreckt.[1986] Abzustellen ist somit auf den Gegenstand der Vernehmung. Dies ist regelmäßig das Beweisthema (§ 69 StPO, § 396 ZPO).[1987] Auch die Angaben zur Person (§ 68 I StPO, § 395 II ZPO) unterliegen der Wahrheitspflicht.[1988] Fraglich ist, ob auch das **Verschweigen** von Tatsachen den Tatbestand der Falschaussage erfüllen kann. Dagegen spricht, dass § 153 von „aussagen" spricht, was darauf schließen lassen könnte, dass der Gesetzgeber lediglich das aktive Behaupten von unwahren Gegebenheiten tatbestandlich erfassen wollte. Für die Einbeziehung des Verschweigens von Tatsachen spricht zunächst der Wortlaut des § 69 I StPO, wonach der Zeuge zu veranlassen ist, das, was ihm von dem Gegenstand seiner Vernehmung bekannt ist, im Zusammenhang anzugeben. Dieser „Zusammenhang" ist beim Verschweigen von Tatsachen nicht (stets) gegeben. Weiterhin ist zu beachten, dass die Aussagedelikte die staatliche Rechtspflege und das öffentliche Interesse an der Wahrheitsfindung schützen. Gerade die Wahrheitsfindung kann erschwert oder unmöglich gemacht werden, wenn die Vollständigkeit nicht offenbart und die Aussage als vollständige ausgegeben wird. Unter diesen Voraussetzungen ist das Verschweigen von Tatsachen daher tatbestandlich i.S.v. § 153.[1989]

Aussage ist jede Tatsachenbekundung, auf die sich im konkreten Verfahrenszug die Wahrheitspflicht erstreckt. Auch das **Verschweigen** von Tatsachen ist tatbestandlich erfasst, wenn die Unvollständigkeit nicht offenbart, sondern die Aussage als vollständige ausgegeben wird. Im Fall eines Sachverständigengutachtens werden nicht nur Tatsachenbekundungen, sondern auch Werturteile erfasst.[1990]

[1984] Ob der Dolmetscher gem. § 185 GVG ein Sachverständiger i.S.d. § 153 StGB oder ein Verfahrensbeteiligter eigener Art ist, ist streitig. Die h.M. jedenfalls sieht ihn als Verfahrensbeteiligten eigener Art an (vgl. nur *Fischer*, § 153 Rn 10).

[1985] Lackner/Kühl-*Heger*, § 153 Rn 2; *W/H/E*, BT 1, Rn 828 ff.; *Joecks/Jäger*, § 153 Rn 3.

[1986] In Leistungskontrollen des juristischen Studiums ist die Frage nach der Reichweite der Wahrheitspflicht regelmäßig nicht zu problematisieren. In der Praxis ist die Klärung hingegen wichtig, wenn der Aussagende relevante Umstände verschweigt oder sich spontan bzgl. ungefragter Umstände äußert.

[1987] Für den Zivilprozess wird der Vernehmungsgegenstand durch den Beweisbeschluss förmlich nach §§ 284, 358 ff. ZPO festgelegt. Für den Strafprozess wird der Gegenstand der Vernehmung gem. § 69 StPO definiert. Dieser ist regelmäßig mit der Tat im prozessualen Sinn gem. §§ 155, 264 I StPO identisch.

[1988] Zur Sanktionsmöglichkeit nach § 70 StPO bei Verweigerung solcher Angaben vgl. OLG Hamburg wistra 2002, 198. Vgl. insoweit auch § 111 OWiG.

[1989] Das Verschweigen von Tatsachen darf nicht verwechselt werden mit dem Unterlassen der Aussage. Denn dadurch, dass es sich bei § 153 um ein Tätigkeitsdelikt handelt, ist ein täterschaftliches Unterlassen nicht möglich. Eine insgesamt zu Unrecht verweigerte Aussage kann also keine falsche Aussage sein; eine durch Weglassen von Tatsachen unvollständige Aussage ist hingegen durch aktives Tun begangen und damit taugliche Tathandlung i.S.v. § 153. Zur Frage, ob man sich durch ein Unterlassen an dem Aussagedelikt eines anderen beteiligen kann, vgl. Rn 1225 ff.

[1990] Lackner/Kühl-*Heger*, Vor § 153 Rn 5.

Aussagedelikte (§§ 153 ff.)

Nach h.M. wird unter dem Begriff „Aussage" nur die **mündliche** Aussage verstanden. Eine schriftliche Verständigung ist gem. § 186 GVG nur dann als „Aussage" i.S.d. § 153 zu werten, wenn die betreffende Person taub und/oder stumm ist. **1164**

Im Übrigen hat der Gesetzgeber auch den Begriff der **Falschheit** der Aussage nicht definiert, sodass es nicht verwundert, dass bezüglich der Auslegung dieses Begriffs Streit besteht. Im Wesentlichen werden vier Ansätze vertreten. **1165**

- Nach der (früher teilweise vertretenen) **subjektiven Theorie**[1991] kommt es auf einen Vergleich des Aussageinhalts mit dem Vorstellungsbild des Aussagenden an. Demnach ist eine Aussage falsch, wenn der Inhalt nicht mit dem Wissen des Aussagenden übereinstimmt. Wer etwas Wahres in der Meinung schwört, es sei falsch, hat nach der subjektiven Theorie einen vollendeten Meineid (§ 154) geleistet, da es bei dieser (nur) auf die (subjektive) Vorstellung des Täters ankommt, nicht auf die Wirklichkeit. **1166**

  Diese Theorie ist also durch den Widerspruch zwischen Wort und Wissen gekennzeichnet.

- Die **objektive Theorie**[1992] geht immer dann von einer falschen Aussage aus, wenn diese mit der Wirklichkeit – objektiv – nicht übereinstimmt. Zu vergleichen sind also der Inhalt der Aussage und die objektive Sachlage. Auf die Vorstellung des Aussagenden über den Wahrheitsgehalt kommt es nach dieser Theorie nicht an. **1167**

  Diese Theorie ist demnach durch den Widerspruch zwischen Wort und Wirklichkeit gekennzeichnet.

- Des Weiteren wird vertreten, dass es auf die pflichtwidrige Verletzung der prozessualen Wahrheitspflicht ankomme; falsch sei eine Aussage immer dann, wenn sie nicht dasjenige Wissen des Aussagenden widerspiegele, das dieser bei pflichtgemäßer Prüfung seines Wahrnehmungs- und Erinnerungsvermögens haben könnte (sog. **Pflichttheorie**).[1993] **1167a**

  Diese Theorie ist demnach durch den Widerspruch zwischen Aussagegehalt und Pflichtgemäßheit gekennzeichnet.

- Schließlich wird teilweise darauf abgestellt, in welcher **Verfahrensrolle** sich der Aussagende befindet. Während von einem Zeugen die wahrheitsgemäße Wiedergabe seiner Wahrnehmung erwartet werde, habe der Sachverständige die Pflicht, Tatsachen wahrheitsgetreu wiederzugeben.[1994] **1167b**

  Dieser Standpunkt ist also dadurch geprägt, dass es bei Zeugen auf ihre Wahrnehmung ankommt und bei Sachverständigen auf Tatsachen.

- **Stellungnahme:** Für die subjektive Theorie spricht die Regelung der §§ 59, 64 StPO (im Zivilprozess beachte §§ 391 f. ZPO), wonach der Zeugeneid „nach bestem Wissen" zu erfolgen hat. Auch geht sie zutreffend von der prozessualen Funktion des Aussagenden aus und berücksichtigt, dass dieser kein Vermittler der objektiven Wahrheit ist, sondern ein Mensch, der nur nach bestem Wissen und Gewissen aussagen kann. Das ist nachvollziehbar. Jedoch steht sie im Widerspruch zu § 161, wonach einen falschen Eid leistet, wer Wahres zu beschwören *glaubt*. Demnach geht offenbar auch der Gesetzgeber davon aus, dass es auf die Vorstellung des Aussagenden nicht ankommen kann. Der „Ausweg" der Vertreter der subjektiven Theorie, bei § 161 einen anderen Begriff der Falschheit zu verwenden, um sich nicht in Widersprüche zu verwickeln, ist inkonsequent und kann nicht überzeugen. Die subjektive Theorie ist daher im Ergebnis abzulehnen. Überzeugen kann aber auch die Pflichttheorie nicht. Denn sie verwechselt die Falschheit einer Aussage mit der Pflichtwidrigkeit des Verhaltens des Zeugen; eben aber nur auf die Falschheit einer Aussage kommt es bei § 153 an. Das Abstellen auf die Verfahrensrolle teilt jedenfalls in **1168**

[1991] OLG Bremen NJW 1960, 1827; *Gallwas*, GA 1957, 315, 319 ff.
[1992] BGHSt 7, 147, 148 f.; *Fischer*, § 153 Rn 5; Sch/Sch-*Bosch/Schittenhelm*, Vorbem §§ 153 ff. Rn 3 ff.; Lackner/Kühl-*Heger*, Vor § 153 Rn 3; *W/H/E*, BT 1, Rn 822; *Hettinger/Bender*, JuS 2015, 577, 579.
[1993] *Otto*, BT, § 97 Rn 7 ff.; SK-*Rudolphi*, vor § 153 Rn 43; *Schmidhäuser*, BT, § 23 Rn 10.
[1994] NK-*Vormbaum*, § 153 Rn 79 ff.; MüKo-*Müller*, § 153 Rn 50 ff.

443

Aussagedelikte (§§ 153 ff.)

Bezug auf die Zeugenrolle die Schwächen der subjektiven Theorie. Die objektive Theorie teilt die genannten Schwächen dagegen nicht. Gleichwohl ist auch sie nicht völlig frei von Einwänden, weil die Bestimmung der „objektiven Wahrheit" davon abhängt, wie Umstände generell von Menschen wahrgenommen werden.[1995] Dennoch ist im Ergebnis der objektiven Theorie zu folgen. Zu beachten ist aber: Allein die Falschheit der Aussage begründet noch keine Strafbarkeit des Aussagenden. Es muss auch der Vorsatz hinzukommen, falsch auszusagen. Anderenfalls liegt ein vorsatzausschließender Tatumstandsirrtum i.S.d. § 16 I S. 1 vor.

1169 **Beispiele zur Falschheit der Aussage:**

(1) T sagt als Zeuge vor Gericht über das Geschlecht der Person aus, die er am Tatort gesehen haben will. Er sagt: „Bei der Person handelte es sich eindeutig um einen Mann." Davon ist er auch überzeugt. In Wirklichkeit handelte es sich bei der Person aber um eine Frau.

Nach der subjektiven Theorie und dem Abstellen auf die Verfahrensrolle war die Aussage richtig, sodass schon der objektive Tatbestand des § 153 nicht vorliegt. Nach der objektiven Theorie war die Aussage des T zwar falsch, doch fehlte es am Vorsatz, sodass ebenfalls § 153 nicht gegeben ist. Nach der Pflichttheorie kommt es darauf an, ob T bei pflichtgemäßer Prüfung seines Wahrnehmungs- und Erinnerungsvermögens nicht hätte sagen müssen, dass er sich nicht sicher erinnern könne, ob es sich bei der am Tatort beobachteten Person um eine Frau oder einen Mann gehandelt habe.

(2) Sagt T dagegen objektiv zutreffend aus, dass die Person, die er am Tatort gesehen hat, eine Frau sei, obwohl er glaubt, dass es sich um einen Mann gehandelt hat, liegt nach der subjektiven Theorie eine vollendete Falschaussage vor, sodass T nach § 153 strafbar ist. Dagegen liegt nach der objektiven Theorie eine richtige Aussage vor, sodass der Tatbestand des § 153 nicht erfüllt ist. Da T aber falsch aussagen wollte, liegt ein (untauglicher) Versuch (= gegenstandsbezogener Irrtum) vor, der im Fall des § 153 jedoch straflos ist. Nach der Pflichttheorie kommt es wieder darauf an, ob T bei pflichtgemäßer Prüfung seines Wahrnehmungs- und Erinnerungsvermögens nicht hätte sagen müssen, dass er sich nicht sicher erinnern könne, ob es sich bei der am Tatort beobachteten Person um eine Frau oder einen Mann gehandelt habe. Und stellt man auf die Verfahrensrolle des T ab, gelangt man wiederum zur Verwirklichung des Tatbestands des § 153.

Unter Zugrundelegung der objektiven Theorie ergibt sich folgende Definition:

1170 Eine Aussage ist **falsch**, wenn das Erklärte objektiv nicht der Wahrheit entspricht.

1171 Der o.g. Meinungsstreit bricht aber in sich zusammen, wenn der Aussagende ausdrücklich angibt, lediglich seine Erinnerung als solche wiederzugeben. Denn in diesem Fall wird dem Täter kaum nachzuweisen sein, dass er die Unwahrheit gesagt hat.

Beispiel: In den obigen beiden Beispielen fügt T hinzu: „(...) soweit ich mich erinnere." In dieser Konstellation beschränkt sich die Aussage des T ausdrücklich auf sein Vorstellungsbild; er berichtet also über eine gegenwärtige innere Tatsache. Unterstellt, er ist davon auch überzeugt, ist er von vornherein straflos. Aber auch wenn er tatsächlich anderer Meinung ist, wird man ihm kaum beweisen können, dass er sich anders erinnert hat. T ist daher straflos.

1172 Die Falschaussage muss **vor** einer **zuständigen Stelle** gemacht werden. Dieses Tatbestandsmerkmal knüpft an zwei Aspekte an. Zum einen an die *Institution*, vor der eine Aussage zu machen ist, zum anderen an die Person, die zur *Vertretung* dieser Institution befugt ist.

[1995] Man denke nur an das Phänomen, dass die mittelalterliche Vorstellung von der Erde als flache Scheibe als „wahr" galt, wohingegen die heutige Vorstellung von der Erde als „kugelähnlich" als Tatsache gilt.

Aussagedelikte (§§ 153 ff.)

Im Fall einer falschen uneidlichen Aussage (und eines Meineids) muss es sich um eine staatliche Stelle handeln. Dies können zum einen die staatlichen **Gerichte**, wozu auch die Disziplinargerichte zählen, sein (nicht also die privaten Schiedsgerichte i.S.d. §§ 1025 ff. ZPO), aber auch **sonstige Stellen**, insbesondere Behörden im verwaltungsrechtlichen Sinne, die im Allgemeinen die Befugnis haben, Eide dieser Art aufzuerlegen oder abzunehmen.[1996] Zu nennen sind bspw. die Prüfungsstelle und Patentabteilung des Patentamts nach §§ 46 I, 27 I PatG und der Notar nach § 22 BNotO.

Gemäß § 162 II ist auch der **parlamentarische Untersuchungsausschuss** des Bundes (Art. 44 GG) bzw. eines Landes taugliche Stelle, soweit sich die §§ 153 und 157-160 auf falsche uneidliche Aussagen beziehen. **1173**

Schließlich sind gem. § 162 I die §§ 153-161 auch auf falsche Angaben in einem Verfahren vor einem **internationalen Gericht**, das durch einen für die Bundesrepublik Deutschland verbindlichen Rechtsakt errichtet worden ist, anzuwenden. **1174**

Streitig ist, ob **Rechtsreferendare** oder **Rechtspfleger** befugt sind, das Gericht oder eine „sonstige Stelle" im Sinne der Norm zu vertreten. Dies lässt sich damit bejahen, dass es nur um die Vertretung der „zuständigen Stelle" und nicht um die Eidesabnahme als solche geht (siehe hierzu die Ausführungen zum Untersuchungsausschuss). Rechtsreferendare können im Rahmen ihrer Ausbildung gem. § 10 GVG und Rechtspfleger im Rahmen ihres Aufgabenbereichs (bspw. § 5 I InsO) gemäß § 4 II Nr. 1 RPflG jedenfalls das Gericht bei einer uneidlichen Aussage vertreten (str.).[1997] Dies gilt unstreitig **nicht** für **§ 154**! Denn hier wird ein Eid tatsächlich abgenommen. **1175**

> **Hinweis für die Fallbearbeitung: Nicht** zur eidlichen Vernehmung zuständig ist die **Polizei**. § 59 StPO wird in der Verweisung des § 163 III StPO ausgenommen. Ebenso wenig ist die **Staatsanwaltschaft** zur eidlichen Vernehmung ermächtigt. Die eidliche Vernehmung ist nach § 161a I S. 3 StPO ausdrücklich dem Richter vorbehalten. **1176**

Vollendung und Versuch: Vollendet ist die Tat mit dem Abschluss der konkreten Vernehmung, also dann, wenn der Aussagende nichts mehr bekunden und kein Verfahrensbeteiligter mehr Fragen an ihn stellen will, spätestens jedoch mit dem Schluss der Verhandlung im jeweiligen Rechtszug.[1998] Danach bestimmt sich auch, ob – wenn der Aussagende im letzten Termin die Angaben richtigstellt – ein strafloser Versuch gegeben oder § 158 (Berichtigung einer falschen Aussage) anwendbar ist:[1999] **1177**

- Wurde die Aussage *vor* Abschluss berichtigt, ist § 158 unanwendbar. Es liegt ein strafloser Versuch vor.

- Wurde die (zunächst uneidliche) Falschaussage *nach* Aussageende, aber noch *vor* Vollendung eines nachfolgenden Eides (sog. Nacheid, vgl. §§ 59, 64 StPO) berichtigt, tritt der Aussagende zwar vom Versuch des Meineids zurück, für die vollendete Falschaussage nach § 153 bleibt aber die Möglichkeit der Milderung oder des Absehens von Strafe gem. § 158, da ein nicht verwirklichter und somit schon nicht eingreifender Qualifikationstatbestand den verwirklichten § 153 nicht aufzehren kann (vgl. dazu das Beispiel in der Einführung zu § 154).[2000]

[1996] *Fischer*, § 154 Rn 5.
[1997] Sch/Sch-*Bosch/Schittenhelm*, § 153 Rn 6; Lackner/Kühl-*Heger*, § 153 Rn 3 (zum Rechtspfleger).
[1998] BGH GSSt 8, 301, 303; Lackner/Kühl-*Heger*, § 153 Rn 6.
[1999] Die Vorschrift des § 158 ist erforderlich, weil § 24 wegen der bereits abgeschlossenen Falschaussage bzw. des Meineids und falscher eidesstattlicher Versicherung nicht mehr greifen kann (dazu später).
[2000] Siehe auch BGH GSSt 8, 301; *Fischer*, § 153 Rn 11 f.; *Joecks/Jäger*, § 153 Rn 8.

Aussagedelikte (§§ 153 ff.)

2. Subjektiver Tatbestand

1178 Bei allen Aussagedelikten ist mindestens **bedingter Vorsatz** erforderlich. Dieser hat sich auf die Unwahrheit (der uneidlichen, eidlichen oder mit einer eidesstattlichen Versicherung versehenen Aussage) zu beziehen.[2001]

II. Rechtswidrigkeit und III. Schuld

1179 Es gelten die allgemeinen Grundsätze. Eine Einwilligung des durch die Falschaussage Geschädigten ist nicht möglich, da der Einzelne nicht wirksam über Rechtsgüter der Allgemeinheit (§§ 153 ff. schützen – wie ausgeführt – die staatliche Rechtspflege) disponieren kann.

IV. Strafmilderung und Absehen von Strafe (§§ 157, 158)

1. Aussagenotstand (§ 157 I und II)

1180 Sagt der Täter (Zeuge oder Sachverständige) die Unwahrheit, um von einem Angehörigen oder von sich selbst die Gefahr abzuwenden, bestraft oder einer freiheitsentziehenden Maßregel der Besserung und Sicherung (vgl. §§ 63-66) unterworfen zu werden, kann das Gericht die Strafe nach seinem Ermessen mildern oder ganz von Strafe absehen (§ 157 I).[2002] Das Gleiche gilt, wenn ein noch nicht **Eidesmündiger** (vgl. § 60 StPO) uneidlich falsch aussagt (§ 157 II). Zweck des § 157 ist die Privilegierung von Zeugen oder Sachverständigen, die sich nach § 153 oder §§ 154, 155 (im letzten Fall auch wegen Versuchs) strafbar gemacht haben (beachte hier insbesondere die Härten des § 70 StPO und des § 390 ZPO). Prüfungsstandort dieser Regelung ist gem. ihrer Rechtsnatur als Strafzumessungsregel nach der Schuld. Zu den Voraussetzungen im Einzelnen[2003]:

1181 ▪ Zunächst ist zu beachten, dass nur *der* **Aussagende** begünstigt wird. § 157 ist nicht auf den Anstifter bzw. Gehilfen anwendbar, auch wenn sich dieser ebenso in einer persönlichen Zwangslage befindet.[2004]

1182 ▪ Weiterhin muss der Täter die Unwahrheit gesagt haben, um eine **Gefahr** für sich selbst oder einen Angehörigen i.S.v. § 11 I Nr. 1[2005] abzuwenden, wegen einer *vor* dem Aussagedelikt begangenen, noch verfolgbaren Tat bestraft oder einer freiheitsentziehenden Maßregel unterworfen zu werden. Die Gefahr der Ahndung wegen einer Ordnungswidrigkeit oder eines Dienstvergehens scheidet daher aus. Aus der Formulierung „um" folgt auch, dass es dem Täter mit seiner Falschaussage gerade um die Abwendung der genannten Gefahr gehen muss (insoweit ist also **Absicht** i.S.d. *dolus directus* 1. Grades erforderlich).

1183 ▪ Obwohl die Abwendung der Gefahr nicht der alleinige oder der Endzweck gewesen zu sein braucht, muss die Gefahr doch gerade aus der Offenbarung der Wahrheit entstanden sein; der Täter muss also unter dem Druck stehen, sich selbst oder einen Angehörigen zu bezichtigen. Daran fehlt es bspw., wenn der Täter falsch aussagt, um einem Angehörigen ein falsches Alibi zu verschaffen.

1184 ▪ Aus der Formulierung „um" folgt ferner, dass die Gefahr nicht tatsächlich bestehen muss. Vielmehr genügt es, wenn der Täter glaubt, es liege eine Gefahr vor. Entscheidend ist also das **Vorstellungsbild** des Täters, bei wahrheitsgemäßer Aussage die Bestrafung wegen eines vorausgegangenen Verhaltens befürchten zu müssen.[2006]

[2001] Lackner/Kühl-*Heger*, § 153 Rn 5; Sch/Sch-*Bosch/Schittenhelm*, Vorbem §§ 153 ff. Rn 27.
[2002] Ob eine Gefahr für eine dem Täter nahestehende Person (etwa im Rahmen der eheähnlichen Lebensgemeinschaft oder der eingetragenen Lebenspartnerschaft) ausreicht, ist streitig und wird v.a. von der Rspr. abgelehnt (vgl. OLG Celle NJW 1997, 1084); anders die Lit. (vgl. *Geppert*, Jura 2002, 173, 180).
[2003] Vgl. Lackner/Kühl-*Heger*, § 157 Rn 2 ff.; Sch/Sch-*Bosch/Schittenhelm*, § 157 Rn 1 ff.; BayObLG NStZ-RR 1999, 174.
[2004] BGHSt 1, 22, 28; 2, 379; 3, 320.
[2005] Hierzu zählen nicht solche nahestehenden Personen wie etwa bloße Freunde des Täters (sehr wohl aber der Lebenspartner, der nun in § 11 I Nr. 1 aufgenommen wurde).
[2006] BGH GSSt 8, 301, 317; BGH NStZ 2008, 91, 92.

Aussagedelikte (§§ 153 ff.)

Beispiel: Der Sportlehrer einer Schule ist wegen sexuellen Missbrauchs von Schutzbefohlenen angeklagt. In der Hauptverhandlung wird Schulleiter L als Zeuge vernommen. L sagt aus, dass er sich an nichts erinnern könne. Später stellt sich heraus, dass L diese Aussage wahrheitswidrig getätigt hat, weil er befürchtete, sich selbst zu belasten und wegen unterlassener Hilfeleistung bzw. sexuellen Missbrauchs von Schutzbefohlenen durch Unterlassen bestraft zu werden.

Hinsichtlich der Falschaussage hat L den Tatbestand des § 153 erfüllt. Fraglich ist, ob er sich auf Aussagenotstand gem. § 157 berufen kann. Dies könnte ausgeschlossen sein, weil er sich – statt eine Falschaussage zu machen – auf sein Aussageverweigerungsrecht gem. § 55 StPO hätte berufen und damit die Pflicht zur Aussage hätte vermeiden können. Denn es ist dem Gericht verwehrt, aus dem erklärten Recht, die Aussage zu verweigern, nachteilige Schlüsse zu ziehen.[2007] Gleichwohl ist es nachvollziehbar, dass ein Zeuge glaubt, es könnte als Schuldeingeständnis interpretiert werden, wenn er von seinem Aussageverweigerungsrecht Gebrauch macht. Sagt der Zeuge daher lieber falsch aus, statt von seinem Aussageverweigerungsrecht Gebrauch zu machen, kann er sich auf Aussagenotstand gem. § 157 berufen.

▪ Schließlich ist zu beachten, dass mehrere Strafmilderungsgründe nur zu einer Ermäßigung des Strafrahmens führen. Um einer Revision vorzubeugen, sind stets alle Ermäßigungsnormen zu prüfen.

1185

2. Berichtigung einer falschen Angabe (§ 158)

Die Berichtigung einer falschen Angabe mit der Folge der Möglichkeit der Strafmilderung oder des Absehens von Strafe ist nicht nur bei einer Zeugen- oder Sachverständigenaussage möglich, sondern auch bei der Beeidigung einer Parteiaussage. Bei bloß versuchtem Meineid kann allerdings schon § 24 einschlägig sein. Der Rücktritt nach § 24 und die Berichtigung nach § 158 stehen jedoch nicht in einem Alternativverhältnis, sondern in einem Subsidiaritätsverhältnis zueinander.[2008] Dies ergibt sich u.a. aus den geringeren Anforderungen des § 158, der auf die Freiwilligkeit verzichtet und lediglich die Rechtzeitigkeit gem. § 158 II fordert. Im Bereich des Versuchs ist daher der weitergehende § 24 vorrangig zu prüfen. Scheitert der Rücktritt an einer Voraussetzung des § 24, ist auf § 158 zurückzugreifen (vgl. dazu den Beispielsfall in der Einführung zu § 154). Ist das Aussagedelikt dagegen bereits vollendet, ist ausschließlich § 158 zu prüfen. § 24 ist mangels versuchter Tat unanwendbar.

1186

3. Analoge Anwendung der §§ 157, 158 auf §§ 145d, 164, 257, 258?

Streitig ist, ob eine analoge Anwendung der §§ 157, 158 auf weitere Rechtspflegedelikte möglich ist. Dafür spricht, dass die genannten Delikte nicht selten tateinheitlich begangen werden und dass eine Strafmilderung lediglich bei den Aussagedelikten praktisch bedeutungslos bliebe.[2009] Dagegen sprechen freilich der klare Wortlaut und die Systematik der Normen. Auch ist einzuwenden, dass es zu einer Privilegierung desjenigen käme, der mehr Unrecht begeht. Prüfungsort der Diskussion ist auch hier stets nach der Schuld im Rahmen der Strafzumessung.

1187

4. Anwendbarkeit des § 28 I auf Teilnehmer?

Sofern mit der h.M. die prozessuale Wahrheitspflicht nicht als besonderes persönliches Merkmal, sondern als Umstand verstanden wird, der (lediglich) die Positionsnähe zum Rechtsgut kennzeichnet[2010], ist § 28 I auf Teilnehmer (Anstifter oder Gehilfe) nicht anwendbar.

1188

[2007] Vgl. dazu *Hartmann/Schmidt*, StrafProzR, Rn 284.
[2008] *Joecks/Jäger*, § 158 Rn 3; *Fischer*, § 158 Rn 2.
[2009] Sch/Sch-*Bosch/Schittenhelm*, § 158 Rn 11.
[2010] Lackner/Kühl-*Heger*, § 153 Rn 7; *Fischer*, § 153 Rn 13. Anders SK-*Rudolphi*, § 153 Rn 9.

Aussagedelikte (§§ 153 ff.)

F. Meineid (§ 154)

1189

Soweit es um **Zeugen** und **Sachverständige** geht, ist § 154 nach ganz h.M. ein **Qualifikationstatbestand** zu § 153. Für die Parteien im Zivilprozess (vgl. § 452 ZPO) und den Dolmetschereid nach §§ 185, 189 GVG ist § 154 dagegen ein eigenständiger Tatbestand.[2011] Meineid ist ein Verbrechen. Der Versuch ist also auch ohne explizite Androhung strafbar (vgl. §§ 12 I, 23 I). Sofern vereidigt wird (was gem. § 59 StPO, § 391 ZPO allerdings die Ausnahme sein sollte), wird der Aussagende zunächst uneidlich vernommen und anschließend vereidigt (sog. Nacheid). In diesem Fall beginnt der Versuch erst mit Beginn des Nachsprechens der Eidesformel. Daraus folgt: Sagt der Täter falsch aus, bleibt aber entgegen seiner Erwartung die Vereidigung aus, ist nur § 153 verwirklicht. Beendet ist der Versuch mit vollständiger Ableistung der Eidesformel. Exakt in diesem Zeitpunkt ist die Tat – da es sich um ein bloßes Tätigkeitsdelikt handelt – auch vollendet. Daraus folgt, dass mit dem freiwilligen Abbrechen des Nachsprechens der Eidesformel ein Rücktritt vom versuchten Meineid nach § 24 I S. 1 Var. 1 in Betracht kommt.

1190

> **Klausurhinweis:** Sofern ein Nacheid vorliegt, ist in Rücktrittsfragen zunächst mit der Prüfung des § 154 zu beginnen. Bricht der Aussagende das Sprechen der Eidesformel ab, liegt keine Vollendung vor. Es ist mit der Versuchsprüfung fortzufahren und die Voraussetzungen des Rücktritts nach § 24 sind zu prüfen. Liegen diese vor, ist eine Strafbarkeit nach § 153 in Betracht zu ziehen. Sofern diesbezüglich festgestellt wird, dass der Täter rechtswidrig und schuldhaft gehandelt hat, ist Raum für die Prüfung des § 158. Nach dieser Vorschrift wird dem Täter auch nach Vollendung der Weg zur Straffreiheit eröffnet. Die Berichtigung muss nach h.M. – wie der Vergleich zu dem Wortlaut des § 24 ergibt – nicht einmal freiwillig erfolgen.

1191

Beispiel: Der prominente Politiker P ist Zeuge in einem Schwarzgeldverfahren. Nach seiner offensichtlich erlogenen Aussage entschließt sich der nunmehr erboste Richter, P zu vereidigen. Als P die Eidesformel nachspricht, kommen ihm jedoch Bedenken. Zum einen erinnert er sich an den anstehenden Wahlkampf, bei dem er gerne sein Comeback feiern möchte, zum anderen hat der Richter gesagt, der Meineid sei kein Kavaliersdelikt. P bricht nun die Eidesformel ab und belastet sehr viele Parteifreunde (dies wurde ihm im Übrigen auch schon vor der Vernehmung von seinen PR-Beratern empfohlen). Strafbarkeit des P nach §§ 153, 154?

Strafbarkeit des P nach § 154

P könnte sich wegen Meineids strafbar gemacht haben, indem er die Eidesformel nachzusprechen begann, um eine falsche Aussage glaubhaft zu machen. Voraussetzung ist aber, dass er vor Gericht eine falsche Aussage beschworen hat. Die Aussage war zwar möglicherweise falsch, P hat sie aber nicht beschworen, da hierzu das vollständige Nachsprechen der Eidesformel notwendig ist. P hat sich daher nicht nach § 154 strafbar gemacht.

Strafbarkeit des P nach §§ 154, 22, 23 I

P könnte sich aber durch dieselbe Handlung wegen versuchten Meineids strafbar gemacht haben. Der Meineid war nicht vollendet, der Versuch ist wegen des Verbrechenscharakters strafbar. P hatte auch den Vorsatz, die falsche Aussage zu beeiden. Auch hat er hierzu unmittelbar angesetzt. P handelte schließlich rechtswidrig und schuldhaft.[2012]
Möglicherweise ist P jedoch strafbefreiend vom Versuch gem. **§ 24 I S. 1 Var. 1** zurückgetreten. Vorliegend handelte es sich um einen unbeendeten Versuch, zumal P nicht glaubte, alles zur Verwirklichung des tatbestandlichen Erfolgs Notwendige getan zu haben. Als Rücktrittshandlung reicht somit das bloße Aufgeben. P handelte auch freiwillig. Hierfür sind nicht unbedingt ehrenhafte Motive notwendig. P war Herr seiner Entschlüsse und hätte ohne weiteres die Tat ausführen können. P handelte somit aus autonomen Motiven. P

[2011] BGH GSSt 8, 301.
[2012] Es ist bei dieser Fallkonstellation vertretbar, sich sehr kurz zu fassen. Der Schwerpunkt liegt hier nicht im Tatbestand, sondern bei § 24 und dessen Verhältnis zu §§ 153, 158. Auch sollte man mit der Prüfung des § 154 (also der Qualifikation) beginnen. Der Prüfungsaufbau wäre ansonsten zu unübersichtlich („Dickschiffe vorn").

448

Aussagedelikte (§§ 153 ff.)

ist mithin strafbefreiend vom Versuch des Meineids zurückgetreten. Eine Strafbarkeit nach §§ 154, 22, 23 I liegt somit nicht vor.

Strafbarkeit des P nach § 153

P könnte sich jedoch wegen falscher uneidlicher Aussage strafbar gemacht haben. Die Aussage war falsch und die Vernehmung bereits abgeschlossen. P handelte darüber hinaus vorsätzlich sowie rechtswidrig und schuldhaft. Möglicherweise kommt ihm aber die Anwendung des **§ 158** zugute. P hat seine falsche Aussage dahingehend berichtigt, dass er die tatsächlichen Namen der in die Affäre verwickelten Personen dem Gericht bekannt gegeben hat. Diese Richtigstellung war auch rechtzeitig i.S.d. § 158 II erfolgt. Einer Anwendung des § 158 mit der Folge einer möglichen Strafmilderung bzw. eines Absehens von der Strafe steht somit nichts entgegen. Das Gericht hat somit die Möglichkeit, die Strafe nach seinem Ermessen entsprechend zu mildern bzw. von einer Strafe abzusehen.

I. Tatbestand

1. Objektiver Tatbestand

Täter kann nur der **Eideseinsichtige** sein. Eideseinsichtig ist jeder, der das Wesen einer Aussage und des Eides versteht. Das können nach Auffassung des BGH auch der nach § 60 StPO **Eidesunfähige** bzw. **Eidesunmündige** sein, wenn er versehentlich vereidigt wird[2013] (vgl. dazu das nachfolgende Fallbeispiel). Keinesfalls taugliche Täter sind der Schwachsinnige, tatverdächtige Zeugen[2014] und der Beschuldigte selbst.[2015]

1192

Tathandlung ist das Falschschwören. Zu unterscheiden ist zwischen Vor- und Nacheid. Dies ist für die anzuwendenden Normierungen im Bereich von Versuch und Vollendung bzw. Beendigung entscheidend.

1193

Der **Nacheid** wird nach der Vernehmung abgelegt und kommt für Zeugen und Sachverständige im Strafverfahren in Betracht (vgl. §§ 59, 79 StPO, § 392 ZPO).[2016] Der Versuch beginnt erst mit dem Anfang des Nachsprechens der Eidesleistung und nicht bereits mit der Aussage selbst. Hinsichtlich des Zeugeneids ist aber zu beachten, dass dieser nach der Neufassung des § 59 StPO die Ausnahme darstellt.

1194

Der für Dolmetscher vorgesehene **Voreid** (§ 410 ZPO, § 189 GVG) hat zur Folge, dass erst eine Vereidigung erfolgt und danach die Aussage beginnt. Dies bedeutet, dass der Versuch mit Anfang der Aussage beginnt.

Verfahrensverstöße lassen nach ganz h.M. die Wahrheitspflicht des Aussagenden nicht entfallen. Auch im Fall eines Verwertungsverbots bleibt es bei der Tatbestandsmäßigkeit. Lediglich im Rahmen der Strafzumessung können Fehler des Gerichts berücksichtigt werden.[2017]

1195

Beispiele: versehentlich abgenommener Voreid; unnötige Vereidigung; eine fehlende Aussagegenehmigung, § 54 StPO; Verstöße gegen die Belehrungspflicht, §§ 52 ff. StPO oder die Nichtbeachtung eines Vereidigungsverbots gem. § 60 StPO[2018]

Fall: Der 15 Jahre alte Zeuge Tobias wird nach einer unwahren Aussage vom zuständigen Gericht vereidigt. Ist T aus **§ 154** strafbar?

1196

T hat eine unwahre Aussage unter Eid beschworen. Somit hat er einen Meineid geleistet. Zweifel bestehen jedoch an der Tatbestandsmäßigkeit, da sich aus § 60 Nr. 1 StPO (§ 393

[2013] BGHSt 10, 142, 144; zust. Lackner/Kühl-*Heger*, § 154 Rn 2; dagegen Sch/Sch-*Bosch/Schittenhelm*, Vorbem § 153 Rn 25.
[2014] *Weidemann*, JA 2003, 328, 329; BGH NStZ-RR 2002, 77; BGH NStZ-RR 2001, 18.
[2015] BGHSt 3, 248, 249; *Geppert*, Jura 2002, 173, 177.
[2016] *Fischer*, § 154 Rn 13; *Joecks/Jäger*, § 153 Rn 8 und § 154 Rn 10.
[2017] BGHSt 3, 238; 8, 186, 188; 10, 142; *Müller*, NStZ 2002, 356; *W/H/E*, BT 1, Rn 834; *Joecks/Jäger*, § 154 Rn 6. Dagegen SK-*Rudolphi*, § 154 Rn 6 ff. Differenzierend *Geppert*, Jura 2002, 173, 175.
[2018] Vgl. dazu Sch/Sch-*Bosch/Schittenhelm*, Vorbem §§ 153 ff. Rn 23 ff.

Aussagedelikte (§§ 153 ff.)

ZPO) ergibt, dass Personen unter 16 Jahren nicht vereidigt werden dürfen. Die Tätertauglichkeit des T lässt sich verneinen, wenn man der Rechtspflege nur dann den nötigen Schutz zukommen ließe, wenn sie sich im Rahmen der jeweiligen Verfahrensordnung hält. Verantwortlich ist in einem solchen Fall nicht der Minderjährige, sondern der Richter, der entgegen den einschlägigen Vorschriften eine Vereidigung vornimmt.[2019] Diese Sichtweise lässt aber außer Acht, dass immer noch die Gefahr einer unrichtigen Entscheidung mit erheblichen Konsequenzen besteht. Im Fall einer falschen oder unzulässigen Vereidigung muss dem Aussagenden daher die Möglichkeit zuerkannt werden, sich der Aussage- oder der Eidespflicht zu entziehen. Sagt er jedoch trotz dieser Kenntnis unter Eid aus, trifft ihn die volle Wahrheitspflicht.[2020] Aus diesem Grund wird auch vertreten, es handele sich bei § 60 StPO nur um eine prozessuale Verfahrensvorschrift ohne materiellen Inhalt. Folgt man dieser Auffassung, kommt es für den vorliegenden Fall somit darauf an, ob T trotz der gesetzlichen Vermutung gem. § 60 StPO fähig ist, das Wesen einer Aussage und des Eides zu verstehen.[2021] Ein Jugendlicher, der sich nur knapp unterhalb der in § 60 Nr. 1 Var. 1 genannten Altersgrenze befindet und eine Beteuerung abgibt, obwohl er weiß, dass die Unwahrheit allein schon erhebliche Konsequenzen nach sich zieht, muss als reif genug angesehen werden, die Funktion eines Eides zu verstehen. Mit diesem Argument lässt sich die **Eideseinsicht** bei T bejahen. T handelte auch vorsätzlich sowie rechtswidrig. Fraglich ist jedoch, ob er auch **schuldhaft** handelte. Personen, die das 14., aber noch nicht das 18. Lebensjahr vollendet haben (§ 1 II JGG), sind zwar generell schuldfähig (Umkehrschluss aus § 19 StGB), gemäß § 3 JGG ist jedoch die Schuldfähigkeit, welche sich nach der geistigen und sittlichen Entwicklung bestimmt, positiv festzustellen. Der jugendliche Täter muss nach seiner sittlichen und geistigen Entwicklung in der Lage sein, das Unrecht seiner Tat einzusehen und nach dieser Einsicht zu handeln (§ 3 S. 1 JGG)[2022]. Dies muss bei T angenommen werden. Denn er hat nicht nur begriffen, dass er nicht lügen darf, sondern auch im sozialen Umfeld eines Minderjährigen hat der Schwur, also die feierliche Beteuerung der Wahrheit, eine Bedeutung und ist für diesen verständlich. T handelte somit auch schuldhaft. Es kommen jedoch die Möglichkeiten nach dem JGG in Betracht, die Rechtsfolgen der Tat abzumildern.

1197 Der Eid muss vor einer zur **Abnahme von Eiden zuständigen Stelle** abgegeben werden. Hinsichtlich der Eideszuständigkeit gelten die Ausführungen zu § 153 entsprechend. Bei § 154 ist aber zu beachten, dass im Fall des § 162 nur dessen Abs. 1 greift, nicht dessen Abs. 2. Auch sind bei § 154 weder der Rechtspfleger noch der Referendar befugt ist, das Gericht zu vertreten bzw. zu repräsentieren.[2023] Weiterhin ist einschränkend zu fordern, dass ein Eid dieser Art im betreffenden Verfahren überhaupt vorgesehen und somit zulässig ist.[2024] So ist die Vereidigung des Beschuldigten im Strafverfahren stets unzulässig.

2. Subjektiver Tatbestand
1198 Bedingter Vorsatz ist ausreichend.

II. Rechtswidrigkeit und III. Schuld
1199 Hier gelten die allgemeinen Grundsätze.

[2019] *Hruschka/Kässer,* JuS 1972, 709, 711.
[2020] Ganz h.M. BGHSt 10, 142, 144; Sch/Sch-*Bosch/Schittenhelm*, Vorbem § 153 Rn 23 f.
[2021] Vgl. dazu Sch/Sch-*Bosch/Schittenhelm*, Vorbem § 153 Rn 25.
[2022] Sog. *bedingte* Schuldfähigkeit, vgl. *Jescheck/Weigend*, AT, § 40 II 2; *W/B/S*, AT, Rn 414; *Kropp*, JA 2001, 429 ff.
[2023] *W/H/E*, BT 1, Rn 838; Lackner/Kühl-*Heger*, § 154 Rn 3.
[2024] BGHSt 3, 248; 3, 235; 16, 232; KG JR 1978, 77.

Aussagedelikte (§§ 153 ff.)

IV. Strafmilderung und Absehen von Strafe, §§ 157, 158, § 28 I für Teilnehmer

Hinsichtlich §§ 157, 158, 28 I gelten die Ausführungen zu § 153 entsprechend. Zu beachten ist aber der Vorrang des § 24 vor § 158 (vgl. dazu das Beispiel in der Einführung zu § 154).

1200

G. Falsche Versicherung an Eides statt (§ 156)

Die eidesstattliche Versicherung wird im Rahmen der universitären Ausbildung häufig vernachlässigt, obwohl sie in der Praxis (v.a. bei der Vermögenauskunft nach § 802c ZPO und generell bei der Zwangsvollstreckung nach §§ 707, 719, 769 ZPO) recht geläufig ist. Die eidesstattliche Versicherung dient der mündlichen oder schriftlichen Glaubhaftmachung und bindenden Bekräftigung tatsächlicher Behauptungen (§§ 56, 74 StPO, 294, 920 II, 936 ZPO). Die Worte „Versicherung an Eides statt" müssen hierbei nicht fallen, erforderlich ist aber, dass der Sinn unzweifelhaft ist.[2025]

1201

I. Tatbestand

1. Objektiver Tatbestand

Zuständige Behörde: Ausreichend ist nicht nur die **allgemeine Zuständigkeit** der Behörde. Die Behörde – auch ein Gericht (vgl. § 11 I Nr. 7) – muss nach inzwischen gefestigter Rechtsprechung auch **befugt** sein, Versicherungen dieser konkreten Art überhaupt abzunehmen (sog. besondere Zuständigkeit). Des Weiteren darf die Versicherung rechtlich nicht völlig wirkungslos sein.[2026]

1202

Die Zuständigkeit der Behörde muss nach § 27 BundesVwVfG (bzw. nach der entsprechenden Landesbestimmung) durch Gesetz oder VO ausdrücklich geregelt werden. In einer Klausur ist somit zunächst der Sachzusammenhang zu ermitteln und dann nach einschlägigen Gesetzen zu suchen.

1203

> **Beispiele:** Notar nach § 22 BNotO; Standesbeamter nach § 13 II S. 2 PStG; Finanzbehörden nach § 95 I S. 1 AO; die nach § 5 StVG zuständige Behörde bei Verlust von Führerschein und Zulassungsbescheinigungen[2027]

Sowohl im **Straf-** als auch im **Bußgeldverfahren** ist eine Versicherung des Beschuldigten nach § 156 stets unzulässig. Zeugen und Sachverständige können eine Versicherung wirksam nur dann abgeben, wenn es nicht um die Schuld- oder Straffrage geht, sondern nur um solche Fragen, die im förmlichen Verfahren zu erörtern und für die abschließende Entscheidung von Bedeutung sind. Der Anwendungsbereich ist also auf Tatsachen reduziert, die für Neben- und Zwischenentscheidungen relevant sind.[2028] Polizei und Staatsanwaltschaft scheiden als zuständige Behörden mangels förmlichen Beweisverfahrens aus.[2029]

1204

Für den **Zivilprozess** ergibt sich die Zuständigkeit regelmäßig aus der ZPO. Im Unterschied zum Strafrecht ist die Prozesspartei zur eidesstattlichen Versicherung – bis auf einige Ausnahmen wie die §§ 44 II, 406 III ZPO – zugelassen, wenn es nicht um das förmliche Beweisverfahren nach §§ 355 ff. ZPO geht.[2030] Im Zivilprozess ist der häufigste Anwendungsbereich die Vermögensauskunft des Schuldners nach § 802c ZPO. Mit dieser Versicherung muss der Schuldner eine Übersicht seiner Vermögensverhältnisse abgeben,

1205

[2025] RGSt 70, 266, 267; OLG Stuttgart NStZ-RR 1996, 265. Enger *Joecks/Jäger*, § 156 Rn 3.
[2026] BGHSt 5, 69, 70; OLG Frankfurt NStZ-RR 1996, 294; OLG Stuttgart NStZ-RR 1996, 265 m.w.N.
[2027] Nachweise bei *Sch/Sch-Bosch/Schittenhelm*, § 156 Rn 18.
[2028] *Lackner/Kühl-Heger*, § 156 Rn 2a.
[2029] BayObLG NJW 1998, 1577; für die StA: RGSt 37, 209, 210; 47, 156, 157.
[2030] *Sch/Sch-Bosch/Schittenhelm*, § 156 Rn 14.

Aussagedelikte (§§ 153 ff.)

um dem Gläubiger einen Zugriff auf Vermögensmassen im Rahmen einer Zwangsvollstreckung zu ermöglichen. Hierbei müssen wertlose Gegenstände oder geringe Geldbeträge des täglichen Bedarfs nicht angegeben werden. [2031]

1206 **Falschheit der Versicherung:** Die an Eides statt abgegebene Versicherung muss weiterhin falsch sein. Inhalt und Umfang der Wahrheitspflicht sind vom jeweiligen Verfahren und dessen Vorschriften abhängig. So kann eine Versicherung falsch sein, wenn sie inhaltlich richtig, aber unvollständig ist bzw. Wesentliches verschweigt.[2032]

1207 **Abgabe der Versicherung (Var. 1):** Eine Abgabe der Versicherung liegt immer vor, wenn sie in den Machtbereich derjenigen Behörde gelangt, an die sie gerichtet war (ohne dass es auf deren Kenntnis ankommt).[2033] Ob Formerfordernisse zu beachten sind, ergibt sich aus der einschlägigen Verfahrensordnung.

1208 **Falschaussagen unter Berufung auf eine solche Versicherung (Var. 2):** Die zweite Variante ist immer verwirklicht, wenn der Täter eine neue Aussage unter die frühere Bekräftigung stellt. Die Zulässigkeit einer solchen Berufung ist vom jeweiligen Verfahrensrecht abhängig. Ausgeschlossen ist eine Aussage unter Berufung z.B. nach § 802d ZPO.[2034]

2. Subjektiver Tatbestand
1209 Bedingter Vorsatz ist ausreichend.

II. Rechtswidrigkeit und III. Schuld
1210 Es gelten die allgemeinen Grundsätze.

H. Fahrlässiger Falscheid; fahrlässige Versicherung an Eides statt (§ 161)

1211 § 161 normiert für den Meineid (§ 154), die eidesgleiche Bekräftigung (§ 155) und die falsche Versicherung an Eides statt (§ 156) eine Strafbarkeit für fahrlässiges Handeln. **Straflos** ist somit die **fahrlässige falsche uneidliche Aussage** nach § 153. Ist ein vorsätzliches Handeln als möglich in Betracht zu ziehen, aber nicht beweisbar, so wird zugunsten des Täters Unkenntnis angenommen und fahrlässiges Handeln nach den Voraussetzungen des § 161 geprüft.[2035] Der objektive Tatbestand entspricht den Anforderungen aus § 154 bzw. § 156. Insofern kann auf die dortigen Ausführungen verwiesen werden. Anstatt auf den Vorsatz einzugehen, ist das fahrlässige Handeln nach allgemeinen Prinzipien zu begutachten.

1212 Der Täter handelt **fahrlässig**, wenn er diejenige Sorgfalt außer Acht lässt, die ihm nach den Umständen und seinen persönlichen Fähigkeiten zuzumuten ist.[2036]

1213 Für den Zivilprozess gilt für den Zeugen bezüglich der Sorgfaltspflicht der Grundsatz, dass er sein Erinnerungsvermögen vor der Vernehmung auch durch *Aufzeichnungen* oder sonstige Schriftquellen auffrischt, ohne dass es sich hierbei um eine Pflicht handelt. Insoweit wird teilweise auf die Vorschrift des § 378 I ZPO zurückgegriffen bzw. diese als Rechtsgedanke extensiv ausgelegt. Zu einer „Vergewisserung" im Voraus können unter

---

[2031] Vgl. Sch/Sch-*Bosch/Schittenhelm*, § 156 Rn 21 ff.; *Joecks/Jäger*, § 156 Rn 11.
[2032] BGH NJW 1990, 918, 920; OLG Frankfurt NStZ-RR 1998, 480; RGSt 63, 232; Lackner/Kühl-*Heger*, § 156 Rn 3.
[2033] RGSt 49, 47, 50; BGHSt 45, 16, 24.
[2034] Sch/Sch-*Bosch/Schittenhelm*, § 156 Rn 20 m.w.N.
[2035] RGSt 41, 389, 390; BGHSt 4, 340; Sch/Sch-*Bosch/Schittenhelm*, § 163 Rn 1; *Fischer*, § 161 Rn 3.
[2036] BGHSt 11, 389, 393; BGH NStZ 1991, 30; *Mitsch*, JuS 2001, 105; *Jescheck/Weigend*, AT, § 55 I 2b; *Joecks/Jäger*, § 15 Rn 67; Sch/Sch-*Sternberg-Lieben/Schuster*, § 15 Rn 135; Lackner/Kühl-*Kühl*, § 15 Rn 37 und Lackner/Kühl-*Heger*, § 161 Rn 2.

Aussagedelikte (§§ 153 ff.)

Umständen Amtsträger wie Polizisten und Staatsanwälte beruflich verpflichtet sein. Ansonsten ist eine „Vorbereitungspflicht" des Zeugen zu verneinen.[2037]
Die rechtzeitige Berichtigung nach § 161 II entspricht inhaltlich den Voraussetzungen des § 158. Auf die dortigen Ausführungen sei verwiesen.

I. Beteiligungs- und Irrtumsprobleme zu §§ 153 ff. (§§ 160 und 159)

Die Aussagedelikte sind von zahlreichen Beteiligungs- und Irrtumsproblemen gekennzeichnet. Aufgrund ihrer Eigenschaft als **eigenhändige Delikte** sind sowohl die Mittäterschaft i.S.v. § 25 II als auch die mittelbare Täterschaft i.S.v. § 25 I Var. 2 konstruktiv ausgeschlossen. Hinsichtlich der (nicht möglichen) mittelbaren Täterschaft schließt § 160 die entstandene Strafbarkeitslücke. Insoweit ist die Parallele zu § 271 zu beachten. Der Vorschrift des § 160 wird wegen seiner vergleichsweise geringen Strafandrohung allerdings nur ein subsidiärer Charakter beigemessen. Er soll nur dann eingreifen, wenn die Tat nicht auch als **Anstiftung** oder als **versuchte Anstiftung** qualifiziert werden kann.

1214

Zentrales Merkmal des § 160 ist das **Verleiten**. Während eine Auffassung das Verleiten als Bestimmen eines anderen zur *unvorsätzlichen* Tat ansieht[2038], versteht die Gegenauffassung unter Verleiten *jede* Einwirkung auf den Willen der Beweisperson mit dem Ergebnis, dass dieser (vorsätzlich oder unvorsätzlich) die Tat begeht.[2039]

1215

Die erwähnten Definitionsbemühungen verdeutlichen die Probleme, die bestehen, wenn der „Verleitete" vorsätzlich (also bösgläubig) aussagt, der Veranlasser aber von einem gutgläubigen (also unvorsätzlichen) Handeln ausging. Entsprechendes gilt für die umgekehrte Konstellation, wenn der Täter also will, dass der Aussagende gutgläubig (also unvorsätzlich) falsch aussagt. Zur Verdeutlichung dieser äußerst prüfungsrelevanten Problematik werden im Folgenden mehrere Beispielsfälle genannt, die die verschiedenen Konstellationen verdeutlichen.

1216

Beispiel 1: Der Angeklagte A benennt Z, dessen schlechtes Erinnerungsvermögen ihm bekannt ist, als Zeugen in der Erwartung, dieser werde gutgläubig vor Gericht falsch aussagen und ihn somit entlasten. So geschieht es. Anschließend wird Z vereidigt. Strafbarkeit der Beteiligten?

1217

Z ist wegen fehlenden Vorsatzes nicht nach § 154 strafbar. Bei gegebenen Voraussetzungen, insbesondere bei entsprechender Sorgfaltspflichtverletzung, besteht aber eine Strafbarkeit wegen fahrlässigen Falscheides, § 161. Fraglich ist die Strafbarkeit des A. Mittelbare Täterschaft kommt wegen des Charakters der §§ 153 ff. als eigenhändige Delikte auch unter Annahme von Wissens- und Willensherrschaft über ein vorsatzloses Werkzeug nicht in Betracht (vgl. dazu das folgende Beispiel). Möglicherweise liegt aber eine Anstiftung zum Meineid (§§ 154 I, 26) vor. Dies setzt aber eine vorsätzliche und rechtswidrige Haupttat voraus. Vorliegend fehlt es jedoch am Vorsatz des Z. Eine Anstiftung ist daher nicht gegeben. A könnte aber nach § 160 strafbar sein. Dazu müsste er Z zum Ableisten der Falschaussage verleitet haben.
Der Begriff des **Verleitens** ist strittig. Der Streit hat jedoch vorliegend keine Relevanz, da Z unvorsätzlich handelt. Unter Verleiten versteht man (nach der hier vertretenen Auffassung) das vorsätzliche Bestimmen eines anderen zur unvorsätzlichen Falschaussage. Indem A den Z trotz dessen schlechten Erinnerungsvermögens bewusst als Zeugen in der Erwartung benannt hat, dieser werde falsch aussagen, hat er diesen zu der Begehung einer Falschaussage bestimmt, somit verleitet. A ist nach § 160 strafbar.

Die Regelung des § 160 scheitert aber, wenn die Werkzeugqualität des Vordermanns auf dessen **Schuldunfähigkeit** oder auf das Eingreifen eines **Nötigungsnotstands** zurückzuführen ist.

1218

[2037] Sch/Sch-*Bosch/Schittenhelm*, § 161 Rn 3; Lackner/Kühl-*Heger*, § 161 Rn 2; *Fischer*, § 161 Rn 6.
[2038] Lackner/Kühl-*Heger*, § 160 Rn 2.
[2039] So etwa BGHSt 21, 116, 117; *Joecks/Jäger*, § 160 Rn 3 m.w.N.

Aussagedelikte (§§ 153 ff.)

1219   **Beispiel 2:** Der wegen fahrlässiger Tötung angeklagte X droht dem einzigen Belastungs-
zeugen T, er werde ihn „kurz und klein" schlagen, wenn er ihn in der Hauptverhandlung
belasten werde. Aus Angst vor der Verwirklichung sagt T vor Gericht zunächst falsch aus
und beschwört seine Aussage in einem Nacheid (vgl. §§ 59, 64 StPO). Infolge dieser Aussage muss X freigesprochen werden. Strafbarkeit der Beteiligten?

T hat den Tatbestand der §§ 153, 154 vorsätzlich verwirklicht. Möglicherweise ist er
aber gerechtfertigt. In Betracht kommt § 34. Von einer gegenwärtigen Gefahr für Leib o-
der Leben ist auszugehen. Auch dürfte diese Gefahr nicht anders als durch die Entlas-
tungsaussage abwendbar sein, da T anderenfalls den Repressalien des X ausgesetzt wäre.
Die Rechtfertigung könnte aber an der Güterabwägung scheitern. Zwar ist – abstrakt gesehen – das Rechtsgut Leben deutlich höher zu bewerten als die Funktionsfähigkeit der
Rechtspflege, nach der herrschenden Zwecktheorie sind aber die konkreten Umstände in
die Abwägung einzubeziehen. So ist für den vorliegenden Fall des Nötigungsnotstands zu
beachten, dass T auf die Seite des Unrechts tritt. Die Rechtsordnung kann ein solches
Verhalten aber nicht billigen, will sie nicht auf eine effektive Strafrechtspflege verzichten
und ihre Geltungskraft in Frage stellen. Daraus folgt, dass der Meineid nicht das rechte
Mittel zum rechten Zweck sein kann. Eine Rechtfertigung scheidet damit aus.

Möglicherweise ist T aber gem. § 35 entschuldigt. Dazu müsste während des Meineids für
T zunächst eine gegenwärtige Gefahr für eines der in § 35 genannten Rechtsgüter bestanden haben. Akut bestand für T während seines Aufenthalts im Gerichtssaal keine Gefahr; aber auch ein Gefahr drohender Zustand von längerer Dauer, der jederzeit in eine
Rechtsgutbeeinträchtigung umschlagen kann, ohne aber die Möglichkeit auszuschließen,
dass der Eintritt des Schadens noch eine Zeitlang auf sich warten lässt, ist vom Begriff der
Gefahr umfasst (sog. Dauergefahr). Im vorliegenden Fall bleibt die Möglichkeit offen, dass
die latente Gefahr nach der Verhandlung jederzeit in einen Schaden umschlagen kann,
sodass von einer Dauergefahr ausgegangen werden kann. T könnte es aber zuzumuten
gewesen sein, statt des Meineids die Aussage zu verweigern. Da T aber kein Aussageverweigerungsrecht (§§ 52 f. StPO) zugutekam, wäre er den Zwangsmaßnahmen (Beugemaßnahmen) des Gerichts wegen unberechtigter Zeugnisverweigerung (§ 70 StPO) ausgesetzt gewesen. Dies hätte bei zumutbarer Rechtsfolge für T bedeutet, diesen Weg einschlagen zu müssen (die Gefahr wäre „anders abgewendet worden"). Zu bedenken ist jedoch, dass auch eine Verweigerung der Aussage für den Angeklagten belastend wirken
kann. Zwar hat sich die Beweisregel, dass Schweigen für sich allein nichts beweist, erst in
jüngerer Zeit durchgesetzt[2040], es spricht im Gegenteil aber viel dafür, dass die Freunde
des Angeklagten ein Schweigen für eine „Belastung" angesehen hätten, sodass es T nicht
zuzumuten war, das „geringere Übel" der gerichtlichen Beugemaßnahmen zu wählen. T ist
nach § 35 I entschuldigt und nicht wegen eines Aussagedelikts strafbar. Eine Bestrafung
aus § 258 scheitert aus demselben Grund.

Fraglich ist auch die Strafbarkeit des X. Eine mittelbare Täterschaft nach § 25 I Var. 2
kommt wegen der Eigenschaft der Aussagedelikte als eigenhändige Delikte nicht in Betracht. X könnte sich aber wegen Anstiftung zum Meineid (§§ 153, 154, 26) strafbar gemacht haben. Eine vorsätzliche und rechtswidrige Haupttat liegt vor (s.o.). Auch hat X den
entsprechenden Tatentschluss bei T hervorgerufen. Die Annahme einer Anstiftung erscheint jedoch problematisch, weil X nach allgemeinen Regeln über die mittelbare Täterschaft Tatherrschaft kraft seiner übergeordneten Willensherrschaft hat, sodass konstruktiv
ein Fall der mittelbaren Täterschaft vorliegt, der aus den genannten Gründen unter § 160
fällt. Dies hätte zur Konsequenz, dass die Anstiftung als subsidiär hinter der täterschaftlichen Begehung zurücktreten müsste.

Die h.M.[2041] geht jedoch den umgekehrten Weg. Wegen der im Vergleich zur Anstiftung
äußerst geringen Strafandrohung des § 160[2042] müsse vielmehr dem § 160 ein subsidiärer
Charakter beigemessen werden, der daher nur diejenigen Fälle erfassen dürfe, bei denen

---

[2040] BVerfG NStZ 1995, 555; vgl. dazu auch *Quentmeier*, JA 1996, 215 ff.
[2041] Sch/Sch-*Bosch/Schittenhelm*, § 160 Rn 1 m.w.N.
[2042] Bei §§ 153, 26 liegt der Strafrahmen der Freiheitsstrafe zwischen 3 Monaten und 5 Jahren, bei §§ 154, 26 beträgt die
Mindeststrafe sogar 1 Jahr. Bei § 160 besteht dagegen lediglich eine Höchststrafe von 6 Monaten.

Aussagedelikte (§§ 153 ff.)

eine Anstiftung nicht möglich sei, wie das bei den Fällen des gutgläubigen (also unvorsätzlich falsch aussagenden) Werkzeugs der Fall sei (siehe dazu das vorherige Beispiel). Vorliegend hat T aber gerade vorsätzlich falsch ausgesagt, sodass § 160 nicht anwendbar ist, sofern auch die übrigen Voraussetzungen einer Anstiftung gem. § 26 vorliegen. Da X konstruktiv Tatherrschaft infolge übergeordneter Willensherrschaft hatte und der für § 26 erforderliche Anstiftervorsatz als *Minus* im (weitergehenden) Tätervorsatz enthalten ist, liegen somit sämtliche Voraussetzungen für die Anstiftung zum Meineid vor. X ist in diesem Fall daher aus §§ 154, 26 und nicht aus § 160 zu bestrafen.

Darüber hinaus ist die rechtliche Behandlung von **Irrtumsfällen** im Bereich des § 160 problematisch und klausurrelevant. Dabei sind zwei Konstellationen denkbar: In der ersten hält der Hintermann die Beweisperson (den Aussagenden) für gutgläubig, während diese tatsächlich bösgläubig (also vorsätzlich) handelt. In der zweiten hält der Hintermann den Aussagenden für bösgläubig, während dieser tatsächlich gutgläubig (also unvorsätzlich) handelt.

1220

Beispiele:
1. Beweisperson handelt entgegen der Annahme des Täters bösgläubig:

1221

Fall: Der Angeklagte A benennt Z, dessen schlechtes Erinnerungsvermögen ihm bekannt ist, als Zeugen in der Erwartung, dieser werde gutgläubig vor Gericht falsch aussagen. Tatsächlich erkennt Z zutreffend die Sachlage, handelt dennoch i.S.d. A. Anschließend wird Z vereidigt. Strafbarkeit der Beteiligten?

Lösungsgesichtspunkte: Z ist nach §§ 154, 258 strafbar. Insbesondere liegt kein Fall des Aussagenotstands oder des § 258 VI vor.

Fraglich ist die Strafbarkeit des A. Eine Strafvereitelung in mittelbarer Täterschaft (§§ 258, 25 I Var. 2) kommt infolge fehlender Subjektqualität nicht in Betracht. Auch ist eine Anstiftung zur Strafvereitelung nicht gegeben, da A den Z für gutgläubig hielt und es so am erforderlichen Anstiftervorsatz fehlt. Aus demselben Grund scheitern eine Strafbarkeit wegen Anstiftung zum Meineid (§§ 154, 26) und die versuchte Anstiftung nach § 159.

Es kommt aber eine Verleitung zum Meineid (§ 160 I) in Betracht. Eine objektiv falsche Aussage liegt vor. Diese hat Z auch beschworen. Fraglich ist jedoch das Merkmal „Verleiten", da Z entgegen der Vorstellung des A nicht gutgläubig, sondern bewusst falsch ausgesagt hat.

Nach der wohl h.M.[2043] steht ein bösgläubiges Handeln des Aussagenden in Abweichung von der Vorstellung des Hintermanns der Tatbestandsmäßigkeit des § 160 I *nicht entgegen*. Auch bei Bösgläubigkeit des Verleiteten sei der Tatbestand erfüllt, weil die Vorsatztat als das *Maius* die von dem Täter (dem Hintermann) gewollte unvorsätzliche Tat (des Vordermanns) einschließe. Dies zeige auch ein Vergleich zu § 357 und ergebe sich zudem aus der Auffangfunktion des § 160.

Als Schlagwort für die wohl h.M. sollte man sich merken: **Jedes Veranlassen einer falschen Aussage reicht.**

Nach der Gegenauffassung[2044] scheidet für den Fall, dass der Eid bewusst falsch geschworen oder die uneidliche Aussage bewusst falsch gemacht wurde, eine Strafbarkeit wegen Vollendung des § 160 I aus, da es wegen des Exzesses des „Verleiteten" nicht zur eigentlichen Tat kam.

Als Schlagwort für diese Auffassung sollte man sich merken: **Verleiten ist das vorsätzliche Bewirken der unvorsätzlichen Aussage.**

Folgt man der wohl h.M., hätte A sich aus § 160 I strafbar gemacht. Nach der Gegenauffassung liegt (lediglich) eine Versuchsstrafbarkeit nach § 160 II vor. Dies macht eine

---

[2043] BGHSt 21, 116, 117; Sch/Sch-*Bosch/Schittenhelm*, § 160 Rn 9; *Heinrich*, JuS 1995, 1115, 1118. Lackner/Kühl-*Heger*, § 160 Rn 2 setzt zwar *per Definition* eine unvorsätzliche Tat voraus, kommt aber bei einer vorsätzlich bösgläubigen Beweisperson zu einer Strafbarkeit nach § 160, da die vorsätzliche Tat in der bezweckten unvorsätzlichen Tat eingeschlossen sei (*argumentum a maiore ad minus*); zust. *Rengier*, BT II, § 49 Rn 57.

[2044] Vgl. *Hohmann/Sander*, BT II, § 21 Rn 32; *Otto*, JuS 1984, 161, 171; *Eschenbach*, Jura 1993, 407, 411.

Aussagedelikte (§§ 153 ff.)

Streitentscheidung erforderlich. Sieht man mit der wohl h.M. die vom Hintermann vorgesehene unvorsätzliche Tat des Vordermanns erst recht in dessen vorsätzlich begangener Tat enthalten, ist die abweichende Vorstellung des Hintermanns unbeachtlich. Jedenfalls ist es durch seine Initiative zu einer objektiv falschen und damit die Rechtspflege gefährdenden Aussage gekommen.

Jedoch ist schwerlich zu begründen, im objektiven Tatbestand auch vorsätzliche Aussagedelikte erfassen zu wollen, während der subjektive Tatbestand die Vorstellung eines unvorsätzlichen Delikts erfordern soll. Nach allgemeinen Regeln handelt es sich bei einer solchen Abweichung von (objektiver) Wirklichkeit und (subjektiver) Vorstellung des Täters um eine typische Versuchskonstellation. Für die Annahme einer Versuchskonstellation spricht ein weiteres – systematisches – Argument: § 160 soll eine Lücke schließen, die sich aus der Eigenhändigkeit der Aussagedelikte ergibt. Der Hintermann, der eine gutgläubige Aussageperson zu einer Falschaussage bewegt, kann nicht als mittelbarer Täter bestraft werden. Knüpft man jedoch die mittelbare Täterschaft an die Tatherrschaft des Hintermanns an, liegt diese im vorliegenden Fall gerade nicht vor.[2045] Auch in kriminalpolitischer Hinsicht besteht zu der Konstruktion einer Strafbarkeit wegen vollendeter Verleitung nach § 160 I kein Grund. Unerwünschte Strafbarkeitslücken entstünden allenfalls, wenn eine Straflosigkeit des Versuchs vorläge. Der Versuch ist aber nach § 160 II strafbar. § 23 räumt lediglich eine fakultative Strafmilderung ein. Der Gegenauffassung folgend, ist A daher wegen versuchter Verleitung zum Meineid strafbar.

1222

2. Beweisperson handelt entgegen der Annahme des Täters gutgläubig:

In der umgekehrten Konstellation, in welcher der Hintermann ein tatsächlich gutgläubiges Werkzeug irrig für bösgläubig hält, ergeben sich Probleme hinsichtlich der Strafbarkeit der versuchten Anstiftung nach **§ 30** und der ergänzenden Funktion des § 159 (**Versuch der Anstiftung zur Falschaussage, § 159**).

Ausgangsfall: Der Angeklagte Anton benennt Zacharias, dessen schlechtes Erinnerungsvermögen ihm bekannt ist, als Zeugen in der Erwartung, dieser werde bösgläubig (also vorsätzlich) vor Gericht falsch aussagen und vereidigt werden. Tatsächlich macht Z eine unvorsätzlich falsche Aussage. Anschließend wird Z vereidigt.
Variante: Wie von vornherein gedacht, kommt es nur zu einer uneidlichen Falschaussage. Strafbarkeit der Beteiligten?

Im **Ausgangsfall** ist Z bei gegebenen Voraussetzungen einer Fahrlässigkeitstat nach § 161 schuldig. Bei A scheidet eine mittelbare Täterschaft aus den genannten Gründen aus. Auch kommt eine Anstiftung nach §§ 153, 154, 26 wegen fehlender vorsätzlicher Haupttat nicht in Betracht. A ist aber - da es sich bei dem Meineid um ein Verbrechen handelt - wegen **versuchter Anstiftung** nach § 30 I S. 1 Var. 1 strafbar.

Etwas anderes gilt für die **Variante**, in der Z nicht vereidigt worden ist und sich der Anstiftervorsatz des A auch nur auf die falsche uneidliche Aussage (§ 153) bzw. auf eine Falsche Versicherung an Eides statt (§ 156) bezog. § 30 I S. 1 Var. 1 ist dann wegen des Vergehenscharakters dieser beiden Haupttaten nicht direkt anwendbar. Entgegen diesem Grundsatz normiert § 159, dass auch die versuchte Anstiftung zu einer uneidlichen Aussage oder einer Falschen Versicherung an Eides statt strafbar ist. Dies scheint problematisch, da das Gesetz den Versuch bei §§ 153, 156 nicht mit Strafe bedroht, während der Versuch der Anstiftung zu einem dieser Vergehen strafbar sein soll. Wer eine versuchte Anstiftung begangen hat, würde demnach schärfer bestraft werden als der unmittelbar Handelnde. Darin wird zu Recht ein Wertungswiderspruch gesehen. Deshalb nimmt die wohl h.M.[2046] eine teleologische Reduktion des § 159 vor. Eine Bestrafung aus § 159 sei nur gerechtfertigt, wenn die in Aussicht genommene Haupttat im Fall ihrer Begehung den Tatbestand des § 153 oder § 156 verwirklicht habe. Unanwendbar sei § 159 dagegen, wenn nach der Vorstellung des Anstifters ohnehin nur ein untauglicher Versuch des Haupttäters in Bezug auf §§ 153, 156 gegeben sein könne. Für den vorliegenden Fall in

---

[2045] *Otto*, JuS 1984, 161, 171; *Eschenbach*, Jura 1993, 407, 411.
[2046] Sch/Sch-*Bosch/Schittenhelm*, § 159 Rn 6; BGHSt 24, 38, 40. Vgl. auch *Kudlich/Henn*, JA 2008, 510, 511 ff.

Aussagedelikte (§§ 153 ff.)

der Variante wäre von einer Anwendbarkeit des § 159 abzusehen. Z ist in diesem Fall straflos, da die fahrlässige falsche uneidliche Aussage nicht strafbar ist, § 161.

Zusammenfassung: Wie die bisherigen Ausführungen und Beispiele gezeigt haben, sind in der Fallbearbeitung im Bereich von Täterschaft und Teilnahme zunächst die allgemeinen Regeln nach den §§ 25 ff. zu prüfen. Sofern diese aufgrund der Eigenschaft der Aussagedelikte als eigenhändige Delikte und der fehlenden Strafbarkeit der versuchten Anstiftung zu einem Vergehen nicht einschlägig sind, ist die Verknüpfung zu den §§ 153 ff. darzustellen:

- In Rücktrittsfragen ist die Regelung des **§ 158** erforderlich, da das Aussagedelikt bereits vollendet ist und ein Rücktritt nach § 24 ausscheidet.

- In Versuchsfragen im Bereich der Aussagedelikte als Vergehen ist **§ 159** (ggf. in teleologischer Reduktion) erforderlich, da § 30 sich nur auf den Versuch der Anstiftung zu einem Verbrechen bezieht.

- Im Bereich der Anstiftung ist **§ 160** erforderlich, da § 26 eine vorsätzliche rechtswidrige Haupttat voraussetzt, es aber Konstellationen gibt, in denen der Aussagende unvorsätzlich handelt und es so zu Strafbarkeitslücken käme. Darüber hinaus ist aus den genannten Gründen eine mittelbare Täterschaft nicht möglich, sodass § 160 eine Auffangfunktion zukommt.

Bei der Beteiligung sind somit insgesamt 4 Konstellationen denkbar:

	Hintermann	**Hintermann**
Vorder-mann	Vordermann sagt gutgläubig (also unvorsätzlich) falsch aus. Dies war vom Hintermann auch so vorgesehen. Strafbarkeit: ⇨ Vordermann ggf. aus § 161 ⇨ Hintermann aus § 160 I	Vordermann sagt bösgläubig (also vorsätzlich) falsch aus. Dies war vom Hintermann auch so vorgesehen. Strafbarkeit: ⇨ Vordermann aus §§ 153, 154 ⇨ Hintermann aus §§ 153, 154, 26
Vorder-mann	Vordermann sagt bösgläubig (also vorsätzlich) falsch aus. Hintermann hält ihn für gutgläubig. Strafbarkeit: ⇨ Vordermann aus §§ 153, 154 ⇨ Hintermann je nach Rechtsauffassung entweder aus § 160 I oder §§ 160 I, II, 22, 23 I	Vordermann sagt gutgläubig (also unvorsätzlich) falsch aus. Hintermann hält ihn für bösgläubig. Strafbarkeit: ⇨ Vordermann ggf. aus § 161 ⇨ Hintermann aus § 159 ggf. mit teleologischer Reduktion

Falschaussage durch Unterlassen/Beihilfe durch Unterlassen: Prüfungsrelevant ist weiterhin die Frage, unter welchen Voraussetzungen eine Falschaussage und eine Beihilfe zu §§ 153, 154 durch Unterlassen angenommen werden können. Problematisch sind hier regelmäßig die notwendige Garantenstellung und die sich daraus ableitende Rechtspflicht zum Einschreiten.

> **Hinweis für die Fallbearbeitung:** Bevor in der Fallbearbeitung mit der Prüfung des Unterlassens begonnen wird, muss – dem allgemeinen Grundsatz folgend – zunächst die Tatverwirklichung durch (positives) Tun ausgeschlossen werden. So ist insb. zu beachten, dass auch ein konkludentes Verhalten ein Tun darstellen kann. **Beispiel:** T benennt Z als Zeugen für eine bewusst wahrheitswidrige Behauptung, die Z in der Ladung mitgeteilt wird (Anstiftung).[2047]

[2047] Würde T den Z dagegen direkt bitten, falsch auszusagen, läge ein ausdrückliches Tun vor.

Aussagedelikte (§§ 153 ff.)

Im Übrigen sind folgende Konstellationen zu unterscheiden

1227 **(1) Kein Unterlassen i.S.v. § 13 – das partielle Unterlassen**
Sofern wegen § 59 StPO n.F. eine Vereidigung für Zeugen überhaupt noch in Betracht kommt, schwört der Aussagende gem. § 64 StPO, § 392 ZPO sinngemäß, nichts verschwiegen zu haben. Hieraus ergibt sich, dass nicht nur eine erlogene Aussage falsch ist, sondern auch die unvollständige Aussage den Tatbestand der §§ 153 ff. auslöst, soweit sie erkennbar mit der Beweisfrage im Zusammenhang steht.[2048] Dies wird häufig als partielles Unterlassen bezeichnet, was für Verwirrung sorgen kann, da Unterlassen nicht im Sinne von § 13 gemeint ist.[2049]

1228 **(2) Beihilfe durch Unterlassen i.S.d. § 13**
Anerkannt ist, dass eine Garantenpflicht i.S.d. § 13 nicht schon aus der Wahrheitspflicht der Prozessbeteiligten (vgl. § 138 ZPO), aus generellen Sonderverbindungen wie Ehe, Lebenspartnerschaft nach dem LPartG, Verwandtschaft oder der Standespflicht des Anwalts folgt.[2050] In Betracht kommt aber eine Garantenstellung aus Ingerenz, die sich daraus ergeben kann, dass der eventuell Pflichtige durch die Benennung des Aussagenden oder eine Abstimmung (vgl. dazu KG NJ 2001, 552) mit dem Aussagenden diesen in eine missliche Lage bringt. Im Grundsatz werden zwei Auffassungen vertreten.

⇨ Nach den Vertretern des **Selbstverantwortungsprinzips** ist der Zeuge für sein Aussageverhalten stets verantwortlich. Die rechtliche Verantwortlichkeit des Dritten aus Ingerenz ende immer dort, wo ein neuer Verantwortungsbereich beginne.[2051]

⇨ Die Rspr. bestraft den Teilnehmer aus §§ 153, 13 bzw. §§ 154, 13 (Ingerenz) bereits dann, wenn er den Zeugen in eine dem Prozess nicht mehr eigentümliche, inadäquate **besondere Gefahr der Falschaussage** oder des **Meineids** gebracht hat.[2052]

⇨ Stellungnahme: Die Auffassung der Rechtsprechung genießt den Vorzug der Einfachheit, weil sie relativ pauschal ist. Das macht sie aber auch besonders angreifbar. Der Begriff der „besonderen Gefahr" ist ein so unbestimmter Begriff, dass er übermäßig die Rechtsmittelinstanz beschäftigt. Die Literatur ist wesentlich differenzierter und spiegelt v.a. das Prinzip der strafrechtlichen Selbstverantwortung wider. Daher ist der Literatur zu folgen.

1229 **(3) Weigerung, Fragen zu beantworten**
Weigert sich der Aussagepflichtige, Fragen zu beantworten, macht er keine falsche Aussage, sondern überhaupt keine Aussage. Damit entfällt der Tatbestand der §§ 153 ff. Der Betreffende setzt sich aber strafprozessualen Sanktionen (Beugemaßnahmen) aus, vgl. § 70 StPO.

1230 Ferner kann sich eine Garantenstellung unter dem Gesichtspunkt der Beaufsichtigung Dritter ergeben. So haben Eltern eine entsprechende Pflicht gegenüber ihren minderjährigen Kindern. Hindern sie diese nicht an einer Falschaussage, liegt Beihilfe durch Unterlassen vor.

J. Konkurrenzen im Bereich der Aussagedelikte

1231 § 153 wird häufig mit §§ 145d, 164, 187, 257, 258 und 263 (Prozessbetrug) zusammentreffen, mit denen Tateinheit anzunehmen ist. § 154 ist bezüglich der in § 153 genannten Zeugen und Sachverständigen *lex specialis* (Gesetzeskonkurrenz).

[2048] Dies hängt damit zusammen, dass im Strafprozess eine Amtsaufklärungspflicht (vgl. § 244 II StPO) besteht. Liegt ein Aussageverweigerungsrecht nach § 52 I Nr. 2 StPO des Aussagenden vor und beruft sich dieser nicht ausdrücklich darauf, entfällt nicht – auch nicht im Nachhinein – die Tatbestandsmäßigkeit (vgl. BGHSt 7, 127; *Geppert*, Jura 2002, 173, 174).
[2049] Sch/Sch-*Bosch/Schittenhelm*, Vorbem §§ 153 ff. Rn 16; *Joecks/Jäger*, Vor § 153 Rn 6 ff.
[2050] BGHSt 4, 327, 330; *W/H/E*, BT 1, Rn 865; Sch/Sch-*Bosch/Schittenhelm*, Vorbem §§ 153 ff. Rn 38.
[2051] Sch/Sch-*Eisele*, Vor § 13 Rn 101; Sch/Sch-*Bosch/Schittenhelm*, Vorbem §§ 153 ff. Rn 40.
[2052] BGHSt 4, 327, 329; OLG Düsseldorf StV 1995, 256 jeweils m.w.N. Vgl. auch *Kudlich/Henn*, JA 2008, 510.

11. Kapitel – Urkundendelikte

A. Einführung und Begriff der Urkunde

„Klassische" Urkunden wie Zeugnisse, (Prüf-)Bescheinigungen, Gutachten, ärztliche Rezepte etc. sind allgemein bekannt. Ebenfalls allgemein bekannt ist, dass nachträgliche Manipulationen an deren Inhalt Urkundenfälschungen darstellen können. In der juristischen Praxis, aber auch im Studium, kann indes eine Vielzahl von dogmatisch äußerst schwierigen Fragen zu bewältigen sein, etwa wenn es um die Manipulation von Prüfplaketten an Kfz-Kennzeichen oder den Austausch von Preisetiketten an Waren geht. Auch ob eine Collage, bei der eine Unterschrift in bzw. unter einen bestehenden Text hineinkopiert wird, eine Urkunde darstellt, ist alles andere als klar. Derart unklare Situationen sind dementsprechend sehr prüfungs- und examensrelevant, erlauben sie dem Prüfer doch eine gewisse „Notendifferenzierung" bei der Bewertung der Prüfungsarbeiten. Erschwerend kommt hinzu, dass Urkundendelikte nur selten alleiniger Gegenstand einer Klausur sind; vielmehr ist häufig eine Kombination von Rechtspflege- und Vermögensdelikten anzutreffen, weil die Urkundenfälschung in klassischen Konstellationen als Vorbereitung eines Betrugs (§ 263) bzw. die Urkundenfälschung als besonders gefährliche Form der Täuschung i.S.v. § 263 in Betracht kommt. Auch geht sie häufig mit der Unterschlagung (§ 246), den Geldfälschungsdelikten (§§ 146 ff.) und der Fälschung von Ausweispapieren (§§ 273, 275 ff.) einher.

1232

Sind Urkundendelikte Gegenstand einer Klausur, sollten – bevor eine Lösungsskizze angefertigt wird – zunächst die möglichen Tatobjekte den einschlägigen Tatbeständen zugeordnet werden, um den Überblick nicht zu verlieren:

- Handelt es sich um Urkunden, ist an §§ 267, 274 StGB und (soweit es um Kennzeichenmissbrauch geht, subsidiär) an § 22 StVG zu denken.
- Bei technischen Aufzeichnungen sind §§ 268, 274 anwendbar.
- Handelt es sich um Datenveränderungen, sind §§ 269, 274 in Betracht zu ziehen.
- Handelt es sich um öffentliche Urkunden, sind §§ 271, 348 zu prüfen.
- Liegen amtliche Ausweise vor, sind §§ 273, 275-276a und 281 einschlägig.
- Geht es schließlich um ärztliche Atteste, sind §§ 277-279 passend.

Für die Beherrschung der Urkundendelikte (im eigentlichen Sinne) ist die Kenntnis v.a. folgender drei Punkte wichtig:

- Kenntnis, was die Rechtsordnung unter einer „Urkunde" versteht (Prüfung, welche Gegenstände als Tatobjekt eines Urkundendelikts anzusehen sind) – Rn 1237 ff.
- Kenntnis, was unter „echten" und „unechten Urkunde zu verstehen ist – Rn 1276 f.
- Kenntnis der verschiedenen Tathandlungen, die bei § 267 I in einem Herstellen, Verfälschen oder Gebrauchen und bei § 274 I Nr. 1 in einem Vernichten, Beschädigen oder Unterdrücken der Urkunde bestehen – Rn 1279 ff., 1370 ff.

Es ergibt sich folgender Überblick:

1233

Begriff, Formen und Sonderfälle der Urkunde

I. Definitionsmerkmale der Urkunde
Urkunde ist die verkörperte Gedankenerklärung, die geeignet und bestimmt ist, im Rechtsverkehr Beweis zu erbringen, und die ihren Aussteller erkennen lässt.

- **Verkörperte Gedankenerklärung**: Die Erklärung muss geeignet sein, eine Vorstellung über einen bestimmten Sachverhalt hervorzurufen. Mechanische Verkörperung durch Stempel oder Aufdrucke ist möglich. Abgrenzungsprobleme ergeben sich zu technischen Aufzeichnungen gem. § 268. Das Beweiszeichen muss **mit einer Sache fest verbunden** sein: Die Urkunde setzt eine stoffliche Fixierung voraus, diese fehlt beim gesprochenen Wort. Schließlich muss die Verkörperung **optisch-visuell wahrnehmbar** sein. Die optisch-visuelle Wahrnehmbarkeit fehlt bei Daten auf Tonbändern, CDs oder Computerdisketten. Zu beachten ist hier aber § 269.

- **Zum Beweis im Rechtsverkehr geeignet und bestimmt: Beweiseignung**: Die Erklärung muss – im weitesten Sinne und abstrakt ermittelt – zur Überzeugungsbildung bzgl. rechtlich erheblicher Tatsachen etwas beitragen (selten zu problematisieren). **Beweisbestimmung**: Abzustellen ist auf den entsprechenden Willen. (1) Liegt eine Absichtsurkunde (bspw. Zeugnisse oder Ausweise) vor? (2) Liegt eine Zufallsurkunde (nachträgliche Beweisbestimmung auch durch Dritte möglich) vor? Beispiel: Ehemann beruft sich auf Liebesbriefe seiner Frau an deren Liebhaber im Scheidungsprozess. (3) Liegt eine Deliktsurkunde (bspw. beleidigendes Schreiben gem. § 185) vor?

- **Erkennbarkeit des Ausstellers und Einstandswille:** Der geistige Urheber muss aus der Urkunde durch Unterschrift, dem Text oder aus sonstigen in der Erklärung liegenden Umständen mindestens für Eingeweihte erkennbar sein. Unerheblich ist, wer die Urkunde körperlich hergestellt hat. Entscheidend ist, wer sich den Inhalt geistig zurechnen lässt oder zurechnen lassen muss. Keine Ausstellererkennbarkeit liegt vor bei:

  (1) *offener Anonymität:* Nutzung von Phantasienamen (bspw. Napoleon oder Garfield).
  (2) *versteckter Anonymität:* Nutzung von Allerweltsnamen wie Meier, Müller, Schulze; unleserliche Schrift (str.). Bei einfachen Abschriften oder Kopien fehlt der Einstandswille.

II. Formen der strafrechtlichen Urkunde

- **Einfache Urkunde:** Schriftstücke oder andere Gegenstände, die die o.g. Kriterien erfüllen

- **Zusammengesetzte Urkunde:** Die verkörperte Gedankenerklärung (das Beweiszeichen) wird mit einem anderen Gegenstand (das Augenscheinsobjekt; Bezugsobjekt – bspw. Preisschild an Ware; mit Plaketten versehene Kennzeichen an Pkw) fest zu einer Beweiseinheit verbunden und erlangt erst *dadurch* die Urkundeneigenschaft

- **Gesamturkunde**: Mehrere Einzelurkunden werden in einer Art und Weise zu einem einheitlichen Ganzen zusammengefasst, dass gerade *durch diese Zusammenfassung* ein neuer, über den Inhalt der in ihr enthaltenen Einzelurkunden hinausgehender Erklärungs- und Beweiswert entsteht. Dieser beruht gerade darauf, dass die „Sammlung von Einzelurkunden" abgeschlossen und vollständig ist. Das ist etwa bei kaufmännischen Handelsbüchern oder bei Personalakten der Fall. Entscheidend ist:

  (1) Hinreichend feste Zusammenfassung mehrerer Schriftstücke oder Einzelurkunden zu einem einheitlichen Ganzen
  (2) Abgeschlossenheitserklärung: Erschöpfende Angabe einer bestimmten Rechtsbeziehung (sind alle Vorgänge erfasst?)
  (3) Führung beruht auf Gesetz, Vereinbarung oder Handelsgebrauch. Folge ist, dass jeder Beteiligte ein Beweisführungsrecht erlangt

III. Sonderfälle

Keine Urkunden sind Blankette (Vordrucke); Entwürfe; einfache Abschriften; Fotokopien, wenn sie nicht den Anschein des Originals erwecken sollen. Als Urkunden anerkannt sind: Durchschriften; beglaubigte Abschriften (Kopie mit Beglaubigungsvermerk als zusammengesetzte Urkunde); Fotokopien, wenn sie den Anschein des Originals erwecken sollen; Telefaxe, wenn sie von den Parteien im Rechtsverkehr zur Beweiserbringung bestimmt bzw. anerkannt sind und wenn die Absenderkennung beim Absendegerät angeschaltet ist.

I. Geschütztes Rechtsgut

1234   Wie dem Überblick unter III. ansatzweise zu entnehmen ist, sind den Urkundendelikten regelmäßig Auslegungsprobleme immanent. Daher ist es wichtig, stets vom geschützten Rechtsgut der §§ 267 ff. aus zu argumentieren. Geschützt wird nicht etwa das auch häufig betroffene Vermögen, sondern ausschließlich die **Sicherheit und Zuverlässigkeit des Rechtsverkehrs mit Urkunden oder technischen Aufzeichnungen**.[2053] Der Rechtsverkehr soll sich darauf verlassen können, dass der aus der Urkunde hervor-

---

[2053] Vgl. BGHSt 2, 50, 52; Sch/Sch-*Heine/Schuster*, § 267 Rn 1; *Fischer*, § 267 Rn 1.

Urkundendelikte – Begriff der Urkunde

gehende Aussteller tatsächlich hinter der jeweiligen Erklärung steht (nur die Täuschung über die Identität des Ausstellers ist also eine Urkundenfälschung, die bloße inhaltliche Unwahrheit, die sog. schriftliche Lüge, ist grds. keine Urkundenfälschung[2054]). Virulent wird das Erfordernis nach der Zuverlässigkeit von Urkunden (bzw. der technischen Aufzeichnungen) insbesondere für den prozessualen Beweisverkehr, der häufig auf Urkunden als Beweismittel angewiesen ist.[2055] Träger des Rechtsguts ist die Allgemeinheit, sodass eine Einwilligung des Ausstellers oder Eigentümers in die Tat nicht möglich ist. Verletzt werden kann das Rechtsgut auf verschiedene Weise:

- Eine Urkunde kann **gefälscht** werden (§ 267). Dieser Fall betrifft alle Urkunden.

- Eine Urkunde kann **inhaltlich unwahr** gemacht werden (§§ 271, 348 sowie §§ 277, 278, 279). Dieser Fall betrifft nur bestimmte, in erster Linie öffentliche Urkunden.

- Eine Urkunde kann **vernichtet**, **beschädigt** oder **unterdrückt** werden (§§ 274 I Nr. 1 – beachte aber auch §§ 133, 303 I, 242, 246). Geschützt ist die äußerliche Unversehrtheit von Urkunden. Dieser Fall kann nur dem Täter nicht gehörende oder dienstlich verwahrte Urkunden betreffen. Verletzt wird ein fremdes Beweisführungsrecht.

- Eine Urkunde kann **missbräuchlich verwendet** werden, § 281 (beachte auch § 263). Dieser Fall kann nur Ausweispapiere betreffen.[2056]

II. Der strafrechtliche Urkundenbegriff und seine Formen

Das zentrale Problem im Bereich der §§ 267 ff. ist der **Begriff der Urkunde**, da dieser im Strafrecht nicht einheitlich definiert wird und (daher) zahlreiche Definitions- und Subsumtionsprobleme bereitet. Zudem ist die Rechtsprechung häufig uneinheitlich und durch eine rechtsfolgenorientierte Auslegung der Tatbestandsmerkmale geprägt. Daher gilt es, die verschiedenen Arten von Urkunden und deren Voraussetzungen zu erkennen, um in der Klausur eine eigenständige Problembewältigung zu präsentieren. Es sind folgende Formen der Urkunde zu unterscheiden:

1235

(1) die „einfache" Urkunde,
(2) die zusammengesetzte Urkunde und
(3) die Gesamturkunde.

1. Der Urkundenbegriff anhand der „einfachen" Urkunde

Einen engen Urkundenbegriff verwendet ein Teil des Schrifttums.[2057] Demnach sollen nur das geschriebene Wort, nicht aber wortvertretende Symbole (z.B. gestempelte Ohrenmarken bei Kühen, welche den Nachweis erbringen sollen, dass die Tiere „BSE-getestet" sind) unter den Urkundenbegriff fallen. Begründet wird diese Auffassung u.a. damit, dass Urkunden im Prozess gem. § 249 StPO verlesen werden, was bei Stempeln und Künstlerzeichen freilich nicht möglich ist. Dem muss aber entgegengehalten werden, dass der Rechts- und Wirtschaftsverkehr umfassenden Schutz verdient. Dem tragen auch die §§ 268, 269 Rechnung, indem sie qualifizierte Augenscheinsobjekte und optisch-visuell nicht wahrnehmbare Daten in den Strafschutz mit einbeziehen. Anhand dieser Normierungen ist zu erkennen, dass der Gesetzgeber von einem umfassenden Schutz ausgeht.[2058] Demnach definiert sich die Urkunde wie folgt:

1236

[2054] Jedoch greifen bei unwahren öffentlichen Urkunden und ärztl. Attesten Sonderdelikte (dazu sogleich).
[2055] Zum Urkundenbeweis im Strafprozess (§§ 249-256 StPO) vgl. *Hartmann/Schmidt*, StrafProzR, Rn 939 ff.
[2056] Vgl. dazu OLG Stuttgart DAR 2014, 213 f.
[2057] Darstellung bei *W/H/E*, BT 1, Rn 869 ff.; kritisch Sch/Sch-*Heine/Schuster*, § 267 Rn 21/22.
[2058] Vgl. BGHSt 3, 82, 84 f.; 4, 248, 285; 13, 235, 239; OLG Köln NJW 2002, 527; OLG Düsseldorf NJW 1997, 1793, 1794; *Hecker*, JuS 2002, 224, 225.

Urkundendelikte – Begriff der Urkunde

1237 **Urkunde** ist die verkörperte (d.h. mit einer Sache fest verbundene) Gedankenerklärung, die geeignet und bestimmt ist, im Rechtsverkehr Beweis zu erbringen, und die ihren Aussteller (den Erklärenden) erkennen lässt.[2059]

1238 Aus dieser Definition werden die drei Funktionen der Urkunde deutlich:

a. verkörperte Gedankenerklärung $\Rightarrow$ **Perpetuierungsfunktion**

b. zum Beweis im Rechtsverkehr geeignet und bestimmt $\Rightarrow$ **Beweisfunktion**

c. Erkennenlassen des Ausstellers $\Rightarrow$ **Garantiefunktion**

a. Verkörperte Gedankenerklärung

1239 Perpetuierung bedeutet Dauerhaftmachung, d.h. die Gedankenerklärung muss mit einem festen körperlichen Gegenstand (optisch-visuell wahrnehmbar) verbunden sein und dadurch eine Dauerhaftigkeit besitzen.

> **Hinweis für die Fallbearbeitung:** Im Rahmen der Perpetuierungsfunktion sind also wiederum drei Voraussetzungen zu beachten, wobei der *gedankliche Inhalt*, also die hinter der Urkunde stehende Willenserklärung, in Prüfungsarbeiten immer – wenn auch nur kurz dargelegt werden sollte. Die beiden anderen Prüfungspunkte *feste Verkörperung* und *optisch-visuelle Wahrnehmbarkeit* sind jedenfalls nur bei konkreten Anhaltspunkten zu prüfen.

aa. Gedanklicher Inhalt

1240 Ein gedanklicher Inhalt liegt nur vor, wenn eine Erklärung geeignet ist, bestimmte Vorstellungen über einen Sachverhalt hervorzurufen.[2060] Die Urkunde erklärt somit etwas, was über ihr körperliches Dasein hinausgeht; sie spiegelt insbesondere eine **Willensäußerung** wider. Ist das nicht der Fall, liegt ein **Augenscheinsobjekt** vor. Augenscheinsobjekte sind sachliche Beweismittel, die aufgrund ihrer Existenz und Beschaffenheit bestimmte Schlussfolgerungen zulassen und so zum Beweis von Tatsachen herangezogen werden können. Dies ist insbesondere bei Fingerabdrücken, Fuß- oder Blutspuren der Fall.[2061] Auch **technische Aufzeichnungen** (bspw. das EKG-Blatt) sind keine Gedankenerklärungen, da sie keine Gedanken fixieren. Zu denken ist aber im Fall einer Manipulation an eine Strafbarkeit nach § 268 (bzw. nach § 274).

Kommt nach alledem eine Urkunde in Betracht, ist eine Allgemeinverständlichkeit des Gedankeninhalts nicht erforderlich; daher können auch Strichcodes oder Nummernkodierungen dem Urkundenbegriff unterfallen, sofern sie von Eingeweihten gelesen werden können.

bb. Feste Verkörperung

1241 Der gedankliche Inhalt bedarf der stofflichen Fixierung. In Betracht kommen nicht nur Schriftstücke aller Art, sondern auch Aufkleber, Plaketten, Straßenverkehrsschilder u.Ä. An der festen Verkörperung fehlt es etwa beim gesprochenen Wort, beim V ersenden einer E-Mail[2062] oder bei der Herstellung eines falschen digitalen Ablieferbelegs[2063]. Das

---

[2059] BGHSt 4, 60, 61; 13, 235, 239; 24, 140, 141; BGH NStZ 2011, 91; NStZ 2013, 105; Lackner/Kühl-*Heger*, § 267 Rn 2; *Fischer*, § 267 Rn 2; Sch/Sch-*Heine/Schuster*, § 267 Rn 2. Im Übrigen ist zu beachten, dass sich die genannte Definition auf die Urkunde im strafrechtlichen Sinne bezieht; im Zivilrecht und v.a. im (Straf-)Prozessrecht ist der Begriff der Urkunde (noch) weiter. Dort sind Schriftstücke jeder Art als Urkunde zu verstehen, sofern sie nur geeignet sind, durch ihren gedanklichen Inhalt Beweis zu erbringen (BGHSt 27, 135, 136; *Hartmann/Schmidt*, StrafProzR, Rn 943).
[2060] Lackner/Kühl-*Heger*, § 267 Rn 3; *Joecks/Jäger*, § 267 Rn 15.
[2061] RGSt 42, 97, 98; Sch/Sch-*Heine/Schuster*, § 267 Rn 4. Augenscheinsobjekte sind nicht zu verwechseln mit Kennzeichen, vgl. dazu Rn 1258.
[2062] *Mankowski*, NJW 2002, 2822, 2825. Zu denken ist dann aber stets an § 269 I.
[2063] OLG Köln NStZ 2014, 276, 277.

Urkundendelikte – Begriff der Urkunde

Definitionsmerkmal der festen Verkörperung ist v.a. bei zusammengesetzten Urkunden (Rn 1259 ff.) relevant.

cc. Optisch-visuelle Wahrnehmbarkeit

Aus dem Begriff der Urkunde folgt weiter, dass die Gedankenerklärung trotz der Verkörperung optisch-visuell wahrnehmbar sein muss. Daran fehlt es bei Daten, die auf Medien wie Festplatte, CD, DVD, USB-Stick u.Ä. gespeichert sind. Daher unterfällt auch die Herstellung eines falschen digitalen Ablieferbelegs nicht dem Tatbestand des § 267. Generell stellen elektronisch gespeicherte Daten keine Urkunden dar, weil sie im Speichermedium nicht optisch wahrnehmbar sind und auch auf dem Bildschirm nicht in dauerhafter Form erscheinen (insofern besteht eine gewisse Überschneidung mit dem Merkmal „feste Verkörperung"). Hinsichtlich elektronisch gespeicherter Daten in Datenverarbeitungsanlagen hat der Gesetzgeber mit § 269 einen eigenen Tatbestand der Datenfälschung geschaffen.[2064]

> **Beispiel**[2065]: Heutzutage wird die Zustellung eines Pakets dadurch quittiert, dass der Empfänger mit einem Stift auf dem Sichtfeld („Notepad") eines elektronischen Lesegeräts unterschreibt. Unterschreibt nun der Paketzusteller mit dem Namen des (nicht anwesenden) Empfängers, um den Nachweis zu erbringen, er habe das Paket dem Empfänger übergeben, täuscht er zwar über die Identität des Ausstellers, allerdings fehlt es an der Verkörperung und der optisch-visuellen Wahrnehmbarkeit, weil der digitale Inhalt lediglich auf einem Chip (oder einem anderen elektronischen Datenträger) gespeichert, nicht aber auf einem physischen Material dauerhaft verkörpert ist. Eine Strafbarkeit nach § 267 scheidet aus. Das gilt selbst dann, wenn später ein Ausdruck der Empfangsbestätigung erfolgt. Denn der Ausdruck ist lediglich eine Kopie des elektronischen Dokuments.[2066] In Betracht kommt aber § 269.

b. Zum Beweis im Rechtsverkehr geeignet und bestimmt

Die Gedankenerklärung muss neben ihrer Verkörperung zum Beweis von rechtlich erheblichen Tatsachen **geeignet** und **bestimmt** sein, mithin eine Rechtserheblichkeit vorweisen.[2067] Die Beweisfunktion ist zu bejahen bei Vorliegen von (objektiver) Beweiseignung und (subjektiver) Beweisbestimmung. Nur bei kumulativem Vorliegen von objektiver Beweiseignung und subjektiver Beweisbestimmung ist der Empfänger schutzwürdig bzw. die Zerstörung seines Vertrauens in die Urkunde strafwürdig.

aa. Beweiseignung (objektives Element)

Unter Beweiseignung versteht man die objektive Beweisfähigkeit. Sie ist abstrakt zu ermitteln. So fehlt sie beispielsweise bei offensichtlich nichtigen Urkunden (Beispiel: nicht handgeschriebenes Testament, § 2247 BGB) oder historischen Urkunden ohne aktuelle Bedeutung bzw. Geltung, selbst, wenn diese gefälscht und mit aktuellem Ausstellungsbzw. Gültigkeitsdatum versehen sind (Beispiel: „Kennkarte des Deutschen Reichs", ausgestellt im Jahre 2014 und gültig bis 2019).[2068]

bb. Beweisbestimmung (subjektives Element)

Die erforderliche Beweisbestimmung kann eine Urkunde von vornherein (i.d.R. durch den Aussteller), aber auch nachträglich (auch durch Dritte)[2069] erhalten.

[2064] Vgl. OLG Köln NStZ 2014, 276, 277; SK-*Hoyer*, § 267 Rn 27; *Fischer*, § 267 Rn 8; Sch/Sch-*Heine/Schuster*, § 267 Rn 4.
[2065] Nach OLG Köln NStZ 2014, 276 f.
[2066] OLG Köln NStZ 2014, 276, 277.
[2067] RGSt 68, 240; BGHSt 4, 60, 61; 16, 94, 96.
[2068] OLG Bamberg 23.10.2012 – 2 Ss 63/12 (mit. Bespr. v. *Jahn*, JuS 2013, 566).
[2069] BGHSt 13, 235, 238; *Joecks/Jäger*, § 267 Rn 24 ff.

Urkundendelikte – Begriff der Urkunde

1246   **(1)** Das Kriterium der Beweisbestimmung liegt eindeutig bei einer **originären Urkunde** (sog. **Absichtsurkunde**) vor, d.h. bei einer Urkunde, die vom Aussteller gerade zu dem Zweck hergestellt wurde, um im Rechtsverkehr einen Beweis zu erbringen (z.B. das Ausstellen von Arbeitszeugnissen oder Ausweisen; aber auch Prüf- und Untersuchungsberichte, Gutachten, Parkscheine etc. gehören hierher). An der Beweisbestimmung kann es daher bei privat verwendeten Entwürfen, persönlichen Aufzeichnungen (Tagebuch o.ä.) und Erinnerungsnotizen fehlen.

1247   **(2)** Einen Unterfall der originären Urkunden bilden die sog. **Deliktsurkunden.** Darunter sind Schriftstücke zu verstehen, die den Tatbestand eines Strafgesetzes, etwa § 185 (beleidigender Brief), erfüllen. Da die Straftat in einem Strafverfahren nachgewiesen werden kann, ist das Schriftstück beweisgeeignet. Für die Beweisbestimmung genügt es, dass ein anderer durch das Schriftstück zu rechtserheblichem Verhalten (z.B. Stellen eines Strafantrags) veranlasst werden kann. Voraussetzung ist dann aber, dass der Aussteller in dem Bewusstsein gehandelt hat, dass dies möglich ist.[2070]

1248   **(3)** Die Beweisbestimmung kann jedoch auch vom Aussteller oder einem Dritten erst im Nachhinein getroffen werden. Für eine solche nachträgliche Urkunde (sog. **Zufallsurkunde**) ist allerdings Voraussetzung, dass der Dritte auch die rechtliche Möglichkeit hat, mit der Urkunde im Rechtsverkehr einen Beweis zu erbringen. So wird beispielsweise ein Liebesbrief im Scheidungsprozess erst dann zur Urkunde i.S.d. § 267, wenn sich die eine Partei entschließt, diesen in den Prozess einzubringen. Auch persönliche Notizen u.Ä. können auf diese Weise zur nachträglichen Urkunde werden.

1249   Umgekehrt kann eine zunächst gegebene Beweisbestimmung **wieder wegfallen**, indem z.B. Ausweise eingezogen und vernichtet werden.[2071] Schließlich ist zu beachten, dass die Beweisbestimmung bei Blanketten, Vordrucken, Entwürfen und Formularen von vornherein fehlt.[2072] Bei ihnen mangelt es i.d.R. bereits an der verkörperten Gedankenerklärung, zumindest aber ist der Aussteller nicht klar ersichtlich.

c. Erkennenlassen des Ausstellers

1250   Wesensmerkmal der Urkunde ist schließlich, dass aus ihr (oder aus den Umständen) der **Aussteller zu erkennen ist** und dieser als Garant für die Urkunde einsteht. Denn § 267 will gerade das Vertrauen in die Identität des Ausstellers schützen (s.o.).

aa. Begriff des Ausstellers

1251   Nach wohl einhelliger Auffassung wird nicht verlangt, dass die Person, die als Aussteller gelten soll, selbst die Urkunde körperlich hergestellt haben muss. Vielmehr ist auf denjenigen abzustellen, der sich entweder nach außen hin ausdrücklich zu der Urheberschaft bekennt oder sich diese nach dem Inhalt zurechnen lässt bzw. zurechnen lassen muss (sog. **Geistigkeitstheorie**).[2073] Auf der Grundlage dieser Überlegung lassen sich bspw. Schriftstücke oder (andere) beweisbestimmte Objekte als Urkunden einstufen, bei denen Hersteller und Unterzeichner nicht identisch sind. Denn forderte man eine Personenidentität von Hersteller und Aussteller i.S.d. § 267, wäre z.B. der bei der Europäischen Zentralbank (EZB) beschäftigte Druckereimitarbeiter, der 100-€-Noten druckt (und damit herstellt), auch Aussteller der 100-€-Noten. Das kann vom Rechtsverkehr ersichtlich nicht gewollt sein. Nur auf der Basis der Geistigkeitstheorie gelangt man zum Präsidenten der EZB, der als gesetzlicher Vertreter der EZB sinnvollerweise als Aussteller der Euro-Geldscheine in Betracht kommt. Entsprechendes gilt etwa hinsichtlich Kfz-Kennzeichen. Nicht der Behördenmitarbeiter, der die amtliche Zulassungsplakette auf das

---

[2070] Sch/Sch-*Heine/Schuster*, § 267 Rn 14; RGSt 32, 56; 62, 218.
[2071] BGHSt 4, 284, 285; *Joecks/Jäger*, § 267 Rn 24/27.
[2072] *Rengier*, BT II, § 32 Rn 7.
[2073] BGHSt 13, 382, 385; OLG Düsseldorf wistra 1999, 233; Sch/Sch-*Heine/Schuster*, § 267 Rn 16.

Urkundendelikte – Begriff der Urkunde

Blechschild anbringt, ist Aussteller i.S.d. § 267, sondern der Rechtsträger der Behörde (vgl. dazu auch Rn 1264b).

> **Hinweis für die Fallbearbeitung:** In der Klausur ist bei der Frage, ob es sich bei dem Objekt um eine Urkunde handelt, nicht zwingend bereits im Prüfungspunkt „Aussteller" auf die Geistigkeitstheorie einzugehen. Es kann – abhängig von der jeweiligen Sachverhaltskonstellation – auch angebracht sein, die Ausstellereigenschaft erst im Rahmen der Tathandlung (vgl. etwa § 267 I: Herstellen einer unechten Urkunde oder Verfälschen einer echten Urkunde) unter Zugrundelegung der Frage, von wem die Urkunde „herrührt ", zu problematisieren.

1252

Beispiel: A sendet B einen unterschriebenen Blankoscheck zu, damit dieser ihn bei der nächsten Warenlieferung abredegemäß ausfüllen kann. Vereinbart werden sodann 2.000,- €. Da B aber dringend Geld benötigt, trägt er anstelle der 2.000,- € einen Betrag von 4.000,- € ein. Strafbarkeit des B gem. § 267 I Var. 1?

Bei dem unterschriebenen Scheck müsste es sich um eine Urkunde handeln. Der vollständig ausgefüllte Scheck stellt eine Zahlungsanweisung an die Bank dar, eine Auszahlung in gegebenem Umfang von dem Konto des Inhabers vorzunehmen. Somit liegt eine Erklärung vor. Der Scheck ist im Rechtsverkehr beweisgeeignet und bestimmt. Da dieser auch unterschrieben ist, ist als Aussteller A ersichtlich (anders wäre zu entscheiden gewesen, wenn der Scheck nur als Vordruck und somit nicht unterschrieben an B versandt worden wäre; dann hätte keine Urkunde vorgelegen, sondern nur ein Blankett – vgl. dazu näher Rn 1271). Eine Urkunde liegt damit vor.

Diese müsste weiterhin unecht sein. Unecht ist eine Urkunde, wenn ihre Erklärung nicht von demjenigen stammt, der in ihr als Aussteller bezeichnet wird. A hat den Scheck unterschrieben und geht somit als Aussteller hervor. Er wollte jedoch keine Verbindlichkeit in Höhe von 4.000,- € begründen. Um tatsächlicher Aussteller der Urkunde zu sein, müsste A die Betragsausfüllung auch *geistig* zuzurechnen sein. Dies ist aber nicht der Fall, da A sich den Inhalt nicht zurechnen lassen will bzw. muss.[2074] Vielmehr hat B seine Befugnis überschritten und ist somit tatsächlicher Aussteller der Urkunde geworden. Der Scheck ist unecht. B handelte vorsätzlich und zur Täuschung im Rechtsverkehr. Rechtswidrigkeit und Schuld liegen vor. B hat sich gem. § 267 I Var. 1 strafbar gemacht.

> **Hinweis für die Fallbearbeitung:** Allerdings ist stets zu beachten, dass es eines Eingehens auf die Geistigkeitstheorie nur dann bedarf, wenn der Sachverhalt Anlass dazu bietet. Das ist nicht der Fall, wenn derjenige, der das Objekt hergestellt hat, auch derjenige ist, der sich die Willenserklärung auch zurechnen lassen möchte/muss.

1253

bb. Erkennbarkeit des Ausstellers

Der Aussteller muss auch erkennbar sein. Liegt ein unterzeichnetes Dokument vor, ist der Aussteller regelmäßig der Unterzeichner bzw. dessen Organisation. Ist gesetzlich nicht bestimmt, dass es zur Herstellung der Authentizität einer eigenhändigen Unterschrift des Ausstellers bedarf, genügt es bei Fehlen der Unterzeichnung, wenn sich die geistige Urheberschaft aus dem Inhalt oder aus sich daraus ergebenden Hinweisen ergibt. Voraussetzung ist aber, dass die Urheberschaft mindestens für Eingeweihte **erkennbar** ist.[2075] Zu berücksichtigen sind insbesondere die Verkehrsauffassung und die Vereinbarung der Parteien.[2076] So genügt es bei einer Monatskarte der Bahn, wenn das Bahn-Logo und andere Authentizitätsmerkmale vorhanden sind. Ist die Erkennbarkeit des Ausstellers aber nur dadurch möglich, dass Umstände herangezogen werden, die

1254

[2074] Anders im Zivilrecht, wo eine Zurechnung stattfinden soll; vgl. BGHZ 40, 65, 68 (Blankobürgschaft); 113, 48, 53 (Blankoüberweisungsträger).
[2075] BGHSt 7, 149, 152; 5, 75, 79; RGSt 59, 38, 40. Zur Erkennbarkeit des Ausstellers von Parkscheinen, die von Parkscheinautomaten hergestellt werden, vgl. OLG Köln NJW 2002, 527, 528 (mit Bespr. *Hecker*, JuS 2002, 224); *Hoffmann-Holland/Singelnstein/Simonis*, JA 2009, 513, 514.
[2076] *Sch/Sch-Heine/Schuster*, § 267 Rn 16 ff.; BayObLG NJW 1981, 772, 773 m.w.N.

Urkundendelikte – Begriff der Urkunde

völlig außerhalb der Urkunde liegen, liegt keine Urkunde vor, auch wenn der Urheber letztlich identifiziert werden kann. An der Erkennbarkeit des Ausstellers fehlt es daher grds. auch bei **anonymen Urkunden**. Möglich sind die offene und die verdeckte Anonymität.

1255
- Von **offener Anonymität** spricht man, wenn der Aussteller das Schriftstück überhaupt nicht oder lediglich mit einem Phantasienamen unterschreibt (beispielsweise „Garfield", „Napoleon" oder „Donald Duck") *und* dies dazu führt, dass die Person nicht individualisierbar ist. Ist aber die Person, die mit einem Phantasienamen unterschreibt, gleichwohl identifizierbar, ist die Erkennbarkeit des Ausstellers gegeben.

Beispiel: Der streitbare Rentner R ist im Viertel als Napoleon bekannt. Er beobachtet, wie D den Renault des F beschädigt. Da er D nicht mag, schreibt er diesem einen Brief, in dem er von ihm 100,- € verlangt. Ansonsten werde D sein Waterloo erleben, da er aussagen werde. R unterschreibt den Brief, wie immer in solchen Fällen, mit „Ihr Napoleon". Handelt es sich bei dem Schreiben um eine Urkunde?

Es müsste zunächst eine verkörperte Gedankenerklärung vorliegen. Diese liegt vor, da R seinen erpresserischen Willen zum Ausdruck bringt. Die Erklärung ist im Rechtsverkehr beweisgeeignet. Auch ist das Schreiben beweisbestimmt (Deliktsurkunde), da R in dem Bewusstsein handelte, dass ein anderer durch die Erklärung des R zu einem rechtserheblichen Verhalten (Zahlung) veranlasst wird. Um eine Urkunde im strafrechtlichen Sinne zu sein, muss ein Aussteller, der als Garant für seine Erklärung stehen will, erkennbar sein. Vorliegend könnte ein Fall von offener Anonymität und somit keine Urkunde vorliegen. Dies ist dann der Fall, wenn niemand für die Erklärung einstehen will und soll. Da es sich bei „Napoleon" jedoch bekanntermaßen um R handelt, also eine individualisierbare Urheberschaft vorliegt und R sich den Inhalt des Schreibens zurechnen lassen will und muss (er will ja schließlich das Geld bekommen), liegt eine Urkunde vor.[2077] Somit wird deutlich, dass es völlig gleichgültig ist, ob eine Person mit dem Namen Napoleon überhaupt existiert.

1256
- Von **versteckter Anonymität** wird gesprochen, wenn der Aussteller seine Person durch den Gebrauch eines Allerweltsnamens (Müller, Meier, Schulze) verschleiern will und im Übrigen jeder Hinweis auf den Aussteller fehlt. Versteckte Anonymität wird teilweise auch bei **unleserlicher Unterschrift** angenommen.[2078]

Beispiel[2079]: L hat leider kein Geld mehr, seinen repräsentativen Mini Cooper der ersten Generation in Stand zu halten. Dieser wurde daraufhin stillgelegt; die Kennzeichen HG – ET 123 wurden entstempelt. Da er im illustren Stadtteil Kreuzberg wohnt und somit auf ein Kultfahrzeug angewiesen ist, kommt ihm eine Idee. Um weiterhin am Straßenverkehr teilnehmen zu können, zeichnet er auf einem kreisförmigen Stück Papier den hessischen Bären nach und klebt diesen auf die Kennzeichen. Hinzu fügt er: „Landratsamt", vergisst jedoch, die Bezeichnung „des Hochtaunuskreises" hinzuzufügen. Anschließt bringt er die Kennzeichen fest am Fahrzeug an. Da ein Hesse in Berlin eben auffällt, wird der Schwindel dementsprechend bemerkt. Strafbarkeit des L gem. § 267 I Var. 1 u. 3?

Indem L das Wappen Hessens nachmalte und auf die Kennzeichen klebte, um anschließend mit dem Fahrzeug am Straßenverkehr teilzunehmen, könnte er sich wegen Herstellens und/oder Gebrauchens einer unechten Urkunde gem. § 267 I Var. 1 und 3 strafbar gemacht haben.

Voraussetzung wäre zunächst, dass es sich bei den an dem Mini Cooper angebrachten Kennzeichen um eine (zusammengesetzte) Urkunde handelte (bei Kfz-Kennzeichen spricht man von urkundsgleichen Beweiszeichen). Dann müsste es sich um eine verkörperte Gedankenerklärung handeln, die im Rechtsverkehr beweisgeeignet und -bestimmt ist sowie ihren Aussteller erkennen lässt. Das an dem Fahrzeug angebrachte Kennzeichen enthält

---

[2077] Vgl. dazu *Seier*, JA 1979, 133, 134 ff.
[2078] Vgl. dazu *Heinrich*, Jura 1999, 585, 590; Sch/Sch-*Heine/Schuster*, § 267 Rn 18.
[2079] In Anlehnung an OLG Stuttgart NStZ-RR 2002, 370.

Urkundendelikte – Begriff der Urkunde

die Erklärung, dass der Wagen unter diesem Kennzeichen im Fahrzeugregister für L als Halter zum öffentlichen Verkehr zugelassen wurde.[2080] Dieses war auch im vorliegenden Fall beweisgeeignet und bestimmt. Fraglich ist jedoch, wie es sich auswirkt, dass L vergessen hat, den Zusatz „des Hochtaunuskreises" hinzuzufügen. Möglicherweise fehlt somit der Aussteller. Helfen kann hier § 10 III FZV. Diese Vorschrift beschreibt die erforderlichen Merkmale, die eine Zulassungsplakette aufweisen muss, um (bundeseinheitliche) Geltung zu erlangen. Die Bezeichnung der Zulassungsstelle, in diesem Falle „Hochtaunuskreis", gehört hierzu. Der Begriff „Landratsamt" allein kommt der Verwendung eines Allerweltsnamens gleich und ist letztlich ein Fall der „versteckten Anonymität". Somit liegt mangels Ausstellers keine Urkunde vor. L hat sich nicht gem. § 267 strafbar gemacht.

Zu prüfen ist nun eine **Versuchsstrafbarkeit**. In der Originalentscheidung hält das OLG Stuttgart eine Strafbarkeit wegen untauglichen Versuchs für möglich, kommt jedoch aus Beweisgründen zu dem Ergebnis, es liege lediglich ein strafloses Wahndelikt vor. Für eine Versuchsstrafbarkeit müsse sich der Täter vorgestellt haben, eine unechte, aber *beweisfähige* Urkunde herzustellen. Dem Täter sei zu unterstellen, dass er aufgrund eines falschen Begriffsverständnisses angenommen habe, er stelle eine falsche Urkunde her. In einem solchen Fall habe der Täter aber die Reichweite der Norm zu seinen Ungunsten überdehnt, da ohne Nennung der Zulassungsstelle noch nicht einmal der Anschein einer Urkunde im strafrechtlichen Sinne erweckt werde. Dies sei ein Anwendungsfall des straflosen **Wahndelikts**.

Die Abgrenzung zwischen strafbarem untauglichen Versuch und straflosem Wahndelikt (Prüfungsstandort: *Nach seiner Vorstellung von der Tat ...*) ist gerade bei den Urkundendelikten sehr schwierig, da eine Urkunde im Sprachgebrauch - also der Laiensphäre - etwas anderes ist als im strafrechtlichen Sinne. Das Tatbestandsmerkmal „Urkunde" ist nicht sinnlich wahrnehmbar, sondern verrechtlicht und setzt somit eine juristische Subsumtion voraus. Der Täter macht sich regelmäßig keine schlüssigen Vorstellungen über sein strafrechtlich relevantes Verhalten in Bezug auf den Urkundenbegriff. Mithin verkennt er die Abgrenzungs- und Warnfunktion des Tatbestandsbegriffs. Aus diesem Grund kann für den vorliegenden Fall mit dem anzuwendenden Beweisergebnis ein strafloses Wahndelikt bejaht werden. Es darf jedoch *nicht* pauschal angenommen werden, es liege stets in diesem Zusammenhang ein strafloses Wahndelikt vor. Das erkennende Gericht geht hier zugunsten (eher aus Beweisgründen, da sich der Täter erkennbar nicht zu seiner subjektiven Tatseite eingelassen hat) des Täters von einem straflosen Wahndelikt aus.[2081]

Vorliegend ist somit lediglich eine Strafbarkeit wegen **Kennzeichenmissbrauchs** nach § 22 I Nr. 1, II StVG einschlägig (wird in Fallbearbeitungen häufig übersehen!).

Zwar wurde bislang gesagt, dass es bei der Frage nach dem Aussteller letztlich nicht auf den Schreiber, sondern auf den **Erklärer** ankomme (sog. Geistigkeitstheorie) und dass es genüge, wenn aus der Urkunde erkennbar sei, wer dahinter stehe. Allerdings ist die Bestimmung des Ausstellers regelmäßig in Fällen der **rechtsgeschäftlichen Stellvertretung** (§§ 164 ff. BGB) problematisch. Da diese Frage jedoch abschließend im Zusammenhang mit der Erläuterung des § 267 beantwortet wird, sei insoweit auf Rn 1289 ff. verwiesen.

1257

> **Beispiele** für **Einzelurkunden** sind demnach: Geburts-, Heirats- und Sterbeurkunden; Staatsbürgernachweis; Vaterschaftsanerkennung (allesamt personenbezogene Urkunden); Grundstückskaufvertrag; Grundbuchauszug; Wertpapiere; Handelsregisterauszug (allesamt sachbezogene Urkunden).

[2080] BGH NJW 2000, 229. Vgl. auch Rn 1264b und 1292c.
[2081] Zu der ganzen Problematik vgl. OLG Düsseldorf StV 2001, 237 (dazu *Sättele/Heuchemer*, JA 2000, 946).

Urkundendelikte – Begriff der Urkunde

2. Abgrenzung von Beweiszeichen und Kennzeichen

1258 Nach dem hier zugrunde gelegten weiten Verständnis der Urkunde muss es sich nicht notwendigerweise um ein Schriftstück handeln. Daher kann jede Gedankenerklärung, die durch *Zeichen* oder *Symbole* verkörpert wird, als sog. *Beweiszeichen* eine Urkunde i.S.d. §§ 267 ff. sein.[2082] Es handelt sich hierbei in aller Regel um einen Unterfall **zusammengesetzter Urkunden**. Das Beweiszeichen allein ist keine Urkunde. Für sich allein besagt und erklärt es in aller Regel nichts. Erst durch die Verbindung mit einem Bezugsobjekt kann eine zusammengesetzte Urkunde entstehen (dazu sogleich Rn 1259 ff.).

Die h.M. versteht unter **Beweiszeichen** solche Gegenstände oder Zeichen, die nach Gesetz, Herkommen oder Vereinbarung der Beteiligten erkennbar eine Gedankenäußerung des Urhebers darstellen sowie geeignet und bestimmt sind, im Rechtsverkehr einen Beweis zu erbringen.[2083]

Das Beweiszeichen allein ist noch **keine** Urkunde. Erst in Verbindung mit einem Bezugsobjekt kann es zu einer (zusammengesetzten) Urkunde werden.

Den Gegenbegriff zu den Beweiszeichen bilden die sog. **Kennzeichen** (Unterscheidungs- und Identitätszeichen), welche mangels Gedankenerklärung von vornherein nicht unter den Begriff der Urkunde fallen. Beispiele sind Stempel auf Unterlagen oder Eigentümerzeichen in Büchern etc. Sie dienen lediglich der Ordnung und Unterscheidung der Objekte. Was aber als Beweiszeichen, also ggf. in Verbindung mit einem Bezugsobjekt als Urkunde angesehen wird und was der bloßen Unterscheidung dient, ist mitunter schwierig zu ermitteln. Die Rechtsprechung ist nicht einheitlich. Daher ist auch im Rahmen einer Fallbearbeitung auf eine methodisch korrekte Auslegung bzw. Herleitung des Urkundenbegriffs zu achten. Die o.g. Kriterien sollten dies veranschaulicht haben.

3. Zusammengesetzte Urkunde

1259 Von **zusammengesetzten Urkunden** spricht man, wenn die verkörperte Gedankenerklärung (Beweiszeichen) mit einem anderen Gegenstand (Augenscheinsobjekt; Bezugsobjekt) **fest** zu einer **Beweiseinheit** verbunden wird und gerade *dadurch* erst die Urkundeneigenschaft erlangt.[2084]

1260 Als Schlagworte für das Vorliegen einer Beweiseinheit sollte man sich merken:

- Trennung vernichtet i.S.v. § 274 I Nr. 1 (beachte hier auch § 303 I)
- Austausch verfälscht i.S.v. § 267 I (und vernichtet, wobei § 274 I Nr. 1 auf Konkurrenzebene zurücktritt)

1261 Diese wohl juristisch am schwierigsten zu erfassende und gleichzeitig in Prüfungsarbeiten am häufigsten anzutreffende Urkundenart wirft einige Probleme auf. Denn isoliert betrachtet sind die Erklärungsteile häufig keine Urkunden. Dies ist immer dann der Fall, wenn es sich um *Beweiszeichen*[2085] handelt. Dieses erhält seinen Erklärungswert immer erst aus der Verbindung mit dem Bezugsobjekt. Zusammengesetzte Urkunden kommen in zwei Formen vor:

1262 - Möglich ist zum einen, eine Beweiseinheit aus *Erklärung* und *Bezugsobjekt* anzunehmen, so z.B. hinsichtlich des Korrekturvermerks auf einer Prüfungsarbeit, des Beglaubigungs-

---

[2082] BGH NStZ 1984, 73; BGHSt 9, 235 ff.; OLG Zweibrücken NStZ 2000, 201; *W/H/E*, BT 1, Rn 870 f.
[2083] Sch/Sch-*Heine/Schuster*, § 267 Rn 22; Lackner/Kühl-*Heger*, § 267 Rn 9; *W/H/E*, BT 1, Rn 883 ff.; AG Waldbröl NJW 2005, 2870 (mit Bespr. v. *Kudlich*, JA 2006, 173 ff.).
[2084] MüKo-*Erb*, § 267 Rn 53 ff.; Sch/Sch-*Heine/Schuster*, § 267 Rn 36a; *W/H/E*, BT 1, Rn 896; Lackner/Kühl-*Heger*, § 267 Rn 8; AG Waldbröl NJW 2005, 2870.
[2085] Mit den o.g. Abgrenzungsproblemen zu den Kennzeichen.

Urkundendelikte – Begriff der Urkunde

vermerks auf einer Kopie, aber auch hinsichtlich der gut befestigten Visitenkarte am beschädigten Auto (!).

- Häufiger ist jedoch im Wirtschaftsverkehr die Beweiseinheit von *wortvertretendem Symbol* (Beweiszeichen, s.o.) und *Bezugsobjekt*. Beispiele hierfür sind die Plombe am Stromzähler, der Prüfstempel des Fleischbeschauers, das mit amtlichem Siegel versehene Kennzeichen am Kfz und das Lichtbild im Ausweis. Diese Beweiszeichen bilden zusammen mit dem jeweiligen Bezugsobjekt Urkunden.

1263

Beispiele:

(1) Das **Preisetikett** an einem Artikel ist isoliert betrachtet ein praktisch bedeutungsloses Zeichen, da es lediglich einen Preis aufzeigt. Wird es allerdings (etwa durch ein Kunststoffband oder durch Einschweißen in eine Klarsichtfolie) fest mit der Ware verbunden, bedeutet diese Verbindung, dass der Hersteller (Garantiefunktion) für die Ware einen bestimmten Preis festgesetzt hat (Perpetuierungs- und Beweisfunktion).[2086] Vertauscht nun bspw. Kunde T das Preisschild einer teuren Ware (hier: grüne Hose) mit dem Preisschild einer billigen (hier: blaue Hose), verfälscht er gem. § 267 I Var. 2 die zusammengesetzte Urkunde (grüne Hose mit Preisschild). Bezüglich der blauen Hose, an der kein Interesse besteht, wird § 267 I Var. 2 mangels Täuschungsabsicht im Rechtsverkehr nicht verwirklicht. Durch die Entfernung der beiden Preisschilder kommt außerdem eine Urkundenunterdrückung gem. § 274 I Nr. 1 in Betracht. Sie ist im ersten Fall (das Entfernen des Preises an der grünen Hose) zu bejahen und tritt subsidiär zurück. Bezüglich der blauen (billigen) Hose, an der das Schild der teuren Ware angebracht wurde, fehlt es an der subjektiv erforderlichen Absicht des § 274 I Nr. 1. Ferner kommt eine Strafbarkeit wegen (versuchten) Betrugs und (vollendeter) Sachbeschädigung in Betracht.

1264

(2) Ähnliches gilt für den Fall, dass der Täter die Ware mit einem anderen EAN- bzw. GTIN-Code versieht[2087]: In einem Freizeitmarkt werden u.a. Gartenschlauchtrommeln als Set angeboten. Als Einheit zusammengebaut werden Trommel, Schlauch und Spritzdüse mit Duschkopf zu einem – in Abhängigkeit der jeweiligen Qualitätsstufe – Gesamtpreis von 39,90 € bis 59,90 € angeboten. Am Duschkopf ist mittels Schlaufe ein Label angebracht. Auf dem Label aufgedruckt ist die 13-stellige EAN bzw. GTIN nebst Strichcode. Zweck dieses Identifikationsverfahrens ist u.a., dass an der Kasse lediglich der Strichcode gescannt werden muss, um den Preis aufzurufen und den Verkauf im Warenwirtschaftssystem zu verbuchen. T hat Interesse an dem teuersten Set, fasst dabei aber den Entschluss, den (lediglich gesteckten) Duschkopf des günstigsten Sets abzuziehen und auf den Schlauch des teuersten Sets aufzustecken. Sodann begibt er sich zum Kassenbereich und legt das Set auf das Kassenband. Die Kassiererin scannt das Label und nennt T einen Preis von 39,90 €. Nach Bezahlung begibt sich T in Richtung Ausgang, wo er aber von der Kaufhausdetektivin D, die das Geschehen beobachtete, abgefangen wird. Neben dem verwirklichten Betrug[2088] kommt Urkundenfälschung gem. § 267 I Var. 2 in Betracht. Bei dem Trommelset handelt es sich um eine zusammengesetzte Urkunde. Das Beweiszeichen (der Sticker mit dem GTIN-Code) und das Trommelset (Bezugsobjekt) bilden eine Beweiseinheit. Die feste Verbindung führt zur Urkundeneigenschaft.[2089] Mithin hat T durch das Auswechseln des Beweiszeichens den Tatbestand des § 267 I Var. 2 erfüllt.

1264a

[2086] Vgl. hierzu die Fälle bei *Rotsch*, JuS 2004, 607 ff., *Fahl*, JuS 2004, 885, 887, *Heinrich*, JA 2011, 423, 424 und *Preuß*, JA 2013, 433, 438. Wichtig ist die hinreichend feste Verbindung der Bezugsobjekte. Ist der Preis lediglich auf eine leicht zu öffnende Folie geklebt und entfernt der Täter diese, liegt an diesem Objekt keine Urkundenunterdrückung oder Verfälschung – mangels Urkunde – vor. Nicht vergessen darf man § 303 I, welcher regelmäßig übersehen wird. Ähnliche Beispiele sind das Entfernen von Grußkarten an Blumensträußen, welche nur locker in den Strauß gesteckt werden, oder das Entfernen von Visitenkarten an beschädigten Sachen. Regelmäßig ist dann ein Vermögensdelikt in Bezug auf die entfernte Sache (§§ 242, 246 an der Gruß- oder Visitenkarte) zu prüfen. Wird diese weggeworfen, ist das Verhältnis von § 242 zu § 303 I herauszuarbeiten.

[2087] Folgender Fall nach OLG Karlsruhe 13.3.2019 – 1 Rv 3 Ss 691/18.

[2088] Siehe dazu *R. Schmidt*, BT II, Rn 78b.

[2089] Im Originalfall fehlte es an der festen Verbindung des von T zusammengesetzten Sets, sodass lediglich eine Urkundenunterdrückung am Originalset (§ 274 I Nr. 1) vorlag.

Urkundendelikte – Begriff der Urkunde

1264b

(3) Auch **Kfz-Kennzeichen** („Nummernschilder") i.S.d. §§ 8 ff. FZV stellen isoliert betrachtet keine Urkunden dar, sondern lediglich Beweiszeichen.[2090] Urkunden sind Kfz-Kennzeichen vielmehr nur zusammen mit dem auf das jeweilige Kennzeichen zugelassenen Fahrzeug, mit dem das Kennzeichen fest verbunden ist. Maßgebliche Begründung für die Annahme einer derart zusammengesetzten Urkunde ist eine Gesamtschau: Die Kennzeichen i.e.S. (d.h. die Blechtafeln mit den eingestanzten Buchstaben und Ziffern) werden mit Siegel des Zulassungsbezirks versehen; auf dem hinteren Kennzeichen wird zudem die Prüfplakette für den Termin der nächsten Hauptuntersuchung („TÜV") nach § 29 StVZO aufgebracht. Sodann werden die Schilder (fest) am Fahrzeug angebracht (vgl. zu diesen Anforderungen § 10 FZV). Durch diesen Gesamtvorgang wird bewiesen, dass dieses Fahrzeug für einen bestimmten Halter unter dieser Kennzeichennummer im Fahrzeugregister eingetragen und zum öffentlichen Verkehr zugelassen ist (§§ 3, 8 FZV).[2091] Werden solche Kennzeichen bzw. Plaketten manipuliert (etwa indem die Prüfplakette mit einer anderen Farbe übermalt und dadurch der Eindruck vermittelt wird, der nächste Prüftermin sei erst ein Jahr später), stellt sich die Frage, ob darin ein Verfälschen der zusammengesetzten Urkunde liegt. Ein Verfälschen gem. § 267 I Var. 2 setzt nach einer gebräuchlichen Definition voraus, dass der Täter den gedanklichen Inhalt der echten Urkunde abändert (vgl. dazu Rn 1292 ff.). Bei bloßen Änderungen des äußeren Erscheinungsbildes (wie das z.B. bei der farblichen Änderung der Prüfplakette der Fall ist) ist daher genau zu prüfen, ob durch das Verhalten nur die Wahrnehmbarkeit des Schildes in einer bestimmten Weise eingeschränkt oder tatsächlich sein gedanklicher Inhalt verändert worden ist.

Jedenfalls fehlt es an der Urkundeneigenschaft, wenn ein nicht gesiegeltes oder entsiegeltes Kennzeichen an ein Fahrzeug befestigt wird. Denn in diesem Fall fehlt es am Aussteller bzw. an dessen Erkennbarkeit und damit an der Garantiefunktion. Folgerichtig kommt auch keine Strafbarkeit wegen Urkundenfälschung in Betracht, wohl aber wegen Kennzeichenmissbrauchs gem. § 22 I Nr. 1 StVG.[2092]

Vgl. dazu insgesamt sowie zur rechtlichen Beurteilung der Verwendung eines **Klebefolienkennzeichens**, eines (falschen oder abgelaufenen) **Versicherungskennzeichens**, des Besprühens des Kennzeichens mit reflektierendem **Klarlack** oder des Beklebens mit „**Antiblitzfolie**" Rn 1292c, Rn 1294 und Rn 1382.

1265

(4) Teilweise werden auch **Verkehrszeichen** (Verkehrsschilder) und Linien/Zeichen auf der Fahrbahn als zusammengesetzte Urkunden angesehen.[2093] Eine verkörperte Gedankenerklärung liegt unstreitig darin, dass bis zum nächsten Zeichen die angegebene Regelung gilt. Eine hinreichend feste Verbindung kann ebenfalls nicht abgelehnt werden. Fraglich ist jedoch, ob die Gedankenerklärung im Rechtsverkehr beweisgeeignet und beweisbestimmt ist. Gegen die Beweisbestimmung wird angeführt, dass der Beweis des Erlasses des Verwaltungsakts[2094] bei mobilen oder Wechsel-Verkehrszeichen nicht erbracht werden könne (diese Auffassung verkennt jedoch das Merkmal der Beweisbestimmung, s.o.). Zweifelhaft ist aber v.a., ob ein *Aussteller* erkennbar ist. Hiergegen wird angeführt, dass dieser nicht zweifelsfrei festzustellen sei. Die Straßenverkehrsbehörde, welche über den Ort des Schildes und seinen Inhalt entscheidet, stellt dieses jedoch nicht auf. Dies tut die Straßenbaubehörde. Demnach hat der Erklärende die hinreichend feste Verbindung mit dem Bezugsobjekt nicht vorgenommen. Es liegt folglich keine Urkunde vor. Welche Auffassung vorzugswürdig ist, kann nicht ohne weiteres gesagt werden. Die Befürworter der Urkundeneigenschaft sind in ihrer Argumentation sehr rechtsfolgenorientiert. Bei juristisch korrekter Betrachtung muss man

---

[2090] So auch OLG Koblenz NStZ-RR 2016, 388.
[2091] Das sieht nun auch der BGH so (BGH NStZ 2019, 87).
[2092] Vgl. abermals ebenso OLG Koblenz NStZ-RR 2016, 388.
[2093] Vgl. hierzu den Fall von *Baier*, JuS 2004, 56 ff. Vgl. auch OLG Köln NJW 1999, 1042 mit krit. Bespr. v. *Dedy*, NZV 1999, 136. In der Entscheidung ging es um die Strafbarkeit des Überklebens eines Verkehrsschildes mit einer Folie, § 267 I Var. 2. Vgl. auch *Böse*, NStZ 2005, 370, 371.
[2094] Bei den Verkehrszeichen handelt es sich um Verwaltungsakte in Form von Allgemeinverfügungen (§ 35 S. 2 VwVfG), vgl. dazu *R. Schmidt*, AllgVerwR, 21. Aufl. 2018, Rn 421 ff.

jedoch dem OLG Köln[2095] in seiner Entscheidung Recht geben. Der Aussteller der Urkunde ist nicht zweifelsfrei zu ermitteln.

4. Gesamturkunde

Eine **Gesamturkunde** liegt vor, wenn mehrere einzelne Schriftstücke oder Urkunden dergestalt miteinander verbunden werden, dass gerade die **sinnvoll geordnete Zusammensetzung** (und möglicherweise nur diese) einen über die Beweiskraft der einzelnen Urkunden hinausgehenden Inhalt hat.[2096]

1266

Als Schlagworte sollte man sich merken:

- Entfernen und Einfügen „verfälscht" i.S.v. § 267.
- Unterlässt es der Täter, einen eintragungspflichtigen Vorgang aufzunehmen, wird die vorhandene Gesamturkunde zwar falsch, aber nicht verfälscht.

Folgende Prüfungspunkte sind zu beachten:

1267

- Es müssen mehrere Schriftstücke oder Einzelurkunden zu einem **einheitlichen Ganzen** mit hinreichender Festigkeit zusammengefügt werden.

- Herstellung und Führung der Gesamturkunde müssen auf **Gesetz**, **Vereinbarung** oder **Geschäftsgebrauch** beruhen. Zu beachten gilt, dass eine einseitige Anordnung einer Partei zur Führung einer Gesamturkunde nicht genügt.

- Durch die Verbindung der Schriftstücke oder Einzelurkunden muss ein **übergeordneter, neuer und selbstständiger Erklärungsinhalt** entstehen, welcher eine Rechts- oder Geschäftsbeziehung vollständig erfasst (sog. Abgeschlossenheitserklärung).[2097] Es wird hierdurch nicht nur die Existenz aller Vorgänge bekundet, sondern auch das Nichtbestehen weiterer rechtserheblicher Tatsachen.

  Beispiele[2098]: Verschiedene Rechnungen (= Einzelurkunden) werden zum Zweck der Endabrechnung für einen bestimmten Zeitraum zusammengefasst. Hier enthält die Endabrechnung die zusätzliche Beweiseignung für die Vollständigkeit der Abrechnung. Weiterhin werden die Handelsbücher eines Kaufmanns, Gerichtsakten[2099], Sparkassenbücher, Personalakten und Einwohnerverzeichnisse der Meldebehörden als Gesamturkunden betrachtet.

  Keine Gesamturkunden sind etwa die mit dem Lichtbild des Inhabers *durch diesen selbst* zu vereinigende Monatskarte (wohl aber eine zusammengesetzte Urkunde), die Handakten eines Rechtsanwalts oder ein Reisepass, soweit er Einträge unterschiedlicher Herkunft enthält, die jeweils selbstständige Urkunden darstellen und gesonderten strafrechtlichen Schutz genießen.

Wie diese Beispiele zeigen, entscheidet für das Vorliegen einer Gesamturkunde nicht primär die Festigkeit der Verbindung, sondern die Entstehung eines sinnvollen Ganzen durch Zusammenfügung mehrerer Schriftstücke, Zeichen oder Urkunden.

1268

Beispiel: Der bei einer Wahl abgegebene Stimmzettel ist schon wegen der Anonymität des Wählers keine Urkunde (keine Garantiefunktion). Alle Stimmzettel in der verschlossenen Urne bilden aber zusammen mit der Wählerliste eine Zusammenfassung, welche die Aussteller (alle Wähler) erkennen lässt und hinsichtlich derer auch die Perpetuierungsfunktion und die Beweisfunktion zu bejahen sind. Nimmt ein Wahlhelfer Manipulationen vor, indem er etwa Stimmzettel der A-Partei entfernt und durch von ihm hergestellte

---

[2095] So auch *Jahn*, JA 1999, 98, 99.
[2096] Lackner/Kühl-*Heger*, § 267 Rn 5; *Joecks/Jäger*, § 267 Rn 33/34; Sch/Sch-*Heine/Schuster*, § 267 Rn 30; OLG Hamm NStZ-RR 1998, 331; BGHSt 4, 60, 61.
[2097] RGSt 60, 17; 67, 245; BGHSt 4, 60, 61.
[2098] Nachweise bei Lackner/Kühl-*Heger*, § 267 Rn 5; *W/H/E*, BT 1, Rn 895.
[2099] Vgl. dazu *Jänicke*, JA 2016, 430, 434.

Urkundendelikte – Begriff der Urkunde

Stimmzettel der B-Partei ersetzt, verfälscht er eine Gesamturkunde.[2100] Nach der Gegen-auffassung[2101] kommt eine Urkundenfälschung nicht in Betracht, da es sich stets um die Zusammenfassung von Einzelurkunden handeln müsse.

5. Sonderfälle (insb. Kopien und Telefaxe)

1269 Zu klären ist häufig, ob es sich bei Vorbereitungen zur Erstellung einer Urkunde und bei der Vervielfältigung von (echten) Urkunden um Urkunden im strafrechtlichen Sinne handelt.

a. Entwurf

1270 Der Entwurf einer Urkunde ist niemals eine Urkunde. Zur Begründung wird darauf ver-wiesen, dass eine Gedankenerklärung mangels Abgabe nicht vorliege. Auf jeden Fall fehlt es aber an der Beweisbestimmung.[2102]

b. Vordruck

1271 Unausgefüllte Vordrucke (Blankette) sind ebenfalls keine Urkunden. In der Regel fehlt ihnen die Ausstellerkennung. Dies gilt insbesondere für Bankschecks und auch dann, wenn diese mit einer Kontonummer versehen sind. Die abredewidrige Ausfüllung eines Schecks wird aber von § 267 I Var. 1 sanktioniert.

c. Einfache Abschrift

1272 Eine von einem Dritten gefertigte einfache Abschrift ist keine Urkunde, weil sie nicht die Erklärung des Ausstellers des Originals verkörpert, sondern lediglich wiedergibt, was (vermeintlich) in einem anderen Schriftstück verkörpert ist.[2103] Eine einfache Abschrift erfüllt also (jedenfalls, sofern sie von einem Dritten erstellt worden ist) weder die Be-weisfunktion noch die Garantiefunktion.[2104]

> **Beispiel**[2105]**:** Rechtsanwalt R wurde von M beauftragt, noch ausstehende Lohnzahlungen beim ehemaligen Arbeitgeber (AG) des M einzuklagen. Entgegen der Beauftragung nahm er zu dem AG jedoch nur außergerichtlich Kontakt auf und erhob niemals Klage, stellte M aber Gebühren für eine gerichtliche Tätigkeit in Rechnung. Auf die fortwährenden Nach-fragen seines Mandanten hin erklärte er bewusst wahrheitswidrig, dass das Verfahren rechtskräftig und zugunsten des M entschieden worden sei und dass sich lediglich das Vollstreckungsverfahren verzögere. Schließlich begab sich M selbst zum Arbeitsgericht, wo man ihm mitteilte, dass sich das fragliche – vermeintliche – Gerichtsverfahren nicht im Computer finden lasse. Deshalb misstrauisch geworden, suchte er die Kanzleiräume des R auf, um sich unter dem wahrheitswidrigen Vorwand, dass er das Urteil beim Finanzamt vorlegen müsse, eine Kopie der Gerichtsentscheidung aushändigen zu lassen. Auf Veran-lassung des R teilte eine Kanzleimitarbeiterin dem M mit, dieser solle am nächsten Tag er-neut erscheinen, dann erhalte er eine Kopie des Urteils. Da R nun endgültig davon aus-ging, dass seine „Notlüge" auffliegen werde, überlegte er, wie er ohne Gesichtsverlust aus dieser Geschichte wieder herauskommen könne. Deshalb entschloss er sich, am Computer ein Schriftstück zu erstellen, das wie ein arbeitsgerichtliches Urteil aussehen sollte. Nach-dem er in typischer Gerichtssprache ein entsprechendes Dokument erstellt hatte, in das er ein (fiktives) Aktenzeichen und das von ihm von der Internetseite des Gerichts herunter-geladene Gerichtswappen eingesetzt hatte, druckte es aus, versah es mit dem Stem-pelaufdruck „Abschrift" und händigte es dem M aus. Dieser ging mit diesem Schriftstück

---

[2100] So BGHSt 12, 108, 112; OLG Koblenz NStZ 1992, 134.
[2101] Sch/Sch-*Heine/Schuster*, § 267 Rn 31; Lackner/Kühl-*Heger*, § 267 Rn 5.
[2102] BGHSt 3, 82, 85; Lackner/Kühl-*Heger*, § 267 Rn 16.
[2103] OLG Hamm 12.5.2016 – 1 RVs 18/16.
[2104] BGHSt 2, 50; *Joecks/Jäger*, § 267 Rn 39.
[2105] Nach OLG Hamm 12.5.2016 – 1 RVs 18/16.

daraufhin zum Arbeitsgericht, um einen Beglaubigungsvermerk zu erhalten, weshalb die Angelegenheit herauskam.

Indem R eine Abschrift eines Gerichtsurteils fertigte, sie ausdruckte und dem M aushändigte, könnte sich wegen Urkundenfälschung gem. § 267 I Var. 1 strafbar gemacht haben. Dazu müsste er eine unechte Urkunde hergestellt haben. Eine Urkunde ist unecht, wenn ihre Erklärung nicht von demjenigen stammt, der in ihr als Aussteller bezeichnet ist (siehe Rn 1281). Die von R erstellte „Abschrift" stammt nicht vom Arbeitsgericht, also nicht von demjenigen, der in ihr als Aussteller bezeichnet wird. Allerdings ist zweifelhaft, ob eine einfache Abschrift der vorliegenden Art überhaupt als Urkunde i.S.d. § 267 angesehen werden kann. Zutreffend stellt das OLG Hamm zunächst fest, dass in der Rspr. gewisse einfache Abschriften durchaus als Urkunden i.S.d. § 267 angesehen werden, wenn sie kraft gesetzlicher Bestimmung an die Stelle der Urschrift treten oder sie als die von dem angeblichen Aussteller herrührende Urschrift ausgegeben werden. Gleiches gelte, wenn sie den Anschein erweckten, als sei die Abschrift von dem Aussteller der Urschrift oder doch wenigstens mit seiner Zustimmung zu dem Zweck hergestellt worden, im Rechtsverkehr als Ersatz der Urschrift zu dienen. Die mit einer einfachen Abschrift bzw. deren Vorlage verbundene Behauptung des Vorlegenden, dass eine Urkunde des aus der Abschrift ersichtlichen Inhalts existiere, genüge jedoch nicht, um diese einfache Abschrift selbst als Urkunde i.S.d. § 267 einzustufen. Daran ändere auch der Umstand nichts, dass im alltäglichen Leben verschiedenen Arten von Schriftstücken wie z.B. Fotokopien, Telefaxschreiben oder (ausgedruckten) E-Mails ein erheblicher Beweiswert beigemessen werde, denn auch dies begründe grds. noch nicht deren Urkundenqualität.

R ist daher nicht wegen eines Urkundendelikts strafbar.[2106]

Dient die einfache Abschrift nach Gesetz, Herkommen oder Vereinbarung als Ersatz der Urschrift (etwa bei deren Verlust), kann eine Urkundeneigenschaft durchaus bejaht werden.[2107] Jedenfalls stellt eine **beglaubigte Abschrift** eine Urkunde dar, weil die Amtsperson oder der die Abschrift Erstellende die Garantie für deren originalgetreue Wiedergabe übernimmt. Hier stellt zwar nicht die Wiedergabe des Originals, wohl aber der *Beglaubigungsvermerk*[2108] eine (zusammengesetzte) Urkunde dar.[2109] Ist daher die amtlich beglaubigte Abschrift falsch, können §§ 348 I, 271 vorliegen. § 267 kommt in Betracht, wenn der amtliche oder privatschriftliche Beglaubigungsvermerk nicht vom angeblichen Aussteller herrührt.

d. Durchschrift

Durchschriften einer Urkunde sind dagegen stets als Urkunde anerkannt.[2110] Sie werden z.B. mittels Kohlepapier zur Erstellung eines Duplikats hergestellt, um insbesondere einen bestimmten Sachverhalt für beide Parteien zu belegen (üblich bei Quittungen oder Bestellbestätigungen). Entsprechendes gilt, wenn eine Mehrheit von Urkunden auf technischem Wege (Hektographie, Druck) hergestellt wird. Hier sind insbesondere Werbeprospekte oder sonstige Offerten zu nennen.

1273

e. Fotokopie

Aufgrund zahlreicher (teilweise gegenläufiger) Gerichtsentscheidungen und der Möglichkeit, eine eigenständige juristische Argumentation abzuprüfen, sind Fallgestaltungen, die Vervielfältigungen des Originals zum Gegenstand haben, in Klausuren besonders häufig anzutreffen. Dabei gilt: Die einfache Fotokopie ist, wenn als solche erkennbar, nach zu-

1274

[2106] Selbst wenn dies anders wäre, beliefe sich die Kriminalstrafe wohl nur auf Geldstrafe, was angesichts der zu erwartenden standesrechtlichen Folgen, insbesondere der drohende Entzug der Anwaltszulassung, nicht besonders ins Gewicht fallen dürfte.

[2107] BGHSt 1, 117, 120; 2, 35, 38.

[2108] RGSt 34, 360; BGH StV 1994, 18; OLG Düsseldorf wistra 2000, 37; Sch/Sch-*Heine/Schuster*, § 267 Rn 40a.

[2109] Sch/Sch-*Heine/Schuster*, § 267 Rn 40a.

[2110] KG wistra 1984, 233; Sch/Sch-*Heine/Schuster*, § 267 Rn 41; Lackner/Kühl-*Heger*, § 267 Rn 15.

Urkundendelikte – Begriff der Urkunde

treffender Rspr. und h.L.[2111] ebenso wenig eine Urkunde wie die Fotografie einer Urkunde, soweit beide wie *einfache Abschriften* nur schlichte Reproduktionen des Originals sind und sich in dessen Wiedergabe erschöpfen. Dies gilt grundsätzlich auch dann, wenn der Aussteller die Kopie selbst hergestellt hat oder die Vervielfältigung autorisierte.[2112]

Bei einfachen (d.h. unbeglaubigten) Fotokopien fehlen nach i.d.R. alle Urkundenmerkmale: Es liegt lediglich die *Wiedergabe* einer verkörperten Gedankenerklärung vor, nicht das Original. Zudem ist die einfache Fotokopie im Rechtsverkehr *nicht durchweg beweisgeeignet,* da weitläufig nur Originale oder beglaubigte Fotokopien anerkannt sind.[2113] Auch kann von einer Beweisbestimmung nicht gesprochen werden. Wichtigstes und unbestrittenes Kriterium ist jedoch, dass der *Aussteller nicht erkennbar* ist. Aussteller der Fotokopie ist nämlich derjenige, der das Kopiergerät in Gang gesetzt hat. Die Identität dieser Person geht aus der Fotokopie gerade nicht hervor; der ersichtliche Aussteller des Originals will erkennbar nur für das von ihm erstellte Original einstehen. Folglich ist grds. *nicht* wegen vollendeter Urkundenfälschung strafbar, wer eine Fotokopie von einer echten Urkunde herstellt, an der so hergestellten Fotokopie den Text verändert und sodann von der solchermaßen veränderten Kopie eine neue Kopie anfertigt, damit die Manipulation nicht auffällt.[2114]

Nach einer Minderauffassung[2115] kommt bei einer (unbeglaubigten) Fotokopie jedoch noch eine Strafbarkeit gem. § 268 I in Betracht. Dann müsste es sich bei der Kopie aber um eine „selbsttätig bewirkte" technische Aufzeichnung gem. § 268 II handeln. Daran fehlt es: Zum einen ist der Initialvorgang durch Menschenhand vorgegeben (das Kopiergerät arbeitet nur auf Knopfdruck – gerade aber der Auslösevorgang muss nach zutreffender h.M.[2116] selbsttätig sein, anders ist dieses Merkmal nicht verständlich).[2117] Zum anderen erschöpft sich die Leistung des Geräts in der bloßen Nachahmung der Vorgabe, welche keinen neuen Informationsgehalt besitzt und für den Menschen unmittelbar nachvollziehbar ist. Somit kann es sich bei der Kopie nicht um eine technische Aufzeichnung handeln.

Zu beachten ist jedoch, dass der Rechtsverkehr auch bei Vorlage einer bloßen Fotokopie schutzwürdig sein kann und die pauschale Verneinung der Urkundeneigenschaft von Fotokopien zu inakzeptablen Strafbarkeitslücken führen kann. Daher lässt die h.M. von dem dargelegten Ergebnis zwei Ausnahmen zu:

- Zum einen soll eine Bestrafung gem. § 267 I Var. 3 (Gebrauchen) ausnahmsweise möglich sein, wenn eine unechte oder verfälschte Urkunde fotokopiert und dann im **Rechtsverkehr vorgelegt wird**. Hierunter versteht man dann ein **mittelbares Gebrauchmachen** der unechten oder verfälschten Urkunde.[2118]

  Gegen diese Auffassung spricht freilich, dass der Begriff des „Gebrauchens" in § 267 I Var. 3 sehr weit (möglicherweise zu weit) ausgelegt wird und so ein Verstoß gegen das Analogieverbot immanent ist. Außerdem kennt auch in dieser Konstellation der Empfänger, dass es sich nur um eine Fotokopie handelt, die nach h.M. gerade die Schutzwürdigkeit ausschließen soll.[2119]

- In jedem Fall zutreffend ist die h.M., wenn sie zum anderen die einfache Fotokopie als Urkunde qualifiziert, wenn diese **den Anschein des Originals erweckt**. Denn dann ist

---

[2111] BGH NStZ 2011, 91; NJW 2001, 167; OLG Stuttgart NJW 2006, 2869; OLG Düsseldorf wistra 2000, 37; *Freund,* StV 2001, 234; *Wohlers,* JR 2001, 83; *Beck,* JA 2007, 423, 424; *Satzger,* Jura 2012, 106, 112 f.
[2112] BGHSt 24, 140; BayObLG NJW 1990, 3221; *Beckemper,* JuS 2000, 123, 124.
[2113] Vgl. BGHSt 5, 290, 293; 24, 140, 141; BGH StV 1994, 18; *Beck,* JA 2007, 423, 424; *Preuß,* JA 2013, 433, 434.
[2114] Vgl. aber die sogleich behandelte Konstellation, in der die Fotokopie den Anschein der Echtheit erwecken soll (vgl. ferner auch das Beispiel bei Rn 1292a).
[2115] Vgl. *Schröder,* JR 1971, 469, 470 und Sch/Sch-*Heine/Schuster,* § 268 Rn 17; dagegen *Fischer,* § 268 Rn 7 m.w.N.
[2116] Vgl. die Übersicht bei *Fischer,* § 268 Rn 7.
[2117] Das Gleiche gilt somit auch für Film- und Tonaufnahmen sowie für Fotografien, welche von der M.M. als technische Aufzeichnungen anerkannt werden.
[2118] OLG Düsseldorf wistra 2000, 37; BGH StV 2001, 624; BGH StV 1994, 18; BayObLG NJW 1992, 3311; Lackner/Kühl-*Heger,* § 267 Rn 16 und 23.
[2119] Kritisch deswegen auch *Otto,* JuS 1987, 761, 769; *Freund,* StV 2001, 234; *Wohlers* JR 2001, 83 (ihnen folgend *Beck,* JA 2007, 423, 424 nun auch *Kühl/Lange,* JuS 2010, 42, 43).

Urkundendelikte – Begriff der Urkunde

der Rechtsverkehr sehr wohl schutzwürdig. In diesem Fall spricht man von einem **Aufrücken zur Urkunde**.[2120] Den Anschein einer Originalurkunde erweckt eine Reproduktion, wenn sie der Originalurkunde soweit ähnlich ist, dass die Möglichkeit einer Verwechslung gegeben ist. Hierbei kann die Qualität des Falsifikates eine Indizwirkung entfalten: Je besser diese Qualität ist, umso mehr spricht für eine Täuschungsabsicht des Täters.[2121] Insbesondere durch moderne Laserkopierer besteht heute die Möglichkeit, aus einer Vorlage täuschend echt aussehende „Originale" herzustellen. Die Begründung zur Aufrückung zur Urkunde besteht letztlich in der Schutzbedürftigkeit des Rechtsverkehrs.

Beispiel 1[2122]: T stellte seinen Pkw für ca. 30 Minuten an einer als Schwerbehindertenparkplatz ausgewiesenen Stelle ab, ohne hierzu berechtigt zu sein. Berechtigte war ausschließlich seine Tochter, die aufgrund ihrer Behinderung Inhaberin eines Schwerbehindertenausweises und der dazugehörigen Parkberechtigung ist. T war jedoch am Tattag nicht in Begleitung seiner Tochter. Um seine Parkberechtigung vorzutäuschen, platzierte er in Folie eingeschweißte Farbkopien sowohl des Schwerbehindertenausweises als auch des Parkausweises für Behinderte gut lesbar im Auto. In dem Ausweis befand sich aber kein Originalbild der Tochter, sondern ein Bild von T. Auch die Ösen, mit denen das Bild auf dem Original befestigt ist, waren nur kopiert. Auf dem kopierten Parkausweis waren zudem Knitterspuren des Originals zu erkennen. Der die Parkberechtigung überprüfende Polizist P hat diese sofort als Farbkopien erkannt und eine Strafanzeige wegen Urkundenfälschung geschrieben.

Hat sich T wegen Urkundenfälschung gem. § 267 I strafbar gemacht?

Möglicherweise hat T sich gem. § 267 I Var. 1 strafbar gemacht. Dann müsste er durch das Kopieren des Behindertenausweises eine unechte Urkunde hergestellt haben. Die Kopie müsste zunächst eine verkörperte Gedankenerklärung sein, die im Rechtsverkehr beweisgeeignet und -bestimmt ist sowie ihren Aussteller erkennen lässt.

Unstreitig ist, dass beglaubigte Fotokopien, ebenso wie beglaubigte Abschriften, als Urkunden im Rechtssinne gelten, weil sich der Rechtsverkehr auf die Echtheit verlässt. Demgegenüber gibt eine einfache Kopie, wenn sie als solche erkennbar ist, nur eine Erklärung wieder; sie verkörpert diese nicht selbst. Maßgebliches Kriterium für die Verneinung der Urkundeneigenschaft ist jedoch, dass der *Aussteller nicht erkennbar* ist. Aussteller der Fotokopie ist derjenige, der das Kopiergerät in Gang gesetzt hat. Die Identität dieser Person geht aus der Fotokopie aber gerade nicht hervor. Daher stellt die einfache Kopie grundsätzlich keine Urkunde dar. Insoweit ist der Rechtsverkehr auch nicht schutzwürdig: Derjenige, der an der Authentizität des Erklärten zweifelt, kann sich jederzeit das Original vorlegen lassen. Gleiches gilt hinsichtlich einer Collage.

Auch im vorliegenden Fall liegt nur eine einfache Fotokopie bzw. Collage vor. Jedoch kann auch einer einfachen Kopie bzw. Collage Urkundeneigenschaft zukommen, wenn durch die Reproduktion der Anschein einer Originalurkunde erweckt werden soll und die Kopie der Originalurkunde soweit ähnlich ist, dass eine Verwechslung nicht auszuschließen ist. Dabei kommt es jedoch weder entscheidend auf die Qualität des Falsifikats noch darauf an, ob das Vorliegen einer Kopie sofort erkennbar ist oder nicht. Denn selbst bei relativ schlechten Fälschungen kann ein berechtigtes Interesse des Rechtsverkehrs daran bestehen, darauf vertrauen zu können, dass eine Erklärung von dem stammt, von dem sie ausweislich ihrer Verkörperung zu stammen scheint, sofern nur die ernstzunehmende Möglichkeit einer unzutreffenden Zuordnung geschaffen wurde.

Demnach ist es für den vorliegenden Fall irrelevant, dass P, der häufig derartige Kontrollen durchführt, die Kopie bzw. Collage als solche sofort erkannt hat. Maßgeblich ist allein, dass der Täuschungswille des T dadurch zum Ausdruck gekommen ist, dass er den Eindruck vermitteln wollte, er sei Inhaber des Schwerbehindertenausweises.

[2120] Vgl. OLG Stuttgart NJW 2006, 2869; OLG Düsseldorf NStZ 2001, 482. Vgl. nun auch *Kühl/Lange*, JuS 2010, 42, 43 und *Preuß*, JA 2013, 433, 434. Grundlegend zur Problematik *Welp*, FS Stree/Wessels, 1993, 511, 521 ff.
[2121] OLG Stuttgart NJW 2006, 2869.
[2122] Nach OLG Stuttgart NJW 2006, 2869.

Urkundendelikte – Begriff der Urkunde

> **Hinweis für die Fallbearbeitung:** Für die Abgrenzung zu der Herstellung einer bloßen Fotokopie als Nichturkunde kommt es somit auf den Willen des Fälschers an, also darauf, ob er die Kopie zur Verwendung als falsches Original geschaffen hat oder als bloße Kopie in den Rechtsverkehr bringen will. Das führt in der Fallbearbeitung zur Notwendigkeit der Prüfung eines subjektiven Elements innerhalb des objektiven Tatbestands und sollte zu keiner Beanstandung durch den Korrektor führen, zumal der hier beschrittene Weg der Rechtsauffassung des OLG Stuttgart entspricht.

Der Schwerbehindertenausweis müsste des Weiteren von T als unecht hergestellt worden sein. Unecht ist eine Urkunde, wenn ihre Erklärung nicht von dem stammt, der in ihr als Aussteller bezeichnet ist[2123] (der Täter täuscht also über die Identität des Ausstellers). Als Aussteller der Kopie bzw. der Collage geht die Behörde, die die Originalurkunde erstellt hat, hervor. Diese braucht sich aber die Erklärung (Berechtigung zur Sondernutzung gegen Vorlage des Ausweises) nicht als eigene zurechnen zu lassen. Tatsächlicher Aussteller der Kopie bzw. der Collage ist T, der sie durch das Kopieren herstellte. T hat mithin eine unechte Urkunde hergestellt.

Auch handelte er zur Täuschung im Rechtsverkehr, da er einen Irrtum über die Echtheit hervorrufen wollte. Dabei ist es für die Vollendung des § 267 I Var. 1 irrelevant, ob der Rechtsverkehr tatsächlich getäuscht wurde, weil es insoweit lediglich auf die Täuschungsabsicht ankommt.

An Rechtswidrigkeit und Schuld bestehen von vornherein keinerlei Zweifel. T hat sich somit wegen Urkundenfälschung gem. § 267 I Var. 1 strafbar gemacht.

Zugleich liegt in dem Auslegen des gefälschten Behindertenausweises auch ein Gebrauchen einer unechten Urkunde gem. § 267 I Var. 3 vor. Da T aber von Anfang an vorhatte, den gefälschten Behindertenausweis zu gebrauchen, handelt es sich um ein einheitliches Delikt der Urkundenfälschung.[2124]

Ergebnis: T hat sich somit gem. § 267 I Var. 1 strafbar gemacht.[2125]

Beispiel 2: Beim Kopieren eines Kfz-Kennzeichens auf eine Folie und dem anschließenden Aufbringen der Folie auf das Kfz kann der Anschein einer Originalurkunde erweckt werden, weil ein Folienkennzeichen aufgrund einer Ausnahmegenehmigung theoretisch auch von der Kfz-Zulassungsbehörde ausgestellt werden könnte (vgl. § 47 I FZV i.V.m. § 10 FZV). Sieht ein selbst hergestelltes Folienkennzeichen also täuschend echt aus, kann eine Urkundeneigenschaft angenommen werden.[2126]

> **Fazit: Fotokopien** stehen im Grundsatz einfachen Abschriften gleich und können grds. **nicht als Urkunden** qualifiziert werden. Da es jedoch Fälle gibt, in denen dieses Ergebnis unbillig erscheint, werden davon **zwei Ausnahmen** gemacht:
>
> - Legt jemand eine **Kopie einer unechten oder verfälschten Originalurkunde** im Rechtsverkehr vor, stellt dies nach der Rspr. ein mittelbares Gebrauchen der unechten Originalurkunde dar, was zur Bejahung des Tatbestands des § 267 I Var. 3 führt. Diese Auffassung dehnt den Begriff des „Gebrauchens" jedoch sehr weit aus und ist daher mit Blick auf das Analogieverbot nicht ganz unproblematisch.
>
> - Ist die Fotokopie nicht als solche erkennbar, erweckt also den **Anschein eines Originals**, handelt es sich um die Herstellung einer unechten Urkunde durch den Kopierenden, da er den Anschein erweckt, der Aussteller des Originals sei zugleich der Aussteller der Kopie.

[2123] LG Bremen StV 1999, 322.

[2124] Vgl. zur Konkurrenzproblematik Sch/Sch-*Heine/Schuster*, § 267 Rn 79. Vertretbar ist es auch, bei dem anschließenden Gebrauchen von einer mitbestraften Nachtat oder gar bei dem Herstellen von einer mitbestraften Vortat auszugehen.

[2125] Zu denken wäre auch an einen versuchten Betrug. Dieser scheitert jedoch daran, dass eine betrugsrelevante Vermögensminderung von vornherein nicht in Betracht kommt, da Bußgelder (wie Geldstrafen) nicht zum strafrechtlich geschützten Vermögen zählen; diese haben ausschließlich sanktionsrechtliche Funktion (vgl. dazu *R. Schmidt*, BT II, Rn 604).

[2126] Vgl. dazu *Wiese*, JA 2016, 426, 428 sowie unten Rn 1292c/1382.

Urkundendelikte – Begriff der Urkunde

f. Collage

Eine Collage, bei der eine Unterschrift in bzw. unter einen bestehenden Text hineinkopiert wird, ist keine Urkunde.[2127] Freilich kommt in derartigen Fällen stets eine Versuchsstrafbarkeit in Betracht (§ 267 II).

1274a

> **Beispiel**[2128]: Um gegenüber seinen Patienten höhere Laborkosten zu rechtfertigen, täuschte Dr. T vor, dass die Laborleistungen von einer GmbH erbracht worden seien, deren alleiniger Geschäftsführer er war. Dazu erstellte er Kopien der Befundberichte in der Weise, dass er den Briefkopf der Fremdlabore wegknickte, an dessen Stelle den Briefkopf der fraglichen GmbH legte und davon eine Ablichtung erstellte. Diese legte er mit der eigenen Rechnung den Patienten vor, um den Eindruck zu erwecken, er bzw. sein Institut hätten die Laborleistungen erbracht.
>
> Dr. T hat keine Urkundenfälschung begangen, weil er durch die Collage der nur zum Zweck der Fotokopie lose zusammengelegten Bestandteile von zwei Urkunden keine unechte Urkunde hergestellt oder eine echte verfälscht hat. Eine Urkundenfälschung hätte selbst dann nicht vorgelegen, wenn er mit der Vorlage den Anschein einer Originalurkunde hätte erwecken wollen (dazu auch sogleich). Denn durch das Aufkopieren des Briefkopfes der von ihm geführten GmbH auf den abgelichteten Befundbericht des Fremdlabors erscheint er bezüglich des hergestellten Schriftstücks selbst als Aussteller und hat daher nicht über die Identität des Ausstellers getäuscht. Es liegt lediglich eine schriftliche Lüge vor, die von den §§ 267 ff. nicht erfasst ist.[2129] Selbstverständlich bleibt eine Strafbarkeit wegen Betrugs (§ 263) hiervon unberührt.

g. Scan, Telefax, Computerfax und E-Mail

Bezüglich des **Scannens** eines Schriftstückes kommt allenfalls eine Versuchsstrafbarkeit in Betracht. Gleiches gilt für das anschließende Manipulieren des eingescannten Dokuments am Computer. Den Urkundenbegriff könnte aber das dann ausgedruckte Exemplar des manipulierten Schriftstücks erfüllen. Dafür müsste die Reproduktion jedoch einer Originalurkunde so ähnlich sein, dass die Möglichkeit einer Verwechslung nicht ausgeschlossen werden kann. Daran fehlt es, wenn der bloße Ausdruck der Computerdatei nicht die typischen Authentizitätsmerkmale aufweist, die die Originalurkunde prägen, und für den Betrachter erkennbar lediglich ein Abbild eines Originals widerspiegelt. Denn dann steht der Ausdruck einer bloßen Fotokopie gleich, der, sofern – als Reproduktion erscheinend – mangels Beweiseignung sowie Erkennbarkeit des Ausstellers ebenfalls kein Urkundencharakter beizumessen ist.[2130]

1275

> **Beispiel:** T hatte einen größeren Geldbetrag des O veruntreut und auf sein Konto überwiesen. Die Bank verlangte daraufhin von ihm einen Nachweis der rechtmäßigen Herkunft des Geldes. Um ihn zu erbringen, scannte er einen notariellen Kaufvertrag und veränderte diesen am Computer. Unter anderem erhöhte er den Kaufpreis und änderte das Datum. Sodann druckte er die veränderte Version des Kaufvertrags aus und übermittelte sie per Telefax an seine Bank. Die Bank akzeptierte den Nachweis und legte den größten Teil des Geldes zugunsten des T weisungsgemäß in verschiedenen Fonds an.
>
> Der BGH hat entschieden, dass auch ein professioneller Farbausdruck nicht die typischen Authentizitätsmerkmale aufweise, die einen notariellen Kaufvertrag prägen (Siegel; teilweise geprägte Struktur des Papiers etc.).[2131]
>
> Ob das spätere Versenden als Telefax eine Urkundenfälschung darstellt, ist Gegenstand der folgenden Darstellung:

[2127] OLG Düsseldorf NJW 2001, 167. Vgl. auch BGH NStZ 2003, 543, 544.

[2128] In Anlehnung an BGH NStZ 2003, 543 f.

[2129] So nun auch *Zieschang*, JA 2008, 192, 194.

[2130] BGH StV 2010, 364 f.

[2131] BGH StV 2010, 364 f.

Urkundendelikte – Begriff der Urkunde

1275a Zweifelhaft ist auch, ob auch ein **Telefax** eine Urkunde sein kann. Bedenken an der Qualifikation als Urkunde bestehen darin, dass im Normalfall der Faxverkehr nur dem erleichterten Austausch von im Original vorhandenen Urkunden dient. Daher könnte man annehmen, es bestehe grundsätzlich kein Unterschied zu dem Fall, dass eine Kopie mit der Post verschickt wird. Ein übliches Telefax, das als Ersatz für das Original versandt wird, könnte also grundsätzlich nur eine Kopie dieses Originals darstellen und daher auch nicht dem Urkundenbegriff unterfallen.

Dieser Gedanke ist aber nicht ohne weiteres tragbar, wenn beim absendenden Faxgerät die **Absenderkennung eingeschaltet** ist, sodass auf dem Empfängerfax der Name bzw. die Faxnummer des Absenders enthalten ist. Denn in diesem Fall ist der Aussteller gerade erkennbar. Wegen dieser Erkennbarkeit wird deshalb auch überwiegend eine Urkunde trotz des Umstands, dass die Absendererkennung leicht manipuliert werden kann, bejaht.
Aber auch, wenn die Absenderkennung eingeschaltet ist, folgt damit nicht zwingend, dass die Garantiefunktion vorliegt. Sie ist insbesondere zu verneinen, wenn Absender (= der Faxende) und Aussteller (= der Unterzeichner der Urkunde) nicht identisch sind und kein Fall der „Geistigkeitstheorie" (Rn 1283) vorliegt.[2132]

Auch ist zu beachten, dass die Erkennbarkeit des Ausstellers nicht das einzige Argument für die Qualifikation als Urkunde ist. Insbesondere kann auch die Beweisfunktion problematisch sein, wenn die Parteien im Rechtsverkehr davon ausgehen bzw. erwarten können, dass es sich bei dem Fax trotz eingeschalteter Absenderkennung lediglich um Kopien handelt.
Soll das Fax nach dem Willen der Parteien jedoch eindeutig an die Stelle des Originals treten, liegt nach wohl herrschender, im Ergebnis zutreffender Auffassung[2133] bei eingeschalteter Absendererkennung eine Urkunde vor (jedenfalls bei Identität von Absender und Aussteller). Denn in diesem Fall soll das Fax nicht lediglich die Originalurkunde abbilden, sondern das technisch hergestellte, für den Empfänger bestimmte Original darstellen. Unter diesen Voraussetzungen erfüllt das Fax somit alle Merkmale einer Urkunde: Es enthält die originäre Gedankenerklärung, es wurde vom Absender auch zum Beweis bestimmt und es lässt diesen aufgrund der Faxkennung auch erkennen (Garantiefunktion).[2134] Auch in der Rechtsprechung[2135] wird das Fax daher im Unterschied zur Fotokopie als Urkunde anerkannt.

> **Fazit:** Bei der Frage, ob ein Telefax eine Urkunde darstellt, ist folgendermaßen zu unterscheiden:
>
> - **Absenderkennung aus:** Bei einem Telefax, bei dem der Absender aufgrund ausgeschalteter Absenderkennung nicht erkennbar ist, handelt es sich um keine Urkunde, weil es jedenfalls an der Garantiefunktion fehlt.
>
> - **Kopie des Originals/Absenderkennung an:** Ein Telefax, bei dem zwar der Absender aufgrund eingeschalteter Absenderkennung erkennbar ist, ist dennoch nicht als Urkunde anerkannt, wenn der Rechtsverkehr und insbesondere die Parteien davon ausgehen, dass das Fax lediglich als Ersatz für das Original versandt wird.
>
> - **Fax anstelle des Originals/Absenderkennung an:** Ein Telefax, bei dem der Absender aufgrund eingeschalteter Absenderkennung erkennbar ist und auch die Parteien davon ausgehen, dass das Fax das Original darstellen soll, stellt eine Urkunde dar. Etwas anderes gilt aber dann, wenn Absender und Aussteller nicht identisch sind und auch kein Fall der Zurechnung („Geistigkeitstheorie") vorliegt.

1275b Bei dem **Computerfax** stellt sich die o.g. Diskussion grds. nicht, da das Fax als Datei im Computer entworfen und – ohne zuvor ausgedruckt zu werden – übermittelt wird. Das beim Empfänger ausgedruckte Computerfax ist in diesem Fall das Original.[2136]

[2132] Vgl. dazu näher OLG Oldenburg NStZ 2009, 391 ff.
[2133] Vgl. *Zielinski*, CuR 1995, 286, 291; *Rengier*, BT II, § 32 Rn 28; *Joecks/Jäger*, § 267 Rn 51.
[2134] *Beck*, JA 2007, 423, 425.
[2135] BVerfG NJW 1987, 2067; BGH StV 2010, 364 f.
[2136] Wie hier *Joecks/Jäger*, § 267 Rn 52.

Urkundendelikte – Begriff der Urkunde

Die **E-Mail** ist grds. erst dann als Urkunde zu betrachten, wenn sie beim Empfänger 1275c
ausgedruckt, also stofflich fixiert wird.[2137] Ansonsten kann auf die zum Fax gemachten
Ausführungen verwiesen werden.[2138] Problematisch kann mitunter die Garantiefunktion
werden. Denn es ist relativ einfach, einen E-Mail-Account unter falscher Identitätsangabe
zu erstellen („Fake-Account") und E-Mails unter falscher Namensangabe zu versenden.
Eine Gewähr für die Authentizität des Versenders stellt eine elektronische Signatur nach
der EU-Verordnung 910/2014 über elektronische Identifizierung und Vertrauensdienste
für elektronische Transaktionen im Binnenmarkt i.V.m. §§ 125 ff. BGB dar. Aufgabe
dieser Vorschriften ist es zu gewährleisten, dass für den Empfänger der Daten die Identität des Absenders (die Authentizität) und die Unverfälschtheit der Daten (die Integrität)
erkennbar sind. Das wiederum soll mit Hilfe eines mehrstufigen Verfahrens erfolgen:
Zunächst muss der Zeichnungsberechtigte (der Nutzer) seine handschriftliche Unterschrift bei einer Zertifizierungsstelle hinterlegen. Daraufhin erhält er eine elektronische
Signatur in Form von verschlüsselten Informationen auf einer Chipkarte, die einer Girocard (ec-Karte) sehr ähnlich sieht, und eine separate Geheimzahl. Über ein Kartenlesege-
rät, das an den heimischen Computer angeschlossen ist, kann sich der Nutzer dann
anmelden und ausweisen. Gibt er noch die ihm zugewiesene Geheimzahl ein, hat er das
entsprechende Dokument unverwechselbar unterschrieben (dieses Verfahren entspricht
dem mittlerweile als Standard geltenden HBCI-Chipkartenverfahren beim sog. Internet-
banking).

6. Die Echtheit der Urkunde

Da § 267 die Echtheit und die Unverfälschtheit von Urkunden schützt, stellen neben dem 1276
Begriff der Urkunde folgerichtig auch deren **Echtheit** und **Unverfälschtheit** das zweite
zentrale Element dieses Delikts dar. Die Echtheit der Urkunde besteht darin, dass die
Urkunde in der gegenwärtigen Gestalt vom angegebenen Aussteller oder von der Person
herrührt, die er befugtermaßen zur Leistung seiner Unterschrift ermächtigt hat.[2139] Aus
dem Umkehrschluss folgt die Definition des Tatbestandsmerkmals „unecht":

Unecht ist die Urkunde, wenn ihre Erklärung nicht von demjenigen stammt, der in ihr 1277
als Aussteller bezeichnet ist.

[2137] *Mankowski*, NJW 2002, 2822, 2825. Zu denken ist anderenfalls aber stets an § 269.
[2138] Vgl. LK-*Gribbohm*, § 267 Rn 127 ff.; 133; *Fischer*, § 267 Rn 12b.
[2139] Zur Wiederholung sei darauf hingewiesen, dass im Strafrecht - anders als im Zivilrecht - eine Genehmigung keine hei-
lende Wirkung entfaltet. Die Strafbarkeit entfällt also nicht etwa, wenn der Berechtigte nachträglich zustimmt.

B. Urkundenfälschung (§ 267)

1278 Zentrale Strafnorm der Urkundendelikte ist die Urkundenfälschung, welche in klassischen Konstellationen mit dem Betrug (§ 263), aber auch mit der Unterschlagung (§ 246), den Geldfälschungsdelikten (§§ 146 ff.) und der Fälschung von Ausweispapieren (§§ 273, 275 ff.) einhergeht (vgl. dazu bereits Rn 1234). Für die gutachtliche Prüfung der Urkundenfälschung bietet sich folgender Aufbau an[2140]:

Urkundenfälschung (§ 267)

I. Tatbestand
1. Objektiver Tatbestand

  a. Herstellen einer unechten Urkunde (Var. 1)

- **Herstellen** ist jede zurechenbare - nicht notwendig eigenhändige (vgl. „Geistigkeitstheorie") - Verursachung der Existenz einer unechten Urkunde.
- **Urkunde** ist eine verkörperte Gedankenerklärung, die zum Beweis im Rechtsverkehr geeignet und bestimmt ist und ihren Aussteller erkennen lässt. Zum Begriff der Urkunde zählen auch *zusammengesetzte Urkunden* und *Gesamturkunden*.
- **Unecht** ist die Urkunde, wenn ihre Erklärung nicht von dem stammt, der in ihr als Aussteller bezeichnet ist (**Identitätstäuschung**).

  Die Ermittlung des richtigen Ausstellers kann im Einzelfall Schwierigkeiten bereiten. So ist ggf. die Abgrenzung zwischen der Identitätstäuschung und der bloßen – nicht tatbestandsmäßigen – **Namenstäuschung** (Namenslüge) unklar. Bei dieser wird zwar über den Namen, aber nicht über die Identität des Ausstellers getäuscht. Zu diesen Fällen zählt auch die Benutzung von sog. **Decknamen** (Spitznamen). Auch die ständige Nutzung eines falschen Privat- oder Firmennamens führt nicht zu einer Identitätstäuschung. Schließlich stellt sich die Frage nach einer Identitätstäuschung häufig auch bei der **rechtsgeschäftlichen Stellvertretung**. Hier ist die Urkunde echt, wenn

    (1) die Stellvertretung rechtlich zulässig ist,
    (2) der Vertreter vertreten will und
    (3) der Namensträger sich in der Unterschrift vertreten lassen will.

  b. Verfälschen einer echten Urkunde (Var. 2)

- **Verfälschen** ist jede nachträgliche Veränderung des gedanklichen Inhalts der Urkunde. Bei *zusammengesetzten Urkunden* kann dies durch Vertauschen der Bezugsobjekte geschehen, bei *Gesamturkunden* durch Beseitigung oder Hinzufügung einzelner Erklärungen. Auch der *Aussteller* kann Verfälscher sein, sofern ein Dritter ein Recht auf unverändertem Fortbestand oder der Aussteller die Dispositionsbefugnis verloren hat (str.).

  c. Gebrauchen einer unechten/verfälschten Urkunde (Var. 3)

- **Gebrauchen** heißt, die unechte oder verfälschte Urkunde dem zu Täuschenden so zugänglich zu machen, dass dieser die Urkunde wahrnehmen *kann*.

2. Subjektiver Tatbestand

- Für den **Vorsatz** sind *dolus eventualis* bezüglich der verwirklichten objektiven Tatbestandsmerkmale
- und die **Absicht** (entgegen den allgemeinen Grundsätzen genügt hier jedoch *dolus directus* 2. Grades!), im Rechtsverkehr zu täuschen, erforderlich.

3. Qualifikation gemäß § 267 IV

II. Rechtswidrigkeit und III. Schuld

IV. Strafzumessungsgesichtspunkte:
Besonders schwerer Fall gem. § 267 III (Regelbeispieltechnik)

[2140] Zur gutachtlichen Aufbereitung von Urkundendelikten vgl. auch *R. Schmidt*, Fälle zum Strafrecht II, Fall 7 Rn 1 ff.

Urkundendelikte – Urkundenfälschung (§ 267)

I. Tatbestand

1. Objektiver Tatbestand

Das **Tatobjekt** des § 267 I, die Urkunde, wurde bereits ausführlich bei Rn 1232 ff. **1279**
beschrieben. Im Folgenden muss daher ausschließlich auf die **Tathandlung** eingegangen werden. Diese kann in drei Varianten vorgenommen werden:

a. **Herstellen** einer **unechten** Urkunde (Var. 1),
b. **Verfälschen** einer **echten** Urkunde (Var. 2),
c. **Gebrauchen** einer **unechten** oder **verfälschten** Urkunde (Var. 3).

Das *Herstellen* einer unechten Urkunde und das *Verfälschen* einer echten Urkunde stel- **1280**
len auf die Manipulation an der Urkunde selbst ab. Das *Gebrauchen* betrifft dagegen den unmittelbaren Angriff auf die Sicherheit des Rechtsverkehrs. Der subjektive Tatbestand enthält für alle Varianten das Merkmal „zur Täuschung im Rechtsverkehr". Im Einzelnen gilt:

a. Herstellen einer unechten Urkunde (§ 267 I Var. 1)

Für die 1. Tathandlungsvariante ist folgende Definition allgemein anerkannt:

Eine Urkunde ist **unecht**, wenn ihre Erklärung nicht von demjenigen stammt (natürliche **1281**
wie juristische Person), der in ihr als Aussteller bezeichnet ist.[2141] **Hergestellt** ist eine unechte Urkunde in dem Moment, in dem erstmals sämtliche Merkmale einer Urkunde vorliegen, die auf einen anderen als ihren *geistigen* Aussteller hinweist.[2142]

Bei der Herstellung einer unechten Urkunde geht es somit im Kern um die **Identitäts-** **1282**
täuschung bezüglich des Ausstellers, denn der erkennbare Aussteller ist ein anderer als der tatsächliche. Der tatsächliche Aussteller suggeriert dem Rechtsverkehr, die Erklärung stamme von dem erkennbaren Aussteller. Dieser jedoch hat im Zweifel mit der Erklärung überhaupt nichts zu tun. Die Erklärung wird ihm quasi „untergeschoben".

> **Beispiel:** Damit ein Kfz-Prüfingenieur eine technische Änderung abnehmen kann („Änderungsabnahme" nach § 21 StVZO), bedarf es des Nachweises der Bauartgenehmigung der verbauten Zubehörteile und der Einhaltung der Straßenverkehrsvorschriften. Dieser Nachweis wird regelmäßig durch Vorlage entsprechender Teilegutachten erbracht. Stellt nun der Antragsteller ein solches Teilegutachten selbst her und versieht dieses mit Stempel und Unterschrift einer für die Erstellung von Teilegutachten zuständigen Prüforganisation, liegt eine Strafbarkeit gem. § 267 I Var. 1 vor. Tatsächlicher und erkennbarer Aussteller sind nicht identisch. Es wurde über die Identität des Ausstellers getäuscht.

Über die Identität entscheidet also allein die **Urheberschaft**. Anknüpfungspunkt der **1283**
Urheberschaft ist nicht die Frage danach, wer die Urkunde *körperlich* hergestellt hat, sondern die, wer die Urkunde *geistig* herstellte bzw. sich den Inhalt geistig zurechnen lassen will oder muss.

> **Beispiel:** T nötigt A mit vorgehaltener Waffe, ein auf T lautendes Schuldversprechen (§ 780 BGB) zum Nachteil des A abzugeben. Später gelingt es A jedoch, T das Schriftstück wegzunehmen und zu zerreißen. Strafbarkeit des A wegen Urkundenunterdrückung gem. § 274 I Nr. 1?
>
> Eine Urkunde liegt vor mit dem Inhalt, dass ein abstraktes Schuldversprechen gem. § 780 BGB vorliegt. Die Urkunde müsste weiterhin auch echt sein, da § 274 nur echte Urkunden unter Schutz stellt. Unabhängig davon, dass die in der Urkunde verkörperte Willenserklä-

---

[2141] BGHSt 33, 159, 160; Sch/Sch-*Heine/Schuster*, § 267 Rn 48.
[2142] LG Bremen StV 1999, 322; BGH StV 1989, 304; BGHSt 1, 117, 121. Vgl. auch *Hecker*, JuS 2002, 224, 225; *Kargl*, JA 2003, 604, 606 f.; BGH NStZ 2003, 543, 544.

481

Urkundendelikte – Urkundenfälschung (§ 267)

rung wegen der Drohung anfechtbar und – nach erfolgter Anfechtung – nichtig ist (§§ 123 I Var. 2, 142 I BGB), hat A die Erklärung abgegeben und das Schriftstück unterschrieben. Demnach wären tatsächlicher und erkennbarer Aussteller identisch, mithin die Urkunde echt. Dieses Ergebnis ist jedoch unbillig und widerspricht dem modernen Wirtschaftsverkehr (vgl. insoweit die Einführung zu den Urkundendelikten). Einhellig wird der Weg über die **Geistigkeitstheorie** gewählt. Demnach ist Aussteller der Urkunde, wer sich deren Inhalt geistig zurechnen lässt bzw. lassen muss. Geistiger Urheber der Schuldurkunde ist T, da A nicht eine dem freien Willen entsprechende rechtsgeschäftliche Erklärung abgab, sondern vielmehr hierzu durch willensbeugende Maßnahmen genötigt wurde. Die Urkunde ist unecht. A wäre somit bereits auf Tatbestandsebene nicht nach § 274 I Nr. 1 strafbar.

1284

> **Merke**: Befindet sich der Aussteller einer Urkunde in einem Zustand, in dem er der freien Willensbildung nicht mehr fähig ist (Volltrunkenheit, Nötigung, Drohung), stellt der Täter eine unechte Urkunde in *mittelbarer* Täterschaft her.

1285

Auf die **inhaltliche Richtigkeit** der Urkunde kommt es dagegen **nicht** an. Daraus folgt, dass eine unwahre Urkunde echt, eine wahre Urkunde unecht sein kann.

Beispiele:

(1) Ein Gläubiger stellt seinem Schuldner eine Quittung aus, obwohl dieser seine Schuld nicht beglichen hat. Hier ist die Urkunde unwahr (Fall der insoweit tatbestandslosen **schriftlichen Lüge**), aber echt.

(2) Nachdem der Schuldner die Schuld beglichen hat, stellt er selbst die Quittung aus und unterschreibt sie ohne Einverständnis des Gläubigers. Hier ist die Urkunde wahr, aber **unecht** und damit Tatobjekt des § 267 I Var. 1.

1286

Die Ermittlung des richtigen Ausstellers kann im Einzelfall Schwierigkeiten bereiten. So ist ggf. die Abgrenzung zwischen der Identitätstäuschung und der bloßen – nicht tatbestandsmäßigen – **Namenstäuschung** (Namenslüge)[2143] unklar. Bei dieser wird zwar über den Namen, aber nicht über die Identität des Ausstellers getäuscht. Dies mag abstrakt klingen, lässt sich aber anhand eines Beispiels verdeutlichen.

Beispiel[2144]: Die Studenten Anton Lustig und Berta Fröhlich wollen eine Zweier-WG in der erzkatholischen Stadt S gründen. Da Vermieterin V eine „wilde Ehe" in ihrem „werteorientierten" Haus nicht duldet und A und B daher befürchten, den Mietvertrag nicht zu bekommen, unterschreibt B den Mietvertrag mit dem Namen *Berta Lustig*. B ist aber gewillt, für ihre Pflichten als Mieterin im Übrigen einzustehen, und zahlt pünktlich ihre Miete. Strafbarkeit der B gem. § 267?

Indem B den Mietvertrag scheinbar als Ehefrau des A unterschrieb, könnte sie sich wegen Urkundenfälschung gem. § 267 I Var. 1 strafbar gemacht haben. Hierzu müsste es sich bei dem Mietvertrag um eine Urkunde handeln. Der Mietvertrag enthält die Erklärung, dass sich B als Mieterin des Objekts zur Mietzinszahlung verpflichtet und weitere Schutz- und Sorgfaltspflichten übernimmt. Der schriftliche Vertrag dient den Parteien als Nachweis bzgl. der genannten Erklärung und ist somit beweisgeeignet und bestimmt. Des Weiteren müsste durch die Angaben zur Person der Aussteller erkennbar sein. Dies ist der Fall, da kein Fall der offenen (kein Phantasiename) oder versteckten (Allerweltsname) Anonymität vorliegt. Somit handelt es sich bei dem schriftlichen Mietvertrag um eine Urkunde.
Diese müsste unecht sein. Unecht ist eine Urkunde, wenn ihre Erklärung nicht von demjenigen stammt, der in ihr als Aussteller bezeichnet ist. Tatsächlicher Aussteller ist vorliegend Berta Fröhlich. Zu klären ist, ob sie auch als Ausstellerin der Urkunde erkennbar ist. Hiergegen spricht jedoch, dass B unter einem falschen Namen unterschrieben hat. Entscheidendes Identitätsmerkmal einer Person im Rechtsverkehr ist deren Name. Deswegen ist eine Urkunde grundsätzlich unecht, wenn der Aussteller mit einem fremden Namen un-

---

[2143] Sch/Sch-*Heine/Schuster*, § 267 Rn 49 ff.; BGHSt 33, 159; 40, 203.
[2144] In Anlehnung an OLG Celle NJW 1986, 2772 f.

Urkundendelikte – Urkundenfälschung (§ 267)

terschreibt. Zu bedenken ist aber, dass B **nicht als eine andere Person**, sondern (lediglich) **unter dem Namen einer anderen Person** gehandelt hat. Die Person B war der V bekannt. Im Übrigen wollte sich die B auch zu den **Rechtsfolgen ihrer Erklärung bekennen**. Hier handelt es sich somit um eine schlichte Namenslüge, die zu keinerlei Beeinträchtigungen im Rechtsverkehr geführt hat. B ist als tatsächliche und erkennbare Ausstellerin der Urkunde anzusehen. Die Urkunde ist nicht unecht. Eine Strafbarkeit der B gem. § 267 I Var. 1 liegt nicht vor.

Für die straflose Namenstäuschung sind somit folgende Kriterien zu beachten: **1287**

(1) Jemand gibt sich nicht als jemand anderes, sondern nur unter dem Namen eines anderen aus.
(2) Die Person will sich im Übrigen zu den Rechtsfolgen ihrer Erklärung bekennen.

Zu diesen Fällen zählt auch die Benutzung eines sog. **Decknamens** (Spitznamens) bzw. **1288** **Pseudonyms**. Auch die ständige Nutzung eines falschen Privat- oder Firmennamens führt nicht zu einer Identitätstäuschung.[2145] Regelmäßig ist aber eine Strafbarkeit gem. § 263 zu prüfen.

Die Frage nach einer Identitätstäuschung stellt sich häufig auch bei der **rechts-** **1289** **geschäftlichen Stellvertretung**. Hier ist die Urkunde echt, wenn

(1) die Stellvertretung rechtlich zulässig ist,
(2) der Vertreter vertreten will und
(3) der Namensträger sich in der Unterschrift vertreten lassen will.

Unecht ist die Urkunde folglich immer dann, wenn eine **eigenhändige Unterschrift** **1290** **oder Ausfertigung gesetzlich vorgeschrieben** ist.[2146] Zu nennen sind beispielsweise neben dem eigenhändigen Testament die eidesstattliche Versicherung und eigenhändig anzufertigende Lebensläufe.

> **Beispiel:** A hat große Angst vor der Strafrechtsklausur. Er bittet daher B, für ihn die Klausur zu schreiben. B schreibt die Klausur und unterschreibt diese mit dem Namen des A. Strafbarkeit des B gem. § 267 I Var. 1?
>
> Bei dem ausgefüllten Klausurbogen handelt es sich um den Nachweis des Prüflings, dass er den Pflichtstoff des entsprechenden Fachs anzuwenden vermag. Die Klausur ist im Rechtsverkehr beweisgeeignet und -bestimmt. Sie lässt den Namen des Prüflings als ihren Aussteller erkennen. Somit liegt eine Urkunde vor[2147]. Diese müsste unecht sein. Unecht ist eine Urkunde, wenn ihre Erklärung nicht von dem stammt, der in ihr als Aussteller bezeichnet ist. Wenn eine Urkunde unter dem Namen eines anderen hergestellt wird, ist diese echt, wenn sich der Namensträger die fremde Erklärung nach den Regeln der Stellvertretung zurechnen lassen muss. Eine Stellvertretung ist vorliegend jedoch nicht zulässig, da Prüfungsleistungen **höchstpersönlich** zu erbringen sind. Somit liegt eine Täuschung über die Identität vor. B handelte vorsätzlich und zur Täuschung im Rechtsverkehr. Rechtswidrigkeit und Schuld liegen vor. A ist wegen Anstiftung strafbar.

b. Verfälschen einer echten Urkunde (§ 267 I Var. 2)

aa. Bei der Verfälschung einer echten Urkunde geht es um die nachträgliche Änderung **1291** des gedanklichen Inhalts einer echten Urkunde, durch die der Eindruck erweckt wird, der

---

[2145] BGH NStZ-RR 1997, 358 (Asylantrag unter falschem Namen); Sch/Sch-*Heine/Schuster*, § 267 Rn 50; Lackner/Kühl-*Heger*, § 267 Rn 19; *W/H/E*, BT 1, Rn 907 f.
[2146] Lackner/Kühl-*Heger*, § 267 Rn 18; *W/H/E*, BT 1, Rn 909; BGHSt 33, 159; BayObLG NJW 1988, 1401.
[2147] BGHSt 17, 297, 298.

483

Aussteller habe die Erklärung in *der* Form abgegeben, die sie durch die Verfälschung erlangt hat.[2148] Als Kurzform für die Klausur sollte folgende Definition genügen:

1292 **Verfälschung** ist die nachträgliche Änderung des gedanklichen Inhalts einer echten Urkunde, die als Erklärung des ursprünglichen Ausstellers erscheint.

1292a Voraussetzung für ein Verfälschen ist zunächst, dass eine echte Urkunde vorgelegen hat. Eine bereits ge- oder verfälschte Urkunde kann nur noch in ihren bislang unberührten Teilen verfälscht werden. Durch das Verfälschen einer echten Urkunde wird regelmäßig auch *eine unechte Urkunde hergestellt*, da dem Aussteller die Erklärung ja so nicht mehr zurechenbar ist. Aus diesem Grunde ist das Verfälschen einer echten Urkunde – soweit es nicht durch den Aussteller geschieht[2149] – ein Unterfall des Herstellens einer unechten Urkunde. Die Herstellung einer unechten Urkunde tritt danach im Wege der Gesetzeskonkurrenz hinter die 2. Variante zurück.[2150]

> **Beispiel:** Hätte im Beispiel von Rn 1282 der Antragsteller ein echtes Teilegutachten herangezogen und dieses inhaltlich geändert (etwa die Bauteilnummer geändert), hätte er eine echte Urkunde verfälscht und damit den Tatbestand des § 267 I Var. 2 verwirklicht. Denn der geänderte Inhalt stammt ja nicht vom ursprünglichen Aussteller. Dass der Täter mit der Manipulation letztlich auch eine neue, unechte Urkunde hergestellt und damit auch den Tatbestand des § 267 I Var. 1 verwirklicht hat, kommt nicht zur Geltung, da § 267 I Var. 1 hinter den speziellen Tatbestand des § 267 I Var. 2 zurücktritt.

1292b Allerdings erlangt § 267 I Var. 1 eigenständige Bedeutung, wenn das Verfälschen einer echten Urkunde lediglich der Herstellung einer anderen, unechten Urkunde dient.

> **Beispiel:** T möchte länger in den Genuss seiner Monatskarte kommen, die er gegen Zahlung von 40,- € von der Straßenbahn AG bekommen hatte. Um dies zu erreichen, überklebt er das auf der Monatskarte eingetragene Ablaufdatum mit einem farbechten Stück Papier und trägt darauf ein späteres Datum ein. Das so hergestellte Dokument sieht täuschend echt aus.

> In diesem Fall hat T nachträglich den gedanklichen Inhalt einer Urkunde (nämlich das Ablaufdatum), die als Erklärung des ursprünglichen Ausstellers erscheint, verändert. Damit hat er den objektiven Tatbestand des § 267 I Var. 2 verwirklicht.[2151] Dass er mit dieser Tathandlung zugleich eine unechte Urkunde hergestellt hat (§ 267 I Var. 1), ist ohne Bedeutung.[2152] T hat auch bzgl. der Verwirklichung der objektiven Tatbestandsmerkmale vorsätzlich sowie mit der Absicht gehandelt, die manipulierte Monatskarte zur Täuschung im Rechtsverkehr einzusetzen (zur subjektiven Seite vgl. Rn 1305). Er hat sich daher aus § 267 I Var. 2 strafbar gemacht.

> **Variante:** Da die Montage nicht täuschend echt aussieht und T befürchtet, diese könne später beim Kontrollpersonal als solche auffallen, kopiert er die manipulierte Monatskarte mit einem Farbkopiergerät, um die so hergestellte Farbkopie später dem Fahrpersonal auf Verlangen vorzulegen.

[2148] AG Waldbröl NJW 2005, 2879 (mit Bespr. v. *Kudlich*, JA 2006, 173 ff.); OLG Köln NJW 1983, 769; OLG Hamm NJW 1969, 625; Sch/Sch-*Heine/Schuster*, § 267 Rn 64; *Kargl*, JA 2003, 604, 607.

[2149] Zur Urkundenverfälschung durch den Aussteller, nachdem dieser die Beweisberechtigung verloren hat, vgl. Rn 1298 ff.

[2150] *W/H/E*, BT 1, Rn 932; *Hecker*, JuS 2002, 224, 225.

[2151] Wäre die von T hergestellte Montage plump, ließe sich wohl argumentieren, ein derartiges Dokument würde von einem Kontrolleur als falsch erkannt und hätte deshalb nicht die Qualität einer unechten Urkunde. Dann wäre § 267 I abzulehnen und zu prüfen, ob eine Strafbarkeit wegen Urkundenunterdrückung (§ 274 I Nr. 1) vorliegt. Im vorliegenden Fall sah die Manipulation aber täuschend echt aus mit der Folge, dass § 274 I Nr. 1 vorliegt, jedoch subsidiär hinter § 267 I Var. 2 zurücktritt (vgl. Rn 1384). Zur Begründung des Urkundenbegriffs bei Fahrkarten vgl. auch *Hoffmann-Holland/Singelnstein/ Simonis*, JA 2009, 513, 514.

[2152] Im Übrigen ist zu beachten, dass die Varianten 1 und 2 bereits dann vollendet sind, wenn die unechte Urkunde hergestellt bzw. die echte Urkunde verfälscht wurde. Ein Einbringen in den Rechtsverkehr ist insoweit nicht erforderlich (anders ist es aber bei der 3. Variante des § 267 I).

Urkundendelikte – Urkundenfälschung (§ 267)

In diesem Fall ist zwischen der Manipulation der Originalmonatskarte und der Herstellung der Fotokopie zu unterscheiden. In Bezug auf die Manipulation der Originalmonatskarte bleibt es zwar dabei, dass T den objektiven Tatbestand des § 267 I Var. 2 verwirklicht hat, allerdings liegt der subjektive Tatbestand nicht vor. Denn anders als im Ausgangsfall hat T in der Variante nie beabsichtigt, das verfälschte Original zu verwenden, sodass es am Täuschungswillen fehlt.

Jedoch könnte sich T in Bezug auf die Herstellung der Fotokopie gem. § 267 I Var. 1 strafbar gemacht haben. Dazu müsste es sich bei einer Fotokopie um eine Urkunde i.S.d. § 267 handeln. Grundsätzlich stellt eine Fotokopie keine Urkunde dar, weil sich zum einen der Rechtsverkehr nicht uneingeschränkt auf die Authentizität von Fotokopien verlässt und es zum anderen jedenfalls an der Erkennbarkeit des Ausstellers fehlt. Zwar ist T Aussteller der Kopie, jedoch geht seine Identität aus der Fotokopie gerade nicht hervor (vgl. dazu Rn 1274). Jedoch ist allgemein anerkannt, dass auch eine einfache Fotokopie als Urkunde anzusehen ist, wenn sie **den Anschein des Originals erweckt**. Denn dann ist der Rechtsverkehr sehr wohl schutzwürdig und das Fehlen der Ausstellererkennung soll unschädlich sein.

Unterstellt, dass die von T hergestellte Farbkopie der Kopiervorlage täuschend echt aussieht und daher den Anschein eines Originals erweckt, hat T eine unechte Urkunde hergestellt. Da T auch vorsätzlich handelte sowie mit dem Willen, den Rechtsverkehr zu täuschen, hat er sich durch das Herstellen der täuschend echt aussehenden Farbkopie gem. § 267 I Var. 1 strafbar gemacht.

In Prüfungsarbeiten ist das Verfälschen von **zusammengesetzten Urkunden** (zum Begriff vgl. Rn 1259) besonders häufig anzutreffen.

1292c

> **Beispiel**[2153]: Da der Pkw der T in die Jahre gekommen war und T befürchtete, der Wagen werde die fällige Hauptuntersuchung („TÜV") nicht überstehen, übermalte sie die Prüfplakette für die Hauptuntersuchung am hinteren Kennzeichen mit rosafarbenem Nagellack. Dadurch wollte sie den Eindruck erwecken, der Termin für die fällige Hauptuntersuchung sei erst ein Jahr später. Doch die Veränderung war aufgrund des plumpen Vorgehens offensichtlich. Lediglich bei größerer Distanz wirkte die Plakette echt. Strafbarkeit der T?

Durch das Übermalen der Plakette mit rosafarbenem Nagellack könnte sich T wegen Urkundenfälschung gem. § 267 I Var. 2 strafbar gemacht haben. Dazu hätte sie eine echte Urkunde verfälscht haben müssen. Unter einer Urkunde wird die verkörperte (d.h. mit einer Sache fest verbundene) Gedankenerklärung verstanden, die geeignet und bestimmt ist, im Rechtsverkehr Beweis zu erbringen, und die ihren Aussteller (den Erklärenden) erkennen lässt. Ob amtliche Kennzeichen („Nummernschilder") von Kfz mit den darauf befindlichen Buchstaben, Zahlen und Plaketten diese Kriterien erfüllen, ist unklar. Isoliert betrachtet können Kfz-Kennzeichen noch keine Urkunden darstellen, sondern lediglich Beweiszeichen.[2154] Urkunden können sie nur zusammen mit dem auf das jeweilige Kennzeichen zugelassenen Fahrzeug, mit dem das Kennzeichen (fest) verbunden ist, sein. Das hängt damit zusammen, dass das Kennzeichen nur zusammen mit dem darauf zugelassenen Fahrzeug eine Beweiseinheit bildet (sog. zusammengesetzte Urkunde in Form eines urkundsgleichen Beweiszeichens). Maßgebliche Begründung für die Annahme einer derart zusammengesetzten Urkunde ist jedoch nicht nur die (feste) Verbindung des Kennzeichens mit dem Wagen, sondern es sind auch und gerade die auf den Kennzeichen angebrachten (d.h. die dieses Kennzeichen bildenden) Buchstaben und Ziffern[2155], die amtlichen Zulassungsplaketten sowie die Prüfplakette für den Termin der nächsten Hauptuntersuchung nach § 29 StVZO[2156]. Ebenjene bescheinigt auch, dass das Fahrzeug zum Zeit-

---

[2153] Nach AG Waldbröl NJW 2005, 2870. Vgl. auch den Fall OLG Celle NJW 2011, 2983, wo der Täter eine Plakette aus einem der Vorjahre auf das Kennzeichenblech anbringt, die dieselbe Farbe hat wie die des kommenden Jahres, um so eine Gültigkeit des Prüfungszeitraums vorzutäuschen.
[2154] Wie hier nun auch OLG Koblenz 19.5.2016 – 2 OLG 4 Ss 158/15.
[2155] Vgl. zu diesem Aspekt BGHSt 45, 197 ff. (Überkleben des Kennzeichens mit „**Antiblitzfolie**" - dazu Rn 1294/1382).
[2156] OLG Celle NJW 2011, 2983 f. Das sieht nun auch der BGH so (BGH NStZ 2019, 87) – dazu bereits Rn 1264b.

Urkundendelikte – Urkundenfälschung (§ 267)

punkt der Untersuchung vorschriftsmäßig nach Nr. 1.2 der Anlage VIII zur StVZO war[2157] (siehe § 29 III S. 2 StVZO – dazu Rn 1363 Bsp. 2), weshalb von einer zusammengesetzten öffentlichen[2158] Urkunde auszugehen ist.

Kann demnach ein Kfz-Kennzeichen nur zusammen mit den auf ihm angebrachten Buchstaben, Ziffern und Plaketten und mit dem auf das Kennzeichen zugelassenen Fahrzeug, mit dem das Kennzeichen fest[2159] verbunden ist, eine (öffentliche) Urkunde sein, gilt es nunmehr zu prüfen, ob die Veränderung einer Prüfplakette eine Urkundenfälschung sein kann. Das wäre der Fall, wenn ihre Veränderung eine Änderung der Beweisrichtung der zusammengesetzten Urkunde darstellte, wenn also durch die Manipulation der Prüfplakette der Eindruck erweckt würde, der Aussteller habe die Erklärung in *der* Form abgegeben, die sie durch die Verfälschung erlangt hat.

Die Prüfplakette gem. § 29 II S. 1 Nr. 1 StVZO i.V.m. Anlage IX StVZO, die den Vorführtermin für die nächste Hauptuntersuchung anzeigt, gewinnt ihren Inhalt nicht nur durch die in ihr verwendeten Ziffern, sondern auch durch ihre farbliche Gestaltung. Denn die Farbe des Untergrunds der Plakette bestimmt sich nach dem Kalenderjahr, in dem das Fahrzeug zur nächsten Hauptuntersuchung angemeldet werden muss (vgl. Anlage IX zur StVZO), und erleichtert dadurch noch zusätzlich die Überwachung. Die Prüfplakette ist auch zum Beweis im Rechtsverkehr geeignet und bestimmt.[2160] Denn gem. § 29 VII S. 4 StVZO kann die Zulassungsbehörde den Betrieb eines Fahrzeugs im öffentlichen Verkehr untersagen oder beschränken, wenn sich die Prüfplakette nicht am Fahrzeug befindet.

Ob die Prüfplakette auch ihren Aussteller erkennen lässt, ist indes fraglich. Denn auf ihr ist – anders als bei der Zulassungsplakette, auf der der Name des Landkreises bzw. der Stadt aufgedruckt ist – der Aussteller nicht direkt erkennbar. Teilweise wird behauptet, für die Urkundeneigenschaft genüge es jedoch, dass der Aussteller anhand der Umstände für die Beteiligten und Eingeweihten erkennbar werde. Das sei bei einer Prüfplakette der Fall. Diese dürfe nur von autorisierten Personen (Kfz-Zulassungsstelle oder Prüfer der Hauptuntersuchung, vgl. § 29 II S. 2 StVZO) angebracht werden. Die Urheberschaft desjenigen, der die Plakette angebracht habe, ergebe sich somit aus der Eintragung im Fahrzeugschein (vgl. nunmehr die Zulassungsbescheinigung I, da diese am 1.10.2005 den Fahrzeugschein abgelöst hat) bzw. aus der Prüfbescheinigung gem. § 29 IX StVZO. Dies genüge, um die Urkundeneigenschaft zu bejahen.[2161]

Diese Auffassung ist abzulehnen. Denn wie gesehen bildet die Prüfplakette zusammen mit den anderen Komponenten eine Beweiseinheit; der Aussteller wird bereits hinreichend durch die Zulassungsplakette benannt. Ob *daneben* auch die Prüfplakette (mittelbar über die Zulassungsbescheinigung Teil I) den Aussteller erkennen lässt, ist somit für die Beantwortung der Rechtsfrage nicht entscheidend. Vielmehr kommt es allein darauf an, ob in dem Manipulieren von Prüfplaketten ein Verfälschen der *zusammengesetzten* Urkunde gem. § 267 I Var. 2 liegt. Dies setzt nach der allgemein anerkannten Definition voraus, dass der Täter den gedanklichen Inhalt der echten Urkunde abändert. Bei bloßen Änderungen des äußeren Erscheinungsbildes (wie das z.B. bei der farblichen Änderung der

---

[2157] Siehe ebenfalls BGH NStZ 2019, 87.

[2158] Zur *öffentlichen* Urkunde siehe Rn 1347.

[2159] Die „Festigkeit" der Verbindung (und damit die Urkundeneigenschaft) könnte dann in Frage gestellt werden, wenn das Kennzeichen (wie heutzutage üblich) lediglich in einen Kennzeichenhalter eingeklipst ist. Soweit ersichtlich, wird die Festigkeit der Verbindung dadurch aber nicht in Frage gestellt. Auch straßenverkehrsrechtlich ist es anerkannt, dass das „Einklipsen" in den Kennzeichenhalter der Befestigungspflicht i.S.d. § 10 V FZV entspricht. Überträgt man diese straßenverkehrsrechtliche Sicht auf den strafrechtlichen Urkundenbegriff, lässt sich in der Tat die für die zusammengesetzte Urkunde erforderliche feste Verbindung zwischen Bezugsobjekt und Beweiszeichen bejahen. Zu kritisieren ist aber die abweichende Behandlung der „roten" Kennzeichen gem. § 16 V S. 1 FZV („06er und 07er Nummern"). Da straßenverkehrsrechtlich bei diesen eine feste Verbindung zum Fahrzeug nicht erforderlich ist (§ 16 V S. 2 FZV), will die h.M. (BGHSt 34, 375, 376 f.; *Heinrich*, JA 2011, 423, 426) strafrechtlich keine zusammengesetzte Urkunde annehmen. Diese unterschiedliche Handhabung überzeugt deswegen nicht, weil rote Kennzeichen i.d.R. ebenfalls in die heutzutage vorhandenen Kennzeichenhalter geklipst werden. Dadurch sind sie genauso fest oder weniger fest verbunden wie die „normalen" Kennzeichen. Da die h.M. bei der Frage nach der zusammengesetzten Urkunde auch sonst auf die tatsächlich vorhandene feste Verbindung (und nicht auf die rechtliche Pflicht hierzu) abstellt, sind demzufolge „rote" Kennzeichen urkundenbegrifflich genauso zu beurteilen wie „normale" Kennzeichen.

[2160] Wie hier nun auch OLG Celle NJW 2011, 2983 f. und BGH NStZ 2019, 87.

[2161] So *Kudlich*, JA 2006, 173, 174; OLG Celle NJW 2011, 2983 f.; Das AG Waldbröl NJW 2005, 2870 äußert sich erst gar nicht dazu.

Prüfplakette der Fall ist) scheint fraglich, ob durch das Verhalten nur die Wahrnehmbarkeit des Schildes in einer bestimmten Weise eingeschränkt oder tatsächlich sein gedanklicher Inhalt verändert worden ist.

Jedoch ist zu bedenken, dass die manipulierte Prüfplakette einen eigenen Erklärungswert hat, da dem „Rosa" als Untergrundfarbe ein eigener Erklärungswert zukommt. Denn es sind für die jeweiligen Jahre verschiedene Farben vorgesehen. Die manipulierte Prüfplakette erweckte durch die farbliche Manipulation mithin den Anschein, als sei das von T geführte Fahrzeug erst ein Jahr später zur Hauptuntersuchung vorzuführen. Dass die Zahlen auf der Plakette unverändert blieben, ist insoweit unschädlich. Denn nicht nur die lesbaren Zahlen auf der Prüfplakette enthalten die Erklärung über das Durchführungsjahr; vielmehr wird diese Erklärung durch die Untergrundfarbe wiederholt, um das Fälligkeitsjahr auch von einer Distanz aus erkennen zu können. Es wäre auch nicht einsichtig, wenn das, was für die Verwendung einer an sich neutralen Zahl oder Nummer gilt, nicht für die Verwendung bestimmter Farben gelten würde.[2162]

Da es T schließlich darauf ankam, gegenüber der zuständigen Behörde (den Beamten der Vollzugspolizei) den Anschein zu erwecken, als sei die Hauptuntersuchung noch nicht fällig, hat sie auch in der Absicht zur Täuschung des Rechtsverkehrs gehandelt.

Damit hat T eine echte Urkunde **verfälscht** (§ 267 I Var. 2).

Sofern sie mit dem Fahrzeug auch am öffentlichen Straßenverkehr teilnahm, hat sie eine verfälschte Urkunde auch **gebraucht** (§ 267 I Var. 3). Da hier der Vorsatz der T aber gerade auf das spätere Gebrauchen abzielte, wird man richtigerweise von einer tatbestandlichen Handlungseinheit ausgehen müssen (einheitliche Tat im Rechtssinne). Es liegt dann nur ein einheitliches Delikt der Urkundenfälschung vor. Der ebenfalls verwirklichte Kennzeichenmissbrauch (§ 22 I Nr. 3 StVG) tritt subsidiär zurück.

Anmerkung: Davon zu unterscheiden ist der Fall, in dem der Täter lediglich ein (selbst hergestelltes) **„Klebefolienkennzeichen"**[2163] ohne amtliches Siegel(-imitat) anbringt und dann damit am Straßenverkehr teilnimmt. In diesem Fall scheitert eine Strafbarkeit aus § 267 bereits an der Garantiefunktion, weil wegen Fehlens des Siegels die Ausstellereigenschaft nicht auf die Zulassungsbehörde hinweist. Lediglich, wenn die Zulassungsplakette mit aufgedruckt wird, handelt es sich um eine Täuschung über die Identität des Ausstellers und damit um eine Urkundenfälschung.[2164] Sollte § 267 zu verneinen sein, greift dann aber immer noch die Möglichkeit einer Strafbarkeit wegen **Kennzeichenmissbrauchs** gem. § 22 I StVG.[2165]

Bringt jemand ein von der Versicherung ausgegebenes, jedoch abgelaufenes **Versicherungskennzeichen**[2166] (§ 27 FZV) an ein Fahrzeug (für das auch lediglich ein Versicherungskennzeichen erforderlich ist) an oder benutzt schlicht das Fahrzeug über den Gültigkeitszeitraum des Versicherungskennzeichens hinaus, liegt ebenfalls kein Urkundendelikt vor. Anders als bei der Verwendung von ungestempelten oder entstempelten amtlichen Kennzeichen kommt in diesem Fall auch kein Kennzeichenmissbrauch gem. § 22 StVG in

---

[2162] AG Waldbröl NJW 2005, 2870. Siehe nun auch BGH NStZ 2019, 87.

[2163] Dabei wird zunächst ein originales Kennzeichen eingescannt. Mittels Computerprogramms wird sodann das Bildformat verkleinert und die Plakette entfernt. Sodann wird das Bild auf eine Klebefolie gedruckt, die dann an das Fahrzeug angebracht wird. Zweck des Ganzen ist, bspw. in der „Szene" Eindruck zu hinterlassen.

[2164] Vgl. dazu auch *Wiese*, JA 2016, 426, 428 f.

[2165] § 22 I Nr. 1 StVG setzt voraus, dass für das betreffende Kfz kein amtliches Kennzeichen zugeteilt worden ist, der Täter das Kfz aber mit einem Zeichen versieht, das geeignet ist, den Anschein amtlicher Kennzeichnung hervorzurufen. § 22 I Nr. 2 StVG hat zur Voraussetzung, dass für das betreffende Kfz ein amtliches Kennzeichen zugeteilt worden ist, der Täter aber das Kfz mit einer anderen als der amtlich für das Kfz ausgegebenen oder zugelassenen Kennzeichnung versieht. Schließlich es stellt § 22 I Nr. 3 StVG unter Strafe, wenn das an einem Kfz angebrachte amtliche Kennzeichen verändert, beseitigt, verdeckt oder sonst in seiner Erkennbarkeit beeinträchtigt wird. Das Gebrauchmachen von einem Kfz durch eine andere Person erfasst § 22 II StVG.

[2166] Versicherungskennzeichen sind keine Kennzeichen, die von Zulassungsbehörden zugeteilt werden (und damit keine „amtlichen" Kennzeichen), sondern sie werden von den Versicherungsgesellschaften für zulassungsfreie Fahrzeuge i.S.d. § 4 III S. 1 i.V.m. § 3 II S. 1 Nr. 1 lit. d-g FZV ausgegeben und sind gem. § 26 I S. 1 FZV dazu bestimmt, den Nachweis für das Bestehen eines nach dem Pflichtversicherungsgesetz obligatorischen Haftpflichtversicherungsvertrags in Bezug auf das im Versicherungsvertrag bezeichnete Fahrzeug zu erbringen (vgl. auch OLG Koblenz 19.5.2016 – 2 OLG 4 Ss 158/15).

Betracht, weil es sich bei Versicherungskennzeichen nicht um amtliche Kennzeichen handelt, solche aber in § 22 StVG genannt sind.[2167]

Zur Frage nach der Strafbarkeit beim Überziehen mit **„Antiblitzfolie"** oder reflektierendem **Klarlack** vgl. Rn 1294/1382.

1292d Die Tathandlungen des Herstellens einer unechten Urkunde und des Verfälschens einer echten Urkunde sind regelmäßig **nicht durch Unterlassen** begehbar[2168], sodass die Nichtvornahme einer Handlung trotz ihrer gebotenen Vornahme grundsätzlich keine Strafbarkeit nach § 267 nach sich ziehen kann.

Beispiel[2169]: T wurde von der Kfz-Zulassungsstelle für seinen Audi A 6 das Kennzeichen VER-X 1 zugeteilt. Nach einiger Zeit beantragte er für seinen Audi das Kennzeichen VER-X 2, das ihm ebenfalls zugeteilt wurde. Das bisherige Kennzeichen ließ er einem anderen Fahrzeug, das er besaß, zuteilen, sodass eine Entfernung des Siegels nicht vorgenommen wurde. Er wechselte sodann das vordere Nummernschild am Audi aus, unterließ es aber (da ihm passendes Werkzeug gerade nicht zur Verfügung stand), das hintere Nummernschild auszutauschen, und nahm einige Wochen am Straßenverkehr teil, bis das Fahrzeug mit den unterschiedlichen Nummernschildern vorne/hinten der Polizei auffiel.

In Betracht kommt eine Urkundenfälschung in den Modalitäten des Herstellens einer unechten bzw. Verfälschens einer echten Urkunde. Bei dem Kennzeichen, das hinten fest am Fahrzeug angebracht ist, handelt es sich um eine zusammengesetzte Urkunde (s.o.). Hinsichtlich der Tathandlung ist jedoch zu beachten, dass der Schwerpunkt der Vorwerfbarkeit vorliegend im Unterlassen liegt, nämlich im Unterlassen des Auswechselns des hinteren Kennzeichens (was jedenfalls dann gilt, wenn T zum Zeitpunkt des Auswechselns des vorderen Kennzeichens vorhatte, auch das hintere Kennzeichen auszutauschen). Eine Tatbestandsverwirklichung des § 267 durch Unterlassen ist aber regelmäßig nicht möglich. Daher ist T nicht aus § 267 I strafbar (möglicherweise liegt aber eine Strafbarkeit wegen Kennzeichenmissbrauchs gem. § 22 I Nr. 3 Var. 4 StVG i.V.m. § 13 I StGB vor, da der Kennzeichenmissbrauch auch durch Unterlassen verwirklicht werden kann und es bei § 22 StVG – anders als bei § 267 StGB – nicht auf eine Täuschungsabsicht ankommt).[2170]

1293 **bb.** Ein Verfälschen wird (jedoch) **verneint**, wenn die Veränderung die **beweiserheblichen Daten unberührt lässt.** Dies ist immer dann der Fall, wenn in Verträgen nachträglich Rechtschreibfehler korrigiert werden (anders verhält es sich freilich bei einer Rechtschreibklassenarbeit - „Diktat").[2171] Ein Verfälschen ist auch dann zu verneinen, wenn der Aussteller ausdrücklich mit der Änderung einverstanden ist. Denn dann muss er sie sich zurechnen lassen. Ein mutmaßliches Einverständnis ist dagegen nicht möglich.[2172] Schließlich ist ein Verfälschen zu verneinen, wenn z.B. von einer Originalurkunde eine (wenn auch täuschend echt aussehende) Fotokopie gefertigt wird und dabei keinerlei Veränderungen vorgenommen werden. Allein der vermittelte Eindruck, bei der Fotokopie handele es sich um ein Original, ist keine Urkundenfälschung, da hierin noch keine Änderung in der Beweisrichtung zu sehen ist.[2173]

[2167] Vgl. auch OLG Koblenz 19.5.2016 – 2 OLG 4 Ss 158/15.
[2168] Sch/Sch-*Heine/Schuster*, § 267 Rn 63; LK-*Gribbohm*, § 267 Rn 184; LG Verden NStZ-RR 2012, 282.
[2169] Nach LG Verden NStZ-RR 2012, 282.
[2170] Vgl. dazu auch *Lickleder*, JA 2014, 110, 113 f.
[2171] BGHSt 17, 297.
[2172] BayObLG NStZ 1988, 313 mit Anm. v. *Puppe.*
[2173] BGH NStZ 2013, 105.

Urkundendelikte – Urkundenfälschung (§ 267)

cc. Unklar ist, ob in der **Beeinträchtigung der Lesbarkeit** ein Verfälschen liegt. 1294
Dies wird mehrheitlich verneint.

Beispiel[2174]: Raser R möchte als solcher – jedenfalls bei Radarkontrollen – unerkannt bleiben. Deswegen besprüht er seine Kennzeichen mit einem reflektierenden Klarlack. Damit soll die Erkennbarkeit auf den Beweisfotos unterbunden werden. Hat sich R nach § 267 strafbar gemacht?

Ein Kfz-Kennzeichen als solches ist ein bloßes Beweiszeichen und nur zusammen mit dem auf das Kennzeichen zugelassene Fahrzeug, mit dem das Kennzeichen fest verbunden ist, eine Urkunde (sog. zusammengesetzte Urkunde in Form eines urkundsgleichen Beweiszeichens, s.o.). Abzustellen ist somit auf die Erklärung der Zulassungsstelle über die Beschaffenheit des Kennzeichens. Dieses muss den Voraussetzungen des § 10 FZV entsprechen. Maßgeblicher Zeitpunkt ist der der Zulassung. Das Kennzeichen muss also nicht in jedem erdenkbaren Fall und fortdauernd ablesbar sein.[2175] Auch ist zu bedenken, dass der Erklärungsinhalt derselbe geblieben ist. Denn an der Buchstaben-Ziffernkombination hat R ja nichts verändert. Veränderungen an der Erkennbarkeit unter bestimmten Voraussetzungen (Radarkontrolle) führen somit nicht zu einem Verfälschen des Inhalts.[2176] Auch eine Urkundenunterdrückung (§ 274) liegt nicht vor (zur Begründung vgl. Rn 1382[2177]). In Betracht kommt jedoch ein Kennzeichenmissbrauch gem. § 22 I Nr. 3 Var. 4, II StVG.

dd. Problematisch ist auch, wenn 1295

a.) nicht der Inhalt, sondern die Ausstellerbezeichnung geändert wird,
b.) der Aussteller selbst nachträgliche Manipulationen am Inhalt vornimmt und
c.) auf den Inhalt einer bereits verfälschten Urkunde erneut eingewirkt wird.

Zu a.): Eine Urkunde wird zweifelsohne dadurch verfälscht, dass ein anderer als ihr 1296
wirklicher Aussteller Manipulationen am Inhalt der Urkunde vornimmt („**Drittverfälschung**"). Wird dagegen die Ausstellerbezeichnung durch eine neue ersetzt, greift das „Herstellen einer unechten Urkunde" ein.[2178]

Beispiel: Il Legal möchte seine Klausur – ein nahezu leeres Blatt – für den großen Schein 1297
im öffentlichen Recht bei der Aufsicht abgeben. Auf dem Tisch liegen mehrere Bögen, welche schon vorher zur Korrektur abgegeben wurden. In dem Gedränge gelingt es Il, sich eine andere Klausur vom Stapel zu ziehen. Er radiert den Namen des Prüflings – eine gewisse Verena Buschfeld (V) – aus und trägt seinen eigenen Namen ein. Auf sein nahezu leeres Blatt trägt er den Namen der V ein. Beide Klausuren gibt er anschließend ab. Eine Woche später muss Il zu seiner großen Enttäuschung aber feststellen, dass er wieder einmal 0 Punkte erhält, wohingegen V nun endlich mal einen Punkt erhalten hat. Strafbarkeit des Il?

Strafbarkeit des Il gem. § 267 I Var. 1 oder 2 bzgl. *der Klausur der V*
Indem Il den Namen der V ausradierte und seinen eintrug, könnte er sich gem. § 267 I strafbar gemacht haben. Bei der Klausur handelt es sich um eine Urkunde (s.o.). Zunächst könnte Il eine unechte Urkunde hergestellt haben, § 267 I Var. 1. Unecht ist eine Urkunde, wenn die Erklärung nicht von dem stammt, der in ihr als Aussteller genannt ist. Geschrieben hat die Klausur V, unterschrieben hat sie Il. Indem Il den Namen der V ausradierte und seinen eintrug, hat er sich die Klausur (Urkunde) ihrem Erklärungsinhalt und Sinngehalt nach als eigene Erklärung **geistig** zurechnen lassen. Il hätte genauso gut die Klausur von der V abschreiben und unterschreiben können[2179] (anders wäre zu entscheiden gewesen, wenn Il den Namen seiner Freundin F eingetragen hätte; dann wären die

---

[2174] Vgl. BGHSt 45, 197 ff.
[2175] So aber OLG Düsseldorf NJW 1997, 1793, 1784.
[2176] Vgl. BGHSt 45, 197, 200. Dasselbe gilt beim Überkleben des Kennzeichens mit „**Antiblitzfolie**" – auch dazu BGHSt 45, 197, 200. Vgl. auch Rn 1382.
[2177] A.A. NK-*Puppe*, § 274 Rn 10; *Baier*, JuS 2004, 56, 58; vgl. auch *Walter/Uhl*, JA 2009, 31, 35.
[2178] Vgl. Sch/Sch-*Heine/Schuster*, § 267 Rn 72.
[2179] Vgl. dazu BGH NJW 1954, 1375.

489

Voraussetzungen des § 267 I Var. 1 erfüllt[2180]). Ein Vergleich zu dem Fall, in dem jemand abredewidrig ein Blankett (dazu der Fall in der Einführung) ausfüllt ist nicht möglich, denn der Täter hätte in diesem Fall den Scheck (beispielsweise) nicht „abschreiben" können. Somit hat Il keine unechte Urkunde hergestellt.

Il könnte jedoch eine Urkunde verfälscht haben, § 267 I Var. 2. Unter Verfälschen einer (echten) Urkunde versteht man die nachträgliche Änderung des Gedankeninhalts. Il hat die Klausur der V nicht inhaltlich verändert, sondern nur den Namen des Ausstellers geändert. Somit liegt auch kein Verfälschen durch Il vor. Eine Strafbarkeit bzgl. der Klausur der V gem. § 267 ist daher nicht gegeben. Dadurch, dass er aber den Namen der V auf deren Klausur ausradierte, hat er eine Urkundenunterdrückung gem. **§ 274 I Nr. 1** verwirklicht.

Ferner hat Il den Tatbestand des **§ 242** (Diebstahl) verwirklicht, da sich die Klausur der V trotz des Umstands, dass sie auf dem Stapel lag, im gelockerten Gewahrsam der Aufsichtsperson befand. Auch **§ 133 I** (Verwahrungsbruch) ist verwirklicht, da sich die Klausur der V im dienstlichen Gewahrsam befand. Schließlich ist **§ 303 I** gegeben.

Konkurrenzen: § 274 I Nr. 1 verdrängt zwar § 303 I, tritt aber im Wege der Konsumtion hinter § 242 zurück.

Strafbarkeit des Il gem. § 267 I Var. 1 oder 3 bzgl. *der eigenen Klausur*
Il hat eine unechte Urkunde gem. § 267 I Var. 1 hergestellt, indem er auf seine Klausur den Namen der V schrieb. Indem er sie bei der Aufsicht abgab, hat er sie auch zur sinnlichen Wahrnehmung sichtbar gemacht, § 267 I Var. 3. Es liegt aber ein einheitliches Delikt der Urkundenfälschung vor, da der konkrete Gebrauch von vornherein geplant war. Vertretbar ist es auch, in dem Gebrauchen eine mitbestrafte Nachtat zu sehen. Jedenfalls tritt die Urkundenunterdrückung bzgl. der Klausur der V hinter die Urkundenfälschung gem. § 267 I Var. 1 zurück.

1298 **Zu b.):** Unklar ist auch die rechtliche Behandlung des Falls, dass der wirkliche Aussteller selbst die **Inhaltsänderung** (nachträglich) vornimmt („**Ausstellerverfälschung**").

1299 **Beispiel:** Kaufmann T entfernt aus seinen Handelsbüchern einzelne Blätter, um den Steuerprüfer zu täuschen. Ist er nach **§ 267 I Var. 2** strafbar?

Zwar stellen Handelsbücher eine Gesamturkunde dar, die durch Entfernen einzelner Blätter verfälscht werden kann, fraglich ist jedoch, wie es sich auswirkt, dass der Aussteller selbst seine Urkunde manipuliert hat.

⇨ Nach einer Minderheitsmeinung[2181] kann der Aussteller selbst seine Urkunde nicht (auch nicht, nachdem er die Dispositionsbefugnis über die Urkunde verloren hat) verfälschen. § 267 I setze in allen Begehensformen als **Folge eine Täuschung über die Identität des Ausstellers** und somit eine unechte Urkunde voraus. Dies sei jedoch nicht der Fall, wenn der Aussteller selbst Veränderungen an der Urkunde vornehme. Schutz biete in diesem Falle nur § 274.

Danach hätte sich T nicht wegen Urkundenfälschung gem. § 267 I Var. 2, sondern wegen Urkundenunterdrückung gem. § 274 I Nr. 1 Var. 3 strafbar gemacht.

⇨ Demgegenüber hält die Gegenauffassung[2182] ein Verfälschen durch den Aussteller zumindest dann für möglich, wenn dieser die **Dispositionsbefugnis verloren** hat (Beispiel: Jurastudent T ändert seine Examensklausur nach der Abgabe) oder wenn und soweit Dritte – hier der Steuerprüfer – ein Recht auf unveränderten Fortbestand der Urkunde erlangt haben.

Danach hätte sich T wegen Urkundenfälschung gem. § 267 I Var. 2 strafbar gemacht. § 274 I Nr. 1 würde im Wege der Gesetzeskonkurrenz zurücktreten.

[2180] Sch/Sch-*Heine/Schuster*, § 267 Rn 72.
[2181] SK-*Hoyer*, § 267 Rn 68; Sch/Sch-*Heine/Schuster*, § 267 Rn 68 m.w.N.
[2182] *Fischer*, § 267 Rn 19a; Lackner/Kühl-*Heger*, § 267 Rn 21; BGHSt 13, 382, 387; dem sich anschließend *Zieschang*, JA 2008, 192, 195; differenzierend *W/H/E*, BT 1, Rn 926 f.

Urkundendelikte – Urkundenfälschung (§ 267)

⇨ **Stellungnahme:** Nach der hier vertretenen Auffassung ist das Verfälschen einer echten Urkunde als Spezialfall des Herstellens einer unechten Urkunde anzusehen, sofern im Verfälschen zugleich das Herstellen einer neuen, regelmäßig unechten Urkunde liegt. Ist es aber der Aussteller selbst, der die Verfälschung vornimmt, liegt in der Verfälschung *nicht* zugleich die Herstellung einer neuen, unechten Urkunde, da der Aussteller ja gerade nicht über die Identität des Ausstellers täuscht. Daher erlangt das Verfälschen eine eigenständige Bedeutung, wenn der Aussteller selbst handelt. Daher kann der Aussteller auch verfälschen, wenn er die **Dispositionsbefugnis verloren** hat (Beispiel: Jurastudent T ändert seine Examensklausur nach der Abgabe) oder wenn und soweit Dritte – hier der Steuerprüfer – ein Recht auf unveränderten Fortbestand der Urkunde erlangt haben.

T hat sich daher wegen Urkundenfälschung gem. § 267 I Var. 2 strafbar gemacht. § 274 I Nr. 1 tritt im Wege der Gesetzeskonkurrenz zurück.

Zu c.): Da Tatobjekt der Var. 2 eine echte und damit (noch) unverfälschte Urkunde ist, stellt sich die Frage, wie die Einwirkung auf den Inhalt einer bereits verfälschten Urkunde strafrechtlich zu beurteilen ist („**wiederholte Verfälschung**"). Werden bisher unberührte, selbstständige Teile der Urkunde inhaltlich verändert, liegt eine Urkundenverfälschung vor. Anders ist es, wenn ein bereits verfälschter Teil erneut verfälscht wird. Hierin wird das Herstellen einer unechten Urkunde gesehen. Begründen lässt sich diese unterschiedliche Behandlung damit, dass das Verfälschen nur ein Spezialfall der Herstellung einer unechten Urkunde ist. Das Ergebnis einer (fast) jeden Verfälschung ist die unechte Urkunde.[2183]

c. Gebrauchen einer unechten/verfälschten Urkunde (§ 267 I Var. 3)

Für die 3. Tathandlungsvariante ist folgende Definition allgemein anerkannt:

Gebraucht wird eine Urkunde, wenn sie dem zu Täuschenden auf eine Weise zugänglich gemacht wird, dass dieser die Möglichkeit der Kenntnisnahme hat.[2184]

Abzustellen ist auf die **Möglichkeit** der Kenntnisnahme. Ob diese tatsächlich erfolgt ist, ist unerheblich. Konkurrenzprobleme ergeben sich v.a. dann, wenn der Täter die Urkunde selber ge- oder verfälscht hat.

Beispiel: T stellt ein falsches polizeiliches Kennzeichen her, befestigt es an seinem Kfz und fährt – wie geplant – los.

Hier hat T zunächst ein unechtes urkundsgleiches Beweiszeichen hergestellt (§ 267 I Var. 1). Dann hat er es gebraucht (§ 267 I Var. 3). Das Gebrauchen lag darin, dass das urkundsgleiche Beweiszeichen den (möglicherweise) zu täuschenden Personen (i.d.R. den Polizeibeamten) zugänglich gemacht wurde. Eine (tatsächliche) Kenntnisnahme war nicht erforderlich. Beide Varianten stehen in tatbestandlicher Handlungseinheit zueinander. Nach a.A. ist Konsumtion (mitbestrafte Nachtat) anzunehmen (zu den Konkurrenzen vgl. Rn 1310).

An diesem Beispiel wird erkennbar, dass es auf die **Zugänglichmachung zur sinnlichen Wahrnehmung** ankommt. Daher ist auch das bloße Bei-Sich-Führen eines gefälschten oder nachgemachten Legitimationspapiers oder Berechtigungsscheins noch kein Gebrauchen. Hätte im vorliegenden Beispielsfall T seinen Führerschein gefälscht und diesen nur für alle Fälle bei sich geführt, hätte er ihn nicht zur sinnlichen Wahrnehmung zugänglich gemacht und damit nicht „gebraucht".[2185] Auch in der Variante des Beispiels von Rn 1292a würde man ein Gebrauchen der als unechte Urkunde zu qualifizierenden Farbkopie verneinen müssen, wenn T wochenlang die Straßenbahn benutzt hätte, ohne kon-

---

[2183] Vgl. die Übersicht bei Sch/Sch-*Heine/Schuster*, § 267 Rn 66.
[2184] BGHSt 36, 64, 65; *Fischer*, § 267 Rn 23; Sch/Sch-*Heine/Schuster*, § 267 Rn 73.
[2185] BGHSt 18, 66, 70; BGH StV 1989, 304; *Fischer*, § 267 Rn 23; Lackner/Kühl-*Heger*, § 267 Rn 23.

491

trolliert worden zu sein. Denn dann wäre zugunsten des T zu unterstellen gewesen, dass er es sich noch hätte anders überlegen und die Farbkopie nicht vorzeigen können.

1303 Zu beachten ist, dass der Täter grundsätzlich die unechte oder verfälschte Urkunde gebrauchen muss. Somit scheidet die Vorlage von Kopien unechter oder verfälschter Urkunden an sich aus. Um Strafbarkeitslücken zu schließen, wird diese Folgerung nicht eingehalten. Da die Fotokopie und die Fotografie einer unechten oder verfälschten Urkunde diese quasi täuschend echt repräsentieren und sie somit sinnlich wahrnehmbar machen, spricht man von **mittelbarem Gebrauch** des „Originals".[2186]

2. Subjektiver Tatbestand

1304 Weitere Strafbarkeitsvoraussetzung ist, dass der Täter bezüglich der Verwirklichung der objektiven Tatbestandsmerkmale den nötigen **Vorsatz** hat. Ausreichend ist insoweit *„dolus eventualis"*.[2187] Darüber hinaus muss der Täter in allen drei Varianten aber auch **„zur Täuschung im Rechtsverkehr"** handeln. Zwei Merkmale müssen erfüllt sein:[2188]

(1) Irrtumserregung über die Echtheit der Urkunde als Beweismittel und

(2) rechtserhebliches Verhalten des Getäuschten als Folge der Echtheitstäuschung. An der Rechtserheblichkeit fehlt es insbesondere dann, wenn lediglich rein gesellschaftliche Zwecke verfolgt werden. Dies ist der Fall, wenn T ein Zeugnis erstellt, um seine Eltern davon zu überzeugen, er habe das 1. juristische Staatsexamen bestanden.

1305 Fraglich ist, ob die Verwendung der Präposition *„zur"* Täuschung im Rechtsverkehr die Vorsatzform „Absicht" (*dolus directus* 1. Grades) erfordert. Die ganz h.M. lässt direkten Vorsatz (*dolus directus* 2. Grades) ausreichen, da es dem Täter i.d.R. kaum zielgerichtet auf das Täuschen im Rechtsverkehr ankommt und es so zu Strafbarkeitslücken kommen kann (der Täter will mit der Urkundenfälschung zumeist andere Delikte wie Betrug vorbereiten). Der Täter muss also die Täuschung im Rechtsverkehr als sichere Folge seines Handelns voraussehen, auch wenn es ihm nicht direkt darauf ankommt.[2189]

> Im **Beispiel** von Rn 1292a hatte T neben dem allgemeinen Tatbestandsvorsatz in Bezug auf die Verwirklichung des objektiven Tatbestands des § 267 I Var. 2 auch den Vorsatz, die manipulierte Monatskarte zur Täuschung im Rechtsverkehr einzusetzen. In der **Variante** hingegen fehlte der Wille, die manipulierte Monatskarte zur Täuschung im Rechtsverkehr einzusetzen. Dafür bestand dieser Wille aber in Bezug auf die Herstellung der Farbkopie.

II. Rechtswidrigkeit und III. Schuld

1306 Es gelten die allgemeinen Grundsätze.

IV. Strafzumessungsgesichtspunkte gem. § 267 III

1307 Bei § 267 III handelt es sich um eine Strafzumessungsregel in der Gestalt eines **besonders schweren Falls der Urkundenfälschung**, bei der der Gesetzgeber die Regelbeispielstechnik verwendet. Regelbeispielstechnik bedeutet, dass die Aufzählung von Regelbeispielen das Vorliegen eines besonders schweren Falls lediglich indiziert, nicht aber zwingt. Trotz Vorliegens der Voraussetzungen eines Regelbeispiels kann ein besonders schwerer Fall durch den Richter also verneint werden, wenn ein umfassendes, in der Regel tatrichterliches Bild des Sachverhalts dieses erfordert.

[2186] BGHSt 5, 291; BGH NJW 1978, 2042; OLG Düsseldorf wistra 2000, 37; dagegen *W/H/E*, BT 1, Rn 931; SK-*Hoyer*, § 267 Rn 88.
[2187] BGH NStZ 1999, 619; kritisch *Wohlers*, StV, 2001, 420, 421; Lackner/Kühl-*Heger*, § 267 Rn 24.
[2188] BGH NJW 1985, 924, 925; BGHSt 5, 149; 33, 105, 109.
[2189] RGSt 47, 199; BayObLG JZ 1998, 635 f.

Urkundendelikte – Urkundenfälschung (§ 267)

Die einzelnen in § 267 III genannten Beispielsvoraussetzungen lassen sich gut erfassen, sodass auf weitere Ausführungen an dieser Stelle verzichtet werden kann. Zu den Problemen der Regelbeispielstechnik vgl. *R. Schmidt*, BT II, Rn 128 ff.

> **Hinweis für die Fallbearbeitung:** Strafzumessungsgesichtspunkte werden nach der Schuld geprüft, denn es handelt sich bei diesen nicht um Tatbestandsmerkmale. Von daher sind auch die Begriffe „objektiver und subjektiver Tatbestand" nicht zulässig. Empfehlenswert ist es, die Formulierung „in objektiver und subjektiver Hinsicht" zu gebrauchen. Die Probleme, die sich bei § 267 III ergeben können, ähneln denen bei § 243 und § 263 III.

1308

V. Qualifikation gem. § 267 IV[2190]

Bei § 267 IV handelt es sich um einen Qualifikationstatbestand. Empfohlener Prüfungsstandort ist somit entweder nach dem Tatbestand des § 267 I oder im Anschluss an die Schuldprüfung.[2191] Da die Voraussetzungen des § 267 IV denen des § 263 V entsprechen, sei auf *R. Schmidt*, BT II, Rn 654 verwiesen.

1309

VI. Konkurrenzen

Zu beachten ist, dass zu den Münzdelikten Gesetzeskonkurrenz besteht. Ist ein Münzdelikt verwirklicht, verbietet sich somit ein Rückgriff auf die §§ 267 ff. Im Übrigen können sich bei § 267 vor allem innertatbestandliche Konkurrenzprobleme ergeben.

1310

- **Verhältnis Herstellen zu Verfälschen**

  Zwischen dem Herstellen einer unechten Urkunde (Var. 1) und dem Verfälschen einer echten Urkunde (Var. 2) besteht regelmäßig ein **Spezialitätsverhältnis** (Gesetzeskonkurrenz): Das Verfälschen einer echten Urkunde führt grundsätzlich dazu, dass als Ergebnis eine unechte Urkunde vorliegt. Das Verfälschen ist somit ein Spezialfall des Herstellens. Aus diesem Grunde ist das Verfälschen einer Urkunde – soweit es nicht durch den Aussteller geschieht[2192] – unstreitig ein Unterfall des Herstellens. Die 1. Variante (das Herstellen einer unechten Urkunde) tritt danach im Wege der Gesetzeskonkurrenz hinter die 2. Variante (das Verfälschen einer echten Urkunde) zurück.[2193] Grund für das Spezialitätsverhältnis ist, dass sich der ursprüngliche Aussteller seine Erklärung nach der Verfälschung nicht mehr zurechnen lassen muss.[2194]

  Wer keine echte, sondern eine unechte Urkunde verfälscht, stellt (erneut) eine unechte Urkunde her und ist folgerichtig nur nach der 1. Variante des § 267 I strafbar.[2195]

1311

- **Verhältnis Herstellen/Verfälschen zu Gebrauchen**

  Im Regelfall wird eine unechte Urkunde hergestellt oder eine echte Urkunde verfälscht, *um* sie anschließend zu gebrauchen. Da hier der Vorsatz gerade auf das spätere Gebrauchen abzielt, wird man richtigerweise von einer **tatbestandlichen Handlungseinheit** ausgehen müssen (einheitliche Tat im Rechtssinne). Hier wird die mit dem Herstellungs- bzw. Verfälschungsakt vollendete Straftat erst mit dem Gebrauchen beendet. Es liegt dann nur ein einheitliches Delikt der Urkundenfälschung[2196] vor. Nach der Gegenauffassung wird das Gebrauchmachen als mitbestrafte Nachtat (Konsumtion) verdrängt.[2197]

  Beruht das Gebrauchmachen jedoch auf einem **neuen**, selbstständigen **Tatentschluss**, ist dagegen Realkonkurrenz anzunehmen. Das ist insbesondere immer dann anzunehmen, wenn bei der Herstellung oder dem Verfälschen die spätere Verwendung nur in Umrissen

1312

[2190] Zum (abweichenden) Prüfungsaufbau in der Fallbearbeitung siehe oben Rn 1278.
[2191] Zum prüfungstechnischen Aufbau von Grundtatbestand und Tatbestandsqualifikation vgl. *R. Schmidt*, AT, Rn 84 ff.
[2192] Zur Urkundenverfälschung durch den Aussteller, nachdem dieser die Beweisberechtigung verloren hat, vgl. Rn 1298 ff.
[2193] *W/H/E*, BT 1, Rn 932; *Hecker*, JuS 2002, 224, 225.
[2194] Lackner/Kühl-*Heger*, § 267 Rn 21.
[2195] *W/H/E*, BT 1, Rn 932; MüKo-*Erb*, § 267 Rn 179.
[2196] BGHSt 5, 291, 293; BayObLG JZ 1998, 636; *Rengier*, BT II, § 33 Rn 37.
[2197] OLG Nürnberg MDR 1951, 52, 53.

Urkundendelikte – Urkundenfälschung (§ 267)

bekannt ist oder es zu einer anderen Verwendung kommt als geplant. Mehrere Fälle des Gebrauchs einer gefälschten Urkunde bilden grundsätzlich mehrere selbstständige Handlungen (= Realkonkurrenz). Für die Annahme eines Fortsetzungszusammenhangs ist nach der Rechtsprechung des Großen Senats nahezu kein Raum mehr, kann aber im Einzelfall anzunehmen sein.[2198]

1313 ▪ **Verhältnis Verfälschen zu Beschädigen (Unterdrücken)**
Durch das Verfälschen einer Urkunde ist zugleich § 274 I Nr. 1 erfüllt. Die Beschädigung tritt jedoch als bloßes Mittel der Verfälschung hinter § 267 zurück (Subsidiarität).[2199] Hinter § 274 I Nr. 1 tritt wiederum § 303 I subsidiär zurück. Vgl. zu den Konkurrenzen im Übrigen Rn 1384.

[2198] BGH GSSt 40, 138, 144; BGH NStZ-RR 1998, 269, 270.
[2199] Wie hier nunmehr auch *Zieschang*, JA 2008, 192, 195 f.

C. Fälschung technischer Aufzeichnungen (§ 268)

Weitere wichtige Strafnorm der Urkundendelikte ist die Fälschung technischer Aufzeichnungen. Es bietet sich folgender Aufbau an:

1314

Fälschung technischer Aufzeichnungen (§ 268)

I. Tatbestand

1. Objektiver Tatbestand

a. Technische Aufzeichnung:

- Nach der Legaldefinition muss es sich um eine **Darstellung** von Daten, Messwerten, Rechenwerten, Zuständen oder Geschehensabläufen handeln. Eine Darstellung liegt nur dann vor, wenn es sich um eine Information von **einiger Dauerhaftigkeit** handelt, die vom *Gerät abtrennbar* ist. Bloße Zeigerstände, die nach der Messung auf Nullstellung zurückgehen (bspw. Waage oder Geschwindigkeitsanzeige), sind nach h.M. ebenso wenig von Dauer wie Zeigerstände mit einer fortlaufenden Addition (bspw.: Kilometerzähler oder Stromzähler).
- **Die Darstellung muss selbsttätig bewirkt sein.** Das ist der Fall, wenn nicht nur der Aufzeichnungsvorgang selbsttätig abläuft, sondern das technische Gerät ohne wesentliche menschliche Mitwirkung einen *neuen, geräteautonomen* Aufzeichnungs*inhalt* hervorbringt.

b. Tathandlungen sind:

- **Herstellen** einer unechten technischen Aufzeichnung, § 268 I Nr. 1 Var. 1: Die Aufzeichnung ist unecht, wenn sie fälschlich den Eindruck erweckt, sie stamme in ihrer konkreten Gestalt aus dem selbsttätigen Herstellungsvorgang eines bestimmten technischen Geräts.
- **Beeinflussung** des Aufzeichnungsergebnisses durch **störende Einwirkung** auf den Aufzeichnungsvorgang selbst, § 268 III: Die Variante stellt einen Unterfall der Herstellung einer unechten technischen Aufzeichnung dar und erfasst Eingriffe in den selbsttätig-fehlerfreien Funktionsablauf des technischen Geräts. Da es letztlich aber um den Schutz der inhaltlichen Richtigkeit geht, ist „störend" nur eine auf ein **unrichtiges Ergebnis zielende Einwirkung**.
- **Verfälschen** einer echten oder unechten technischen Aufzeichnung, § 268 I Nr. 1 Var. 2: Diese Variante setzt voraus, dass eine bereits vorhandene technische Aufzeichnung auf beweiserhebliche Weise verändert und hierbei der Eindruck erweckt wird, als trüge sie im veränderten Zustand die Gestalt, in der sie das technische Gerät ordnungsgemäß verlassen hat.
- **Gebrauch** einer unechten oder verfälschten technischen Aufzeichnung, § 268 I Nr. 2: Hierunter versteht man das Zugänglichmachen zur sinnlichen Wahrnehmung.

2. Subjektiver Tatbestand

Zur Verwirklichung des subjektiven Tatbestands ist **bedingter Vorsatz** erforderlich, aber auch ausreichend. Darüber hinaus muss der Täter **zur Täuschung im Rechtsverkehr** gehandelt haben. Diesbezüglich ist trotz der Formulierung „zur ..." nicht Absicht (i.S.d. dolus directus 1. Grades) erforderlich, sondern es genügt *dolus directus* 2. Grades.

3. Qualifikation, § 268 V

Es gelten gem. § 268 V die Qualifikationen des § 267 IV.

II. Rechtswidrigkeit und III. Schuld

IV. Strafzumessungsgesichtspunkte

Es ist der Verweis des § 268 V auf § 267 III zu beachten.

Urkundendelikte – Fälschung technischer Aufzeichnungen (§ 268)

1315 Die Strafvorschrift des § 268 dient der Sicherheit und Zuverlässigkeit des Rechts- und Beweisverkehrs mit Aufzeichnungen aus technischen Geräten.[2200] Sie soll die Lücke schließen, die dadurch entstanden ist, dass infolge der technischen Entwicklung an die Stelle von Beurkundungen durch Menschen zunehmend Aufzeichnungen getreten sind, die von technischen Geräten automatisch hergestellt werden und denen die Urkundeneigenschaft in Ermangelung der Gedankenerklärung und der Erkennbarkeit des Ausstellers fehlt.[2201] Anstelle der in § 267 erforderlichen (menschlichen) Gedankenerklärung steht hier also die Darstellung von Daten, Mess- oder Rechenwerten, Zuständen oder Geschehensabläufen. Geschütztes Rechtsgut ist die Sicherheit der Informationsgewinnung durch technische Geräte (wie etwa Fahrtenschreiber[2202] oder Elektrokardiogramme).

I. Tatbestand

1. Objektiver Tatbestand

1316 **a.** Der Begriff der **technischen Aufzeichnung** ist in **§ 268 II** legaldefiniert. Unter diese Definition sind die Sachverhaltsangaben zu subsumieren. Problematisch sind nur die unter aa. und bb. behandelten Begriffe „Darstellung" und „selbsttätig bewirkt". Bezüglich der Erkennbarkeit des Gegenstands sowie der Beweiseignung und -bestimmung kann auf das zu § 267 Gesagte zurückgegriffen werden.

1317
- **Darstellung von Daten** sind speicherbare Informationen aller Art, die einer weiteren Verarbeitung in einer Datenverarbeitungsanlage unterliegen.[2203]
- **Messwerte** sind Messergebnisse, **Rechenwerte** sind Produkte von Rechenoperationen[2204] (z.B. bei Lkw-Waagen oder Tanksäulen mit jeweils angeschlossenen Druckwerten).
- **Zustände** sind reale Gegebenheiten jeglicher Art[2205] (z.B. Röntgen- oder Infrarotaufnahmen).
- **Geschehensabläufe** sind Vorgänge während eines bestimmten Zeitraums (z.B. Elektrokardiogramm, Tachographenscheibe, computererstellte Abrechnungen).[2206]

1318 Eines der zentralen Probleme des § 268 bildet der Begriff der **Darstellung**. Sprachlich betrachtet bedeutet dies lediglich „Abbildung". Zu berücksichtigen ist jedoch die zunehmend wichtiger werdende Funktion der technischen Aufzeichnung im modernen Wirtschaftsverkehr. Deswegen werden an diesen Begriff besondere Anforderungen gestellt.

1319 **aa. Darstellung** von Daten: Da § 268 lediglich die genannte Lücke in § 267 schließen soll, bleibt es nach der h.M.[2207] bei den übrigen Voraussetzungen des § 267. Zu fordern ist damit insbesondere eine Darstellung von einiger **Dauerhaftigkeit**. Eine solche fehlt jedenfalls bei **nicht dauerhaften Aufzeichnungen**, also bei Anzeigegeräten, die unmittelbar nach der Wiedergabe des Messergebnisses wieder in ihre Ursprungsstellung (also auf 0) zurückgehen (Beispiele: Zeigerausschläge von Waagen oder Messuhren – etwa Voltmeter, Tachometer). Auch sprachlich betrachtet liegt in einem solchen Fall

---

[2200] BGHSt 40, 26, 30; OLG München NJW 2006, 2132, 2133 (mit Bespr. v. *Kudlich*, JA 2007, 72 ff.); *Hellmann*, JuS 2001, 353, 356 (auch zur Strafbarkeit nach § 242 bei Entwendung von Pfandgut); *Hecker*, JuS 2002, 224, 225 (zu OLG Köln NJW 2002, 527 – manipulierter Parkschein hinter der Windschutzscheibe).

[2201] Vgl. BT-Drs. 5/4094, S. 37; Lackner/Kühl-*Heger*, § 268 Rn 1.

[2202] Bezüglich der Fahrtenschreiberfälle vgl. BayObLG NStZ-RR 2001, 371 (der Austausch der Fahrtenschreiberblätter von Position Fahrer auf Beifahrer, um über Fahrzeiten zu täuschen, ist nicht nach § 268 strafbar); OLG Stuttgart NStZ-RR 2000, 11; OLG Karlsruhe NStZ 2002, 652 f. Vgl. auch LK-*Gribbohm*, § 268 Rn 4; kritisch *Fischer*, § 268 Rn 2.

[2203] Sch/Sch-*Heine/Schuster*, § 268 Rn 8; Lackner/Kühl-*Heger*, § 268 Rn 3 mit Verweis auf § 263a Rn 3.

[2204] Sch/Sch-*Heine/Schuster*, § 268 Rn 12/12a.

[2205] Lackner/Kühl-*Heger*, § 268 Rn 3; Sch/Sch-*Heine/Schuster*, § 268 Rn 12b; NK-*Puppe*, § 268 Rn 11; SK-*Hoyer*, § 268 Rn 11.

[2206] Sch/Sch-*Heine/Schuster*, § 268 Rn 12c; *Fischer*, § 268 Rn 6; LK-*Gribbohm*, § 268 Rn 12.

[2207] OLG Köln NJW 2002, 527; OLG Frankfurt NJW 1979, 118; Sch/Sch-*Heine/Schuster*, § 268 Rn 6 ff.; *Hecker* JuS 2002, 224, 225.

Urkundendelikte – Fälschung technischer Aufzeichnungen (§ 268)

keine Aufzeichnung vor.[2208] Dasselbe gilt hinsichtlich nicht völlig selbsttätiger (automatischer) Technik (z.B. Fotokopiergeräte; siehe hierzu bereits die Einführung zu den Urkundenbegriffen).

Weitgehend unklar war bislang die Behandlung von Anzeigegeräten, bei denen sich **fortlaufend** der Zählerstand im Wege einer **kontinuierlichen Addition** verändert (**Zählerstände** wie z.B. beim Gas-, Heizungs-, Strom-, Wasser oder Kilometerzähler).

1320

- Ein Teil der Rechtsprechung und der Literatur[2209] ordnet(e) solche Anzeigegeräte dem § 268 zu. Der bei diesen Geräten vorangegangene Messwert werde nicht ersatzlos gelöscht, sondern bleibe als Teil in der fortlaufend veränderten Endsumme hinreichend perpetuiert. Für diese Auffassung spricht bzw. sprach, dass sich der Rechtsverkehr auf die Richtigkeit der Zählerstände verlässt (bei der Rückgabe des Leihwagens liest der Vermieter den Kilometerzähler ab, um den Mietzins zu errechnen; beim Verkauf eines Kfz stellt der Kilometerstand einen wesentlichen preisbildenden Faktor dar, usw.).

- Die (bisherige) h.M.[2210] verweist (bzw. verwies) demgegenüber u.a. auf die systematische Stellung des § 268 als Paralleltatbestand zu § 267. Gefordert wird somit für technische Aufzeichnungen die gleiche Dauerhaftigkeit wie für Urkunden. Um „Darstellung" zu sein, müsse die jeweilige Information in einem **selbstständig verkörperten**, vom **Gerät abtrennbaren Stück** enthalten sein (so beim beschriebenen Fahrtenblatt des Fahrtenschreibers, aber auch beim Parkschein aus einem Parkscheinautomaten[2211]). Dies ist bei Zählern nicht der Fall. Folgt man der h.M., kommt – etwa beim Zurückstellen von Kilometerständen – aber § 263 (bzw. Beihilfe dazu) in Betracht.[2212]

- Da jedoch die Strafbarkeitsvoraussetzungen eines Betrugs bzw. einer Beihilfe zum Betrug gerade i.d.R. nur schwer nachzuweisen sind[2213], hat sich der Gesetzgeber veranlasst gesehen, mit Wirkung zum 18.8.2005 in das StVG einen § 22b einzufügen, der die Manipulation von Wegstreckenzählern und Geschwindigkeitsbegrenzern sowie das Herstellen oder Verbreiten von Computerprogrammen, deren Zweck in der genannten Manipulation besteht, unter Strafe stellt. Damit ist zwar die Beweisführung in Bezug auf den späteren Betrug nicht beseitigt, darauf kommt es aber auch nicht an, da allein die genannten Handlungen strafbar sind.
  Im Übrigen entspricht die Erstreckung der Strafbarkeit auf das Vorbereiten solcher Straftaten durch das Herstellen, Verschaffen, Feilhalten oder Überlassen von Computerprogrammen den bei Fälschungsdelikten bereits bestehenden Regelungen der §§ 149 und 275. Durch den Verweis auf § 149 II und III ist zudem die Möglichkeit der tätigen Reue geschaffen worden.

Mit der Neuregelung ist also auch der Gesetzgeber offenbar davon ausgegangen, dass Kilometerzähler nicht unter § 268 subsumiert werden können. Der zuerst genannten Auffassung ist daher der Boden entzogen.

bb. Die Darstellung muss durch ein technisches Gerät ganz oder zum Teil **selbsttätig bewirkt** werden.

1321

[2208] Wobei der vom Messgerät separat erstellte und ausgedruckte Zettel (Bon) eine technische Aufzeichnung darstellt und unter den Tatbestand des § 268 fällt.
[2209] OLG Frankfurt NJW 1979, 118, 119; Sch/Sch-*Heine/Schuster*, § 268 Rn 9.
[2210] *Kitz*, JA 2001, 303, 305; *Hilgendorf*, JuS 1997, 323, 328; LK-*Gribbohm*, § 268 Rn 6; NK-*Puppe*, § 268 Rn 24; *Fischer*, § 268 Rn 3; Lackner/Kühl-*Heger*, § 268 Rn 3; BGHSt 29, 203, 208; BGH wistra 2004, 2004, 145 unter Aufgabe seiner bisherigen Rspr.
[2211] Vgl. OLG Köln NJW 2002, 527 (mit Bespr. v. *Hecker*, JuS 2002, 224).
[2212] Der Betrugstatbestand ist deshalb anzunehmen, weil – wie gesagt – die Laufleistung eines Kfz ein für die Preisbildung wesentlicher Faktor ist.
[2213] Gerade bei digitalen Kilometerzählern ist aufgrund moderner elektronischer Geräte eine Manipulation besonders einfach. Das hat dazu geführt, dass zahlreiche „Dienstleister" in Anzeigen damit warben, „Tachojustierungen" vorzunehmen. In diesen Fällen war v.a. der Gehilfenvorsatz in Bezug auf den (späteren) Betrug kaum nachzuweisen.

Urkundendelikte – Fälschung technischer Aufzeichnungen (§ 268)

1322 **Selbsttätig bewirkt** ist die Darstellung, wenn nicht nur der Aufzeichnungsvorgang selbsttätig abläuft, sondern das technische Gerät ohne wesentliche menschliche Mitwirkung einen *neuen, geräteautonomen* Aufzeichnungs*inhalt* hervorbringt.[2214]

1323 Die Leistung muss dem technischen Prinzip der **Automation** zu verdanken sein. Dies kommt insbesondere bei Radargeräten für Geschwindigkeitsmessungen, Flüssigkeitsmessgeräten, Registriergeräten für Verrechnung von Energie, Fahrtenschreibern[2215] und EDV-Anlagen in Betracht. **Keine** technische Aufzeichnung liegt somit in der Regel bei der schlichten Reproduktion (**Fotokopie** – vgl. dazu Rn 1274) vor, da das Gerät nur den von Menschen vorgegebenen Aufzeichnungsinhalt perpetuiert.[2216]

1324 **b.** Die **Tathandlungen** sind parallel zu § 267 konstruiert. Es wird also ebenso auf den Echtheitsschutz abgestellt. Es bestehen vier Handlungsvarianten:

- **Herstellen** einer unechten technischen Aufzeichnung, § 268 I Nr. 1 Var. 1
- **Beeinflussung** des Aufzeichnungsergebnisses durch **störende Einwirkung** auf den Aufzeichnungsvorgang selbst, § 268 III (Unterfall vom Herstellen)
- **Verfälschen** einer echten oder unechten technischen Aufzeichnung, § 268 I Nr. 1 Var. 2
- **Gebrauch** einer unechten oder verfälschten technischen Aufzeichnung, § 268 I Nr. 2

1325 **aa. Herstellen einer unechten technischen Aufzeichnung:** Das Herstellen einer unechten technischen Aufzeichnung besteht in der Nachahmung einer echten.

1326 **Unecht** ist die technische Aufzeichnung, wenn sie überhaupt nicht oder nicht in ihrer konkreten Gestalt aus einem in seinem automatischen Ablauf unberührten Herstellungsvorgang stammt, obwohl sie diesen Eindruck erweckt.[2217]

1327 Für die Echtheit kommt es **nicht** darauf an, ob das Aufzeichnungsgerät ordnungsgemäß arbeitet oder **inhaltlich richtig** aufzeichnet. Vielmehr wird die Unechtheit durch die Vortäuschung oder die ordnungswidrige Beeinflussung eines solchen Vorgangs begründet. Unecht ist danach vor allem eine Aufzeichnung, die nicht in dem selbsttätigen Herstellungsvorgang, den sie äußerlich vortäuscht, entstanden, sondern in anderer Weise – etwa durch Zeichnung von Hand oder durch ein anderes technisches Gerät – hergestellt worden ist. Hauptfall des Herstellens einer unechten technischen Aufzeichnung ist damit die **Imitation**.

> **Beispiel:** T benötigt zur Vorlage bei einem Kreditinstitut einen Kontoauszug, der ein hohes Guthaben bezeugen soll. Da er lediglich über „Soll" und nicht über ein „Haben" verfügt, erzeugt er mit Hilfe einer Schreibmaschine und eines Kontoauszug-Vordrucks den Anschein, der Kontoauszug-Drucker der Bank habe einen Kontoauszug mit hohem Guthaben erstellt.

1328 Abzugrenzen hiervon ist die bereits erwähnte **inhaltliche Unrichtigkeit (Lüge)**, bei der eine echte technische Aufzeichnung vorliegt. Grundfall ist das täuschende Beschicken eines Geräts mit falschen Informationen. Hier erhält das Gerät lediglich falsche Informationen (wie die Eingabe falscher Daten, das Verwenden einer nicht für den be-

---

[2214] BGHSt 24, 140, 142; *Rengier*, BT II, § 34 Rn 6; Lackner/Kühl-*Heger*, § 268 Rn 4.

[2215] Der Begriff „Fahrtenschreiber" wird selbst dann verwendet, wenn es sich um ein elektronisches Messgerät handelt, siehe BGBl I 2017, S. 3158. Zur Abgrenzung zwischen § 267 und § 268 bei Manipulationen am Schaublatt vgl. BayObLG NJW 1981, 774, BayObLG NStZ-RR 1999, 153 sowie OLG Karlsruhe NStZ 2002, 652 f.

[2216] BGHSt 24, 140 (Fotokopie); Sch/Sch-*Heine/Schuster*, § 268 Rn 17; *Joecks/Jäger*, § 268 Rn 18 (Film- und Tonaufnahmen).

[2217] *Kitz*, JA 2001, 303, 305; Lackner/Kühl-*Heger*, § 268 Rn 7; Sch/Sch-*Heine/Schuster*, § 268 Rn 33; BGHSt 29, 204, 205 ff.; 28, 300.

Urkundendelikte – Fälschung technischer Aufzeichnungen (§ 268)

nutzten Fahrtenschreiber geeigneten Diagrammscheibe und die Nutzung präparierter Objekte im Allgemeinen), arbeitet aber an sich technisch einwandfrei.[2218]

Beispiel[2219]: T ist mit seinem Lkw unterwegs. Das Fahrzeug ist vorschriftsmäßig mit einem **Fahrtenschreiber** ausgestattet. Dieser weist zwei Fächer auf, in die jeweils eine Diagrammscheibe eingelegt wird, um die Fahrt- und Ruhezeiten von Fahrer- und Beifahrer festzuhalten. T legt auch ein Schaublatt in das Fach für den Beifahrer ein, obwohl dieser gar nicht existiert. Beide Schaublätter werden zunächst nur mit Datum und Uhrzeit aber nicht mit Namen versehen. Nach 6 Stunden Fahrt wechselt T die Schaublätter aus und beschriftet nun das jetzt in die Fahrerposition eingelegte Blatt mit seinem Namen. Das andere Blatt legt er in den Schacht für die Beifahrerposition ohne es zu beschriften. Danach fährt er - ohne Einhaltung einer Pause – weiter und wird von der Polizei während einer Routinekontrolle erwischt. Strafbarkeit des T?

Eine Strafbarkeit nach **§ 267 I Var. 1** wegen Herstellens einer unechten Urkunde scheitert jedenfalls nicht am Tatbestandsmerkmal „Urkunde". Eine Gedankenerklärung liegt in dem Beschriften der Diagrammscheibe (es entsteht eine zusammengesetzte Urkunde) mit dem Namen (und erst dann) und dem Einlegen in das Fach der Fahrerposition vor. Sie besagt, dass der Fahrer T zu einer bestimmten Zeit an einem bestimmten Tag als Fahrer des Lkw unterwegs war. Die Urkunde ist jedoch nicht unecht, da der erkennbare und der tatsächliche Aussteller identisch sind.[2220] Es liegt lediglich eine schriftliche Lüge vor.

Möglicherweise liegt aber eine Strafbarkeit nach **§ 268 I Nr. 1 Var. 1 i.V.m. III** vor. Die Diagrammscheibe ist eine technische Aufzeichnung, vgl. die Legaldefinition des § 268 II. Sie ist jedoch nicht unecht, da die dargestellten Daten von dem Aufzeichnungsgerät des T stammten und somit authentisch sind. Auch liegt keine **störende Einwirkung** auf den Aufzeichnungsvorgang vor, die dem Herstellen gleichsteht. T hat das Gerät zwar missbräuchlich, aber funktionsgemäß verwendet. Das Gerät hat alle Aufzeichnungen korrekt und v.a. ungestört vorgenommen. Lediglich das Mittel für die Aufzeichnungen, die Schaublätter, wurden nicht vollständig und wahrheitsgemäß ausgefüllt. Es liegt somit eine Täuschung über die inhaltliche Richtigkeit der Diagrammscheiben vor. Diese wird jedoch nicht von § 268 III erfasst.

Übrig bliebe eine Strafbarkeit wegen versuchten Betrugs nach **§§ 263, 22**. Es mangelt jedoch in rechtlicher Hinsicht an einer beabsichtigten irrtumsbedingten Vermögensverfügung. T wollte verhindern, dass gegen ihn wegen der nicht eingehaltenen Ruhezeiten ein Bußgeld verhängt wird. Bußgelder, aber auch Geldstrafen, gehören zu den „res extra commercium", da sie menschliches Verhalten beeinflussen sollen. Sie sind nicht Gegenstand des Wirtschaftsverkehrs und gehören somit nicht zum strafrechtlich geschützten Vermögen.[2221] T ist straflos.[2222]

bb. Störende Einwirkung auf den Aufzeichnungsvorgang: § 268 III stellt einen Unterfall der Herstellung einer unechten technischen Aufzeichnung dar und erfasst Eingriffe in den selbsttätig-fehlerfreien Funktionsablauf des technischen Geräts.[2223] **Nicht** erfasst werden Manipulationen, die die Ordnungsgemäßheit der Aufzeichnung nicht beeinträchtigen, sondern lediglich den Inhalt der Aufzeichnung zweckwidrig unbrauchbar machen (siehe das obige Beispiel).[2224]

1329

1330

[2218] Sch/Sch-*Heine/Schuster*, § 268 Rn 38; *W/H/E*, BT 1, Rn 948. Vgl. auch OLG Flensburg NJW 2000, 1664; a.A. AG Tiergarten NStZ-RR 2000, 9.
[2219] OLG NStZ 2002, 652 f.; BayObLG NStZ-RR 2001, 371.
[2220] Vgl. BayObLG NStZ-RR 1999, 153; OLG Karlsruhe NStZ 2002, 652 f.
[2221] LK-*Gribbohm*, § 268 Rn 30; OLG Köln NJW 2002, 527, 528 (manipulierter Parkschein hinter Windschutzscheibe) mit Anm. *Hecker*, JuS 2002, 224, 227.
[2222] Davon unberührt bleibt selbstverständlich die Ahndung des Verhaltens als Ordnungswidrigkeit wegen Überschreitens der Höchstlenkzeiten (vgl. VO 165/2014/EU). Zu beachten ist auch, dass neue Lkw nur noch zum Straßenverkehr zugelassen werden, wenn sie über einen *digitalen* Fahrtenschreiber verfügen, der die bisherige Diagrammscheibe abgelöst hat. Der vorliegende Fall kann sich dann nicht mehr stellen. In Betracht kommt dann aber wiederum § 22b StVG, sofern man den digitalen Fahrtenschreiber als „Wegstreckenzähler" ansieht (zweifelhaft).
[2223] BGHSt 28, 300, 305; OLG Stuttgart NStZ-RR 2000, 11 – Austausch zweier Fahrtenschreiberblätter.
[2224] *Fischer*, § 268 Rn 13a.

Beispiel: T verbiegt die Aufzeichnungsnadel des Tachographen (Fahrtenschreiber) seines Lkw, damit eine geringere als die tatsächlich gefahrene Geschwindigkeit auf der Diagrammscheibe aufgezeichnet wird.[2225] Um auch über die Ruhezeiten zu täuschen, verstellt er ebenfalls die Zeituhr.[2226]

1331 **Nicht** als störende Einwirkung soll das **zeitweilige Abschalten des Geräts** (damit die Aufzeichnung zwischenzeitliche Vorgänge nicht registriert) gelten. Begründet wird dies damit, dass kein Aufzeichnungs*vorgang* in diesem Intervall mehr vorliegt. Dagegen lässt sich vorbringen, dass das Aufzeichnungs*ergebnis* manipuliert ist.

1331a Da die Einwirkung eine unrichtige Aufzeichnung bewirken muss, ist folgerichtig auch die völlige **Verhinderung einer Aufzeichnung nicht** tatbestandsmäßig i.S.v. § 268 I Nr. 1 Var. 1, III, wobei im Einzelfall aber genau untersucht werden muss, ob statt einer Verhinderung nicht eher eine **fehlende Manipulation** vorliegt.

> **Beispiel[2227]:** Autofahrer T blendet eine **Verkehrsüberwachungs-Blitzanlage** mit einem Reflektor (Spiegel), der am Fahrzeug angebracht ist, und verhindert dadurch, dass brauchbare Fotos gefertigt werden können.
>
> Nach Auffassung des OLG München ist eine Strafbarkeit nach § 268 I Nr. 1 Var. 1, III nicht gegeben, weil eine technische Aufzeichnung verhindert worden sei. Da die für § 268 I Nr. 1 Var. 1, III erforderliche Einwirkung eine (unrichtige) Aufzeichnung bewirken müsse, sei die Verhinderung einer Aufzeichnung keine Tathandlung.
>
> Stellungnahme: Zwar ist das Ergebnis, nicht aber die Begründung des OLG München überzeugend. Denn eine Aufzeichnung (ein Foto) liegt – anders als das Gericht meint – doch gerade vor; sie ist lediglich überbelichtet und damit zur Beweisführung ungeeignet. Diese Ungeeignetheit ändert aber nichts daran, dass eine technische Aufzeichnung vorliegt. Folgte man der Auffassung des OLG, müsste man ein Verhindern einer technischen Aufzeichnung und damit eine Verneinung der Tathandlung etwa auch dann annehmen, wenn der Fahrer eine Maske über das Gericht stülpte oder sich im entscheidenden Augenblick duckte. Das kann ersichtlich nicht sein. Denn in allen Fällen wird eine technische Aufzeichnung durchaus bewirkt. Lediglich das Motiv ist nicht oder nicht hinreichend klar erkennbar. Richtigerweise muss man in derartigen Fällen auf die **fehlende Manipulation** des Aufzeichnungsvorgangs abstellen und den Tatbestand des § 268 I, III *deswegen* verneinen. Denn manipuliert wird lediglich die Aufzeichnungssituation, nicht aber der Aufzeichnungsvorgang, der weiterhin selbsttätig-fehlerfrei abläuft.
>
> Noch zweifelhafter ist die Auffassung des OLG München hinsichtlich der (richtigerweise zu verneinenden) Frage, ob eine Sachbeschädigung (§ 303 I) angenommen werden kann. Vgl. dazu *R. Schmidt*, BT II, Rn 891.

1332 Nutzt der Täter einen **bereits vorhandenen Defekt des Geräts** aus, ist zu differenzieren:

▪ Beruht der Defekt auf **menschlicher Einwirkung** (sei es das Vorverhalten des Täters oder auch ein schädigender Eingriff durch Dritte) und weiß der Täter dies, liegt in dem Ingangsetzen des Geräts eine Herstellung unechter technischer Aufzeichnungen nach § 268 I Nr. 1 Var. 1 i.V.m. III durch aktives Tun vor.[2228] Zu einem Unterlassen käme man dann, wenn ein Garant es unterließe, Dritte davon abzuhalten, auf das Gerät störend einzuwirken.[2229]

[2225] BayObLG NStZ-RR 1996, 36 (Fahrtenschreiber). Auf die Möglichkeit der Strafbarkeit nach § 22b StVG bei den digitalen Fahrtenschreibern wurde bereits hingewiesen.
[2226] OLG Hamm NJW 1984, 2173.
[2227] Vgl. OLG München NJW 2006, 2132 ff.
[2228] BGHSt 28, 300, 304; *W/H/E*, BT 1, Rn 952; *Kitz*, JA 2001, 303, 305.
[2229] *W/H/E*, BT 1, Rn 957.

Urkundendelikte – Fälschung technischer Aufzeichnungen (§ 268)

- Beruht der Defekt dagegen auf **Versagen des Geräts** (sog. **Eigendefekt**), ist die Inbetriebnahme des Geräts kein aktives Tun i.S.d. § 268 I Nr. 1 Var. 1 und auch keine störende Einwirkung nach § 268 III, da der Täter sich mit dem Einschalten auf das beschränkt, was ohnehin Voraussetzung einer selbsttätigen und fehlerfreien Aufzeichnung ist.[2230] In diesem Fall ist die Aufzeichnung zwar inhaltlich unrichtig, aber nicht unecht. Selbst wenn an sich eine Handlungspflicht zur Inbetriebnahme defektfreier Geräte besteht[2231], liegt in der vorsätzlichen Ausnutzung eines **Eigendefekts** auch keine störende Einwirkung durch Unterlassen i.S.d. §§ 268 III, 13. Denn der menschliche Eingriff in den programmierten funktionellen Ablauf ist unverzichtbarer Bestandteil des Tatgeschehens. Aus diesem Grund ist das Unterlassen nicht gleichwertig mit der aktiven störenden Einwirkung.[2232]

cc. Verfälschen einer technischen Aufzeichnung: Die Tathandlungsvariante gem. § 268 I Nr. 1 Var. 2 setzt voraus, dass eine *bereits vorhandene* technische Aufzeichnung auf beweiserhebliche Weise verändert und hierbei der Eindruck erweckt wird, als trüge sie im veränderten Zustand die Gestalt, in der sie nach ordnungsgemäßem Herstellungsvorgang das technische Gerät verlassen hat.[2233] Als Tathandlungen kommen etwa **Zusätze** oder **Radierungen** in Betracht, und zwar an der Aufzeichnung selbst oder an ihrem perpetuierten Beweisbezug, *sofern* dieser ebenfalls maschinell hergestellt ist.

1333

Beispiel: Auf der Thorax-Röntgenaufnahme (maschinell hergestellter perpetuierter Beweisbezug) der 72-jährigen Patientin O wird nachträglich ein Schatten aufgezeichnet, um dieser zu suggerieren, sie leide an einem unheilbaren Lungenkrebs.

Gegenbeispiel: Auswechseln des auf dem EKG vermerkten Patientennamens (zusammengesetzte Urkunde). Hier ist § 267 in der Form des Verfälschens einschlägig, da der vermerkte Patientenname nicht vom Gerät erzeugt wurde.

dd. Gebrauchen: Bezüglich des Gebrauchs einer unechten oder verfälschten technischen Aufzeichnung gemäß § 268 I Nr. 2 gilt dasselbe wie für § 267 I Var. 3.

1334

2. Subjektiver Tatbestand

Zur Verwirklichung des subjektiven Tatbestands ist **bedingter Vorsatz** erforderlich aber auch ausreichend. Darüber hinaus muss der Täter **zur Täuschung im Rechtsverkehr** gehandelt haben. Diesbezüglich genügt jedoch *dolus directus* 2. Grades.[2234]

1335

II. Rechtswidrigkeit und III. Schuld

Hinsichtlich Rechtswidrigkeit und Schuld ergeben sich keine Besonderheiten.

1336

VI. Strafzumessungsgesichtspunkte und Qualifikation[2235]

§ 268 V verweist auf § 267 III und IV. Vergleiche die Ausführungen dort.

1337

[2230] Lackner/Kühl-*Heger*, § 268 Rn 9; BGHSt 28, 300, 306.
[2231] Für Fahrtenschreiber vgl. § 23 I S. 2 StVO i.V.m. Art. 16 VO EWG Nr. 3821/85 (bzw. seit dem 2.3.2016 Art. 37 VO 165/2014/EU) bzw. § 57a II S. 1 StVZO.
[2232] BGHSt 28, 300, 307; Lackner/Kühl-*Heger*, § 268 Rn 9.
[2233] *Fischer*, § 268 Rn 12; Lackner/Kühl-*Heger*, § 268 Rn 10.
[2234] Vgl. dazu auch *Hecker*, JuS 2002, 224, 226 (zu OLG Köln NJW 2002, 526).
[2235] Zum (abweichenden) Prüfungsaufbau in der Fallbearbeitung siehe oben Rn 244.

D. Fälschung beweiserheblicher Daten (§ 269)

1338 § 269 soll neben § 263a (Vermögensdelikt) computerspezifische Strafbarkeitslücken schließen, die sich insbesondere daraus ergeben, dass elektronisch oder magnetisch gespeicherte Daten keine Urkunden sind. Es fehlt an der optisch-visuellen Wahrnehmbarkeit (Daten sind zwar auf dem Bildschirm optisch-visuell wahrnehmbar, es fehlt aber an der erforderlichen Verkörperung).

> **Klausurhinweis:** I.d.R. folgt die Prüfung des § 269 im Anschluss an die der §§ 267, 268. Das Speichern oder Verändern von beweiserheblichen Daten erfüllt in Ermangelung der Urkundenqualität (s.o.) nicht den Tatbestand des § 267. Auch entfällt der Tatbestand des § 268, weil die Eingabe unrichtiger Daten weder falsche technische Aufzeichnungen hervorruft (§ 268 I Nr. Var. 1) noch störend auf den Aufzeichnungsvorgang einwirkt (§ 268 III).

I. Tatbestand

1. Objektiver Tatbestand

1339   **a. Beweiserhebliche Daten:** Daten sind Informationen, die Gegenstand der Datenverarbeitung sein können. Sie sind weder unmittelbar wahrnehmbar noch stofflich fixiert. Ansonsten müssen sie jedoch alle Merkmale der Urkunde erfüllen.[2236] Es muss sich somit um eine Gedankenerklärung handeln, die – im Falle ihrer Verkörperung – bestimmt und geeignet wäre, für ein Rechtsverhältnis Beweis zu erbringen.[2237]

> **Beispiele:** Dazu zählt etwa die Eingabe von (falschen) persönlichen Daten bei der Einrichtung einer E-Mail-Adresse[2238] oder das Unterschreiben mit dem Namen des Empfängers auf dem Sichtfeld („Notepad") eines elektronischen Lesegeräts durch einen Paketzusteller[2239].

1340   **b. Speichern beweiserheblicher Daten:** Die Tathandlung besteht in der Variante 1 in dem Speichern von Daten, und zwar dergestalt, dass bei ihrer Wahrnehmung eine unechte Urkunde vorliegen würde. Das Speichern entspricht dem Herstellen einer unechten Urkunde in § 267 und erfasst jeden Vorgang, durch den die Daten in eine Datenverarbeitungsanlage eingegeben werden. Voraussetzung des § 269 ist darüber hinaus die hypothetische Subsumtion unter den Begriff der Urkunde.[2240] Da § 269 nur Strafbarkeitslücken im Bereich der Urkundendelikte ausfüllen und nicht über den Schutzbereich des § 267 hinausgehen soll, dient dieses Merkmal dazu, nur echte Datenfälschungen zu erfassen und „Datenlügen" (Parallele zu den schriftlichen Lügen) auszuschließen. Es muss also hypothetisch angenommen werden, dass die fragliche Dateneingabe optisch-visuell dargestellt (etwa durch einen Drucker) und somit „verkörpert" ist. Diese hypothetische Datendarstellung muss alle Merkmale einer unechten Urkunde vorweisen. Erfasst werden durch § 269 neben der unrichtigen Programmgestaltung auch der Eingabe- wie der Übermittlungsvorgang selbst.[2241]

1341   **Beispiel 1**[2242]**:** T „leiht" sich die Girocard (früher: ec-Karte) seiner Freundin F. Er schiebt die Karte durch ein Lesegerät, welches die darauf enthaltenen Daten speichert. Danach überträgt er den Datensatz mit Hilfe seines PC auf einen Rohling. Strafbarkeit des T?

[2236] BGH NStZ-RR 2003, 265 f.; *Fischer*, § 269 Rn 3; vgl. auch BT-Drs. 10/5058, S. 34.
[2237] Sch/Sch-*Heine/Schuster*, § 269 Rn 9.
[2238] Vgl. dazu näher OLG Hamm StV 2009, 475 f.; KG NStZ 2010, 576 f.; *Willer*, NStZ 2010, 553 ff.; *Petermann*, JuS 2010, 774, 776.
[2239] OLG Köln NStZ 2014, 276, 277.
[2240] *Kitz*, JA 2001, 303.
[2241] *W/H/E*, BT 1, Rn 963; Lackner/Kühl-*Heger*, § 269 Rn 9.
[2242] In Anlehnung an BGHSt 38, 120, 122.

Urkundendelikte – Fälschung beweiserheblicher Daten (§ 269)

Indem T die Daten auf den Rohling kopierte, könnte er sich gem. **§ 269 I Var. 1** strafbar gemacht haben. Bei den auf der Girocard gespeicherten Daten handelt es sich um optisch-visuell nicht wahrnehmbare Daten, da sie Aufschluss über die Kontoinformationen (z.B. Kontonummer, Bankleitzahl, Quellcode) gibt. Diese werden im Rechtsverkehr als Beweis-daten für rechtlich erhebliche Tatsachen und Wirtschaftsabläufe benutzt. Der Aussteller ist für eingeweihte Beteiligte erkennbar (die Bank). T müsste diese Daten so gespeichert ha-ben, dass bei ihrer Wahrnehmung eine unechte Urkunde vorliegen würde. Vorzunehmen ist somit ein hypothetischer Vergleich mit § 267. Die auf dem Rohling gespeicherten Daten verkörpern – hypothetisch – die Gedankenerklärung, dass F über ein bestimmtes Konto verfügen kann und dass noch eine gewisse Anzahl von Abhebungen zulässig ist. Als Aus-steller der Daten des Rohlings tritt die Bank in Erscheinung. Da jedoch nicht diese, son-dern T geistiger Urheber der Daten ist und sich diese zurechnen lassen will, hätte T – un-terstellt, es liegt eine unmittelbar wahrnehmbare Gedankenerklärung vor – eine unechte Urkunde hergestellt. Somit liegen die Voraussetzungen des § 269 I Var. 1 vor. T handelte des Weiteren vorsätzlich und zur Täuschung im Rechtsverkehr, § 270. Rechtswidrigkeit und Schuld liegen vor. T hat sich gem. § 269 strafbar gemacht.

T könnte sich durch das Umkopieren auch gem. **§ 268 I Nr. 1** strafbar gemacht haben. Dann müsste es sich bei den auf dem Magnetstreifen gespeicherten Informationen des Rohlings um technische Aufzeichnungen handeln. Bei diesen Informationen handelt es sich um Daten, die durch das technische Gerät selbsttätig bewirkt wurden. Problematisch ist hier, ob ein Datenträger mit neuem Informationsgehalt hergestellt wurde. Dem ersten Anschein nach könnte es sich um eine Kopie handeln. Es gilt aber die Unterschiede zu be-achten. Bei der elektronischen Kopie handelt es sich nicht um die bloße Nachahmung ei-nes von Menschenhand vorgegebenen und verständlichen Aufzeichnungsvorgangs, den das Gerät nachvollzieht. Der menschliche Initialvorgang, das Eingeben des „Copy-Befehls" ist nicht identisch mit dem Übertragen der Datensätze auf den Rohling (insoweit schlägt der Vergleich mit einer elektronischen Schreibmaschine fehl, da In- und Output identisch sind). Die Übertragung geschieht somit geräteautonom. Der Aufzeichnungsgegenstand (Inhalt des Datensatzes der Girocard) ist für Eingeweihte erkennbar. An der Beweisbe-stimmung bestehen ebenfalls keine Zweifel. Somit liegt eine technische Aufzeichnung vor. Diese müsste auch unecht sein. Dies ist dann der Fall, wenn sie fälschlich den Eindruck erweckt, sie stamme in ihrer konkreten Gestalt aus dem selbsttätigen Herstellungsvorgang eines bestimmten technischen Geräts. Durch den Rohling wird vorgetäuscht, dass die auf ihm gespeicherten Daten durch einen hierfür bestimmten Computer der Bank kopiert wur-den. Dies ist jedoch nicht der Fall, da der Rechner des T zur Kopie benutzt wurde. Somit hat T eine unechte technische Aufzeichnung hergestellt, § 268 I Nr. 1. T handelte vorsätz-lich und zur Täuschung im Rechtsverkehr. Des Weiteren handelte er rechtswidrig und schuldhaft. T hat sich gem. § 268 I Nr. 1 strafbar gemacht. Hierzu handelte er in Tatein-heit (§ 52) zu § 269.

Beispiel 2[2243]: Ob derjenige, der bei einer Auktionsplattform im Internet einen Account unter falschen Personalien anmeldet, über seine Identität täuscht, wird unterschiedlich gesehen. Das OLG Hamm verneint dies[2244], ist mit seiner Auffassung aber durchaus an-greifbar, weil der User mit der falschen Namensangabe gerade vermeiden möchte, aus seinen Aktivitäten (Verkauf von Waren) in Anspruch genommen zu werden. Die Falschan-gabe der Personalien ist daher eine Täuschung über die Identität.[2245]

Ein weiteres Beispiel findet sich bei Rn 1242.

c. Verändern von Daten: Die Tathandlung der 2. Variante besteht in dem Verändern von Daten, d.h. in der inhaltlichen Umgestaltung von beweiserheblichen gespeicherten oder übermittelten Daten, und zwar dergestalt, dass hierdurch ein Falsifikat entsteht, das – von der Wahrnehmbarkeit abgesehen – im besagten Sinn die Merkmale einer

1342

[2243] Nach OLG Hamm StV 2009, 475 f.
[2244] OLG Hamm StV 2009, 475 f.
[2245] So auch *Jahn*, JuS 2009, 662, 663; *Willer*, NStZ 2010, 553, 556. Vgl. auch *Petermann*, JuS 2010, 774, 776.

Urkundendelikte – Fälschung beweiserheblicher Daten (§ 269)

Urkunde aufweist.[2246] Die Tathandlung des Veränderns entspricht somit der des Verfälschens einer echten Urkunde und kann durch Hinzufügen oder Löschen von Einzeldaten erfolgen.

1343 **Beispiel**: T gelingt es, die **E-Mail** des O während des Übertragungsvorgangs „abzufangen" und sie inhaltlich zu verändern.

Eine Strafbarkeit aus § 267 scheidet mangels Vorliegens der Urkundeneigenschaft (Verkörperung) aus. Es liegt jedoch eine Strafbarkeit gem. §§ 269 I Var. 2, 303a, 202a vor.

Auch das manipulative **Wiederaufladen abtelefonierter Telefonkarten** erfüllt den Tatbestand des § 269 I Var. 2 (in Tateinheit mit Computerbetrug gem. § 263a, sofern die Karte benutzt wird). Denn der Speicherchip einer Telefonkarte enthält beweiserhebliche Daten i.S.v. § 269 I, da er die konkludente Erklärung des ausgebenden Telekommunikationsunternehmens beinhaltet, ob und in welchem Umfang der Inhaber der Karte berechtigt ist, Kartentelefone des Unternehmens zu benutzen.[2247]

Bei der Frage, ob das Versenden von E-Mail-Nachrichten (mit rechtlich erheblichem Inhalt) unter einer falschen Absender-Angabe dem Tatbestand unterfällt[2248], ist zu differenzieren: Eine § 267 I entsprechende Handlung liegt nur dann vor, wenn über die Identität des „Ausstellers", nicht allein über dessen Namen (oder über seine IP-Adresse) getäuscht wird. Bei **Phishing-Mails** unter dem Namen tatsächlich existierender Banken oder anderer Unternehmen (Finanzdienstleister; Auktionsplattformen; Internetprovider) ist § 269 gegeben; bei Verwendung tatsächlich nicht existierender Absenderangaben (z.B. „Volksbank AG") wird die Urkunden-Vergleichbarkeit bestritten.[2249] Nimmt der Aussteller selbst eine Datenfälschung zu Täuschungszwecken vor, greift § 269 nicht ein, weil das Fälschungsergebnis keiner falschen Urkunde, sondern einer „schriftlichen Lüge" entspricht.[2250] In diesem Fall ist aber an § 202c zu denken (vgl. dazu *R. Schmidt*, BT II, Rn 717g und 694a ff.).

1344 **d. Gebrauchen:** Weitere mögliche Tathandlung ist das Gebrauchen derart gespeicherter oder veränderter Daten (Var. 3). Sie entspricht der Begehungsform des § 267.

Beispiele sind das Sichtbarmachen am Bildschirm und die bloße Übergabe des Datenträgers.

Im Hinblick auf die Klarstellungsklausel des § 270 ist unter Gebrauchen auch die Weiterverarbeitung der Daten in einer Datenverarbeitungsanlage zu verstehen.

2. Subjektiver Tatbestand

1345 Der subjektive Tatbestand verlangt zunächst **bedingten Vorsatz** bezüglich der verwirklichten objektiven Tatbestandsmerkmale. Darüber hinaus muss der Täter **zur Täuschung im Rechtsverkehr** handeln. Da hier regelmäßig keine Täuschungsabsicht bezüglich eines *Menschen* besteht, ist nach der ausdrücklichen Regelung in § 270 diese Voraussetzung bereits dann erfüllt, wenn es dem Täter lediglich darum geht, im Rechtsverkehr die fälschliche Datenverarbeitung zu beeinflussen.

II. Rechtswidrigkeit und III. Schuld

1346 Es gelten die allgemeinen Grundsätze.

[2246] BGH NStZ-RR 2003, 265 f.; Lackner/Kühl-*Heger*, § 269 Rn 9; vgl. auch *Kitz*, JA 2001, 303, 304.
[2247] BGH NStZ-RR 2003, 265 f.
[2248] *Buggisch*, NJW 2004, 3519, 3521 f.; *Heghmanns*, wistra 2007, 167; *Brand*, NStZ 2013, 7 ff. (zu „Phishing"-Mails).
[2249] So etwa *Graf*, NStZ 2007, 129, 132.
[2250] *Fischer*, § 269 Rn 5a.

E. Mittelbare Falschbeurkundung (§ 271) und Falschbeurkundung im Amt (§ 348)

Schutzzweck des § 271 ist nicht – wie bei § 267 – der Echtheits-, sondern der Wahrheitsschutz.[2251] § 271 will verhindern, dass in **öffentlichen** (§ 415 I ZPO) Urkunden inhaltlich Falsches aufgenommen wird. Hinsichtlich des Schutzzwecks unterscheidet sich § 271 von § 267 also dadurch, dass Letzterer nicht die inhaltliche Richtigkeit, sondern ausschließlich die Authentizität der Urkunde schützt. § 271 schützt demgegenüber die inhaltliche Richtigkeit speziell öffentlicher Urkunden. Zu beachten ist jedoch, dass nicht alle falsch beurkundeten Angaben zu einer Strafbarkeit nach § 271 führen. Zu fragen ist stets nach der besonderen Beweisbedeutung der in der öffentlichen Urkunde eingetragenen Tatsache, d.h. danach, ob ein besonderes Vertrauen in die Richtigkeit der beurkundeten Tatsachen besteht.[2252] Diese gesteigerte Beweiskraft muss sich jedoch gerade auf den unwahren Teil erstrecken (Rn 1362). Hierbei handelt es sich regelmäßig um das Hauptproblem eines zu würdigenden Falls, zumal dies eingehende Kenntnisse über die verschiedenen Funktionen der Beurkundung voraussetzt. **1347**

Abzugrenzen von § 271 ist auch § 348, der die Falschbeurkundung durch sachlich und örtlich zuständige Amtsträger selbst erfasst. Wegen der Eigenschaft des § 348 als Sonderdelikt (auch „echtes" oder „eigentliches" Amtsdelikt) sind zwar Anstiftung und Teilnahme durch Nicht-Amtsträger möglich (beachte hier insbesondere den doppelten Teilnehmervorsatz und § 28 I), nicht aber mittelbare Täterschaft i.S.d. § 25 I Var. 2. § 271 betrifft damit strukturell den Fall einer (nicht möglichen) mittelbaren Täterschaft (kraft überlegenen Wissens) zu einer Falschbeurkundung im Amt.

§ 271 ist also im Zusammenhang mit § 348 zu sehen. Zur Herstellung von öffentlichen Urkunden bedarf es eines Amtsträgers. Die Amtsträgereigenschaft bestimmt sich nach § 11 I Nr. 2. Dieser Amtsträger kann entweder vorsätzlich oder unvorsätzlich handeln.

- **Vorsätzliches Handeln des Amtsträgers** **1348**
  Handelt der Amtsträger vorsätzlich (auch im Einvernehmen mit dem anderen), ist er nach § 348 strafbar. Wer ihn dazu bestimmt, ist nach §§ 348, 26 (bzw. bei Hilfeleistung nach §§ 348, 27) strafbar, wobei § 28 I gilt. § 271 ist dagegen unanwendbar.

- **Unvorsätzliches Handeln des Amtsträgers** **1349**
  Handelt der Amtsträger dagegen unvorsätzlich, ist er straflos (einen Fahrlässigkeitstatbestand gibt es nicht). Wer ihn dazu bestimmt, kann weder mittelbarer Täter des Sonderdelikts nach § 348 noch mangels Vorsatzes des Amtsträgers Teilnehmer (es fehlt an der Haupttat i.S.d. §§ 26, 27) sein. Er wäre also straflos, wenn es den § 271 nicht gäbe.

> § 271 betrifft damit ausschließlich den Fall, in dem ein Nicht-Amtsträger bewirkt, dass ein Amtsträger unvorsätzlich (gutgläubig) eine Falschbeurkundung im Amt vornimmt. **1350**

Nach h.M.[2253] ist § 271 auch in beiden **Irrtumskonstellationen** (die strukturell denen bei § 160 entsprechen) anwendbar: **1351**

- Hält der Hintermann den gutgläubigen (unvorsätzlich handelnden) Amtsträger irrig für bösgläubig (also für vorsätzlich handelnd), ist er nach h.M. aus § 271 strafbar.[2254] Zu dieser Auffassung gelangt man, wenn man von der Lückenfüllungsfunktion des § 271 ausgeht. Die Gegenauffassung[2255] nimmt (eine in diesem Fall straflose) versuchte Anstiftung zu § 348 an. Der Streit ist somit nicht nur akademischer Natur, sondern hat auch **1352**

[2251] Allgemeine Auffassung, vgl. nur OLG München NStZ 2006, 575 f.; OLG Köln NJW 2007, 1829.
[2252] BGH NStZ 2016, 675, 676: „Volle Beweiswirkung für und gegenüber jedermann".
[2253] BGHSt 8, 289, 294; *Fischer*, § 271 Rn 15; Lackner/Kühl-*Heger*, § 271 Rn 7.
[2254] SK-*Hoyer*, § 271 Rn 5; Lackner/Kühl, § 271 Rn 7.
[2255] Sch/Sch-*Heine/Schuster*, § 271 Rn 30.

Mittelbare Falschbeurkundung (§ 271) / Falschbeurkundung im Amt (§ 348)

Auswirkungen auf die Strafbarkeit. Dogmatisch betrachtet erscheint die Gegenauffassung vorzugswürdig.

Beispiel: T hält den unvorsätzlich handelnden Amtsträger A irrig für bösgläubig. A ist straflos, weil es einen entsprechenden Fahrlässigkeitstatbestand nicht gibt. T ist nach h.M. aus § 271 strafbar. Nach a.A., die einen Fall der versuchten Anstiftung annimmt, ist T wegen des Vergehenscharakters des § 348 straflos.

> **Hinweis für die Fallbearbeitung:** Zu beginnen ist in diesem Fall mit § 348, der am Vorsatz des Amtsträgers scheitert. Somit scheidet auch eine Anstiftung gem. §§ 348, 26 aus (keine vorsätzliche Haupttat). Es ist kurz darauf hinzuweisen, dass es einen Fahrlässigkeitstatbestand nicht gibt. Rechtsdogmatisch käme man zu einer versuchten Anstiftung, die in diesem Fall jedoch straflos ist, §§ 30 I, 12. Nun schließt sich die Prüfung des § 271 an, der mit der h.M. bejaht werden kann.

1353 ▪ Hält der Hintermann den bösgläubigen (also vorsätzlich handelnden) Amtsträger irrig für gutgläubig (unvorsätzlich), ist er nach h.M.[2256] ebenfalls aus § 271 strafbar. Die Gegenauffassung[2257] nimmt einen Versuch des § 271 an, der nach § 271 IV strafbar ist, da diese Konstellation strukturell einen Fall der versuchten mittelbaren Täterschaft darstellt.

Beispiel: T hält den vorsätzlich handelnden A irrig für gutgläubig. A ist gem. § 348 strafbar. T ist nach h.M. gem. § 271 strafbar. Eine Teilnahme an § 348 entfällt nach h.M. deshalb, weil T in seinen Vorsatz nicht den Vorsatz des A aufgenommen hat (T wollte A nicht zu dessen „vorsätzlicher" Tat bestimmen bzw. dazu Hilfe leisten). Nach a.A. ist T wegen Versuchs (§§ 271 IV, 22) strafbar.

I. Tatbestand des § 271

1. Objektiver Tatbestand

1354 Bei der Tatbestandsprüfung des § 271 empfiehlt es sich, das Täterverhalten zunächst auf eine Strafbarkeit nach §§ 348, 26 oder nach §§ 348, 27 hin zu untersuchen und diese aus den genannten Gründen (keine teilnahmefähige Haupttat) abzulehnen. Sodann erfolgt die Prüfung in Bezug auf § 271. Es bieten sich folgende Prüfungsschritte an:

a. Falschbeurkundung einer rechtlich erheblichen Tatsache

1355 Es ist kurz festzustellen, dass eine inhaltlich unrichtige Beurkundung bzgl. rechtlich erheblicher Tatsachen bewirkt wurde.

Beispiel[2258]: V will K sein Haus verkaufen. Als Kaufpreis werden 500.000,- € vereinbart. Um Grunderwerbsteuern, Notargebühren und Kosten für die Grundbuchänderung zu sparen, einigen sich die beiden darauf, beim Notar N als Kaufpreis lediglich 350.000,- € anzugeben und den Rest in bar abzuwickeln. N beurkundet gutgläubig den Kaufvertrag. Anschließend in der Kneipe übergibt K dem V einen Umschlag mit 350.000,- €. Strafbarkeit von V und K gem. **§§ 271 I, 25 II**?

V und K könnten sich durch die falschen Angaben, welche durch N beurkundet wurden, gem. §§ 271 I, 25 II strafbar gemacht haben.

V und K haben einen Kaufpreis von 350.000,- € angegeben, obwohl 500.000,- € gezahlt wurden. Diese Tatsache wurde von N auch beurkundet. Mithin liegt eine inhaltlich unrichtige Beurkundung vor. ⇨ Siehe weiter Rn 1358.

N hat sich indes von vornherein nicht strafbar gemacht. § 348 liegt mangels Vorsatzes nicht vor.

[2256] RGSt 13, 52; Lackner/Kühl-*Heger*, § 271 Rn 7; Sch/Sch-*Heine/Schuster*, § 271 Rn 30.
[2257] *Joecks/Jäger*, § 271 Rn 21.
[2258] Vgl. dazu BGH NStZ 1986, 550.

506

b. Falschbeurkundung in einer öffentlichen Urkunde

Sodann ist zu prüfen, ob eine **öffentliche** Urkunde vorliegt.[2259] Ausgangspunkt bei der Bestimmung der öffentlichen Urkunde ist auch im Strafrecht die Bestimmung des § 415 I (vgl. auch §§ 417, 418) ZPO. Gegenbegriff ist die Privaturkunde. Maßgebend für die öffentliche Urkunde ist die Legaldefinition in § 415 I (§§ 417, 418) ZPO.

1356

Erfasst werden damit nur Urkunden, die

1357

- von einer öffentlichen Behörde innerhalb der Grenzen ihrer Amtsbefugnisse oder von einer mit öffentlichem Glauben versehenen Person (z.B. Notar, Standesbeamter, Gerichtsvollzieher, Konsul, Meldebehörde, beliehene Unternehmer)
- im Rahmen ihrer Zuständigkeit und ihres Aufgabenbereichs und
- in der vorgeschriebenen Form errichtet worden sind.

Neben den öffentlichen Urkunden i.e.S. sind auch öffentliche Bücher (bspw. Heirats- oder Geburtenbücher), öffentliche Dateien oder Register (bspw. Vereins- oder Handelsregister) als Unterfälle geschützt (siehe Wortlaut der §§ 271 I und 348 I). Damit sind auch (mittelbare) Falschbeurkundungen in elektronischen Akten erfasst.

1358

Zum **Beispiel** von Rn 1355: Bei dem **notariell beurkundeten Vertrag** müsste es sich um eine öffentliche Urkunde gehandelt haben. Anzuwenden ist die Legaldefinition des § 415 I ZPO. Aussteller müsste eine öffentliche Behörde oder eine mit öffentlichem Glauben versehene Person gewesen sein. Bei dem Notar handelt es sich gem. § 1 BNotO hinsichtlich öffentlicher Beurkundungen und Beglaubigungen (siehe § 20 BNotO) um einen unabhängigen Träger eines öffentlichen Amtes, damit um einen Amtsträger i.S.d. § 348 und um eine mit öffentlichem Glauben versehene Person. Die Amtsträgereigenschaft ergibt sich aus § 11 I Nr. 2 lit. c). N hat innerhalb seiner Zuständigkeit den nach §§ 311b, 925 BGB beurkundungsbedürftigen Vertrag in vorgeschriebener Form (ist zu unterstellen) beurkundet. Somit liegt bei dem notariell beurkundeten Vertrag eine öffentliche Urkunde vor.

Auch bei dem mit der Durchführung von **Hauptuntersuchungen** (HU) an Fahrzeugen nach § 29 StVZO betrauten Prüfingenieur handelt es sich um einen Amtsträger i.S.d. § 348. Die Amtsträgereigenschaft ergibt sich aus der Belieheneneigenschaft der Prüforganisation für Untersuchungen bzw. Abnahmen nach §§ 19, 21 ff., 29 StVZO (vgl. § 6 StVG i.V.m. Anlage VIIIb zur StVZO), die wiederum die Amtsträgereigenschaft nach § 11 I Nr. 2 lit. c) begründet.[2260] Fertigt nun ein Prüfingenieur einen **Untersuchungsbericht** hinsichtlich einer von ihm durchgeführten Hauptuntersuchung nach § 29 StVZO, handelt es sich um eine öffentliche Urkunde, da der Untersuchungsbericht bestimmt und geeignet ist, in gesteigerter Form Beweis für und gegen jedermann zu erbringen. Denn er enthält die Feststellung über die Verkehrssicherheit des geprüften Fahrzeugs (d.h., ob keine Mängel bestehen, geringe Mängel, erhebliche Mängel oder Mängel, die das Fahrzeug verkehrsunsicher machen).[2261] Auch die **HU-Prüfplakette** stellt in Verbindung mit dem amtlich zugelassenen Kennzeichen und der entsprechenden Eintragung in der Zulassungsbescheinigung Teil I (dazu Rn 1363 Bsp. 1) eine (zusammengesetzte) öffentliche Urkunde dar.[2262] Sie erbringt nicht nur den Nachweis über den Termin der nächsten Hauptuntersuchung, sondern bescheinigt auch, dass das Fahrzeug zum Zeitpunkt der Untersuchung vorschriftsmäßig nach Nr. 1.2 der Anlage VIII zur StVZO war[2263] (siehe § 29 III S. 2 StVZO) – dazu Rn 1363 Bsp. 2.

[2259] Auch hier kann es sich um Einzelurkunden oder um Gesamturkunden handeln. Wichtig ist, dass die Prüfung des strafrechtlichen Urkundenbegriffs nicht überdehnt wird. Schwerpunkt ist immer das Kriterium „öffentlich". An der Urkundeneigenschaft bestehen sehr selten Zweifel.
[2260] Siehe auch BGH NStZ 2019, 87.
[2261] Siehe BGH NStZ 2019, 87.
[2262] Das hat nun auch der BGH klargestellt (BGH NStZ 2019, 87). Siehe dazu i.Ü. oben Rn 1292c.
[2263] Siehe ebenfalls BGH NStZ 2019, 87.

c. Gesteigerte Beweiskraft der öffentlichen Urkunde

1359 Des Weiteren ist festzustellen, worauf sich die gesteigerte Beweiskraft, also der Kern der Urkunde bezieht. Der Schutzzweck der Norm gebietet es, dass nicht alle materiell unrichtigen Angaben einer öffentlichen Urkunde von § 271 oder § 348 erfasst werden.[2264] Vielmehr muss sich der öffentliche Glaube, d.h. die volle Beweiskraft für und gegen jedermann, hierauf beziehen (= erhöhte Beweiskraft).[2265] Die Urkunde muss somit für den Verkehr nach außen bestimmt sein.

1360 Ein Beurkunden im Sinne dieser Vorschrift liegt also vor, wenn die inhaltliche Richtigkeit der Urkunde in der vorgeschriebenen Form in einer Weise festgestellt ist, die dazu bestimmt und geeignet ist, **Beweis für und gegen jedermann** zu erbringen.[2266]

> Zum **Beispiel** von Rn 1355: Die Urkunde muss für den Verkehr nach außen bestimmt sein, sodass schlichte Interna nicht erfasst werden. Die Urkunde muss des Weiteren den Zweck erfüllen, für und gegen jedermann Beweis zu erbringen. Der notariell beurkundete Kaufvertrag dient dem Beweis im Rechtsverkehr. Für und gegen jedermann wird der Beweis erbracht, dass V und K einen Kaufvertrag geschlossen haben.
>
> Auch mit Plaketten versehene und am Fahrzeug angebrachte Kennzeichen erbringen ebenso wie Prüfberichte und Urkunden von amtlich anerkannten Sachverständigen bzw. Prüfingenieuren gesteigerte Beweiskraft und sind damit öffentliche Urkunden (Rn 1358).

1361 Gegenbegriff ist die **schlichtamtliche Urkunde**. Diese dient nicht der öffentlichen Beweiserbringung im Rechtsverkehr.

> **Beispiele** von schlichtamtlichen Urkunden sind: Fahrzeugzulassungsbescheinigung Teil II (früher: Fahrzeugbrief)[2267]; innerdienstliche Aktenvermerke; behördliche Auskünfte und Bescheinigungen; polizeiliche Vernehmungsprotokolle sowie Ermittlungsberichte der Polizei an die Staatsanwaltschaft[2268]

1362 Aus der Gesetzesformulierung „für Rechte oder Rechtsverhältnisse von Erheblichkeit" und „beurkundet" folgt, dass sich darüber hinaus die erhöhte Beweiskraft der öffentlichen Urkunde **gerade auf den unwahren Urkundenteil erstrecken** muss.[2269] Auf welche Teile der öffentlichen Urkunde sich die gesteigerte Beweiskraft bezieht, ist den einschlägigen Vorschriften (vgl. §§ 417, 418 ZPO) zu entnehmen und generell durch Auslegung zu ermitteln. Des Weiteren ist auf die Verkehrsanschauung sowie auf die für die Errichtung und den Zweck der jeweiligen öffentlichen Urkunde bestehenden Vorschriften abzustellen.[2270] Diesen festzustellen ist das größte Problem im Bereich des § 271 und des § 348.

> Zum **Beispiel** von Rn 1355: Der Beweis, dass V und K einen Kaufvertrag über ein Grundstück geschlossen haben, reicht allein jedoch nicht, um die Voraussetzungen des § 271 zu bejahen. Nicht jede materiell unrichtige Angabe in einer öffentlichen Urkunde führt zu deren Falschheit. Dies ergibt sich direkt aus dem Wortlaut des § 271 „... von Erheblichkeit ...", aber auch aus dessen Schutzzweck. Die gesteigerte Beweiskraft der Urkunde, also der öffentliche Glaube, muss sich gerade auf die unwahre Tatsache erstrecken. Zu fragen ist nun, welchem Zweck unter Berücksichtigung der Verkehrsanschauung und der Beurkundungsvorschriften die Beurkundung eines Kaufvertrags dient. Bewiesen werden soll nur,

---

[2264] OLG Köln NJW 2007, 1829; *Kudlich*, JA 2007, 657, 658.

[2265] BGH NStZ 2019, 87; NJW 2015, 802, 803; BGHSt 20, 186, 187; 17, 66, 67.

[2266] Allg. Auffassung, vgl. nur BGH NStZ 2019, 87; NJW 2015, 802, 803; BGHSt 42, 131; 22, 201, 203; 20, 309, 313; 17, 66, 68.

[2267] Vgl. bereits die 1. Aufl. 2002; später auch BGH NJW 2015, 802, 803 ff.

[2268] Vgl. Lackner/Kühl-*Heger*, § 271 Rn 2; Sch/Sch-*Heine/Schuster*, § 271 Rn 22 m.w.N.

[2269] BGH JR 2001, 317 (notarielle Beurkundung von Deutschkenntnissen bei Immobilienerwerb); BGH NStZ-RR, 2000, 235 (für den Notar, § 9 I Nr. 2 BeurkG); BGH wistra 2000, 266; BGHSt 22, 201, 203; 44, 187; OLG München NStZ 2006, 575 (Ausstellung einer fehlerhaften Meldebescheinigung).

[2270] BGH NStZ 2016, 675, 676; NJW 1996, 470, 471; BGH GSSt 22, 201, 203; BGHSt 44, 186.

Mittelbare Falschbeurkundung (§ 271) / Falschbeurkundung im Amt (§ 348)

dass bestimmte Erklärungen (an einem gewissen Ort – die Nennung des Ortes ist freiwillig) [2271] zu einer bestimmten Zeit vor einer Urkundsperson abgegeben wurden. Die inhaltliche Richtigkeit der Erklärungen wird hingegen nicht erfasst. Somit bezieht sich die gesteigerte Beweiskraft der Urkunde gerade nicht auf den vereinbarten Kaufpreis.

Ergebnis: Eine Strafbarkeit von V und K gem. §§ 271 I, 25 II scheidet somit aus.

(Weitere) **Beispiele** von Urkunden mit gesteigerter/ohne gesteigerte Beweiskraft: **1363**

(1) **Zulassungsbescheinigung Teil I:** Die Zulassungsbescheinigung Teil I gem. § 11 VI FZV[2272] beweist *nicht* zu öffentlichem Glauben, dass die Angaben zur Person des Zulassungsinhabers richtig sind oder dass die Fabrikationsdaten wirklich vom Hersteller des Fahrzeugs herrühren. Bei seiner Ausstellung wird i.S.d. §§ 271, 348 aber beurkundet, unter welchem amtlichen Kennzeichen das in ihm beschriebene Fahrzeug zum Verkehr zugelassen und wann die Anmeldung zur nächsten Hauptuntersuchung gem. § 29 StVZO fällig ist.[2273]

(2) **Hauptuntersuchung („TÜV"):** Die an dem Kennzeichen angebrachte Prüfplakette und der dazugehörige Vermerk in der Zulassungsbescheinigung Teil I sollen zum einen den Termin zur nächsten Hauptuntersuchung beurkunden, zum anderen aber auch, dass das Fahrzeug tatsächlich den Hauptuntersuchungskriterien bezüglich der technischen Sicherheit entsprach[2274] (s.o.). Das entspricht dem Inhalt der Vorschrift des § 29 III S. 2 StVZO, wonach mit Anbringen der Plakette bescheinigt wird, dass das Fahrzeug vorschriftsmäßig ist. Erstellt also ein Prüfingenieur vorsätzlich einen falschen Untersuchungsbericht oder erteilt eine Prüfplakette in Kenntnis oder Billigung der Verkehrsunsicherheit des Fahrzeugs, macht er sich wegen Falschbeurkundung im Amt (§ 348) strafbar. Legt ein Dritter dem Prüfingenieur gefälschte Prüfunterlagen vor, anhand derer der Prüfingenieur einen inhaltlich falschen Untersuchungsbericht bzw. ein inhaltlich falsches Gutachten erstellt, liegt ein Fall des § 271 vor, sofern der Prüfingenieur unvorsätzlich handelt, anderenfalls eine Strafbarkeit nach §§ 348, 26.

(3) **Führerschein:** Die öffentliche Beweiskraft eines Führerscheins erstreckt sich auf die Erteilung einer bestimmten Fahrerlaubnis (§§ 4 ff. FeV) und auf den Nachweis der Personenidentität, soweit also auch auf die Richtigkeit des Geburtsdatums (also im Unterschied zur Zulassungsbescheinigung I), nicht aber auf die Berechtigung zum Führen eines akademischen Grades.[2275] Die inhaltliche Wahrheit des Führerscheins (beurkundet gem. § 417 ZPO einen Verwaltungsakt und stellt eine Zeugniserlangung über eine sonstige Tatsache dar, § 418 ZPO) erstreckt sich jedoch nicht darauf, ob der Prüfling tatsächlich die erforderlichen Prüfungen bestanden hat.[2276]

(4) **Handelsregister:** § 15 HGB enthält Regelungen, die das Vertrauen in die Richtigkeit von Eintragungen oder nicht erfolgten Eintragungen im Handelsregister schützen. So werden gem. § 15 I HGB in das Handelsregister einzutragende Tatsachen als nicht existierend betrachtet, solange sie nicht eingetragen und nicht bekannt gemacht worden sind. Gemäß § 53 II HGB ist das Erlöschen der Prokura eine eintragungspflichtige Tatsache. Unterlässt der zur Eintragung und Löschung Berechtigte die Löschung der Prokura, bleibt der damit verbundene Rechtsschein jedenfalls so lange bestehen, bis derjenige, der sich auf das Fortbestehen der Prokura beruft, keine anderweitige positive Kenntnis von deren Erlöschen hat. Damit möchte der Gesetzgeber aber nur einen Rechtsscheinstatbestand schaffen, der im Verhältnis der Geschäftspartner untereinander gilt. Ein weitergehender, besonderer öffentlicher Glaube wird den eintragungsfähigen Tatsachen i.S.d. § 15 HGB nicht abgewonnen. Aus diesem Grund besteht auch der öffentliche Glaube hinsichtlich der Eintragung im Handelsregister über die Durchführung einer Kapitalerhöhung (vgl. § 188 AktG) nur darin, dass der die Eintragung Vor-

---

[2271] BGH NStZ 1998, 620, 621 (Beurkundung außerhalb des Dienstsitzes).
[2272] Zur Zulassungsbescheinigung Teil II vgl. bereits Rn 1361.
[2273] BGH GSSt 22, 201; BGHSt 20, 186, 187; 26, 9, 11; 53, 34 ff.; OLG Hamm NStZ 2009, 387.
[2274] BGH NStZ 2019, 87.
[2275] BGHSt 25, 95, 96; 34, 299, 301.
[2276] OLG Hamm NStZ 1988, 26; BGHSt 37, 207, 209.

Mittelbare Falschbeurkundung (§ 271) / Falschbeurkundung im Amt (§ 348)

nehmende diese Erklärung abgegeben hat; auf die inhaltliche Richtigkeit des Erklärten erstreckt er sich nicht.[2277]

(5) Aufenthaltsgestattung nach § 63 AsylG: Ein Ausländer, der unter falschem Namen einen Asylantrag stellt, macht sich bei Erteilung der Aufenthaltsgestattung nach § 271 strafbar; das Erstellenlassen einer Meldebescheinigung nach § 22 I AsylG unter falschem Namen ist hingegen keine öffentliche Urkunde i.S.v. § 271, da es für diese Bescheinigung keine Rechtsgrundlage gibt.[2278]

(6) Standesamt: Der öffentliche Glaube von Standesamtsbüchern bezieht sich nur auf die im Personenstandsgesetz vorgeschriebenen Eintragungen (vgl. etwa § 54 I S. 1 PStG: Geburt, Eheschließung, Eintragung einer Lebenspartnerschaft, Tod usw.).

(7) Meldebescheinigung: Der öffentliche Glaube an die Angaben in einer Meldebescheinigung bezieht sich lediglich darauf, dass die in der Meldebestätigung aufgeführte Person unter der angegebenen Adresse gemeldet ist. Die erhöhte Beweiskraft der amtlichen Meldebescheinigung bezieht sich nicht darauf, dass der Angemeldete tatsächlich unter der angegebenen Adresse wohnt. Dies folgt auch aus dem Wortlaut der Vorschriften der Meldegesetze, wonach der Meldepflichtige (lediglich) eine „Bestätigung über die Meldung erhält."[2279] Gibt also jemand bei der Beantragung einer Meldebescheinigung gegenüber dem Beamten unzutreffend an, dass er unter der angegebenen (neuen) Adresse wohne, macht er sich nicht wegen § 271 strafbar.[2280]

(8) Strafurteil: Ein Strafurteil beweist nur, dass der, mit dem es sich befasst, derjenige ist, der auch vor Gericht gestanden hat, nicht aber, dass er einen bestimmten Namen trug und mit dem Träger dieses Namens identisch ist.[2281]

(9) Protokolle von Gerichtsverhandlungen: Sie erbringen öffentlichen Beweis nur über den Verfahrensgang, also darüber, dass jemand unter bestimmtem Namen eine bestimmte Aussage gemacht hat, §§ 273, 274 StPO; §§ 160, 164 ZPO. Identität und (freilich) Wahrheit der Angaben werden nicht erfasst.[2282]

d. Bewirken der Falschbeurkundung

1364 Unter **Bewirken der Falschbeurkundung** i.S.v. § 271 I ist jede Verursachung der unwahren Beurkundung oder Speicherung zu verstehen[2283], die nicht als Beteiligung an der Tat des Amtsträgers nach § 348 anzusehen ist.

Dem Wort- und Sinngehalt der Vorschrift entsprechend wird nur das vorsätzliche Bewirken zur unvorsätzlichen Tat erfasst. Zu den Irrtümern vgl. Rn 1348 ff.

e. Gebrauchen der falschen Beurkundung oder Datenspeicherung

1365 Wie bei § 267 I Var. 3 versteht man auch bei § 271 II unter **Gebrauchen** der falschen Beurkundung oder Datenspeicherung das Zugänglichmachen zur sinnlichen Wahrnehmung.

2. Subjektiver Tatbestand

1366 Der Täter muss hinsichtlich aller objektiven Tatbestandsmerkmale vorsätzlich handeln, wobei *dolus eventualis* genügt. Der **Versuch** ist strafbar (§ 271 IV).

[2277] BGH NStZ 2016, 675, 676.
[2278] OLG Brandenburg StV 2002, 311.
[2279] Vgl. dazu OLG München NStZ 2006, 575 f.
[2280] Vgl. auch OLG Köln NJW 2007, 1829 (mit abl. Bespr. v. *Kudlich*, JA 2007, 657 ff.).
[2281] *Fischer*, § 271 Rn 11; a.A. Sch/Sch-*Heine/Schuster*, § 271 Rn 23, die Prozessbetrug annehmen.
[2282] BGH MDR 1987, 598; OLG Hamm NJW 1977, 592 (Hauptverhandlungsprotokoll); BayObLG NStZ-RR 1996, 137 (Verkündungsprotokoll); OLG Düsseldorf NJW 1988, 217 (Polizeiprotokoll).
[2283] Sch/Sch-*Heine/Schuster*, § 271 Rn 25; vgl. auch *Rengier*, BT II, § 37 Rn 3.

Mittelbare Falschbeurkundung (§ 271) / Falschbeurkundung im Amt (§ 348)

II. Rechtswidrigkeit und Schuld

Es ergeben sich keine Besonderheiten.

1367

III. Qualifikationstatbestand des § 271 III[2284]

§ 271 III enthält verschiedene Tatbestandsqualifikationen.

1368

- Ein Handeln gegen **Entgelt** gem. § 271 III Var. 1 liegt vor, wenn der Täter eine vermögenswerte Gegenleistung für seine Tat von einem Dritten erlangt. Voraussetzung ist hier ein synallagmatisches Verhältnis zwischen Tat und Entgelt.[2285]

- Unter **Bereicherungsabsicht** gem. § 271 III Var. 2 (Untervariante 1) versteht man jedes Streben nach einem rechtswidrigen Vermögensvorteil.[2286]

- Eine **Schädigungsabsicht** gem. § 271 III Var. 2 (Untervariante 2) liegt vor, wenn es dem Täter darauf ankommt, einem anderen Schaden zuzufügen.[2287]

> **Hinweis für die Fallbearbeitung:** Da die Bereicherungs- oder Schädigungsabsicht lediglich „beabsichtigt" sein muss und es keine Entsprechung im objektiven Tatbestand gibt[2288], handelt es sich bei § 271 III Var. 2 (wie z.B. bei § 242) um ein Delikt mit „überschießender Innentendenz" bzw. um ein „kupiertes Erfolgsdelikt".[2289] In einer Klausur sollte es daher genügen, wenn man die genannten besonderen Absichten (für die im Übrigen *dolus directus* 1. Grades erforderlich ist) im Rahmen des subjektiven Tatbestands des Grunddelikts des § 271 I hinter dem allgemeinen Tatbestandsvorsatz mitprüft.

IV. Konkurrenzen

Eine innertatbestandliche Konkurrenz besteht (wie bei § 267) zwischen Abs. 1 und Abs. 2. Idealkonkurrenz ist zwischen § 271 und §§ 169, 172 und 267 möglich.

1369

[2284] Zum prüfungstechnischen Aufbau von Grundtatbestand und Tatbestandsqualifikation vgl. *R. Schmidt*, AT, Rn 84 ff.
[2285] Sch/Sch-*Heine/Schuster*, § 271 Rn 40.
[2286] SK-*Hoyer*, § 271 Rn 34; NK-*Puppe*, § 271 Rn 61; *Rengier*, BT II, § 37 Rn 27.
[2287] LK-*Gribbohm*, § 271 Rn 93/101; *Fischer*, § 271 Rn 18; *Rengier*, BT II, § 37 Rn 27.
[2288] Wie hier LK-*Gribbohm*, § 271 Rn 93.
[2289] Vgl. dazu *R. Schmidt*, AT, Rn 100a und 275.

F. Urkundenunterdrückung (§ 274)

1370
Die Vorschrift der Urkundenunterdrückung regelt in Abs. 1 Nr. 1 und 2 die mit §§ 267 bis 269 korrelierenden Unterdrückungstatbestände und in Nr. 3 die Veränderung einer Grenzbezeichnung (Grenzverrückung). Nach § 274 I Nr. 1 sind Urkunden i.S.d. § 267 und technische Aufzeichnungen i.S.d. § 268 II geschützt, soweit sie als Beweismittel in Betracht kommen. Sie dürfen jedoch nicht unecht sein, da ihnen sonst kein Bestandsschutz zukommt. Bei § 274 I Nr. 1 geht es somit um die Brauchbarkeit von echten Urkunden als Beweismittel. Geschützt ist nicht der Beweisverkehr im Allgemeinen, sondern das **Beweisführungsrecht eines anderen**. § 274 I Nr. 1 ist also kein Universalrechtsgut, sondern ein (disponibles) Individualrechtsgut. Die Konsequenz daraus ist, dass der Geschützte – anders als bei § 267 – in die Verletzung des Rechtsguts einwilligen kann (die Tat ist dann gerechtfertigt).[2290]

Weiterhin muss bei der Prüfung des § 274 der Verwahrungsbruch nach § 133 in Betracht gezogen werden. Geschütztes Rechtsgut dieses Tatbestands ist der dienstliche Gewahrsam. Die dort genannten Schriftstücke sind nur – wenn auch besonders häufige – Beispiele. Sie müssen nicht dem Begriff der Urkunde i.S.d. § 267 entsprechen.

I. Tatbestand

1. Objektiver Tatbestand

1371
a. Tatobjekt ist eine dem Täter nicht oder nicht ausschließlich gehörende echte Urkunde bzw. technische Aufzeichnung. Bei der Bestimmung des Begriffs „gehören" ist nicht auf zivilrechtliche Eigentumsverhältnisse abzustellen. Insoweit ist der Begriff missverständlich gewählt.

1372
Gehören bezeichnet das Recht, mit der Urkunde oder der technischen Aufzeichnung im Rechtsverkehr Beweis zu erbringen (sog. **Beweisführungsrecht**).[2291]

1373
Täter kann somit auch der Eigentümer der Urkunde sein, wenn er einem anderen nach § 810 BGB, §§ 422 ff. ZPO herausgabe- oder vorlagepflichtig ist.

Beispiel: A und B haben einen Vertrag geschlossen und die Vertragsurkunden gegenseitig ausgetauscht. Das Exemplar des B wird durch einen Brand zerstört. Als dieser nun von seinem Einsichtsrecht in das Exemplar des A nach § 810 BGB Gebrauch machen will, zerstört A seine Ausfertigung, weil er zwischenzeitlich das Interesse an der Durchführung des Vertrags verloren hat.

A ist zwar Eigentümer der Vertragsurkunde, dennoch gehört sie ihm seit Geltendmachung des Rechts des B aus § 810 BGB nicht mehr ausschließlich i.S.d. § 274 I Nr. 1.

1374
Öffentlich-rechtliche Vorlegungspflichten, die lediglich der Sicherung von bußgeldbewehrten Überwachungsmaßnahmen dienen, führen *nicht* zu einem Beweisführungsrecht des Staates. Insofern bildet das Ordnungswidrigkeitenrecht eine Sperrwirkung. Als Beispiele sind hier das Fahrtenbuch oder die Fahrtenschreiberdiagrammscheibe zu nennen.[2292] Zu berücksichtigen ist ferner, dass amtliche Ausweise (Personalausweis, Pass, Führerschein etc.) ausschließlich dem Inhaber gehören.[2293]

[2290] Sch/Sch-*Heine/Schuster*, § 274 Rn 5/11; *Fischer*, § 274 Rn 7. Anders *Duttge*, Jura 2006, 15, 18 f., wonach das allg. Interesse an der Sicherheit des Beweisverkehrs durch die Vernichtung oder das Vorenthalten einer Urkunde ebenso beeinträchtigt ist wie durch unbefugtes Einwirken auf den Erklärungsgehalt. Daher komme eine rechtfertigende Einwilligung bei § 274 nicht in Betracht. Diese Auffassung ist jedoch abzulehnen, da sie das geschützte Rechtsgut – das Beweisführungsrecht eines anderen – nicht hinreichend würdigt.

[2291] BGHSt 6, 251, 254; 29, 192, 194; Lackner/Kühl-*Heger*, § 274 Rn 2.

[2292] BGHSt 29, 192, 194; OLG Düsseldorf NJW 1985, 1231, 1232.

[2293] OLG Hamm NStZ-RR 1998, 331. Die dadurch entstehende Strafbarkeitslücke wird durch § 273 geschlossen.

Urkundenunterdrückung (§ 274)

b. Die **Tathandlung** besteht in dem Vernichten, Beschädigen oder Unterdrücken der fraglichen Urkunde bzw. Aufzeichnung. 1375

Ein **Vernichten** liegt vor, wenn der Darstellungsinhalt der Urkunde oder Aufzeichnung nicht mehr zu erkennen ist, wenn sie also aufgehört hat, als Beweismittel zu existieren.[2294] 1376

Beschädigt wird eine Urkunde oder Aufzeichnung, wenn sie in ihrem Wert als Beweismittel beeinträchtigt wird.[2295] 1377

Das **Unterdrücken** besteht darin, dass dem Beweisführungsberechtigten die Benutzung der Urkunde oder der technischen Aufzeichnung als Beweismittel entzogen oder vorenthalten wird.[2296] 1378

Zu beachten ist, dass es weder auf eine Heimlichkeit des Täters noch auf eine räumliche Entfernung der Sache ankommt. 1379

2. Subjektiver Tatbestand

Zum subjektiven Tatbestand gehört zunächst, dass der Täter in Bezug auf die Vornahme der betreffenden Handlung an der Urkunde oder den Daten in ihrer Eigenschaft als Beweismittel **vorsätzlich** handelt (*dolus eventualis* genügt). Darüber hinaus muss der Täter mit der **Absicht** handeln, einem anderen **einen Nachteil zuzufügen**. Nach ganz h.M. bedeutet hier Absicht das Bewusstsein, dass der Nachteil notwendige Folge der Tat ist (*dolus directus* 2. Grades!). Unter „Nachteil" ist in diesem Sinne jeder Beweisnachteil (also nicht nur ein Vermögensnachteil) des Berechtigten zu verstehen, der gerade durch das Vorenthalten der Urkunde entsteht.[2297] Zu beachten ist jedoch, dass die **Vereitelung des staatlichen Straf- und Bußgeldanspruchs** unter Berücksichtigung des abschließenden Charakters des § 258 V nicht als „Nachteil eines anderen" zu sehen ist.[2298] Auch wenn der Täter nur die Vernichtung der Urkunde oder Aufzeichnung als Augenscheinsobjekt will, kommt lediglich eine Strafbarkeit gem. § 303 I in Betracht. 1380

> **Hinweis für die Fallbearbeitung**: Insoweit liegt eine (gern geprüfte) Parallele zum **Betrug** vor, da begünstigende Verwaltungsakte (z.B. Führerscheinerteilung oder Einbürgerung) und die Verhängung von Buß- oder Geldstrafe nicht unter den Vermögensbegriff zu subsumieren sind. Bei solchen geldwerten Positionen des öffentlichen Rechts handelt es sich um „res extra commercium" (Belange im außerkommerziellen Bereich), die ausschließlich der Beeinflussung menschlichen Verhaltens dienen. Deswegen bildet auch hier § 258 eine Sperrwirkung. § 263 muss somit verneint werden.[2299] 1381

Beispiel[2300]: Tuner T ist (vermeintlich) originell. Er besprüht das vordere Kennzeichen seines Chevrolet Camaro 6.2 mit reflektierendem Klarlack, um die Identifizierung seines Wagens bei einer Radarkontrolle zu erschweren (d.h. die Erkennbarkeit auf dem Beweisfoto soll durch Blendwirkung unmöglich gemacht werden). Das mit Klarlack überzogene Kennzeichen wird jedoch bei einer allgemeinen Verkehrskontrolle entdeckt. Strafbarkeit des T gem. § 274? 1382

Möglicherweise hat sich T durch das Übersprühen des vorderen Kennzeichens mit Klarlack gem. § 274 I Nr. 1 Var. 2 strafbar gemacht. Bei dem am Camaro montierten Kennzeichen handelt es sich um eine (zusammengesetzte) Urkunde in Form eines urkundsgleichen Be-

---

[2294] Lackner/Kühl-*Heger*, § 274 Rn 2; Sch/Sch-*Heine/Schuster*, § 274 Rn 7.
[2295] OLG Düsseldorf NJW 1983, 2341; Sch/Sch-*Heine/Schuster*, § 274 Rn 8.
[2296] Sch/Sch-*Heine/Schuster*, § 274 Rn 9; OLG Düsseldorf NStZ 1981, 25, 26; AG Karlsruhe NJW 2000, 87.
[2297] SK-*Hoyer*, § 274 Rn 17; OLG Zweibrücken NStZ 2000, 202 (Falschbeurkundung durch den Notar).
[2298] W/H/E, BT 1, Rn 975; OLG Düsseldorf NZV 1989, 477 m. Anm. *Puppe*.
[2299] Vgl. dazu OLG Köln NJW 2002, 527, 528; *Hecker*, JuS 2002, 224, 227.
[2300] In Anlehnung an BGHSt 45, 197 ff. Zur „Antiblitzfolie" vgl. auch Rn 1294. Zum Folienkennzeichen vgl. Rn 1292c a.E.

513

Urkundenunterdrückung (§ 274)

weiszeichens (vgl. dazu das Beispiel bei Rn 1292c). Dieses war zunächst auch echt. Auch gehörte es dem T nicht ausschließlich, da es allen interessierten Verkehrsteilnehmern und Behörden zur Identifizierung des Halters diente. T müsste es beschädigt haben. Geht man davon aus, dass eine Erkennbarkeit derart manipulierter Kennzeichen nur durch technisch sehr aufwändige Methoden in den kriminaltechnischen Labors erreicht werden kann, hat T das Kennzeichen am Auto derart verändert, dass es seinen Wert als Beweismittel im Falle einer Blitzlichtaufnahme fast vollständig verloren hat.

T handelte auch vorsätzlich. Fraglich ist jedoch, ob er in der Absicht handelte, einem anderen Nachteil zuzufügen. T ging es lediglich darum, ordnungsrechtliche Maßnahmen zu vereiteln. Zu berücksichtigen ist deshalb, dass der staatliche Sanktionsanspruch in § 258 abschließend geregelt ist. Verträte man Gegenteiliges, würde das Selbstschutzprivileg des § 258 V entwertet. Somit ist der Staat nicht als „anderer" i.S.d. § 274 zu sehen.

Ergebnis: T ist nicht nach § 274 strafbar (abzulehnen wäre auch eine Strafbarkeit nach § 267 I Var. 2, da der Erklärungsinhalt des Kennzeichens nicht beeinträchtigt wurde; nur die Erkennbarkeit unter gewissen Umständen ist erschwert; zu prüfen und zu bejahen wäre aber § 22 I Nr. 3, II StVG, vgl. dazu Rn 1294b und 1294).

II. Rechtswidrigkeit

1383 Eine Einwilligung des Betroffenen ist möglich! (s.o.).

III. Schuld

Es gelten die allgemeinen Grundsätze.

IV. Konkurrenzen

1384 Hinsichtlich der **Konkurrenzen** gilt Folgendes[2301]:

(1) Soweit das Beweisführungsrecht Bestandteil des Eigentumsrechts nach § 903 BGB ist, tritt § 274 I Nr. 1 gegenüber den Zueignungsdelikten (§§ 242, 246, 249 ff.) im Wege der Gesetzeskonkurrenz (Konsumtion) zurück.

(2) Gegenüber der Sachbeschädigung (§ 303 I) ist § 274 I Nr. 1 wiederum *lex specialis*. § 303 I tritt somit trotz unterschiedlichen Rechtsguts hinter § 274 zurück.

(3) Regelmäßig wird eine Urkunde oder Aufzeichnung im Wege des Verfälschens beschädigt. In einem solchen Fall tritt § 274 hinter § 267 oder § 268 zurück. § 303 I tritt hinter § 274 zurück.

(4) Zu beachten ist § 133. Befand sich die Urkunde oder Aufzeichnung in dienstlicher Verwahrung, liegt Tateinheit vor.

[2301] Vgl. bereits Rn 1310 ff. sowie Lackner/Kühl-*Heger*, § 274 Rn 8; Sch/Sch-*Heine/Schuster*, § 274 Rn 19 ff.

12. Kapitel – Staatsschutzdelikte

Im Folgenden werden ausgewählte, den demokratischen Rechtsstaat gefährdende Straftaten erläutert. Dazu zählen die Verbreitung von Propagandamitteln verfassungswidriger Organisationen (§ 86) und die Verwendung von Kennzeichen verfassungswidriger Organisationen (§ 86a). Die in diesem Zusammenhang oft ebenfalls einschlägigen Delikte des Landfriedensbruchs (§ 125) und der Volksverhetzung (§ 130) wurden bereits bei Rn 1030 ff. und 1035a ff. behandelt.

1385

A. Verbreiten von Propagandamitteln verfassungswidriger Organisationen (§ 86)

Die Vorschrift stellt die Verbreitung rechtsstaatsgefährdender Propagandamittel bestimmter Organisationen unter Strafe und dient damit dem Staatsschutz[2302]; sie schützt den demokratischen Rechtsstaat. Die Tat ist ein abstraktes Gefährdungsdelikt; es kommt allein auf die Eignung der Tathandlung an, den demokratischen Rechtsstaat zu gefährden. Die Tat ist ein Vergehen; der Versuch ist – sofern man ihn bei einem abstrakten Gefährdungsdelikt überhaupt für konstruktiv möglich erachtet – jedenfalls nicht strafbar.

1386

I. Tatbestand

Die Tatobjekte sind enumerativ in § 86 I, II aufgezählt. Erfasst sind

1387

- Propagandamittel einer vom BVerfG für verfassungswidrig erklärten Partei oder einer Partei oder Vereinigung, von der unanfechtbar festgestellt ist, dass sie Ersatzorganisation einer solchen Partei ist (I Nr. 1),

    Eine Partei kann unter den Voraussetzungen des Art. 21 II S. 1, III GG i.V.m. §§ 13 Nr. 2, 43 ff. BVerfGG verboten werden. Das ist der Fall, wenn sie darauf ausgerichtet ist, die freiheitliche demokratische Ordnung zu beeinträchtigen oder zu beseitigen oder den Bestand der Bundesrepublik Deutschland zu gefährden. Mit der Feststellung durch das BVerfG müssen die Auflösung der Partei und das Verbot, eine Ersatzorganisation zu gründen, verbunden werden (§ 46 III S. 1 BVerfGG).

- Propagandamittel einer Vereinigung, die unanfechtbar verboten ist, weil sie sich gegen die verfassungsmäßige Ordnung oder gegen den Gedanken der Völkerverständigung richtet, oder von der unanfechtbar festgestellt ist, dass sie Ersatzorganisation einer solchen verbotenen Vereinigung ist (I Nr. 2),

- Propagandamittel einer Regierung, Vereinigung oder Einrichtung außerhalb des räumlichen Geltungsbereichs dieses Gesetzes, die für die Zwecke einer der in den Nrn. 1 und 2 bezeichneten Parteien oder Vereinigungen tätig ist (I Nr. 3), oder

- Propagandamittel, die nach ihrem Inhalt dazu bestimmt sind, Bestrebungen (d.h. politische Ziele) einer ehemaligen nationalsozialistischen Organisation (d.h. der NSDAP, ihrer Gliederungen oder eines ihr angeschlossenen Verbands) fortzusetzen (I Nr. 4),

Die von § 86 I erfassten **Propagandamittel** sind in § 86 II legaldefiniert. Erfasst sind nur solche Schriften (vgl. § 11 III), deren Inhalt gegen die **freiheitliche demokratische Grundordnung** (FDGO) oder den **Gedanken der Völkerverständigung** gerichtet ist. Die FDGO ist die Ordnung, die unter Ausschluss jeglicher Gewalt- und Willkürherrschaft eine rechtsstaatliche Herrschaftsordnung auf der Grundlage der Selbstbestimmung des Volkes nach dem Willen der jeweiligen Mehrheit und der Freiheit und

1388

[2302] Vgl. BGHSt 23, 64, 70.

Staatsschutzdelikte

Gleichheit darstellt.[2303] Zu den grundlegenden Prinzipien dieser Ordnung sind nach dem BVerfG mindestens zu rechnen[2304]:

- die Achtung vor den im Grundgesetz konkretisierten Menschenrechten, vor allem vor dem Recht auf Leben und der freien Entfaltung der Persönlichkeit,
- die Volkssouveränität,
- die Gewaltenteilung,
- das Recht, die Volksvertretung in allgemeiner, unmittelbarer, freier, gleicher und geheimer Wahl zu wählen,
- die Verantwortlichkeit und Ablösbarkeit der Regierung,
- die Gesetzmäßigkeit der Verwaltung,
- die Unabhängigkeit der Gerichte,
- das Mehrparteienprinzip und die Chancengleichheit für alle politischen Parteien mit dem Recht auf verfassungsmäßige Bildung und Ausübung einer Opposition.

1389 Insoweit besteht eine Parallele zu den Verfassungsgrundsätzen, die § 92 II StGB einfachgesetzlich für das Strafrecht konkretisiert.

1390 Gegen den **Gedanken der Völkerverständigung** richten sich Propagandamittel, wenn ihr Inhalt völkerrechtswidrig ist oder den Krieg verherrlicht.[2305]

1391 Das Propagandamittel muss sich mit einer **aggressiv-kämpferischen Tendenz** („Propaganda") gegen die genannten Aspekte der FDGO richten.[2306] Es muss Organisationsbezug haben, d.h. von einer NS-Organisation vertreten worden sein und der Verwirklichung ihrer Ziele gedient haben.[2307] Diese Annahme wird bei zunehmendem zeitlichem Abstand zur NS-Zeit immer zweifelhafter. **Vorkonstitutionelle** Schriften (also Schriften, die vor Inkrafttreten des Grundgesetzes erschienen sind) sind nach der Rspr. des BGH jedenfalls nicht von § 86 I Nr. 4, II erfasst, da sich aus deren Inhalt eine Zielrichtung gegen die in der Bundesrepublik Deutschland erst später verwirklichte FDGO noch nicht ergeben könne, was bei den erstmals 1925 und 1926 erschienenen beiden Teilen des Buches „Mein Kampf", dem Programmbuch der NSDAP von Adolf Hitler, der Fall sei.[2308] Zwar treffe es zu, dass Hitlers „Mein Kampf" den Konstitutionsprinzipien jeder freiheitlichen Demokratie sowie dem Gedanken der Völkerverständigung Hohn spreche und dass es auch von einer aktiv-kämpferischen Tendenz getragen sei, damit allein seien aber die Kriterien des § 86 II nicht erfüllt. Daher sind – unabhängig, ob eine Strafbarkeit auch wegen § 86 III (Rn 1394) zu verneinen wäre – Besitz, Kauf und Verkauf antiquarischer Exemplare des Buches in Deutschland nicht nach § 86 I strafbar. Ein Neudruck solcher Schriften mit gegen die FDGO gerichteten Änderungen und Ergänzungen unterfiele dagegen ohne weiteres dem Straftatbestand des § 86 I.[2309]

1392 Die möglichen **Tathandlungen** sind in § 86 I a.E. genannt. Erfasst ist zunächst das Verbreiten im Inland. Darüber hinaus erfasst die Vorschrift bestimmte selbstständige Vorbereitungshandlungen; sie untersagt, Propagandamittel im Inland zu verbreiten oder zur Verbreitung im Inland oder Ausland herzustellen, vorrätig zu halten, einzuführen oder auszuführen oder in Datenspeichern öffentlich zugänglich zu machen.

1393 In subjektiver Hinsicht ist **Vorsatz** erforderlich, wobei in Bezug auf das Verbreiten dolus eventualis genügt. Bei den genannten selbstständigen Vorbereitungshandlungen ver-

---

[2303] Allg. Auffassung, vgl. nur *R. Schmidt*, Staatsorganisationsrecht, 20. Aufl. 2019, Rn 421.
[2304] So die Aufzählung in BVerfGE 2, 1, 12 f. (SRP-Verbot).
[2305] Vgl. *Fischer*, § 86 Rn 4.
[2306] Vgl. BGHSt 23, 64, 72 f. sowie Lackner/Kühl-*Kühl*, § 86 Rn 4; *Fischer*, § 86 Rn 4 f.
[2307] *Fischer*, § 86 Rn 10.
[2308] BGHSt 29, 73, 78 ff.
[2309] BGHSt 29, 73, 78. Siehe auch *Stegbauer*, NStZ 2019, 72.

Staatsschutzdelikte

langt das Gesetz aufgrund der Formulierung „zur Verbreitung" Absicht i.S.v. dolus directus 1. Grades.

Einen **Tatbestandsausschluss**[2310] normiert § 86 III. Danach gilt § 86 I nicht, wenn das Propagandamittel oder die Handlung der staatsbürgerlichen Aufklärung, der Abwehr verfassungswidriger Bestrebungen, der Kunst oder der Wissenschaft, der Forschung oder der Lehre, der Berichterstattung über Vorgänge des Zeitgeschehens oder der Geschichte oder ähnlichen Zwecken dient („Sozialadäquanzklausel"). Handlungen, die zeitkritisch und aufklärend im Sinne des Schutzes der Verfassung vorgenommen werden oder der Kunst, Wissenschaft, Forschung oder Lehre dienen, sollen aus dem Tatbestand ausgenommen werden. § 86 III konkretisiert damit letztlich nur, was gem. Art. 5 III GG ohnehin zu gewährleisten wäre. Das gilt freilich nur, wenn mit den Handlungen keine verfassungsfeindlichen Ziele verfolgt werden. Denn hier würde auch Art. 5 III GG zurücktreten.

Daher sind Besitz, Kauf und Verkauf des Buches „Mein Kampf" von Adolf Hitler nicht nur straflos, weil es sich um eine vorkonstitutionelle Schrift handelt, die sich daher auch nicht gegen die Verfassungs- und Rechtsordnung der Bundesrepublik Deutschland richten kann, sondern auch deswegen, weil das Buch heute in erster Linie als Mittel der Unterrichtung über Wesen und Programm des Nationalsozialismus dient[2311] und damit der Sozialadäquanzklausel des § 86 III unterfällt, sodass der Band in seinem ursprünglichen Erscheinungsbild selbst dann angeboten werden darf, wenn auf dem Buchcover ein Hakenkreuz abgebildet ist.

Da das Urheberrecht des Buches „Mein Kampf" dem Freistaat Bayern zugesprochen wurde und Bayern – gestützt auf das Urheberrecht – bislang einen Neudruck verbot, konnte die o.g. Frage nach der Strafbarkeit dahinstehen. Nach Ablauf der Regelschutzfrist von 70 Jahren (vgl. §§ 64, 69 UrhG) ist das Urheberrecht aber Ende 2015 erloschen. Ob ein Neudruck nach §§ 86, 86a, 130 strafbar wäre, ist angesichts BGHSt 29, 73, 78 (oben Rn 1391) unklar. Wird ein Neudruck im Sinne des Schutzes der Verfassung aber mit aufklärenden Kommentierungen versehen oder dient der Kunst, Wissenschaft, Forschung und/oder Lehre, dürfte eine Strafbarkeit nach §§ 86, 86a, 130 zu verneinen sein. Die vom Institut für Zeitgeschichte München – Berlin herausgegebene, am 8.1.2016 erschienene kommentierte Fassung ist wohl von der Sozialadäquanzklausel gedeckt, da sie in erster Linie als Mittel der (wissenschaftlichen) Unterrichtung über Wesen und Programm des Nationalsozialismus dient.[2312]

Unter den Begriff der staatsbürgerlichen Aufklärung fällt die Vermittlung von Informationen zur politischen Willensbildung. Dazu gehören auch die Wiedergabe von originalen Film- und Tonaufnahmen und das Zeigen von Originalschriften. Die Aufklärung muss dazu dienen, die inhaltlichen Ziele und Agitationsmethoden der verbotenen Organisation zu vermitteln.

II. Rechtswidrigkeit

Sollte man § 86 III nicht schon als Tatbestandsausschlussklausel ansehen, stellt er einen Rechtfertigungsgrund dar.

III. Schuld

Es gelten die allgemeinen Grundsätze.

[2310] BGHSt 46, 36, 43; zweifelnd *Fischer*, § 86 Rn 17.
[2311] BGHSt 29, 73, 83.
[2312] Siehe bereits die 16. Aufl. 2016; später auch LG Arnsberg 17.11.2016 – 2 StVK 77/16.

IV. Absehen von Strafe

1398 Gemäß § 86 IV kann das Gericht von einer Bestrafung nach § 86 I absehen, wenn die Schuld gering ist. Allein das Fehlen einer konkreten Gefährdung des Schutzguts kann nicht zu einem Absehen von Strafe führen, da der Eintritt einer konkreten Gefährdung bereits keine Tatbestandsvoraussetzung ist.

B. Verwenden von Kennzeichen verfassungswidriger Organisationen (§ 86a)

1399 § 86a stellt die Verbreitung, Veröffentlichung und Verwendung von Kennzeichen verfassungswidriger Organisationen sowie bestimmte Vorbereitungshandlungen wie Herstellen, Vorrätighalten, Einführen oder Ausführen unter Strafe und dient damit dem Staatsschutz. Die Strafnorm schützt (wie § 86) den demokratischen Rechtsstaat, indem sie die symbolhaft gekennzeichnete Wiederbelebung bestimmter verfassungsfeindlicher Parteien oder Organisationen verhindern soll.[2313] Darüber hinaus schützt sie den öffentlichen Frieden.[2314] Jeglicher Anschein einer Wiederbelebung bestimmter verfassungsfeindlicher Parteien oder Organisationen soll ebenso vermieden werden wie der Eindruck bei in- und ausländischen Beobachtern des politischen Geschehens in der Bundesrepublik Deutschland, in ihr gäbe es eine rechtsstaatswidrige innenpolitische Entwicklung, die dadurch gekennzeichnet ist, dass verfassungsfeindliche Bestrebungen der durch das Kennzeichen angezeigten Richtung geduldet würden.[2315]

1400 Die Tat ist (ebenfalls wie § 86) ein abstraktes Gefährdungsdelikt[2316]; es kommt also nicht darauf an, ob die festgestellte Verwendung einen für den Nationalsozialismus werbenden Charakter aufweist, sondern es kommt allein auf die *Eignung* der Tathandlung an, den demokratischen Rechtsstaat zu gefährden. Die Tat ist ein Vergehen; der Versuch ist nicht strafbar. Auch insofern ergibt sich keine Abweichung zu § 86.

I. Tatbestand

1401 Die von § 86a I erfassten Tatobjekte sind Kennzeichen verfassungswidriger Parteien bzw. Organisationen (i.S.v. § 86 I Nr. 1, 2 und 4). Erfasst sind gem. § 86a II Fahnen, Abzeichen, Uniformstücke, Parolen und Grußformen sowie solche Kennzeichen, die den genannten zum Verwechseln ähnlich sind.

1402 Das **Kennzeichen** muss eine verfassungswidrige Partei bzw. Organisation symbolisieren.[2317] Die verbotene Partei bzw. Organisation braucht das Kennzeichen nicht selbst entwickelt zu haben, sie muss sich das Kennzeichen aber durch Übung oder formalen Authentisierungsakt als Symbol für die Ziele zu eigen gemacht haben.[2318] Als von der Vorschrift erfasste Kennzeichen kommen auch Märsche, Lieder und Melodien in Betracht. Das Hakenkreuz der früheren NSDAP ist jedenfalls erfasst.[2319] Erfasst sind auch Hoheitszeichen des „Dritten Reiches", die „Standarte des Führers", das Parteiabzeichen der NSDAP, die Abzeichen der SA und SS, der Hitlerjugend, der Deutschen Arbeiterfront etc. Auch SS-Uniformen mit Hakenkreuzen auf Brusttasche und Armbinde sind erfasst. Drückt also ein Blogger seinen Ärger über ein Jobcenter, das seine halbnepalesische Tochter nach der Bereitschaft fragte, die Schulbildung fortzusetzen oder eine Berufsaus-

---

[2313] Vgl. BVerfG NJW 2009, 2805; OLG Rostock NStZ 2012, 572.
[2314] Vgl. OLG Frankfurt NStZ 1999, 356, 357; OLG München 7.5.2015 – 5 OLG 13 Ss 137/15; SK-*Rudolphi*, § 86a Rn 1; *Fischer*, § 86a Rn 2.
[2315] OLG München 7.5.2015 – 5 OLG 13 Ss 137/15.
[2316] Vgl. BGHSt 23, 267, 268; 47, 354, 357 f.; BGH NStZ 2015, 81, 82; OLG Rostock NStZ 2012, 572; OLG München 7.5.2015 – 5 OLG 13 Ss 137/15.
[2317] Vgl. BGHSt 47, 354, 357 f.; Lackner/Kühl-*Kühl*, § 86a Rn 2.
[2318] Vgl. BGHSt 54, 61, 67; OLG Rostock NStZ 2012, 572.
[2319] BGHSt 23, 65, 73; 29, 73, 83; BGH NStZ 2015, 81, 82 f.

Staatsschutzdelikte

bildung zu beginnen, u.a. dadurch aus, dass er ein Bild Heinrich Himmlers in SS-Uniform mit Hakenkreuzarmband und einem Zitat Himmlers über die Schulbildung von Kindern in Osteuropa während der deutschen Besatzung veröffentlicht, unterfällt dies dem Tatbestand des § 86a I Nr. 1 auch dann, wenn der Blogger sich nicht mit dem NS-Regime identifiziert. Denn es kommt allein auf die *Eignung* der Tathandlung an, den demokratischen Rechtsstaat zu gefährden (s.o.). Die Meinungsäußerungsfreiheit fand vorliegend ihre Grenzen in Art. 5 II GG bzw. Art. 10 II EMRK.[2320]

Bei den Kennzeichen, die den in § 86a II S. 1 genannten zum **Verwechseln ähnlich** sind, kommt es darauf an, ob der Anschein eines genannten Kennzeichens einer verbotenen Organisation erweckt und dessen Symbolgehalt vermittelt wird.[2321] „Zum Verwechseln ähnlich" i.S.v. § 86a II S. 2 ist ein Gegenstand bzw. Kennzeichen, wenn ein gesteigerter Grad sinnlich wahrnehmbarer Ähnlichkeit gegeben ist.[2322] Erforderlich ist eine objektiv vorhandene Übereinstimmung in wesentlichen Vergleichspunkten. Es muss nach dem Gesamteindruck eines durchschnittlichen, nicht genau prüfenden Betrachters eine Verwechslung mit dem Kennzeichen i.S.v. § 86a II S. 1 möglich sein. Dafür genügt es nicht, dass sich lediglich einzelne Merkmale des Vorbilds in der Abwandlung wiederfinden, ohne dass dadurch einem unbefangenen Betrachter, der das Original kennt, der Eindruck des Originalkennzeichens vermittelt wird.[2323] Wegen Art. 103 II GG ist aber stets eine restriktive Auslegung erforderlich.[2324] Beim Truppenkennzeichen der 2. SS-Panzerdivision „Das Reich" ist die Bejahung des § 86a I, II S. 1 unproblematisch.[2325]

1403

Bei den von § 86a II S. 1 genannten Grußformeln sind insbesondere solche erfasst, die sich auf den Nationalsozialismus beziehen, etwa der sog. Hitlergruß[2326] oder die Sprechformeln „Heil Hitler"[2327], „Sieg Heil"[2328] und „die Fahne hoch"[2329]. Die Parole „Ruhm und Ehre der Waffen-SS" als solche ist dagegen nicht von § 86a I, II erfasst, da sie weder im Wortlaut von einer NS-Organisation verwendet wurde noch einer strafbaren Parole oder Grußformel zum Verwechseln ähnlich ist.[2330]

1404

Weder zu den Kennzeichen i.S.v. § 86a I Nr. 1 noch zu den (zum Verwechseln ähnlichen) Kennzeichen i.S.v. § 86a II gehören grds. Bekleidungsmarken („Thor Steinar"[2331]). Keine Kennzeichen sind auch Sprechweise, Auftreten, Habitus, Gesten etc. Daher unterfallen das Nachahmen der Sprechweise Hitlers oder das Tragen des sog. Hitler-Schnauzers nicht der Strafvorschrift des § 86a.[2332] Musik kann dagegen sehr wohl dem § 86a I, II unterfallen, sofern sie mit einer verbotenen Partei bzw. Vereinigung in Verbindung gebracht wird. Bejaht wurde dies beim „Horst-Wessel-Lied", selbst wenn es rein instrumental gespielt oder gar nur gesummt worden war[2333]. Kein Kennzeichen i.S.d. § 86a I, II sind aber die ersten beiden Strophen des Deutschlandlieds. Zwar soll bei staatlichen Veranstaltungen nur die dritte Strophe (die Nationalhymne) gesungen werden[2334],

1405

[2320] Siehe dazu EGMR 5.4.2018 – 35285/16.
[2321] Vgl. BGHSt 47, 354, 357 f.; Sch/Sch-*Sternberg-Lieben*, § 86a Rn 4; Lackner/Kühl-*Kühl*, § 86a Rn 2a.
[2322] Vgl. BVerfG NJW 2006, 3050; OLG Rostock NStZ 2012, 572.
[2323] Vgl. BVerfG NJW 2006, 3050 mit Verweis auf BGH NStZ 2006, 335, wo wiederum auf BGHSt 47, 354 verwiesen wird.
[2324] Vgl. BVerfG NJW 2006, 3050.
[2325] Vgl. OLG Rostock NStZ 2012, 572, 573.
[2326] BVerfGE 64, 389, 393 f.
[2327] BVerfG NJW 2006, 3052 f.; OLG München NStZ-RR 2003, 233; *Fischer*, § 86a Rn 10.
[2328] OLG Düsseldorf MDR 1991, 174; *Fischer*, § 86a Rn 10.
[2329] Vgl. BVerfG NJW 2009, 2805, 2806 mit der zutreffenden Begründung, dass es sich bei dem Begriff um den Titel und den Liedtextanfang des Horst-Wessel-Lieds handele.
[2330] BGH NStZ 2006, 335; BVerfG NJW 2006, 3050 f.
[2331] OLG Dresden NStZ-RR 2008, 462.
[2332] *Fischer*, § 86a Rn 10.
[2333] BGH MDR 1965, 923; *Fischer*, § 86a Rn 10.
[2334] Vgl. den Briefwechsel zwischen dem seinerzeit amtierenden Bundeskanzler Konrad Adenauer und dem Bundespräsidenten Theodor Heuss aus dem Jahre 1952 (Bulletin der Bundesregierung Nr. 51 vom 6.5.1952, S. 537; abgedruckt auch bei *Hellenthal*, NJW 1988, 1294, 1297) – dazu BVerfGE 81, 298, 308 f.

Staatsschutzdelikte

daraus folgt aber nicht, dass das Singen der ersten beiden Strophen den §§ 86, 86a, 130 unterfiele.[2335]

1406 Die möglichen **Tathandlungen** sind in § 86a I genannt. Erfasst ist zunächst das **Verbreiten** des Kennzeichens im Inland. „Verbreiten" ist die mit der Weitergabe verbundene Tätigkeit, die darauf gerichtet ist, das Kennzeichen einem größeren, für den Täter nicht kontrollierbaren Personenkreis bekannt zu machen.[2336] Weitergabe an einzelne Dritte stellt nur dann ein Verbreiten dar, wenn feststeht, dass diese das Kennzeichen wiederum an weitere Personen weiterreichen bzw. weiteren Dritten bekanntmachen.[2337] Verbreiten kann auch durch das Einstellen ins Internet gegeben sein.[2338]

1407 Daneben ist das im Inland öffentliche **Verwenden** eines von der Vorschrift erfassten Kennzeichens in einer Versammlung oder in einer vom Täter verbreiteten Schrift (§ 11 III) erfasst (§ 86a I Nr. 1). Unter „Verwenden" ist jeder Gebrauch zu verstehen, der das Kennzeichen optisch oder akustisch wahrnehmbar macht.[2339] „Öffentlich" ist die Verwendung, wenn eine nicht überschaubare Anzahl von Personen den Symbolgehalt des Kennzeichens zur Kenntnis nehmen kann[2340] bzw. wenn das Kennzeichen durch die Art seiner Verwendung für einen größeren, nicht durch persönliche Beziehungen zusammenhängenden Personenkreis wahrnehmbar ist[2341]. Bei „Facebook-Freunden" dürfte Öffentlichkeit jedenfalls dann anzunehmen sein, wenn der „Freundeskreis" rein virtuell ist und nicht auf persönlichen Kontakten beruht. An der Öffentlichkeit fehlt es aber, wenn das Kennzeichen (etwa ein Hakenkreuz) über den Kreis von durch persönliche Beziehungen verbundenen Personen hinaus bspw. nur für zwei auf einer Streifenfahrt befindliche Polizeibeamte zufällig wahrnehmbar ist.[2342]

1408 Wegen des Charakters der Strafnorm als abstraktes Gefährdungsdelikt kommt es aber keinesfalls darauf an, ob die festgestellte Verwendung einen für den Nationalsozialismus werbenden Charakter aufweist (s.o.).[2343] Es genügt, wenn der Anschein einer verfassungsfeindlichen Bestrebung geweckt wird. Um aber eine Überdehnung des Tatbestands des § 86a und eine Verletzung der Meinungsäußerungsfreiheit aus Art. 5 I S. 1 GG zu vermeiden, sind solche Kennzeichenverwendungen vom Tatbestand ausgenommen, die dem genannten Schutzzweck der Vorschrift (siehe Rn 1399) ersichtlich nicht zuwiderlaufen.[2344] Wird also ein Kennzeichen in einer Weise dargestellt, die offenkundig zum Zweck der Kritik an der Vereinigung oder der dahinterstehenden Ideologie erfolgt, wird das Kennzeichen erkennbar verzerrt, also etwa parodistisch verwendet, oder läuft die Verwendung sonst dem Schutzzweck des § 86a StGB erkennbar nicht zuwider, ist (unabhängig von der Sozialadäquanzklausel des § 86a III i.V.m. § 86 III – dazu Rn 1412) nach der Rechtsprechung eine **teleologische Einschränkung** des Tatbestands erforderlich.[2345] Um eine teleologische Reduktion des Tatbestands annehmen zu können, muss aber eine deutliche Distanzierung oder gar Gegnerschaft zu den Zielen der nationalsozialistischen oder sonstigen verfassungsfeindlichen Ideologie erkennbar sein.[2346] So kann das Zeigen des „Hitlergrußes" als Bestandteil einer geschützten Kunstperformance den Schutz des Art. 5 III S. 1 Var. 1 GG genießen. Der in Betracht zu ziehende Straftat-

---

[2335] Das ergibt sich aus BVerfGE 81, 298, 309.
[2336] *Fischer*, § 86a Rn 15a (zum Verbreiten von Schriften).
[2337] BVerfG NJW 2012, 1498, 1499 f. (zu § 130).
[2338] BGH NStZ 2015, 81, 82 f.
[2339] BGH NStZ 2015, 81, 82 f.; AG Kassel NJW 2014, 801, 802 („Hitlergruß als Kunstperformance").
[2340] BGH 10.8.2010 – 3 StR 286/10; AG Rudolstadt NStZ-RR 2013, 143.
[2341] BGH NStZ 2015, 81, 82 f.
[2342] AG Rudolstadt NStZ-RR 2013, 143 unter Bezugnahme auf BayObLG, NStZ-RR 2003, 233, 234.
[2343] OLG München 7.5.2015 – 5 OLG 13 Ss 137/15.
[2344] Vgl. auch BGH NJW 2015, 3590, 3592.
[2345] BGH NStZ 2015, 81, 82 f. Grundlegend BGHSt 25, 13, 136 f.; 25, 30, 33; vgl. auch BGHSt 28, 394, 396 f.; 51, 244, 246 f.; 52, 364, 375; BGH NJW 2015, 3590, 3592.
[2346] BGHSt 25, 13, 136 f.; 25, 30, 33; 28, 394, 396 f.; 51, 244, 246 f.; 52, 364, 375; OLG München 7.5.2015 – 5 OLG 13 Ss 137/15.

Staatsschutzdelikte

bestand des § 86a I, II StGB ist dann zu verneinen, wenn der Künstler sich nicht mit dem NS-Regime identifiziert, sondern den „Hitlergruß" satirisch zeigt, um ihn bewusst zu enttabuisieren und eine inhaltliche Auseinandersetzung mit ihm herbeizuführen.[2347] Das ist sicherlich zutreffend, lässt sich aber auch bei der Sozialadäquanzklausel unterbringen. Wird aber bspw. bei einer Demonstration ein Plakat hochgehalten, auf dem das Brustbild Heinrich Himmlers in SS-Uniform gezeigt wird, reicht allein die Tatsache, dass sich die Demonstration als Ganzes ersichtlich in erster Linie gegen den Islam richtet, für die Bejahung einer teleologischen Einschränkung des Tatbestands nicht aus.[2348] Auch im „Blogger-Beispiel" von Rn 1402 war wegen der gegebenen Eignung, den demokratischen Rechtsstaat zu gefährden, für eine teleologische Einschränkung kein Raum.

Aufgrund der Beschränkung der Tathandlung auf das **Inland**, also auf das Gebiet der Bundesrepublik Deutschland, sind im Ausland begangene Tathandlungen grds. nicht erfasst. Stellt jemand im Ausland Hakenkreuze in eine von ihm eingerichtete **Internetplattform** ein, fehlt es nach Auffassung des BGH für eine Strafbarkeit nach § 86a I Nr. 1 am Tatbestandsmerkmal der Inlandstat.[2349] Das mag auf den ersten Blick erstaunen, ist aber bei näherer Betrachtung der §§ 3, 5, 9 richtig. Der BGH begründet seine Auffassung damit, dass § 86a als abstraktes Gefährdungsdelikt keinen zum Tatbestand gehörenden Erfolg verlange, sodass eine Inlandstat über § 9 I Var. 3 oder 4 nicht begründet werden könne. Dass die von der Tathandlung ausgehende abstrakte Gefahr im Inland in eine konkrete Gefahr umschlagen könne, ändere daran nichts, da jedenfalls an dem Ort, an dem die abstrakte Gefahr in eine konkrete umschlagen könne, kein zum Tatbestand gehörender Erfolg eingetreten sei.[2350] Dem ist zuzustimmen, auch wenn das Ergebnis nicht befriedigt. Die Reichweite des deutschen Strafrechts ist bei Auslandstaten nun einmal begrenzt. Greift keine Regelung der §§ 3-9, ist eine im Ausland vorgenommene Tathandlung nicht vom deutschen Strafrecht erfasst.[2351] Das gilt bei Internettaten unabhängig vom Standort des Servers, bei dem die Internetseite eingerichtet worden ist. Maßgeblich ist (bei abstrakten Gefährdungsdelikten) allein der Ort der Tathandlung.[2352]

1409

Wie § 86 erfasst auch § 86a I selbstständige Vorbereitungshandlungen. So macht sich nach § 86a I Nr. 2 strafbar, wer Gegenstände, die Kennzeichen i.S.v. § 86a I Nr. 1 darstellen oder enthalten, zur Verbreitung oder Verwendung im Inland oder Ausland in der in § 86a I Nr. 1 bezeichneten Art und Weise herstellt, vorrätig hält, einführt oder ausführt.

1410

In subjektiver Hinsicht ist **Vorsatz** erforderlich, wobei in Bezug auf das Verbreiten dolus eventualis genügt. Bei den genannten selbstständigen Vorbereitungshandlungen verlangt das Gesetz aufgrund der Formulierung „zur Verbreitung oder Verwendung" Absicht i.S.v. dolus directus 1. Grades (vgl. bereits Rn 1393 zu § 86).

1411

Da § 86a III u.a. auf § 86 III verweist, besteht also auch hinsichtlich § 86a I ein **Tatbestandsausschluss**. Danach gilt § 86a I nicht, wenn das Kennzeichen der staatsbürgerlichen Aufklärung, der Abwehr verfassungswidriger Bestrebungen, der Kunst oder der Wissenschaft, der Forschung oder der Lehre, der Berichterstattung über Vorgänge des Zeitgeschehens oder der Geschichte oder ähnlichen Zwecken dient („Sozialadäquanzklausel", siehe dazu Rn 1394). Ob ein antiquarisch vertriebenes Buch „Mein Kampf" von

1412

[2347] AG Kassel NJW 2014, 801 ff.; *Muckel*, JA 2014, 479 f.; *Hufen*, JuS 2014, 855; *R. Schmidt*, Grundrechte, 24. Aufl. 2019, Rn 526.

[2348] OLG München 7.5.2015 – 5 OLG 13 Ss 137/15.

[2349] BGH NStZ 2015, 81, 82.

[2350] BGH NStZ 2015, 81, 82 f.; Sch/Sch-*Eser/Weißer*, § 9 Rn 6a; Lackner/Kühl-*Heger*, § 9 Rn 2; *Satzger*, NStZ 1998, 112, 114 f.

[2351] Zu §§ 3-9 vgl. *R. Schmidt*, StrafR AT, Rn 15g ff.

[2352] BGH NStZ 2015, 81, 82 f. Der Gesetzentwurf des Bundesrates (BT-Drs. 18/8089) zur Strafbarkeit des Verbreitens und Verwendens von Propagandamitteln und Kennzeichen verfassungswidriger Organisationen bei Handlungen im Ausland (Ergänzung des § 5) fiel dem Diskontinuitätsgrundsatz zum Opfer. Es bleibt somit die weitere Entwicklung abzuwarten.

Staatsschutzdelikte

Adolf Hitler (dazu bereits Rn 1391/1394) ein Kennzeichen i.S.v. § 86a II darstellt, insbesondere, wenn auf dem Cover ein Kopfbild von Adolf Hitler und ein Hakenkreuz abgebildet sind, ist unklar. Nach dem BGH greift aber die Sozialadäquanzklausel des § 86 III, der in Bezug auf § 86a I, II über § 86a III Anwendung findet.[2353] NS-Kennzeichen auf Orden, Abzeichen, Uniformen, Waffen und ähnlichen Gegenständen im antiquarischen Handel unterfallen aber ohne weiteres der Strafnorm des § 86a I, II.[2354] Denn eine Verwendung des Hakenkreuzes auf solchen Gegenständen ist eher geeignet, den politischen Frieden zu stören, da diese sich zum Missbrauch in neonazistischen Kreisen besonders eignen, deren Angehörige sich mit solchen Abzeichen, Uniformen, Waffen und Ähnlichem schmücken können.[2355]

II. Rechtswidrigkeit und III. Schuld

1413 Sofern man den über § 86a III anwendbaren § 86 III nicht schon als Tatbestandsausschlussklausel ansieht, stellt er einen Rechtfertigungsgrund dar. Im Übrigen gelten, wie bei der Schuld, die allgemeinen Grundsätze.

IV. Absehen von Strafe

1414 Gemäß § 86a III i.V.m. § 86 IV kann das Gericht von einer Bestrafung nach § 86a I absehen, wenn die Schuld gering ist. Wie bei § 86 gilt auch hier: Allein das Fehlen einer konkreten Gefährdung des Schutzguts kann nicht zu einem Absehen von Strafe führen, da der Eintritt einer konkreten Gefährdung bereits keine Tatbestandsvoraussetzung ist.

[2353] BGHSt 29, 73, 83 f.
[2354] BGHSt 29, 73, 83 f. mit Verweis auf BGHSt 25, 30, 35.
[2355] BGHSt 29, 73, 83 f.

522

Sachverzeichnis

Abschrift (Urkunde) 1272
Absehen von Strafe 695
Absichtsmerkmale 127 ff.
Absichtsurkunde 1246
absolute Fahruntüchtigkeit 604
abstrakte Gefährdung 504
abstraktes Gefährdungsdelikt 697
actio libera in causa 697
ärztliche Heileingriffe 287a
Affekt 33
Aids 23, 292 f., 309, 343, 345 ff., 381
aktive Sterbehilfe 178
Akzessorietätslockerung 146
Alkohol 602
Amtsdelikte 719 ff.
Amtsträger 809
Angehörigenprivileg 1117
Angriff 447
Anlagen 569
Anstiftung durch Vortatbeteiligten 1088
Anwesenheitspflicht 668
Arglosigkeit 65
Aufforderung zu Straftaten 1036
Auftragsmord 116
Ausländerhass 121
Ausnutzungstatbestand 884, 900
Aussage 1164
Aussagenotstand 1180
Außerstrafrechtliche Konsequenzen 135
Aussetzung 244 ff.
- Beistandspflicht 252
- Fahrlässige Tötung 277
- Garantenstellung 252
- Gefahr 258 ff.
- Gesundheitsschädigung 259
- Hilflosigkeit 246
- Im Stich lassen 252
- Konkrete Gefahr 258, 260
- Obhutspflicht 252
- Schwere Gesundheitsschädigung 259
- Versetzen in eine hilflose Lage 248
Aussteller (der Urkunde) 1251
Ausstellerverfälschung 1298
Ausweis (als Urkunde) 1363
Automation 1323

Bedrohung 923 ff.
Beeinträchtigung des öffentlichen Straßenver-
kehrs 584
Beendigungsphase 1080
Befriedetes Besitztum 1001
Befriedigung des Geschlechtstriebs 112 ff.
Beginn des Lebens 3
Begünstigung 1075 ff.
Behinderung (körperliche, geistige) 384
Behinderung von Rettungseinsätzen 718
Beibringen von Stoffen 312
Beistandspflicht 252
Beleidigungsdelikte 929 ff.
- Beleidigung 933 ff.
- Beleidigungsfähigkeit 949
- beleidigungsfreie Intimsphäre 940
- durch Unterlassen 947
- Familienkreis 940
- Formalbeleidigung 975
- Kollektivbeleidigung 950
- Kollektivbezeichnung 951
- Personengesamtheiten 950

- Sexualbeleidigung 945
- Tätliche Beleidigung 958
- Tatsache 930
- Tatsachenbehauptung ggü Betroffenen 941
- Üble Nachrede 963
- Verleumdung 983 ff.
- Wahrnehmung berechtigter Interessen 988
- Werturteil 930
Berechtigter (des Hausrechts) 1013
Berichtigung einer falschen Aussage 1186
Beschädigen der Urkunde 1377
Beschneidung 286d, 297, 392a
Besonders schwere Brandstiftung 531 ff., 542
Besonders schwerer Fall des Totschlags 29
Besonders verwerflicher Vertrauensbruch 94
Bestandteile 490
Bestechlichkeit 735 ff.
Bestechung 741 f.
Beteiligung am erfolgsqualifiz. Delikt 419 ff.
Beteiligung an einer Schlägerei 443 ff.
Betriebsgelände 599
Betriebsstätte 483
Beweiseinheit 1260
Beweisführungsrecht 1372
Beweisfunktion 1243
Beweiszeichen 1258
Bewirken der Falschbeurkundung 1364
Blankett 1271
Brandlegung 497
Brandstiftung 468 ff.
- abstrakte Gefährdung 504
- Besonders schwere Brandstiftung 531 ff., 542
- Bestandteile 490
- Betriebsstätte 483
- Brandlegung 497
- Brandstiftung 475 ff.
- durch Brandlegen zerstören 494
- Einrichtung 483
- Einwilligung 502
- Erfolgsqualifikation 531
- Explosion 496
- Fahrlässige Brandstiftung 548
- forstwirtschaftliche Anlagen/Erzeugnisse 487
- Gebäude 482
- gemischt genutzte Gebäude 509
- Gesundheitsschädigung 534
- große Zahl von Menschen 535
- Heide 486
- Hütte 482
- In Brand setzen 489
- Inventar 490
- Kraftfahrzeuge 485
- landwirtschaftliche Anlagen/Erzeugnisse 487
- Maschine 483
- mit Todesfolge 546 ff.
- Moor 486
- Schwere Brandstiftung 504 ff., 524
- schwere Gesundheitsschädigung 534
- Tätige Reue 550
- Technische Einrichtung 483
- Versicherungsbetrug 544
- Wald 486
- Warenlager 484
- Warenvorrat 484
- Wesentliche Bestandteile 490
- Widmung zu Wohnzwecken 510
- Wohnung 510
- Zerstören 494

Ziffer = Randnummer   523

Sachverzeichnis

Chantage 78
Collage (als Urkunde) 1274
Computer-Fax (als Urkunde) 1275b

Daten 1317
dauernde Entstellung 380
Deckname 1288
Deliktsurkunde 1247
dienstliche Verwahrung 1038
direkte Euthanasie 178
Doping 294
Doppelselbstmord 216
Dreiecksnötigung 765
Drei-Personen-Verhältnis 894 ff.
Drohung 769
Drohung durch Unterlassen 774
Drohung mit einem Unterlassen 775
Drohung mit Gewalt 826
durch Brandlegen zerstören 494
Durchschrift 1273

Echtheit der Urkunde 1276
Eidesfähigkeit 1192
Eifersucht 121
eigenhändiges Delikt 697
Eigensucht 121
eigenverantwortliche Selbstgefährdung 346
Eindringen (in Wohnung) 1004
Eindringen durch Unterlassen 1007
Eingriff in den Straßenverkehr 558
Einrichtung 483
Einseitig fehlgeschlagener Doppelselbstmord 216
Einsperren (Freiheitsberaubung) 854
Einverständliche Fremdgefährdung 214 ff.
Einverständnis 858
Einwilligung 502
E-Mail 1275
Embryo 6
Entführungstatbestand 885
Entstellung 380
Entwurf 1270
Entziehung Minderjähriger 918 ff.
Erfolgsqualifikation 388, 393 ff., 531, 875
erhebliche Entstellung 380
Erkennbarkeit des Ausstellers 1251
Ermöglichungsabsicht 129
Eröffnungswehen 3, 226
Erpresserischer Menschenraub 881 ff.
- Ausnutzungstatbestand 884, 900
- Drei-Personen-Verhältnis 893 ff.
- Entführungstatbestand 883, 885
- Erfolgsqualifikation 905
- Erpressungsabsicht 891
- Sichbemächtigen 883, 887
- Tätige Reue 907
- Zwei-Personen-Verhältnis 893 ff.
Erpressungsabsicht 891
Etikett 1264
Euthanasie 177 ff.
Exogener Eingriff 558
Explosion 496

Fahrerflucht 641 ff.
Fahrlässige Brandstiftung 548
Fahrlässige Körperverletzung 464
Fahrlässige Tötung 277
Fahrlässige Versicherung an Eides statt 1211 ff.
Fahrlässiger Falscheid 1211 ff.
Fahrtenschreiber 1329

Fahruntüchtigkeit 604
Fahrzeug 600
Fahrzeug als Waffe 559, 576
Fahrzeugschein 1363
Falschaussage 1163
Falschbeurkundung 1355
Falsche uneidliche Aussage 1159 ff.
Falsche Verdächtigung 1121 ff.
Falsche Versicherung an Eides statt 1201 ff.
Falschheit der Aussage 1170
Fälschung beweiserheblicher Daten 1338 ff.
Fälschung technischer Aufzeichnungen 1314 ff.
Falsifikat 1274
Familienkreis 940
Familientyrann 42, 53
Fax 1275a
Feindliche Willensrichtung 89
Fenstersturz-Fall 407
Formalbeleidigung 975
Forstwirtschaftliche Anlagen/Erzeugnisse 487
Fortpflanzungsfähigkeit 365
Fotokopie 1274, 1323
Freiheitsberaubung 850 ff.
Früheuthanasie 177
Frustrationsbedingte Aggressionen 121
Führen eines Fahrzeugs 600
Führerschein 1363

Garantenstellung 252
Garantiefunktion (Urkunde) 1250 ff.
Gebäude 482
Gebrauchen der Falschen Beurkundung 1365
Gebrauchen einer Urkunde 1301 ff.
Gefahr 258 ff., 612
Gefährdung des Straßenverkehrs 596 ff.
Gefährliche Körperverletzung 300 ff.
Gefährlicher Eingriff in den Straßenverkehr 558
gefährliches Werkzeug 325
Gefahrzusammenhang 386, 394
Gehör 363
Geiselnahme 909
Geistige Krankheit 383
Geistiger Urheber 1251
Geistigkeitstheorie 1251, 1283
Gekreuzte Mordmerkmale 153
Gemeingefährliche Mittel 105 ff.
Gemeinschaftliche Körperverletzung 335
gemischt genutzte Gebäude 514
Gericht 1172
Gerichtsprotokolle 1363
Gesamturkunde 1266 ff.
Geschäftsraum 1000
Geschehensabläufe 1317
Gesteigerte Beweiskraft 1359
Gesundheitsschädigung 259, 289, 534
gesundheitsschädliche Stoffe 303 ff., 310
Gewalt (Begriff) 748 ff., 823
Gift 303 ff., 309
Grausam (Mord) 101 ff.
grob verkehrswidrig 609
große Zahl von Menschen 535
Gubener Verfolgungsfall 337, 408, 410

Habgier 115 ff.
Hausfriedensbruch 997 ff.
Hausrechtsinhaber 1013
Heide 486
Heimtücke 64
Hemmschwelle 17 ff.

524   Ziffer = Randnummer

Sachverzeichnis

Heroin 211
Herstellen einer technischen Aufzeichnung 1325 f.
Herstellen einer unechten Urkunde 1281
Hetzjagd-Fall 408, 410
Hilfeleisten 1082
Hilflosigkeit 246
Hindernis 573
Hindernisbereiten 573
Hinterlistiger Überfall 334
Hirntod 12
HIV 197, 343, 345, 347, 348, 381
Hochsitz-Fall 395, 404, 413
Hütte 482

Illegales Straßenrennen 634
Im Stich lassen 252
In Brand setzen 489
Indikationslösung 235
Indirekte Euthanasie 179
Inhaltsänderung 1298
Inventar 490
Irrtümer 1220

Kannibalen-Fall 113, 113a, 170
Kennzeichen (als Urkunde) 1258
Klonen 6
Kollektivbeleidigung 950
Kollektivbezeichnung 951
Konkrete Gefahr 258, 260, 612
Konkrete Gefährdung eines Rechtsguts 585
Konkurrenzen 1310 ff.
Konkurrenzen Tötung/Körperverletzung 421, 465
Körperglied 367
Körperliche Kraftentfaltung 748
Körperliche Misshandlung 286
Körperliche Unversehrtheit 288
Körperlichkeitstheorie 1251
Körperverletzung 282 ff.
- Aids 292, 343, 345, 347, 348, 381
- Behinderung 384
- Beibringen von Stoffen 312
- Beteiligung am erfolgsqualifizierten Delikt 419 ff.
- dauernde Entstellung 380
- Doping 294
- durch Unterlassen 295
- Entstellung 380
- Erfolgsqualifikation 388, 393 ff.
- erhebliche Entstellung 380
- Fenstersturz-Fall 407
- Fortpflanzungsfähigkeit 365
- Gefährliche Körperverletzung 300 ff.
- Gefährliches Werkzeug 325
- Gefahrzusammenhang 386, 394
- Gehör 363
- Geistige Krankheit 383
- Gemeinschaftliche Körperverletzung 335
- Gesundheitsschädigung 289
- Gesundheitsschädliche Stoffe 303 ff., 310
- Gift 303 ff., 309
- Gubener Verfolgungs-Fall 337, 408, 410
- Hetzjagd-Fall 408, 410
- Hinterlistiger Überfall 334
- HIV 292 f., 309, 343, 345 ff., 381
- Hochsitz-Fall 395, 404, 413
- im Amt 423 ff.
- Konkurrenzen Tötung/Körperverletzung 421, 465
- Körperglied 367
- körperliche Misshandlung 286

- körperliche Unversehrtheit 288
- Körperverletzung mit Todesfolge 393 ff.
- Lähmung 382
- Lebensgefährdende Behandlung 340 ff.
- Misshandlung 286
- mit Todesfolge 393 ff.
- Pathologischer Zustand 290
- Pistolen-Fall 395
- Privilegierungsfunktion (§ 216) 392
- Röntgenstrahlen 294, 343
- Rötzel-Fall 395, 403, 406
- Schwere Folge 387
- Schwere Körperverletzung 354 ff.
- Seelische Beeinträchtigung 287
- Sehvermögen 362
- Selbstgefährdung 346
- Siechtum 381
- Sprechvermögen 364
- Tatbestandsspezifischer Gefahrzusammenhang 386, 394
- Überfall 332
- Verfallen in Siechtum 385
- Verfolgungs-Fall 337
- Vergiftung 303 ff.
- versuchte Erfolgsqualifikation 388
- Vorsatz (Körperverletzung) 296
- Waffe 329
- Werkzeug 319
- wichtiges Körperglied 367
Kortikaltod 12
Kraftentfaltung 748
Kraftfahrzeuge 485

Lähmung 382
Landfriedensbruch 1030
Landwirtschaftliche Anlagen und Erzeugnisse 487
Lebensgefährdende Behandlung 340 ff.
Lebenslange Freiheitsstrafe 37 ff.
Letalitätslehre 396, 400
Lustmord 112 ff.

Maschine 483
Meineid 1189 ff.
Menschenmenge 1025
Menschenraub 914 ff.
Messwerte 1317
Minder schwerer Fall des Totschlags 31
Misshandlung 286
Misshandlung von Schutzbefohlenen 427 ff.
Mitfahrer 664
Mitleidstötung 90
Mitnahmesuizid 90
Mittelbare Falschbeurkundung 1347 ff.
Moor 486
Mord 37 ff.
- Absichtsmerkmale 127 ff.
- Akzessorietätslockerung 146
- Arglosigkeit 65
- Auftragsmord 116
- Ausländerhass 121
- außerstrafrechtliche Konsequenzen 135
- Befriedigung des Geschlechtstriebs 112 ff.
- besonders verwerflicher Vertrauensbruch 94
- durch Unterlassen 108a
- Eifersucht 121
- Eigensucht 121
- Ermöglichungsabsicht 129
- Familientyrann 42, 53
- feindliche Willensrichtung 89

Ziffer = Randnummer

Sachverzeichnis

- frustrationsbedingte Aggressionen 121
- gekreuzte Mordmerkmale 153
- Gemeingefährliche Mittel 106 ff.
- Grausam 101 ff.
- Habgier 115 ff.
- Heimtücke 64
- lebenslange Freiheitsstrafe 37 ff.
- Lustmord 112 ff.
- Mitleidstötung 90
- Mitnahmesuizid 90
- Mordlust 110 ff.
- Motivbündel 126, 140
- Negative Typenkorrektur 44, 92
- Nichtiger Anlass 121
- Niedrige Beweggründe 118 ff.
- Positive Typenkorrektur 45
- Rachsucht 121
- Rassenhass 121
- Raubmord 116
- Rechtsfolgenlösung 48, 96 f.
- Sprengstoffanschlag 121
- Stammhirn 12
- strafbegründende Merkmale 156
- strafschärfende Merkmale 157
- tatbezogene Mordmerkmale 39, 60 ff.
- täterbezogene Mordmerkmale 39
- Teilnahme am Mord 146 ff.
- terroristische Motivation 121
- Transplantationsgesetz 12
- Typenkorrektur 44 f., 92 ff.
- Verdeckungsabsicht 133
- Verdeckungsmord durch Unterlassen 138
- Vernichtungswille 121
- Wehrlosigkeit 65, 82
- Wut 121
- Zur Befriedigung des Geschlechtstriebs 112 ff.
Mordlust 110 ff.
Motivbündel 126, 140

Nacheid 1194
Nachstellen 928a ff.
Nachteilszufügungsabsicht 1380
Namenstäuschung 1286
Negative Typenkorrektur 44, 92
Nichtanzeige geplanter Straftaten 1068 ff.
Nichtiger Anlass 121
Niedrige Beweggründe 118 ff.
Nötigung 743 ff.
- Dreiecksnötigung 765
- Drohung 769
- Drohung durch Unterlassen 774
- Drohung mit einem Unterlassen 775
- Gewalt (Begriff) 748 ff.
- Gewalt gegen Dritte 765
- Gewalt gegen Personen 748 ff.
- Gewalt gegen Sachen 763
- Körperliche Kraftentfaltung 748
- Kraftentfaltung 748
- Personengewalt 748 ff.
- Psychische Zwangseinwirkung 751
- Sachgewalt 763
- Sitzblockade 744, 752
- Sozialwidrigkeit des angestrebten Zwecks 794
- Übel 771
- Vergeistigter Gewaltbegriff 750
- Verwerflichkeit der Mittelzweckrelation 785
- Zwangseinwirkung 749
Nötigungsnotstand 1218 ff.

Obhutspflicht 252
Objektive Bedingung der Strafbarkeit 454
Objektive Theorie 1167
Offene Anonymität 1255
Öffentliche Aufforderung zu Straftaten 1036
Öffentliche Urkunde 1356
Öffentlicher Straßenverkehr 599
Originäre Urkunde 1246
Ortsveränderung 675

Parkplatz 599
Passive Euthanasie 181
Pathologischer Zustand 290
Patientenverfügung 187, 188
Perforation 3
Perpetuierungsfunktion 1239 ff.
Personengesamtheiten 950
Personengewalt 748 ff.
Pervertierung des Straßenverkehrs 559, 576
Physische Beeinträchtigung des Opfers 862
Pistolen-Fall 395
Plündern 1035
Politische Verdächtigung 928
Polizeiflucht-Fall 848
Positive Sterbehilfe 178
Positive Typenkorrektur 45
Präimplantationsdiagnostik 9
Pränatale Einwirkung mit postnataler Auswirkung 4
Preisetikett 1264
Privilegierungsfunktion (des § 216) 219, 392
Provozierter Totschlag 32
Psychische Zwangseinwirkung 751

Rachsucht 121
Rassenhass 121
Raubmord 116
Rausch 700
Rauschtat 709
Rechenwerte 1317
Rechtmäßigkeit der Vollstreckungshandlung 836
Rechtsfolgenlösung (bei Mord) 48, 96 f.
Relative Fahruntüchtigkeit 605
Röntgenstrahlen 294, 343
Rötzel-Fall 395, 403, 406
Rücksichtslos 610

Sachen 617
Sachgewalt 763
Schlägerei 445
Schlicht amtliche Urkunde 1361
Schuh (als gef. Werkzeug) 327
Schutzbefohlener 428 ff.
Schwangerschaftsabbruch 225
Schwere Brandstiftung 504 ff., 524
Schwere Folge 387, 454
Schwere Gesundheitsschädigung 259, 534
Schwere Körperverletzung 354 ff.
Schwerer Hausfriedensbruch 1024 ff.
Seelische Beeinträchtigung 287
Sehvermögen 362
Selbstbegünstigung 1077, 1088
Selbstgefährdung 346
Selbstschutzprivileg 1116
Selbsttätiges Bewirken 1322
Selbsttötung 191 ff.
Sexualbeleidigung 945
Sexualdelikte 466 ff.
Sich bemächtigen 883, 887
Sich nicht entfernen (vom Unfallort) 1011

Sachverzeichnis

Sieben Todsünden 608
Siechtum 381
Siegelbruch 1060 ff.
Sirius-Fall 195
Sitzblockade 744, 752
Sozialwidrigkeit des angestrebten Zwecks 794
Sprechvermögen 364
Sprengstoffanschlag 121
Staatsanwalt 1176
Stalking 928a ff.
Stammhirn 12
Stammzellen 11
Standesamt 1363
Stellvertretung 1289
Sterbehilfe 177 ff.
Sterbehilfe durch Unterlassen 181
Sterbephase 182
Strafbegründende Merkmale 156
Strafschärfende Merkmale 157
Straftaten gegen die persönliche Ehre 929 ff.
Straftaten im Amt 719 ff.
Strafvereitelung 1094 ff.
Strafvereitelung im Amt 1118
Strafverteidiger 1107
Straßenverkehr 599
Straßenverkehrsdelikte 556
- Absehen von Strafe 695
- absolute Fahruntüchtigkeit 604
- Alkohol 602
- Anlagen 569
- Anwesenheitspflicht 668
- Beeinträchtigung des öffentlichen Straßenver-
  kehrs 584
- Betriebsgelände 599
- Eingriff in den Straßenverkehr 558
- Exogener Eingriff 558
- Fahrerflucht 641 ff.
- Fahruntüchtigkeit 604
- Fahrzeug 600
- Fahrzeug als Waffe 559, 576
- Führen eines Fahrzeugs 600
- Gefahr 612
- Gefährdung des Straßenverkehrs 596 ff.
- Gefährlicher Eingriff in den Straßenverkehr 558
- grob verkehrswidrig 609
- Hindernis 573
- Hindernisbereiten 573
- Konkrete Gefahr 612
- Konkrete Gefährdung eines Rechtsguts 585
- Mitfahrer 664
- Öffentlicher Straßenverkehr 599
- Ortsveränderung 675
- Parkplatz 599
- Pervertierung des Straßenverkehrs 559, 576
- relative Fahruntüchtigkeit 605
- Rücksichtslos 610
- Sachen 617
- Straßenverkehr 599
- Todsünden 608
- Trunkenheit im Verkehr 635 ff.
- Unerlaubtes Entfernen vom Unfallort
  641 ff., 666
- Unfall 648
- Unfallbeteiligter 661
- Unfallflucht 641 ff.
- verkehrsfeindlicher Eingriff 558
- Verkehrsunfallflucht 641 ff.
- Vorstellungspflicht 669

- Wartepflicht 671
Subjektive Theorie 1166
Suizid 191 ff.
Sukzessive Beihilfe 1089
Systematik der Tötungsdelikte 2 ff.

Tatbestandsannex 454
Tatbestandsausschließendes Einverständnis 858
Tatbestandsreduktion 940
Tatbestandsspezifischer Gefahrzusammen-
  hang 386, 394
tatbezogene Mordmerkmale 39, 60 ff.
täterbezogene Mordmerkmale 39
Tätige Reue 550
Tätliche Beleidigung 958
Tätlicher Angriff 832
Tatsache 930
Tatsachenbehauptung gegenüber dem
  Betroffenen 941
Täuschung im Rechtsverkehr 1304
Technische Aufzeichnung 1316
Technische Einrichtung 483
Teilnahme am Mord 146 ff.
Telefax 1275a
Telefonkarte 1343
Terroristische Motivation 121
Tod eines Menschen 454
Todsünden 608
Totschlag 14 ff.
Tötung auf Verlangen 164 ff.
Tötung im Affekt 33
Tötungsdelikte 2 ff., 14 ff.
Transplantationsgesetz 12
Trunkenheit im Verkehr 635 ff.
Typenkorrektur 44 f., 92 ff.

Übel 771
Überfall 332
Üble Nachrede 963
Unecht (Urkunde) 1277
Unerlaubtes Entfernen vom Unfallort 641 ff., 666
Unfall 648
Unfallbeteiligter 661
Unfallflucht 641 ff.
Unterdrücken der Urkunde 1378
Untersuchungsausschuss 1173
Unterlassene Hilfeleistung 716 ff.
Urheber 1251
Urkundendelikte 1232 ff.
- Abschrift 1272
- Absichtsurkunde 1246
- Anonymität bei Urkunde 1254
- Aussteller 1251
- Ausstellerverfälschung 1298
- Ausweis 1363
- Automation 1323
- Beschädigen der Urkunde 1377
- Beweiseinheit 1260
- Beweisführungsrecht 1372
- Beweisfunktion 1243
- Beweiszeichen 1258
- Bewirken der Falschbeurkundung 1364
- Blankett 1271
- Collage 1274
- Computer-Fax 1275
- Daten 1317
- Deckname 1288
- Deliktsurkunde 1247
- Durchschrift 1273

Ziffer = Randnummer

Sachverzeichnis

- Echtheit der Urkunde 1276
- E-Mail 1275
- Entwurf 1270
- Erkennbarkeit des Ausstellers 1251
- Etikett 1264
- Fahrtenschreiber 1329
- Fahrzeugschein 1363
- Falschbeurkundung 1355
- Fälschung beweiserheblicher Daten 1338 ff.
- Fälschung technischer Aufzeichnungen 1314 ff.
- Falsifikat 1274
- Fax 1275
- Fotokopie 1274, 1323
- Führerschein 1363
- Garantiefunktion 1250 ff.
- Gebrauchen der falschen Beurkundung 1365
- Gebrauchen einer Urkunde 1301 ff.
- Geistiger Urheber 1251
- Geistigkeitstheorie 1251, 1283
- Gerichtsprotokolle 1363
- Gesamturkunde 1266 ff.
- Geschehensabläufe 1317
- Gesteigerte Beweiskraft 1359
- Herstellen einer technischen Aufzeichnung 1325
- Herstellen einer unechten Urkunde 1281
- Inhaltsänderung 1298
- Kennzeichen 1258
- Konkurrenzen 1310 ff.
- Körperlichkeitstheorie 1251
- Messwerte 1317
- Mittelbare Falschbeurkundung 1347 ff.
- Nachteilszufügungsabsicht 1380
- Namenstäuschung 1286
- Offene Anonymität 1255
- Öffentliche Urkunde 1356
- Originäre Urkunde 1246
- Perpetuierungsfunktion 1239 ff.
- Preisetikett 1264
- Rechenwerte 1317
- Schlicht amtliche Urkunde 1361
- Selbsttätiges Bewirken 1322
- Standesamt 1363
- Stellvertretung 1289
- Täuschung im Rechtsverkehr 1304
- Technische Aufzeichnung 1316
- Telefax 1275
- Telefonkarte 1343
- Unecht (Urkunde) 1277
- Unterdrücken der Urkunde 1378
- Urkundenbegriff 1235 ff.
- Urkundenfälschung 1278 ff.
- Urkundenunterdrückung 1370 ff.
- Verfälschen einer Urkunde 1292 ff.
- Verkehrszeichen 1265
- Vernichten der Urkunde 1376
- Versteckte Anonymität 1256
- Vordruck 1271
- Wiederholte Verfälschung 1300
- Zufallsurkunde 1248
- Zusammengesetzte Urkunde 1258, 1259 ff.
- Zustände 1317
Urkundenunterdrückung 1370 ff.

Verbotenes Kraftfahrzeugrennen 634
Verbreiten von Propagandamitteln 1386 ff.
Verdächtigen 1123
Verdeckungsabsicht (Mord) 133
Verdeckungsmord durch Unterlassen 138

Vereiteln einer Straftat 1099 ff.
Verfallen in Siechtum 385
Verfälschen einer Urkunde 1292 ff.
Verfolgungs-Fall 337
Verfolgungsvereitelung 1097 ff.
Vergewaltigung 467f
Vergiftung 303 ff.
Verkehrsfeindlicher Eingriff 558
Verkehrsspezifische Verknüpfung von
  Beeinträchtigung und Gefährdung 589
Verkehrsunfallflucht 641 ff.
Verkehrszeichen 1265
Verleumdung 983 ff.
Vernichten der Urkunde 1376
Vernichtungswille 121
Versetzen in eine hilflose Lage 248
Versicherungsbetrug 544
Versteckte Anonymität 1256
Verstrickungsbruch 1048 ff.
Verstümmelung weiblicher Genitalien 392a
Versuchte Erfolgsqualifikation 388
Verwahrungsbruch 1037 ff.
Verwenden von Kennzeichen verfassungswidriger
  Organisationen 1399 ff.
Verwerflichkeit der Mittelzweckrelation 785
Volksverhetzung 1035a ff.
Vollrausch 697 ff.
Vollstreckungshandlung 812, 836
Vollstreckungsvereitelung 1110
Vordruck 1271
Voreid 1194
Vorsatz (Körperverletzung) 296 (Totschlag) 17
Vorstellungspflicht 669
Vortäuschen einer Straftat 1142 ff.
Vorteilsannahme 722 ff.
Vorteilsgewährung 740 ff.
Vorteilssicherungsabsicht 1084

Waffe 329
Wahrnehmung berechtigter Interessen 988
Wald 486
Warenlager 484
Warenvorrat 484
Wartepflicht 671
Wehrlosigkeit 65, 82
Werkzeug 319
Werkzeug gegen sich selbst 191
Werturteil 930
Wesentliche Bestandteile 490
Wichtiges Körperglied 367
Widerstand gegen Vollstreckungsbeamte 807 ff.
Widmung zu Wohnzwecken 509 ff.
Wiederholte Verfälschung 1300
Wohnung 510, 999
Wut 121

Zerstören 494
Zufallsurkunde 1248
Zur Befriedigung des Geschlechtstriebs 112 ff.
Zusammengesetzte Urkunde 1258, 1259 ff.
Zusammenrottung 1026
Zustände 1317
Zwei-Personen-Verhältnis 895

Aktuelles

Sehr geehrte Leserinnen und Leser,

an dieser Stelle möchte ich aktuelle Entwicklungen in Form von Gesetzesnovellen und Urteilsanmerkungen aufzeigen und gleichzeitig Inhalte meiner Bücher aktualisieren. Für das Jahr 2019 werden u.a. folgende Themen behandelt:

22.08.2019: Konkurrenzen beim Wohnungseinbruchdiebstahl

BGH, Beschluss v. 27.11.2018 – 2 StR 481/17 (NJW 2019, 1086)

Mit Beschluss v. 27.11.2018 hat der BGH (2 StR 481/17) u.a. über das Konkurrenzverhältnis zwischen vollendetem Wohnungseinbruchdiebstahl und einer zugleich begangenen Sachbeschädigung entschieden. Er hat entschieden, dass bei (vollendetem) Wohnungseinbruchdiebstahl (§ 244 I Nr. 3 Var. 1 StGB) eine zugleich begangene Sachbeschädigung (§ 303 I StGB) stets im Verhältnis der Tateinheit (§ 52 I StGB) stehe mit der Folge, dass sie nicht im Wege der Gesetzeseinheit in Form der Konsumtion hinter den Wohnungseinbruchdiebstahl zurücktrete. Ob der Beschluss überzeugt, soll im Folgenden untersucht werden.

Ausgangslage: Wie bei R. Schmidt, StrafR AT, 20. Aufl. 2018, Rn. 1157 dargestellt, verletzt die strafrechtlich zu würdigende Person im Regelfall mehrere Tatbestände oder denselben Tatbestand mehrmals. Dass eine Addition der jeweiligen Strafen nicht in Betracht kommen kann, versteht sich von selbst. Anderenfalls wäre der Täter, der bspw. nachts in eine Lagerhalle einbricht und dort stiehlt, mitunter schwerer zu bestrafen als derjenige, der einen Totschlag begeht, wenn man die jeweiligen angedrohten Freiheitsstrafen für die Verwirklichung der §§ 242 i.V.m. 243, §§ 303 I, 123 I addiert und mit der angedrohten Freiheitsstrafe des § 212 I vergleicht. Daher ist die Frage nach dem Verhältnis der jeweils begangenen Straftaten zueinander zu klären. Mit Hilfe der Lehre von den Konkurrenzen, der eine Bereinigungs- und Klarstellungsfunktion für den Urteilstenor zukommt, wird versucht, herauszuarbeiten, aus welchen Delikten die fragliche Person und mit welchem Strafmaß sie letztlich schuldig zu sprechen ist.

Das StGB regelt die Konkurrenzen in den §§ 52-55. Kern dieser Regelung ist die Unterscheidung zwischen Handlungseinheit und Handlungsmehrheit:

- Verletzt „dieselbe" Handlung (Handlungseinheit) mehrere Straftatbestände oder denselben Straftatbestand mehrmals, liegt – sofern kein Fall der „unechten" Konkurrenz (Gesetzeskonkurrenz) vorliegt – Idealkonkurrenz (= Tateinheit) vor, § 52 I StGB.

- „Mehrere" selbstständige Handlungen (Handlungsmehrheit) mit einer mehrfachen Gesetzesverletzung führen dagegen – sofern kein Fall der „unechten" Konkurrenz (Gesetzeskonkurrenz) vorliegt – zu einer Realkonkurrenz (= Tatmehrheit), §§ 53-55 StGB.

Im vorliegenden Zusammenhang ist allein entscheidend, inwieweit Handlungseinheit zur Tateinheit führen kann. Wie gesagt, führt Handlungseinheit zur Tateinheit, sofern kein Fall der Gesetzeskonkurrenz vorliegt. Gesetzeskonkurrenz bedeutet, dass von mehreren dem Gesetzeswortlaut nach verwirklichten Straftatbeständen einige nicht anwendbar sind, weil der deliktische Gehalt einer Tat jeweils schon durch ein anderes Gesetz erschöpfend erfasst wird (R. Schmidt, StrafR AT, 20. Aufl. 2018, Rn. 1177). Gesetzeskonkurrenz ist in die Fallgruppen Spezialität, Subsidiarität und Konsumtion zu unterteilen.

- Spezialität liegt vor, wenn ein (spezieller) Straftatbestand nicht nur die begrifflichtatbestandlichen Voraussetzungen eines anderen (allgemeinen) Straftatbestands enthält, sondern darüber hinaus noch wenigstens ein weiteres (zusätzliches) Merkmal, sodass der Täter, der den speziellen Straftatbestand verwirklicht, zwangsläufig auch den in Betracht kommenden allgemeinen Straftatbestand erfüllt (BGH NJW 1999, 1561; BGHSt 49, 34, 37;

Aktuelles

Lackner/Kühl, Vor § 52 Rn. 25; Fischer, Vor § 52 Rn. 40; Roxin, AT II, § 33 Rn. 177; Wessels/Beulke/Satzger, AT, Rn. 1097; Walter, JA 2005, 468).

Beispiele: Die gefährliche Körperverletzung (§ 224 StGB) hat die (einfache) Körperverletzung (§ 223 StGB) zum Grundtatbestand. Gleiches gilt hinsichtlich des Wohnungseinbruchdiebstahls (§ 244 I Nr. 3 StGB bzw. § 244 IV StGB) in Relation zum (einfachen) Diebstahl (§ 242 StGB)

- Von Subsidiarität spricht man, wenn ein Gesetz nur für den Fall Geltung beansprucht, dass kein anderes eingreift (LK-Rissing-van Saan, Vor § 52 Rn. 125 ff.; Fischer, Vor § 52 Rn. 41). Die Subsidiarität ist teilweise ausdrücklich (durch eine Subsidiaritätsklausel) geregelt („formelle Subsidiarität"), teilweise ergibt sie sich aber auch aus dem Sinnzusammenhang („materielle Subsidiarität") (Wessels/Beulke/Satzger, AT, Rn. 1101).

Beispiele: § 246 I StGB ordnet an, dass die Unterschlagung nur greift, wenn die Tat nicht in anderen Vorschriften mit schwererer Strafe bedroht ist (formelle Subsidiarität). Fahrlässigkeitsdelikte (etwa § 222 StGB) treten hinter Vorsatzdelikten (etwa § 212 StGB) zurück (materielle Subsidiarität).

- Konsumtion liegt nach h.M. vor, wenn der Täter einen Straftatbestand verwirklicht, der weder im Wege der Spezialität noch im Wege der Subsidiarität verdrängt wird, der aber – trotz anderer Schutzrichtung – neben einem anderen Straftatbestand regelmäßig und typischerweise – nicht notwendigerweise – mit verwirklicht und mit der Bestrafung aus dem vorrangigen Tatbestand mit abgegolten wird (Vgl. BGH NJW 2002, 150, 151; BGHSt 46, 24, 25; Wessels/Beulke/Satzger, AT, Rn. 1103 ff.; Fischer, Vor § 52 Rn. 20; Lackner/Kühl, Vor § 52 Rn. 27; Walter, JA 2005, 468, 469). Es handelt sich hierbei regelmäßig um die sog. mitbestrafte Begleittat (vgl. LK-Rissing-van Saan, Vor § 52 Rn. 144 ff.; SK-Jäger, Vor § 25 Rn. 102 ff.; Fischer, Vor § 52 Rn. 41).

Bei der vorliegend zu besprechenden Entscheidung geht es genau um die Frage nach der Konsumtion bei Diebstahlsdelikten. Der Entscheidung lag folgender (sehr vereinfachter) **Sachverhalt** zugrunde: T bricht nachts in ein Einfamilienhaus ein, um zu stehlen. Zu diesem Zweck hebelt er ein Kellerfenster auf und beschädigt es hierdurch stark. Er entwendet Bargeld, Schmuck und andere Wertgegenstände.

Lösung: Hier hat T neben dem Wohnungseinbruchdiebstahl (§§ 244 I Nr. 3 StGB bzw. § 244 IV StGB) auch eine Sachbeschädigung (§ 303 I StGB) und einen Hausfriedensbruch (§ 123 I StGB) begangen.

- Nach (bislang) h.L. stell(t)en diese Taten typische Begleittaten des Einbruchdiebstahls dar; sie werden bzw. wurden daher von §§ 244 I Nr. 3 StGB bzw. § 244 IV StGB im Wege der Gesetzeskonkurrenz (hier: Konsumtion) verdrängt. Denn typischerweise verwirklicht der Täter im Fall des Wohnungseinbruchdiebstahls (§ 244 I Nr. 3 StGB bzw. § 244 IV StGB) auch die Tatbestände des Hausfriedensbruchs (§ 123 I StGB) und der Sachbeschädigung (§ 303 I StGB) (vgl. LK-Rissing-van Saan, Vor §§ 52 ff. Rn. 118; SK-Hoyer, § 243 Rn. 58; Sch/Sch-Bosch, § 243 Rn. 59; Wessels/Beulke/Satzger, AT, Rn. 1103 ff.; skeptisch BGH NJW 2002, 150, 151). Diese werden gemäß dem oben Gesagten im Wege der Gesetzeskonkurrenz (hier: Konsumtion) verdrängt; lediglich, wenn §§ 123 I, 303 I StGB im Einzelfall nicht typische Begleittaten des Wohnungseinbruchsdiebstahls sind, besteht Tateinheit (s.o.).

- Jedoch steht der BGH (nunmehr) auf dem Standpunkt, dass eine im Rahmen eines Wohnungseinbruchdiebstahls zugleich begangene Sachbeschädigung stets im Verhältnis der Tateinheit stehe und nicht im Wege der Gesetzeseinheit in Form der Konsumtion hinter den Wohnungseinbruchdiebstahl zurücktrete (BGH NJW 2019, 1086, 1087 ff.). Zur maßgeblichen Begründung führt der BGH aus, dass die Sachbeschädigung nur bei Annahme von Tateinheit strafschärfend berücksichtigt werden könne (BGH NJW 2019, 1086, 1090).

Stellungnahme: Dem BGH ist zwar im Ergebnis, nicht aber in der Begründung zu folgen. Denn beschädigt der Täter beim Wohnungseinbruchdiebstahl bspw. das Kellerfenster, kann dies bei der Strafzumessung auch ohne Annahme von Tateinheit berücksichtigt werden. § 244 I Nr. 3 StGB enthält einen Strafrahmen von 6 Monaten bis 10 Jahren; bei § 244 IV StGB sind es sogar 1 Jahr bis 10 Jahre. Diese großen Strafrahmen geben genügend Raum für die Berücksichtigung des mit der Sachbeschädigung zusätzlich verbundenen Unrechts (siehe § 46 StGB). So kann der Täter bspw. zu einer Freiheitsstrafe von 3 Jahren und 6 Monaten verurteilt werden, wenn er beim Einbruchdiebstahl das Kellerfenster aufhebelt und dadurch beschädigt, statt zu einer Freiheitsstrafe von 3 Jahren und 2 Monaten, wenn er lediglich durch ein unverschlossenes Kellerfenster durchsteigen muss. Gleichwohl ist dem BGH aus einem anderen Grund zu folgen: Nur durch die Annahme von Tateinheit kann im Urteilstenor klargestellt werden, dass der Täter im Rahmen des Wohnungseinbruchdiebstahls auch eine Sachbeschädigung begangen und damit ein anderes Rechtsgut verletzt hat, das mit dem Zueignungsdelikt des Diebstahls nichts zu tun hat. Nähme man Konsumtion an, ginge dies aus dem Urteilstenor nicht hervor. Richtig ist es daher, dass der BGH der Annahme einer Konsumtion bereits seit einiger Zeit skeptisch gegenübersteht und Tateinheit favorisiert mit der Begründung, beim Einbruchdiebstahl werde keineswegs typischerweise auch eine Sache beschädigt. Beim Einsteige- und Nachschlüsseldiebstahl liege dies auf der Hand. Überdies habe die fortgeschrittene technische Entwicklung dazu geführt, dass zum Verschließen oder Sichern von Sachen zunehmend auch elektronische Sicherungssysteme verwendet würden, die sich mit Magnetstreifen und Codekarten – also intelligent und nicht mit Gewalt – bedienen ließen. Daher sei das Aufbrechen von Türen keineswegs mehr typischerweise Begleittat eines Einbruchdiebstahls, sondern stehe in Tateinheit (Idealkonkurrenz) mit diesem (BGH NJW 2002, 150, 151 f.).

Jedenfalls ist Tateinheit oder Tatmehrheit statt Konsumtion anzunehmen, wenn die Sachbeschädigung gerade nicht typische Begleittat zum Einbruchdiebstahl ist. In derartigen Fällen stehen – bei Befolgung der BGH-Rechtsprechung – die §§ 123 I, 303 I StGB in Tateinheit (Idealkonkurrenz) zu §§ 242, 243 (ergänze: auch zu § 244 I Nr. 3 bzw. § 244 IV StGB) (R. Schmidt, StrafR BT II, 20. Aufl. 2018, Rn. 181a).
Beispiel (vgl. BGH NJW 2002, 150): T bricht nachts in einen Laden für Mobiltelefone ein, um sich dort zu bedienen. Dabei verwüstet er noch nebenbei den Laden und führt einen Sachschaden herbei. Lösung: Hier ist die Sachbeschädigung gerade nicht typische Begleiterscheinung des Einbruchdiebstahls, sondern steht je nach innerer Tatseite in Tatmehrheit oder Tateinheit zu diesem.

Auch für den Fall, dass die während des Einbruchdiebstahls verursachten Sachschäden den Wert des Diebesguts erheblich übersteigen, steht die Sachbeschädigung in Tateinheit mit dem Einbruchdiebstahl, weil anderenfalls der Verschiedenheit der Rechtsgüter nicht genügend Rechnung getragen würde (R. Schmidt, StrafR BT II, 20. Aufl. 2018, Rn. 181b).
Beispiel: T schlitzt mit einem Messer das Stoffdach eines Cabriolets auf, um das im Innenraum befindliche mobile Navigationsgerät (Wert: 50 €) zu stehlen.

Fazit: Nach der zutreffenden Auffassung des BGH stehen ein vollendeter Wohnungseinbruchdiebstahl und eine zugleich begangene Sachbeschädigung stets im Verhältnis der Tateinheit (§ 52 I StGB) zueinander mit der Folge, dass die Sachbeschädigung nicht im Wege der Gesetzeseinheit in Form der Konsumtion hinter den Wohnungseinbruchdiebstahl zurücktritt.

R. Schmidt (22.08.2019)

Aktuelles

11.08.2019: Aktuelle Tendenzen bei der Annahme eines minder schweren Falls des Totschlags

BGH, Beschluss v. 16.01.2019 - 4 StR 580/18 (NStZ 2019, 408) und BGH, Beschluss v. 22.01.2019 – 1 StR 585/18 (NStZ 2019, 471)

Mit ihren Beschlüssen v. 16.01.2019 und 22.01.2019 haben der 4. und 1. Strafsenat des BGH überaus täterfreundlich minder schwere Fälle des Totschlags angenommen. Ob die Entscheidungen überzeugen, soll im Folgenden untersucht werden.

Ausgangslage: Während es sich bei § 212 I StGB um einen Straftatbestand handelt, der die vorsätzliche Tötung eines anderen Menschen mit einer Freiheitsstrafe von nicht unter fünf Jahren sanktioniert, stellt § 213 StGB weder einen Tatbestand noch eine unselbstständige Privilegierung zu § 212 StGB dar, sondern eine Strafzumessungsregel für einen minder schweren Fall des Totschlags. Ohne den Verbrechenscharakter der Tat zu ändern (ein Versuch ist somit auch ohne spezielle Strafandrohung möglich), ist nach dieser Vorschrift eine Strafmilderung obligatorisch, wenn das Opfer seine Tötung in bestimmter Weise provoziert hat (Var. 1) oder wenn die Gesamtbewertung der Tat einen „sonst minder schweren Fall" (Var. 2) ergibt.

Nach h.M. ist ein minder schwerer Fall des Totschlags unter den Voraussetzungen der „Provokation" stets gegeben. Auf eine Gesamtwürdigung der Tat (wie bei der Var. 2) kommt es demnach nicht an (BGH NStZ 2017, 163; NStZ 2008, 510; NStZ 2004, 500 f.; BGHSt 25, 224; Fischer, § 213 Rn. 2; LK-Jähnke, § 213 Rn. 2; siehe auch BGH NStZ 2019, 210, 211), wobei der BGH hinsichtlich der Beurteilung der „Schwere" der Misshandlung bzw. Beleidigung durchaus eine Gesamtwürdigung aller, auch in der Vergangenheit liegenden Vorgänge vornimmt (BGH NStZ 2019, 210, 211 mit Verweis auf BGH NStZ 2015, 218; BGH NStZ 2015, 582; BGH NStZ-RR 2017, 11).

In der Fallbearbeitung ist daher zunächst zu prüfen, ob ein Fall der provozierten Tötung vorliegt. Das Gesetz nennt folgende Voraussetzungen:

Der Täter muss von dem Getöteten durch
- eine zugefügte Misshandlung (auch seelischer Art) oder
- eine schwere Beleidigung (i.S.d. §§ 185 ff. StGB) gegenüber
  - dem Täter selbst oder
  - einem seiner Angehörigen (§ 11 I Nr. 1 StGB)
- ohne eigene Schuld zum Zorn gereizt
- und hierdurch auf der Stelle zur Tat hingerissen worden sein.

Zu den Voraussetzungen im Einzelnen (vgl. BGH NStZ 2019, 408, 409; NStZ 2019, 210, 211; NStZ 2015, 218, 219; 2013, 159, 160; 2009, 91, 92; 2008, 510; 2004, 500 f.; 1998, 84 u. 191 ff.; 1983, 554; 1981, 2311; 1987, 3134; SK-Horn, § 213 Rn. 2 ff.; Lackner/Kühl, § 213 Rn. 2 ff.; Sch/Sch-Eser/Sternberg-Lieben, § 213 Rn. 2 ff.; Fischer, § 213 Rn. 2 ff.):

Ohne eigene Schuld wurde der Täter von dem (später) Getöteten zum Zorn gereizt, wenn er im gegebenen Augenblick „keine genügende Veranlassung" zu der Misshandlung bzw. schweren Beleidigung (also zu der Provokation) gegeben hat oder jedenfalls die Misshandlung bzw. schwere Beleidigung nicht vorwerfbar veranlasst hat (BGH NStZ 2019, 471 m.w.N.; BGH NStZ 2019, 210, 211 mit Verweis auf BGH NStZ 1983, 554; BGH NStZ 1984, 216; BGH NStZ 1987, 555; BGH NStZ 1998, 191; Sch/Sch-Eser/Sternberg-Lieben, § 213 Rn. 7). Hat also der Täter das spätere Opfer zu dessen Verhalten herausgefordert (BGH NStZ 2008, 510; BGH NStZ 2019, 471), zur Zuspitzung eines Streits, dem die Tat folgt, beigetragen oder dem Opfer vor der Tat (auf sonstige Weise) schuldhaft Veranlassung zur Provokation gegeben (BGH NStZ 2019, 408, 409 mit Verweis auf BGH NStZ 1992, 588), wurde er nicht „ohne eigene Schuld" gereizt und für § 213 Var. 1 StGB ist kein Raum. Das ist nach der Rechtsprechung des BGH der Fall, wenn das Vorverhalten dem Täter vorwerfbar ist und in qualitativer Hinsicht geeignet ist, die darauf fußende Provokation des Opfers als verständliche Reaktion erscheinen zu lassen (BGH NStZ 2019, 408, 409; siehe auch BGH NStZ 2019, 471). Gleichwohl ist der BGH in der Anwendung dieser Definition (neuerdings) sehr großzügig und gelangt – selbst in zweifelhaften Fällen – häufig zur Bejahung des Merkmals „ohne eigene Schuld" und damit – zulasten des Opferschutzes – zu einem minder schweren Fall gem. § 213 Var. 1 StGB

Die Frage nach den Kriterien der Tatprovokation war Gegenstand der BGH-Entscheidung v. 16.01.2019 - 4 StR 580/18 (NStZ 2019, 408). Dieser lag folgender **Sachverhalt** zugrunde (abgewandelt, um das Problem zu fokussieren): T und seine Arbeitskollegin O waren einige Zeit zusammen. Weil O u.a. ihren früheren Lebensgefährten finanziell unterstützte, kam es öfter zum Streit zwischen T und O, woraufhin sich die beiden denn auch trennten. Gleichwohl besuchte T die O weiterhin. Nach einem Streit in der Wohnung der O, der eskalierte, ergriff O ein Küchenmesser mit ca. 14 cm langer Klinge und verletzte damit T mit einer Stichbewegung leicht an der Beugeseite des rechten Unterarms. T schlug ihr das Messer aus der Hand. Auch durch den Messerangriff nunmehr „rasend vor Wut" entschloss sich T, O zu töten. Er ergriff das Messer und stach es O in den Hals. Dann warf er O rücklings aufs Bett und stach weitere 17 Mal auf sie ein. Der dadurch bewirkte Blutverlust war bereits tödlich. T ergriff nun aber noch eine metallene Schnur, knotete sie um den Hals der O und würgte sie kräftig. Auch dieses Vorgehen war für sich genommen tödlich.

Die **Entscheidung** des BGH: Das Landgericht verneinte einen minder schweren Fall nach § 213 Var. 1 StGB und verurteilte T wegen Totschlags gem. § 212 I StGB. Der BGH hob das Urteil auf. Die Urteilsgründe belegten nicht hinreichend, dass T selbst den tatauslösenden Messerangriff des Tatopfers vorwerfbar veranlasst habe. Allgemein führt der BGH zu dem § 213 Var. 1 StGB konstituierenden Merkmal „ohne eigene Schuld" negativ formulierend aus, dass es daran (nur dann) fehle, wenn der Täter dem Opfer vor der Tat schuldhaft genügende Veranlassung zur Provokation gegeben habe (BGH NStZ 2019, 408, 409 mit Verweis auf BGH NStZ 1992, 588). Sei das Vorverhalten dem Täter vorwerfbar und in qualitativer Hinsicht geeignet, die darauf fußende Provokation des Opfers als verständliche Reaktion erscheinen zu lassen, sei die Tatprovokation nicht „ohne eigene Schuld" (BGH NStZ 2019, 408, 409). „Ohne eigene Schuld" liege nicht vor, wenn die dem Täter zugefügte Misshandlung ihrerseits Ausfluss einer angemessenen Reaktion des Opfers auf die ihm zuvor durch den Täter zuteilgewordene Behandlung gewesen sei. Fehle es an der Proportionalität zwischen vorangegangenem Fehlverhalten des Täters und der nachfolgenden Opferreaktion, sei die Schuld des Täters an der Provokation mangels genügender Veranlassung zu verneinen (BGH NStZ 2019, 408, 409).

Dem BGH fehlten Feststellungen des Landgerichts hierüber. Das Landgericht habe sich mit der Frage, ob der Messerangriff der O auf T noch eine angemessene Reaktion auf den vorangegangenen Streit war, nicht auseinandergesetzt. Eine Erörterung hätte sich hier aber aufgedrängt, da ein zu einer Schnittverletzung führender Angriff mit einem Messer mit 14 cm langer Klinge jedenfalls nicht ohne weiteres als verständliche oder als angemessene Reaktion auf einen verbalen Streit angesehen werden kann.

Bewertung: Es mag sein, dass ein zu einer Schnittverletzung führender Angriff mit einem Messer mit einer Klingenlänge von 14 cm nicht ohne weiteres als verständliche oder als angemessene Reaktion auf einen verbalen Streit angesehen werden kann mit der Folge, dass eine Tatprovokation durch O naheliegt. Gleichwohl liegt ein vom BGH nicht erwähnter, aber entscheidender Umstand vor: Nachdem T der O das Messer aus der Hand geschlagen hatte, lag dieses auf dem Boden und wurde von T aufgehoben. Spätestens zu diesem Zeitpunkt hätte sich T besinnen müssen, zumal er die von O ausgehende Provokation nicht unwesentlich mitverursacht hatte. Schließlich wird man das Merkmal „auf der Stelle" (dazu sogleich im nächsten Fall) in Frage stellen müssen, worauf der BGH auch nicht eingegangen ist. Jedenfalls aber erfolgte das anschließende Erdrosseln nicht mehr „auf der Stelle" und ist nicht als minder schwerer Fall i.S.d. § 213 StGB anzusehen.

Aktuelles

Ergebnis: Nach der hier vertretenen Auffassung lag kein Fall des § 213 Var. 1 StGB vor. T hat sich jedenfalls in Bezug auf das Erdrosseln gem. § 212 I StGB strafbar gemacht.

Wie bereits aus dem obigen Fall deutlich geworden ist, muss der Täter schließlich auf der Stelle zur Tat hingerissen worden sein. Auf der Stelle zur Tat hingerissen wurde der Täter, wenn die Tötung auf einem auf die Provokation zurückzuführenden Affekt (affektiver Erregungszustand) beruht und in einem engen zeitlichen Zusammenhang zur Provokation steht (vgl. BGH NStZ 2015, 582, 583; NStZ 2013, 341; NStZ 2011, 339, 340; NStZ 2004, 500 f.; NStZ 2002, 542), wobei der BGH es neuerdings genügen lässt, wenn zwischen der Tatprovokation und der Tötung des Provokateurs eine gewisse raumzeitliche Zäsur besteht, sofern zwischen beiden Ereignissen nur ein „motivationsspezifischer Zusammenhang" gegeben ist. Das ist mit der gesetzlichen Formulierung „auf der Stelle" schwerlich vereinbar und daher abzulehnen. Daher war auch im obigen Fall nach der hier vertretenen Auffassung § 213 Var. 1 StGB abzulehnen. Auch die im BGH-Beschluss v. 22.01.2019 (1 StR 585/18 - NStZ 2019, 471) vertretene Rechtsauffassung überzeugt nicht.

Diesem lag folgender **Sachverhalt** zugrunde (abgewandelt, um das Problem zu fokussieren): T war Gast in einer Pension und nahm an einer Silvesterfeier teil, die in den Kellerräumen der Pension stattfand. Dort benahm er sich, unter Alkoholeinfluss stehend, verbal und durch Gesten sexuell ausfällig. So sagte er manchen Frauen, er wolle mit ihnen „ins Bett gehen", und machte dies durch entsprechende Körperbewegungen deutlich. Gegenüber einer anderen Frau äußerte er, sie habe einen blöden Freund, den er am liebsten umbringen wolle, und er würde es ihr dann „ordentlich besorgen". Ein anderes Paar belästigte er mit den Worten, wenn nicht der Mann der Frau in den „Mund ficken" wolle, würde er das tun. Die Aufforderung des O, dies zu unterlassen, ignorierte T, woraufhin O dem T einen Faustschlag auf das linke Auge versetzte. Nunmehr schlugen und traten die beiden hinzugekommenen Brüder des O sowie O selbst auf T ein, selbst nachdem dieser bereits zu Boden gegangen war. Dadurch erlitt T mehrere Einblutungen am Kopf und Oberkörper.

Nachdem die drei Angreifer von T abgelassen hatten, begab dieser sich in sein Zimmer im zweiten Obergeschoss, holte von dort ein Küchenmesser und kam wenige Minuten später gegen 22.00 Uhr in den Flur vor dem Partyraum zurück. Er war wütend und fühlte sich wegen des „Rauswurfs" gedemütigt; für die Tritte und Schläge wollte er sich rächen. Auf halber Höhe der Kellertreppe stieß er auf einen der beiden Brüder des O, der ihn aufforderte, das Messer wegzulegen. Als O zusammen mit seiner schwangeren Lebenspartnerin L hinzukam, sagte T, er werde L nicht wehtun, er habe ein Problem mit O und dessen Brüdern. O trat in Richtung der rechten Hand des T, in der dieser das Messer hielt, traf sie jedoch nicht. Unvermittelt trat T auf O zu und stach diesem sechsmal u.a. in die linke Achselhöhle, in den Oberbauch und in die rechte Brustkorbseite, wobei er den Herzbeutel traf und die Aorta durchtrennte. Dadurch verstarb O.

Die **Entscheidung** des BGH: Der BGH ist der Auffassung, dass die Annahme des Landgerichts, T habe sich nicht „ohne eigene Schuld" zum Zorn reizen und hierdurch zum Totschlag hinreißen lassen, sodass § 213 Var. 1 StGB nicht anwendbar sei, durchgreifenden Bedenken begegne. Ob die Auffassung überzeugt, soll im Folgenden untersucht werden:

Der Tatbestand des § 212 I StGB ist erfüllt. T hat vorsätzlich, rechtswidrig und schuldhaft O getötet. Fraglich ist allein, ob ihm wegen der vorangehenden Attacken der drei Brüder der Strafmilderungsgrund aus § 213 Var. 1 StGB zugutekommt. T könnte nämlich ohne eigene Schuld durch eine ihm zugefügte Misshandlung von O zum Zorn gereizt und hierdurch auf der Stelle zu dessen Tötung hingerissen worden sein.

T ist vor seiner Tat von O und dessen beiden Brüdern körperlich misshandelt worden. Diese hatten zu seinem Nachteil eine gefährliche Körperverletzung (§ 224 I Nr. 4 StGB) begangen. Hierdurch wurde T zum Zorn gereizt und zur Tat hingerissen. Fraglich ist aber, ob dies „ohne eigene Schuld" des T geschah und ob die Tat des T „auf der Stelle" erfolgte.

Ohne eigene Schuld wurde der Täter von dem (später) Getöteten zum Zorn gereizt, wenn er im gegebenen Augenblick „keine genügende Veranlassung" zu der Misshandlung bzw. schweren Beleidigung (also zu der Provokation) gegeben hat oder jedenfalls die Misshandlung bzw. schwere Beleidigung nicht vorwerfbar veranlasst hat (BGH NStZ 2019, 471 m.w.N.; BGH NStZ

534

2019, 210, 211 mit Verweis auf BGH NStZ 1983, 554; BGH NStZ 1984, 216; BGH NStZ 1987, 555; BGH NStZ 1998, 191; Sch/Sch-Eser/Sternberg-Lieben, § 213 StGB Rn. 7). Umgekehrt formuliert handelt der Täter nicht „ohne eigene Schuld", wenn er das spätere Opfer zu seinem Verhalten herausfordert. Das ist nach Auffassung des BGH nicht schon bei jeder Handlung des Täters der Fall, die ursächlich für die ihm zugefügte Misshandlung gewesen ist. Vielmehr müsse er dem Opfer genügende Veranlassung gegeben haben; dessen Verhalten müsse eine verständliche Reaktion auf vorangegangenes Tun des Täters gewesen sein. Dabei sei die Verständlichkeit auch unter dem Gesichtspunkt der Verhältnismäßigkeit zu prüfen (BGH NStZ 2019, 471 m.w.N.).

Sodann stellt der BGH zutreffend fest, dass die Schläge und Tritte der drei Brüder nicht verhältnismäßig waren. Sie seien nicht erforderlich gewesen, um T von weiteren Belästigungen abzuhalten. Als milderen Eingriff nennt der BGH das Herausdrängen des T – gegebenenfalls unter Zerren und Schieben – aus dem Keller. Das Einschlagen und Treten auf den am Boden liegenden T habe nichts mehr mit dem Unterbinden weiterer Ausfälligkeiten zu tun, sondern habe sich selbst als Rache für die vorangegangene „sexuelle Anmache" dargestellt. Insbesondere hätten sich die Brüder nicht auf § 32 StGB stützen können, da zum Zeitpunkt der Attacke kein Angriff seitens des T vorgelegen habe. Das kann man sicherlich so sehen, jedenfalls aber waren die Schläge und Tritte auf den am Boden liegenden T nicht geboten i.S.d. § 32 I StGB (BGH NStZ 2019, 471).

Wurde T demnach „ohne eigene Schuld" zum Zorn gereizt, stellt sich schließlich die Frage, ob die Tat des T „auf der Stelle" erfolgte. Der BGH meint, der zeitliche Abstand von wenigen Minuten habe den motivationspsychologischen Zusammenhang zwischen der Provokation durch die Tritte und Schläge auf der einen und den Messerstichen auf der anderen Seite nicht unterbrochen. Das ist zweifelhaft. Denn T ging zwischenzeitlich in sein Zimmer im zweiten Obergeschoss, fasste offenbar dort erst den Tatentschluss, griff ein Küchenmesser und ging wenige Minuten später in den Flur vor dem Partyraum zurück. Diese Zeitspanne von auch nur wenigen Minuten ist – in Verbindung mit der räumlichen Entfernung – nach der hier vertretenen Auffassung nicht für die Annahme geeignet, T sei auf der Stelle zur Tat hingerissen worden. Für die Bejahung des Merkmals „auf der Stelle zur Tat hingerissen" reicht es nicht, wenn die Tötung auf einem auf die Provokation zurückzuführenden Affekt (affektiver Erregungszustand) beruht, sondern die Tötung muss zusätzlich auch in einem engen zeitlichen Zusammenhang zur Provokation stehen (Vgl. BGH NStZ 2015, 582, 583; NStZ 2013, 341; NStZ 2011, 339, 340; NStZ 2004, 500 f.; NStZ 2002, 542).

Ergebnis: Die überaus tätergünstige Rechtsprechung des BGH ist mit der gesetzlichen Formulierung „auf der Stelle" schwerlich vereinbar und daher abzulehnen. Nach der hier vertretenen Auffassung lag gerade kein Fall des § 213 Var. 1 StGB vor. T handelte im Zorn, nahm bedacht Rache und übte Selbstjustiz. Er hat sich wegen der tödlichen Messerstiche gem. § 212 I StGB strafbar gemacht.